임상
심리사
2급 필기

이경희 저

다락원

머리말

　임상심리사는 인간의 심리적 건강 및 효과적인 적응을 다루어 궁극적으로는 심신의 건강 증진을 돕고, 심리적 장애가 있는 사람에게 심리평가와 심리검사, 개인 및 집단 심리상담, 심리 재활 프로그램의 개발 및 실시, 심리학적 교육, 심리학적 지식을 응용해 자문하는 역할이며 주로 인지, 정서, 행동적인 심리상담을 하고, 정신과병원, 심리상담기관, 심리상담센터, 사회복지기관, 학교, 병원의 재활의학과, 신경과, 심리건강 관련 연구소 등 다양한 사회기관에도 진출하여 활동하고 있습니다.

이와 같이 여러 분야에서 활동할 수 있는 임상심리사가 되기 위해 임상심리사 시험을 준비하는 수험생들에게 꼭 필요한 교재로 이론, 문제, 부록으로 구분하였습니다.

이론 파트는 핵심적인 이론 내용을 온라인 유료 동영상(www.1qpassacademy.com)「원큐패스 임상심리사 2급」강의 내용과 호환이 가능하도록 요약 정리하였고, 문제 파트는 2016년~2022년 기출문제를 복원하여 상세한 해설과 함께 수록하여 단기간에 임상심리사 2급 필기 시험에 대비할 수 있도록 구성하였습니다. 또한, 부록 파트에는 실전 모의고사 및 추가된 출제기준인 동기 및 정서 심리학, 임상심리학의 역사와 개관, 장노년 상담에 관한 문제를 수록하였습니다.

〈원큐패스 임상심리사 2급 필기〉

이론	심리상담, 심리검사, 이상심리학, 임상심리학, 심리학개론의 핵심 이론 요약 정리
문제	2016년부터 2022년까지 심리학개론, 이상심리학, 심리검사, 임상심리학, 심리상담의 기출문제 및 상세한 해설
부록	실전 모의고사 및 새 출제기준 예상문제

　아무쪼록 〈원큐패스 임상심리사 2급 필기〉를 통해 최선을 다한 수험생 여러분들에게 합격 소식이 있기를 간절히 기원드립니다.

시험안내

1 **실시기관** : 한국산업인력공단

2 **시험일정**

회차	필기시험	필기시험 합격발표	실기시험	실기시험 합격발표
2026년 정기기사 1회	2026년 2월경	2026년 3월경	2026년 5월경	2026년 6월경
2026년 정기기사 2회	2026년 5월경	2026년 6월경	2026년 8월경	2026년 9월경
2026년 정기기사 3회	2026년 7월경	2026년 8월경	2026년 10월경	2026년 12월경

※ 자세한 시험일정은 큐넷 홈페이지를 참조해 주시기 바랍니다.

3 **수행직무** : 국민의 심리적 건강과 적응을 위해 기초적인 심리평가, 심리검사, 심리치료상담, 심리재활 및 심리교육 등의 업무를 주로 수행하며, 임상심리사 1급의 업무를 보조하는 직무이다.

4 **응시자격** : 임상심리와 관련하여 1년 이상의 실습수련을 받은 자 또는 2년 이상의 실무에 종사한 자로서 대학졸업자 및 그 졸업예정자

※ 시험 수수료에 관한 사항은 큐넷 홈페이지를 참조해 주시기 바랍니다.

5 **시험과목 및 합격점수**

[필기]

시험과목	• 심리학개론, 이상심리학, 심리검사, 임상심리학, 심리상담 • 객관식 100문항(각 20문항, 2시간 30분)
합격점수	• 한 과목당 100점 만점 매과목 40점 이상, 전 과목 평균 60점 이상

[실기]

시험과목	• 기초 심리평가, 기초 심리상담, 심리치료, 자문·교육·심리재활 • 필답형 8~20문항(문항수는 회차별 조금씩 상이함, 3시간)
합격점수	• 2차 시험은 서술형으로 작성하는 것이기 때문에 부분 점수를 얻을 수도 있어 모르는 문제라고 포기하는 것보다는 아는 범위에서 적는 것이 중요함

※ 변경된 시험 출제기준 : 2025년 1월 1일부터 출제기준이 새롭게 변경되어 2029년 12월 31일까지 적용됩니다. 새롭게 추가되는 동기 및 정서 심리학, 임상심리학의 역사와 개관, 장노년 상담에 관한 부분은 주의를 기울일 필요가 있습니다.

목차

I 이론

II 문제

III 부록

임상심리사 2급 필기

이론

심리상담

Section 01 핵심 주요 용어

간접적 질문	클라이언트가 압력이나 질문 공세를 덜 느끼고, 그들이 원한다면 대답하지 않을 수도 있으며, 대답하는 방법에 있어 더 융통성을 가지는 질문법이다.
강박 장애	유연성, 개방성, 효율성을 잃어가면서까지 질서 정연, 완벽주의, 정신이나 대인관계의 조절에 지나치게 집착하는 양상을 특징으로 하는 장애이다.
강화	행동 뒤에 보상을 통하여 지속적으로 행동이 유지되고 높아지도록 하는 기법이다.
게슈탈트	자신의 욕구나 감정을 하나의 의미 있는 전체로 조직화하여 지각한 것이다. 게슈탈트는 독일어 'gestalten(구성하다, 형성하다, 창조하다, 개발하다, 조직하다 등의 뜻을 지닌 동사)'의 명사형으로, 전체, 형태, 모습의 의미가 있다.
경청	내담자의 이야기를 주의 깊게 귀담아 듣는 태도로, 말의 내용뿐만 아니라 말하는 사람의 의도와 심정까지 정성들여 듣는 것이다.
공감	상대방의 관점에서 세계를 보고 타인이 느끼고 있는 감정을 파악하는 과정으로, 타인의 관점과 경험을 나눌 수 있는 능력이다.
공황 장애	뚜렷한 근거나 이유 없이 갑자기 심한 불안과 공포를 느끼는 공황 발작이 되풀이하여 일어나는 병이다.
관계성 질문	내담자가 문제 해결의 상황을 자기중심적 생각에서 벗어나 중요한 타인의 시각으로 보면서 문제 해결에 관한 새로운 가능성을 찾는 데 도움을 주는 질문이다.
교류 분석	미국의 정신과 의사 에릭 번(Eric Berne)이 창안한 인본주의적 인간관에 기반을 둔 성격이론인 동시에, 개인의 성장과 변화를 위한 체계적인 상담이론이자 기법이다.
구강기	Freud가 제시한 발달단계 중 첫 단계로, 출생 시부터 약 1살 반까지의 시기이다. 입, 입술, 혀, 잇몸과 같은 구강 주위의 자극으로부터 아동이 쾌감을 느끼는 시기이다.
구순기	소아 성욕이 나타나는 제1단계로, 생후 18개월까지의 시기이다. 유아는 입과 구강을 자극함으로써 만족을 찾고, 주위에서 들려오는 언어나 스스로의 정신적인 활동을 통하여 세상을 경험한다.
금단증상	특정 약물이나 행위에 중독된 사람이 이를 중단할 경우에 겪는 정신 및 신체상의 증세이다.
기술 언어	내담자의 행동을 설명하고 분석하여 구체적인 삶의 기술의 장점과 단점을 고려하여 설명하고, 이를 통하여 내담자의 삶의 기술 중 부족한 점을 보완하고 훈련시키기 위한 치료계획을 세우는 일련의 활동이다.
기적 질문	내담자의 문제가 해결되었을 때의 긍정적인 미래상을 구체적이고 명료하게 볼 수 있도록 하기 위한 기법이다.

내담자	심리적인 문제나 어려움을 혼자 해결하는 데 어려움을 느껴, 상담자의 도움을 받아 해결하고자 하는 사람이다.
내사	Introjection. 권위자의 행동이나 가치관을 무비판적으로 받아들임으로써 자기 것으로 동화되지 못한 채 개체의 행동이나 사고방식에 악영향을 미치는 것이다.
논박	어떤 주장이나 의견에 대하여 그 잘못된 점을 조리 있게 공격하여 말하는 것이다.
놀이치료	아동의 심리적 갈등을 해소 및 치료하기 위한 목적으로 놀이를 이용하는 심리 치료 기법이다.
대처 질문	내담자가 자신의 문제가 해결되지 않았고 자신은 긍정적인 변화를 만들어 낼 수 있는 능력을 가지고 있지 않다며 좌절하고 있을 때, 상담자가 사용하는 해결 중심 접근법의 질문기법이다.
도박 중독	반복적, 습관적 도박을 함으로써 자기 스스로 그 행위를 조절할 수 없는 상태로, 병적 도박(pathological gambling)이라고도 한다.
라자루스	'중다양식 치료'라고 부르는 행동치료를 개발한 심리학자이다.
라포	상담이나 교육을 위한 전제로, 신뢰와 친근감으로 이루어진 인간관계이다.
레질리언스	엄청난 시련을 견디어낼 수 있는 능력이다.
로저스	미국의 심리학자(1902~1987)로, 심리 치료에 대한 비(非)지시적 혹은 내담자(內談者) 중심적 접근법을 창시하였다.
리비도	정신분석학 용어로, 성본능(性本能), 성충동, 성욕을 의미한다.
마이켄바움	정신과 의사이자 인지행동 추정의 발표자로, PTSD(외상 후 스트레스성 장애)의 전문가이다.
모델링	타인의 행동을 간접 체험함으로써 모델의 행동을 내면화하게 하는 기법이다.
모방학습	반두라에 의하여 체계화된 이론으로, 인간의 새로운 행동학습은 거의 모델링에 의한다는 사회적 학습이론의 원리이다.
모삭	개인심리학을 계승한 학자로, 초대 개인심리학회장인 아들러(1870~1937)의 계승자이다.
미술치료	미술활동을 통하여 심리적인 어려움이나 마음의 문제를 표현하고 완화시킬 수 있도록 하는 치료법이다.
반두라	사회학습이론으로 가장 유명한 심리학자이며, 보보인형 실험으로 유명하다.
반영	상대방의 이야기를 듣고 이해한 것을 다시 말하는 것이다. '물체에 비친 상'이라는 사전적인 뜻 그대로의 반영이 일어날 때, 반영하고 있는 물체에 따라 같은 대상이라 하더라도 비치는 상의 모습이 조금씩 다르다.
반전	Retroflection. 개체가 타인이나 환경에 대하여 하고 싶은 행동을 자기 자신에게 하는 것, 혹은 타인이 자기에게 해 주기를 바라는 행동을 스스로 자기 자신에게 하는 것이다.
변별	유사한 자극들의 차이를 깨닫고 다르게 반응할 수 있도록 하는 기법이다.

상담	전문적인 훈련을 받은 상담자가 어려움(지, 정, 의)을 겪는 내담자와 상호작용을 통하여 내담자의 문제 해결 및 행복한 삶을 살아가도록 돕는 과정이다.
섭식 장애	과도한 식이요법의 부작용 또는 여러 가지 생리적·정신적 원인으로 인하여 비정상적으로 음식을 섭취하는 증상이다.
소거	학습된 행동에 강화를 제공하지 않음으로써 행동이 중단되도록 하는 기법이다.
소속감	지역사회에서 책임과 가치가 있는 구성원이 되고자 하는 욕구이다.
스키너	미국의 행동주의 심리학자로, 교육과 심리학에 많은 영향을 끼쳤다.
아들러	오스트리아의 정신분석학자(1870~1937)로, 프로이트의 성욕 중심 학설에 반대하고 '개인 심리학'을 창시하였다.
악몽 질문	부정적인 생각에 사로잡힌 내담자에게 역설적인 질문을 함으로써 오히려 긍정적인 변화에의 의지를 일깨우고자 하는 해결 중심 상담의 질문기법이다.
약물 남용	감정, 인식, 행동에 인위적인 변화를 일으키기 위하여 향정신성 약물을 비의학적, 불법적으로 사용하는 행위이다.
약물 오용	어떤 물질을 처방 혹은 규정대로 사용하지 않고 임의로 사용하는 행위이다.
약물 의존	약물 남용(substance abuse)뿐만 아니라 내성(tolerance) 또는 금단증상(withdrawal symptoms)을 포함하여 알코올이나 약물을 불건전하게 사용함으로써 생기는 장애이다.
약물 중독	약 또는 독이 인체에 들어와 건강에 해로운 영향을 미치는 상태이다.
약물 치료	정서장애 및 행동장애를 가진 아동에게 문제 행동의 경감 및 개선을 목표로 약물을 투여하는 치료이다.
얄롬	미국 출신의 실존주의적 심리치료사로, 죽음, 자유와 책임, 고립, 무의미에 관심을 둔 실존 치료를 개발하였다.
양극성	인간의 자아가 대립적이면서도 상호 의존적인 관계에 있는 두 극으로 나누어져 있는 성질이다.
역설	어떤 주의나 주장에 반대되는 이론이나 말이다.
열등감	자기를 남보다 못하거나 무가치한 인간으로 낮추어 평가하는 감정이다.
예외 질문	내담자의 삶 속에서 우연적이거나 무의식적으로 실시한 성공의 경험을 강화하여 이를 의도적이고 의식적인 삶의 방법으로 바꾸는 기법이다.
오이디푸스	그리스 신화에 나오는 테베의 왕으로, 신탁에 따라 아버지를 죽이고 어머니와 결혼하는 비극적인 운명을 겪었다.
요약	광범위한 내담자의 진술 내용을 초점을 맞춘 정보로 함축하는 것이다. 요약은 재진술(restatement)과 본질은 유사하지만 구분되는 개념이다.
우울	반성과 공상이 따르는 가벼운 슬픔이다.
원자아	쾌락의 원칙을 가지고 있으며, 먹고 마시고 잠자는 등의 본능이다.

융합	Confluence. 밀접한 관계에 있는 두 사람이 서로 간에 차이점이 없다고 느끼도록 합의함으로써 발생한다.
의미 치료	로고테라피(Logotherapy). 정신과 의사인 빅토 프랑클이 창시하였으며, 실존적 의미를 찾고자 하는 인간의 의지와 욕구를 다룸으로써 정신장애 등과 같은 인간의 심리적·정신적 문제를 극복하고자 하는 심리치료 이론이자 기법이다.
인정	치료자가 내담자의 정서를 받아들이고 지지하는 것이다. 인정은 치료자와 내담자 간의 치료적 동맹을 촉진하고 나중에 내담자가 더 깊은 내적 경험을 하는 데 도움을 주는 기법이다.
임파워먼트	자신의 여러 가지 내/외부에 있는 자원과 도구를 발견하고 확정하도록 돕는 과정이다.
자각	인간이 자기 자신을 외계, 타인으로부터 구별하고, 자기 자신에 대하여, 즉 자기의 인격·행동·사상·감정·의욕 등에 대하여 의식적으로 열중하는 것이다.
자기 수용	환자가 상담에 의하여 자기 자신을 가치가 있는 인간이라고 생각하게 되어, 자기의 가치 기준이 자기 자신의 경험에 근거한 것이라고 생각하고, 자기 자신의 감정 따위를 있는 그대로 볼 수 있게 되는 상태이다.
자아	사고, 감정, 의지 등의 여러 작용의 주관자로서 이 여러 작용에 수반하고, 또한 이를 통일하는 주체이다.
자의식	Egotism. 개체가 자신에 대하여 지나치게 의식하고 관찰하는 현상이다.
재귀인	자신에게 초점을 맞추는 원인에 대하여 브레인스토밍을 하여 자신에게 한정된 좁은 시야를 넓히도록 도와 다양한 관점에서 생각해 보도록 하는 것이다.
정서	사람의 마음에 일어나는 여러 가지 감정 또는 감정을 불러일으키는 기분이나 분위기이다.
성신상애	각종 정신질환에서 볼 수 있는, 행동상의 이상과 의사 동합의 장애이나.
조형	원하는 목표 행동에 근접하는 행동을 보일 때마다 강화를 하여 단계적으로 목표 행동을 학습시기는 기법이다.
지성화	개인이 느낌이나 감정을 무시하고, 될 수 있는 한 객관적으로 문제와 갈등을 분석하게 하는 방어 기제(defense mechanism)와 성격 경향이다.
직면	경험하고 싶지 않은 상황에 직면하도록 하는 고전적 방법으로 '상상을 통한 직면(confrontation in sensu)'과 '실제 상황에의 직면(confrontation in vivo)'이 있다.
직업 교육	일정한 직업에 종사하는 데 필요한 지식이나 기능을 가르치는 교육이다.
진로	개인의 생애 직업발달과 그 과정내용을 가리키는 포괄적인 용어이다.
진로 교육	개인의 잠재력과 일이나 여가에 대한 여러 가지 정보를 탐색하여 자신에게 적합한 진로 선택, 진로 적응, 진로 발달을 돕기 위한 학교, 가정, 지역사회의 조직적이고 체계적인 활동이다.
진로 발달	일련의 발달과업에 직면하여 자신이 되고자 하는 사람이 되는 방식으로, 그 발달과정을 이행하는 생애과정으로서, 전 생애를 거쳐 크고 작은 일련의 의사결정과 관련된 발달과정이다.

진로 상담	진로에 관한 문제를 호소하는 사람이 자신과 직업에 대한 이해를 통하여 스스로 진로선택을 하고 결정하며, 이러한 행동에 대한 책임을 지니도록 도움을 주는 전문적 활동이다.
집단 응집력	집단원들이 집단에 남아 있도록 하는 모든 힘의 합 또는 구성원들이 느끼는 집단의 매력이다.
처벌	행동 뒤에 벌이나 고통을 줌으로써 행동을 제거하거나 억제시키는 기법이다.
척도 질문	내담자가 자신의 문제, 문제의 우선순위, 변화에 대한 의지와 확신, 문제 해결에 대한 희망, 문제가 해결된 정도 등에 대하여 주관적인 평가를 내리게 하고, 이를 0부터 10까지의 척도로 평정해 보도록 하는 기법이다.
초자아	개인의 정신 내에서 사회나 이상의 측면과 관계있는 것으로, '상위 자아'라고도 부른다. 도덕적 양심의 형성이나 이상 또는 자아 평가의 발달을 포함한다.
타나토스	자기를 파괴하고 생명이 없는 무기물로 환원시키려는 죽음의 본능으로, 공격성과 같은 파괴적인 모든 본능을 내포한다.
타임아웃	비강화 장소로 나가게 하는 기법이다.
토큰 경제	내담자가 적절한 행동을 할 때마다 강화물로 토큰이 주어지는 기법이다.
통찰	이전에는 전의식이나 무의식 속에 담겨 있어서 보지 못한 정신적, 정서적 갈등을 자각하여 알게 되는 것이다. 자신의 문제와 행동에 영향을 주는 요인에 대한 이해가 높아지고 자아 인식이 향상되는 것을 말한다.
투사	자신의 심리적 속성에서 용납하기 어려운 것을 외부나 타인에게 있다고 하면서 자신을 보호하는 방어 기제이다.
파블로프	러시아의 생리학자(1849~1936)로, 개를 대상으로 소화샘 생리학을 연구하다가 조건반사 현상을 발견하였으며, 대뇌생리학 분야를 개척하였다. 1904년에 노벨 생리·의학상을 수상하였다.
편향	Deflection. 내담자가 환경과의 접촉이 감당하기 힘든 심리적 결과를 조래할 것이라고 예상할 때, 이러한 경험으로부터 압도당하지 않기 위하여 환경과의 접촉을 피해 버리거나 혹은 자신의 감각을 둔화시켜 버림으로써 환경과의 접촉을 악화시킨다.
프로이트	지그문트 프로이트(Sigmund Freud). 심리학, 정신의학뿐 아니라 사회학, 교육학, 범죄학, 문예비평에 이르기까지 20세기의 모든 분야에 걸쳐 큰 영향을 끼친 정신분석의 창시자이다.
하비거스트	인간발달과 교육에 관한 매우 영향력 있는 이론을 발전시킴으로써 미국 교육에 혁신이 일으켰다. 하비거스트의 발달과업 모델은 연령을 기반으로 하는 실용적 기능을 제공하고 있다.
학습 부진	학업성취 수준이 자신이 가지고 있는 잠재적인 지적능력 수준에 미치지 못하여 서로 불일치하는 것이다.
학습 장애	개인의 내적 요인으로 발달적 학습이나 학업적 학습에 심각한 어려움을 겪는 것이다.

학습 지진	지능 수준이 경계선급 경도 장애에 있어 학습능력이 평균에 미치지 못하는 경우이다. DSM-5의 정의에 따르면, 학습 지진은 지능지수 71~79의 경도 지능장애(MID)에 해당된다.
행동계약	표적 행동을 서면으로 동의하는 기법이다.
홍수법	강한 불안을 유발하는 자극이나 심상을 노출시키고 불안이 감소될 때까지 노출을 계속하는 기법이다.
훈습	내담자가 자신의 증상이나 문제점을 자각하고 통찰하도록 만들기 위하여 스스로 저항을 극복하고 이해하도록 반복적으로 체험시키는 과정 혹은 절차이다.

Section 02 핵심 포인트

01 상담

1 상담의 개요

01 상담의 개념

① 상담이란 전문적인 훈련을 받은 상담자가 어려움(지, 정, 의)을 겪는 내담자와 상호작용을 통하여 내담자의 문제 해결 및 행복한 삶을 살아가도록 돕는 과정이다.

② 진정한 상담은 그저 자신의 괴로움을 단순히 이야기하는 것이 아니라, 내담자의 심리적인 변화가 일어나는 과정이 포함되어 있어야 한다.

02 상담의 필요성 : 물질주의 사회, 산업화의 가속, 개인주의, 이기주의, 가족구조의 변화 등으로 인하여 어려움이 발생하면서 개인에게 상담의 필요성이 더욱 증대되었다.

03 상담의 원리

- 개별화의 원리
- 수용의 원리
- 자기 결정의 원리
- 비판적 태도의 금지 원리
- 비밀 보장의 원리
- 의도적인 감정표현의 원리

2 상담의 역사

01 선사 시대

① 사람은 인간적 기능과 정신장애에 관한 이론을 가지고 있었다는 징후가 있다.

② 고대인은 정신장애가 있는 사람을 귀신에게 정신을 빼앗겼다고 믿었기 때문에, 귀신을 내쫓기 위하여 두개골에 구멍을 뚫었다(Trephining). 그러나 대부분의 경우, 이러한 처치는 오히려 정신장애 자체보다 더욱 심각한 결과를 초래하였다.

02 중세 시대

① 엑소시즘의 시행으로 선사시대와 유사한 이론이 계속 적용되었다.

② 태형, 굶기기, 체인 사용, 뜨거운 물에 빠뜨리기 등이 정신질환자의 몸에서 귀신을 쫓아내는 데 사용되었다. 이러한 비과학적이고 무모한 처치 방법은 수많은 정신질환자에게 평생 씻을 수 없는 장애를 초래하거나, 심한 경우 죽음에 이르게 하였다.

03 르네상스 시대 : 정신적으로 어려움을 겪던 사람을 죽음으로 이끌곤 하였던 혹독하고 잔인한 고문방법이 시설 수용과 보살핌으로 대체되었다.

04 근세 시대

① 18세기에 정신문제가 있는 사람들을 치료하기 위한 접근법 마련 및 시도들이 유럽과 미국 식민지 땅에서 거의 동시에 시작되었다.

② 이러한 움직임은 북아메리카의 벤자민 러스트, 프랑스의 필립 다이널, 영국의 윌리엄 투크를 주축으로 이루어졌는데, 이들은 정신질환자들에게 쇠사슬에 묶이지 않고 매일 일광욕을 위한 외출을 하며, 좀 더 영양가 있는 규정식을 제공하고, 다른 사람들과 의사소통을 하도록 하는 것 등의 과거와는 판이하게 다른 치료를 받게 하였다.

05 현대

① 20세기에 이르러 상담이론에 대한 관심은 크게 2가지 인간관인 '자유 의지'와 '결정론'으로 나타났다.

② 생물학적, 심적 결정론의 정신분석과 환경결정론인 행동치료가 독립적으로 발전하였다.

③ 실존 치료, 아들러식 치료, 인간 중심 치료, 현실 치료 등과 같은 인본주의 이론들은 인간에게 자유 의지가 있다는 신념에 토대를 두었다.

3 상담의 윤리

01 키치너의 윤리적 결정 원칙

결정 원칙	내용
자율성	내담자가 스스로 자신의 삶의 방향을 정하고, 자발적인 의사결정을 하는 것이다.
무해성	내담자들을 힘들게 하지 않고, 내담자에게 해를 끼치는 행동을 피하여야 하는 것이다.
선의성(덕행)	내담자의 안녕과 복지를 증진시키기 위하여 선한 일을 행하여야 하는 것이다.
공정성(정의)	내담자의 인종, 성별, 재정상태, 종교 등에 의한 영향을 받지 않고, 편향되지 않아야 하며, 내담자는 평등하고 공정하게 보장받아야 하는 것이다.
충실성(성실성)	내담자와의 약속을 성실하게 지키고, 존중하며, 관계에 충실하여야 하는 것이다.

02 상담의 방법 및 과정

1 상담의 방법

01 경청 : 경청은 내담자의 이야기를 주의 깊게 귀담아 듣는 태도로, 말의 내용뿐만 아니라 말하는 사람의 의도와 심정까지 정성들여 듣는 것이다.

02 질문 : 내담자의 정보를 탐색하는 질문 유형에는 개방형 질문과 폐쇄형 질문이 있으며, 상담 상황에서는 개방형 질문이 더 유용하다.

유형	내용
개방형 질문	내담자에게 더 많은 이야기를 할 수 있는 기회를 줌으로써, 내담자로 하여금 어떤 문제에 대하여 구체적으로 탐색하는 데 도움을 준다.
폐쇄형 질문	몇 마디 대답을 상담자가 원하는 정보나 자료를 얻기 위하여 사용되며, 구체적인 상황에 초점을 맞추거나 정확한 정보를 얻는 데 유용하다.

03 감정 반영 : 내담자가 표현한 기본적인 감정이나 태도 등을 상담자가 다른 참신한 말로 표현해 주는 것이다.

04 재진술 : 내담자가 표현한 말을 상담자의 언어로 뒤바꾸어 표현하는 것이다.

05 바꾸어 말하기 : 내담자의 이야기를 듣고 상담자가 자신의 표현 양식으로 바꾸어 말해 주는 것이다.

06 명료화 : 내담자의 말에 내포되어 있는 뜻을 내담자에게 명확하게 말해 주거나 분명하게 말해 달라고 요청하는 것이다.

07 구체화 : 메시지 중에 불분명하고 불확실한 부분, 애내모호하여 혼란을 주는 부분, 내담자 고유의 지각이 반영되어 이해하기 어려운 부분 등을 정밀하게 확인하는 것이다.

08 공감하기 : 내담자가 경험하는 세계 속으로 들어가 내담자의 감정을 느끼고 내담자의 시각으로 바라보는 것이다.

09 해석 : 내담자가 명확하게 인식하지 못하는 것을 여러 가지 형태로 하는 교육적 설명이다.

10 직면 : 내담자의 사고, 감정, 행동에 불일치나 모순이 일어날 때 지적해 주는 상담자의 반응이다.

11 초점화 : 내담자가 이야기의 방향을 산만하게 가져가거나 주제를 바로잡지 못할 때, 주제의 방향을 바꾸어 내담자의 특정한 관심이나 주제에 주의를 집중하도록 돕는다.

12 요약 : 표현하였던 중요한 주제를 상담자가 정리하여 말하는 것이다.

13 자기 개방 : 상담과정에서 상담자가 자신의 생각, 감정, 경험, 생활 철학 등을 내담자에게 드러내는 것이다.

14 재명명(재구성, 재규정) : 내담자가 문제를 다른 시각이나 다른 방법으로 이해하도록 돕기 위하여 사용한다.

15 침묵 : 내담자가 말을 하지 않아서 침묵이 지속되는 경우이다.

16 즉시성 : 현재 순간에 무엇이 일어나고 있는지를 다루는 기법이다.

17 조언(충고) : 내담자가 하여야 할 것을 추천하거나 제한하는 기술이다.

18 정보 제공 : 사람, 활동, 행사, 자원, 대안, 결과나 절차에 관한 자료 또는 사실을 말로 전달해 주는 것으로, 상담자의 기술이 중요하다.

2 상담의 과정

01 준비 단계
① 상담자의 환경은 비교적 편안하고 깨끗하여야 한다.
② 내담자가 편안하게 상담받을 수 있도록 수용적이고 안전한 환경과 분위기를 갖추어야 한다.

02 접수 면접
① 상담 신청과 정식 상담의 다리 역할을 하는 것이다.
② 심리검사, 면접, 행동관찰을 통하여 내담자에 대한 정보를 수집하고, 수집한 정보를 토대로 내담자의 특성, 문제 및 증상, 원인, 방향에 대하여 개념적으로 설명한다.

03 초기 단계
① 내담자와 라포 관계, 상호 신뢰의 관계, 협동적·우호적 관계를 형성한다.
② 관심 기울이기, 경청, 공감, 수용적 존중과 개방형 질문, 동기 부여 등을 사용한다.

04 중기 단계
① 상담 목표에 도달하기 위하여 노력하는 상담의 핵심 단계이다.
② 내담자의 성격, 문제의 근원, 환경, 사고, 감정, 행동 패턴을 이해한다.

05 종결 단계
① 상담 관계를 종결하기 전에 내담자가 관계를 마칠 준비가 되었는지를 평가하여 적절하게 다룬다.
② 내담자가 앞으로 실천할 행동을 결정하고 구체적인 계획을 세운다.

03 프로이트의 정신분석 상담

1 정신분석 상담의 이해

01 개요 : 정신분석 상담은 지그문트 프로이트(Sigmund Freud)에 의하여 시작되었다. 초기 아동기인 0세부터 6세까지 어떤 경험을 하느냐에 따라 성격이 형성된다는 이론을 주장하면서 아동기의 경험이 중시되었다.

02 인간관

유형	내용
생물학적 존재	감정은 생물학적 본능에 지배를 받는다.
비합리적이고 결정론적 존재	인간의 마음 안에 일어나는 것은 우연히 일어나는 것이 없고, 모든 정신적 현상은 반드시 어떤 원인이 있다.
갈등론적 존재	인간의 3가지 자아[원초아(Id), 자아(Ego), 초자아(Superego)]를 갈등하는 존재로 보았다.
무의식적 존재	사람들이 겪는 심리적 문제는 무의식이 작용한 결과로, 무의식의 저장고에 있어야 할 고통스런 기억들이 방어력이 약해진 틈을 타, 의식 상태로 올라오려는 과정에서 심리적 증상이 형성된다.

03 주요 개념

(1) **의식 구조** : 의식, 전의식, 무의식

(2) **성격 구조** : 원초아, 자아, 초자아

(3) **성격 발달(심리성적 발달단계)**

단계	내용
구강기(출생~18개월)	성적 에너지가 구강 주위에 집중하는 시기로, 빨거나 마시거나 핥으며 쾌감을 경험한다.
항문기(18개월~3세)	성적 욕구가 항문에 집중하는 시기로, 배변훈련이 중요하다. 부모의 규칙 학습, 도덕적 규범을 습득한다.
남근기(3~6세)	성적 관심이 성기 주위로 집중하면서 이성의 부모에 대한 연애적 감정과 행동을 보이고, 동성의 부모에게는 적대적 감정이 일어나는 시기이다.
잠복기(7~12세)	학교에 가면서 성적 관심은 학교, 놀이 친구, 운동 등 새로운 활동에 대한 관심으로 바뀐다.
성기기(12세 이후)	이성에 대한 사랑의 욕구가 발생하며, 부모로부터 독립하려는 욕구가 발생한다.

(4) 자가 방어기제

① 원초아(Id), 자아(Ego), 초자아(Superego)가 지속적으로 갈등이 일어나면 심적인 불안이 생기게 된다.

② 이때 자아는 이 불안으로부터 자신을 보호하고 마음의 평정을 회복하기 위하여 무의식적으로 불안을 방어하는 기제를 만들어낸다.

(5) 불안

① 원초아(Id), 자아(Ego), 초자아(Superego) 간의 갈등이 야기되면 불안이 발생한다.

② 불안은 현실적 불안, 신경증적 불안, 도덕적 불안으로 구분된다.

2 상담의 목표 및 과정

01 상담의 목표

① 무의식을 의식화한다.

② 자아를 강화한다.

③ 억압된 충동을 자각한다.

02 상담의 과정

단계	내용
초기 단계	상담자와 내담자가 신뢰관계를 형성하면서 치료 동맹관계를 맺는 것은 중요하다.
전이 단계	신뢰관계가 돈독해지면 내담자는 어릴 적 중요한 사람에게 가졌던 욕구와 감정을 상담자에게 반복하려고 한다.
통찰 단계	내담자는 자신의 의존 욕구나 사랑 욕구의 좌절 때문에 상담자에게 적개심을 표현하는 모험을 시도한다.
훈습 단계	통찰한 것을 실제 생활로 옮겨가는 과정으로, 훈습 단계를 통하여 내담자의 행동 변화가 어느 정도 안정되게 일어나면 종결을 준비한다.

3 상담의 기법

01 자유 연상(Free association) : 내담자로 하여금 떠오르는 생각이나 느낌을 의식적으로 검열하지 않고, 그대로 표현하게 함으로써 무의식적으로 어떤 의미를 지니는지 이해하게 된다.

02 꿈(Dream)의 분석 : 수면 중에는 방어가 허술해져서, 억압된 무의식적 욕구와 감정들이 꿈으로 표면화된다.

03 해석(Interpretation) : 꿈, 자유 연상, 저항, 전이, 방어 기제 또는 치료관계에서 나타난 내담자의 행동의 의미를 치료자가 설명하는 것이다.

04 전이(Transference) : 내담자가 과거의 부모나 중요한 타인과 경험하였던 감정이나 갈등을 치료자에게서 재경험하는 것이다.

05 저항(Resistance) : 치료의 진전을 저해하고 내담자가 무의식의 내용을 표현하는 것을 방해하는 것이다.

06 버텨주기 : 내담자가 체험하는 막역하고 두려워 감히 직면할 수 없는 깊고 깊은 불안과 두려움을 상담자가 잘 알고 있다는 것을 분석 과정에서 적절한 순간에 적절한 방법으로 전해주며, 내담자에게 의지가 되어 주고 따뜻한 배려로 마음을 녹여 주는 것이다.

4 상담자의 역할

① 내담자의 떠오르는 생각, 심상, 느낌을 왜곡, 검열, 억제, 판단 없이 자유롭게 표현하도록 한다.

② 내담자는 무의식적으로 상담자를 마치 자기의 부모나 중요 인물로 생각하고 행동하는데, 이를 '전이'라고 한다. 전이를 만드는 동시에 '해석'을 통하여 전이를 좌절시키는 과정이 핵심이다.

③ 어떤 형태로 심리적 저항을 나타내는지 관심을 기울이며 '저항'을 다루어 준다.

④ 내담자의 자유로운 표현 속에서 내담자의 성격구조와 역동관계를 이해하고, 심리적 문제의 윤곽을 파악하고 해석하며 관찰자로서 거울이 되어 준다.

04 아들러의 개인심리학

1 개인심리학의 이해

01 개요 : 개인심리학에서의 상담은 내담자로 하여금 자신의 열등감과 생활양식의 발달과정을 이해하도록 돕는 일이며, 내담자 스스로 생활 목표와 생활양식을 사회적 관심에 부합하도록 촉진한다.

02 인간관

유형	내용
전체적 존재 (총체적 인간)	인간을 분리할 수 없는 전체적이고 통합된 존재로 본다.
사회적 존재	인간은 성적 동기보다 사회적으로 동기화되는 '사회적 존재'이며, 범인류적 공동체감을 중시한다. 또한, 목표 지향적이고 창조적이다.
주관적 개념	현상학적인 관점을 수용하여 개인이 세계를 어떻게 인식하느냐 하는 주관성을 강조한다.

03 주요 개념

(1) **열등감과 보상** : 열등감은 연약한 인간에게 자연이 준 축복으로, 열등 상황을 극복하여 '우월의 상황'으로 갈 때 열등감은 인간이 지닌 잠재능력을 발달시키는 자극제 역할을 한다.

(2) **우월성 추구** : 인간이 문제에 직면하였을 때 부족한 것은 보충하고 낮은 것은 높이며, 미완성인 것은 완성하고 무능한 것은 유능한 것으로 만드는 경향이다.

(3) **가상적 목적론** : 인간은 자신에게 중요하다고 지각된 목표를 향하여 나아간다. 어떤 행동을 하는 데는 목적이 있고 이해하기 어려운 행동이라고 할지라도 내면에 숨은 행동을 이해할 수 있다고 본다.

(4) **공동체감** : 인간의 행복과 성공은 사회적 관계와 깊은 관계가 있다고 보며, 자신이 인정하고 있는 집단에서 받아들여지고 소속감을 가질 때 자신의 문제를 다룰 힘을 가진다.

(5) **생활양식** : 어릴 때부터 자신의 열등감을 극복하고 우월을 이루는 과정에서 스스로 만들어낸 자신만의 독특한 생활로, 보통 4~5세경에 형성된 후 거의 변하지 않는다.
예 지배형, 기생형, 획득형, 도피형, 회피형, 유용형

(6) **가족 구조와 출생 순위** : 출생 순위는 한 사람의 생활양식이나 성격의 형성과정에 매우 중요한 요인으로, 열등감 형성과 극복 기제를 만드는 매우 중요한 변인이다.

1. 첫째 아이(맏이)의 특징
- 책임감 있고 규칙적이며 사회적으로 적절한 방법으로 행동하고 즐긴다.
- 동생이 태어나면 누리던 사랑을 빼앗겼다고 생각하여, 첫째 아이에게 '폐위 당한 왕'이라는 별명을 붙인다.

2. 둘째 아이의 특징
- 첫째 아이의 심리적 위치와 경쟁하여야 한다.
- 첫째 아이를 따라잡기 위하여 경주하듯 경쟁심이 강하고 야망을 가진 성격이 된다.
- 동생이 태어나면 중간이 되면서 자신이 특별한 위치를 가지지 않은 것을 느끼고 낙담하여 인생이 불공평하다고 느끼기도 한다.
- 갈등이 있는 가족 상황을 결합시키는 조정자나 평화의 사도가 될 수도 있다.

3. 막내 아이의 특징
- 다른 형제로부터 사랑과 관심을 받으며 자신의 매력을 잘 표현한다.
- 가족 안에서 가장 어리고 약한 자의 열등감을 가지고 있어서, 버릇이 없거나 의존적인 막내로서의 역할을 벗어나는 데 어려움을 느낄 수 있다.

4. 독자의 특징
- 자기 중심성이 현저하며, 경쟁과 압박을 덜 받지만 협동심을 배우지 못하는 결함이 있다.

2 상담의 목표 및 과정

01 상담의 목표

① 열등감을 극복하여 우월로의 추구를 꾀한다.

② 잘못된 생의 목표와 생활양식을 수정한다.

③ 사회에서의 다른 사람들과 상호작용할 수 있도록 타인과 동등한 감정을 갖고 공동체감을 향상시킨다.

02 상담의 과정

단계	내용
관계 형성하기	내담자가 상담자로부터 이해하고 공감 받고 있다는 것을 느끼도록 라포 형성을 하며 서로 상호협력적인 관계를 맺는다.
생활양식 탐색하기	가족 구성, 분위기, 형제 서열, 가족 가치 등에 관한 정보를 수집한다.
통찰력 가지기	내담자의 잘못된 목표나 자기 패배적 행동을 자각하고, 왜 자신이 그런 방식으로 행동하는지 이해하는 통찰을 가진다.
재방향 (재교육)하기	해석을 통하여 획득된 내담자의 통찰이 실제 행동으로 전환되게 하는 단계이다.

③ 상담의 기법

01 단추 누르기 기법 : 내담자가 자신의 감정을 창조할 수 있음을 깨닫기 위한 기법으로, 유쾌한 경험과 불유쾌한 경험에 따라오는 감정에 주의를 기울이는 것이다.

02 수프에 침 뱉기 : 내담자의 자기 패배적 행동(수프) 뒤에 감춰진 의도나 목적을 드러내 밝힘으로써, 같은 행동을 더 이상 하지 않거나 주저하도록 하는 기법이다.

03 수렁 피하기 : 사람들이 흔히 빠지는 함정과 난처한 상황을 피하도록 돕는 기법이다.

04 '마치 ~인 것처럼' 행동하기 : 내담자가 마치 자신이 그런 상황에 있는 것처럼 상상하고 행동하도록 하는 역할놀이 상황을 설정한다.

05 역설적 의도 : 바라지 않거나 바꾸고 싶은 행동을 의도적으로 반복 실시하여, 역설적으로 그 행동을 제거하거나 행동에서 벗어나도록 하는 것이다.

06 즉시성 : 현재 순간에 무엇이 일어나고 있는지를 다루는 기법이다.

07 격려 : 용기를 북돋아 주는 것으로, 내담자의 신념을 바꿀 수 있는 가장 강력한 방법이며 내담자가 자기 신뢰와 용기를 갖도록 돕는다.

08 초기 기억 : 초기 기억(6개월~8세)은 개인이 자기 자신과 다른 사람, 삶을 어떻게 지각하는지, 삶에서 무엇을 갈구하는지 등의 간략한 틀을 제시해 준다.

05 행동주의 상담

① 행동주의 상담의 이해

01 개요 : 행동을 학습의 결과로 보며, 과거나 미래보다 현재의 행동을 강조하는 이론이다. 명확한 목표 설정, 단기간의 치료, 체계적인 계획 아래 치료가 진행되고, 지속적인 치료 효과에 대한 확인과 검증을 선호한다.

02 인간관

① 인간의 모든 행동은 학습된다.

② 인간은 수동적이고 중립적 존재이고 결정론적 존재이다.

③ 인간의 행동은 내면적인 동기가 아닌 외적 자극에 의하여 동기화되고, 결과에 따라 유지된다.

03 주요 개념

유형	내용
고전적 조건형성 (파블로프)	무조건 자극을 주면 무조건 반응이 나오는데, 무조건 자극과 조건 자극이 연합되어 나중에는 조건 자극만으로도 무조건 반응을 일으키게 된다는 것이다.
조작적 조건형성 (스키너)	행동 후 보상이 오면 행동은 증가하고, 행동 후 처벌이 오면 행동은 감소한다.
사회학습이론 (반두라)	다른 사람들의 행동을 관찰하고 모방하면서 학습이 일어난다. 다른 사람의 행동을 그대로 따라 하는 '모방학습', 다른 사람들의 행동이 어떤 결과를 가져오는지 관찰함으로써 초래될 결과를 예상하는 '대리학습', 다른 사람들의 행동을 관찰해 두었다가 유사한 상황에서 학습한 행동을 표현하는 '관찰학습'이 있다.

② 상담의 목표 및 과정

01 상담의 목표

① 바람직하지 못한 행동을 소거하고 바람직한 행동을 학습한다.

② 문제 행동에 대한 평가와 분석을 토대로 치료자는 내담자와 함께 구체적인 상담 목표를 설정한다.

③ 상담의 목표는 명확하고, 구체적이고, 목표 달성의 여부를 객관적으로 확인할 수 있는 측정 가능한 형태로 하는 것이 바람직하다.

02 상담의 과정

단계	내용
상담관계의 형성	내담자와 라포를 형성하는 것은 상담을 성공적으로 진행하는 데 매우 중요한 단계이다.
문제 행동의 규명	가장 먼저 치료가 필요한 표적 행동을 정한다.
내담자의 현재 상태 파악	문제 행동이 정해지면 그 문제 행동의 빈도와 지속기간에 초점을 맞추고 전면적인 행동과정이 이루어진다. 표적 행동의 특성을 면밀히 평가하고, 표적 행동의 발달과정과 유지하고 강화하는 환경적, 인적, 상황적 요인들을 파악한다.
상담 목표의 설정	문제 행동에 대한 평가와 분석을 토대로 내담자와 함께 구체적인 상담의 목표를 설정한다.
상담기술의 적용	내담자의 현재 상태 파악과 목표 설정의 단계에서 수집된 정보를 바탕으로 문제 행동에 따라 가장 적절한 상담기법을 선택하고, 이를 실행할 구체적인 절차를 정한다.

단계	내용
상담 결과의 평가	지속적으로 상담이 진행되는 동안 표적 행동의 개선 정도를 평가한다. 행동이 긍정적으로 변화되면 강화를 지속하고, 만약 부정적인 결과가 나오면 상담 계획을 다시 점검하고 상담 기술을 수정한다.
상담의 종결	목표 행동의 성취 여부를 평가하는데, 긍정적일 때는 재발 방지의 계획을 세우고 상담을 종결한다.

3 상담의 기법

01 강화와 처벌 : 강화는 행동 뒤에 보상을 통하여 지속적으로 행동이 유지되고 높아지도록 하는 기법이고, 처벌은 행동 뒤에 벌이나 고통을 줌으로써 행동을 제거하거나 억제시키는 기법이다.

02 소거 : 학습된 행동에 강화를 제공하지 않음으로써 행동이 중단되도록 하는 기법이다.

03 변별 : 유사한 자극들의 차이를 깨닫고 다르게 반응할 수 있도록 하는 기법이다.

04 자극 통제 : 변별학습의 결과로, 특정한 자극의 상황에서 행동이 강화를 받았을 때 비슷한 자극 상황이 오면 그 행동을 할 가능성이 높은 것을 자극 상황을 통제하여 행동을 조절할 수 있다는 기법이다.

05 체계적 둔감법 : 낮은 수준의 자극에서 높은 수준의 자극으로 점차적으로 유도하여 불안에서 벗어나도록 하는 기법으로, 고전적 조건형성의 원리에 기초한다.

06 홍수법 : 강한 불안을 유발하는 자극이나 심상을 노출시키고 불안이 감소될 때까지 노출을 계속하는 기법이다.

07 혐오 기법 : 바람직하지 않은 행동에 대하여 혐오 자극을 제시하여 부적응 행동을 제거하는 기법이다.

08 토큰 경제 : 내담자가 적절한 행동을 할 때마다 강화물(토큰)이 주어지는 기법이다.

09 타임아웃 : 비강화 장소로 나가게 하는 기법이다.

10 조형 : 원하는 목표 행동에 근접하는 행동을 보일 때마다 강화를 하여 단계적으로 목표 행동을 학습시키는 기법이다.

11 Premack 원리 : 선호하는 행동을 강화물로 제공하여 선호하지 않은 행동의 빈도를 높이는 기법이다.

12 용암법 : 도와주거나 촉진하는 것을 점차 줄이면서 스스로 문제를 해결하게 하는 기법이다.

13 모델링 : 타인의 행동을 간접 체험함으로써 모델의 행동을 내면화하게 하는 기법이다.

14 행동 계약 : 표적 행동을 서면으로 동의하는 기법이다.

15 주장 훈련법 : 내담자가 자신의 판단을 신뢰하고 자신감을 갖도록 하여 사회적 상황에 적절히 반응하고 자신의 의견을 용납하는 방법으로 표현하여 목적을 달성하도록 지도 훈련하는 기법이다.

> **TIP**
>
> | 바람직한 행동을 증가시키는 기법 | | 바람직하지 않은 행동을 감소시키는 기법 | |
> |---|---|---|---|
> | • 정적 강화 | • 부적 강화와 처벌 | • 소거 | • 벌 |
> | • 차별 강화 | • 조형 | • 자극 포화법 | • 이완 훈련 |
> | • 용암법 | • 간헐 강화 | • 체계적 둔감법 | • 행동기술 훈련 |
> | • 토큰 강화 | | • 혐오 기법 | • 타임아웃 |

4 상담자의 역할

① 내담자의 부적응 행동을 진단한다.

② 부적응 행동을 적응 행동으로 수정하도록 하기 위하여 방법을 제시하고, 조언하고, 때로는 지시하는 교사, 무대감독, 전문가의 역할을 한다.

③ 내담자를 위한 역할 모델이 되어 준다. 인간으로서의 상담자는 중요한 모델이 된다.

06 인간 중심 상담

1 인간 중심 상담의 이해

01 개요 : 1930~40년대 칼 로저스의 이론에 근거하여 발전된 상담이론이다. 정신분석 상담과 행동주의 이론의 2가지 이론을 대체할 새로운 이론으로, 인본주의에 기반을 둔 비지시적인 인간 중심 상담을 주장하였다. 상담에서 상담자와 내담자 관계를 중요하게 여기게 되었고, 상담 효과에 큰 영향을 미친다는 것을 인식하게 되었다. '만일 ~라면 ~이다.'의 형태로 표현한다.

02 인간관

① 인간은 선천적으로 성장 가능성을 가지고 태어난다.

② 인간은 자신의 인생 목표, 행동 방향을 스스로 결정하고 책임을 수용하는 자유로운 존재로, 스스로 자기를 조절하고 통제하는 능력을 지니고 있다.

③ 인간은 심리적 부작용 상태에서 심리적 건강 상태로 나아갈 수 있는 능력을 타고 났기에, 타고난 능력을 발휘할 수 있는 조건들만 갖추면 무한한 성장과 발전이 가능하다.

03 주요 개념

유형	내용
유기체	어떤 자극이 있을 때 그 자극에 대하여 우리의 모든 존재가 반응하는데, 이러한 경험을 '유기체적 경험'이라고 한다.
자기	사람들이 자신에 대하여 갖고 있는 조직적이고 지속적인 인식으로, 성격 구조의 중심이다.
현상학적 장	개인이 주관적으로 지각한 세계를 의미하며, 동일한 현상이라도 개인에 따라 다르게 지각하기 때문에 개인적 현실, 즉 '현상학적 장'만이 존재한다고 본다.

2 상담의 목표 및 과정

01 상담의 목표

① 유기체적 존재는 긍정적 존중과 사랑받고자 하는 욕구를 가지고 있는데, 성장하면서 유기체로서 자신의 경험은 무시하고 타인의 반응을 민감하게 받아들인다.

② 타인의 가치체계에 의하여 형성된 자기 개념은 자신이 유기체로서 느끼고 생각하는 것과 차이가 난다. 즉, 심리적 부적응을 초래하는 원인은 유기체의 경험과 타인의 가치체계에 의하여 형성된 자기 개념 간의 불일치 때문이기에, 상담의 목표는 내담자의 자기 개념과 유기체적 경험 간의 불일치를 제거하는 것이다.

02 상담의 과정

단계	내용
상담 초기	내담자는 자기 개념과 유기체의 경험 간의 불일치에 따른 심리적 문제를 자유롭게 이야기하기 힘들기 때문에, 상담자는 무조건적 수용과 공감의 태도를 취하여 내담자가 자신의 감정을 탐색하도록 한다.
상담 중기	지금까지의 자기 개념에 맞추어 왜곡되어진 자신의 감정, 사고, 욕구를 새로운 각도에서 받아들이며 그것들의 참된 의미를 깨달아 실현하도록 한다.
상담 종결	내담자는 이전에 부인하였던 감정을 수용하는 힘이 생겨서 현실을 왜곡 없이 받아들이고 자신의 문제를 스스로 해결해 나가게 된다.

3 상담자의 역할

무조건적 긍정적 존중	아무런 전제나 조건 없이 내담자를 긍정적인 존재로 존중하는 것이다.
공감적 이해	내담자의 감정과 경험을 민감하고 정확하게 이해하는 것이다.
진솔성	내담자를 대함에 있어 상담자가 무엇을 경험하는가에 대하여 그대로 느끼고 경험하고 표현한다.

07 합리적 정서행동치료(REBT)

1 합리적 정서행동치료의 이해

01 개요 : 1950년 알버트 앨리스가 발전시킨 이론이다. 인간이 가진 감정, 사고, 행동 중에서 사고에 초점을 두었으며, 어떻게 사고를 하느냐에 따라 감정 또는 행동이 달라진다고 본다. 강조점은 감정 표현보다는 사고와 행동에 있고, 상담을 교시적이고 지시적인 교육과정으로 보며, 상담사가 '교사'의 역할을 한다.

02 인간관

① 인간은 합리적이고 올바른 사고를 할 수 있는 존재일 뿐만 아니라 비합리적이고 올바르지 못한 왜곡된 사고도 할 수 있는 존재이다.

② 인간은 비합리적 사고를 바꾸기 위하여 노력하는 생득적 경향을 가지고 있다.

③ 인간은 성장과 자아 실현의 경향성이 있다.

④ 인간의 사고, 정서, 행동은 서로 영향을 미친다.

03 주요 개념

(1) 비합리적 사고

정서적 문제를 겪는 이유는 일상생활에서 겪는 구체적인 사건들 때문이 아니라 그 사건을 합리적이지 못한 방식으로 사고하기 때문이다.

 **TIP 합리적 사고와 비합리적 사고**

구분	합리적 사고	비합리적 사고
논리성	논리적으로 모순이 없다.	논리적으로 모순이 많다.
실용성	삶의 목적 달성에 도움이 된디.	삶의 목적 달성에 방해가 된다.
현실성	경험적 현실과 일치한다.	경험적 현실과 일치하지 않는다.
융통성	경직되어 있지 않다.	절대적/극단적/경직되어 있다.
파급 효과	적절한 정서와 적응적 행동에 영향을 준다.	부적절한 정서와 부적응적 행동을 유도한다.

(2) 자기 수용

REBT에서는 중요한 개념으로 정서적 문제는 조건적 자기 수용을 가진 사람에게 흔히 발견된다. 조건적 자기 수용은 인간의 근본 가치를 수용하는 것이 아니라 성취나 성공의 여부에 따라 가치 수준을 평가하는 것이다.

 **TIP** 앨리스의 ABCDE 모형

구분	내용
Activating event (선행사건)	개인에게 정서적 혼란을 일으키는 문제 장면이나 선행사건
Belief system (신념체계)	선행사건에 대하여 개인이 갖게 되는 비합리적 사고방식
Consequence (결과)	선행사건 시에 생긴 비합리적 사고방식으로 발생한 정서적, 행동적 결과
Dispute (논박)	비합리적 사고에 대한 논박
Effect (효과)	논박함으로써 얻게 되는 합리적 신념

2 상담의 목표 및 과정

01 상담의 목표 : 비합리적 사고를 합리적으로 바꾸는 것이며, 궁극적으로는 내담자가 가지고 있는 삶의 철학 자체를 변화시키는 것이다.

02 상담의 과정

단계	내용
1단계	상담자는 내담자에게 문제를 질문한다.
2단계	문제점을 규명한다.
3단계	부적절한 부정적 감정을 알아본다.
4단계	선행사건(A)을 찾아내고 평가한다.
5단계	2차적 정서문제를 규명한다.
6단계	신념체계(B)와 결과(C)의 연관성을 가르쳐 준다.
7단계	비합리적 신념(iB)을 평가하고 확인한다.
8단계	비합리적 신념체계(iB)와 연관시켜 비합리적 신념을 확인시킨다.
9단계	비합리적 신념을 논박한다.
10단계	합리적 신념체계를 내담자가 학습하고 심화하도록 한다.
11단계	새로 학습된 신념체계를 실천에 옮기도록 내담자를 격려하고 연습한다.
12단계	합리적 인생관을 확립하게 한다.

3 상담의 기법

유형	내용
인지적 기법	비합리적 신념 논박하기, 인지적 과제 주기, 내담자의 언어를 변화시키기
정서적 기법	합리적 정서 상상, 유머의 사용, 부끄러움 제거 연습
행동적 기법	수치심 깨뜨리기, 보상 기법, 역할 연기

4 상담자의 역할

① 내담자에게 현재 문제를 일으킨 인지적 가설을 가르친다.

② 비합리적 신념이 부정적인 결과를 초래하는 방식을 보여줌으로써, 내담자에게 합리적 신념을 가지게 한다.

③ 행동적 과제를 제시하여, 내담자가 비합리적 사고를 최소화할 수 있도록 돕는다.

08 인지행동 상담

1 인지행동 상담의 이해

01 개요 : 앨리스는 인간이 가진 비합리적 신념에 초점을 맞추었고, 아론 벡은 개인이 가진 정보처리 과정의 인지적 왜곡에 초점을 두었다. 인지행동 상담은 우울이나 공황 장애, 대인공포증, 강박 장애, 섭식 장애에 좋은 성과를 거두고 있다.

02 인간관 : 인간은 자신의 인지 구성에 의하여 행동하고 느끼는 방식을 결정하는 존재이다.

03 주요 개념

유형	내용
자동적 사고	어떤 환경적 사건에 대하여 자기도 모르는 사이에 떠오르는 생각과 심상을 말한다. 환경적 사건으로부터 심리적 증상이 생기도록 매개하는 주요한 인지적 요인이 된다.
인지 도식(스키마)	마음속에 있는 인지 구조로, 정보 처리와 행동의 수행을 안내하는 비교적 안정적인 인지적 틀을 말한다.
역기능적 인지 도식	비합리적이고 부적응적이며 자기 비판적인 사고의 틀이다.
인지적 오류	어떤 사건이나 상황을 체계적으로 왜곡하여, 그 의미를 해석하는 정보처리과정에서 일으키는 체계적인 잘못을 말한다.

2 상담의 목표 및 과정

01 상담의 목표

① 자동적 사고를 변화시킨다.

② 인지 도식을 재구성하여 새로운 사고를 하도록 한다.

③ 인지적인 오류를 제거한다.

④ 부적응적 행동과 정서를 수정하여 적응적 행동과 정서로 바꾸어 준다.

02 상담의 과정

단계	내용
1단계	내담자의 자동적 사고에 주의를 기울인다.
2단계	자동적 사고를 구체적으로 인식하고 합리적인 사고로 변화시킨다.
3단계	내담자가 가진 인지적 오류들을 확인하고, 역기능적 가정들을 인식하여 재구성함으로써 부적응적 도식을 변화시킨다.
4단계	긍정적인 경험을 할 수 있는 행동과제를 부여하게 병행한다.

❸ 상담의 기법

유형	내용
인지적 기법	탈파국화, 재귀인, 재정의, 탈중심화, 주의 환기하기, 이중 잣대기법, 장점과 단점
행동적 기법	노출기법, 사고 중지, 행동적 시연과 역할 연기

 **TIP** 　　**마이켄바움의 인지행동 수정**

- 내담자의 자기 언어를 변화시키는 것에 중점을 두고 자기 대화를 인식하도록 한다.
- 상담과정은 내담자가 부적응적인 자기 말을 지각하여 규명하도록 하며, 상담자가 효과적인 언어와 행동을 시범 보인다.
- 내담자는 자기 언어를 크게 말하면서 목표 행동을 하게 되고, 상담자의 강화로 내담자는 새로운 자기 언어를 구축한다.

09 실존주의 및 게슈탈트 상담

❶ 실존주의 상담

01 개요 : 인간의 삶의 의미를 탐구하는 데 초점을 둔다. 인간을 단순한 지성적 존재 이상으로 보고 있기 때문에, '문제' 자체보다는 내담자의 있는 그대로의 경험을 이해하는 것을 강조한다. 실존주의 학자에는 프랭클, 메이, 얄롬, 보스, 빈스반거가 있다.

02 인간관

① 인간은 존엄성과 가치를 지닌 존재이다.
② 인간은 자기 인식의 능력을 지닌 존재이다.
③ 인간은 계속해서 되어가는 존재이다.
④ 인간은 실존적으로 단독적이면서 타인과의 관계를 추구하는 존재이다.
⑤ 인간은 이 세상에 우연히 내던져진 존재이다.

⑥ 인간은 영원히 사는 것이 아니라 언젠가는 죽을 수밖에 없다는 사실을 알고 있는 존재이다.

⑦ 인간은 자신을 초월할 능력을 가진 존재이다.

03 주요 개념

유형	내용
죽음	죽음을 부정적으로 보지 않으며, 삶에 대한 의미를 부여하는 인간의 기본 조건으로 본다.
고립	개인 간의 고립은 자신과 타인 사이에 존재하는 거리를 말하고, 개인의 고립은 자기 자신의 부분들과 고립되어 있다는 사실을 말한다.
자유	실존적 의미에서 자유는 긍정적 개념으로 보지 않는다. 반대로 인간이 응집력 있는 거대한 설계를 지닌 구조화된 우주에 들어가지 못하고, 그곳에서 나오지도 못한다는 의미이다.
책임	인간은 스스로 결단하여 자신의 운명을 결정하고 존재를 개척하며, 자신의 인생에 책임을 져야 하는 존재이다.

2 게슈탈트 상담

01 개요 : 1949년 펄스(Perls)에 의하여 창안되었는데, '게슈탈트'는 독일어로 '전체' 또는 '형태'를 의미한다. 우리나라에서는 게슈탈트 상담을 '형태상담 이론'이라고 한다. 개체의 욕구나 감정, 환경조건 및 상황 간의 상호작용을 강조하는 장이론과 인간의 주관적 지각과 경험과 의미를 상소하는 현상학적 섭근, 인산은 스스로 끊임없이 다시 만들고 발견한다고 보는 실존주의의 기본 전제를 따르고 있다.

02 목적 : 게슈탈트 상담은 사람들이 자신의 삶을 풍성하게 살지 못하게 방해하는 것이 무엇인지 알아차리고, 자기와 세계의 분열된 부분을 재통합하여 의미 있는 성장을 촉진하는 데 목적을 둔다.

03 인간관

① 인간은 현상학적이고 실존적인 존재이다.

② 인간은 전체적이며 통합적이고 현재 중심적이다.

③ 인간은 환경의 일부분으로 환경과 분리할 수 없다.

④ 인간은 자신의 행동을 자유롭게 선택할 수 있으며, 자신의 자유로운 선택에 의하여 잠재력을 각성할 수 있다.

⑤ 인간은 자기 자신의 삶을 효과적으로 영위할 수 있는 능력을 가진다.

⑥ 인간은 완성을 추구하는 경향이 있다.

04 주요 개념

유형	내용
게슈탈트	사물을 볼 때 부분과 부분을 하나씩 따로 떼어 보지 않고 하나의 의미 있는 전체 상으로 파악하는데, 그 전체 상을 '게슈탈트'라고 한다.
전경	어느 한 순간에 중요한 욕구나 감정을 떠올리며 관심의 초점이 되는 부분을 말한다.
배경	게슈탈트가 해소되고 나면, 전경에서 사라지면서 배경이 된다.
알아차림(의식)	개체가 자신의 욕구나 감정을 지각한 후에 게슈탈트로 형성하여 전경으로 떠올리는 행위를 말한다.
접촉	전경으로 떠오른 게슈탈트를 해소하기 위하여 환경과 상호작용하는 행위를 말한다.

3 상담의 목표 및 과정

01 상담의 목표

① 내담자가 생각하고 느끼고 행동하는 것을 충분히 알아차리도록 돕는다.

② 사랑과 미움, 내부와 외부, 현실과 비현실 등의 삶에 존재하는 양극단 사이에서 양극성 요인을 알아차리고 상황을 인정하고 수용하여 양극성의 통합을 이룬다.

③ 타인에게 의존하려는 마음을 버리고 자신을 신뢰하며 스스로 선택하고 책임지도록 한다.

④ 새로운 변화를 수용하고 성장하도록 한다.

02 상담의 과정 : 게슈탈트 상담은 내담자의 전경에 떠오르는 것이 무엇인지에 따라 치료과정이 진행되기 때문에 치료과정의 형식이 없고, 체계적인 상담과정도 정립되어 있지 않다.

4 상담의 기법

01 욕구와 감정의 자각 : 게슈탈트를 원활하게 하고, 환경과의 접촉을 가능케 하며, 상담자는 내담자의 감정을 찾아내어 자각시킨다.

02 신체 자각 : 내담자의 신체를 자각하게 함으로써, 자신의 감정과 욕구를 명확히 파악할 수 있다.

03 환경 자각 : 내담자의 감정과 욕구를 자각을 위하여 주위 환경에서 체험하는 것으로, 환경과의 생생한 접촉이 가능하다.

04 언어 자각 : 자신이 책임지는 문장으로 바꾸어 말하게 하여 책임의식이 높아진다.

05 책임 자각 : 자신이 한 일에 대하여 책임지게 하고, 스스로 그렇게 할 수 있는 내적인 힘이 있음을 알아차리게 한다.

06 과장하기 : 감정의 정도와 깊이를 명확히 자각하지 못하므로, 어떤 행동이나 언어를 과장하여 표현함으로써 자신의 감정의 정도와 깊이를 자각하게 한다.

07 빈 의자 기법 : 현재 참여하지 않은 사람과 대화를 나누는 형식으로 관계 탐색이 가능하고, 억압된 부분이나 개발되지 않은 부분들과 접촉이 가능하다.

08 꿈 작업 : 내담자의 욕구나 충동 혹은 감정이 외부로 투사된 것으로, 꿈의 각 부분을 연기해 보게끔 하여 투사된 부분들과 접촉이 가능하다.

09 자기 부분 간의 대화 : 내담자의 인격에서 분열된 부분을 찾아내어, 그것들 간에 대화를 시킴으로써 분열된 자기 부분을 통합할 수 있도록 도와주게 한다.

10 뜨거운 의자 : 대인관계의 문제나 저항과 관련하여 내담자의 자기 각성을 촉진시키는 기법으로, 집단상담 장면에서 많이 사용하며 한 구성원에게 한동안 집중적으로 초점을 맞춘다.

11 역할극 : 평소 자신이 거부하였거나 억압하였던 자신의 부분들과 타인의 관점을 연기하도록 하는 기법이다.

12 상전과 하인 : 상전은 프로이트의 초자아 개념에 해당하는 권위적이고 명령적이며 도덕적인 부분이다. 하인은 아무 힘도 없지만 상전과의 싸움에서 만만치 않은 전략을 구사한다.

10 교류 분석

1 교류 분석의 이해

01 개요 : 1958년 에릭 번이 소개한 심리치료 기법이다. 교류 분석은 성격의 인지적, 합리적, 행동적 측면을 모두 강조하였고, 의사소통의 체계와 구성을 분석하는 방법을 제공하였다. 내담자가 새로운 결정을 통하여 삶의 과정을 바꿀 수 있도록 자각을 증대시킨다.

02 인간관

① 인간은 과거에 불행한 사건을 경험하였다 하더라도 변화 가능한 긍정적인 존재이다.

② 인간은 현실세계에 대한 인식 및 정서를 표현할 수 있고, 친근한 관계를 형성하고 유지할 수 있는 자율적 존재이다.

③ 인간은 사회환경이나 어린 시절의 경험에 의하여 결정되지 않은 자유스러운 존재이다.

④ 인간은 존재 가치가 있고 존엄성이 있으므로 삶과 환경에 대하여 재결정을 할 수 있고, 그에 따라 사고, 감정, 행동방식을 재구조화할 수 있는 존재이다.

⑤ 인간은 자신의 사고, 감정, 행동에 책임질 수 있는 능력을 가진 존재이다.

03 주요 개념

유형	내용
자아상태 모델	인간의 자아상태는 1가지 자아상태에서 다른 상태로 변화하여, 변화한 자아상태에 따라 행동이 달라진다고 본다. 자아상태는 크게 어버이 자아(Parent), 어른 자아(Adult), 어린이 자아(Child)로 나누고, 기능에 따라 어버이 자아(P)를 비판적 부모 자아(CP), 양육적 부모 자아(NP)로 나누며, 어른 자아(A), 어린이 자아(C)를 자유로운 어린이 자아(FC), 순응하는 어린이 자아(AC)로 나눈다.
부모의 각본 메시지	부모가 각본 메시지를 어떻게 자녀에게 전달하는지를 보여주는 모형이다.
구조 분석	어버이(P), 어른(A), 어린이(C)의 3가지 자아상태가 어떻게 구성되어 있는지를 분석하는 것이다.
교류 분석	일상생활에서 주고받는 말, 태도, 행동 등을 분석하는 것이다.
게임 분석	게임은 표면적으로는 합리적이고 친밀한 대화로 동기화되고 보안적인 것으로 보이나, 그 이면에는 정형화된 함정이나 속임수가 내포되어 있는 교류이다.
인생의 각본 분석	각본은 어릴 때부터 형성하기 시작하며, 자신의 욕구를 충족시키기 위하여 초기에 결정한 무의식적인 인생 계획이다. 각본 분석이란 자신이 자아상태에 대하여 통찰하고 자기 각본을 이해하고 거기서 벗어나는 것을 말한다.
스트로크	사람과 사람 간의 피부 접촉, 표정, 감정, 태도, 언어, 기타 여러 형태의 행동을 통하여 상대방에 대한 자신의 반응을 알리는 인식의 기본 단위이다.
생활태도	자기 자신과 타인, 그리고 세계에 대하여 갖고 있는 개인의 태도를 통칭하는 것으로, 초기 경험과 초기 설정에 의하여 형성된다.

2 상담의 목표 및 과정

01 상담의 목표

① 내담자가 그의 현재 행동과 삶의 방향에 대한 새로운 결정을 내리도록 한다.

② 새로운 결정을 내릴 수 있도록 자율성을 성취시켜 준다.

③ 어른 자아를 확립한다.

④ 상담과정을 통하여 내담자가 지금까지 타인과의 교류에서 이면 교류, 교차 교류, 게임 등을 발생시켰던 여러 문제를 살피고 상호 교류를 시도하면서, P, A, C 사이를 자유롭게 왕래하도록 한다.

02 상담의 과정

단계	내용
계약	상담을 시작하는 초기에 상담자와 내담자 사이에 라포 형성과 상담의 구조화, 상담 목표를 세우고, 상담 달성을 위한 상담 계약이 이루어진다.
구조 분석	현재 자신의 자아 상태가 균형 있게 기능하지 못하는 원인을 찾고 수정한다.
교류 분석	내담자가 어떤 의사 교류를 하고 있는지를 알아본다.
게임 분석	내담자에게 게임의 의미와 유형을 이해시키고, 내담자의 암시적 의사 교류가 어떠한지를 찾아본다.
각본 분석	내담자에게 기본의 의미와 종류에 대하여 이해시키고, 내담자가 가지고 있는 각본을 찾아본다.
재결단	내담자가 지금까지 문제 있는 각본, 의사 교류, 게임 등에서 탈피하여 자율적이고 정상적인 자아 상태를 회복하도록 결단을 돕는다.

3 상담의 기법

유형	내용
상담 분위기를 형성하는 기법	허용, 보호, 잠재력
전문적 상담 행동을 규정하는 조작 기법	정의, 명료화, 직면, 설명, 확인, 해석, 결정화
치유의 4단계	사회의 통제, 증상의 경감, 전이의 자유, 각본의 치유

4 상담자의 역할

① 교훈적이고 인지적인 것에 관심을 기울이며, 교사, 훈련자, 정보 제공자의 역할을 한다.

② 교사로서의 상담자는 구조 분석, 교류 분석, 각본 분석, 게임 분석의 개념을 실명해 준다.

③ 내담자 자신의 초기 결정과 인생 계획에 있어서 과거의 불리한 조건을 발견하도록 도와주고, 새로운 전략을 발달시키도록 돕는다.

④ 내담자의 어린 시절 잘못된 결정에 따라 살지 않고 현재 상황에 적절한 결정을 할 수 있도록 삶을 변화시킬 수 있는 능력을 발견하도록 돕는다.

11 현실 치료

1 현실 치료의 이해

01 개요 : 1956년 윌리엄 그래서는 여자 비행청소년의 치료를 위하여 캘리포니아 주립시설에서 벤츄라 여학교의 정신과 자문으로 활동하면서 현실 치료의 기본 개념들을 비행청소년 치료에 적용하였다. 학생들에게 자신들의 행동에 대한 책임을 지도록 하고 처벌을 금지하

였다. 규칙을 어기면 개인적 책임이 요구되었고, 행동을 변화시킬 결심을 하여 실천에 옮길 수 있도록 격려하였다. 또한, 내담자의 정서, 감정, 혹은 태도보다 현재의 행동에 초점을 맞추었다.

02 인간관

① 인간은 자신의 건강을 증진하고 성장하는 힘을 가지고 있으며, 자신과 환경을 통제할 수 있는 존재이다.

② 인간은 자유롭게 자신의 목표를 스스로 선택하고자 하는 욕구를 가진 존재이다.

③ 인간은 자기 행동을 결정하고 그 행동에 책임을 질 수 있는 존재이다.

④ 인간은 성공적인 정체감을 발전시키며, 의미 있는 인간관계를 맺고 싶어 하는 존재이다.

⑤ 인간은 기본적 욕구를 충족시키려는 존재이다. 기본적 욕구는 사랑과 소속, 힘과 성취, 자유, 즐거움, 생존의 욕구를 말한다.

03 주요 개념

유형	내용
선택이론 (통제이론)	인간은 태어나서 죽을 때까지 행동하며, 예외가 있기는 하지만, 모든 행동은 선택된다. 전제 행동은 모든 행동이 분리될 수는 없지만 구별되는 4개의 구성요소(활동하기, 생각하기, 느끼기, 생리적 반응)로 이루어지고, 이것은 반드시 행위, 사고, 감정을 동반한다.
5가지 기본 욕구	사랑과 소속의 요구(Belonging need), 힘에 대한 욕구(Power need), 자유에 대한 욕구(Freedom), 즐거움에 대한 욕구(Fun need), 생존에 대한 욕구
3R	책임(Responsibility), 현실(Reality), 옳고 그름(Right and wrong)
정체감	자신과 다른 사람들의 관여로 형성된다.

2 상담의 목표 및 과정

01 상담의 목표

① 내담자가 기본적 욕구를 충족시켜 줄 수 있는 효율적인 방법을 찾고, 스스로 선택한 행동에 책임을 지도록 한다.

② 자신의 삶에 대한 통제력을 회복하도록 하고 성공적인 정체감을 갖도록 한다.

02 상담의 과정

(1) R-W-D-E-P : 우볼딩의 상담 진행과정

R(Rapport) 내담자와의 상담관계 형성 - W(Want) 욕구 탐색하기 - D(Doing) 현재 행동에 초점 두기 - E(Evaluation) 내담자가 자신의 행동 평가하기 - P(Plan) 책임 있게 행동하는 계획 세우기

(2) **상담환경 가꾸기** : AB법칙(Plactice the AB-CDEFG) 실시

❸ 상담의 기법

01 질문하기 : 질문은 내담자가 원하는 것에 대하여 생각하고 자신의 행동이 옳은 방향으로 나가고 있는지를 평가하는 유익한 기법이다.

02 동사와 현재형으로 평가하기 : 내담자가 자신의 삶을 스스로 통제할 수 있으며 자신의 전체 행동을 선택할 수 있다는 인식을 심어주는 것이 중요하므로, 의도적으로 강한 의미의 동사와 현재형의 단어를 사용한다.

03 긍정적으로 접근하기 : 긍정적인 것에 초점을 두고, 내담자가 할 수 있는 것을 안내한다.

04 은유적 표현 : 내담자가 자주 사용하는 언어에 주의를 기울이고, 은유적 표현에 관심을 기울인다.

05 유머 : 평안하고 친밀한 관계를 맺는 데 도움이 되며, 자기 표현의 새로운 방향을 제시하고 융통성을 갖게 한다.

06 역설적 기법 : 내담자의 통제감과 책임감을 증진시키기 위하여 적용된다.

07 직면 : 내담자의 말과 행동이 일치하지 않는 것을 인식시키는 것이다.

08 재구성하기 : 개인이 어떤 주제에 대하여 생각하는 방식을 바꾸도록 하는 것으로, 같은 사건을 다르게 보는 것이다.

12 해결 중심 상담

❶ 해결 중심 상담의 이해

01 개요

① 내담자는 자신이 문제를 해결하려는 의지와 능력을 갖고 있다고 믿기 때문에 내담자 스스로 해결법을 찾아가는 것에 주력하고 문제 해결에 집중한다.

② 상담의 초점을 문제의 원인에 두지 않고 내담자가 원하는 변화에 두며, 문제 해결 방법과 새로운 행동 유형을 찾게 해 준다.

③ 상담에서는 문제의 원인이 되는 과거가 아니라 문제가 해결될 미래를 더 강조하기 때문에 정확한 미래에 대하여 설명해 주면, 내담자는 현재 무엇을 해야 할지를 분명히 알 수 있다고 본다.

02 인간관

① 인간은 근본적으로 건강하고 능력이 있으며, 문제를 해결할 수 있다고 본다.

② 인간에게 문제가 생긴 것은 자신이 지닌 자원 강점을 활용하지 못해서 생긴 것이기 때문에, 성공적 경험을 많이 하도록 하면 인간은 더욱 행복하고 성공적인 삶을 살 수 있다.

03 주요 개념

유형	내용
해결 중심 접근	해결 중심 상담에서의 삶의 어려움을 성공적으로 해결하지 못한 것을 문제로 보기 때문에 문제에 대하여 깊이 알려고 하기보다는 새로운 해결방법을 찾는 것을 더 중요하게 생각한다.
긍정적 관점 지향	해결 중심 상담에서는 내담자는 문제를 가진 존재로 보기보다 감정과 자원을 가진 존재로 본다.

>  **TIP** **해결 중심 상담의 기본 규칙**
>
> • 문제가 없으면 손대지 말라.
> • 효과가 있으면 계속하라.
> • 효과가 없으면 그만두어라.

② 상담의 목표 및 과정

01 상담의 목표

① 내담자가 이미 문제 해결의 자원과 강점을 가지고 있으므로, 내담자가 가지고 있는 자원을 활용하여 상담 목표를 이루어 나가도록 돕는다.

② 내담자가 가지고 있는 목표가 윤리적이고 합리적이면 그것이 상담의 목표가 된다.

02 상담의 과정

단계	내용	
첫 회기의 상담과정(7단계)	① 상담 구조와 절차 소개	② 문제 진술
	③ 예외 탐색	④ 상담 목표의 설정
	⑤ 해결책 정의	⑥ 메시지 작성
	⑦ 메시지 전달	
첫 회기 이후의 상담과정	① 이끌어내기	② 확장하기
	③ 강화하기	④ 다시 시작하기

3 상담의 기법

유형	내용
질문 기법	내담자가 지닌 문제 해결의 힘과 능력을 찾아내어 확장시키고, 강화시킬 수 있는 다양한 질문들을 개발한다. 해결 중심 상담에서는 상담자의 질문을 매우 중요하게 다룬다.
메시지 전달 기법	상담을 종료하고 5~10분 휴식시간을 가진 후, 상담 회기에 대한 피드백을 '메시지'의 형태로 전달한다. 이때 전달되는 메시지는 교육적 기능, 정상화의 기능, 새로운 의미의 기능, 과제의 기능을 가지고 있고, '칭찬, 연결문, 과제'로 구성된다.

13 생애기술 상담

1 생애기술 상담의 이해

01 개요

① 생애기술은 개인의 심리적 삶을 보장하기 위하여 구체적 기술 영역에서 결정하는 일련의 선택이라고 할 수 있다.

② 생애기술 상담은 '인지, 행동적 접근'의 통찰을 활용하여 사고와 행동의 변화를 유도하고, '인본주의적 실존주의 메시지'를 전달하여 현재와 미래 생활에 도움이 되는, 보다 효과적인 기술을 습득하도록 돕는다.

③ 개인의 생애기술 상담은 한 개인이 보다 넓은 공동체 속에서 생애기술을 획득하고 유지하고 발달시키는 것을 중재하는 활동이다.

02 주요 개념

① 생애기술 상담의 주요 관심은 생물학적 삶보다 심리적 삶에 두고 있다.

② 심리적 삶은 신체보다 마음에 관심을 두고 인간 잠재력을 개발하는 데 있다.

③ 기술 언어란 생애기술의 장점과 단점의 관점에서 내담자 문제에 대하여 생각하고 말하는 것을 의미한다.

④ 기술 언어는 내담자의 문제를 지속시키는 구체적인 사고 기술과 행동 기술의 단점을 규명하고, 그것들을 상담 목표로 전환하는 것까지 포함한다.

⑤ 감정도 물론 중요하지만, 감정은 인간의 동물적 속성을 나타내기 때문에 그 자체로는 기술이라고 볼 수 없다.

2 상담의 목표 및 과정

01 상담의 목표

① 내담자로 하여금 문제를 해결하는 것뿐만 아니라 그 문제를 유지시키는 보다 근본적인 기술을 변화시키도록 돕는다.

② 개인으로 하여금 기술을 갖추도록 한다. 개인에게 필요한 생애 기술은 반응성, 실재성, 관련성, 보상적 활동, 옳고 그름이다.

02 상담의 과정

단계	내용
발달(Develop)	관계를 발달시키고 문제를 명료화한다.
진단(Assess)	기술적 용어로 문제를 진단하고 재진술한다.
진술(State)	목표를 진술하고 중재를 계획한다.
중재(Intervene)	생애기술을 발달시키도록 중재한다.
강조(Emphasize)	실제 생활의 적용을 강조하고 종결한다.

14 단기 상담

1 단기 상담의 이해

01 특징

① 상담 목표를 설정하고, 그 목표를 해결하는 데 초점을 맞춘다.
② 일반적으로 주 1회를 기준으로 총 25회가 미만이다.
③ 상담 목표를 제한하여야 하며, 상담의 초점을 내담자의 현재 문제의 증상에 두고 반복적으로 문제를 일으키는 대인관계 등에 맞춘다.
④ 상담자의 즉각적이고 적극적인 개입을 필요로 한다.
⑤ 장기 상담만큼 효과적이며 비용과 시간을 절약할 수 있다.

02 주요 개념

유형	내용
정신분석의 단기 상담 접근	아동기 경험에 초점을 두는 것보다는 현재 반복되는 대인관계의 문제에 초점을 둔다.
인지행동 치료적 접근	우울, 공황 장애, 대안 공포 등에 효과적이다.
위기 상담	배우자의 죽음, 지진, 강간 등 위기 상담에 효과적이다.

2 상담의 목표

① 내담자의 가장 절실한 불편함을 없애고, 합리적이면서도 적절한 수준에서 가능하도록 한다.
② 내담자가 이전보다 더 생산적인 방식으로 자신의 문제를 극복하도록 하고, 미래의 어려움을 다룬다.

3 상담자의 역할 및 내담자의 특성

01 상담자의 역할

① 상담자는 단기 상담에 대한 소신을 가져야 한다.

② 적극적인 상담자의 자세를 가지고 회기 목표를 정하고 항상 평가한다.

③ 내담자에게 더 민감하고 반응적이어야 한다.

02 단기 상담에 적합한 내담자의 특성

① 비교적 건강하며 문제가 경미한 내담자이어야 한다.

② 호소 문제가 비교적 구체적이며, 주호소 문제가 발달상의 문제와 연관된다.

③ 호소 문제가 발생하기 이전에는 생활 기능이 정상적이며, 사회적으로 지지해 주는 사람이 있는 경우이다.

④ 과거든 현재든 상보적 인간관계를 가져본 내담자가 적합하다.

⑤ 발달과정에 있어 위기를 맞은 내담자이어야 한다.

⑥ 중요 인물에 대한 상실로 생활상의 적응이 필요한 내담자이어야 한다.

⑦ 급성적 상황으로 정서적인 어려움을 가진 내담자이어야 한다.

⑧ 정신병, 경계성적 장애, 중독, 반사회성 성격장애 등의 심각한 장애나 반성적이고 복합적인 문제를 지니고 있는 내담자는 어렵다.

⑨ 지지 기반이 매우 약한 내담자는 단기 상담에 부적절하다.

15 집단 상담

1 집단 상담의 이해

01 특징

① 지지적인 분위기에서 집단원은 새로운 행동을 시도해 볼 수 있다.

② 집단 상담자의 지시나 조언이 없어도 집단원의 깊은 사회적 교류 경험이 가능하다.

③ 집단은 사회 축소판과 유사하므로 집단원은 다양한 경험을 공유할 수 있다.

④ 문제 해결과 목표 달성은 집단원의 상호작용과 집단 상담자의 상호작용을 통하여 이루어진다.

⑤ 집단 상담의 대상은 비교적 정상 범위의 적응 수준에 속하는 사람들이다.

⑥ 상담자는 훈련받은 전문가이다.

⑦ 상담 집단의 분위기는 신뢰할 수 있고 수용적이어야 한다.

⑧ 집단 상담은 하나의 역동적인 대인관계의 과정이다.

02 학습내용

① 자기뿐만 아니라 동료들도 비슷한 문제를 가지고 있다는 사실을 학습한다.

② 자기의 결함에도 불구하고 집단 동료로부터 배척당하지 않는다는 사실을 학습한다.

③ 다른 집단 참여자가 이해하지 못한다고 하더라도, 적어도 한 사람(집단 상담자)은 자기를 이해하고 수용해 준다는 사실을 학습한다.

④ 자기도 동료들을 이해하고, 수용하며, 도와줄 수 있다는 사실을 학습한다.

⑤ 자기 자신과 타인에 대하여 솔직한 느낌을 말하고 들음으로써, 자신과 타인을 더 이해하게 되고 수용하게 된다는 사실을 학습한다.

2 상담의 목표 및 과정

01 상담의 목표

① 자기의 문제, 감정 및 태도에 관한 통찰력을 통하여 보다 바람직한 자기 관리와 대인관계 태도를 터득한다.

② 자기 이해, 자기 수용, 자기 관리의 향상을 통한 인격적 성장을 꾀한다.

③ 개인적 관심사와 생활상의 문제에 대한 객관적 검토와 그 해결책을 위한 실천적 행동을 습득한다.

④ 집단생활 능력과 대인관계 기술을 배운다.

02 상담의 과정

단계	내용
탐색 단계	집단원이 새로운 사람들과의 만남을 어색해하고, 자기 개방에 부담을 느끼며, 피상적으로 교류한다.
전환 단계 (갈등 단계, 과도기 단계)	집단원 사이에 신뢰감이 형성되면서도 더욱 고조된 불안감이 공존하게 된다. 이 불안감은 자연스럽게 자신을 통제하고 조절하려는 노력으로 이어진다.
생산성 단계	집단의 변화촉진 요인이 고르게 나타난다. 집단원이 개인적으로 깊이 있고 의미 있는 쟁점을 탐색하게 되는 시기이자, 집단원이 다양한 방식으로 상호작용하게 되면서 강력한 집단 역동이 발생하는 시기이기도 하다.
마무리 단계	집단원과 작별을 하고 각자의 자리로 흩어진다. 집단경험을 통하여 변화되고 학습된 것을 총체적으로 정리하며, 효율적으로 적용할 수 있도록 돕는 시기이다.
추수 단계	집단이 완전히 종결되고 나서 일정한 시간이 지난 후, 집단원의 기능 상태를 점검하기 위한 시기이다.

 **TIP** **집단 상담의 계획 순서**

• 대상자에 대한 욕구를 파악한다.
• 계획안을 작성한다.
• 집단원을 사전 면담한 이후, 집단원을 선정한다.
• 선정된 집단원을 대상으로 사전 검사를 실시한다.

③ 집단원의 문제점

01 대화 독점

① 말을 너무 많이 하는 특정 집단원이 집단시간을 독차지하는 행동을 하는 것이다.

② 집단 초기에는 집단 상담자가 그의 자발적 행동에 안심을 하지만, 초반 이후에는 다른 집단원을 지루하고 피곤하게 하고, 집단 상담자와 집단원에게 분노를 유발시킨다.

02 소극적 참여자(침묵하는 집단원)

① 침묵으로 일관하거나 철수 행동을 하며, 적극적으로 참여하지 않는 집단원이다.

② 회기 마지막에 집단 경험을 나누는 시간에 참여를 독려하고, 비언어적 반응에도 관심을 표현하며, 침묵의 의미가 무엇인지 탐색할 기회를 제공한다.

③ 집단의 응집력에 부정적인 영향을 미치게 된다.

03 습관적 불평

① 집단 상담자의 운영방식이나 집단과정 등에 대하여 불평불만을 하는 집단원이다.

② 집단의 분위기를 해치고 자연스러운 흐름을 저해하며, 다른 집단원의 불평이나 논쟁으로 번질 수 있다.

③ 집단의 응집력에 부정적인 영향을 미친다.

04 일시적 구원

① 타인의 고통을 지켜보는 것이 어려워, 이를 사전에 봉쇄하기 위하여 일종의 가식적 지지 행위를 하는 것이다.

② 다른 집단원에게 관심과 돌보는 행동을 보일 수 있으나, 진정한 의미에서 도움을 제공하는 행동과는 거리가 있다.

05 사실적 이야기 늘어놓기

① 느낌이나 생각을 말하기보다 과거 사건에 관하여 사실 중심의 이야기를 두서없이 늘어놓는 것이다.

② 집단 상담의 경험이 없거나 자신의 솔직한 느낌이나 생각의 노출을 꺼리는 방어수단일 수 있다.

③ '여기 지금'에 초점을 맞추고, 감정을 진솔하게 표현하도록 한다.

06 질문 공세

① 다른 집단원이 질문에 대답을 하기도 전에 연속해서 질문하는 것이다.

② 다른 집단원에 관한 정보와 자료를 수집하고, 감정을 탐색하기 위한 수단일 수 있으나, 집단원의 말을 가로막고, 일일이 답변하여야 하는 부담감을 준다.

07 충고 일삼기

① 다른 집단원에게 인지적인 사항, 즉 하여야 할 것과 하지 말아야 할 것을 일러주는 것이 며, 제공하는 사람이 승자이고, 제공받는 사람은 패자라는 미묘한 느낌을 준다.

② 집단 과정과 역동에 부정적인 영향을 준다.

08 적대적 태도

① 내면에 누적된 부정적인 감정을 직간접적인 방식으로 표출하거나 방어하는 것이다.

② 공격, 차별하는 언사, 무관심 및 무감각, 지각·조퇴·결석, 비판 등의 형태를 취한다.

09 의존적 자세

① 집단 상담자나 다른 집단원이 자신을 보살피고 자신에 관한 사안을 대신 결정해 줄 것 을 기대하는 것이다.

② 무기력감을 호소하거나 조언을 받아들이고 실천하는 것을 못한다.

10 우월한 태도

① 자신의 능력이 탁월하거나 도덕적인 사람처럼 행동하면서 판단, 비평, 비판하는 것이다.

② 다른 집단원에게 불필요한 적대감과 분노를 주며, 집단 역동에 부정적 영향을 미친다.

11 하위 집단의 형성

① 집단 내에 파벌을 형성하고, 집단 밖에서 비생산적인 사회화를 하는 것이다.

② 집단원의 중요한 문제를 전체 집단 내에서 논의하기보다는 집단 밖에서 다룬다.

③ 집단 안에서 갈등을 유발한다.

12 지성화

① 감정적으로 부담이 되는 내용을 다루게 되는 경우, 감정 노출을 꺼리면서 지적인 부분 만을 언급하고 이성적으로 대하는 것이다.

② 신뢰감의 형성을 막고 감정 표출을 억제시키며, 집단 안에서 갈등을 유발한다.

13 감정화 : 매사에 감정적으로 대처하여 집단의 흐름을 저해하는 것이다.

TIP 얄롬(Yalom)의 11가지 치료적 요인

- 희망의 고취
- 정보 전달
- 사회기술 발달
- 모방 행동
- 집단 응집력
- 실전적 요인
- 보편성
- 이타심
- 대인관계 학습
- 1차 가족집단의 교정적 재현
- 정화

16 중독 상담

1 중독의 개념

① 물질 관련 및 중독 장애는 술, 담배, 마약과 같은 중독성 물질을 사용하거나 중독성 행위에 몰두함으로써 생겨나는 다양한 부적응적 증상을 포함하고 있다.

② 중독에는 술, 약물과 같은 '물질 관련 중독'과 도박, 인터넷, 쇼핑 등의 '행위 중독'이 있다.

③ 중독 모델에는 질병 모델, 도덕 모델, 심리성격 모델, 사회적 학습 모델이 있다.

2 중독의 유형

01 알코올 중독

유형	내용
생물학적 원인	알코올 의존 환자는 유전적 요인이나 알코올 신진대사에 신체적인 특성을 지닌다고 본다. 알코올 의존자의 가족이나 친척 중에는 알코올 의존자가 많다는 것이 자주 보고된다.
정신분석적 원인	알코올 중독자는 심리성적 발달과정에서 유래한 독특한 성격 특성을 지니고 있다고 본다.
알코올 중독 상담	치료의 초기 단계에서 술과 관련된 치료적 계약을 분명히 하고, 문제 행동에 대한 행동치료를 병행할 수 있다.
알코올 치료	동기강화 상담, 인지행동 치료, 12단계 모델을 사용하여 치료한다.

02 도박 중독

(1) 개념

① 화투나 카드 게임을 비롯하여 경마, 경륜, 슬롯머신 등의 도박성 게임은 오락의 한 형태로 많은 사람들이 즐기고 있다.

② 무기력함을 느끼거나 원하는 흥분을 얻으려고 더 많은 액수로 도박을 하며, 도박을 줄이거나 멈추고자 할 때 불안감과 짜증을 경험한다.

(2) 원인

① 오이디푸스 갈등과 관련된 무의식적 동기로 도박 장애를 설명하고 있다.

② 공격적이거나 성적인 에너지를 방출하려는 욕구가 무의식적으로 대치되어 도박행동으로 나타난다고 본다.

(3) 치료

① 도박 장애의 증세가 심각하거나 자살에 대한 위험성이 있으면 입원 치료를 해야 한다.

② 도박 장애는 치료가 매우 어렵고 재발률도 높은 편이다.

③ 정신역동적 치료에서는 도박에 자꾸 빠져들게 하는 무의식적인 동기에 대한 통찰을 유도함으로써 도박 행동을 감소시키고자 한다.

03 약물 중독

유형	내용
약물 오용	의학적 목적으로 사용하지만, 의사 처방에 따르지 않고 임의로 사용하는 것이다.
약물 남용	의도적으로 약물을 다른 목적을 위하여 사용하는 것이다.
약물 의존	특정 물질을 반복 사용한 결과로 정신적·신체적 변화를 일으켜, 사용자가 약물 사용을 중단하거나 조절하는 것을 어렵게 하는 상태이다.
약물 중독	약물 사용에 대한 강박적 집착을 보이며, 일단 사용하기 시작하면 끝장을 보고야 마는 조절 불능상태에서 끊을 경우 금단 증상이 나타난다.
금단 증상	특정 약물이나 대상, 행위에 대하여 충동적이고 습관적으로 하게 되고, 중단할 경우에 여러 가지 증상을 겪게 되는 것이다. 금단증상으로는 불안, 초조, 신체적 떨림 등이 있다. 기호품에는 알코올, 니코틴, 커피 등이 있고, 약물에는 진정, 수면, 항불안제, 중추신경 자극제가 있다. 또한, 인터넷 중독, 쇼핑 중독 등의 행위와 관련된 것도 있다.

 **TIP** 약물 중독의 진행 단계

실험적 사용 단계 → 사회적 사용 단계 → 남용 단계 → 의존 단계

17 청소년 상담

1 청소년 상담의 이해

01 개요

① 청소년 상담의 대상에는 청소년, 청소년 관련인, 청소년 관련기관이 있다.
② 청소년 상담에는 건강한 발달과 성장을 돕는 예방적, 교육적 측면이 포함된다.

02 특징

① 청소년은 성장과정의 연속선상에 있다는 것을 염두에 두고, 발달단계의 특성을 고려한 상담 개입방안을 구성하여 활용한다.
② 청소년은 환경의 영향을 많이 받는 시기로, 사회변화에 민감하기 때문에 환경의 재적응을 돕는 것이 필요하다.
③ 청소년 내담자는 자발적이기보다는 부모나 교사의 의뢰에 의하여 진행하는 경우가 많으므로 가족, 교사, 관련 기관과의 협력이 필요하다.
④ 청소년 상담은 청소년 관련 정책에 영향을 받는다.

⑤ 청소년 상담은 언어적 의사소통 이외에도 다양한 미술치료, 독서치료 등 매체를 통한 다양한 상담 접근이 필요하다.

⑥ 일대일 개인 면접뿐 아니라 소규모 혹은 대규모 집단으로 교육과 훈련을 실시한다.

⑦ 청소년 상담은 성인 상담과 구별되어야 한다.

2 청소년 내담자의 특징

① 청소년 내담자는 상담의 동기가 부족하다.

② 청소년 내담자는 상담자에 대하여 부정적으로 인식하는 경향이 많다.

③ 청소년 내담자는 오랜 시간 집중할 수 있는 지구력이 부족하다.

④ 청소년 내담자는 인지 능력이 부족하다.

⑤ 청소년 내담자는 감각적 흥미와 재미를 추구하는 경향이 높다.

⑥ 청소년 내담자는 언어의 표현 정도가 부족하다.

⑦ 청소년 내담자는 주변 환경의 영향을 많이 받는다.

⑧ 청소년 내담자는 동시다발적인 관심을 갖는다.

⑨ 청소년 내담자는 여러모로 급성장하는 불균형의 시기이다.

3 청소년 발달과제

01 일반적인 발달과제

① 자아정체감의 형성

② 사회적인 역할의 획득

③ 독립적인 과업의 성취

④ 사회적 가치관과 윤리체계의 획득

02 하비거스트(Havighurst)의 발달과제

① 신체적, 정신적 발달에 적응하고 각자의 성역할을 수행한다.

② 또래(동성, 이성)와의 새로운 관계를 형성한다.

③ 부모나 다른 성인으로부터 정서적이고 정신적인 독립을 한다.

④ 경제적으로 독립의 필요성을 인정하고 확신을 갖는다.

⑤ 진로를 준비하고 직업을 선택하는 데 몰두한다.

⑥ 유능한 시민생활을 위한 지식, 기능, 태도, 개념을 발달시키고 습득한다.

⑦ 사회적으로 책임 있는 행동에 대하여 이해하고 실천한다.

⑧ 결혼과 가정생활을 준비한다.

⑨ 적합한 가치체계와 윤리관을 확립한다.

18 학업 상담

1 학업 상담의 이해

01 특징

① 교사의 요구, 또는 성적을 올리기 위하여 적극적인 요구를 가진 부모에 의하여 상담이 시작되므로 비자발적인 내담자가 많다.

② 학습과정에서 겪는 문제를 통합적으로 해결하여 유능한 학습자가 되도록 조력하는 과정이다.

③ 학습의 영역에서 발생하는 원인은 개인의 영역, 인지적 영역, 정서적 영역, 행동적 영역, 환경적 영역 등 다양하다.

④ 적극적으로 학습 성적의 향상을 요구하는 부모에게 귀를 기울이면 내담자와의 관계 형성이 어렵고, 부모의 요구를 무시하면 상담 지속이 어려우므로, 부모의 관여가 적절한 수준과 형태에서 이루어지도록 돕는다.

02 학업관련 문제의 유형

• 학습 부진	• 학업 지진
• 학업 저성취	• 학업 지체
• 학습 장애	

03 학습심리를 알아보는 방법

• 표본 기록법	• 일화 기록법
• 사건 표집법	• 시간 표집법

2 학습 전략

01 시험 불안

① 스필버그(C. Spielberger)는 불안을 '특성 불안'과 '상태 불안'으로 구별하고, 시험 불안은 '상태 불안'에 해당한다고 보았다.

② 시험 불안이 상태 불안에 해당된다는 것은 기질적으로 불안의 상향이 높지 않아도 이전 시험에 대한 부정적 경험이 있거나, 제대로 시험 준비를 못하였거나, 자기 효능감 등이 낮거나 하면 얼마든지 시험 불안이 생길 수 있다는 것을 의미한다.

③ 리버트(R. Liebert)와 모리스(L. Morris)는 시험 불안이 인지적 반응인 걱정(Worry)과 정서적 반응인 감정(Emotionality)으로 구성된다고 보았다.

④ 시험 불안의 원인에 대한 이론적 접근에는 욕구 이론적 접근, 정신역동적 접근, 행동주의적 접근, 인지주의적 접근이 있다.

02 효율적인 독서 전략

독서 전략	내용
로빈슨(H.M. Robinson)의 SQ3R	• 개관(훑어보기, Survery) • 질문하기(Question) • 읽기(Read) • 암송(되새기기, Recite) • 복습(다시보기, Review)
토마스와 로빈슨 (Thomas & Robinson)의 PQ4R	• 미리보기(Preview) • 질문하기(Question) • 읽기(Read) • 숙고하기(Reflect) • 암송하기(Recite) • 복습하기(Review)

03 시간관리 전략

① 학습할 시간을 어떻게 계획하고 확보하고 실천해 나가는 것인가와 관련이 있다.

② 시간관리를 잘하는 행동이란 학습 목표를 세우고, 계획을 치밀하게 짜고, 제한된 시간 내에 원하는 학습 목표를 달성하기 위한 우선 순위를 정하여, 무엇부터 할 것인지 의사를 결정하여 그 일을 실제로 행동으로 실천하고, 실천한 것을 토대로 평가하여 다음 계획에 반영하고, 그 모든 과정에 필요한 정보를 최대한 잘 활용하여 목표를 달성하는 것을 말한다.

19 진로 상담

1 진로 상담의 이해

01 주요 개념

용어	의미
진로	가장 상위 개념으로, 한 개인이 생애 동안 일과 관련하여 경험하고 거쳐 가는 모든 체험을 의미한다. 진로는 매우 복잡하고 종합적인 의미를 지니고 있다.
직업	일반적으로 보수를 받는 것을 전제로 한 일을 의미한다. '개인이 계속적으로 수행하는 경제 및 사회 활동의 종류'라고 규정한다.
진로 발달	각 개인이 자기가 설정한 진로 목표에 접근해 가고, 그 목표를 달성해 나가는 과정을 지칭하는 것으로 사용된다.

용어	의미
진로의식 성숙	동일한 연령층의 대상과의 비교에서 나타나는 상대적인 직업 준비의 정도라고 할 수 있다. 동일한 연령층이나 발달단계에 있는 집단의 과업 수행과 비교해 볼 때 개인이 상대적으로 차지하는 위치를 의미한다.
진로 교육	개인의 진로 선택, 적응, 발달에 초점을 둔 교육을 개인이 자신에게 적합한 일을 선택하고 수행할 수 있도록 평생 학교, 가정, 사회에서 가르치고 지도하며 도와주는 활동을 총칭한다.
직업 교육	개인이 일의 세계를 탐색하고 자신의 적성, 흥미, 능력에 맞는 일을 선택하며, 그 일에 필요한 지식, 기능, 태도, 이해, 일에 대한 습관 등을 개발하는 형식적 또는 비형식적 교육을 의미한다.
진로 지도	보다 포괄적인 의미로 사람이 활동하는 생애 동안 그들의 진로 발달을 자극하고 촉진하기 위하여 전문 상담사나 교사 등과 같은 전문인이 다양한 장면에서 수행하는 활동을 의미한다. 진로 계획, 의사 결정, 적응문제 등에 조력하는 것이다.
진로 상담	진로 지도를 위한 수단 중의 하나로, 진로 발달을 촉진하거나 진로 계획, 진로, 직업의 선택과 결정, 실천, 직업 적응, 진로 변경 등의 과정을 돕기 위한 활동을 의미한다.

02 직업 상담원의 역할

- 상담자
- 개발자
- 정보 분석가
- 처치자
- 지원자
- 협의자
- 조언자
- 해석자
- 관리자

2 상담의 목표

① 자신에 관한 보다 정확한 이해 증진으로, 자기에게 맞는 일과 직업을 선택하기 위하여 자신의 가치관, 능력, 성격, 적성, 흥미, 신체적 특성 등에 대하여 올바르게 이해한다.

② 직업 세계에 대한 이해 증진으로, 복잡하고 다양한 일과 직업의 종류 및 본질에 대한 객관적 이해를 하도록 한다.

③ 합리적인 의사결정 능력의 증진으로, 진로 지도의 최종 결과는 크든 작든 어떤 '결정'이라는 형태로 나타나므로 합리적 의사결정 능력을 향상시킨다.

④ 직업에 대한 올바른 가치관 및 태도를 형성하도록 한다.

⑤ 진로나 작업에 대한 정보를 탐색할 수 있는 능력을 향상시키고 활용하는 능력을 키운다.

⑥ 내담자의 직업적 목표를 명확하게 해 주며, 이미 결정한 직업적인 선택과 계획을 확인하도록 돕는다.

3 진로 발달이론

유형	내용
긴즈버그(Ginzberg)의 진로 발달이론	경제학자인 긴즈버그(Ginzberg) 등은 직업의 선택과정에 발달적 접근방법을 도입하였다.
수퍼(Super)의 진로 발달이론	수퍼(Super)는 진로 발달에 영향을 미치는 요인을 크게 개인적 요인과 환경 요인으로 구분하였다. 수퍼 이론의 기저를 이루고 있는 것은 자아개념 이론(Self-conception theory)이다.
타이드만과 오하라 (Tiedeman & O'Hara)의 진로 발달이론	직업의 발달과정을 직업 역할보다는 자아 정체감에 따른 직업에 대한 대응과정으로 간주하였다.
턱만(Tuckman)의 진로 발달이론	'자아 인식, 진로 인식, 진로 의사결정'이라는 3가지 요소를 중심으로 하는 8단계의 진로 발달이론을 제시하였다.

20 비행 상담 – 청소년 비행

1 비행의 이해

01 비행의 원인

유형	내용
개인적 요인	낮은 자존감, 충동조절 능력과 미래조망 능력의 부족, 감정 인식 및 표현 능력의 부족, 자기중심적 인지 왜곡, 문제해결 능력의 부족, 부적절한 대인관계 양상 등
가족 관련 요인	자애로운 양육의 부족, 적절한 훈육의 부족, 자녀의 발달에 따른 관계 조정의 실패 등
학교 관련 요인	학교에 대한 낮은 애착, 학교활동의 낮은 성공도, 학교에서의 낙인 등
또래 관련 요인	친구관계를 통한 비행의 모방학습, 비행 행동의 상호 강화 등

02 비행의 분류 : 와이너(Weiner)

유형	내용
사회적 비행	심리적인 문제 없이 반사회적 행동 기준을 부과하는 비행의 하위 문화의 구성원으로서 비행을 저지른다. 청소년은 집단문화에 동조하기 위한 수단으로 비행을 저지르는 경향이 있다.
심리적 비행	성격적 비행, 신경증적 비행, 정신병적(기질적) 비행

2 청소년 비행

01 청소년 비행의 개념

① 도리나 도덕 또는 법규에 어긋난 옳지 못한 청소년의 행동을 의미한다.
② 청소년 비행은 각종 법령을 위반하는 범법적인 반사회적 행위를 비롯하여 현행 형법에는 저촉되지 않으나 사회·도덕적 윤리규범에 어긋나는 비도덕적인 행위, 미성년자에게 금지하고 있는 행위, 사회 및 집단생활에서의 부적응 행동 등을 모두 포괄하는 광범위한 개념이다.

02 청소년 비행의 이론

유형	내용
생물학적 이론	범죄나 비행은 신체적 결함(측두엽 간질 추정), 체형, 저지능, 특정한 기질, 염색체나 신경학적 이상에 의하여 발생된다고 주장하며, 비행의 원인을 유전적 요인에 더 초점을 두기 때문에 비행의 근본적인 해결에 어려움이 있다.
욕구실현 이론	욕구 불만에 따른 정서 불안과 긴장, 부정적 자아의식, 반항성이나 충동성, 공격성, 신경증, 지나친 외향성 등과 같은 특수한 성격요소, 정신질환이나 신경증, 정신병 등과 같은 정신장애 등의 개인의 심리적 특성으로 비행을 설명한다.
사회학적 이론	사회구조적 문제, 비행의 하위 문화, 상반된 가치관과 이해관계에 의한 갈등, 무규범 상황, 계층 또는 빈부 격차, 사회적 통제의 결여, 기회 구조의 차이, 범죄 행동과의 접촉 등으로 비행을 설명하고 있다.

03 청소년의 비행 및 일탈 문제

유형	내용
가출	18세 미만의 청소년이 집을 나와 최소한 하룻밤을 지내는 것이다.
가출 청소년의 상담	상담사는 가출 충동에 대하여 수용하고 정서적인 지지를 보내며, 가출 동기와 가능성을 평가한다. 또한 가출을 하게 만든 원인과 어려움을 해결하기 위한 방안을 모색하고, 가출 후의 상황과 상담받을 수 있는 기관의 정보를 제공한다.
학교 폭력	학교 안이나 밖에서 학생을 대상으로 발생한 상해, 폭행, 감금, 협박, 모욕, 공갈, 강요, 강제적 심부름, 성폭력, 따돌림, 정보통신망을 이용한 음란, 폭력 정보 등에 의한 신체·정신·재산상의 피해를 수반하는 행위를 말한다.

21 성 상담

1 성 상담의 이해

01 성폭력의 개념

① 성폭력은 성적 자기결정권의 침해이다.

② 성폭력은 다양한 형태의 모든 신체적·언어적·정신적 폭력을 포함하는 광범위한 개념으로 여성뿐 아니라 남성에게도 가해질 수 있다.

③ 성폭력은 강간, 간음, 성적 추행, 성적 희롱, 성기 노출, 성적 가혹행위 등이 포함된다.

02 성 상담의 목표

① 정확한 성 정보를 제공한다.

② 성적 위험에 대한 인식과 예방, 대처방법에 대하여 안내한다.

③ 성에 대한 개인적 관심의 객관화와 가치관 점검을 한다.

④ 성적 의사결정 과정을 조력한다.

⑤ 성에 대한 부정적인 감정 및 상처의 치유를 한다.

2 성폭력 피해자와의 상담

① 강간 피해자를 위한 상담의 첫 단계는 신뢰의 관계 형성, 우선적 관심사 처리, 지속적 상담 준비이다.

② 내담자 스스로 자기 패배적 사고방식과 언어표현을 깨닫게 한다.

③ 상담자는 피해자가 취할 역할 행동을 검토하고 필요한 대인 관계를 익히도록 도우며 사회적 지지를 한다.

④ 상담을 통하여 체험한 것을 실제 생활에서도 일반화하도록 돕는다.

22 위기 상담

1 위기의 이해

01 위기의 분류

유형	내용
발달적 위기	발달에서의 성숙과정(청소년기의 진입, 결혼, 자녀의 출생, 노화) 등에서 발생하는 생활사건이나 발달 단계마다 요구되는 발달과업에 의한 새로운 대처 자원이 필요한 성숙, 위기 등을 들 수 있다.
상황적 위기	우발적 위기라고도 하며 정상적, 일반적으로 예기하지 않는 가운데 발생되는 위기를 말한다. 사람이 예견하거나 통제할 수 없는 사건이 발생할 때 나타난다. 예 실직, 사고, 가족의 사망, 이혼 등
실존적 위기	목적이나 책임감, 독립성, 자유, 헌신 등 중요한 인간적 이슈에 동반되는 갈등이나 불안과 관련된 위기이다.
환경적 위기	개인 혹은 집단에 자연이나 인간이 일으킨 재해가 갑자기 덮쳤을 때 발생하는 위기로 자신의 책임이 없는 잘못이나 행동으로 인하여 같은 환경에 있는 다른 사람에게 사건의 여파를 미친다.

02 골란(Golan)의 위기 발달단계

단계	내용
위험 사건	위기는 대개 위험 사건에 의하여 시작되는데, 위험 사건은 외부적인 스트레스 사건일 수도 있고 혹은 내부적인 압력일 수도 있다.
취약 단계	위험 사건으로 인하여 항상적 균형을 잃게 되면 취약 상태가 되는 것인데, 이것은 충격에 대하여 초기에 주관적으로 반응하는 단계이다.
촉진 요인	촉신 요인은 취약 상태를 불균형의 상태로 전환시키는 부가적인 스트레스 유발 사건으로서 위기가 아니고 단지 그 연속선상의 한 지점일 뿐이다.
활성 위기	해결되지 않은 문제가 존재하는 상태에서 촉진 요인이 작용하게 되면, 개인의 균형을 유지하는 기제가 파괴되어 긴장이 고조되고, 활성 위기(Active crisis)라는 와해 상태가 초래된다.
재통합	활성 위기 이후의 '재통합' 과정에서는 일어난 문제에 대하여 인지적으로 이해하게 되고, 위기와 관련한 감정을 방출하고 변화를 수용하며, 사람들은 새롭게 학습한 문제해결 방법에 자신을 맞추게 된다.

2 위기 상담의 목표 및 과정

01 위기 상담의 목표

① 위기가 삶의 정상적인 일부라는 것을 깨닫게 한다.

② 갑작스런 사건과 현재 상황에 대하여 다른 조망을 획득하도록 돕는다.

③ 위기와 연관된 감정을 깨닫고 수용하도록 한다.

④ 내담자의 대처방식을 관찰하여 잠재적 요인을 확인한다.

02 위기 상담의 과정

① 위기와 개인적 자원의 평가

② 문제에 대한 분명한 정서적, 인지적 이해

③ 가능한 해결책을 모색하기

④ 개입에 관한 결정

⑤ 개입의 실행에 관한 계획

⑥ 개입 평가에 관한 계획

 **TIP** 위기 시에 나타나는 심리적 적응단계

유형	내용
충격	외상 시에 나타나는 즉각적인 반응이며 과도한 자극에 무질서하게 압도된 상태이다.
부정	부정 단계는 반드시 나타나는데, 초기 외상 자체를 부정하는 것은 심리 적응에 매우 도움이 된다. 왜냐하면 갑작스런 자기 신체 변화 또는 자기개념에 손상을 수용하기란 너무 어렵기 때문이다.
우울	사물 부정은 점점 장애나 질병의 심각성과 정도를 이해하고 완전히 인정하는 단계로 발전된다. 이 순간 슬픔과 우울이 엄습한다.
독립에 대한 저항	환자가 독립적으로 자기 간호나 재활 노력을 할 수 있게 되어 퇴원을 앞두면 마음속에 독립을 방해하거나 반대하는 반작용이 생긴다. 불편한 집으로 돌아가야 하는 것에 대한 거부이기도 하다.
적응	자신의 사지나 운동 기능을 상실하였을 때의 정서 상태는 마치 사랑하는 사람이 사망하였을 때의 슬픔과 비슷하다. 기능 저하에 대한 슬픔, 신체 이미지, 부정하고 있지만 주어진 기능이 만족할 수밖에 없는 현실, 장애로 인한 절망감으로 인하여 슬픔에 잠긴다. 상실에 대한 슬픔과 애도로는 정상으로 돌아갈 수 없다는 생각에 이르면 새로운 잠재력과 변화된 한계를 인정하는 바탕 위에 새로운 역할을 성취하려고 한다.

임상심리사
2급 필기

이론

심리검사

Section 01 핵심 주요 용어

가설	어떤 사실을 설명하거나 어떤 이론 체계를 이끌어내기 위하여 미리 설정한 가정이다.
강박증	불합리한 생각이 머리에서 떠나지 않고, 그 생각을 떨치려고 할수록 더욱 초조해지는 정신이상증이다.
객관적 검사	지식·이해·사고방식을 객관적으로 검사하는 방법이다. 문장 시험법의 결점을 보충하고 문제의 제출법, 채점법을 합리화하고 객관화한 것이다.
객관화	주관적인 것을 객관적인 것이 되게 하는 일 또는 경험을 조직하고 통일하여 보편 타당성을 가지는 지식을 만드는 일이다.
결정성 지능	경험, 학교교육, 문화 등으로부터 축적한 지식과 기술이다. 친숙한 과제를 수행하는 데 더 중요한 영향을 미치며, 특히 언어나 사전지식과 많은 관계가 있다.
경계성 성격장애	애착능력 결함과 중요한 대상과의 분리(separation) 시의 부적응적인 행동패턴으로, 감정의 불안정성이 중심이 되는 인격 장애이다.
계량적 기법	자료의 객관적인 수치 따위를 통하여 어떤 대상을 객관화하여 분석하는 연구방법이다.
계량화	어떤 사실이나 현상을 관찰, 조사, 실험, 모의상황 등을 통하여 숫자화함으로써, 가능한 한 객관적이고 과학적인 결과로 파악·이해하려는 노력이다.
계측	시간이나 물건의 양 따위를 헤아리거나 재는 것이다.
공포증	공포의 감정이 강박적으로 특정 대상에 결부되어 행동을 저해하는 이상반응이다.
과대망상	자신의 현재 상태를 실제보다 터무니없이 크게 과장하여 마치 그것을 사실인 것처럼 믿는 것이다.
규준	비교하고자 하는 집단의 검사점수의 분포이다.
규준 집단	피험자의 검사점수를 해석하는 데 참조하는 대상 모집단을 대표하는 피험자 표본이다.
규준참조 검사	피험자의 성취도를 그가 속한 집단의 다른 사람들의 점수와 비교하여 상대적 서열에 의한 정보를 제공하는 검사이다.
내적 타당도	연구 결과로 한 변수가 다른 변수의 원인인지 아닌지를 정확하게 기술하고 있다는 확신의 정도이다.
대인관계	집단생활 속의 성원 상호간의 심리적 관계이다.
대조군	실험 결과가 제대로 도출되었는지의 여부를 판단하기 위하여 어떤 조작이나 조건도 가하지 않은 집단이다.
대표성	어떤 조직이나 대표단 등을 대표하는 성질이나 특성이다.

덴버 발달검사	영아기에서 학령전기 동안의 발달 지연을 조사하는 검사이다. 개인-사회성, 섬세한 운동-적응기능, 언어, 그리고 전체적 운동기술의 4가지 영역에 있어 개별 아동의 발달 윤곽을 제공한다.
독립변수	어떠한 효과를 관찰하기 위하여 실험적으로 조작되거나 혹은 통제된 변수이다.
동질성	어떤 집단을 구성하는 성원의 질이 같거나 거의 비슷한 성질이다.
등간척도	동일한 측정단위 간격마다 동일한 차이를 부여하는 척도이다.
로르샤흐 잉크반점 검사	로르샤흐(Rorschach)가 개발한 투사적 성격검사이다. 피험자의 현재 상태를 있는 그대로 반영하는 검사로 피험자의 개인정보와 프로토콜에서 획득한 자료를 근거로 피험자의 심리적 측면을 연역적 또는 귀납적으로 예측한다.
망상	병적으로 생긴 잘못된 판단이나 확신이다.
머레이	미국의 심리학자이며 TAT 개발자(1893~1988)이다.
명목 척도	대상을 그 특성에 따라 카테고리로 분류하여 기호를 부여한 것으로, 다른 것과 구별하기 위한 척도이다.
명제	그 내용이 참인지 거짓인지를 명확하게 판별할 수 있는 문장이나 식이다.
모수	모집단의 특성을 나타내는 수치이다.
모집단	통계적인 관찰의 대상이 되는 집단 전체이다.
무선적	임의의. 무작위의. 표본(특히 무선 표본)의 추출과정에서 모집단(혹은 전집) 내의 모든 개인들이 선택될 수 있는 확률이 같도록 하는 것이다.
무의식	일반적으로 각성(覺醒)되지 않은 심적 상태, 즉 자신의 행위에 대하여 자각이 없는 상태이다.
묵종	말없이 남의 명령이나 요구 또는 의사에 그대로 따라서 좇는 것이다.
문장완성 검사	피검자에게 일련의 미완성 문장을 제시하고 그 문장을 완성하도록 하는 검사이다.
반사회성	그 사회의 전통, 도덕, 규율, 조직 등에 대한 적의, 공격을 나타내는 것이다.
반응 경향성	실험이나 검사 내용에 대하여 자신이 생각한 것과는 관계없이 피험자가 어떤 특정한 방향으로 답하려고 하는 경향성이다.
발달검사	특정 어린이의 발달이 정상 발달과정의 어느 정도에 이르고 있는지를 알기 위한 검사이다.
방어 기제	자아가 위협받는 상황에서, 무의식적으로 자신을 속이거나 상황을 다르게 해석하여, 감정적 상처로부터 자신을 보호하는 심리 의식이나 행위를 가리키는 정신분석 용어이다.
백분위 점수	한 주어진 집단의 점수 분포상에서 한 개인의 상대적 위치를 나타내는 유도점수(誘導點數) 중의 하나이다.
범주	정의된 분류 내에서 임의의 수준에 있는 항목에 대한 속명이다.

베일리 영아 발달검사	개별적으로 실시되는 규준 참조검사로, 1~42개월 영아의 발달기능을 평가하기 위하여 1969년에 베일리(N. Bayley)에 의하여 개발된 발달 검사도구이다. 3가지 하위척도인 정신발달 척도, 심리운동발달 척도, 행동발달 척도로 구성되어 있다.
벤더 게슈탈트 검사	벤더(L. Bender)가 고안한 시각운동 기능검사이다. 5~11세 아동의 시각운동 통합과 기능을 평가할 수 있으며, 충동성, 불안과 같은 성격 특성도 알 수 있다.
변별 타당도	검사점수와 외적 변수와의 관계를 분석함으로써 검사의 타당도를 검증하는 방법 중의 하나이다.
변량	주어진 조건에 따라 변화하는 양 또는 조사 내용의 특성을 수량으로 나타낸 것이다.
변산	한 분포에 위치하는 여러 점수들이 집중 경향에서 퍼져 있는 정도이다.
변수	어떤 상황의 가변적 요인 또는 어떤 관계나 범위 안에서 여러 가지 값으로 변할 수 있는 수이다.
변인	연구에서 관심을 갖고 있는 현상과 관련된 자료의 속성이나 특징으로, '변수'라고도 한다.
불안장애	다양한 형태의 비정상적, 병적인 불안과 공포로 인하여 일상생활에 장애를 일으키는 정신질환이다.
비구조적 검사	검사문항으로 주어진 자극이 대단히 불명료하여 주어진 검사가 무엇을 측정하고자 하는지의 의도가 피검사자에게 불분명하도록 함으로써, 피검사자의 보다 심층적 수준의 성격적 측면과 동기를 측정하고자 하는 검사이다.
비네	최초로 실용 가능한 지능검사를 만든 프랑스의 심리학자(1857~1911)이다.
비네-시몽 지능검사	최초의 지능검사로서, 비네(Binet)와 시몽(Simon)이 학령기 아동의 지적 능력을 평가하기 위하여 개발한 지능검사이다.
비율 척도	분류·순위·동간 등의 모든 성질을 가지고 있을 뿐만 아니라 절대영점(絕對零點)을 갖고 있는 척도이다.
비일관성	일관성과 반대되는 개념으로서, 자기 자신과의 라포를 이루지 못함으로써 분아(分俄)들 간에 일치하지 않는 모습을 보이거나 분아들 간의 내부적인 갈등이 행동으로 표출되는 상태이다.
비표본오차	표본 오차를 제외한 조사의 전체과정에서 발생할 수 있는 모든 오차이다.
삼원지능이론	전통적 지능 개념에서 개인, 행동, 상황적 요소를 모두 포함한 실제적 지능이론으로, 지능을 분석적 능력, 창의적 능력, 실제적 능력의 3가지 측면의 상호의존적인 과정의 집합으로 본 스턴버그(Sternberg)의 지능이론이다.
상관계수	두 변인을 측정하였을 때 한 변인의 변화에 따라 그에 대응하는 다른 변인이 어떻게 변화하느냐의 관계를 표시해 주는 통계치이다. 상관의 정도를 일종의 지수로 표시한 값이다.
상이성	서로 다른 성질 또는 그러한 특성이다.
상호작용 효과	2가지 이상의 변인이 특이하게 결합되어 그들이 각각 독립적으로 갖는 영향력 이상의 어떤 효과가 있는 상태이다.

서열 척도	주어진 수치의 대소관계에서만 의미를 갖는 척도이다.
성격	개인을 특징짓는 지속적이며 일관된 행동양식이다.
성숙 효과	실험 또는 조사연구에서 표본으로서의 집단 구성원들이 정책의 효과와는 관계없이 스스로 성장함으로써 인과적 추론의 타당성을 저해하는 효과이다.
성 역할	남성 및 여성의 특징으로서 적합하다고 여기는 사회적인 신념 또는 고정관념이 일상생활의 역할에 반영된 것이다.
수검자	검사나 검열 등을 받는 사람이다.
스탠포드–비네 지능검사	1916년 Terman이 Binet 지능검사를 수정, 확대하여 표준화한 개인용 일반 지능검사이다. Wechsler 지능검사와 더불어 오랫동안 세계적으로 널리 사용되어 온 대표적인 개인용 일반 지능검사이다.
스테나인	stanine('standard'와 'nine'의 합성어). 1~9까지 범위의 점수를 가지고 평균은 5점, 표준편차는 대략 2가 되고 인접된 점수 간의 점수 차는 약 1/2이다.
시각–운동 통합 발달검사	시지각과 운동 협응을 평가하기 위하여 시각운동 문제를 선별하는 데 사용하는 표준화된 검사도구이다.
시연	일련의 과정을 단계적으로 보여주는 것으로, 보통 학습자가 절차를 반복하는 것이 따라오는 하나의 교수 테크닉을 의미한다.
신경심리 검사	후천적이거나 선천적인 뇌 손상과 뇌 기능 장애를 진단하는 검사이다.
신경증	내적인 심리적 갈등이 있거나 외부에서 오는 스트레스를 다루는 과정에서 무리가 생겨 심리적 긴장이나 증상이 일어나는 인격 변화이다.
신뢰도	동일한 검사 또는 동형의 검사를 반복 시행하였을 때 개인의 점수가 일관성 있게 나타나는 정도이다.
신체형 장애	신체질환을 시사한 신체 증상을 나타내지만, 실제는 신체질환이 없고 오히려 심리적 갈등이나 요인에 의하여 야기되었다고 판단되는 일련의 정신장애이다.
실용도	검사 선정의 한 기준이 되는 검사의 실용성의 정도이다.
실험자 효과	실험에 참여하는 실험자의 성격이나 행동이 실험 효과에 영향을 주는 것이다.
심리검사	개인의 지능, 성격 등을 측정하여 그 사람에 대하여 더 심층적이고 분석적인 이해를 할 수 있도록 수검자에게 수행하는 일련의 심리학적 측정 절차이다.
양극성 장애	조증과 우울 또는 울증 상태가 반복적인 기분 장애이다. 일반적으로 '조울증'이라고 알려져 있다.
양적 분석	검사 결과로 얻어진 수치들을 기준으로 분석해 나가는 것이다.
연속성	끊이지 않고 계속 이어지거나 지속되는 성질이나 상태이다.
연습 효과	검사 장면에서 동일한 검사를 동일한 피험자에게 반복 시행함으로써 피험자의 수행이 향상되는 현상이다.
외적 준거	가치 평가에 기준이 되는 인간 심리 외면의 판단 근거이다.

외적 타당도	실험의 결과를 다른 대상, 다른 시기, 다른 상황에 일반화할 수 있는 정도이다.
우울증	의욕 저하와 우울감을 주요 증상으로 하여 다양한 인지 및 정신적, 신체적 증상을 일으켜 일상 기능의 저하를 가져오는 질환이다.
우유부단	어물어물하며 망설이기만 하고 결단하지 못하는 것이다.
운동 협응	효율적인 동작 패턴을 위하여 개별 운동 시스템을 통합하는 능력이다.
웩슬러 지능검사	웩슬러(D. Wechsler)가 1939년에 제작한 개인용 지능검사도구이다. 일반적인 지적능력 평가를 비롯하여 특수교육 요구 아동의 판별 및 진단, 교육계획과 배치 평가 및 그 밖의 임상적 평가 장면에서 널리 활용되고 있다.
유동성 지능	지식을 빨리 획득하고 새로운 상황에 효율적으로 적용하는 능력이다. 새롭고 친숙하지 않은 과제를 수행하는 데 더 중요하게 작용하며, 특히 신속한 의사결정이나 비언어적 내용과 관련이 있다.
이월 효과	반복 측정이 포함된 연구 설계(예 집단 내 설계 또는 혼합설계)에서 이전의 실험에서 피험자가 받은 느낌이나 생각, 혹은 수행 경험이 다음 실험의 수행에 대한 측정에 미치는 영향이다.
인과관계	2가지 이상의 과정·사건·변인들 간에 어떤 현상이 다른 현상을 일으키는 원인이 되는 관계이다.
인성검사	각 개인이 가지는 사고와 태도 및 행동 특성을 측정하는 검사이다.
인지기능	지식과 정보를 효율적으로 조작하는 능력이다.
인지적	어떠한 사실을 인식하여 아는 것이다.
일관성	하나의 방법이나 태도로써 처음부터 끝까지 한결같은 성질이다.
일반화	• 특정한 대상에 대한 사고나 연구의 결과를 그것과 유사한 대상에 적용하는 것이다. • 여러 개체들이 가지고 있는 공통된 특성을 부각시켜 한 개념이나 법칙을 성립시키는 과정 혹은 그 결과로 얻어진 진술이다. • 특정 조건에 의하여 학습된 행동이 그와 비슷한 조건에서도 나타나는 현상이다.
자기 노출	사람들이 어떤 정서를 경험하게 만든 스트레스나 외상과 같은 부정적 사건에 대하여 말을 하거나 글로 쓰는 것으로, 자신의 정서를 표현하는 치료법이다.
자기보고서	스스로에 대하여 분석을 실시한 뒤, 그 내용과 결과를 타인에게 보고하기 위하여 작성하는 문서이다.
자기 충족적 예언	미래에 대한 기대와 예측에 부합하기 위하여 행동하고, 실제로 기대한 바를 현실화하는 현상이다.
자아개념	개인이 가지고 있는 자신에 대한 견해이다. 자신을 좋게 평가하느냐 나쁘게 평가하느냐에 따라 각각 긍정적 자아개념과 부정적 자아개념으로 나뉜다.
자유연상	내담자에게 마음속에 떠오르는 생각, 감정, 기억들을 아무런 수정도 가하지 않고 이야기하도록 하는 정신분석의 한 기법이다.

자폐증	다른 사람과 상호관계가 형성되지 않고 정서적인 유대감도 일어나지 않는 아동기 증후군이다. '자신의 세계에 갇혀 지내는 것 같은 상태'라고 하여 이름 붙여진 발달장애이다.
적성검사	미래의 특정한 영역의 성취를 측정하고 예측하는 검사이다.
적절성	꼭 알맞은 성질이다.
전수조사	통계조사에서 모집단의 성격을 파악하기 위하여 모집단 구성원 각각에 대한 측정을 실시하는 조사이다.
전환 장애	심리적인 원인에 의하여 주로 운동이나 감각기능에 이상 증세 및 결함이 나타나는 질환이다. '히스테리성 운동기능 이상'이라고도 한다.
정규 분포	도수분포 곡선이 평균값을 중심으로 하여 좌우대칭인 종 모양을 이루는 것이다. 정규분포 곡선은 평균에서 좌우로 멀어질수록 x축에 무한히 가까워지는 종 모양을 이룬다.
정서	주관적 경험, 표출된 행동, 신경화학적 활동이 종합된 신체적·생리적 반응을 동반한 지속적인 감정이다. 생리적 각성, 표현적 행동, 그리고 사고와 감정을 포함한 의식적 경험의 혼합체이다.
정서 둔마	정신적으로 거칠어지고 모든 일에 무관심해지는 증상이다.
정신분열	사고의 장애나 감정, 의지, 충동 따위의 이상으로 인한 인격 분열의 증상으로, 현실과의 접촉을 상실하고 분열병성 황폐를 가져오는 질환이다.
정신역동 이론	인간의 정신활동의 기저에 있는 원초아, 자아, 초자아의 갈등과 투쟁, 타협을 통하여 인간의 행동이 결정된다는 이론이다.
정신연령	지능의 정도 또는 수준을 생활연령에 비추어 지적 연령으로 환산한 것이다.
조증	기분 장애의 유형으로서, 비정상적으로 의기양양하고 과장하거나 과민한 기분상태이다.
조현병	망상, 환청, 와해된 언어, 정서적 둔마 등의 증상과 더불어 사회적 기능에 장애를 일으킬 수도 있는 정신과 질환이다.
주제통각 검사	머리와 모건(1935)이 개발한 투사적 그림검사로, '회화통각 검사'라고도 한다. 개인이 가지고 있는 욕구(need)-압력(pressure) 관계를 비롯한 여러 가지 심리적 역동관계를 분석·진단·해석한다.
준거	어떤 사물의 특성을 판단하는 논리적 근거이다.
지각적	알아서 깨닫는 것이다.
지남력 상실	시간, 장소, 방향, 사신에 관한 감각이 혼란스러운 상태이다.
지능지수	IQ(Intelligence Quotient). 지능의 발달 정도를 나타내는 지수로, 정신연령 MA(Mental Age)을 실제의 생활연령(CA : Chronological Age)으로 나눈 수치에 100을 곱한 값이다.
지배성	다른 사람에게 통제를 가하려는 성격의 한 형태이다. 외향적인 사람에게 많이 나타나는 성격으로서 권위주의적이며, 자기 주장·독립성을 고집한다.

지수	Index. 경험적 관찰을 바탕으로 하여 개념을 표시하거나 측정한 수치이다.
지표	방향이나 목적, 기준 따위를 나타내는 것이다.
직업적성검사	피검자의 개인적 특질인 적성과 직업의 특성을 대응시키는 검사이다.
질적 분석	피검자가 한 반응의 구체적인 내용, 반응한 방식, 언어 표현 방식, 검사에서 보인 행동 등을 분석하는 것이다.
척도	평가하거나 측정할 때 의거할 기준이다.
추론	이미 알려진 정보를 근거로 삼아 다른 판단을 이끌어내는 것이다.
추상적	어떤 사물이 직접 경험하거나 지각할 수 있는 일정한 형태와 성질을 갖추고 있지 않은 것이다.
측정	행동이나 수행을 서술하기 위하여 숫자를 사용하는 것이다.
측정도구	어떤 물체의 무게를 잴 때에는 저울을 사용하는 것처럼, 인간의 심리적 또는 사회적 능력인 특징을 측정하기 위하여 동원되는 모든 형태의 수단과 방법이다.
카우프만 아동지능검사	1983년에 Kaufman 등이 개발한 개별 지능검사이다. 지능을 정신과정을 나타내는 유동지능(fluid intelligence)과 성취력을 나타내는 결정지능(crystallized intelligence)으로 구분하고 이러한 능력을 측정하고자 한다.
쿠더-리처드슨 신뢰도	한 검사 내에서 문항에 대한 반응이 얼마나 일관성 또는 합치성이 있느냐 하는 것을 일종의 변산적 오차(variable error)로 보는 관점에서 쿠더(G.F. Kuder)와 리처드슨(M.W. Richardson)에 의하여 유도된 검사의 신뢰도지수 중의 하나이다.
크론바흐 알파 계수	시험 문제의 일관성을 나타내는 계수로, 시험 문항의 신뢰성을 평가하는 척도이다. 계수는 0~1의 값을 갖는데, 값이 비쌀수록 신뢰도가 높다. (0.8~0.9 : 신뢰도 매우 높음, 0.7 이상 : 바람직함)
타당도	측정하고자 하는 변인을 검사가 제대로 측정하였는지에 대한 정도이다.
타당도 척도	검사 반응에서 피험자의 방어, 허위, 부주의, 비일관성, 아무렇게나 혹은 사회적으로 바람직한 쪽으로 응답하는 반응 경향성의 정도를 나타내 주는 척도이다.
태도 척도	어떤 사물이나 현상에 대한 개인의 태도를 측정하여, 그 결과를 수량화시킬 수 있도록 만들어진 설문지이다.
통계적 회귀	피험자들이 특정 검사에서 매우 높은 점수를 얻거나 매우 낮은 점수를 얻었다는 사실을 근거로 하여 선발되었을 때, 두 번째 검사에서는 그들의 점수가 평균을 향하여 옮겨 가기 쉽다는 것이다.
통괄성 지능	현상을 파악하는 능력, 기획력, 의사결정력, 관리능력 등 많은 정보를 통합하고 통괄하는 능력이다.
통제집단	실험설계에서 처치를 받은 집단의 효과를 비교하기 위한 대상으로 설정하는 처치를 받지 않은 집단이다.
투사	Projection. 개인의 성향인 태도나 특성에 대하여 다른 사람에게 무의식적으로 그 원인을 돌리는 심리적 현상이다.

투사적 검사	피검자가 상징적인 생각들을 통하여 자신을 드러내는 성격검사이다.
편집증	대상에게 저의가 숨어 있다고 판단하여 끊임없이 자기 중심적으로 해석하는 증상이다. '망상장애'로 불리는 정신장애의 옛 이름이다.
평균	여러 수나 같은 종류의 양의 중간 값을 갖는 수이다.
표본	모집단에서 어떤 방법으로 일부를 통계의 자료로 선택한 부분이다.
표본 오차	모집단의 일부인 표본에서 얻은 자료를 통하여 모집단 전체의 특성을 추론함으로써 생기는 오차이다.
표준 점수	분포의 표준편차를 이용하여 개인의 점수가 평균에서 떨어져 있는 거리를 표시한 것으로, 평균으로부터 편차 점수를 그 점수분포의 표준편차로 나누어 얻은 점수이다.
표준편차	자료의 값이 평균으로부터 얼마나 떨어져(흩어져) 있는지를 나타내는 값이다.
표준화	평가도구의 규준(norms)을 설정하는 작업으로, 검사를 시행하기 위한 절차 혹은 조건이 일관성이나 동일성을 갖추도록 하는 것이다.
표집	모집단을 대표하는 표본을 추출하는 과정이나 행위이다.
표집틀	표본이 추출될 수 있는 전체 모집단의 구성요소의 목록이다.
피해망상	타인이나 조직, 미지의 힘으로부터 피해를 당하고 괴롭힘을 당하여 고통 받고 있다고 하는 망상이다.
피해의식	자신의 생명이나 신체, 재산, 명예 따위에 손해를 입었다고 생각하는 감정이나 견해이다.
협응력	근육·신경기관·운동기관 등의 움직임의 상호조정 능력이다.
흥미검사	일, 사물이나 활동에 대하여 개인이 느끼고 있는 주관적이고 지속적인 쾌감의 정도와 관련지어, 그가 그 사물 또는 활동을 선택적으로 좋아하거나 싫어하는 정도를 측정하기 위하여 만들어진 검사이다.
히스테리	정신적, 심리적 갈등으로 인하여 발생하는 신경증을 뜻하며, 이상 성격을 의미하기도 한다.

01 심리검사의 기초

1 심리검사의 개요

01 심리검사의 개념

① 심리검사는 인간의 지능, 성격, 적성, 흥미 등의 지적 능력이나 심리적 특성을 파악하기 위하여 양적 혹은 질적으로 측정 및 평가하는 절차이다.

② 개인 간의 심리현상의 차이를 비교·분석하여 그의 인격이나 행동을 이해할 수 있도록 심리학적으로 측정하는 과정이다.

③ 주제에 따라 수집된 자료를 대상으로 과학적 검증과정을 거쳐 그 결과를 수치로 나타내며, 표준화된 방법에 의하여 점수로 기술할 수 있다.

02 심리검사의 기능

유형	내용
예측	현재의 상태에서 미래의 상황을 예측한다.
자기 이해	진단의 결과를 통하여 자신의 잠재능력까지도 발견할 수 있는 기회를 개선할 수 있다.
진단	사회생활의 잠재적인 요인이나 사회적인 이상 여부를 발견하여 치료하거나 개선할 수 있다.
정보	피검사자에게 그의 능력이나 특성 등에 대한 정보를 제공한다.

03 심리검사의 특징

① 개인에 대한 자료를 수집하는 데 있어서 주관적 판단을 하지 않도록 돕는다.

② 양적인 측정을 통하여 개인 간의 행동 비교가 가능하다.

③ 수검자의 검사 반응을 통하여 개인 내 비교가 가능하다.

④ 일회적 검사 실시를 통하여 개인의 행동을 부분적으로나 통합적인 평가가 가능하다.

⑤ 오래 만났을 때 가능한 내용이나 행동 관찰을 통하여 발견이 가능한 내용을 일회적 심리검사를 통하여 평가 가능하다.

2 심리검사의 유형

01 객관적 검사

(1) 개념

① 검사 과제가 구조화된 구조적 검사로, 검사에서 제시되는 문항의 내용이나 의미가 객관적으로 명료화되어 모든 사람에게 동일한 방식의 해석이 가능하고, 동시에 검사의 목적

에 부합하여 수검자가 일정한 형식에 의하여 반응하도록 기대하는 검사이다.

② 일반적으로 실시되는 지필검사나 컴퓨터용 검사를 총칭하는 검사이다.

(2) 장점

유형	내용
검사 실시의 간편성	검사의 시행, 채점, 해석이 간편하고 실시 시간도 짧은 편이다.
검사의 신뢰도와 타당도의 확보	객관적 심사는 일반적으로 검사 제작과정에서 신뢰도와 타당도의 검증이 이루어진 검사가 대부분이어서 검사의 신뢰도와 타당도가 확보된 경우가 많다. 일반적으로 신뢰도가 0.8 이상인 경우에 신뢰도가 높은 검사라고 할 수 있다.
객관성의 증대	검사를 실시하는 사람이나 검사 상황에 따른 영향이 적기 때문에 개인 간의 비교가 객관적으로 제시될 수 있어서 객관성이 높다.

(3) 단점

유형	내용
사회적 바람직성	자기보고서 검사에서 나타나는 편향으로, 자신의 반응이 사회적인 눈으로 봤을 때 바람직한가를 반영하는 것이다.
반응 경향성	제시된 반응 중 어떤 것을 선택하여야 할지 결정하기 어려울 때 나타나는 반응편파로, 생각 없이 타인의 의견을 따르는 묵종, 사회적으로 바람직한 것, 추측, 빠른 속도로 인한 정확성의 상실, 반대로 정확성을 기하기 위하여 속도를 무시하는 등의 다양한 반응 경향성이 있을 수 있다.
문항 내용의 제한성	객관적 검사의 문항은 특성 중심적 문항에 머무르기 쉽고, 특정 상황에서 특성–상호작용은 밝히기 어렵기 때문에 검사 결과가 지나치게 단순화되는 경향이 있다. 또한, 문항 내용이 행동 중심적이고 감정이나 신념을 다루지 않는 경향도 존재한다.

02 투사적 검사

(1) 개념

① 비구조 검사 과제를 제시하여 개인의 다양한 반응을 무제한적으로 허용하는 대표적인 비구조적 검사로, 검사 지시방법이 간단하고 일반적인 방식이면서도 개인의 독특한 심리적 특성을 측정할 수 있는 도구이다.

② 모호한 자극에 대한 수검자의 비의도적 자기노출 반응이 가능하다. 검사 자극의 내용을 불분명하게 함으로써, 막역한 자극을 통하여 수검자가 자신의 내면적인 욕구나 성향을 외부에 자연스럽게 투사할 수 있도록 유도하는 것이다.

(2) 장점

① 검사가 무엇을 평가하는지를 수검자가 알지 못하므로 객관적 검사에 비하여 방어하기 가 어렵다.

② 무의식적 갈등의 평가 및 사고 장애나 정서적 문제 등의 정신 병리를 진단하는 데 매우 유용하다.

(3) 단점

① 객관적 검사에 비하여 검사 반응을 수량화하거나 신뢰도와 타당도를 검증하기가 어렵고, 해석에 어려움이 있다.

② 검사의 채점 및 해석에 높은 전문성이 필요하다.

③ 객관적 검사에 비하여 검사자나 상황 변인에 따른 영향을 많이 받는다.

02 심리검사의 평가도구

① 심리검사 평가도구의 개념

유형	내용
타당도(Validity)	평가도구가 측정하려고 목적한 바를 얼마나 충실하게 측정하고 있는지를 말해 주는 기준이다.
신뢰도(Reliability)	그 검사가 측정하려는 대상을 얼마나 일관되게 측정하고 있는가의 정도이다.
객관도(Objectivity)	검사를 채점하는 사람과 평정하는 사람 간의 합치도를 검토하는 방법이다.
실용도(Usability)	검사도구는 적은 시간과 노력, 경비를 들이고도 기대하는 목적을 달성할 수 있어야 한다는 기준이다.

② 심리검사 평가도구의 특징

01 검사의 표준화 : 일관성 확보를 위한 노력

① 과정을 단일화·조건화하여, 검사자의 주관적 의도나 해석이 개입될 수 없도록 한다.

② 경험적으로 제작된 적절한 규준과 기준 점수, 신뢰도와 타당도를 제시하고 측정된 결과와 상호 비교하도록 한다.

③ 검사를 실시하는 상황이나 환경에 대한 엄격한 지침을 제공하고, 검사자의 질문이나 수검자의 응답까지 규정하도록 한다.

④ 채점과 해석을 표준화하고, 규준을 설정한다.

02 문항 응답자료의 분석

검사의 신뢰도와 타당도를 검토할 때는 보통 문항 응답자료를 분석하는데, 문항의 난이도, 변별도, 추측도를 검토하여 분석한다.

유형	내용
문항의 난이도	해당 문항에 정답을 제시할 확률을 의미한다. 올바르게 응답한 사례수를 총 사례수의 백분율로 표시한다.
문항의 변별도	높은 점수와 낮은 점수를 구별해 주는 점수이다.
문항의 추측도	수검자 중에서 추측으로 정답을 맞힌 수검자를 예측한 점수이다. 문항이 매우 어려울 때는 추측도가 높은 문항이 난이도가 높은 문항이 되는 모순이 나타날 수 있다.

3 규준

01 규준의 개념 : 특정한 검사 점수의 해석에 필요한 기준이 되는 정보로, 한 개인의 점수가 평균 혹은 표준편차 내의 집단에서 어떤 의미를 지니는지를 보여주는 것을 의미한다.

02 규준의 유형

(1) 발달 규준

수검자가 정상적 발달경로에서 어느 정도에 위치하는지를 표현하는 방식으로, 원점수에 의미를 부여하는 것이다.

⑩ 연령 규준(정신연령 규준), 학년 규준, 서열 규준, 추적 규준 등

(2) 집단 내 규준

개인의 원점수를 규준 집단의 수행과 비교할 수 있도록 조정하는 과정으로, 원점수가 서열 척도에 불과한 것에 비하여, 집단 내의 규준 점수는 측정상 등간 척도의 성질을 가진다.

⑩ 백분위 점수, 표준 점수, 표준 등급 등

 **대표적 표준 점수의 유형**

유형	내용
Z점수	• 원점수 평균 0, 표준편차 1인 Z분포상의 점수로 변환한 점수 • Z점수 0 : 원점수가 정확히 평균에 위치함 • Z점수 −1.5 : 원점수가 평균으로부터 하위 1.5표준편차만큼 떨어져 있음 • 〈Z점수 = (원점수 − 평균) ÷ 표준편차〉
T점수	• 소수점과 음수값을 가지는 Z점수의 단점을 보완하기 위하여 만들어진 점수 • Z점수에 10을 곱하고, 50을 더하여 평균이 50, 표준편차가 10인 분포로 전환한 점수 • MMPI 등 다수의 심리검사 점수에 사용됨 • 〈T점수 = 10 × Z점수 + 50〉

H점수	• T점수를 보완하기 위하여 만들어진 점수 • T점수 변형으로 평균이 50, 표준편차가 14인 표준 점수 • 표준 점수는 3표준편차를 벗어나는 경우가 드물기 때문에 T점수가 20~80점 사이에 분포함 • 〈H점수 = 14 × Z점수 + 50〉

03 정규분포의 면적

정규분포 그래프의 경우, 1표준편차의 면적은 68%를 차지하기 때문에 일반적으로 평균이라고 부를 수 있는 점수는 1표준편차의 면적에 포함된다고 볼 수 있다. 또, 2표준편차의 면적이 95%이기 때문에 2표준편차까지가 대부분의 점수를 포함한다.

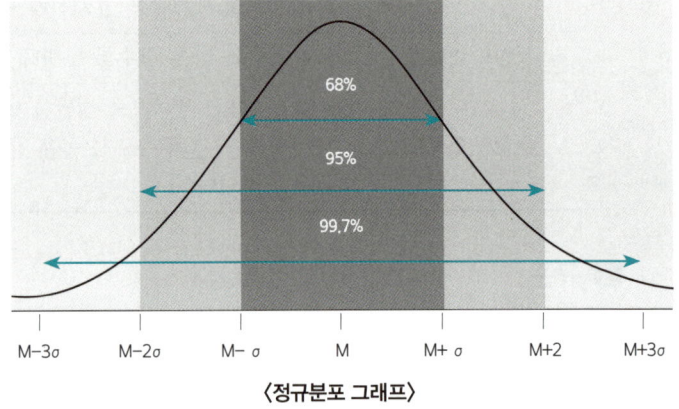

〈정규분포 그래프〉

03 측정, 척도, 표본 추출(표집)

1 측정

01 측정의 개념

측정은 추상적이고 이론적인 세계를 경험적이고 실제적인 세계와 연결시키는 것이다. 또한 가설 내에서 대상이 되는 사물이나 사건에 대하여 숫자를 부여하는 것이라고 할 수 있다.

02 측정의 기능

유형	내용
추상적 개념의 현실화	측정은 추상적 개념과 현실세계를 일치시키는 기능을 한다.
표준화	측정은 과학적인 현상으로, 객관화시키는 것이 가능하다. 또한, 측정이 가능하도록 표준화할 수 있다.
계량화	관찰 대상이나 현상의 다양한 변수를 통하여 통계적 분석이 가능하도록 계량화할 수 있다.
반복적 적용 가능성	과학적 연구 결과는 반복해도 같은 결과를 생성하는 특징이 있고, 그 결과를 통하여 효율적으로 전달할 수 있는 의사소통의 기능이 있다.

03 측정의 과정

단계	내용
개념화	특정 용어를 사용할 때 그것이 무엇을 의미하는지 정확하게 구체화하는 과정이다. 연구자가 말하고자 하는 특정 개념이 실제로 측정하려는 정의에 포함되어 있지 않다면 연구자는 이를 새롭게 정의(개념화)하여야 한다.
변수화, 지표화	추상적 개념은 수리적으로 측정이 불가하기 때문에 개념을 변수로 전환시켜야 하는데, 이 과정에서 변수와 함께 지표(Indicator)가 정해져야 한다.
조작화	변량의 범위를 나타내는 것으로, 연구 대상에 대하여 예상되는 속성의 분포에 따른 결정이다. 그리고 최소와 최대 극단 간의 변량을 나타낸다.

 **TIP** 지표

- 개념화 과정의 최종 산물로, 개념의 존재나 부재를 나타내는 표시이다.
- 예를 들어, 스마트폰 중독의 지표는 "스마트폰이 없으면 손이 떨리고 불안하다."로 표현될 수 있다.

2 척도

01 척도의 개념

① 척도는 측정도구를 의미하는데, 일정한 규칙에 따라 측정 대상에 적용할 수 있도록 만들어진 체계화된 기호나 숫자이다.

② 기호나 숫자는 연속성을 가지고 있어서 실제로 측정 대상의 속성과 대응적 관계를 맺으면서 대상의 속성을 양적으로 표현한다.

02 척도의 종류

(1) 명목 척도(명명 척도)

① 가장 기본이 되는 척도로 성별, 결혼 유무, 종교, 인종, 직업 유형 등 주로 기술 통계에 사용된다.

② 성격이 다른 범주에 대한 표현으로, 양적으로 '크거나 작다' 또는 '많거나 적다' 등을 구분할 수 없다.

(2) 서열 척도

① 측정 대상을 분류할 때 대상의 속성에 따라 등급을 순서대로 결정하는 척도이다.

② 선호도, 석차, 소득 수준, 학위 등 서열을 결정할 수 있는 기술 통계 값이다.

③ 명목 척도와는 달리 '크다/작다', '많다/적다' 등의 등가를 구분할 수 있다.

(3) 등간 척도

① 명목 척도와 서열 척도의 특징을 모두 포함하고, 여기에 크기의 정도를 제시하는 척도이다.

② 측정 대상의 '크다/작다'도 구분할 수 있고, 그 간격도 동일하다는 것을 의미한다.

③ 측정 대상의 속성이 동일한 거리를 가지지 않으면 적용하기 어렵다.

④ IQ, 온도, 학력, 시험 점수, 물가 지수 등이 해당된다.

(4) 비율 척도(비례 척도)

① 명목 척도, 서열 척도, 등간 척도의 특징을 모두 포함하면서 절대 영점을 가진 가장 높은 수준의 척도이다.

② 사칙연산이 모두 가능하고 평균을 내는 것도 가능하며, 거리, 무게, 시간 등이 해당된다.

3 표본 추출(표집, Sampling)

01 표본 추출(표집)의 개념

① 모집단 가운데 자료를 수집할 일부의 대상만을 표본으로 선택하는 과정으로, 표본 모집단의 일부를 의미한다.

② 조사 대상을 체계적인 방법으로 선정하는 절차로, 통계를 사용하여 모집단의 특성을 추론하기 위한 것이다.

02 표본의 크기와 표집 오차

① 표본의 크기는 통계학적 신뢰도를 확보할 수 있을 만큼 충분히 커야 하고, 비용이 허락하는 범위에서 가장 효과적으로 필요한 정보를 얻을 수 있어야 한다.

② 표집 오차는 표집하는 과정에서 발생하는 오차로, 표본의 대표성으로부터의 이탈 정도를 의미한다.

③ 표본의 크기가 커질수록 비용은 많이 들지만, 모수와 통계치의 유사성이 커지고, 표집 오차는 일정 수준으로 줄어듦으로써 조사의 신뢰성이 높아진다.

④ 동일한 표집 오차를 가정한다면, 분석 변수가 많아질수록 표본의 크기는 커져야 한다.

03 표본 추출(표집)의 과정

① 모집단의 확정   ② 표집 틀의 선정

③ 표집방법의 결정   ④ 표집 크기의 결정

⑤ 표본 추출

 **TIP** 모집단(Population) vs 표본(Sampling)

- 모집단 : 연구자가 알고 싶어 하는 대상이나 집단 전체
- 표본 : 연구자가 측정하거나 관찰한 결과들의 집합
  → 표본을 추정한다고 하는 것이 보다 정확한 표현이다.

04 표본 추출의 장점

① 모집단 전체를 연구할 경우, 예상되는 막대한 시간과 비용을 절감할 수 있다.

② 자료 수집, 집계, 분석의 신속성이 있다.

③ 전수 조사가 불가능한 경우에 적용할 수 있다.

④ 비표본 오차의 감소와 조사 대상의 오염 방지를 통하여 전수 조사보다 더 정확한 자료를 획득할 수 있다.

⑤ 전수 조사보다 더 많은 조사 항목을 포함할 수 있으므로 다방면의 정보를 획득할 수 있다.

05 표본 추출의 단점

① 표본의 대표성 문제가 제기될 경우에는 일반화의 가능성이 희박하다.

② 모집단의 크기가 작은 경우에는 표집 자체가 무의미하며, 설계가 복잡한 경우에는 시간과 비용이 낭비된다.

04 신뢰도

1 신뢰도의 개요

01 신뢰도의 개념

① 측정도구가 측정하고자 하는 현상을 일관성 있게 측정하는 능력이다. 즉, 어떤 측정도구를 동일한 현상에 반복 적용하였을 때 동일한 결과를 얻게 되는 정도를 의미한다.

② 어떤 도구를 사용해서 동일 대상을 반복 측정하였을 때 동일한 결과가 나온다면 신뢰도가 높다는 것을 의미한다.

02 내적 신뢰도와 외적 신뢰도

① 내적 신뢰도 : 사건이나 현상에 대한 관찰자들 간의 일치도를 말한다.

② 외적 신뢰도 : 연구 결과에 있어서의 일치도를 말한다.

03 신뢰도에 영향을 주는 요인

요인들이 다음의 조건에 맞을수록 신뢰도가 높아진다.

① 문항의 수 : 많아야 한다.

② 문항의 난이도 : 적절하여야 한다.

③ 문항의 변별도 : 높아야 한다.

④ 검사도구의 측정 내용의 범위 : 좁은 범위의 내용이어야 한다.

⑤ 검사의 시간과 속도 : 검사 시간은 길어야 하고, 속도는 빨라야 한다.

⑥ 문항의 반응수 : 응답한 반응수가 많아야 한다.

2 신뢰도의 원리 및 유형

01 신뢰도 제고를 위한 기본 원리

유형	내용
체계적 분산의 극대화	체계적 분산은 독립 변수에 의하여 영향을 받는 종속 변수의 분산을 극대화하며, 독립 변수가 종속 변수에 미치는 영향을 뚜렷하게 함으로써 신뢰도가 높아질 수 있다.
오차 분산의 극소화	신뢰도와 타당도가 높은 측정도구를 사용하여 체계적 오류와 비체계적 오류를 축소할 때, 측정상 오류를 최대한 줄일 수 있다.
외부 변수의 통제	연구 목적과 관련이 없는 외부 변수를 무작위 할당, 변수 제거 등의 방법으로 통제할 때 신뢰도를 높일 수 있다.

02 신뢰도의 유형

유형	내용
검사–재검사 신뢰도	가장 기초적인 신뢰도 추정방법으로, 동일 대상에 동일한 측정도구를 서로 상이한 시간에 2회 측정한 후에, 결과를 비교하는 것이다.
동형검사 신뢰도	새로 개발한 검사와 여러 면에서 거의 동일한 검사를 하나 더 개발하여 두 검사의 점수 간의 상관계수를 구하는 방법으로, 검사–재검사 신뢰도의 변형이라고 볼 수 있다.
반분 신뢰도	검사를 1회 실시한 후, 이를 적절한 방법에 의하여 두 부분의 점수로 분할하여 그 각각을 독립된 2개의 척도로 사용함으로써 신뢰도를 추정하는 방법이다.
문항 내적 합치도	단일한 신뢰도 계수를 계산할 수 없는 반분법을 교정하기 위한 방법으로, 가능한 모든 반분 신뢰도를 구한 후에 그 평균값을 신뢰도로 추정하는 방법이다.
관찰자 신뢰도	한 사람의 관찰자가 일정한 관찰 지침과 절차에 따라 동일한 측정 대상에 대하여 시간적인 간격에 의한 반복 관찰을 시행한 후, 그 결과의 상관관계를 점수로 산정하여 신뢰도를 평가하는 방법이다.

 **TIP** 상관계수

- 두 변수(변인) 사이의 관계를 기술하기 위한 것으로, 두 변수가 서로 관계되는 정도를 나타내는 값이다.
- 한 변수가 변해감에 따라 다른 변수가 얼마나 변하는가를 나타낸다.
- 단위와는 상관없고, −1~+1 사이의 값을 가진다.
- +는 정적 상관, −는 부적 상관, 0은 상관이 없음을 의미한다.
- 변수를 바꾸어도 상관계수의 값은 동일하다. 다만, 상관계수로 한 변수가 다른 변수에 영향을 미친다는 원인과 결과를 추론할 수는 없다.

05 타당도

1 타당도의 개념

타당도(Validity)는 연구자가 측정하고자 한 것을 실제로 정확히 측정하고 있는가를 보여주는 것으로, 조작적 정의나 지표가 측정하고자 하는 개념을 얼마나 제대로 반영하는지 보여준다. 타당도에는 내적 타당도와 외적 타당도가 있다.

2 내적 타당도

01 내적 타당도의 개념

① 연구에서 종속 변인에 나타난 변화가 독립 변인의 영향 때문이라고 결론지을 수 있는 정도를 말하는 것이다.

② 각 변수 사이의 인과관계를 추론하여 실험을 통한 진정한 변화에 의한 것으로 판명되는 경우에 내적 타당도가 높다고 본다.

③ 피검자의 선발에 있어서 실험집단과 통제집단의 동질성이 결여될 경우에 내적 타당도가 낮게 측정된다.

02 내적 타당도의 저해요인

(1) **역사 효과** : 검사기간 중 특수한 사건의 발생 시, 이 사건이 검사 측정에 반영될 수 있다.

(2) **성숙 효과** : 검사기간 중 나이가 많아지거나 피로가 누적되는 등의 영향이 발생한다.

(3) **이월 효과(학습 효과)** : 사전 검사를 통하여 이미 경험하였던 결과가 사후 검사에 영향을 미칠 수 있다.

(4) **극단적 점수의 피검자를 선발하였을 경우** : 실험 처치의 효과에 관계없이 다음 검사에서 평균으로 돌아가려는 현상인 '통계적 회귀'가 발생할 수 있다.

(5) **불가피하게 피검자가 탈락되었을 경우** : 사건과 사후 인원이 동질하지 못한 상황이 발생하게 되어, 내적 타당도는 낮아지게 된다.

(6) **선발-성숙 상호작용** : 성별을 달리 해서 남, 여를 선발하여 실험할 경우, 사전 검사의 측정치는 같을 수 있지만 사후 검사의 측정치가 성숙의 영향을 받아 다를 경우에 내적 타당도는 위협받게 된다.

03 내적 타당도 저해요인의 통제방법

유형	내용
무작위 할당	연구 대상을 실험집단과 통제집단으로 무작위 배치하여 두 집단이 동질되게 함으로써 통제할 수 없는 변인들이 상쇄될 것을 기대한다.
배합	연구 주제에 영향을 미칠 수 있는 주요 변수들을 미리 알아내어, 이를 실험집단과 함께 통제한다.
통계적 통제	실험 설계를 통하여 통제할 필요성이 있는 변수들은 독립 변수로 간주하여 실험을 실시하고, 결과를 통계적으로 분석하여 해당 변수의 영향을 통제한다.

3 외적 타당도

01 외적 타당도의 개념

① 연구 결과에 의하여 기술된 인과관계를 연구 대상 이외의 경우까지 확대할 때 일반화된 정도를 말하는 것이다.

② 연구 결과가 얼마나 정확한지에 대한 개념으로, 연구 결과의 일반화 가능성이 있을 경우에 외적 타당도가 높다고 한다.

02 외적 타당도의 저해요인

① 검사 실시와 실험 실시 간의 상호작용 효과로, 사전 검사 후에 실험을 실시할 때 관심이 증가하면서 효과에 영향을 미칠 수 있다.

② 실험 상황에 대한 반발 효과로, 실험 상황에서 이질성이 생길 때 발생한다.

③ 한 사람의 참가자가 여러 실험에 참여할 경우, 이전 실험의 경험이 남아 있어서 간섭효과 혹은 이월 효과가 생기게 된다.

④ 실험자 자신이 연구 결과의 일반화에 영향을 미칠 수 있다. 즉, 실험자의 불안 수준이나 연령, 성별 등 참가자들과의 상호작용에 영향을 미칠 요소가 많다.

03 외적 타당도 저해요인의 통제방법

① 모집단에 대한 타당성을 높이는 것으로, 표본의 대표성을 높이는 방법이다. 즉, 표본 자료가 모집단의 특성을 충분히 반영하고 있는지를 파악한다.

② 환경에 의한 타당성을 높이는 것으로, 연구 결과가 연구 환경을 벗어나 보다 현실적이면서 다양한 환경에도 적용될 수 있는지를 검토한다.

 **TIP** **내적 타당도 vs 외적 타당도**

• 내적 타당도 : 독립 변수와 종속 변수 간의 인과관계 확신의 정도 → 인과 관계
• 외적 타당도 : 검사 결과를 일반화할 수 있는 정도 → 일반화

4 타당도의 유형

01 내용 타당도(Content Validity)

측정 항목이나 연구자가 의도한 내용대로 실제로 측정되고 있는가를 나타내는 도구로, 측정도구가 측정 대상이 가지고 있는 많은 속성 중의 일부를 대표적으로 포함하는가를 의미한다.

유형	내용
안면 타당도	측정 항목이 연구자가 의도한 내용 대로 실제로 측정하고 있는가를 나타내는 도구로, 일반인의 일반적인 상식에 기초한 타당도이다.

02 준거 관련 타당도(Criterion Validity)

경험적 근거에 의하여 타당도를 확인하는 방법으로, 전문가가 만든 신뢰도와 타당도가 검증된 측정도구에 의한 측정 결과를 기준으로 하여 통계적으로 타당도를 평가하는 방법이다.

유형	내용
예언(예측) 타당도	어떤 행위가 일어날 것이라고 예측한 것과 실제 대상자나 대상 집단이 나타낸 행위 간의 관계를 측정하는 것이다.
공인 타당도	새로 제작한 검사의 타당도를 위하여 기존에 타당도를 보장받고 있는 검사와의 유사성 및 연관성에 의하여 타당도를 검증하는 방법이다.

03 구인 타당도(개념 타당도, Construct Validity)

조작적으로 정의되지 않은 인간의 심리적 특성이나 성질을 심리적 개념으로 분석하여 조작적 정의를 부여한 후, 검사 점수가 조작적 정의에서 규명한 심리적 개념들을 제대로 측정하였는가를 검정하는 방법이다.

유형	내용
수렴 타당도	검사 결과가 이론적으로 해당 속성과 관련 있는 변수들과 어느 정도 높은 상관관계를 가지고 있는지를 측정하는 것이다.
변별 타당도	검사 결과가 이론적으로 해당 속성과 관련 없는 변수들과 낮은 상관관계를 가지고 있는지를 측정하는 것이다.
요인분석	검사를 구성하는 문항들의 상관관계를 분석하여 상관이 높은 문항들을 묶어 주는 통계적 방법이다.

TIP 신뢰도와 타당도에 영향을 미치는 요인

1. 측정의 오류
변수를 측정하는 과정에 나타나는 오류로, 본질적으로 신뢰도와 타당도의 문제이다. 타당도는 체계적 오류이고, 신뢰도는 비체계적 오류이다.

2. 체계적 오류
연구자가 수집하는 정보가 측정하려는 개념을 계속해서 잘못 나타낼 경우에 체계적 오류가 발생한다.

3. 무작위 오류
처음 측정한 결과와 그 다음에 측정한 결과 사이에 일관성을 보이지 않을 때 나타나는 오류이다.

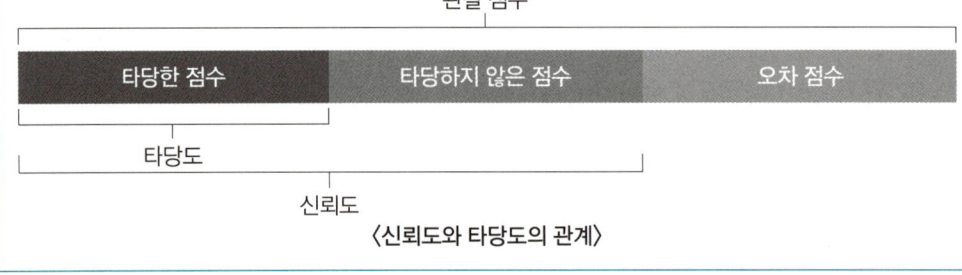

〈신뢰도와 타당도의 관계〉

06 지능검사

1 지능과 지능검사

01 지능의 일반적 정의

① 지능은 적응적(Adaptive)이다. 지능은 다양한 상황과 문제에 융통성을 갖고 반응하는 데 사용된다.

② 지능은 학습능력(Learning Ability)과 관련이 있다. 특별한 영역이 지적인 자는 그렇지 아니한 자보다 더 신속하게 새로운 정보를 처리할 수 있다.

③ 지능은 새로운 상황을 효과적으로 분석하고 이해하기 위하여 선행지식(Use of Prior Knowledge)을 활용하는 것이다.

④ 지능은 여러 가지 다른 정신과정들의 복잡한 상호작용과 조정을 포괄한다.

⑤ 지능은 문화 특수적(Cultural Specific)이다. 한 문화에서 지적인 행동이 반드시 다른 문화에서 지적인 행동으로 간주되지는 않는다. 즉, 지능은 보편적이지 않다.

⑥ 지능은 영구적이고 변하지 않는 특성은 아니며 경험과 학습을 통하여 변화될 수 있다.

02 지능 검사의 개념

① 1905년 비네(Binet)와 시몽(Simon)이 공교육 시스템 내에서 교육 가능한 아동과 초등교육을 받을 수 없는 정신지체 아동을 구별하기 위하여 처음 개발하였다. 아동의 공교육 시스템 내의 지적 능력을 파악하고, 인지지능의 특성을 파악하기 위한 검사 도구였다.

② 지적 능력을 측정하기 위한 방법 중의 하나로, 새로운 환경에 적응하고 문제를 해결하며, 추상적 사상을 다루는 능력을 측정하고자 하는 데 그 목적이 있다.

③ 지능검사의 결과를 토대로 임상적 진단을 체계화함으로써 증세의 명료화가 가능하고, 기질적 뇌손상인지와 뇌손상으로 인한 인지적 손실의 정도를 파악할 수 있다.

④ 합리적 치료의 목표 설정이 가능하다.

2 지능검사의 개발

01 비네-시몽(Binet-Simon) 검사

비네(Binet)와 시몽(Simon)은 프랑스 정부로부터 일반 학급에서 정신지체아와 정상아를 구별할 수 있는 검사 개발을 위탁받았다. 그들은 아동들의 지능을 측정하여 초등학교의 정규 교육과정을 수학할 능력이 없는 지체아동을 판별할 목적의 평가도구인 Binet-Simon Test(1905)를 개발하였다.

특징	내용
정신연령의 개념 도입	비네는 연령이 증가함에 따라 구조화된 과제에 대한 수행이 향상되므로 어떤 아동이 또래 아동보다 과제를 잘 해결하면 정신연령과 지능이 높다는 전제하에 정신연령(Mental age)의 개념을 도입하였다.
대상 연령의 확장	3~13세 아동에게 실시되었으나, 1908년과 1911년에 재표준화를 거치면서 대상 연령이 15세까지 확장되었다.

02 웩슬러(Wechsler) 지능검사 : Wechsler-Bellevue 지능검사

웩슬러(Wechsler)는 1930년대 중반 그의 임상적 기술과 통계적 훈련을 결합하여 11개의 소척도로 구성된 Wechsler-Bellevue Intelligence Scale Form I(이하 WB-I, 1939)과 WB-II(1946)를 개발하였다.

 TIP **Binet-Simon 검사와의 차이점**

- Wechsler는 Binet 검사가 언어 능력을 요하는 문항에 너무 치중되어 있다고 보고, 언어적 기능도 따로 측정되어야 한다고 주장하였다.
- 따라서 Wechsler 검사는 언어적 검사와 비언어적(동작) 검사가 따로 측정되도록 개발되었고, 개인의 수행 수준은 같은 연령 집단 사람들의 점수와 비교하여 표준 점수인 지능지수가 산출되었다.

03 성인용 지능검사의 시초

WB-I는 이후 웩슬러 성인 지능검사(WAIS ; Wechsler Adult Intelligence Scale, 1955)로 개정되었고, 여러 차례의 재개정 작업을 거쳐 WAIS-IV(2008)까지 출시되었다.

04 아동용 검사

① WB-II의 대상 연령을 낮춰 5~15세의 아동에게 적용할 수 있는 Wechsler Intelligence

Scale for Children(WISC, 1949)이 출시되었고, 이후 WISC는 여러 지능검사 가운데 가장 널리 사용되고 있다(Stott & Ball, 1965).

② WISC(1949)는 수차례의 재개정 작업을 통하여 WISC-IV(Wechsler, 2003)로 개정되었고, 2014년 WISC-V가 출시되었다.

3 한국에서의 지능검사 표준화

01 성인용 검사

① 성인 대상의 한국판 웩슬러 지능검사(Korean Wechsler Intelligence Scale)인 KWIS가 1963년에 표준화되었다. 전용신, 서봉연, 이창우가 WAIS(1955)를 표준화한 것이다.

② WAIS-R(1981)을 염태호, 박영숙, 오경자, 김정규, 이영호가 한국판 K-WAIS(1992)로 표준화하였다.

③ WAIS-IV(2008)는 K-WAIS-IV(황순택, 김지혜, 박광배, 최진영, 홍상황, 2012)로 표준화되었다.

02 아동용 검사

① 이창우, 서봉연이 WISC(1949)를 K-WISC(1974)로 표준화하였다.

② 개정판 WISC-R(1974)은 한국교육개발원에서 표준화하여 KEDI-WISC(Korean Educational Developmental Institute-Wechsler Intelligence Scale for Children, 1987)가 시작되었다.

③ WISC-III(1991)는 K-WISC-III(곽금주, 박혜원, 김청택, 2001)로 표준화되었고, WISC-IV(2003)는 K-WISC-IV(곽금주, 오상우, 김청택, 2011)로 표준화되었다.

03 유아용 검사 : WPPSI-R(1989)은 K-WPPSI(박혜원, 곽금주, 박광배, 1996)로 표준화되어 사용되고 있다.

4 지능이론

01 스피어만(Spearman)의 2요인 이론(일반 요인 'g' 이론)

① Spearman은 최초로 인간의 지능을 심리측정적인 관점에서 접근한 이론가로, 요인분석 방법을 통하여 지능검사 문항 가운데 상관 높은 문항들을 묶어서 몇 개의 요인으로 규명하고, 그 요인의 의미를 부여하였다.

② Spearman은 지능을 '일반적인 정신능력 요인으로 모든 지적 수행에 공통적으로 필요한 능력'인 일반 요인(g요인, general factor)과 '특정한 과제 수행에 필요한 능력'인 특수 요인(s요인, specific factor)으로 구성되어 있다고 보았다.

02 카텔(Cattrell)과 혼(Horn)의 유동적 지능-결정적 지능이론(Gf-Gc 이론)

① 지능을 '1차(First order) 요인'인 80여 개의 기초 정신능력과 '2차(Second order) 요인'인 8개의 광범위한 인지 능력(Broad cognitive abilities)으로 구성되어 있다고 보았다.

② 지능의 2차 요인에 해당하는 광범위한 인지 능력에는 유동적 지능(Gf)과 결정적 지능(Gc) 외에도 다양한 독립적인 능력을 9~10개의 능력으로 분류하였다(Alfonso & Flanagan & Radwan, 2005).

③ 이 이론의 가장 큰 특징은 최상위 개념으로 'g'를 제시하지 않는다는 것이다.

03 가드너의 다중지능이론

① 가드너(Howard Gardner)에 의하면 인간에게는 적어도 분명히 구분되는 8가지 능력인 다중지능(Multiple Intelligence)이 있는데, '음악, 신체운동, 논리 수학, 언어, 공간, 대인관계, 자기 이해' 등으로 구별되며, 각각 독립적인 것으로 본다.

② Gardner는 이처럼 명백히 구별되는 지능의 존재를 지지하기 위하여 작곡과 같이 한 영역에서 뛰어난 재능을 가지고 있지만 다른 영역에서는 보통의 능력을 가진 사람이나 두뇌 손상으로 인하여 특정한 지능이 결핍된 사례를 기술하였다. 이에 따르면, 언어 능력에 결함이 있는 사람이 있는 반면, 공간적 추론을 요구하는 과제를 수행하는 데 어려움이 있는 사람도 있다는 것이다.

③ 일부 연구자들은 인간에게 비교적 독립적인 다양한 능력이 있다는 점에는 동의하지만, Gardner의 구분에 대하여 이견을 보이기도 한다. 연구자들은 Gardner가 제안한 지능들이 CHC 이론의 중간층에 해당되는 것이고, 음악이나 신체 운동과 같은 특정 영역에서의 능력 그 자체는 '지능'이 아니라는 견해를 피력하기도 한다.

04 스텐버그(Sternberg)의 삼원 지능이론

① Sternberg는 3가지의 영역이 지능을 구성한다는 의미에서 '삼원(Tri-archic)'이라고 명명하였다.

유형	내용
분석적 지능 (Analytical Intelligence)	학업 상황이나 지능검사에서 종종 볼 수 있는 정보와 문제에 대한 이해, 분석, 대조, 평가 등을 의미한다.
창의적 지능 (Creative Intelligence)	새로운 맥락 내에서 아이디어를 상상, 발견, 종합하는 것이다.
실제적 지능 (Practical Intelligence)	일상적인 문제와 사회적 상황을 효과적으로 처리하고 반응하는 데 사용되는 지식이나 기술과 관련이 있다.

② Sternberg는 위의 3가지 요인이 상호작용하는 지적 행동을 제안하였는데, 이것은 상황의 맥락에 따라 다르게 나타난다.

유형	내용
행동이 발생하는 환경적 맥락	적절하고 효과적인 행동은 문화에 따라 다르다.
특정한 과제에 대한 사전 경험의 적절성	사전 경험은 2가지 방법 중 하나의 형태로 지능을 향상시킬 수 있다. 특별한 과제에 대한 집중적인 연습은 해당 과제의 수행 속도와 효율성을 증가시킨다. 이것은 자동성(Automaticity)과 관련이 있는 것이다. 사람은 이전 상황에서 학습한 것을 바탕으로 새로운 과제를 해결해 나간다.
과제 수행에 필요한 인지 과정	새로운 적절하게 해석하기, 중요한 정보와 중요하지 않은 정보를 분리하기, 다른 과제들 간의 관계성 파악하기, 피드백을 효과적으로 사용하기 등과 같은 수많은 인지 과정이 지적 행동에 포함된다. 어떤 인지 과정이 중요한가는 맥락에 달려 있으며, 개인은 당시에 요구되는 구체적인 인지 과정에 따라 지적으로 행동하게 된다.

07 웩슬러 지능검사 (1) 개요

1 의의 및 특징

01 웩슬러 지능검사의 의의

① 1939년 웩슬러(David Wechsler)가 개발한 개인 지능검사로, Standford-Binet 검사와 함께 가장 일반적으로 사용된다.

② 개인의 지능이 인지적 사고뿐만 아니라 합리적 사고와 환경을 이해할 수 있는 종합적이고 통합적 능력이라고 생각하였다. 그러므로 유전적 요인, 초기 교육환경, 정서적 상태, 기질적 정신장애, 검사 당시의 상황 등 상호작용에 의하여 결정된다고 보았다.

02 웩슬러 지능검사의 특징

유형	내용
구조화된 검사	검사자가 한 사람의 수감자를 대상으로 직접 지시하여야 하는 개인 검사로, 관계 형성이 중요하고 수검자에 대한 관찰이 용이하다. 구조화된 객관적 검사이다.
편차 지능지수의 사용	정신연령과 생활연령을 비교한 기존의 지능검사와는 달리, 개인의 지능을 동일 연령대 집단에서의 상대적 위치로 규정하는 편차 지능지수를 사용한다.
발달적 특징의 평가	언어성 검사와 동작성 검사로 구성되어 언어성 지능, 동작성 지능, 전체 지능 등을 모두 측정할 수 있고, 각 요소의 하위 요인을 통하여 지능에서 발달적 특징을 평가할 수 있다.

TIP **웩슬러 지능검사 4판**

- 지능 영역을 크게 언어 이해, 지각 추론, 작업 기억, 처리속도의 4가지로 구분하여 실시하고 있다. 이 4가지 영역의 점수를 합산한 점수가 종합 점수가 된다.
- 4가지 영역을 통합적으로 보려고 노력하였지만, 여전히 한 개인을 설명하기에는 범위가 좁을 수 있기 때문에 지능검사 한 가지로 개인의 종합 능력을 판단해서는 안 된다.

2 검사의 내용

01 WAIS-IV의 도입

전체 지능의 측정과 더불어 작업 기억, 처리속도 등 인지기능 영역의 측정을 강화하였으며 신경심리학적 발달을 반영하였다.

구분		K-WAIS	K-WAIS-IV
범위		• IQ 45~155	• IQ 40~160
점수체계		• 언어성 지능지수(VIQ) • 동작성 지능지수(PIQ) • 전체 지능지수(FSIQ)	• 4가지 Index • 언어이해(VCI), 지각추론(PRI), 작업 기억(WMI), 처리속도(PSI) • 전체 지능지수(FSIQ) • 일반 지능지수(GAI) • 과정점수
소검사 변화	생략	• 2개(차례 맞추기, 모양 맞추기)	
	유지	• 9개(토막 짜기, 공통성, 숫자, 어휘, 산수, 상식, 기호 쓰기, 이해, 빠진 곳 찾기)	
	추가	• 6개(WAIS-III부터 포함된 행렬 추론, 동형 찾기, 순서화, WAIS-IV에서 새로 제작된 퍼즐, 무게 비교, 지우기)	

TIP **K-WAIS와 K-WAIS-IV**

K-WAIS		K-WAIS-IV	
언어성	어휘, 공통성, 상식, 이해, 산수, 숫자	언어 이해	어휘, 공통성, 상식(이해)
		작업 기억	산수, 숫자(순서화)
동작성	토막 짜기, 빠진 곳 찾기, 차례 맞추기, 모양 맞추기, 바꿔 쓰기	지각 추론	토막 짜기, 행렬 추론, 퍼즐(무게 비교)(빠진 곳 찾기)
		처리속도	기호 쓰기, 동형 찾기(지우기)

02 K-WISC-Ⅳ와 K-WAIS-Ⅳ의 소검사 비교

지표	K-WAIS-Ⅳ (성인용: 16세~69세)	K-WISC-Ⅳ (아동용: 5세~16세)
언어이해 지표	공통성, 상식, 어휘, (이해)	공통성, 어휘, 이해
언어(좌뇌)와 관련, 축적된 지능, 결정지능		
지각추론 지표	토막 짜기, 퍼즐, 행렬 추론, (빠진 곳 찾기), (무게 비교)	토막 짜기, 공통그림 찾기, 행렬 추리, (빠진 곳 찾기)
선천적(우뇌)과 관련, 타고난 지능, 유동지능		
작업기억 지표	숫자, 산수, (순서화)	숫자, 순차 연결, (산수)
단기 기억, 주의집중력		
처리속도 지표	기호 쓰기, 동형 찾기, (지우기)	기호 쓰기, 동형 찾기, (선택)
좌뇌와 우뇌를 함께 사용, 학습능력과 상관관계가 높음		

※ ( )는 보충 소검사임

03 K-WAIS-Ⅳ의 소검사들

소검사	약어	내용
토막 짜기	BD	정해진 제한시간 내에 제시된 모형과 그림, 또는 그림만 보고 빨간색과 흰색으로 이루어진 토막을 사용하여 자극과 똑같은 모양을 만든다.
공통성	SI	공통적인 사물이나 개념을 나타내는 2개의 단어가 제시되면 어떠한 유사점이 있는지를 기술한다.
숫자	DS	• 숫자 바로 따라 하기 : 검사자가 읽어 준 일련의 숫자를 동일한 순서로 기억해낸다. • 숫자 거꾸로 따라 하기 : 숫자를 역순으로 기억해낸다.
행렬 추론	MR	불완전한 행렬을 보고, 5개의 반응 선택지에서 제시된 행렬의 빠진 부분을 찾아낸다.
기호 쓰기	CD	주어진 시간 안에 기하학적 모양이나 숫자에 대응하는 기호를 그린다.
어휘	VC	• 그림 문항 : 소책자 그림의 이름을 말한다. • 말하기 문항 : 검사자가 읽어 주는 단어의 정의를 말한다.
순서화	LN	연속되는 숫자와 글자를 읽어 주고, 숫자가 많아지는 순서와 한글의 요일 순서대로 암기하도록 한다.
퍼즐	VP	완성된 퍼즐을 보고 제한시간 내에 그 퍼즐을 만들 수 있는 3개의 반응을 찾는다.
이해	CO	일반적인 원칙과 사회적 상황에 대한 이해에 기초하여 질문에 대답한다.

소검사	약어	내용
동형 찾기	SS	반응 부분을 훑어 보고, 반응 부분의 모양 중 표적 모양과 일치하는 것이 있는지를 제한시간 내에 표시한다.
빠진 곳 찾기	PC	그림을 보고 제한시간 내에 빠져 있는 중요한 부분을 가리키거나 말한다.
지우기	CA	정해진 제한시간 내에 조직적으로 배열되어 있는 도형들 속에서 표적 모양을 찾아 표시한다.
상식	IN	일반적 지식에 관한 광범위한 주제를 다루는 질문에 대답한다.
산수	AR	구두로 주어지는 일련의 산수 문제를 제한시간 내에 암산으로 풀어 본다.
무게 비교	FW	정해진 제한시간 내에 양쪽 무게가 달라 균형이 맞지 않는 저울을 보고, 균형을 맞추는 데 필요한 반응을 찾는다.

04 K-WISC-IV의 소검사들

소검사	약어	내용
토막 짜기	BD	정해진 제한시간 내에 제시된 모형과 그림, 또는 그림만 보고 빨간색과 흰색으로 이루어진 토막을 사용하여 자극과 똑같은 모양을 만든다.
공통성	SI	공통적인 사물이나 개념을 나타내는 2개의 단어가 제시되면, 어떠한 유사점이 있는지를 기술한다.
숫자	DS	• 숫자 바로 따라 하기 : 검사자가 읽어 준 일련의 숫자를 동일한 순서로 기억해낸다. • 숫자 거꾸로 따라 하기 : 숫자를 역순으로 기억해낸다.
공통그림 찾기	PCn	두 줄 또는 세 줄로 이루어진 그림들을 제시하며, 아동은 공통된 특성으로 묶일 수 있는 그림을 각 줄에서 1가지씩 고른다.
기호 쓰기	CD	수어진 시간 내에 기하학적 모양이나 숫자에 대응하는 기호를 그린다.
어휘	VC	• 그림 문항 : 소책자 그림의 이름을 말한다. • 말하기 문항 : 검사자가 읽어주는 단어의 정의를 말한다.
순차 연결	LN	연속되는 숫자와 글자를 읽어 주고, 숫자가 많아지는 순서와 한글의 요일 순서대로 암기한다.
행렬 추리	MR	불완전한 행렬을 보고, 5개의 반응 선택지에서 제시된 행렬의 빠진 부분을 찾아낸다.
이해	CO	일반적인 원칙과 사회적 상황에 대한 이해에 기초하여 질문에 대답한다.
동형 찾기	SS	반응 부분을 훑어 보고, 반응 부분의 모양 중 표적 모양과 일치하는 것이 있는지를 제한시간 내에 표시한다.

소검사	약어	내용
빠진 곳 찾기	PCm	그림을 보고 제한시간 내에 빠져 있는 중요한 부분을 가리키거나 말한다.
선택	CA	무선으로 배열된 그림과 일렬로 배열된 그림을 훑어 보고, 제한시간 내에 표적 그림들에 표시한다.
상식	IN	일반적 지식에 관한 광범위한 주제를 다루는 질문에 대답한다.
산수	AR	구두로 주어지는 일련의 산수 문제를 제한시간 내에 암산으로 풀어 본다.
단어 추리	WR	일련의 단서에 공통된 개념을 찾아내어 단어로 말한다.

3 검사 시행 시의 유의사항

① 표준 시행과 함께 검사 행동을 관찰하여 수검자의 특징을 확보하는 등의 행동관찰 훈련이 되어 있어야 한다.

② 결과의 의미 있는 해석을 위하여 표준 절차를 엄격하게 따르고, 수검자의 주의를 분산시키는 환경을 제어한다.

③ 간단하게 설명하고 질문하는 것이 바람직하며, 수검자의 불안전한 반응에 대처할 수 있도록 채점의 원칙을 잘 숙지하고 있어야 한다.

④ 특별한 이유가 없이는 한 번에 전체 검사를 진행하는 것이 바람직하고, 검사가 중요하지만 검사 자체가 수검자보다 중요한 목적이 되어서는 안 된다.

⑤ 검사 시행이 적절하지 않을 때는 시행을 중단하거나 면접을 통하여 상황이 잘 극복되도록 노력한다.

⑥ 검사도구는 소도구를 실시할 때까지 수검자의 눈에 띄지 않도록 주의한다.

08 웩슬러 지능검사 (2) 활용

1 검사의 해석

01 검사의 해석 순서

① 전체 IQ 해석하기

② 언어성 vs 동작성 / 요인별 점수 / 지표점수 해석

③ 하위 소검사, 변산 해석하기

④ 하위 소검사 내 분석하기

⑤ 질적 분석

02 K-WAIS-IV 및 K-WISC-IV 조합점수(Composite Scores)

약어	조합점수	
VCI	언어이해 지수 (Verbal Comprehension Index)	언어적 추론, 이해 및 개념화를 필요로 하는 언어적 능력의 측정
PRI	지각추론 지수 (Perceptual Reasoning Index)	비언어적 추론과 지각적 조직화 능력의 측정
WMI	작업기억 지수 (Working Memory Index)	작업기억(동시적 과정과 순차적 과정), 주의력, 집중력의 측정
PSI	처리속도 지수 (Processing Speed Index)	정신운동, 시각-운동처리 속도의 측정
FSIQ	전체 척도 (Full Scale IQ)	VCL, PRI, WMI, PSI의 합으로 표현
GAI	일반 지능지수 (General Ability Index)	VCI, PRI 소검사 환산점수의 합으로 표현(산출, 작업 기억, 처리속도의 영향 덜 받음)

03 지능에 관련된 수치의 의미

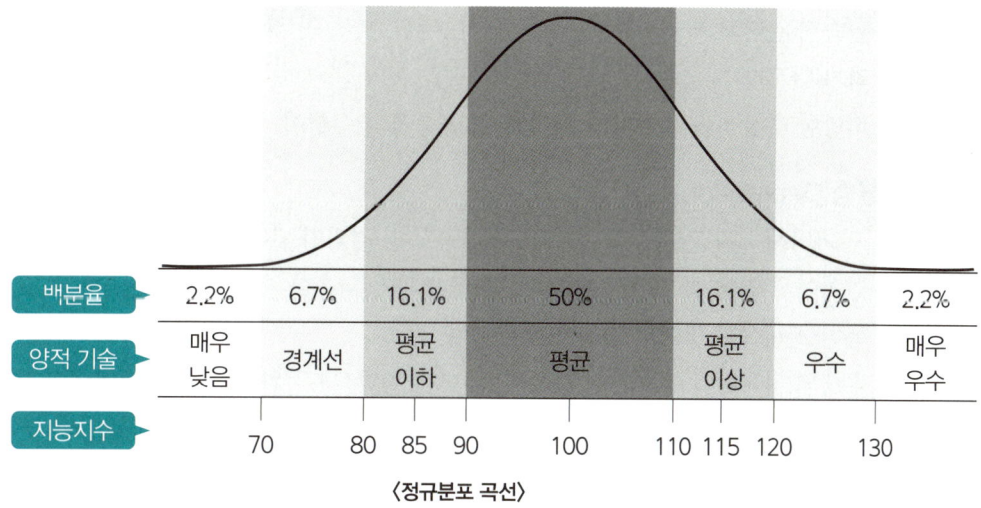

〈정규분포 곡선〉

2 검사결과 해석 시의 유의사항

01 전체 지능지수(FSIQ)의 보고

① 전체 지능지수(FSIQ)는 가장 높은 지표와 가장 낮은 지표 간의 차이가 1.5 SD(23점) 보다 낮을 경우에만 신뢰할 수 있고 타당한 측정치로 해석 가능하다.

② 만일 23점 이상이라면 단일 점수로 요약할 수 없다.

02 소검사 0점의 의미

① 해당 능력이 없음이 아니라 해당 능력을 본 소검사로 추정하기 어려움으로 해석하여야 한다.

② 2개 이상의 소검사에서 원점수 0점은 FSIQ의 의미가 없다.

03 세부 지수(VCI, PRI, WMI, PSI)에 대한 결과 보고

① 각 세부 지수에 해당하는 소검사의 편차가 1.5 SD(5점)보다 작을 때에만 단일 지수로 해석 가능하다.

② 만일 5점 이상이라면, 단일 지표로 해석 불가능하다.

③ 해석 가능하다면 백분위와 신뢰도를 함께 보고한다.

③ 증상에 따른 해석

01 정신병적 장애(Psychotic disorder)

① 지적기능(주의집중력) 발휘에 기복이 있어서, 소검사/영역 간의 편차가 크다.

② 문항을 잘못 이해하거나 초반부 문항에서 잦은 실수가 있다.

③ 주의력의 저하로, 작업기억 영역의 수행이 저조하다.

④ 관습적 판단력의 저하로, '이해 〈 상식, 어휘, 빠진 곳 찾기 〈 토막 짜기/행렬 추론'의 결과가 나온다.

⑤ 적당한 추상성을 유지하기 어려워서, 공통성의 수행이 저조하다.

02 우울증(Depression)

① '언어이해 〉 지각추론/작업 기억/처리속도'의 결과가 나온다.

② 언어이해 영역 중 '상식 〉 어휘/이해'의 결과가 나온다.

③ 특히 처리속도 영역의 저하가 뚜렷하다.

④ 수행의 정교함과 능숙함이 부족하여, 낮은 필압, 낮은 완성도, 미완수의 결과가 나온다.

⑤ 단번에 풀리지 않는 문항을 쉽게 포기한다.

03 강박성 성격장애(Obsessive-compulsive personality disorder)

① 과제의 세부 사항에 대한 질문을 한다.

② 정확성에 대한 집착으로, 장황한 답변과 답변 번복을 한다.

③ 긴 시간이 소요된다.

④ 전체 지능지수는 우수한 편이나, 작업기억 영역 및 시간 제한 소검사에서 실수한다.

04 자폐 스펙트럼 장애(Autism spectrum disorder)

① 소검사/영역 간의 편차가 크다.

② 처리속도 영역이 저하되어 있다.

③ '상식/공통성 〉 어휘/이해'의 결과가 나온다.

④ 실용 언어가 부적절하며, 틀린 답변은 아니지만 맥락을 파악하지 못한다.

09 다면적 인성검사(MMPI-2) (1) 개요

1 MMPI의 개념 및 특징

01 MMPI의 개념

① MMPI(Minnesota Multiphasic Personality Inventory)는 미국 미네소타 대학의 해서웨이(Hathaay)와 맥킨리(Mckinley)가 처음 발표(1934)하였다.

② 진단적 도구로서, 유용성과 다양한 장면에서의 활용 가능성을 인정받은 검사이다.

③ 임상장면의 규준 집단을 이용하여 개발한 검사도구로, 비정상적 행동과 증상을 객관적으로 측정하여 임상 진단에 관한 정보 제공을 하는 것이 목적이다. 일반적인 성격 특성을 측정하기 위한 검사는 아니다.

02 MMPI의 특징

① 실제 환자들의 반응을 토대로 외적 준거 접근의 경험적 제작방법에 의하여 만들어졌다.

② 대표적 자기보고식 검사로, 검사의 실시, 채점, 해석이 용이하여 시간과 노력이 절약된다.

③ 비교적 덜 숙련된 임상가도 정확한 해석이 가능한 검사이지만, 여전히 성격과 정신 병리에 대한 체계적 지식이 요구된다.

④ 550개 문항과 16개의 중복 문항으로 총 566개 문항이고, 16개 문항은 수검자의 반응 일관성을 확인하기 위한 지표로 사용된다. 수검자는 각 문항에 대하여 '예/아니오'의 2가지 답변 중 하나를 선택하게 된다.

⑤ 주요 비정상 행동을 측정하는 10가지 임상 척도와 수검자의 검사 태도를 측정하는 4가지 타당도 척도에 따라 채점한다.

⑥ 원점수를 T점수로 환산하고, T는 평균이 50, 표준편차가 10이 되도록 Z 점수를 변환하여 채점한다.

⑦ 수검자가 검사 문항에 솔직한 반응을 하는지, 의도적으로 좋거나 나쁘게 보이려고 하는지를 파악할 수 있다.

2 MMPI-2와 MMPI-2-RF

01 MMPI-2의 개발

① 1943년에 개발된 이후에 임상장면이 아닌 인사 선발이나 입학, 징병 등의 경우에도 사용하게 되면서 어떤 문항들은 사생활을 침범하고 불쾌감을 줄 수 있다는 지적이 제기되었다.

② 1980년대 초부터 재표준화 작업을 시작하여 남자 1,138명, 여자 1,426명을 규준 집단으로 선정하여 1989년 MMPI를 처음 출판하였고, 이후 축적된 연구 결과를 토대로 2001년 MMPI-2를 출판하게 되었다.

③ 총 567개 문항과 재구성 이상 척도, 내용 척도, 보충 척도, 성격병리 5요인(PSY-5 척도) 등으로 구성된 검사이다.

④ 성차별적 문구, 구식 관용적 표현 등이 적절히 수정되고 사회적 문제로 대두되는 자살이나 약물 사용, 치료 관련 행동 등 임상적으로 중요한 내용도 추가하였다.

02 MMPI-2-RF의 개발

① 다면적 인성검사 개정판의 재구성판으로, MMPI의 단축형이다.

② 총 338개 문항으로 구성되었고, 남자 1,138명, 여자 1,138명을 규준 집단으로 하였다.

③ 성별에 따라 서로 다른 T점수를 제공하던 기존 방식에서 벗어나, 전체 규준에 따른 T점수를 제공하였다.

④ 문항의 임상적 의미를 효과적으로 측정하기 위한 척도 총 50개, 타당도 척도 8개, 재구성 임상척도 9개, 특정 문제척도 23개, 흥미척도 2개, 성격병리 5요인 척도 5개를 포함하였다.

⑤ MMPI-2와 다르게 재구성 임상척도가 임상척도를 대체한다.

③ MMPI(MMPI-2)의 실시

01 MMPI(MMPI-2) 실시 전, 수검자에 대한 고려사항

유형	내용
수검자의 독해력	연령 하한선 16세, 독해력 수준은 12세 이상으로 IQ 80 이하는 부적합하다.
수검자의 임상적 상태, 검사 시간	제한이 없는 편이지만, 검사 소요시간에 영향을 미치는 수검자의 우울증, 강박증 성향, 충동성, 비협조적 태도 등은 진단적으로 유의미하므로 기록에 남겨 둔다.

02 MMPI(MMPI-2) 시행 시 유의사항

① 가능한 한 검사자가 지정하는 곳에서 검사자의 감독하에 실시한다.

② 검사자와 수검자의 충분한 관계 형성이 필요하고, 검사의 목적, 용도, 결과에 대한 비밀보장 등을 설명한다,

③ 검사 후에 보호자나 주변 인물과의 면접, 수검자의 객관적 정보와 자료 검토를 해석에 반영하는 것이 중요하다.

④ 채점 후에 수검자와 면접을 실시하여 추가적인 정보를 얻도록 한다.

10 다면적 인성검사(MMPI-2) (2) 내용

1 MMPI-2의 타당도 척도

01 척도(무응답 척도, Cannot Say)

① 응답하지 않은 문항과 '그렇다/아니다'에 모두 응답한 문항들의 총합 점수이다.

② 반응이 적절하지 않은 방어적인 태도를 측정한다.

③ '그렇다/아니다'를 결정할 수 없을 때 답하지 않아도 된다는 지시를 주면 무응답 문항이 많아지는 경향이 있어서 주의를 요한다.

④ 30개 이상의 문항이 누락되었거나 양쪽 모두에 응답하는 경우, 프로파일은 무효로 한다.

⑤ 제외되는 문항들은 척도 높이를 저하시키는 결과를 가져온다.

02 VRIN척도(무선반응 비일관성 척도, Validity Response Inconsistency)

① 피검자가 무선적으로, 즉 문항의 내용을 고려하지 않고 '아무렇게나' 반응하는 경향을 탐지한다.

② 피검자가 문항의 내용을 전혀 고려하지 않은 채 완전히 무선적인 응답을 하였을 때 VRIN척도의 T점수는 남자의 경우 96점, 여자의 경우 98점이 된다.

③ 모두 '그렇다' 또는 '아니다'로 답하였을 때는 거의 50점에 가까워진다.

④ 피검자가 자신에게 정신병리가 있음을 솔직하게 인정하였을 경우와 의도적으로 부정 왜곡(Faking bad)을 하였을 때는 일반적으로 평균 수준에 머문다.

⑤ 대체적으로 VRIN척도의 원점수가 13점 이상(T≥80)일 때는 검사의 타당성을 의심하여야 한다.

03 TRIN척도(고정반응 비일관성 척도, True Response Inconsistency)

① 피검자가 문항 내용과 관계없이 모든 문항을 '그렇다'로 반응하거나 '아니다'로 반응하는 경향을 탐지한다.

② TRIN의 원점수가 13점 이상(T≥80)인 경우는 '그렇다'의 방향으로 답한 경우이고, 원점수가 5점 이하(T≥80)인 경우는 '아니다'의 방향으로 답한 경우이다. 이 두 경우 모두 검사 자료의 타당성을 의심하여야 한다.

04 F척도(비전형 척도, Infrequency)

① 비전형방식으로 응답한 사람을 걸러내기 위한 척도이다. 즉, 정상인들이 응답하는 방식에서 벗어나는 경향성을 측정한다.

② 수검자의 부주의나 일탈된 행동, 증상의 과장/자신을 나쁘게 보이려는 의도, 질문 항목에 대한 이해 부족이나 읽기 어려움 등의 오류를 식별하여야 한다.

05 FB척도

① 수검자의 수검 태도의 변화를 탐지하는 척도로, 검사 후반부에 총 40개의 문항으로 구성되어 있다.
② 기존의 F척도만으로 수검자가 검사 후반부에 어떤 수검 태도를 보였는지를 보완하기 위하여 고안된 문항으로, FB점수가 크게 상승된 경우에 수검 태도에 변화가 있음을 의미한다.

06 FP척도

① 규준 집단과 정신과 외래환자 집단에서 모두 낮은 반응 빈도를 보인 총 27개의 문항으로 구성된다.
② VRIN척도와 TRIN척도 점수를 함께 검사한 결과, 무선 반응이나 고정 반응으로 인하여 F척도 점수가 상승된 것이 아니라고 판단될 때 사용한다.
③ F척도의 상승이 실제 정신과적 문제 때문인지 혹은 의도적으로 자신을 부정적으로 보이려고 한 것인지를 판별할 때 사용한다.

07 FBS척도(증타당성 척도, Fake Bad Scale)

① 부정왜곡 척도로 개발되어 증상 타당도 척도로 불린다.
② 개인 상해 소송이나 꾀병 탐지를 위한 43개 문항으로, 신체와 통증에 관한 내용, 신뢰나 정직함에 관한 내용이 포함되어 있다.
③ MMPI-2의 다른 척도 가운데 가장 낮은 타당도의 척도로, 논란의 여지가 있다. 그래서 표준 채점양식에서 FBS척도를 제외하는 경향이 있다.

08 L척도(부인 척도, Lie)

① 사회적으로 좋으나 실제로는 극도의 양심적인 사람에게서 발견되는 태도나 행동을 측정하는 문항이다.
② 이성적으로는 가능하나, 실제 그대로 실행하기 어려운 내용으로, 총 15개 문항이다.
③ 심리적 세련, 즉 자신을 좋게 보이려고 하지만 세련되지 못한 시도를 측정한다.
④ 수검자의 지능, 교육수준, 사회·경제적 위치 등과 연관이 있고, 지능이 높을수록 L척도 점수가 낮다.

09 K척도(교정 척도, Correction)

① 분명한 정신적 장애를 지니면서도 정상적 프로파일을 보이는 사람을 식별하기 위하여 개발한 척도이다.
② 정상 집단과 정상 프로파일을 보이는 환자집단을 구별하는 총 30개 문항으로 구성된다.

③ 심리적 약점에 대하여 방어적 태도를 탐지하고, 수검자가 자신을 바람직한 방향으로 좋은 인상을 주려고 노력하는지, 검사에 대한 저항의 표시로 나쁜 인상을 주려고 하는지를 파악할 수 있다.

④ L척도의 측정 내용과 중복되며, L척도보다 더 은밀하게, 세련된 사람을 측정한다.

10 S척도(과장된 자기제시 척도, Superlative Self-presentation)

① 인사 선발, 보호 감찰, 양육권 평가 등의 비임상집단에서 도덕적 결함을 부인하고 자신을 과장된 방식으로 표현하는 것을 평가하기 위하여 개발되었다.

② 심리적 약점에 대하여 방어적 태도를 탐지하고, 수검자가 자신을 바람직한 방향으로 좋은 인상을 주려고 노력하는지, 검사에 대한 저항의 표시로 나쁜 인상을 주려고 하는지를 파악할 수 있다.

 **TIP** S척도와 K척도

- S척도와 K척도는 수검자의 방어성을 측정하는 척도이다.
- K척도 문항은 전반부에, S척도 문항은 검사 전반에 걸쳐 있다.

2 척도별 해석

01 척도 1 Hs(건강염려증, Hypochondriasis)

① 수검자의 신체적 기능과 건강에 대한 과도하고 병적인 관심을 반영하는 척도이다.

② 65T 이상인 경우, 만성적 경향이 있는 여러 모호한 신체 증상을 호소하고 불쾌감을 느끼며 자기중심적이다. 동시에 적대적이고 타인의 주의집중을 원한다. 병을 구실로 타인을 조정하고 지배하려고 한다.

③ 80T 이상인 경우, 극적이면서도 기이한 신체적 염려를 한다.

④ 척도 3이 높다면 전환 장애 가능성을 고려하여야 한다.

02 척도 2 D(우울증, Depression)

① 수검자의 우울한 기분, 상대적인 기분상태를 알아보기 위한 척도이다.

② 70T 이상인 경우, 우울하고 비관적이며 근심이 많고 무기력하다. 지나치게 억제적으로 보이고 쉽게 죄의식을 느끼며, 심한 심리적 고통을 반전하려는 소망이 있다.

03 척도 3 Hy(히스테리, Hysteria)

① 현실적 어려움이나 갈등을 회피하고, 부인기제를 사용하는 성향을 반영하는 척도이다.

② 70T 이상인 경우, 유아적·의존적·자기도취적이고 요구가 많다. 스트레스 상황에서 특수한 신체 증상을 나타내고, 스트레스 처리에 있어서 부인/부정(Denial), 억압(Repression)의 신경증적 방어기제를 사용한다.

③ 80T 이상인 경우, 신체 증상을 이용하여 책임 회피 경향이 높다.

04 척도 4 Pd(반사회성, Psychopathic Deviate)

① 반사회적 일탈행동, 가정/권위적 대상에 대한 불만, 반항, 적대감, 충동성, 자신 및 사회와의 괴리, 학업이나 진로문제, 범법 행위, 알코올이나 약물 남용, 성적 부도적을 반영하는 척도이다.

② 65T 이상인 경우, 외향적이거나 사교적이면서도 신뢰할 수 없고 자기중심적이며 무책임하다. 스트레스를 경험하면 적대감이나 반항심으로 표출한다.

③ 척도 4가 높은 사람은 외향화, 행동화(acting-out), 합리화, 주지화의 방어기제를 사용하는 경향이 있다.

05 척도 5 Mf(남성성-여성성, Masculinity-Femininity)

① 동성애자를 변별하기 위하여 개발되었으며, 남성성 혹은 여성성의 정도를 측정하는 척도로 개정되었다.

② 65T 이상인 경우, 강한 이성적 취향이 있을 가능성이 있다.

06 척도 6 Pa(편집증, Paranoia)

① 대인관계에서의 민감성, 의심증, 집착증, 피해의식, 자기 정당성 등을 반영하는 척도이다.

② 70T 이상인 경우, 수검자는 피해망상, 과대망상, 관계사고 등 정신병적 증상을 보일 수 있다. 남을 비난하고 원망하며, 적대적이거나 따지기를 좋아한다.

③ 척도 6 점수가 높은 사람은 투사와 합리화 방어기제를 자주 사용하는 경향이 있다.

07 척도 7 Pt(강박증, Psychasthenia)

① 심리적 고통이나 불안, 공포, 자신의 능력에 대한 의심과 회의, 강박관념의 정도를 반영하는 지표로, 심리적 고통과 불안을 측정하므로 척도 2(우울증)와 함께 정서적 고통 척도로 알려져 있다.

② 자신이 부적응이라는 사실을 알고도 특정 행동이나 사고를 하지 않을 수 없는 상태로, 척도 8(조현병)과 척도 2(우울증)에서 상당 부분 중복적 양상을 보인다.

③ 척도 7의 점수가 높은 경우, 주지화의 방어기제를 주로 사용하고, 합리화나 취소의 기제를 사용한다.

08 척도 8 Sc(조현병, Schizophrenia)

① 정신적 혼란과 불안정 상태, 자폐적 사고와 왜곡된 행동을 반영한다.

② 정상 범주이나 척도 8이 약간 높은 경우, 창의성과 상상력이 풍부하고 전위적인 성격이다. 과도한 스트레스를 받으면 비현실적이고 기태적 행이를 보일 수 있다.

③ 측정 결과가 75T 이상인 경우, 수검자는 기이한 사고, 환각, 판단력 상실 등의 정신병적 장애를 시사한다.

09 척도 9 Ma(경조증, Hypomania)

① 심리적, 정신적 에너지 수준을 반영하고, 사고나 행동에 대한 효율적인 통제 지표이다.

② 정상 범주이나 척도 9의 점수가 약간 높은 경우, 적극적이고 열성적 성격이다. 과도한 스트레스 상황일 때는, 피상적이고 신뢰성이 결여되며 일을 끝맺지 못한다.

③ 70T 이상인 경우, 수검자는 외향적, 충동적, 과대 망상적 성향과 함께 사고의 비약을 반영한다. 비현실적으로 근거 없는 낙관성을 보이거나, 신경질적으로 자신의 갈등을 행동으로 표출한다.

④ 80T 이상인 경우, 수검자는 조증 삽화의 가능성이 있고, 부인과 행동화의 방어 기제를 보이는 경향이 있다.

10 척도 10 Si(내향성, Social Introversion)

① 사회적 활동 및 사회에 대한 흥미 정도, 사회적 접촉이나 책임을 피하는 정도를 나타내는 지표이다.

② 70T 이상인 경우, 내성적 성향을 수줍어하고 위축되어 있으며, 사회적으로 보수적이고 순응적이다. 또한 지나치게 억제적이고 무기력하며, 융통성이 없고 죄의식에 잘 빠진다.

11 다면적 인성검사(MMPI-2) (3) 활용

1 MMPI-2의 해석

01 상승척도 쌍의 해석

① 단일 척도의 해석보다 강력한 영향일 수 있다.

② 낮은 임상척도에 대하여 고려한다.

③ 전체 프로파일에 대한 형태를 분석한다.

④ 전반적으로 상승되어 있는 경우에는 심리적 고통이나 혼란이 심각한 상태라고 해석하여야 한다.

⑤ 신경증과 관련된 3가지 척도(척도 1, 2, 3)와 정신병과 관련된 4가지 척도(척도 6, 7, 8, 9)의 상대적 상승도를 살피는 방식이 매우 중요하다.

02 빠뜨린 문항의 원인(?척도 상승 원인) 및 대처방법

① 수검자가 강박적으로 문항 내용에 대한 정확한 응답에 집착하는 경우에는, 정답이 있는 것이 아니라고 안심시켜 주는 과정이 필요하다.

② 수검자가 정신적 부주의나 혼란으로 인하여 문항을 빠뜨린 경우에는, 충분한 시간과 여유를 갖도록 독려한다.

③ 수검자가 방어적인 태도로 자신을 드러내는 것에 거부감을 느끼거나 검사와 검사자에 대하여 불신하는 경우에는, 검사 결과의 비밀이 유지될 것을 사전에 공지하여 불안감을 최소화하는 것이 필요하다.

④ 수검자가 검사자에게 비협조적이고 반항적인 태도를 보이는 경우에는, 검사를 중단하는 것이 바람직하나, 최소한의 라포를 형성한 후에 검사를 재실시하는 것이 좋다.

⑤ 수검자가 극도의 불안이나 우울 증상을 보이는 경우에도 검사를 실시하지 않는 것이 바람직하고, 검사자는 수검자의 불안이나 우울이 어느 정도 경감된 후에 검사를 시행하도록 한다.

2 MMPI의 상승척도 쌍 (1) 2가지 코드 유형

01 1-2 또는 2-1 코드(Hs & D)

① 신체기능에 몰두함으로써 다양한 신체 증상을 호소하는 증세로, 정서적으로 불안과 긴장, 감정표현에 어려움을 겪는 경향이 있다.

② 주로 내향적 성격으로 타인과의 관계에서 수동적인 동시에 의존적 양상을 보인다.

③ 사소한 자극에도 쉽게 안정을 잃으며, 의심과 경계심을 가진다.

④ 억압과 신체 변화로 인한 방어, 신체적 불편함을 견디려고 하므로 치료를 통한 변화 동기가 부족하다.

⑤ 신체 증상과 관련된 장애, 즉 신체형 장애와 불안장애 진단이 가능하다.

02 1-3 또는 3-1 코드(Hs & Hy)

① 심리적 문제가 신체적 증상으로 전환되어 나타나기 때문에 겉으로 드러나는 증상이 심리적이라는 것을 부정하는 경향이 있다.

② 부인(Denial)의 방어기제를 사용하고 우울이나 불안감을 드러내지 않으려고 한다.

③ 스트레스를 받을 때 사지의 통증, 두통, 가슴 통증, 식욕부진, 어지럼증, 불면증을 호소하고, 자기중심적인 동시에 의존적이다.

④ 대인관계는 피상적이고 전환 장애일 가능성을 염두에 둔다.

03 2-6 또는 6-2 코드(D & Pa)

① 심각한 정서적 어려움을 겪는 정신병 초기 환자에게 나타난다.

② 평소에도 우울한 상태이지만, 우울한 감정 밑바닥에는 분노와 적개심이 내재해 있다. 그래서 우울증 환자와 달리 자신의 공격성을 공공연하게 드러내는 편이다.

③ 타인의 친절을 거부하고, 곧잘 시비를 걸며, 보통의 상황에서도 악의적으로 해석한다.

④ 편집증적 경향이 심하게 나타나는 편이다.

04 3-8 또는 8-3 코드(Hy & Sc)

① 심각한 불안, 긴장, 우울감과 무기력감을 호소하고, 주의력과 집중력에 장애가 있으며, 시간과 장소, 환경 등에 대한 인식능력인 지남력을 상실한다.

② 망상 및 환각 등의 사고장애 증세를 보이고 정서적으로 취약하며 타인에 대한 애정과 관심을 지나치게 요구한다.

③ 자신의 욕구가 좌절되었을 때는 스스로를 벌주는 태도를 보인다.

④ 반복적이고 비기능적이며 충동적인 방식으로 문제에 접근하는 경향이 심하다.

⑤ 과도한 정신적 고통이 두통이나 현기증, 흉통, 위장장애 등의 신체 증상으로 나타나기도 한다.

⑥ 조현병(정신분열), 신체 증상 및 관련 장애 중 신체형 장애 진단의 가능성이 있다.

05 4-6 또는 6-4 코드(Pd & Pa)

① 사회적 부적응이 심하고 공격적 태도를 보이는 비행 청소년에게 주로 나타나는 특징이다.

② 미성숙하고 자기중심적인 경향으로 행동하고, 타인으로부터 관심과 동정을 유도하며, 화를 내면서 자신 내부에 억압된 분노를 폭발시킨다. 분노의 원인을 항상 외부에 전가하는 경향을 보인다.

③ 부인, 합리화의 방어기제를 사용하고, 자신의 심리적 문제는 외면한 채 지적하는 사람에게 분노와 비난을 퍼부으며, 다른 사람을 의심하여 정서적 유대관계를 맺지 않으려고 한다.

④ 비현실적인 사고와 자신에 대한 과대망상적 평가 경향을 보인다.

⑤ 수동-공격성 성격장애와 조현병, 특히 편집형 조현병의 진단 가능성이 있다.

06 4-9 또는 9-4 코드(Pd & Ma)

① 재범 우려가 있는 범죄자나 신체 노출, 강간 등 성적 행동화(Actingout)를 보이는 사람, 결혼 문제나 법적 문제 등에 연루된 사람, 충동적인 동시에 반항적 성격과 과격하고 공격적인 행동을 일삼는 사람에게 나타난다.

② 일시적으로 타인에게 좋은 인상을 주기도 하지만, 자기중심적 태도와 다른 사람에 대한 불신으로 대인관계가 피상적이다.

③ 자신의 행동에 대하여 책임을 지지 않고, 신뢰감을 주지 못한다.

④ 사회적 가치를 무시하는 한편, 반사회적 범죄 행위까지 저지를 수 있다.

⑤ 합리화를 주요 방어기제로 쓰고, 자신의 문제는 외면하는 동시에 실패의 원인을 타인에게 전가한다.

07 6-8 또는 8-6 코드(Pa & Sc)

① 편집증적 경향과 사고장애 등으로 편집증적 조현병으로 의심할 수 있는 증세로, 피해망상, 과대망상, 환청 등 작은 고통에도 괴로워한다.

② 타인과의 관계가 적대감과 의심, 과민한 반응, 변덕스러운 태도로 불안정하다.

③ 현실 인지 능력이 떨어지고 동시에 자폐적이고 분열적 환상이나 성적 문제로 갈등이 일어난다.

④ 편집형 조현 증세와 분열성 성격장애의 진단 가능성이 있다.

08 7-8 또는 8-7 코드(Pt & Sc)

① 불안, 우울, 긴장, 예민 등의 특징을 보이며 집중력을 갖기 매우 어렵다고 호소한다.

② 사고력이나 판단력 장애, 망상, 외부 자극에 대하여 어떤 주관적인 느낌이 없는 것처럼 보이는 정서적 둔마 상태가 나타난다.

③ 사회적 상황에서 현실 회피적이고 수동적인 동시에 의존적이며, 대인관계 자체를 회피하려고 한다.

④ 성과 관련된 공상으로 오히려 성숙한 이성관계의 형성이 어렵다.

⑤ 우울 장애, 불안 장애, 조현성 성격장애, 조현형 성격장애의 진단 가능성이 있다.

09 8-9 또는 9-8 코드(Sc & Ma)

① 편집증적 망상, 환각, 공상, 기대적 사고, 부적절한 정서 등이 나타난다.

② 특히 한 가지 생각에 집중하지 못하며, 예측불허의 행동과 타인에 대한 의심과 불안 등으로 친밀한 대인관계 형성이 어렵다.

③ 성적 적응에 어려움이 있고, 성적 문제에 대한 갈등이 일어난다.

④ 조현병이나 양극성 장애의 진단이 가능하다.

3 MMPI의 상승척도 쌍 (2) 3가지 코드 유형

01 1-2-3 또는 2-1-3 코드(Hs, D & Hy)

① 신체적 고통이 주된 증상으로, 소화기계의 장애나 피로감, 신체적 허약함을 호소한다.

② 과거에는 만성적인 건강 염려증으로 의심되는 증상이었고, 우울과 불안, 흥미 상실, 무감동한 모습을 보인다.

③ 수동적인 동시에 의존적인 태도를 보이고, 적극적인 모습이 많이 부족하다.

④ 신체 증상과 관련된 불안 장애의 진단이 가능하다.

02 1-3-8 또는 3-1-8 코드(Hs, Hy & Sc)

① 기괴한 생각이나 믿음, 종교, 성적 문제, 신체 증상과 관련된 망상과 관련이 높다.

② 사고 장애나 강박행동이 관찰되고, 우울증 삽화가 나타나며 자살에 대한 집착이 심해진다.

③ 신체 증상에 대한 과도한 걱정은 정신증적 증상이 심하게 드러나는 것을 막아주는 듯한 느낌을 준다.

④ 망상형 조현병과 경계성 성격장애의 진단이 가능하다.

03 2-4-7 또는 4-7-2 코드(D, Pd & Pt)

① 만성적 우울증과 불안증을 수반하고, 수동-공격적 태도로 분노 감정을 적절히 표현하지 못한다.

② 제대로 역할을 해내지 못하는 스스로에 대한 죄책감, 자신에 대한 열등감과 부적절감이 지나치게 높다.

③ 우울감을 경감시키기 위하여 약물에 의존한다.

④ 기본적 신뢰감이나 애정 욕구가 좌절된 구강-의존기적 성격 특징을 보인다.

04 4-6-8 코드(Pd, Pa & Sc)

① 심리적 갈등에 대하여 회피적인 동시에 방어적 태도를 보이고, 대인관계에서 적대적이며 화를 잘 내고 의심한다.

② 타인의 비판에 대하여 쉽게 상처받고 상대의 행동에 대하여 악의를 가진 것으로 생각하는 경향을 보인다.

③ 자기도취적이고 자기중심적으로 행동하여, 모든 문제의 원인을 따질 때 타인을 탓하는 경향이 심해서 심리적 불안과 긴장이 해소되지 않는다.

④ 합리화에 능하고 논쟁적인 동시에 권위에 대한 깊은 분노감으로 치료하거나 만나는 것이 상당히 어렵다.

05 6-7-8 또는 6-8-7 코드(Pa, Pt & Sc)

① 심각한 정신병리를 시사하고 편집형 조현병의 진단이 가능하다.

② 피해망상, 과대망상, 환각, 정서적 둔미, 부적절한 정서, 타인에 대한 의심, 불신감과 적대감으로 친밀한 대인관계를 회피한다.

③ 평소에는 내향적이고 위축된 모습이지만, 술을 마시면 공격적인 모습으로 돌변한다.

④ 집중이 매우 어렵고, 일상에서 자신에게 부과되는 책임을 잘 다루지 못하는 경향이 크다.

12 신경심리학 평가

1 신경심리검사와 신경심리평가

01 신경심리검사

① 선천적/후천적 뇌 손상, 뇌기능 장애의 진단 검사도구로, 뇌 손상과 신체적·인지적 기능상의 변화를 감별하기 위한 검사이다.

② 가벼운 초기 뇌 손상의 진단에 효과적이며, 초기 치매, 두개골 골절이 없는 폐쇄 두부손상 등 PET 촬영이 불가능한 미세한 장애를 탐지할 수 있다.

02 신경심리평가

① 신경심리상태에 대한 과학적, 체계적 검사로, 환자의 행동장애에 대하여 평가한다.

② 환자의 변화된 욕구, 능력, 심리상태에 부합하는 정확한 정보를 수집하여 보다 적절한 프로그램과 치료 계획을 수립하도록 한다.

③ 환자에 대한 병리적 진단으로 환자의 강점 및 약점, 향후 직업능력을 평가하고, 법의학적 판단에 유용한 자료를 제공할 수 있다.

> **TIP 신경심리검사 vs 신경심리평가**
>
> • 신경심리검사 : 뇌 손상, 뇌기능 장애의 진단
> • 신경심리평가 : 행동 장애의 평가, 치료계획의 수립

2 신경심리평가

01 신경심리평가에서 다루어야 할 주요 평가 영역

(1) 지능

① 지적 능력의 저하는 뇌 손상의 결과로 나타나는 가장 일반적인 현상이다.

② 현재도 지능검사는 신경심리평가에 있어 가장 많이 사용되는 도구이지만, 지능지수는 뇌 손상의 성질을 밝히는 데는 크게 도움이 되지 않는다. 오히려 소검사의 점수 분포를 살펴보고 유의미하게 저하된 소검사들을 검토하여 손상된 인지영역을 밝히려는 시도가 보다 많은 정보를 제공한다.

(2) 기억

① 기억은 과거에 경험하였던 것을 다시 생각해내는 복잡한 정신과정으로, 기억과 학습의 장애는 지능 저하와 함께 뇌 손상의 결과로 나타나는 가장 대표적인 손상이다.

② 기억을 평가하는 신경심리학적 검사로는 캘리포니아 언어학습 검사(CVLT), 레이 청각언어 검사(RAVLT), 레이 복합도형 검사(ROCF)가 대표적이다.

(3) 언어

① 평가자는 신경심리검사에서 평가할 필요가 있는 언어기능에 대한 개념적 틀이 있어야
한다.

② 언어기능은 자발적인 언어 표현능력, 언어 이해력, 따라 말하기 능력, 이름 대기 능력,
쓰기 및 읽기 능력으로 평가된다.

(4) 주의력

① 주의력은 신경학적 손상에 의해서뿐만 아니라 정신과적인 질병이나 검사 상황에 대한
불안과 긴장 상황에서도 저하될 수 있으므로 이에 대한 변별이 이루어져야 한다.

② 주의집중을 평가하는 신경심리학적 검사로는 연속 수행검사, 숫자 따라 외우기, 통제
단어연상 검사, 선로 잇기 검사, 색상–단어 검사가 있다.

(5) 시공간 지각능력과 구성능력

유형	내용
시공간적 지각능력	외부의 시각적 대상을 지각하고 공간적 위치를 판단하며 형태를 변별함으로써 대상을 파악하는 능력이다.
시공간적 구성능력	시공간적 지각능력에 더하여 시공간적으로 구성하고 조직하는 능력까지 포함한 능력이다. 그림을 그리거나 토막을 구성하거나 퍼즐 등의 그림 조각을 맞추는 과제로 측정되므로 검사 수행 시에는 손의 운동기능도 포함된다.

(6) 실행기능(집행기능)

① 목적적이고 목표 지향적이며 문제 해결 기능을 담당하는 서로 관련된 기능으로, 과제를
해결하기 위하여 추론을 하거나 추상적인 원리를 발견하며, 계획을 세우고 그 계획에
따라서 순서대로 일을 처리하는 능력이다.

② 실행 기능을 평가하는 신경심리학적 검사에는 위스콘신 카드 검사, 색상–단어 검사, 통
제 단어연상 검사, 운동성 검사가 있다.

02 신경심리평가 결과에 대한 해석 시의 고려 사항

유형	내용
환자 및 환자 가족의 사고력	사회적·경제적 상태, 학력(교육 수준), 직업력, 가족력 등
생활환경	가계 소득, 직업, 여가활동 등
의학적 상태	뇌 손상의 정도, 뇌 손상 후의 경과 사진, 뇌 손상 당시의 연령, 뇌 손상 전의 환자 상태, 병력에 대한 환자의 보고, 병원 등의 각종 진단 기록 등
평가상의 문제	환자가 신경심리평가를 의뢰하게 된 배경, 평가의 적절성 여부 등

3 기타 신경심리검사

01 할스테드 라이탄 배터리(HRB ; Halstead−Reitan Battery)

① 뇌 손상의 유무 판단, 부위를 모르면서도 대뇌 기능과 손상 정도를 유의미하게 측정할 수 있다.

② 지능, 언어 지각, 촉각 인지, 손가락 운동, 감각기능의 평가를 위하여 할스테드 범주 검사, 언어청각 검사, 시쇼어리듬 검사, 촉각 수행검사, 선로 잇기 검사, 라이탄−인디아나 실어증 검사, 편측우세 검사, 수지력 검사 등을 시행한다.

③ 뇌 손상 환자군과 대조군의 비교를 통하여 다수의 타당도 검증, 뇌 손상 영역과 뇌 손상 유형, 진행과정 등을 유의미하게 평가할 수 있다.

02 네브라스카 신경심리 배터리 (LNNB ; Luria−Nebraska Neuropsychological Battery)

① 뇌의 각 영역이 하나의 기능체계로서 서로 긴밀하게 작용한다는 사실을 전제로 하는 신경심리검사이다.

② 뇌 손상의 유무, 뇌기능 장애로 인한 운동기능과 감각기능의 결함, 지적기능의 장애, 기억력, 학습능력, 주의집중력 등을 포괄적으로 평가한다.

③ 양적−질적 접근법을 결합한다.

④ 총 269문장으로, '운동(Motor), 리듬(Rhythm), 촉각(Tactile), 시각(Visual), 언어 수용(Receptive speech), 언어 표현(Expressive speech), 쓰기(Writing), 읽기(Reading), 산수(Arithmetic), 기억(Memory), 지적 과정(Intelligence)'의 11개 척도로 구성되어 있다.

13 적성검사와 흥미검사

1 적성검사

01 적성검사의 개념

① 적성이란 '일정한 훈련에 의하여 숙달될 수 있는 개인의 능력'으로, 교육이나 훈련을 받기 전에 잠재적으로 소유하고 있는 능력(Aptitude)을 진단하는 것이다.

② 적성검사에는 학업 적성, 직업/실무 적성, 기계 적성, 음악 적성, 미술 적성, 언어 적성, 수공 적성, 수리 적성 등이 있다.

③ 인지적 검사, 개인의 특수한 능력/잠재력 발견, 학업/취업 등 진로를 결정하는 정보의 제공, 미래의 성공 가능성을 예측하는 검사이다.

02 GATB(General Aptitude Test Battery)

① 11개의 하위 검사로 이루어져 있고, 7개의 능력을 파악한다.

② 이 검사를 통하여 2~3개의 능력을 조합하여 해당 적성을 파악한다.

TIP **GATB의 7개의 능력**

유형	내용
일반 능력(G)	일반적 학습 능력, 추리판단 능력 등
언어 능력(V)	언어 상호의 관계와 문장의 뜻을 이해하는 능력 등
수리 능력(N)	신속하고 정확하게 계산하는 능력
사무지각 능력(O)	오자를 발견하여 문자 또는 숫자를 교정하는 능력 등
공간 능력(S)	입체형을 이해하고 평면과 문체와의 관계를 이해하는 능력
지각 능력(P)	사물 또는 표에 나타나는 것을 세부 사항까지 바르게 지각하는 능력
협응 능력(K)	'눈'과 '손가락'을 협응시켜 신속하고 정확하게 운동할 수 있는 능력

2 흥미검사

01 흥미검사의 개념

어떤 대상에 대하여 특별히 좋아하거나 싫어하는 감정이나 경향 또는 태도로 예술, 기계, 스포츠 등의 다양한 활동 영역에 대한 개인의 흥미 정도를 측정하는 검사이다.

02 Holland 검사

6가지의 성격 유형을 6가지의 직업이나 생활환경에 적용하는 검사이다.

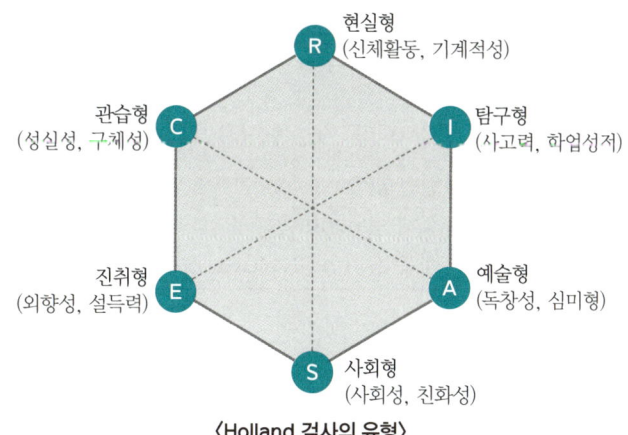

〈Holland 검사의 유형〉

3 직업 적성검사

01 직업 적성검사의 개념

① 개인의 특질인 적성과 직업의 특성을 연결시킨 검사이다.
② 개인의 적성이나 기질과 특정 직종/직업에서 요구되는 활동 간의 관계를 밝혀, 개인의 진로 개발이나 구직활동에 적합한 정보를 제공하는 데 그 목적이 있다.
③ 선호도와 적성을 연결시킨 홀랜드(Holland)나 스트롱(Strong) 직업 선호도검사가 있고, 일반적 적성검사로 GATB(General Aptitude Test Battery) 등이 있다.

02 직업 적성검사의 유형

(1) 일반 직업적성검사(GATB)

① 1947년 미국 정부의 직업안정국에서 일반 적성검사 배터리를 표준화한 검사로, 포괄적 작성을 측정하는 종합 적성검사이다.

② 11개의 지필검사와 4개의 수행검사(동작)를 포함하는 15개의 하위 검사로 구성되어, 총 9개 분야의 적성이 나타난다.

③ 검사의 타당화에 대한 연구가 거의 없어 타당도에 대한 증거가 미흡한 검사이다.

TIP  **GATB에 의하여 검출되는 적성**

유형	내용
지능/일반학습능력	설명/지도/원리 이해 능력, 추리판단
운동반응/운동협응	눈과 손/눈과 손가락을 함께 사용하여 빠르고 정확한 운동 능력, 운동 조절 능력

(2) 홀랜드(Holland) 유형 직업 적성검사(CAT ; Career Aptitude Test)

① Holland는 개인-환경적합성 모형을 통하여 직업 환경과 개인의 행동이 직업 환경 특성들 간의 상호작용에 의하여 결정된다고 보았다.

② 개인의 성격은 직업적 선택을 통하여 표현되며, 개인의 직업적 만족, 안정, 성취, 적응, 성격과 직업 환경 간의 적절한 연결에 있다고 본다.

특징	내용
RIASEC 유형	현실(R), 탐구(I), 예술(A), 사회(S), 진취(E), 관습(C)
직업성격 유형의 차원	• 일반성(Consistency)　　• 변별성/차별성(Differentiation) • 정체성(Identity)　　• 일치성(Congruencc) • 계측성/타인성(Calculation)

14 성격검사

1 다양한 객관적 검사들

01 성격검사

① 개인의 선천적 요소와 후천적 요소의 상호작용에 의하여 나타나는 일관된 특성으로 정서를 측정하는 검사이다.

② 성격검사에는 Myers-Briggs Type Indicator(MBTI), Minnesota Multiphasic, Personality Inventory(MMPI), 16 성격요인 검사(16PF), Big 5 등이 있다.

02 태도검사

① 특정한 종류의 자극에 대한 개인의 감정 변화 반응이나 가치 판단 등을 나타내는 태도를 측정하는 검사이다.

② 태도검사의 문항은 질문에 대한 핵심 대상은 '무엇'으로, 방향성은 '긍정, 부정, 중립'의 3가지로, 강도는 '강, 약'의 2가지로 표현하게 하는 것이다.

③ 찬성이나 반대의 태도 등을 측정하여 동일한 주제에 대해서도 사용된 용어나 문장 표현에 따라 수검자의 응답에 변화가 나타날 수 있다는 것을 알려 준다.

④ 견해 조사에는 부모양육 태도검사, 직무만족도 검사, 자아 태도검사 등이 있다.

⑤ 태도 척도에는 등간 척도의 대표주자 격인 서스톤 척도, 총화평정 척도인 리커트 척도, 사회적 거리 척도인 보가더스 거트만 척도 등이 있다.

03 성취도 검사

훈련이나 수업 등의 체계화된 교습을 통하여 학습된 기술과 지식을 측정하는 표준화된 검사로, 읽기, 독해, 쓰기, 수리 등이 포함된다.

04 적성검사

과거나 현재 수준을 측정하기보다는 미래에 어떤 수행을 할 수 있는지를 예측하는 검사로, 현재까지 축적된 과거의 경험을 측정하는 검사이다.

2 성격이론

01 유형론

유형	내용
히포크라테스의 체액기질설	다혈질, 우울질, 담즙질, 점액질
셀든(Sheldon)의 체형기질설	내배엽형, 중배엽형, 외배엽형
융(Jung)의 양향설	내향성, 외향성

02 특질론

학자	내용
올포트 (Allport)	• 특질은 환경의 자극에 반응하는 일반적이고 지속적인 방식으로 일관성이 있다고 보았다. 이 일관성은 초기 아동에서 성인으로 성장함에 따라 견고해진다. 개인의 전체에 미치는 영향력에 따라 주특질과 기본 특질, 중심 특질과 이차 특질로 구분된다. – 중심 특질 : 개인의 여러 행동에 두루 영향을 미치는 요소 – 이차 특질 : 일관적이기는 하나 제한된 상황에서 적용되는 요소 – 기본 특질 : 극소수의 사람만 가지고 있으며, 그 영향력이 매우 강하여 개인의 모든 행위를 지배하는 행위

학자	내용
카텔 (Cattell)	• 성격을 개인이 여러 상황과 시간 속에서 일관되게 행동하려는 성향을 부여하는 정신적 구조라고 보았다. • 겉으로 드러나는 구체적인 행동 중 일관성과 규칙성이 있는 특질인 '표면 특질', 행동을 결정하는 요인으로 보다 기본적이고 안정적인 특질인 '원천 특질'로 구분된다. • 특질 차원을 찾아내는 방법으로 요인분석의 통계학적 분석을 사용하여 4,500개의 개념에서 최소한의 공통 요인을 추출함으로써, 최종적으로 16개 요인을 발견하였다. 이에 기반한 성격검사가 16PF 검사이다.
아이젠크 (Eysenck)	• 히포크라테스의 4대 기질설과 현대 경험적 성격이론을 결합하여 인간의 성격 차원을 분류하였다. • 성격을 구성하는 행위와 성향을 서열적으로 조직화하여, 성격을 하나의 넓은 연속적 차원으로 분류하였다. • 성격 특질은 내향성–외향성, 신경증적 경향성, 정신병적 경향성으로 구분하였는데, 내향성–외향성은 개인의 각성 수준, 신경증적 경향은 정서적 예민성과 불안정성, 정신병적 경향성은 공격성, 충동성, 반사회성을 기준으로 구분하였다.

15 MBTI 검사와 PAI 검사

1 MBTI 검사 : Jung의 심리유형 이론

01 특징

① 인간의 건강한 심리에 기초를 두어 만든 심리검사 도구로, 인간의 일관성 및 상이성에 근거하였다.

② 약 30분이 소요되고 4개의 양극 차원에 따라 분류하여 총 16가지의 성격 유형으로 구분한다.

02 선호 지표에 따른 성격 유형

유형	내용
에너지 방향	주의집중 및 에너지 방향이 어디로 향하는지를 반영 → 내향형/외향형
인식기능	정보의 인식 및 수집방식의 경향성 → 감각형/직관형
판단기능	인식된 정보를 토대로 판단 및 결정을 내리는 경향성 → 사고형/감정형
생활양식 /이행 양식	외부 세계에 대한 태도, 생활방식, 적응 양식이 어떤 과정을 선호하는지를 반영 → 판단형/인식형

2 PAI 검사 : 성격평가 질문지

01 특징

① 총 344개 문항과 4점 척도로 구성되었다. 4개의 타당도 척도, 11개의 임상 척도, 5개의 치료고려 척도, 2개의 대인관계 척도로 구성되어 있는데, 이 중 10개의 척도는 3~4개의 하위 척도를 포함한다.

② 각 척도들은 타당성 척도, 임상 척도, 치료고려 척도, 대인관계 척도의 4가지 척도군으로 분류하는데, 이 중 환자의 치료 동기, 치료적 변화, 치료 결과에 민감한 '치료고려 척도'와 대인관계를 '지배와 복종'이나 '애정과 냉담'의 2가지 차원으로 개념화하는 '대인관계 척도'를 포함하는 것이 특징이다.

 **PAI의 특수성**

- 정신병리 환자들로만 구성된다.
- MMPI와는 달리, 4점 평점이므로 좀 더 정확한 측정과 평가를 할 수 있다.

02 PAI의 해석

① 10개 척도는 해석을 용이하게 하고 임상적인 구성 개념을 포괄적으로 다루기 위하여 개념적으로 유도한 3~4개의 하위 척도를 포함하고 있어서 장애의 상대적 속성을 정확하게 측정하고 평가할 수 있다.

② 높은 변별 타당도 및 여러 가지 유용한 지표를 활용한다. 문항을 중복시키지 않아서 변별 타당도가 높고 꾀병 지표, 방어성 지표, 자살가능성 지표 등의 관찰하기 적합한 지표들이 존재한다.

③ 임상 척도의 의미를 보다 정확하게 평가할 수 있는 결정 문항지를 제시한다. 내담자가 질문지에 반응한 것을 분석하는 데 그치지 않고, 임상 장면에서 반드시 체크하여야 할 결정 문항을 제시하고 있다.

④ 수검자가 경험하고 있는 다양한 증상이나 심리적 갈등을 이해하는 데 도움을 준다. 결정문항 질문지를 통하여 수검자가 경험하고 있는 다양한 증상이나 갈등을 이해하고 프로파일의 의미를 구체화하고 해석하는 데 도움이 된다.

⑤ 채점 및 표준점수 환산과정이 편리하다. 채점판을 사용하지 않고 채점할 수 있어서 채점이 쉽고 프로파일 기록지에 원점수와 T점수가 함께 기록되어 규준표를 찾아야 하는 번거로움이 없다.

⑥ 온라인 검사로 PAI를 실시할 경우에는 검사 실시 후에 실시간으로 결과를 바로 확인할 수 있다.

03 구성 척도

유형	내용
타당성 척도	비일관성(ICN), 저빈도(INF), 부정적 인상(NIM), 긍정적 인상(PIM)
임상 척도	신체적 호소(SOM), 불안(ANX), 불안 관련 장애(ARD), 우울(DEP), 조증(MAN), 편집증(PAR), 조현병(SCZ), 경계선적 특징(BOR), 반사회적 특징(ANT), 알코올 문제(ALC), 약물 문제(DRG)
치료(고려) 척도	공격성(AGG), 자살 관념(SUI), 스트레스 문항(STR), 비(非)지지(NON), 치료 거부(RXR)
대인관계 척도	지배성(DOM), 온정성(WIRM)

04 채점방법

① 무응답이 17개 이상이면 재검사를 하고, 69개 이상이면 해석하지 않는다.

② 일관적인지 비일관적인지를 확인한다.

③ 결정 문항을 어떻게 처리하였는지 검토한다.

④ 하위 척도별로 해석한다.

⑤ 전체 척도 점수를 해석한다.

⑥ 형태적(프로파일러) 해석을 진행한다.

16 발달검사

1 베일리 영아 발달검사(BSID)

01 특징

① 베일리(Bayley)가 1969년 생후 2~30개월의 영유아를 대상으로 한 발달 척도로, 1993년 개정판(생후 1~42개월까지 표준화)이 나왔다.

② 현재 가장 우수한 평가를 받고 널리 활용되고 있는 발달검사로, 유아의 발달적 위치를 확인하고 정상 발달로부터의 이탈 정도를 결정한다.

③ Mental 척도, Motor 척도, 행동평가 척도로 구성되어 있고, 인지, 언어, 사회성, 운동의 측면을 평가할 수 있다. 영아가 흥미를 가질 수 있는 자극을 사용한다.

④ 영아의 능력은 단순한 기능으로부터 성장에 따라 몇 가지 능력으로 분화된다고 보았다.

02 하위 척도

(1) 정신 검사

① 178개 문항을 난이도순으로 배열하였다.

② 언어적 의사소통과 사물의 우목적격 조작 능력을 평가한다.

③ 영아는 시각 및 청각 추적 등 감각과 지각의 예민성, 자극에 반응하는 능력, 초기 언어화를 평가한다.

④ 유아는 시각 변별, 물체 영속성, 형태 기억을 평가한다.

(2) 운동 검사

① 111개 문항을 난이도순으로 배열하였다.

② 앉기, 서기, 걷기 등 신체적 운동 및 통제 능력, 손과 손가락의 정교한 조작 기술, 운동 협응 능력과 신체적 기술에 초점을 맞추었다.

(3) 행동평가 척도(BRS)

① 30개 문항이고, 체계적인 관찰의 기록이다.

② 검사 도중에 유아가 보이는 태도, 흥미, 정서 상태, 활동성, 자극에 대한 접근이나 철회 경향성 등 환경에 대한 사회적 반응을 전반적으로 평가한다.

2 덴버 발달검사

01 특징

① 콜로라도 의대에서 고안한 선별 검사로, 생후 1개월~6세까지의 아동을 대상으로 한 발달검사이다.

② 발달지체가 의심되는 아동을 발견하는 것이 목적이다.

③ 검사자가 대상 아동을 직접 관찰하고, 부모와 대상 아동을 항시 돌보는 사람으로부터 입수한 자료를 통하여 발달 상태를 확인한다.

④ 의료장면에서 활용하기 위하여 고안하였는데, 발달지체를 신체적 요인으로 귀인하는 경향이 있다.

02 검사의 구성(총 4개 영역, 125개 문항)

유형	내용
Personal-Social(사회성 발달)	(25문항) 사람과의 관계를 맺고, 자신을 돌볼 수 있는 능력
Fine Motor-Adaptive (미세운동 발달)	(29개 문항) 눈-손의 협응력, 작은 물체를 다루는 능력, 문제 해결 능력
Language(언어 발달)	(39개 문항) 듣기, 이해하기, 언어 사용 능력
Gross Motor(운동 발달)	(32개 문항) 앉기/걷기/뛰기, 전체적인 큰 근육의 운동 능력

3 시각-운동 통합 발달검사(VMI)

01 특징

① 2~15세 아동 및 청소년을 대상으로, 시각-운동의 통합 능력을 평가하는 발달검사이다.

② 시지각과 소근육의 협응 능력을 평가하고, 조기 선별 및 판별을 통하여 학습 및 행동 문제를 예방한다.

③ 아동에게 익숙한 도형을 제시하여, 청각 장애나 언어 장애가 있는 아동에게도 적용 가능한 검사이다.

④ 연령 기준과 모사의 성공이나 실패 여부에 따라 모사된 도형에 대한 채점 기준이 마련되어 있다.

⑤ 24개 도형으로 검사를 실시하며, 10~15분가량 소요된다.

02 검사방법

① 검사자가 시연을 일절 하지 않고 아동에게 모사하도록 지시한다. 만약 아동이 처음 3개의 도형을 바르게 대답할 수 없을 경우에만 검사자는 시연을 위하여 페이지를 넘겨서 처음 3개의 도형에 대하여 검사자가 모사하는 것을 따라 하도록 한다.

② 아동은 도형을 모사하여야 하는데, 이미 그린 것을 지우거나 검사지를 돌려 그릴 수는 없다.

③ 검사는 개별 검사와 집단 검사로 이루어진다. 개별 검사는 4세 이하의 아동에게 적절하고, 4세 이상인 경우에는 소집단으로 실시할 수 있다.

17 로르샤흐(Rorschach) 검사

1 로르샤흐 검사의 개요

01 특징

10장의 잉크반점 카드를 이용하여 수검자가 지각하는 것을 통하여 욕구, 경험, 습관적 반응 양식을 투사하고 이를 알기 위해 형태, 색채, 음영 등 지각적 속성 등을 고려한다.

02 장점과 단점

구분	내용
장점	자극의 내용이 불분명하기 때문에 수검자의 방어가 어려워서 전의식적이거나 무의식적인 심리적 특성이 나타날 수 있다.
단점	신뢰도와 타당도 검증이 낮아서 상황적 요인에 의하여 강하게 영향을 받는 편이다.

순서	색상	평범 반응
카드 I	무채색	박쥐 또는 나비
카드 II	무채색에 부분 적색	동물
카드 III	무채색에 부분 적색	인간의 형상
카드 IV	무채색	인간 또는 거인
카드 V	무채색	박쥐 또는 나비
카드 VI	무채색	양탄자 또는 동물 가죽
카드 VII	무채색	인간의 얼굴 또는 동물의 머리
카드 VIII	유채색	움직이는 동물
카드 IX	유채색	인간 또는 인간과 흡사한 형상
카드 X	유채색	게 또는 거미

03 로르샤흐 검사의 발전 : Rorschach가 일찍 사망함에 따라 이후 연구는 다양한 방식으로 발전되었는데, 엑스너(Exner)의 실증적 접근방법과 러너(Lerner)의 개념적 접근방법이 대표적이다.

(1) 엑스너(Exner)의 실증적 접근방법

① 엑스너(Exner)의 실증적 접근방법을 통하여 보다 타당성 있고 신뢰 있는 통합체계로 발전시켜 만든 '로르샤흐 종합체계'가 현재 임상가들 사이에서 가장 표준화된 체계로 받아들여지며 널리 사용되고 있다.

② 기존의 방식들로부터 경험적인 근거를 바탕으로 실증적으로 입증된 부분과 연구 결과들을 채택하여 종합함으로써 과학적인 근거를 갖게 됨과 동시에 풍부한 해석 틀을 가지게 되었다.

(2) 러너(Lerner)의 개념적 접근방법(1991)

① 정신분석적 개념을 발전시키고 적용한 방식이다.

② 개인이 주관적 세계의 조직화 원리처럼 외부 세계에 대한 것도 조직화가 일어나는데, 이를 투사(Projection)라고 한다.

③ 검사를 수행하는 행동과 정신역동적 토대를 연결시키는 중재 과정으로, 사고의 조직화인 추론이 일어난다고 보았다.

2 검사의 시행과정

01 제1단계 : 소개 단계

① 검사에 대하여 자세히 설명하고 검사받는 목적을 어느 정도 이해하고 있는지 확인하는 단계로, 짧은 면접으로 진행한다.

② 검사에 대한 부정적 이해나 오해가 확인될 경우에는 검사 전의 절차를 개략적으로 설명한다.

> **예** "지금부터 그림이 있는 10장의 카드를 보여드리겠습니다. 잘 보시고, 그림이 무엇처럼 보이는지 말씀해 주세요. 그림은 사람마다 다르게 보일 수 있습니다."

02 제2단계 : 반응 단계

① 그림에 대한 수검자의 지각 및 자유 연상이 이루어지는 단계로, 수검자가 하는 말을 가능한 한 그대로 기록한다.

② 하나의 카드에서 1가지 반응을 보이고 멈추는 경우에는 더 연상하도록 격려한다.

③ 수검자의 반응이 적은 경우에는 질문 단계로 넘어가지 않고 반응 단계를 반복한다.

> **예** "보통 하나의 그림에서 2가지 이상을 이야기합니다. 더 보시면, 그것 외에 또 다른 것을 보실 수도 있어요."

03 제3단계 : 질문 단계

① 검사자는 수검자가 어떤 결정인자에 의하여 해당 반응을 한 것인지 확인하는 단계로, 수검자에게 질문을 한다.

② 개방적인 질문을 통하여 어떤 영역을 무엇 때문에 그렇게 보았는지 질문한다.

③ 검사자는 수검자의 이야기를 반응 기록으로 남기지만, 과도한 질문은 수검자의 저항과 거부감을 유발할 수도 있음에 유의한다.

> **예** "어디서 그렇게 보았나요?(반응 영역)", "무엇 때문에 그렇게 보았나요?(결정인)", "무엇을 보았나요?(반응 내용)"

04 제4단계 : 한계검증 단계

① 공식적인 검사가 끝나고 수검자에게 자연스럽게 질문을 건네는 단계이다.

② 수검자가 평범 반응을 놓친 경우에는 검사자가 해당 카드에 대하여 손으로 가리는 등 일정한 한계를 준 후에 재질문하는 과정을 포함한다.

③ 검사자는 수검자의 투사와 관련된 해석 정보를 추가적으로 습득할 수 있으나, 이때 수검자의 새로운 반응 내용을 채점에 포함시키지는 않는다.

④ 검사과정상의 반응에 대하여 추가적으로 설명하도록 격려하고, 수검자가 선호하는 카드나 거부하는 카드를 고르도록 하여 그 이유를 설명하도록 하는 것이 일반적이다.

3 질문 단계의 주의사항

01 적절한 질문

① 3가지 영역에 대한 질문으로 반응 영역, 결정인, 반응 내용에 초점을 두며, 자세한 설명을 요구하는 경우에 사용한다. "어떤 점이 ~처럼 보인 건가요?", "모양 외에 ~처럼 본 이유가 더 있습니까?", "~에 대하여 좀 더 설명해 보시겠습니까?" 등의 보충질문을 한다.

② 수검자의 대답이 잘 이해되지 않을 경우에는 "당신이 어디를 그렇게 보았는지 잘 모르겠네요.(반응 영역)", "그것처럼 보이게 하는 것이 무엇인지 모르겠네요.(결정인)", "어떤 것을 말씀하는지, 좀 더 구체적으로 설명해 주시겠어요?"라고 질문한다.

③ 수검자가 반점을 보고 반응한 것인지, 카드에 대한 평을 한 것인지가 모호한 경우에는 "이는 카드에 대한 대답인가요?"라고 질문하여 수검자가 회피하는 부분까지 명료화하도록 한다.

02 부적절한 질문

① 직접적으로 질문하거나 유도하거나, 반응에 대한 묘사를 질문하는 것은 부적절하다.

② 채점할 때 검사 자체와 직접적으로 관계없는, 검사자가 궁금한 것에 대한 질문은 하지 않도록 한다.

③ 모든 반응 결정인을 두고 질문을 할 필요가 있지만, 강박적으로 할 필요는 없다.

④ 질문은 간결하고 비지시적으로 하여야 한다.

⑤ 질문 시에 검사자와 수검자가 주고받은 말은 대화체로 기록하고, 위치를 표시하는 용지는 영역 확인 시에 정확하게 기록해 두어야 한다.

18 TAT와 SCT

1 TAT(주제통각 검사)

01 TAT의 개요

① 1930년대 미국의 심리학자인 머레이와 정신분석가인 모건이 함께 개발하였으며, 하버드 대학 클리닉에서 활용되기 시작하였다.

② 1943년 TAT 도구(31개 도판)를 정식으로 출판하여 현재까지 사용되고 있다.

02 TAT의 구성

① 총 30장의 흑백 그림카드와 1장의 백지 카드로 구성되어 있는데, 그림카드 뒷면에 공용 도판, 남성 공용 도판, 여성 공용 도판, 성인 공용 도판, 미성인 공용 도판, 성인 남성전용 도판, 성인 여성전용 도판, 소년전용 도판, 소녀전용 도판으로 구분한다.

② 한 수검자에게 20장을 적용할 수 있고, 숫자로만 표시되어 있는 카드는 연령과 성별 구분 없이 공통적으로 적용 가능하며 각 카드별 평범한 반응이나 채점 기준이 명시되어 있지 않다.

03 TAT의 시행과정

① 검사에 의한 피로를 최소화하기 위하여 대략 1시간 정도 2회기로 나누어 시행하는 편이며, 하루 정도의 간격이 적절하다.
② 보통 1~10번 카드를 첫 회기에 시행하고, 11~20번 카드를 다음 회기에 사용한다.
③ 극적인 이야기나 연극적인 장면을 만들도록 요구하여 5분 정도 이야기하도록 한다.
④ 16번의 백지 카드에서 수검자에게 어떤 그림을 상상하는지 요청하고, 불완전한 부분에 대하여 중간 질문을 하지만, 연상의 흐름을 방해하지 않는 것이 좋다.
⑤ 종결 장문을 통하여 자유로운 연상과정에서 의미 있는 경험을 의식화하도록 돕는다.

04 TAT의 해석방법

유형	내용
표준화법	수검자의 반응을 항목별로 구분하여 표준화 자료와 비교하여 분석한다.
욕구-압력분석법	주인공 중심으로 해석하는 방법으로, 주인공의 욕구와 압력, 욕구 방어와 감정, 타인과의 관계 등에 초점을 둔다.
대인관계법	인물들의 상호관계를 중심으로 해석하는 방식으로, 공격성과 친화성을 분석한다.
직관적 해석법	수검자의 반응에서 나타나는 무의식적 내용을 자유 연상을 통하여 해석한다.
지각법	수검자의 왜곡 반응이나 일탈된 사고, 기괴한 언어 사용 등을 포착한다.

 **TIP** **로르샤흐 검사 vs TAT**

- 로르샤흐 검사 : 사고의 구조적인 면을 평가한다.
- TAT : 사고 내용을 모니터링하여 자아와 환경 간, 자아와 대인관계 간의 역동적 측면을 평가한다.

2 SCT(문장완성검사)

01 개요

① 단어연상 검사의 변형으로, 완벽한 투사검사는 아니지만 투사 검사의 일종이다.
② 골턴(Golton)의 자유연상법, 카텔(Cattell)과 라파포트(Rappaport)의 단어연상법, 융(Jung)의 임상적 연구 등에서 영향을 받았다.
③ 1897년 에빙하우스(Ebbinghaus)가 최초로 지능검사 도구로 사용하였다.
④ 1928년 페인(Payne)이 성격검사 도구로 발전시켰고, 1930년 텐들러(Tendler)가 사고 반응 및 정서 반응의 진단 도구로 발전시켰다.
⑤ 2차 세계대전 당시, 대규모의 병사 선발을 목적으로 심리검사 Battery에 포함시키기 시작하였고, 현재 임상 장면에서는 Sacks SCT가 널리 사용되고 있다.

02 Sacks Sentence Completion Test(SSCT)

① 20명의 심리학자들이 가족, 성, 대인관계, 자아개념의 4가지 영역의 주요 태도를 유도할 수 있는 미완성 문장을 만들도록 하여 개발하였다.

② 최종 검사 문항은 가족 12문항, 성 8문항, 대인관계 16문항, 자아개념 24문항으로 총 60개 문항이었으나 최종적으로 50문항이 남았다.

③ Sacks는 4개 영역을 15개 영역으로 세분화하여 각 영역에서 수검자가 보이는 손상 정도에 따라 0, 1, 2점으로 평가하고 해석체계를 구성하였다.

03 4가지 영역의 특징

영역	내용
가족	어머니와 아버지, 가족에 대한 태도를 측정한다. 예 어머니와 나는 _____
성	남성과 여성, 결혼, 성관계 등 이성관계에 대한 태도를 측정한다. 예 내 생각에 여자들은 _____
대인관계	가족 외의 사람, 친구, 지인, 권위자 등에 대한 태도를 측정한다. 예 내가 없을 때 친구들은 _____
자아개념	자신의 능력, 목표, 과거와 미래, 두려움과 죄책감 등의 태도를 측정한다. 예 내가 저지른 가장 큰 잘못은 _____

04 Sacks Sentence Completion Test의 반응 유형

유형	반응 내용
고집형	내용의 변화가 적고, 특정 대상/욕구를 고집하며, 반복이 많다. → 성격의 경직성, 흥미의 거짓
감정 단반응형	짧막한 감정적 어휘로 반응한다. → 저지능이지만 감정 통제 불가능
장황형	장황하고 빽빽하게 적는다. → 신경증적이거나 강박적 상황
자기 중심형	어느 문항이든 자기 중심의 주제로 바꾼다. → 미성숙
허위 반응형	도덕적 반응으로만 일관한다. → 진짜 모습을 보이지 않으려는 의도
공상 반응형	비현실적 생각이나 공상을 한다. → 현실 도피, 검사에 대한 방어적 태도
모순형	검사 전체의 모순이다. → 무의식적 갈등
반문형	확실히 결정짓지 못한다. → 권위에 대한 반항의 표현
은닉형	"말할 수 없다."와 같은 반응을 한다. → 자기 방어적 태도
거부형	반발한다. → 방어적 태도
병적	반응형 망상을 보인다. → 조현증세

19 BGT

1 BGT(벤더 게슈탈트 검사)

01 BGT의 개요

① 1938년 어린이 신경의학자였던 벤더(Lauretta Bender)가 개발한 검사로, 개발 당시에는 '시각동작 게슈탈트 검사(Visual-Motor Gestalt Test)'라는 이름으로 불렸다.

② Bender는 자신이 그림을 직접 고안하지 않고, 20세기 초에 선풍적인 인기를 끌던 게슈탈트 심리학의 거장 베르트하이머(Max Wertheimer)의 도안에서 차용하였다.

③ 여러 도형 중 Bender는 9개를 선별하여 응용하게 되었고, 이런 이유로 Gestalt 심리학의 기여도를 인정하여 'Bender-Gestalt 검사'로 불리게 되었다.

④ 이 검사에서는 시각적 자극을 지각하고 자신의 운동 능력으로 그것을 묘사하는 과정에서 발생하는 행동적 미성숙을 탐지한다.

02 BGT의 특징

① 형태심리학과 정신역동이론에 기초한 검사방법이다.

② 수검자에게 카드 9장으로 구성된 도형을 제시하는데, 이 도형들은 도형 A, 도형 1~8로 구성되어 있다.

③ 수검자가 관찰된 도형을 어떻게 지각하여 재생하는지 관찰하여 성격을 추론하고, 수검자의 정신병리 및 뇌 손상 여부의 진단이 가능하다.

④ 언어능력과 언어표현이 제한적인 사람이나 언어 방어가 심한 환자에게 효과적으로 적용 가능하다. 더불어 정신지체, 뇌기능 장애, 성격적 문제의 진단에도 효과적이다.

03 BGT의 시행과정

(1) **모사 단계(Copy phase)** : 미술 작업은 아니지만, 가능한 정확하게 그리라고 지시한다.

(2) **변용묘사 단계(Elimination phase)**

① 새 용지를 주고 마음대로 고쳐 그려보게 한다.

② 투사적 반응을 극대화시켜 피검자의 독특한 심리적 특징이 드러나게 하려는 목적이다.

(3) **연합 단계(Association phase)**

① 어떤 개인이 도형을 변용시킬 때는 그의 지각-운동 행동에 자극을 준 함축적이고 무의식적 단서 때문에 그렇게 한다는 가정에 근거한다.

② 원자극 도형과 변용묘사 단계에서 그린 그림에 대하여 연상해 보도록 하는 것이다(무엇처럼 보이나/어떤 생각이 드나).

(4) 순간노출 단계

① 각 카드를 5초간 보여 주고 기억하여 그리도록 한다.

② 자극 도형을 노출하는 데 시간차를 두는 것 외에는 모사 단계와 차이가 없다. 뇌기능 장애가 의심될 때 사용한다.

(5) 회상 단계(Recall phase)

① 모사 단계에서 그린 그림을 기억하여 다시 그리게 하는 것이다.

② 기질적 손상이 있는 환자와 그렇지 않은 환자 변별에 유용하다.

(6) 한계음미 단계(Testing the limits phase)

① 모사 단계에서 얻어지는 정보가 모호하여 확증을 얻기 어려울 때 활용한다.

② 관련 도형을 다시 모사하도록 하여 정확한 정보를 얻으려는 목적이다.

 TIP **기질적 장애 vs 정서 장애**

- 기질적 장애 : 도형의 일탈을 수정하지 못한다.
- 정서 장애 : 약간의 주의를 주면 수정이 가능하다.

04 BGT의 해석방법

평가 항목	내용		
조직화	• 배열 순서 • 공간의 사용 • 도형 간의 중첩	• 용지의 회전 • 도형 A의 위치 • 공간의 크기	• 가장자리 사용 • 자극 도형의 위치 변경
크기의 일탈	• 전체적으로 크거나 작은 그림 • 점진적으로 커지거나 작아지는 그림 • 고립된 큰 그림/작은 그림		
형태의 일탈	• 폐쇄의 어려움 • 곡선 모사의 어려움	• 교차의 어려움 • 각도의 변화	
형태의 왜곡	• 지각적 회전 • 단순화 • 중첩의 어려움	• 보속성 • 퇴영 • 파편화/단편화	• 정교함/조악함 • 도형의 재모사
움직임 및 묘사 요인	• 운동 방향에서의 일탈 • 운동 방향의 비일관성 • 선/점의 질		

2 아동용 BGT 채점법과 정서 지표(Koppitz)

01 개요

① 코피츠(Koppitz, 1964, 1975)는 BGT가 아동에게 사용되기 적합하지 않다고 보고, 다른 심리검사의 아동 보고를 기반으로 채점하고 해석하였다.

② 대부분의 연구가 제한적 규준과 지체아동이나 정서장애 아동 등의 특정한 집단을 대상으로 하였기 때문에 연구 결과를 비교할 수 없었는데, 이는 모든 아동들의 검사결과가 연령과 성숙 수준, 지각적 어려움, 정서적 태도에 대한 입장 등에 대한 고려 없이 이루어졌기 때문이라고 보았다.

③ 이 결과의 차이가 뇌 손상, 성숙 수준, 정서문제 등과 같은 문제들 중 어디에서 기인하는지를 고민하여야 하며, 각각의 원인이 단독으로 존재하는지 종합적으로 존재하는지 구분할 필요가 있다고 보았다. 이러한 문제를 해결하기 위하여 지각적 성숙도와 정서적 적응을 측정할 수 있는 발달적 체계인 'The Bender Gestalt Test for Young Children(아동용 BGT)'을 개발하였다.

④ The Bender Gestalt Test for Young Children(Koppitz, 1975)은 규준 표본의 평균과 표준편차, 연령 등 구식 접근만을 하였기 때문에 낮은 평가를 받은 것이다(Reynolds, 2007, 재인용).

⑤ 여기에 Glibal Scoring System(GSS)을 도입한 BGT-2를 출간하면서 Koppitz Developmental Scoring System for the Bender Gestalt Test-Second Edition(KOPPITZ-2)을 본래 Koppitz의 발달적 채점방식을 확장하여 개발하였다(Reynolds, 2007).

02 특징

① 검사는 5~10세 아동을 대상으로 발달적 채점법이 개발되었고, 아동이 현재 보이고 있는 시각-운동의 발달 수준이 아동의 실제 연령에 부합되는 것인지를 파악하는 데 유용하다.

② 9장의 도형 그림 이용하고, 30개의 상호 독립적인 문항으로 구성된다. 각 1점 또는 0점으로 합산하여 최하 0점에서 최고 30점까지 채점한다. 오류 점수가 높으면 나쁜 점수임을 의미하고, 오류 점수가 낮으면 좋은 점수임을 의미한다.

③ 아동의 지각 성숙도 및 신경장애 가능성을 파악하고, 다음의 정서 지표를 통하여 적응 상태에 대한 진단이 가능하다.

3 Koppitz의 핵심 정서지표

01 도형 배치의 혼란

① 도형들이 논리적 계열이나 순서도 없이 제멋대로 흩어져 있는 경우(종이의 위쪽에서 아래쪽으로, 왼쪽에서 오른쪽으로, 오른쪽에서 왼쪽으로 배치된 것을 포함)이다.

② 어떤 종류의 순서나 논리적인 계열이 보일 경우에는 채점하지 않는다.

③ 종이의 제일 밑이나 옆에 여백이 없을 경우에 마지막 도형을 종이의 제일 윗부분에 그렸더라도 채점하지 않는다.

02 파선(도형 6, 도형 7)

① 도형 6과 도형 7의 점들이나 원들이 선의 방향에서 2개나 그 이상이 갑작스럽게 변화되는 경우이다.

② 방향의 변화는 적어도 2개의 연속된 점이나 원을 포함하여야 한다.

③ 점진적인 곡선이나 선의 회전은 채점하지 않는다.

④ 단 1개의 점이나 원의 열이 탈선하였을 경우는 채점하지 않는다.

03 원 대신 대시(도형 7)

① 도형 7에서 적어도 모든 원들의 반이 1.59mm 이상의 대시로 대치된 경우이다.

② 원 대신 점으로 대치된 것은 채점하지 않는다.

04 크기의 검증(도형 6, 도형 7, 도형 8) : 도형 6, 도형 7, 도형 8의 점이나 원의 크기가 점점 증가하여 마지막의 점이 처음의 점보다 3배 이상 커진 경우이다.

05 과대 묘사

① 1개 또는 그 이상의 도형들을 자극 카드의 도형보다 3배 이상 크게 그린 경우이다.

② 2개의 도형이 연결되어 있는 카드(도형 5, 도형9)에서는 두 도형의 크기가 모두 감소되어 있어야 한다.

06 과소 묘사

① 1개 또는 그 이상의 도형들을 자극 카드의 크기에서 반 정도 작게 그린 경우이다.

② 2개의 도형이 연결되어 있는 카드(도형 5, 도형9)에서는 두 도형의 크기가 모두 확대되어 있어야 한다.

07 약한 선 : 연필 선이 너무 얇아서 완성된 도형을 찾기 힘든 경우이다.

08 부주의한 가중 묘사/강한 선

① 전체 도형이나 도형의 일부가 두꺼운 선(충동적인 선)으로 다시 그려진 경우이다.

② 처음 그린 도형을 지우고 다시 그리거나 삭제 없이 수정되었을 경우에는 채점하지 않는다.

09 반복 시행

① 도형의 전부 혹은 일부가 완성되기 전이나 후에 자발적으로 포기하고 새로운 도형을 그리는 경우이다.

② 1개의 도형을 한 지면에서 2개의 다른 방향으로 분명하게 두 번 그렸을 경우에 채점한다.

③ 한 번 그린 것을 지우고 난 후에 두 번째 그림을 종이의 다른 위치에 그렸을 경우에 채점한다.

④ 그린 것을 지우고 난 후에 그렸던 같은 장소에서 다시 그림을 그렸을 경우에는 채점하지 않는다.

10 확산

① 모든 도형을 그리는 데 2장 이상의 종이가 사용된 경우이다.

② 각 도형이 각 장의 종이에 그려졌거나 몇 개의 도형은 종이의 한쪽 면에 그려져 있고, 나머지 1개의 도형은 그 뒷면에 그려진 경우에 채점한다.

11 상자 속에 그림 그리기 : 도형을 모사한 후에 1개 또는 그 이상의 도형에 박스 선을 두른 경우이다.

12 자발적인 정교화 또는 첨가

제시된 도형에 어떠한 물체를 넣거나 2개 또는 그 이상의 도형을 합치거나 다른 것을 창조하여 합하여 그린 경우이다.

TIP  **코피츠의 핵심정서 지표**

- 도형 배치가 혼란스러운 경우
- 선이 2개 이상 갑작스럽게 변화 또는 회전되거나 점이나 열이 탈선하였을 경우
- 원이 선 또는 점으로 대치되었을 경우
- 처음의 크기보다 3배 이상 커진 경우
- 도형을 원래 크기보다 반 이상 작게 그리는 경우
- 연필 선이 너무 얇아서 완성된 도형을 찾기 힘든 경우
- 선을 다시 지나치게 두껍게 그린 경우
- 처음 그린 도형을 지우고 다시 그리거나 삭제 없이 수정되었을 경우
- 그린 것을 지우고 난 후에 다시 같은 장소에서 그렸을 경우

임상심리사 2급 필기

이론

이상심리학

Section **01** 핵심 주요 용어

가질	몹시 심한 병이다.
강박	어떤 생각이나 감정에 사로잡혀 심리적으로 심하게 압박을 느낀다.
강박 장애	원하지 않는 생각과 행동을 반복하게 되는 강박사고와 강박행동이 주된 증상인 불안장애의 하위 유형이다.
강박성 성격장애	인정이 없고 질서·규칙·조직·효율성·정확성·완벽함·세밀함에 집착하고 있어서 전체적인 것을 보는 능력이 결여된 이상 성격이다.
개인화	자신과 아무 관련이 없는 외적 사건도 자신과 연관시키려는 경향이다. 거의 혹은 전혀 근거가 없는 경우에도 외적 사건과 자신을 연관시키는 것이다.
건강염려증	스스로 심각한 병에 걸려 있다고 확신하거나 두려워하고, 여기에 몰두해 있는 상태이다.
결손	어느 부분이 없거나 잘못되어서 불완전한 것이다.
결정론	인간의 행위를 포함하여 이 세상에서 일어나는 모든 일은 우연이나 선택의 자유에 의하여 일어나는 것이 아니라, 일정한 인과 관계의 법칙에 따라 결정된다는 이론이다.
결함	어떤 질환으로 인하여 신체기능, 지능, 감정생활 및 인격증에 지속적이고도 비가역적인 결손이 생긴 경우이다.
경계선 성격장애	성격장애의 한 부분을 차지하며 불안정한 대인관계, 반복적인 자기 파괴적 행동, 극단적인 정서 변화와 충동성을 나타내는 것이다.
경조증	조증의 한 종류 또는 조증으로 넘어가기 전 단계이다. 경조증의 상태에서는 조증에서만큼 심각한 정신증적 증상이나 환각, 자아의 붕괴 등을 나타내지는 않으며, 평소보다 기분이 좋거나 에너지가 넘치는 것 같은 느낌, 의기양양함 등을 경험한다.
고전적 조건형성	무조건 반응(행동)을 발생시키는 무조건 자극과 연합된 중성 자극이 반복적인 노출을 통하여 조건 자극이 되어 무조건 반응(행동)과 유사한 조건 반응(행동)을 일으키는 형태의 학습이다.
공포증	특정한 물건, 환경, 또는 상황에 대하여 지나치게 두려워하고 피하려는 불안 장애의 일종이다.
공황 발작	예기치 못한 비정기적인 극심한 두려움이나 불편한 느낌과 관련한 신체적 또는 인지적 증상에 의한 발작이다.
공황 장애	심한 불안 발작과 이에 동반되는 다양한 신체 증상들이 아무런 예고 없이 갑작스럽게 발생하는 불안 장애의 하나이다.

과민성 대장 증후군	정서적 긴장이나 스트레스로 인하여 장관의 운동 및 분비 등에 기능 장애를 일으키는 상태이다.
과잉 일반화	어떤 결과를 그와 유사한 상황에 적용함에 있어서 먼저 습득한 일반화의 원리나 법칙을 지나치게 고집스럽게 적용하려는 현상이다.
과잉행동	끊임없이 움직이고 활동하며, 어떤 사건이 일어나는 것을 기다리지 못하고 충동적으로 행동하는 것이다. 일반적으로 주의산만, 충동성, 학습지체 등을 수반하는 경우가 많다.
관해기	완화상태를 유지하고 있는 기간이다. 완화도입 요법에 의하여 얻어진 상태이며, 완화유지 요법 및 일상생활의 조절로 유지한다.
광장공포증	불안 장애(anxiety disorder)의 유형으로, 특정 장소나 상황에 대하여 갑작스럽고 과도하게 불합리한 두려움을 느껴 그 장소나 상황을 피하는 증상이다.
광증	정신에 이상이 생겨 일어나는 미친 증세이다.
교감신경계	긴장 시에 활성화되는 자율신경계의 일종이다.
구강기	Freud가 제시한 발달단계 중 첫 단계로, 출생 시부터 약 1살 반까지의 시기이다. 입, 입술, 혀, 잇몸과 같은 구강 주위의 자극으로부터 아동이 쾌감을 느끼는 시기이다.
군 알파·베타 검사	미국에서 만들어진 최초의 지능검사로, 제1차 세계대전 당시에 신병 선발을 목적으로 시행되었다. 알파 검사는 읽고 쓸 줄 아는 신병에게 실시하였고, 베타 검사는 글자를 모르는 징집병에게 실시하였다.
귀인	어떤 행동을 보고 나서 많은 가능한 행위 원인들 중 어느 원인을 그 행동에 귀속시켜야 할지를 추론하고 결정하는 과정이다.
귀인 이론	자신이나 타인의 행동, 내화 등의 원인을 찾아내어 특정한 것으로 귀속시키는 과정을 설명하는 이론이다.
규범	인간이 사회생활을 하는 데 있어, 구속되고 준거히도록 강요되는 일정한 행동양식이다.
규준	비교하고자 하는 집단의 검사점수의 분포이다.
금단증상	특정 약물이나 행위에 중독된 사람이 이를 중단할 경우에 겪게 되는 정신 및 신체상의 증세이다.
급성	병 따위의 증세가 갑자기 나타나고 빠르게 진행되는 성질이다.
급성 스트레스 장애	불안 장애의 한 유형으로, 충격적이고 고통스러운 외적 사건을 경험한 뒤 2일에서 1개월 이내에 불안, 두려움, 공포, 해리성 증상 등이 나타난 상태이다.
기면증	밤에 잠을 충분히 잤어도 낮에 갑자기 졸음에 빠져드는 증세이다.
기분부전 장애	우울 장애의 일종으로, 성인의 경우 최소 2년, 아동 및 청소년의 경우 최소 1년 이상 우울한 기분이 지속되며 식욕 감소 또는 식욕 증가, 무기력감, 자존감 저하 등의 증상이 특징적으로 나타난다.

기분 장애	기분 조절이 어렵고 비정상적인 기분이 장시간 지속되는 장애이다.
기질	감정적인 경향이나 반응에 관계되는 성격의 한 측면이다.
긴장이완	마음이나 몸을 이완시키는 것이다. 신체적으로는 지나치게 긴장되어 있는 부분을 완화하고, 심리적으로는 흥분을 가라앉혀 안정시키는 것이다.
내담자	심리적인 문제나 어려움을 혼자 해결하는 데 어려움을 느껴 상담자의 도움을 받아 해결하고자 하는 사람이다.
내성	중독에서 종전과 같은 만족을 경험하려면 더 강한 강도나 지속 기간의 자극을 필요로 하는 것이다.
노르에피네프린	교감신경계의 신경전달물질 및 호르몬으로 작용할 수 있는 물질로, 기본적으로 교감신경계를 자극하는 기능을 가지고 있다.
뇌파	뇌의 활동에 따라 일어나는 전류 또는 그것을 도출·증폭하여 기록한 것이다.
니코틴	담배의 주성분으로, 중추와 말초의 신경을 흥분시키는 물질이다.
다운 증후군	21번 염색체가 정상적인 2개가 아닌 3개가 존재하여 지적 장애, 신체 기형, 전신 기능 이상, 성장 장애 등을 일으키는 유전 질환이다.
도파민	뇌 신경세포의 흥분을 전달하는 신경전달물질이자 호르몬의 하나이다.
독심술	언어적인 의사소통 없이 상대방의 마음을 읽을 수 있다고 생각하는 인지적 사고 오류 중 하나이다.
레트 증후군	여자아이에게만 발병하는 원인이 밝혀지지 않은 퇴행성 신경질환이다.
렘 수면	REM sleep. 수면의 단계 중 수차례 안구가 급속히 움직이는 것이 관찰되는 단계의 수면이다.
로르샤흐 잉크반점 검사	로르샤흐(Rorschach)가 개발한 투사적 성격검사로, 피험자의 현재 상태를 있는 그대로 반영하는 검사이다. 피험자의 개인 정보와 프로토콜에서 획득한 자료를 근거로 피험자의 심리적 측면을 연역적 또는 귀납적으로 예측한다.
마음 챙김	개인의 내적 환경이나 외부세계의 자극과 정보를 알아차리는 의식적 과정이다.
망상	병적으로 생긴 잘못된 판단이나 확신으로, 사고(思考)의 이상 현상이다.
면접법	특정한 상대에게 직접 언어적 자극을 주어 이것에 대한 피면접자의 언어적인 반응을 실마리로 하여 필요한 정보를 얻거나, 피면접자의 마음속에서 일어나는 효과를 이용하여 치료 또는 설득의 목적을 달성하려는 방법이다.
무언증	말을 거의 하지 않거나 부모 또는 가족만 알아들을 수 있는 정도로 말하는 증세이다.
물질 관련 장애	알코올, 카페인, 코카인, 아편류 등 중독성을 지닌 물질이나 약물의 반복적인 사용에 따른 신체적, 심리적 장애이다.
물질 남용	물질사용 장애의 한 형태로, 특정한 보상을 얻고자 약물을 비의학적인 목적으로 사용하는 것이다.
뮌하우젠 증후군	아프다는 거짓말이나 자해를 통하여 타인의 관심을 끌려는 정신질환이다.

미네소타 다면적 인성 검사	개인의 성격, 정서, 적응 수준 등을 다차원적으로 평가하기 위하여 개발된 자기 보고형 성향검사이다.
반동 형성	억압된 감정이나 욕구가 행동으로 나타나지 않도록, 그것과 정반대의 행동으로 바꾸어 놓을 수 있는 기제이다.
반사회적 성격장애	타인의 권리를 무시하거나 침해하고 사회 질서 및 규범을 위반하는 증상이다.
반응성 애착장애	아무에게나 강한 애착반응을 나타내거나 접촉을 거부하고, 성장이 지연되며, 체중이 늘지 않는 상태이다.
반추	한번 삼킨 음식물을 다시 구강으로 되올려, 다시 삼키는 것이다.
반추 장애	섭식 장애의 하나로, 위장에 남아 있는 내용물을 식도, 구강 내로 역류시켜 다시 씹어 삼키는 행동을 보이는 장애이다.
발달적 협응장애	목적한 행동을 하기 위하여 신체를 어떻게 움직여야 하는지를 계획하기 어렵거나, 또는 계획한 대로 동작하는 데 어려움을 겪는 신경학적 장애이다.
발달 지체	정상적인 발달 속도와 비교하여 유의미하게 느린 발달의 양상을 보이기 때문에 예측되는 장애의 의심 상태, 또는 발달의 속도가 상대적으로 지나치게 느리기 때문에 발생한 다양한 장애 유형의 통칭이다.
방어 기제	자아가 위협받는 상황에서 감정적 상처로부터 자신을 보호하는 심리 의식이나 행위이다.
밸프로에이트	주로 뇌전증과 양극성 장애를 치료하고 편두통을 예방하기 위하여 사용되는 약물로, 임신 중에 복용 시 심각한 태아 기형을 유발시키는 것으로 알려져 있다.
범불안 장애	일상생활의 다양한 주제에 관한 과도하고 통제하기 힘든 비합리적 걱정을 주요 특징으로 하는 정신장애이다.
변연계	대뇌 반구의 안쪽과 밑변에 위치한 신경세포 집단이다. 후각, 감정, 동기부여, 행동 등 나앙한 감정의 중추 역할을 하는 내뇌의 부위로, 학습, 기억 및 각성에 관어하는 것으로 알려져 있다.
변증법적 행동치료	경계선 성격장애(Borderline Personality Disorder: BPD)를 치료하기 위하여 1994년 리네한(Linehan)이 개발한 다면적 치료 프로그램이다. 처음에는 자살, 자해를 보이는 경계선 성격장애 내담자를 효율적으로 돕기 위하여 창안되었으나, 동기 강화, 대처기술 증진, 강점 강화 등의 목적으로 확대되어 적용되고 있다.
보상결핍 증후군	뇌의 보상중추에서의 이상, 도파민 부족 등으로 인하여 쉽게 만족감을 느끼지 못하는 증상이다.
복식호흡	배의 근육을 움직여서 횡격막을 신축시키면서 하는 호흡방식이다.
부적응	사람이 자기가 처해 있는 환경과 조화적인 관계를 이루지 못하는 상태이다.
분리불안	유아가 모친(또는 그 대리인물)으로부터 처음으로 분리될 때에 나타내는 반응(흥분, 울음 등)이다. 의존 대상으로부터의 분리 시에 발생하는 정상적인 반응이지만, 때로 너무 강한 반응(등교 거부 등)도 있다.

불면	잠을 자지 못하는 증상이다. 잠들기 힘들거나 깊이 잠들지 못하여 자주 깨며, 심하면 밤새 잠을 이루지 못한다.
불안장애	다양한 형태의 비정상적, 병적인 불안과 공포로 인하여 일상생활에 장애를 일으키는 정신질환이다.
비관적	인생을 어둡게만 보아 슬퍼하거나 절망스럽게 여긴다. 앞으로의 일이 잘 안될 것이라고 본다.
비네-시몽 지능 검사	최초의 지능검사로서, 비네(Binet)와 시몽(Simon)이 학령기 아동의 지적 능력을 평가하기 위하여 개발한 지능검사이다.
사고비약	여러 가지 생각이 아주 빠르게 잇따라 떠오르거나 연상 작용이 매우 빨라서 생각이 일정한 방향을 잡지 못하는 사고장애 상태이다.
사고 장애	사고 과정, 사고 형태, 사고 내용과 관련한 장애이다.
사회공포증	사회불안 장애이다. 다른 사람 앞에서 당황하거나 실수하는 등의 불안을 경험한 뒤 같은 상황을 피하고 이 때문에 사회 활동에도 문제가 생기는 질환이다.
사회학습이론	사람의 행동은 다른 사람의 행동이나 상황을 관찰하거나 모방한 결과로 이루어진다는 교육심리학 이론이다.
선택적 추상화	상황이나 사건의 주된 내용은 무시하고 자신의 실수나 단점, 부정적인 이미지 등 사상의 특정 일부 정보에만 주의를 기울여 전체의 의미를 해석하고 결론을 내리는 오류이다.
섬망	일반적인 의학적 문제로 혹은 특정 물질이 인체로 투여되는 것 때문에 갑자기 정신이 혼미해지고 주변 환경을 잘 파악하지 못하며 정서가 매우 불안정해지면서 착각이나 환각이 일어나는 등의 의식과 인지적 장애가 생기는 상태이다.
섭식 장애	섭식 혹은 식이 행동에 심각한 문제가 있는 정신장애로, 먹는 양을 극도로 제한하거나 또는 폭식을 한 뒤 일부러 구토를 하거나 하제(실사가 나게 하는 약)를 오용하기도 하는 등의 이상 증상이다.
성격 장애	정신생활의 표현으로서 나타나는 성격이 주위의 사회 환경과 협조가 안 되거나, 곤란할 때 손상을 입게 된 상태이다.
세로토닌	생리활성아민의 일종으로 내측 시상하부 중추에 존재한다. 체온, 기억, 정서, 수면, 식욕, 기분 조절에 기여하는 신경전달물질이다.
소거	조건 반사 또는 조건반응 실험에서 조건 자극만 반복하고 무조건 자극을 제시하지 않을 때, 조건 자극으로 형성된 조건 반응의 감소·소실이다.
소속감	자신이 어떤 집단에 소속되어 있다는 느낌이다.
수면 무호흡증	수면 중 심한 코골이와 주간기면 등의 수면장애 증상을 나타내며 수면 중 호흡 정지가 빈번하게 발생하여 이로 인한 저산소혈증으로 다양한 심폐혈관계의 합병증을 유발할 수 있는 질환이다.

수면 장애	건강한 수면을 취하지 못하거나, 충분한 수면을 취하고 있음에도 낮 동안에 각성을 유지하지 못하는 상태 또는 수면리듬이 흐트러져 있어서 잠자거나 깨어 있을 때 어려움을 겪는 상태이다.
신경발달 장애	중추신경계, 즉 뇌의 발달 지연 또는 뇌 손상과 관련된 것으로 알려진 정신장애이다.
신경성 식욕부진증	거식증. 섭식 장애(eating disorders)의 유형으로, 과체중이나 비만에 대한 두려움과 같은 심리적 원인으로 음식 섭취를 피하거나 식욕이 없어져 먹어야 할 것을 먹지 않아 체중이 비정상적으로 감소하는 증상이다.
신경성 폭식증	급식 및 섭식 장애 중 하나로, 반복되는 폭식(binge eating)을 한 후에 체중 증가를 막기 위하여 구토를 유발하거나, 이뇨제 또는 하제를 사용하거나, 혹은 지나친 운동과 같은 보상적 행동을 하는 정신장애이다.
신경증	내적인 심리적 갈등이 있거나 외부에서 오는 스트레스를 다루는 과정에서 무리가 생겨 심리적 긴장이나 증상이 일어나는 인격 변화이다.
신뢰도	동일한 검사 또는 동형의 검사를 반복 시행하였을 때 개인의 점수가 일관성 있게 나타나는 정도이다.
신체화 장애	내과적 원인이 없는데도 신체적 이상을 반복적으로 호소하는 정신장애로, 심리적 스트레스가 주된 원인으로 추정되고 있다.
실어증	대뇌의 손상에 의하여 어릴 때부터 습득한 언어의 표현 또는 이해가 장애되는 상태이다.
심리검사	개인의 심리적 특성을 측정하여 평가하는 검사이다.
심리도식 치료	전통적인 인지행동의 치료개념과 치료방법을 의미 있게 확장시킨 혁신적이고 통합적인 심리치료로서, 내담자의 심리 도식을 추적하여 이를 인식하고 변화시키는 데 주안점을 두는 상담요법이다.
아동기 붕괴성 장애	적어도 생후 2년 동안 뚜렷한 정상적 발달이 이루어진 후에 기존에 습득되었던 여러 가지 기능영역에서 현저한 퇴행이 나타나는 것이 특징인 장애이다.
아스퍼거 장애	대인관계에서 상호작용에 어려움이 있고 관심 분야가 한정되는 특징을 보이는 정신과 질환이다.
아편	양귀비과의 2년생 초인 양귀비의 즙액을 굳힌 것 또는 이것을 가공한 것이다.
알츠하이머	치매를 일으키는 가장 흔한 퇴행성 뇌질환으로, 서서히 발병하여 기억력을 포함한 인지기능의 악화가 점진적으로 진행되는 병이다.
암페타민	중추신경과 교감신경을 흥분시키는 작용을 하는 각성제이다.
애정결핍	어릴 때에 부모에게 충분한 애정을 받지 못하고 주변 사람들과도 친밀한 관계를 형성하지 못하여 불안정한 정서를 가지게 되는 것이다.
애착	양육자나 특별한 사회적 대상과 형성하는 친밀한 정서적 관계이다.
야경증	소아에게 주로 발생하며, 자다가 갑자기 깨어 비명으로 시작되는 공황상태를 보이는 질환이다.

약물치료	정서장애 및 행동장애를 가진 아동에게 문제 행동의 경감 및 개선을 목표로 약물을 투여하는 치료이다.
양가 감정	논리적으로 서로 어긋나는 표상의 결합에서 오는 혼란스러운 감정이나 태도가 함께 존재하고 상반된 목표를 향하여 동시에 충동이 일어나는 상태이다.
양극성 관련 장애	조증 또는 경조증과 같은 고조된 기분과 우울한 기분이 반복되는 장애이다.
언어 장애	말을 바르게 발음하지 못하거나 정확하게 이해하지 못하는 상태이다.
에스트로겐	주로 동물의 난소 안에 있는 여포와 황체, 태반에서 분비되는 호르몬이다.
엔도르핀	동물의 뇌 등에서 추출되는 모르핀과 같은 진통 효과를 가지는 물질의 총칭이다.
역기능	고유의 기능을 가지고 있는 사회의 여러 제도·기구 등이 본래의 목적에서 벗어나 반작용을 일으켜 바람직하지 못한 방향으로 나아가는 일이다.
역설적 의도	내담자로 하여금 염려하고 있는 바로 그 행동을 의도적으로 계속하고 오히려 이를 과장하도록 지시함으로써 문제 행동에 대한 조절력을 향상시켜 문제를 극복하게 하려는 의도로 처방되는 치료적 전략이다.
역치	생물이 자극에 대하여 어떤 반응을 일으키는 데 필요한 최소한의 자극의 세기이다.
연극성 성격장애	다른 사람의 관심이나 애정을 이끌어내기 위하여 과도하게 노력하거나 감정을 표현하는 증상이다.
염세주의	세계나 인생을 불행하고 비참한 것으로 보며, 개혁이나 진보는 불가능하다고 보는 경향이나 태도이다.
오경보	탐지 과제에서 신호가 제시되지 않았는데도 신호가 있었다고 보고하는 오류 또는 재인 기억에서 앞서 제시된 적이 없는 항목을 제시되었다고 보고하는 오류이다.
오이디푸스 콤플렉스	남성이 부친을 증오하고 모친에 대하여 품는 무의식적인 성적 애착이다.
외상	트라우마. 강력한 정신적 충격으로 인하여 발생하는 정신건강 질환이다.
외상 후 스트레스 장애	PTSD. 신체적인 손상 및 생명을 위협하는 심각한 상황에 직면한 후 나타나는 정신적인 장애가 1개월 이상 지속되는 질병이다.
욕창	지속적인 또는 반복적인 압박이 주로 뼈의 돌출부에 가해짐으로써 혈액순환 장애로 인한 조직 괴사로 생긴 궤양이다.
우울 장애	의욕 저하와 우울감을 주요 증상으로 하여 다양한 인지 및 정신 신체적 증상을 일으켜 일상 기능의 저하를 가져오는 질환이다.
운동 장애	몸의 수의적 운동(예 사지·몸통·목·얼굴·안면·혀 등을 움직이는 운동)이 자의로 잘 안 되는 상태이다.
원초아	성격 구조의 한 부분으로서, 출생 때 나타나며 지속적인 욕구 충족을 추구하는 성격의 생물학적 요소이다.

웩슬러 지능검사	웩슬러(D. Wechsler)가 1939년에 제작한 개인용 지능검사도구이다. 일반적인 지적 능력 평가를 비롯하여 특수교육 요구 아동의 판별 및 진단, 교육계획과 배치 평가 및 그 밖의 임상적 평가 장면에서 널리 활용되고 있다.
유병률	전체 인구 중 특정한 장애나 질병 또는 심리 신체적 상태를 지니고 있는 사람들의 분율이다.
유창성 장애	조음이나 발성 기관의 기질적인 이상이 없고, 주로 생리적·언어학적·심리적·환경적 요인 등으로 구어의 흐름에 어려움을 나타내는 구어 장애(speech disorder)의 하위 유형이다.
의사소통 장애	언어적 또는 비언어적으로 전달되는 정보를 표현하거나 이해하는 데 어려움이 있어 사회적인 상호작용이 어려운 경우를 의미한다.
이분법적 사고	모든 사물이나 상황에 대하여 흑이 아니면 백으로 생각하는 것이다.
이상심리학	이상 행동과 정신장애에 대하여 체계적, 과학적으로 연구하는 심리학의 한 분야이다.
이상행동	적응하는 데에 심하게 곤란을 갖거나 정상적 규준에서 벗어난 행동으로, 흔히 '부적응 행동', '이상심리'라고도 한다.
이식증	음식물로 이용되지 않는, 영양적 가치가 거의 없는 것을 즐겨먹는 상태이다.
이인증	자신이 낯설게 느껴지거나 자신과 분리된 느낌을 경험하는 것으로 자기 지각에 이상이 생긴 상태이다.
인도주의	인간의 경험이나 복리를 일차적인 관심사로 생각하려는 사상이다.
인지 도식	유기체에 영향을 주는 자극을 선택적으로 받아들이고 의미를 해석하며 주관적 경험을 나름대로 조직화하는 인지적 틀 혹은 상위 수준의 인지이다.
인지 장애	기억력, 판단력, 언어 능력, 시공간 파악 능력 따위의 인지력에 결함이 있는 상태이다.
인지치료	내담자가 지닌 정서적 불편감 또는 행동 문제들과 관련된 역기능적 사고를 찾고 내담자와 협동적으로 역기능적인 사고를 수정하여, 정서적 불편감 또는 행동 문제들을 해결해 나가는 치료법이다.
인지행동 치료	사고·신념·가치 등의 인지적 측면과 동시에 구체적으로 나타난 정신신체 행동(psychomotor behavior)의 측면에 관련된 개념·원리·이론을 체계적으로 통합하여 부적응행동을 치료하려는 정신치료의 경향이다.
일반화	특정한 대상에 대한 사고나 연구의 결과를 그것과 유사한 대상에 적용하는 것이다.
일탈	불명예, 낙인, 비난을 수반하며, 사회적 규칙이나 규범으로부터 벗어남으로써 그것에 대한 사회적 통제를 불러일으키게 되는 것이다.
자가 중독증	특별한 원인이 없는데도 갑자기 원기가 없어지고 아무런 욕구도 없으며 심한 구토를 보이는 증상이다.
자기애	자기 자신의 행위나 특질에 부당하게 큰 가치를 부여하는 사람의 성격이다.
자기애성 성격장애	자신이 타인과 비교가 안 될 정도로 우월하다는 느낌 때문에 일상생활에 적응을 못하는 성격장애이다.

자아	성격구조의 이성적인 부분으로서, 원초아의 본능적 욕구, 초자아의 도덕적이며 양심적인 요구, 그리고 객관적인 현실세계 간의 갈등을 중재하는 성격의 집행자이다.
자아경계	페던(P. Federn)이 정신질환의 연구 중에 사용한 개념이다. 자아는 모든 기능의 총체는 아니고, 지속적인 심적 체험이라고 하고, 자아경계는 이 자아의 영역이 모친 등을 포함한 내·외의 비자기에 대치하는 경계로 둘러싸인 영역이라고 본다.
자유연상	내담자에게 마음속에 떠오르는 생각, 감정, 기억들을 아무런 수정도 가하지 않고 이야기하도록 하는 정신분석의 한 기법이다.
자유의지	자신의 행동과 의사 결정을 스스로 조절하고 통제할 수 있는 능력이다.
자율신경계	동물의 신경계 중 말초신경계의 한 부분이다.
자폐 스펙트럼 장애	사회적인 상호작용과 의사소통에 어려움을 보이며, 흥미나 활동에서 제한적이고 반복적인 특성이 초기 아동기부터 특징적으로 나타나는 장애이다.
자폐증	다른 사람과 상호관계가 형성되지 않고 정서적인 유대감도 일어나지 않는 아동기 증후군으로, '자신의 세계에 갇혀 지내는 것 같은 상태'라고 하여 이름 붙여진 발달 장애이다.
저항	정신분석 치료에서 일련의 과정에 대한 온갖 방해를 가리키는 말이다.
적대적 반항장애	뚜렷하게 반항적이고 불복종적이며 도발적인 행동을 보이지만, 규칙을 어기거나 타인의 권리를 침해하는 반사회적 행동 또는 공격적 행동이 두드러지지 않는 것이다.
적응 장애	어떤 스트레스나 충격적 사건을 겪은 후 정서, 행동적 부적응 반응을 나타내는 상태이다.
전구기	당해 질환의 증상이 분명하게 출현함에 앞서서, 불특정의 증상을 나타내는 기간이다.
전두엽	측열구 위쪽, 중심열구 앞쪽에 위치하는데, 여기에는 일차운동 영역, 전운동 영역, 전두안구운동 영역, 운동언어 영역, 전두연합 영역 등이 속한다.
전이	과거 타인과의 관계가 정신분석 치료에서 분석가를 향한 정서적 반응으로 나타나는 것이다.
전환 장애	심리적인 원인에 의하여 주로 운동이나 감각기능에 이상 증세 및 결함이 나타나는 질환이다.
정보처리	감각적 수용기관을 통하여 들어온 자극을 선택적으로 받아들여 단기 기억과정 또는 장기 기억과정을 통하여 정보가 처리되는 것이다.
정서 둔마	감정이 식고 공허해져서 감동이 없어지는 것이다.
정신분석 치료	프로이트의 정신분석 이론을 바탕으로 발전해 온 심리치료방법이다. 정신분석 치료의 목표는 무의식을 의식화하고, 원초아(Id), 초자아(Superego), 외부 현실의 요구를 효과적으로 중재하도록 자아의 기능을 강화하는 것이다.
정신분열증	현실에 대한 왜곡된 지각, 비정상적인 정서체험, 사고·동기·행동의 총체적인 손상과 괴리 등을 수반하는 정신장애이다.

정신역동	프로이트의 정신분석학을 비롯하여 정신분석 이론의 영향을 받아 탄생한 아들러의 개인 심리학(individual psychology), 융의 분석심리학(analytic psychology) 등을 정신역동 이론(psychoanalytic theory)이라고 한다.
정신의학	정신장애의 본체를 연구하고 이를 치료 또는 예방하기 위한 학문, 정신건강을 유지하고 촉진시키는 방도를 연구하는 학문이다.
정신장애	심리면 또는 행동면에 나타나는 마음의 기능 부전이다.
정신적 여과	주어진 상황의 주된 내용은 무시하고 특정한 일부의 정보에만 주의를 기울여서 전체 의미를 해석하는 오류이다.
정신지체	발달기에 나타나는 적응 행동의 장애를 수반하는 일반적 지적기능 저하 상태(IQ 70 이하)이다.
정체감	개인의 영속성, 단일성, 독자성, 불변성, 동질성에 대한 의식적 감각(conscious sense of individual identity)이나 주관적 느낌이다.
조건 형성	자극과 자극, 또는 자극과 반응의 관계를 형성하는 절차나 과정이다.
조작적 조건화	행동주의 심리학의 이론으로, 어떤 반응에 대하여 선택적으로 보상함으로써 그 반응이 일어날 확률을 증가시키거나 감소시키는 방법이다.
조증	기분 장애의 유형으로서, 비정상적으로 의기양양하고 과장하거나 과민한 기분상태이다.
조현병	망상, 환청, 와해된 언어, 정서적 둔마 등의 증상과 더불어 사회적 기능에 장애를 일으킬 수도 있는 정신과 질환이다.
조현성 성격장애	사회적 관계에 대한 관심 결여, 혼자 지내려는 경향, 내향성, 감정적인 냉담함 등이 특징인 성격장애이다.
주의력 결핍	주의력이 부족하여 충동적인 행동, 부주의, 지나친 활동 따위를 자주 보이는 상태이다.
주의력 결핍 및 과잉행동 장애	동등한 발달 수준에 있는 아동에 비하여 주의력과 과잉 행동의 정도가 심하게 일탈되며 그러한 정도가 장애의 진단 기준을 충족시킬 때 내려지는 진단명이다.
주지화	감정으로부터 자신을 분리시키고, 이성적이고 지적인 분석을 통하여 문제에 대처하고자 하는 방어기제이다.
중화	서로 다른 성질을 가진 것이 섞여 각각의 성질을 잃거나 그 중간의 성질을 띠게 한다.
지적 장애	유전적 원인에 의하여 또는 질병 및 뇌 장애로 인하여 청년기 전에 야기된 정신발달 저지 또는 지체상태이다.
체계적 둔감법	공포를 불러일으키는 자극과 긍정적인 반응을 유발하는 자극을 함께 제시함으로써 불안이나 공포를 제거하는 행동수정 기법이다.
초자아	성격구조의 한 부분으로서, 성격의 도덕적·사회적·판단적 측면이다.

최면치료	정신적 장애나 병을 치료하기 위하여 내담자를 최면상태로 유도하여 암시를 통하여 무의식에 잠재된 원인을 제거하거나 변화시키는 치료방법으로, '최면요법'이라고도 한다.
충동성	생각 없이 그리고 행위의 결과를 거의 고려하지 않고, 내적 충동에 대하여 갑작스럽게 행동하려는 성향이다.
치매	지능·의지·기억 등 정신적인 능력이 현저하게 감퇴한 것이다.
카테콜아민	혈압의 변화에 관여하는 호르몬이다. 카테콜아민 호르몬에는 도파민(dopamine), 노르에피네프린(norepinephrine), 에피네프린(epinephrine)이 있다.
칸나비스	식물 대마에서 추출한 물질로 피우거나 먹어서 흡입할 수 있는 자극제이다. 대마초, 마리화나(marijuana), 해시시(hashish), 도가니(pot), 풀(grass), 궐련(dope) 등의 다양한 명칭으로 불린다.
코르사코프 증후군	만성적인 알코올 섭취에 따른 뇌 손상으로 과거의 기억을 상실하고 새로운 정보를 기억하지 못하는 상태이다. 장기간 알코올을 과다 섭취하고 영양의 불균형으로 비타민 B$_1$이 결핍되어 발병한다.
크레펠린	독일의 정신의학자이며 근대 정신의학의 아버지(1856~1926)이다. 프로이트(S. Freud)와 더불어 현대 정신의학의 기초를 구축한 인물로 평가받고 있다.
타당도	검사도구가 측정하려는 내용을 얼마나 충실하게 측정하고 있는가의 정도이다. 검사가 측정하려고 하는 것을 제대로 측정하고 있는가와 검사에서 상담자가 필요한 정보를 얻을 수 있는가에 관한 문제이다.
탈력발작	환자가 갑자기 맥이 풀려 밀가루 푸대처럼 쓰러져 버리는, 기면발작의 한 증상이다.
탈시설화	장애인을 시설에 수용하는 것에서 탈피하여 지역사회에 거주하게 하고 필요한 서비스를 제공하는 것이다.
특정 학습 장애	정상적인 지능을 갖추고 있고 정서적인 문제가 없음에도 불구하고 지능 수준에 비하여 현저한 학습 부진을 보이는 장애이다.
틱 장애	근육이 빠른 속도로 리듬감 없이 반복하여 움직이거나 소리를 내는 장애이다.
파킨슨병	뇌의 신경세포 손상으로 손과 팔에 경련이 일어나고, 보행이 어려워지는 질병이다.
페닐 케톤뇨증	선천성의 효소계 장애에 의하여 단백질의 대사장애를 일으키는 정신지체의 특수한 형태이다.
편집성 성격장애	타인에 대하여 지속적인 불신과 의심을 갖고 있는 성격장애이다.
편향	감당하기 힘든 내적 갈등이나 외부 환경적 자극에 노출될 때, 자신을 보호하기 위하여 자신이나 타인과의 직접적인 접촉을 피하는 것이다.
폭식	대부분의 사람들이 유사한 상황에서 동일한 시간 동안 먹는 것보다 매우 많은 양의 음식을 반복적으로 먹으며 이를 조절할 수 없다고 느끼는 상태이다.
품행 장애	타인의 기본 권리나 나이에 맞는 사회적 규칙을 반복적이고 지속적으로 위반하는 것과 관련된 장애이다.

프로게스테론	주로 동물의 난소 안에 있는 황체에서 분비되어 생식주기에 영향을 주는 여성호르몬이다.
프로이트	오스트리아의 생리학자, 정신 병리학자, 정신분석의 창시자(1856~1939)이다.
피해망상	자신이 타인으로부터 부당하게 박해를 받고 있다고 생각하는 증상이다. 조현병(정신분열병)이나 편집 장애에서 흔히 볼 수 있다.
하지불안 증후군	다리가 저리는 등의 불쾌한 느낌이 들면서 숙면을 취하지 못하는 질병이다.
학령기 아동	어떤 등급의 교육기관에 취학할 자격이 있는 연령층에 있는 아동으로 통상 초등교육을 받을 의무가 발생하는 연령에 속한 아이들이다. 이 시기는 대체로 6~12세에 해당한다.
학습된 무력감	피할 수 없는 힘든 상황을 반복적으로 겪게 되면 그 상황을 피할 수 있는 상황이 와도 극복하려는 시도조차 없이 자포자기하는 현상이다.
합리화	용납되기 곤란한 충동이나 행동을 도덕적·합리적·논리적으로 그럴듯한 이유를 가져와 설명하는 것이다.
항문기	Freud의 정신분석이론을 바탕으로 설명되는 성격발달의 두 번째 단계로, 항문이 성적 쾌감을 주는 원천이 되는 시기이다. 연령으로 보면 대개 생후 8개월부터 4세까지의 시기에 해당한다.
항불안제	불안 증세를 완화시키는 약물이다.
해리	의식과 동떨어진 상태에서 자기 자신의 한 부분이 분열되는 것으로, 현실적인 상황에서 일정한 거리를 유지한 채 그것을 경험하는 마음의 상태이다.
행동관찰법	개인이나 집단의 심리학적 성질을 알기 위하여 사용하는 연구법이다.
행동주의	자극의 역할과 행동의 객관화 혹은 측정을 강조하면서 외현적 행동과 자극의 관계를 과학적으로 연구한 심리학 및 상담학파이다.
행동치료	실험심리학에 기초를 두고 충분히 검증된 학습 원리를 적용하여 부적응 행동의 이해 및 체계적인 변화를 추구하는 상담 및 심리치료의 한 형태이다.
환각	대응하는 자극·대상이 외계에 없음에도 그것이 실재하는 것처럼 지각되는 표상을 가지는 것이다. 지각되는 감각에 따라 환시, 환청, 환후, 환미, 환촉, 체감 환각 등으로 분류한다.
환각제	환각작용을 유발시키거나 발동시키는 작용 물질이다.
회피성 성격장애	친밀한 대인관계를 원하면서도 상대에게 거부당하는 것이 두려워 사람들을 피하는 성격장애이다.
후유증	어떤 질병이나 외상이 치유된 후에 남는 변형 또는 기능장애이다.
흑백논리	모든 문제를 흑과 백, 선과 악, 득과 실처럼 이분법적으로 구분하는 편중된 사고방식으로, 양극단 외의 중간 지점을 용납하지 않는다.
흡입제	다양한 휘발성 물질을 포함하여 인체에 흡입되었을 때 정신적·육체적 변화를 초래하는 향정신성 약물류이다.

히스테리	정신적, 심리적 갈등으로 인하여 발생하는 신경증이다. '이상 성격'을 뜻하기도 한다.
AA	Alcoholics Anonymous. 단주모임, 금주모임. 알코올 의존 환자를 위한 자조모임의 한 형태이다.
ADHD	주의력 결핍 과잉행동 장애. 충동적·무절제·과다 행동이 나타나면서 소근육 협응이 안 되고, 학습 장애를 보이면서, 정서적으로도 불안정한 질병이다.
DSM-5	정신장애 진단 및 통계편람(약칭 DSM)의 다섯 번째 개정판이다. 미국정신의학협회(APA)에서 발행한 분류 및 진단 절차인 DSM-5는 2013년도의 새로운 업데이트 버전이다.
EEG	뇌파도. 뇌 내의 전위변화를 기록한 파형이다.
GA	Gamblers Anonymous. 단도박 모임. 도박 중독자 또는 회복자들이 중독 문제를 치료하고 회복 상태를 유지하기 위하여 정기적으로 모여 상호 격려와 지지를 제공하는 모임이다.
HIV	사람 면역결핍 바이러스. 인간 면역결핍 바이러스에 감염되어 인체 면역력이 저하되는 감염성 질환이다.
ICD-10	질병 및 관련 건강문제의 국제통계분류(ICD)의 10차 개정판이다. 세계보건기구(WHO)에서 질병과 증상 등을 분류해 놓은 것이다.

Section 02 꼭 필요한 핵심 포인트

01 이상심리학의 개요

1 이상심리학의 의미

이상심리학(Abnormal psychology)은 이상 행동과 심리 장애를 과학적으로 연구하는 심리학의 한 분야로, 인간이 나타내는 다양한 이상 행동과 심리 장애로 인하여 드러나는 현상을 기술하고 분류하며, 그 원인을 규명하여 설명하고, 치료 방법 및 예방 방안을 연구하는 학문이다.

2 이상심리학의 역사

01 원시 시대

① 고대인들은 정신장애를 초자연적 현상으로 이해하여, 귀신에 씌었거나 신의 저주를 받은 것으로 생각하였다.
② 또한, 별자리나 월식의 영향 때문에 정신장애가 생긴다고 보기도 하였고, 때로는 다른 사람의 저주를 받아서 정신장애가 생긴다고 생각하였다.

02 그리스-로마 시대

학자	내용
히포크라테스 (Hippocrates)	정신질환을 조증, 우울증, 광증으로 분류하고, 기타 기질, 히스테리, 산후정신병, 급성 뇌증후군에 대한 기술을 남겼다. 인간 성향을 결정하는 요소로 '피, 흑담즙, 황담즙, 타액'의 4체액설을 주장하였다.
헤로필로스 (Herophilus)	4체액설을 부인하고, 정신장애가 뇌의 결함에 의한다고 주장하였다.

03 중세 시대

① 이상심리학의 암흑시대였으며 정신병자의 수난시대였다.

② 정신병자는 종교재판의 대상이 되었으며, 마귀를 쫓기 위한 다양한 형태의 고문을 당하거나 심지어 화형을 당하기도 하였다.

04 르네상스와 자연과학의 발달

점차 과학적이고 인문주의적인 사조와 자연과학의 견해가 퍼지기 시작하여, 정신장애가 심리적 원인으로 생길 수 있다는 정신기능의 견해가 나타났다.

(1) **컬런(Cullen)** : 1800년에 '신경증'이란 용어를 처음 사용하였다.

(2) **라일(Reil)** : 1803년에 '정신의학'이란 말을 사용하면서 정신치료의 효과를 주장하였다.

05 18세기 : 인간을 돌본다는 인도주의적 처우가 시작되었다.

06 현대

프로이트(Freud)	19세기 후반에 정신장애는 심리적 원인에 의하여 발생할 수 있다고 정신분석을 주장하면서 본격화되기 시작하였다.
크레펠린(Kraepelin)	1898년에 정신병을 증상과 증상복합체로 분류하고, 질병의 경과와 그 결과에 근거를 두었다.

 **다양한 심리검사의 개발**

- 1905년 : 비네가 시몽과 함께 '비네-시몽 검사'를 개발하여 최초로 정신연령 개념을 도입하였고, 1911년에는 성인까지 문제를 포함하여 '비네-시몽 척도'로 명명하였다.
- 1917년 : 성인용 집단 기능검사로 '군대 알파검사'와 외국인 문맹자를 위한 '군대 베타검사'가 개발되었다.
- 1921년 : 스위스 의사인 로르샤흐가 잉크얼룩 10장의 카드로 '로르샤흐 카드 검사'를 개발하였다.
- 1939년 : 게임별로 진행하는 '성인 웩슬러 지능척도'가 개발되었다.
- 1943년 : '미네소타 다면적 인성검사'가 개발되었다.

02 이상심리학의 이론 모형

1 정신역동 모형

01 개요

① 이상 행동은 초기 아동기의 무의식적 갈등의 결과로 나타나는 현상으로 본다.

② 성적 욕구는 인간의 가장 기본적인 욕구이며 무의식의 주요한 내용을 구성한다.

③ 어린 시절이 중요하기 때문에, 개인을 이해하기 위해서는 어린 시절 과거의 기억과 경험을 탐색한다.

④ 프로이트는 정신장애 중에서 전환 장애에 대한 관심이 높았고, 전환 장애에 대한 이해를 바탕으로 인간 정신세계의 구조와 원리를 파악해 나가기 시작하였다.

02 성격

① 원초아(Id), 자아(Ego), 초자아(Superego)의 성격의 삼원구조이론을 제시한다.

② 원초아는 쾌락 원리, 자아는 현실 원리, 초자아는 도덕 원리를 따른다.

③ 성격은 심리성적으로 발달하며 구강기, 항문기, 남근기, 잠복기, 성기기를 거친다.

④ 발달과정에서 결핍이나 과잉 충족은 성격 형성에 영향을 준다.

03 불안 : 원초아(Id), 자아(Ego), 초자아(Superego) 간의 갈등이 야기되면 불안이 발생한다.

유형	내용
현실 불안	실제적이고 현실적인 불안이다.
신경증적 불안	자아(Ego)와 원초아(Id)의 갈등으로 자아가 본능적 충동을 통제하지 못하여 불상사가 생길 것 같은 위협에서 오는 불안이다.
도덕적 불안	원초아(Id)와 초자아(Superego) 간의 갈등에서 비롯되는 불안이다.

04 치료방법 : 치료방법에는 자유 연상, 꿈 분석, 해석, 저항, 전이 등이 있다.

2 행동주의 모형

01 개요 : 이상 행동은 어린 시절의 부적절한 학습과 강화 때문이며, 타인과의 관계를 맺는 것을 배우지 못하였거나, 비효과적이고 부적응적인 습관을 지닌 결과라고 본다.

02 관련 이론

유형	내용
고전적 조건형성 (파블로프)	무조건 자극과 조건 자극을 짝지어 반복적으로 제시하면, 조건 자극만으로도 조건 반응이 유발될 수 있다는 연합의 법칙이 적용된다.
조작적 조건형성 (스키너)	행동은 행동한 후의 어떤 결과가 오는가에 따라 그 행동을 할 수도 있고 하지 않을 수도 있다는 효과의 법칙이 적용된다.

유형	내용
사회학습이론 (반두라)	다른 사람들의 행동을 관찰하고 모방하면서 학습이 일어난다.

03 치료방법

유형	내용
소거	부적응적 행동이 반복되어 나타나도록 하는 강화 요인을 없애는 것이다.
처벌	부적응적 행동을 할 때 불쾌한 자극을 줌으로써 그 행동을 억제시키는 방법으로, 혐오 치료가 있다.
체계적 둔감법	울페(Wolpe)에 의하여 개발된 기법으로, 조건화된 반응을 해제시키고 새로운 조건형성(역조건화)이 이루어지도록 한다.

③ 인간 중심 모형

01 개요

① 이상 행동은 개인이 공포와 위협으로 살아온 삶들 때문에 눈앞에 놓여 있는 선택들이 현명한지 자기 파괴적인지 모르는 상태에서 하는 행동이다.

② 현상학적 장을 중요시하며, 모든 인간은 자유 의지와 자기실현 욕구를 지니고 있다고 본다.

③ 치료자는 내담자의 감정을 인지하여 명료화하고 내담자가 자신이 왜곡된 경험, 느낌, 자아개념, 타인에 대한 지각, 주변 환경에 대한 지각 등을 발견하고 변화시키도록 한다.

02 치료방법 : 그 사람 속에 이미 존재하는 잠재 능력을 발휘하여 자아개념과 자기가 경험한 것과의 차이를 인정하며, 이 두 사이의 긴격을 좁혀서 최성의 심리적 징시 직응을 이루도록 하는 것이다.

④ 인지주의 모형

01 개요

① 정신장애는 인지적 기능이 한 쪽으로 치우쳐 있거나 결손과 밀접하게 연관되어 있다.

② 이러한 인지적 요인에 의하여 유발될 수 있는 부적응적인 인지적 특성을 지니고 있다.

③ 심리장애를 지닌 사람들은 왜곡된 인지 내용으로 구성된 인지 구조 또는 인지 도식(Schema)을 지니고 있는데, 이를 '역기능적 신념'이라고 한다.

02 치료방법

① 인지적 재구성은 부적응적 인지를 적응적 인지로 대체하는 방법이다.

② 대처기술 치료는 다양한 스트레스 상황에 대처할 수 있도록 다양한 인지행동적 기술을 습득하도록 하였다.

③ 문제해결 치료는 치료자와 함께 해결 방안을 모색하고 각각의 장단점을 평가하는 방법이다.

④ 개입 방안에는 합리적 경험주의, 소크라테스식 대화법, ABC 사고기록지, 대처카드, 인지적 시연법 등이 있다.

5 생물학적 모형

01 유전적 요인

① 유전적 이상이 뇌의 구조적 결함이나 신경 생화학적 이상을 초래하여 정신장애를 유발할 수 있다고 보는 것이다.

② 어떤 정신장애가 유전적 영향을 얼마나 받았는지를 밝히기 위하여 가계 연구, 쌍둥이 연구, 입양아 연구가 이루어지고 있다.

02 뇌의 구조적 손상

① 이상 행동은 뇌의 구조적 이상에 의하여 나타날 수 있다.

② 생물학적 입장에서는 정신장애를 지닌 환자들이 뇌의 어떤 중요한 기능에 손상을 나타내고 있는지에 대하여 깊은 관심을 보인다.

03 뇌의 생화학적 이상

① 정신장애와 관련된 주요한 신경전달물질에는 도파민, 세로토닌, 노아에피네프린 등이 있다.

② 이 밖에도 GABA, 글루타메이트(Glutamate), 아세틸콜린(Acetylcholine) 등의 다양한 신경전달물질이 정신장애와 관련되어 있는 것으로 알려져 있다.

04 치료방법 : 치료방법에는 약물 치료, 전기충격 치료, 뇌 절제술 등이 있다.

6 통합적 이론

01 취약성–스트레스 모델(Vulnerability–stress model)

① 이상 행동이 생물학적, 심리적, 사회적 측면에 다양한 요인에 의하여 유발된다고 본다.

② 정신장애는 취약성을 지닌 사람에게 어떤 스트레스가 주어졌을 때 발생하며, 취약성과 스트레스 중 어떤 한 요인만으로는 정신장애가 발생하지 않는다.

③ 인간의 행동이 개인의 내적인 심리사회적 여건과 환경의 관계를 설명하고 있으며, 정신장애의 발생에 영향을 미치는 개인적 요인과 환경적 요인을 통합할 수 있는 이론적 토대를 제공하고 있다.

 TIP	취약성 vs 심리사회적 스트레스
취약성(Vulnerability or Diathesis)	특정한 장애에 걸리기 쉬운 개인적 특성 📌 뇌신경 이상, 개인의 성격 특성, 어린 시절 부모의 학대 등
심리사회적 스트레스 (Psychosocial stress)	환경 속에서 느끼는 부정적인 생활사건으로, 사건에 대처하기 위한 심리적인 부담 📌 직업의 변화 등

02 생물 심리사회적 모델(Biopsychosocial model)

① 이상 행동과 정신장애에 영향을 미치는 생물학적, 심리적, 사회적 요인을 종합적으로 고려하고 있으며, 생물학적, 심리적, 사회적 요인이 상호작용한다는 가정에 기초한다.

② 기본적으로 체계이론에 근거한다.

> **TIP 체계이론**
>
> 체계이론(Systems theory)은 다양한 체계들 간의 상호작용을 강조하는 개념으로, 세상을 이해하는 데 필요한 폭넓은 시각을 제공한다.

7 사회문화적 이론

01 개요 : 인간은 사회적 존재이며, 이상 행동은 사회문화적 요인에 의하여 유발된다는 이론이다.

02 치료방법 : 사회 문화적 치료로 커플 치료, 집단 치료, 가족 치료 등을 진행할 수 있다.

03 이상행동

1 이상행동의 판별 기준

01 적응적 기능의 저하 및 손상

개인의 인지적, 정서적, 행동적, 신체 생리적 기능이 저하되거나 손상되어 원활한 적응에 지장을 초래할 때, 부적응적인 '이상 행동'으로 간주할 수 있다.

> [문제점]
> - 적응과 부적응의 경계가 모호하다.
> - 적응과 부적응을 누가 무엇에 근거하여 평가하느냐에 따라 기준이 다르다.
> - 개인의 부적응이 어떤 심리적 기능 손상에 의하여 초래되었는지를 판단하기가 어렵다.

02 주관적 불편감과 개인적 고통

스스로 매우 심한 고통과 불편감을 느끼게 하는 행동을 '이상 행동'이라고 본다. 주관적 고통은 부적응 상태에 의하여 유발될 수도 있고, 주관적 고통으로 부적응 상태가 유발될 수도 있다.

> **[문제점]**
> - 심리적인 고통을 경험한다고 하여 비정상적이라고 할 수는 없다.
> - 어느 정도의 주관적 고통과 불편감이 비정상적이라고 할 수는 없다.
> - 매우 부적응적인 행동을 하지만 개인적인 고통과 불편감을 느끼지 않는 경우들이 있다.

03 문화적 규범의 일탈

문화적 규범에 어긋나거나 일탈된 행동을 나타낼 때, '이상 행동'으로 본다.

> **[문제점]**
> - 어느 문화에서는 정상적인 행동이 다른 문화에서는 부적응일 수 있다(문화적 상대성).
> - 문화적 규범 자체가 바람직하지 못할 경우에도 이를 적용하여야 하느냐 하는 점이 있다.

04 통계적 규준의 일탈

통계적 속성에 따라 평균으로부터 멀리 일탈된 특성을 나타낼 때, '비정상적'이라고 본다.

> **[문제점]**
> - 평균으로부터 일탈된 행동 중에는 바람직한 방향으로 일탈한 경우가 있다.
> - 인간의 심리적 특성을 측정하여 그 평균과 표준편차를 확인하는 것이 어렵다.
> - 통계적 기준은 편의적 경계일 뿐으로, 이론적이고 경험적인 타당한 근거에 기초한 것은 아니다.

② DSM(정신장애 진단 및 통계 편람)

01 DSM의 특징
① 미국정신의학회(APA)에서 1952년 DSM-I가 처음 출간된 이후 지속적인 연구를 통하여 2013년 DSM-5를 출간하였다.
② 정신장애의 원인보다 질환의 증상과 증후들에 초점을 두었다.
③ 정신질환자들의 분류체계와 진단을 효율적으로 적용하기 위하여 마련하였다.
④ 정신의학적 진단의 신뢰성과 타당성을 확보하기 위하여 마련하였다.

02 DSM의 20가지 범주
정신장애를 20개의 주요 범주로 나누고, 그 하위 범주를 여러 개로 세분화하였다.

- 신경발달 장애
- 우울 장애
- 불안 장애
- 외상 및 스트레스 사건-관련 장애
- 수면-각성 장애
- 배설 장애
- 파괴적, 충동 통제 및 품행 장애
- 물질 관련 및 중독 장애
- 성 관련 장애
- 신설된 장애

- 정신분열 스펙트럼 및 기타 정신증적 장애
- 양극성 및 관련 장애
- 강박 및 관련 장애
- 해리장애
- 급식 및 섭식 장애
- 신체 증상 및 관련 장애
- 신경인지 장애
- 기타 정신장애
- 성격 장애
- 제외된 장애

3 이상행동의 분류 및 진단

01 개요

① 현재 가장 널리 사용되는 정신장애의 분류체계는 DSM-5(미국정신의학회)와 국제적으로 통용되는 '국제질병분류' 제10개정판(ICD-10)(WHO, 1992)이다.

② 진단은 사회적이고 문화적인 부분을 고려하여야 한다.

02 분류의 장점 및 단점

(1) 장점

① 연구자들이 일관성 있게 공통적으로 사용할 수 있는 용어를 제공한다.

② 연구자나 임상가에게 효과적인 정보를 제공한다.

③ 과학적 연구와 이론 개발을 위한 기초를 제공한다.

④ 환자들 간의 유사성과 차이점을 인식하는 데 도움을 준다.

⑤ 장애의 진행과정을 예측할 수 있게 한다.

(2) 단점

① 환자의 개인적 정보가 유실되고 환자에 대한 고정관념이 형성된다.

② 환자에 대한 낙인이 될 수 있다.

③ 진단은 환자의 예후나 치료 효과에 대한 선입견을 줄 수 있다.

03 분류체계의 신뢰도와 타당도

분류체계는 신뢰도와 타당도에 근거하여 평정한다.

신뢰도(Reliability)	1가지 분류체계를 적용하여 환자들의 증상이나 장애를 평가하였을 때 동일한 결과가 도출되는 정도이다.
타당도(Validity)	분류체계가 증상이나 원인 등에 있어서 서로 다른 장애들을 제대로 분류하고 있는가에 대한 평가이다.

4 이상행동의 평가

01 면접법

유형	내용
구조화된 면접법	면접자의 주관성을 배제하기 위하여 질문의 구체적인 내용과 순서를 비롯하여 응답에 대한 채점방식 등이 정해져 있는 면접방법이다.
비구조화된 면접법	면담의 내용과 순서를 정하지 않고, 면담 시의 상황과 내담자의 반응에 따라 유연성 있게 진행하여 정보를 수집하는 면접방법이다.

02 행동관찰법

(1) 자연 관찰법
① 일상생활이나 특정 장소에서 자연적으로 발생하는 행동 자체를 관찰하고 기록하는 방법이다.
② 어떠한 조작이나 자극을 주지 않고, 통제하지 않기 때문에 '비통제 관찰'이라고도 한다.

(2) 실험적 관찰법
① 관찰의 대상, 장소, 방법을 한정하고, 행동을 인위적으로 일으키거나 조작적으로 변화시켜서 관찰한다.
② 인위적으로 통제하기 때문에 '통제 관찰'이라고도 한다.

(3) 우연적 관찰법
① 우연히 나타난 두드러진 행동을 기록하고 관찰하는 방법이다.
② 일정 기간 동안 관찰 대상의 행동에서 특별하다고 생각되는 행동을 선별하여 기록하기 때문에 '일화 기록법'이라고도 한다.

(4) 참여 관찰법 : 직접 집단에 참여하여 그 집단구성원과 같이 생활하면서 관찰하는 방법이다.

(5) 자기 관찰법 : 환자가 자신의 행동을 체계적으로 관찰하는 방법이다.

(6) 행동 분석법 : 어떠한 문제 행동이 나타나는 전후 상황을 구체적으로 평가하는 방법이다.

03 심리검사법 : 개인의 심리적 특성을 가장 객관적으로 측정할 수 있는 방법이다.

유형	내용
객관적 성격검사	검사 과제가 구조화되어 있으며 객관적이고 명확하여, 모든 사람들이 동일한 방법으로 해석할 수 있는 검사이다.
투사적 성격검사	비구조화 검사로, 다양한 반응을 이끌어낼 수 있는 검사이다. 채점자와 해석자가 전문성을 가지고 있어야 한다.
신경심리검사	다양한 심리적 기능을 측정하여 뇌의 손상 유무, 손상의 정도와 부위를 평가하는 검사이다.

04 심리 생리적 측정법 : 심리 생리적 반응을 측정하는 도구를 통하여 심리적 상태나 특성을 평가하는 방법으로, 뇌파 검사, 다원 측정장치 등이 있다.

05 뇌 영상술 : 전자기술의 발달로 뇌의 손상을 직접적으로 평가할 수 있는 방법으로, 단층 촬영술(CT), 자기공명 영상술(MRI) 등이 있다.

06 정신상태 검사(MSE)

① 신경학적 검진에서 가장 복합적인 것이 정신상태 검사이다.

② 정신상태란 한 사람의 정서 반응, 인지능력 및 성과, 성격을 총괄하는 것으로, 개인의 능력과 환경과의 상호작용 능력을 확인하는 과정이다.

③ 검사의 요소에는 전반적인 외모와 행동, 기분 상태, 지각 상태, 사고 상태 사고 내용, 의식 및 인지 기능이 있다.

04 신경발달 장애

신경발달 장애는 중추신경계, 즉 뇌의 발달지연 또는 뇌 손상과 관련된 것으로 알려진 정신장애이다.

 **TIP** 신경발달 장애의 하위 유형

하위 장애		핵심 증상
지적 장애		지적능력이 현저하게 낮아서 학습 및 사회적 적응에 어려움을 나타낸다.
의사소통 장애	언어 장애	언어의 발달과 사용에 지속적인 곤란을 나타낸다.
	발화음 장애	발음의 어려움으로 인하여 언어적 의사소통의 곤란을 보인다.
	아동기-발병 유창성 장애	말더듬기로 인하여 유창한 언어적 표현의 곤란을 보인다.
	사회적 의사소통 장애	언어적, 비언어적 의사소통기술을 사회적 상황에서 적절하게 사용하지 못한다.

하위 장애		핵심 증상
자폐 스펙트럼 장애		사회적 상호작용과 의사소통의 심각한 곤란, 제한된 관심과 흥미 및 상동적 행동의 반복을 보인다.
주의력 결핍 및 과잉행동 장애		주의집중의 곤란, 산만하고 부주의한 행동, 충동적인 과잉 행동을 보인다.
특정 학습 장애		읽기, 쓰기, 수리적 계산을 학습하는 것에 어려움을 보인다.
운동 장애	틱 장애	신체 일부를 갑작스럽게 움직이거나 소리를 내는 부적응적 행동의 반복을 나타낸다(뚜렛 장애, 지속성 운동 또는 음성 틱 장애, 일시성 틱 장애).
	발달성 협응 장애	운동 발달이 늦고 동작이 현저히 미숙하다.
	상동증적(정형적) 동작 장애	특정한 패턴의 행동을 아무런 목적 없이 반복한다.

1 지적 장애

01 임상적 특징

지능이 비정상적으로 낮아서 학습 및 사회적 적응에 어려움을 나타내는 경우로, 표준화된 지능검사에서 IQ 70 미만의 지능지수를 보인다. 개념적, 사회적, 실제적 영역에서 지적기능과 적응기능에서의 결손을 보인다.

 **지적 장애의 심각도**

유형	내용
경도	IQ 약 50~70 사이로, 지적 장애의 85%가 해당된다.
중등두	IQ 약 35~50 사이로, 지적 장애의 10%가 해당된다.
고도	IQ 20~35 사이로, 지적 장애의 3~4%가 해당된다.
최고도	IQ 20 이하로, 지적 장애의 1~2%가 해당된다.

02 DSM-5 진단기준

지적 장애(지적 발달장애)는 발달기에 발병하며, 개념·사회·실행 영역에서 지적 및 적응적 기능에 결함이 있는 상태를 말한다. 다음의 3가지 기준을 충족시켜야 한다.

유형	내용
개념적	추리, 문제해결, 계획, 추상적 사고, 판단, 학업, 경험, 학습 등과 같은 지적기능의 결함이 있는데, 이는 임상적 평가와 개별 표준화 지능검사 모두에서 확인되어야 한다.
사회적	개인 독립성 및 사회적 책임에 대한 발달적·문화적 기준을 충족시키지 못하는 적응 기능에서 결함이 있다. 지속적인 지원이 없다면, 적응 결함은 가정, 학교, 일터, 지역사회 등의 여러 환경에서 의사소통, 사회 참여, 독립생활과 같은 일상생활의 활동 중 1가지 이상의 제한을 가져온다.

유형	내용
실행적	지적 및 적응 결함이 발달기에 발병한다. 심각도에 따라 가벼운(경도), 보통의(중등도), 심한(고도), 아주 심한(최고도) 정도로 구분한다.

03 치료

① 일상생활에 필요한 다양한 적응기술을 학습시키고, 적응기술이 유지되도록 한다.

② 지적 장애에 대한 최선의 치료는 예방이다.

2 의사소통 장애 (1) 언어 장애

01 임상적 특징

① 언어를 이해하거나 표현하는 데 현저한 어려움을 나타낸다.

② 감각기능의 결함과 같은 신체적 원인이 언어 발달을 지체시킬 수 있으며, 언어 발달이 이루어지는 유아기에 적절한 언어적 환경과 자극이 주어지지 못한 경우에 발생한다.

③ 어순, 시제, 어휘 부족, 문장구조 부족, 대화능력 문제를 위한 여러 가지 언어 이해나 표현능력이 손상되어 있다.

④ 4세 이전에는 언어 장애와 정상적 언어 발달의 표현을 구분하는 것이 어렵다.

02 DSM-5 진단기준

① 다음 증상을 포함하여 이해나 생성의 결함에 기인하여 여러 양상에 따른 언어 습득과 사용에서 지속적인 문제를 보인다.

> • 한정된 단어 지식 및 이의 사용   • 제한된 문장 구조   • 손상된 화법

② 언어능력이 나이에 비히어 현저하게 저하되어 효과적인 외사소통, 사회적 참여, 학업적 성취, 직업적 수행에서 기능적 저하를 초래한다.

③ 언어 장애의 증상들이 초기 발달기에 나타나며 언어 장애의 증상이 청각이나 다른 감각의 손상, 운동기능의 장애 혹은 다른 의학적·신경학적 상태에 기인하지 않고, 지적 장애나 광범위성 발달 지연으로 설명되지 않는다.

03 치료

① 이비인후과 등 신체적 문제가 없는지 검진한다.

② 부모-자녀관계를 탐색하고 정서적 어려움이 없는지 확인하여 해결하도록 한다.

3 의사소통장애 (2) 발화음 장애

01 임상적 특징

① 발음의 어려움으로 인하여 의사소통에 지장을 초래하는 경우를 말한다.

② 혀 짧은 소리, 현저하게 부정확한 발음을 사용하고 단어의 마지막은 발음하지 못하거나 생략하는 문제를 보인다.

③ 청각 장애, 발음기관의 결함, 인지 장애와 같은 문제에 의하여 유발되며, 정서적 불안이나 긴장 등 심리적인 부분에 의하여 기인할 수 있다.

02 DSM-5 진단기준

① 말의 명료성을 저해하거나 언어적 의사소통을 방해한다.

② 발음의 문제로 인하여 학업적·직업적 성취나 사회적 의사소통에 현저한 어려움을 겪게 된다.

③ 발화음 장애는 초기 발달기에 나타난다.

④ 뇌성마비, 구개 파열, 청각 상실, 외상성 뇌 손상, 기타 의학적·신경학적 상태 등과 같은 획득된 상태에 기인하지 않아야 한다.

03 치료

① 음성학적 문제를 유발하는 신체적, 심리적 문제를 해결한다.

② 언어치료사의 도움을 받아 정확한 발음 교정을 한다.

4 의사소통 장애 (3) 아동기 발병 유창성 장애(말더듬, 말빠름증)

01 임상적 특징

① 말을 시작할 때 첫 음절을 반복하여 사용하거나 특정 음을 길게 하는 등, 의사소통 중에 말을 더듬는 증상을 보인다.

② 다른 사람들의 말더듬는 것을 흉내 내거나, 정서적 불안이나 흥분상태에 이르거나, 심리적 압박 등으로 인하여 유발될 수 있다.

③ 아동들은 놀림의 대상이 될 수 있으며 이로 인하여 사회적 위축이 되고, 말하는 상황을 회피하는 현상이 초래될 경향이 있다.

02 DSM-5 진단기준

① 말을 만드는 정상적인 유창성과 말의 속도 장애로서, 개인의 연령과 언어기술에 부적절하며 오랜 시간 동안 지속된다.

② 다음과 같은 증상이 자주 뚜렷하게 발생한다.

• 소리와 음절의 반복	• 자음과 모음을 길게 소리 내기
• 분절된 단어(한 단어 내에서 소리가 멈춤)	• 청각적 혹은 무성 방해
• 단어 대치	• 과도하게 힘주어 단어 말하기
• 단음절 단어 회복	

③ 말더듬기로 인하여 사회적 관계에서 좌절감과 불안감을 경험하게 되고, 낮은 자존감과 사회적 위축을 초래한다.

④ 증상들이 초기 발달기에 나타난다.

⑤ 장애가 말–운동의 결함, 신경학적 손상을 수반한 유창성 장애나 다른 의학적 상태에 기인하지 않으며, 또 다른 정신장애로 설명되지 않는다.

03 치료 : 사회적 상황에 과도한 긴장이나 불안을 완화시킬 수 있도록 한다.

5 의사소통 장애 (4) 사회적 의사소통 장애

01 임상적 특징

① 언어적, 비언어적 의사소통에 있어서 사회적인 사용을 이해하거나 따르는 데 어려움을 느낀다.

② 사회 맥락에 맞는 소통이 어렵고, 언어의 함축적 의미 또는 이중적 의미를 이해하기가 어렵다.

③ 사회관계의 발전뿐 아니라 학업적, 작업적 수행기능에도 제한을 초래한다.

④ DSM–5에서 새로운 진단 범주로 사용되었다.

02 DSM–5 진단기준

① 명시적으로 다음 4가지 기능 모두에서 어려움을 나타내어 사회적 적응에 현저한 지장이 초래되는 경우에 사회적 의사소통 장애로 진단한다.

> • 인사하거나 정보 교환과 같은 사회적 목적을 위하여 맥락에 적절하게 의사소통하는 능력
> • 맥락이나 듣는 사람의 필요에 맞추어 의사소통을 적절하게 변화시키는 능력
> • 대화와 이야기하기에서 규칙을 따르는 능력
> • 명시적으로 표현되지 않은 것이나 언어의 함축적이거나 이중적 의미를 이해하는 능력

② 개별적으로나 복합적으로 결함이 효과적인 의사소통, 사회적 참여, 사회적 관계, 학업적 성취 또는 직업적 수행의 기능적 제한을 야기한다.

③ 증상의 발병은 초기 발달 시기에 나타난다.

④ 다른 의학적 또는 신경학적 상태나 부족한 단어 구조의 영역과 문법 능력에 기인한 것이 아니며, 자폐 스펙트럼 장애, 지적 장애, 전반적 발달 지연 또는 다른 정신질환으로 더 잘 설명되지 않는다.

6 자폐 스펙트럼 장애

01 임상적 특징

① 지체된 언어 발달로, 주로 사회적 관심의 부재나 특이한 사회적 상호작용을 한다.

② 제한적이고 반복적 패턴의 행동이나 관심, 활동이 나타난다.

③ 이런 증상은 초기 아동기부터 나타나며, 일상의 기능을 제한시키거나 손상시킨다.

④ 자폐 스펙트럼 장애가 있는 사람들 중의 상당수가 지적 손상이나 언어 손상을 가지고 있다.

⑤ DSM-IV에서는 '광범위한 발달장애'에 포함되었던 것이 '자폐 스펙트럼 장애'로 이름이 바뀌고 '아동기 붕괴성 장애', '아스퍼거 장애'가 통합되었다.

⑥ 레트 장애는 고유한 유전적 원인이 밝혀져서 자폐 스펙트럼 장애에서 제외되었다.

 **TIP 레트 장애**

- 성 염색체상의 유전병으로, 여자아이에게만 발병한다.
- 자폐증과 체중 감소, 연령 증가에 따른 머리의 성장 저하 등의 증상이 드러난다.

02 DSM-5 진단기준

① 다양한 맥락에 걸쳐 사회적 의사소통과 상호작용에 지속적인 결함이 나타난다. 이러한 결함은 현재 또는 과거에 다음과 같은 방식으로 나타난다.

- 사회적·정서적 상호작용의 결함을 나타낸다. 타인에게 비정상적인 방식으로 사회적 접근을 시도하고, 정상적으로 상호작용하며 대화하지 못하고, 타인의 관심사나 감정을 공유하지 못하며, 심한 경우에는 사회적 상호작용을 시작하지 못하거나 그에 반응하지 못한다.
- 사회적 상호작용을 위하여 사용되는 비언어적 의사소통 행동에 결함을 나타낸다. 언어적·비언어적 의사소통을 통합된 형태로 사용하지 못하고, 눈 맞춤과 몸 동작에서 비정상적인 모습을 보이며, 심한 경우에는 표정이나 비언어적 의사소통을 전혀 사용하지 못한다.
- 대인관계를 발전시키고 유지하며 이해하는 데 결함을 나타낸다. 다양한 사회적 맥락에 맞게 행동을 조율하지 못하고, 타인과 상상적 놀이를 함께 하거나 친구를 사귀는 데 어려움을 나타내며, 심한 경우에는 또래 친구에게 전혀 관심을 나타내지 않는다.

② 행동, 흥미 또는 활동에 있어 제한적이고 반복적인 패턴이 다음 4가지 중 2개 이상의 증상으로 나타난다.

- 정형화된 혹은 반복적인 운동 동작, 물체 사용이나 언어 사용
- 동일한 것에 대한 고집, 일상적인 것에 대한 완고한 집착 또는 언어적·비언어적 행동의 의식화된 패턴을 나타낸다.
- 매우 제한적이고 고정된 흥미를 지니는데, 그 강도나 초점이 비정상적이다.
- 감각적 자극에 대한 과도한 혹은 과소한 반응성을 나타내거나, 환경의 감각적 측면에 대하여 비정상적인 관심을 나타낸다.

③ 증상들은 어린 아동기에 나타난다.

④ 증상들로 인하여 사회적, 직업적 또는 다른 중요한 기능 영역에 심각한 손상을 초래한다.

⑤ 장애가 지적 장애나 전반적 발달 지연에 의하여 더 잘 설명되지 않는다.

03 치료

① 원칙적으로 치료가 어렵다고 보며, 통합적 치료를 실행한다.

② 통합적 치료에는 약물 치료, 행동 치료, 놀이 치료, 언어 훈련 등이 있다.

③ 치료 교육은 초기부터 지속적으로 개입하고 제공하는 것이 효과적이다.

7 주의력 결핍 및 과잉행동 장애(ADHD)

01 임상적 특징

① 동등한 발달 수준에 있는 아동들보다 더 빈번히 지속적인 주의력 결핍, 과잉 행동, 충동성의 양상을 6개월 이상 지속적으로 보이는 상태를 말한다.

② 장애를 일으키는 과잉 행동, 충동, 부주의 증상이 12세 이전에 있었다.

③ 아동은 지능에 비하여 학업 성취도 낮고 또래와의 관계 맺기가 어려워 거부당하거나 소외된다. 이로 인하여 부정적 자아개념 및 정서적 불안감이 형성되어 적대적 반항장애 또는 품행 장애로 발전될 가능성이 높다.

02 DSM−5 진단기준

① 충동성 중 1가지 이상의 증상이 발달 수준에 맞지 않게 6개월 이상 나타나서 사회적·학업적·직업적 활동에 직접적으로 부정적인 영향을 미칠 경우에 진단된다.

진단기준	증상
부주의	• 세부적인 면에 대하여 면밀한 주의를 기울이지 못하거나, 학업, 작업 또는 다른 활동에서 부주의한 실수를 저지른다. • 일을 하거나 놀이를 할 때 지속적으로 주의를 집중할 수 없다. • 다른 사람이 직접 말을 할 때 경청하지 않는 것으로 보인다. • 지시를 완수하지 못하고, 학업, 잡일, 작업장에서의 임무를 수행하지 못한다. • 과업과 활동을 체계화하지 못한다. • 지속적인 정신적 노력을 요구하는 과업에 참여하기를 피하고, 싫어하고, 저항한다. • 활동하거나 숙제를 하는 데 필요한 물건을 잃어버린다. • 외부의 자극에 의하여 쉽게 산만해진다. • 일상적인 활동을 잊어버린다.

진단기준	증상
과잉행동- 충동성	• 손발을 가만히 두지 못하거나 의자에 앉아서도 몸을 움직이려 한다. • 앉아 있도록 요구되는 교실이나 다른 상황에서 자리를 떠난다. • 부적절한 상황에서 지나치게 뛰어다니거나 기어오른다. • 조용히 여가 활동에 참여하거나 놀지 못한다. • 끊임없이 활동하거나 마치 무언가에 쫓기는 것처럼 행동한다. • 지나치게 수다스럽게 말을 한다. • 질문이 채 끝나기 전에 성급하게 대답한다. • 차례를 기다리지 못한다. • 다른 사람의 활동을 방해하고 간섭한다.

② 장애를 일으키는 부주의 또는 과잉행동-충동성이 12세 이전에 있었다.

③ 증상으로 인하여 장애가 2가지 또는 그 이상의 장면에서 존재한다.

④ 사회적·학업적·직업적 기능에 임상적으로 심각한 장애가 초래된다.

⑤ 증상이 광범위성 발달장애, 조현병 또는 기타 정신증적 장애의 경과 중에만 발생하는 것이 아니며, 다른 정신장애에 의하여 잘 설명되지 않는다.

03 치료

① 약물 치료가 가장 보편적이다.

② 중재 프로그램은 유관성 관리프로그램이 있는데, 이론적 근거는 사회학습이론, 조작적 조건화, 인지-행동적 접근이다.

③ 가족 구성원이 부적응적인 가족체계 및 상호작용과정 등을 인식하고 개선하도록 도와 줄 수 있는 구조화된 가족 치료, 사회적 기술훈련 등이 적용된다.

8 특정 학습 장애(Specific Learning Disorder)

01 임상적 특징

① 정상적인 지능을 갖고 있고 정서적인 문제가 없음에도 불구하고, 나이와 지능에 비하여 실제적인 학습기능이 낮아서 현저한 학습 부진을 보이는 경우이다.

② 학습 장애는 결함이 나타나는 측정한 학습기능에 따라 읽기 장애, 산술 장애, 쓰기 장애로 구분된다.

③ 행동문제, 낮은 자존감, 사회기술의 결함이 학습 장애와 연관될 수 있다.

④ 학습 장애의 유병률은 학령기 아동의 경우는 5~15%이고, 성인의 경우는 4%이다.

02 DSM-5 진단 기준

다음 1가지 이상의 증상이 6개월 이상 나타날 경우에 특정 학습 장애로 진단한다.

① 부정확하거나 느리고 부자연스러운 단어 읽기

② 읽은 것의 의미를 이해하는 것의 어려움
- 예 글을 정확하게 읽지만 내용의 순서, 관계, 추론적 의미 또는 더 깊은 의미를 이해하지 못함
③ 맞춤법의 미숙함
- 예 자음이나 모음을 생략하거나 잘못 사용함
④ 글로 표현하는 것의 미숙함
- 예 문장 내에서 문법적 또는 맞춤법의 실수를 자주 범함
⑤ 수 감각, 수에 관한 사실, 산술적 계산을 숙달하는 데의 어려움
- 예 수와 양을 이해시키는 데의 어려움, 산술 계산 중간에 길을 잃어버림
⑥ 수학적 추론에서의 어려움
- 예 양적인 문제를 해결하기 위하여 수학적 개념, 사실 또는 절차를 응용하는 데에서의 심한 어려움

03 치료

① 읽기, 쓰기, 산술 과제를 해결하는 구체적인 학습기술을 체계적으로 가르친다.
② 자존감과 자신감을 키워 주는 것으로 학습 장애 아동의 수동성과 무기력감을 극복하고 동기를 유발시키도록 심리적 지지가 필요하다.
③ 가정과 학교에서 효과적으로 공부하고 자신의 생활을 관리할 수 있도록 지도하는 것이 중요하다.

9 운동 장애 (1) 틱 장애

01 임상적 특징

① 얼굴 근육이나 신체 일부를 갑작스럽게 움직이거나 갑자기 이상한 소리를 내는 이상 행동을 반복적으로 하는 경우를 말한다.
② 틱은 갑작스럽고 재빨리 일어나는 목적이 없는 행동이 동일하게 반복되는 현상으로, '운동 틱'과 '음성 틱'으로 구분된다.
③ 모든 형태의 틱은 스트레스를 받는 동안 악화되었다가 편안한 상태가 되면 감소된다.

02 DSM-5 진단기준

(1) 뚜렛 장애

① 다양한 운동 틱과 1가지 이상의 음성 틱이 1년 이상 지속적으로 나타나는 경우이다.
② 18세 이전에 발병하며, 여아보다 남아에게서 더 많이 나타난다.
③ 틱 장애 중 가장 심각한 유형으로서, 운동 틱과 음성 틱이 반드시 동시에 나타날 필요는 없다.

④ 틱은 1년 이상의 기간 동안 거의 매일 또는 간헐적으로 하루에 몇 차례씩(대개 발작적) 일어난다.

⑤ 장애는 물질의 생리적 효과나 다른 의학적 상태로 인한 것이 아니다.

(2) 지속성 운동 또는 음성 틱 장애

① 18세 이전에 발병한다.

② 1가지 또는 여러 가지 운동 틱이 나타나거나 음성 틱이 나타나는 경우이다. 운동 틱과 음성 틱이 모두 나타나지는 않는다.

③ 틱 증상은 1년 이상의 기간 동안 거의 매일 또는 간헐적으로 하루에 몇 차례 일어난다.

④ 장애는 물질의 생리적 효과나 다른 의학적 상태로 인한 것이 아니고, 뚜렛 장애의 진단 기준에 맞지 않아야 한다.

(3) 일시적 틱 장애

① 18세 이전에 발병한다.

② 1가지 또는 다수의 운동 틱 또는 음성 틱이 존재한다.

③ 틱은 처음 틱이 나타난 시점으로부터 1년 미만으로 나타난다.

④ 장애는 물질의 생리적 효과나 다른 의학적 상태로 인한 것이 아니고, 뚜렛 장애나 지속성 또는 음성 틱 장애의 진단기준에 맞지 않아야 한다.

03 치료

① 뚜렛 장애의 가장 효과적인 방법은 약물 치료이다.

② 만성 틱도 심각성과 빈도에 따라 약물 치료 및 행동 치료와 심리 치료를 받도록 한다.

③ 주변 환경에서 주어지는 긴장이나 불안감을 제거해 주고, 지지적 심리 치료나 가족 치료를 한다.

10 운동 장애 (2) 발달적 협응 장애

01 임상적 특징

① 앉기나 기어 다니기, 걷기, 뛰기 등의 운동 발달이 늦고, 동작이 서툴러 물건을 자주 떨어뜨리고 운동을 잘 하지 못하는 경우를 말한다.

② 나이나 지능에 비하여 움직임과 운동능력이 현저하게 미숙한 경우로, 움직임에 관여하는 근육 운동에 조정 능력의 결함을 나타내므로 '운동기능 장애'라고도 한다.

③ 경과는 다양하며 청소년기와 성인기까지 지속되는 경우도 있다.

02 DSM-5 진단기준

① 협응운동의 습득과 수행이 개인의 연령과 기술 습득 및 사용 기회에 기대되는 수준보다 현저하게 낮다. 장애는 운동기술 수행의 지연과 부정확성, 서툰 동작으로도 나타난다.

② 운동기술의 결함이 생활 연령에 걸맞은 일상생활에 지속적인 방해가 되며 학업이나 직업 활동, 여가 놀이에 현저한 영향을 미친다.

③ 증상은 초기 발달 시기에 시작된다.

④ 운동기술의 결함이 지적 장애나 시각 손상으로 더 잘 설명되지 않으며, 운동에 영향을 미치는 신경학적 상태에 기인한 것이 아니다.

11 운동 장애 (3) 상동증적(정형적) 운동 장애

01 임상적 특징

① 특정한 행동의 패턴을 아무런 목적 없이 반복적으로 지속하여 정상적인 적응의 문제를 야기하는 경우를 말한다.

② 심한 신체적 손상을 초래하며 의학적 치료를 받아야 하는 경우가 있어서 보호 장비를 찾기도 한다.

③ 틱 행동은 비의도적이고 급작스러운 방식으로 나타나는 반면, 상동증적 운동 장애는 다분히 의도적이고 율동적이며 자해적인 측면이 있다.

④ 운동 행동이 사회적 또는 학업적 활동을 방해한다.

⑤ 증상의 심각도가 경도이며, 감각 자극이나 주의 전환에 의하여 증상이 쉽게 억제된다.

02 DSM-5 진단기준

① 억제할 수 없는 것처럼 보이고 목적이 없는 것 같은 행동을 계속 반복한다.

② 반복적인 행동이 사회적, 학업적인 또 다른 활동을 방해하고, 자해의 원인이 되기도 한다.

③ 초기 발달시기에 발병한다.

④ 반복적 행동은 물질의 생리적 효과나 신경학적 상태로 인한 것이 아니며, 다른 신경발달장애나 정신질환으로 더 잘 설명되지 않는다.

05 조현병 스펙트럼 장애

조현병 스펙트럼 하위 장애에는 조현병(정신분열증), 조현정동 장애(분열정동 장애), 조현양상 장애(정신분열형 장애), 단기 정신병적 장애, 망상 장애, 조현형 성격 장애(분열형 성격 장애), 악화된 정신증 증후군(긴장증)이 있다.

 **TIP** 조현병 스펙트럼 장애의 하위 유형

하위 장애	핵심 증상
조현병(정신분열증)	망상, 환각, 혼란스러운 언어, 부적절한 행동, 둔마된 감정 및 사회적 고립이 6개월 이상 지속되는 경우
조현정동 장애 (분열정동 장애)	조현병 증상과 조증 또는 우울증 증상이 함께 나타나는 경우
조현양상 장애 (정신분열형 장애)	조현병 증상이 2주 이상 6개월 이내로 나타나는 경우
단기 정신병적 장애	조현병 증상이 2주 이내로 짧게 나타나는 경우
망상 장애	1가지 이상의 망상을 1개월 이상 나타내는 경우
조현형 성격 장애 (분열형 성격 장애)	대인관계의 기피, 인지적 왜곡, 기이한 행동 등의 증상이 성격의 일부처럼 지속적으로 나타나는 경우
약화된 정신증 증후군(긴장증)	조현병 증상이 매우 경미한 형태로 짧게 나타나는 경우

① 조현병(정신분열증)

01 임상적 특징

① 망상, 환각, 혼란스러운 언어를 특징적으로 나타내는 매우 심각한 정신장애이다.

② 조현병의 가장 대표적인 증상은 망상이다. 망상은 자신과 세상에 대한 잘못된 강한 믿음이다.

③ 다른 핵심 증상은 환각이다. 환각은 현저하게 왜곡된 비현실적 지각으로, 외부 자극이 없음에도 불구하고 어떤 소리나 형상을 왜곡되게 지각하는 것이다.

④ 와해된 언어와 사고를 보이며 정서 장애를 보인다.

⑤ 혼란스러운 긴장성 행동을 자주 보이는데, 긴장성 행동은 근육이 굳은 것처럼 어떤 특정한 자세를 유지하는 경우로 간혹 공격적인 행동이나 자살 시도를 감행한다.

⑥ 음성 증상을 보이는데, 음성 증상은 눈에 띄지 않고 양성 증상보다 치료 예후가 좋지 않으며 치료도 한계가 있다.

 **TIP** 양성 증상과 음성 증상

양성 증상	음성 증상

• 적응적 기능의 과잉이나 왜곡
• 과도한 도파민 등 신경전달물질의 이상
• 스트레스 시, 급격히 발생
• 약물 치료로 호전되며, 인지적 손상 적음
  예 망상, 환각, 환청, 와해된 언어 등
	• 정상적, 적응적 기능의 결여
	• 유전적 소인이나 뇌세포 상실
	• 스트레스 사건과 연관이 거의 없음
	• 약물 치료로 쉽게 호전되지 않고, 인지적 손상 큼
	  예 무언증, 무쾌감증, 무의욕증, 사고 차단, 사회적 위축 등

02 DSM-5 진단기준

① 다음의 증상 중 2개 이상(a, b, c 중 1개는 반드시 포함)이 있고, 각 증상이 1개월 기간
(또는 성공적으로 치료되었을 경우 그 이하) 중 의미 있는 기간 동안 존재한다.

- 망각
- 와해된 언어
- 음성 증상(감정적 둔마, 무언증 혹은 무의욕증)
- 환각
- 전반적으로 혼란스러운 혹은 긴장성 행동

② 장애가 발생한 이후로 상당 기간 동안 일, 대인관계, 자기 돌봄 등과 같은 영역 중
1가지 또는 그 이상에서의 지능 수준이 발병 이전에 성취한 수준보다 현저히 낮다.

③ 장애의 증상이 적어도 6개월 이상 지속되어야 한다. 6개월의 기간은 망상, 환각, 와해된
언어, 전반적으로 혼란스러운 혹은 긴장성 행동, 음성 증상을 충족시키는 증상(활성기
증상)이 존재하는, 적어도 1개월의 기간을 포함하고 있어야 한다. 또한 전구기 또는 관
해기의 증상이 나타나는 기간을 포함한다.

④ 전구기 또는 관해기 동안, 장애의 증상은 단지 음성 증상만으로 나타나거나 2개 이상의
증상으로 약화된 형태로 나타날 수 있다.

 TIP **전구기 vs 관해기**

- 전구기 : 질환의 증상이 분명하게 출현함에 앞서 불특정의 증상을 나타내는 기간으로, 그 증상의 지
속은 기초 질환에 따라서 다르다.
- 관해기 : 증상이 가라앉는 시기이다.

⑤ 조현정동 장애와 정신병적 특성을 나타내는 우울 또는 양극성 장애의 가능성이 배제되
어야 한다. 이는 주요 우울 삽화나 조증삽화가 활성기 증상과 함께 동시에 나타난 적이
없고, 기분삽화가 활성기 증상과 함께 나타난다 하여도 그것은 활성기와 잔류기의 전체
기간 중 짧은 기간 동안에만 존재하기 때문이다.

⑥ 장애는 물질이나 다른 신체적 질병의 생리적 효과에 의한 것은 아니다.

⑦ 아동기에 시작하는 자폐 스펙트럼 장애나 의사소통 장애를 지닌 과거 병력이 있을 경
우, 조현병의 진단에 필요한 다른 증상에 더해서 현저한 망상이나 환각이 1개월 이상
나타날 경우에만 조현병을 추가적으로 진단한다.

03 치료

① 약물 치료를 받는 것이 바람직하다.

② 조현병 환자에게 행동치료기법인 체계적 둔감법을 통하여 불안을 효과적으로 다룬다.

③ 사회적 기술훈련을 통하여 다양한 사회적 상황에 대처하는 기술을 가르치고, 이러한 상
황에서 발생하는 불안을 극복하도록 도움으로써 타인과의 상호작용을 증진시킨다.

④ 인지치료적 기법인 자기지시 훈련을 시행한다.

⑤ 집단 치료를 통하여 동료로부터 지지를 받는 동시에 사회적 상호작용의 기술을 익힌다.

⑥ 가족 치료의 초점은 표현된 정서를 감소시키고 환자의 가정생활을 안정시키는 데 있다. 가족들의 조현병과 의사소통방식을 교육하고, 부정적인 감정표현을 감소하도록 한다.

04 조현병의 좋은 예후 요인

① 늦은 발병(남자는 20대 초반, 여자는 30대 초반에 잘 생김)

② 뚜렷한 유발 요인이 있는 경우

③ 급성 발병

④ 병전 사회적, 직업적 활동을 잘 하였던 경우

⑤ 기분 장애의 증상이 있는 경우(특히 우울증)

⑥ 결혼한 경우

⑦ 양성 증상(환청, 망각, 기이 행동, 부적절한 언어 사용) 위주의 증상일 경우

⑧ 높은 지능일 때

2 조현정동 장애(분열정동 장애)

01 임상적 특징

① 조현병의 증상과 동시에 기분 삽화(주요 우울 삽화 또는 조증 삽화)가 일정한 기간 동안 지속적으로 나타나는 경우로, 조현병과 함께 증상의 심각도와 부적응 정도가 가장 심한 장애에 속한다.

② 환청과 피해망상이 2개월 정도 나타나다가 주요 우울증의 증상이 나타나고, 이후에는 조현병 증상과 주요 우울증의 증상이 공존한다.

③ 조현정동 장애는 발병 시기가 빠르고, 갑작스러운 환경적 스트레스에 의하여 급성적으로 시작된다. 심한 정서적 혼란을 나타내고, 병전 적응상태가 양호하며, 조현병의 가족력이 없는 대신에 기분장애의 가족력이 있고 조현병에 비하여 예후가 좋다는 특징이다.

02 DSM-5 진단기준

① 조현병의 DSM-5 진단기준과 동시에 주요 우울 삽화 또는 조증 삽화가 있다.

② 유병기간 동안 주요 우울 삽화 또는 조증 삽화 없이 존재하는 2주 이상의 망상이나 환각이 있다.

③ 주요 우울 삽화 또는 조증 삽화의 기준에 맞는 증상이 병의 활성기 및 잔류기의 전체 지속기간 동안 대부분 존재한다.

④ 장애가 물질의 효과나 다른 의학적 상태로 인한 것이 아니다.

3 조현양상 장애(정신분열형/조현형 장애)

01 임상적 특징

① 조현병과 동일한 임상적 증상을 나타내지만, 장애의 지속기간이 1개월 이상 6개월 이하인 경우를 말한다.

② 조현병의 증상이 나타나서 6개월 이전에 회복된 경우로, 정서적 스트레스가 선행하고 급작스런 발병을 나타낸다.

③ 병적 적응상태가 비교적 양호하고, 완전한 회복을 보이는 특징이 있다.

02 DSM-5 진단기준

① 다음 증상 중 2가지 이상이 1개월 기간 동안 상당 부분의 시간에 존재하고, 최소한 1가지 증상이 있어야 한다.

• 망각	• 환각
• 와해된 언어	• 전반적으로 혼란스러운 혹은 긴장성 행동
• 음성 증상(감정적 둔마, 무언증 혹은 무의욕증)	

② 장애의 삽화가 1개월 이상 6개월 이내로 지속된다. 회복까지 기다릴 수 없어 진단이 내려져야 할 경우에는 '잠정적'을 붙여 조건부 진단이 되어야 한다.

③ 조현정동 장애와 정신병적 양상을 동반한 우울 또는 양극성 장애는 배제된다.

※ 주요 우울 삽화 또는 조증 삽화가 활성기 증상과 동시에 일어나지 않고, 기분 삽화가 활성기 증상 동안 일어난다고 하여도 병의 전체 지속기간의 일부에만 존재하기 때문에 배제함.

④ 장애가 물질의 생리적 효과나 다른 의학적 상태로 인한 것이 아니다.

4 단기 정신병적 장애

01 임상적 특징

① 조현병의 주요 증상(망상, 환각, 혼란스러운 언어, 전반적으로 혼란스럽거나 긴장증적 행동) 중 1가지 이상이 하루 동안 1개월 이내로 짧게 나타나며 병전 상태로 완전히 회복되는 경우이다.

② 단기 정신병적 장애의 상태가 있는 사람은 전형적으로 격렬한 가정적인 동요나 혼란을 경험한다.

02 DSM-5 진단기준

① 다음 증상 중 1가지 이상 존재하고, 이들 중 최소한 하나는 a, b, c 증상이어야 한다.

• 망각	• 환각
• 와해된 언어	• 심하게 혼란스러운 행동이나 긴장성 행동

② 장애 삽화의 기간은 최소 1일 이상 1개월 이하이며, 삽화 이후 병전 기능 수준으로 완전 회복된다.

③ 장애가 정신병적 양상을 동반한 주요 우울 장애나 양극성 장애 혹은 조현병이나 긴장증 등의 다른 정신병적 장애로 더 잘 설명되지 않으며, 물질이나 일반적인 의학적 상태의 직접적인 생리적 효과로 인한 것이 아니다.

5 망상 장애

01 임상적 특징

① 1가지 이상의 망상을 최소한 1개월 이상 지속적으로 나타내지만, 조현병의 진단기준에는 해당되지 않는 경우를 말한다.

② 망상 장애를 나타내는 사람들은 망상과 관련된 생활영역 외에는 기능적인 손상이 없으며 뚜렷하게 이상하거나 기괴한 행동을 나타내지 않는다.

③ 망상 장애는 다른 정신장애에 비하여 치료가 어려우며, 망상은 환자의 현실적 생활과 밀접하게 연결되어 있기 때문에 지속되는 경향이 강하다.

④ 망상의 6가지 유형 중 가장 높은 유병률을 보이는 것은 '피해형'이다.

유형	내용
애정형	어떤 사람, 특히 신분이 높은 사람이 자신과 사랑에 빠졌다고 믿는 망상
과대형	자신이 위대한 재능이나 통찰력을 지녔거나 중요한 발견을 했다는 과대망상
질투형	배우자나 연인이 부정을 저질렀다는 망상
피해형	자신 또는 자신과 가까운 사람이 피해를 받고 있다는 망상으로, 자신이 모함을 당하여 감시나 미행을 당하고 있거나 음식에 독이 들어 있다고 믿는 망상
신체형	자신에게 어떤 신체적 결함이 있거나 자신이 질병에 걸렸다는 망상
혼합형	어느 1가지 양상이 두드러지지 않는 망상

02 DSM-5 진단기준

① 기이하지 않은, 즉 실생활에서 충분히 일어날 수 있는 1가지 이상의 망상이 1개월 이상 지속되어야 한다.

② 조현병의 DSM-5 진단기준에 부합되지 않는다.

③ 망상이나 그것의 결과 외에는 그 사람의 기능이 심하게 망가지지 않고, 행동도 두드러지게 이상하거나 기이하지 않는다.

④ 기분 장애의 삽화가 망상과 같이 있었다면, 그 기간이 망상이 있는 기간보다 상대적으로 짧다.

⑤ 약물이나 남용하는 물질 또한 정신적인 내과 질병에 의한 직접적인 생리적 과정의 결과로 인한 것이 아니다.

6 조현형 성격장애(분열형 성격장애)

01 임상적 특징

① 친밀한 인간관계를 불편해하고, 인지적 또는 지각적 왜곡과 더불어 기괴한 행동을 나타낸다.

② 약화된 정신 증후군은 정신증과 유사한 증상을 나타내지만, 증상의 심각도가 덜하고 지속기간이 짧은 경우를 말한다.

02 DSM-5 진단기준

① 친분관계를 급작스럽게 불편해하고, 능력의 감퇴 및 인지·지각의 왜곡, 행동의 기괴성으로 구별되는 사회적 관계의 결함이 광범위하게 드러난다.

② 다음 중 5가지 이상의 증상이 나타난다.

> • 관계사고(우연한 사고, 사건이 자신과 특별한 관계가 있다는 해석)
> • 소문화권 기준에 맞지 않는 마술적 사고(미신, 천리안, 텔레파시, 기이한 공상)
> • 신체적 착각을 포함한 이상적 지각의 경험
> • 괴이한 사고와 언어
> • 편집증적인 생각 또는 의심
> • 부적절하고 제한된 정동
> • 기묘한 또는 괴팍한 행동이나 외모(이상한 동작, 혼잣말)
> • 가족을 제외하면 가까운 친구나 친한 사람이 없음
> • 부적절하거나 위축된 정서(냉담, 동떨어진 정서)

③ 성인 초기에 시작되며 여러 상황에서 나타난다.

06 양극성 관련 장애

양극성 관련 장애 하위 장애에는 제1형 양극성 장애, 제2형 양극성 장애, 순환감정 장애가 있다.

 **TIP** 양극성 관련 장애의 하위 유형

하위 장애	핵심 증상
제1형 양극성 장애	과도하게 들뜬 고양된 기분이 나타나며, 자존감이 팽창되어 말과 활동이 많아지고 주의가 산만해져서 일상적인 생활이 불가능한 조증 삽화가 나타남
제2형 양극성 장애	조증 삽화보다 부적응 정도가 경미한 경조증 삽화가 나타남
순환감정 장애	조증 상태와 우울증 상태가 경미한 형태로, 2년 이상 지속적으로 나타남

1 제1형 양극성 장애

01 임상적 특징

① 우울한 기분상태와 고양된 기분상태가 교차되어 나타나는 경우를 말한다.

② 기분이 몹시 고양된 조증상태에서 평소보다 훨씬 말이 많아지고 빨라지며 행동이 부산해지고 자신감에 넘쳐 여러 가지 일을 벌이는 경향이 있다.

③ 때로는 자신에 대한 과대망상적 사고를 나타내며 잠도 잘 자지 않고 활동적으로 일하지만 실제로 이루어지는 일은 없으며, 결과적으로 현실 적응에 심한 부적응적 결과를 나타내게 된다.

④ 사고의 비약은 조증상태에서의 특징적인 사고진행 장애로, 사고 연상이 비정상적으로 빨리 진행되어 생각의 흐름이 주제에서 벗어나고, 마지막에는 생각의 목적지에 도달하지 못하는 상태를 말한다.

⑤ 조증상태가 나타나거나 우울 장애 상태와 번갈아 나타나는 경우를 '양극성 장애'라고 하며 '조울증'이라고 부르기도 한다.

02 DSM-5 진단기준

① DSM-5 조증 삽화의 진단기준에 적어도 1회 부합한다.

② 조증 삽화는 적어도 1주일 이상 지속되는데, 경조증 삽화나 주요 우울 삽화에 선행하거나 뒤따른다.

2 제2형 양극성 장애

01 임상적 특징 : 제2형 양극성 장애는 제1형 양극성 장애와 매우 유사하지만, 조증 삽화의 증상이 상대적으로 미약한 경조증 삽화를 보인다는 점에서 구분된다.

 **TIP** 삽화(Episode)

'짧은 기간'을 의미하는 말로, 보통 짧은 조증 등에서 사용한다.
- 1회 이상의 주요 우울, 1회 이상의 경조증이 해당된다.
- 주요 우울 삽화가 2주 이상 지속되어야 하며, 경조증이 4일간 지속된다.
- 갑작스러운 기분의 심한 변화로 인하여 사회적, 직업적 저하가 올 수 있다.

02 DSM-5 진단기준

① 조증 삽화보다 정도가 약한 경조증 삽화의 진단기준에 적어도 1회 부합하고, 주요 우울 삽화의 진단기준에 부합한다. 단, 조증 삽화는 1회도 없어야 한다.

② 조증 삽화가 나타나는 경우에는 제1형 양극성 장애로 변경된다.

3 순환감정 장애

01 임상적 특징

① 우울증 또는 조증 삽화에 해당되지 않는 경미한 우울 증상과 경조증 증상이 번갈아가며 2년 이상(아동과 청소년의 경우는 1년 이상) 중 적어도 절반 이상의 기간에 나타나야 한다.

② 아울러 조증 삽화, 경조증 삽화, 주요 우울 삽화를 한 번도 경험한 적이 없어야 한다.

③ 주기적인 우울 및 경조증 증상으로 인하여 현저한 고통을 겪거나 일상생활의 기능에 상당한 지장이 초래되어야 한다.

④ 남녀의 유병률이 비슷하며, 주요 발병시기는 청소년기와 성인기 초기이다.

⑤ 물질 관련 장애 또는 수면 장애가 동반될 수 있다.

02 DSM−5 진단기준

① 적어도 2년 동안(아동·청소년은 1년) 다수의 경조증 기간과 우울증 기간이 있어야 한다.

② 2년 동안(아동·청소년은 1년) 경조증 기간과 우울증 기간이 절반 이상 차지하고, 증상이 없는 기간이 2개월 이상 지속되지 않는다.

③ 주요 우울 삽화, 조증 삽화, 경조증 삽화가 존재하지 않는다.

④ 진단기준의 증상이 조현병 스펙트럼 장애 및 기타 정신병적 장애로 더 잘 설명되지 않는다.

⑤ 증상이 물질의 생리적 효과나 다른 의학적 상태로 인한 것이 아니다.

⑥ 증상이 사회적·직업적 또는 다른 중요한 기능 영역에서 임상적으로 유의미한 고통이나 손상을 초래한다.

⑦ 불안증을 동반할 수 있다.

03 치료

① 약물 치료에는 리튬을 사용한다.

② 심리 치료로는 인지행동 치료와 대인관계 및 사회적 리듬치료가 효과적인 것으로 알려져 있다.

③ 제1형 양극성 장애 환자의 경우에는 인지행동 치료와 약물 치료를 병행한 집단이 약물 치료만 받은 집단보다 재발방지 효과가 현저하게 우수한 것으로 나타났다.

07 우울 장애

우울 장애는 슬픔, 공허감, 짜증스러운 기분과 그에 수반되는 신체적·인지적 증상으로 인하여 개인의 기능이 현저하게 저하되는 부적응 증상을 의미한다.

 **TIP** 우울 장애의 하위 유형

하위 장애	핵심 증상
주요 우울 장애	지속적인 우울한 기분 및 의욕과 즐거움의 감퇴를 비롯하여 주의집중력과 판단력 저하 및 체중과 수면패턴의 변화, 무가치감, 죄책감, 죽음이나 자살에 대한 사고의 증가
지속성 우울 장애	2년 이상 장기간 나타나는 경미한 우울 증상
월경 전기 불쾌장애	여성의 경우, 월경 전에 나타나는 우울 증상
파괴적 기분조절 곤란장애	불쾌한 기분을 조절하지 못하는 분노 폭발의 반복

☑ 주요 우울 장애

01 임상적 특징

① 우울 장애 중에서 가장 심한 증세를 나타내는 하위 장애이다.

② DSM-5의 진단기준 9가지의 증상 중 5개 이상의 증상이 거의 매일 연속적으로 2주 이상 나타나야 한다.

③ 우울 증상으로 인하여 임상적으로 심각한 고통이나 사회적, 직업적, 기타 중요한 기능 영역의 손상이 초래되어야 한다.

④ 우울 증상이 물질(남용 물질, 치료 약물 등)이나 일반적 의학적 상태(갑상선 기능 저하증 등)의 직접적인 생리적 효과에 의한 것이 아니어야 한다.

⑤ 우울 증상은 양극성 장애의 삽화로 나타나는 것이 아닐 뿐만 아니라, 다른 정신장애에 의하여 더 잘 설명되는 것이 아니어야 한다.

⑥ 평생 유병률은 여자의 경우는 10~25%이고, 남자의 경우는 5~12%로 보고되고 있다.

⑦ 우울증에는 자살의 위험노가 높으나 예후는 매우 양호하며 새발 위험이 높나.

⑧ 우울의 기준으로는 정신병적 우울과 신경증적 우울, 내인성 우울과 반응성 우울, 지체성 우울과 초조성 우울로 양분된 차원이 있다.

02 DSM-5 진단기준

다음 9가지 증상 중 5개 이상의 증상이 거의 매일 연속적으로 2주 이상 나타나야 한다. 이 증상 가운데 적어도 하나는 '우울 기분'이거나 '흥미나 즐거움의 상실'이어야 한다.

① 하루의 대부분, 그리고 거의 매일 지속되는 우울한 기분이 주관적 보고나 객관적 관찰을 통하여 나타난다.

② 거의 모든 일상활동에 대한 흥미나 즐거움의 상실이 하루의 대부분 또는 거의 매일같이 뚜렷하게 저하되어 있다.

③ 체중 조절을 하고 있지 않은 상태에서 현저한 체중 감소나 체중 증가가 나타난다. 또는 현저한 식욕 감소나 증가가 거의 매일 나타난다.

④ 거의 매일 불면이나 과다수면이 나타난다.

⑤ 거의 매일 정신운동성 초조나 지체를 나타낸다. 즉, 안절부절못하거나 축 쳐져 있는 느낌을 주관적으로 경험할 뿐만 아니라 다른 사람에 의하여 관찰되기도 한다.

⑥ 거의 매일 피로감이나 활력 상실이 나타난다.

⑦ 거의 매일 무가치감이나 과도하고 부적절한 죄책감을 느낀다.

⑧ 거의 매일 사고력, 집중력의 감소 또는 우유부단함이 주관적 호소나 관찰에서 나타난다.

⑨ 죽음에 대한 반복적인 생각이나 특정한 계획 없이 반복적으로 자살에 대한 생각이나 자살 기도를 하거나 자살하기 위한 구체적인 계획을 세운다.

03 치료

(1) 인지 치료

① 우울증에 가장 많이 활용되고 있다.

② 내담자의 사고 내용을 탐색하여 인지적 왜곡을 찾아 교정함으로써 현실적으로 긍정적인 신념과 사고를 지닐 수 있도록 한다.

③ 문제해결 훈련, 자기주장 훈련, 사회기술 훈련, 의사소통 훈련, ABC 기법 등이 있다.

(2) 정신분석 치료 : 내담자의 무의식적 갈등을 파악하여 직면시키고 해석하여, 중요한 타인에 대한 억압된 분노 감정을 자각하도록 한다.

(3) 약물 치료 : 삼환계 항우울제, MAO 억제제, 세로토닌 재흡수 억제제를 사용한다.

② 지속성 우울 장애

01 임상적 특징

① 우울 증상이 2년 이상 지속적으로 나다니는 경우를 말하며, 지속싱 우울 장애의 핵심 증상은 우울감이다.

② DSM-IV의 '만성 주요 우울 장애'와 '기분부전 장애'를 합하여 DSM-5에서 새롭게 제시된 진단명이다.

02 DSM-5 진단기준

① 우울 증상이 최소 2년간 하루 대부분 지속되며, 증상이 없는 날보다 있는 날이 더 많다.

② 우울 장애는 다음 중 2가지 이상의 증상이 나타난다.

• 식욕 부진 또는 과식	• 불면 또는 과다수면
• 기력 저하 또는 피로감	• 자존감 저하
• 집중력 감소 또는 우유부단	• 절망감

③ 장애를 겪는 2년(아동·청소년은 1년) 동안 증상의 지속기간이 최소 2개월이며, 진단기준은 ①과 ②의 증상이 존재하지 않는 경우가 없다.

④ 주요 우울 장애의 진단기준을 만족하는 증상이 2년 동안 지속적으로 나타날 수 있다.

⑤ 조증 삽화나 경조증 삽화가 없어야 하고, 순환성 장애의 진단기준에 부합하지 않는다.

⑥ 증상이 물질이나 일반적인 의학상태의 직접적인 생리적 효과로 인한 것이 아니고, 사회적·직업적 기타 중요한 기능 영역에서 임상적으로 심각한 고통이나 손상을 초래한다.

3 월경 전기 불쾌장애

01 임상적 특징

① 여성의 경우 월경이 시작되기 전 주에 정서적 불안정성, 분노감, 일상 활동에 대한 흥미 감소, 무기력감, 집중 곤란 등의 불쾌한 증상이 주기적으로 나타나는 경우를 말하며, 월경 시작 1주일 전에 나타나 월경 시작 시 혹은 직후에 사라진다.

② 월경 전기 불쾌장애는 주요 우울 장애, 양극성 장애 및 불안 장애와 공병률이 높은 것으로 알려져 있다.

③ 원인은 아직 밝혀지지 않았으나, 월경 주기마다 난소에서 분비되는 호르몬(에스트로겐과 프로게스테론)과 뇌에서 나오는 신경전달물질의 상호작용에 의한 것으로 여겨지고 있다.

④ 폐경까지 지속된다.

⑤ DSM-5에 새롭게 추가되었으면 진단을 위하여 연속되는 2개월 이상의 일일 증상기록이 필요하다.

02 DSM-5 진단기준

① 대부분 월경 주기마다 월경이 시작되기 1주 전에 다음 5가지 증상 이상이 시작되고, 월경이 시작된 후 수일 안에 호전되며 월경이 끝난 후에는 증상이 경미하거나 사라진다.

② 다음 중 적어도 1가지 이상의 증상이 포함된다.

- 현저한 정서적 불안정
- 현저한 과민성이나 분노 또는 대인관계의 갈등 증가
- 현저한 우울 기분, 무기력감 또는 자기비하적 사고
- 현저한 불안, 긴장 또는 안절부절못하는 느낌

③ 다음 중 적어도 1가지 이상의 추가 증상이 존재하며, 진단기준 ②에 해당하는 증상과 더불어 총 5가지 증상이 포함된다.

> - 일상 활동에 대한 흥미 감소
> - 무기력감, 쉽게 피곤해짐
> - 과다 수면 또는 불면
> - 신체적 증상(유방의 압통 또는 팽만감)
> - 주의집중의 곤란
> - 식욕의 현저한 변화
> - 압도되거나 통제력을 상실할 것 같은 느낌

4 파괴적 기분조절 곤란장애

01 임상적 특징

① 반복적으로 심한 분노를 폭발하는 행동을 나타내는 경우를 말하며, 주로 아동기나 청소년기에 나타나는 장애로서 자신의 불쾌한 기분을 조절하지 못하고 분노 행동으로 표출하는 것이 주된 특징이다.

② 분노 발작이 발달에 맞지 않고, 일주일에 3회 이상이며 12개월 이상 지속되어야 한다.

③ 파괴적 기분조절 곤란장애를 지닌 아동은 좌절에 대한 과민반응성을 보이며, 목표 달성이 좌절되었을 때 다른 아동들에 비하여 더 기분이 나빠지고 불안해하며 공격적인 반응을 나타낸다.

02 DSM-5 진단기준

① 언어 또는 행동을 통하여 심한 분노 폭발을 반복적으로 나타낸다. 이러한 분노는 상황이나 촉발 자극의 강도나 기간에 비하여 현저하게 과도한 것이어야 한다.

② 분노 폭발은 발달 수준에 부적합한 것이어야 하며, 평균적으로 매주 3회 이상 나타나야 한다.

③ 분노 폭발 시에도 거의 매일 하루 대부분 짜증이나 화를 내며, 이러한 행동은 다른 사람에 의하여 관찰될 수 있다.

④ 이상 증상(①~③)이 12개월 이상 지속적으로 나타나야 한다.

⑤ 이상 증상(①~③)이 3가지 상황(가정, 학교, 또래와 함께 있는 상황) 중 2개 이상에서 나타나야 하며, 1개 이상에서 심하게 나타나야 한다.

⑥ 이상 증상(①~③)이 10세 이전에 시작되어야 한다.

03 치료

① 비지시적인 놀이 치료가 효과적인 것으로 알려져 있다. 다양한 인형과 장난감이 제공되는 놀이를 아동이 자유로운 자기 표현을 할 수 있을 뿐만 아니라, 좌절감을 해소할 수 있는 내면적 공상이 촉진될 수 있다.

② 가족 치료를 통하여 가족 간의 갈등을 해소하고 부모의 양육 행동을 긍정적으로 변화시킬 수 있다. 스트레스와 좌절감을 유발하는 가족의 생활패턴을 변화시키고 부모가 인내심 있는 양육 행동을 일관성 있게 나타내는 것이 바람직하다.

08 불안 장애

불안 장애 하위 장애에는 범불안 장애, 공포증(특정 공포증, 광장 공포증, 사회불안 장애), 공황 장애, 분리불안 장애, 선택적 무언증이 있다.

 **TIP 불안 장애의 하위 유형**

하위 장애		핵심 증상
범불안 장애		미래에 발생할지 모르는 다양한 위험에 대한 과도한 불안과 걱정
공포증	특정 공포증	특별한 대상(뱀, 개, 거미 등)이나 상황(높은 곳, 폭풍 등)에 대한 공포
	광장 공포증	다양한 장소(쇼핑센터, 극장, 운동장, 엘리베이터, 지하철 등)에 대한 공포
	사회불안 장애	다른 사람으로부터 평가받는 사회적 상황에 대한 과도한 불안과 공포
공황 장애		갑작스럽게 엄습하는 죽을 것 같은 강렬한 불안과 공포
분리불안 장애		중요한 애착 대상과 분리되는 것에 대한 과도한 불안
선택적 무언증		특수한 사회적 상황에서 지속적으로 말을 하지 않는 행동

1 범불안 장애

01 임상적 특징

① 최소 6개월 동안 증상이 나타나는 경우에 진단되며, 다양한 상황에서 만성적 불안과 과도한 걱정을 나타내는 경우를 말한다.

② 범불안 장애를 지닌 사람들은 일상생활 속에서 겪게 되는 여러 가지 사건이나 활동에 대하여 지나치게 걱정함으로써 지속적인 불안과 긴장을 경험한다. 이런 상태가 계속되면 개인은 몹시 고통스러울 뿐만 아니라 일상생활의 적응에도 심각한 어려움을 겪게 된다.

③ 불안하고 초조하며 사소한 일에도 잘 놀라고 긴장한다.

④ 만성적 두통, 수면 장애, 소화불량, 과민성 대장증후군 등의 증상을 경험한다.

⑤ 불필요한 걱정에 집착하기 때문에 우유부단, 꾸물거림, 지연 행동을 나타내며 현실적 업무 처리가 미비하다.

⑥ 상황의 위험한 측면에 대하여 과대평가하며, 위험의 신호를 찾기 위하여 내·외적인 자극을 탐색한다.

02 DSM-5 진단기준

① 여러 사건이나 활동에 대하여 과도한 불안과 걱정을 하며, 그 기간이 6개월 이상 이어진다.

② 자기 스스로 걱정을 통제하는 것이 어렵다고 느낀다.

③ 불안과 걱정은 다음 6가지 증상 중 3가지 이상과 관련된다(아동의 경우 1가지 이상).

> • 안절부절못함 또는 긴장이 고조되거나 가장자리에 선 듯한 느낌
> • 쉽게 피로해짐
> • 주의집중이 어렵거나 정신이 멍한 듯한 느낌
> • 과민한 기분상태
> • 근육 긴장
> • 수면 장애

④ 불안이나 걱정 또는 신체 증상이 사회적, 직업적 기능 또는 다른 중요한 기능 영역에서 임상적으로 유의미한 고통이나 손상을 초래한다.

03 치료

(1) 약물 치료 : 벤조디아제핀 계열의 약물을 사용한다.

(2) 인지행동 치료

① 걱정과 관련된 인지적 요인을 이해하고 내적인 사고과정을 자각한 후, 이것이 얼마나 비효율적이고 비현실적인지를 자각하도록 한다.

② 구체적인 방법으로 '걱정사고의 기록지'의 작성이 있다. 하루 중 '걱정하는 시간'을 정해 놓고 다른 시간에는 일상적 일에 집중하는 방법으로, 불안을 유발하는 걱정의 사고나 심상에 반복적으로 노출시켜 걱정에 대한 인내력을 증가시키는 방법이다.

2 공포증 (1) 특정 공포증

01 임상적 특징

① 특정 대상이나 상황에 대한 현저한 공포나 불안을 경험한다.
  예 비행, 동물, 주사기 등

② 공포를 유발하는 대상이나 상황에 노출되면 예외 없이 즉각적인 공포 반응을 유발하며, 현실적이고 사회적인 맥락으로 보아 이러한 공포나 불안이 지나치다.

③ 증상의 유형에는 동물형, 자연 환경형, 혈액-주사-상처형, 상황형이 있다.

02 DSM-5 진단기준

① 특정 대상이나 상황에 대하여 현저한 공포나 불안을 느끼는데, 실제적인 위험과 사회문화적 맥락을 고려할 때 과도한 양상을 보인다.

② 공포의 대상이나 상황은 거의 즉각적인 공포나 불안을 야기한다.

③ 공포의 대상이나 상황이 유발하는 극심한 공포나 불안을 회피하거나 견디려는 모습을 보인다.

④ 공포, 불안, 회피는 보통 6개월 이상 지속되는데, 사회적, 직업적 기능 또는 다른 중요한 기능 영역에서 임상적으로 유의미한 고통이나 손상을 초래한다.

03 치료

유형	내용
체계적 둔감법	올페(Wolpe)에 의하여 개발된 기법으로, 조건화된 반응을 해제시키고 새로운 조건형성(역조건화)이 이루어지도록 한다. 불안위계를 통하여 점진적 이완과 불안을 반복적으로 짝을 지어 불안 증상을 없애는 방법으로, 특히 공포증 치료에 많이 사용한다.
노출법	반복적인 노출을 통하여 공포 자극에 적응하도록 하여 치료한다.
참여적 모방학습	다른 사람이 공포자극을 불안 없이 대하는 것을 관찰함으로써 공포증을 치료한다.
이완훈련	신체적 이완상태를 유도하는 기술을 통하여 공포증을 극복하도록 한다.

3 공포증 (2) 광장 공포증

01 임상적 특징

① 특정한 장소나 상황에 대한 공포를 나타내는 경우를 말한다.

② 광장 공포증은 공황 발작을 함께 경험하는 경우가 흔하다.

③ 광장 공포증 환자들의 전형적인 회피 상황은 백화점, 식당에 줄서기, 엘리베이터, 넓은 길, 운전하기, 자동차, 에스컬레이터 등이다.

④ 20대 중반에 가장 많이 발병하며, 남자보다 여자에게 더 많이 발병하는 것으로 보고된다.

02 DSM-5 진단기준

① DSM-5에 따르면, 광장 공포증을 지닌 사람은 다음의 5가지의 상황 중 적어도 2가지 이상의 상황에 대한 현저한 공포와 불안을 나타낸다.

> • 대중교통수단(자동차, 버스, 기차, 배, 비행기 등)을 이용하는 것
> • 개방된 공간(주차장, 시장, 다리 등)에 있는 것
> • 폐쇄된 공간(쇼핑몰, 극장, 영화관 등)에 있는 것
> • 줄을 서 있거나 군중 속에 있는 것　　• 집 밖에서 혼자 있는 것

② 또한 이러한 상황을 두려워하거나 회피하는 이유가 공황과 유사한 증상이지만, 무기력하고 당혹스러운 증상(노인의 경우에 쓰러질 것 같은 공포, 오줌을 지릴 것 같은 공포)이 나타날 경우에는 그러한 상황을 회피하고자 한다.

③ 때로는 동반자가 있으면 공포나 불안을 느끼면서도 공포 상황을 참아낼 수 있다.

④ 공포의 유발 상황의 실제적인 위험과 사회문화적 맥락을 고려할 때, 이러한 공포는 지나친 것이어야 한다.

⑤ 공포와 회피 행동이 6개월 이상 지속되어 심한 고통을 경험하거나 사회적·직업적 활동에 현저한 방해를 받을 경우에 광장 공포증으로 진단된다.

4 공포증 (3) 사회 공포증(사회불안 장애)

01 임상적 특징

① 다른 사람들과 상호작용하는 사회적 상황을 두려워하여 회피하는 장애로, '사회불안 장애'라고도 한다.

② 불편감이나 불안이 매우 심하여 이를 회피하려는 것을 주요 증상으로 하여 사회적, 직업적 기능이 크게 지장을 받는다.

③ 공통점은 다른 사람들이 지켜보고 또한 평가하는 가운데 어떤 일을 수행하여야 할 때, 대중 앞에서 창피를 당할까 두려워하며 불안과 관련된 많은 신체적 증상을 경험하는 점이다.

④ 일반적으로 10대 중반에 발병하는데, 사회적으로 억제되어 있었다거나 수줍음을 많이 탄다는 등의 과거력을 가지고 있다.

02 DSM-5 진단기준

① 개인이 다른 사람들에 의하여 관찰되고 평가될 수 있는 1가지 이상의 사회적 상황에 대하여 현저한 공포나 불안을 지닌다. 이들이 두려워하는 주된 사회적 상황은 일상적인 상호작용 상황(다른 사람과 대화를 하거나 낯선 사람과 미팅하는 일 등), 관찰 당하는 상황(다른 사람이 보는 앞에서 음료를 마시거나 음식을 먹는 일 등), 다른 사람 앞에서 수행을 하는 상황(연설이나 발표를 하는 일 등)이다.

② 사회적 상황에서 다른 사람들로부터 부정적인 평가를 받을 수 있는 행동을 하거나 불안 증상을 나타내게 될 것을 두려워한다. 즉, 부적절한 행동을 통하여 다른 사람들로부터 모욕과 경멸을 받거나 거부를 당하거나 타인에게 피해를 주게 될 것을 두려워한다.

③ 공포, 불안, 회피 행동이 6개월 또는 그 이상 지속되어야 한다.

5 공황 장애

01 임상적 특징

① 공황 발작이 주요 증상으로 나타나는 불안 장애이다.

② 개인은 자신이 죽을 것 같은 느낌, 자신에 대한 통제감을 잃고 미쳐 버릴지 모른다는 두려움 혹은 심장마비를 일으키게 될 것이라는 강한 공포를 느낀다.

③ 공황 발작의 증상은 갑작스럽게 나타나는데, 10분 이내에 최고조에 달하다가 극심한 공포를 야기하고, 약 10~20분 동안 지속된다.

④ 여성이 남성에 비하여 발병률이 2배 더 높으며, 청소년 후기와 30대 중반에 가장 많이 발병한다.

⑤ 공황 장애가 일어나면 약물 치료나 인지 치료를 통하여 치료한다.

02 DSM-5 진단기준

비정기적인 강한 공포나 불편이 있고, 다음 중 적어도 4가지 또는 그 이상의 증상이 있어야
한다.

① 가슴이 떨리거나 심장 박동수의 증가　② 진땀 흘림

③ 몸이나 손발 떨림　④ 숨이 가쁘거나 막히는 느낌

⑤ 질식할 것 같은 느낌　⑥ 가슴의 통증이나 답답함

⑦ 구토감이나 통증　⑧ 어지럽고 몽롱하며 기절할 것 같은 느낌

⑨ 한기를 느끼거나 열감을 느낌　⑩ 감각 이상증

⑪ 비현실감이나 자기 자신과 분리된 듯한 이인증

⑫ 자기 통제를 상실하거나 미칠 것 같은 두려움

⑬ 죽을 것 같은 두려움

03 치료

유형	내용
약물 치료	벤조디아제핀 계열 약물, 삼환계 항우울제, 세로토닌 재흡수 억제제 등의 항우울제 약물을 제일 먼저 사용하고, 항불안제를 사용한다.
인지행동 치료	일반적인 인지행동 치료는 불안을 조절하는 복식호흡 훈련과 긴장이완 훈련, 신체적 감각에 대한 파국적 오해석의 인지적 수정, 점진적 노출 등과 같은 치료적 요소로 구성된다.

6 분리불안 장애

01 임상적 특징

① 애착 대상과 떨어지는 것에 대하여 심한 불안을 나타내는 정서적 장애를 말한다.

② 아동은 어머니가 시장을 가거나 유치원에서 어머니와 떨어지게 될 때 극심한 불안과 공
포를 나타내게 된다.

③ 불안의 증상이 성인은 6개월, 아동·청소년은 1개월 이상 지속되어야 진단된다.

02 DSM-5 진단기준

① 다음 증상들 중 최소 3가지 이상의 증상이 나타난다.

- 집이나 주요 애착대상으로부터 분리를 경험하거나 이를 예상할 때 반복적으로 심한 고통을 느낀다.
- 주요 애착대상을 잃는 것 혹은 그들에게 질병·부상·재난·사망 등이 일어나지 않을까 지속적으로 과도하게 근심한다.
- 분리불안으로 인하여 집으로부터 멀리 떠나거나 학교나 직장에 가는 것을 지속적으로 꺼리거나 거부한다.

> • 혼자 있는 것 혹은 주요 애착대상이 없이 집이나 다른 장소에 있는 것에 대하여 지속적으로 꺼리거나 과도한 공포를 느낀다.
> • 집으로부터 멀리 떠나 잠을 자는 것 혹은 주요 애착대상이 가까이 없이 잠을 자는 것에 대하여 지속적으로 꺼리거나 거부한다.
> • 분리의 주제를 포함하는 악몽을 반복적으로 꾼다.
> • 주요 애착대상으로부터 분리되거나 이를 예상하게 될 때 신체 증상을 반복적으로 호소한다.

② 공포, 불안, 회피 반응 등이 아동·청소년은 4주 이상, 성인은 최소 6개월 이상 지속된다.

③ 장애는 사회적·학업적·직업적 기능 또는 다른 중요한 기능 영역에서 임상적으로 유의미한 고통이나 손상을 초래한다.

03 치료 : 분리불안 장애는 행동 치료, 인지행동 치료, 놀이 치료 등을 통하여 호전될 수 있다.

7 선택적 무언증

01 임상적 특징

① 말을 할 수 있음에도 불구하고 특정한 상황에서 지속적으로 말을 하지 않는 장애로, 주로 아동에게서 나타난다.

② 아동은 다른 상황에서는 말을 잘하면서 말하는 것이 기대되는 사회적 상황(학교, 친척, 또래와의 만남 등)에서 지속적으로 말을 하지 않는다.

③ 다른 사람과 함께 있을 때 먼저 말을 시작하지 않았거나 다른 사람이 말을 하여도 반응하지 않는다.

④ 선택적 무언증을 지닌 아동들은 가정에서 가까운 직계가족과 함께 있을 때만 말하고, 조부모나 사촌 등의 친인척이나 친구들 앞에서는 말을 하지 않는 경우가 흔하다.

⑤ 1개월 이상 말을 하지 않아야 하지만, 학교에 들어간 첫 달은 해당하지 않는다.

02 DSM−5 진단기준

① 다른 상황에서는 말을 할 수 있음에도 불구하고, 특정한 사회적 상황에서 지속적으로 말을 하지 못한다.

② 장애가 학업적, 직업적 성취나 의사소통을 저해한다.

③ 증상이 적어도 1개월은 지속되어야 한다.

④ 말하지 못하는 이유가 사회생활에서 요구되는 언어에 대한 지식이 없거나 그 언어에 대한 불편한 관계가 없는 것이어야 한다.

⑤ 장애가 의사소통 장애에 의하여 잘 설명되지 않고, 전반적 발달장애, 조현병, 다른 정신병적 장애의 기간 중에만 발생되는 것은 아니다.

03 치료

① 아동의 나이가 많아진다고 자연적으로 개선되지 않으며, 아동의 적절한 발달을 위하여 조속한 치료가 필요하다.

② 치료방법으로는 행동 치료, 놀이 치료, 가족 치료, 약물 치료가 적용된다.

09 강박 및 관련 장애

강박 및 관련 장애의 하위 장애에는 강박 장애, 신체변형 장애, 저장 장애, 모발 뽑기 장애, 피부 벗기기 장애가 있다.

 **TIP 강박 및 관련 장애의 하위 유형**

하위 장애	핵심 증상
강박 장애	불안을 유발하는 강박사고(성적인 생각, 오염이나 실수에 대한 생각 등)에 대한 집착과 강박행동(손 씻기, 확인하기, 숫자 세기 등)을 반복한다.
신체변형 장애	자신의 신체 일부가 기형적이라는 생각(코가 삐뚤어짐, 턱이 너무 깂 등)에 대한 집착을 한다.
저장 장애	다양한 물건을 과도하게 수집하여 저장하는 것에 집착한다.
모발 뽑기 장애	자신의 머리털을 뽑는 행동을 반복한다.
피부 벗기기 장애	자신의 피부를 벗기는 행동을 반복한다.

1 강박 장애

01 임상적 특징

① 원하지 않는 불쾌한 생각이 자꾸 떠올라 그것을 제거하기 위한 행동을 반복하는 장애이다.

② 강박 장애의 주된 증상은 강박사고와 강박행동이다.

③ 강박사고는 반복적으로 의식에 침투하는 고통스러운 생각, 충동 또는 심상을 말한다. 이러한 강박사고는 매우 다양한 주제를 포함하는데, 이러한 생각이 부적절하다는 것을 인식하지만 잘 통제되지 않고 반복적으로 의식에 떠올라 고통스럽게 한다.

④ 강박행동은 대체로 강박사고에 대한 반응으로, 불안을 감소하기 위하여 하는 행동이다.

⑤ 발병은 남성이 여성보다 빠르며, 남자는 6~15세, 여자는 20~29세이다.

02 DSM-5 진단기준

① 강박사고 또는 강박행동 중 어느 하나가 존재하거나 둘 다 존재한다.

② 강박사고나 강박행동이 많은 시간을 소모시키거나(하루 1시간 이상), 개인의 정상적 일상생활, 직업, 학업 기능 또는 통상적 사회활동이나 대인관계에 명백히 지장을 준다.

③ 장애가 물질 또는 일반적 의학 상태에 의한 직접적인 생리적 효과 때문이 아니고, 다른 정신장애의 증상으로 설명될 수 없다.

TIP 강박사고 vs 강박행동

강박사고	• 심한 불안이나 곤란을 초래하는 반복적·지속적인 사고, 충동 또는 이미지들이 침입적이고 원치 않게 경험되며, 현저한 불안과 고통을 유발한다. • 이러한 사고, 충동, 이미지들을 무시하거나 억압하려고 노력하거나, 다른 사고나 행동으로 중화시키려고 노력한다.
강박행동	• 각 개인이 강박사고에 대한 반응으로써 하여야만 한다고 느끼거나 엄격한 규칙에 따라 행하는 반복적인 행동(손 씻기, 점검 등) 또는 정신적 행위(기도, 숫자 세기 등)를 말한다. • 같은 행동이나 정신적 행위는 불안·고통을 방지하거나 감소시키고, 무서운 사건이나 상황을 방지할 목적이어야 한다. • 현실 상황에서 중화시키려고 계획된 실제적인 방법과는 관련이 없거나, 관련이 있더라도 명백히 지나친 것이다.

03 치료

유형	내용
약물 치료	클로미프라민, 세로토닌 재흡수 억제제 처방이 대표적이다.
노출 및 반응방지법	불안을 초래하는 자극에 노출시켜 하고 싶은 행동을 못하게 하는 것으로, 강박 장애에 가장 많이 사용하는 기법이다.
사고 중지법	강박사고가 떠오를 때마다 중지시킨다.
역설적 의도법	강박사고를 억누르기보다 오히려 과장된 방식으로 행동하는 방법이다.
자기주장 훈련	강박 장애자는 억제 경향이 크므로 자신의 의견, 생각을 표현하는 훈련을 한다.

2 신체변형 장애

01 임상적 특징

① 자신의 외모가 기형적이라고 잘못된 집착을 하는 경우를 말하며, '신체추형 장애' 또는 '신체기형 장애'라고 불리기도 한다.

② 신체적 외모에 대하여 1개 이상의 주관적 결함에 과도하게 집착하는 것이 주된 증상이다. 주관적 결함이란 결함이 다른 사람에 의하여 인식되지 않거나 경미한 것으로 여겨지기 때문이다.

③ 신체변형 장애를 지닌 사람은 반복적인 외현적 행동(거울 보며 확인하기, 지나치게 몸단장하기, 피부 벗기기, 안심 구하기 등)이나 내현적 행위(자신의 외모를 다른 사람과 비교하기 등)를 나타낸다.

④ 증상으로 인하여 심각한 고통을 받거나 중요한 삶의 영역에서 현저한 장해를 나타낼 경우에 신체변형 장애로 진단된다.

⑤ 대부분 15~20세 사이의 청소년기에 많이 발생하며, 미혼의 여성에게 흔하다.

02 DSM-5 진단기준

① 다른 사람이 알아볼 수 없거나 아주 경미한 신체의 결함이 인식되는 것에 집착한다.

② 외모 걱정에 대한 반응으로 반복 행동(거울 보기, 과한 꾸미기 등) 또는 정신활동(외모 비교 등)을 한다.

③ 외모에 대한 집착이 사회적, 직업적 기능 또는 다른 중요한 기능 영역에서 임상적으로 유의미한 고통이나 손실을 초래한다.

④ 외모 집착은 섭식 장애의 진단기준을 충족하는 경우에서 체지방 또는 몸무게를 걱정하는 것으로 더 잘 설명되지 않는다.

03 치료

① 세로토닌 재흡수 억제제를 사용한 약물 치료로, 망상적 수준의 신체 변형에 효과가 있다.

② 인지행동적 치료방법의 하나인 노출 및 반응 억제법은 비교적 경미한 증상을 지닌 신체 변형 장애에 효과적이다.

3 저장 장애

01 임상적 특징

① 필요 없는 물건을 버리는 것 자체를 고통으로 받아들이는 장애이다.

② DSM-5에 새롭게 신설된 장애이다.

③ 강박적 저장은 불필요한 물건을 버리지 못하고 보관하는 것이며, 강박적 수집은 불필요한 물건을 집으로 끌어들이는 행위이다.

02 DSM-5 진단기준

① 실제 가치와 관계없이 소유물을 버리거나 분리하는 데 있어 지속적인 어려움을 겪는다. 이러한 어려움은 물건을 버리는 것에 연관되는 고통이나 물건을 보유하려는 필요성으로 인한 것이다.

② 소유물이 축적되어 생활공간이 채워지고 혼잡해지며, 사용 목적이 상당히 손상되는 결과를 야기한다. 만약 생활공간이 어지럽혀지지 않았다면, 제3자의 개입으로 인한 것이다.

③ 증상은 사회적·직업적 기능 또는 다른 중요한 기능 영역에서 임상적으로 유의미한 고통이나 손실을 초래한다. 또한 다른 의학적 상태로 인한 것이 아니고, 다른 정신질환으로 더 잘 설명되지 않는다.

4 모발 뽑기 장애

01 임상적 특징

① 자기 몸에 있는 털을 뽑는 충동을 억제하지 못하여 반복적으로 털을 뽑는 행위를 말한다.

② 털을 뽑기 전 불안감이나 긴장감, 지루함이 정서에 의하여 촉발되기도 하며, 털을 뽑은 후에 만족감, 쾌감, 안도감을 느낀다.

③ DSM-IV에서는 충동통제 장애로 분류되었으나, DSM-5에서는 강박 장애에 포함되었다.

④ 대체로 아동기나 청소년기에 발병한다.

02 DSM-5 진단기준

① 반복적인 모발 뽑기 행동으로 모발 손실을 초래한다.

② 모발 뽑기를 줄이거나 중단하려고 반복적으로 시도한다.

③ 모발 뽑기가 사회적·직업적 기능 또는 다른 중요한 기능 영역에서 임상적으로 유의미한 고통이나 손실을 초래한다.

④ 모발 뽑기나 모발 손실이 다른 의학적 상태로 인한 것이 아니고, 다른 정신장애의 증상으로 잘 설명되지 않는다.

5 피부 벗기기 장애

01 임상적 특징

① 강박적으로 자기의 피부를 뜯는 행위를 말한다.

② 피부를 벗기는 행동은 불안하거나 긴장이 높아질 때 증가하는데, 긴장하지 않거나 의식하지 않고 있을 때에도 자동적으로 피부를 벗기는 행동을 보인다.

③ 주로 얼굴, 팔, 손 등을 긁거나 벗기며, 다양한 신체 부위가 대상이 될 수 있다.

④ DSM-5에서 처음 강박 관련 장애의 하위 장애에 포함되었다.

02 DSM-5 진단기준

① 반복적인 피부 벗기기로 인하여 피부 병변으로 이어진다.

② 피부 벗기기를 줄이거나 중단하려고 반복적으로 시도한다.

③ 피부 벗기기가 사회적·직업적 기능 또는 다른 중요한 기능 영역에서 임상적으로 유의미한 고통이나 손실을 초래한다.

④ 피부 벗기기가 물질의 생리적 영향 또는 다른 의학적 상태로 인한 것이 아니고, 다른 정신장애의 증상으로 잘 설명되지 않는다.

10 외상 및 스트레스 관련 장애

외상 및 스트레스 관련 장애 하위 장애에는 외상 후 스트레스 장애, 급성 스트레스 장애, 반응성 애착 장애, 적응 장애, 탈억제 사회유대감 장애가 있다.

 **TIP 외상 및 스트레스 관련 장애의 하위 유형**

하위 장애	핵심 증상
외상 후 스트레스 장애	충격적인 외상 사건을 경험한 이후에 1개월 이상 지속되는 재경험 증상과 회피행동
급성 스트레스 장애	외상 사건을 경험한 이후에 1개월 이내로 나타나는 재경험 증상과 회피행동
반응성 애착 장애	부적절한 양육환경에서 애착 외상을 경험한 아동이 나타내는 정서적 위축과 대인 관계 회피
적응 장애	중요한 생활사건에 대한 적응 실패로 나타나는 정서적·행동적 문제
탈억제 사회유대감 장애	부적절한 양육환경에서 애착 외상을 경험한 아동이 부적절하게 나타내는 과도한 친밀감과 무분별한 대인관계 행동

1 외상 후 스트레스 장애(PTSD)

01 임상적 특징

① 외상 사건을 경험한 사람이 충격과 후유증으로 인하여 심각한 부적응 증상을 나타내는 경우를 말한다.

② 외상 후 스트레스 장애는 외상 사건을 경험한 후에 4가지 유형의 심리적 증상을 나타낸다.

유형	내용
침투 증상	외상 사건과 관련된 기억이나 감정을 재경험하는 것이다.
회피 증상	외상 사건과 관련된 자극을 회피하는 증상이다.
인지, 감정의 부정 변화	외상 사건과 관련된 인지와 감정에 부정적인 변화가 나타난다.
각성의 변화	평소에도 늘 과민하며 주의집중을 잘 못하고, 사소한 자극에도 크게 놀라는 과각성 반응을 한다.

③ 외상 경험은 개인이 그런 외상 경험을 직접 경험하였을 때는 물론 가까이에서 목격하거나 친밀한 사람에게 일어났을 때도 발생할 수 있다.

④ 아동기를 포함하여 어느 연령에서도 발생 가능한 장애이다.

⑤ 증상은 대부분 사건 발생 후 3개월 이내에 일어나고, 증상은 몇 개월~몇 년 동안 지속된다.

⑥ 진단 시에는 해리 증상의 여부를 명시하여야 한다.

02 DSM-5 진단기준

① 실제 죽음이나 죽음에 대한 위협, 심각한 상해 또는 성폭력에 다음 중 1가지 이상의 방식으로 노출된다.

> • 외상 사건을 직접 경험한다.
> • 외상 사건이 다른 사람에게서 일어나는 것을 목격한다.

② 외상 사건이 일어난 후에 외상 사건과 관련된 침투 증상이 다음 중 1가지 이상 나타난다.

> • 외상 사건의 고통스러운 기억을 자기 의지와 상관없이 반복적, 침투적으로 경험한다.
> • 외상 사건과 관련된 내용 또는 정서가 포함된 고통스러운 꿈을 반복적으로 경험한다.

③ 외상 사건이 일어난 후에 외상 사건과 관련된 지속적인 자극 회피가 다음 중 1가지 이상의 방식으로 나타난다.

> • 외상 사건 또는 그것과 밀접하게 연관된 고통스러운 기억, 생각, 감정을 회피하거나 회피하려고 노력한다.
> • 외상 사건 또는 그것과 밀접하게 연관된 고통스러운 기억, 생각, 감정을 유발하는 외적인 단서들을 회피하거나 회피하려고 노력한다.

④ 외상 사건이 일어난 후 혹은 악화된 이후에 외상 사건과 관련된 인지와 기분의 부정적인 변화가 다음 중 2가지 이상 나타난다.

> • 외상 사건의 중요한 측면을 기억하지 못한다.
> • 자기 자신, 타인 혹은 세상에 대한 과장되거나 부정적인 신념·기대를 지속적으로 나타낸다.

⑤ 외상 사건이 일어난 후에 외상 사건과 관련된 각성 및 반응성에서의 현저한 변화가 다음 중 2가지 이상 나타난다.

> • 사람이나 사물에의 언어적 또는 물리적 공격으로 나타나는 짜증스러운 행동과 분노가 폭발한다.
> • 무모한 행동 혹은 자기 파괴적 행동을 한다.

⑥ 위에 제시된 ②~⑤의 장애 증상이 1개월 이상 나타난다.

⑦ 장애가 사회적·직업적 기능 또는 다른 중요한 기능 영역에서 임상적으로 유의미한 고통이나 손실을 초래한다.

⑧ 이인증, 비현실감 등의 해리 증상을 동반할 수 있다.

03 치료

① 포아(Foa)의 지속적 노출 치료가 가장 효과적인 것으로 관찰되었다. 지속적 노출 치료는 단계적으로 외상 사건을 떠올리게 하여 불안한 기억에 반복적으로 노출시킴으로써 궁극적으로 외상 사건을 큰 불안 없이 직면하도록 유도하는 것이다.

② 약물 치료는 세로토닌 재흡수 억제제나 삼환계 항우울제 등을 사용한다.

③ 정신역동적 치료는 방어기제에 초점을 맞추어 카타르시스를 통하여 외상 사건을 재구성하고, 외상 경험으로 발생하는 심리적 갈등을 해소하도록 하는 것이다.

④ 이외에 긴장 이완이나 호흡훈련을 통하여 안정된 심리상태를 유도한다.

 **TIP 심리경험 사후보고**

- 외상 후 스트레스 증상이나 징후를 조기에 파악하여 보다 심각한 정신건강문제를 초래하지 않도록 하는 2차 예방을 위한 심리사회적 개입이다.
- 초창기에는 응급 구조요원을 대상으로 적용되었으나 이후 경찰, 소방관, 응급 의료원뿐 아니라 외상 사건의 생존자 및 희생자, 가족 및 친인척들, 또한 그들을 돕는 정신건강 전문인들을 대상으로 널리 실시되고 있으며, 특히 고위험군 환자들에게 효과적이다.

---

2 급성 스트레스 장애

01 임상적 특징

① 외상 사건을 직접 경험하였거나 목격하고 난 직후에 나타나는 부적응 증상들이 3일 이상 1개월 이내의 단기간 동안 지속되는 경우를 뜻한다.

② 특징은 증상의 지속기간이 짧고, 해리 증상을 나타낸다는 것이다. 해리는 기억이나 의식의 통합이 교란되어 현실을 부정하는 비현실감, 이인증, 정서적 마비나 기억 상실 등의 증상을 나타내는 것을 의미한다.

③ 4주가 넘어도 증상이 지속되면 이후 '외상 후 스트레스 장애'로 진단한다.

02 DSM-5 진단기준

① 실제 죽음이나 죽음에 대한 위협, 심각한 상해 또는 성폭력에 다음 어느 1가지 이상의 방식으로 노출된다.

- 외상 사건을 직접 경험한다.
- 외상 사건이 다른 사람에게서 일어나는 것을 목격한다.
- 외상 사건이 가까운 가족 구성원이나 친구에게 일어난 것을 알게 된다.
- 외상 사건의 혐오스러운 세부 내용에 반복적 혹은 극단적 노출이 된다.

② 다음 5가지 영역에 해당하는 증상 중 9개 이상이 외상 사건 이후에 나타나거나 악화된
다. 증상의 지속기간은 사고 이후 최소 3일부터 최대 4주까지이다.

유형	내용
침투 증상	• 반복적, 불수의적, 침습적으로 괴로운 외상 기억이 자꾸 떠오른다. • 외상 사건과 관련된 내용이나 정서를 포함한 고통스러운 꿈이 반복된다. • 외상 사건이 다시 일어나고 있는 것 같은 해리 반응이 나타난다.
부정적 정서	• 긍정적인 감정을 지속적으로 경험할 수 없다.
해리	• 자기 자신이나 주변에 대한 현실감이 떨어진다. • 외상 사건의 중요한 측면을 기억하지 못한다.
회피	• 외상 사건과 관련된 고통스러운 기억, 생각, 감정을 회피하거나 회피하려고 노력한다. • 외상 사건을 생각나게 하는 요소들을 회피하거나 회피하려고 노력한다.
각성	• 수면 장애 • 과잉 경계 • 집중 곤란 • 과도한 놀람 반응 • 타인이나 물체에 대한 언어적 또는 신체적 공격으로 표현되는 과민한 행동과 분노

③ 증상이 사회적, 직업적 기능 또는 다른 중요한 기능 영역에서 임상적으로 유의미한 고
통이나 손실을 초래한다.

④ 증상이 물질의 생리적 반응이나 또는 다른 의학적 상태에 기인한 것이 아니다.

03 치료 : 인지적 재구성을 중심으로 한 인지행동 치료가 증상을 완화시키고 외상 후 스트레
스 장애로 진행되는 것을 예방하는 데 효과적인 것으로 알려져 있다.

3 반응성 애착 장애

01 임상적 특징

① 양육자와의 애착 외상으로 인하여 과도하게 위축된 대인관계 패턴을 나타내는 경우이다.

② 생후 9개월부터 만 5세 이전의 아동에게 주로 발생한다.

02 DSM-5 진단기준

① 아동이 주양육자에 대하여 거의 항상 정서적으로 억제되고 위축된 행동이 다음 2가지
양상으로 나타난다.

> • 아동이 스트레스를 느낄 때, 거의 위안을 구하지 않거나 최소한의 위안만을 구한다.
> • 아동이 스트레스를 느낄 때, 양육자의 위안에 거의 반응하지 않거나 최소한의 반응만 한다.

② 지속적인 사회적, 정서적 장애가 다음 중 최소 2가지 이상 나타난다.

> • 다른 사람에 대하여 최소한의 사회적·정서적 반응만 보인다.
> • 긍정적인 정서가 제한적으로 나타난다.
> • 양육자와의 비위협적인 상호작용 중에 이유 없이 짜증, 슬픔, 공포를 나타낸다.

③ 불충분한 양육의 극단적인 형태를 경험하였다는 것이 다음 중 1가지 이상으로 나타난다.

> • 위안, 자극, 애정에 대한 기본적인 욕구가 양육자에 의하여 지속적으로 결핍되어 사회적 방임이나 박탈의 형태로 나타난다.
> • 주된 양육자가 자주 바뀜으로 인하여 안정된 애착을 형성할 기회가 극히 제한된다.
> • 선택적인 애착을 형성할 기회가 극히 제한된 비정상적인 환경에서 양육된다.

④ 진단기준 ③의 불충분한 양육이 진단기준 ②의 장애 행동을 초래하는 것으로 추정된다.
⑤ 진단기준이 자폐 스펙트럼 장애에 해당하지 않아야 한다.
⑥ 장애는 아동의 연령 5세 이전에 시작된 것이 명백하다.
⑦ 아동의 발달 연령은 최소 9개월 이상이어야 진단이 가능하다.

03 치료
① 아동과 양육자의 애착관계를 개선하는 데 초점이 맞춰지고 있다. 아동에게 정서적으로 애정과 관심을 기울일 수 있는 한 명의 양육자를 제공하는 것이 필수적이다.
② 아동이 흥미를 느끼며 쉽게 몰입할 수 있는 놀이 치료가 효과적이다.

4 적응 장애

01 임상적 특징
① 주요한 생활 사건에 대한 적응 실패로 나타나는 정서적 또는 행동적 증상을 말한다.
② 모든 연령대에서 다양한 증상이 일어난다. 성인에게는 우울, 불안이 혼합되고, 사회적, 직업적 기능장애가 일어날 수 있으며, 노인들은 신체 증상이 흔하게 발병된다.
③ 성인의 경우에는 여성이 남성보다 유병률이 2배 높고, 아동 및 청소년의 경우에는 남녀의 유병률이 같다.
④ 모든 연령대에서 발병 가능하지만 청소년에게서 가장 흔히 진단되며, 독신 여성이 적응 장애의 위험도가 가장 높은 것으로 알려진다.

02 DSM-5 진단기준

① 분명히 확인될 수 있는 심리적 스트레스 사건에 대한 반응으로 부적응 증상이 나타나야 하며, 부적응 증상이 스트레스 사건이 발생한 3개월 이내에 나타나야 한다.

② 그러한 부적응 증상이 환경적 맥락과 문화적 요인을 고려할 때 스트레스 사건의 강도에 비하여 현저하게 심한 것이어야 한다.

③ 적응 문제로 인하여 개인이 심각한 고통을 느끼거나 중요한 삶의 영역에서 기능 장애가 나타나야 한다.

④ 개인이 나타내는 부적응 증상이 다른 정신장애의 진단기준에 해당되지 않아야 한다.

03 치료 : 심리치료가 가장 널리 사용된다. 스트레스 요인이 사라지면 증상이 감소하는 경우가 대부분이므로, 일반적인 지지적 심리치료가 가장 많이 사용된다.

5 탈억제 사회유대감 장애

01 임상적 특징

① 양육자의 애착 외상을 경험한 아동이 누구든지 낯선 성인에게 아무 주저 없이 과도한 친밀감을 표현하며 접근하는 경우를 말한다.

② 애착 장애처럼 양육자로부터 학대나 방임을 당한 동일한 경험을 지니고 있으며, 위축된 반응 대신에 무분별한 사회성과 과도한 친밀감을 나타내는 부적응 행동을 나타낸다.

③ 생후 9개월 이상의 아동에게 진단되고, 적어도 5세 이전에 발병하며 자폐 스펙트럼 장애에 해당되지 않는다.

02 DSM-5 진단기준

① 아동이 낯선 사람에게 적극적으로 접근하여 상호작용하려는 행동이 다음 중 2가지 이상 나타난다.

> • 낯선 성인에게 접근하거나 상호작용하는 데 주저함이 없다.
> • 지나치게 친밀한 언어적 또는 신체적 행동을 한다.
> • 낯선 상황에서도 주변을 탐색·경계하는 정도가 떨어지거나 부재한다.
> • 낯선 성인을 망설임 없이 기꺼이 따라 나선다.

② 진단기준 ①의 행동이 충동성에 국한되지 않고, 사회적 탈억제 행동을 포함한다.

③ 불충분한 양육의 극단적인 형태를 경험하였다는 것이 다음 중 1가지 이상으로 나타난다.

> • 위안, 자극, 애정에 대한 기본적인 욕구가 양육자에 의하여 지속적으로 결핍되어 사회적 방임이나 박탈의 형태로 나타난다.
> • 주된 양육자가 자꾸 바뀜으로 인하여 안정된 애착을 형성할 기회가 극히 제한된다.
> • 선택적인 애착을 형성할 기회가 극히 제한된 비정상적인 환경에서 양육된다.

④ 진단기준 ③의 불충분한 양육이 진단기준 ①의 장애 행동을 초래하는 것으로 추정된다.

⑤ 장애가 현재까지 12개월 이상 지속된다.

⑥ 아동의 발달 연령은 최소 9개월 이상이어야 진단 가능하다.

03 치료 : 반응성 애착 장애와 비슷하게 한 명의 양육자와 친밀한 애착관계를 형성하는 데 초점을 맞춘다.

11 신체 증상 및 관련 장애

신체 증상 및 관련 장애 하위 장애에는 신체 증상 장애, 질병불안 장애, 전환 장애, 허위성 장애가 있다.

 **TIP** 신체 증상 및 관련 장애의 하위 유형

하위 장애	핵심 증상
신체 증상 장애	1가지 이상의 신체적 증상에 대한 과도한 집착과 건강 염려를 한다.
질병불안 장애	자신이 심각한 질병에 걸렸다는 과도한 집착과 공포를 가진다.
전환 장애	신경학적 손상을 암시하는 운동기능과 감각기능의 이상을 보인다.
허위성 장애	환자 역할을 하기 위하여 신체적, 심리적 증상을 의도적으로 만들어내거나 위장한다.

1 신체 증상 장애

01 임상적 특징

① 1가지 이상의 신체적 증상을 고통스럽게 호소하거나 그로 인하여 일상생활이 현저하게 방해받는 경우를 말한다.

② 전형적으로 다양한 신체 증상을 호소한다. 심각한 질병과 관련되지 않은 정상적인 신체 감각도 불편감을 호소하는 경우가 흔하다.

③ 질병과 관련된 과도한 걱정을 한다.

④ 일반적으로 사회경제적 지위와 교육 수준이 낮거나 도시보다 시골에 거주하는 사람에게 흔히 나타나는 경향이 있다.

02 DSM-5 진단기준

신체 증상에 대한 과도한 사고, 감정 또는 행동이나 증상과 관련된 과도한 건강 염려가 다음 3가지 중 1가지 이상의 방식으로 나타난다.

① 자신이 지닌 증상의 심각성에 대하여 과도한 생각을 지속적으로 지닌다.

② 건강이나 증상에 대하여 지속적으로 높은 수준의 불안을 나타낸다.

③ 이러한 증상과 건강 염려에 대하여 과도한 시간과 에너지를 투여한다.

03 치료

① 신체 증상 장애는 치료하기 매우 어려운 장애로 알려져 있으며 치료 효과가 입증된 치료방법도 없다. 그러나 다각적인 심리치료적 노력을 통하여 호전될 수 있다.

② 스트레스를 줄이고 이에 잘 대처할 수 있도록 도와야 하며, 환자의 가족이나 주변 사람들의 협조를 구하는 것이 중요하다.

③ 신체화 장애를 직접적으로 치료하는 약물은 없다.

2 질병불안 장애

01 임상적 특징

① 질병불안 장애는 자신이 심각한 질병에 걸렸다는 집착과 공포를 나타내는 경우를 말하며, '건강 염려증'이라고 불리기도 한다.

② 병원을 돌아다니는 의료 쇼핑을 하면서 자신의 신체를 반복적으로 점검하는 '진료 추구형'과 반대로 의학적 진료를 하지 않으려는 '진료 회피형'으로 구분한다.

③ 질병불안 장애의 유병률은 남자와 여자가 비슷하며, 어느 연령에서나 시작될 수 있으나 초기 청소년기에 가장 흔히 나타난다.

④ 질병불안 장애가 만성적인 경과를 나타내기 때문에 성격 특성의 일부라는 주장도 제기된다.

⑤ 의학적 상태가 실재하여도 진단할 수 있다.

02 DSM-5 진단기준

① 심각한 질병을 지녔다는 생각에 과도하게 집착하는 것이다.

② 신체적 증상이 존재하지 않아도 존재하더라도 그 강도가 경미하여야 한다.

③ 건강에 대한 불안 수준이 높으며, 개인적 건강상태에 관한 사소한 정보에도 쉽게 놀란다.

④ 건강과 관련된 과도한 행동(질병의 증거를 찾기 위한 반복 검사 등)이나 부적응적 회피 행동(의사와의 면담 약속의 회피 등)을 나타낸다.

⑤ 질병 집착은 적어도 6개월 이상 지속되어야 하며 두려워하는 질병이 이 기간 동안에 변화하여야 한다.

⑥ 질병불안 장애는 의학적 진료를 추구하는 유형과 회피하는 유형으로 세분화될 수 있다.

03 원인과 치료

(1) 정신분석적 입장

① 실망하고, 상처받고 버림받고, 사랑받지 못함에 대한 분노가 기인한다고 본다.

② 고통스러운 생각과 분노 감정을 외부에 토로하지 못하고 신체에 대한 과도한 관심으로 나타내며, 매우 낮은 자기존중감과 무가치감에 시달린다.

③ 자신이 가치 없는 존재라고 느끼기보다 신체적 이상이 있다고 여기는 것이 더 견딜 만하기 때문에 신체적 건강에 집착하게 된다.

(2) 행동주의적 입장 : 조건형성의 원리를 통하여 설명한다.

(3) 인지행동 치료의 입장 : 질병불안 장애의 치료에는 인지행동 치료와 스트레스 관리 훈련이 효과적이라는 보고가 있다. 또한, 의사가 자세한 설명을 통하여 환자를 안심시키는 것이 효과적이라고 보고되고 있다.

① 신체적 감각을 질병과 관련하여 해석한 내용을 확인한다.
② 특정 신체 부위에 주의를 집중하여 유사한 질병불안 장애상이 생겨나는 과정을 체험한다.
③ 의사나 병원에 방문하여 질병을 확인한다.

3 전환 장애

01 임상적 특징
① 주로 신경학적 손상을 시사하는 1가지 이상의 신체적 증상을 나타내는 경우를 말한다.
② 과거에 '히스테리'라고 불렸으며, 프로이트가 정신분석학을 발전시키는 계기가 된 장애이기도 하다.
③ 전환 장애라는 명칭은 심리적 갈등이 신체적 증상으로 전환되어 나타난 것이라는 의미를 내포하고 있다.
④ 운동기능의 이상, 감각기능의 이상, 갑작스러운 신체적 경련이나 발작의 3가지 증상이 복합적으로 나타나는 경우이다.
⑤ 전환 증상은 비교적 짧은 기간 지속되며, 입원한 환자들 대부분 2주 이내에 완화되지만 1년 이내에 20~25%가 재발된다.

02 DSM-5 진단기준
① 수의적 운동기능이나 감각기능에 영향을 미치는 1가지 이상의 증상이 있다.
② 증상과 확인된 신경학적 또는 의학적 상태 간의 불일치를 보여주는 인상적인 증거가 있다.
③ 증상이 다른 신체적 질병이나 정신장애로 더 잘 설명되지 않는다.
④ 증상이 임상적으로 현저한 고통을 초래하거나 일상생활의 중요한 적응 기능에 현저한 장애를 나타내야 한다.

03 원인과 치료

(1) 정신분석적 입장

① 프로이트는 전환 장애가 무의식적인 생각이나 감정을 표현하려는 욕구와 그것을 표현하는 것에 대한 두려움을 타협함으로써 생긴다고 보았다.

② 오이디푸스 시기에 생기는 수동적인 성적 유혹과 관련되어 있다고 보았다.

(2) 행동주의 입장 : 충격적 사건이나 정서적 상태 후에 생기는 신체적 변화나 이상이 외부적으로 강화된 것이라고 본다.

(3) 생물학적 입장 : 뇌의 손상이나 기능 이상 때문이라고 한다.

(4) 치료적 입장

① 치료할 때는 전환 증상을 유발한 충격적인 스트레스 사건을 확인하고, 이러한 부정적 상황이 지속될 경우에는 이를 제거하도록 노력하여야 한다.

② 최면 치료가 적용되기도 한다.

4 허위성 장애

01 임상적 특징

① 환자의 역할을 하기 위하여 신체적 또는 심리적 증상을 의도적으로 만들어내거나 위장하는 경우를 말한다.

② 현실적 이득(경제적 보상, 법적 책임의 회피 등)이 없음이 분명하며, 다만 환자 역할을 하려는 심리적 욕구에 기인한 것으로 추정될 때 진단된다.

③ 신체적 증상을 위장한다는 점에서 '뮌하우젠 증후군'이라고도 한다.

 TIP **뮌하우젠 증후군**

> 실제로는 앓고 있는 병이 없는데도 아프다고 거짓말을 일삼거나 자해를 하여 타인의 관심을 끌려는 정신질환을 말한다.

④ 지속적으로 피학적 또는 자기파괴적 행동을 나타내는데, 여성에게 많고 성인기 초기에 발생한다.

⑤ DSM-5 진단기준에서는 '스스로에게 부과된 인위성 장애', '타인에게 부과된 인위성장애'로 구분한다.

02 DSM-5 진단기준

① 분명한 속임수와 관련되어 신체적 또는 심리적인 징후나 증상을 조작하거나, 상처나 질병을 유도한다.

② 다른 사람에게 자기 자신이 아프거나 장애가 있거나 부상당한 것처럼 표현한다.

③ 명백한 외적 보상이 없는 상태에서도 기만적 행위가 분명하다.

④ 행동이 망상 장애나 다른 정신병적 장애와 같은 다른 정신질환으로 더 잘 설명되지 않는다.

03 원인과 치료

① 어린 시절 부모로부터 무시, 학대, 버림받음 등의 경험이 있는 경우가 흔하다.

② 아동, 초기 청소년기에 실제 병으로 입원하여 누군가의 돌봄으로 회복된 경험이 있을 때 허위성 장애를 보인다.

③ 환자가 나타내는 증상이 허위성 장애임을 빨리 인식하여 환자가 고통스러운 절차를 밟지 않도록 치료한다.

④ 스스로 허위 증상을 인정하도록 하는 것이 치료의 핵심이다.

12 급식 및 섭식 장애

급식 및 섭식 장애 하위 장애에는 신경성 식욕부진증, 신경성 폭식증, 폭식 장애, 이식증, 반추 장애, 회피적/제한적 음식섭취 장애가 있다.

 **급식 및 섭식 장애의 하위 유형**

하위 장애	핵심 증상
신경성 식욕부진증	체중 증가와 비만에 대한 두려움 때문에 음식 섭취를 감소, 거부함으로 인하여 체중이 비정상적으로 저하된 상태이다.
신경성 폭식증	짧은 시간 내에 많은 양을 먹는 폭식 행동과 체중 증가를 막기 위하여 구토 등의 반복적인 배출 행동을 하는 행위이다.
폭식 장애	신경성 폭식증과 마찬가지로 폭식 행동을 나타내지만 배출 행동을 하지 않으며 과체중이나 비만의 문제를 지니게 된다.
이식증	먹으면 안 되는 것(종이, 머리카락, 흙 등)을 습관적으로 먹는 행동이다.
반추 장애	음식물을 반복적으로 되씹거나 토해내는 행동이다.
회피적/제한적 음식섭취 장애	심각한 체중 저하가 나타나도록 지속적으로 음식을 먹지 않는 행동이다.

1 신경성 식욕부진증

01 임상적 특징

① 체중 증가와 비만에 대한 극심한 두려움 때문에 음식 섭취를 현저하게 줄이거나 거부함으로써 체중이 비정상적으로 저하되는 경우를 말한다.

② 음식 섭취를 거부한다는 의미에서 '거식증'이라고 불리기도 한다.

③ 신경성 식욕부진증은 90% 이상이 여성에게서 나타나고, 특히 청소년기(10대 후반)에 발생 비율이 높다.

④ 외모가 중시되는 직업군에서 발병률이 높으며, 신체를 왜곡하여 지각한다.

⑤ 음식 거부로 인하여 영양 부족 및 심각할 경우에는 사망에 이를 수도 있다.

02 DSM-5 진단기준

① 필요한 것에 비하여 음식 섭취(또는 에너지 주입)를 제한함으로써 나이, 성별, 발달 수준과 신체 건강에 비추어 현저한 저체중 상태를 초래한다.

② 심각한 저체중임에도 불구하고 체중 증가와 비만에 대한 극심한 두려움을 지니거나 체중 증가를 방해하는 지속적인 행동을 나타낸다.

③ 체중과 체형을 왜곡하여 인식하고, 체중과 체형이 자기 평가에 지나친 영향을 미치거나 현재 나타내고 있는 체중 미달의 심각함을 지속적으로 부정한다.

03 치료

① 영양실조 상태에서는 합병증의 위험이 있으므로 입원 치료를 권하며, 음식 섭취를 통하여 체중을 늘린다.

② 인지행동적 기법을 통하여 신체상에 대한 둔감화와 비합리적 신념과 왜곡된 사고를 수정한다.

③ 개인 치료뿐 아니라 가족 치료를 병행하는 것이 바람직하다.

2 신경성 폭식증

01 임상적 특징

① 짧은 시간 내에 많은 양을 먹는 폭식 행동과 체중 증가를 막기 위하여 구토 등의 보상 행동이 반복되는 경우를 말한다.

② 보통 사람들이 먹는 것보다 훨씬 많은 양의 음식을 단기간에 먹으며, 폭식 행동을 조절할 수 없게 된다.

③ 폭식 후의 보상 행동으로 이뇨제, 설사제, 관장약 등을 사용한다.

④ 신경성 식욕부진증의 삽화와 겹치지 않아야 하며, 일반적으로 청소년기 혹은 성인기 초기에 시작된다.

⑤ 신경성 폭식증 환자들은 정상 체중을 유지한다는 점에서 신경성 식욕부진증과 차이가 있다.

⑥ 우울증을 동반하며, 대체적으로 섭식 장애가 선행한다.

⑦ 긴장감, 무기력감, 실패감, 자기비하적 생각을 많이 하며 자해나 자살 기도를 하는 경우도 있다. 성격적 문제, 대인 관계의 어려움, 충동 통제의 어려움, 약물 남용의 문제도 동반된다.

⑧ 자기 평가에서 체형과 체중을 지나치게 강조하며, 이러한 요인이 자존감을 결정하는 데 있어 가장 중요하다.

⑨ 신경성 식욕부진증이 신경성 폭식증으로 바뀌기도 하지만, 그 반대의 경우는 매우 드물다.

⑩ 폭식 행동은 주로 밤에 혼자 있을 때, 스트레스를 받았을 때 나타난다.

02 DSM-5 진단기준

① 반복적인 폭식 행동이 일정 시간(2시간 이내) 나타나야 한다.

② 스스로 유도한 구토 또는 설사제, 이뇨제, 관장약, 기타 약물의 남용 또는 금식이나 과도한 운동과 같이 체중 증가를 억제하기 위한 반복적이고 부적절한 보상 행동이 나타난다.

③ 폭식 행동과 부적절한 보상 행동 모두 평균적으로 적어도 1주일에 1회 이상 3개월 동안 일어나야 한다.

④ 체형과 체중이 자기 평가에 과도한 영향을 미쳐야 한다.

⑤ 이상의 문제 행동들이 신경성 식욕부진증에 나타나는 것이 아니어야 한다.

03 치료

① 초기 목표는 폭식-배출 행동의 악순환을 끊고 섭식 행동을 정상화하는 것이다.

② 우울증과 같은 2차적 치료도 시도한다.

③ 심한 우울증이나 경계선 성격장애가 있으며, 입원 치료도 고려한다.

 TIP **폭식증에 대한 인지행동치료 4요소**

- 음식을 먹은 후 토하는 등의 배출 행위를 하지 못하게 한다.
- 인지적 재구성을 통하여 음식과 체중에 대한 비합리적인 신념과 태도를 확인하고 도전한다.
- 신체적 둔감화, 몸에 대한 긍정적 평가법을 사용한다.
- 영양 상담을 통하여 건강하고 균형적인 섭식 행동을 유도한다.

3 폭식 장애

01 임상적 특징

① 폭식을 일삼으면서 자신의 폭식에 대하여 고통을 경험하지만 음식을 토하는 등의 보상 행동은 나타내지 않는 경우를 말한다.

② 엄격한 절식에 대한 반작용으로 나타날 수 있다.

02 DSM-5 진단기준

① 반복적인 폭식 행동이 일정 시간 동안(2시간 이내) 나타나야 한다.

② 대부분의 사람이 유사한 상황에서 일정한 시간 동안 먹는 것보다 분명하게 많은 양의 음식을 먹는다.

③ 폭식 행동 동안 먹는 것에 대한 조절능력의 상실감(먹는 것을 멈출 수 없으며, 무엇을 또는 얼마나 많이 먹어야 할 것인지를 조절할 수 없다는 느낌)을 느낀다.

④ 폭식 행동을 나타낼 때 다음 3가지 이상의 증상과 관련이 있어야 한다.

> • 정상보다 더 빨리 많이 먹는다.
> • 불편할 정도로 포만감을 느낄 때까지 먹는다.
> • 신체적으로 배고픔을 느끼지 않을 때에도 많은 양의 음식을 먹는다.
> • 너무 많은 양을 먹음으로 인한 당혹감 때문에 혼자 먹는다.
> • 먹고 나서 자신에 대한 혐오감, 우울감 또는 심한 죄책감을 느낀다.

⑤ 폭식 행동에 대한 현저한 고통을 느끼고, 평균적으로 1주일에 1회 이상 3개월 동안 나타나야 한다.

⑥ 폭식 행동이 신경성 폭식증의 경우처럼 부적절한 보상 행동과 함께 나타나지 않아야 한다.

03 원인과 치료

① 스트레스 및 우울, 분노, 불안 등의 부정적 정서가 폭식 행동을 촉진하는 것으로 알려졌다. 폭식이 위안을 주고 혐오적 자극으로부터 주의 전환을 할 수 있게 해 준다.

② 인지행동 치료, 대인관계 심리치료, 그리고 약물 치료가 효과적인 것으로 알려져 있다.

③ 대인관계 심리치료는 가족이나 친구와의 관계에 초점을 맞추어 갈등 영역을 찾아내고 대인 행동을 변화시키도록 돕는다.

④ 항우울제를 사용하는 약물 치료도 폭식 행동의 감소에 도움이 될 수 있다.

4 이식증

01 임상적 특징

① 영양분이 없는 물질이나 먹지 못하는 것(종이, 천, 흙, 머리카락 등)을 적어도 1개월 이상 지속적으로 먹는 경우를 말한다.

② 섭취하는 물질은 나이에 따라 다양하다. 유아와 어린 아동은 전형적으로 종이, 헝겊, 머리카락, 끈, 회반죽, 흙 등을 먹고, 아동은 동물의 배설물, 모래, 곤충, 나뭇잎, 자갈 등을 먹는다.

③ 가정의 경제적 빈곤, 부모의 무지와 무관심, 아동의 발달 지체와 관련되는 경우가 많다.

02 DSM-5 진단기준

① 적어도 1개월 동안 비영양성·비음식 물질을 지속적으로 먹는다.

② 비영양성·비음식 물질을 먹는 것이 발달 수준에 부적절하다.

③ 먹는 행동이 문화적으로 허용된 습관이 아니다.

④ 먹는 행동이 다른 정신장애의 기간 중에만 나타난다면, 이 행동이 별도의 임상적 관심을 받아야 할 만큼 심각한 것이어야 한다.

03 원인과 치료

① 정신분석적 입장에서는 충족되지 않은 구순기의 욕구를 반영한다고 본다.

② 이식증 아동의 가정은 심리적 스트레스 수준이 높다는 연구 보고가 있다.

③ 이식증은 영양 결핍, 특히 철분 결핍에 의하여 유발될 수 있다는 주장도 있다.

④ 부모와 아동에게 치료에 관한 교육이 중요하다. 아동에게 먹는 것에 대한 관심을 갖게 하며 부족한 영양분 보충 및 적절한 식생활 교육이 필요하다.

5 반추 장애

01 임상적 특징

① 음식물을 반복적으로 토해내거나 되씹는 행동을 1개월 이상 나타내는 경우를 말한다.

② 위장 장애나 뚜렷한 구역질 반응이 없는 상태에서 부분적으로 소화된 음식을 입 밖으로 뱉어내거나 되씹은 후 삼키는 행동을 한다.

③ 반추 장애를 지닌 사람들은 작은 노력으로도 소화된 음식을 쉽게 토해낸다.

02 DSM-5 진단기준

① 적어도 1개월 동안 음식물의 반복적인 역류와 되씹기 그리고 뱉어내는 행동을 한다.

② 장애 행동은 위장 상태 또는 일반적인 의학적 상태로 인한 것이 아니다.

③ 장애 행동은 신경성 식욕부진증, 신경성 폭식증, 폭식 장애, 회피적/제한적 음식섭취 장애의 경과 중에만 발생하지 않는다.

④ 만약 이 증상이 정신지체 또는 광범위성 발달장애의 경과 중에만 발생한다면, 별도로 임상적 관심을 받아야 할 만큼 심각한 것이어야 한다.

03 원인과 치료

① 부모의 무관심, 정서적 자극의 결핍, 스트레스가 많은 생활환경, 부모와 아동관계의 갈등이 주요한 유발 요인으로 알려져 있다.

② 반추 장애는 아동의 생명을 위협하는 장애가 될 수 있으므로 영양학적 개입과 행동 치료를 통하여 신속하게 치료하는 것이 중요하다.

6 회피적/제한적 음식섭취 장애

01 임상적 특징

① 심각한 체중 감소가 있지만 음식 섭취에 관심이 없거나 회피하고, 먹더라도 제한적으로 나타나는 경우를 말한다.

② 흔히 아동에게 나타나면 먹는 동안 달래기가 어렵고, 정서적으로 무감각하거나 위축되어 있으며 발달 지체를 보이는 경우가 많다.

02 DSM-5 진단기준

① 섭식 또는 급식 장애가 지속적으로 나타나며 다음 중 1가지 이상과 연관이 있어야 한다.

> • 심각한 체중 감소   • 심각한 영양 결핍
> • 위장과 급식 또는 영양 보충제 의존   • 정신사회적 기능 장애

② 이 장애는 음식을 구할 수 없는 상황 또는 문화적인 관행으로 설명되지 않는다.

③ 신경성 식욕부진증이나 신경성 폭식증의 경과 중 나타나는 것이 아니고, 체중이나 체형에 관한 장애의 증거가 없다.

④ 섭식 장애는 동반되는 다른 의학적 상태로 인한 것이 아니고, 다른 정신장애로 더 잘 설명되지 않는다.

⑤ 섭식 장애가 다른 증상 또는 장애와 관련하여 발생한다면, 추가적으로 임상적 진단이 필요하다.

03 원인과 치료

① 부모와 아동의 상호작용 문제(공격적이거나 배척적인 태도로 부적절하게 음식을 주거나, 유아의 음식 거부에 대하여 신경질적으로 반응하는 경우)가 유아의 급식문제를 일으키거나 악화시킬 수 있다.

② 아동이 냄새, 질감, 풍미 등으로 인하여 음식을 거부할 수 있다.

③ 음식을 먹는 것에 대한 강요나 압력, 음식에 대한 부정적 경험이 장애가 된다.

④ 음식의 다양성을 꾀하고 음식 섭취에 대한 긍정적이고 지지적인 반응이 중요하다.

13 수면-각성 장애

수면-각성 장애 하위 장애에는 불면 장애, 과다수면 장애, 기면증(수면발작증), 호흡 관련 수면 장애, 일주기 리듬 수면-각성 장애, 수면이상증, 초조성 다리증후군이 있다.

 **TIP 수면-각성 장애의 하위 유형**

하위 장애		핵심 증상
불면 장애		자고자 하는 시간에 잠을 이루지 못하거나 밤중에 자주 깨어 1개월 이상 수면 부족상태가 지속된다.
과다수면 장애		충분히 수면을 취하였음에도 불구하고 졸린 상태가 지속되거나 지나치게 많은 잠을 자게 된다.
기면증(수면발작증)		낮에 갑자기 근육이 풀리고 힘이 빠지면서 참을 수 없는 졸림으로 인하여 부적절한 상황에서 수면상태에 빠지게 된다.
호흡 관련 수면 장애		수면 중 자주 호흡 곤란이 일어나서 수면에 방해를 받게 된다.
일주기 리듬 수면-각성 장애		평소의 수면 주기와 맞지 않는 수면 상황에서 수면 곤란을 경험하게 된다.
수면 이상증	비REM수면 각성장애	수면 중에 잠자리에서 일어나 걸어다니거나 강렬한 공포를 느껴 자주 잠에서 깨어나게 된다.
	악몽 장애	수면 중에 공포스러운 악몽을 꾸게 되어 자주 깨어나게 된다.
	REM수면 행동장애	REM수면 단계에서 소리를 내거나 옆사람을 다치게 할 수 있는 움직임을 반복적으로 나타낸다.
초조성 다리증후군		수면 중 다리에 불쾌한 감각을 느끼며 다리를 움직이고자 하는 충동을 반복적으로 느끼게 된다.

1 불면 장애

01 임상적 특징

잠을 자고 싶어도 잠을 이루지 못하는 날들이 지속되고, 이로 인하여 낮 동안의 활동에 심각한 장애를 받게 되는 경우이다. 대부분 심리적 압박감을 느끼는 시기에 불면증이 갑자기 시작되며, 나이가 많아질수록 증가 경향이 있고 여성에게 더 흔하다.

02 DSM-5 진단기준

① 수면을 시작하거나 유지하는 데 어려움을 겪거나 이른 아침에 깨어 잠들지 못하는 어려움으로 인하여 수면의 양과 질에 대한 현저한 불만족을 경험하여야 한다.

② 수면 장애가 매주 3일 이상의 밤에 3개월 이상 나타나서 심각한 고통을 겪거나 일상생활의 중요한 영역에 손상이 초래될 경우에 불면 장애로 진단되며, 불면 장애 또는 불면증은 그 양상에 따라 크게 3가지 유형으로 구분된다.

> • 수면시각 불면증 : 30분 이상 잠자리에 누워 잠들기 어려움
> • 수면 중에 잠을 자주 깨며 다시 잠들기 어려움
> • 수면종료 불면증 : 예상한 기상시간보다 일찍 잠에서 깨어 잠을 이루지 못함

03 치료

약물 치료로 벤조디아제핀계 항불안제가 주로 사용되는데, 이 약물은 불안과 흥분상태를 감소시키고 졸음을 유도한다.

 **TIP** **불면증에 대한 인지행동 치료**

유형	내용
수면 위생	숙면을 취할 수 있는 환경과 습관을 교육한다. 소음, 불빛, 환경을 조성한다.
자극 통제	수면을 유도하는 자극과 수면의 연합을 형성하고 강화한다.
긴장 이완 훈련	불면을 초래하는 높은 각성과 긴장 상태를 낮춘다.
인지적 재구성	수면을 방해하는 부정적 신념과 생각을 긍정적으로 대처한다.

2 과다수면 장애

01 임상적 특징

① 불면 장애와 반대로 과도한 졸림으로 인하여 일상생활에 어려움을 겪는 경우이다.

② 야간 수면시간이 9~12시간 이상임에도 아침에 깨어나기 힘들어 하며, '잠에 취한 상태'가 지속된다.

③ 흔히 게으름이나 무기력으로 오인되어 사회적, 가족적 관계가 손상될 수 있다.

02 DSM-5 진단기준

① 과다수면 장애는 최소한 7시간 이상의 수면을 취하였음에도 불구하고 과도한 졸음을 보고하며, 다음 중 1가지 이상의 증상을 나타낸다.

> • 같은 날에 반복적으로 자거나 잠에 빠져드는 일이 발생한다.
> • 매일 9시간 이상 지속적으로 잠을 잔다(밀린 잠을 자는 경우가 아님).
> • 갑작스럽게 깨어난 후에 충분히 각성상태에 이르지 못한다.

② 과도한 졸음이 매주 3일 이상 나타나고 3개월 이상 지속되어 일상생활에 현저한 부적응이 초래될 때 과다수면 장애로 진단될 수 있다.

03 원인과 치료

① 정신적, 육체적 만성피로, 스트레스, 체력 저하, 수면 무호흡증과 같은 신체적 질병일 경우가 있다.

② 정확한 검사와 진단이 필요하고 적절한 약물치료를 시행한다.

3 기면증(수면발작증)

01 임상적 특징

① 주간에 깨어 있는 상태에서 갑자기 저항할 수 없는 졸음을 느껴 수면에 빠지게 되는 경우를 말한다.

② 수면발작 상태에서는 흔히 짧은 시간 동안 격렬한 감정(분노, 흥분, 놀람, 환희 등)을 경험한 후에 갑자기 근육의 긴장이 풀리며 주저앉을 것 같은 상태인 탈력발작이 일어난다.

> **TIP** **수면발작 vs 탈력발작**
>
> • 수면발작 : 낮에 갑작스럽게 심한 졸음을 느끼며 자신도 모르게 잠에 빠진다.
> • 탈력발작 : 크게 웃거나 화를 내거나 흥분하는 등의 격렬한 감정 변화를 느끼고 난 후에 갑자기 운동 근육이 이완되어 쓰러질 것 같은 상태로 몇 초에서 몇 분간 지속된다.

③ 잠에서 깨어나는 과정에서 REM수면이 반복적으로 나타나며, 수면이 시작되거나 끝날 때 환각을 경험하거나 수면 마비가 나타날 수 있다.

02 DSM-5 진단기준 : 증상이 3개월 이상 지속적으로 일어나서 일상생활의 적응에 현저한 곤란을 초래한다.

03 원인과 치료

① 일반적으로 유전적 요인이 강하게 작용하는 것으로 보인다.

② 기면증을 나타내는 사람의 35~80%는 가족 중에 기면증이나 과다수면 장애를 지닌 것으로 보고된다.

③ 2역치 다중요인 모델 : 유전적 요인과 환경적 스트레스가 상호 작용하여 수면발작을 초래한다는 설명이다.

④ 약물 치료를 통하여 각성 수준의 증가를 꾀하고, 식이요법, 운동, 심리 치료를 실시한다.

4 호흡 관련 수면 장애

01 임상적 특징

① 수면 중의 호흡 장애로 인하여 과도한 졸음이나 불면증이 유발되는 경우를 말한다.

② 호흡 장애로 인한 수면 중에 규칙적인 호흡이 어렵거나 한동안 호흡이 멈춰지는 현상이 나타나는데, 이때 잠에서 깨어나게 된다.

③ 호흡 장애에는 크게 3가지 유형이 있다.

유형	내용
폐쇄성 수면 무호흡증 및 호흡저하증	수면 도중에 기도가 막혀 5번 이상의 무호흡증이나 호흡저하증이 반복적으로 나타나는 경우로서 가장 흔하다.
중추성 수면 무호흡증	기도의 막힘은 없으나 신경학적 질환이나 심장 질환 등으로 인하여 수면 중에 5번 이상의 호흡 정지가 나타나는 경우를 말한다.
수면 관련 환기저하증	수면 중에 호흡 기능이 저하되면서 동맥의 이산화탄소 수준이 증가하는 현상으로, 대부분 체중이 무거운 사람에게 나타나며 과도한 졸음이나 불면증을 호소한다.

02 DSM-5 진단기준

(1) 폐쇄성 수면 무호흡증 및 호흡저하증

① 수면 다원검사에서 수면시간당 적어도 5회 이상의 폐쇄성 무호흡이나 저호흡이 나타나며, 다음 중 1가지 이상의 수면 증상이 있다.

> • 야간 호흡 장애 : 코골이, 거친 콧숨/헐떡임 또는 수면 중 호흡 정지
> • 충분한 수면을 취하였음에도 주간 졸림, 피로감

② 동반된 증상과 관계 없이 수면 다원검사에서 확인된 수면시간당 15회 이상의 폐쇄성 무호흡 또는 저호흡을 나타낸다.

(2) 중추성 수면 무호흡증

① 수면 다원검사에서 수면시간당 5회 이상의 중추성 무호흡이 존재한다.
② 다른 수면 장애로 더 잘 설명되지 않는다.

(3) 수면 관련 한기저하증

① 수면 다원검사에서 이산화탄소 농도의 상승과 연관된 호흡저하 삽화들이 나타난다.
② 장애가 현재의 다른 수면 장애로 더 잘 설명되지 않는다.

03 원인과 치료

① 수면 중에 호흡을 원활하게 함으로써 치료될 수 있다.
② 잠을 자는 자세를 변화시키거나 호흡 기능을 억제하는 요인을 제거하거나 과체중일 때 체중을 감소시키도록 한다.

5 일주기 리듬 수면-각성 장애

01 임상적 특징

① 수면-각성 주기의 변화로 인하여 과도한 졸음이나 불면이 반복되는 경우를 말한다.
② 환경에 의하여 요구되는 수면-각성 주기와 개인의 일주기 수면-각성 주기의 부조화로 인하여 과도한 졸음이나 불면이 반복되고 지속되는 경우이다.

③ 이러한 수면문제로 인하여 현저한 고통을 느끼거나 사회적, 직업적 부적응이 나타날 때 일주기 리듬 수면-각성 장애로 진단된다.

02 DSM-5 진단기준 : 일주기 리듬 수면-각성 장애는 5가지 유형으로 구분된다.

유형	내용
지연된 수면단계형	개인의 수면-각성 주기가 사회적으로 요구되는 것보다 지연되는 경우
조기 수면단계형	개인의 수면-각성 주기가 사회적으로 요구되는 것보다 앞서 있는 경우
교대 근무형	교대 근무에 의하여 요구되는 수면-각성 주기와 개인의 수면-각성 주기가 불일치하는 경우
불규칙한 수면-각성형	수면-각성 주기가 일정하지 못해도 하루에도 여러 번 낮잠을 자고 밤에 주된 수면을 취하지 않는다. 하지만 24시간 내의 수면시간의 총합은 연령대에서 정상 시간에 해당한다.
비24시간 수면-각성형	개인의 수면-각성 주기가 24시간 환경과 일치하지 않아서 잠들고 깨어나는 시간이 매일 지속적으로 늦어지는 경우

03 원인과 치료

① 정상적인 환경에서 일주기 리듬을 조정하여 적응하는 능력이 약한 것으로 알려져 있다.

② 청소년의 경우에는 지연된 수면단계형 유병률이 약 7%이고, 야간 교대 근무자의 경우에는 유병률이 약 60%라는 보고가 있다.

③ 2~3일 동안 밝은 빛에 노출시킴으로써 수면 단계에 변화를 주는 '광 노출 치료'가 있다.

6 수면 이상증 (1) 비REM수면 각성장애

01 임상적 특징

① 주된 수면시간의 첫 1/3 기간에 수면에서 불완전하게 깨어나는 경험을 반복한다.

② 주된 증상에 따라 수면 중 보행형과 수면 중 경악형으로 구분된다.

유형	내용
수면 중 보행형 (몽유병)	• 수면 중 일어나 걸어다니는 일이 반복되는 경우로, '몽유병'이라고도 한다. • 깨어났을 때 대부분 보행에 대한 기억을 하지 못한다. • 아동의 10~30%는 적어도 한 번 이상 수면 중 보행을 나타낸다. • 4~8세 사이에 처음 반응을 보이다가 12세 무렵에 가장 높은 빈도를 나타낸다. • 수면 중 보행은 사춘기 이전에 발병률이 높고, 그 이후로 감소하는 것으로 보아 중추 신경계의 성숙과 관련 있는 것으로 보인다.

유형	내용
수면 중 경악형 (야경증)	• 수면 중에 심장이 빨리 뛰고 호흡이 가쁘고 진땀을 흘리는 등 자율 신경계의 흥분과 강렬한 공포를 느껴 잠이 깨는 병으로, '야경증'이라고도 한다. • 수면 중 경악 상태에서 비명을 지르거나 울면서 갑자기 침대에서 일어나 놀란 표정과 심한 불안 증상을 나타낸다. • 다양한 원인에 의하여 생기는 것으로 여겨진다. • 공포증, 우울증, 불안 장애 같은 심리적 문제를 보이는 경향이 높으며, 치료를 위하여 침실이 안전하다는 것을 구체적으로 확신시킨다.

02 DSM-5 진단기준

① 주된 수면 삽화의 초기 1/3 동안 발생하며, 잠에서 불완전하게 깨는 반복적인 삽화가 있고, 몽유병이나 야경증을 동반한다.

② 꿈을 전혀 또는 거의 기억하지 못한다.

③ 삽화를 기억하지 못한다.

④ 삽화가 사회적·직업적 또는 다른 중요한 기능 영역에서 임상적으로 유의미한 고통이나 손상을 초래한다.

⑤ 장애가 물질의 생리적 효과로 인한 것이 아니고, 공존하는 정신질환과 의학적 장애로 설명할 수 없다.

7 수면 이상증 (2) 악몽 장애

01 임상적 특징

① 주된 수면시간 동안이나 낮잠을 자는 동안에 생존, 안전, 자존감의 위협과 같은 무서운 꿈을 꾸게 되어 잠에서 깨어나는 일이 반복되는 경우를 말한다.

② 무서운 꿈에서 깨어난 후, 신속하게 정상 회복하고 대부분 꿈의 내용을 상세하게 기억한다.

③ 악몽에서 깨어났을 때 자율 신경계의 각성 상태를 나타낸다. 악몽 상태에서는 신체를 움직이거나 소리를 지르는 경우는 드물지만, 악몽이 종결되면서 깨어날 때 비명을 지르거나 손발을 휘젓는 일이 잠시 나타날 수 있다.

④ 심각한 심리사회적 스트레스에 노출된 사람에게서 나타나기 쉽다.

⑤ 성인의 경우에는 매우 내성적인 성격을 지닌 사람에게 잘 나타나는 경향이 있고, 우울과 불안 증상을 함께 지니고 있는 경우가 많다.

⑥ 전쟁 후나 극심한 충격과 같은 외상 경험 후에 잘 발생하는 경향이 있다.

⑦ 고열이 나는 경우나 REM수면 억제제를 갑자기 끊는 경우에도 발생할 수 있다.

02 DSM-5 진단기준

① 대개 생존, 안전, 신체적 온전함에 대한 위협을 피하고자 노력하는 광범위하고 극도로 불쾌하며 생생하게 기억나는 꿈들의 반복적 발생이 일반적으로 야간 수면시간의 후기 1/2 동안 일어난다.

② 불쾌한 꿈으로부터 깨어나면 빠르게 지남력을 회복하고 각성한다.

 **TIP** 지남력

> 현재 자신이 놓여 있는 상황을 올바르게 인식하는 능력을 말한다.

③ 수면 교란이 사회적·직업적 또는 다른 중요한 기능 영역에서 임상적으로 유의미한 고통이나 손상을 초래한다.

④ 악몽 증상이 물질의 생리적 효과로 인한 것이 아니고, 공존하는 정신질환과 의학적 장애가 악몽에 대한 호소를 충분히 설명할 수 없다.

8 수면 이상증 (3) REM수면 행동장애

01 임상적 특징

① 수면 중 소리를 내거나 옆사람을 다치게 할 수 있는 복잡한 동작의 행동을 반복적으로 나타내며 깨어나는 경우를 말한다.

② 수면 중에 격렬하게 움직이거나 옆에서 자는 사람을 치기도 하며 침대에서 뛰어 내리다가 본인이 다치기도 한다. 이러한 행동은 REM수면단계에서 나타나는데, 수면이 시작된 후 90분 이후에 자주 나타나며 수면의 후반부에 더 흔하게 나타난다.

③ 꿈을 꾸는 동안에도 소리를 지르고 주먹으로 때리고 발로 차는 등 꿈속의 행동을 실제로 행하게 되는 것으로 추정하고 있다.

02 DSM-5 진단기준

① 발성 및 복합 운동 행동과 관련된 수면 중 각성의 반복적인 삽화가 나타난다.

② 행동들은 REM수면 중 발생하므로, 적어도 수면 개시 후 90분 이후에 발생하며 수면 후반부에 빈번하다.

③ 삽화로부터 깨어날 때, 개인은 완전히 깨어나고 명료하며 혼돈되거나 지남력을 상실하지 않는다.

④ 다음 중 1가지에 해당한다.

> • 수면 다원검사 기록상, 무긴장증이 없는 REM수면이다.
> • REM수면 행동장애의 과거력 및 확정된 시누클레인에 의한 신경퇴행성 질환의 진단이다.

⑤ 행동들은 사회적·직업적 또는 다른 중요한 기능 영역에서 임상적으로 유의미한 고통이나 손상을 초래한다.

⑥ 장애는 물질의 생리적 효과나 다른 의학적 상태로 인한 것이 아니고, 공존하는 정신질환 및 의학적 장애로 설명할 수 없다.

9 초조성 다리증후군

01 임상적 특징

① 수면 중에 다리가 불편하거나 불쾌한 감각 때문에 다리를 움직이고 싶은 충동을 느끼는 경우를 말하며, '하지불안 증후군'으로 불리기도 한다.

② 잠을 자거나 휴식하는 중에 다리나 신체 일부에 무언가가 기어가는 듯한 간지럽고 불쾌한 감각을 느끼게 되어 다리나 몸을 움직이고 싶은 충동을 느끼게 된다.

③ 증상으로 인하여 잠을 계속적으로 방해받게 되면 수면의 질이 낮아질 뿐만 아니라 낮의 기능 수준이 저하될 수 있다.

02 DSM-5 진단기준

① 대개 다리에 불편하고 불쾌한 감각을 동반하거나, 이에 대한 반응으로 다리를 움직이고 싶은 충동이 다음 내용을 모두 충족한다.

> • 다리를 움직이고 싶은 충동이 쉬고 있거나 활동을 하지 않는 동안에 시작되거나 악화된다.
> • 다리를 움직이고 싶은 충동이 움직임에 의하여 부분적으로 또는 완전히 악화된다.
> • 다리를 움직이고 싶은 충동이 낮보다 저녁이나 밤에 악화되거나 저녁이나 밤에만 발생된다.

② 진단기준 ①의 증상이 일주일에 적어도 3회 이상 발생하고, 3개월 이상 지속된다.

③ 진단기준 ①의 증상이 사회적·직업적·교육적·학업적·행동적 또는 다른 중요한 기능 영역에서 유의미한 고통이나 손상으로 초래한다.

④ 진단기준 ①의 증상이 약물의 생리적 효과나 다른 의학적 상태로 인한 것이 아니고, 공존하는 정신질환 및 의학적 장애로 설명할 수 없다.

03 원인과 치료

① 생물학적 입장에서는 수면 중의 도파민 저하로 유발할 수 있다고 주장하고 있다.

② 환자의 상당수가 철분을 투여하였을 때 호전을 보였다는 연구 결과에 근거하여 철분 부족이 유발에 관여하는 것으로 추정되고 있다.

14 물질 관련 및 중독 장애 (1) 개요

1 물질 관련 및 중독 장애의 특징

① 물질 관련 및 중독 장애는 술, 담배, 마약과 같은 중독성 물질을 사용하거나 중독성 행위에 몰두함으로써 생겨나는 다양한 부적응적 증상을 포함하고 있다.

② 부적응적 증상으로는 내성이 생겨 금단증상이 일어나게 되고, 물질 사용을 중단하거나 조절하려고 하여도 뜻대로 되지 않는다.

③ 신체적, 정신적, 가정적, 사회적, 직업적으로 다양한 손상을 입는다.

④ 스트레스를 받는 사회경제적 조건에서 발생 비율이 높으며, 물질 사용이 보상을 줄 것이라는 기대감 때문에 사용이 증가한다.

⑤ 물질 사용 장애의 원인으로는 다른 사람들에 비하여 높은 의존성, 반사회성 중독성, 물질에 대한 긍정적 기대와 신념 등이 있다.

⑥ 신경전달물질인 도파민이 보상 중추를 계속 자극하여 중독을 더욱 강화하는데, 도파민이 부족해지면 보상결핍 증후군이 나타나게 된다.

⑦ 크게 물질 관련 장애와 비물질 관련 장애로 구분된다.

2 물질 관련 및 중독 장애의 종류

01 물질 관련 장애

① 물질 사용 장애와 물질 유도성 장애로 구분되는데, 어떤 물질에 의하여 부적응 문제가 생겨났느냐에 따라 10가지 유형으로 구분된다.

② 알코올, 타바코, 카페인, 대마계의 칸나비스, 환각제, 흡입제, 아편류, 진정제, 수면제 또는 항불안제, 흥분제, 기타 물질이 있으며, 물질별로 구체적인 진단이 가능하다.

③ 물질 사용 장애에는 물질 의존과 물질 남용이 있다.

④ 물질 유도성 장애는 과도한 또는 지속적인 물질 복용으로 인하여 파생된 부적응적인 행동 변화로, 다양한 양상이 있으며 물질에 따라 다른 증상이 나타난다.

02 비물질 관련 장애 : 도박 장애만이 분류되어 있는데, 도박 행동이 12개월 이상 지속되고 심각한 적응문제와 고통을 경험하는 장애를 말한다.

TIP  물질 관련 및 중독 장애의 하위 유형

하위 장애			핵심 증상
물질 관련 장애		물질 사용 장애	술, 담배, 마약과 같은 중독성 물질을 사용하거나 중독성 행위에 몰두함으로써 생겨나는 다양한 부적응적 증상이다.
	물질 유도성 장애	물질 중독	특정 물질의 과도한 복용으로 인하여 일시적으로 나타나는 부적응적 증상이다.
		물질 금단	물질 복용의 중단으로 인하여 일시적으로 나타나는 부적응적 증상이다.
		물질/약물 유도성 정신장애	물질 남용으로 인하여 일시적으로 나타나는 정신장애 증상이다.
비물질 관련 장애	도박 장애		심각한 부적응 문제를 유발하는 지속적인 도박 행동이다.

15 물질 관련 및 중독 장애 (2) 유형

1 물질 관련 장애 (1) 알코올

01 알코올 사용 장애

① 과도한 알코올 사용으로 인하여 발생하는 부적응적 문제를 말한다.

② 가정의 경제적 곤란, 자녀들에 대한 나쁜 영향 등 가족의 기능장애를 초래하게 되어 사고, 비행, 자살 등 사회문제를 일으키는 직접적인 동기가 된다.

③ 옐리그네는 알코올 의존이 단계적으로 발전하는 장애로 4단계의 과정을 제시하였다.

단계	내용
전 알코올 증상 단계	사교적 목적으로 음수를 시작하여 즐기는 단계
전조 단계	술에 대한 매력이 증가하면서 점차로 음주량과 음주 빈도가 증가하는 시기
결정적 단계	음주에 대한 통제력을 서서히 상실하게 되는 단계
만성 단계	알코올에 대한 통제력을 완전히 상실하게 되는 단계(내성, 금단)

④ 알코올은 모르핀, 마약류 등과 같은 진정제이다.

02 알코올 유도성 장애

① 알코올의 섭취나 사용으로 인하여 나타나는 부적응적인 후유증을 말한다.

② 알코올 중독, 알코올 금단, 알코올 물질/유도성 정신장애의 다양한 하위 유형으로 구분된다.

하위 장애	핵심 증상
알코올 중독	과도하게 알코올을 섭취하여 심하게 취한 상태에서 부적응적 행동이 생기는 상태이다.
알코올 금단	지속적으로 사용하던 알코올을 중단하였을 때 여러 가지 신체적, 생리적, 심리적 증상이 나타나는 상태이다.
알코올 물질/유도성 정신장애	알코올 사용으로 인한 증상의 특성에 따라 다양한 하위 유형이 있다. 예 알코올 유도성 기억장애, 알코올 유도성 불안장애, 알코올 유도성 성 기능 장애, 알코올 유도성 치매, 알코올 유도성 기분장애(우울 장애), 알코올 불안장애(공포증, 공황장애 등), 알코올 유도성 수면장애 등

03 원인

(1) 생물학적 입장

① 알코올 의존 환자들이 유전적 요인이나 알코올 신진대사에 신체적인 특성을 지닌다고 본다.

② 알코올 의존자의 가족이나 친척 중에는 알코올 의존자가 많다는 것이 자주 보고된다.

(2) 정신분석적 입장

① 알코올 중독자들은 심리성적 발달과정에서 유래한 독특한 성격 특성을 갖고 있다.

② 자극 결핍이나 자극 과잉으로 인하여 구순기에 고착된 구강기 성격을 지니고 있으며, 의존적이고 피학적이며 위장된 우울증을 지니고 있다는 주장이다.

③ 물질 남용자들은 가혹한 초자아와 관련된 심각한 내면적 갈등을 지니고 있으며, 이러한 긴장, 불안, 분노를 회피하기 위하여 알코올이나 약물을 사용한다는 주장이 있다.

2 물질 관련 장애 (2) 타바코

01 특징

① 타바코는 중독성 물질인 니코틴을 함유하는 여러 종류의 담배를 포함하고 있다.

② 타바코 관련 장애는 타바코의 사용으로 인하여 발생되는 다양한 심리적 장애를 말하는데, 크게 타바코 사용 장애와 타바코 금단으로 분류된다.

③ 담배를 처음 피우면 기침, 구토, 어지러움 등을 유발하지만 담배에 내성에 생기면 이러한 증상이 사라지고 적당한 각성 효과를 얻기 위하여 더 많은 담배를 피워야 한다.

④ 오랫동안 피워온 담배를 끊으면 불쾌감, 우울감, 불면, 불안, 집중력 저하 등의 금단증상이 나타난다.

⑤ 장기간의 니코틴 섭취로 인하여 니코틴에 대한 내성과 금단현상을 비롯한 여러 가지 문제가 발생하여 일상생활에 부적응이 나타난다.

TIP 흡연행위의 심리적 원인

- 타인과 함께 있을 때 담배를 피우는 '사회형'
- 자극을 위하여 담배를 피우는 '자극형'
- 편안함을 위하여 담배를 피우는 '긴장 이완형'
- 부정적 감정을 느낄 때 담배를 피우는 '감정 발산형'
- 혼자 있을 때 담배를 피우는 '고독형'
- 사회적 능력이나 자신감을 증가시키기 위하여 담배를 피우는 '자신감 증진형'
- 담배 피우는 동작과 감각에서 즐거움을 느끼는 '감각 운동형'
- 식욕 억제를 위하여 담배를 피우는 '음식 대체형'
- 자각 없이 담배를 피우는 '습관형'

02 원인과 치료

① 생물학적 원인 : 니코틴 일정효과이론, 니코틴 조절이론

② 행동주의 입장 : 즉시적인 긍정적 효과가 흡연행위를 강화시킨다고 본다.

③ 치료 : 니코틴 대체치료, 다중 양식적 치료, 최면 치료 등

- 니코틴 대체치료 : 니코틴이 들어있는 껌, 패치로 대체한다.
- 다중 양식적 치료 : 금연의 동기를 강화시키고 그 구체적 계획을 스스로 작성하며, 인지 행동적 기법을 통하여 금연 계획을 실행에 옮기게 한다.

③ 물질 관련 장애 (3) 기타 물질

01 카페인 관련 장애

① 카페인이 포함된 음료나 약물을 장기간 섭취하면 내성이 생기고 금단현상도 나타나는 등의 의존성이 생긴다.

② 카페인으로 인한 내성과 금단현상은 물질 사용 장애의 진단기준에 해당될 만큼 현저한 부적응을 초래하지 않는 것으로 알려져 있다.

02 칸나비스 관련 장애

① 칸나비스는 식물 대마초로부터 추출된 물질로, 한국어로는 '대마계 제제'라고 한다.

② 대마의 잎과 줄기를 건조시켜 담배로 만든 것이 '대마초', 즉 '마리화나'이다.

③ 하시시(Hashish)는 대마 잎의 하단부와 상단부에서 스며 나온 진액을 건조한 것으로, 마리화나보다 훨씬 강력한 효과를 나타낸다.

④ 대마계 관련 장애는 대마계 물질이나 화학적으로 유사한 합성물질에 대한 의존과 중독 현상을 말한다.

03 환각제 관련 장애

① 환각제는 환각 효과를 나타내는 다양한 물질들을 말한다. 펜시클리딘, LSD, 암페타민류, 항콜린성 물질 등이 이에 속한다.

② 환각제는 주로 경구 투여되며 주사제로도 사용된다.

③ 환각제를 사용하면 시각이나 촉각이 예민해지는 등 감각기능이 고양되고, 신체상과 시공간지각이 변화되며, 현실 감각의 상실, 감정의 격변, 공감각(음악소리가 색깔로 보이는 등의 감각 변형현상) 등을 경험하게 된다. 또한 잊었던 어린 시절의 기억이 회상되고, 종교적 통찰의 느낌과 신체로부터 이탈되는 경험이나 외부세계로 함입되는 느낌을 갖게 되고 의식의 확장이나 황홀경을 경험하게 된다.

④ 환각제 유도성 장애로는 환각제 중독과 환각제 지속적 지각장애가 대표적이다.

⑤ 환각제는 불안, 우울, 공포, 피해망상, 판단력 장애와 더불어 다양한 신체적 부작용을 유발하여 결과적으로 심각한 부적응 상태를 초래하게 된다.

04 흡입제 관련 장애

① 흡입제는 환각을 유발할 수 있는 다양한 휘발성 물질을 의미하며, 주로 코를 통하여 체내로 유입된다.

② 본드, 부탄가스, 가솔린, 페인트 시너, 분무용 페인트, 니스 제거제, 고무시멘트, 세척제, 구두약 등의 종류가 있다.

③ 흡인된 대부분의 화학물질은 정신활성 효과를 유발할 수 있는 물질의 복합체이다.

05 아편류 관련 장애

① 아편은 양귀비라는 식물에서 채취되는 진통 효과를 지닌 물질로, 의존과 중독현상을 나타내는 대표적인 마약이다.

② 아편과 유사한 화학적 성분이나 효과를 나타내는 물질들을 '아편류'라고 하는데, 천연 아편류(모르핀), 반합성 아편류, 모르핀과 유사한 작용을 하는 합성 아편류(코데인, 하이드로모르핀 메시돈, 옥시코돈, 메페리딘, 펜타닐)를 포함한다.

③ 아편류는 진통제, 마취제, 설사 억제제, 기침 억제제로 처방되고, 적절한 의학적인 목적 이외의 사용은 법적으로 허용되지 않고 있다.

④ 헤로인은 가장 흔하게 남용되는 약물이다. 정제된 헤로인은 주사를 통하여 사용되며, 때로는 흡연을 하거나 코로 흡입하기도 한다.

06 자극제 관련 장애

① 자극제는 암페타민과 코카인을 비롯한 중추 신경계를 자극하는 물질을 의미한다.

② 암페타민은 초기에는 천식 치료제로 사용되었으나, 오늘날은 과잉활동을 수반하는 주의력 결핍 아동의 치료에 사용하기도 한다.

③ 적은 양의 암페타민은 각성 수준과 심장 박동을 증가시키며 식욕을 감퇴시키고 유쾌감과 자신감을 높여 주는 효과를 나타낸다. 그러나 많은 양을 복용하면 안절부절못하며 두통, 현기증 및 불면이 초래된다. 때로는 의심이 많아지고 적대적이 되어 타인에게 공격적 행동을 하는 경우도 있다.

07 진정제 수면제 또는 항불안제 관련 장애

① 진정제, 수면제, 항불안제는 벤조디아제핀 계열의 약물, 카바메이트 제제, 바비튜레이트와 그 유사 수면제를 포함한다.

② 알코올처럼 뇌기능 억제제이고 알코올과 유사한 문제를 일으킬 수 있다.

③ 알코올과 혼합되어 고용량이 사용될 경우에는 치명적일 수 있다.

④ 비물질 관련 장애 – 도박 장애

01 임상적 특징

① 화투나 게임 등을 비롯하여, 경마, 경륜, 슬롯머신과 같은 도박성 게임이 오락의 한 형태로 많은 사람들이 즐기고 있다.

② 무기력감을 느끼거나 흥분을 얻으려고 더 많은 액수로 도박을 하며, 도박을 줄이거나 멈추고자 할 때 금단증상과 내성, 의존성으로 불안감과 짜증을 경험한다.

③ 흥분이나 쾌감 등을 얻기 위하여 점점 더 많은 돈으로 도박하는 내성을 보여서 자칫 경제적 파산과 가정 파탄을 초래하는 비참한 상태로 전락하기 쉽다.

④ 돈을 딸 수 있다는 낙관주의적 자세를 보인다.

⑤ 도박을 할 때 도파민의 작용이 활성화되고, 충동적이며 새로운 자극을 추구하려는 특성을 가진다.

⑥ 합법적인 도박뿐만 아니라 인터넷이나 스마트폰 등을 사용한 불법 도박도 심각한 사회 문제를 일으킨다.

02 치료

① 도박 장애의 증세가 심각하거나 자살에 대한 위험성이 있으면 입원 치료를 하여야 한다.

② 도박 장애는 원인의 다양성만큼이나 치료법도 다양하게 제시되고 있다.

③ 도박 장애는 치료가 매우 어렵고 재발률도 높은 편이다.

④ 정신역동적 치료에서는 도박에 자꾸 빠져들게 하는 무의식적인 동기에 대한 통찰을 유도함으로써 도박 행동을 감소시키고자 한다.

⑤ 약물 치료로 클로피라민이나 세로토닌 억제제가 병적 도박에 효과적이라는 주장이 있다.

⑥ 집단 치료와 단도박 모임(GA ; Gamblers Anonymous)도 도움이 될 수 있다. 단도박 모임은 병적 도박자들이 도박을 끊고 이를 유지하고 극복하도록 돕는 자조집단이다.

16 신경인지 장애

신경인지 장애는 뇌 손상으로 인하여 의식, 기억, 언어, 판단 등의 인지적 기능에 심각한 결손이 나타나는 장애를 말한다.

TIP 신경인지 장애의 하위 유형

하위 장애	핵심 증상
섬망	의식이 혼미하고 주의집중 및 전환능력이 현저하게 감소되며, 인지기능에 일시적 장애가 나타나는 경우이다.
주요 신경인지 장애	1가지 이상의 인지적 영역에서 과거의 수행 수준에 비하여 심각한 인지적 저하가 나타나는 것이다.
경도 신경인지 장애	주요 신경인지 장애에 비하여 증상의 심각도가 경미한 경우를 말한다.

1 섬망

01 임상적 특징

① 의식이 혼미하고 주의집중 및 전환능력이 현저하게 감소하며, 기억, 언어, 현실 판단 등의 인지기능에 일시적인 장애가 나타난다.

② 핵심 증상은 주의 저하와 각성 저하이다.

③ 단기간 발생하는데, 심해지면 하루 중에 그 심각도가 변동한다.

④ 물질 사용이나 신체적 질병과 같은 다양한 원인에 의하여 나타난다.

⑤ 노년기에 흔히 나타나는 인지 장애의 하나로, 의식이 혼미해지고 현실 감각이 급격히 혼란되어 시간과 장소에 대한 인지 장애가 나타나며, 주위를 알아보지 못하고 헛소리를 하거나 손발을 떠는 증상이 나타난다.

02 DSM-5 진단기준

① 주의 장애와 의식 장애가 주된 특징이다.

② 장애는 단기간에 걸쳐 발생하고, 기저 상태의 주의와 의식으로부터 변화를 보이며, 하루 중 심각도가 변하는 경향이 있다.

③ 기억 결손, 지남력 장애, 언어, 시공간 능력 또는 지각과 같은 부가적 인지 장애가 발생한다.

④ 진단기준 ①과 ②의 장애는 다른 신경인지 장애로 더 잘 설명되지 않고, 혼수와 같은 각성 수준이 심하게 제한된 상황에서 일어나지 않는다.

2 주요 신경인지 장애

01 임상적 특징

① 1가지 이상의 인지적 영역에서 과거의 수행 수준에 비하여 심각한 인지적 저하가 나타나는 경우를 말한다.

② 인지적 저하는 본인이나 주변 사람들 또는 임상가에 의하여 인식될 수 있으며, 표준화된 신경심리검사를 통하여 평가될 수 있다.

③ 인지적 손상으로 일상생활을 독립적으로 영위하기 힘들 경우에 주요 신경인지 장애로 진단된다.

④ 알츠하이머, 뇌혈관 질환, 충격에 의한 뇌 손상, HIV감염, 파킨슨병 등과 같은 다양한 질환에 의하여 유발될 수 있다.

02 DSM-5 진단기준

① 이전의 수행 수준에 비하여 1가지 이상의 인지 영역에서 인지 저하가 현저하다는 증거가 다음에 근거한다.

> • 환자 또는 환자를 잘 아는 사람이 현저한 인지기능의 저하를 걱정한다.
> • 인지 수행의 현저한 손상이 표준화된 신경심리검사 또는 다른 정량적 임상평가에 의하여 입증된다.

② 인지 결손은 독립적인 일상활동을 방해한다.

③ 인지 결손은 섬망만 있는 상황에서 발생하는 것이 아니고, 다른 정신질환으로 더 잘 설명되지 않는다.

④ 병인에 따라 알츠하이머병, 전두측두엽 변성, 외상성 뇌 손상, 물질/치료약물의 사용, 파킨슨병, 다른 의학적 상태, 다중 병인 등으로 명시한다.

3 경도 신경인지 장애

01 임상적 특징

① 주요 신경인지 장애에 비하여 증상의 심각도가 경미한 경우를 말한다.

② 인지적 손상으로 일상생활을 독립적으로 영위할 수 있는 능력이 저하되지 않은 상태이다.

③ DSM-IV는 치매였던 사람에게 DSM-5에서는 심각도에 따라 경도 또는 주요 신경인지 장애로 지칭되었다.

④ 노년기에 나타나는 가장 대표적인 정신장애로, 기억력 및 언어기능, 운동기능이 저하되고 물체를 알아보지 못하며, 일상생활에 필요한 여러 가지 적응능력이 전반적으로 손상된다.

02 DSM-5 진단기준

① 이전의 수행 수준에 비하여 1가지 이상의 인지 영역에서 인지 저하가 경미하게 있다는 증거가 다음에 근거한다.

> • 환자 또는 환자를 잘 아는 사람이 현저한 인지기능의 저하를 걱정한다.
> • 인지 수행의 현저한 손상이 표준화된 신경심리검사 또는 다른 정량적 임상평가에 의하여 입증된다.

② 인지 결손은 독립적인 일상활동을 방해하지 않는다.

③ 인지 결손은 섬망만 있는 상황에서만 발생하는 것이 아니고, 다른 정신질환으로 더 잘 설명되지 않는다.

④ 병인에 따라 알츠하이머병, 전두측두엽 변성, 외상성 뇌 손상, 물질/치료약물의 사용, 파킨슨병, 다른 의학적 상태, 다중 병인 등으로 명시한다.

 **TIP** 알츠하이머병으로 인한 신경인지 장애의 특징

> • 전형적 증상은 기억 상실인데, 기억 상실이 아닌 시공간적·논리적 결함을 띤 실어증의 변형이 나타나기도 하며 점진적으로 진행된다.
> • 진행과정에서 인지기능의 저하뿐만 아니라 성격 변화, 초조 행동, 우울증, 망상, 환각, 공격성 증가, 수면 장애 등의 정신행동 증상이 흔히 동반된다.
> • 말기에 이르면 경적, 보행 이상 등의 신경학적 장애 또는 대소변 실금, 감염, 욕창 등 신체적인 합병증까지 나타나게 된다.
> • 발병 연령에 따라 65세 미만에서 발병한 경우인 '조발성(초로기) 알츠하이머병'과 65세 이상에서 발병한 경우인 '만발성(노년기) 알츠하이머병'으로 구분한다.
> • 조발성은 비교적 진행 속도가 빠르고 언어기능의 저하가 초기에 나타나며, 만발성은 진행이 느리고 다른 인지기능에 비하여 기억력 손상이 두드러지는데 조발성보다 만발성이 더 빈번히 나타난다.
> • 알츠하이미병은 단백질의 일종인 베타 아밀로이드와 타우가 뇌에 과도하게 쌓여서 생기는 깃으로 알려진다.
> • 노인성 반점과 같은 구조적 변화가 관찰되고, 신경섬유 매듭이 정상발달 노인에 비하여 매우 많다.

17 성격 장애 (1) 개요

1 성격 장애의 임상적 특징

① 성격 장애는 어린 시절부터 서서히 형성되기 시작하여 청소년기 또는 성인기에는 고정된 양상으로 굳어지게 되어 안정적으로 지속되며 좀처럼 변하지 않는다.

② A군 성격장애인 편집성 성격장애, 조현성 성격장애, 조현형 성격장애는 기이하고 사회적으로 엉뚱하고 고립되어 있는 특성을 보인다.

③ B군 성격장애인 연극성 성격장애, 반사회성 성격장애, 경계선 성격장애, 자기애성 성격장애는 극적이고 감정적이며 변덕스러운 특성을 보인다.

④ C군 성격장애인 회피성 성격장애, 강박성 성격장애, 의존성 성격장애는 쉽게 불안해하고 근심이 많으며 무서움을 자주 느끼는 특성을 보인다.

⑤ 고정된 행동양식이 사회적, 직업적 그리고 다른 중요한 영역에서 임상적으로 심각한 고통이나 기능 장애를 초래한다.

⑥ 개인의 지속적인 내적 경험과 행동양식이 그가 속한 사회의 문화적 기대에서 심하게 벗어나야 한다.

2 성격 장애의 하위 유형

하위 장애		핵심 증상
A군 성격 장애	편집성 성격 장애	타인에 대한 강한 불안과 의심, 적대적 태도, 보복 행동
	조현성 성격 장애	관계 형성에 대한 무관심, 감정표현 부족, 대인관계 고립
	조현형 성격 장애	대인관계 기피, 인지적/지각적 왜곡, 기이한 행동
B군 성격 장애	반사회성 성격 장애	법과 윤리의 무시, 타인의 권리 침해, 폭력 및 사기 행동
	연극성 성격 장애	타인의 관심을 끌려는 행동, 과도하게 극적인 감정표현
	경계선 성격 장애	불안정한 대인관계, 격렬한 애증의 감정, 충동적 행동
	자기애성 성격 장애	웅대한 자기상, 찬사에 대한 욕구, 공감능력 결여
C군 성격 장애	강박성 성격 장애	완벽주의, 질서정연함, 절약에 대한 과도한 집착
	의존성 성격 장애	과도한 의존 욕구, 자기주장 결여, 굴종적 행동
	회피성 성격 장애	부정적 평가에 대한 예민성, 부적절감, 대인관계 회피

18 성격 장애 (2) A군 성격 장애

1 편집성 성격 장애(Paranoid personality disorder)

01 임상적 특징

① 타인에 대한 강한 불신과 의심을 지니고 적대적인 태도를 보이며, 주변 사람들과 친밀한 대인관계를 맺기 어렵고, 지속적인 갈등과 불화가 조장된다.

② 타인의 위협 가능성을 지나치게 경계하기 때문에 행동이 조심스럽고, 경계심이 많으며, 생각이 지나치게 복잡하다.

③ 겉으로는 객관적, 합리적, 정중한 모습이 나타나지만, 잘 따지고 고집이 세며 비꼬는 말을 잘하여 냉혹한 사람으로 비치기도 하고 타인을 믿지 않으며 혼자 일 처리를 한다.

④ 주변 사람과의 갈등으로 스트레스를 많이 경험하며, 우울증, 공포증, 강박 장애, 알코올 남용과 같은 정신장애를 나타낼 경우가 많다.

⑤ 조현병(분열형), 분열성, 자기애성, 회피성, 경계선 성격 장애의 요소를 함께 지니고 있는 경우가 많다.

⑥ 주로 아동기, 청소년기 때부터 징후를 보이며, 남성이 여성보다 더 많이 발병한다.

02 DSM-5 진단기준

① 충분한 근거 없이 타인이 자신을 착취하고, 해를 주거나 속인다고 의심한다.

② 친구나 동료의 성실성이나 신용에 대한 부당한 의심을 한다.

③ 정보가 자신에게 악의적으로 사용될 것이라는 부당한 공포 때문에 터놓고 이야기하기를 꺼린다.

④ 타인의 말이나 사건 속에서 자신을 비하하거나 위협하는 숨겨진 의미를 찾으려 한다.

⑤ 원한을 오래 품고 있고, 자신에 대한 모욕, 손상, 경멸을 용서하지 않는다.

⑥ 타인은 그렇게 생각하지 않지만 자신의 인격이나 명성이 공격당하였다고 인식하고 즉시 화를 내거나 반격한다.

⑦ 이유 없이 배우자나 성적 상대자의 정절에 대하여 반복적으로 의심한다.

2 조현성 성격 장애(Schizoid personality disorder)

01 임상적 특징

① 타인과의 친밀한 관계 형성에 무관심하며, 감정표현의 부족으로 사회적 적응에 현저한 어려움을 나타낸다.

② 가족을 제외한 극소수의 사람을 제외하면 친밀한 관계를 맺는 사람이 없으며 매우 단조롭고 메마르며, 무기력한 삶을 영위하는 경향이 있다.

③ 흔히 직업적 적응에 어려움을 겪게 되며, 대인관계를 요하는 업무엔 취약하고, 혼자서 하는 일에는 능력을 발휘하기도 한다.

④ 강한 스트레스가 주어지면 짧은 기간 동안 정신증적 증상을 나타내기도 하고, 망상장애나 정신분열증으로 발전되는 경우가 있다.

⑤ 우울증을 지니고 있는 경우가 흔하며, 조현형, 편집성, 회피성 성격장애의 요소를 함께 지니고 있는 경우가 많다.

02 DSM-5 진단기준

대인관계 상황에서 감정표현이 제한되어 있어 특성이 있는 초기부터 생활 전반에 나타나며, 다음의 특성 중 4개 이상의 항목을 충족시켜야 한다.

① 가족의 일원이 되는 것을 포함하여, 친밀한 관계를 원하지도 즐기지도 않는다.

② 거의 항상 혼자서 하는 활동을 선택한다.

③ 다른 사람과 성 경험을 갖는 일에 거의 흥미가 없다. 만약 있다고 하더라도, 소수의 활동에서만 흥미를 얻는다.

④ 직계 가족 이외에는 가까운 친구나 마음을 털어놓는 친구가 없다.

⑤ 타인의 칭찬이나 비평에 무관심해 보인다.

⑥ 정서적인 냉담, 무관심 또는 둔마된 감정을 보인다.

3 조현형 성격 장애(Schizotypal personality disorder)

01 임상적 특징

① 사회적으로 고립되어 있으며 기이한 생각이나 행동을 나타내어 사회적 부적응을 초래하는 성격 장애를 말한다.

② 조현성 성격장애와 유사한 특성을 갖고 있지만, 조현형이 '대인관계에 대한 불안감, 경미한 사고장애와 다소 기괴한 언행'을 나타낸다는 점에서 구분된다.

③ 이러한 특성이 성인기 초기에 시작되고 다양한 상황에서 나타나야 하며 심각한 스트레스를 받으면 일시적으로 정신증적 증상을 나타내기도 한다.

④ 친밀한 대인관계에 대한 현저한 불안감, 인간관계를 맺는 제한된 능력, 인지 및 지각적 왜곡, 기이한 행동 등을 보인다.

⑤ 위의 항목에 의하여 생활 전반에서 대인관계와 사회적 적응에 현저한 손상을 나타내야 한다.

02 DSM-5 진단기준

다음의 특성 중 5개 이상의 항목을 충족시켜야 한다.

① 관계 망상과 유사한 사고(분명한 관계 망상은 제외함)를 보인다.

② 행동에 영향을 미치는 괴이한 믿음이나 마술적 사고를 보인다.

③ 신체적 착각을 포함한 유별난 지각 경험이 있다.

④ 괴이한 사고와 언어를 사용한다.

⑤ 의심이나 편집증적인 사고를 보인다.

⑥ 부적절하거나 메마른 행동을 한다.

⑦ 괴이하고 엉뚱하거나 특이한 행동이나 외모이다.

⑧ 직계 가족 외에는 가까운 친구나 마음을 털어놓을 수 있는 사람이 없다.

⑨ 과도한 사회적 불안(친밀해져도 줄어들지 않으며 자신에 대한 부정적인 판단보다는 편집증적 공포와 연관되어 있음)이 있다.

19 성격 장애 (3) B군 성격 장애

1 반사회성 성격 장애(Antisocial personality disorder)

01 임상적 특징

① 자신의 쾌락과 이익을 위하여 수단과 방법을 가리지 않고, 사회 규범이나 법을 가리지 않는다.

② 무책임하고 폭력적인 행동을 반복하고 사회적 부적응을 초래한다. 충동적, 호전(好戰)적이어서 육체적 싸움이 잦으며, 배우자 또는 자녀를 구타하기도 하고, 가족 부양이나 채무 이행을 등한시한다.

③ 도시의 빈민층, 약물 남용자, ADHD 아동에게 나타날 경향이 크며, 청소년기에 품행 장애를 보일 수 있다.

④ 본인 스스로 치료를 하려는 동기는 거의 없다.

02 DSM-5 진단기준

① 타인의 권리를 무시하거나 침해하는 행동양식이 생활 전반에 나타난다.

② 이러한 특성이 15세부터 시작되어야 한다.

③ 다음 특성 중 3개 이상의 항목을 충족시켜야 한다.

> • 법에서 정한 사회적 규범을 준수하지 않으며, 구속당할 행동을 반복한다.
> • 개인의 이익이나 쾌락을 위한 반복적인 거짓말, 가명 사용 또는 타인을 속이는 사기 행동을 한다.
> • 충동적이며 미리 계획을 세우지 못한다.
> • 빈번한 육체적 싸움이나 폭력에서 호전성과 공격성이 드러난다.
> • 자신이나 타인의 안전을 무시하는 무모성이 있다.
> • 꾸준하게 직업활동을 수행하지 못하거나 채무를 이행하지 못하는 행동으로 나타나는 지속적인 무책임성이 있다.
> • 타인에게 상처를 입히거나 학대하거나 절도 행위를 하고도 무관심하거나 합리화하는 행동으로 나타나는 자책이 결여되어 있다.

② 연극성 성격 장애(Histrionic personslity disorder)

01 임상적 특징

① 타인의 애정과 관심을 끌기 위한 지나친 노력과 과도한 감정표현이 주된 특징으로, 희로애락의 감정 기복이 심하다.

② 원색적인 화려한 외모로 치장하여 이성을 유혹하려고 하며, 관계 지속 시에 지나치게 요구적이고 끊임없는 인정을 바란다.

③ 자신의 중요한 요구가 좌절되는 상황에서는 자살하겠다고 위협하거나 상식 밖의 무모한 행동을 하면서 타인을 조종하려는 모습을 보인다.

02 DSM-5 진단기준

성인기 초기에 시작되고, 지나친 감정표현과 관심 끌기의 행동이 생활 전반에 나타나는데, 다음 특성 중 5개 이상의 항목을 충족시켜야 한다.

① 자신이 관심의 초점이 되지 못하는 상황에서는 불편감을 느낀다.

② 다른 사람과의 관계에서 흔히 상황에 어울리지 않게 성적으로 유혹적이거나 도발적인 행동을 특징적으로 나타낸다.

③ 감정의 빠른 변화와 피상적 감정표현을 보인다.

④ 자신에게 관심을 끌기 위하여 지속적으로 육체적 외모를 활용한다.

⑤ 지나치게 인상적으로 말하지만 구체적 내용이 없는 대화 양식을 가지고 있다.

⑥ 자기 연극화, 연극조, 과장된 감정표현을 나타낸다.

⑦ 타인이나 환경에 의하여 쉽게 영향을 받는 피암시성이 높다.

⑧ 대인관계를 실제보다 더 친밀한 것으로 생각한다.

3 경계선 성격 장애(Borderline personality disorder)

01 임상적 특징

① 극단적인 심리적 불안정성이 가장 큰 특징이며, 강렬한 애정과 분노가 교차하는 불안정한 대인관계를 나타낸다.

② 심한 충동성을 보이며, 자살과 같은 자해적 행동을 반복적으로 나타내는 경향이 있다.

③ 특히 이성을 이상화하여 강렬한 애정을 느끼고, 급속하게 연인관계로 발전한다.

④ 심한 스트레스를 받을 시, 일시적으로 정신증적 증상을 나타내지만 오랫동안 지속되지 않는다.

⑤ 경계선(Borderline)은 '정신증과 신경증의 경계'라는 의미로, 정신증적 증상이 지속적이지는 않지만, 일시적인 현실 검증력이 저하되기도 한다.

⑥ 기분 장애, 공황 장애, 물질 남용, 충동통제 장애, 섭식 장애 등이 함께 나타나며, 기분 장애가 나타날 경우에는 자살 가능성이 높다.

02 DSM-5 진단기준

① 자아상 및 정서의 불안정성, 심한 충동성이 생활 전반에서 나타나야 한다.

② 특징적 양상은 성인의 초기에 시작된다.

③ 다양한 상황에서 일어나며, 다음의 특성 중 5가지 이상의 항목을 충족시켜야 한다.

> • 실제적인 또는 가상적인 유기(버림받음)를 피하기 위하여 필사적인 노력을 한다.
> • 극단적인 이상화와 평가 절하가 특징적으로 반복되는 불안정하고 강렬한 대인관계 양식이 있다.
> • 자아상이나 자기 지각의 불안정성이 심하고 지속적인 정체감 혼란이 있다.
> • 자신에게 손상을 줄 수 있는 충동이 적어도 2가지 영역에서 나타난다.
>   예 낭비, 성관계, 물질 남용, 무모한 운전, 폭식
> • 반복적인 자살 행동, 자살 시늉, 자살 위협, 자해 행동을 보인다.

> • 현저한 기분 변화에 따른 정서가 불안정하다.
> • 만성적이고 공허하다.
> • 부적절하고 심한 분노감을 느끼거나 분노를 조절하기 어렵다.
> • 스트레스와 관련된 망상적 사고나 심한 해리 증상이 일시적으로 나타난다.

❹ 자기애성 성격 장애(Narcissistic personality disorder)

01 임상적 특징

① 자신에 대한 과장된 평가로 인한 특권의식을 지니며, 타인에게 착취적이거나 오만한 행동을 나타내어 사회적 부적응을 초래한다.

② 공감능력이 결여되어 있으며, 이상과 현실의 차이가 크기 때문에 자주 상처를 입게 되고, 우울해지거나 분노를 느끼게 된다.

③ 사춘기에 흔하지만, 반드시 성격 장애로 발전하지는 않는다. 일명 '공주병', '왕자병'이라고도 한다.

 **TIP** **자기애성 성격의 구분(Wink, 1991)**

유형	내용
외현적 자기애	제3자가 객관적으로 관찰할 수 있을 정도로 자기애적 속성이 외적으로 드러난다. 자신만만하고, 외향적이며 타인의 반응을 무시하고 자기주장적인 모습을 보인다.
내현적 자기애	내면의 깊숙한 곳에 자기애적 속성을 지니고 있으며, 수줍고 내향적이며 타인의 반응에 민감하다.

02 DSM-5 진단기준

① 공상이나 행동에서의 웅대성, 칭찬에 대한 욕구, 공감의 결여가 생활 전반에 나타난다.

② 다음 특성 중 5개 이상의 항목을 충족한다.

> • 자신의 중요성에 대한 과장된 지각을 갖고 있다.
> • 무한한 성공, 권력, 탁월함, 아름다움 또는 이상적인 사랑에 대한 공상에 집착한다.
> • 자신이 특별하고 독특한 존재라고 믿으며, 특별하거나 상류층의 사람들만이 자신을 이해할 수 있고 또한 그런 사람들(혹은 기관)하고만 어울려야 한다고 믿는다.
> • 과도한 찬사를 요구한다.
> • 특권의식을 가진다.
> • 착취적 대인관계를 갖는다.
> • 감정이입 능력이 결여되어 있다.
> • 흔히 타인을 질투하거나 타인들이 자신에 대하여 질투하고 있다고 믿는다.
> • 거만하고 방자한 행동이나 태도를 보인다.

20 성격 장애 (4) C군 성격 장애

1 강박성 성격장애(Obsessive-compulsive personality disorder)

01 임상적 특징

① 지나치게 완벽주의적이고 세부적인 사항에 집착하며, 과도한 성취지향성과 인색함을 보인다.

② 효율적으로 일처리를 하거나 최선의 방법이 무엇인지 결정하는 데에 어려움을 느끼고 어떠한 것도 시작하지 못하여 자신과 주변 사람들을 고통스럽게 한다.

③ 제멋대로 충동적인 사람을 보면 분노를 느끼나 감정표현을 억제하고 자유로운 표현을 하는 사람과 함께 있을 때 불편해하는 경향이 있다.

02 DSM-5 진단기준

① 정리정돈, 완벽주의, 마음의 통제와 대인관계의 통제에 집착하는 행동 특성이 생활 전반에 나타난다.

② 이런 특성으로 인하여 융통성, 개발성, 효율성이 상실된다.

③ 성인기 초기에 시작된다.

④ 다음 중 4개 이상의 항목을 충족시켜야 한다.

> • 사소한 세부사항, 규칙, 목록, 순서, 시간 계획이나 형식에 집착하여 일의 큰 흐름을 잃는다.
> • 과제의 완수를 저해하는 완벽주의를 보인다.
> • 일과 생산성에만 과도하게 몰두하여 여가활동과 우정을 희생한다(분명한 경제적 필요성에 의한 경우가 아님).
> • 도덕, 윤리 또는 가치 문제에 있어서 지나치게 양심적이고 고지식하며 융통성이 없다(문화적 또는 종교적 배경에 의하여 설명되지 않음).
> • 닳고 무가치한 물건을 감상적 가치조차 없는 경우에도 버리지 못한다.
> • 자신이 일하는 방식을 그대로 따르지 않으면 타인에게 일을 맡기거나 같이 일하려 하지 않는다.
> • 자신과 타인 모두에게 구두쇠처럼 인색하며, 돈은 미래의 재난에 대비하여 저축해 두어야 하는 것으로 생각한다.
> • 경직성과 완고함을 보인다.

2 의존성 성격 장애(Dependent personality disorder)

01 임상적 특징

① 독립적인 생활을 하지 못하고 다른 사람에게 과도하게 의존하거나 보호받으려고 한다.

② 의존 상대로부터 버림받음에 대한 지속적 불안을 경험하며 지나친 의존 행동으로 상대방을 부담스럽게 한다.

③ 힘든 스트레스 상황에서 타인에게 매달리거나, 무기력해지며 눈물을 잘 흘린다.

④ 대인관계가 대체로 협소하며, 의지하는 몇 사람에게만 국한되는 경향이 있다.

⑤ 진단 시에는 사회문화적 요인을 고려하여야 한다. 어떤 사회에서는 의존 성향을 차별적으로 조장하거나 억제할 수 있기 때문이다.

⑥ 특히 경계선, 회피성, 연극성 성격장애와 함께 나타날 경향이 높다.

⑦ 기분 장애, 불안 장애, 적응 장애의 발병 위험률이 높다.

02 DSM-5 진단기준

① 보호받고 싶은 과도한 욕구로 복종적이고 매달리는 행동과 이별에 대한 두려움을 나타낸다.

② 아래와 같은 특성은 생활 전반에 나타난다.

③ 성인기 초기에 시작되며, 다음 중 5개 이상의 항목을 충족시켜야 한다.

> • 타인으로부터의 많은 충고와 보장 없이는 일상적인 일도 결정을 내리지 못한다.
> • 자기 인생의 매우 중요한 영역까지도 떠맡길 수 있는 타인을 필요로 한다.
> • 지지와 칭찬을 상실하는 것에 대한 두려움 때문에 타인에게 반대 의견을 말하기가 어렵다.
> • 자신의 일을 혼자 시작하거나 수행하기가 어렵다(동기나 활력이 부족하다기보다 판단과 능력에 대한 자신감이 부족하기 때문).
> • 타인의 보살핌과 지지를 얻기 위하여 무슨 일이든 다 할 수 있다. 심지어 불쾌한 일도 자원한다.
> • 혼자 있으면 불안하거나 무기력해진다. 그 이유는 혼자서 일을 감당할 수 없다는 과장된 두려움을 느끼기 때문이다.
> • 친밀한 관계가 끝났을 때 필요한 지지와 보호를 얻기 위하여 또 다른 사람을 급하게 찾는다.
> • 스스로 돌봐야 하는 상황에 버려지는 것에 대한 두려움 때문에 비현실적으로 집착한다.

3 회피성 성격 장애(Avoidant personality disorder)

01 임상적 특징

① 다른 사람과의 만남에 대한 불안과 두려움 때문에 사회적 상황을 회피한다.

② 내면으로는 애정에 대한 욕구가 있지만, 거절에 대한 두려움으로 인하여 심리적인 긴장 상태 속에서 불안, 슬픔, 좌절, 분노 등의 부정적 감정을 만성적으로 지닌다.

③ 흔히 기분 장애나 불안 장애를 동반하며, 사회 공포증과 매우 유사하다.

④ 회피성 성격장애는 사회 공포증에 비하여 회피 행동이 어린 시절부터 시작되고, 분명한 유발사건을 찾기 어려우며, 비교적 일정한 경과를 나타낸다.

02 DSM-5 진단기준

① 사회적 억제, 부적절감, 부정적 평가에 대한 과민성 등의 특징을 지니며, 성인 초기에 시작되어 여러 상황에서 나타난다.

② 다음 중 4개의 항목을 충족시켜야 한다.

- 비난, 꾸중 또는 거절이 두려워서 대인관계가 요구되는 직업활동을 피한다.
- 호감을 주고 있다는 확신이 서지 않으면 사람과의 만남을 피한다.
- 창피와 조롱을 당할까 두려워서 대인관계를 친밀한 관계에만 제한한다.
- 사회적 상황에서 비난당하거나 거부당하는 것에 사로잡혀 있다.
- 부적절감 때문에 새로운 대인관계 상황에서는 위축된다.
- 자신을 사회적으로 무능하고, 개인적인 매력이 없으며 열등하다고 생각한다.
- 당황하는 모습을 보일까 두려워서 개인적인 위험이 따르는 일이나 새로운 활동에는 관여하지 않으려고 한다.

임상심리사 2급 필기

임상심리학

Section 01 핵심 주요 용어

가설	사회 조사나 연구에서, 주어진 연구 문제에 대한 예측적 해답이다. 2개의 변인이나 그 이상의 변인들 사이의 관계에 대한 추정적 또는 가정적 서술문(敍述文)의 형식으로 이루어진다.
가장기법	내담자의 문제 행동이 실제로 일어나지 않는 상황에서 마치 실제 증상이 나타난 것처럼 반응하도록 지시하는 기법이다.
가족 조각	과거의 어느 시점에 가족이 경험한 감정이나 느낌을 동작과 공간을 이용하여 비언어적으로 표현하는 기법이다.
가족상담	가족체계와 가족체계 내의 개인 문제를 회복시켜 가족의 건강한 생활 영위를 목적으로 하는 상담의 한 형태이다.
가족치료	문제 행동이 일어나는 가족 내의 체계를 변화시키기 위하여 가족 전원 또는 일부 구성원을 대상으로 하는 심리치료이다.
강제 입원	자유로운 의료 계약에 따르지 않고 본인의 의사와는 관계없이 공적 권력 등에 의하여 강요되는 입원이다.
강화	상대적으로 적은 영향력을 가진 의미, 가치, 혹은 개인이나 집단의 정체성 및 의견 등에 더욱 강력한 영향력과 의미를 부여하는 것이다.
개성화	융(C. G. Jung)이 자기 속에서 전체화가 어떻게 이루어지는지를 설명하기 위하여 사용한 개념으로, 하나의 전일성을 지닌 본래의 자기가 되는 것이다.
건강심리학	건강과 관련된 다양한 심리적 요인을 다루는 심리학 분야이다.
경계선 성격장애	성격장애의 한 부분을 차지하며, 불안정한 대인관계, 반복적인 자기 파괴적 행동, 극단적인 정서변화와 충동성을 나타내는 장애이다.
경험적 방법	과학적 연구방법의 하나로, 직접관찰이나 실험 실시를 통하여 연구대상 또는 현상에 대한 경험적 자료를 수집하고 분석한 결과를 토대로 연구문제에 대한 해답을 찾는 방법이다.
경험회피	특정한 사적 경험에 기꺼이 접촉하지 않은 채, 손해에도 불구하고 이러한 내적 사건의 형태나 빈도 및 상황을 바꾸려고 하거나 상황에서 벗어나고자 하는 현상이다.
고전적 조건형성	무조건 반응(행동)을 발생시키는 무조건 자극과 연합된 중성 자극이 반복적인 노출을 통하여 조건 자극이 되어 무조건 반응(행동)과 유사한 조건 반응(행동)을 일으키는 형태의 학습이다.
공포증	공포의 감정이 강박적으로 특정 대상에 결부되어 행동을 저해하는 이상 반응이다.

관계구성틀 이론	기능적 맥락주의의 관점에서 인간의 언어와 인지에 접근하고, 다른 심리적 기능 영역에 생각이 미치는 영향을 잠재적으로 변화시키는 방법뿐 아니라 생각이 전개되는 맥락적 요인을 강조하며, 인간은 학습을 통하여 구축한 언어와 인지구조 틀에 의하여 사고하고 행동한다는 관점이다.
관찰	사물이나 현상을 주의 깊게 조직적으로 파악하는 행위이다.
관찰학습	다른 사람(모델)의 행동을 관찰한 결과 행동이 변화하는 것이다. 관찰학습의 과정은 반두라(Bandura)가 체계적으로 연구하였는데, 관찰학습은 주의 과정, 파지 과정, 재생산 과정, 동기화 과정을 통하여 일어난다고 보았다.
국가기술자격	국가기술자격법에 의하여 규정된 국가자격이다. 기술/기능분야 522개 및 서비스 분야 34개 등 총 556개의 종목이 규정되어 있다.
국재화	특정 기능이 좌반구와 우반구 중 어느 한쪽에 치우쳐 있는 것이다.
군 알파·베타 검사	미국에서 만들어진 최초의 지능검사이다. 제1차 세계대전 당시에 신병 선발을 목적으로 시행되었다. 알파 검사는 읽고 쓸 줄 아는 신병에게 실시하였고, 베타 검사는 글자를 모르는 징집병에게 실시하였다.
귀납적 방법	개별 사례에 관한 관찰을 총괄하여 그 공통된 성질을 일반 명제로 확립하는 추리, 즉 특수사실로부터 일반적 주장을 끌어내는 추리이다.
규준	비교하고자 하는 집단의 검사점수의 분포이다.
규준지향 검사	심리검사에서의 평가 종류 중 하나이다. 어떤 집단의 검사 결과와 비교할 때 의미를 갖게 되는데, 이때 비교하는 집단의 검사 결과를 '규준'이라고 한다.
기계론적 자연관	세계와 자연의 모든 과정이 필연적이고도 자연적인 인과법칙의 지배를 받으며, 인간의 이성으로 기계적 인과관계를 파악하고 설명할 수 있다는 관점이다.
기능적 행동평가	행동의 이유나 목적을 확인하기 위하여 선행사건, 행동, 후속 결과에 관한 정보를 수집하여 분석하는 방법이다.
기분 장애	기분 조절이 어렵고 비정상적인 기분이 장시간 지속되는 장애이다.
내담자	심리적인 문제나 어려움을 혼자 해결하는 데 어려움을 느껴 상담자의 도움을 받아 해결하고자 하는 사람이다.
내담자 중심 치료	내담자의 현상학적 세계에 초점을 두어 내담자의 자아 실현을 도와주는 상담 접근법이다.
내적 동기	지시나 강제 또는 성취의 결과가 주는 보상을 기대하는 것과 같이 학습과제를 성취하여야 할 이유가 유기체의 외부에 있는 것이 아니라 학습자 스스로 어떤 과제를 성취하고자 하는 동기이다.
뇌과학	뇌의 신비를 밝혀내어 인간의 물리적, 정신적 기능을 심층적으로 탐구하는 응용 학문이다.

다문화 상담	문화, 종교, 이념, 가치관 윤리 등의 다양한 차이가 존재하는 상담자와 내담자가 서로 조력적인 관계를 형성하여 보다 효과적인 상담이 이루어지도록 하는 심리치료 접근 방법이다.
다중관계	집단 참여 목적과는 다른 형태로 형성되는 관계이다.
대뇌	일반적인 두뇌동물의 중뇌를 보통 대뇌로 칭한다. 두개골에 의하여 보호되며, 뇌에서 가장 큰 부분을 차지하는 경우가 많다.
대인관계	집단생활 속의 성원 상호간의 심리적 관계이다.
동일시	어느 대상의 생각과 감정과 행동 등을 무의식적으로 받아들여 그 대상과 비슷한 경향을 나타내는 것이다.
동조	압력이 있는 사회적 규범이나 대다수의 의견 등에 개인의 의견이나 행동을 동화시키는 경향이다.
로르샤흐 잉크반점 검사	로르샤흐(Rorschach)가 개발한 투사적 성격검사이다. 피험자의 현재 상태를 있는 그 대로 반영하는 검사로, 피험자의 개인 정보와 프로토콜에서 획득한 자료를 근거로 피험자의 심리적 측면을 연역적 또는 귀납적으로 예측한다.
마음 챙김	불교의 수행 전통에서 기원한 심리학적 구성 개념으로, 현재 순간을 있는 그대로 수용적인 태도로 자각하는 것이다.
말초신경계	중추신경계(central nervous system)를 제외한 신경계를 일컫는 용어이다.
면접법	특정한 상대에게 직접 언어적 자극을 주어 이것에 대한 피면접자의 언어적인 반응을 실마리로 하여 필요한 정보를 얻거나, 피면접자의 마음속에서 일어나는 효과를 이용하여 치료 또는 설득의 목적을 달성하려는 방법이다.
모델링	Modeling. 개인(관찰자)이 다른 개인(모델)의 사고, 태도 또는 외현적 행동을 모방하거나 순응할 수 있는 행동을 나타내는 것이다.
모의실험	복잡한 문세를 해석하기 위하여 노델에 의한 실험을 하거나 또는 사회현상 등을 해결하는 데에서 실제와 비슷한 상태를 수식 등으로 만들어 모의적으로 연산을 되풀이한 결과로 그 특성을 파악하는 일이다.
무의식	일반적으로 각성되지 않은 심적 상태, 즉 자신의 행위에 대하여 자각이 없는 상태이다.
문화적 유능성	내담자와 내담자가 속한 다양한 문화적 체계 및 그에 따른 요구를 이해하고, 이를 활용하고 적용하여 보다 효과적으로 내담자에게 도움을 주는 능력, 지식, 기술, 태도이다.
미네소타 다면적 인성 검사	개인의 성격, 정서, 적응 수준 등을 다차원적으로 평가하기 위하여 개발된 자기보고형 성향검사이다.
반두라	Albert Bandura(1925~2021). 캐나다 출신의 사회인지학습이론의 창시자이다. 보보 인형 실험(Bobo doll experience)으로 잘 알려져 있다.
반응 메커니즘	어떤 반응이 여러 단계를 거치면서 진행되는 일련의 과정이다.
발달단계	발달현상을 연령별로 구분하여 발달적 변화의 내용을 효과적으로 이해하도록 하는 것이다.

발달 지연	신체 및 정신이 해당하는 나이에 맞게 발달하지 않은 상태이다.
방어 기제	자아가 위협받는 상황에서 무의식적으로 자신을 속이거나 상황을 다르게 해석하여 감정적 상처로부터 자신을 보호하는 심리 의식이나 행위를 가리키는 정신분석 용어이다.
범죄심리학	심리학적 이론과 원리를 적용하여 범죄자의 행동을 이해 및 설명하고 범죄 행동의 교정 및 예방을 과학적으로 연구하고 응용하는 분야이다.
법정심리학	형사 및 민사 재판의 맥락과 문제들에 대하여 심리학의 방대한 하위 분야의 방법, 이론, 연구 결과를 적용하는 학문이다.
법칙정립적 접근	서로 다른 개인들을 소수의 대표적 차원으로 구성된 개념체계 위에서 도상화하기 위하여 법칙과 같은 보편적으로 적용될 수 있는 진술로 엮어낼 수 있는 차원들을 찾아내려는 접근방법이다.
베르니케 실어증	정상인처럼 유창하게 말하고 문법에 맞게 문장을 배열하는 것 같지만 의미 없는 내용을 나열하며 다른 사람의 말을 잘 이해하지 못하는 증상이다. 뇌의 좌반구 측두엽 및 후두엽 근처에 위치하는 베르니케 영역이 손상을 입어 생기는 실어증이다.
베르니케 영역	대뇌 피질 좌측 반구에 위치한 언어중추 중 한 영역으로, 언어의 의미를 이해하는 기능을 담당한다.
변별	어떤 행동이 한 자극상태에서 일어날 때 강화되고 다른 상태에서는 강화되지 않는 차별강화에 따라 서로 다른 상황에서 다른 행동을 하게 되는 것이다.
변증법적 행동 치료	경계선 성격장애(borderline personality disorder: BPD)를 치료하기 위하여 1994년 리네한(Linehan)이 개발한 다면적 치료 프로그램이다. 처음에는 자살, 자해를 보이는 경계선 성격장애 내담자를 효율적으로 돕기 위하여 창안되었으나, 동기 강화, 대처기술 증진, 강점강화 등의 목적으로 확대되어 적용되고 있다.
보보인형 실험	인간은 직접적인 경험과 보상을 통해서만 배우는 것이 아니라 다른 사람의 행동과 그 결과를 관찰하는 것만으로도 모방 학습이 가능하다는 것을 증명한 실험이다.
복리	행복과 이익을 아울러 이르는 말이다.
볼더 모델	과학자–전문가 모형(Scientist–practitioner model)이다. 응용 심리학자에게 연구 및 과학적 실무의 기초를 제공하는 심리학 교육 프로그램을 위한 수련 모델이자 궁극적인 활동 원리 중 하나이다.
부적응	사람이 자기가 처해 있는 환경과 조화적인 관계를 이루지 못하는 상태이다.
브로카 실어증	뇌의 좌반구 하측 전두엽에 존재하는 브로카 영역(언어 관련 기능)이 손상되거나 질병에 걸려 일어나는 실어증이다.
브로카 영역	두뇌 좌반구 하측 전두엽에 위치한 영역으로, 언어의 생성 및 표현, 구사 능력을 담당하는 부위이다.
비네–시몽 지능검사	최초의 지능검사로서, 비네(Binet)와 시몽(Simon)이 학령기 아동의 지적 능력을 평가하기 위하여 개발한 지능검사이다.

사이버네틱 통제	가족치료에서 단순 피드백보다 한 단계 높은 수준의 체제활동이다. 외부에서 정보가 들어오면 이를 체제의 변화규칙 또는 메타 규칙체제에 접수하여 정보를 분석하는 것이다.
사회윤리	사회의 구조나 질서 또는 제도와 관련된 윤리 문제에 대한 도덕적 규범의 총칭이다.
사회학습이론	사람의 행동은 다른 사람의 행동이나 주어진 상황을 관찰하고 모방하는 정신적 처리과정을 통하여 학습된다는 이론이다.
상호작용	사람이 주어진 환경에서 다른 사람이나 사물과 서로 관계를 맺는 모든 과정과 방식이다.
상호제지	부적절한 불안 반응을 제거하기 위하여 월프(J. Wolpe)가 고안한 심리요법의 한 가지 방법이다. 적응적 반응이 일어나려고 하는 순간, 이 반응과 상반하는 비적응적 반응이 유발되면(예 불안 반응에 대한 긴장 이완) 이 반응이 약화된다. 이 절차가 반복되면 제거하고자 하는 반응은 점차 약화되다가 결국 없어진다.
선다형 검사	검사의 문항 형식 중 선택형 문항의 일종으로, 질문에 대한 답지를 2가지 이상 제공하여 응답자가 정답을 선택할 수 있도록 제작된 검사이다.
성격검사	응시자의 기질적·정서적 특성을 측정하는 시험이다.
성격심리학	성격을 기술·설명하고 성격의 형성 과정, 성격의 분류·진단·측정방법 등을 연구하는 심리학의 분야이다.
성격장애	정신생활의 표현으로서 나타나는 성격이 주위의 사회 환경과 협조가 안 되거나, 곤란할 때 손상을 입게 된 상태이다.
세계관	형이상학적 관점에서의 세계에 관한 통일적 파악이다.
수용	개인의 행동이나 태도를 반드시 용서하는 것과는 관계없이 인간으로서 개인의 가치를 긍정적으로 인식하는 것이다.
수용전념 치료	수용과 마음 챙김 과정, 전념(적극적 참여)과 행동 변화과정을 통하여 심리적 수용과 유연성을 증진시키는 인지행동적인 치료 중재이다.
순환적 질문	가족의 상호작용이나 가족관계에서 일어나는 행동들에 대하여 이야기하는 대화기법이다.
슈퍼비전	업무를 수행하는 데에 지식과 기능을 최대로 활용하고 그 능력을 향상시켜 효과를 높이기 위하여 원조와 지도를 행하는 일이다.
스트레스원	스트레스를 일으키는 인자 또는 자극이다.
시간 표집법	관찰을 계속 진행하지 않고 정해진 짧은 시간 동안 시간 간격에 맞추어 미리 선정된 행동의 발생 여부를 반복하여 관찰하는 것이다.
신경심리검사	후천적이거나 선천적인 뇌 손상과 뇌기능 장애를 진단하는 검사이다.
신경심리학	뇌를 중심으로 하는 신경계와 언어, 인지를 중심으로 하는 심리기능과의 관계를 규명하는 학문이다. 뇌의 손상이 행동과 정신에 어떤 영향을 미치는지를 연구한다.

신뢰도	동일한 검사 또는 동형의 검사를 반복 시행하였을 때, 개인의 점수가 일관성 있게 나타나는 정도이다.
심리검사	개인의 지능, 성격 등을 측정하여 그 사람에 대하여 더 심층적이고 분석적인 이해를 할 수 있도록 수검자에게 수행하는 일련의 심리학적 측정 절차이다.
심리적 경직성	바라는 목적을 이루는 데 유용한 방식에 따라 행동을 조율하지 못하는 것이다.
심리치료	심리적 고통이나 해결하고 싶은 문제를 가진 사람에게 심리학적 전문지식을 활용하여, 문제를 해결하거나 삶의 질을 향상시키도록 돕는 전문적 활동이다.
심리평가	개인의 신체적, 심리적, 사회적 특성을 총체적으로 이해, 추론, 예측하기 위한 일련의 전문적인 과정이다.
심리학	인간의 행동과 심리과정을 과학적으로 연구하는 경험과학의 한 분야이다.
애착	부모나 특별한 사회적 인물과 형성하는 친밀한 정서적 유대이다.
애착이론	영아가 주 양육자와 형성하는 강한 정서적 결속인 애착이 영아의 생존 및 심리, 사회적 발달에 중요한 영향을 미친다는 이론이다.
약물치료	정서장애 및 행동장애를 가진 아동에게 문제 행동의 경감 및 개선을 목표로 약물을 투여하는 치료이다.
억압	고통스럽거나 위협적인 생각, 경험, 갈등, 감정 등을 의식으로부터 분리하여 무의식 속으로 밀어 넣는 방어기제의 하나이다.
에인스워스	Mary Dinsmore Salter Ainsworth(1913~1999). 캐나다 출신의 발달 심리학자이자 핵심 애착이론가이다.
역설적 지시	가족치료(family therapy)의 한 형태로, 사회사업가나 치료자가 가족구성원에게 자신들의 증상적 행동을 지속하라고, 혹은 때때로 '그 증상적 행위를 더 심하게' 하라고 지시하는 접근이다.
역전이	내담자가 자신에게 중요한 인물의 이미지를 분석가에게 투사하는 '전이'에 대한 분석가의 무의식적 반응으로, 분석가의 갈등(conflict)이 반영되어 내담자를 대하는 분석가의 사고, 감정, 행동 등에 영향을 미치는 것이다.
연상적	어떤 사물을 보거나 듣거나 생각할 때 그것과 관련된 사물을 머릿속에 떠올리는, 또는 그런 것이다.
연역적 방법	보편적 법칙 또는 일반적 주장에서부터 특수적 법칙 또는 주장을 끌어내는 추리 방법이다.
예후	병의 경과 및 결말을 미리 아는 것이다.
오이디푸스 콤플렉스	아들이 동성인 아버지에게는 적대적이지만, 이성인 어머니에게는 호의적이며 무의식적으로 성적 애착을 가지는 복합 감정이다.
외상	트라우마. 강력한 정신적 충격으로 인하여 발생하는 정신건강 질환이다.

울페	Joseph Wolpe(1915~1997). 행동치료 창시자의 한 사람으로 체계적 둔감법을 개발한 정신과 의사이자 심리학자이다.
원초아	성격구조의 한 부분으로서, 출생 때 나타나며 지속적인 욕구 충족을 추구하는 성격의 생물학적 요소이다.
웩슬러 성인용 지능검사	1939년에 개발하였던 Wechsler-Belluvue Ⅰ을 1955년에 새롭게 개정한 검사로, 16세 이상의 성인들에게 실시할 수 있는 규준을 갖춘 개인 지능검사이다.
위트머	Lightner Witmer. 세계 최초의 심리 클리닉(심리진료소, Psychological Clinic)을 만든 미국의 심리학자(1867~1956)로, 1907년 임상심리학의 첫 번째 저널과 최초의 임상병원 학교도 설립하였다.
유대감	서로 밀접하게 연결되어 있는 공통된 느낌이다.
유사관찰	대기실, 실험실, 상담실 등 자연적인 환경이 아닌 통제된 환경에서 내담자들이 문제를 경험하는 것과 비슷한 사회적, 물리적 환경을 조성하고 관찰하는 행동평가기법 중 하나이다.
융합	다른 사람이 경험하는 것을 자신도 정확하게 똑같이 경험할 수 있다고 믿음으로써 자신과 타인을 혼동하는 것이다.
이상심리학	정상인의 이상한 심리상태나 정신이상자의 병적 심리상태를 고찰하는 심리학이다.
이상 행동	적응하는 데에 심하게 곤란을 갖거나 정상적 규준에서 벗어난 행동이다. 흔히 '부적응 행동', '이상심리'라고도 한다.
이차적 이득	어떤 신체적 및 정신적 장애로부터 야기될 수 있는 이득 또는 장점이다. 예를 들어, 관심의 대상이 된다거나, 어떤 책임과 의무로부터의 회피, 또는 장애인연금 지급의 대상자가 될 수 있는 것 등이 있다.
인간의 존엄성	인간이라는 이유만으로 사람은 그 존재 가치가 있으며, 그 인격은 존중받아야 한다는 이념이나.
인본주의	인간의 가치를 주된 관심사로 삼는 사상이다.
인지구조	지각하는 현상을 믿음·태도 및 기대의 통합적이며 위계적인 형태로 조직한 것이다.
인지기능	지식과 정보를 효율적으로 조작하는 능력이다.
인지적 융합	자신이 생각하고 있는 것의 내용에 사로잡혀 행동을 조절하는 다른 유용한 자원을 압도해 버리는 경향이다.
인지적 탈융합	생각 등의 사적 사건의 형태나 빈도를 변화시키기보다는 생각과 관계를 맺고 상호작용하는 방식을 변화시키는 것이다.
인지 치료	내담자가 지닌 정서적 불편감 또는 행동 문제들과 관련된 역기능적 사고를 찾고 내담자와 협동적으로 역기능적인 사고를 수정하여, 정서적 불편감 또는 행동 문제들을 해결해 나가는 치료법이다.

인지행동 치료	사고·신념·가치 등의 인지적 측면과 동시에 구체적으로 나타난 정신신체 행동(psychomotor behavior)의 측면에 관련된 개념·원리·이론을 체계적으로 통합하여 부적응 행동을 치료하려는 정신치료의 경향이다.
일탈	불명예, 낙인, 비난을 수반하며, 사회적 규칙이나 규범으로부터 벗어남으로써 그것에 대한 사회적 통제를 불러일으키게 되는 것을 중심으로 사용되는 용어이다. (하지만, 단일하게 일치된 의미는 없음)
임상	환자를 진료하거나 의학을 연구하기 위하여 병상에 임하는 일이다.
임상가	주로 사무실, 병원, 진료소 혹은 다른 통제된 환경에서 클라이언트와 직접 일하는 전문가이다.
임상심리학	임상 장면에서 개인의 행동이나 정신의 이상, 부적응을 진단하고 치료하여 환경에 잘 적응하도록 하는 학문으로, 응용심리학의 한 분야이다.
자기강화	조작적 상황에서 일반적으로 주체가 자신에게 자신의 행동에 따른 결과를 전달하는 것이다. 자신이 설정한 목표나 기준을 향하여 발전을 이루었을 때, 이에 대하여 자신에게 보상을 주는 것이다.
자기관찰	임상이나 상담 장면 등에서 보다 정확한 심리평가를 위하여 내담자에게 자신의 행동이나 생각, 정서, 그때의 상황, 유발 요인 등에 대하여 관찰하고 기록하도록 하는 행동평가 방법이다.
자기노출	사람들이 어떤 정서를 경험하게 만든 스트레스나 외상과 같은 부정적 사건에 대하여 말을 하거나 글로 쓰는 것으로 자신의 정서를 표현하는 치료법이다.
자기조절	자기 개념이 행동으로 드러나도록 실행에 옮기고 자신의 행동을 수정하거나 외부를 변화시켜 자기 개념과 개인적 목표에 합치되는 결과를 가져오는 심적 및 행동적 과정이다.
자기주장 훈련	대인관계에서 자신과 상대방을 존중하면서 자기표현이나 주장을 할 수 있는 방법을 훈련하는 행동치료과정이다.
자기통제	바람직하지 못한 행동을 자기 스스로 조절·억제·수정하는 것, 눈앞의 작은 목표보다 좀 더 지속적이고 더 나은 목표를 달성하기 위하여 현재의 충동이나 욕망을 조절하고 즉시의 만족감이나 즐거움을 지연시키는 것이다.
자기 효능감	자신이 어떤 일을 성공적으로 수행할 수 있는 능력이 있다고 믿는 기대와 신념이다.
자문	어떤 일을 좀 더 효율적이고 바르게 처리하려고 그 방면의 전문가나 전문가들로 이루어진 기구에 의견을 묻는다.
자연관찰	연구방법의 한 형태인 관찰을 실험실이 아닌 자연적인 상황에서 체계적으로 진행하는 것이다.
자유연상	내담자에게 마음속에 떠오르는 생각, 감정, 기억들을 아무런 수정도 가하지 않고 이야기하도록 하는 정신분석의 한 기법이다.
자율신경	신체를 구성하는 여러 장기와 조직의 기능을 조절하는 신경이다.

자조	Self-help. 보건·의료·복지의 수요자 또는 소비자가 주창하고 주도하는 형태이다.
저항	내담자가 불안으로부터 자신을 방어하며 상담에 협조하지 않는 모든 행위이다.
전이	내담자가 자신에게 중요한 인물의 이미지를 분석가에게 투사하는 것이다.
접수면접	본 상담에 들어가기 전 내담자에 대한 정보를 수집하고 수집된 정보를 종합하여 내담자의 호소문제를 개념화하고 상담의 유형과 담당 상담자를 배정하는 등의 초기 과정에서 이루어지는 면담이다.
정서 반응	정서자극에 직면하여 발생한 정서에 수반되는 여러 가지 신체적 변화, 즉 혈압, 맥박수, 호흡, 외현적 행동 등의 변화를 말한다.
정서 장애	발달상에 있는 어린이의 적응장애 중에서 지적 능력 이외의 요인에 의한 장애이다.
정신병리학	정신장애인이 일으키는 임상적 정신증세 또는 정신현상을 관찰하고 기술·분석하여 과학적 파악을 목적하는 정신의학의 한 분야이다.
정신보건법	정신질환자의 의료 및 사회복귀에 관하여 필요한 사항을 규정함으로써 국민의 정신건강증진에 이바지함을 목적으로 하는 대한민국의 법이다.
정신분석학	정신의 심층(深層), 곧 무의식에 관계되는 행동에 관한 관찰과 분석을 통하여 이론적 체계를 세운 프로이트(S. Freud) 등의 학설이다.
정신상태 검사	환자의 심리사회적, 인지적, 정서적 기능과 시간과 장소에 대한 적응성을 결정하기 위하여, 정신의학자나 다른 의사들이 일차적으로 만든 체계적인 평가기준이다.
정신신체의학	신체의 질환을 정신적 원인과 육체적 현상을 관련지어서 연구하는 의학의 한 분야이다.
정신역동	프로이트의 정신분석학을 비롯하여 정신분석 이론의 영향을 받아 탄생한 아들러의 개인 심리학(individual psychology), 융의 분석심리학(analytic psychology) 등을 정신역동 이론(psychoanalytic theory)이라고 한다.
정신장애	일련의 이상 행동이나 정신병리적 증상들로 구성된 증후군이다.
조성	Shaping. 행동 수정에서 목표 행동이 너무 복잡하여 개인의 행동목록에 없을 때, 이러한 목표 행동에 접근하는 하위 반응을 강화함으로써 새로운 행동을 가르치는 것이다.
조작적 정의	개념을 측정하는 데 필요한 조작들을 명세화함으로써 개념을 정의하는 방법이다.
조작적 조건형성	특정 환경에서 발생하는 다양한 행동과 그 행동에 의하여 초래되는 긍정적 또는 부정적 결과와 연합되어 추후의 행동이 증가하거나 감소하는 형태의 학습이다.
주제통각 검사	TAT. 머리와 모건(1935)이 개발한 투사적 그림검사로, '회화통각 검사'라고도 한다. 개인이 가지고 있는 욕구(need)-압력(pressure) 관계를 비롯한 여러 가지 심리적 역동관계를 분석·진단·해석하는 검사이다.
주지화	자아가 불편한 감정을 조절하거나 최소화하기 위하여 지나치게 추상적으로 생각하거나 인지화하는 것이다.
준거	어떤 사물의 특성을 판단하는 논리적 근거이다.
준거지향 검사	개인의 점수를 이미 설정해 둔 수행수준과 비교하여 해석하는 검사이다.

중심화	특정 상황에서 1가지 핵심적 요소에만 주목하고 관련된 다른 요소들은 무시하는 경향이다.
중추신경계	신경계의 일부로, 뇌(brain)와 척수(spinal)를 합쳐 일컫는 말이다.
지남력	현재 자신이 놓여 있는 상황을 올바르게 인식하는 능력이다.
지능검사	개인의 현재 정신능력을 사정하는 표준화된 검사이다. 대개 추상적 사고능력, 문제해결능력, 복합적 개념에 대한 이해능력, 새로운 내용을 학습하는 능력 등을 측정하며 집단 또는 개인별로 실시한다.
지역사회	인간관계에 의하여 또는 지리적·행정적 분할에 의하여 나누어진 일정 지역의 사회이다.
지적 장애	유전적 원인에 의하여 또는 질병 및 뇌장애로 인하여 청년기 전에 야기된 정신발달 저지 또는 지체상태이다.
진위형	어떤 진술 문장을 제시하고 거기에 대하여 진(眞)이냐 위(僞)냐, 또는 맞느냐 틀리느냐를 가려내게 하는 검사형식이다.
집단 치료	정신장애를 치료하기 위하여 심리적 부적응 상태에 있는 사람들을 일정 기간 동안 집단토론 등의 집단 활동을 시킴으로써 적응에 도움을 주는 정신요법이다.
참여 관찰	관찰자가 피관찰자가 속하는 사회나 집단에 들어가 같은 사회생활을 체험하면서 내면에서 관찰하는 사회조사법 중 하나이다.
체계적 둔감법	심리학 용어로, 공포를 불러일으키는 자극과 긍정적인 반응을 유발하는 자극을 함께 제시함으로써 불안이나 공포를 제거하는 행동수정 기법이다.
최대수행 검사	수행할 수 있는 최대의 능력을 측정하는 검사이다.
취약성	어떤 것에 민감하거나 약하여 쉽게 부서지거나 영향을 받거나 손상되는 성질이다.
침묵	언어적으로 표현하지 않고 조용하게 있는 상태이다. 침묵은 일반적으로는 무언, 정적, 무음의 상태를 가리키지만, 상담분야에서는 그 외에도 충실한 의미를 가진 독자적인 현상으로 간주한다.
카타르시스	정화(淨化)·배설을 뜻하는 그리스어. 심리적 정화 작용으로서 마음속에 억압된 감정의 응어리를 언어나 행동을 통하여 외부에 표현함으로써 정신적·정서적으로 안정을 되찾는 일이다.
칼 로저스	Carl Ransom Rogers(1902~1987). 미국의 심리학자. 내담자(來談者) 중심의 상담요법 또는 비지시적(非指示的) 카운슬링의 창시자이다. 치료적 변화를 위하여 필요한 치료자의 태도를 중시하고, 치료자 자신의 자기 일치, 환자에 대한 무조건적인 긍정적 관심, 일치된 공감적 이해를 중시한다.
크롬볼츠	John D. Krumboltz(1928~2019). 행동상담의 제창자이다. 최근에는 인지행동론적인 입장으로 직업지도의 영역에서 취직 결정의 새로운 모델을 제창하고 있다.
타당도	검사도구가 측정하려는 내용을 얼마나 충실하게 측정하고 있는가의 정도이다.
탈시설화	장애인을 시설에 수용하는 것에서 탈피하여 지역 사회에 거주하게 하고 필요한 서비스를 제공하는 것이다.

토큰 경제	조작적 조건형성 이론에 근거하여 기대하는 행동이 일어날 때 이를 강화하기 위하여 주어지는 조건강화의 대표적인 방법이다. 여러 사람으로 구성된 집단의 구성원들이 각각 바람직한 행동을 함으로써 토큰을 얻고 이것을 모아 나중에 지원 강화와 교환할 수 있도록 체제화한 프로그램이다.
통찰	이전에는 전의식이나 무의식 속에 담겨 있어서 보지 못한 정신적·정서적 갈등을 자각하여 알게 되는 것이다. 자신의 문제와 행동에 영향을 주는 요인에 대한 이해가 높아지고 자아인식이 향상되는 것이다.
투사 검사	모호한 검사 자극에 대한 개인의 반응을 분석하여 성향을 평가하는 심리검사의 주요 기법 중 하나이다.
트라우마	과거 경험하였던 위기, 공포와 비슷한 일이 발생하였을 때, 당시의 감정을 다시 느끼면서 심리적 불안을 겪는 증상이다.
파블로프	Pavlov, Ivan Petrovich(1849~1936). 러시아의 생리학자로, 개가 주인의 발자국 소리만 들어도 침을 분비한다는 조건 반사를 발견하여 실험적인 대뇌 생리학의 길을 열었다. 또한 유물론적 심리학의 기초를 다졌다.
패러다임	어떤 한 시대 사람들의 견해나 사고를 근본적으로 규정하고 있는 테두리로서의 인식의 체계이다. 사물에 대한 이론적인 틀이나 체계를 말하기도 한다.
편재화	특정 정신 기능이 대뇌의 좌반구와 우반구 중 어느 한쪽에 치우쳐 있는 경향성이다.
편측성	좌우대칭인 동물에게서 쌍을 이루는 기관이 왼쪽 또는 오른쪽의 몸 쪽에 속한다는 것을 나타내는 성질이다.
평정 척도	응답자에게 미리 정해 놓은 척도에 반응하도록 만든 질문지 형식이다.
표준화	평가도구의 규준(norms)을 설정하는 작업으로, 검사를 시행하기 위한 절차 혹은 조건이 일관성이나 동일성을 갖추도록 하는 것이다.
프로이트	Sigmund Freud(1856~1939). 오스트리아의 정신과 의사이자 정신분석학의 창시자이다. 무의식과 억압의 방어 기제에 대한 이론, 그리고 환자와 정신분석자의 대화를 통하여 정신병리를 치료하는 정신분석학적 임상치료방식을 창안한 것으로 유명하다.
피니어스 게이지	Phineas Gage(1823~1860). 미국인으로, 철도공사 현장감독으로 일하던 중 폭발사고로 인하여 쇠막대도구가 왼쪽 눈 밑에서 정수리를 관통하는 사고를 겪은 사람이다. 그는 좌측 뇌 전두엽(frontal lobe)에 일어난 손상에도 불구하고 살아났으며 상당한 육체적, 정신적 회복을 보여주었다. 그의 사고는 이후 보고된 다양한 뇌 손상의 해부학적, 신경과학적, 심리학적 분석의 비교 대상이 되었다.
할로우	Harry Frederick Harlow(1905~1981). 애착, 사회적 고립 및 정서 욕구 등에 대하여 연구한 미국의 심리학자이다. 새끼 원숭이들을 대상으로 한 애착실험이 대표적이다.
합리 정서 행동 치료	미국의 임상심리학자인 앨버트 엘리스(Albert Ellis)가 1955년에 개발하였으며, 인간은 객관적 사실 때문에 혼란스러워하는 것이 아니라 그 사실에 대한 자신의 관점 때문에 혼란스러워한다는 것을 강조하고 이를 수정하는 데 도움을 주는 상담이론이다.

해석	상담자가 꿈, 자유연상, 저항 등을 통하여 나타나는 내담자 행동의 의미를 규명하고, 설명하고, 가르치는 것이다. 해석은 내담자의 성격과 증상을 유발한 원인에 대한 상담자의 전문가적 평가에 근거하여 이루어진다.
행동관찰	기초선 측정, 즉 문제 혹은 부적응 행동의 현재 상태 파악이나 실험처치 구간에서 표적 행동의 발생비율(빈도나 지속시간) 측정, 다시 말해 행동치료의 목표와 계획을 수립하여 표적 행동의 변화를 측정하고 평가하는 데 필요한 객관적이고 수치화된 자료를 수집하는 방법이다.
행동 장애	지속적으로 타인의 권리를 침범하거나 나이에 걸맞지 않게 사회적 규범을 어기는 행동이 나타나는 장애이다.
행동주의	심리학의 대상을 의식에 두지 않고, 사람 및 동물의 객관적 행동에 두는 입장이다.
행동 치료	4가지 주요 특성, 즉 과학적(scientific) 기반, 현재 중심(present focus), 내담자의 능동적 참여(active), 학습에 중점(learning focus)을 두고, 심리적인 문제에 영향을 미치는 행동과 인지를 수정하는 치료이다.
행동 평가	행동의 선행사건/상황과 그에 수반하는 결과에 초점을 맞춰 인간 행동 특성을 평가하는 심리평가기법 중 하나이다.
혐오 치료	역조건 형성(counterconditioning)의 일종으로, 부적절한 반응을 유발하는 조건 자극을 혐오적 반응을 일으키는 무조건 자극과 짝지어 부적절한 반응을 감소시키는 치료이다.
홍수법	불안을 일으키는 자극에 반복적으로 노출시켜 불안을 제거하는 행동치료기법이다.
회피	현재 혐오 자극이 존재하지는 않지만 미리 특정 행동을 함으로써, 혐오 자극이나 상황이 발생하지 않게 하는 것이다.
후광 효과	어떤 사람이 가지고 있는 두드러진 특성이 그 사람의 다른 특성을 평가하는 데 전반적인 영향을 미치는 효과이다.
훈습	불교에서 습관적 행동에 따른 잠재인상을 가리키는 말로, 어떤 것에 계속하여 자극을 줄 때, 그것이 점차 그 영향을 받는 작용이다.
AA	Alcoholics Anonymous. 단주모임, 금주모임. 알코올 의존 환자를 위한 자조모임의 한 형태이다.
ABC 분석	통계적 방법에 의하여 관리대상을 A, B, C 그룹으로 나누고, 먼저 A그룹을 최중점 관리대상으로 선정하여 관리 노력을 집중함으로써 관리 효과를 높이려는 분석방법이다.
DSM-5	정신질환 진단 및 통계 메뉴얼(약칭 DSM)의 다섯 번째 개정판이다. 미국정신의학협회(APA)에서 발행한 분류 및 진단 절차인 DSM-5는 2013년도의 새로운 업데이트 버전이다.
MBTI	마이어스(Myers)와 브릭스(Briggs)가 융(Jung)의 심리 유형론을 토대로 고안한 자기보고식 성격유형 검사이다. 4가지 분류기준에 따른 결과에 의하여 수검자를 16가지 심리유형 중의 하나로 분류한다.

PTSD	외상 후 스트레스 장애. 신체적인 손상 및 생명을 위협하는 심각한 상황에 직면한 후에 나타나는 정신적인 장애가 1개월 이상 지속되는 질병이다.
Well-being	웰빙. 참살이. 육체적·정신적 건강의 조화를 통하여 행복하고 아름다운 삶을 추구하는 삶의 유형이나 문화를 통틀어 일컫는 개념이다.

Section 02 핵심 포인트

01 임상심리학의 이해

1 임상심리학의 개요

01 세계 각국 학회에서 밝히는 임상심리학의 정의

(1) **미국 심리학회 임상심리학 분과** : 인간의 적응과 개인적 발달을 촉진하는 것은 물론이고 부적응과 장애, 불편감을 이해, 예측 및 경감시키기 위하여 과학과 이론, 그리고 실제를 통합한 분석이다. 또한 다양한 문화와 모든 사회적·경제적 수준에서 인간의 의지적, 정서적, 생물학적, 심리학적, 사회적, 행동적 측면에 초점을 맞추는 분야이다.

(2) **영국 심리학회 임상심리학 분과** : 심리학적 이론과 자료에서 나온 지식을 체계적으로 적용하여 심리적 고통을 감소시키거나 심리적 Well-being을 증진시키는 것을 목적으로 한다.

(3) **캐나다 심리학회** : 심리학이라는 학문을 바탕으로 한 폭넓은 분야의 연구와 실제이며, 심리학의 원리를 심리적 고통, 장애, 역기능적 행동, 건강 위험행동의 평가, 예방, 개선, 재활, 그리고 심리적·신체적 Well-being 증신에 적용하는 분야이다.

(4) **뉴질랜드 임상심리학자협회** : 심리학은 행동에 대한 과학이며, 심리학자는 개인, 가족, 집단, 문화에 대한 연구를 통하여 정서, 사고, 성격, 기술, 학습, 동기, 지각, 감각을 이해한다. 임상심리학은 변화 및 발전을 위하여, 혹은 개인적 목표를 성취하거나 고통을 경감시키기 위하여 개인이나 가족에게 심리학적 이해를 적용하는 학문 분야이다.

(5) **한국 심리학회** : 심리학의 한 분야로서, 개인이나 집단이 겪는 심리적인 문제를 이해·평가·치료(예방 포함)하는 것에 초점을 둔다. 따라서 임상심리학자가 하는 일은 각종 문제가 보이는 사람을 돕기 위하여 심리학의 각 분야에서 개발된 이론을 개인이나 집단의 상황에 적절하게 적용하고, 임의의 효과에 대한 평가와 연구를 수행하는 것이다.

(6) **한국 임상심리학회** : 심리학의 꽃으로도 불리는 임상심리학은 인간의 심리적 고통 및 심리적 건강과 관련된 심리 치료, 심리 평가, 연구, 교육, 자문, 예방, 재활 등을 담당하는 심리학의 전문 영역이다.

02 임상심리학의 내용

① 위트머(Witmer)의 심리진료소 설립 : 임상심리학은 위트머가 심리진료소를 설립하면서 시작되었으며, '임상심리학'이라는 용어는 1907년 위트머가 창간한 심리진료소의 기관지 「The Psychological Clinic」에 발표한 논문에 처음으로 등장하였다.

② 임상심리학은 특정한 개인, 구체적으로는 정서·인지·행동 장애가 있는 사람 혹은 특정한 이유 없이 사회생활이 어렵거나 고통을 느끼는 사람을 대상으로 하는 과학이다.

③ 임상심리학자는 개인의 원인을 파악한 후, 심리상태를 진단하고 치료하여 이들로 하여금 효율적인 사회생활을 할 수 있도록 돕고, 조언하며, 서비스하는 역할을 한다.

④ 임상심리학은 정신 장애에 대한 평가, 치료 및 연구에 초점을 둔다.

⑤ 임상심리학은 과학에 기초를 두고 있지만, 임상가의 직관적 판단력도 필요로 하는 분야이다.

⑥ 과학적 연구에서 얻은 결과를 개인, 집단, 조직의 독특하고 특수한 요구에 적용한다.

2 임상심리학의 역사

01 세계 임상심리학의 역사

① 1879년 분트(Wundt), 독일 라이프치히, 심리학 연구 실험실

② 1883년 골턴(Galton), 「인간의 능력과 그 발달에 관한 탐구」

③ 1890년 카텔(Cattell)이 '정상 검사'라는 용어를 최초로 사용

④ 1892년 미국 심리학회(APA) 창설

⑤ 1896년 위트머(Witmer)가 미국 펜실베니아대학교에 최초의 심리진료소 개발

⑥ 1905년 비네(Binet)와 시몽(Simon), 초등학교 입학 시 정신박약아를 식별하기 위하여 '비네–시몽 검사' 개발

⑦ 1907년 최초의 임상심리학 학술지 「The Psychological Clinic」 간행

⑧ 1916년 터만(Terman), Binet–Simon 검사를 발전시켜 지능검사 도구인 'Stanford–Binet 검사' 개발

⑨ 1917년 미국의 제1차 세계대전 개입과 함께 집단 심리검사 도구인 '군대 알파(Army α), 군대 베타(Army β) 검사' 개발

⑩ 1921년 'Rorschach 검사' 개발

⑪ 1935년 머레이(Murray)와 모건(Morgan), '주제통각검사(TAT)' 개발

⑫ 1939년 'Wechsler-Bellevue 성인용 지능척도' 개발

⑬ 1943년 '미네소타 다면적 인성검사(MMPI)' 개발

⑭ 1946년 라파포트(Rapaport)·길(Gill)·섀퍼(Schafer), 심리검사로 측정되는 특정심리기능 구체화, 임상적-정신병리 관심에서 「진단적 심리검사」 저술

⑮ 1949년 '16성격요인검사(16PF)' 개발

⑯ 1955년 'Wechsler 성인용 지능검사(WAIS)' 표준화

⑰ 1957년 'MBTI' 개발

⑱ 1973년 미국 콜로라도 Vail 회의에서 심리학 박사학위 인정

⑲ 1974년 엑스너(Exner), 여러 학자의 Rorschach 검사에 대한 연구를 종합하여 'Rorschach 종합체계' 고안

02 국내 임상심리학의 역사

① 해방 이전, 서구 학문의 유입에 따라 심리학 도입(박사 2명, 석사 1명 배출)

② 1946년 조선심리학회 창설(1953년 한국심리학회로 개칭), 재미심리학자 염광섭 박사와 임상심리 장교 존스(Jones)가 임상심리학 소개

③ 1946년 서울대학교 심리학과 창설

④ 1958~1959년 성균관대학교 임상심리학 강의 개설

⑤ 1964년 한국심리학 산하 임상심리분과회 설립

⑥ 1967년 학술지 「임상심리학보」 간행

⑦ 1971년 한국심리학회에서 임상 및 상담심리전문가 자격 규정 공포

⑧ 1972년 고려대학교 박사과정 개설

⑨ 1973년 한국심리학회에서 임상 및 상담심리전문가 배출

⑩ 1975년 한양대학교 병원에 1년제 수련과정 개설

⑪ 1981년 서울대학교 병원에 3년제 임상심리연수원 개설

⑫ 1987년 임상심리학회가 한국심리학회에서 독립

⑬ 1997년 「정신보건법」 발효와 함께 학회 공인 전문가가 보건복지부의 국가 자격 정신보건임상심리사 1, 2급으로 변경

⑭ 2002년 정신사무 분야로서 임상심리사 1, 2급이 국가기술자격으로 인정

3 임상심리학자의 역할

01 진단 및 평가

① 심리평가는 오랫동안 임상심리학자들의 주요 업무로 인식되어 왔으며, 현재에 이르기까지 임상심리학자들은 심리검사를 실시하고 해석하는 전문가 집단으로서 기능하고 있다.

② 임상심리학자들은 다양한 심리검사와 자신의 임상적 지식을 통하여 각종 면담이나 촬영 기구들로는 밝혀낼 수 없는 개인의 어렵고 복잡한 정신적, 정서적 문제들을 진단한다.

02 치료

① 임상심리학자는 보다 과학적이고 효과를 검증할 수 있는 치료방법을 만들기 위하여 노력한다.

② 치료자에 따른 치료 효과의 차이를 최소화하여 누구나 일정 수준의 수련을 마치면 비슷한 치료 효과가 나타날 수 있도록 치료 기술을 표준화하고 체계화하려는 작업을 하고 있으며, 이를 위하여 체계적인 치료 지침서들을 제작하고 있다.

③ 특정 진단이나 문제별로 가장 효과적인 치료 기법이 무엇인지를 연구하여, 증거 기반의 심리치료를 현장에 적용하기 위하여 노력하고 있다.

03 교육 및 훈련

① 임상심리학 교수는 성격심리학, 이상심리학, 건강심리학, 심리치료, 고급 정신병리, 심리평가, 집단치료 등의 과목을 담당한다.

② 병원이나 기타 수련기관에 속한 임상심리학자는 후배 임상심리학도의 수련을 담당하는 감독자로 활동한다. 수련생의 이론 교육과 심리평가, 심리치료에 대한 임상지도 및 감독을 실시한다.

③ 이 밖에도 임상심리학자들은 인간관계 전문가로서 기업인을 대상으로 한 강의에 나서기도 하며, 다양한 분야에서 임상심리학적 지식을 전달한다.

04 자문

① 임상심리학자는 정신건강 전문가를 비롯한 개인과 교육계를 비롯한 일반 기업에 자문을 제공할 수 있다.

② 병원에는 특정 치료를 받지 않으려는 환자를 어떻게 다루어야 하는지에 대하여 자문해 줄 수 있으며, 사업체에는 인사 채용이나 승진 등의 심사에 대하여 자문을 제공할 수 있다.

③ 자문은 임상 사례부터 업무, 인사, 기업의 이윤 문제까지 전 영역을 포괄하며, 개인과 조직을 모두 다룬다. 또한 치료나 개입과 관련되기도 하고, 예방과 관련되기도 한다.

④ 최근에는 온라인 심리검사나 정신건강 관련 콘텐츠에 대한 수요가 폭발적으로 늘어나고 있으며, 임상심리학자들은 콘텐츠 구성에 직·간접적으로 참여하고 있다.

05 연구

① 연구는 임상심리학자를 다른 분야의 전문가들과 가장 크게 구분시켜 주는 영역이다. 임상심리학자가 수행하는 연구가 바로 임상 현장에서 정신과 내담자를 이해하고 치료하는 데 직접적인 도움을 줄 수 있기 때문이다.

② 임상심리학자가 수행하는 연구의 범위는 넓다. 정신 장애의 원인에 대한 탐색, 특정 정신병리의 진단을 위한 방법이나 도구 개발 및 타당화, 또한 어떤 치료방법이 특정 장애의 치료에 가장 효과적인지, 특정 질병에 걸리기 쉬운 사람들의 특성이 따로 있는지 등을 조사하는 것도 임상심리학자의 역할이다.

③ 연구를 담당하는 임상심리학자들은 심리학과가 있는 대학이나 의과대학에 소속되어 있는 연구진들이다. 이들은 다양한 연구를 수행하고, 이를 학술지나 학술대회 등을 통하여 발표한다.

④ 치료 장면에 속한 임상심리학자들의 경우에는 연구에 특화된 활동은 하지 않지만, 소속 기관의 필요에 따라 매우 실용적인 연구를 하기도 한다.

4 정신건강 전문요원의 업무 범위

01 「정신건강증진 및 정신질환자 복지서비스 지원에 관한 법률 시행령」〔별표2〕, 제12조 제2항 관련

(1) 공통 업무

① 정신재활시설의 운영

② 정신질환자, 내담자 등의 재활훈련, 생활훈련 및 작업훈련의 실시 및 지도

③ 정신질환자, 내담자 등과 그 가족의 권익 보장을 위한 활동 지원

④ 법 제44조 제1항에 따른 진단 및 보호의 신청

⑤ 정신질환자, 내담자 등에 대한 개인별 지원계획의 수립 및 지원

⑥ 정신질환 예방 및 정신건강복지에 관한 조사 · 연구

⑦ 정신질환자 등의 사회 적응 및 재활을 위한 활동

⑧ 정신건강증진사업 등의 사업 수행 교육

⑨ 그 밖에 제1호부터 제8호까지의 규정에 준하는 사항으로, 보건복지부장관이 정하는 정신건강증진 활동

(2) 개별 업무

① 정신건강 임상심리사

② 정신질환자 등에 대한 심리 평가 및 심리 교육

③ 정신질환자 등과 그 가족에 대한 심리 상담 및 심리 안정을 위한 서비스 지원

④ 정신건강 간호사

⑤ 정신질환자 등의 간호 필요성에 대한 관찰, 자료 수집, 간호 활동

⑥ 정신질환자 등과 그 가족에 대한 건강증진을 위한 활동의 기획과 수행

⑦ 정신건강 사회복지사

⑧ 정신질환자 등에 대한 사회서비스의 지원 등에 대한 조사
⑨ 정신질환자 등과 그 가족에 대한 사회복지서비스의 지원에 대한 상담·안내

02 평가

1 평가의 개요

01 의의

① 심리검사와 상담, 행동 관찰, 전문지식 등 여러 방법을 토대로 자료를 수집하고, 이에 기반하여 종합적인 평가를 내리는 전문적인 작업과정이다.
② 인간에 대한 심리학적 지식, 정신병리와 진단에 대한 지식, 임상적 경험 등을 통하여 이루어지는 지식과 이론의 통합과정이다.
③ 심리검사의 결과를 제시하는 것이 아니라 다양한 정보를 종합하여 도움을 주는 문제 해결의 과정이다.

02 치료 전략기술

(1) 치료적 관계로의 유도 : 치료에 대한 내담자의 반응을 검토하고, 치료 효과를 평가한다.

(2) 주요 내용

① 인지기능에 대한 평가

> • 전반적 지적 기능, 논리적·추상적 사고능력, 주의집중력 등에 대한 평가
> • 문제 상황이나 스트레스 상황에서의 인지적 대처양식에 대한 평가

② 성격 역동에 대한 평가

> • 불안, 우울, 충동성, 공격성 등 현재 정서 상태에 대한 평가
> • 내담자의 문제에 영향을 미치는 정서적 측면 평가

③ 자아 강도, 정서 조절, 충동 통제력에 대한 평가
④ 대인관계에 대한 평가

> • 가족, 친구, 동료, 타인과의 상호적 대인관계 평가
> • 대인관계의 양상 및 패턴 평가, 대인관계에서의 기능과 역할 수행에 대한 평가

(3) 일반적인 과정

단계	내용
1단계 (검사 전 면담)	• 심리검사 의뢰의 목적, 알고자 하는 정보, 수검자의 동기, 욕구 기대를 파악한다. • 면담 내용은 결정적 정보를 제공하며, 심리검사를 통하여 제공되는 내용과 관련하여 수검자와 합의할 수 있게 한다.
2단계 (검사 계획 및 심리검사 선정)	• 검사 내용을 중심으로 검사 목적에 가장 만족스러운 검사를 선택하고 이루어지도록 한다. • 검사의 신뢰도와 타당도를 검토하고, 검사의 실용성을 고려한다.
3단계 (검사 환경의 조성)	• 초기 단계부터 라포 형성에 주의하여야 하며, 정서에 대한 적절한 대처를 하여야 한다. • 검사 반응에 영향을 미칠 수 있는 조건을 통제하도록 노력한다.
4단계 (검사 실시와 행동 관찰)	• 심리검사 배터리로 실시하며, 어떤 종류의 검사를 사용하고, 어느 순서로 시행할 것인지를 고려하여야 한다. • 정서적 반응과 행동의 특징을 관찰한다.
5단계 (검사 채점 및 해석)	• 투사적 검사의 경우에는 고도의 숙련도가 필요하다. • 결과 해석에 대한 타당성과 전문성을 높이기 위한 노력을 기울여야 한다.
6단계 (검사 후 면담)	• 수검자의 개인력과 과거력에 대한 정보를 수집하고, 검사 결과를 전문적으로 해석하기 위한 노력을 한다. • 주거환경, 직업 상황, 경제적 문제, 현재 상황 등 개인에 대한 판단, 가족 배경, 출생 및 조기 발달, 교육적·사회적 발달, 직업력, 성적 적응, 결혼 적응 등 발달적 개인에 대하여 조사한다.
7단계 (종합 평가 및 진단)	• 핵심적·특정적 내용을 탐색한다. • 수검자의 강점과 취약성을 구별한다.
8단계 (검사 결과에 대한 면담)	• 수검자의 자존감을 높이며, 수검자에게 희망을 갖도록 한다. • 스스로 통찰할 기회를 제공하고, 치료나 상담에 적극적으로 참여하게 한다.

2 평가 및 진단 (1) 정신상태 검사(MSE)

01 특징

① 내담자의 인지, 정서, 행동상에 문제가 있는지 평가하고, 내담자의 행동 및 태도, 감각 기능과 사고기능, 지각 장애, 지남력, 기분 및 정서, 통찰력과 자아개념 등을 검진한다.

② 직접적 관찰과 질문, 간단한 형태의 검사를 실시하며, 정신병적 이상이나 뇌기능의 손상이 의심될 때 사용한다.

02 정신상태 검사에 포함되는 기술 내용

유형	내용
일반적 기술	외양, 행동, 정신활동, 검사자에 대한 태도 등
기분 및 정서	기분, 감정 반응성, 정서의 적절성 등
말	말의 양과 질, 속도, 발음 등
지각	환각 및 착각, 관련 감각기관의 내용 및 특징 등
사고	사고의 과정·형태·내용 등
감각 및 인지	각성 및 의식 수준, 지남력, 주의집중, 읽기·쓰기 능력, 시공간 능력, 추상적 사고, 상식과 지능 등
충동 조절	성적-공격적 충동 및 기타 충동의 조절능력 등
신뢰도	내담자의 신뢰도, 자신의 상황에 대한 정확한 보고능력 등
판단 및 병식	사회적 판단능력, 자신이 병들었다는 인식 정도 등

3 평가 및 진단 (2) 행동 평가

01 특징

① 행동 평가는 행동주의 이론을 바탕으로 특수한 상황에서 나타나는 내담자의 구체적인 행동, 사고, 감정, 생리적 반응에 관심을 갖는다.

② 경험적 방법론에 기초하여, 관찰 가능한 행동에 대하여 설명할 수 있어야 한다.

③ 개인적·상황적 요인은 문제 행동과 상호교환적인 영향을 끼친다.

④ 특정 상황에 대한 개인의 행동에 초점을 두며, 문제 행동 및 이를 유발하는 특수한 자극 상황에 대해서도 평가한다.

02 행동 평가의 기본원리 : ABC 패러다임

① 인간의 행동은 선행조건이나 요인으로서 환경적 자극에 의하여 동기화되며, 행동에 따른 결과에 의하여 전적으로 결정된다고 보았다.

② 행동주의 이론에서는 환경적인 선행조건과 결과에 관심을 가진다.

③ 행동 평가는 선행조건, 목표 행동, 행동 결과를 구체적으로 밝힌다.

> 선행조건(Antecedent) → 행동(Behavior) → 결과(Consequence)

 **TIP** 행동 특성에 대한 법칙정립적 접근 vs 개별사례적 접근

법칙정립적 접근	• 행동 특성은 모든 사람에게 동일한 의미로 존재한다는 가정에 기초한다. • 행동 특성이 모두에게 동일한 의미를 가지므로 사람 간의 비교가 가능하다. • 독특성은 특성 차원 수준의 독특한 조립을 의미하고, 차원 자체는 모두에게 동일하다.

개별사례적 접근	• 행동 특성은 사람마다 고유한 의미를 가진다는 가정에 기초한다. • 행동 특성이 사람마다 질적으로 다르고 서로 다른 척도상에 있으므로, 사람 간의 비교가 불가능하다. • 법칙정립적 접근의 과도하게 단순화된 결과를 지양한다.

4 평가 및 진단 (3) 심리검사

01 수행양식에 따른 분류

유형	내용
최대 수행검사	개인이 어떤 과제를 얼마나 잘 수행할 수 있는가를 알아보려는 검사로, '능력검사'가 있다.
전형적 수행검사	개인이 주어진 상황에서 어떤 양태로 반응 또는 행동하는가를 알아보려는 검사로, 평소에 습관적으로 어떤 행동이나 반응을 하는지 측정한다.

02 검사받는 인원에 따른 분류

유형	내용
개인 검사	한 번에 한 사람에게 시행하도록 만들어진 검사로, 성격이나 태도를 알아보기 위하여 사용되므로 개인의 생활에 대한 중요한 결정을 위하여 사용한다.
집단 검사	한 번에 여러 사람에게 시행할 수 있도록 만들어진 검사로, 학교나 산업체 등 여러 기관에서 집단적으로 성취, 지능, 적성, 성격 등을 조사할 때 사용한다.

03 채점방식에 따른 분류

유형	내용
객관식 검사	검사의 채점 준서가 명확하여 누가 채섬하더라도 같은 결과가 나오도록 제작된 검사로, '진위형 검사'와 '선다형 검사'가 있다.
주관식 검사	채점자에 따라 그 결과가 다소 달라질 가능성이 있는 검사로, '투사 검사'가 있다.

04 제작방식에 따른 분류

유형	내용
표준화 검사	검사 전문가에 의하여 엄격한 표준화 과정을 거쳐 실시, 채점 및 해석이 이루어지는 검사로, 신뢰도와 타당도가 높고 규준이 잘 설정되어 있으며, 다른 집단 간의 비교가 용이하다.
비표준화 검사	표준화 과정을 거치지 않고 채점 및 해석이 이루어지는 검사로, 신뢰도와 타당도가 낮지만 표준화 검사에서 해석할 수 없는 질적인 부분을 해석하는 용도로 사용한다.

05 검사 점수에 의미를 부여하는 참조체제에 따른 분류

유형	내용
규준 지향검사	대규모의 집단을 사용하여 어떠한 특성을 재고하고, 집단의 수행 정도에 비추어 한 개인이 받은 점수를 비교하여 해석하는 검사로, 대부분의 심리검사가 해당된다.
준거 지향검사	개인의 점수를 이미 설정해 둔 수행 수준과 비교하여 해석하는 검사이다.

5 검사의 제작

01 1단계 : 검사 제작의 목적 설정

① "왜 이 검사가 필요한가?"에 대한 답을 얻는다.

② 시대적·학술적 요구에 의한 검사 제작의 필요성에 답한다.

③ 기존에 제작된 유사 심리검사가 있을 경우, 새로 개발하려는 심리검사가 어떤 면에서 구분이 되는지 분명히 밝힐 수 있어야 한다.

02 2단계 : 측정 개념의 조작적 정의

① 검사가 측정하려는 내용, 즉 심리적 구성개념을 잘 반영한다.

② 지능, 기술, 적성, 성격, 태도, 동기 등 심리적 구성개념을 정의하여야 적절한 문항 개발이 가능하다.

03 3단계 : 검사방법의 결정

① 검사 제작의 목적을 설정하고 측정할 구성개념을 정의하였다면 검사방법을 결정하여야 한다.

② 검사방법은 과제의 수행형식이나 자기보고 형식 중에서 결정한다.

04 4단계 : 문항 개발 및 검토

① 척도화 방식이나 문항 유형이 정해졌다면 문항을 개발한다.

② 문항의 개수는 2배수 정도로 개발한다.

③ 측정하고자 하는 내용을 충분히 포함하고 있는지, 형식은 적절한지 등의 내용과 형식을 모두 검토한다.

05 5단계 : 예비검사의 실시

① 소수의 응답자에게 예비검사를 실시하여 문제점이 없는지 파악한다.

② 예비검사의 목적은 문제점을 사전에 검토하고 조절하여 문항 분석을 위한 자료를 얻는 것이다.

06 6단계 : 문항의 분석 및 수정

① 문항 분석을 통하여 각각의 문항이 전부 양호한지 검토한다.

② 예비검사에서 얻은 검사 결과를 통계적으로 분석하며, 기본적인 통계 분석은 물론, 문항별 난이도와 변별도, 총점 상관, 오답 정도, 문항분석 지표 등을 활용한다.

07 7단계 : 본 검사의 실시

실제 검사가 잘 만들어졌는지 분석하기 위하여 많은 사람을 대상으로 실시하며, 검사가 실시될 대상 중 일부를 표집하여 검사 결과를 얻는다.

08 8단계 : 신뢰도와 타당도의 검토

본 검사에서 얻은 자료를 분석하여 검사의 신뢰도와 타당도를 검토하며, 검사의 제작의 목적에 맞게 제작되었는지 검토한다.

09 9단계 : 표준화

① 검사의 제작 목적과 방향에 따라 규준을 작성한다.

② 규준에 따라 규준표를 작성하고 매뉴얼을 작성하여 인쇄한다.

> **TIP** 검사 제작에 대한 방법론(Burish, 1984)
>
> • 외적준거 접근(경험적 방법) : 비판의 준거를 외부에서 가져오는 것, 타당성과 기대가치 수용에 대한 비판을 통하여 접근하는 것, 특정 집단을 나누는 질문이 될 수 없는 모호한 질문이나 특정 집단이 대답을 하는 경향을 파악하여 문제를 제작하는 방법
> • 내적구조 접근(귀납적 방법) : 많은 사람에게 공통적으로 해당하는 문항을 선별하여 대부분이 선택하는 답안 외의 것을 선택하는 사람을 특정 집단에 들어간다고 간주하는 제작 방법
> • 내적내용 접근(연역적 방법) : 예를 들어 우울하다는 카테고리를 설정하는 문항이 있다면 그 문항을 선택하는 사람은 본인을 우울하게 여긴다고 보고 제작하는 방법

6 행동 관찰

01 관찰법의 유형

(1) 자연 관찰법

① 실제 생활환경에서의 자연스러운 행동을 관찰하고, 이를 문제행동 리스트로 작성한다.

② 기초자료 수집에 효과적이지만 비경제적이다.

(2) 유사 관찰법

① 미리 계획되고 조성된 상황에서 특정한 환경 및 행동조건을 조성하여 관찰한다.

② 경제적인 반면에 외적 타당도는 낮다.

(3) 참여 관찰법

① 참여자에게 관찰하고 기록하게 한다.

② 자연스러운 환경 내의 자료 수집과 광범위한 문제 행동에 적용이 가능하나, 관찰자의 편견이 개입될 여지가 있다.

(4) 자기 관찰법

① 자신의 행동을 스스로 관찰하고 자신과 환경 간의 상호작용을 기록한다.

② 셀프 피드백으로 문제 행동을 통제한다. 자신에 대한 관찰 및 기록의 왜곡 가능성이 있다.

 **유사 관찰법 또는 통제된 관찰법의 주요 유형**

유형	내용
모의 실험	• 통제된 관찰 방식으로, 통제되고 비밀이 보장되며 위협적이지 않은 환경에서 관찰이 가능하다. 예 연설 불안을 가진 내담자에게 다른 연설 불안이 있는 사람 앞에서 연설하라고 요청
스트레스 면접	• 지도자가 없는 소집단에서 주어진 과제를 해결하기 위하여 어떤 방식으로 역할을 수행하는지 관찰이 가능하다. • 일방형 관찰이다.
역할 시연	• 문제의 원인이 되는 특정 상황에 있는 것처럼 행동하는 방식이다. • 내담자의 주장을 강화하고 사회적으로 숙달되게 하는 데 널리 사용한다.

02 관찰법 시행 시의 유의사항

① 관찰 대상 및 장면을 한정하고, 관찰 대상 및 장면 선정이 어느 정도 전체를 대표할 수 있어야 한다.

② 체계적이고 과학적인 방법으로 관찰한다.

③ 관찰 계획 및 방법을 사전에 결정한다.

④ 관찰 당시의 환경적 조건을 기록한다.

⑤ 객관적이고 일관적인 태도를 유지한다.

⑥ 관찰 대상을 빠짐없이 기록한다.

⑦ 관찰자가 관찰을 전후하여 관찰 대상에 영향을 주지 않도록 주의한다.

7 임상적 면접

01 임상적 면접의 종류

(1) 진단 면접(Diagnostic Interview)

① 내담자를 진단하고 분류하기 위한 면접으로, 장애 유형을 구분해 주는 역할을 한다.

② 환자는 내담자의 진료를 위하여 임상장면에서 사용한다.

③ 증세는 무엇이고 언제부터 증상이 나타났는지, 과거력 및 경과, 현재의 상태 등을 기록한다.

(2) 비구조화된 면접

유형	내용
접수 면접 (Intake Interview)	• 상담 신청과 정식 상담의 다리 역할을 하는 절차이다. • 내담자의 치료 동기에 대하여 면접을 통하여 내담자의 주호소 문제를 표면적으로나 심층적으로 파악할 수 있어야 한다. • 임상에 대한 기대와 임상장면의 특징, 치료적 동기와 대안적 치료 방법 등이 소개될 수 있다.
사례사 면접 (Case–history Interview)	• 내담자의 개인적이고 사회적인 과거력을 중심으로 내담자와 내담자의 문제에 대한 배경 및 맥락을 파악하기 위한 면접이다. • 내담자의 핵심문제나 정서를 다루기보다는 내담자의 과거 사진과 사실에 주로 초점을 맞추는 면접이다. • 내담자의 아동기 현재 경험, 부모–형제와의 관계, 학교–직장생활, 결혼 생활, 직업적 흥미–적응 정도에 대한 자료 습득이 가능하다.

02 접수 면접의 내용

(1) 내담자에 대한 신상정보

① 주호소 문제

유형	내용
현재 병력	증상의 발전 및 변화 과정 등
과거 병력	신체적 질병의 유무, 이전의 정신적 혼란 삽화 등
병전 성격	기능수준에 대한 내력, 아동기·청소년기의 발달 경험

② 개인력 : 신체력·심리적 문제에 대한 내력, 아동기·청소년기의 발달 경험

③ 가족력 : 가정환경, 부모의 성격 및 사회적 지위, 부모와의 관계

④ 정신상태 검사 : 정신운동 활동, 정서적 반응, 언어와 사고, 기억력

⑤ 권고사항 : 적절한 치료의 종류 및 방법 제시

(2) 접수 면접의 목적 : 가장 적절한 치료나 중재계획의 권고, 내담자의 증상과 관심을 더 잘 이해하기 위하여 실시한다.

단계	내용
문제 확인	• 내담자의 실제 문제 파악 • 치료기관에서 적절한 서비스를 제공하는지 파악
라포 형성	• 두려움이나 양가감정의 해소를 위하여 치료자와 상호 긍정적인 친화관계 형성
의뢰	• 문제 해결에 더 적합한 기관이 있다고 판단될 경우에 의뢰 • 의뢰 시 내담자의 동의가 반드시 필요

03 임상적 개입과 기초 이론

1 행동주의에 기초한 개입방법

01 고전적 조건형성 : 바람직하지 못한 행동에 혐오 자극을 제시하여 부적응적 행동을 제거한다.

02 자기주장 훈련/주장적 훈련

① 대인관계에 대한 불안과 공포를 해소한다.

② 불안 이외의 감정으로 표현하도록 하여 불안을 제거한다.

03 자기표현 훈련

① 자기표현을 통하여 타인과의 상호작용 방법을 습득한다.

② 대인관계에서 비롯되는 불안 요인을 제거하기 위한 것이다.

04 학습촉진기법

(1) 강화

① 바람직한 행동의 빈도수를 높인다.

② 바람직한 행동에는 칭찬하고, 바람직하지 못한 행동에는 위협한다.

(2) 변별

① 둘 이상의 자극을 서로 구별한다.

② 유사한 자극에서 나타나는 작은 차이에 따라 서로 다른 반응을 보이도록 유도한다.

③ 자극에 대한 반응과 보상이 시간적으로 근접해 있을수록 학습을 촉진한다.

(3) 사회적 모델링과 대리학습

① 타인의 행동을 보고 따라하는 것으로 관찰학습을 한다.

② 관찰과 모방에 의한 학습을 통하여 문제 행동을 수정하거나 학습을 촉진한다.

(4) 조형(Shaping)

① 원하는 방향 안에서 일어나는 반응만 강화받고, 원하지 않는 방향의 행동에는 강화 받지 못하도록 한다.

② 점진적 근접법, 행동 세분화, 단계별 강화를 제공하여 복잡한 행동을 습득한다.

(5) 토큰 경제(Token Economy)

① 조작적 조건형성의 기법이다.

② 바람직한 행동에 대한 체계적인 목록을 작성하고, 그 행동이 이루어질 때 보상을 하는 것이다.

③ 물리적 강화물(토큰)과 사회적 강화물(칭찬)을 연합함으로써 내적 동기 및 가치를 학습하도록 촉진한다.

2 애착이론

01 할로우(Harlow)의 모조 어미원숭이 실험 : 할로우는 이 실험을 통하여 아동은 외적인 안전이나 먹이 등을 제공해 주었다는 대상이 아니라, 따뜻함(부드러운 천)을 주는 대상과 애착관계를 형성한다는 사실을 밝혀내었다.

02 보울비(Bowlby)의 애착이론 : 보울비는 생애 초기에 형성되는 주양육자와의 사회적 관계의 질이 이후 발달단계에서 결정적인 역할을 한다고 보았다. 이외에도 민감한 시기가 있다는 사실을 연구를 통하여 밝혀내었다.

03 에인스워스(Ainsworth)의 낯선 상황 실험

(1) 안정 애착

① 어머니에 대한 안정 애착이 형성된 유아는 낯선 상황에서 낯선 사람과 남아있는 경우에 당황해하고 불안감을 느꼈으며, 어머니가 돌아오자 곧 안정을 찾게 되었다.

② 어머니는 유아의 정서적 신호에 민감하게 반응하였고, 유아 스스로 놀 수 있도록 충분히 허용하였다.

③ 어머니가 유아의 요구에 적절히 반응하여 충족시켜 주는 경우에 유아는 어머니에게 신뢰를 가지며, 이는 곧 성장기 아동의 친구관계 형성이나 사회적 자신감, 리더십과 연결되는 경향이 있다.

(2) 불안정 애착

유형	내용
회피 애착	• 유아는 낯선 상황에서도 어머니를 찾는 행동을 보이지 않으며, 어머니가 돌아와도 다가가려고 하지 않았다. • 유아는 어머니에게 신뢰를 가지고 있지 않았고, 어머니를 낯선 사람과 유사하게 생각하였다. • 어머니는 유아의 정서적 신호나 요구에 무감각하며, 유아를 거부하는 듯한 행동을 보였다.
저항 애착	• 유아는 낯선 상황에 대하여 민감한 반응을 보였으며, 낯선 사람과의 접촉을 피하였다. • 유아는 어머니가 돌아오면 과도하게 접근을 하면서 분노와 저항적인 행동을 보였고, 어머니의 반응을 이끌어내기 위한 과잉 애착운동을 보였다.
혼란 애착	• 유아는 어머니가 안정된 존재인지 혼란스러워한다. 불안정 애착 중 가장 심각한 유형으로, 유아는 회피 애착과 저항 애착을 동시에 보인다. • 유아의 부모가 스트레스나 우울증이 심한 경우에 나타난다. • 유아는 대인관계에서 적대적이고 사회성이 부족한 양상을 보인다.

3 사회학습이론

01 반두라(Bandura)

① 반두라는 인간의 행동을 불러일으키는 요인으로 환경적 자극의 중요성을 알려 주었고, 환경적 자극을 통하여 인간의 행동이 변화할 수 있다고 보았다.

② 강화라는 기법을 통하여 인간의 행동을 절대적으로 통제하는 것은 불가능하며, 강화의 효과 또한 행동과 그 결과에 대한 인간의 의식에 의하여 좌우된다고 보았다.

③ 인간은 자신의 인지적 능력을 활용하여 창조적으로 사고함으로써 합리적으로 행동을 계획할 수 있다고 생각하였다.

 TIP **반두라의 보보인형 실험(Bobo doll experiment)**

- 반두라의 보보인형은 우리말로 '오뚝이 인형 실험'으로 잘 알려져 있는 실험이다.
- 성인이 보보이고, 그는 이러한 결과를 통한 학습이 가능하다는 사실을 밝혀냈다.

02 크롬볼츠(Krumboltz)

① 학습이론의 원리를 직업선택의 원칙에 적용한 이론으로, 개인의 성격과 행동이 독특한 학습 경험에 의하여 가장 잘 설명될 수 있다고 가정하였다.

② 진로 결정에 영향을 미치는 요인 간의 상호작용을 밝혀냈다.

 TIP **크롬볼츠의 사회학습이론**

- 크롬볼츠의 사회학습이론은 '계획된 우연(Planned happenstance) 모형'으로 대표된다.
- 한 사람의 진로발달과정에서 예기치 않은 일이 일어날 수밖에 없고, 이 사건은 그 사람의 진로에 긍정적이거나 부정적으로 작용한다.
- 이때 우연한 일들이 진로에 유리하게 도움이 되기 위하여 호기심, 인내심, 융통성, 낙관성, 위험 감수라는 능력이 필요하다.

04 심리치료의 유형

1 정신분석 및 정신역동 치료

01 프로이트(Freud)와 무의식

① Freud는 때때로 인간이 자신의 과거, 특히 어린 시절에서 비롯된 무의식과 갈등을 보인다고 하였다.

② 우리 문제의 대부분은 본능적 충동을 과도하게 억압하기 때문이라고 보았다.

③ 치료의 목표는 무의식적 문제가 의식의 영역으로 나올 수 있도록 돕고, 정서적 카타르시스나 자유 연상 등을 활용하는 것이다.

02 정신 분석

① 어린 시절의 트라우마, 공포증, 우울증을 치료하는 기법이다.
② 무의식 세계와 그것이 우리의 사고와 행동에 끼치는 영향을 분석하였다.
③ 어린 시절의 경험과 그 사건들이 개인의 인생에 어떤 영향을 끼쳤는지 파악하는 것에 초점을 둔다.

03 정신역동 치료

① 정신분석에 비하여 상대적으로 단기간으로 진행된다.
② 타인과의 관계를 향상하는 데 도움을 준다.
③ 개인이 특정 인물과 가질 수 있는 문제적 유대감을 이해하게 한다.

04 분석 심리학

① 중독, 우울증, 불안, 개인의 성장에 매우 유용한 심리치료방법이다.
② 분석 심리학의 창시자인 융(Jung)은 내담자가 꿈이나 예술적 표현 속에 새겨진 원형(Prototype)을 통하여 개인의 무의식을 철저하게 탐색하였다.
③ 심리치료과정을 한 인간이 미성숙한 수준에서 성숙한 수준으로 나아가는 '개성화 과정'으로 보았다.
④ 인간 내면의 어두운 부분(Shadow, 그림자)을 극복하는 것이 아니라, 자신의 한 부분으로 수용하고 통합해가는 것을 성숙한 과정으로 보았다.

2 인지행동 치료 (1) 수용전념 치료

01 의의 : 수용과 마음 챙김, 전념(적극적 참여)과 행동 변화를 통하여 심리적 수용과 유연성을 증진시키는 인지행동적인 치료를 중재한다.

02 인지행동치료(CBT)의 2가지 주요 흐름

유형	내용
행동치료	고전적 조건화와 조작적 조건화의 원리와 관련된 기법에 근간을 이룬 치료이다.
인지치료	1970년대 초 이후, 인지 매개설이라는 구성개념에 기초하여 출현한 치료이다.

03 수용심리치료법(Acceptance-based treatment) : 제3의 흐름으로, 정서나 인지보다 사적 경험(Private experience)을 수용하고 맥락의 변화를 도모한다.

(1) 변증법적 행동치료(DBT : Dialectical behavior therapy)

① 경계선 성격장애(BPD : Borderline personality disorder)를 치료하기 위하여 1994년 리네한(Linehan)이 개발한 다면적 치료 프로그램이다.

② 처음에는 자살, 자해를 보이는 경계선 성격장애 내담자를 효율적으로 돕기 위하여 창안되었으나, 동기 강화, 대처기술의 증진, 강점의 강화 등의 목적으로 확대되어 적용하고 있다. 이 프로그램은 대립되는 사상이 균형을 이루고 통합 및 종합되는 것을 강조하는 변증법적 세계관을 바탕으로 사고, 정서, 행동의 변화를 촉진하는 여러 가지 인지행동적 전략과 마음 챙김(Mindfulness) 명상활동을 절충하여 구성되었다.

③ 프로그램을 진행하면서 내담자가 지녀야 할 3가지 마음 상태는 합리적 마음(Reasonable mind), 정서적 마음(Emotional mind), 현명한 마음(Wise mind)이다.

 **마음 챙김을 위한 3가지 기술**

유형	내용
관찰하기 (Observing)	현재의 순간에 일어나고 있는 생각, 신체적 감각, 정서, 충동 등 내적 경험과 소리, 외부 환경, 냄새 등 외적 경험을 무시하거나 벗어나지 않은 채 그냥 알아차리며 느끼고 주의를 기울이는 것이다.
기술하기 (Describing)	관찰한 경험을 언어로 표현하는 것이다. 즉, 관찰한 모든 경험을 언어화하며, 특히 생각이나 느낌을 경험하게 되면 사실 여부를 따지는 것이 아니라 인식하는 것에 초점을 두어 기술하도록 한다.
참여하기 (Participating)	현재의 순간에 집중하여 활동을 완전하게 수행하는 것이다. 즉, 이와 같은 활동은 '어리석은 거야.', '부끄러운 일이야.'와 같이 평가하거나 주의가 산만해지지 않은 채 온전히 참여하는 것이다.

⑤ 정서조절 모듈은 정서 촉발 사건, 사건에 대한 내담자의 해석, 정서의 주관적인 경험, 행동 충동, 실제로 한 행동, 정서의 추후 효과 등 정서적 측면을 관찰하고 기술하기 위한 방법을 훈련시킨다.

⑥ 고통인내 기술 모듈은 고통은 피할 수 없는 것이며 삶의 일부이므로 고통을 잘 견디는 방법을 익히는 것이 중요하다는 점을 강조한다.

⑦ 고통을 견디게 하는 기술은 고통스러운 현실을 인식하고, 변화시킬 수 없는 것을 변화시키려는 쓸데없는 노력을 그만두는 것이다. 그리고 현실을 있는 그대로 수용하는 것이다.

⑧ 호흡 알아차리기, 느리고 완전하게 자각하기, 모든 순간을 알아차리기, 차 끓이기, 설거지하기와 같은 간단한 활동에 참여한다. 마음 챙김에 근거한 스트레스 완화(MBSR)나 마음 챙김에 근거한 인지치료(MBCT)와 유사한 활동을 한 후에는 이에 대한 경험을 토론한다.

(2) 마음 챙김(MBCT)과 수용전념치료(ACT)

① 생각, 느낌, 감각 등을 있는 그대로 수용하며, 사람의 생각과 감정이 인지구조의 틀 속에서 일어나는 일일뿐이라는 사실을 알게 하는 인지적 탈융합(Cognitive defusion)이 일어난다.

② 마음 챙김을 통하여 심리적 건강과 삶의 질을 향상시키며, 부정적인 정서나 행동을 피하고 변화시키는 것이 아니라 그 자체를 경험하고 수용할 것을 강조한다.

③ '인간에게 고통은 보편적이며 정상적이다.'라는 가정에 대하여 문제를 제기하며, 인간 고통의 근원이 인간의 언어적 과정에 있다고 보았다. 여기서 인간의 언어란 몸짓, 그림, 소리, 필기형태와 같은 상징적 활동이다. 인간의 고통은 언어적 맥락 내에서 이해될 수 있으며, 이러한 언어적 과정을 이해하고 바꾸는 것이 치료의 목적이다.

④ ACT의 철학적 배경은 기능적 맥락주의(Functional contextualism)로 사건 전체에 초점을 두면서 부정적인 생각과 감정이 일어나는 심리적 맥락을 중시한다. 내적 사건이 일어나는 심리적 맥락을 변화시킴으로써 내적 사건의 역할을 바꾸려는 것이다.

⑤ ACT의 목표는 심리적 유연성의 증진이다.

⑥ ACT는 마음 챙김과 수용 과정, 전념과 직접적 행동변화과정의 2가지 측면으로 구성된다.

3 인지행동 치료 (2) 행동 요법

01 울페(Wolpe)의 상호억제원리

① 파블로프(pavlov)의 고전적 조건형성의 원리에 입각한 상호제지이론/역제지이론이다.

② 상호제지/상호교호적 억제는 제거대상 반응(불안)과 양립할 수 없는 반응(이완)을 함께 제시하여 이들 간의 상호 방해로 2가지 중 하나를 기억할 수 없도록 하는 것이다.

③ 신경증적 행동은 학습에 의한 것이므로, 소거하기 위하여 이미 학습된 것을 억제·제지할 수 있는 다른 행동이 필요하다.

④ 울페의 상호억제원리는 체계적 둔감법으로 구체화되었다.

02 포아(Foa)의 지속노출치료

① 이완을 강조하는 체계적 둔감법으로, 공포 자극에 대한 이완보다는 노출을 포괄적으로 적용하려는 경향이 있다.

② 1990년대 Foa가 제안한 것으로, 다양한 경험적 연구를 통하여 외상 후 스트레스장애에 대한 가장 효과적인 치료법으로 인정받았다.

③ PTSD 증상으로 자극에 대한 회피 반응과 과도한 각성 반응이 나타나며, 공포 자극이 활성화되는 기억은 병리적 측면에서 직접 접근한다.

④ Foa는 공포를 위험회피를 위한 일종의 인지구조로 간주하여, 공포의 인지구조가 상황에 대한 평가 및 해석의 오류를 야기한다고 보았다.

⑤ 정상적 회복 양상을 보이는 내담자의 경우에는 자신의 피해 상황에 대한 기억 때문에 극도의 무력감과 두려움을 느낀다. 결과적으로, 자신의 경험을 타인에게 노출하고 외상 사건을 과거의 상태로 돌려서 회복한다.

⑥ 회복에 어려움을 보이는 내담자의 경우에는 외상 사건에 대한 기억과 연관된 자극 단서를 지속적으로 회피하며, 부적응적 사고와 행동을 수정하지 않는다. 결과적으로, 두려움에서 벗어나지 못한다.

03 불안감소법

유형	내용
체계적 둔감화	혐오 자극이나 불안 자극에 대한 위계목록을 작성하고, 낮은 수준의 자극부터 유도한다.
금지 조건형성	충분히 불안을 일으킬 만한 단서를 지속적으로 제시한다.
반 조건형성	조건 자극과 새로운 자극을 함께 제시하여 불안을 감소시킨다.
홍수법	불안이나 두려움을 발생시키는 자극을 계획된 현실이나 상상 속에서 지속적으로 제시한다.
혐오 치료	어떤 물건에 집착할 경우에 그 물건과 혐오 자극을 짝지어 제시할 때 물건에 대한 집착이 감소된다.

 TIP 체계적 둔감화(Systematic desensitization)

- 1950년대 초 Wolpe에 의하여 개발된 것으로, 근육이완 훈련, 불안위계목록, 단계적 둔감화를 실시하는 방법이다.
- 현재까지 불안의 원인이 되는 부적응 행동과 회피행동 치료를 위하여 가장 효과적으로 쓰이는 치료법이다(인지행동에서 가장 널리 쓰이는 치료법).

4 인지행동 치료 (3) 합리 정서행동 치료(REBT)

01 개요

① 알버트 엘리스(Albert Ellis)가 수립한 합리 정서 행동치료 이론이다.

② 분노, 불안, 좌절, 사회 공포, 불안, 부끄러움, 성 불능을 치료하는 데 도움을 준다.

③ 목표는 정서나 행동문제, 즉 감정은 물론이고 파괴적이고 제한적인 사고에 대하여 인식함으로써 변화시킬 수 있게 한다.

5 인본주의 치료

01 의의

① 현대 심리학과 상담에 가장 많은 영향을 미친 이론으로, 가치가 높게 평가되고 있다.

② 다양한 방법과 이들이 바탕을 두고 있는 치료 전략으로 인하여 전문가나 일반인 모두에게 선호되는 방식이다.

02 칼 로저스(Carl Rogers)

① 심리치료를 극대화하였다.

② 개인을 성장과 변화로 이끌어 인간 내면의 잠재력을 극대화하는 것이다.

③ 환자의 고통이나 트라우마를 깊이 있게 다루기보다 현재 상태에 대한 대안 제시에 초점을 둔다.

④ 내담자가 적극적인 변화의 주체가 될 수 있도록 한다.

⑤ 치료자는 인간이 가진 선함, Well-being과 타고난 성향을 중시한다.

03 내담자 중심 치료

① 치료의 목표는 내담자가 절묘하게 유지되는 균형을 파괴하는 '일탈'을 제거하고 인생의 진정한 의미를 찾도록 도움을 주는 것이다.

② 내담자가 개인적 성장을 이룰 수 있도록 자신에게 필요한 것이 무엇인지 이해하는 데 도움을 준다.

③ 상담자나 치료자가 아닌 내담자가 치료 과정의 핵심이다.

④ 치료자는 공감, 무조건적 긍정적 수용, 진실성을 실현시킨다.

⑤ 과거를 중시하기보다는 현재와 행동 변화를 일으킨 후의 미래를 더 중요하게 여긴다.

05 심리치료에서 나타나는 다양한 상황

1 전이와 역전이

01 전이

① 내담자가 상담자 쪽으로 향하게 되는 감정과 태도를 말한다.

② '어릴 때의 대인관계 패턴을 현재의 상대방에게 옮겨서 반복하는 과정'이다(Fromm-Reichmann, 1951).

③ 현실 상황에 아무 근거가 없거나 약간의 근거를 두고, 어릴 때의 대인관계 경험을 상담자에게 투영하는 것이다.

02 역전이(Counter-transference)

① 상담자가 자신의 문제나 경험을 내담자의 것과 동일시하고 자신에 대한 내담자의 사랑이나 증오감에 즉각적으로 반응하여 억압되었던 느낌을 표면화하는 경우를 말한다.

② 상담자가 내담자에게 갖는 무의식적인 반응이다.

③ 상담자가 자신의 신경증적·유아적 욕구나 갈등을 행동화하여 상담활동이 전지전능에 대한 유아적 동경을 충족시키는 수단이 되기도 하는 과정에서 드러난다.

④ 상담자에게도 역전이가 일어나고, 이는 상담 전반에 걸쳐 발생한다.

⑤ 상담과정에서 어려움을 초래할 수 있으며, 상담자가 내담자에 대한 자신의 역전이 반응을 인식하지 못하거나 인식하더라도 효과적으로 다룰 수 없을 때 발생한다.

2 저항

① 상담이나 심리치료의 진행을 방해하고, 현재 상태를 유지하려는 내담자의 무의식적인 사고와 감정이다.

② 처음 상담에 임할 때 불안과 긴장, 자기 보호를 위하여 스스로를 개방하지 않으려고 저항한다.

 **TIP** 심리치료과정에서의 저항의 원인

- 내담자는 자신의 익숙한 행동을 변화시키는 데에 불안과 위압감을 느낀다.
- 내담자가 문제 증상으로 인하여 주변의 도움을 받으며 자신의 행동에 제지를 덜 받는 등 2차적 이득을 포기하기가 어렵다.
- 내담자가 자신의 변화로 인하여 주변 사람들의 시선이나 태도가 부정적으로 변할 수 있다는 생각에 두려움을 느낀다.
- 내담자가 변화를 원하더라도 주변의 중요 인물들이 현 상태를 유지하기를 원한다.

3 침묵 : 아무런 대답을 하지 않거나 질문에 대답을 회피하는 것이다.

01 침묵과 관련된 방어 기제

유형	내용
말을 많이 함	감정을 회피하거나 개입을 방해하기 위한 것이다.
일반화	자세하게 밝히는 것을 피하기 위하여 일반적인 용어로 표현한다.
주지화	상담자가 원하는 답변을 위하여 의도적으로 언어를 선택한다.
핑계	다양한 이유를 제시하여 약속시간을 변경하거나 상담을 연기한다.

02 침묵의 발생 상황

① 내담자가 상담 초기의 관계 형성에 두려움을 느끼는 경우

② 상담 중 논의된 것에 대하여 내담자가 음미하고 평가하며 정리하고자 하는 경우

③ 내담자가 상담자에게 적대감을 가지고 저항하는 경우

④ 내담자가 자신의 말에 대한 상담자의 확인과 해석을 기대하는 경우

4 방어 기제 : 스트레스 및 불안의 위협에서 자신을 보호하기 위하여 실제적인 욕망을 무의식적으로 조절하거나 왜곡하면서 대처하는 양식이다.

01 방어 기제의 유형

유형	내용
억압	Freud는 억압을 인간의 1차적 방어 기제로 간주한다.
부정 (Denial)	원시적인 방어 기제로, 위협적인 현실에 눈을 감아버리는 경향이다. 🔵 사랑하는 사람이 죽었을 때 그 죽음 자체를 부인하는 것
투사 (Projection)	자신의 자아에 존재하지만 받아들일 수 없어서 타인의 특성으로 돌려버리는 경향이다. 🔵 실제로는 자신이 화가 나 있는데 상대방이 화를 냈다고 생각하는 것
고착 (Fixation)	성격발달단계 중 어느 한 단계에 머물러 다음 단계로 발달하지 않음으로써 다음 단계가 주는 불안에서 벗어나려는 경향이다.
퇴행 (Regression)	요구가 크지 않은 유아기의 단계로 되돌아가 안주하려는 경향이다. 퇴행은 고착과는 달리, 성장하여 그 단계를 지나왔지만 불안이 예상될 때는 무의식적으로 이미 지나온 과거로 다시 돌아감으로써 불안에서 벗어나려는 것이다. 🔵 동생을 본 아동이 나이에 어울리지 않게 응석을 부리거나 대소변을 잘 가리다가도 다시 못 가리는 경우
합리화 (Rationalization)	실망을 주는 현실에서 도피하기 위하여 그럴듯한 구실을 붙이는 경향이다. 🔵 상처 입은 자아에게 더 큰 상처를 입지 않으려고 빠져나갈 합리적인 이유를 만들어내는 것
승화 (Sublimation)	개인이 사회적으로 용납될 수 없는 근본적인 충동을 사회적으로 용납된 생각이나 행동으로 표현함으로써 적절하게 전환시키는 경향이다. 🔵 자신의 공격적인 충동을 운동경기, 즉 권투경기를 통하여 발산하는 것
치환 (Displacement)	자신의 목표나 인물 대신에 대치할 수 있는 다른 대상에게 에너지를 쏟는 경향이다. 🔵 '종로에서 뺨 맞고 한강에서 눈 흘긴다'는 속담이 이에 해당함
반동형성 (Reaction formation)	자신의 욕구와는 반대 행동을 함으로써 오히려 금지된 충동을 표출하려는 것으로부터 자신을 조절하거나 방어하는 경향이다. 반동형성은 사회적으로 허용된 것이지만, 강박적이고 과장되고 엄격한 특징을 가진 행동 중에서 나타난다. 🔵 흑인 여성에게 강한 성욕을 느끼는 백인 남성이 흑인 남성은 성적으로 문란하고 타락한 성생활을 한다고 비난하는 경우
철회 (Undoing)	자신의 욕구나 행동(상상 속의 행동 포함)이 타인에게 피해를 주었다고 느낄 때 그 행동을 중지하고 원상복귀시키려는 경향으로, 일종의 속죄 행위이다. 🔵 부정으로 번 돈의 일부를 자선사업에 사용한 경우, 부인을 때린 남편이 꽃을 사다주는 경우

유형	내용
동일시 (Identification)	다른 사람의 태도, 신념, 가치 등을 자신의 것으로 채택함으로써 타인의 특성을 자신의 성격에 흡수하는 경향이다. 예 오이디푸스 콤플렉스는 같은 성의 부모와의 동일시를 통하여 해결 가능함

5 해석

01 해석의 의의

① 내담자가 새로운 방식으로 자신의 문제를 돌아볼 수 있도록 사건의 의미를 설정하고, 문제를 새로운 각도에서 이해할 수 있도록 경험 및 행동의 의미에 대하여 설명하는 것이다.

② 외견상 분리되어 있는 내담자의 말과 사건의 관계를 연결하거나 방어, 저항, 전이 등을 설명한다.

③ 내담자의 사고, 행동, 감정의 패턴을 드러내거나 나타난 문제를 이해할 수 있도록 틀을 제공한다.

④ 자신에 대한 통찰을 촉진하고, 자기통제력의 향상을 돕는다.

⑤ 감정을 파악하고 원인을 이해하도록 돕는다.

02 해석의 수준

① 내담자의 참조체계와 상담자가 해석을 통하여 제공하는 참조체계 사이에 간격이 존재한다.

② 해석자의 이론적 입장에 따라 다르므로, 성공적인 상담을 위해서는 여러 수준의 의미와 다양한 표현을 해석할 수 있어야 한다.

③ 해석에 실패하였을 때, 상담자는 그 원인을 생각해 보고 내담자에게 보다 의미 있는 반응을 이끌어내는 것이 필요하다.

6 자조

01 자조 프로그램의 특징

① 자조 치료는 문제를 이해하고 다루는 데 있어 구조화된 방식을 제공한다는 점에서 심리치료와 비슷하다.

② 구성원은 정보를 교환하고, 사회적 지지를 제공하며, 서로 문제를 논의하는 등의 노력을 통하여 서로를 돕는다.

③ 인터넷 사용의 80% 이상이 정신건강과 관련된 정보를 온라인으로 찾는다.

02 자조 프로그램의 역사

① 자조 프로그램은 A.A(Alochol Anonymous)에 그 뿌리를 두고 있다.

② 자조 프로그램은 수십 년 동안 존재해 왔고, 현재에도 그 인기가 지속되고 있다.

③ 미국의 경우, 2006년을 기준으로 하는 성인의 5~7%는 대면 자조답게 참여하였고, 전체 성인의 18%가 생애의 특정 시점에 자조집단에 참여할 것으로 추정하고 있다.

> **TIP** **AA 자조그룹 프로그램**
>
> • 미국 내에서는 AA 자조그룹이 보편화되어 있어, 중독 등의 문제를 가진 내담자들이 별다른 어려움 없이 치료장면에 나갈 수 있다.
> • 그러나 아직 이러한 프로그램이 보편화되지 않은 국내에서는 아직도 상담이나 도움 집단 프로그램에 대하여 방어적이고 터부시하는 경향이 강하다.

03 현대의 자조집단

① 자조집단은 전자 매체를 통하여 지리적 제한을 벗어날 수 있다.

② 비동시성 의사소통을 통하여 서로의 의견과 답변을 공유하는 게시판이 존재한다.

③ 독서치료 운동은 강력한 자조집단 중 하나로, 지지집단을 넘어선 다양한 활동이 가능하다.

④ 우울증, 불안, 가벼운 알코올 중독 등과 같은 문제에 효과적일 수 있으나, 금연, 중간 정도 이상의 심각한 수준의 알코올 중독에는 효과가 없는 것으로 보고된다.

06 통합적 접근

1 병적 취약성-스트레스 조망

① 개인의 심리사회적·환경적 스트레스와 조합된 생물학적 취약성 및 기타 취약성 필요조건을 형성한다.

② 개인의 행동과 문제마다 생물학적·유전적·인지적으로 다른 경향성을 가진다고 주장한다.

③ 병적 취약성은 개인의 유전적 취약성으로 인하여 발생할 가능성이 높으며, 특히 스트레스원이 출현하거나 특정 조건에 부합하는 경우에 이와 같은 문제가 표출된다.

④ 어떤 장애는 생물학적 취약성이나 기타 취약성, 환경적 스트레스원이 그 문제를 일으킬 만큼 충분히 상호작용할 때 발생하게 된다.

2 상호적 유전-환경 조망

① 개인의 유전적 영향은 실제로 특정한 생활사건을 경험할 가능성을 증가시킬 수 있기 때문에 상호적 유전-환경 조망은 생물학적·유전적 취약성 및 생활사건과 밀접한 관련이 있다.

② 지속적으로 서로에게 영향을 주며, 이를 통하여 우울증과 이혼의 설명이 가능하다고 주장한다.

3 생물-심리사회적 조망

① 생물학적 요인과 심리사회적 쟁점에 영향을 준다.

② 신체적·심리적 질병과 문제의 효과적 증대를 위하여 생물, 심리 및 사회적 요소를 포함한다.

③ 개인의 건강과 질병의 생물, 심리 및 사회적 요소가 서로에게 영향을 준다.

④ 생물-심리사회적 조망은 생물, 심리, 사회적 요인의 전체적이고 맥락적인 상호작용에 의한 영향력을 강조한다.

⑤ 행동에 대한 생물 심리, 사회적 요인의 상호작용이 신체 건강이나 정신건강 서비스를 찾는 사람의 일상 및 사회적 기능 향상을 위하여 부각되어야 한다고 본다.

07 건강심리학적 접근

1 목적

① 건강의 유지 및 증진이다.

② 질병을 예방 및 치료를 목적으로 심리학적인 이론과 방법을 동원하는 연구 분야이다.

2 특징

① 현대인의 주된 질병 및 사망의 원인을 심리학적 관점으로 보는 경향이다.

② 현대인의 건강에 대한 관심이 늘어나면서 발전하였다.

③ 전통적 임상심리학은 불안 장애, 우울 장애 등에 초점을 두는 반면에, 건강심리학은 암이나 심혈관 질환 등 신체적 병리에도 초점을 둔다.

④ 생활습관, 스트레스에 대한 대처방식과 밀접한 연관을 가진다.

⑤ 금연, 체중 조절, 스트레스 관리 등 다양한 프로그램을 연구하고 개발하며 실행한다.

③ 생체 자기케어

① 의도적으로 통제 불가능한 자율신경계통의 생리적 반응을 통제하는 학습기법이다.

② 근육긴장도, 심박 수, 혈압, 체온 등 자율신경계에 의한 각종 생리적 변수를 병적 증상의 완화나 건강 유지를 위하여 부분적으로 조절할 수 있도록 하는 행동치료기법이다.

③ 심장박동률의 작은 변화에 대한 피드백을 제공하는 모니터를 봄으로써 심장박동률을 감소시키는 것을 학습한다.

④ 이완기법과 함께 실시하며, 긴장을 풀고 근육을 이완시킨다.

TIP **약물에 의지하지 않는 완화기법**

- 병적 증상이나 스트레스 완화에 모두 도움이 된다.
  예 기, 마인드컨트롤 등
- 두통, 고혈압, 요통 등의 감소에 효과적이다.

08 법정심리학적 접근

① 목적

① 법은 인간 행동의 구체적 통제를 위한 사회적 수단으로 사회적으로 바람직하지 않은 행동을 억제하는 한편, 사회적으로 유용한 행동을 권장한다.

② 법과 심리학은 인간 행동의 통제를 궁극적 목적으로 한다.

② 특징

① 스크리븐(Scriven)은 심리학을 비롯한 사회과학과 법에서 사실 규명 및 비교 연구를 통하여 정보 습득, 해석방식, 개념 등의 유사함을 발견하였다.

② 법은 전문가의 자문이 필요하며, 심리학자는 특정 개인에 대하여 경험이나 전문가적 소견의 증언이 가능하다.

③ 실증적 자료에 대하여 증언 가능한 법정에서 전문가로서 진술하는 증언에 관련된 연구이다.

④ 강제 입원, 아동 양육권, 여성에 대한 폭력, 배심원 선정 등 법제도의 합리성에 관심을 둔다.

③ 범죄에 대한 심리학적 이론

01 정신분석이론

① 범죄행위가 원초아의 반사회적 충동을 자아와 초자아가 통제하지 못하여 발생한다고 보는 관점이다.

② Freud는 원초아의 반사회적 충동이 오이디푸스 콤플렉스(Oedipus complex)로 대표되는 근친상간에 대한 욕구와 죄책감, 벌을 받고자 하는 욕구에서 비롯된다고 보았다.

02 성격이론

① 실제 강력범죄자 중 대부분이 반사회성 성격에 해당한다.

② 이들은 불안 수준과 각성 수준이 상대적으로 낮다. 한 가지 자극에 쉽게 싫증과 지루함을 느끼며, 항상 새로운 자극을 추구한다.

③ 콜버그(Kohlberg)는 전인습적 단계에서 인습적 단계로의 발달과정에 주목하였다.

 **TIP 비행 청소년 vs 일반 청소년**

- 비행 청소년 : 전인습적 단계의 도덕 발달 수준에 머무른다.
- 일반 청소년 : 인습적 단계의 도덕 발달 수준으로 성장한다.

03 사회학습이론

① 범죄행위는 TV 폭력물 등과 같은 모델의 관찰과 모방에서 유발된다.

② TV 폭력물의 악영향은 비교적 단기적으로 나타나며, 이미 폭력성을 가진 아동이나 청소년의 행동에 치명적인 영향을 미친다.

③ 공격성을 설명하는 데에 적합한 이론으로 각광받았으며, 범죄행위와 비행에 대한 설득력 있는 설명을 제공한다.

④ 실제 범죄자의 범죄행위의 습득 여부는 검증자료의 미비로 알 수 없다.

 TIP 범죄행동의 학습

반두라(Bandura)는 보보인형(bobo doll) 실험을 통하여 '나쁜 행동'이 모방된다는 것을 바탕으로 1980년대에 미국 미디어(TV, 영화)에 무분별하게 등장하는 폭력적이고 선정적인 내용이 제한될 수 있도록 상당한 기여를 하였다.

09 지역사회 심리학적 접근

1 목적

① 개인이 자신의 환경에 적응하고 대처하도록 돕는다.

② 폭넓게 장애의 원인을 이해한다. 예를 들어, 개인 장애의 원인은 빈곤과 같은 보다 큰 사회적 문제일 수 있기 때문이다.

③ 개인과 집단이 부정적인 영향을 받기 전에 지역사회 수준의 원인을 수정한다.

② 초점 대상

① 장애에서 환경적 요인을 강조하는 것과 함께 도시와 지방 빈민에 주목한다.

② 심리치료 서비스 제공의 전통적인 체계에서 충분한 서비스를 받지 못하는 경향이 있는 집단에 주목한다.

③ 심리적이라기보다는 사회적 문제로, 사회적 변화가 필요해 보이는 문제를 가진 집단에 주목한다.

③ 지역사회 심리학의 발전 기반

01 정신과 약물의 혁신적인 발전

① 1950~60년대에서는 프로이트의 정신분석적 치료와 인지치료에 기반을 둔 치료가 우울증이나 불안 관련 정신질환에 가장 효과적인 방법론이었다면, 1970년대 이후에는 뇌과학이 발전하면서 생물학적 방법론이 비약적으로 발전하였다.

② 생리학적, 유전학적 측면에서 정신질환에 대한 생물학적 증거가 드러나면서 정신의학의 진단과 치료는 생물학적 기반이 주류가 되었다.

02 정신 장애인의 사회 복귀

① 약물 치료가 확대되면서 정신 장애인을 폐쇄병동에 격리시키는 것이 전부였다면 이후에는 이들의 사회 복귀가 가능해졌다.

② 우울증 환자, 가벼운 불안 증세를 가진 사람, 경계선적 진단을 받은 사람 혹은 조현병 증세가 있는 사람도 약물 처방을 받고 훈련을 받으면 학교, 직장, 사회에서 얼마든지 생활이 가능해졌다.

03 정신장애의 예방적 조치 발달

① 생물학적 접근의 발전으로 인하여 정신장애는 치료와 더불어 예방적 접근으로 대처하여야 하는 장애로 구분되기 시작하였다.

② 약물 치료와 더불어 정신장애를 예방하기 위한 개인 및 집단치료를 통한 접근이 발전에 박차를 가하게 되었다.

04 자원봉사자 등 비전문 인력의 활용

① 정신 장애인의 사회 복귀와 예방법이 발전하면서 전문 인력뿐만 아니라 교육 이수를 마친 비전문 인력도 활용이 가능해졌다.

② 예방 차원의 활동이 커지면서 비전문 인력의 활용과 필요성이 대두되었다.

05 정신병원 시설의 도입과 축소

① 17세기부터 유럽과 미국 등에서는 '정상이 아닌 사람'을 격리하기 시작하였고, 유럽에서는 이들의 범위가 아닌 광인, 전염성 질환자, 범죄자에까지 확대되었다.

② 유럽에서는 계몽주의 시대인 18세기에 들어서야 정신병자에 대한 인식이 점차 개선되었고, 정신질환 환자도 치료받아야 한다는 개념이 생기기 시작하였다.

③ 정신질환자에 대한 구타, 감금은 치료적 효과가 없으며, 이들은 인간적으로 대우받아야 할 인권을 가진 존재이자 치료의 대상이라는 관점이 점점 구체화되면서 시설(정신병원)의 필요성이 대두되었다.

④ 19세기 후반 프로이트가 등장하면서 정신질환 환자에 대한 치료 방안이 심리학의 개입으로 개선되기 시작하였다.

⑤ 20세기에는 제2차 세계대전 이후에 향정신성 약물이 발견되고 개발되면서 비인간적이고 잔혹한 방법은 사라지기 시작하였다.

⑥ 미국에서는 1960년대 중반에 입원 환자에 대한 지역사회 복귀운동을 실시하기 시작하였으며, 정신병원이나 입원 대신에 정신보건센터를 통하여 주간에 치료받는 것을 권장하였다. 이러한 영향을 받아 다른 나라도 지역사회 복귀에 관심을 갖기 시작하였다.

10 신경심리학적 접근

1 신경심리학

① 인간의 행동과 정신과정을 과학적인 방법을 통하여 체계적으로 규명하려는 학문이다.

② 고등 정신활동을 뇌의 구조와 관련하여 연구한다.

③ 뇌과학의 발달로 심리학과 뇌과학은 상호보완적으로 융합되는 경향을 보인다. 뇌에 대한 연구가 진행됨에 따라 심리학은 필요 없을 것이라는 생각이 대두될 수 있으나, 뇌의 정상적인 발달과 그 기능의 원활한 수행을 위해서는 환경과 교육의 영향을 많이 받아야 하기 때문에 심리학과 뇌과학은 상호보완적으로 발전해 나가야 한다.

2 뇌과학

01 뇌의 구조와 기능

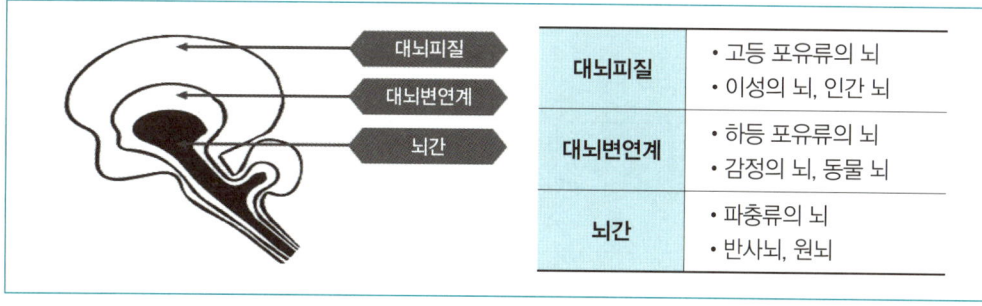

대뇌피질	• 고등 포유류의 뇌 • 이성의 뇌, 인간 뇌
대뇌변연계	• 하등 포유류의 뇌 • 감정의 뇌, 동물 뇌
뇌간	• 파충류의 뇌 • 반사뇌, 원뇌

02 신경계의 구조와 기능

(1) 중추 신경계

구조		기능
뇌	대뇌	• 뇌의 약 80% 차지 • 대뇌반구 • 감각과 수의운동의 중추에 해당함
	소뇌	• 대뇌 아래 위치 • 수의근 조정에 관여, 신체평형 유지 • 운동중추에 해당함
	간뇌(아이뇌)	• 대뇌와 중뇌 사이에 위치 • 시상과 시상하부로 구성 • 시상은 감각연결 중추에 해당함 • 시상하부는 생리조절 중추에 해당함
	중뇌	• 간뇌 바로 아래 위치 • 시각과 청각의 반사중추에 해당함
	연수(숨뇌)	• 뇌간의 아래 위치 • 척수와 이어지는 신경조직 • 호흡 및 심장박동, 소화기 활동, 재채기, 침 분비 등 생리반사중추에 해당함
척수		• 뇌의 연장, 뇌와 말초신경 사이의 흥분전달통로로서의 역할 • 전근(운동성 신경)과 후근(감각성 신경) 구분 • 배뇨, 배변, 땀 분비, 무릎 반사 등 반사중추에 헤더의 외부 자극에 대한 방어기능 수행

(2) 말초 신경계

구분	구조	기능
체성 신경계	감각 신경	자극을 감각기에서 중추신경계로 전달하여 감각을 일으킨다.
	운동 신경	중추 신경계의 지시를 여러 기관으로 전달하여 근육 운동을 일으킨다.
자율 신경계	교감 신경	• 활동신경으로 주로 신체활동이 활발한 낮에 활성화된다. • 긴장, 공포, 스트레스 상황에서 활발해지며, 혈압과 심장 박동 수가 증가한다.
	부교감 신경	• 휴식신경으로 신체활동이 저조한 밤에 활성화된다. • 휴식 등 편안한 상황에서 활발해지며, 혈압과 심장 박동수가 감소한다.

03 대뇌의 구조와 기능

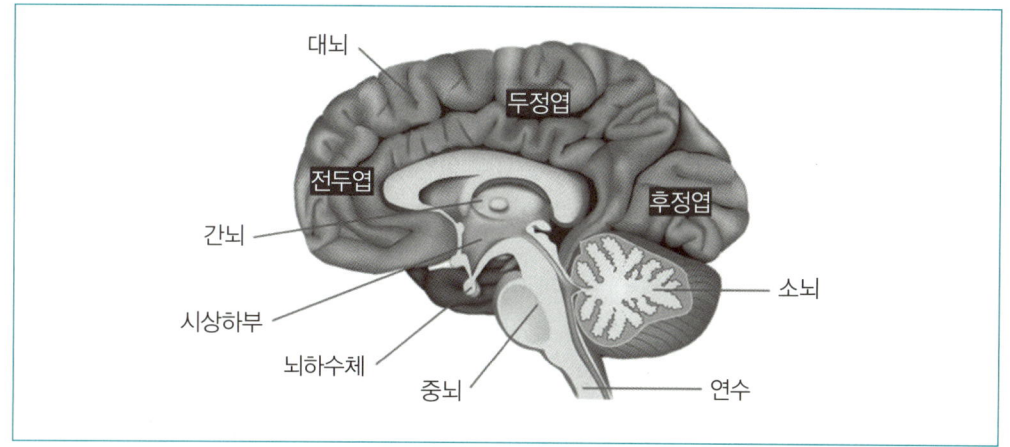

(1) 전두엽

① 대뇌피질의 앞부분으로 전체의 40%를 차지한다. 운동을 통제하고, 창조 영역에 해당하는데, 인간은 다른 동물보다 크고 완전한 전두엽을 가지고 있다.

② 전두엽은 인간을 유인원과 구분해 주는 핵심기능인 통찰력을 발휘하는 부위로, 통찰력은 작업 기억에 의존한다. 작업 기억이란 계산할 때 중간까지 더한 계산 결과나 책을 읽을 때 직전에 읽은 문자를 기억하는 기능을 말한다.

③ 정수리 부근을 지나는 중심 고랑 기준으로 앞쪽이 전두엽이고 뒤쪽이 두정엽이다. 전두엽의 중심 고랑 바로 옆에는 일차운동피질이 존재하는데, 일차운동피질은 움직임 조절 기능이 있다.

④ 전두엽은 주의, 통제 등 집행 기능, 운동 반응의 선택, 개시, 억제에 관여하며, 운동·자율·감정조절 가능, 행동계획 및 억제 기능을 한다.

(2) 두정엽

① 대뇌피질의 중앙으로, 전체의 21%를 차지한다.

② 1차 체감각피질과 연합피질로 구성되어 있다.

③ 이해의 영역, 공간지각−운동지각−신체 위치 판단을 담당하고, 공간적·수학적 계산 및 연상 기능이 있다.

(3) 측두엽

① 대뇌피질의 측면으로, 전체의 21%를 차지한다.

② 1차 청각피질과 연합피질로 구성되어 있다.

③ 판단, 기억, 언어·청각·정서적 경험을 담당하고 직관력·통찰력이 있다.

(4) 후두엽

① 대뇌 피질의 뒷부분으로, 17%를 차지한다.

② 1차 시각 피질과 시각 연합피질로 구성되어 있다.

③ 시각 영역, 망막에서 들어오는 시각정보를 분석 및 통합하는 역할을 한다.

④ 망막에서 들어오는 시각정보 중 시각 영역에서의 1차적 처리과정이 발생한다.

⑤ 다른 뇌 체계와 교류함으로써 임시 저장된 새로운 시각정보를 기존 정보와 조화시킨다.

04 대뇌기능의 등위성(등능성, Equipotentiality)

① 20세기 초 유럽의 심리학은 게슈탈트 운동의 영향 하에 있었기 때문에 때문에 '전체는 단순한 부분의 합 이상'임을 강조하는 경향이 강하였다.

② 미국의 심리학자인 레슐리(Lashley)는 피질 전체가 모든 기능에 관여한다는 집행 행동 이론과 각 피질 영역이 어떤 행동의 통제 기능이라도 담당할 수 있다는 동등 잠재력이론을 제안하였다.

③ 정체성 원리에 입각한 것으로, 심리학 분야에 큰 영향을 미쳤다.

④ 뇌 기능의 '양작용'과 '등위성'이라는 2가지 중요한 원칙을 담고 있다. 뇌기능의 양작용설에 의하면 모든 심리기능이 피질의 특정 부위에 제한되어 있다는 견해와 달리, 특정 학습은 대뇌피질 전체에 의하여 중재된다고 하였다. 학습 등의 지적 기능은 뇌의 어느 특정 부분이 아니라 전체적인 손상량이 많을수록 받는 영향도 크다는 것이다.

⑤ 연구 결과에 따르면, 뇌의 구조와 기능은 유기적으로 관련되어 있어서 뇌의 한 부분이 독자적으로 기능할 수 없으며 피질의 여러 영역은 등가적 가치를 지닌다. 어떤 부위의 피질이 손상되었느냐가 아니라 얼마만큼의 양이 손상되었는지가 중요하다는 의미이다.

05 대뇌기능의 국재화(Localization)

① 뇌는 전체론적으로 움직인다는 전체론적 관점은 프랑스 의사인 브로카(P. Broca), 독일의 베르니케(C. Wernicke), 영국의 잭슨(H. Jackson)의 연구로 도전을 받았다.

② 잭슨은 신체 특정 부위에서 경련이 시작되는 초점 발작을 연구하여 서로 다른 운동기능과 감각기능은 대뇌피질의 특정 부위에 의하여 관장될 수 있음을 관찰하였다.

③ 브로카는 한 가지 단어만 말하는 환자의 뇌를 사후 부검함으로써 대뇌의 특정 부위와 실어증을 연결하여 브로카 영역을 찾아내었다.

④ 베르니케는 브로카가 말한 영역과는 다른 영역을 통해서도 실어증이 발생할 수 있다는 사실을 발견함으로써 베르니케 영역을 찾아내었다.

⑤ 뇌의 특정부분이 특정행동을 통제한다는 사실을 알아내었다. 대뇌의 가장 겉부분은 대뇌피질이라는 영역, 즉 대뇌피질은 두개골 내 최대 면적을 갖고 그 기능을 최대화하기 위하여 회와 구라고 불리는 주름이 져 있으며, 그 기능에 따라 국재화(Localization) 또

는 특수화(Specialization)되어 있다.
⑥ 이 대뇌피질은 크게 전두엽, 두정엽, 측두엽, 후두엽으로 나뉘어 있는데, 중앙구는 전두 엽과 두정엽을 구분하고, 측구는 전두엽과 측두엽을 구분한다.

06 뇌의 편측성과 이원청취기법

뇌의 편측성	• 인간의 2가지 의식 양식이 인간의 좌·우반구 속에 각기 다르게 위치한다. • 기능적 비대칭성은 특정 인지과제(언어, 도형, 감정)를 처리하는 데 좌·우반 구의 기여 정도가 다르다는 의미이다.
이원청취기법	• 뇌의 편측성 효과를 탐색하는 대표적인 방법으로, 청각체계를 이용한다. • 언어적 음성과 비언어적 음향의 다양한 자극을 제시하고 반응 정도에 따라 뇌의 편재화된 기능을 파악한다. • 좌반구는 언어적·분석적·순차적 정보 등을 우세하게 처리한다. • 우반구는 비언어적·공간적·통합적·병렬적 정보 등을 우세하게 처리한다.

3 신경심리학적 병전

신경발달 장애(Neurodevelopmental disorders)의 DSM-5 진단기준은 다음과 같으며, 이 진단기준에는 중추 신경계, 즉 뇌의 발달 지연 또는 뇌 손상과 관련된 것으로 알려진 정 신장애를 포함한다.

01 지적 장애(Intellectual disability) : 지능이 비정상적으로 낮아서 학습 및 사회적 적응에 어려움을 나타내는 장애이다. 이 진단은 5세 이하의 아동에서 임상적 심각도 수준을 확실 하게 평가할 수 없을 때 사용한다.

(1) 종류
① 지적 발달장애　　　　　　　　② 전반적 발달 지연

02 의사소통 장애(Communication disorder) : 의사소통에 필요한 말이나 언어의 사용에 결 함이 있는 장애이다. 지능 수준은 정상적이지만 언어 사용에 문제가 나타난다.

(1) 종류
① 언어 장애　　　　　　　　　　② 발화음(말소리) 장애
③ 아동기 발병 유창성 장애(말더듬)　　④ 사회적(실용적) 의사소통 장애

03 자폐 스펙트럼 장애(Autism spectrum disorder) : 사회적 상호작용 중 의사소통에서 장 애를 나타낼 뿐만 아니라 제한된 관심과 흥미를 지니며 상동적 행동을 반복적으로 나타내 는 장애이다.

04 주의력 결핍 과잉행동 장애(Attention-deficit hyperactivity disorder) : 주의집중의 어려움과 더불어 매우 산만하고 부주의한 행동을 나타낼 뿐만 아니라 자신의 행동을 적절히 통제하지 못하고 충동적인 과잉행동을 나타내는 장애이다.

   (1) 부주의 : 세부적인 면에 대하여 면밀한 주의를 기울이지 못하거나 학업, 직업 또는 다른 활동에서 실수를 저지른다.

   (2) 과잉행동-충동성
   ① 부주의와 과잉행동-충동성 중 1가지 이상의 증상이 6개월 이상 지속된다.
   ② 부정적 자아개념을 형성하고 정서적으로 불안정, 공격적·반항적 행동을 보인다.
   ③ 청소년기까지 지속되는 경우의 50%가 품행 장애, 이 중 50%가 성인이 되어 반사회적 성격장애로 발전한다.

05 특정 학습 장애(Specific learning disabilities) : 정상적인 지능을 갖추고 있고 정서적인 문제가 없음에도 불구하고, 지능 수준에 비하여 현저한 학습 부진을 보이는 장애이다.

06 운동 장애(Motor disorder) : 나이나 지능 수준에 비하여 움직임 및 운동능력이 현저하게 미숙하거나 부적응적인 움직임이 반복적으로 나타내는 장애이다.

유형	내용
틱 장애 (Tic disorder)	얼굴 근육이나 신체 일부를 갑작스럽게 움직이거나 갑자기 이상한 소리, 이상 행동을 반복한다.
발달성 협응장애 (Developmental coordination disorder)	일상적인 운동기술(물건 잡기, 식기 사용, 글씨 쓰기, 자전거 타기 등)에서 서투른 동작을 수행한다.
상동증적 운동장애 (Stereotypic movement disorder)	반복적이고 억제할 수 없는 행동이나 목적이 없는 행동(손 흔들기, 손장난하기, 몸 흔들기, 머리 흔들기, 물어뜯기, 자기 몸 때리기 등)을 보인다.

11 가족 치료적 접근

1 가족상담의 원리

01 개요

   (1) 가족체계의 문제점 : 개인의 문제는 가족관계에서 비롯되는 경우가 많으므로 개인의 문제를 파악하기 위해서는 가족 전체의 심리적 특성을 확인하여야 할 필요성이 있다. 내면적 심리과정은 곧 가족관계의 산물이다.

   (2) 자녀 행동과 부모관계 : 자녀의 행동이 부모와의 비정상적 관계를 유지하는 데에 기여하는 경우가 많다.

(3) **현재 상황에 초점** : 현재 상황을 이해할 수 없을 경우에는 과거의 맥락을 가져오는 것이 도움이 된다. 현재의 문제가 과거부터 오랫동안 반복되고 있다는 전제 하에 현재 상황의 향상에 초점을 둔다.

> **TIP 가족치료**
>
> • 기계론적 세계관을 지닌 개인 치료와는 달리, 유기체론적 입장의 치료방법이다.
> • 가족을 치료적 매개로 사용하여 개인 치료로 해결하지 못한 문제들을 다룬다.
> • 다세대, 구조적, 경험적, 전략적 가족치료 등이 있는데, 최근에는 개인치료와 함께 가족치료를 진행하는 모습으로 발전하였다.

2 가족치료 모델

01 정신분석적 가족치료 모델

① 동일시, 통찰, 자기 노출, 전이 등을 사용하여 가족/개별 구성원의 내면 문제를 정화하려는 것이 목적이다.

② 내적 · 심리적 갈등 해결, 가족 구성원 간의 무의식적인 대상관계 분석, 통찰과 이해, 성장의 촉진, 합리적인 역할 분배를 강조하였다.

③ 가족의 대화나 행동에 무의식적으로 억압되어 있는 과거를 탐색하고, 가족 구성원과 함께 과거를 훈습한다.

02 다세대적 가족치료 모델

① 보웬(Bowen)이 제안하였고, 개인이 가족 자아로부터 분화되어 확고한 자신의 자아를 수립할 수 있도록 가족 구성원의 정서체계에 대한 합리적 조정을 강조하였다.

② 가족을 일련의 상호 관련 체계와 하위 체계로 이루어진 복합적 총체로 인식하여, 한 부분의 변화가 다른 부분의 변화를 야기한다고 보았다.

③ 불안의 정도가 자기 분화의 통합 정도로, 개인의 감정과 지적 과장 사이의 능력을 강조하였다.

④ 정서적인 것과 지적인 것을 분화할 수 있는 능력을 키워, 미분화된 가족 자아의 집합체를 적절하게 분화하는 것이다.

03 구조적 가족치료 모델

① 미누친(Minuchin)이 제안하였고, 가족구조를 재구조화하여 가족이 적절한 기능을 수행하도록 돕는 방법이다. 개인을 생태계나 환경과의 관계에서 이해한다.

② 가족을 하나의 체계로 이해하고, 개인의 문제를 정신적 요인보다 체계와의 관련성에 초점을 두었다.

③ 가족의 구조를 변화시킴으로써 체계 내 개인의 경험이 변화되어 기존의 구조를 새로운 구조로 변화시키는 전략을 사용한다.

④ 가족 간의 명확한 경계를 강조하고, 하위 체계 간의 개방적이고 명확한 경계 수립이 치료의 목표이다.

⑤ 명확한 경계선 안에서 가족 구성원은 지지받고 건강하게 양육되며 독립과 자율이 허락된다.

⑥ 부모–자녀 체계에서 부모는 자녀에게 권위를 지켜야 하고 부부 중 어느 한쪽이 자녀와 배우자보다 더 친밀하지 말아야 함을 강조하였다.

04 의사소통 가족치료 모델

① 가족 구성원 간의 의사소통과정과 형태 중시, 정보의 내용과 정보가 받아들여지는 관계에 초점을 두었다.

② 가족 구성원에게 명확한 의사소통의 규칙을 알려 주고, 가족이 사용하는 의사소통의 유형을 분석하고 설명하며 가족 의사소통의 상호작용을 조절한다.

③ 가족의 상호관계에서 발생하는 역기능적 행위를 변화시키는 데 목표를 두며, 가족 간의 의사소통, 가족 내의 이중관계와 왜곡된 가족 규칙이 치료가 되어야 한다.

05 경험적 가족치료 모델

① 사티어(Satir)가 제안하였고, 가족관계의 병리적 측면보다 긍정적 측면에 초점을 두었다.

② 가족의 성장이 목표이고, 가족 특유의 갈등과 행동양식에 맞는 경험을 제공한다.

③ 치료자는 가족 구성원이 자신의 감정과 욕구에 민감하게 대응하고 실망, 두려움, 분노에 대해서도 대화하고 수용하도록 돕는 데에 주력한다.

④ 특정 시기의 정서적 가족관계를 사람이나 다른 대상물의 배열을 통하여 나타낸 가족 조각이나, 가족 구성원 각자에게 가족이 어떻게 조직되어 있는지 생각나는 대로 그리도록 하는 가족 그림 등의 기법을 사용한다.

06 전략적 가족치료 모델

① 해일리(Haley)가 의사소통 가족치료의 전통을 계승하여 제안하였고, 인간 행동의 원인에는 관심이 없고, 단지 문제 행동의 변화를 위한 해결방법에만 초점을 두었다.

② 목표 설정에 있어서 가족이 호소하는 문제를 포함하고, 가족의 문제를 해결하기 위한 다양한 전략을 모색한다.

③ 단기 치료에 해당한다.

④ 역설적 지시, 순환적 질문, 재구성기법, 가장기법 등을 사용한다.

07 해결 중심적 가족치료 모델

① 스타브 드 세이저(Steve de Shazer)와 김인수(Insoo Kim Berg)에 의하여 개발되었고, 가족의 병리적인 측면보다 건강에 초점을 두었다.

② 가족의 강점, 자원, 건강한 특성, 탄력성 등을 발견하여 상담에 활용한다.

③ 탈이론적 입장으로 가족의 견해를 중시하고, 인간 행동에 대한 가설에 근거하여 가족을 사정하지 않는다.

④ 해결 방법의 간략화를 추구하고, 작은 변화에서부터 시도한다.

⑤ 예외적인 상황 탐색, 문제 상황의 차이점 발견, 문제가 발생하지 않은 상황을 증가시켜 가족의 긍정적인 부분을 강화한다.

⑥ 과거의 문제보다 미래의 해결 방안을 구축하고 가족 간의 상호협력을 중시한다.

3 가족평가 도구

01 가계도

① 보웬(Bowen)의 가계도는 내담자의 3세대 이상에 걸친 가족관계 도표를 제시함으로써 현재 제시된 문제의 근원을 찾는 도구이다.

② 특정 생물학적 기간 동안 내담자 가족이 겪었던 주된 사건을 중심으로 구성되어 있다.

02 생태도

① 하트만(Hartman)의 생태도는 가족과 가족의 생활공간 내에 있는 사람 및 환경의 상호 작용을 그림으로 나타낸 것이다.

② 내담자의 상황에서 의미 있는 체계와 관계를 표현한 그림으로, 특정 문제에 대한 치료 적 개입을 계획하는 데 유용하다.

03 가족 조각

① 특성 시기의 정서적 가족관계를 극적으로 나타내는 도구이다.

② 가족체계 내의 고통스럽지만 암묵적인 관계나 규칙을 드러낸다.

③ 가족 조각을 통하여 가족 간의 상호작용에 따른 친밀감이나 거리감, 가족 구성원 간의 연합이나 세력 구조, 비언어적인 의사소통 유형 등의 관계 유형을 파악할 수 있다.

04 가족 그림

① 가족 구성원 각자에게 가족이 어떻게 조직되어 있는지 생각나는 대로 그리도록 하는 기 법이다.

② 각 가족 구성원이 가족에 대하여 어떻게 생각하고 있는지, 다른 구성원이 서로에 대하 여 어떻게 느끼고 있는지, 가족관계에 어떤 문제가 있는지 등을 이해할 수 있다.

12 전문적 임상심리학자의 역할

1 임상심리학자가 갖추어야 할 유능성 및 상담 윤리

01 임상심리학자가 갖추어야 할 유능성

(1) 전문가로서의 태도

유형	내용
전문성	임상심리학자는 자신의 수련, 경험 등에 의하여 준비된 범위 안에서 전문적인 서비스와 교육을 제공한다.
성실성	자신의 신념체계, 가치, 제한점 등이 상담에 미칠 영향력을 지각하고, 내담자에게 상담의 목표, 기법, 한계점, 위험성, 상담의 이점, 자신의 강점과 제한점, 심리검사와 보고서의 목적과 용도, 상담료, 상담료 지불방법 등을 명확히 알린다.

(2) 사회적 책임

유형	내용
사회와의 관계	사회의 윤리와 도덕 기준을 존중하고, 사회 공익과 자신이 종사하는 전문직의 바람직한 이익을 위하여 최선을 다한다.
상담기관의 운영자	상담기관의 운영자는 기관에 소속된 상담심리사의 증명서나 자격증의 유형, 주소, 연락처, 직무시간, 상담의 유형과 종류, 그 관련된 다른 정보 등을 정확하게 기록한다.
다른 전문직과의 관계	상담심리사는 자신의 방식과 다른 전문적 상담 접근을 존중하여야 하며, 함께 일하는 다른 전문 집단의 전통과 실제를 알고 이해하여야 한다.

(3) 인간 권리와 존엄성에 대한 존중

유형	내용
내담자의 복지	상담심리사의 1차적 책임은 내담자의 복리를 증진하고 존엄성을 존중하는 것이다.
내담자의 권리	내담자는 비밀유지를 기대할 권리, 자신의 사례 기록에 대한 정보를 가질 권리, 상담 계획에 참여할 권리, 어떤 서비스에 대해서는 거절할 권리, 그런 거절에 따른 결과에 대하여 조언을 받을 권리를 가진다.

(4) 정보 보호

유형	내용
사생활과 비밀 보호	사생활과 비밀 보호에 대한 내담자의 권리를 최대한 존중하여야 할 의무가 있다.

유형	내용
기록 보존	내담자에게 전문적인 서비스를 제공하기 위하여 법, 규제 혹은 제도적 절차에 따라 반드시 기록을 보존한다.
비밀 보호의 한계	내담자의 생명이나 사회의 안전을 위협하는 경우에는 내담자의 동의가 없이도 내담자에 대한 정보를 관련 전문인이나 사회에 알릴 수 있으므로, 상담 시작 전에 비밀 보호의 한계를 알려준다.

 **우리나라 다문화적 연구와 전문 활동**

- 다문화가정 부부관계의 질적 연구(신희선·최진아·김혜숙·이주연, 2011)
- 북한 출신 대학생의 적응, 7년 이상 남한거주 북한이탈주민의 정신건강 예측요인 및 우울 예측요인의 3년 추적 연구 등에 관한 연구 보고(조영아 등, 2004, 2005, 2009)
- 국내 거주 결혼 이주민, 근로자 및 외국인 유학생 집단에 대한 다문화적 연구와 상담 치료적 접근에 관한 보고는 거의 전무 → 외국인 근로자 및 유학생 증가 추세 → 앞으로의 당면 과제

02 상담 장면에서 나타날 수 있는 윤리적 갈등의 해결과정

① 현 상황의 문제점 및 딜레마를 확인한다.

② 잠재적 쟁점를 확인한다.

③ 문제의 일반적 지침에 관한 윤리강령, 법, 규정을 탐색한다.

④ 문제에 대한 다양한 관점을 얻기 위하여 한 곳 이상의 기관에 자문을 요청한다.

⑤ 다양한 결정에 따른 결과를 열거하고, 내담자를 위한 각각의 행동 진로에 대한 연관성을 반영한다.

⑥ 이 중, 최고의 행동방침이 무엇인지를 결정한다.

2 자문가로서의 역할

01 자문의 개념

① 어떤 특정한 문제나 상황에 대한 전문가의 의견을 듣거나 소견을 묻는다.

② 전문적 지식을 나누어 줌으로써 어떤 사람이 노력하여 얻고자 하는 것의 효과를 극대화시키는 과정이다.

02 자문가의 역할

① 임상심리학자에게 내담자의 정신상태에 대한 정신의학적 소견을 질문할 수 있고, 가족치료 전문가에게 내담자의 가정문제에 대한 의견을 들을 수 있다.

② 자문가는 자문을 요청한 사람이 자신의 책임 하에 있는 내담자에 대한 다양한 심리적 문제를 해결할 수 있도록 협조하여야 한다.

③ 능동적 주체로 활약하여 상담치료가 질적으로 좋은 치료가 되도록 노력하고, 내담자의 만족도를 향상시키며, 치료 효과의 극대화를 도모한다.

03 도허티(Dougherty, 1995) : 임상심리학자의 자문 역할

- 전문가
- 협력자
- 수련자/교육자
- 진상 조사자
- 옹호자
- 과정 전문가

❸ 상담시설의 운영 관리자로서의 역할

01 사회복귀시설

(1) 등장 배경

① 19세기 후반에 미국의 대규모 시설에서의 정신질환자에 대한 비인간적인 수용실태가 사회적 문제로 대두되었다.

② 미국과 유럽을 중심으로 시설 거주자가 인간으로서의 기본 인권을 회복하기 위한 탈시설화 운동이 전개되었다.

③ 인간 존엄성과 행복 추구의 권리를 토대로 정신환자의 삶의 질 향상에 관심이 커졌다.

④ 의료기술의 발달로 새로운 치료법을 개발하여 정신질환자를 지역사회에서 보호할 수 있는 계기를 마련하고, 향정신성 약물 치료도 발전하였다.

⑤ 정신질환자에 대한 지역사회 주민의 인식을 개선하고 편견을 해소한다.

(2) 정신재활시설의 종류 : 「정신건강복지법」 제27조 및 동법 시행령 제16조

유형	내용
생활시설	정신질환 내담자가 생활할 수 있도록 의식주 서비스를 제공하는 시설이다.
재활훈련시설	직업활동과 사회생활을 할 수 있도록 상담하고, 교육, 취업 등의 재활활동을 지원하는 시설이다.
생산품 판매시설	보건복지부장관이 정하여 고지하는 장애를 가진 사람이 생산한 생산품의 판매, 유통 등의 지원 시설이다.
중독자 재활시설	알코올 중독, 약물 중독, 게임 중독 등의 치유를 위한 재활시설이다.
종합시설	2개 이상의 정신재활시설의 기능을 복합적, 종합적으로 제공하는 시설이다.

02 특수 목적의 상담소

(1) 가정폭력 관련 상담소의 업무 : 「가정폭력 방지 및 피해자 보호 등에 관한 법률」 제6조

① 가정폭력 신고를 받거나 이에 관한 상담에 응하는 일

② 가정폭력을 신고하거나 상담을 요청한 사람과 그 가족에 대한 상담

③ 가정폭력으로 정상적인 가정생활과 사회생활이 어렵거나 긴급히 보호를 필요로 하는 피해자 등의 임시 보호, 의료기관–가정폭력 피해자 보호시설로 인도

④ 행위자에 대한 고발 등 법률적 사항에 관한 자문 요청

⑤ 경찰관서 등으로부터 인도받은 피해자 등의 임시 보호

⑥ 가정폭력의 예방과 방지에 대한 교육, 홍보

⑦ 기타 가정폭력과 그 피해에 관한 조사, 연구

(2) 성폭력 피해 상담소의 업무 : 「성폭력 방지 및 피해자 보호 등에 관한 법률」 제11조

① 성폭력 피해의 신고 접수와 이에 관한 상담

② 성폭력 피해로 인하여 정상적인 가정생활/사회생활이 곤란하거나 기타 사정으로 긴급히 보호할 필요가 있는 사람과 성폭력 피해자 보호시설 등의 연계

③ 피해자의 질병 치료와 건강 관리를 위하여 의료기관에 인도하는 등의 의료 지원

④ 피해자에 대한 수사기관의 조사와 법원의 증인 신문 등에의 동행

⑤ 성폭력 행위자에 대한 고소, 피해배상 청구 등 사법처리 절차에 관하여 법률구조공단 등 관계기관에 필요한 협조 및 지원 요청

⑥ 성폭력 예방을 위한 홍보 및 교육

⑦ 기타 성폭력 및 성폭력 피해에 관한 조사 및 연구

(3) 성매매 피해 상담소의 업무 : 「성매매 방지 및 피해자 보호 등에 관한 법률」 제18조

① 상담 및 현장 방문

② 지원시설 이용에 관한 고지 및 지원시설로의 연계

③ 성매매 피해자 등의 구조

④ 질병치료와 건강관리를 위하여 의료 기관에 인도하는 등의 의료지원

⑤ 수사기관의 조사와 법원의 증인신문에의 동행

⑥ 법률구조공단 등 관계기관에 필요한 협조와 지원 요청

⑦ 성매매예방을 위한 홍보, 교육

⑧ 다른 법률에서 상담소에 위탁한 사항

⑨ 성매매 피해자 등의 보호를 위한 조치로서 여성가족부령으로 정하는 사항

임상심리사 2급 필기

이론

심리학개론

Section 01 핵심 주요 용어

가설	일련의 현상을 설명하기 위하여 어떤 학설을 논리적으로 구성하는 명제이다.
가설 연역적 사고	일반적인 명제(전제)를 토대로 하여 구체적인 명제(결론)에 도달하는 사고이다.
가역성	시간이 흐르는 동안 물체의 운동이 변화하였을 때 시간을 거꾸로 되돌린다면 처음의 물체 상태로 되돌아갈 수 있는 성질이다.
가외 변인	실험자가 조작하는 독립 변인 이외의 모든 변인이다. 실험에 체계적으로 혼입되어 내적 타당도를 위협하는 경우에는 혼입 변인이 될 수 있는데, 실험자가 실험에 체계적으로 혼입되지 않도록 하면 통제 변인이 된다.
가지 돌기	신경세포에 달려 신경 자극을 중계하는 가느다란 세포질의 돌기로, 신경세포체·축색돌기와 함께 신경단위의 뉴런(neuron)을 구성한다.
감각 뉴런	감각기관에서 일어난 자극을 척수와 같은 중추신경계로 전달하는 뉴런이다.
감각추구 성향	다양하고 새롭고 복잡한 감각과 경험을 추구하려는 경향이다.
감각 기억	오감에 의하여 받아들여진 자극에 대해서 매우 짧은 시간 동안 저장하는 기억이다.
강화	자극과 반응 관계를 강하게 하는 것이다.
강화계획	어떤 행동에 대한 강화의 제시나 중단을 규정하는 규칙이나 절차, 형태를 체계적으로 정리한 것이다.
강화물	행동의 빈도를 증가시키는 데 사용된 모든 자극물이다.
개방성	자신이 경험하는 것을 있는 그대로 받아들이는 것으로, 낯선 것에 대하여 인내하고 탐색하는 것이다.
개인적 우화	다른 사람과 달리 자신은 아주 특별하고 독특한 존재로, 자신의 생각과 감정 등은 다른 사람과 완전히 다르다고 생각하는 것이다.
게슈탈트	Gestalt. 자신의 욕구나 감정을 하나의 의미 있는 전체로 조직화하여 지각한 것이다.
격리 불안	집 또는 애착 대상과의 분리에 대한 심한 불안 증상이다.
고전적 조건화	Pavlov가 처음 강조한 조건화 또는 학습형태로, 어떤 무조건 자극(음식 등)을 이전에 중립적이었던 어떤 자극(소음 등)과 계속 짝지음으로써 중립적 자극에 대한 반응을 조건 자극으로 조건화시키는 것이다.
고정관념	특정 집단의 사람들이 지니고 있는 과잉 일반화 또는 부정확하게 일반화된 신념이다.
공분산	두 변수의 관계를 나타내는 양이다.
관찰학습	사물에 대한 관찰을 통하여 그 대상에서 목적한 사항을 파악하고, 표상 조직을 형성하는 학습이다.

교감신경계	자율신경계의 일종으로, 일반적으로 긴장이 되는 상황에 처하였을 때 활성화된다.
교세포	신경교세포(neuroglia)라고도 하며, 신경세포(neuron)가 아니면서 중추신경계(central nervous system)와 말초신경계(peripheral nervous system)에서 항상성을 유지하고 수초(myelin)를 생성하며 신경세포를 지지하는 역할을 하는 세포를 가리키는 말이다.
구강기	프로이트의 정신분석학에서 구강기(Oral Stage)는 성심리 발전의 첫 단계를 의미한다. 이 시기의 주요 성감대는 입이다. 출생부터 대략 생후 21개월까지의 시기를 일컫지만, 어머니가 속한 사회의 자녀 양육방식 태도에 따라 달라질 수 있다.
군중행동	군중이 특정 사건을 대상으로 똑같은 감정적 반응을 일으킨 결과로 발생한 군중의 집합적 행동이다. 대중행동과 다른 점은 관심의 대상이 된 사건이 우발적인 것이라는 점과, 구성원이 개인으로서의 자기를 상실한다는 점이다.
귀납적 분석	경험적 사실의 수집을 통하여 이론을 정립하는 절차를 밟는 분석방법이다.
귀인이론	자신이나 타인의 행동, 대화 등의 원인을 찾아내 특정한 것으로, 귀속시키는 과정을 설명하는 이론이다.
근거이론	특정 집단이나 특정한 사회현상에 대하여 알려진 사실이 거의 없거나 기존 집단이나 현상에 대하여 새로운 이해를 얻기 위하여 실제 분야를 탐색하는 연구방법이다.
근면성	부지런한 품성이다.
기본적 귀인 오류	인간의 행동을 설명할 때 상황의 영향을 과소평가하고, 성격이나 타고난 기질적 요인들과 연결 지어 설명하려고 하는 경향이다.
기억	사람이나 동물이 경험한 것을 특정 형태로 저장하였다가 나중에 재생 또는 재구성하는 현상이다.
남근기	프로이트의 정신분석학에서 남근기(Phallic stage)는 성심리 발선의 세 번째 단계를 의미한다. 출생 후 약 3년부터 6년의 시기이고, 이 시기의 주요 성감대는 생식기이다. 아동이 자신과 타인의 신체를 자각하게 되면 타인과 자신의 성기를 관찰함으로써 심리적 호기심을 충족시키며 남성과 여성의 차이를 학습한다.
내배엽형	몸 속 내부에 내장의 순환이 활발하며, 얼굴은 둥글고, 뼈와 턱이 작고 근육질이 풍부하며 통통하게 밑으로 쭉 빠진 사람으로 이중턱을 나타낸다.
뇌	동물의 신경계를 통합하는 최고의 중추이다.
뉴런	신경계의 단위로 자극과 흥분을 전달한다. 신경세포체(soma)와 동일한 의미로 사용하기도 하고, 신경세포체와 거기서 나온 돌기를 합친 개념으로 사용하기도 한다.
단어우월 효과	동일한 문자라도 단어 속에 나타나면 비단어 속에 나타날 때보다 더 정확하게 인지되는 효과이다.
대상영속성	어떤 대상이 잠시 사라지거나 가려져서 직접 보거나 경험하지 못하더라도 그 대상이 없어지는 것이 아니라 존재한다는 것을 아는 능력이다. 피아제가 제시한 유아의 인지발달의 여러 단계 중 첫 단계에 속한다.
도덕성 발달	인간행위의 선과 악의 규범에 대한 개인의식의 내면화 과정의 발달이다.

도덕적 상대주의	시공간을 초월하여 지켜야 할 도덕법칙은 없다고 보는 견해이다.
도박사의 오류	확률적으로 독립적인 사건에 대하여, 이전 사건의 발생 확률에 근거하여 다음 번에는 반대되는 결과가 나올 것이라고 착각하는 현상이다.
도식	Schema. 인지구조의 한 단위를 기술하기 위하여 피아제(J. Piaget)가 사용한 용어이다. 어떤 방법으로든 환경을 조작함으로써 이 환경에 적응하도록 하는 데에 관련되는 지식과 기술들을 포함한다.
도파민	카테콜아민(catecholamine) 계통의 유기 물질로, 뇌와 신체에서 중요한 역할을 수행하는 신경전달물질로 작용한다.
독립 변수	어떠한 효과를 관찰하기 위하여 실험적으로 조작되거나 혹은 통제된 변수이다.
동기	행동을 일으키게 하는 내적인 직접 요인의 총칭이다.
동조	압력이 있는 사회적 규범이나 대다수의 의견 등에 개인의 의견이나 행동을 동화시키는 경향이다.
로렌츠	Konrad Zacharias Lorenz(1903~1989). 오스트리아의 동물학자로, 오리와 거위 새끼의 학습행동에 대하여 기술하였는데, 오리와 거위 새끼들이 부화한 직후 어떤 결정적인 시기에 그들을 낳아 주거나 기른 부모를 따라 배운다는 사실을 관찰하여 기록하였다.
리비도	Libido. 정신분석학 용어로, 성본능(性本能)·성충동의 의미이다.
막전위	세포막 안쪽과 바깥쪽의 전위차이다. 일반적으로 진핵세포에서 세포 외부에 비하여 세포 내부의 전압은 약 −50mV에서 −70mV로 음의 값을 가진다.
말초신경계	중추신경계(central nervous system)를 제외한 신경계이다.
망각	전에 경험 또는 학습한 것을 상기하거나 재생하는 능력이 일시적 또는 영속적으로 감퇴 및 상실되는 일이다.
모델링	개인(관찰자)이 다른 개인(모델)의 사고, 태도 또는 외현적 행동을 모방하거나 순응할 수 있는 행동을 나타내는 것이다.
모집단	통계적인 관찰의 대상이 되는 집단 전체이다.
몰개성화	개인이 집단에 포함되면서 자신의 정체성이나 개인적 특성을 잃어버리고 집단 속에 융합된다고 느끼는 심리적 상태이다.
무선 배치	서로 다른 처치에 각 사례들을 배치하는 실험 기법이다. 실험 설계에서 비교 집단들 사이에 처치 이전의 동등성을 확보하기 위하여 실시된다.
무선화	실험 설계에서 처치를 실행하기 전에 비교집단 간에 동등성을 확보하기 위하여 각 비교집단에 피험자를 무선 표집하여 무선 배정하는 기법이다.
무의식	일반적으로 각성되지 않은 심적 상태, 즉 자신의 행위에 대하여 자각이 없는 상태이다.
무임승차 효과	집합체가 생산하려는 재산이 공공재의 성질을 가지는 경우에 사사로운 이익을 추구하는 개인이 공공재에 대한 비용을 지불하지 않고 그 편익만 누리려 하는 현상이다.

무조건 반응	무조건 자극을 유기체에게 제시하였을 때 인출되어 나오는 자연적이며 자동적인 반응이다.
무조건 자극	학습이나 조건 형성이 없이 자동적, 반사적인 반응을 유발하는 자극이다.
미신행동	우발적인 강화로 인하여 일어나는 행동 강도의 증가이다.
바이오피드백	몸에 부착된 감지기를 통하여 심박 수, 근육 긴장, 호흡, 발한, 피부온도, 혈압, 뇌파 등의 생리적 기능의 변화를 알려 주어 신체기능을 의식적으로 조절하도록 유도하는 기법이다.
반두라	Albert Bandura(1925~). 사회학습이론으로 유명한 심리학자로, 보보인형 실험으로 유명한다.
반사회적 행동	다른 사람에게 의도적으로 신체적·정신적·경제적 손상을 입히거나 불법적 행동, 사회적 규칙이나 규범을 지키지 않는 일이다. 사회에서 요구하는 규범과 질서에서 이탈하여 그것을 파괴하려고 하는 행동이다.
반응	외부 자극에 대하여 어떤 현상이 일어나는 것이다.
발달	심신의 형태와 재능의 상승적인 변화과정이다.
발달심리학	인간의 생애를 통하여 심신의 성장, 발달과정을 심리학 이론을 배경으로 연구하는 분야이다.
범주화	비슷한 성질을 가진 것이 일정한 기준에 따라 모여 하나의 종류나 부류로 묶이게 된다.
변량	분산의 측정. 표준편차의 제곱. 일련의 점수들에서 변산성의 정도를 반영하는 하나의 지표이다. 각 점수가 평균치에서 떨어진 편차를 제곱하여 합한 것을 그 분포에 있는 사례 수보다 하나 적은 수로 나누어 얻은 값이다.
변수	어떤 상황의 가변적 요인이다.
보상	특정 행동에 대하여 그 행위자에게 주어지는 긍정적이거나 매력적인 모든 형태의 대가이다.
보수주의	급격한 변화를 반대하고 전통의 옹호와 현상 유지 또는 점진적 개혁을 주장하는 사고 방식이다.
보존개념	어떤 수·양·길이·면적·부피 등의 차례나 모양이 바뀌어도 그 특질을 유지한다는 것을 이해하는 능력이다.
부교감신경계	교감신경계와 함께 자율신경계를 구성하는 말초신경으로, 뇌와 척수에서 나온다. 중뇌에서 나온 부교감신경은 동안신경을 거쳐 눈에 이르고 연수에서 나온 것 중 일부가 안면신경과 설인신경으로 들어가 눈물샘과 침샘에 분포한다. 연수에서 나온 부교감신경을 '미주신경'이라 하는데, 내장 여러 기관에 분포하여 생활현상을 조절하고, 특히 교감신경과 서로 길항적으로 작용한다.
부적 강화	원하지 않는 어떤 특정한 것(주로 혐오하는 상황이나 사물 등)을 제거해 줌으로써 바람직한 행동의 강도와 빈도를 증가시키는 강화이다.

부적 처벌	특정 자극이 제거되거나 없어짐으로써 행동의 발생빈도가 감소되는 경우에 특정 자극을 제거하는 과정 또는 절차이다.
부호화	인지과정 혹은 정보처리과정의 한 형태로, 청각, 시각, 촉각 등 감각을 통하여 들어오는 정보를 처리하고 저장하기 위하여 그 정보를 유의미하게 만들고, 장기 기억에 저장되어 있는 기존의 정보와 연결하고 결합하는 과정이다.
분산 분석	2개 이상 집단들의 평균 간 차이에 대한 통계적 유의성을 검증하는 방법이다.
분석 단위	자료수집 시에 표본의 크기를 결정하는 데 사용되는 기본 단위이다.
사례 연구	특정한 개인이나 집단에 초점을 두고 검사, 관찰, 면접 따위의 방법으로 자료를 수집하여 종합적으로 그 사례의 문제를 이해하고 해결하려는 연구방법이다.
사회심리학	사회적 행동에 관한 여러 현상을 연구하는 학문이다.
사회적 촉진	다른 사람들이 있을 때, 잘하는 과제를 더 잘하게 되는 현상이다.
사회적 태만	집단에 속한 사람들이 공동의 목표를 달성하기 위하여 함께 일하는 상황에서 혼자 일할 때보다 노력을 덜 들여 개인의 수행이 떨어지는 현상이다.
사회학습이론	사람의 행동은 다른 사람의 행동이나 상황을 관찰하거나 모방한 결과로 이루어진다는 교육심리학 이론이다.
상관	Correlation. 사건과 사건 또는 현상과 현상 사이에 나타나는 특정한 관계이다. 두 변인이 서로 관련 있게 변화할 때 그들 간에는 상관이 있다고 본다.
상관 분석	서로 상관관계에 있는 두 변량의 결부 관계를 찾아내어 한쪽 것으로 다른 쪽 값을 예측하는 통계적 분석이다.
상보성	서로 모자란 부분을 보충하는 관계에 있는 성질이다.
상상적 청중	항상 누군가가 자신을 지켜보고 있으며 관심을 가지고 있다고 믿는 경향이다.
서술 기억	학습을 통하여 얻은 지식을 저장한 후 이를 의식적으로 회상(recall)하는 기억이다.
서술적 지식	감각을 통하여 직접 경험하지 않고도 언어의 의미를 이해함으로써 가지게 되는 사물에 관한 간접적 인식이다.
선택적 주의	환경에서 들어오는 다양한 정보 중 특정한 정보에 주의하는 것으로 현재 자신에게 필요한 정보를 선택하는 것이다.
설단현상	어떤 사실을 알고 있기는 하지만, 혀 끝에서 빙빙 돌기만 할 뿐 말로 표현되지 않는 현상이다.
성격	개인을 특징짓는 지속적이며 일관된 행동양식이다.
성실성	사회 규범이나 법을 존중하고 충동을 통제하며 목표 지향적 행동을 조직하고 유지하며 목표를 추구하도록 동기를 부여하는 것이다.
세로토닌	모노아민계 신경전달물질로, 감정 행동, 기분, 수면 등의 조절에 관여한다.
수상 돌기	신경 자극을 중계하는 가느다란 세포질의 돌기이다.
수초	신경섬유 주위를 초상으로 둘러싸고 있는 피막으로, 절연체 구실을 한다.

스키너	Burrhus Frederick Skinner(1904~1990). 미국의 행동주의 심리학자로, 쥐를 이용한 학습실험(스키너 상자)이 유명하다. 인간 행동을 자극−반응의 관계로 설명하려고 하였다.
시냅스	뉴런 상호간 또는 뉴런과 다른 세포 사이의 접합관계(시냅스결합)나 접합부위이다.
시행착오설	자극과 반응의 결합이 유기체에 만족을 줄 때는 강화되며 불만족을 줄 때는 약화되어 학습을 시행착오의 과정으로 보는 학습이론의 하나이다.
신경생리학	신경기능에 의하여 이루어지는 모든 생리현상을 연구하는 생리학의 한 분야이다.
신경성	신경 계통의 이상으로 인하여 어떤 병이나 증세가 나타나는 성질이다.
신경세포체	신경세포(Neuron)의 중심부에 위치한 세포핵(Nucleus)을 포함하고 있는 볼록한 형태의 구조로, 그 내부에 다양한 세포소기관(Organelle)이 존재한다.
신경증	내적인 심리적 갈등이 있거나 외부에서 오는 스트레스를 다루는 과정에서 무리가 생겨 심리적 긴장이나 증상이 일어나는 인격 변화이다.
신뢰도	동일한 검사 또는 동형의 검사를 반복 시행하였을 때, 개인의 점수가 일관성 있게 나타나는 정도이다.
심리 사회적 발달 이론	인간이 영아기부터 노년기까지 전 생애에 걸쳐 총 8단계를 거쳐 발달한다는 에릭슨의 개념이다.
심리검사	개인의 지능, 성격 등을 측정하여 그 사람에 대하여 더 심층적이고 분석적인 이해를 할 수 있도록 수검자에게 수행하는 일련의 심리학적 측정 절차이다.
심리학	인간의 행동과 심리과정을 과학적으로 연구하는 경험과학의 한 분야이다.
안정 전위	신경섬유가 전기적 신호를 전도하지 않을 때 신경섬유 내부와 외부의 전하 차이이다.
암묵 기억	특정 사건의 기억에 대한 개인의 의식은 없으나 현재의 행동에 영향을 주는 기억. 암묵 기억의 내용은 지각적인 특성을 지닌다.
애착	부모나 특별한 사회적 인물과 형성하는 친밀한 정서적 유대이다.
약호화	기억의 기본 과정(약호화 과정, 저장 과정, 인출 과정) 중의 하나이다. 입력(혹은 새로운) 정보를 변형시켜 장기 기억 속에 존재하는 기존의 정보에 연결하거나 연합하는 것으로, 단기 기억에서 장기 기억으로 정보를 이동시키는 과정이다.
양방 검증	분포의 양 끝으로 기각 영역을 두는 검증이다. 대립 가설이 영가설에서 기대되는 것으로부터 이탈되는 방향을 명세하지 않은 통계적 검증으로, '비방향적 검증(nondirectional test)'이라고도 한다.
양적 연구	수량적으로 측정할 수 있는 특성을 포함하는 연구문제나 가설에 대하여 답하거나 검증하는 탐구방법이다.
에드워드 손다이크	Edward Lee Thorndike(1874~1949). 실험실에서 동물의 행동을 연구한 최초의 심리학자로, '학습의 시행착오설'의 제창자이다.

에릭슨	Erik Homburger Erikson(1902~1994). 독일 출생의 미국 정신분석학자로, 인간 형성을 문화·사회와 관련지어 설명하였다. 특히 청년기의 '정체성 위기' 해결방법 여하에 따라 역사의 양식을 창조하는 측면을 밝혀내었다. 정체성 개념에 의하여 프로이트 이후의 정신분석학적 자아심리학을 비약적으로 발전시켰다.
연합 뉴런	뉴런과 뉴런 사이를 이어서, 척수나 뇌와 같은 중추신경계를 이루는 뉴런이다.
연합학습	자극과 자극 혹은 반응과 자극의 연결의 반복에서 그 결합을 인식함으로써 성립되는 학습이다.
열등감	다른 사람에 비하여 뒤떨어졌다거나 능력이 없다고 생각하는 만성적 감정 및 의식이다.
염색체	세포의 분열 시에 핵 속에 나타나는 굵은 실타래나 막대 모양의 구조물로, 생명체의 DNA 및 히스톤 단백질이 응축되어 있는 구조이다.
영속적	계속 오래도록 유지되는 것이다.
오이디푸스 콤플렉스	아들이 동성인 아버지에게는 적대적이지만 이성인 어머니에게는 호의적이며 무의식적으로 성적 애착을 가지는 복합 감정이다.
외배엽형	피하지방·근골의 발육이 나쁜 마르고 긴 형의 체형이다. 모발이나 신경의 발달은 잘되어 두발·체모(體毛)가 짙다.
외향성	객관적 현실인 외부세계 지향적이며 외부세계에 가치를 두는 성격 경향이다.
외현 기억	어떤 특정 사건을 기억하고 있다는 개인의 의식이 있는 기억이다. 외현 기억의 내용은 주로 의미적이고 개념적이다.
운동 뉴런	척수와 같은 중추신경계에서 오는 신호를 근육이나 샘과 같은 반응기(effector)에 전달하여 작동하게 하는 뉴런이다.
운동재생 과정	상징적으로 부호화한 모델의 행동에 대한 기억을 그에 일치하는 행동으로 전환시키는 것을 나타내는 것으로, 관찰학습에 개재하는 요소이다.
응용심리학	사회와 개인이 현실적으로 당면하는 실체적인 여러 문제를 해결 또는 해명하기 위하여 심리학적 원리와 방법으로 연구하는 과학이다.
응집성	집단 내에서 함께하는 느낌 또는 공동체라는 느낌으로서, 집단구성원의 조화된 노력으로 집단에 남아 있기 위하여 활동하는 모든 힘의 산물이다. '집단 응집력' 혹은 '집단 응집성'이라고도 한다.
의미 기억	특정 시점이나 맥락과 연합되어 있지 않은 대상 간의 관계 또는 단어 의미들 간의 관계에 관한 지식이다.
의미 치료	Frankl에 의하여 개발된 것으로, 근본적으로 의미가 없는 삶을 살아가는 사람들을 다루기 위한 심리치료 방법이다.
익명성	어떤 행위를 한 사람이 누구인지 드러나지 않는 것이다.
인본주의	인간의 가치를 주된 관심사로 삼는 사상이다.

인상 형성	낯선 사람을 처음 만날 때 외모, 태도, 분위기 등의 한정된 정보로 형성되는 상대방에 대한 느낌이다.
인지구조	지각하는 현상을 믿음, 태도 및 기대의 통합적이며 위계적인 형태로 조직된 유의미한 지식의 조직체이다.
인지발달이론	인간이 선천적으로 타고난 발달적 단계와 학습의 상호작용을 통하여 인지적 발달이 이루어진다는 심리학 이론이다.
인지부조화	다양한 지각, 생각, 태도, 소망, 의도와 같은 인지가 서로 일치하지 않는 상태에서 형성되는 불편한 감정상태이다.
인지적 구두쇠	인간은 인지적으로 많은 에너지를 소비하면서 어떤 생각을 깊게 하는 것을 싫어한다는 것이다.
인출	장기 기억에서 정보를 찾는 탐색 과정 혹은 장기 기억에서 작업 기억으로 정보를 전달하는 과정이다.
일관성의 원리	고전적 조건형성 이론에서의 조건 자극이 성립되기 위한 조건 중의 하나이다. 강화과정에서 동일한 조건 자극에 대하여 일관성 있게 강화하여야 한다는 원리이다.
일방 검증	분포의 한쪽 끝에 기각 영역을 놓는 검증이다.
일화 기억	개인의 경험, 즉 자전적 사건에 대한 기억으로 사건이 일어난 시간, 장소, 상황 등의 맥락을 함께 포함한다.
자기중심성	아동이 자기의 입장에서만 모든 사물을 보고, 다른 사람의 입장을 이해하지 못하는 것이다.
자성 예언	어떤 행동이나 학습을 함에 있어 학습자가 보이는 학습 수준이 주변에서 특히 교사가 가지는 기대 수준에 부합되게 일어나는 현상이다.
자아	성격구조의 이성적인 부분으로서, 원초아의 본능적 욕구, 초자아의 도덕적이며 양심적인 요구, 객관적인 현실세계 간의 갈등을 중재하는 성격의 집행지이다.
자아정체감	자신을 시간의 흐름에 따라서 본질적으로 불변하는 실체로 인식하는 개인의 느낌이다.
자아존중감	자신의 능력과 가치에 대한 전반적인 평가와 태도이다.
자아통합	자아의 하부 구조와 기능이 하나의 전체로서 통일된 목표를 성취하는 방향으로 균형과 조화를 이루고 있는 상태이다.
자율신경계	평활근(smooth muscle), 샘(gland), 내부 장기(internal organ) 등을 지배하는 우리 몸의 신경계이다.
잔향	1~2초 이내 동안만 유지되는 아주 짧은 청각 기억으로, 청각 형태의 잔상이라고 할 수 있다.
잠재기	프로이트 심리학 성심리 발전의 4번째 시기로, 사춘기가 오기 전 성적 욕구의 충족에 대하여 사회의 질서를 따라야 한다는 것을 배우는 시기이다.
적개심	적과 싸우고자 하는 마음 또는 적에 대하여 느끼는 분노와 증오이다.

전두엽	측열구 위쪽, 중심열구 앞쪽에 위치한다. 여기에는 일차운동 영역, 전운동 영역, 전두 안구운동 영역, 운동언어 영역, 전두연합 영역 등이 속한다.
전위	전기장 내의 단위 전하가 갖는 위치에너지이다.
절차 기억	의식이 개입되지 않은 비서술적 기억(nondeclarative memory)의 일종으로, 운동과 연관된 특정 작업을 의식의 개입이 없이 실행케 하는 기억이다.
절차적 지식	학습한 결과의 기억을 중요시하는 것이 아니라 결과가 성립되는 과정을 증명해 보이거나 과제 해결방법을 순서에 따라 재현하는 것과 같은, 수행에 있어서의 과정, 단계, 절차에 관하여 아는 것이다.
점화 효과	먼저 제시된 점화 단어에 의하여 나중에 제시된 표적 단어를 해석하는 데 영향을 받는 현상이다.
정보처리이론	인간의 인지과정을 컴퓨터의 정보처리과정과 비교한 이론이다.
정서	주관적 경험, 표출된 행동, 신경화학적 활동이 종합된 신체적·생리적 반응을 동반한 지속적인 감정이다. 생리적 각성, 표현적 행동, 그리고 사고와 감정을 포함한 의식적 경험의 혼합체이다.
정신역동	개인의 과거 경험이 현재의 문제에 어떤 영향을 미치는지 설명하고, 이에 의거하여 문제를 해결하려는 이론이다.
정적 강화	특정 행동 이후에 긍정적인 자극을 제시하여 해당 행동이 증가하거나 보다 빈번하게 일어나도록 하는 강화 전략의 일종이다.
정적 처벌	행동에 뒤따라 자극이 제시되거나 그 자극의 강도가 증가하는 처벌 절차이다.
정체감 위기	자신의 정체감에 대한 갈등 또는 혼란을 갖게 된 경우에 나타나는데, Erikson에 의하면 이 위기에 의하여 새로운 자신을 추구하고 모색해 간다고 한다. 그러므로 인간의 성격적 성장은 위기를 어떻게 극복하느냐에 좌우된다고 본다.
정체성	자신이 누구이며 어디로 나아가고 있고 자신에게 맞는 집단이나 사회는 어디인가 또는 어떻게 적응할 것인가에 대한 확고한 인식이다.
조건 반응	처음에는 중립적인 자극에는 반응을 하지 않았지만, 중립적인 자극이 무조건 자극과 결합하여 나중에는 중립적인 자극의 제시만으로도 나타나는 반응이다.
조건 자극	무조건 자극과 연합하여 조건 반응을 유발하는 자극이다.
조작적 조건화	행동주의 심리학의 이론으로, 어떤 반응에 대하여 선택적으로 보상함으로써 그 반응이 일어날 확률을 증가시키거나 감소시키는 방법이다.
조합적 사고	모든 중요한 사실과 개념을 고려할 수 있는 사고능력이다.
종단적 연구	사람이 발달하면서 어떤 모습으로 변하는지 알아보기 위하여 기간을 두고 반복적으로 동일한 사람에게서 정보를 수집하는 조사법이다.
종속 변수	서로 관계가 있는 둘 이상의 변수가 있을 때, 어느 한쪽의 영향을 받아서 변하는 변수이다.

죄의식	어떤 나쁜 일을 행하거나, 어떤 일에서 실패하거나, 또는 중요한 사회규범을 위반한 사실을 인식한 뒤에 가지게 되는 감정적인 반응이다.
중배엽형	근육, 뼈, 결합조직 등의 중배엽성 조직의 발육이 양호하고 무겁고 단단한 사각형의 체격을 가진 사람. 외배엽형과 내배엽형의 중간에 분류되는 체형이다.
중추신경계	뇌(brain)와 척수(spinal cord)로 구성된 신경계의 일부이다.
지각	감각을 통한 인지이다.
지각적 조직화	학습자는 학습상황에서 부분을 보는 것이 아니고 각 부분의 상호 관계의 맥락 속에서 전체를 지각하는데, 이렇게 문제 상황의 여러 부분을 지각할 때 그것을 조직화하는 데 있어서 그 지각장 또는 상황의 어떤 질서를 찾는 경향이 있다는 것이다.
질적 변수	양적 변수에 대응되는 용어로, 양적으로 비교할 수 없는 변수이다. 예를 들면, 성별(남, 녀), 사람의 국적 등을 말한다.
질적 연구	주관적·해석적 인식론에 근거를 두고, 되도록이면 인위적으로 조작되지 않은 자연스러운 삶의 세계에서 연구대상 스스로의 말이나 글, 행동, 그들이 남긴 흔적 등을 집중적으로 연구하여 해석하고 의미를 찾으려는 연구방법이다.
집단사고	집단 구성원들 간에 강한 응집력을 보이는 집단에서, 의사결정 시에 만장일치에 도달하려는 분위기가 다른 대안들을 현실적으로 평가하려는 경향을 억압할 때 나타나는 구성원들의 왜곡되고 비합리적인 사고방식이다.
징크스	재수 없고 불길한 현상에 대한 인과 관계적 믿음이다.
처벌	행동 경향성을 감소시키기 위한 절차로, 처벌의 유형에는 정적 처벌과 부적 처벌이 있다.
척도	사물이나 사람의 특성을 수량화하기 위하여 체계적인 단위를 가지고 그 특성에 숫자를 부여한 것이다.
척수	척추동물에서 뇌와 함께 중추신경계를 구성하는 신경세포 집합체이다.
청킹	인지심리학 분야의 용어로, 인지처리과정에서 다양한 정보들 중 의미 있는 정보들을 연관 지어 기억하는 것이다.
체성신경계	말초신경계(peripheral nervous system)의 일부분으로, 체성 감각(somatic sense) 및 골격근(skeletal muscle)의 운동과 관련된 기능을 수행하는 우리 몸의 신경계이다.
체액론	인간의 신체 내부에 흐르는 액체의 양에 따라 성격의 형성과 특성을 설명하는 논리적 틀이다.
초두 효과	처음 입력된 정보가 나중에 습득하는 정보보다 더 강한 영향력을 발휘하는 것이다.
초자아	개인의 정신 내에서 사회나 이상의 측면과 관계있는 것이다.
최신 효과	가장 나중에 혹은 최근에 제시된 정보를 더 잘 기억하는 현상이다.

축색 돌기	신경세포(Neuron)의 세포체(Cell body, 또는 Soma)로부터 뻗어 나온 두 종류의 신경돌기(Neurite) 중, 세포체로부터 출발한 전기화학적 신경정보를 신경 말단(Nerve terminal)의 시냅스(Synapse)를 통하여 다른 신경세포로 전달하는 역할을 하는 돌기이다.
축색	뉴런에서 활동 전위를 신경 종말까지 전도하는 액체로 채워진 관으로, '신경섬유'라고도 한다.
축어록	상담자와 내담자 간의 상담과정을 담은 음성 녹음이나 비디오 녹화를 문자화한 것이다.
친화성	정서적 유대와 상관없이 다른 사람과 긍정적인 정서적 관계를 맺고 그 관계를 유지하려는 욕구나 동기 또는 행동이다.
카이제곱 검증	관찰된 자료의 빈도가 이론적 기대 빈도와 통계적으로 다른지를 결정할 때 사용되는 추론 통계 검정이다.
콜버그	Lawrence Kohlberg(1927~1987). 도덕적 발달단계 이론으로 유명한 유대계 미국인 심리학자이다.
콜버그의 도덕성 발달이론	인습적 수준에 따라 순차적으로 도덕성이 발달한다는 것을 강조하는 논리적 틀이다.
타당도	측정하고자 하는 변인을 검사가 제대로 측정하였는지에 대한 정도이다.
타율성	자신의 의지와 관계없이 정하여진 원칙이나 규율에 따라 움직이는 성질이다.
탈중심화	자신의 주관적 관점에서 벗어나 객관적으로 사물을 바라볼 수 있는 능력이다.
태도	어떤 일이나 상황 등에 대하여 취하는 입장이다.
토큰 강화	토큰 경제. 조작적 조건형성 이론에 근거하여 기대하는 행동이 일어날 때 이를 강화하기 위하여 주어지는 조건강화의 대표적인 방법이다. 여러 사람으로 구성된 집단 구성원들이 각각 바람직한 행동을 함으로써 토큰을 얻고, 이것을 모아 나중에 지원 강화와 교환할 수 있도록 체제화한 프로그램이다.
통계	집단현상에 대한 구체적인 양적 기술을 반영하는 숫자이다.
통찰학습	시행착오를 거쳐 우연히 얻는 성공이 아니라, 문제를 완전히 파악한 결과로 문제 상황에 대한 요소 사이의 관계를 이해함으로써 일어나는 인지적 재구성이다.
특질	개인 간의 성격 차이를 유발하는 일관적이며 안정적인 심리적 경향성이다.
파블로프	Pavlov, Ivan Petrovich(1849~1936). 러시아의 생리학자로 개가 주인의 발자국 소리만 들어도 침을 분비한다는 조건 반사를 발견하여 실험적인 대뇌 생리학의 길을 열었다. 또한 유물론적 심리학의 기초를 다졌다.
표본조사	집단의 특성을 알고자 할 때 일부를 조사하여 집단 전체의 특성을 추정하는 방법이다.
표본 추출	통계의 목적으로 모집단에서 표본을 골라내는 일이다.
표상	지각 또는 기억에 근거하여 의식할 수 있게 된 관념 또는 심상(心象)이다.

표집 추출방법	사회 조사에서 모집단의 특성을 잘 반영할 수 있는 표본을 추출하는 방법이다.
프리맥 원리	심리학 용어로, 높은 확률로 일어나는 행동을 강화물로 사용하여 일어날 확률이 적은 행동을 하도록 촉진하는 기법이다.
피아제	Jean Piaget(1896~1980). 스위스의 심리학자, 논리학자, 인지발달 연구의 선구자이다.
피어슨 적률 상관계수	상관계수의 한 형태이다. 변인 X와 변인 Y 간의 선형 관계성의 정도를 0~1.00 혹은 0~-1.00의 척도 상에서 기술해 주는 통계치이다.
학습	연습이나 경험의 결과로 생기는 비교적 지속적인 유기체의 행동 변화이다.
학습심리학	학습을 통한 인간 또는 동물의 행동 변화와 그 원리에 대하여 연구하는 심리학의 한 분야이다.
항등성	환경조건이나 제시방법이 달라져도 물체의 속성을 비교적 일정하게 지각하는 현상이다.
항문기	프로이트의 정신분석학에서 항문기(Anal stage)는 성심리 발전의 두 번째 단계를 의미한다. 출생 후 18개월에서 3년에 걸쳐 일어나며, 이 시기의 성감대는 항문이다. 배변 훈련이 제대로 이뤄지지 않아 이 시기에 고착된다면 고지식한 성격 혹은 지저분한 성격을 가지게 된다.
행동 계약	행동주의 집단 상담에서 주로 사용되는 것으로, 특정 방식으로 행동하기 위하여 두 사람 혹은 그 이상의 집단 구성원이 합의하는 방법이다.
행동 시연	심리치료에서 피치료자로 하여금 치료실 내에서 어떤 역할을 시험적으로 해 보도록 함으로써 인간관계의 형성과 유지에 필요한 태도나 행동 특징을 습득할 수 있도록 하는 행동수정의 기법이다.
행동 연쇄	행동수정에서 큰 행동을 구성하고 있는 작은 행동들을 엮어서 강화하여 하나의 큰 행동을 형성하도록 하는 방법이다.
혐오 치료	바람직하지 않은 행동에 대하여 전기나 화학약품과 같은 불쾌한 자극을 제시함으로써 바람직하지 않은 행동을 줄여 나가고자 하는 치료법이다.
형태주의	부분의 성질은 전체에 대한 부분들의 관계에 의존하고, 부분의 질은 전체 속에 있는 부분의 위치, 역할 및 기능에 의존한다'는 원리를 근본으로 삼는 심리학파이다.
활동 전위	흥분성 세포의 흥분에 의한 세포막의 일시적인 전위변화이다.
횡단적 연구	한 시점을 기준으로 한 연구이다. 시간의 흐름에 따라 나타나는 변화를 관찰할 수 없으며, 오직 현재의 상태만을 관찰할 수 있다.
효과의 법칙	어떤 행동의 결과가 바람직할 때에 그 행동이 다시 나타날 확률은 높아지고, 바람직하지 않을 때에는 그 확률이 낮아진다는 원리이다.
히포크라테스	Hippokrates. 그리스의 의학자로 '의사의 아버지'라고 불린다. 인체의 생리나 병리를 체액론에 근거하여 사고하였고, '병을 낫게 하는 것은 자연이다'라는 설을 치료 원칙의 기초로 삼았다.

DNA	살아있는 모든 유기체 및 많은 바이러스의 유전적 정보를 담고 있는 실 모양의 핵산 사슬이다.
F검증	I(≥3)개의 그룹들이 평균에서 차이가 있는가를 검정하거나 2개의 모집단이 산포 간 차이가 있는가를 검정하는 데 쓰인다.
t검증	모집단의 분산과 표준편차를 알지 못할 때 사용하는 통계적 검정방법으로, 표본에서 추정된 분산이나 표준편차를 활용하여 검정한다.

Section 02 꼭 필요한 핵심 포인트

01 심리학의 개요

1 심리학의 정의

① 인간의 행동과 행동에 관여된 생리적, 심리적, 사회적 과정을 과학적으로 연구하는 경험과학의 한 분야이다.

② 개인의 심리적 과정뿐 아니라 신체 기능을 제어하는 생리적 과정, 개인과 개인 간의 관계, 사회적 관계까지 심리학의 연구 대상이 된다.

③ 행동은 두뇌에서 이루어지는 내적인 행동과 신체 움직임으로 나타나는 외적 행동을 비롯하여 정상적 행동과 비정상적 행동 모두 포함된다.

2 심리학의 분야

01 이론심리학(기초심리학) : 이론심리학은 인간을 이해하고 설명할 수 있는 이론을 발견하고, 다양한 연구방법을 통하여 인간의 심리와 행동을 예측하고 통제할 수 있는 기법을 개발한다.

(1) 생리심리학

① 인간의 심리와 행동의 생리적, 생물학적 기초를 다루는 심리학 분야이다.

② 주로 대뇌의 기능과 신경계통과 내분비선을 연구하며, 그것이 어떻게 인간의 심리와 행동에 영향을 미치는지를 연구한다.

(2) 지각심리학

① 인간이 세상을 보는 원리가 무엇이고, 어떻게 세상에 대한 지각이 이루어지는지를 연구하는 심리학 분야이다.

② 감각과 지각이 어떻게 이루어지는지를 알아보기 위하여 감각기관을 연구하고 지각과정을 연구한다.

(3) 인지심리학

① 인간이 세상에 관한 정보를 어떻게 받아들여서 처리하며, 그 결과는 어떻게 나타나는지를 다루는 심리학 분야이다.

② 지각심리학이 세상을 보는 원리가 무엇인지를 다루는 학문이라면, 인지심리학은 지각심리학의 범위를 넘어 인간의 세상에 대한 자극과 정보를 처리하는 전체적인 과정을 정보처리적 관점으로 다룬다. 즉, 사고, 언어, 기억, 문제 해결, 추론, 앎, 판단 및 의사결정과 같은 고급 정신과정을 연구한다.

(4) 발달심리학 : 인간이 수정되면서부터 사망에 이르기까지의 과정을 다루는 전 생애적 접근방법을 통하여 인간의 발달과 변화를 설명하고 기술하는 데 중점을 두고 연구하는 심리학이다.

(5) 성격심리학 : 인간의 성격이 어떻게 이루어지고, 어떤 성격이 존재하며, 사람마다 성격은 얼마나 다른지의 개인 차이를 연구한다.

(6) 사회심리학 : 인간은 사회적 동물이라는 전제 하에 인간의 심리와 행동이 사회적 환경의 영향 속에서 어떻게 형성되어 발달하고 변화하는지를 연구하는 심리학이다.

(7) 학습심리학 : 인간이 세상에 대한 지식을 어떻게 획득하고 학습해 나가는지를 알아보는 심리학이다.

02 응용심리학 : 응용심리학은 기초심리학에서 이룩한 이론과 연구 결과들을 바탕으로, 그 이론과 연구 결과들이 어떻게 도움이 될 수 있는지를 현장 중심으로 연구하고, 그 결과를 인간에게 적용하여 인간의 심리와 행동을 통제하는 데 초점을 두고 있다.

(1) 임상심리학 : 인간이 왜 부적응적 심리상태를 보이고, 부적응적으로 행동하는지에 대하여 심리적 원인을 규명하며, 이를 직접 활용하여 진단과 치료를 하고자 한다.

(2) 상담심리학 : 임상심리학이 정신질환이나 심한 행동 장애를 진단하고 치료하는 것에 비하여, 비교적 가벼운 성격 장애나 인간관계에서 비롯되는 일반적인 부적응 문제, 진로, 이성 문제, 성 문제, 고충 처리 등을 다룬다.

(3) 응용 사회심리학 : 사회심리학에서 이루어진 집단과 사회 속의 행동 변화와 행동 변인, 사회적 영향, 태도 형성 및 변화, 사회적 동기 및 사회 지각, 공격성, 집단 역학 등의 연구 결과들을 통하여 인간의 사회적 행동과 사회적 현상을 규명하고, 인간 행동과 사회 현상을 통제하기 위하여 직접 활용한다.

(4) 산업 및 조직심리학 : 심리학적 지식을 산업 및 조직 현장에 적용하여 조직의 효율성을 제고하고 생산성을 높이기 위한 심리학 분야이다.

(5) 광고심리학

① 현대 산업사회의 꽃이라고 할 수 있는 광고를 심리학적 원리를 통하여 이해하고 접근함으로써, 광고의 효율성과 광고의 질적 향상을 도모하고자 하는 심리학 분야이다.

② 소비자들의 주목을 더 많이 끌고, 흥미를 느끼게 하고, 상품 구매 동기를 유발시켜서 직접 상품을 구매하도록 하는 것에 관심을 갖는다.

(6) 교육심리학 : 교육 현장에서 이루어지는 학습과 교수법, 학습 동기, 학습 효율성, 교육 평가 등에 심리학적 지식을 활용하는 심리학 분야이다.

02 발달심리학 (1)

1 발달심리학의 개요

01 발달심리학의 정의

① 인간의 전 생애에 걸친 모든 발달적 변화의 양상과 과정을 연구하는 학문이다.

② 과거에는 주로 아동기와 청년기를 대상으로 하였으나, 근래에는 성인기와 노년기도 포함한다. 이와 같이 전 생애의 발달적 관점을 강조하기 때문에 흔히 '생애발달 심리학'이라고 지칭한다.

③ 발달심리학의 중요성은 모든 연령과 시기의 인간 발달이 서로 밀접하게 관련되어 있다는 데에 있다.

02 발달심리학의 연구법

(1) 횡단적 설계

① 연령이 서로 다른 집단을 동시에 연구한다.

② 연구자는 짧은 시간에 서로 다른 연령의 아이들로부터 자료를 수집한다.

③ 수집한 자료의 결과를 연령 간 비교를 하여 발달적 변화과정을 추론한다.

 **횡단적 설계의 예시**

- 아동의 자아존중감 발달을 연구하여 3·6·9·12세 집단의 아동을 각 50명씩 표집하여, 이들을 대상으로 동일한 검사를 시행한다.
- 면접에 의한 자기 보고 자료를 수집하여 분석한 후, 각 연령집단 간의 자아존중감의 정도 차이에 의한 자아존중감 발달과정을 유추한다.

(2) 종단적 설계

① 일정한 기간 동안 같은 피험자들을 반복적으로 관찰한다.

② 각 개인의 다양한 특성에 대한 연속적인 변화 측정이 가능하다.

③ 경비와 시간이 많이 들고, 연구 대상의 측면에서 선택적 탈락 등의 제약이 있다.

④ 연구자가 교체될 가능성도 커서 관찰의 일관성이 보장되지 않을 수 있다.

(3) 횡단적–종단적 설계(계열적 설계)

① 상이한 연령의 피험자를 선별하여 이들 집단 각각을 얼마 동안의 기간에 걸쳐서 연구하는 것으로, 횡단적 연구와 종단적 연구의 장점들을 혼합한 연구방법이다.

② 비용과 기간이 훨씬 많이 든다는 단점이 있다.

 횡단적–종단적 설계의 예시

> 3·6·9세의 세 집단의 아동을 표집하여 , 3년 후에 이들 세 집단을 추적하여 진단한다.

(4) 발생과정의 분석 설계

① 종단적 설계를 수정하여 극히 적은 수의 아동의 특정 행동이 형성되고 변화해 가는 과정을 면밀하게 추적하여 분석한다.

② 인지발달 분야에서 주로 사용하고 있으나, 발달의 모든 영역으로 확대 사용해 볼 가치가 있는 방법이다.

2 인지발달

01 피아제(Piaget)의 인지발달

① 피아제는 생물체가 주어진 환경에 적응하기 위하여 자신의 신체 구조를 바꾸어가듯이 인간도 주어진 환경 내의 상황을 이해하고 이에 적응하기 위하여 자신의 내재적인 정신 구조를 바꾸어 간다고 생각하였다.

② 인지구조란 특정한 환경에 적응할 수 있는 능력으로, '동화'와 '조절'의 과정을 반복하면서 차츰 복잡해지고 정교해진다.

유형	내용
동화	자신이 가진 기존의 구조에 새로운 정보를 받아들이는 것이다.
조절	외계의 새로운 정보에 맞추어 자신의 구조를 바꾸어가는 것이다.

02 인지발달의 단계

(1) 감각운동기

연령은 0~2세이다. 이 시기의 영아는 감각과 운동에 의하여 환경을 이해한다는 특징을 가진다.

유형	내용
도식 형성	손에 닿는 물체를 손으로 잡아서 입으로 가져가 빠는 반사기능과 손으로 잡는 반사기능을 통합하는 등의 도식(Schema)을 점진적으로 형성한다.
대상 영속성	• 물체가 시아에서 사라지더라도 그 물체가 계속해서 존재한다는 사실을 획득한다. • 전조작기로 이행하는 필수적 능력으로, 머릿속으로 그 대상에 대한 표상, 심상을 그릴 수 있게 된다.

(2) 전조작기

① 연령은 2~6세이다.

② 보존 개념이 아직 발달하지 못하여, 외형이 변하면 내용도 함께 변한다고 믿는다.

유형	내용
표상 형성	주로 영상적 표상으로, 개념적 규정은 안 되며, 이를 통하여 문제 해결이 가능하다.
자기 중심성	자신의 위치에서만 사물을 이해할 뿐 타인의 위치에서 보이는 사물의 모습을 추론하지 못하는 사고의 한계를 보인다.

(3) 구체적 조작기

① 연령은 6~12세이다.

② 가역성의 개념이 형성되어, 어떤 상태의 변화과정을 역으로 밟아가면 다시 원상태로 돌아갈 수 있다는 것을 안다.

③ 분류 조작, 서열 조작, 공간적 추론이 가능해져 논리적 사고로 문제 해결이 가능하다.

유형	내용
탈중심화	전조작기의 자기중심성에서 벗어나, 어떤 상황의 한 면에만 집중하지 않고 여러 측면을 한꺼번에 고려한다.
보존 개념 획득	물체의 모양이 바뀌어도 물리적 특성은 동일하다는 사실을 인식한다.

(4) 형식적 조작기

① 연령은 12세~성인이다.

② 전조작기와 전혀 다른 자기중심성 사고가 형성된다.

③ 가설 연역적 사고가 가능하다. 먼저 가능한 상태에 대한 이론을 설정하고, 가능한 것으로부터 경험적으로 실재하는 것으로 사고가 진전된다.

④ 조합적 사고가 가능하다. 문제 해결을 위하여 사전에 계획을 세우고 체계적으로 해결책을 시험하며 시행 착오에 의하여 문제를 해결한다.

유형	내용
상상적 청중	자신이 타인의 관심과 집중의 대상이 되고 있다고 착각한다.
개인적 우화	자신의 생각과 감정 등은 너무 독특한 것이어서 타인이 알 수 없을 것으로 생각하고 타인이 경험하는 죽음, 위기, 위험이 나에게 일어나지 않으며, 일어나도 피해를 당하지 않을 것으로 생각한다.

03 발달심리학 (2)

1 사회적 발달

01 에릭슨의 심리사회적 기본 개념

① 인간은 일방적으로 쾌락원리에 지배되는 것이 아니라 자신의 욕구를 충족시켜 주거나 억압하는 사회적 요인들과 내재적 욕구 간의 갈등을 조정하고 통제하는 자아의 힘을 가지고 있다고 보았다.

② 프로이트는 본능적인 성적 욕구의 기능과 역학을 중시하는 반면, 에릭슨은 사회적 요인을 조정하는 자아의 역할을 보다 강조하였다.

인생의 단계	심리사회적 위기	정신적 열매	중요한 관계 대상
영아기(0~1세)	신뢰/불신	희망	엄마
유아기(1~3세)	자율/수치심	의지력	부모 모두
학령전기(4~5세)	주도성/죄의식	목적의식	가족
잠복기(6~11세)	근면성/열등감	경쟁력	이웃과 학교
사춘기(12~18세)	정체성/역할 혼동	헌신	친구 그룹
청년기(19~35세)	친밀감/고립	사랑	배우자/친구들
중년기(36~65세)	생산성/정체됨	돌봄	일과 가정
노년기(65세 이상)	자아 통합/절망	지혜	절대자, 인류

2 정서적 발달

01 애착의 의미

① 개인이 자신과 가장 가까운 사람에 대하여 느끼는 강한 감정적 유대관계이다.

② 출생 후 1년 이내에 영아와 어머니 또는 자신을 돌봐주는 사람 간에 이루어지는 애착 형성의 결과가 이후에 발생하는 정서적 안정성과 대인관계의 중요한 기초가 된다.

02 애착의 유형

유형	내용
안정 애착	낯선 상황에서 이따금 어머니에게 가까이 가서 몸을 대보거나, 어머니가 없는 동안 불안해하다가 어머니가 떠났다가 돌아오면 열렬하게 반긴다.
불안정 회피 애착	• 어머니가 떠나도 별 동요를 보이지 않으며, 어머니가 돌아와도 다가가려 하지 않고 무시한다. • 이 유형의 어머니는 아기의 요구에 무감각하며, 아기와의 신체적인 접촉도 적고, 화가 나 있거나 초조하며, 거부하듯이 아기를 다룬다.

유형	내용
불안정 양가 애착	• 어머니의 접촉 시도에 저항하는 경향이 높다. 어머니가 있어도 잘 울고 보채지만, 어머니가 떠나면 극심한 불안을 보인다. • 어머니가 돌아오면 화를 내지만, 불안정 회피 애착과 달리 어머니 곁에 있으려고 한다.
불안정 혼란 애착	• 애착이 불안정하면서 회피와 저항의 어느 쪽에도 속하기 어려운 상태로, 회피와 저항이 복합된 반응을 보인다. • 이런 반응은 어머니와의 접촉에 대한 욕구가 강하지만, 어머니로부터 무시당하거나 구박받은 데에서 오는 공포가 공존하기 때문인 것으로 해석된다.

03 애착 형성의 과정

단계	내용
1단계(출생~2주)	영아가 다른 대상에 비하여 사람을 비롯한 사회적 대상을 선호하면서 특정 대상을 구별하지 않고 모든 대상에게 애착을 보이는 단계이다.
2단계(2주~6·8개월)	영아가 어머니와 타인을 구분하면서 시작되며, 본격적인 애착이 형성되는 6~8개월까지 지속된다. 애착 대상과 떨어지는 것에 대한 저항은 보이지 않는다.
3단계	영아는 특정 대상에 강한 집착을 보이며 애착 대상과 떨어질 때에는 격리 불안을 나타낸다. 애착 대상 외의 사람에 대한 낯가림도 이 단계에 나타난다.

3 도덕성의 발달

01 기본 개념

① 도덕성 발달은 정서적, 행동적, 인지적 요소의 상호작용에 의하여 이루어진다.

② 초기에는 외부적 통제에 복종하다가 도덕성이 성숙해질수록 점차 내부적 기준에 근거한 판단을 하게 된다.

02 도덕성에 대한 접근

(1) **정서적 접근** : 프로이트

① 도덕성은 남근기에 오이디푸스 콤플렉스와 관련하여 발달하는데, 이성 부모를 독차지하고자 하는 욕망이 동성 부모에 의하여 좌절되면서 '극도의 불안'을 경험한다.

② 동성 부모로부터 벌을 피하고 부모의 애정을 계속 받기 위하여 욕망을 제어하는 초자아가 발달한다.

③ 죄책감과 벌에 대한 두려움으로 동성 부모에 대한 동일시를 통하여 부모의 도덕성을 내면화하면서 도덕성을 발달시킨다.

(2) 인지적 접근 : 피아제, 콜버그 등

① 피아제의 도덕성 발달

단계	내용
심리 운동적 기준 반복의 단계(~2·3세)	자신만의 기준들에 기초하여 혼자서 따로 놀며, 아무런 기준도 없고 규칙 자체를 깨닫지 못한다.
타율성과 도덕 현실주의 타인의 기준에 적합(3~7세)	어린이들의 놀이에서 초보적인 규칙들을 이해하기 시작하여 부모나 교사 등 성인들이 바람직하다고 조언하는 행위 규범들에 자신을 맞추려고 노력한다.
자율성과 도덕적 상대주의 (8~11세)	인간관계가 종적 관계(부모–자식)에서 횡적 관계(친구 관계)로 이동하며, 일정한 규칙들에 따라 상호 경쟁을 시도하고 동료들 간의 협동적 놀이 단계에 이른다.
자율성과 도덕적 상대주의에 관한 형식적 추리(11세 이후~)	행동 판단의 결과에 치중하지 않고 그 이면의 동기를 생각하며, 보편적이고 추상적인 근본 원칙을 정하여 놓고, 그 원칙들로부터 각각의 구체적인 규칙들을 유도한다.

② 콜버그의 도덕성 발달

전관습적 도덕성	1단계 : 처벌과 고통 지향	처벌을 피하거나 힘 있는 사람에게 무조건 복종하는 것이 도덕적이라고 판단한다.
	2단계 : 개인적 쾌락주의	자신과 타인의 욕구 충족이 도덕적이라고 판단한다.
관습적 도덕성	3단계 : 착한 소녀/소년 지향	다른 사람을 돕고 다른 사람의 인정을 받는 것이 도덕적이라고 판단한다.
	4단계 : 법과 질서 지향	법과 질서의 일치 여부를 기준으로 도덕적 판단을 한다.
원리적 도덕성	5단계 : 사회적 계약 지향	개인의 권리를 존중하고 사회 전체가 인정하는 기준 행동을 도덕적이라고 판단한다.
	6단계 : 보편적 원리 지향	정의를 성취하고 추상적·보편적 원리를 도덕적이라고 판단한다.

4 자아존중감의 발달

01 청소년기 자아발달이론 : 블로스(Blos)의 적응체계이론

(1) 개념 : 청소년기의 발달을 2차 개체화 과정으로 설명하였다. 2차 개체화란 청년의 자아가 부모로부터 이탈해가는 과정으로, 부모에 대한 오이디푸스적인 집착으로부터 벗어나는 것을 의미하므로 개인의 성적 정체성 확립에 도움이 된다고 하였다.

(2) 구성 : 청소년기의 자아발달과정을 6개의 하위 단계로 구분하였다.

단계	내용
잠재기	리비도의 충동이 약화되는 반면, 자아가 강력하게 발달된다.
청소년 전기	급격히 증가된 성적 욕구와 공격적 욕구가 산만하고 방향성 없이 표출된다.
청소년 초기	성적 욕구를 표출할 구체적 대상을 찾는 목표 지향적 행동(친구, 운동 등)을 한다.
청소년 중기	심리적인 구조화 단계로, 성적 혼돈과 갈등이 발생하여 불안과 우울이 지속되지만, 이를 통합하려는 자아의 기능도 크게 강화된다.
청년 후기	성적 혼돈과 갈등을 극복하려는 노력으로 자아가 안정되고 통합된다.
청년 말기	성인기로 이행하는 과도기로, 성숙한 대처능력과 적응체계를 가지게 된다.

02 정체성 위기 이론

(1) 에릭슨(Erikson)의 정체성 위기 이론

① 에릭슨(Erikson)의 정체성 위기는 "나는 누구인가?"라는 의문으로부터 출발하여 답을 추구하는 과정에서 긍정적인 자기 평가와 부정적인 자기 평가 사이의 양극적인 갈등과 이를 극복해가는 과정이다.

② 청년들은 자신에 대하여 절망하고 방황과 동요를 경험하면서 자신의 한계를 인정하고 수용함으로써 객관적인 정체감을 확립하게 된다.

(2) 마르시아(Marcia)의 정체성 지위 이론

유형	내용
정체성 혼미	삶의 목표와 가치를 탐색하려는 시도도 하지 않고 관여도 하지 않는다.
정체성 유실	충분한 자아정체성의 탐색 없이 지나치게 빨리 정체성 결정을 내린 상태이다.
정체성 유예	대안들을 탐색하거나 여전히 불확실한 상태에 머물러, 구체적 과업에 대하여 관여하지 않는다.
정체성 성취	삶의 목표, 가치 등의 위기를 경험하고 탐색하여 확고한 개인 정체를 가진다.

04 성격심리학

1 성격의 이해

01 성격의 정의

① 성격은 태어날 때부터 유전적으로 가지고 있을 뿐 아니라, 성장과 함께 학습하면서 생기게 된 것으로, 개인이 가지고 있는 긍정 특성과 부정 특성 모두 한 개인을 다른 사람과 구별하게 해 준다.

② 성격은 환경에 대한 개인의 독특한 적응을 결정하는 개인 내의 정신적, 신체적 체계들의 역동적 조직이다.

③ 성격은 개인이 환경에 따라 반응하는 특징적인 양식이다.

④ 성격은 일관성이 있으며, 안정적인 사고, 감정, 행동방식의 총체이다.

02 성격의 특성

(1) 행동 독특성 : 성격은 한 개인이 다른 사람과는 구별되는 점을 일컫는 말이다.

(2) 안정성과 일관성

① 성격은 시간과 공간의 변화에 따라 매 순간 바뀌는 것이 아니고, 어느 정도 안정적으로 일관되게 나타나야 한다.

② 성격은 안정성과 일관성 때문에 우리가 타인의 성격을 파악하기 위해서는 어느 정도의 시간이 요구된다. 그러나 성격이 안정성과 일관성이 있어야 한다는 말의 의미가 결코 성격이 변화되지 않는다는 것을 의미하는 것은 아니다.

③ 우리는 의식적으로 때로는 무의식적으로 성격의 변화를 시도하기도 하며, 이러한 변화가 결코 쉽게 이루어지지는 않지만 한번 변화된 성격은 일정 기간 동안 안정적이고 일관되게 우리의 행동에 영향을 미치게 된다.

03 정신건강과 관련된 성격의 특성

(1) 감각 추구의 성향

① 높은 자극 수준에 대한 강한 욕구를 가지고 있다(Zuckerman, 1991).

② 개인차가 있고, 유전적 요인의 영향을 받는다는 보고가 있다.

(2) A형·B형·C형 성격

유형	내용
A형 성격	• 항상 시간에 쫓기는 기분을 느끼며 쉽게 긴장한다. • 타인에 대하여 적개심에 가까운 경쟁의식을 보이고, 강한 성취동기를 가진다. • 이기적이고 자기중심적이며, 타인에게 인정받으려고 한다.
B형 성격	• A형 성격과 반대 성향으로, 쉽게 좌절하지 않고 느긋하며 온화한 표정을 지녔다. • 침착하고 조용하고 사려가 깊다.
C형 성격	• 부정적인 정서 표현을 한다. • 자기 주장을 자제하는 암 유발성 성격이다.

2 성격이론의 특성이론 (1) 유형이론(Typology)

01 히포크라테스(Hippocrates)의 체액론 : 최초의 유형론으로, 사람의 체액을 '혈액, 점액, 흑담즙, 담즙'의 4가지로 구분하고, 그 중 어느 체액이 신체 내에서 우세한가에 따라 성격이 결정된다고 주장하였다.

구분	내용
혈액	활달한 기질로, 적극적이고 쾌활하다.
점액	내담한 기질로, 차갑고 행동이 굼뜬다.
흑담즙	우울한 기질로, 슬프고 생각에 잘 잠긴다.
황담즙	담즙 기질로, 흥분을 잘하고 성급하다.

02 크레취머(Kretschemer)의 체격론 : 체형에 따라 사람을 '쇠약형, 비만형, 투사형, 이상발육형'의 4가지 범주로 나누고, 각 체형에 따라 성격이 결정된다고 주장하였다.

범주	내용
쇠약형	가냘프고 마른 사람들로, 정신분열증에 걸릴 성향이 많다.
비만형	둥글고 땅딸보 같은 사람들로, 조울증에 걸릴 성향이 많다.
투사형	강하고 근육이 발달된 사람으로, 조울증보다 정신분열증의 경향이 다소 많다.
이상발육형	신체 발달의 균형이 잡히지 않은 사람들로, 근육형과 유사한 성향을 보인다.

03 셀돈(Sheldon) : 크레취머(Kretschemer)의 연구를 더욱 발전시켜 '내배엽형, 중배엽형, 외배엽형'의 3가지 차원에서 개인의 점수를 평정하여 유형화시킬 수 있다고 주장하였다.

차원	내용
내배엽형	내장 구조가 고도로 발달된 사람들로, 수줍어하고 내성적인 기질이다.
중배엽형	근육이 우세한 사람들로, 활동적, 자기주장적, 정력적인 기질이다.
외배엽형	근육이 섬세하고 약한·사람들로, 편안함을 즐기며 사교적인 기질이다.

3 성격이론의 특성이론 (2) 특질이론(Trait theory)

01 특질이론의 개요

① 특질이론은 어느 두 사람도 완전히 동일한 성격을 가질 수 없다는 가정에 기초하며, 특질이론가들은 한 개인이 타인과 지속적으로 어떻게 서로 다른지가 성격의 본질이라고 주장한다.

② 성격의 연구는 안정된 성격 특질들을 알아내는 것이며, 성격이론은 이러한 특질(Trait)들을 체계적으로 분류하는 것이라고 주장한다.

③ 대표적인 특질이론가는 올포트(Allport), 카텔(Cattell), 아이젠크(Eysenk) 등이다.

02 올포트(Allport)의 특질 유형

특질은 개인에게 여러 가지 다른 자극이나 상황에 대하여 유사한 방식으로 반응하도록 조작하는 실체로서, 개인의 사고, 정서, 행동을 결정하는 중요한 역할을 한다고 주장하였고, 행동에 미치는 정도에 따라 '주특질, 중심 특질, 2차적 특질'의 3가지로 구분하였다.

유형	내용
주특질 (Cardinal trait)	영향력이 매우 커서 한 개인의 행동 전반에 영향을 미치고, 특정인의 생애를 구성하는 특성들이다.
중심 특질 (Central trait)	주특질보다 행동에 미치는 영향력은 적지만, 비교적 보편적이고 일관된 영향을 끼치는 것이다. 예 우리가 한 개인을 기술할 때 사용하는 특성
2차적 특질 (Secondary disposition)	중심 특질보다 덜 보편적이고 덜 일관적인 영향을 미치는 특성이다.

03 카텔(Cattell)의 특질 유형

(1) 공통 특질 vs 독특한 특질

유형	내용
공통 특질 (Common trait)	모든 사람이 어느 정도 소유한 특질이다.
독특한 특질 (Unique trait)	인간의 개인차를 반영하는 것으로, 개인 혹은 소수의 사람들이 갖는 특질이다.

(2) 능력 특질 vs 기질 특질 vs 역동적 특질

유형	내용
능력 특질	개인이 얼마나 효과적으로 목표를 수행할 것인가의 결정을 의미한다.
기질 특질	개인의 행동에 대한 일반적 스타일과 정서적 상태를 의미한다.
역동적 특질	행동의 추진력인 개인의 동기, 흥미, 야망을 의미한다.

(3) 표면 특질 vs 원천 특질(특질의 안정성과 영속성에 따른 분류)

유형	내용
표면 특질 (Surface trait)	• 몇 가지의 원천 특질 혹은 행동요소로 구성된 성격 특성이다. • 표정이나 동작 등을 통하여 외부로부터 관찰할 수 있는 특질이다. • 여러 가지 변인들로 구성되기 때문에 안정적이거나 지속적이지 않다.
원천 특질 (Source trait)	• 안정적이며 영속적인 성격의 단일 성격 요인이다. • 각자의 원천 특질은 단일 요인으로서 행동을 야기한다. • 원천 특질은 요인분석으로부터 도출된 개별 요인으로, 표면 특질을 설명하기 위하여 조합된다.

04 아이젠크(Eysenk)

아이젠크는 소수의 성격 차원만이 존재하며, 개인은 이러한 차원들에서 정도의 차이에 의하여 독특한 특질을 소유하게 된다고 주장하면서 요인분석을 통하여 '외향성−내향성 차원, 신경증적 경향성 차원, 정신병적 경향성 차원'의 3가지 성격 차원을 발견하였다.

차원	내용
외향성−내향성 차원	• 뇌의 각성 수준과 관련이 있는 차원이다. • 외향성인 사람들은 충동적이고 혈기왕성하고 사교적인 특성들이 나타나는 반면, 내향성인 사람들은 수줍어하고 관심이 한정되어 있으며 내성적이고 과묵한 성격 특성들을 보인다.
신경증적 경향성 차원	• 정서적인 안정성과 관련이 있는 차원이다. • 신경증적인 경향성이 높을수록 정서적으로 불안정하고 예민하여 사소한 일에도 지나치게 근심을 하는 경향이 있다.
정신병적 경향성 차원	• 정신 병질자가 될 정도를 반영하는 차원이다. • 정신병적 경향성이 높을수록 타인을 배려하지 않고 이기적으로 행동하며, 공격적이고, 냉정하고, 충동적으로 행동하고, 자제할 줄 모르는 행동 경향성을 보인다.

4 성격이론의 과정이론

01 호나이(Horney)의 이론

(1) 신경증적 경향성 : 신경증 욕구에 강박적으로 나타나는 태도와 행동이다.

(2) 아동의 성격

① 아동기는 안전 욕구에 의하여 지배되기 때문에 자녀의 안전을 해치는 부모의 행동은 아동에게 적개심을 야기한다. 그러나 아동은 적개심을 부모에게 표현하지 못하고 억압할 필요를 느낀다.

② 호나이는 아동이 부모에 대한 적개심을 억압하는 4가지 이유로 '무기력, 두려움, 사랑, 죄의식'을 제안하였다.

02 매슬로우의 욕구 위계이론 : 인본주의적 접근

03 프랭클의 실존주의

① 의미 치료(Logotherapy)로, 실존적 의미와 의미를 찾고자 하는 인간의 욕구를 다룬다.

② 인간의 본성은 의미의 자유, 의미에의 의지, 삶의 의미로 구성되어 있다.

③ 삶의 의미가 결여되어 있는 상태가 신경증이며, 무의미, 무의도, 무목적, 공허감의 특징 (실존적 진공상태)을 가지고 있다고 본다.

④ 실존의 진공상태는 자연적 욕구와 본능을 잃고, 20세기 후반 인간의 행동을 규정해 줄 습관적인 풍속, 전통, 가치를 거의 갖지 못하였기 때문이다.

⑤ 삶의 의미는 창조적 가치, 경험적 가치, 태도적 가치의 형성을 통하여 찾을 수 있다.

5 성격 유형을 파악하기 위한 심리도구

01 일반 성격검사(자기보고식)

유행	내용
16PF (다요인 인성검사)	타당도 척도와 무작위 반응 요인으로 검사의 성실성을 보여 알 수 있고, 피검자의 성격을 정확하고 객관적으로 보여 준다.
CPI (캘리포니아 성격검사)	전 세계에서 가장 많이 사용되는 검사로, 조직 및 직무 특성, 인재상, 역량뿐만 아니라 피검자의 응답왜곡 가능성 등 다양한 측면을 고려하여 인적 특성에 대한 포괄적이고 세부적인 측정이 가능한 검사이다.
EPQ (아이젠크 성격검사)	아이젠크(Eysenck) 부부가 공동 제작한 것으로, 정신병적 경향성, 외향·내향성, 정서적 또는 신경증적 경향성, 허위성 또는 욕망성을 포함한 성격 차원적 요인의 특징을 측정하는 검사이다.
MBTI	개인이 쉽게 응답할 수 있도록 자기 보고 문항을 인식하고 판단하여, 선호하는 경향들이 행동에 어떤 영향을 미치는가를 평가하는 검사이다.
이고그램 (Egogram)	복잡한 사람의 성격을 5가지 영역으로 구분하여 표준화한 검사로, 5가지 영역이 어떤 에너지와 강도를 지니고 있는지를 그래프로 표시하여 파악한다.

02 단일 특성검사(인지 · 행동패턴, 동기, 정서)

유행	내용
WAIS (웩슬러 성인 지능검사)	16~69세 성인을 대상으로 지능지수를 측정하여, 피검자의 인지적 강점과 약점을 살펴볼 수 있는 검사이다.
WISC (웩슬러 아동 지능검사)	만 6~16세 아동 및 청소년을 대상으로 지능지수를 측정하여, 인지적 강점과 약점을 살펴볼 수 있는 검사이다.
POMS (기분상태 검사)	인간의 기분 또는 정서의 상태를 측정하기 위하여 개발되었다. 일시적이고 변하기 쉬운 정서 상태를 간편하게 규명할 수 있고, '긴장, 우울, 분노, 활력, 피로, 혼란'의 6가지 세부 항목으로 나누어진다.
SSS (자극추구 검사)	성인을 대상으로 어떤 감각을 추구하는 성향인지를 알아볼 수 있도록 자신을 잘 반영하는 문장을 선택하는 검사이다.
MCSD (사회적 인정욕구 검사)	사회적 바람직성 성향과 사회적 인정욕구를 알아보기 위한 검사로, 총 33문항으로 구성되어 있다.

03 임상 검사

유행	내용
MMPI	정신장애의 진단을 돕기 위하여 제작되었다. 일반인과 정신장애 환자를 대상으로 일련의 문항들에 응답하게 한 후에 두 집단을 구별하는 문항을 선별하여 구성된 검사이다.
STAI	불안 검사의 일종으로, '지금 순간의 불안, 일반적 불안'의 2가지로 구성되었으며 성인과 아동을 대상으로 한다.
BDI	13~80세를 대상으로 하며, '우울증 확인, 강도 평가, 불안과 구별'로 구성되어 있다.

04 투사 검사

유행	내용
단어연상 검사	단어 100개의 자극어를 선택한 후, 불러 주는 각각의 자극 단어를 들은 후에 가장 먼저 연상되는 단어를 대답하게 하여 반응시간과 단어를 기록하는 검사이다.
SCT (문장완성 검사)	완성되지 않은 문장으로 피검자가 떠오르는 생각을 통하여 자유롭게 완성하게 하여 의식적 수준을 측정하는 검사이다.
로샤검사	10장의 잉크 반점 카드를 통하여 애매하고 비구조화된 자극에 대한 반응을 알아보는 검사로, 개인의 동기, 욕구, 관계양식 등이 반영된다.
TAT (주제통각 검사)	피검자의 핵심 추동, 정서, 콤플렉스 등 의식 선상에서는 인정하기 어려운 마음 속 깊은 곳의 억제된 성향을 노출시켜 개인의 인지 유형, 가족 역동, 정서 반응성 등을 알 수 있다.

05 ▶ 학습심리학 (1) 개요

1 학습심리학의 이해

01 학습의 정의

① 지식이나 기술의 획득이다.

② 경험을 통하여 일어나는 지식과 행동의 영속적인 변화이다.

02 학습의 특징

① 일반적인 지식 습득뿐만 아니라 혼자 양치를 하거나 신발 끈을 매는 등의 다양한 행동을 포함한다.

② 학습에 의한 변화는 여러 상황이나 시각적으로 일관성이 있어야 한다.

03 학습의 조건

① 동기 : 학습을 하고자 하는 욕구이다.

② 지각 : 학습적 자극을 수용하는 것이다.

③ 반응 : 수용한 자극에 대하여 행동으로 나타내는 것이다.

④ 보상 또는 강화

04 학습이론의 개념

① 학습이론의 관점은 인간의 발달에 환경이 어떠한 경험을 제공하느냐에 의하여 달라진다.

② 주어진 환경에 적절히 대처해 나가는 개인의 능동적이며 주관적인 노력과 그 결과로 이루어지는 변화는 이 관점에서는 무시된다.

③ 발달은 특성 자극에 대하여 새로운 반응을 획득함으로써 학습 경험이 서서히 누적되어 이루어지는 일련의 점진적이며 연속적인 변화과정이다.

④ 학습이론적 관점은 단편적인 행동이 획득되는 기제를 설명하는 데는 도움이 될지 모르지만, 자연적인 일상의 삶의 과정에 능동적으로 적응해 가는 개개인의 발달을 총체적으로 이해하는 데는 한계가 있다.

06 ▶ 학습심리학 (2) 고전적/조작적 조건화

1 고전적 조건화

01 고전적 조건반응(조건형성) 이론의 개요

① 고전적 조건반응 이론은 러시아의 생리학자 파블로프가 개를 대상으로 소화에 관한 연구를 하는 중에 우연히 발견하게 된 이론이다.

② 조건반응 이론의 요지는 처음에는 중립적이던 자극이 무조건 자극과 결합되어, 나중에는 무조건 자극의 제시 없이도 조건 자극만으로 반응을 일으키게 된다는 것이다.

시간의 원리	조건 자극은 무조건 자극과 시간적으로 동시에 혹은 무조건 자극보다 조금 앞서 주어야 한다.
강도의 원리	무조건 자극은 나중에 제시되는 자극물의 강도가 처음에 제시된 자극물의 강도보다 강하거나 동일하여야 한다.
일관성의 원리	조건 자극은 일관된 자극물이어야 한다.

02 파블로프(Pavlov)의 발견

① 고전적 조건화를 위해서는 반사 반응을 유출시키는 반응이 필요하다.

② 종소리(NS)와 고기(USC)가 연합하여 종소리는 조건 자극(CS)이 되고, 타액 분비는 조건 반응(CR)이 된다.

> • 무조건 자극(USC ; Unconditioned Stimulus) : 고기
> • 무조건 반응(UCR ; Unconditioned Response) : 타액 분비
> • 무조건 반응과 중립 자극(NS ; Neutral Stimulus)을 연합하는 과정
> • 조건 자극(CS ; Conditioned Stimulus) : 종소리
> • 조건 반응(CR ; Conditioned Response) : 타액 분비

03 자극과 반응의 개념

유형	내용
무조건 자극	반사 반응을 유발시키는 자극이다.
무조건 반응	무조건 자극에 의하여 자동적으로 유발되는 반응이다.
중성 자극	중성 자극의 연합과정을 반복적으로 거치게 되면, 무조건 자극이 없어도 반응을 유발시킨다.
조건 자극	무조건 자극과 중성 자극이 합쳐지면서, 새로운 반응을 유발시키는 자극이다.
조건 반응	조건 자극에 의하여 새롭게 형성된 반응이다.

04 조건형성의 유형

유형	선행 자극	선행 철회	특징
동시 조건형성	조건 자극, 무조건 자극이 동시에 주어짐	조건 자극, 무조건 자극의 동시 철회	• 비효율적
지연 조건형성	조건 자극을 무조건 자극에 약간 앞서 줌	조건 자극, 무조건 자극의 동시 철회	• 가장 효과적 • 조건 자극의 지속시간 – 단기 지연조건형성 – 장기 지연조건형성

유형	선행 자극	선행 철회	특징
흔적 조건형성	조건 자극이 먼저 주어지고 난 후, 무조건 자극이 주어짐	조건 자극이 철회된 후, 무조건 자극 철회	–
역행 조건형성	무조건 자극이 주어진 후, 조건 자극이 주어짐	무조건 자극이 철회되면서 조건 자극도 나중에 철회	• 가장 비효율적 • 거의 쓰이지 않음

05 고전적 조건화와 관련된 현상

(1) **습득** : 새로운 조건 반응이 형성 또는 확립되는 과정이다.

(2) **소거** : 무조건 자극 없이 조건 자극만을 계속적으로 제시하면 이미 습득되었던 조건 반응의 강도가 점차 약화되고 결국에는 완전히 사라지는 것이다.

(3) **자발적 회복** : 소거되어 능력을 상실한 것처럼 보이는 반응이 어느 정도 시간이 지나면 다시 나타나는 현상이다.

(4) **자극 일반화** : 특정 자극에 대하여 반응하는 것을 학습한 유기체가 원래의 자극과 유사한 자극에서도 비슷한 반응을 보이는 것이다.

(5) **습관화** : 반복적으로 자극을 제시하면 그 자극에 주의를 기울이거나 반응하는 것을 멈추게 되는 과정이다.

(6) **변별** : 유사한 두 자극의 차이를 식별하여 각각의 자극에 대하여 서로 다르게 반응하는 현상이다.

2 조작적 조건화

01 조작적 조건반응(조건형성) 이론

① 반응에 따른 강화에 의하여 행동에 변화가 일어나는 것을 의미한다.
② 학습자의 반응이 결과를 얻기 위한 도구 또는 수단의 의미로 '도구적 조건화'라고도 한다.

02 강화와 처벌

(1) **강화**

① 보상을 제시하여 특정 행동에 대한 반응을 증가시키는 것을 의미한다.
② 특정 행동의 결과로, 반복적으로 행동하고 유지하도록 하였다면 그 결과가 강화된다.
③ 강화물은 반응을 증가시키는 사물이나 행위로, 미래에 그 행동을 다시 할 가능성을 높이는 역할을 한다.
④ 강화는 정적 강화와 부적 강화로 구분된다.

유형	내용
정적 강화	선호하는 결과를 제시하여 행동 재현을 가져오게 하는 것을 의미한다. ⑩ 아이가 방청소를 하면 사탕을 준다. 　쥐가 지렛대를 누르면 음식이 나온다. 　철수가 감기약을 잘 먹으면 아이스크림을 준다.
부적 강화	혐오스러운 결과를 제거하여 바람직한 행동 재현을 가져오는 것을 의미한다. ⑩ 반에 지각자가 없으면 당일 숙제를 면제해 준다. 　안전벨트를 매면 안전벨트 부저의 시끄러운 소리가 멈춘다.

(2) 처벌

① 어떤 행동을 하였을 때 혐오스러운 결과를 주거나 정적 강화물을 제거함으로써 특정 행동의 빈도를 줄이는 것을 의미한다.

② 행동수정의 방법에 포함된다.

③ 처벌은 정적 처벌과 부적 처벌로 구분된다.

유형	내용
정적 처벌	특정 행동 뒤에 부정적이거나 혐오스러운 자극을 제시하여 행동의 빈도를 감소시키는 것을 의미한다. ⑩ 성진이는 동생과 싸울 때마다 손바닥을 맞기로 하였다.
부적 처벌	특정 행동 뒤에 선호하는 자극을 제거하여 행동의 빈도를 감소시키는 것을 의미한다. ⑩ 성진이가 동생과 싸울 때마다 간식을 주지 않았다.

03 강화계획 : 조작적 행동이 습득되고 유지될 수 있도록 강화물을 제시하는 빈도와 간격의 조건을 나타내는 규칙이다.

유형	내용
고정간격 강화계획	• 시간 간격이 일정한 강화계획을 의미한다. • 지속성이 거의 없으며, 시간 간격이 길수록 반응빈도는 낮아진다. 　⑩ 월급, 정기적 시험, 한 시간에 한 번씩 간식을 주는 것 등
변동간격 강화계획	• 시간 간격이 일정하지 않은 강화계획을 의미한다. • 강화 시행의 간격이 다르며, 평균적으로 확인할 수 있는 시간 간격이 지난 후에 강화한다. 　⑩ 계획하지 않았던 깜짝 시험을 보는 것 　　마트에서 운영시간 중 깜짝 세일을 하는 것

유형	내용
고정비율 강화계획	• 어떤 특정한 행동이 일정한 수만큼 일어났을 때 강화를 주는 것을 의미한다. • 빠른 반응률을 보이지만 지속성이 낮다. 예 책 100권을 읽을 때마다 50만원의 용돈을 주는 것
변동비율 강화계획	• 강화를 받는 데 필요한 반응의 수가 어떤 정해진 평균치 범위 안에서 무작위로 변하는 것을 의미한다. • 반응률이 높게 유지되고, 지속성도 높다. • 소거에 대한 저항이 매우 크다. 예 카지노의 슬롯머신, 로또 등

04 프리맥의 원리

① 프리맥은 선호하여 빈도가 높은 행동은 빈도가 낮은 행동에 대하여 효과적인 강화인자가 될 수 있다고 하였다.

② 어떠한 자극 또는 사건에 대한 효과 있는 강화의 여부를 판단하기 위해서는 개인에 따른 행동의 위계를 설정할 필요가 있다.

③ 프리맥의 원리가 효과적으로 나타나기 위해서는 빈도가 낮은 행동을 먼저 하여야 한다.

05 미신적 행동

① 조작적 조건형성과 관련된 것으로, 우연히 특정 행동과 결과가 조건화되는 것을 의미한다.

② 보상과 아무 관련이 없는 어떤 행동이 우연히 보상에 선행하여 행동을 지속적으로 나타나게 한다.

③ 미신적 행동은 우연히 조건화된 행위에 의하여 보상이 주어졌다고 믿음으로써 나타난다.

④ 머리를 감지 않은 날 우연히 시험 결과가 좋게 나오자, 이후 시험 날마다 머리를 감지 않는 행동이 이에 속한다.

07 학습심리학 (3) 사회 및 인지학습

1 사회학습 이론

① 인간의 학습은 주로 여러 사람들이 함께 있을 때 일어나고, 사람들은 다른 사람의 경험을 통하여 학습할 수 있다.

② 반두라(Bandura)는 인간 행동은 자신이 처해 있는 상황과 그 상황에 대한 해석에 의하여 결정된다고 보았다.

③ 학습은 사람, 환경, 행동의 상호작용에 의하여 이루어지며, 환경적 자극에 반응하는 인간의 자기 조절에 의하여 행동이 결정된다고 보았다.

④ 직접 경험 못지않게 간접 경험도 중요하다.

2 인지학습 이론

① 고전적 조건화나 조작적 조건화에 인지적 요소가 영향을 미칠 수도 있다.

② 인지적 요건이 강화의 영향력을 변화시키는 중요한 경우도 있다.

③ 주의, 기억, 기대와 같은 인지적 요건이 행동에 영향을 미친다(징크스).

④ 학습된 반응을 수행할 의지는 인지의 통제 하에 있기 때문에 사회적 학습을 인지적 학습이라고 할 수도 있다.

⑤ 인간은 사고, 계획 등을 할 수 있으므로, 미래를 계획하고 내적 표준에 근거하여 자신의 행동을 조절하고 행동 결과를 예측할 수 있다.

3 통찰학습 : 적절한 환경에서 갑자기 형성된 해결책을 통하여 문제 해결이 가능한 것을 의미한다.

4 관찰학습 : 인간은 단순한 환경적 자극에 대한 반응을 통하여 행동을 학습하는 것이 아니라, 타인들의 행동을 관찰함으로써 학습한다는 것을 의미한다.

5 행동 변화의 촉진

01 내적인 행동 변화를 촉진시키는 방법

(1) 인지적 모델링

① 상담자가 과제를 수행하면서 자기 스스로에게 말하고 있는 것을 사람들에게 식섭 보여 주는 절차이다.

② 대학생들의 시험 불안을 감소시키기 위하여 인지적 모델링을 사용한 사라손(Sarason)은, 이 절차를 모델이 하고 있는 외현적 반응에 이르는 과정을 관찰자들에게 뚜렷하게 보여 주려는 노력이라고 하였다.

(2) 사고 정지

① 내담자가 부정적인 인지를 억압하거나 제거함으로써 비생산적이고 자기 패배적인 사고와 심상을 통제하도록 도와주기 위하여 사용된다.

② 특히 돌이킬 수 없는 사건에 대한 생각에 빠져 있는 내담자 혹은 반복적이고 비생산적이며 부정적인 사고, 반복적으로 불안을 유발하는 사고와 자기 패배적인 심상에 빠져 있는 내담자 등에게 적용할 수 있다.

(3) 인지적 재구조화

① 내담자 자신의 인지를 확인하고 평가하는 과정으로, 어떤 사고에 의하여 일어나는 행동의 부정적 영향을 이해하는 과정이다.

② 이러한 인지를 좀 더 현실적이고 적절한 사고로 대치하는 것을 학습하는 과정이다.

(4) 스트레스 접종

① 예상되는 신체적, 정신적인 긴장을 완화시켜 내담자가 충분히 자신의 문제를 다룰 수 있도록 준비시키는 경우에 사용되는 기법이다.

② 이 기법은 현재의 문제와 미래의 문제에 모두 적용될 수 있는 대처 기술을 가르치도록 고안되었다.

(5) 정서적 상상

① 내담자에게 실제 장면이나 행동에 대한 정서적인 느낌이나 감정을 마음속으로나마 생생하게 상상해 보도록 하는 방법으로, 체계적 둔감법에서 유추된 것이다.

② 이 기법은 공포를 제거하는 데 효과적인 것으로 입증되었다.

02 외적인 행동 변화를 촉진시키는 방법

(1) 토큰 강화

① 행동주의 기법 중에서 가장 광범위하게 사용되고 있으며, 스키너의 강화 원리를 포함하여 조작적 조건형성의 원리를 적용시킨 것이다.

② 직접적으로 강화 인자를 사용하는 대신에 의도하는 행동 변화가 일어난 후에 내담자가 원하는 다양한 물건과 교환할 수 있는 토큰을 보상으로 제공하는 것이다.

(2) 모델링

① 내담자에게 가능한 행동 대안들을 시범적으로 보여 주는 것이다.

② 상담자 개인이나 집단 상황에서 혹은 동료들이나 중요한 타인들에 의하여 영화, 비디오, 녹음된 테이프 등을 통하여 수행될 수 있다.

(3) 주장 훈련

① 불안을 억제하는 방법으로, 특히 대인관계에서 오는 불안을 제지하는 데 효과가 있다.

② 주장 훈련의 목표는 내담자로 하여금 광범위한 대인관계 상황을 효과적으로 다루기 위하여 필요한 기술과 태도를 갖추게 하는 데 있다.

(4) 자기관리 프로그램

① 내담자 스스로가 자기관리와 자기지식인 삶을 영위하여 상담자에게 의존하지 않도록 하기 위하여 상담자가 내담자와 지식을 공유하는 것이다.

② 상담자는 일차적으로 내담자에게 자신의 삶을 효율적으로 영위해 나가는 데 필요한 기술을 가르쳐 주어야 한다.

(5) 행동 계약

① 2명 혹은 그 이상의 사람들이 정해진 기간 내에 각자가 하여야 할 행동을 분명하게 정해 놓은 후, 그 내용을 지키기로 서로 계약하는 것이다.
② 계약 내용이 어느 한쪽에 의하여 불이행될 때는 공정성이 없기 때문에 다시 의논하여 새로운 계약을 설정한다.

(6) 행동 시연

원래 '행동적 심리극'이라고 불리었으며, 구체적인 어떤 장면에서 자신이 하고 싶은 그대로 행동할 수 없어서 이상 행동을 보이는 내담자에게 도움이 된다.

(7) 혐오 치료

① 특수한 행동에 대한 불안을 제거하는 데 널리 사용되어 온 치료법으로, 바람직하지 않는 행동이 제거될 때까지 증상적인 행동과 고통스러운 자극을 연관시키는 것을 말한다.
② 대표적인 혐오 자극은 전기쇼크 혹은 구토를 일으키는 약물에 의한 말이다.

(8) 바이오피드백

① 자기 내부의 생리적 활동에 대한 계속적인 정보를 내담자에게 제공해 주는 훈련이다.
② 생리적 활동에 대한 자기관리적 통제를 가능하게 해 주는 것으로, 현재 널리 보급되고 있다.

08 생리심리학

1 신경계의 정보 전달

01 뉴런 : 신경계의 기본 단위

뉴런(Neuron)은 신경계에 위치하여 정보처리 과제를 수행하기 위하여 의사소통을 하는 세포이다.

(1) 뉴런의 구성요소

유형	내용
신경세포체	핵과 세포질이 모여 있는 뉴런의 본체로, 생명활동이 일어난다.
가지 돌기	다른 뉴런이나 감각기관으로부터 자극을 받아들인다.
축색 돌기	다른 뉴런이나 반응기관으로 자극을 전달한다.

※ 자극전달 경로 : 가지 돌기 → 신경세포체 → 축색 돌기

(2) 뉴런의 구조

뉴런은 신체의 한 부위에서 다른 부위로 메시지를 전달하는 전기적 정보 전달에서 가장 중요한 역할을 하는 신경세포이다.

수상돌기	하나의 뉴런이 수많은 수상돌기를 가지고 있으며, 수상돌기는 전기 정보를 수집하여 세포체 방향으로 전도하는 역할을 한다.
세포체	세포체는 핵을 포함한 세포의 몸체로 세포의 생존에 필수적이다.
축삭	길이가 길고 세포체로부터 받은 정보를 멀리 다른 세포로 전달시킨다.

(3) 뉴런의 종류

뉴런은 구조와 기능에 따른 분류가 있다. 구조에 따른 분류는 뭇극신경세포, 두극신경세포, 홑극신경세포이며 기능에 따른 분류는 감각뉴런, 중간뉴런, 운동뉴런이 있다.

02 신경신호의 본질

① 신경신호의 본질은 전기적 현상이다.

② 축삭의 내부가 바깥쪽에 비하여 약 −70mv의 전합 차이를 보이게 된다. 이러한 전위차를 '안정 막전위' 또는 '안정 전위'라고 한다. 즉, 안정 전위란 아무런 자극도 가하지 않은 상태에서 축삭의 내부와 바깥쪽 간에 존재하는 전위차를 말한다.

③ 축삭의 한쪽 끝에서 안정 전위를 측정하면서 다른 한쪽 끝의 축삭 내부에 또 하나의 전극을 삽입하고 전기 자극장치를 통하여 전류를 흘려보내면 막전위가 변화하게 된다.

④ 막전위의 변화 방향은 축삭 내부에 가해진 전류의 특성에 따라 달라진다. 축삭내부에 양(+) 전하를 가하면 음수 값인 안정 전위는 그 크기가 감소하는데, 이를 '감분극'이라고 한다.

⑤ 반대로 음(−) 전하를 가해 주면 축삭 내부는 더 큰 음수 값의 막전위를 가지게 되는데, 이를 '과분극'이라고 한다.

⑥ 감분극과 과분극의 정도는 축삭 내부에 가해진 자극의 크기에 비례하며, 시간이 지남에 따라 막전위는 점차 원래의 안정 전위로 돌아온다.

⑦ 그러나 감분극 자극을 어느 정도 이상 증가시키면 막전위는 갑자기 역전되어 축삭의 내부가 바깥에 비하여 양전기를 띄게 된다.

03 안정 전위와 활동 전위

(1) 안정 전위(휴식기)

① 뉴런 안쪽은 (−), 바깥쪽은 (+)이며 칼륨이 안에 많고 나트륨은 바깥쪽에 많이 있다.

② 칼륨 이온과 불 염소 이온이 세포 안밖에서 균등하게 분포하는 것 역시 안정 전위의 형성에 기여한다.

③ 자극이 오면 뉴런의 발화기(활동 전위)가 되면서 안쪽은 (−)에서 (+)로 변하고 바깥은 (+)에서 (−)로 변한다. 안쪽에 나트륨이 많아지고, 바깥에 칼륨이 많아진다.

(2) 활동 전위(발화기)

① 활동 전위는 막전위가 약 −50mv에 도달하였을 때 짧은 시간 동안 축색 세포막의 극성이 완전히 뒤바뀌는 현상이다.

② 활동 전위로 인하여 막전위가 뒤바뀐 즉시 다시 원래 상태로 돌아와 안정 전위의 상태가 되려고 한다.

2 신경계의 구성

인간의 신경계는 약 1,000억 개 이상의 뉴런으로 구성되어 있다고 추정되며 하나의 뉴런은 적게는 수십 개, 많게는 수천 개의 다른 뉴런과 연결되어 있다. 뇌와 척수를 '중추 신경계'라고 하고, 신체의 각 부분을 중추 신경계와 연결해 주는 뉴런들을 '말초 신경계'라고 한다.

자극전달 경로	예
자극	굴러오는 축구공
감각기관	눈으로 공을 봄
감각신경	시각신경이 자극을 전달함
연합신경(뇌, 척수)	대뇌에서 공을 차도록 명령함
운동신경	다리 근육에서 명령을 전달함
운동기관	다리의 근육
반응	축구공을 참

01 중추 신경계(CNS ; Central nervous system) : 뇌와 척수로 구성되어 있다.

(1) 뇌

① 뇌는 척수와 뇌신경을 통하여 환경 자극을 받아들이며, 이러한 감각 정보가 뇌의 여러 영역에서 처리를 거친 후에 감각이나 감정을 느끼게 된다.

② 외부 세계로부터 감각 정보를 수용, 처리, 통합하고 골격과 근육에 명령을 보내어 행동이 일어나게 한다.

(2) 척수(Spinal cord) : 척수의 1차적인 기능은 체감각 정보를 뇌에 전달해 주고, 뇌의 명령을 받아 분비선이나 근육에 운동신경을 보내는 것이다.

02 말초 신경계 : 체성 신경계와 자율 신경계로 나뉜다.

(1) 체성 신경계(Somatic nervous system)

① 체성 신경계는 중추 신경계의 내외로 정보를 전달하는 일련의 신경들로, 인간은 이 신경계에 대한 의식적 통계를 가지며, 이를 지각, 사고와 협응 행동에 사용한다.

② 체성 신경계는 외부 세계의 경험과 중추 신경계의 내적 세계를 연결하는 일종의 '정보 고속도로'와 같다.

(2) 자율 신경계(Autonomic nervous system)

① 자율 신경계는 혈관, 신체기관과 내분비선을 통제하는 불수의적이고 자동적인 명령을 전달하는 일련의 신경계로, 통제 없이 스스로 작용하며 신체를 통제한다.

② 자율 신경계는 2가지 하위 체계인 '교감 신경계'와 '부교감 신경계'로 구분한다.

유형	내용
교감 신경계 (Sympathetic nervous system)	유해 자극이나 스트레스를 받을 때 신체를 방어해 준다. 또한 심장 박동을 빠르게 하고, 소화 작용을 늦추고, 땀을 분비하는 등의 기능을 한다.
부교감 신경계 (Parasympathetic nervous system)	신체가 평상시의 안정 상태로 되돌아오는 것을 돕는다.

3 뇌와 행동

01 전뇌

① 뇌의 가장 상위 수준으로, 복잡한 인지적, 정서적, 감각 및 운동기능을 통제한다.

② 피질은 뇌의 가장 상위 수준의 구조로, 가장 복잡한 지각, 정서, 운동과 사고에 관여한다. 대뇌피질의 각 반구는 4가지 영역 혹은 엽(Lobes)으로 구분한다.

영역	내용
후두엽	시각 정보를 처리하는 곳으로, 방금 본 것이 무엇인지를 이해하게 된다.
두정엽	촉각에 관한 정보를 처리하는 기능을 한다.
측두엽	청각과 언어에 관여한다.
전두엽	운동, 추상적 사고, 계획, 기억과 판단 등에 관여하는 전문화된 영역들을 가지고 있다.

02 중뇌

① 환경 내의 즐거운 자극으로 향하게 하거나 위협적인 자극으로부터 벗어나게 도와준다.

② 유기체로 하여금 감각 자극으로 향하게 도와주는데, 도파민을 생산하는 뉴런들이 이 중뇌에 많이 존재할 것이라 추측된다.

③ 기분과 각성에 관여하는 세로토닌도 중뇌에서 많이 발견된다.

03 후뇌

① 척수와 연결되어 있으며, 척수로 들어가는 정보와 척수에서 빠져나오는 정보를 통합하는 뇌의 한 영역이다.

② 가장 기본적인 기능인 호흡, 각성과 운동기술 등을 통제한다.

③ 소뇌(Cerebellum)는 미세한 운동기술을 통제하는 후뇌의 큰 구조이다.

04 뇌의 좌반구·우반구

유형	내용
좌반구	• 신체의 우측을 조정한다. • 언어, 수리, 논리적인 사고 등과 관련이 있다.
우반구	• 신체의 좌측을 조정한다. • 비언어적, 공간적 정보 분석, 예술 및 음악의 이해, 창의력 발휘, 직관적인 사고 등과 관련이 있다.

09 인지심리학 (1) 지각

1 선택적 주의

① 인간이 경험할 수 있는 모든 것 중에서 한순간에 의식할 수 있는 것은 매우 제한적이라는 것을 의미한다.

② 선택적 주의의 극적인 예로 '칵테일파티 효과'가 있다. 칵테일파티에서 수많은 사람들이 이야기하지만, 자신의 대화 상대의 목소리를 선별하여 들을 수 있다는 것이다.

2 지각적 착각

① 외부의 자극을 잘못 해석하거나 판단하는 현상으로, 항등성처럼 후천적인 경험 때문에 경험하는 지각과정이다.

② 시각적 착각이 일어나는 이유는 주변의 맥락 때문이다. '뮐러-라이이(Müller-Lyer)의 착시'를 보면, 가운데 직선의 길이만 보면 둘은 동일 하지만 직선의 양쪽 끝에 위치한 부등호는 아래쪽 직선을 더 길어 보이게 한다.

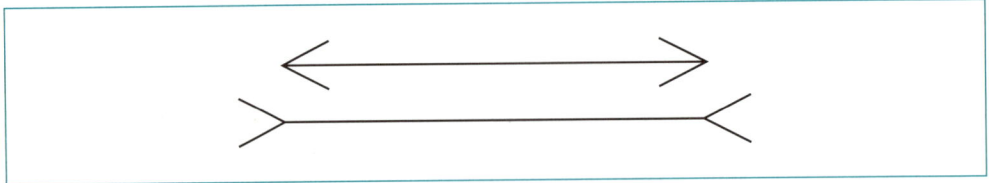

3 지각적 조직화

① 대상에 대한 내적 표상이 형성되며, 조직화하여 게슈탈트(Gestalt)를 구성한다.

② 게슈탈트는 '형태나 전체'를 의미하는 독일어로, 단순히 감각이 모인 것 이상의 어떤 것을 의미한다.

01 형태 지각

(1) 배경과 전경 : 지각에서의 첫 번째 과제는 배경(Ground)이라는 주변으로부터 전경(Figure)이라는 대상을 분리하는 것이다.

(2) 지각 집단화

유형	내용
근접성	• 서로 가까이 있는 것을 함께 집단화하는 것이다. • 6개의 선을 두 줄씩 3개로 본다.
유사성	• 자극 정보를 유사한 것끼리 묶어 집단화하는 것이다. • 여러 모양의 수평선으로 보는 것이 아니라 같은 도형의 수직선을 본다.
연속성	• 불연속적인 것보다는 연속된 패턴을 지각하는 것이다. • 여러 개의 개별적인 반원들로 이루어진 것이 아닌 곡선과 직선으로 본다.
폐쇄성	• 공백이나 결손이 있는 부분은 이를 보완하여 완결된 형태로 지각하는 것이다. • 자연스럽게 공백이 연결된 형태의 삼각형으로 본다.
연결성	• 동일한 것이 연결되어 있으면 점과 선으로 그 영역을 하나의 단위로 지각하는 것이다.

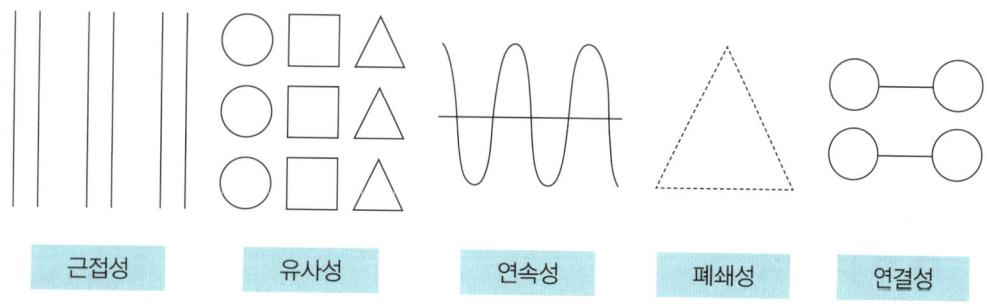

02 깊이 지각

(1) 양안 단서

① 인간의 눈은 약 6cm 떨어져 있기 때문에 두 눈에 맺히는 영상은 약간 다르다. 이와 같이 두 영상의 차이인 양안 부등은 대상의 상대적인 거리를 판단하는 데 중요한 단서가 된다.

② 뇌는 시선 수렴의 각도를 파악함으로써 가까이 있는 사물을 응시하는지 멀리 떨어진 사물을 응시하는지를 계산할 수 있다.

(2) 단안 단서

유형	내용
상대적 크기	두 물체의 크기가 비슷하다고 가정할 경우, 망막에 맺혀진 영상의 크기가 작을수록 멀리 있는 것으로 지각된다.
중첩	한 물체가 다른 물체의 일부를 가리고 있는 경우, 가려진 것이 더 멀리 있는 것으로 지각된다.
상대적 명확성	윤곽이 뚜렷한 물체보다 윤곽이 흐린 것이 더 멀리 있는 것으로 지각된다.
결의 밀도 변화	간격이 넓고 구별되는 결의 밀도가 점차 좁고 구별하기 어려워지는 경우, 거리가 멀어지는 것으로 지각된다.
상대적 높이	두 대상이 지평선 아래에 있을 경우, 시야에서 위쪽에 있는 대상을 더 멀리 있는 것으로 지각한다.
상대적 운동	이동할 경우, 고정된 물체도 상대적인 움직임이 있는 것으로 지각된다.
선형 조망	기차 선로와 같은 평행한 선들은 거리가 멀어질수록 한 점으로 수렴된다. 선들이 가깝게 모일수록 거리는 더 먼 것으로 지각된다.

03 운동 지각

유형	내용
스트로보스코픽 운동-파이 현상	영화를 볼 때 약간 다른 영상을 연속적으로 보여 주면, 대뇌는 그것을 움직임으로 지각한다. 영상의 영화 필름이 운동 지각을 일으키는 것이다.
운동 파라랙스	관찰자 자신이 움직이면서 정지해 있는 물체들을 볼 때 나타나는 현상이다.

4 자극의 해석

유형	내용
지각 순응	좌우가 바뀐 안경을 착용하였을 때, 처음에는 길을 걷거나 음식을 먹기 어렵고 불편하여도 약 8일 정도가 지나면 넘어지지 않고 걷거나 물체를 잡을 수도 있다. 인간의 지각은 달라진 상황에 쉽게 적응하는 능력을 가지고 있다.
지각적 갖춤새	먼저 제시된 물체가 지각적 갖춤새를 형성하도록 영향을 주는 것을 의미한다.

10 인지 심리학 (2) 기억

1 기억의 개념

① 기존의 정보나 지식을 문제 해결에 응용할 수 있도록 구조화하거나 재구성하는 적극적인 정신과정이다.

② 새로운 지식 및 기술을 터득하고, 기억 속에 저장하고 필요할 때마다 그것을 인출, 활용, 변형하는 과정을 의미한다.

③ 인지심리학에서 정의한 기억은 '과거 경험으로부터 얻은 정보와 지식을 유지하고 현재에 되살려 주어진 과제에 맞춰 사용할 수 있도록 하는 수단'이다.

④ 기억 요소는 색인, 또는 연합이 많을수록 쉽게 기억된다.

2 기억의 분류

01 외현 기억 VS 암묵 기억

유형	내용
외현 기억	• 자신이 기억하고 있다는 것을 자각할 수 있는 기억으로, 의도적으로 저장한 기억이다. • 의식적인 기억이므로, 회상 기억이나 재인 검사를 통하여 직접적인 방법으로 측정이 가능하다. • 기억한 정보의 내용이 의미적이며, 서술 기억과 연관되어 있다. • 연령, 알코올, 약물, 기억상실 등의 영향을 많이 받는다.
암묵 기억	• 무의식적이고 간접적으로 접근 가능한 기억으로, 우연적이고 비의도적인 기억이다. • 무의식적인 기억이므로, 간접적인 방법으로 측정이 가능하다. • 지각적이며, 절차 기억과 연관되어 있다. • 연령, 약물, 간섭조직 등의 영향을 받지 않는다.

02 일화 기억 VS 의미 기억

유형	내용
일화 기억	• 특정 시간이나 장소에서 있었던 사실과 관련된 정보에 대한 기억이다. • 개인적인 사실, 즉 개인이 무엇을 보고, 듣고, 행동하였는지에 대한 자서전적 성격이 강하다.
의미 기억	• 문제해결 방법, 사고 기술, 개념 등의 일반적인 지식을 포함한 기억이다. • 정보를 학습한 시간과는 무관한 일반적인 사실들을 의미한다. • 대부분 과잉학습된 경우가 많고, 색인 또는 연합을 가지고 있어서 간섭이 적으므로 쉽게 기억된다.

03 서술 기억 VS 절차 기억

유형	내용
서술 기억	• 사실적 정보에 대한 기억으로, 의도적 접근이 가능하고 내용에 대하여 말할 수 있다. • 단어, 정의, 날짜, 개념 및 사상 등에 대한 기억이 포함된다. • 상대적으로 복잡한 정신과정을 수행하는 고등 동물에게서 많이 찾을 수 있다.
절차 기억	• 행위나 기술, 조작에 대한 기억으로, 언어적으로 표현하기보다는 신체적으로 수행하는 것을 의미한다. • 자전거 타기와 같이 의식적인 인식 없이도 지각-운동을 수행할 수 있는 것이다. • 신발 끈 매기, 타이핑, 테니스 등의 실행 방법에 대한 기억이 포함된다.

3 기억의 3단계 과정

01 제1단계 : 습득 또는 약호화(부호화)

① 자극에 주의를 기울여 그 자극을 기억 속에 집어넣는 과정으로, '부호화'라고도 한다.

② 키보드를 통하여 자료를 입력하는 것과 같은 의미이다.

02 제2단계 : 보유 또는 저장

① 정보가 저장되는 단계로, 일정 기간 동안 유지하는 것이다.

② 자동적인 과정은 아니며, 습득한 정보를 저장하기 위하여 의식적으로 노력한다.

③ 단기 기억으로 저장된 정보 중에서 일부는 장기 기억의 저장고에 보관되어 일정 기간 유지된다.

④ 습득, 저장의 실패는 정보를 연구적으로 망각시킨다.

03 제3단계 : 인출

① 정보를 사용하기 위하여 저장된 것을 끄집어내는 과정이다.

② 의식적 노력 없이 자동적으로 이루어지기도 하고, 능동적인 노력을 하여야 하는 경우도 있다.

③ 모든 일을 기억해내지는 못한다.

④ 보관된 장기 기억이 단기 기억으로 옮겨져 문제 해결에 사용된다.

⑤ 인출 실패는 망각이 잠정적이지만, 단서가 제공된다면 이후에 그 정보를 생각해낼 수 있다.

4 기억의 단계별 유형

01 감각 기억

① 시각, 청각, 후각, 미각, 촉각 등 다양한 감각에 대한 기억이 지각된 최초의 순간을 기억하는 것이다.

② 감각 기억은 수 밀리초에서 수 초까지만 기억을 유지하며, 이러한 기억의 저장은 대개 아주 제한된 용량과 기간만 유지된다.

③ 어떤 자극이 제시되었다가 제거된 후에 신경적 활동이 잠시 동안 지속되는 것에 의하여 이루어진다.

④ '감각 등록기'라는 일종의 대기실에 정보가 들어오게 되면 매우 짧은 시간 머무르다가 없어지거나 다음 단계로 처리된다(매우 정확하고 짧은 시간동안 저장됨).

⑤ 총 두 단계를 거치는데, 잠시 동안 어떤 감각이 머무는 것과 방금 맞추었던 것들을 생생하게 다시 회상하는 과정을 포함한다.

⑥ 감각 기억에 대한 정보는 대부분 시각과 청각으로, 시각적인 감각 기억은 '영상 기억'이라고 하고, 청각적인 감각 기억은 '잔향 기억'이라고 한다.

02 단기 기억(작업 기억)

① 현재 의식하고 있는 정보를 의미하며, 자료가 분석되고 의미가 있는 정보이다.

② 정보를 능동적으로 저장하기 위하여 의식적으로 정보를 기억하는 장소이다.

③ 정보의 저장과 인출이 용이하도록 새로운 정보를 부호화한다.

④ 능동적으로 정보를 처리하는 작업 중의 기억으로, 정보를 20~30초 동안 유지할 수 있으나 저장 용량이 비교적 제한되어 있다.

⑤ 단기 기억의 정보는 시연(Rehearsal)하면 그 이상 유지될 수 있다.

⑥ 개인의 기억 용량 차이나 자료의 성질에 따라 차이가 있지만, 대부분 7±2 정도의 저장 용량을 가진다.

⑦ 단기 기억고가 꽉 차 있는 상태에서 새로운 정보가 들어오면 처리 중이던 정보는 새로운 정보로 치환된다.

⑧ 단기 기억은 군집화(Chunking) 전략을 사용하면 더 많은 정보를 기억하고, 용량도 증가시킬 수 있다.

⑨ 최근에는 단기 기억의 활용적 측면을 강조하여 작업 기억(Working Memory)이라는 명칭을 흔히 사용하고 있다.

03 장기 기억

① 장기 기억에 저장된 정보를 지식이라고 하는데, 이 중 서술적 지식은 현재의 정보를 응집력 있게 기억 구조에 통합시키는 가설적 인지구조로서 도식과 연관된다.

② 장기 기억은 매우 지속적이며, 용량의 제한이 없어서 거대한 도서관에 비유한다.

③ 주로 의미로 약호화하여, 현재 사용하지 않더라도 필요한 때에 저장된 정보를 사용할 수 있다.

④ 장기 기억은 다양한 방법으로 정보를 수집하고 분류하며, 그로 인하여 1가지의 기억 요소가 색인 또는 연합을 많이 가질수록 쉽게 기억된다.

⑤ 중요한 사건들이 자세하고 생생하고 되살아나는 섬광 기억과 최면을 통한 기억은 장기 기억이 영구적이라는 사실의 증거가 된다.

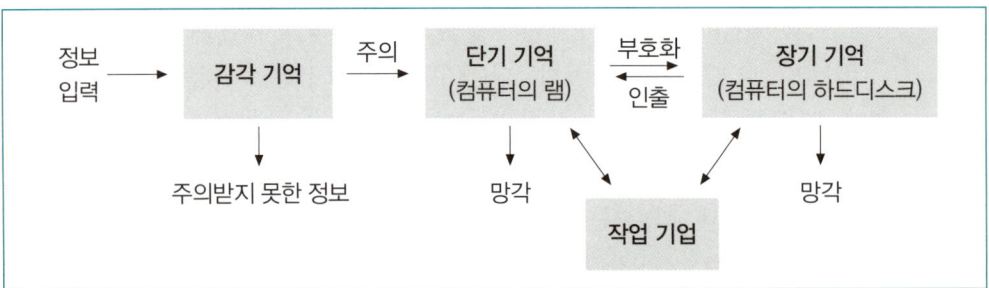

5 기억의 인출

유형	내용
부호와 명세성	• 부호화, 저장, 인출을 하는 데 있어서 수많은 요인들이 영향을 미친다. 예를 들어, 정서, 기분, 의식상태 등 인지적 맥락이 큰 영향을 미친다. • 이를 바탕으로 정보를 부호화한 맥락과 인출해내는 맥락이 동일하거나 유사한 상태에서 그 정보를 보다 용이하게 인출한다. • 부호화한 방식과 인출하는 방식 전략이 유사할수록 인출 정도가 높다. •
인출단서 효과	• 저장된 정보를 인출해야 하는 시점에 그 정보와 함께 저장된 정보 혹은 목표 정보와 가까이 연합되어 있는 정보를 말한다. • 정보가 인출할 시점에 단서로 제공되면 인출이 잘 일어나며, 정보와 특정 환경 사이의 연합이 있을 때 인출이 더 잘 일어난다.
맥락 효과	• 맥락은 학습 대상이 되는 항목 외에 약호화될 수 있는 모든 정보를 의미한다. • 맥락 단서는 정보 인출을 촉진하는 요인이 된다. • 학습을 하였던 장소에서 학습한 내용을 더 잘 회상하는 현상을 맥락 효과라고 한다.
도식 효과	• 단어의 순서만 바꾸어 말하여도 뜻이 달라진다는 것을 보여준다.

6 기억의 망각

망각은 단기 기억과 장기 기억 모두에서 나타날 수 있는데, 단기 기억에서의 망각은 소멸이나 간섭에 의하여 발생하고, 장기 기억에서의 망각은 인출 실패에 의하여 발생한다.

01 부호화의 실패(Failure to encode)

출력 중에 찾은 정보가 처음부터 학습되지 않았음을 알 수 있게 한다.

02 검색 실패(Failure to retrieve)

① 이미 학습된 정보에 근접하지 못하는 것을 말한다.

② 습득한 기억이 시간이 경과되거나 사용하지 않음으로써 약화되고 소멸되어 다시 재생되지 않는 현상을 의미한다.

③ 기억 흔적이 현재의 학습 경험과 연결되지 못한 상태로 볼 수 있으며, 그로 인하여 장기 기억 속의 학습 내용이 의식화되지 못한 것으로 판단할 수 있다.

03 개입(Interference) : 다른 사건이나 정보가 효율적인 출력을 방해하는 현상이다.

11 인지심리학 (3) 언어와 사고

1 단어 우월성의 효과

① 하나의 낱자가 단독으로 제시되었을 때보다 단어 속에서 제시되었을 때, 더 잘 재인하는 효과이다.

② 각 낱자가 재인된 후에 각 낱자들이 모여 하나의 단어로 재인되는 '상향적 처리'와 단어에 대한 정보가 각 낱자의 재인에 영향을 미치는 '하향적 처리' 모두 중요하다.

2 의미 점화의 효과

① 단어는 단독적으로 제시되는 경우보다 문장이나 글 속에 제시되는 경우에 어휘 처리에 더 영향을 미친다.

② 단어 제시의 맥락이 어휘 처리에 영향을 미친다는 것과 어휘 정보가 기억에 의미적으로 표상되어 있다는 것을 알 수 있다.

3 대표성 발견법

어떤 사건이나 대상이 일어나거나 특정 범주에 속할 확률을 추정하였을 때, 실제 확률을 계산하는 것이 아니라 그 사건이나 대상이 얼마나 대표적인지를 가지고 확률을 추정하는 방법이다.

4 가용성 발견법

① 대부분의 사람들은 어떤 사례들이 얼마나 쉽게 많이 머릿속에 떠오르는지에 의하여 확률을 예측한다. 즉, 자신의 신념과 판단의 정확성을 실제보다 과잉 추정하는 것이다.

② 사람들은 매체를 통하여 살인사건에 관한 기사를 많이 접하여, 실제 살인사건으로 죽는 사람보다 심장마비로 죽는 사람이 더 많음에도 불구하고 그 반대라고 생각하는 것이다.

③ 두 사건이 함께 일어날 확률이 하나의 사건이 일어날 확률보다 낮음에도 불구하고, 단일 사건의 확률보다 두 사건이 결합된 경우의 확률을 더 높게 추측하는 결합의 오류가 이와 비슷한 것이다.

12 인지심리학 (4) 정서 이론

1 3차원 이론

분트(Wundt)는 정서를 쾌-불쾌(Pleasant-Unpleasant), 긴장-이완(Tension-Relaxation), 흥분-우울(Excitement-Depression)의 3가지 차원에서 3차원 이론을 제시하였다.

2 제임스-링케(James-Lange) 이론

제임스는 행동이 정서 경험보다 우선된다고 보았다. 어떤 사건에 의하여 정서가 유발되고, 그 정서에 따라 행동한다는 상식적인 생각을 뒤집어서, 정서는 어떤 사건에 대한 반응으로 발생되는 신체적인 변화에 대한 지각이라고 제안하였다.

3 캐논-바드(Cannon-Bard) 이론

캐논(Cannon)과 바드(Bard)에 의하면, 정서적 자극은 먼저 시상하부에 전달되고 이 신경자극은 신피질과 자율 신경계와 내장기에 동시에 전달되어 정서 경험과 신체 변화가 동시에 일어난다고 보았다.

4 스탠리 샤흐터(Stanley Schachter)의 인지평가 이론

스탠리 샤흐터에 의하면, 정서 경험은 생리적 각성과 인지적 평가(Cognitive appraisal)의 합작 효과로 나타난다고 보았다. 정서 경험이 일어나기 위해서는 이 2가지가 반드시 있어야 한다.

13 심리학의 연구방법론 (1)

1 상담연구

01 연구 설계의 개념

① 연구 설계는 과학적 연구의 모든 과정과 결과에 대한 객관성, 경험성, 정밀성, 재생 가능한 차원의 연구 결론이 과학적 방법을 통하여 얻은 과학적 지식을 담아내는 그릇이다.

② 연구 설계에서는 연구를 통하여 도출하고자 하는 것이 무엇인지 명확히 구체화하여야 하며, 연구자가 알아내고자 하는 대상을 되도록 명확하게 규정하여야 한다.

③ 연구에 가장 적합한 방법이 무엇인지 결정하여야 한다.

④ 연구 설계는 연구 대상의 명확한 규명과 가장 적합한 연구방법의 결정 등을 감안하여, 무엇을 연구하고 조사하여야 할지에 대한 물음과 구체적인 자료 수집과 결과의 분석 등에 관한 과학적 해답을 정의하는 과정이다.

⑤ 주어진 연구 문제에 대한 타당하고 객관적인 해답을 경제적이고 효율적으로 얻기 위하여 불필요한 변량을 통제하는 것이다.

02 상담연구의 목적별 유형 : 연구의 목적에는 '탐색, 기술, 설명, 예측, 통제'의 5가지가 있다.

목적	내용
탐색	자신의 관심사 또는 연구 대상을 잘 이해하기 위하여 탐구 목적으로 진행되는 연구이다.
기술	주어진 대상이나 현상의 특성 등을 범주화하여 구체적으로 묘사하거나, 계량적인 정보를 그대로 서술하고 통계분석의 결과를 기술하는 것을 목적으로 하는 연구이다.
설명	현상에 대한 원인 규명, 즉 '왜 그러한가?'라는 의문에 답을 찾는 것이다. 일반적으로 원인과 결과 간의 관계를 규명하여 이유를 밝히는 설명의 목적으로 진행되는 '인과적 연구'라고 한다.
예측	미래의 변화나 새롭게 발생될 현상에 관심을 두고 이론적 기반과 통계적 기반을 활용하여 예측하는 것을 목적으로 하는 연구이다.
통제	어떤 사실이나 현상에서 가치 판단의 문제가 발생될 때, 그것을 임의로 조작하거나 좀 더 긍정적인 방법으로 변화되도록 하는 것을 목적으로 하는 연구이다.

03 상담연구의 용어

(1) 변수

용어	의미
독립 변수	실험의 결과에 영향을 줄 수 있는 모든 변인
종속변인	독립적인 변화에 따라 영향을 받게 되는 변인
조직 변인	실험을 위하여 의도적으로 다르게 하여 결과값을 비교하고자 할 때 실험의 목적이 되는 변인
통제 변인	실험을 위하여 의도적으로 조작하는 조작 변인을 제외한 모든 변인
혼재 변인 (가외 변인)	연구자가 보려고 하는 독립 변인 이외의 다른 독립 변인
매개 변인	독립 변수와 종속 변수를 연결해 주는 변인
관찰 변인	주어진 구성 개념의 표상된 행동들 중 몇 개를 표집하여 구성한 측정도구에 의하여 측정된 변인
무선 변인	실험자에 의하여 통제되지 않고 우연적으로 실험 결과에 영향을 주는 환경요인
요구특성 변인	피험자가 연구자의 목적에 따라 판단을 형성하는 요인

(2) 집단

용어	의미
실험 집단	처지가 들어가는 집단
통제 집단	처지가 들어가지 않는 집단
비교 집단	실험 집단과 비교하는 집단

> **TIP** 변수(변인)와 집단의 예시
>
> 상담 프로그램을 개발하여 프로그램을 실시하였을 때 행복해지는가를 알아보기 위하여 A집단에게는 프로그램을 실시하고 B집단에게는 실시하지 않았다.
>
> | 변수(변인) | 내용 | 집단 | 내용 |
> |---|---|---|---|
> | 독립 변수 | 상담 프로그램 | 실험 집단 | A집단 |
> | 종속 변수 | 행복 | 통제 집단 | B집단 |

2 질적 연구

01 질적 연구의 개념

① 상담연구 방법론의 중요한 변화 중 하나는 질적 연구에 대한 관심이다. 질적 연구가 주목받는 이유는 우리가 접하는 현상을 기존 이론으로 설명하는 데 한계에 부딪히는 경우가 많기 때문이다.

② 상담에서 질적 연구는 자연스러운 상황, 현장, 자료수집의 도구로서 연구자, 과정으로서의 결과물, 귀납적 분석방법, 참여자들의 관점과 의미를 중요시하는 연구라고 할 수 있다.

③ 질적 연구는 연구 주제에 대한 해석적, 자연주의적 접근을 수반하며, 초점에 있어서 복합적 방법을 사용한다.

02 질적 연구의 특성

특성	내용
자연스러운 상황	실제적인 상황에서 살아온 사람들의 경험이 연구의 대상이 된다.
참여자 관점	질적 연구는 특정한 사회적 상황에서 개인이 자신의 행동을 근거로 삼는 관점을 포착하고자 노력한다.
자료수집 도구로서의 연구자	질적 연구자는 주요 자료를 연구자 스스로, 직접적으로 수집한다.
의미의 핵심	모든 질적 연구는 사회적 삶 속에 참여하기 위하여 개인이 구성하는 의미의 이해에 관한 것이다.

특성	내용
전체성과 복합성	사회적 상황을 유일무이하고 역동적이며 복잡하다는 가정에서 출발한다.
주관성	질적 연구자는 자신만의 주관성을 반상적으로 적용하는 데 집중한다.
드러나는 설계	질적 연구가 수행되면서 연구가 변화되는 특성이다.
귀납적 자료 분석	조각들을 모으고 검토하면서 그림의 형태를 찾는 방식이다.
반영성	현상을 연구하는 행위는 그 현상의 규정에 영향을 미친다는 것이다.

03 질적 연구의 근거이론

① 기본 가정은 인간에게는 다양한 사회심리적 문제 또는 경험이 있으며, 자신이나 타인과의 상호작용을 통하여 자신이 대상물에 부여한 의미에 따라 행동한다는 것이다.

② 근거이론은 현상에 속한 자료를 체계적으로 수집하고 분석하면서 발견되고, 발전하며, 잠정적으로 증명되는 이론이다.

③ 목적은 어떤 특정한 상황과 관련된 현상을 추상적이고 분석적 도식으로 이론을 형성하거나 발견하는 데 있다.

④ 근거이론에서의 연구자의 이론적 민감성이란 연구자가 현상을 전체적으로 볼 수 있게 하고, 비교 분석을 가능하게 하며, 추가 자료의 수집 영역이나 수집방법을 제시하는 데 중요한 역할을 하는 것을 말한다.

3 양적 연구

01 과학에서의 '양'의 개념

① 양적 연구는 '질적 연구'의 상대적 개념으로, 이해하기보다 측정을 토대로 데이터를 마련하고 그 데이터를 통계적 방법으로 분석하는 연구이다.

② 양적 속성을 발견하고 이를 다시 수로 표현하는 즉, 측정을 기반으로 하는 연구방법은 과학의 발전에 큰 공헌을 하였다고 평가할 수 있다. 측정에는 신뢰도와 타당도라는 개념이 있다.

③ 신뢰도가 낮으면 측정할 때마다 측정치가 달라지기 때문에 연구 결과를 믿을 수 없게 되고, 타당도가 낮으면 그 속성을 제대로 측정하였는지 아니면 다른 속성을 측정하였는지 의심을 받기 때문에 연구 결과를 믿을 수 없는 것이다.

02 표본 추출

① 전체로서의 모집단으로부터 부분으로서의 표본을 선택하는 행위 또는 활동이다.

② 목적은 획득한 표본이 모집단의 특성을 잘 추론하는 것으로, 비용과 시간을 절약하면서 대표성을 가지도록 하는 것이다.

③ 표집 방법은 크게 '확률 표집'과 '비확률 표집'으로 나뉜다.

03 측정

① '양적 속성'을 파악하여 그것을 수로 표현하는 기술이다.

② 측정할 요인에서 양적 속성이 무엇인지 알아낸 다음에는 실제로 그 속성에 수를 부여하는 방안을 구해내는 과정을 밟는다.

③ 추상적, 이론적 세계를 경험적 세계와 연결시키는 수단이다.

④ 모든 측정치는 수로 표시된다.

14 심리학의 연구방법론 (2)

1 통계 및 자료 분석의 방법

01 통계방법

(1) 기술형 : 어떤 사상이나 현상이 어떻게 드러나는가를 묻는 문제 → 설문조사, 관찰, 면담, 축어록 분석 → 기술 통계, 회귀 분석, 요인 분석, 군집 분석

(2) 차이형 : 피험자 혹은 피험자 간에 어떤 차이가 있는지에 대한 질문 → t분석, 변량 분석

(3) 관계형 : 2개 혹은 3개 이상 구인들 사이에 관계가 있는지를 알아보려는 연구 → 상관관계, 회귀 분석

02 통계적 결론 타당도의 위협 요소

위협 요소	내용
낮은 통계적 검증력	대안 가설이 참인데 영가설을 기각하지 못한 경우
통계적 가정의 위반	표집분포의 정상성, 피험자 무선적 선발과정, 집단 간 변량의 동질성
투망질식 검증	측정 도구의 모든 하위 요인에 여러 번 동계를 검증하여 유의미한 결과만 뽑는 경우
신뢰도가 낮은 측정	측정 신뢰도가 너무 낮은 경우
반응의 무작위적 다양성	설문지를 아무렇게나 작성하는 것
피험자의 무작위적 이질성	구성원 간의 지적능력의 차이가 심한 경우

03 통계적 검증력을 높이는 방법

① 표집을 늘린다.

② 실험 절차 혹은 측정의 신뢰도를 높여 오차를 줄인다.

③ 양방 검증보다 일방 검증을 한다.

④ 1종 오류의 한계 알파 값을 높인다.

② 집단 비교를 위한 주요 통계방법

01 상관 분석

① '상관(Correlation)이 있다'는 한 변수로 나머지 변수를 예측할 수 있는 경우를 의미한다.

② 상관계수로 가장 많이 활용되는 것은 '피어슨 적률 상관계수'이다.

③ 피어슨 적률 상관계수는 '변수 X와 Z의 점수/변수 Y의 Z점수 곱의 평균'으로 정의한다.

④ 공분산(공변량)은 '변수 X의 편차 점수와 변수 Y의 편차 점수 곱의 평균'이다.

⑤ 피어슨 적률 상관계수는 척도의 영향을 받지 않지만, 공분산은 척도의 영향을 받는다.

유형	내용
정준 상관분석	양적인 종속 변인과 독립 변인이 다수일 경우에 변인들 간의 상호관계를 살피기 위한 통계기법이다.
중다 상관분석	상관 분석은 두 변인들 간의 선형성의 강도에 대하여 통계적으로 분석하는 기법으로, 3개 이상의 변수들 간의 관계에 대한 강도를 측정하는 상관분석이다.

02 t 검증

① 두 집단의 평균이 통계적으로 유의미한 차이가 있는지를 검정하는 데 이용한다.

② 비교할 두 집단이 독립적(무선배치 설계)인지 종속적(반복측정 설계)인지에 따라서 '독립표본 t 검증'과 '대응표본 t 검증'으로 나뉜다.

유형	내용
독립표본 t 검증	두 전집에서 독립적으로 추출된 표본에서의 특정 변수의 평균이 집단 간에 통계적으로 유의미한 차이가 있는지 검증하는 분석방법이다.
대응표본 t 검증	두 전집에서 종속적으로 추출된 표본에서의 특정 변수의 평균이 집단 간에 차이가 있는지를 검증하는 방법이다.

03 F 검증(분산 분석, 변량 분석)

① 세 집단 이상(평균 3~5개)의 평균이 통계적으로 유의미한 차이가 있는지를 검증하는 통계기법이다.

② 분산 분석에서 독립 변수는 '범주형 변수'이고 종속 변수는 '양적 변수'이다.

③ 독립 변수와 종속 변수가 각각 1개일 때는 '일원 분산분석', 독립 변수가 2개이고 종속 변수가 1개일 때는 '이원 분산분석', 독립 변수가 2개 이상이면서 종속 변수가 1개일 때는 '다원 분산분석', 다원 분산분석을 위한 실험 설계는 '요인 설계', 종속 변수가 2개 이상인 분산 분석은 '다변량 분석'이라고 한다.

④ 비교 집단이 독립적(무선배치 설계)인지 종속적(반복측정 설계)인지에 따라 '무선배치 분산분석'과 '반복측정 분산분석'으로 나뉜다.

04 카이제곱 검증(X^2 검증)

① 두 범주형 변수가 서로 관계가 있는지, 독립인지를 판단하는 통계적 검증방법이다.

② 종속 변수가 질적 변수 또는 범주 변수인 경우에 사용하는 방법이다.

③ 한 변수의 속성이 다른 변수의 속성에 대하여 독립적인지, 2개의 독립적인 표본이 몇 개의 같은 범주로 분류되어 있는 경우에 각 표본에서 어느 특정 범주에 속할 비율이 동일한지를 검증하는 방법이다.

15 심리학의 연구방법론 (3) 심리학의 연구방법

1 표본 조사(Survey)

① 사람들이 행동, 태도, 신념, 의견 및 의도를 기술하도록 설문지 또는 특별한 면접을 통하여 표본 집단에 대하여 연구하는 방법이다.

② 그 결과를 전체 집단에 일반화하고자 하는 것이 목적이다.

③ 표본 조사를 하려면 연구자들은 신중하게 설문에 응답해 줄 사람을 선정하여야 한다.

④ 적은 비용으로 많은 사람에 대하여 연구할 수 있는 방법이다.

2 심리검사

① 인간의 심리적 특성을 객관적이고 체계적인 과학적 방법에 의하여 양적으로 측정하고자 하는 심리적 연구방법 중의 하나이다.

② 어떤 심리 특성을 측정할 것인가에 따라 여러 가지 심리검사가 제작될 수 있는데, 측정된 심리적 특성에 따라 개인차에 대한 정보를 양적으로 비교 해석할 수 있도록 해 준다.

③ 심리검사는 '능력 검사'와 '성격 검사'로 나뉘는데 '능력 검사'에는 지능검사, 적성검사 등이 있고, '성격 검사'에는 태도검사, 흥미검사 등이 있다.

④ 검사방법에 따라, 혼자 검사를 받는 '개인 검사'와 여러 명이 동시에 받는 '집단 검사'가 있을 수 있다.

⑤ 검사 문항의 자료에 따라, 종이와 연필로 검사를 받는 '지필 검사'와 어떤 도구나 소품을 조작함으로써 검사를 받는 '도구 검사(수행 검사)'로 나눌 수도 있다.

⑥ 심리검사를 통하여 정신건강에 대한 자료, 학생의 학습·진로 지도에 대한 자료, 기업의 인사·선발·배치에 대한 자료 등을 얻을 수 있다.

3 사례 연구(Case study)

① 특정의 개인, 집단 또는 상황에서 발생한 현상에 대하여 실시하는 집중적·심층적 연구방법이다. 현상이 아주 복잡하거나 비교적 희귀한 경우에 유용하다.

② 사례 연구가 제공하는 심층조사 결과가 표본 조사에서 제공되는 포괄적인 내용보다 더 도움이 될 수 있다.

③ 사례 연구는 임상심리학에서 특히 오래된 전통으로, 프로이트가 정신분석을 개발한 것은 신경증 환자들에 대한 사례 연구를 기초로 한 것이다.

④ 사례 연구에는 중요한 한계가 있다. 사례들은 반드시 전체 집단을 대표하는 표본이 아니다. 즉, 하나의 사례에서 행동의 이유가 된 것이 다른 사례에서도 적용될 수 있는 것은 아니다.

⑤ 표본 조사와 같이 사례 연구도 심리학 연구에 중요한 방법이다. 사례는 특정한 사람에 대한 재미있고 가치 있는 정보원(Source)이 되며, 새로운 처치, 훈련 프로그램 또는 기타의 응용을 위한 검증의 장(場)이 된다.

4 자연적 관찰

① 심리현상이 발생하는 자연스러운 환경에서 그 현상을 관찰하면서 연구하는 방법이다.

② 동물행동학의 창시자 중 한 사람인 로렌츠(Konrad Lorenz)는 유전된, 그러나 환경에 의하여 도출되는 동물 행동의 본질을 발견하였다.

③ 가장 재미있는 연구 중 하나는 새끼 거위들이 어미를 따르는 행동에 대한 연구이다. 로렌츠는 어미의 몸놀림과 울음소리를 흉내 내면 새끼 거위에게는 똑같이 '나를 따르라.'는 신호로 인식될 것으로 생각하고, 갓 태어난 새끼 거위 앞에 어미 거위가 없을 때 웅크리고 앉아서 어미 거위의 소리를 내었다. 얼마 안 있어 새끼 거위는 로렌츠가 가는 곳은 어디든지 따라다니게 되었다. 이는 로렌츠의 자연적 관찰이 가져온 성공적 연구이다.

④ 사람들을 자연스러운 상황에서 신중하게 관찰함으로써, 심리학자들은 성격 차이와 사회적 상호작용의 지속적인 유형을 나타내는 행동을 밝혀낼 수 있다.

⑤ 관찰법은 실험 상황을 윤리적으로 통제할 수 없을 때 사용한다.

    임신 중 영양부족이 IQ에 미치는 영향 등

⑥ 관찰법은 관찰자의 편견이나 희망이 반영되어 관찰자 편향이 일어날 수 있다.

TIP 행동 관찰법의 유형

유형	내용
자연적 관찰법	일상생활이나 특정 장소에 자연적으로 발생하는 행동 자체를 관찰하고 보태어 적는 방법이다. 어떠한 조작이나 자극을 주지 않고, 통제하지 않기 때문에 '비통제 관찰'이라고도 한다.
실험적 관찰법	관찰 대상과 장소와 방법을 한정하고, 행동을 인위적으로 일으키거나 조직적으로 변화시켜서 관찰한다. 인위적으로 통제하기 때문에 통제관찰이라고도 한다.
우연적 관찰법	우연히 나타난 두드러진 행동을 기록하고 관찰하는 방법이다. 이것은 일정 기간 동안 관찰대상의 행동에서 특별하다고 생각되는 행동을 선별하여 보태어 적기 때문에 '일화 기록법'이라고도 한다.
참여 관찰법	직접 집단에 참여하여 그 집단구성원과 같이 생활하면서 관찰하는 것이다.

5 실험법

① 대부분의 심리학 연구에서 인과관계에 관한 질문에 응답하기 위하여 가장 선호되는 연구방법으로, 심리학이 과학적 학문으로 발전하는 데 큰 기여를 하였다.

② 실험법은 가외 변인을 통제한 상태에서 독립 변인을 의도적으로 조작함으로써 나타나는 종속 변인의 변화를 관찰하는 방법이다.

③ 실험(Experiments)에서 참여자(또는 피험자)들은 처치(Treatment)를 받고, 그 처치가 과연 행동의 변화를 일으키는지 조심스럽게 관찰된다.

④ 처치 외에 다른 변인들은 일정하게 고정시키는 통제를 한다. 즉, 가외 변인은 통제한다.

16 사회심리학 (1) 개요

1 사회심리학의 정의

① 사회적·문화적 장면에서 인간의 행동과 심리과정을 과학적으로 연구하는 학문이다.

② 사회적 상황 요인이 개인의 행동·사고·느낌에 어떤 영향을 미치고, 타인과의 상호작용은 어떻게 이루어지는가를 심리적 측면에서 연구하는 학문이다.

2 사회심리학의 요인

01 사회적 상황 요인

① 개인이 처한 상황에서 발생하는 개인 및 대대적 요인을 연구한다.

② 공동체 간의 상호작용에서의 행위, 타인과의 교류 양상에 대하여 알아본다.

02 환경적 요인

① 물리적 환경 : 날씨, 기온, 시간대, 주거환경 등이 포함된다.

② 심리적 환경 : 국가의 문화, 지역 간의 차이 등이 포함된다.

03 생물학적 요인 : 유전적 원인과 진화의 영향에 대하여 연구한다.

17 사회심리학 (2) 사회적 지각

1 인상형성

01 인상형성의 과정

단계	내용
인상정보의 추론	• 개인이 가지고 있는 도식(Schema)에 크게 의존한다. • 인상형성에 가장 큰 영향을 미치는 도식으로 고정관념과 내현성격 이론을 들 수 있다.

단계	내용
인상정보의 통합	• 도식에 의하여 추론되었거나 확인된 인상정보는 개인의 주관적 판단에 의하여 중요하거나 중요하지 않은 정보로 구분된다. • 중요하다고 판단된 정보는 통합기능을 거쳐 좋거나 좋지 않은 인상으로 마무리된다.

02 인상형성의 주요 효과

(1) **초두 효과** : 먼저 제시된 정보가 나중에 제시된 정보보다 인상형성에 더 큰 영향을 미치는 것을 의미한다.

(2) **최신 효과** : 마지막에 제시된 정보가 처음에 제시된 정보보다 인상형성에 더 큰 영향을 미치는 것을 의미한다.

(3) **맥락 효과(점화 효과)** : 먼저 제시된 정보가 나중에 제시된 정보에 대한 처리지침을 만들어 전반적인 맥락을 제공하는 것을 의미한다.

(4) **후광 효과** : 타인을 지각할 때 내적으로 일관되게 평가하는 경향을 의미한다. 어떤 사람에 대한 긍정적인 부분을 가지고 그 사람의 전체를 높이 평가하는 것이다.

(5) **악마 효과** : 어떤 사람에 대한 부정적인 부분을 가지고 그 사람의 전체적인 면을 낮게 평가하는 것을 의미한다.

(6) **방사 효과** : 매력이 있는 사람과 함께 하면 자신의 외적인 모습이나 지위도 높아 보이는 것을 의미한다.

(7) **대비 효과** : 매력 있는 사람들과 함께 하면 자신이 비교되어 평가절하된다고 생각하는 것을 의미한다.

(8) **빈발 효과** : 반복적으로 제시되는 정보가 먼저 제시된 정보에 영향을 미치는 것을 의미한다.

(9) **낙인 효과** : 어떤 사람이 가지고 있는 낙인에 대하여 편견과 선입견을 가지게 되는 것을 의미한다.

(10) **부적 효과** : 제시되는 정보 중 긍정적인 부분보다 부정적인 부분이 더 많은 영향을 미치는 것을 의미한다.

(11) **현저성 효과** : 어떤 한 가지 정보가 큰 의미로 남아, 인상형성에 영향을 미치는 것을 의미한다.

(12) **중요성 절감 효과** : 나중에 들어오는 정보의 중요성이 처음 들어오는 정보에 비하여 가볍게 취급되는 것이다.

(13) **주의 감소 효과** : 첫인상이 강력하게 발휘하기 때문에 후기 정보에 주의를 기울이는 정도가 줄어드는 것이다.

2 귀인이론

01 귀인이론의 개념

① 어떤 사건의 결과에 대한 자신의 행동 원인을 귀속시키는 경향에 대한 이론이다.

② 결과의 성공이나 실패의 원인이 자신의 노력이나 능력 등의 내적 원인이라 생각하는 경우와 우연한 결과, 운 등의 외적 원인이라 생각하는 경우의 후속 행동에는 차이가 있다.

③ 귀인이론은 원인, 지각에 대한 이해에 초점을 두어 미래 행동의 지침 또는 부정적인 상황의 영향에 설명할 수 있다.

02 귀인 편파

(1) 기본적 귀인 오류

① 타인의 행동을 보고 상황의 영향은 과소평가하고, 개인의 특성적인 영향은 과대평가하는 경향을 의미한다.

② 비가 와서 차가 밀려 지각한 회사원 A씨에 대하여 비가 내린 날씨보다는 그가 늦잠을 자다 늦었다고 생각하는 경우가 이에 해당한다.

(2) 자기고양 편파

① 자신의 행동을 설명할 때 호의적으로 지각하고 드러내려는 경향을 의미한다.

② 대표적으로 방어적 귀인을 들어 자신의 성공은 내부 귀인으로 하고, 실패는 외부 귀인으로 하려는 경향을 의미한다.

③ 자신의 의견이나 바람직하지 않은 행동에 대한 보편성을 과대평가하는 '거짓 합치성 효과'와 반대로, 자신의 능력이나 바람직한 행동에 대한 보편성을 과소평가하는 '거짓 특이성 효과'가 포함된다.

④ 대부분의 사람들은 자신의 장점은 희귀하고 단점은 일반적이라고 생각한다.

(3) 행위자–관찰자 편향

① 자신의 행동에 대해서는 외부 요인이라는 경향, 타인의 행동에 대해서는 내부 요인이라는 경향을 의미한다.

② 자신이 시험을 못 본 것은 과제의 난이도와 당일의 컨디션 문제 때문이라고 생각한다.
   → 외부 요인

③ 친구가 운 좋게 시험을 잘 본 것은 원래 머리가 좋은 친구이기 때문이라고 생각한다.
   → 내부 요인

(4) 자기봉사적 편향

① 자신에 대해서는 관대한 입장을 취하는 것이다.

② 자신의 성공은 자신이 잘하였기 때문이라고 생각하나, 실패는 나로 인한 것이 아니라는 입장을 취한다.

(5) 공정한 세상 가설

① 사람들이 '세상은 공정하다'고 보기를 원하는 심리로, '만약 복권에 당첨되었으면 아마 공부를 열심히 했을 거야'라면서 행운을 합리화하려는 경향을 보이는 경우에 해당한다.

② 불공정한 상황에 대하여 상처받지 않기 위하여 스스로 합리적 가설을 만들어내는 자연스러운 모습을 보여준다.

03 귀인의 원인에 대한 차원

(1) 원인의 소재

① 결과의 성공이나 실패에 대한 원인 및 책임을 내부 요인에 두어야 하는지 외부 요인에 두어야 하는지에 대한 것이다.

② 결과의 원인이나 책임을 자신의 노력, 성격, 능력, 동기, 태도 등의 내부 요인으로 돌릴 경우에는 성공은 자부심과 자아존중감을 향상시키지만, 실패는 수치감의 증폭으로 이어진다.

③ 결과의 원인이나 책임을 환경, 운, 과제의 난이도 등의 외부 요인으로 돌릴 경우에는 성공은 외부의 힘에 감사함을 느끼게 하지만, 실패는 분노감을 불러온다.

(2) 안정성 여부

① 결과의 원인이 시간의 경과나 특정 상황에 따라 변하는지의 여부에 따라 '안정'과 '불안정'으로 나뉜다.

② 노력은 자신의 의지에 따라 변하므로 불안정적 요인이지만, 과제의 난이도는 비교적 고정적이므로 안정적 요소에 포함된다.

③ 자신의 성공이나 실패와 같은 결과를 안정적 요인에 귀인하는 경우에는 미래에도 유사한 결과를 가져올 수 있다.

④ 그에 반하여, 불안정적 요인에 귀인하는 경우에는 그 결과를 예측하기가 어렵다.

(3) 통제 가능성 여부

① 해당 원인이 개인의 의지에 의하여 통제 가능한지의 여부에 따라 '통제 가능'과 '통제 불가능'으로 나뉜다.

② 결과의 성공을 통제 가능한 요인에 귀인하는 경우에는 미래에 유사한 결과를 가져오며 자부심이 상승한다. 그에 반하여, 통제 불가능한 요인에 귀인하는 경우에는 자신의 운에 의지하며 앞으로도 그와 같은 행운이 계속되기를 바랄 수밖에 없다.

(4) 귀인과 각 차원의 관계

귀인의 원인	원인의 소재	안정성 여부	통제 가능성 여부
노력	내적	불안정적	통제 가능
능력	내적	안정적	통제 불가능
과제 난이도	외적	안정적	통제 불가능
운	외적	불안정적	통제 불가능

04 귀인에 영향을 미치는 요인

(1) **개인적 성향** : 동기 및 성취욕구가 높은 경우에는 내적으로 귀인하는 반면, 낮은 경우에는 외적으로 귀인하는 경향이 있다.

(2) **성별의 차이** : 남성의 경우에는 성공을 자신의 능력으로 귀인하는 반면, 여성의 경우에는 실패를 자신의 능력으로 귀인하는 경향이 있다.

(3) **연령의 차이** : 연령이 높은 경우에는 자신의 능력을 낮게 여기는 반면, 연령이 낮은 경우에는 자신의 능력을 높게 여기는 경향이 있다.

(4) **과거의 경험** : 과거에 실패한 경험이 많은 경우에는 스스로의 능력을 낮게 여겨 능력 부족에 따른 내적 요인으로 귀인하는 반면, 성공하더라도 운이나 과제의 난이도 등의 외적 요인으로 귀인하는 경향이 있다.

(5) **일관성** : 결과가 과거와 유사한 경우에는 안정적 요인에 귀인하는 반면, 결과가 과거와 다른 경우에는 불안정적 요인에 귀인한다.

(6) **타인과의 비교 정도** : 행위자 대부분의 결과가 좋은 경우에는 난이도 등의 외적 요인에 귀인하는 반면, 한 행위자의 결과만 좋은 경우에는 그의 노력과 능력으로 내적 요인에 귀인한다.

(7) **기타** : 사회적·문화적 요인, 환경적 특성, 행동의 독특성 등이 귀인에 영향을 미친다.

18 사회심리학 (3) 사회적 관계

1 친밀한 관계

친밀한 관계(대인 매력)의 주요 영향 요인에는 근접성, 유사성(걸맞추기 원리), 상보성, 친숙성, 신체적 매력, 상대의 호의가 있다.

영향 요인	내용
근접성	• 지리학적 거주지 및 공간적 접근성, 즉 서로의 거리가 가까운 것을 의미한다. • 실제 가까운 곳에 살거나, 같은 동아리에 소속되어 있는 등, 근접할수록 서로에게 관심을 가질 확률이 크다.
유사성	• 상호 간의 유사한 정도를 의미한다. • 사람들은 태도와 가치관이 유사한 사람들을 더 좋아한다. • 성격, 취미, 관심사 등이 유사할수록 관계가 오래 지속될 확률이 크다.
상보성	• 자신과 대조적이며 자신이 갖고 있지 못한 특성을 지닌 사람에게 호감을 느끼기도 하는데, 이를 '상보성 가설'이라고 한다.
친숙성	• 접촉의 빈도수를 의미한다. 매일 같은 버스를 타는 사람들은 반복적 노출에 따른 단순 노출효과를 경험하여 서로에게 호감을 가질 확률이 크다. • 만나면 즐거운 사람, 즉 나를 즐겁게 해 주고 만남이 행복한 사람을 더 자주 만나게 될 확률이 크다.
신체적 매력	• 첫 만남에서 외적인 매력을 중요시 여기는 것을 의미한다. • 매력적이고 깔끔한 인상의 사람이 타인에게 호의적인 인상을 줄 확률이 크다.
상대의 호의	• 자신을 알아주고, 칭찬해 주는 사람에게 더 호감이 간다. • 호의에 보답하여야 한다는 의미로 보상성과 같게 해석하는 경우도 있다.

2 편견

편견의 발생 원인에는 사회적 학습, 현실적 집단 갈등, 사회적 불평등, 범주화가 있다.

발생 원인	내용
사회적 학습	• 편견은 당시의 사회상을 반영하는 사회적 규범처럼 어릴 때부터 학습하게 된다. • 대부분 부모, 주위 환경, 또래집단, 대중매체 등으로부터 편견을 습득하게 된다. 그러므로 부모의 양육 태도나 가치관, 대중매체의 묘사가 중요하다.
현실적 집단 갈등	• 한정된 자원을 놓고 두 집단이 경쟁할 때, 서로에 대한 적대감으로 상대를 부정적으로 판단하게 된다.
사회적 불평등	• 불평등한 분배는 만족스러운 쪽과 불만족스러운 쪽 양쪽에게 편견을 갖게 한다. • 불만족스러운 개인이나 집단은 상대적 박탈감을 가지고, 만족스러운 개인이나 집단에게 분노와 편견을 갖게 된다. • 만족스러운 개인이나 집단은 불평등이나 차별을 합리화하기 위하여 불만족스러운 개인이나 집단에 대하여 편견을 조장한다.

발생 원인	내용
범주화	• 대인지각 과정에서 자연 발생하는 인지적 편파들이 고정관념과 편견을 초래한다. • 대부분 사람들은 타인에 대하여 범주화하여 지각하는 경향이 강하다(남자·여자, 젊은 사람·늙은 사람). 이런 사고과정은 범주화된 개인이나 집단을 편견적으로 처리하여 오류를 범할 가능성이 있다. • 내집단(Ingroup)과 외집단(Outgroup)으로 범주화할 때, 내집단은 호의적이고 편애하는 현상이 발생할 수도 있으며, 외집단 구성원들에게는 편견을 갖고 차별 대우를 하도록 만든다.

19 사회심리학 (4) 태도와 행동

1 태도의 3요소

01 인지적 요소 : 개인이 태도 대상에 대하여 가지고 있는 신념, 사고, 기대 등의 집합으로써, 상대적으로 복잡한 양상을 보인다.

> 예 '술은 몸에 해롭다.', '술은 분위기를 전환시킨다.'

02 정서적 요소 또는 감정적 요소 : 개인이 태도 대상에 대하여 가지고 있는 호의적 또는 비호의적 감정을 나타내는 차원으로서, 가장 단순한 양상을 보인다.

> 예 '술을 선호한다.', '술을 선호하지 않는다.'

03 행동적 요소 : 개인이 태도 대상에 대하여 가지고 있는 행동 의도를 의미한다.

> 예 '술을 마실 것이다.', '술을 끊을 것이다.'

2 동조

01 개념

① 개인이 자신의 행동을 집단의 행동 기준과 일치되도록 조정하는 것을 의미한다.

② 결정을 내리기가 모호한 상황에서 타인의 행위를 판단 기준으로 삼아서 그대로 따르는 형상이다.

02 애쉬의 실험

① 애쉬(Asch, 1955)는 4명의 실험 협조자와 1명의 순수 피험자에게 동일한 크기의 막대를 찾으라고 지시하였다. 실험 협조자들이 모두 A라고 틀리게 대답하자, 피험자들 중 35%가 틀린 답에 동조하였다. 실험이 끝난 후에 피험자들에게 사적인 판단을 요구하였더니, 모두 정답이 B라고 대답하였다.

② 이와 같이 사람들은 공개적으로 반응하게 될 때, 자신의 생각과 일치하지 않더라도 다수에 동조하는 경향이 있다.

③ 개인과 타인 간의 유대가 강할수록 동조할 확률이 높아지며, 집단에 매력을 느낄수록 동조 경향이 높다.

3 몰개인화(몰개성화)

01 개념 : 집단 내에서 구성원이 개인적 정체감과 책임감을 상실하여 집단행위에 민감해지는 현상을 의미한다.

02 특징

① 몰개인화의 결정적 영향을 미치는 요인은 익명성이다. 개인적 식별이 어려울수록 책임감을 덜 느껴 당시 상황의 순간적 단서에 의하여 좌우된다.

② 익명성이 크고 구성원이 흥분된 상황에서 법과 도덕을 무시한 채 충동적이고 감정적인 행동을 분출할 가능성이 커진다.

4 사회적 촉진

01 개념 : 혼자일 때보다 타인이 존재할 때 개인의 수행능력이 더 좋아지는 현상을 의미한다.

02 특징

① 타인의 존재가 일종의 자극제로 작용하여 행동 동기를 강화시킨다.

② 과제가 대체로 쉽거나 잘 학습된 경우에는 타인의 존재가 수행 능력을 촉진시키는 반면, 과제가 어렵거나 복잡할 경우에는 타인의 존재가 수행 능력을 저하시킨다.

5 사회적 태만

01 개념 : 혼자 일할 때보다 집단으로 일할 때 노력을 절감하여 개인적 수행 능력이 저하되는 현상을 의미한다.

02 유형 : 사회적 태만으로 무임승차 효과(Free Rider Effect)와 봉 효과를 설명할 수 있다.

무임승차 효과	타인의 수고에 기대어 자신의 노력을 감소하는 것을 의미한다.
봉 효과	타인이 수고를 들이지 않는 것을 보고 자신도 의도적으로 노력을 하지 않는 것을 의미한다.

6 집단 사고

01 개념 : 집단의 의사결정과정에 존재하는 동조 압력으로 인하여 충분한 논의가 이루어지지 못한 상태에서 합의에 도달하는 현상을 의미한다.

02 예방방법

① 리더는 구성원들에게 모든 제안에 대한 반론과 의문을 제기하도록 권장하여야 한다.

② 리더 자신의 견해를 표명하는 것을 삼가야 한다.

③ 다른 구성원들의 의견에 비판하는 역할이 필요하다.

④ 종종 전문가들을 초청하여 집단토의에 참여시킨다.

⑤ 여러 하위집단을 나누어 독립적으로 토의한 후, 함께 차이를 조정하도록 한다.

7 군중 행동

① 공통된 자극에 대하여 군중이 반응하는 집단적 행동을 의미한다.

② 일시적이고 우연적이며 비조직적이고 감정적인 것이 특징이다.

8 도움 행동

01 개념

① 자발적이고 대가를 바라지 않은 상태에서 발현된 행동을 의미한다.

② 도움 행동의 결과가 실제 대상 인물에게 도움을 주는 것이다.

02 실행과정

① 무슨 일이 일어나고 있는지에 대하여 판단한다.

② 도움이 필요한 상황이라고 지각되면 도움 행동을 할 개인적 책임이 있는지에 대하여 판단한다.

③ 도움 행동을 하였을 때, 일어날 수 있는 부담과 이익에 대하여 고려한다.

④ 도움 행동을 하기로 결정하였다면, 어떤 형태의 방법으로 행동할 것인지에 대하여 판단한다.

9 반사회적 행동

01 개념 : 사회적으로 허락되지 않는 타인을 해칠 목적으로 취하는 모든 행동을 의미한다.

02 감소 방안

정화	폭력 충동을 사회가 용납하는 방식에 한하여, 외부적으로 발산함으로써 해소하여 버린다.
처벌의 상황	폭력 행동을 하면 그에 대한 처벌이 주어질 것이라는 상황을 알려 준다.
학습된 억제	사회 구성원 각자가 자신의 폭력 행동을 스스로 통제할 수 있도록 학습하고, 심리학 및 교육자들에게 궁극적인 해결책을 전수받는다.

TIP

1 파괴적 충동통제 및 품행장애 하위유형

감정과 행동에 대한 자기조절의 문제를 동반하는 상황을 포함한다.

적대적 반항장애	어른에게 거부적이고 적대적이며 반항적인 행동
품행장애	난폭하고 잔인한 행동, 기물파괴, 도둑질, 거짓말, 가출 등 타인의 권리를 침해하거나 사회적 규범을 위반하는 행동
간헐적 폭발장애	공격적 충동의 조절실패로 인한 심각한 파괴적 행동
반사회성 성격장애	사회적 규범 혹은 타인의 권리를 무시하는 폭행이나 사기행동을 지속적으로 나타내는 성격적 문제
방화증	불을 지르고 싶은 충동조절 실패로 반복적인 방화행동
도벽증	남의 물건을 훔치고 싶은 충동조절 실패로 인해 반복적인 도둑질을 함

2 파괴적 충동통제 및 품행장애

01 적대적 반항장애

(1) 임상적 특징

① 어른에게 거부적이고 적대적이며 반항적인 행동을 지속적으로 하는 경우

② 학령기 아동 16~22%가 반항적인 성향을 나타냄

③ ADHD와 함께 나타나는 경우가 많음

(2) 핵심증상

- 분노하며 짜증내는 기분
- 논쟁적이고 반항적인 행동
- 복수심

(3) 치료

① 개인 심리치료

② 적응적 행동습득 및 강화

③ 부모-자녀 간 의사소통과 관계개선

02 품행장애

(1) 임상적 특징

① 자신의 행동에 대해 죄책감을 느끼거나 후회하지 않고 다른 사람 탓으로 돌려버림

② 남자는 10~12세, 여자는 14~16세에 시작

③ 소아기와 청소년기에 상당히 흔한 장애

④ 여자보다 남자에게 높게 나타남

(2) 원인

정신분석적 입장	초자아 기능의 장애로 간주
행동주의적 입장	부모를 통한 모방학습이나 조작적 조건형성으로 습득, 유지된다고 봄
사회문화적 입장	사회경제적 수준이 낮고 도시에 거주하는 아동이 품행장애가 많음

(3) 치료 : 다각적인 방법을 통한 다중체계치료

① 브롬펜부르너의 생태학적 이론을 기반으로 한 치료
② 청소년이 속한 환경체계인 가족, 학교, 또래, 지역사회에 개입
③ 행동지향적이며, 특징적이고 잘 정의된 문제를 대상으로 함
④ 적극적인 환경개입과 찾아가는 서비스
⑤ 부모, 가족, 교사, 정신건강 전문가의 협력적 노력이 필요함

03 간헐적 폭발장애

(1) 임상적 특징

① 실제 상황에서 보통 30분 이내로 나타나며 친밀한 관계의 작은 도발로 반응하면서 일어남
② 아동기 후반 청소년기에 시작됨

(2) 원인

① 부모나 다른 사람으로부터 학대를 받거나 무시당한 것
② 가족의 분위기가 폭력적일 경우
③ 변연계 이상 등 신경생물학적 요인이 관여

(3) 치료

심리치료	과거에 누적된 분노나 적개심을 표현하도록 하며, 인내력을 증가시키도록 함
약물치료	리튬, 카바마제핀, 벤조디아제핀 등과 세로토닌 재흡수를 차단하는 약물

04 반사회성 성격장애

(1) 임상적 특징

① 사회적 규범 혹은 타인의 권리를 무시하는 폭행이나 과시행동을 지속적으로 나타내는 성격적 문제
② 성격장애 분류 중 'B군 성격장애'의 하위유형에 속함

05 방화증

(1) 임상적 특징

① 불을 지르고 싶은 충동을 조절하지 못해 반복적으로 방화를 함

② 나름대로의 목적을 지니고 사전에 미리 계획을 세우며 방화를 한번 이상함

(2) 원인

정신분석적 입장	• 성적 욕구를 해소할 수 있는 대체 수단 • 복수심, 대인관계능력이 없는 사람이 다른 사람과 의사소통을 하고자 하는 방식으로 불을 지른다고 함
생물학적 입장	• 뇌결함으로 방화증이 나타날 가능성도 제기됨

06 도벽증

(1) 임상적 특징

① 남의 물건을 훔치고 싶은 충동을 참지 못해 반복적으로 도둑질을 하게 되는 경우를 절도광이라고 함

② 개인적으로 쓸모 없거나 금전적으로 가치 없는 물건을 훔치려고 하는 충동을 억누르지 못해 훔치는 일이 반복됨

③ 청소년기부터 시작하며 점차 만성화되는 경향이 있고, 남자보다 여자에게 더 흔한 것으로 알려져 있음

(2) 원인

정신분석적 입장	• 물건을 훔치는 행동이 아동기의 잃어버린 애정과 쾌락에 대한 대체물을 추구하는 행위라고 봄
생물학적 입장	• 뇌의 특정 부분이 손상되거나 신경학적 기능 이상으로 물건을 훔치는 행동이 나타난다고 봄 • 뇌의 구조적 손상이나 충동조절·행동억제 능력이 저하된 것으로 봄

(3) 치료 : 행동치료 기법

① 체계적 둔감법

② 혐오적 조건형성

③ 사회적 강화요인의 변화

메 모

메모

임상
심리사

2급 필기

- □ 7개년 기출문제
- □ 과목별 핵심 용어 및 이론
- □ 동기 및 정서 심리학, 임상심리학의
  역사와 개관, 장노년 상담에 관한 문제

임상
심리사

2급 필기

이경희 저

새 출제기준 완벽 반영

□ 과목별 핵심 용어 및 이론
□ 7개년 기출문제 수록
□ 동기 및 정서 심리학, 임상심리학의
   역사와 개관, 장노년 상담에 관한 문제 수록

CBT 대비 모바일 모의고사
저자 직강 유료 동영상 강의
www.1qpassacademy.com

다락원

임상심리사
2급 필기

이경희 저

문제편

다락원

임상심리사 2급 필기

2016

문제 및 해설

01 A형(Type A)의 성격 특성이 아닌 것은?

① 강한 경쟁심   ② 약속 불이행

③ 강한 적대감   ④ 쉽게 긴장함

해설 [유형별 성격 특성]

A형 (Type A)	• 항상 시간에 쫓기는 기분을 느끼며 쉽게 긴장한다. • 타인에 대하여 적개심에 가까운 경쟁의식을 보이고 강한 성취동기를 가진다. • 이기적이고 자기중심적이며, 타인에게 인정받으려고 한다.
B형 (Type B)	• A형의 반대 성향으로, 쉽게 좌절하지 않고 느긋하며 온화한 표정을 짓는다. • 침착하고 조용하고 사려가 깊다.
C형 (Type C)	• 부정적인 정서 표현을 한다. • 자기 주장을 자제하는 암 유발성 성격이다.

02 Erikson의 심리사회적 단계에서 초기 성인기에 겪는 위기는?

① 신뢰감 대 불신감

② 정체감 대 혼미감

③ 친밀감 대 고립감

④ 생산성 대 침체감

해설 [Erikson의 심리사회적 단계]

0~1세	신뢰 대 불신감
1~3세	자율성 대 수치와 회의
4~5세	주도성 대 죄의식
6세~사춘기 이전	근면성 대 열등감
청소년기~20대 초반	정체감 대 역할 혼란
성인 초기	친밀감 대 고립감
장년기~중년기	생산성 대 침체
노년기	통합 대 절망

03 상관계수에 관한 설명으로 틀린 것은?

① 두 변수 사이의 관계를 기술하기 위한 것으로, 두 변수가 연합되는 정도의 통계 측정치이다.

② 상관계수의 범위는 +1.0부터 −0.1까지이다.

③ 두 변수 사이의 관계의 강도는 상관계수(r)의 절대치에 의하여 규정된다.

④ 한 변수가 다른 변수에 영향을 미치는 인과관계를 추론할 수 있다.

해설 상관계수는 인과관계가 있을 수도 있지만 인과관계가 없을 수도 있다.

04 어떠한 사람의 행동을 보고 상황이나 외적 요인보다는 사람의 기질이나 내적 요인에 그 원인을 두려고 하는 것은?

① 고정관념

② 현실적 왜곡

③ 후광 효과

④ 기본적 귀인 오류

해설 기본적 귀인 오류는 타인의 행동을 보고 상황의 영향은 과소평가하고, 개인의 특성적인 영향은 과대평가하는 경향을 의미한다.

05 어떠한 행동을 형성하고 유지시키기 위한 강화계획에 관한 설명과 가장 거리가 먼 것은?

① 고정비율 계획에서는 매 n번의 반응마다 강화인이 주어진다.

② 변동비율 계획에서는 평균적으로 n번의 반응마다 강화인이 주어진다.

③ 고정간격 계획에서는 정해진 시간이 지
난 후의 첫 번째 반응에 강화인이 주어
지고, 강화인이 주어진 시점에서 다시
일정한 시간이 지난 후의 첫 번째 반응
에 강화인이 주어진다.

④ 변동비율 계획과 변동간격 계획에서는
강화를 받은 후에 일시적으로 반응이 중
단되는 특성이 있다.

해설 변동비율 계획과 변동간격 계획은 반응률이 높
게 유지되고 지속성도 높으며 소거에 대한 저항이 매우
크다.

06 살인사건이나 화재 등으로 죽는 사람과 심
장마비로 죽는 사람 중 누가 더 많은지를
묻는 질문에서 사람들이 흔히 범하는 확률
추론 과정의 오류는?

① 가용성 발견법   ② 대표성 발견법
③ 확증 편향   ④ 연역적 추리

해설

가용성 발견법	대부분의 사람들은 어떠한 사례들이 얼마나 쉽게 많이 머릿속에 떠오르는지에 의하여 확률을 예측한다. 즉, 자신의 신념과 판단의 정확성을 실제보다 과잉 추정하는 것이다.
대표성 발견법	어떠한 사건이나 대상이 일어나거나 특정 범주에 속할 확률을 추정하였을 때, 실제 확률을 계산하는 것이 아니라 그 사건이나 대상이 얼마나 대표적인지를 가지고 확률을 추정하는 방법이다.
확증 편향	원래 가지고 있는 생각이나 신념을 확인하려는 경향성으로, '사람은 보고 싶은 것만 본다.'가 바로 이 확증 편향에 속한다.
연역적 추리	몇 개의 전제로부터 명확히 규명된 논리적 형식에 의하여 결론을 도출하는 논리상의 절차이다.

07 영아들을 대상으로 한 시각 절벽(visual
cliff) 실험을 통하여 알 수 있는 것은?

① 신생아들은 새로운 자극을 제시하면 맥
박이 평상시보다 빨라진다.

② 생후 6개월 이후의 영아들은 깊이지각
능력을 가지고 있다.

③ 신생아들은 정지해 있는 물건보다 움직
이는 물건을 더 선호한다.

④ 신생아들은 일반적인 도형보다 사람 얼
굴을 더 선호한다.

해설 [시각 절벽(visual cliff)]
• 깁슨(Gibson)과 워크(Walk)가 만든 장치로, 생후 6개
월 이후 영아의 깊이지각 실험에 사용된다.
• 이 장치는 깊은 부분과 얕은 부분을 만들어 놓고 그 위
에 투명 유리를 깔아 놓은 것이다. 얕은 부분은 유리 바
로 아래 체크 무늬판이 깔려 있고, 깊은 부분은 유리판
에서 1피트 이상의 아래에 체크 무늬판이 놓여 있다.
• 유리판 한가운데에는 깊은 부분과 얕은 부분을 분리
하는 단을 장치해 놓았다. 아기가 유리판 위에서 볼 때
시각적으로 깊게 보여 낭떠러지가 있는 것 같은 착각
을 하게 된다.
• 생후 6개월 영아들은 대부분 시각 절벽 앞에서 멈추고
는 더 앞으로 가기를 주저하고 울었다. 즉, 영아가 기
어다니기 시작하는 생후 6개월 이후에 온전한 깊이지
각이 가능하다는 것을 알 수 있다.

08 다음 학습방법이 해당하는 것은?

실험자는 쥐로 하여금 지렛대를 누르는 반응
을 하도록 만들기 위하여, 첫 단계에서 쥐가
지렛대 근처에 오기만 하여도 먹이를 준다.
다음 단계에서는 쥐가 지렛대를 건드리는 행
동까지 하였을 때 먹이를 준다. 세 번째 단계
에서는 쥐가 지렛대를 누르는 올바른 반응을
하였을 때만 먹이를 준다.

① 조형   ② 자극 일반화
③ 혐오적 조건형성   ④ 체계적 둔감화

해설 [쥐의 지렛대 누르기 행동에 대한 조형]
조형은 연속적 접근법을 사용하여 연구자가 원하는 새
로운 반응을 만들어내는 절차를 말한다.

09 Freud의 심리성적 발달단계에서 초자아가 형성되는 시기는?

① 구강기　　　② 항문기
③ 남근기　　　④ 잠복기

> 해설　[남근기]
> • 이성의 부모에 대한 연애적 감정과 행동을 보이고 동성의 부모에 대해서는 적대적 감정이 일어나는 시기이다.
> • 그러다 다시 이성의 부모보다는 동성의 부모를 동일시하게 되며, 이렇게 동성의 부모를 동일시하면서 초자아가 형성되는 것이다.

10 기억정보가 아날로그 방식으로 표상됨을 나타내는 예는?

① 심적 회전
② 마디(Node)와 연결로(Link)
③ 디지털 컴퓨터
④ 명제

> 해설　쉐퍼드와 매츨러(Shepard & Metzler, 1971)가 연구한 '심적 회전'은 아날로그 표상(이미지)의 심적 조작의 한 형태로, 내적 이미지를 평면적 또는 입체적으로 회전시키는 것이다.

11 아동기의 애착에 관한 설명으로 옳은 것은?

① 유아가 어머니에게 분명한 애착을 보이는 시기는 생후 3~4개월경부터이다.
② 어머니와의 밀접한 신체 접촉이 애착을 형성하는 데 가장 중요한 역할을 한다.
③ 애착은 인간 고유의 현상으로서, 동물들에게는 유사한 현상을 찾아보기 어렵다.
④ 안정적으로 애착된 아동들은 어머니가 없는 낯선 상황에서도 주위를 적극적으로 탐색한다.

> 해설　[아동기의 애착]
> • 신체 접촉은 애착을 형성하는 데 중요한 역할을 한다.
> • 본격적인 애착 형성은 낯가림이 심한 생후 6~8개월에 일어난다.
> • 사람들뿐만 아니라 동물들도 애착 형성을 보인다.
> • 안정애착 아동들은 낯선 상황에서 이따금 어머니에게 가까이 가서 몸을 대보거나, 어머니가 없는 동안 불안해하다가 어머니가 떠났다가 들어오면 열렬하게 반긴다.

12 심리학에서 실험에 관한 일반적인 설명과 가장 거리가 먼 것은?

① 실험 참가자의 반응을 종속변인이라고 한다.
② 흔히 실험자의 조작이 가해지지 않은 집단을 통제 집단이라고 한다.
③ 일반적으로 독립 변인은 원인으로, 종속 변인은 그 결과로 생각할 수 있다.
④ 독립 변인은 주로 실험자의 실험 의도와는 상관없이 실험 참가자가 실험에 임하기 전의 자연적 상태를 측정하는 변인이다.

> 해설　독립 변인은 실험에 영향을 주기 위하여 독립적으로 변화시켜 주는 요인이다.

13 Freud의 정신역동적 접근에 관한 설명으로 틀린 것은?

① 원초아는 현실의 원리를 따른다.
② 사람들은 불안을 극복하기 위하여 억압과 같은 방어기제를 사용한다.
③ 아동이 강박적으로 청결이나 정돈에 매달리는 것은 항문기적 성격의 갈등 때문이다.
④ 오이디푸스 콤플렉스는 남근기에 나타나는 현상이다.

> 해설　원초아는 쾌락의 원리를 따른다.

14 Artkinson과 Shiffrin의 기억모형에 관한 설명으로 틀린 것은?

① 계열위치 효과는 이 모형으로 잘 설명된다.

② 단기 기억에서는 시연, 부호화, 결정, 인출 전략의 4가지 통제과정이 있다.

③ Miler가 주장한 단기 기억용량 7±2 청크도 이 모형과 잘 부합된다.

④ 감각기관들은 직렬적으로 기능하기 때문에 정보처리에 유리하다.

> **해설** 감각 기억은 어떠한 자극이 제시되었다가 제거된 다음에 감각적인 자극들이 순간적으로 남아 있는 것을 말한다.

[애트킨슨(Artkinson)과 쉬프린(Shiffrin)의 3단계 기억모형(1960년대 후반)]

1단계 감각 기억	어떠한 자극이 제시되었다가 제거된 이후에도 감각적인 자극들이 순간적으로 남아 있는 것을 의미한다.
2단계 단기 기억	현재 의식하고 있는 정보를 의미하며, 4가지 통제과정(시연, 부호화, 결정, 인출 전략)이 있다.
3단계 장기 기억	장기 기억은 정보를 오랫동안 유지할 수 있고, 무한정 저장도 가능하다.

15 '대학생들은 축구와 야구 중에 어느 것을 더 좋아하는가?'라는 문제를 검증하는 경우처럼, 빈도나 비율의 차이 검증에 가장 적합한 분석방법은?

① T 검증 ② F 검증

③ Z 검증 ④ X^2 검증

> **해설** 카이제곱 검증(X^2 검증)은 한 변수의 속성이 다른 변수의 속성에 대하여 독립적인지, 2개의 독립적인 표본이 몇 개의 같은 범주로 분류되어 있는 경우에 각 표본에서 어느 특정 범주에 속할 비율이 동일한지를 검증하는 방법이다.

16 Adler의 개인심리학에서 무의식이나 성적 욕구보다 중요하게 다른 개념은?

① 열등감의 극복 ② 자존감

③ 자아 ④ 성장

> **해설** 아들러(Adler)는 열등감을 매우 중요한 개념으로 다루었다. 열등감이 인생 전반에 걸쳐서 커다란 영향을 미치고 있음을 통찰하고, 이 열등감을 인간이 어떻게 받아들이고 대응해 나가느냐가 더 중요하다고 보았다.

17 고전적 조건형성에서 조건 자극과 무조건 자극을 배열할 때 조건형성의 효과가 가장 오래 지속되는 배열은?

① 후진 배열 ② 흔적 배열

③ 지연 배열 ④ 동시 배열

> **해설** 가장 효과적이며 오래 지속되는 배열은 '지연 배열'이다.

구분	선행 자극	선행 철회	특징
동시 조건 형성	조건 자극과 무조건 자극이 동시에 주어짐	조건 자극과 무조건 자극이 동시에 철회됨	비효율적이다.
지연 조건 형성	조건 자극을 무조건 자극에 약간 앞서 줌	조건 자극과 무조건 자극이 동시에 철회됨	가장 효과적이다. 조건 자극의 지속 시간에 따라 단기 지연 조건형성과 장기 지연 조건형성으로 나뉜다.
흔적 조건 형성	조건 자극이 먼저 주어지고 난 후, 무조건 자극이 주어짐	조건 자극이 철회된 후, 무조건 자극이 철회됨	지연 조건형성에 비해서는 비효율적이다.

18 주어진 자극과 장기 기억 속에 저장되어 있는 과거의 경험 및 지식을 근거로 하여 주어진 자극이 무엇인지를 파악하는 과정은?

① 선택적 주의   ② 형태 재인
③ 부호화   ④ 추론

> **해설** [형태 재인]
> • 대상을 인식하는 과정을 '형태 재인'이라고 한다.
> • 지각과정의 하위 분야로, 사람의 얼굴, 글자, 말의 내용을 인식하는 것과 같이 대상의 정체를 지각하는 과정이다.
> • 형태 재인은 지각된 내용, 즉 지각된 표상에 의미를 부여하는 과정이다.

19 다음과 같은 입장을 취하고 있는 성격이론은?

> 자신을 형편없는 학생으로 지각하는 자기개념을 지닌 학생이 매우 좋은 성적을 받을 경우, 이 학생은 긍정적인 경험을 부정적인 자기개념과 일치시키기 위하여 '운이 좋았어.'라는 식으로 왜곡할 수 있다. 이 학생은 자기개념과 경험이 일치하지 않을 때 불안과 내적 경험할 가능성이 높기 때문에 자기개념을 유지하기 위하여 경험을 부정하는 방어적 반응을 보인다. 이 학생이 경험을 부정하거나 왜곡하지 않도록 하기 위해서는 타인이 이 학생을 무조건적이고 긍정적으로 존중해 주고 공감해 주어야 한다.

① 특질 이론   ② 정신역동 이론
③ 현상학적 이론   ④ 사회인지 이론

> **해설** 무조건적, 긍정적 존중과 공감을 나타내는 성격 이론은 인본주의 성격이론이며, 다른 말로 현상학적 이론이라고도 한다.

20 다음의 강화계획 중 학습된 행동이 쉽게 소거되지 않는 것은?

① 고정간격 강화계획
② 변동간격 강화계획
③ 고정비율 강화계획
④ 변동비율 강화계획

> **해설** [변동비율 강화계획]
> • 4가지 강화계획 중에서 가장 강하게 학습이 발생한다.
> • 유기체의 강화를 위한 반응 수가 평균을 중심으로 변동한다.
> • 유기체는 결과가 정확히 언제 제시될지 알지 못한다. 도박은 대표적인 변동비율 강화계획의 예이다.
> • 유기체는 강화 직후에도 꾸준한 반응을 나타내는데, 이는 얼마나 많은 반응 후에 강화가 이루어질지 알 수 없기 때문이다.

정답 18 ②   19 ③   20 ④

01 Janis의 집단사고의 원인이 아닌 것은?

① 강한 응집성

② 성급한 만장일치 촉구

③ 판단에 대한 과도한 확신

④ 구성원의 낮은 지적 수준

해설 [제니스(Janis)의 집단사고의 원인]

• '응집력, 집단의 구조적 결함, 불리한 상황적 요인들'이 3가지 발생 원인이다.

• 응집력이 높은 집단에서는 다른 사람과 좋은 관계를 유지하기 위하여 언쟁을 피하고, 집단의 결정에 대하여 다른 의견을 제시하지 않으려는 경향성이 존재한다.

• 내부에서 다양한 의견이나 비판이 나오기 힘들다면 외부에서 누군가가 그 역할을 하여야 하지만, 집단이 외부에서 차단된 구조적인 결함이 있다면 이마저도 어려울 수밖에 없다.

• 마지막으로 성과를 빨리 내야 하는 상황이거나 외부의 비난을 받고 있는 불리한 상황이라면 집단사고가 발생할 가능성은 매우 높아진다.

02 마리화나가 기억에 미치는 영향을 알아보기 위한 실험에서 선행조건인 마리화나의 양은 어떠한 변수에 해당하는가?

① 독립 변수　　② 종속 변수

③ 가외 변수　　④ 외생 변수

해설

• 독립 변수는 연구자에 의하여 조작되는 변수이고, 종속 변수는 독립 변수에 영향을 받는 변수이다.

• 마리화나가 기억에 어떠한 영향을 끼치는 것을 알려는 실험이므로, 마리화나의 양은 독립 변수이고, 기억에 미치는 영향은 종속 변수이다.

03 Erikson의 심리사회적 발달이론이나 단계에 관한 설명으로 가장 적합한 것은?

① 성인 초기의 심리사회적 위기는 생산성과 침체감이다.

② Erikson이 주장한 8단계 중 앞의 몇 단계는 아동 초기에 나타나며, Freud의 구강기, 항문기 및 남근기와 어느 정도 상응하는 측면이 있다.

③ 인간의 성격 발달은 아동기 이후에는 멈춘다.

④ 6세~사춘기에는 자아와 환경에 대한 기본적 통제를 획득하여야 하는 발달과제를 안고 있는 시기이다.

해설

• 프로이트의 구강기는 에릭슨의 '신뢰 대 불신', 프로이트의 항문기는 '자율성 대 수치심', 프로이트의 남근기는 '주도성과 죄의식'의 단계에 어느 정도 상응하는 측면이 있다.

• 성인 초기의 심리사회적 위기는 친밀감과 고립이다.

• 에릭슨은 인간의 성격 발달은 전 생애적이라고 보았다.

• 6세~12세는 '근면성 대 열등감', 사춘기는 '자아정체감 대 역할 혼미'의 발달과제를 안고 있는 시기이다.

04 다음은 무엇에 관한 설명인가?

> 보상과 아무런 관련이 없는 어떠한 행동이 우연히 그 보상에 선행한 경우, 그 행동은 고정적으로 계속하여 나타나는 경향이 있다.

① 자극 일반화　　② 도피 행동
③ 미신 행동　　　④ Scallop 현상

해설

미신 행동 (징크스)	자신의 반응이 실제로 특정 결과를 초래한 원인이 아님에도 불구하고 마치 그런 것처럼 그 반응을 계속하는 것으로, 미신 행동은 우발적인 강화에 의하여 행동이 증가하는 현상이다.
자극 일반화	특정 자극에 대하여 반응하는 것을 학습한 유기체가 원래의 자극과 유사한 자극에서도 비슷한 반응을 보이는 현상이다.
도피 행동	어떠한 행동을 하였을 때 혐오적인 자극이 제거된다면 그 행동이 증가하는 현상이다.
스캘럽 (Scallop) 현상	강화 후 반응률이 급격히 떨어져서 대부분의 기간 동안 천천히 반응하다 간격 기간이 다 되어 강화가 가까워지면 반응률이 급격히 높아지는 현상이다.

05 성격에 대하여 정의 내릴 때 고려하는 특징과 가장 거리가 먼 것은?

① 시간의 일관성
② 환경에 대한 적응성
③ 개인의 독특성
④ 개인의 자율성

해설　여러 성격 연구자들이 성격을 정의하는 데 있어서 공통적으로 강조하는 성격의 특성은 행동 독특성, 안정성, 일관성이다.

06 자극추구 동기에 관한 설명으로 틀린 것은?

① 인간만이 자극추구 동기를 가지고 있는 것은 아니다.
② 자극추구 동기의 수준이 높은 청소년은 비행을 저지를 가능성이 높은 경향이 있다.
③ 자극추구 동기는 사회적 동기로 분류할 수 있다.
④ 자극추구 동기의 결핍은 인간의 인지적 측면에도 부정적인 영향을 미친다.

해설　자극추구 동기는 생명 유지와는 관계가 없지만 생득적인 동기이고, 사회적 동기로는 분류하지 않는다.

07 다음 중 성격이 다른 학습은?

① 연합학습　　② 통찰학습
③ 잠재학습　　④ 모방학습

해설
- 연합학습은 시행착오를 통하여 실패하는 무효동작이 점차 배제되고 유효동작이 완성되는 것은 이 사이에 기계적 연합이 성립되었기 때문으로, 조건형성 이론과 관련되어 있다.
- 통찰학습, 잠재학습, 모방학습은 사회학습이론과 관련되어 있다.

08 집중 경향치에 관한 설명으로 틀린 것은?

① 일반적으로 집중 경향치에는 평균치, 중앙치, 최빈치가 있다.
② 최빈치는 분포 중 가장 많은 대다수를 표현한다.
③ 대칭적 분포에서는 평균치와 중앙치가 동일하다.
④ 편포된 분포에서 집중 경향치를 선택할 때 어떠한 집중 경향치를 선택하여도 똑같은 의미를 지닌다.

정답　04 ③　05 ④　06 ③　07 ①　08 ④

| **해설** | 정상 분포(대칭적 분포)일 때는 평균, 중앙치, 최빈치가 모두 동일한 값이어야 하지만, 정적 편포일 때는 최빈치가 중앙치보다 낮고, 중앙치는 평균보다 낮다. 부적 편포일 때는 그 반대이다. |

정상 분포	최빈치 = 중앙치 = 평균
정적 분포	최빈치 〈 중앙치 〈 평균
부적 분포	최빈치 〉 중앙치 〉 평균

09 다음 중 훈련받은 행동이 빨리 습득되고 높은 비율로 오래 유지되는 강화계획은?

① 고정비율 계획 ② 고정간격 계획

③ 변화비율 계획 ④ 변화간격 계획

해설 변화비율 계획(변동비율 강화계획)은 고정된 반응률에 의하여 강화되는 것이 아니라 평균적으로 몇 번의 반응행동이 나타날 때마다 강화를 부여하는 방식으로, 반응 속도가 빨라지고 반응률이 높게 유지되는 경향이 있다.

10 다음의 정서 경험을 설명하는 이론은?

철수는 어두운 밤길을 걷다가 갑자기 옆에서 무엇이 움직이는 소리를 듣고서 온몸에 소름이 쫙 돋은 다음 심한 두려움을 느꼈다.

① James-Lange 이론

② Stanley Schachter 이론

③ Cannon-bard 이론

④ Lazarus 이론

해설

제임스-랑게 (James-Lange) 이론	제임스는 행동이 정서 경험보다 우선되는데, 어떠한 사건에 의하여 정서가 유발되고, 그 정서에 따라 행동한다는 상식적인 생각을 뒤집어서, 정서는 어떠한 사건에 대한 반응으로 발생되는 신체적인 변화에 대한 지각이라고 제안하였다.

스탠리 샤흐터 (Stanley Schachter) 이론	정서 경험은 2가지 요소인 생리적 각성과 인지적 평가 (Cognitive appraisal)의 합작 효과로 나타난다. 정서 경험이 일어나기 위해서는 이 2가지 요소가 반드시 있어야 한다.
캐논-바드 (Cannon-Bard) 이론	정서 자극은 먼저 시상하부에 전달되고, 이 신경자극은 신피질과 자율신경계와 내장기에 동시에 전달되어, 정서 경험과 신체 변화가 동시에 일어난다는 것이다.

11 심리검사가 측정하고자 하는 내용이나 속성을 실제로 얼마나 잘 측정하는지를 나타내는 개념은 무엇인가?

① 표준화 ② 난이도

③ 타당도 ④ 신뢰도

해설

표준화	여러 가지 제품들의 종류와 규격을 표준에 따라 제한하고 통일하는 것을 말한다.
난이도	어떠한 사항의 어렵고 쉬운 정도를 나타내는 수준을 말한다.
신뢰도	동일한 대상에 대하여 동일하거나 유사한 측정구를 사용하여 반복 측정할 경우, 동일하거나 유사한 결과를 얻을 수 있는 정도이다.

12 Freud의 심리성적 발달이론에 관한 설명으로 옳은 것은?

① 초기 경험이 성격 발달에 중요하다.

② 성격은 9단계에 따라 발달한다.

③ 성격은 전 생애를 통하여 발달한다.

④ 성격 발달의 사회문화적 요인을 강조한다.

해설 프로이트(Freud)는 만 5세에 성격이 결정된다는 결정론적 입장을 취하고 있어서 초기 경험을 중요시한다.

13 자신의 행동을 통하여 태도를 확인하고 이해하는 과정을 설명하는 이론은?

① 인지부조화 이론
② 자기지각 이론
③ 자기고양편파 이론
④ 자기정체성 이론

해설 인지 부조화는 심리적 일관성을 추구하는 경향이 있는 사람들이 태도와 행동이 불일치할 때, 불편감이 생겨 조화로운 상태를 회복하려는 동기가 유발되는 것을 의미한다.

[자기지각 이론]
벰(Bem)은 인지부조화 이론에 다른 해석을 제안하였다. 그에 의하면, 사람들은 흔히 여러 대상이나 쟁점들에 대하여 명확한 태도를 지니지 않은 채 모호한 상태인 경우가 많다. 이러한 경우에 자신의 행동과 그 행동이 일어난 상황에서 추론하여 자신의 태도를 결정한다고 주장하였다.

14 연구자가 검사의 예측능력에 관심이 있을 때 가장 고려하여야 하는 타당도의 유형은?

① 내용 타당도   ② 안면 타당도
③ 준거 타당도   ④ 구성 타당도

해설 현재의 측정 근거로 미래의 어떠한 것을 정확하게 예측하는 타당도는 예언 타당도이다. 기존에 타당도가 증명된 척도와 타당화 연구척도 간의 상관관계를 예측하는 것은 공인 타당도로, 이는 '준거 타당도'에 속한다.

내용 타당도 (논리적 타당도)	목표로 삼고 있는 내용을 얼마나 잘 담았나를 그 분야 전문가에게 확인하는 방법이다.
안면 타당도	내용 타당도와 유사하나, 전문가가 아닌 일반인이 확인하는 방법이다.
구인 타당도	매우 이론적인 개념으로 과학적 이론에 비추어 어느 정도 의미 있느냐로 자주 사용되는 방법은 요인분석 방법이다.

15 자유회상실험을 통하여 얻은 계열위치 곡선의 시사점과 가장 거리가 먼 것은?

① 최신(신근) 효과
② 초두 효과
③ 장기 기억의 지속시간
④ 단기 기억과 장기 기억의 이중적 기억체계

해설 계열위치 곡선과 관계가 있는 것은 초두 효과, 최신 효과, 단기/장기 기억의 이중적 기억체계이다.

[계열위치 곡선]
• 계열위치 곡선은 목록 내의 기억항목의 위치에 따라, 즉 원래 제시한 순서에 따라 각 단어의 회상률을 나타낸 도표를 의미한다.
• 10개 단어를 외우면 처음 2개 단어 정도는 '초두 효과'의 영향을 받아 기억이 잘 나고, 뒤의 2개 단어는 '최신 효과'를 받아 기억이 잘 난다.
• 가운데 6개 단어는 초두 효과와 최신 효과를 받은 단어에 비하여 정답률이 떨어지게 된다.

16 귀인의 대응추리 이론과 가장 거리가 먼 것은?

① 사회적 바람직성
② 비공통 효과
③ 일관성, 일치성, 독특성
④ 기본적 귀인 오류

해설 일관성, 일치성, 독특성은 일반적으로 성격의 특성으로 본다.

[대응추리 이론]
존스와 데이비스(Jones & Davis)는 귀인의 궁극적인 목표는 타인의 행동을 통하여 그의 개인적, 심리적 속성을 추론하는 것이라고 하였다. 이 이론의 기준으로는 선택과 결과, 공통성의 여부, 사회적 바람직성 등이 있다.

17 대인지각에서 첫인상의 중요성을 설명하는 효과로 부적합한 것은?

① 맥락 효과   ② 중요성 절감 효과

③ 주의 감소 효과   ④ 신근성 효과

> **해설**
> • 신근성 효과는 나중에 제시된 정보가 처음에 제시된 정보보다 더 큰 영향을 미치는 현상으로, 기억과 관련이 있다.
> • 맥락 효과, 중요성 절감 효과, 주의 감소 효과는 첫인상의 중요성을 설명하는 효과이다.
>
> | 맥락 효과 (점화 효과) | 먼저 제시된 정보가 나중에 제시된 정보에 대한 처리지침을 만들어 전반적인 맥락을 제공하는 것을 의미한다. |
> |---|---|
> | 중요성 절감 효과 | 나중에 들어오는 정보의 중요성이 처음 들어오는 정보에 비해 가볍게 취급되는 것이다. |
> | 주의 감소 효과 | 첫인상이 강력하게 발휘하기 때문에 후기 정보에 주의를 기울이는 정도가 줄어드는 것이다. |

18 사회학습이론에 입각한 성격에 관한 설명으로 옳은 것은?

① 사회학습이론에서는 성격이 인지과정이나 동기에 의한 영향을 인정하지 않는다.

② 사회학습이론에서는 관찰학습과 모델링을 통하여 보상받은 행동을 대리적으로 학습한다고 한다.

③ 사회학습이론에서는 행동에 대한 환경적 변인의 독립적인 영향을 강조한다.

④ Bandura는 개인이 자신의 노력으로 원하는 결과를 얻을 수 있다는 신념이나 기대를 자기 존중감(Self-esteem)이라고 하였다.

> **해설** [사회학습이론에서의 성격]
> 사회학습이론에서는 인간의 학습은 주로 여러 사람들이 함께 있을 때 일어나고, 사람들은 다른 사람의 경험을 통해 학습할 수 있다고 여기며, 모델링과 모방을 통하여 보상받은 행동을 대리적으로 학습한다고 본다.

19 다음 ( ) 안에 들어갈 가장 알맞은 것은?

> Freud의 주장에 따르면 신경증적 불안은 ( )에서 온다.

① 환경에 있는 실제적 위협

② 환경 내의 어느 일부를 과장하여 해석함

③ Id의 충동과 Ego의 억제 사이의 무의식적 갈등

④ 그 사회의 기준에 맞추어 생활하지 못함

> **해설** [신경증적 불안]
> 자아(Ego)와 이드(Id)의 갈등으로 자아가 본능적 충동을 통제하지 못하여 불상사가 생길 것 같은 위협에서 오는 불안을 의미한다.

20 정신역동적 관점의 학자들과 그 설명이 틀린 것은?

① Freud – 정신결정론과 무의식적 동기를 강조한다.

② Jung – 집단 무의식의 중요한 구성요소를 원형이라고 강조한다.

③ Adler – 생물학적 측면보다는 사회적 요인이 성격에 미치는 영향을 강조한다.

④ Sullivan – 3가지 성격요소 중 어느 1가지 요소가 지배적이고 다른 두 요소가 조화를 이룰 때 문제가 발생한다고 가정한다.

> **해설** 설리번(Sullivan)은 대인관계와 의사소통의 중요성을 강조하면서 성격의 본질은 생리적, 사회적, 심리적 욕구에서 파생되는 긴장에 의하여 결정되며, 행동의 1차적인 목적은 이러한 긴장이나 불안을 감소시키는 것, 즉 극심한 불안에서 도피하는 것과 낮은 불안 상태가 되는 것에 있다고 보았다.

01 DSM-5에서 '신체증상 및 관련장애'의 분류 항목에 해당하는 것은?

① 전환 장애(conversion disorder)
② 다중인격(multiple personality)
③ 심인성 건망증(psychogenic amnesia)
④ 신체변환 장애(body dysmorphic disorder)

> **해설** 신체증상 및 관련장애의 하위 유형에는 신체증상 장애, 질병불안 장애, 전환 장애, 허위성 장애가 있다.

02 조현형 성격장애의 진단 기준에 포함되지 않는 것은?

① 괴이한 사고와 언어
② 과도한 사회적 불안
③ 관계망상적 사고
④ 불안정하고 강렬한 대인관계

> **해설** [조현형 성격장애의 DSM-5 진단 기준]
> • 관계망상과 유사한 사고 : 분명한 관계망상은 제외함
> • 행동에 영향을 미치는 괴이한 믿음이나 마술적 사고
> • 신체적 착각을 포함한 유별난 지각 경험
> • 괴이한 사고와 언어
> • 의심이나 편집증적인 사고
> • 부적절하거나 메마른 정동
> • 과도한 사회적 불안
> • 괴이하고 엉뚱하거나 특이한 행동이나 외모
> • 직계 가족 외에는 가까운 친구나 마음을 털어놓을 수 있는 사람이 없음

03 Bleuler가 제시한 조현병(정신분열병)의 4가지 근본증상, 즉 4A에 해당하지 않는 것은?

① 감정의 둔마(affective blunting)
② 자폐증(autism)
③ 양가감정(ambivalence)
④ 무논리증(alogia)

> **해설** [Bleuler의 조현병 4A 증상]
>
> | 연상의 장애 | 사고 형태 및 조직화의 장애, 와해된 언어 등 |
> |---|---|
> | 정서의 장애 (감정의 둔마) | 부적절한 정서, 둔마된 감정, 무감동, 무의욕증 등 |
> | 양가성 감정 | 감정, 의지, 사고의 양가성, 혼란스러운 행동 등 |
> | 자폐성 | 현실에서 철수, 자폐적 고립, 비현실적 공상 등 |

04 알코올 중독과 관련 있는 장애는?

① 헌팅턴 무도병
② 코르사코프 증후군
③ 레트 장애
④ 캐너 증후군

> **해설** [코르사코프 증후군]
> • 코르사코프 증후군은 알코올 유도성 기억장애이다.
> • 비타민B₁의 결핍에 의하여 발생하는 신경학적 합병증으로, 해마가 손상되어 발생하는 것으로 알려져 있다.
> • 건망증, 기억력 장애, 지남력 장애, 직화증(자신이 기억하지 못하는 것을 마치 있었던 것처럼 확신을 가지고 말하거나 사실을 위장, 왜곡하는 병적인 증상) 등이 특징이다.

05 성격장애는 크게 3가지 집단으로 구분한다. 그 중 B군 성격장애 집단은 극적이고 감정적이며 변덕스러운 특징을 보이는 성격 장애 집단이다. 여기에 속하는 성격장애는?

① 편집성 성격장애　② 경계성 성격장애
③ 회피성 성격장애　④ 의존성 성격장애

> **해설** [성격 장애의 집단별 유형]

A군 성격 장애	• 편집성 성격 장애 • 조현성 성격 장애 • 조현형 성격 장애
B군 성격 장애	• 반사회성 성격 장애 • 연극성 성격 장애 • 경계선 성격 장애 • 자기애성 성격 장애
C군 성격 장애	• 강박성 성격 장애 • 의존성 성격 장애 • 회피성 성격 장애

06 자살에 관한 설명과 거리가 먼 것은?

① 모든 자살은 우울한 사람에게 국한되어 나타난다.
② 자살 기도자는 여성이 많으나, 자살 성공자는 남성이 많다.
③ 자살률은 경제적 불황기에는 올라가고, 경제적 번영기에는 안정되어 있으며, 전쟁 중에는 감소한다.
④ 미국에서 아동 및 청소년기의 자살률은 증가하는 추세이다.

> **해설** 우울장애가 있으면 죽음에 대한 반복적인 생각을 하거나 특정한 계획 없이 반복적으로 자살에 대한 생각이나 자살 기도를 하거나 자살하기 위한 구체적 계획을 세운다. 하지만 우울한 사람에게 국한되어 있지 않다.

07 다음과 같은 과제 수행에 필요한 여러 가지 인지기능을 수행하지 못하는 치매 증상은?

> 과제 수행에 필요한 여러 가지 인지기능, 즉 과제를 하위 과제로 쪼개기, 순서별로 배열하기, 계획하기, 시작하기, 결과 점검하기, 중단하기 등의 기능에 해당하는 것

① 실어증　　　　② 실인증
③ 지남력 장애　　④ 실행기능 장애

> **해설** [실행기능 장애]
> • 전두엽이 담당하는 고위 인지과정으로, 인지, 정서, 행동기능을 조절하고 방향을 안내하는 것이다.
> • 행동의 개시, 계획 세우기, 가설 형성, 인지적 융통성 등의 능력 수행에 어려움이 있다.

08 DSM-5의 진단 범주 중 영아기, 아동기, 청소년기에 흔히 처음 진단되는 장애가 포함되지 않는 것은?

① 지적발달 장애　　② 품행 장애
③ 틱 장애　　　　　④ 적응 장애

> **해설**

적응 장애	• 외상 후 스트레스 장애의 하위 유형으로, 주요한 생활사건에 대한 적응 실패로 나타나는 정서적, 행동적 증상을 말한다. • 모든 연령대에서 발생 가능하지만 청소년에게 가장 흔히 진단되고, 독신 여성이 가장 위험도가 높은 것으로 알려진다.
지적발달 장애	• 유아기 등의 어린 시기에 발견하여 진단된다.
품행 장애	• 남자는 10~12세, 여자는 14~16세에 시작된다. • '아동기-발병형'과 '청소년기-발병형'으로 구분되고, 심각한 정도에 따라 경미한 정도, 상당한 정도, 심한 정도로 분류된다.
틱 장애	• 보통 18세 이전에 시작하여 진단된다.

09 아동기에 나타날 수 있는 불안 장애가 아닌 것은?

① 선택적 무언증 ② 사회불안 장애
③ 특정 공포증 ④ 자폐증

> **해설** 자폐증은 불안 장애의 하위 유형이 아니라 신경발달 장애의 하위 유형이다.

10 외상적 사건에 대한 기억과 연관된 불안을 감소시키는 데 초점을 맞추고 있으며, Foa에 의하여 개발된 이후 외상 후 스트레스 장애에 대하여 경험적으로 지지된 치료로서 학계로부터 널리 인정을 받고 있는 치료법은?

① 불안조절 훈련
② 안구운동 둔감화와 재처리 치료
③ 지속적 노출치료
④ 인지적 처리치료

> **해설** [지속적 노출치료]
> • 외상 후 스트레스 장애의 치료는 Foa(포아) 행동치료의 지속적 노출치료가 가장 효과적인 것으로 관찰되었다.
> • 지속적 노출치료는 단계적으로 외상 사건을 떠올리게 하여 불안한 기억에 반복 노출시킴으로써, 궁극적으로 외상 사건을 큰 불안 없이 직면하도록 유도하는 것이다.

11 공포증에 대한 2요인 이론은 어떠한 요인들이 결합된 이론인가?

① 학습 요인과 정신분석 요인
② 학습 요인과 인지 요인
③ 회피 조건형성과 준비성 요인
④ 고전적 조건형성과 조작적 조건형성

> **해설** [모러(Mowrer)의 2요인 모형]
> • 공포의 조건형성 과정에는 고전적 조건형성과 조직적 조건형성의 2가지 단계가 있다.
> • 공포증이 형성되는 과정에는 고전적 조건형성의 학습 원리가 적용되고, 일단 형성된 공포증은 조직적 조건형성의 원리에 의하여 유지되고 강화된다.

12 다음의 밑줄 친 '표현된 정서'의 의미로 옳은 것은?

> 가족들의 <u>표현된 정서(Expressed Emotion)</u>에 대한 연구에 의하면 가족들의 표현된 정서가 정신분열증의 재발률을 높인다고 한다.

① 지나치게 정서적으로 지지와 격려를 제공하는 것
② 비판적이고 과도한 간섭을 하는 것
③ 냉정하고, 조용하며, 무관심한 것
④ 관여하지 않으며, 적절한 한계를 정해주지 못하는 것

> **해설** 조현병 환자들의 가족들은 가족 간의 갈등이 많고 분노를 과하게 표현하며 간섭이 심한 정서적 표현을 하는데, 이를 '표현된 정서'라고 지칭한다.

13 Abramson 등의 '우울증의 귀인이론(attributional theory of depression)'에 관한 설명으로 틀린 것은?

① 우울증에 취약한 사람은 실패 경험에 대하여 내부적, 안정적, 전반적 귀인을 하는 경향이 있다.
② 실패 경험에 대한 내부적 귀인은 자존감을 손상시킨다.
③ 실패 경험에 대한 안정적 귀인은 우울의 만성화에 기여한다.
④ 실패 경험에 대한 특수적 귀인은 우울의 일반화를 조장한다.

해설 **[우울증의 귀인이론]**

내부적 요인 외부적 요인	• 실패 원인을 자신의 능력 또는 노력의 부족, 성격의 결함 등의 내부적 요인으로 귀인하는 경우에 우울증이 증폭된다. • 실패 원인을 과제 난이도, 운 같은 외부적 요인으로 귀인하는 경우에 우울감은 상대적으로 낮은 수준을 보인다.
안정적 요인 불안정적 요인	• 실패 원인을 자신의 능력 부족, 성격상 결함 등의 안정적 요인으로 귀인하는 경우에 우울감은 반속화, 장기화된다. • 실패 원인을 노력 부족 등의 불안정 요인으로 귀인하는 경우 우울감은 상대적으로 단기화된다.
전반적 요인 특수적 요인	• 실패 원인을 자신의 전반적인 능력 부족이나 성격 전체의 문제 등의 전반적 요인으로 귀인하는 경우에 우울증이 일반화된다. • 실패 원인을 자신의 특수능력 부족, 성격상 일부의 문제 등의 특수적 요인으로 귀인하는 경우에 우울증이 특수화된다.

14 신경성 식욕 부진증에 관한 설명으로 틀린 것은?

① 폭식하거나 하제를 사용하는 경우는 해당하지 않는다.

② 체중과 체형이 자기 평가에 지나치게 영향을 미친다.

③ 말랐는데도 체중의 증가와 비만에 대한 극심한 두려움이 있다.

④ 나이와 신장을 고려한 정상 체중의 85% 이하로 체중을 유지한다.

해설 **[신경성 식욕 부진증]**
• 체중 증가와 비만에 대한 극심한 두려움을 지니고 있어서 음식 섭취를 현저하게 감소시키거나 거부함으로써 체중이 비정상적으로 저하되는 경우이다.
• 체중과 체형이 자기평가에 지나치게 영향을 미친다.
• 밤에 은밀하게 폭식이 이루어지는 경우가 많다.
• 폭식 이후에는 스스로 구토를 유도하거나 하제를 사용하는 행동이 흔하다.

15 다음 사례에서 김 씨의 이러한 성격과 관련된 요인으로 확인할 사항이 아닌 것은?

> 고졸인 30대의 김 씨는 사기 혐의로 교도소에 여러 번 다녀왔으나 부끄러운 줄 모르고 죄책감도 없다. 초등학교 때 남의 집에 불을 지르기도 하였고 무단결석을 자주 하였다. 겉으로는 멀쩡하고 정신병적인 행동도 없다.

① 소아기에 신경학적 증후 없이 중추신경계에 기능 장애만 발생하였는지의 여부

② 테스토스테론 호르몬의 수치가 정상 수준인지의 여부

③ 부모의 성격이 파괴적이나 변덕스럽고 충동적이어서 노골적인 증오심과 거부에 시달려 일관성이 있는 초자아 발달에 지장이 있었는지의 여부

④ 부모의 질병, 별거, 이혼 또는 거부 감정이 있어서 기본적으로 요구되는 사랑, 안전, 안정, 존경심에 문제가 있는지의 여부

해설 위의 내용은 '파괴적 충동조절 및 품행장애'에 대한 사례이다. 다양한 요인이 복합적으로 작용하여 발생하는 것으로 보이지만, 가장 큰 요인으로는 부모의 양육태도와 가정환경이다.
• 방화증은 뇌 결함으로 나타날 가능성도 제기하고 있다.
• 테스토스테론 호르몬은 남성호르몬으로, 위의 사례의 증상과는 관련이 없다.

16 DSM-5에서 성도착 장애의 유형에 대한 설명으로 옳은 것은?

① 노출 장애 – 다른 사람이 옷을 벗고 있는 모습을 몰래 훔쳐봄으로써 성적 흥분을 느끼는 경우

② 관음 장애 – 동의하지 않는 사람에게 자신의 성기나 신체 일부를 반복적으로 나타내는 경우

③ 아동성애 장애 – 사춘기 이전의 소아를 대상으로 하여 성적 공상이나 성행위를 반복적으로 나타내는 경우

④ 성적 가학 장애 – 굴욕을 당하거나 매질을 당하거나 묶이는 등의 고통을 당하는 행위를 중심으로 성적 흥분을 느끼거나 성적 행위를 반복하는 경우

> **해설** ①은 관음 장애, ②는 노출 장애, ④는 성적 피학 장애에 대한 설명이다.

17 Schneider가 주장한 조현병(정신분열병)의 1급 증상이 아닌 것은?

① 사고 누락　　② 사고 반향
③ 사고 투입　　④ 사고 전파

> **해설** [슈나이더(Schneider)의 조현병의 1급 증상]

사고 반향	자신의 생각이 목소리로 들리는 환청
사고 전파	자신의 생각이 널리 전파되어 다른 사람들이 다 알고 있다는 망상
사고 축출	다른 사람이나 외부의 힘이 자신의 생각을 빼앗아 간다는 망상
사고 투입	반대로 자기 생각이 아닌 것을 자신에게 집어넣는다는 망상

대화/논쟁 환청	자신에 대하여 서로 대화를 나누거나 논쟁을 벌이는 환청
논평하는 형태의 환청	자신에 대하여 지속적으로 욕하고 비웃는 소리
신체 파동 체험	외부의 힘(x-ray, 최면 등)에 의하여 신체적으로 영향을 받는다는 망상
조종 망상	외부로부터의 자신의 의지, 감정, 충동에 영향을 받거나 강요당한다는 모든 망상
망상적 지각	정상적으로 지각한 것을 지극히 개인적인 의미를 부여하여 해석하는 망상

18 DSM-5에 따라 성격 장애를 군집별로 분류할 때 옳은 것은?

① 이상하며 기괴한 증상을 보이는 성격 장애 군집으로는 조현형, 조현성, 편집성 성격 장애가 있다.

② 극적이고 감정적이며 변덕스러운 것이 특징인 장애로 히스테리성, 자기애성, 반사회성, 회피성 성격 장애가 있다.

③ 가학적, 자기 패배적, 수동 공격적 성격 장애는 DSM-5에서 중요하게 다루어지는 성격장애의 군집이다.

④ 불안하고 두려움, 근심스러운 것이 특성인 성격장애로 편집성, 의존성, 경계성 성격장애가 있다.

> **해설**
> • 극적이고 감정적이며 변덕스러운 것이 특징인 장애는 B군 성격 장애이다. B군 성격 장애에는 히스테리성, 자기애성, 반사회성 성격 장애가 해당되고, 회피성 성격 장애는 C군 성격 장애이다.
> • 가학적, 자기 패배적, 수동 공격적 성격장애는 DSM-5에서 중요하게 다루어지지 않는 성격 장애의 군집이다.
> • 불안하고 두려움, 근심스러운 것이 특성인 성격 장애는 C군 성격 장애이다. C군 성격 장애에는 강박성, 의존성, 회피성 성격 장애가 해당된다.

정답 16 ③　17 ①　18 ①

19 염색체 이상과 관련이 있는 장애로, 신체적으로 특징적인 외모를 가진 장애는?

① 다운증후군

② 아스퍼거 증후군

③ 운동조절 장애

④ 주의력 결핍 과잉행동 장애

> **해설** 다운증후군(Down syndrome)은 유전자 이상으로 염색체 이상(21번 염색체가 3개임)에 의하여 유발되는 대표적인 지적 장애이다.

20 조현병의 다른 증상들은 없으면서 비현실적인 믿음을 유지하는 장애는?

① Schizoaffective Disorder

② Schizophreniform Disorder

③ Delusional Disorder

④ Schizotypal Personality Disorder

> **해설** [DSM-5 정신분열 스펙트럼 및 기타 정신증적 장애]
> • 분열형 성격장애(Schizotypal Personality Disorder)
> • 망상 장애(Delusional Disorder)
> • 단기 정신증적 장애(Brief Psychotic Disorder)
> • 정신분열형 장애(Schizophreniform Disorder)
> • 정신분열증(조현병, Schizophrenia)
> • 분열정동 장애(Schizoaffective Disorder)

01 다음 장애 중 성기능 부진에 포함되지 않은 것은?

① 사정 지연 　② 발기 장애

③ 마찰도착 장애 　④ 여성 극치감 장애

> **해설** 마찰도착 장애는 성도착 장애의 하위 유형이다.

[성기능 장애]

남성	성욕감퇴 장애, 발기 장애, 조루증, 지루증
여성	성적 관심/흥분 장애, 절정감 장애, 생식기-골반 통증/삽입 장애

02 알코올 중독과 가장 관련이 깊은 정신장애 들만으로 짝지은 것은?

① 치매, 공포 장애, 우울 장애

② 치매, 허위성 장애, 해리성 기억상실증

③ 우울 장애, 성격 장애, 조현병

④ 성격 장애, 적응 장애, 신체형 장애

> **해설** 알코올 중독과 관련된 정신장애로는 치매 등을 비롯하여 알코올 유도성 기분장애(우울 장애), 알코올 유도성 불안장애(공포증, 공황 장애 등), 수면 장애, 성기능 장애 등이 발생한다.

03 다음 보기에서 이 환자의 감별 진단이 필요한 정신과적 진단들로 알맞은 것은?

> 65세의 남자가 3개월 전 직장을 그만둔 후 "자꾸자꾸 깜박깜박해요."라는 기억력 감퇴를 호소하며 병원에 찾아왔다. 환자는 물건을 두고도 잘 찾지 못하고 방금 들은 말도 잊어버리는 경우가 많아졌다고 하며, 책을 읽어도 내용이 머릿속에 잘 들어오지 않는다고 하였다. 부인에 의하면 이전에는 부지런하고 깔끔한 성격이었던 환자가 위생상태에도 신경을 쓰지 않고 누워만 있는 등 상당히 게을러졌다고 한다.

① 섬망, 우울증

② 치매, 우울증

③ 섬망, 치매

④ 치매, 스트레스 장애

> **해설** 65세 이후에 기억력 감퇴를 보이는 것은 치매의 초기 증상이며, 더불어 거의 모든 일상활동에 대한 흥미나 즐거움이 하루의 대부분 또는 거의 매일같이 뚜렷하게 저하되어 있는 것은 우울증이라고 할 수 있다.

04 강박 장애의 설명으로 옳은 것은?

① 강박 관념은 환자 스스로에게 자아-동조적(Ego-syntonic)이다.

② 강박 장애 환자의 사고, 충동, 심상은 실생활 문제를 단순히 지나치게 걱정하는 것이다.

③ 강박 장애 환자는 강박적인 사고, 충동, 심상이 개인이나 개인 자신의 정신적 산물임을 인정한다.

④ 강박 장애 환자는 자신의 강박적 사고나 강박적 행동이 지나치거나 비합리적임을 인식하지 못한다.

> **해설** [강박 장애]
> • 강박 관념에 대하여 환자 스스로 현저한 불안과 고통을 느끼므로 '자아-이질적'이다.
> • 단순한 걱정을 넘어서 현저한 불안과 고통을 야기한다.
> • 강박 환자들은 자신들의 강박 사고와 강박 행동이 비합리적임을 인식하고 있지만, 잘 통제되지 않고 반복적으로 떠올라 고통스러워서 이 고통을 제거하기 위하여 강박 행동을 한다.

정답　01 ③　02 ①　03 ②　04 ③

05 우울증의 임상 양상과 원인 등의 양분된 차원으로 틀린 것은?

① 조발성 우울과 만발성 우울

② 정신병적 우울과 신경증적 우울

③ 내인성 우울과 반응성 우울

④ 지체성 우울과 초조성 우울

해설 [우울증의 임상 양상]

정신병적 우울 신경증적 우울	우울상태가 정신병적 양상을 동반하느냐 또는 신경증적 수준이냐에 따른 기분이다.
내인성 우울 반응성 우울	• 발병요인과 관련하여 우울해질 만한 충분히 납득할 수 있는 외적 요인이 있는가에 따른 구분이다. • 내인성 우울은 환경과 무관하므로 생물학적 요인으로 약물치료가 우선이지만, 반응성 우울은 심리치료가 주가 된다.
지체성 우울 초조성 우울	• 표면에 나타나는 정신운동 양상이 지체가 심한가 또는 초조 흥분이 두드러지는가이다. • 대체로 지체성 우울을 보이지만, 갱년기 발생 우울이나 아동기 우울은 초조성 우울이 나타난다.

06 성격 장애에 관한 설명으로 틀린 것은?

① DSM-5에서 10가지 성격장애로 구분된다.

② 고정된 행동양식이 사회적, 직업적, 그리고 다른 중요 영역에서 임상적으로 심각한 고통이나 기능 장애를 초래하여야 한다.

③ 개인의 지속적인 내적 경험과 행동양식이 그가 속한 사회의 문화적 기대에서 심하게 벗어나야 한다.

④ 발병 시기는 성인기 이후이어야 한다.

해설 성격장애는 어린 시절부터 서서히 형성되기 시작하여 청소년기 또는 성인기에는 고정된 양상으로 굳어지게 된다. 이후에는 안정적으로 지속되며 좀처럼 변화되지 않는다.

07 DSM-5에 근거한 주요 우울증 일화의 준거가 아닌 것은?

① 사고의 비약 ② 정신운동성 지체

③ 자기 비하 ④ 주의집중 장애

해설 [사고의 비약]

• 사고의 비약은 우울증 일화가 아닌 조증의 사고 특징이다.

• 특징적인 사고진행 장애로서, 사고 연상이 비정상적으로 빨리 진행되어 생각의 흐름이 주체에서 벗어나고 마지막에는 생각의 목적지에 도달하지 못하는 상태를 말한다.

08 다음에서 설명하고 있는 것은?

> 신경성 식욕부진증 환자들이 사회적 및 신체적 문제들에도 불구하고 질서 행동과 과도한 운동을 하는 생물학적 이유를 설명하기 위하여 제안된 것으로서, 굶는 동안 엔도르핀 수준이 증가하여 긍정적 정서를 체험함으로써 신경성 식욕부진증적 행동이 강화된다.

① 상호 억제 원리 ② premack의 원리

③ 신해리이론 ④ 자가중독 이론

해설

상호억제 원리	불안을 야기하는 자극과 불안을 억제하는 자극을 함께 제공하였더니 불안을 유발하는 것이 억제되었다는 원리이다. **예** 체계적 둔감법, 자기표현 훈련, 홍수법 등
premack의 원리	선호하는 반응을 덜 선호하는 반응보다 강화하여 행동의 발생빈도를 증가시킨다는 원리이다. **예** 숙제는 덜 선호하는 것이고 게임은 선호하는 것이라면, 숙제를 강화하기 위하여 숙제를 하고 난 뒤 게임을 하도록 하는 것
신해리 이론	개인의 인지체계를 총합적으로 관리하는 중앙 통제체계로부터 하위 인지체계가 분리되어 독립적인 기능을 함으로써 해리성 정체와 같은 해리현상이 나타난다고 설명한다.

09 조현병에서 보이는 증상에 관한 설명으로 틀린 것은?

① 망상(delusion) – 자신과 세상에 대한 잘못된 강한 믿음이고, 외부세계에 대한 잘못된 추론에 근거한 그릇된 신념이다.

② 환각(hallucination) – 외부 자극이 없음에도 불구하고 어떠한 소리나 형상을 지각하거나 외부 자극에 대하여 현저하게 왜곡된 지각을 하는 경우이다.

③ 와해된 언어(disorganized speech) – 언어적 표현의 소멸이다.

④ 긴장성 운동행동(catatonic behavior) – 마치 근육이 굳은 것처럼 어떠한 특정한 자세를 유지하는 경우이다.

> **해설** 와해된 언어(Disorganized speech)는 무논리증이나 무언어증으로 말을 할 때 제한된 단어만 사용하는 것을 말한다. 주로 말하는 방식의 자발성이 부족하다.

10 지적 장애(Intellectual disability)의 진단적 특징으로 틀린 것은?

① 임상적 평가와 개별적으로 실시된 표준화된 지능 검사로 확인된 지적 기능의 결함이다.

② 적응기능의 결함으로 인하여 독립성과 사회적 책임의식에 필요한 발달학적·사회문화적 표준을 충족하지 못한다.

③ 20세 이전에 발병한다.

④ 지적 결함과 적응기능의 결함은 발달시기 동안에 시작된다.

> **해설** [지적 장애(Intellectual disability)의 진단]
> • 지적 장애(지적발달 장애)는 발달기에 발병하며, 개념·사회·실행 영역에서 지적 및 적응적 기능에 결함이 있는 상태를 말한다.

• 추리, 문제해결, 계획, 추상적 사고, 판단, 학업, 경험 학습 등과 같은 지적기능의 결함이 있는데, 이는 임상적 평가와 개별 표준화 지능 검사 모두에서 확인되어야 한다.
• 개인 독립성 및 사회적 책임에 대한 발달적, 문화적 기준을 충족시키지 못하는 적응기능에서의 결함이 있다.
• 지속적인 지원이 없다면, 적응 결함은 가정, 학교, 일터, 지역사회 등의 여러 환경에서 의사소통, 사회 참여, 독립생활과 같은 일상생활의 활동 중에서 1가지 이상 제한을 가져온다.
• 지적 결함 및 적응기능의 결함은 발달기에 발병한다.

11 조현병의 양성 증상에 관한 설명으로 틀린 것은?

① 정상적인 기능의 왜곡 또는 과잉을 의미한다.

② 대표적으로 망상이나 환각을 들 수 있다.

③ 동기와 즐거움의 상실 등이 여기에 속한다.

④ 혼란된 행동과 기괴한 행동이 여기에 속한다.

> **해설** [조현병의 증상]
> 동기와 즐거움의 상실은 음성 증상이다.

양성 증상	• 적응적 기능의 과잉이나 왜곡 • 과도한 도파민 등의 신경전달물질 이상 • 스트레스 시, 급격히 발생 • 약물치료로 호전되며, 인지적 손상 적음 **예** 망상, 환각, 환청, 와해된 언어 등
음성 증상	• 정상적, 적응적 기능의 결여 • 유전적 소인이나 뇌세포의 상실 • 스트레스, 사건과 거의 연관 없음 • 약물치료로 쉽게 호전되지 않고, 인지적 손상 많음 **예** 무언증, 무쾌감증, 무의욕증, 사고 차단, 사회적 위축 등

12 병적 도벽에 관한 설명으로 틀린 것은?

① 개인적으로 쓸모가 없거나 금전적으로 가치가 없는 물건을 훔치려는 충동을 저지하는 것을 반복적으로 실패한다.

② 훔치기 전에 고조되는 긴장감을 경험한다.

③ 훔친 후에 기쁨, 충족감, 안도감을 느낀다.

④ 분노나 복수를 하기 위하여 훔친다.

> **해설** [병적 도벽]
> 병적 도벽은 분노나 복수를 위하여 훔치지 않는다. 남의 물건을 훔치고 싶은 충동을 참지 못하여 반복적으로 도둑질을 하는 것에 해당된다.

13 행동주의적 입장에서 보는 이상 행동으로 틀린 것은?

① 비정상적인 성격 발달도 유전적 소인과 경험 간의 상호작용의 결과로 본다.

② 우울증은 부분적으로는 행동이 더 이상 보상을 받지 못하는 소거의 결과로 본다.

③ 행동주의자들은 진단 범주에 따라 환자들을 명명하는 것에 회의적이다.

④ 행동주의자들은 모든 심리적 이상이 오로지 학습되었다고 본다.

> **해설** 심리적 이상이 오로지 학습으로만 유발된 것이 아니라, 환경과의 경험, 반응에 대한 강화 등에 의한 것이라고 본다.

14 Freud가 정신분석이론을 발달시키는 초기 과정에서 많은 관심을 지녔던 것으로 알려져 있으며, Anna O의 사례와 밀접한 관련이 있는 정신장애는?

① 경계선 성격장애　② 전환 장애

③ 건강염려증　　　④ 특정 공포증

> **해설** [전환 장애]
> • 프로이트(Freud)를 무의식의 세계로 이끈 것은 당대에 유행하였던 정신질환인 '전환 장애'이다.
> • 당시에는 억압된 정서가 많았으며, 이에 비례하여 전환 장애의 유병률도 높았을 것으로 예상된다.
> • 프로이트는 전환 장애에 대한 이해를 바탕으로 인간 정신세계의 구조와 원리를 파악해 나가기 시작하였다.

15 다음 환자가 포함될 진단 범주로 가장 가능성이 높은 것은?

> 36세의 기혼 남자 회사원이 정신과에 입원하였다. 얼마 전 지나가던 트럭에서 오물이 날아와 몸에 묻는 일을 경험하였다. 집에 와서 목욕을 하고 옷을 세탁하였지만, 더럽다는 생각이 사라지지 않고 계속 불안하여 락스로 손을 씻고 안절부절못하며 밖에 나가기를 두려워하여 회사를 결근하는 경우가 잦아졌다. 입원 후에도 시트나 밥그릇들이 불결하다는 생각에 잠도 잘 못 자고 식사도 잘 못하고 있다.

① 사회공포증

② 강박 장애

③ 강박성 성격 장애

④ 망상 장애

> **해설** 위의 내용은 '강박 장애'에 대한 사례이다.

16 공황 장애의 특징을 모두 고른 것은?

> ㄱ. 어지럼증
> ㄴ. 몸이 떨리고 땀 흘림
> ㄷ. 호흡이 가빠지고 숨이 막힐 것 같은 느낌
> ㄹ. 미쳐 버리거나 통제력을 상실할 것 같은 느낌

① ㄱ, ㄴ, ㄷ   ② ㄷ, ㄹ
③ ㄱ, ㄴ, ㄹ   ④ ㄱ, ㄴ, ㄷ, ㄹ

해설 [공황 장애의 증상]
- 가슴이 떨리거나 심장 박동수의 증가
- 진땀 흘림, 몸이나 손발이 떨림
- 숨이 가쁘거나 막히는 느낌, 질식할 것 같은 느낌
- 가슴의 통증이나 답답함
- 구토감이나 통증, 감각 이상증
- 어지럽고 몽롱하며 기절할 것 같은 느낌
- 한기를 느끼거나 열감을 느낌
- 비현실감이나 자기 자신과 분리된 것 같은 이인증
- 자기 통제 상실, 미칠 것 같은 두려움, 죽을 것 같은 두려움

17 양극성 장애에 대한 설명으로 틀린 것은?

① 조증 상태에서는 사고의 비약 등의 사고 장애가 나타난다.
② 우울증 상태에서는 자살을 시도하기도 한다.
③ 조증은 서서히, 우울증은 급격히 나타난다.
④ 조증과 우울증이 반복되는 장애이다.

해설 양극성 장애의 조증 삽화에서 조증은 수 시간이나 수일에 걸쳐 급격히 악화된다.

18 다음 이상행동의 원인을 다음과 같이 설명하는 이론은?

> - 인간의 감정과 행동은 객관적, 물리적 현실보다 주관적, 심리적 현실에 의하여 결정된다.
> - 정신장애는 인지적 기능의 편향 및 결손과 밀접하게 연관되어 있다.

① 정신분석 이론   ② 행동주의 이론
③ 인지적 이론   ④ 인본주의 이론

해설 [인지적 이론]
정신장애는 인지적 기능이 한쪽으로 치우쳐 있거나 결손과 밀접하게 연관되어 있으며, 또 이러한 인지적 요인에 의하여 유발될 수 있는 부적응적인 인지적 특성을 지니고 있다고 본다.

19 지적 장애(Intellectual disability) 진단과 관련된 3가지 영역에 해당되지 않는 것은?

① 개념적 영역(conceptual domain)
② 사회적 영역(social domain)
③ 발달적 영역(developmental domain)
④ 실행적 영역(practial domain)

해설 지적 장애(Intellectual disability)는 '지적발달장애'라고도 하며 발달기에 발병한다. 개념적, 사회적, 실행적 영역에서 지적 결함 및 적응기능 결함이 있는 상태를 말한다.

20 정신분석학적 관점에서 볼 때, 해리성 장애 환자들에게서 가장 흔히 나타나는 방어기제는?

① 억압   ② 반동형성
③ 전치   ④ 주지화

해설 정신분석학적 관점에서의 해리 현상은 능동적인 정신과정으로, 해리성 기억상실증은 억압과 부인의 방어기제를 통하여 경험 내용이 의식에 이르지 못하게 하는 것으로 본다. 즉 고통스러운 환경자극을 회피하는 것이다.

정답   16 ④   17 ③   18 ③   19 ③   20 ①

01 BGT에 의하여 아동의 정서적 문제를 알아보고자 할 때, 고려하여야 할 지표와 가장 거리가 먼 것은?

① 도형의 각도 변화
② 도형 크기의 변화 여부
③ 도형 배치의 순서
④ 선긋기의 강도

해설
- Koppitz는 도형을 어떻게 배치하는지, 선의 강도, 도형의 크기가 변화하는지의 여부 등이 아동의 정서적 문제와 관련이 있다고 보았다.
- 시각−운동 지각이 미성숙하거나 기능이 불완전한 아동은 보통의 아동에 비하여 학습문제뿐 아니라 정서 문제가 생길 가능성이 더 높다고 본 것이다.
- 도형의 이탈과 왜곡은 시각−운동지각의 미성숙과 관련되고, 그리는 방법은 정서적 지표와 관련지어 보았다.

02 심리평가 면담의 지침으로 옳은 것은?

① 면담의 초반에는 정보 획득을 위하여 구체적인 사안을 다루는 폐쇄형 질문으로 시작한다.
② 수검자에게 검사에 대한 설명을 하고 평가에 대한 동의를 얻는다.
③ 심리검사를 받는 이유와 증상에 대한 질문은 면담의 후반에 한다.
④ 다른 정보 출처보다는 내담자 본인에게 얻은 정보를 최우선으로 한다.

해설 [심리평가 면담]
- 면담의 초반에는 개방형 질문을 하여 수검자가 자유롭게 이야기하도록 하는 것이 좋다.
- 면담의 초반에 이 심리검사를 왜 받고자 하는지 목적을 듣고, 그에 대하여 부응하는 검사인지 설명해 준다. 이를 통하여 수검자를 관찰하고 문제 행동을 끌어내어 원인을 파악할 수도 있다.
- 수검자가 방어적일 경우, 자신의 병리성을 공개하지 않으려고 할 수도 있다. 이때는 내담자를 잘 아는 가족, 친구, 동료 등과의 면담을 통하여 내담자에 대한 정보를 수집할 수 있다.

03 Cattell의 지능이론에 관한 설명으로 틀린 것은?

① Cattell은 지능을 유동적 지능과 결정적 지능으로 구분하였다.
② 유동적 지능은 22세 이후까지도 지속적으로 발달한다.
③ 결정적 지능은 문화적, 교육적 경험에 따라 영향을 받는다.
④ 유동적 지능은 개인의 독특한 신체구조와 과정에 기초한 선천적 기능이다.

해설 유동적 지능은 유전적 능력으로, 신체적, 생리적 발달이 절정에 이르는 청소년기까지는 지속적으로 발달하지만, 성인기에 들어서면서 감소하기 시작한다.

04 동일한 검사를 동일한 집단에 1주일 또는 1개월의 간격을 두고 다시 실시하여 전후 검사 결과를 상관계수로 계산하는 신뢰도는?

① 동형검사 신뢰도
② 검사−재검사 신뢰도
③ 반분 신뢰도
④ 문항내적 합치도

해설

동형검사 신뢰도	동질의 검사를 동시에 두 집단에 실시하고 상관을 구하는 신뢰도이다.
반분 신뢰도	1가지 검사를 절반으로 나누어 두 집단에 실시하여 상관을 구하는 신뢰도이다.
문항내적 합치도	문항 자체의 신뢰도를 구하는 방식으로, 대부분의 경우 Cronbach 알파값이다.

05 K-WISC-IV의 시행 연령의 범위는?

① 3~7세   ② 6~16세
③ 5~10세   ④ 12~20세

해설 [지능검사별 시행 연령]

K-WISC-IV의 시행 연령	K-WAIS-IV의 시행 연령	K-WPPSI의 시행 연령
6~16세	16~69세	3~7.5세

06 심리평가 면담에 관한 설명으로 틀린 것은?

① 수검자뿐만 아니라 필요하다면 보호자 등의 주변 사람으로부터 정보를 얻을 수 있다.
② 라포를 유지한 상태에서의 수검자의 자발성을 최대한 이끌어 내는 것이다.
③ 수검자의 진술에서 객관적 현실에 부합되지 않는 경우는 직면이 필요하다.
④ 폐쇄형 질문보다는 개방형 질문을 우선적으로 사용한다.

해설
• 심리평가 면담은 상담이 아니기 때문에 일회성 만남일 가능성이 크므로 직면을 하게 되면 부작용이 더 커진다.
• 직면은 장기 상담으로 라포가 충분히 형성되고, 패턴이 지속되어 내담자가 문제에 대한 변화가 필요하다고 판단될 때 동의를 구한 후에 진행하여야 하는 상담의 고급 기술이다.

07 치매가 의심되는 노인 환자를 대상으로 실시할 검사와 관련이 없는 것은?

① MMPI-2
② 간이 정신상태 검사(MSE)
③ 기억력 검사
④ 이름대기 검사(BNT)

해설 MMPI-2는 정신장애 여부를 판단하는 것이기 때문에 아래와 같은 상태를 보여주는 대상에게는 부적절하다.

• 치매나 뇌손상으로 인한 인지장애
• 알코올을 비롯한 물질 의존이나 중독상태
• 극심한 환각 등으로 심리적으로 매우 혼란한 상태
• 심각한 정신운동 지체
• 조증 삽화나 정신증적 상황에서 보이는 극단적 산만함
• 현실 검증력의 손상 등

08 아동의 발달적 수준을 측정하기 위하여 사용하기 어려운 검사는?

① 사회성숙도 검사(SMS)
② 인물화 검사(DAP)
③ 아동용 주제통각검사(CAT)
④ 벤더 도형검사(BGT)

해설

사회성숙도 검사(SMS)	• 2~30세 연령의 사회성 발달정도를 측정한다. • 아동과 정신지체아의 사회적 적응과 발달을 측정한다.
인물화 검사(DAP)	• 아동의 인물화를 통하여 그림을 그린 아동의 지능 발달수준을 평가한다.
벤더 도형검사 (BGT)	• 9개의 도형을 이용하여 심인성 정신장애자(지적장애자)의 여부를 평가하는 검사이다. • 아동의 지각 성숙도에 대한 발달 수준을 평가한다. • 아동의 학업 성취에 대하여 예측하거나 대략적인 지능을 추정한다.

09 아동이 현재 보이고 있는 시각-운동 발달 수준이 아동의 실제 연령에 부합되는 것인지 알고 싶다면 BGT검사 시에 어떠한 방법론적 고려를 하는 것이 가장 적합한가?

① Koppitz Developmental Bender Scoring System
② Group Test
③ Tachistoscopic Procedure
④ Raven's Progressive Matrices

정답   05 ②   06 ③   07 ①   08 ③   09 ①

해설 **[Koppitz Developmental Bender Scoring System]**

• BGT검사를 아동에게 맞는 방식으로 변화시킨 것은 Koppitz로, Developmental Bender Scoring System을 개발하였다.
• 이 검사는 5~10세 아동을 대상으로 한 발달적 채점법으로, 아동이 현재 보이고 있는 시각-운동 발달 수준이 아동의 실제 연령에 부합되는 것인지를 파악하는 데 유용하다.
• 9장의 도형 그림을 이용한 30개의 상호독립적인 문항으로 구성되어 있다.
• 각 1점이나 0점으로 합산하여 최하 0점에서 최고 30점까지 채점한다.
• 오류 점수가 높으면 나쁜 점수를 의미하고, 오류 점수가 낮으면 좋은 점수를 의미한다.

11 MMPI-2에서 4-6척도가 상승한 사람의 특징일 가능성이 적은 것은?

① 항상 긴장되어 있고 다양한 신체적 증상을 나타낼 가능성이 높다.
② 분노와 적개심이 억제되어 있을 가능성이 높다.
③ 타인에 대한 불신감이 많을 가능성이 높다.
④ 권위적 대상(Authority figure)과의 관계에서 문제가 발생할 가능성이 높다.

해설 항상 긴장되어 있고 다양한 신체적 증상을 나타낼 가능성이 높은 유형은 척도 1이나 척도 7과 관련이 높다.

[4-6 코드 유형의 특징]
• 미성숙하고 자아도취적이며 제멋대로 행동한다.
• 적대감과 분노를 표출하고, 권위적인 관계에서 문제를 일으킬 가능성이 높다.
• 자신에게 문제가 있다는 사실을 대체적으로 부인하고, 자기합리화가 강하다.
• 상담이나 심리치료에 대한 자발적 동기가 매우 낮다.

10 MMPI-2에서 5번 척도가 높은 여대생의 경우에 가능한 해석으로 가장 적합한 것은?

① 성격적으로 수동-공격적인 특성이 있다.
② 반드시 남성적인 흥미를 나타내는 것은 아니다.
③ 자신감이 부족하고 충동적이다.
④ 심리적이고 예술적인 취미를 가지며 지능이 우수하다.

해설 척도 5(Mf, 남성성-여성성 척도)가 높은 여대생은 전통적인 여성상을 거부하는 편이지만 반드시 남성적 흥미를 보여주는 것은 아니다.

척도 5가 높은 점수인 경우	남성이든 여성이든 전통적인 성 역할에 관심이 없거나 거부적이다.
척도 5가 낮은 점수인 경우	남성이든 여성이든 지나치게 전통적인 성 역할에 동일시한다. 남성은 공격적이고 보수적인 면을 보이고, 여성은 수동적이고 보수적인 면을 보인다.

12 MMPI-2 검사를 실시할 때의 유의사항으로 틀린 것은?

① 독해력이 초등학교 6학년 수준 미만인 사람에게는 실시하기 어렵다.
② 검사 시행의 소요시간이 90분 내외로 적정한지 검토하여야 한다.
③ MMPI-2는 반드시 개별적으로 실시하여야 한다.
④ 피검자에게 '현재의 상태'를 기준으로 평가하라고 지시한다.

해설 MMPI-2 검사는 개별 검사와 집단 검사 모두 실시할 수 있다.

13 신경심리검사와 가장 거리가 먼 것은?

① H-R(Halstead-Reitan Battery)
② L-N(Luria-Nebraska Battery)
③ BGT(Bender Gestalt Test)
④ Rorschach Ink Blot Test

해설

Rorschach Ink Blot Test	• 자유롭게 반응하도록 무의식적으로 탐색하는 투사 검사이다.
H-R(Halstead-Reitan Battery)	• 뇌 손상의 유무를 판단한다. • 손상 부위를 모르면서도 대뇌 기능과 손상 정도를 유의미하게 측정할 수 있다.
L-N(Luria-Nebraska Battery)	• 뇌의 각 영역이 하나의 기능체계로서 서로 긴밀하게 작용한다는 사실을 전제로 하는 신경심리검사이다. • 뇌 손상의 유무, 뇌기능의 장애로 인한 운동기능과 감각기능의 결함, 지적 기능의 장애, 기억력, 학습능력, 주의집중력 등을 포괄적으로 평가한다.
BGT(Bender Gestalt Test)	• 개인의 심리적 문제를 판단하는 것 이외에도 뇌 손상 및 병변 환자들에 대한 신경심리평가 장면에도 등장한다. • 정신병리 및 뇌 손상의 여부를 진단할 수 있다.

14 Rosenzweig의 그림 좌절 검사(Picture Frustration Test)에서는 표출되는 공격성의 세 방향을 구분하고 있다. 세 방향에 속하지 않는 것은?

① 투사 지향성
② 내부 지향형
③ 외부 지향형
④ 회피 지향형

해설 [그림 좌절 검사(Picture Frustration Test)]
• Rosenzweig가 개발한 그림 좌절 검사는 상대에 의하여 좌절을 겪게 되는 인물이 어떠한 반응을 보이게 될지 수검자로 하여금 상상하도록 하는 25컷의 만화로 구성되어 있다.

• 정면의 전체에 걸쳐 공격의 방향(외부 지향형, 내부 지향형, 회피 지향형)과 반응형태(장애 우위형, 자아 방어형, 요구 고집형)의 3×3 차원 분석을 통하여 욕구 불만 장면의 인물에 투사된 개인의 성격이 역동적으로 해석된다.

15 교통사고 환자의 신경심리검사에서 꾀병을 의심할 수 있는 경우는?

① 기억과제에서 쉬운 과제에 비하여 어려운 과제에서 더 나은 수행을 보일 때
② 즉각 기억과제와 지연 기억과제의 수행에서 모두 저하를 보일 때
③ 뚜렷한 병변이 드러나며 작의적인 반응을 보일 때
④ 단기 기억의 점수는 정상 범위이지만, 다른 기억 점수가 저하를 보일 때

해설 기억과제에서 쉬운 과제에 비하여 어려운 과제에서 더 나은 수행을 보일 때는 수검자가 꾀병을 부린다고 의심해 볼 수 있다.

16 MMPI-2와 비교할 때, 성격평가 질문지(PAI)의 특징이 아닌 것은?

① 문항의 수가 더 적다.
② 임상척도의 수가 더 적다.
③ 임상척도 이외에 대인관계 척도를 포함한다.
④ 4지선다형이다.

해설 MMPI-2는 임상척도의 수가 10개이고, PAI는 임상척도의 수가 더 많다.

정답 13 ④ 14 ① 15 ① 16 ②

17 투사적 성격검사와 비교할 때, 객관적 성격 검사의 장점은?

① 객관성의 증대

② 반응의 다양성

③ 방어의 곤란

④ 무의식적 내용의 반응

해설 [성격검사의 종류]

투사적 성격검사	• 주관성이 많고, 반응이 다양하며, 방어가 어렵다. • 무의식적 내용을 반영한다.
객관적 성격검사	• 객관성이 높아 신뢰도와 타당도가 높다. • 검사의 시행, 채점, 해석이 용이하다. • 검사자나 환경요인에 영향을 덜 받게 된다.

18 K-WAIS-IV에서 개념형성 능력을 측정하는 소검사는?

① 차례 맞추기 ② 공통성 문제

③ 이해문제 ④ 빠진 곳 찾기

해설 [공통성 문제]

• 공통성 문제는 제시된 두 단어의 공통점을 찾는 검사이다.

• 언어적 이해력, 개념형성 능력, 논리적이고 추상적인 사고력, 연합적 사고력 등을 측정한다.

19 성취도 검사와 적성검사의 특성에 관한 설명으로 옳은 것은?

① 성취도 검사와 적성검사의 차이는 문항 형식에 있다.

② 성취도는 과거 중심적이고, 적성은 미래 중심적이라고 할 수 있다.

③ 성취도는 유전의 영향을, 적성은 환경의 영향을 많이 받는 것으로 본다.

④ 대부분의 학자들은 적성을 특수 능력보다는 일반적 능력으로 본다.

해설

성취도 검사	기초적인 학습이나 학습 가능성을 진단하는 검사로, 개인이 현재까지 축적한 과거의 경험을 측정한다.
적성검사	개인의 특수한 능력이나 잠재력을 개발하여 학업이나 취업 등의 진로를 결정하는 정보를 제공하고, 이를 통한 미래의 성공 가능성을 예측한다.

20 지능검사의 결과를 해석할 때의 주의사항과 가장 거리가 먼 것은?

① IQ 점수를 표시된 숫자 그 자체로 생각할 것

② 과잉 해석을 피할 것

③ 합리적이되 융통성을 가질 것

④ 학교 성적을 예측할 수 있는 여러 변인 중의 하나로 생각할 것

해설 지능 지수는 오차도 존재하고 다양한 능력을 포함하는 종합적 점수이다. 따라서 점수 자체보다는 점수의 의미를 설명해 주는 것이 더 중요하다.

01 직업선호도검사(VPT)의 코드 유형 중 다음은 어느 유형에 대한 설명인가?

> 현장에서 몸으로 부대끼는 활동을 좋아한다. 사교적이지 못하며 대인관계가 요구되는 상황에서 어려움을 느낀다.

① 현실형(R) ② 탐구형(I)
③ 관습형(C) ④ 진취형(E)

> **해설** 몸을 사용하는 기능이 발달하고, 기계를 조작하는 환경을 선호하며 대인관계는 어려워하는 유형은 현실형(R)에 해당한다.

02 아동을 대상으로 집-나무-사람 그림검사를 실시할 때, 그 실시방법으로 옳은 것은?

① 아동의 보호자가 옆에서 지켜보면서 격려하도록 한다.
② 집, 나무, 사람은 각각 별도의 용지를 사용하여 실시한다.
③ 그림을 그린 다음에는 수정하지 못한다.
④ 그림이 완성된 후, 보호자에게 사후 질문을 하는 것이 일반적이다.

> **해설** [집-나무-사람 그림검사]
> • 보호자와 구별된 장소에서 실시하는 것이 바람직하다.
> • 수정하는 것도 심리역동이므로, 이를 기록해 두고 어떻게 수정하는지 관찰하도록 한다.
> • 사후 질문은 직접 아동에게 하도록 한다.

03 MMPI-2코드 쌍의 해석적 의미로 틀린 것은?

① 4-9 : 행동화적 경향이 높다.
② 1-2 : 다양한 신체적 증상에 대한 호소와 염려를 보인다.
③ 2-6 : 전환 증상을 나타낼 경우가 많다.
④ 3-8 : 사고가 본질적으로 망상적일 수 있다.

> **해설** 척도 2는 '우울'이고, 척도 6은 '편집(Pa)'이다. 우울하면서 무기력한 동시에, 타인을 의심하기 때문에 적개심, 분노 등을 가지고 있다. 척도 2의 경우와는 달리 적대적이고 타인이 자신에게 공격적이라고 생각한다.

04 표준 점수에 관한 설명으로 틀린 것은?

① 대표적인 표준 점수로 Z점수가 있다.
② 표준 점수는 원점수를 직선 변환하여 얻는다.
③ 웩슬러 지능검사의 IQ 수치도 일종의 표준 점수이다.
④ Z점수가 0점이라는 것은 그 사례가 해당 집단의 평균치보다 1 표준편차 위에 있다는 것을 의미한다.

> **해설** Z점수가 0점이라는 것은 그 사례가 해당 집단의 평균치라는 것을 의미한다.

05 전두엽의 집행기능(Executive function)을 평가하기 위한 신경심리검사와 가장 거리가 먼 것은?

① 위스콘신 카드분류 검사(WCST)
② 하노이탑 검사(Tower of Hanoi test)

정답 01 ① 02 ② 03 ③ 04 ④ 05 ③

③ 보스턴 이름대기 검사(Boston Naming Test)

④ 스트룹 검사(Stroop test)

> **해설** 보스턴 이름대기 검사(Boston Naming Test)는 언어영역의 손상 정도를 평가하는 검사이다. 실어증이나 치매의 조기 발견 등을 판별한다.

06 초등학교 학생의 성취도를 알아보기 위하여 평가를 실시하고자 한다. 성취도 검사의 범주에 포함되지 않는 것은?

① 독해 검사　② 쓰기 검사

③ 산수 검사　④ 지능 검사

> **해설**
> • 성취도 검사는 대상자가 당연히 습득하여야 할 능력이 어느 수준에 도달하였는지를 측정하는 검사이다.
> • 지능 검사는 성취도 검사가 아니라 능력의 최대치를 측정하는 검사이다.

07 진로발달검사(CDI)의 하위 척도에 포함되지 않는 것은?

① 진로 계획(CP)　② 진로 탐색(CE)

③ 의사 결정(DM)　④ 경력 개발(CD)

> **해설** 경력 개발(CD)은 NCS(국가직무능력)에서 자기 개발의 하위 영역이다.

08 MMPI-2를 해석하는 데 있어서 수검자의 검사 태도 및 프로파일 타당도를 알아보기 위하여 고려하여야 할 사항과 거리가 먼 것은?

① 검사 수행에 걸린 시간

② 무응답의 개수

③ F척도의 상승도

④ 6번 척도의 변화 폭

> **해설** 타당도 측정에서 중요한 것은 검사 수행에 걸린 시간, 무응답 개수, F(비전형)척도의 상승 등이다. 이것들로부터 이 검사가 타당한지 아닌지를 판별할 수 있다.

09 표준화 검사의 특징과 가장 거리가 먼 것은?

① 검사 실시의 절차가 엄격히 통제된다.

② 모든 표준화 검사는 규준을 가지고 있다.

③ 반응의 자유도를 최대한으로 넓힌다.

④ 2가지 이상의 동등형을 만들어 활용한다.

> **해설** [표준화 검사]
> • 반응의 자유도를 최대한 좁히는 것이 평균과 표준편차를 고려할 때 좋은 검사라고 할 수 있다.
> • 표준화되어 있기 때문에 동등형을 만들어 활용하더라도 신뢰도, 타당도가 여전히 높다.

10 지능 검사를 집단으로 실시하는 경우에 관한 설명으로 틀린 것은?

① 전산화 심리검사로 개발되어 사용될 수 있다.

② 검사 실시자의 훈련이 쉽다.

③ 개인의 특수한 행동에 관한 정보를 수집하기 쉽다.

④ 수검자의 일시적인 상태를 충분히 고려하지 못한다.

> **해설** 집단 검사는 개인 검사처럼 개인의 특수한 행동에 관하여 수집하는 것이 어렵다는 단점이 있다.

06 ④　07 ④　08 ④　09 ③　10 ③　**정답**

11 MMPI-2의 타당성 척도에 대한 해석으로 틀린 것은?

① 무반응(?) 점수가 100 이상일 때는 채점에서 제외시킨다.

② 방어성 척도 중 L점수가 높으면 사소한 결점이나 약점을 인정하는 태도를 보인다.

③ 비전형 척도 중 F점수는 보통 사람들과 다른 생각(정신병을 가진 사람), 이상한 태도, 이상한 경험을 가진 사람에게서 낮아지는 경향이 있다.

④ 방어성 척도 중 K점수가 낮으면 방어적 태도가 낮아져 과도하게 솔직하고 자기 비판적임을 나타낸다.

> **해설**
> • 비전형 척도인 F점수는 10% 이내의 사람들만 동일하게 응답한 문항으로 구성되어, 다른 생각(예 정신병을 가진 사람), 이상한 태도, 이상한 경험을 가진 사람을 탐지해내기 위한 문항이다.
> • MMPI-2 해석집에서 'L척도가 높으면 사소한 단점도 인정하지 않는다.'로 해석하였기 때문에 ②와 ③ 모두 정답으로 인정하였다.

12 아동의 지적 발달이 또래집단에 비하여 지체되어 있는지 혹은 앞서고 있는지를 평가하기 위하여 Stern이 사용한 IQ 산출 계산 방식은?

① 지능지수(IQ)
   = [정신연령/신체연령] × 100

② 지능지수(IQ)
   = [정신연령/신체연령] + 100

③ 지능지수(IQ)
   = [신체연령/정신연령] × 100

④ 지능지수(IQ)
   = [신체연령/정신연령] + 100

> **해설** [Stern이 사용한 IQ 산출 계산방식]
> 예 8세 아동이 지적으로는 10세의 연령으로 측정되는 경우 지능지수(IQ) = [10/8] × 100

13 웩슬러 지능검사로 평가할 수 있는 지능의 영역과 가장 거리가 먼 것은?

① 추상적 사고 능력

② 예술적 능력

③ 공간적 추론 능력

④ 주의 집중력

> **해설** 예술적 능력은 웩슬러 지능검사로 평가하는 것이 불가능하다. 이러한 지능의 제한을 타개하기 위하여 Gardner는 다중지능이론을 제안하였다.

14 지능의 측정 영역 중 일반적으로 연령이 증가함에 따라 가장 크게 저하되는 것은?

① 귀납적 추리 능력

② 공간위치 파악 능력

③ 수리 능력, 지각 속도

④ 언어 능력, 언어 기억

> **해설** [지능의 유형]

유동적 지능	연령이 증가함에 따라 쇠퇴하는 지능이다. 예 지각속도, 지각능력, 암기능력 등
결정적 지능	경험이 쌓이고 학습이 늘어남에 따라 향상되는 지능이다. 예 추론능력, 위치파악, 언어능력 등

15 BGT검사의 실시에 관한 설명으로 틀린 것은?

① 카드는 보이지 않게 엎어 두고, 도형 A
부터 도형 8까지 차례로 제시한다.

② 카드에 제시된 도형의 크기를 동일하게
그리도록 한다.

③ 모사용지는 수검자가 원하는 만큼 사용
하게 한다.

④ 수검자의 검사 태도와 검사 행동을 잘
관찰한다.

> **해설** [BGT검사]
> 카드에 제시된 도형을 어떻게 모사하는지가 관건이기
> 때문에 모사를 제시하지 않는다.

16 심리검사를 위한 면담에서 임상심리사가
유의하여야 할 점과 가장 거리가 먼 것은?

① 수검자의 부적응 행동의 과거력을 잘 물
어보아야 한다.

② 면담은 되도록 간단하게 진행하여 빨리
끝내야 한다.

③ 평가 목적(의뢰 사유)을 정확하게 파악하
고, 이에 대한 답을 찾도록 하여야 한다.

④ 수검자와 의사소통관계(라포)를 잘 형성
한 후에 물어보아야 한다.

> **해설** 심리검사는 객관적 측정이나 면담을 통하여 더
> 많은 자료를 수집할 수 있기 때문에 시간에 구애받지 않
> 는 것이 좋다.

17 MMPI-2의 척도에 대한 해석으로 가장 적
합한 것은?

① 1번 척도는 다양하고 모호한 신체적 임
상증상과 연관성이 높다.

② 2번 척도는 반응성 우울증보다는 내인
성 우울증과 관련이 높다.

③ 4번 척도는 상승 시에 심리치료 동기가
높고 치료의 예후가 좋음을 나타낸다.

④ 7번 척도는 불안 가운데 상태불안 증상
과 관련이 높다.

> **해설** [MMPI-2의 척도]
> • 2번 척도는 대부분 반응성 우울증, 양극성 장애의 우
> 울 삽화와 관련이 높다.
> • 4번 척도는 행동화 가능성이 높고, 자신에 대한 통찰
> 이 부족하며, 치료 동기가 낮다.
> • 7번 척도는 불안을 포함한 걱정 및 근심과 관련이 높
> 다. 여기에는 상태 불안과 특정 불안 모두 포함된다.

18 뇌기능 이론에 관한 설명으로 틀린 것은?

① 국재화(localization)는 어떠한 인지기
술이 뇌의 특정 영역에 자리 잡고 있다
는 것이다.

② 등력성 주의(Equipotentialism)는 뇌
영역이 1가지 이상의 기능을 수행한다
고 주장한다.

③ 뇌손상 이후에 나타나는 부분적인 기능
회복은 등력성의 지지 증거이다.

④ 뇌손상 이후에 나타나는 부분적인 기능
회복은 국재화의 지지 증거이다.

> **해설** 뇌손상 이후에 나타나는 부분적 기능 회복은
> 등력성의 지지 증거이다.

19 심리검사의 제작에 관한 설명으로 가장 거리가 먼 것은?

① 평균이 지나치게 한쪽으로 몰려 있거나 분산이 작은 경우는 정보가가 낮아 좋은 문항이라고 하기 어렵다.

② 문항의 난이도가 높아질수록 개인의 능력을 변별할 수 있는 가능성이 늘어난다.

③ 오답을 정답으로 잘못 선택하는 확률은 각 선택지별로 동질적인 것이 좋다.

④ 검사 점수의 변량이 작으면 검사의 신뢰도나 타당도는 낮아질 가능성이 크다.

> **해설** 문항의 난이도가 높거나 낮아질 경우에는 변별 가능성이 낮아진다. 문항의 난이도는 적절한 것이 좋다.

20 아동용 지각–운동 통합의 발달검사로, 24개의 기하학적 형태의 도움으로 이루어진 지필 검사는?

① VMI   ② BGT

③ CPT   ④ CBCL

> **해설**

VMI (시각–운동 통합발달검사)	시지각–운동 발달검사로, 2~15세 아동 및 청소년을 대상으로 시지각과 운동 협응능력을 평가한다.
BGT (벤더–게슈탈트 검사)	지각–운동 능력을 평가하는 투사적 검사로, 9개의 기하학적 도형을 모사하게 한다.
CPT (연속 수행검사)	연속 수행검사로, 아동 및 청소년을 대상으로 주의집중력 등을 평가하는 검사이다.
CBCL (아동·청소년 행동평가검사)	아동 및 청소년의 행동평가 척도로, 부모 보고로 사회적 적응 및 행동문제를 평가하는 검사이다.

01 행동치료를 위하여 현재 문제에 대한 기능 분석을 하면 규명할 수 있는 요소가 아닌 것은?

① 문제 행동을 일으키는 자극이나 선행조건
② 문제 행동과 관련 있는 유기체 변인
③ 문제 행동과 관련된 인지적 해석
④ 문제 행동의 결과

> **해설** 문제 행동과 관련된 인지적 해석은 인지치료의 핵심 개입으로, 인지치료는 문제 행동이 나타나는 것에는 이에 상응하는 비합리적 신념과 자동적 사고가 자리잡고 있다고 보았다. 그러므로 행동치료에서는 인지적 해석에 대해서 관여하지 않는다.

02 건강심리학 분야의 주된 관심 영역과 가장 거리가 먼 것은?

① 흡연   ② 우울증
③ 비만   ④ 알코올 남용

> **해설** 건강심리학은 정신장애의 직접적 개입보다는 예방적 차원을 강조하는 분야이다. 흡연, 비만, 알코올 문제 등을 어떻게 관리하여 더 건강한 삶을 영위할 수 있는지를 살피고 관리하는 데 초점을 둔다.

03 학생 상담 시, 어떠한 학생이 또래들에게 가장 선호되고 혹은 그렇지 못하는가를 확인해 보기 위하여 사회관계 측정법(sociogram)을 사용하려고 한다. 상담자가 사회관계 측정법을 사용할 때의 유의사항으로 틀린 것은?

① 유의미한 결과를 얻어내려면 학생들 간에 교류하는 시간이 충분하여야 한다.
② 학생의 연령대가 어릴수록 반응이 솔직하고 신뢰도와 타당도가 높다.

③ 집단의 크기가 유용한 정보를 제공해 줄 수 있으므로 집단의 크기가 너무 크거나 너무 작아도 안 된다.
④ 유의미한 집단활동이 있어야 학생들 간의 교류가 일어나므로, 상담자는 학생들에게 의미 있고 친숙한 활동을 선택해서 제공하여야 한다.

> **해설** [사회관계 측정법(sociogram)]
> • 간접적인 질문이나 생활과정을 관찰하여 누가 누구와 가까우며 거리가 있는지를 발견하여 선으로 연결한 도표로, 집단 내의 인간관계를 알아보기 위한 측정방식이다.
> • 사회학, 심리학, 사회심리학에서 인간관계의 구조를 알아보기 위하여 사용하는 측정방식이지만, 관계를 분석하는 과정에서 관찰자나 연구자의 주관적 의견이 개입될 수 있다.
> • 대상 학생의 연령대가 어릴수록 신뢰도와 타당도가 낮기 때문에 주의하여야 한다.

04 전통적인 정신역동적 심리평가와 비교한 행동 평가의 특징으로 옳은 것은?

① 행동의 무의식적인 동기를 파악힐 수 있다.
② 문제 행동의 주요 원인을 내적인 심리과정에서 찾는다.
③ 가설적-연역법을 적용하여 환경요인을 규명한다.
④ 특정 정신장애의 진단을 목표로 하는 경우가 많다.

> **해설**
> • 전통적인 심리학 개입은 행동의 기저를 분석하는 데 있어서 인간의 안정적인 특성을 먼저 파악하는 것에서 시작하는 편이다.
> • 행동주의 이론에 근거한 행동 평가는 행동의 원인에는 관심이 없고 상황과 환경적 요인을 가설적-연역법에 적용하여 환경요인을 규명한다.

05 다음 중 관계를 중심으로 치료가 초점화 되고 있는 정신역동적 접근방법의 단기 치료가 아닌 것은?

① 핵심적 갈등관계 주제(core conflictual relationship theme)

② 불안 유발 단기 치료(anxiety provoking brief therapy)

③ 기능적 분석(functional analysis)

④ 분리 개별화(separation-individuation)

해설 [기능적 분석(functional analysis)]
- 기능적 분석은 행동치료기법 중의 하나로, 특정한 문제 행동은 행동에 영향을 미치는 환경에 의하여 영향을 받는다는 가설 하에 '적응적인 행동은 강화되고, 그렇지 못한 행동은 소거된다'고 보았다.
- 어떠한 상황에서 특정 행동이 나타나고 그 행동으로 인하여 나타난 결과가 그 행동을 계속 유지하게 하는가 혹은 소거하게 하는가를 분석하는 방법이다.

06 임상적 면접에서 사용되는 바람직한 의사소통기술에 해당하는 것은?

① 면접자 자신의 사적인 이야기를 꺼내는 데 주저하지 않는다.

② 침묵이 길어지지 않게 하기 위하여 면접자는 즉각 개입할 준비를 한다.

③ 폐쇄형보다는 개방형 질문을 주로 사용한다.

④ 내담자의 감정보다는 얻고자 하는 정보에 주목한다.

해설
- 폐쇄형보다는 개방형 질문을 주로 사용함으로써 내담자의 생각, 문제 행동의 원인 등 다양한 요소들을 확인할 수 있고, 무엇보다 심문하는 듯한 인상을 덜 풍길 수 있다.
- 면접자 자신의 사적인 이야기보다는 내담자의 이야기를 경청하기 위하여 주의를 기울여야 한다.
- 침묵은 내담자가 개방형 질문을 받았을 때 자신을 돌아보고 생각해 보기 위한 사건으로, 어느 정도는 기다려 주는 것이 적절하다.

- 내담자의 정보를 습득하기 위해서는 심문적인 질문을 지속할 가능성이 많고, 내담자의 현재 감정상태에 대해서는 주의를 덜 기울이게 된다.
- 임상 면접에서 중요한 것은 내담자의 정서상태로, 이를 탐색하기 위하여 더 노력하여야 한다.

07 다음 중 규준(norm)에 관한 설명으로 가장 적합한 것은?

① 측정한 점수의 일관성 정도를 제공해 준다.

② 검사의 실시와 과정이 규정된 절차에서 이탈된 정도를 제공해 준다.

③ 특정 집단의 전형적인 또는 평균적인 수행지표를 제공해 준다.

④ 연구자가 측정한 의도에 따라 측정이 되었는지의 정도를 제공해 준다.

해설 [규준]
한 검사의 점수는 어떠한 집단의 검사 결과와 비교할 때 의미를 갖게 되는데, 이때 비교 기준이 되는 집단의 결과를 '규준'이라고 한다.

08 비밀 보장에 관한 설명으로 틀린 것은?

① 내담자에게 얻은 정보에 대한 비밀 보장을 중요시하여야 한다.

② 내담자 자신이나 타인에게 명백한 위험을 초래하게 되는 경우에도 비밀 보장은 준수되어야 한다.

③ 적절한 시기에 내담자들에게 비밀 보장의 법적인 한계에 대하여 알려 주어야 한다.

④ 전문적인 관계에서 얻은 정보나 평가자료는 전문적인 목적을 위하여 토론되어야 한다.

해설 [비밀 보장]
내담자 자신이나 타인에게 명백한 위험(자해나 살해)을 초래하게 되는 경우나 전염성 질환이 있는 경우에는 비밀 보장이 지켜지지 않을 수 있다.

09 정신질환자의 사회복귀정책에 관한 설명으로 적합하지 않은 것은?

① 유럽과 미국에서 시작되었으며, 전 세계적으로 확산되는 추세이다.

② 기관에 수용하는 정책보다 국가 예산이 더 많이 소요된다.

③ 인본주의적 정신에 기초하여 환자의 삶의 질을 높이는 데 주력한다.

④ 의학적 모형에 토대한 병원 중심의 재활이 아니고, 사회심리학적 모형에 토대한 지역사회 중심의 재활이 더 중요하다.

> **해설** 기관에 수용하는 정책이 사회에 복귀시키는 정책보다 훨씬 많은 예산이 소비된다.

10 다음 중 Rogers는 어떠한 치료기법을 발전시켰는가?

① 내담자 중심 치료 ② 합리정서 치료
③ 인지행동 치료   ④ 대상관계 치료

> **해설**

내담자 중심 치료	Rogers
합리정서 치료	A. Ellis
인지행동 치료	A. Beck
대상관계 치료	M. Klein, Fairbairn, Kohut 등

11 다음 중 대뇌피질의 각 영역의 기능에 관한 설명으로 옳은 것은?

① 측두엽 – 망막에서 들어오는 시각 정보를 받아 분석하며, 이 영역이 손상되면 안구가 정상적인 기능을 하더라도 시력을 상실하게 된다.

② 후두엽 – 언어를 인식하는 데 중추적인 역할을 하며, 정서적 경험이나 기억에 중요한 역할을 담당한다.

③ 전두엽 – 현재의 상황을 판단하고 상황에 적절하게 행동을 계획하며 부적절한 행동을 억제하는 등 전반적으로 행동을 관리하는 역할을 한다.

④ 두정엽 – 대뇌피질의 다른 영역으로부터 모든 감각과 운동에 관한 정보를 받으며, 이러한 정보들을 종합한다.

> **해설** [대뇌피질의 영역별 기능]

측두엽	• 대뇌반구의 양쪽 끝에 위치한다. • 청각 연합영역과 청각 피질이 있어서, 청각 정보의 처리를 담당한다.
후두엽 (뒤통수엽)	• 시각 연합영역과 시각 피질이라는 시각 중추가 있어서, 시각 정보의 처리를 담당한다. • 눈으로 들어온 시각 정보가 시각 피질에 도착하면 사물의 위치, 모양, 운동 상태를 분석한다.
두정엽 (마루엽)	• 대뇌반구의 위쪽 후방에 위치한다. • 기관에 운동 명령을 내리는 운동 중추가 있다. • 체감각 피질과 감각 연합영역이 있어서, 촉각, 입각, 통증 등의 체감각 처리에 관여한다. • 피부, 근골격계, 내장, 미뢰로부터의 감각 신호를 남낭한다.

12 체계적 둔감법에 관한 설명으로 틀린 것은?

① 기본 절차는 조작적 조건형성의 원리에 기초한 치료기법이다.

② 주로 불안과 관련된 부적응 행동의 치료에 사용된다.

③ 불안을 일으키는 자극들을 반복적으로 이완상태와 짝을 이룬다.

④ 신경증 식욕부진증, 충동적 행동, 우울증을 치료하는 데에도 사용된다.

[체계적 둔감법]
- 1950년대 초에 Wolpe에 의하여 개발된 치료방법으로, 고전적 조건화 형성 원리에 기초한다.
- 근육이완 훈련, 불안위계 목록의 작성, 단계적 둔감화를 실시하는 방법이다.
- 현재까지 불안의 원인이 되는 부적응 행동과 회피행동의 치료에 쓰이는 가장 효과적인 치료법이다.

13 다음은 어떠한 치료에 관한 설명인가?

> 경계성 성격장애와 감정 조절의 어려움과 충동성이 문제가 되는 상태를 치료하기 위하여 상대적으로 최근에 개발된 인지행동 치료이다. Linehan은 자살행동을 보이는 여성 환자들과의 임상경험을 바탕으로 이 치료를 개발하였다.

① 현실 치료
② 변증법적 행동 치료
③ 의미 치료
④ 게슈탈트 치료

[변증법적 행동 치료]
- Linehan에 의하여 개발된 심리사회적 치료이다.
- 경계성 성격장애와 충동성에 문제가 있는 자살행동을 보이는 여성 환자들을 대상으로 한 경험적 연구에서 시작되었으나, 현재는 다른 진단명의 환자들에게도 광범위하게 적용되고 있다.

14 브로카 영역 및 그 안쪽에 있는 백질과 주변 영역이 손상되었을 때 나타나는 증상은?

① 언어적 표현의 장애 혹은 표현적 실어증
② 언어적 이해의 장애 혹은 수용적 실어증
③ 목표 지향적 운동을 수행하지 못하는 실어증
④ 소리가 인식되거나 해석되지 못하는 실어증

[브로카 영역]
브로카 영역은 좌반구 전두엽에 존재하는 뇌의 특정 부위로, 말을 하는 기능을 담당하기 때문에 이 부분의 손상은 언어적 표현의 장애 혹은 표현적 실어증을 일으킬 수 있다.

15 1950년대에 미국 사회에서 많은 정신과 환자들이 병원 장면을 떠나 지역사회의 정신건강기관이나 사회에 복귀하게 한 직접적인 원인은?

① 향정신성 약물 치료
② 행동주의 접근 치료
③ 인본주의 접근 치료
④ 정신분석적 접근 치료

미국 사회에서 1950년대에 들어 향정신성 약물이 획기적인 발전을 이루면서 치료 효과가 커지자, 정신과 환자들을 병원에 가두는 폐쇄적 기능을 현저하게 낮출 수 있었다.

16 K-WAIS-IV의 하위 검사 중 주어진 시각적 자극의 전체를 고려하여 답을 끌어내는 능력을 측정한 후에 시각적 추론의 적절성을 평가하는 검사는?

① 기호 쓰기
② 동형 찾기
③ 토막 짜기
④ 행렬 추리

[K-WAIS-IV 소검사의 구성]

구분	언어이해 지표 (VCI)	지각추론 지표 (PRI)	작업기억 지표 (WMI)	처리속도 지표 (PSI)
핵심 소검사	공통성, 어휘, 상식	토막 짜기, 행렬 추리, 퍼즐	숫자, 산수	동형 찾기, 기호 쓰기
보충 소검사	이해	무게 비교, 빠진 곳 찾기	순서화	지우기

13 ② **14** ① **15** ① **16** ④

[작업기억 지표를 위한 검사]
• 토막 짜기는 시지각적 조직화 및 구성능력이 발휘하도록 제작된 것이다.
• 행렬 추리는 행렬 매트릭스의 빈칸을 완성하기 위하여 제시된 시각적 자극을 고려하여 추론하는 능력이 요구된다.

17 다음 (   )에 가장 알맞은 용어는?

> 기말고사에서 전 과목 100점을 받은 경희는 최우수상을 받고 친구들 앞에서 선생님께 칭찬도 받았다. 선생님은 (   ) 학습과정을 사용하고 있다.

① 조건화　　　　② 내적 동기화
③ 성취　　　　　④ 모델링

해설 최우수상(토큰), 칭찬(사회적 보상) 등은 모두 긍정적 강화를 통하여 다음에도 바람직한 행동을 더 자주 할 수 있는 기능을 높이는 조건화 학습과정에 해당한다.

18 사회기술 훈련프로그램의 구성요소에 해당하지 않는 것은?

① 문제해결 기술　　② 의사소통 기술
③ 증상관리 기술　　④ 자기주장 훈련

해설 [사회기술 훈련프로그램]
• 사회기술 훈련프로그램에는 자신의 주호소 문제를 처리할 수 있도록 문제해결 기술, 대인관계를 향상시킬 수 있는 의사소통 기술, 피해의식이 깊은 환자들을 치료하기 위한 자기주장 훈련 등이 있다.
• 증상관리 기술은 사회 재활의 한 분야로, 환자가 자신의 증상에 대한 이해를 높이고 이에 대한 약물치료를 우선적으로 할 수 있도록 적절한 대처방법을 찾는 것이다.

19 정신건강의학과 병동에 입원한 환자들 중 단체생활의 규칙을 잘 지키지 않는 환자들의 행동문제들을 개선하는 데 가장 효과적인 치료적 접근은?

① 정신 분석　　　　② 체계적 둔감법
③ 토큰 경제　　　　④ 현실 치료

해설 [토큰 경제]
• 행동문제를 개선하는 데 단기적으로 가장 큰 효과를 보여주는 치료이다.
• 바람직한 행동의 빈도를 높이는 강화 훈련으로, 적절한 보상(토큰)을 주는 것은 바람직한 행동을 지속하게 하는 데 효과적이다.

20 구조적 가족치료를 창안한 사람은?

① Alder　　　　② Sullivan
③ Minuchin　　④ Hartman

해설 구조적 가족치료를 창안한 사람은 Minuchin이다. ① Alder는 개인심리학, ② Sullivan은 대인관계 심리학을 창안하였다.

[구조적 가족치료]
• 가족은 재구조화를 필요로 하는 성공적 단계를 거쳐 발달한다.
• 구조적 가족 치료는 가족 성원들의 사회심리적 성장 과정을 유지하고 발전시키는 방법이다.

01 다음에서 설명하고 있는 것은?

> 전문적인 지식을 나누어 줌으로써 어떠한 사람이 노력하여 얻고자 하는 것의 효과를 증진시키는 과정이다.

① 자조　　　　② 평가
③ 자문　　　　④ 개입

해설

자문	• 전문적 지식을 나누어 줌으로써 어떠한 사람이 노력하여 얻고자 하는 것의 효과를 증진시키는 과정이다.
평가 (Evaluation)	• 어떠한 대상의 가치를 규명하는 일이다. • 교육에서는 성과의 판단, 공학에서는 기술 및 제품의 우열이나 성능 등의 판단, 면접에서는 인품의 판단 등 여러 가지 측면에서 실시되고 있다. • 평가는 몇 개의 항목이나 관점으로 나뉘어 실시된다.
개입 (Intervention)	• 개입은 변화이며 그 변화를 어떻게 가져올 것인지에 관한 것이다. • 스스로 처리해 온 개입이 비효과적이라면, 상담자는 문제의 특성에 따라 개입을 다르게 시도한다.
자조 (Self-help)	• AA의 자조모임에서 뿌리를 찾을 수 있으며, 자발적 모임이다. • 중독센터에서 전문가와 함께 자조 모임을 하기도 하는데, 중독 치료에서의 자조 모임은 병의 재발과 실수를 막기 위한 필수적인 요소이다.

02 행동평가 방법에 관한 설명으로 틀린 것은?

① 자연 관찰은 참여자가 아닌 관찰자가 환경 내에서 일어나는 참여자의 행동을 관찰하고 기록하는 방법이다.
② 유사 관찰은 제한이 없는 환경에서 관찰하는 방법이다.

③ 참여 관찰은 관찰하고자 하는 개인이 자연스러운 환경에 관여하면서 기록하는 방식이다.
④ 자기 관찰은 자신이 개인과 환경 간의 상호작용에 관한 자료를 수집하도록 한다.

해설 유사 관찰은 면담실이나 실험실에서 문제행동을 관찰하거나 문제행동이 일어나는 상황을 유도하여 이를 관찰하는 방법이다.

03 임상심리사의 윤리에 어긋나는 행위는?

① 본인이 맡고 있는 상담 사례에 대한 지도를 받기 위하여 지도 감독자에게 상담의 내용을 설명한다.
② 내담자의 동의 없이 인적사항을 포함한 상세한 상담 내용을 잡지에 기고한다.
③ 부모의 동의 하에 아동의 지능검사 결과를 교사에게 알려 준다.
④ 자살과 같은 위급한 상황에서 본인의 동의를 받지 못한 채 부모나 경찰에게 연락한다.

해설 [임상심리사의 윤리 원칙]
• 상담심리사는 사생활과 비밀 유지에 대한 내담자의 권리를 최대한 존중하여야 한다.
• 내담자의 사생활 보호에 대한 권리는 내담자가 위임한 법정 대리인의 요청에 의하여 제한될 수 있다.
• 내담자의 사생활 보호가 제한되더라도, 내담자의 사생활 침해를 최소화하기 위하여 노력하여야 한다.
• 문서 및 구두 보고 시에 사생활에 관한 정보를 포함시켜야 할 경우에는 그 목적과 밀접한 관련이 있는 정보만 포함시킨다.
• 강의, 저술, 동료 자문, 대중매체 인터뷰, 사적 대화 등의 상황에서 내담자의 신원 확인이 가능한 정보나 비밀 정보를 공개하지 않는다.

정답 01 ③　02 ②　03 ②

04 인간 마음의 요소적 구조를 탐색하기 위하여 내성법을 사용하였던 초기 심리학파는?

① 구조주의　　　　② 기능주의
③ 행동주의　　　　④ 인본주의

해설 **[구조주의(구성주의)]**
- 내성법은 자신의 마음속에 일어나는 것들을 언어적 보고를 통하여 연구하는 방법이다.
- 최초의 심리학 실험실을 설치한 Wundt가 과학 실험의 관찰법을 제안하면서 구조주의는 심리학의 연구방법으로 자리 잡았다.

05 Rorschach 검사의 모든 반응이 형태를 근거로 한 단조로운 반응이고, MMPI에서 8번 척도가 65T 이상으로 유의하게 상승되어 있는 내담자에 대한 설명으로 가장 적합한 것은?

① 우울한 기분과 무기력한 증상이 나타날 가능성이 크다.
② 망상이나 환각이 나타나고 판단력이 저하되어 있을 가능성이 있다.
③ 타인을 신뢰하지 못하고 의처증 증상을 보일 가능성이 있다.
④ 회피성 성격장애의 특징을 보일 가능성이 있다.

해설 ①은 2번 척도인 D의 증상일 가능성이 크다. ③은 6번 척도인 Pa의 증상일 가능성이 있다. ④는 신체화(Hs)인 1번 척도나 3번 척도인 Hy의 증상일 가능성이 있다.

06 현실 치료에 관한 설명으로 가장 적합한 것은?

① 내담자가 더 현실적이고 실현 가능한 인생 철학을 습득함으로써 정서적 혼란과 자기 패배적 행동을 최소화하는 것을 강조한다.
② 내담자의 좌절된 욕구를 알고 사람들과의 관계에서 새로운 선택을 함으로써 성공적인 관계를 얻고 유지할 수 있음을 강조한다.
③ 현대의 소외, 고립, 무의미 등 생활의 딜레마 해결에 제한된 인식을 벗어나 자유와 책임 능력의 인식을 강조한다.
④ 가족 내의 서열에 대한 해석은 어른이 되어 세상과 작용하는 방식에 큰 영향이 있음을 강조한다.

해설 ①은 A. Ellis의 합리적–정서적–행동적 상담이론(REBT)의 내용이다. ③에 해당하는 치료는 실존주의 치료이다. ④와 관련된 이론은 개인주의 심리학(Adler)의 내용이다.

07 체계적 둔감법 절차의 핵심 요소는?

① 이완　　　　② 공감
③ 해석　　　　④ 인지의 재구조화

해설 **[체계적 둔감법]**
- 이완을 강조하는 체계적 둔감법은 공포 및 불안을 제거하는 데 사용되는 기법이다.
- Wolpe의 상호제지의 원리에 입각하여 불안을 일으키는 자극을 가장 약한 정도의 자극에서 출발하여 가장 강한 자극까지 제시하여 자극의 불안 야기력을 감소시키는 방법이다.
- 체계적 둔감법에 내포된 3가지 요소는 '근육이완 훈련, 불안 위계표의 작성, 체계적 감소'로, 불안을 극복하게 하는 과정이다.

08 내담자와의 면접에서 중요한 기법 중 하나인 경청에 대한 설명과 거리가 먼 것은?

① 반응하기에 앞서 내담자가 말할 충분한 시간을 준다.

② 대수롭지 않은 내용을 말할 때는 도움이 될 만한 충고를 생각하며 듣는다.

③ 내담자와 자주 눈을 맞추고 주의를 기울인다.

④ 가능한 한 내담자의 말을 끊고 반응하는 행동을 하지 않는다.

> **해설** ②는 선택적 경청에 해당하는 설명으로, 경청할 때 주의하여야 할 사항이다.

09 행동 평가에서 강조하는 내용을 모두 고른 것은?

> ㄱ. 행동 평가는 행동주의 심리학 또는 행동 치료에 이론적 근거를 두고 있다.
> ㄴ. 행동 평가에서는 행동의 중요한 원인으로 특성을 강조한다.
> ㄷ. 행동 평가에서는 문제 행동뿐만 아니라 문제 행동이 일어나기 쉬운 특수한 자극 상황도 평가한다.
> ㄹ. 행동 평가는 특수한 상황에서 나타나는 환자의 구체적인 행동, 사고, 감정 및 생리적 반응에 관한 자료를 수집한다.

① ㄱ, ㄷ
② ㄱ, ㄴ, ㄹ
③ ㄱ, ㄷ, ㄹ
④ ㄴ, ㄷ, ㄹ

> **해설** 심리 평가는 전통적으로 인간의 특성에 따라 행동의 기저 원인을 파악하려는 노력을 하는 반면, 행동 평가는 평정 척도, 면담 질문지, 직접적 행동관찰의 방법을 통하여 문제 행동을 진단하고 문제 행동의 원인과 강화 요인을 밝혀낸다.

10 뇌의 편측화 효과를 측정할 수 있는 대표적 방법은?

① 미로 검사
② 이원청취 검사
③ 웩슬러 기억 검사
④ 성격 검사

> **해설**
>
> | 뇌의 편측화 효과 | • 인간의 뇌는 2개의 반구로 구성되어 있으며, 이 2개의 반구는 뚜렷하게 다른 기능적인 차이를 가지고 있다는 것을 뇌 편측성(Lateralization)이라고 한다.
• 특정한 작업을 하는 경우에 한쪽 뇌가 특수화되어 있음을 말하며, 반구가 서로 각각 조직화하고 처리하는 전략이 서로 다르다는 것을 보여준다. (Carter와 Frith, 1998)(Cozolino, 2010). |
> | --- | --- |
> | 이원청취 검사(기법) | • 뇌의 편측성 효과를 탐색하는 대표적인 방법이다.
• 청각체계를 이용하여 언어적 음성과 비언어적 음향의 다양한 자극을 제시하여 반응 정도에 따라 뇌의 편재화된 기능을 파악한다. |

11 정신상태 검사(MSE;mental status examination)에서 파악하는 항목과 가장 거리가 먼 것은?

① 감각기능 – 의식상태, 주의력, 기억력 등
② 인지기능 – 내담자의 치료 동기의 파악
③ 지각장애 – 착각, 환각의 유무 등
④ 지남력 – 시간, 장소, 사람의 지남력

> **해설** 정신상태 검사(MSE)에서는 외모와 외형적 행동, 사고과정과 언어행동, 기분 및 정서반응, 지적능력과 지능수준, 현실 감각(지남력) 등을 평가한다.

12 다음 ( )에 알맞은 방어기제는?

> 중현이는 선생님께 꾸중을 들어 기분이 매우 좋지 않았다. 집으로 돌아온 중현이에게 동생이 밥을 먹을 것인지 묻자, "네가 상관할 거 없잖아!"라고 소리를 질렀다. 중현이가 사용하고 있는 방어기제는 ( )이다.

① 행동화
② 투사
③ 전위
④ 동일시

해설 [전위]
- 자신의 목표나 인물을 대치할 수 있는 다른 대상에게 에너지를 쏟는 방어기제를 말한다.
- 위협적인 대상에게서 덜 위협적인 대상으로 방향을 전환하는 것이다.

13 Bergan과 Kratochwill은 임상심리사의 자문과 관련하여 10가지 자문 모형을 밝히고, 자문과정을 5가지 핵심문제로 분류하였다. 다음 중 핵심문제가 아닌 것은?

① 자문자의 책임　② 목표
③ 초기 면담　④ 지식 기반

해설

10가지 자문 모델		5가지 핵심문제
• 정신건강 모델	• 행동주의 모델	• 이론
• 조직관계 모델	• 조직사고 모델	• 지식 기반
• 조직옹호 모델	• 과정 모델	• 목표
• 임상 모델	• 프로그램 모델	• 단계
• 교육 및 훈련 모델	• 협동 모델	• 자문가의 책임

14 골수이식을 받아야 하는 아동에게 불안과 고통을 대처하도록 돕기 위하여 교육용 비디오를 보게 하는 치료법은?

① 유관관리 기법
② 역조건 형성
③ 행동 시연을 위한 탈출
④ 사회학습법

해설 [사회학습법]
- Bandura는 인간 행동이 고전적 및 조작적 조건화에 의하여 정해지기보다는 모델이 하는 행동을 따라 함으로써 학습된다는 사실을 발견하고, 이를 사회적 학습방법 이론으로 발전시켰다.
- 새로운 행동을 학습할 때 모방, 대리학습, 관찰학습 등을 통하여 학습이 일어날 수 있다고 제시하였고, 이는 교육계에 지대한 영향을 미쳤다.
- 이 관찰학습에서 모델링에 영향을 주는 3가지 요인은 모델의 특성, 행동과 관련된 보상 결과이다.

15 아동기에 기원을 둔 무의식적인 심리적 갈등에서 이상 행동이 비롯된다고 가정한 조망은?

① 행동적 조망　② 인지적 조망
③ 대인관계적 조망　④ 정신역동적 조망

해설

행동적 조망	자극과 반응의 조건 형성이나 모방으로 이상 행동이 나타난다고 보았다.
인지적 조망	비합리적 신념과 역기능적 사고에서 이상 행동이 나타난다고 보았다.
대인관계적 조망	개인의 사회적 환경, 즉 대인관계가 원인이라고 보았다.

16 행동의학에서 주로 다루는 주제로 가장 적합한 것은?

① 공황 발작
② 외상 후 스트레스 장애
③ 정신분열병의 음성 증상
④ 만성통증 관리

해설
- 건강사회학, 건강심리학, 행동의학에서는 주로 개인이 경험하는 정신적인 스트레스가 건강에 악영향을 미치는지, 또한 어떤 경로로 정신적 스트레스가 건강을 해치는지를 연구한다.
- 궁극적인 목표는 적합한 프로그램을 만들어서 정신적인 스트레스가 건강을 해치는 현상을 예방하고 치료하는 것이다. 이를 위하여 인지행동 치료 등을 통한 개입이 이루어지고 있다.
- 공황 발작, 외상 후 스트레스 장애(PTSD), 조현병 등은 정신장애에 관한 질병으로, 정신과 혹은 기관에서 다루고 있고, 수면문제, 암, 당뇨, 통증 등의 예방 및 치료는 건강심리학이나 행동의학에서 다루고 있는 분야이다.

17 주로 과음, 흡연 노출증 등의 문제를 해결하기 위하여 활용되는 치료적 접근법은?

① 정신 분석   ② 체계적 둔감법
③ 혐오 치료   ④ 명상 치료

> **해설** [혐오 치료]
> • 주로 특정 물건에 집착하는 사람들에게 이 물건과 혐오적인 자극을 연합시켜 제시함으로써, 이들이 집착하는 물건을 멀리하게 하는 행동주의적 치료기법이다.
> • 과음, 흡연, 음식, 성도착증, 소아 성애자 등에게 적용하여 효과적으로 비행적 행동을 없애는 기법이다.

18 행동 치료에 관한 설명으로 틀린 것은?

① 평가와 치료가 직접적으로 연관된다.
② 문제 행동의 기저 원인에 중요성을 둔다.
③ 모든 사례에 동일한 기법을 적용하기보다는 개별화된 평가와 개입을 한다.
④ 평가와 치료 절차가 구체적이고 분명하다.

> **해설** 행동 치료는 문제 행동의 기저 원인보다는 평가, 치료, 사후 지도 등에 초점을 두어 비행적 행동을 감소시키는 데 초점을 두었다.

19 자신의 초기 경험이 타인에 대한 확장된 인식과 관계를 맺는다는 가정을 강조한 치료적 접근은?

① 대상관계 이론
② 자기심리학
③ 심리사회적 발달이론
④ 인본주의

> **해설** [대상관계 이론(Object relations theory)]
> • 정신분석의 한 방법론으로, 프로이트의 이론을 기반으로 하여 새로운 방식으로 발전시킨 이론이다.
> • 이 이론에서는 인간을 0세부터 2~3세까지의 인생의 초반 몇 년을 집중적으로 연구하여, 이때 형성된 타인(주로 어머니)과의 경험이 이후의 인간관계 및 대상적 관계에 지대한 영향을 미친다고 보았다.

20 생물학적 조망에 대한 설명과 가장 거리가 먼 것은?

① 행동과 기질적 기능 간의 상호작용에 초점을 맞추고 있다.
② 마음과 몸은 하나의 복잡한 실체의 두 측면이다.
③ 심리적인 스트레스와 신체적인 질병은 서로 영향을 미치는 경우가 거의 없다.
④ 관찰 가능한 표현형은 그 사람의 유전인자와 연관된 경험의 산물이다.

> **해설** [생물학적 조망]
> 생물학적 조망에서는 수많은 생물학적인 요소가 개체의 행동에 영향을 준다고 본다. 즉, 유전학적 요소들, 대뇌 및 신경계, 내분비선 등은 모두 심리적 과정과 이상행동에 중요한 역할을 한다. 그러므로 심리적인 스트레스와 신체 질병은 상호 연관성이 높다고 볼 수 있다.

정답   17 ③   18 ②   19 ①   20 ③

01 정신분석적 상담에서 내적 위험으로부터 아이를 보호하고 안정시켜 주는 어머니의 역할처럼, 내담자가 막연하게 느끼지만 스스로는 직면할 수 없는 불안과 두려움에 대한 상담자의 이해를 적절한 순간에 적합한 방법으로 전해 주면서 내담자에게 의지가 되어주고 따뜻한 배려로 마음을 녹여주는 활동을 무엇이라고 하는가?

① 버텨 주기(holding)
② 역전이(counter transference)
③ 현실 검증(reality testing)
④ 해석(interpretation)

해설

역전이 (counter transference)	상담자가 내담자를 통하여 일으키는 전이로서, 상담의 진전을 방해할 수 있고, 상담자가 자각하지 못하면 상담에 부적합하다.
현실 검증 (reality testing)	현실의 조건과 상태를 여러 가지 기준에 맞추어 비교하고 평가하며 판단하는 것이다.
해석 (interpretation)	해석을 통하여 내담자는 이전에 몰랐던 무의식적 내용들을 차츰 의식적으로 이해하게 된다.

02 Taylor가 제시한 학습부진아에 관한 특성과 거리가 먼 것은?

① 학업에 대한 막연한 불안감을 가지고 있다.
② 자기 비판적이고 부적절감을 가져 자존감이 낮다.
③ 목표 설정이 비현실적이고 계속적인 실패를 보인다.
④ 주의가 산만하고 과업 지향적이다.

해설 [테일러(Taylor)가 제시한 학습부진아의 특성]
• 학업에 대한 불안을 가지고 있다.
• 자기 비판적이고 부적절감을 가져 자존감이 낮다.
• 목표 설정이 비현실적이고 계속적인 실패를 보인다.
• 성인과의 관계가 추종, 회피, 맹목적 반항, 적대감, 방어적 행동으로 나타난다.
• 독립과 의존의 갈등이 심하고 활동 패턴은 사회 지향적이다.

03 정신분석적 상담기법 중 상담 진행을 방해하고 현재 상태를 유지하려는 의식적·무의식적 생각, 태도, 감정, 행동을 의미하는 것은?

① 전이   ② 저항
③ 해석   ④ 훈습

해설 저항(resistance)은 치료의 진전을 저해하고 내담자가 무의식의 내용을 표현하는 것을 방해하는 것이다.

04 정신분석 상담에서 전이 분석이 중요한 이유로 가장 적합한 것은?

① 내담자에 대한 상담자의 감정이 나온다.
② 상담자의 감정을 드러내지 않게 해 준다.
③ 무의식 내용을 알 수 있는 최선의 길이다.
④ 내담자에게 현재 관계에 대한 과거의 영향을 깨닫게 해준다.

해설 전이는 내담자가 과거의 부모나 중요한 타인과 경험하였던 감정이나 갈등을 치료자에게서 재경험하는 것으로, 전이의 분석은 내담자로 하여금 과거의 영향이 어떻게 작용하는지를 통찰하게 한다.

05 Axline의 비지시적 놀이치료에서 놀이 치료자가 갖추어야 할 원칙에 포함되지 않는 것은?

① 아동을 있는 그대로 수용한다.

② 아동과 따뜻하고 친근한 관계를 가능한 빨리 형성하도록 한다.

③ 가능한 한 비언어적 방법으로만 아동의 행동을 지시한다.

④ 아동이 타인과의 관계 형성이 본인의 책임이라는 것을 알도록 하기 위해서는 제한을 둘 수 있다.

해설 [액슬라인(Axline)의 비지시적 놀이치료 (Nondirective Play Therapy)의 원칙]

• 치료자는 어린이와의 사이에 따뜻하고 우호적인 관계를 가급적 빨리 형성하여야 하며, 그 관계를 통하여 깊은 신뢰감을 형성한다.

• 치료자는 어린이를 있는 그대로 받아들인다.

• 치료자는 어린이가 그의 감정을 완전히 자유롭게 표현할 수 있도록 허용적인 분위기를 조성한다.

• 치료자는 어린이가 표현하는 감정을 민감하게 느끼고 인정하며, 그것을 어린이에게 반영시켜 줌으로써 어린이 자신이 자기 행동에 통찰력을 얻도록 한다.

• 치료자는 어린이가 기회만 주어진다면 자신의 문제를 해결 능력을 가지고 있음을 항상 존중하여야 한다. 선택의 책임과 변화를 시도할 자유가 어린이에게 있다.

• 치료자는 어떠한 방법으로도 어린이에게 행동과 대화를 지시하지 않는다. 어린이가 인도자가 되고 치료자는 따라갈 뿐이다.

• 치료자는 서두르지 않는다. 치료는 점진적인 과정임을 치료자가 인식하여야 한다.

• 치료자는 치료가 현실세계에 머물도록 하기 위해서 또는 어린이가 자기 책임을 인식하게 하기 위해서만 제한을 가질 수 있다.

06 REBT 상담자들이 탐색, 자유토의, 통렬한 비난, 해석 등 보통의 상담기법에 참여하여 사용하는 기법이 아닌 것은?

① 구조화   ② 직면

③ 교화   ④ 재교육

해설 구조화는 기법이 아니다. 대부분의 상담과정에서 상담 초기에 상담 여건의 구조화, 상담관계의 구조화, 비밀 보장에 대하여 이야기하는 구조화를 실시한다.

07 직업 상담원의 역할에 해당되지 않는 것은?

① 직업 상담

② 직업 창출

③ 직업 정보의 분석

④ 직업 지도프로그램의 운영

해설 [직업 상담원의 역할]

상담자	내담자의 정보, 직업세계의 정보 등을 통하여 직업 선택에 도움을 준다.
처치자	직업문제를 가지고 있는 내담자에게 문제를 인식하게 하고 진단하고 처치한다.
조언자	구인·구직의 신청 접수, 취업 알선 등과 관련된 의사 결정을 조언한다.
개발자	직업생활에 대한 이해를 높이기 위한 프로그램을 개발한다.
지원자	직업 발달단계에 의한 직업 지도프로그램을 적용하고 평가하며 지원한다.
해석자	직업 상담의 도구인 내담자의 성격 등의 결과를 분석, 해석한다.
정보분석가	직업과 관련하여 노동시장, 직업세계 변화 등의 정보를 분석한다.
협의자	직업정보 제공원, 구인처와의 연계를 구축하여 협의한다.
관리자	상담과정에서 일어나는 일련의 업무를 관리하고 통제한다.

08 다음 중 상담 목표의 구성요소에 대한 설명으로 틀린 것은?

① 과정 목표는 내담자의 변화에 필요한 상담 분위기의 조성과 관련된다.

② 과정 목표에 대한 결과는 내담자의 책임이다.

③ 결과 목표는 내담자가 상담으로 통하여 이루고자 하는 구체적인 삶의 변화와 관련된다.

④ 결과 목표는 일반적으로 객관적일수록 효과적이다.

> **해설** 과정 목표에 대한 결과는 상담자의 책임이 먼저이다.

[상담 목표의 구성요소]

과정 목표	• 내담자의 변화에 필요한 상담 분위기의 조성과 관련된다. • 일반적인 목표로서 라포 형성, 편안한 분위기의 조성, 감정이입과 긍정적 존중의 전달(보편적 목표)이다. 이는 상담자의 1차적 책임이다.
결과 목표	• 내담자의 호소문제, 상담을 통하여 이루고자 하는 구체적인 삶의 변화와 직접적으로 관련된다. • 수정 가능하고, 객관적이고 구체적이어야 한다.

09 청소년의 게임중독 치료와 관련하여 가장 적합하지 않은 개입은?

① PC방에 다녀온 것을 기록하게 한다.

② 상담의 목표를 부모님과 의논한 후에 상담자가 정해 준다.

③ 상담과정에서 어머니는 조력자로 적극적으로 개입시킨다.

④ 자기관리 훈련을 시킨다.

> **해설** 청소년 상담에서 내담자는 청소년이므로, 상담목표는 부모님이 아니라 청소년과 설정한다.

10 벌을 통한 행동 수정 시의 유의사항이 아닌 것은?

① 벌 받을 행동을 구체적으로 세분화하고 설명한다.

② 벌 받을 상황을 가능한 없애도록 노력한다.

③ 벌은 그 강도를 점차로 높여가야 한다.

④ 벌 받을 행동이 일어난 직후에 즉각적으로 벌을 준다.

> **해설** **[벌을 통한 행동 수정 시의 유의사항]**
> • 체벌은 잘못이 일어난 즉시 주어야 한다.
> • 체벌은 일관성을 가지고 행동하여야 한다.
> • 체벌은 강도를 점차로 높이지 말아야 한다.
> • 체벌을 받을 행동을 구체적으로 세분화하여야 한다.
> • 체벌을 받을 상황을 가능한 없애도록 한다.
> • 체벌은 정적 강화와 함께 주어져서는 안 된다.
> • 체벌은 가장 효과가 클 것을 예상되는 벌을 선택하여야 한다.

11 사이버 상담의 발생과 미래에 관한 설명으로 옳지 않은 것은?

① 사이버 상담은 전화 상담처럼 자살을 비롯한 위기상담이라는 뚜렷한 목적을 가지고 시작되었다.

② 사이버 상담자들의 전문성과 윤리성 등을 통제하고 관리하는 체제가 필요하다.

③ 사이버 상담의 전문화를 위하여 기존 면대면 상담과는 다른 새로운 상담기법을 개발하고 실험을 통하여 효과를 검증할 필요가 있다.

④ 사이버 상담은 기존의 면대면 상담과 전화 상담에 참여하지 않았던 새로운 내담자군의 출현을 가져왔다.

> **해설** 사이버 상담은 응급 시 대처가 곤란하다는 단점이 있어서 위기상담의 목적을 가지기가 어렵다.

12 성 피해자에 대한 심리치료 과정 중 초기 단계에서 상담자가 유의하여야 할 사항과 거리가 먼 것은?

① 치료의 관계 형성을 위하여 수치스럽고 창피한 감정이 정상적인 감정임을 공감한다.

② 피해 상황에 대한 진술은 상담자 주도로 이루어져야 한다.

③ 성 피해사실에 대한 내담자의 부정을 허락한다.

④ 내담자에게 치료에 대한 감정을 물어주고 치료자를 선택할 수 있도록 해 준다.

> **해설** 피해 상황에 대한 진술은 피해자 주도로 이루어져야 한다.

13 다음 중 진로 상담의 목표와 거리가 먼 것은?

① 직업세계에 대한 이해

② 의사결정의 함양

③ 상급학교 진학 동기의 고취

④ 직업 선택 및 직업생활에 대한 능동적인 태도 함양

> **해설** [진로 상담의 목표]
> • 자신에 관한 보다 정확한 이해 증진
> • 직업세계에 대한 이해 증진
> • 합리적인 의사결정의 증진
> • 직업에 대한 올바른 가치관 및 태도 형성
> • 진로나 직업에 대한 정보 탐색 및 활용능력 향상

14 검사결과 해석 시의 주의사항과 거리가 먼 것은?

① 검사결과 해석의 첫 단계는 검사 매뉴얼을 알고 이해하는 것이다.

② 내담자가 받은 검사의 목적과 제한점 및 장점을 검토해 본다.

③ 결과에 대한 구체적 예언보다는 오히려 가능성의 관점에서 제시되어야 한다.

④ 검사 결과로 나타나는 장점이 주로 강조되어야 한다.

> **해설** [심리검사의 해석]
> • 심리검사를 해석할 때는 장점을 강조하므로 결과를 잘못 해석하는 결과를 초래할 수 있다.
> • 심리검사를 해석할 때는 검사 결과를 객관적으로 해석하여야 한다.

15 게슈탈트 심리치료에서 알아차림-접촉의 주기 단계의 진행 순서로 옳은 것은?

① 배경 → 알아차림 → 감각 → 에너지 동원 → 행동 → 접촉 → 배경

② 배경 → 에너지 동원 → 감각 → 알아차림 → 접촉 → 행동 → 배경

③ 배경 → 감각 → 알아차림 → 에너지 동원 → 행동 → 접촉 → 배경

④ 배경 → 감각 → 알아차림 → 행동 → 에너지 동원 → 접촉 → 배경

> **해설** [알아차림-접촉의 주기]
>
> 배경 → 감각 → 알아차림 → 에너지/흥분 → 행동 → 접촉 → 배경
>
> • 배경에서 어떠한 유기체의 욕구나 감정이 신체의 감각의 형태로 나타나고, 이것을 개체가 알아차려 게슈탈트를 형성하여 전경으로 떠올린다.
> • 이를 해소하기 위하여 에너지(흥분)를 동원하여 행동으로 옮기고, 마침내 환경과의 접촉을 통하여 게슈탈트를 해소한다.

16 다음 중 전화 상담에서 가장 중심이 되어야 하는 행동은?

① 위기 상황에 대한 판단

② 신뢰관계의 구축

③ 감정의 이해

④ 통찰의 유발

> **해설** 익명성을 가진 전화 상담은 위기상황에 대한 즉각적인 대처능력과 위기상황에서의 적절한 개입을 요구한다.

17 상담에서 나타날 수 있는 윤리적 갈등의 해결 단계를 바르게 나열한 것은?

> ㄱ. 관련 윤리강령, 법, 규정 등을 살펴본다.
> ㄴ. 한 사람 이상의 전문가에게 자문을 구한다.
> ㄷ. 현 상황에서의 문제점이나 딜레마를 확인한다.
> ㄹ. 다양한 결정의 결과를 열거해 보고 결정한다.

① ㄱ → ㄷ → ㄴ → ㄹ

② ㄴ → ㄷ → ㄱ → ㄹ

③ ㄷ → ㄱ → ㄴ → ㄹ

④ ㄷ → ㄱ → ㄹ → ㄴ

> **해설** [윤리적 갈등 상황에서 상담자가 취할 행동]
> • 현 상황에서의 문제점이나 딜레마를 확인하기
> • 관련 윤리강령을 찾아 적용하기
> • 상급자 혹은 기관의 책임자와 논의하기
> • 윤리적 결정을 내리게 된 근거, 과정에 대하여 열거하고 결정하고 기록하기

18 형태 치료(게슈탈트 치료)에서 접촉-경계 혼란을 일으키는 여러 가지 심리적 현상 중 사람들이 감당하기 힘든 내적 갈등이나 환경적 자극에 노출될 때 이러한 경향으로부터 압도당하지 않기 위하여 자신의 감각을 둔화시킴으로써 자신 및 환경과의 접촉을 악화시키는 것은?

① 내사(Introjection)

② 반전(Retroflection)

③ 융합(Confluence)

④ 편향(Deflection)

해설 [게슈탈트 치료에서의 심리적 현상]

내사 (Introjection)	권위자의 행동이나 가치관을 무비판적으로 받아들임으로써 자기 것으로 동화되지 못한 채 개체의 행동이나 사고방식에 악영향을 미치는 것이다. **예** 부모가 정해 준 직업을 그대로 받아들이는 것
투사 (Projection)	자신의 생각, 욕구, 감정을 타인의 것으로 왜곡하여 지각하는 것이다. **예** 자신이 부모를 싫어하면서 모든 아이들이 부모를 싫어한다고 생각하는 것
융합 (Confluence)	밀접한 관계에 있는 두 사람이 서로 간에 차이점이 없다고 느끼도록 합의함으로써 발생한다. **예** 선생님이 친구를 혼내는 것을 마치 자신을 혼내는 것으로 느끼는 것
반전 (Retroflection)	개체가 타인이나 환경에 대하여 하고 싶은 행동을 자기 자신에게 하는 것, 혹은 타인이 자기에게 해 주기를 바라는 행동을 스스로 자기 자신에게 하는 것이다. **예** 부모님에 대한 분노를 사해로 표현하는 것
자의식 (Egotism)	개체가 자신에 대하여 지나치게 의식하고 관찰하는 현상이다. **예** 친구들이 자신만 쳐다본다고 생각하고 부자연스러운 행동을 하는 것
편향 (Deflection)	내담자가 환경과의 접촉이 감당하기 힘든 심리적 결과를 초래할 것이라 예상할 때, 이러한 경험으로부터 압도당하지 않기 위하여 환경과의 접촉을 피해 버리거나 혹은 자신의 감각을 둔화시켜버림으로써 환경과의 접촉을 악화시키는 것이다. **예** 이야기 중에 딴소리를 하면서 말의 요점을 흐리게 하는 것

19 약물에 관한 설명으로 틀린 것은?

① 약물 내성은 동기의 대립과정 이론을 설명할 수 있다.

② 바비튜레이트는 자극제이다.

③ 메스칼린은 환각제이다.

④ 진정제는 GABA 시냅스에 영향을 준다.

해설 **[바비튜레이트]**

바비튜레이트(Barbiturates)는 자극제가 아니라 억제제이다. 모든 바비튜레이트는 투여한 약물의 양과 속도에 따라서 진정, 최면 또는 마취작용을 가지며, 호흡 억제 및 항경련 작용을 한다.

20 Weiner의 비행 분류에 관한 설명으로 틀린 것은?

① 비행자의 심리적인 특징에 따라 사회적 비행과 심리적 비행을 구분한다.

② 심리적 비행에는 성격적 비행, 신경증적 비행, 정신병적(기질) 비행이 속한다.

③ 신경증적 비행은 행위자가 타인의 주목을 끌 수 있는 방식으로 비행을 저지르는 경우가 많다.

④ 소속된 비행 하위집단 내에서 통용되는 삶의 방식들은 자존감과 소속감을 가져다주므로 장기적으로 적응적이라고 할 수 있다.

해설 **[와이너(Weiner)의 비행 분류]**

· 와이너는 비행을 크게 '사회적 비행'과 '심리적 비행'으로 분류하였고, 심리적 비행은 '성격적 비행, 신경증적 비행, 정신병적 비행'의 3가지로 분류하였다.

· 이 중에서 신경증적 비행은 자신의 욕구로 거절되었을 때 급작스럽게 자신의 욕구를 표현하는 행위와 타인의 주목을 끄는 방식의 문제로 나타난다고 하였다.

01 인지행동 상담에서 사용하는 스트레스 접종방법이 아닌 것은?

① 재구조화 연습 ② 이완 훈련
③ 심호흡 연습 ④ 인지 재교육

> **해설** 스트레스 접종방법은 정보의 조합, 소크라테스식 대화, 인지적 재구조화, 문제 해결, 이완 훈련, 행동 시연, 자기 관찰, 자기 교시, 자기 강화, 환경적 상황의 수정으로 구성되어 있다.

02 접촉, 지금-여기, 자각과 책임감 등을 중시하는 치료이론은?

① 인간중심적 치료 ② 게슈탈트 치료
③ 정신 분석 ④ 실존 치료

> **해설** 게슈탈트 치료에는 접촉, 지금-여기, 자각과 책임감, 전경과 배경, 미해결 과제, 회피 등의 주요 개념이 있다.

03 사회공포증 극복을 위한 집단치료 프로그램에서 불안을 유발하기 때문에 지금까지 피해 왔던 상황을 더 이상 회피하지 않고 그 상황에 직면하게 하는 일종의 행동치료 기법은?

① 노출 훈련
② 역할 연기
③ 자동적 사고의 인지 재구성 훈련
④ 역기능적 신념에 대한 인지 재구성 훈련

> **해설** 노출 치료는 특정 공포증의 치료에 사용한다. 피해 왔던 상황을 더 이상 회피하지 않고 직면하게 하는 행동수정 기법으로는 체계적 둔감법, 홍수법, 모델링 등이 있다.

04 도박 중독에 관한 설명으로 가장 적합한 것은?

① 원하는 흥분을 얻기 위하여 액수를 낮추면서 도박을 한다.
② 정상적인 사회생활에는 큰 지장이 없다.
③ 도박을 중단하면 금단증상이 나타나며 심하면 자살을 초래한다.
④ 도시보다 시골지역에 많으며, 평생 유병률은 5% 정도로 보고되고 있다.

> **해설**
> • 도박도 금단증상을 동반하며, 심하면 자살을 초래한다.
> • 흥분이나 쾌감 등을 얻기 위하여 점점 더 많은 돈으로 도박하는 내성을 보인다.
> • 심각한 직장생활 또는 가정경제의 파탄을 불러올 수 있다.
> • 시골보다 도시에 도박을 할 수 있는 장소들이 많으므로 유병률은 도시지역에 더 많다.

05 심리재활 프로그램인 집단치료의 장점과 가장 거리가 먼 것은?

① 다른 집단 구성원에게 도움을 준다는 만족감을 경험할 수 있다.
② 효과적인 대화 기술을 익히는 기회가 된다.
③ 고민하는 비슷한 문제들에 대하여 다양한 해결책을 살펴볼 수 있다.
④ 항상 참여할 수 있고 자유롭게 다른 일정과 병행할 수 있다.

> **해설** [집단치료]
> • 집단치료는 항상 참여할 수 없으며 자유롭게 다른 일정과 병행하기가 어렵다.
> • 집단치료는 집단상담의 장점을 대부분 가지고 있지만, 집단원의 정서행동 문제나 정신장애를 치료하기 위한 목적으로 구성되는 것이 특징이기 때문에 집단원이 미리 선정되고, 제한된 특정 집단원을 대상으로 집중적인 치료를 한다.

---

01 ④ 02 ② 03 ① 04 ③ 05 ④ **정답**

06 집단상담에 대한 설명으로 가장 적합한 것은?

① 집단 크기, 기간, 집단 성격, 프로그램 등을 미리 결정하여야 한다.

② 집단 상담에서는 개인 상담에 있는 접수 면접과 같은 단계는 생략된다.

③ 집단 상담에서 상담자는 조언을 사용해서는 안 된다.

④ 만성적 우울증을 가진 내담자로 이루어진 집단은 자조집단에 어울린다.

해설 집단의 목적에 맞게 집단의 크기, 자격, 성격, 횟수 등 같은 세부사항을 미리 결정한다.

07 교류 분석 상담에서 성격이나 일련의 교류들을 자아상태 모델의 관점에서 분석하는 것은?

① 구조 분석   ② 기능 분석
③ 교류패턴 분석   ④ 각본 분석

해설 구조 분석은 3가지 자아 상태와 기능을 이해시키고, 내담자의 행동 특징 및 자아 기능을 확인한다.

08 Glasser의 현실요법 상담이론에서 가정하는 기본적인 욕구가 아닌 것은?

① 생존의 욕구   ② 권력에 대한 욕구
③ 자존감의 욕구   ④ 재미에 대한 욕구

해설 글래셔(Glasser)는 인간이 5가지 기본 욕구(사랑과 소속의 욕구, 권력에 대한 욕구, 자유에 대한 욕구, 즐거움에 대한 욕구, 생존에 대한 욕구)를 가지고 있다고 하였다.

09 다음 심리치료에서 사용된 상담 기술은?

> 내담자 : 당신은 나에 대하여 모든 것을 아는 것처럼 행동하지만, 당신은 아무것도 몰라요.
>
> 상담자 : 내가 당신의 아버지를 기억나게 하는 것은 아닌지 의문스럽군요. 당신은 아버지가 모든 것을 아는 것처럼 행동한다고 말했었지요.

① 재진술   ② 직면(도전)
③ 해석   ④ 감정 반영

해설 [해석]
• 해석은 내담자가 명확하게 인식하지 못하는 것을 여러 가지 형태로 이해시키는 교육적 설명을 의미한다.
• 해석은 따로 분리되어 있는 말이나 사건을 연결해 준다.
• 방어, 감정, 저항, 내담자의 행동이나 성격 속의 인과 관계를 지적해 주는 등의 형태로 내담자 통찰을 촉진한다.

10 성폭력 피해자와의 상담에 대한 설명으로 틀린 것은?

① 상담자는 내담자가 성에 대하여 무지하다는 가정을 가지고 상담을 시작하면 관계 형성에 어려움이 생긴다.

② 상담자는 피해자가 취하여야 할 역할 행동을 검토함으로써 필요한 대인관계를 익히도록 돕는다.

③ 먼저 내담자 스스로 자기 패배적 사고방식과 언어표현을 깨닫게 해 주는 것이 중요하다.

④ 강간 피해자들을 위한 상담의 첫 단계 목표는 신뢰적 관계 형성, 우선적 관심사 처리, 지속적 상담 준비이다.

해설 내담자의 성에 대한 지식을 섣부르게 가정하거나 추측하는 것은 관계 형성을 방해하고 상담 진행에 선입견을 가지게 되므로, 내담자의 상황과 상태를 파악하고 수용하려는 접근을 하도록 하여야 한다.

정답 06 ① 07 ① 08 ③ 09 ③ 10 ①

11 현대 상담에 대한 접근과 가장 거리가 먼 것은?

① 다소 복잡하고, 역사적이고, 이론적인 시야 등 이 분야의 종합적인 통찰을 얻어야 한다.

② 상담 접근방식들의 주된, 공통된, 효과적인 요소가 무엇일지에 대해서 생각하여야 한다.

③ 통합적인 상담방식보다 특정 상담방식을 고수하여야 한다.

④ 상담 접근방식들 간의 핵심적인 차이에 대해서 논의하여야 한다.

> **해설** 현대 상담은 절충적 상담식 접근법으로, 1가지 상담방식을 고수하기보다는 모든 상담방식을 혼합하고 있다.

12 전화 상담이 가장 효과적인 경우는?

① 심한 정신질환이 있는 경우

② 만성적인 문제가 있는 경우

③ 스스로 문제를 해결할 능력이 없는 경우

④ 남과 얼굴 대하기를 꺼려하는 경우

> **해설** [전화 상담의 내담자 특성]
> • 신분을 노출하지 않고 도움을 요청하고자 하는 경우
> • 대면 상담에 거부감을 가지고 있는 경우
> • 시간상, 거리상, 생활상의 이유로 직접 찾아가서 상담하기가 어려운 경우
> • 응급상황에 누군가의 이야기를 나누고 싶어 하는 경우

13 인간 중심 치료이론에서 치료자가 취하여야 할 태도로 가장 적합한 것은?

① 저항의 분석

② 체험에의 개방

③ 솔직성

④ 무조건적인 반영을 제공하여야 함

> **해설** 인간 중심 상담의 태도는 무조건적 긍정적 존중, 공감적 이해, 솔직성이다.

14 상담자가 상담과 관련하여 내담자에게 제공하여야 할 정보와 거리가 먼 것은?

① 상담시간과 요금

② 상담자의 특성과 훈련

③ 상담을 거부할 수 있는 권리

④ 비밀 보장의 관계

> **해설** 상담자의 특성과 훈련은 상담과 관련하여 제공하여야 할 정보라고 하기 어렵다.
>
> **[상담에 대한 동의가 필요한 사항]**
> • 비밀 보장과 비밀 보장의 예외사항
> • 상담자의 학위, 경력, 이론적 지향
> • 상담의 약속과 취소 및 필요시의 연락방법
> • 내담자가 본인의 상담 치료를 열람할 수 있는 권리
> • 상담 비용과 지불방식
> • 치료기간과 종결 시기
> • 상담을 거부할 수 있는 권리

15 게슈탈트 상담에 대한 중요한 비판점으로 가장 적합한 것은?

① 성격의 인지적 측면을 무시한다.

② 내담자의 삶을 무시하거나 가치를 떨어뜨릴 수 있다.

③ 자신들의 사고를 강요할 수도 있다.

④ 내담자가 심리적 손상을 입을 가능성이 많다.

> **해설** 게슈탈트 상담은 내담자의 '지금-여기'에서의 주관적인 측면에 중점을 두기 때문에 인지적인 측면을 무시한다는 비판을 받는다.

16 진로상담의 일반적인 원리와 가장 거리가 먼 것은?

① 만성적인 미결정자의 조기 발견에 특히 유념하여야 한다.

② 경우에 따라서는 심리상담을 병행하면 더욱 효율적이다.

③ 최종 결정과 선택은 상담자가 분명하게 정해 주어야 한다.

④ 내담자에 대한 기본적인 신뢰와 공감적 이해는 진로상담에서도 중요하다.

> **해설** 최종 결정과 선택은 상담자가 아니라 내담자가 하여야 한다.

17 상담의 초기 단계에서 사용하기에 가장 적합한 기법은?

① 경청   ② 자기개발

③ 피드백   ④ 감정의 반영

> **해설** 상담의 초기 단계에 가장 적합한 기법은 '경청'이다.

18 집단 상담에서 집단 응집력에 관한 설명으로 틀린 것은?

① 응집력이 높은 집단은 자기개발을 많이 한다.

② 응집력은 집단 상담의 성공에 매우 중요한 요소가 된다.

③ 응집력이 낮은 집단은 '지금-여기'에서의 사건이나 일에 초점을 맞춘다.

④ 응집력이 높은 집단은 집단의 규범이나 규칙을 지키지 않는 다른 집단을 제지한다.

> **해설** '지금-여기'에서의 사건이나 일에 초점을 맞추는 집단은 응집력이 높은 편이다.

19 내담자로 하여금 예상되는 불안과 공포를 의도적으로 익살을 섞어 과장해서 생각하고 표현하도록 하는 상담기법은?

① 비합리적 사고의 교정

② 역설적 의도

③ 역할 연기

④ 자기표현 훈련

> **해설** [역설적 의도]
> 역설적 의도는 바라지 않거나 바꾸고 싶은 행동을 의도적으로 반복 실시하여 역설적으로 그 행동을 제거하거나 행동에서 벗어나도록 하는 것이다. '피할 수 없으면 즐겨라'라는 의미를 담고 있다.

20 다음 중 인지적 결정론에 따른 치료적 접근과 입장이 다른 하나는?

① 합리적 정서 치료   ② 점진적 이완 훈련

③ 인지 치료   ④ 자기교습 훈련

> **해설**
> • 정신적 이완 훈련은 행동주의 이론의 치료법이다.
> • 인지적 치료 접근에는 엘리스의 합리적 정서 치료, 아론 백의 인지 치료, 마이켄바움의 자기교습 훈련이 있다.

임상심리사 2급 필기

2017

문제 및 해설

01 망각에 관한 설명으로 틀린 것은?

① 설단현상은 인출의 실패에 대한 사례이다.

② 한 기억요소는 색인 또는 연합이 적을수록 간섭도 적어지므로 쉽게 기억된다.

③ 일반적으로 일화 기억보다는 의미 기억에 대한 정보의 망각이 적게 일어난다.

④ 망각은 유사한 정보 간의 간섭에 기인한 인출단서의 부족에 의하여 생긴다.

> **해설** 기억은 기존의 정보나 지식을 문제해결에 응용할 수 있도록 구조화하거나 재구성하는 적극적 정신과정이며, 기억요소는 색인, 또는 연합이 많을수록 쉽게 기억된다.

02 엘렉트라 콤플렉스와 연관된 Freud의 심리성적 발달단계는?

① 구강기   ② 항문기

③ 남근기   ④ 성기기

> **해설** [남근기(3세~6세)]
> - 성적 관심이 성기 위주로 집중하면서, 자신의 신체에 호기심을 가지고 이성과의 차이점을 발견하는 시기이다.
> - 이 시기에는 특히 이성의 부모에 대한 연애적 감정과 행동을 보이고 동성의 부모에 대해서는 적대적 감정을 보인다.
> - 엘렉트라 콤플렉스는 바로 이러한 남근기에 고착된 현상으로, 여아가 아버지에게 애정을 품고 어머니를 경쟁자로 인식하여 적대감을 갖는 현상을 일컫는다. 남아의 경우에는 오이디푸스 콤플렉스가 나타난다.

03 얼마 간의 휴식시간을 가진 후에 소거된 반응이 다시 나타나는 현상은?

① 자극 일반화   ② 자발적 회복

③ 변별 조건형성   ④ 고차 조건형성

> **해설**
>
> | 자발적 회복 | 소거되어 능력을 상실한 것처럼 보이는 반응이 어느 정도 시간이 지나면 다시 나타나는 현상이다. |
> | --- | --- |
> | 자극 일반화 | 특정 자극에 대하여 반응하는 것을 학습한 유기체가 원래의 자극과 유사한 자극에서도 비슷한 반응을 보이는 것을 의미한다. |

04 인본주의 성격이론에 대한 설명으로 옳은 것은?

① 무의식적 욕구나 동기를 강조한다.

② 대표적인 학자는 Bandura와 Watson이다.

③ 외부 환경자극에 의하여 행동이 결정된다고 본다.

④ 개인의 성장 방향과 선택의 자유에 중점을 둔다.

> **해설** ①은 정신분석 이론, ②는 학습심리학, ③은 학습이론에 해당하는 설명이다.
>
> [인본주의 성격이론]
> 의식과 자기 인식(self-awareness)을 강조하므로 현상학적 관점이라고도 부른다. 모든 행동은 어떻게 생각하고 행동할지를 선택하는 개인의 능력과 관련이 있으며, 이러한 선택은 각 개인이 세상을 어떻게 지각하는가에 달려 있다.

05 관계의 내적 작동 모델에 관한 설명으로 틀린 것은?

① 관계의 내적 작동 모델은 자기와 1차 양육자, 그리고 그들 사이의 관계에 대한 한 세트의 믿음들이라고 한다.

② 상이한 애착 유형의 영아는 상이한 관계의 작동 모델을 갖는 것으로 보인다.

③ 상이한 아동은 상이한 기질 혹은 정서적 반응성의 특징적 양식을 가지고 태어난다.

④ 매우 어린 아동은 두려움, 과민성, 활동성, 긍정적 감정, 그리고 기타 정서적 특성에 대한 성향에서 서로 같다.

해설 매우 어린 아동도 두려움, 과민성, 활동성, 긍정적 감정, 그리고 기타 정서적 특성에 대한 성향이 다양하게 나타난다.

[내적 작동 모델]
만 3~5세쯤 형성하게 되는 한 가지의 심리적 틀로서, 자신과 타인에 대하여 영아가 형성한 정신적 표상은 애착인물과의 상호작용을 통하여 형성된 것으로 반영된다. 즉, 아이−부모 간에 형성된 애착형성관계 틀을 기반으로 사회 속에서 타인들을 대하게 된다는 이론이다.

06 행동주의적 성격이론에 관한 설명으로 틀린 것은?

① 학습 원리로 성격을 설명한다.

② 상황적인 변인보다 유전적인 변인을 중시한다.

③ Skinners는 어떠한 상황에서 비롯되는 행동과 그 결과를 중시한다.

④ 모든 행동을 자극하는 반응이라는 기본 단위로 설명한다.

해설 행동주의 성격이론에서는 행동이 유전과 환경의 상호작용에 의하여 형성된다고 보았다.

07 다음 현상을 가장 잘 설명하는 것은?

철수가 영희와 약속장소에 지하철로 가던 도중에 발생한 안전사고로 인하여 약속한 시간에 늦었다. 그럼에도, 영희는 철수가 약속시간을 잘 지키지 않는 성격 특성을 가지고 있다고 생각한다.

① 절감 원리　　　② 공변 이론
③ 대응추리 이론　　④ 기본적 귀인 오류

해설

기본적 귀인 오류	타인의 행동을 보고 상황의 영향은 과소평가하고, 개인의 특성적인 영향은 과대평가하는 경향을 의미한다.
절감 원리	어떠한 행동에 내부 귀인을 할 수 있는 조건에서는 내부 귀인을 하는 경향이 줄어들고 외부 귀인을 하는 경향이 늘어나는 경우이다.
공변 이론	한 사람의 행동을 여러 번 관찰한 후에 귀인하는 경우, 3가지(일관성, 독특성, 동의성) 정보의 수준을 함께 고려하여 귀인하게 된다.
대응추리 이론	귀인의 궁극적인 목표는 타인의 행동을 통하여 그의 개인적, 심리적 속성을 추론하는 것이라고 하였다.

08 기억에 관한 설명으로 틀린 것은?

① 외현 기억은 회상과 재인의 정확도에 의하여 측정된다.

② 기술이나 질차에 관한 기억은 암묵 기억의 특성이 강하다.

③ 일화 기억은 의미 기억에 비하여 더 복잡한 구성을 가지며 많은 단서와 함께 부호화된다.

④ 의미 기억은 특정 시점이나 맥락과 연합되어 있지 않다.

해설
• 일화 기억은 특정 시간이나 장소에서 있었던 사실과 관련된 정보에 대한 기억을 의미한다.
• 의미 기억은 문제해결방법, 사고기술, 개념 등의 일반적인 지식을 포함한 기억을 의미한다.
• 의미 기억은 오래 축적되고 쉽게 조작할 수 없다.
• 기억 연구는 일화 기억이나 망각의 연구로 제한된다.

09 성격의 사회–인지적 접근에서 주장하는 바가 아닌 것은?

① 행동은 개인의 성격보다는 그가 처한 상황에 의하여 더 많이 영향을 받는다.

② 사람들은 개인의 구성개념이라는 잣대를 통하여 세상을 본다.

③ 상황이 중요하지만 문화에 따라서는 큰 차이가 없다.

④ 통제 소재의 유형에 따라 목표 달성에 대한 기대가 다르다.

> **해설** 사회–인지적 접근은 상황도 중요하고, 더불어 상황에 대한 인지적인 해석과 처리를 어떻게 하느냐를 성격의 핵심으로 본다. 또한 인지적 해석은 문화에 따라 다를 수 있다.

10 임의의 영점을 가지고 있는 척도는?

① 명목 척도　　② 서열 척도
③ 등간 척도　　④ 비율 척도

> **해설** 절대적 '0'점을 가지고 있는 척도는 비율 척도이지만, 임의적 '0'점을 가지고 있는 척도는 등간 척도이다.

11 언어적 재료에 대한 장기 기억의 주된 특징을 나타낸 것은?

① 무한대의 저장능력, 의미적 부호화, 비교적 영속성

② 제한된 저장능력, 의미적 부호화, 빠른 망각

③ 미지의 저장능력, 음향적 부호화, 비교적 영속적

④ 제한된 저장능력, 감각적 부호화, 빠른 망각

> **해설** [장기 기억의 특징]
> • 용량의 제한이 없어서 거대한 도서관에 비유할 수 있다.
> • 비교적 영구적이고, 주로 의미로 약호화한다.
> • 현재 사용하지 않더라도 필요한 경우에 저장된 정보를 사용할 수 있도록 한다.

12 Kohlberg의 도덕 발달단계가 아닌 것은?

① 전인습적 단계　　② 인습적 단계
③ 후인습적 단계　　④ 초인습적 단계

> **해설** [Kohlberg의 도덕 발달단계]

1단계 전인습단계	2단계 인습적 단계	3단계 후인습 단계
• 쾌락/고통 지향 • 비용/이득 지향	• 착한 아이 지향 • 법과 질서 지향	• 사회적 접촉 지향 • 윤리적 원리 지향

13 설문조사법과 비교할 때 실험법의 장점은?

① 일반적으로 외적 타당도가 높다.

② 현상을 정확하게 기술할 수 있다.

③ 실험 대상자를 무선 할당하기 어려운 상황에 적용하기 용이하다.

④ 변인들 간의 인과관계를 파악할 수 있다.

> **해설** 실험법은 인과관계를 밝히는 것이 중요한 특징이다.

14 마라톤 경주 중계를 보는 도중에 한 선수가 잘못된 방향으로 달리는 것이 눈에 매우 잘 띄었다. 이러한 현상을 가장 잘 설명하는 게슈탈트 원리는?

① 유사성의 원리　　② 연속성의 원리
③ 근접성의 원리　　④ 공통운명의 원리

해설　[게슈탈트 원리]

공통운명의 원리	집단화의 법칙으로, 같은 방향으로 움직이는 것들은 하나의 집단처럼 지각하는 것이다.
유사성의 원리	자극 정보들을 유사한 것들끼리 묶어서 지각하는 것이다.
연속성의 원리	불연속적인 것보다는 연속된 패턴으로 이루어진 자극 정보들을 지각하는 것이다.
근접성의 원리	서로 가까이 있는 자극 정보들을 함께 묶어서 지각하는 것이다.

15 자극추구 성향에 관한 설명으로 옳은 것은?

① Eysenck는 자극 추구성향에 관한 척도를 제작하였다.
② 자극추구 성향이 높을수록 노아에피네프린(NE)이라는 신경전달물질을 통제하는 체계에서의 흥분 수준이 낮다는 주장이 있다.
③ 성격 특성이 일부 신체적으로 유전된다는 주장을 반박하는 근거로 제시된다.
④ 내향성과 외향성을 구분하는 생리적 기준으로 사용된다.

해설　노아에피네프린(NE)은 스트레스 상황에 처한 뇌의 신경전달물질로서, 자극추구 성향이 높을수록 노아에피네프린을 통제하는 체계에서 낮은 흥분 수준을 보인다.

16 자극에 대한 반복된 혹은 지속된 노출이 반응의 점차적인 감소를 낳는 일반적 과정은?

① 습관화　　　　　② 민감화
③ 일반화　　　　　④ 체계화

해설　[습관화]
• 습관화는 반복적으로 자극을 제시하면 그 자극에 주의를 기울이거나 반응하는 것을 멈추게 되는 과정을 말한다. 즉, 반복적인 자극으로 인하여 친숙해짐으로써 반응을 중단하는 것이다.
• 습관화는 아기가 태어난 직후에 나타나고, 생후 첫 1년 동안에 급격히 향상된다.

17 최빈치에 대한 설명으로 틀린 것은?

① 주어진 자료 중에서 가장 많이 나타나는 측정치이다.
② 최빈값은 대표성을 가지고 있다.
③ 자료 중 가장 극단적인 값의 영향을 받는다.
④ 중심 경향성 기술치 중의 하나이다.

해설　최빈치는 집중(중심) 경향성 기술치 중의 하나로, 빈도가 가장 높은 값이다.
예 1, 2, 2, 2, 2, 3, 3, 4, 4, 5에서 최빈값은 2이다. 여기에 극단적인 값 100이 있다고 하여도 자료의 극단적인 값에 영향을 받지 않는다.

18 접촉(contact)을 통한 편견과 차별 해소에 대한 설명으로 틀린 것은?

① 지속적이고 친밀한 접촉이 이루어져야 한다.

② 공동 목표를 달성하기 위하여 협동적으로 상호 의존하여야 한다.

③ 동등한 지위로 접촉이 이루어져야 한다.

④ 사회적 평등보다는 규범이 더 지지되어야 한다.

> **해설** 편견과 차별의 해소를 위한 접촉에서는 규범보다는 평등이 더 지지되어야 한다.

19 다음 ( )에 알맞은 것은?

> 어떠한 고등학교의 2학년 1반 학생들과 2반 학생들의 지능지수 평균은 110으로 같으나, 1반 학생들의 지능지수 분포는 80~140인 반면에, 2반 학생들의 분포는 95~120으로 ( )는 서로 다르다.

① 중앙치   ② 최빈치
③ 변산도   ④ 추정치

> **해설** 변산도(Variability)는 점수가 흩어진 정도로서 산포도(분산도)라고도 한다. 1반의 분포는 80~140, 2반은 95~120으로 흩어진 범위가 다르다.

20 다음 사례에 가장 적합한 연구방법은?

> 학교 교실에서 발생하는 아동의 우정관계를 연구하기 위하여 아동의 모든 또래관계의 상호작용을 정확하게 알아보려고 한다.

① 관찰법   ② 실험법
③ 설문조사법   ④ 상관연구법

> **해설** 관찰법은 대상을 통제하지 않고 형태를 지켜보고 결과를 기록하는 방법이다. 아동의 우정관계 연구를 위하여 대상들의 상호작용을 알아보려고 하는 작업은 관찰법에 해당한다.

정답 18 ④ 19 ③ 20 ①

01 실험법에 관한 설명으로 틀린 것은?

① 심리학이 과학적인 학문으로 발전하는 데 큰 기여를 하였다.

② 다른 조건들을 일정하게 고정시키는 것을 통제라고 한다.

③ 독립 변인이 어떻게 결과에 영향을 미치는지 알아보기 위한 조작을 처치라고 한다.

④ 가외 변인을 통제하기 어렵다는 문제점이 있다.

해설 실험법은 가외 변인을 통제한 상태에서 독립 변인을 의도적으로 조작함으로써 나타나는 종속 변인의 변화를 관찰하는 방법이다.

02 동조에 관한 설명으로 옳은 것은?

① 집단의 크기에 비례하여 동조의 가능성이 증가한다.

② 과제가 쉬울수록 동조가 많이 일어난다.

③ 개인이 집단에 매력을 느낄수록 동조하는 경향이 더 높다.

④ 집단에 의하여 완전하게 수용 받고 있다고 느낄수록 동조하는 경향이 더 크다.

해설 개인과 타인 간의 유대가 강할수록, 집단에 매력을 느낄수록 동조할 확률이 높아진다.

[애쉬(Asch, 1955)의 동조실험]
애쉬는 4명의 실험 협조자와 1명의 순수 피험자에게 동일한 크기의 막대를 찾으라고 지시하였다. 실험 협조자들이 모두 A라고 틀리게 대답하자 피험자들 중 35%가 틀린 답에 동조하였다. 실험이 끝난 후 피험자들에게 사적인 판단을 요구하였더니, 모두 정답이 B라고 대답하였다. 이와 같이 사람들은 공개적으로 반응하게 될 때, 자신의 생각과 일치하지 않더라도 다수에 동조하는 경향이 있다.

03 초자아에 대한 설명으로 틀린 것은?

① 사회의 가치와 도덕에 관한 내면화된 표상이다.

② 부모가 주는 상과 처벌에 대한 반응에 의하여 발달한다.

③ 도덕성 원리에 의하여 작용한다.

④ 본질적으로 성격의 집행자이다.

해설 본질적으로 성격의 집행자는 자아(Ego)이다.

04 싫어하는 사람을 과도하게 친절하게 대하는 것은 어떠한 방어기제인가?

① 승화   ② 합리화

③ 반동형성   ④ 전위

해설

반동형성	겉으로 나타나는 태도나 언행이 마음속의 욕구와 반대되는 것의 방어기제이다.
승화	참기 어려운 충동에너지를 사회적으로 용납되는 형태로 돌려쓰는 것이다.
합리화	잘못된 견해나 행동이 그럴 듯한 이유로 정당하게 하는 것이다.
전위	전혀 다른 대상에게 자신의 욕구를 발산하는 것이다.

05 여러 상이한 연령에 속하는 사람들로부터 동시에 어떠한 특성에 대한 자료를 얻고, 그 결과를 연령 간 비교하여 발달적 변화과정을 추론하는 연구방법은?

① 종단적 연구방법
② 횡단적 연구방법
③ 교차비료 연구방법
④ 단기 종단적 연구방법

해설
- 종단적 연구방법 : 일정 기간 동안 동일한 피험자들을 반복적으로 관찰하여, 각 개인의 다양한 특성에 대한 연속적인 변화를 측정할 수 있다.
- 단기 종단적 연구방법(횡단적–종단적 설계) : 상이한 연령의 피험자를 선별하여, 이들 각 집단을 얼마 동안의 기간에 걸쳐서 연구하는 것이다. 횡단적 연구와 종단적 연구의 장점들을 혼합한 연구방법이다.

06 잔소리하는 어머니로부터 벗어나기 위하여 집 밖에서 머무르는 시간이 증가하는 것은 조작적 조건형성에서 무엇에 해당되는가?

① 정적 강화
② 부적 강화
③ 정적 처벌
④ 부적 처벌

해설 혐오스러운 결과를 제거(어머니의 잔소리를 듣는 것)하여 바람직한 행동 재현(밖에 머무르는 시간이 증가하는 것)을 가져오는 것은 '부적 강화'를 의미한다.

[조작적 조건형성]

정적 강화	바람직한 행동빈도를 높이기 위하여 강화물을 준다. 예 청소(바람직한 행동)를 열심히 하면 아이스크림(강화물)을 준다.
부적 강화	바람직한 행동빈도를 높이기 위하여 혐오스러운 일을 제거해 준다. 예 숙제를 하면(바람직한 행동) 화장실 청소(혐오스러운 일)를 하지 않게 해준다.
정적 처벌	바람직하지 않은 행동빈도를 낮추기 위하여 혐오스러운 일을 준다. 예 성진이는 동생과 싸울 때마다(바람직하지 않은 행동빈도) 손바닥을 맞기로(혐오스런 일 추가)하였다.
부적 처벌	바람직하지 않은 행동빈도를 낮추기 위하여 선호 자극을 제거해 준다. 예 성진이가 동생과 싸울 때마다(바람직하지 않은 행동빈도) 간식(선호 자극)을 주지 않았다.

07 실험법과 조사법의 가장 근본적인 차이점은?

① 실험실 안에서 연구를 수행하는지의 여부
② 연구자가 변인을 통제하는지의 여부
③ 연구 변인들의 수가 많은지의 여부
④ 연구자나 연구 참가자의 편파가 존재하는지의 여부

해설 실험법은 독립 변수가 종속 변수에게 미치는 영향을 알아내기 위하여 가외 변수를 모두 통제하는 것이고, 조사법은 통제가 없다.

08 성격 5요인이론의 구성요소에 해당하는 것으로만 바르게 나열한 것은?

① 개방성(openness to experience), 성실성(conscientiousness), 민감성(sensitivity)
② 외향성(extraversion), 친화성(agreeableness), 성실성(conscientiousness)
③ 친화성(agreeableness), 신경증 성향(neuroticism), 강인성(hardiness)
④ 개방성(openness to experience), 친화성(agreeableness), 충동성(impulsiveness)

해설 [성격 5요인이론의 구성요소]

성실성 (conscientiousness)	목표를 성취하기 위하여 성실하게 노력하는 성향이다.
외향성 (extraversion)	다른 사람과의 사교, 자극과 활력을 추구하는 성향이다.

친화성 (agreeableness)	타인에게 반항적이지 않은 협조적인 태도를 보이는 성향이다.
신경성 (neuroticism)	분노, 우울함, 불안감과 같은 불쾌한 정서를 쉽게 느끼는 성향이다.
경험에 대한 개방성 (openness to experience)	상상력, 호기심, 모험심, 예술적 감각 등으로 보수주의에 반대하는 성향이다.

09 자신과 타인의 휴대폰 소리를 구별하거나 식용버섯과 독버섯을 구별하는 것은?

① 변별
② 일반화
③ 행동조형
④ 차별화

해설

- 변별 : 유사한 두 자극의 차이를 식별하여 각각의 자극에 대하여 서로 다르게 반응하는 현상이다.
- 일반화 : 특정 자극에 대하여 반응하는 것을 학습한 유기체가 원래의 자극과 유사한 자극에서도 비슷한 반응을 보이는 것을 의미한다.
- 행동조형(shaping) : 연속적 접근법을 사용하여 연구자가 원하는 새로운 반응을 만들어내는 절차이다.
- 차별화 : 둘 이상의 대상을 각각 등급이나 수준 따위의 차이를 두어 구별된 상태가 되게 하는 것이다.

10 기억단계를 바르게 나열한 것은?

ㄱ. 보유(retention) ㄴ. 인출(retrieval)
ㄷ. 습득(acquisition)

① ㄱ → ㄴ → ㄷ
② ㄷ → ㄱ → ㄴ
③ ㄴ → ㄱ → ㄷ
④ ㄱ → ㄷ → ㄴ

해설 [기억의 3단계]

1단계 (습득 또는 약호화)	자극에 주의를 기울여 그 자극을 기억 속에 집어넣는 단계로, 부호화라고도 한다.
2단계 (보유 또는 저장)	정보가 저장되는 단계로, 일정한 기간 동안 유지하는 것이다.
3단계 (인출)	정보를 사용하기 위하여 저장된 것을 끄집어내는 단계이다.

11 검사의 내용이 측정하려는 속성과 일치하는지를 논리적으로 분석·검토하여 결정하는 타당도는?

① 예언 타당도
② 공존 타당도
③ 구성 타당도
④ 내용 타당도

해설

내용 타당도	목표로 삼고 있는 내용을 얼마나 잘 담았는지를 그 분야 전문가에게 확인하는 방법이다.
예언 타당도	현재의 측정 근거로 미래의 어떠한 것을 정확하게 예측하는가이다.
공존/공인 타당도	기존에 타당도가 증명된 척도와 타당화 연구 척도 간의 상관관계를 측정한다.
구성 타당도	검사가 측정하고자 하는 이론적 구성개념이나 특성을 잘 측정하는지를 나타내는 타당도이다.

12 집단사고가 일어나는 상황과 가장 거리가 먼 것은?

① 집단의 응집력이 높은 경우
② 집단이 외부 영향으로부터 고립된 경우
③ 집단의 리더가 민주적인 경우
④ 실행 가능한 대안이 부족하여 집단의 스트레스가 높은 경우

해설 [집단사고가 일어나는 상황의 원인]

- 집단구성원의 높은 응집성
- 외부로부터 단절된 집단
- 집단 내의 대안을 심사숙고하는 절차가 미비할 때
- 리더가 지시적이고, 판단에 대한 과도한 확신을 가질 때
- 더 좋은 방안을 찾을 가망이 없어서 스트레스가 높을 때

09 ①   10 ②   11 ④   12 ③   **정답**

13 성격 이론가에 관한 설명으로 틀린 것은?

① Allport는 성격은 과거 경험에 의하여 학습된 행동 성향으로, 상황이 달라지면 행동 성향도 변화한다고 보았다.

② Cattell은 특질을 표면 특질과 근원 특질로 구분하고 자료의 통계분석에 근거하여 16개의 근원 특질을 제시하였다.

③ Rogers는 현실에 대한 주관적 해석 및 인간의 자기실현과 성장을 위한 욕구를 강조하였다.

④ Freud는 본능적인 측면을 강조하고, 사회환경적 요인을 상대적으로 경시하였다.

해설 [올포트(Allport)]
올포트(Allport)의 성격 연구는 안정된 성격 특질들을 알아내는 것이며, 성격 이론은 이러한 특질(Trait)을 체계적으로 분류하는 것이라고 주장하면서, 행동상에 미치는 정도에 따라 주(기본) 특질(Cardinal trait) 행동, 중심 특질(Central trait), 2차적 특질(Secondary disposition)로 구분하였다.

14 단기 기억의 용량은?

① 5±2   ② 6±2
③ 7±2   ④ 8±2

해설 단기 기억은 신경 연결의 일시적 변화에 의하여 수행되며, 기억 용량이 제한되어 7±2개이다.

15 관찰법에 관한 설명으로 틀린 것은?

① 관찰법은 실험법과 같이 독립 변인을 인위적으로 조작할 수 없으므로 관찰 변인을 체계적으로 측정하지 않는다.

② 관찰법에는 직접 집단에 참여하여 그 집단구성원과 같이 생활하면서 관찰하는 참여 관찰도 있다.

③ 관찰법은 임신 중의 영양 부족이 IQ에 미치는 영향과 같이 실험 상황을 윤리적으로 통제할 수 없을 때 사용한다.

④ 관찰법에서는 관찰자의 편견이나 희망이 반영되어 관찰자 편향이 일어날 수 있다.

해설 관찰법은 실험법과 같이 독립 변인을 인위적으로 조작할 수는 없지만, 관찰 변인을 체계적으로 측정할 수 있다.

16 개나리나 장미가 필 때는 그렇지 않고 유독 진달래가 필 때만 콧물이 나는 상황의 경우, 코감기의 원인이 진달래라고 결론을 내리는 것은?

① 동의성   ② 효율성
③ 일관성   ④ 독특성

해설 [켈리(Kelley)의 공변원리]
한 사람의 행동을 여러 번 관찰한 후에 귀인하는 경우, 3가지(일관성, 독특성, 동의성) 정보의 수준을 함께 고려하여 귀인하게 된다.

일관성	행위자의 행동이 다른 상황이나 맥락에서도 나타나는가를 의미한다.
독특성	행위자의 행동이 특정 대상에게만 나타나는가를 의미한다.
동의성	다른 사람도 그 상황에서 동일하게 행동하는가를 의미한다.

17 나중에 학습한 정보가 먼저 학습한 정보를 방해하여 회상을 어렵게 하는 현상은?

① 순행 간섭   ② 역행 간섭
③ 부식   ④ 소거

해설
• 역행 간섭 : 새로운 정보가 이전에 학습한 정보의 저장을 방해하는 것이다.
• 순행 간섭 : 이전에 학습한 정보가 새로운 정보의 저장을 방해하는 것이다.

18 한 번 도박에 빠지면 그만두기 어려운 이유를 학습원리로 가장 적절하게 설명한 것은?

① 너무나 큰 정적 강화를 제공하기 때문에
② 부분 강화 효과 때문에
③ 보상에 비하여 처벌이 적기 때문에
④ 현실 도피라는 부적 강화를 제공하기 때문에

해설 어떠한 행동에 계속적으로 부분 강화(간헐적 강화)의 반응이 오면, 이를 얻기 위하여 지속적으로 행동을 하려고 하고, 지속적인 행동은 소거하기가 매우 어렵다.

19 A씨의 아이는 항상 '우유'를 보고 '물'이라고 이야기한다. Piaget에 따르면, A씨가 단어를 바로 잡아 준 후에 아이의 우유에 대한 도식을 변환시키려면 무엇을 하여야 하는가?

① 동화   ② 보존
③ 조절   ④ 대상 영속성

해설 도식을 변환시키려면 조절이 필요하다.

동화	자신이 가진 기존의 구조에 새로운 정보를 받아늘이는 것이다.
조절	외계의 새로운 정보에 맞추어 자신의 구조를 바꾸어가는 것이다.

20 정상 분포에 대한 설명으로 틀린 것은?

① 평균을 중심으로 좌우대칭을 이루는 곡선이다.
② 평균과 중앙값, 최빈값이 모두 같다.
③ 정상 분포를 따르면, 변인은 Z점수 평균이 0이고 변량은 1이다.
④ 정상 분포의 양끝쪽은 점차 X축에 접근한다.

해설 평균이 0이고 표준편차가 1인 정규분포를 '표준 정규분포'라고 한다.

01 항정신병 약물의 부작용으로서 나타나는 혀, 얼굴, 입, 턱의 불수의적 움직임은?

① 무동증(akinesia)

② 만발성 운동장애(tardive dyskinesia)

③ 추체외로 증상(extrapyramidal symptoms)

④ 구역질(nausea)

> **해설** [만발성 운동장애(tardive dyskinesia)]
> 전통적으로 항정신병 약물의 부작용으로서, 혀를 내밀거나 얼굴을 찡그리는 등의 행동을 보인다.

02 다음의 특징을 보이는 장애는?

> 비사교적이며 대인관계에 무관심하고, 정서적으로 냉담하여 외부자극에 잘 반응하지 않고, 과도한 백일몽이나 자기만의 환상을 가진다.

① 조현성 성격 장애(schizoid personality disorder)

② 연극성 성격 장애(histrionic personality disorder)

③ 편집성 성격 장애(paranoid personality disorder)

④ 조현형 성격 장애(schizotypal personality disorder)

> **해설** [조현성 성격 장애(schizoid personality disorder)]
> • 타인과의 친밀한 관계 형성에 무관심하며 감정 표현의 부족으로 사회적 적응에 현저한 어려움을 나타낸다.
> • 거의 항상 혼자서 하는 활동을 선택하고 타인의 칭찬이나 비평에 무관심하다.

03 우울증의 원인이 되는 우울 유발적 귀인(depressogenic attribution) 현상에 관한 설명으로 옳은 것은?

① 성공을 외부적, 안정적, 특수적 요인에 귀인한다.

② 성공을 내부적, 안정적, 특수적 요인에 귀인한다.

③ 실패를 외부적, 안정적, 특수적 요인에 귀인한다.

④ 실패를 내부적, 안정적, 전반적 요인에 귀인한다.

> **해설** [귀인 이론]
> 우울한 사람들은 실패 경험에 대하여 내부적, 안정적, 전반적 귀인을 한다.

내부적 귀인	실패 원인을 자신의 능력 또는 노력의 부족, 성격의 결함 등의 내부적 요인으로 귀인하는 경우에 우울증이 증폭된다.
안정적 귀인	실패 원인을 자신의 능력 부족, 성격상 결함 등의 안정적 요인으로 귀인하는 경우에 우울감이 만성화, 장기화된다.
전반적 귀인	실패 원인을 자신의 전반적인 능력 부족이나 성격 전체의 문제 등으로 귀인하는 경우에 우울증이 일반화된다.

04 순환성 장애의 특징이 아닌 것은?

① 청소년기나 초기 성인기에 시작된다.

② 남녀 간의 유병률에는 큰 차이가 없다고 보고된다.

③ 양극성 장애보다 경미한 증상이 2년 이상 지속된다.

④ 양극성 장애로는 발전하지 않는다.

해설 [순환성 장애]
· 순환성 장애는 양극성 및 관련 장애의 하위 유형이다.
· 우울증 또는 조증 삽화에 해당되지 않는 경미한 우울 증상과 경조증 증상이 번갈아가며 2년 이상(아동 및 청소년의 경우는 1년 이상) 중에서 적어도 절반 이상의 기간에 나타나야 한다.
· 남녀의 유병률이 비슷하고, 주요 발병 시기는 청소년기와 성인기 초기이다.

05 이상행동 모델에 관한 설명으로 옳은 것은?

① 인지 모델 – 잘못된 사고 과정의 결과이다.
② 행동주의 모델 – 자기실현을 하는 데 있어서 오는 어려움에서 생긴다.
③ 인본주의 모델 – 무의식적 내적 갈등의 상징적 표현이다.
④ 사회문화 모델 – 정상 행동과 같이 학습의 결과로 습득한다.

해설 ②는 인간 중심 모델, ③은 정신분석 모델, ④는 행동주의 모델에 대한 설명이다.

06 환각제에 해당되는 약물은?

① 펜시클리딘　　② 대마
③ 카페인　　　　④ 오피오이드

해설 대표적인 환각제는 펜시클리딘, LSD, 임페타민류, 항콜린성 물질이다.

07 강박 장애의 특징을 고른 것은?

ㄱ. 자신의 행동이 비합리적임을 알지만, 강박 행동을 멈추지 못한다.
ㄴ. 강박 행동을 수행한 후에 대개는 잠시 동안 불안을 덜 느낀다.
ㄷ. 강박 행동의 일부는 의례 행동(Ritual behavior)으로 발전한다.

① ㄱ, ㄴ　　　　　② ㄱ, ㄷ
③ ㄴ, ㄷ　　　　　④ ㄱ, ㄴ, ㄷ

해설 강박 장애의 주된 증상은 강박 사고와 강박 행동이다. 강박 행동은 대체로 강박사고에 대한 반응으로 불안을 감소하기 위하여 하는 행동으로, 비합리적임을 알지만 멈추지 못하고 일부는 의례 행동(Ritual behavior)으로 발전한다.

08 정신장애 개입의 최근 동향으로 틀린 것은?

① 탈시설화(deinstitutionalization)의 감소
② 항정신상 약물의 발전
③ 심리치료서비스 이용의 증가
④ 정신건강에 대한 예방적 접근의 강조

해설 [정신장애 개입]
과거에는 입원시설을 통하여 관리하던 부분이 최근에는 탈시설화(Deinstitutionalization)되면서 다양한 주거프로그램을 제공하며 지역사회에서 관리하는 방향으로 바뀌어가고 있다.

09 대형 화재현장에서 살아남은 남성이 불이 나는 장면에 극심하게 불안 증상을 느낄 때 의심할 수 있는 가능성이 가장 높은 장애는?

① 외상 후 스트레스 장애

② 적응 장애

③ 조현병

④ 범불안 장애

> **해설** 충격적인 외상 사건을 경험한 후에 외상 사건과 관련된 기억이나 감정을 재경험하는 침투증상을 경험하는 것은 외상 후 스트레스 장애이다.

10 적대적 반항장애(oppositional defiant disorder)의 진단 기준에 해당되는 행동은?

① 자신도 모르게 일정한 몸짓을 하며 때로는 괴상한 소리를 내기도 한다.

② 엄마와 떨어지는 것에 대한 불안으로 학교 가기를 거부한다.

③ 사회적으로 정해진 규칙을 위반하거나 타인의 권리를 침해한다.

④ 어른들과 논쟁을 하고 쉽게 화를 낸다.

> **해설** ①은 틱 장애, ②는 분리불안 장애, ③은 품행장애 또는 반사회성 성격 장애에 해당하는 행동이다.

[적대적 반항장애(oppositional defiant disorder)의 DSM-5 진단 기준에 해당되는 행동]
분노와 과민한 행동으로 기분, 논쟁적/반항적 행동, 보복적 양상이 적어도 6개월 이상 지속된다.

논쟁적/반항적 행동	• 자주 권위자와 논쟁을 벌인다. • 자주 적극적으로 권위자의 요구를 무시하거나 규칙을 어긴다. • 자주 고의적으로 타인을 귀찮게 한다. • 자주 자신의 실수나 잘못된 행동을 남의 탓으로 돌린다.

11 우울증과 관련하여 Beck이 제시한 인지 삼제는?

① 자신, 세계 및 미래에 대한 비관적 견해

② 자신, 과거 및 환경에 대한 비관적 견해

③ 자신, 과거 및 미래에 대한 비관적 견해

④ 자신, 미래 및 관계에 대한 비관적 견해

> **해설** 아론 벡(Beck)의 인지 삼제는 '나 자신, 나의 미래, 나의 주변세계'에 대한 비관적 견해이다.

12 자폐 스펙트럼 장애에 관한 설명으로 틀린 것은?

① 의사소통의 장애가 현저하고 지속적이다.

② 상상적인 놀이를 하는 데 어려움이 있다.

③ 사회적 관습을 이해하는 데 어려움이 있다.

④ 연령 증가와 함께 증상의 호전을 보았다.

> **해설** **[자폐 스펙트럼 장애]**
> • 지체된 언어 발달로, 주로 사회적 관심의 부재나 특이한 사회적 상호작용을 한다.
>   **예** 상대를 보지 않고 손으로 끌기 등
> • 제한적이고 반복적 패턴의 행동이나 관심, 활동이 나타난다.
> • 증상은 초기 아동기부터 나타나는데, 연령이 증가할수록 분명해져서 일상의 기능을 제한하고 손상시킨다.

13 알츠하이머병에 관한 설명으로 틀린 것은?

① 현저한 인지기능 장애가 특징이다.

② 도파민과 밀접한 관련이 있다.

③ 연령의 증가와 함께 유병률이 높아진다.

④ 점진적으로 진행하는 질병이다.

> **해설** 알츠하이머병의 원인은 단백질 생산을 맡은 유전자의 돌연변이로 보고 있으며, 도파민과 밀접한 관련은 없다.

14 조현성 성격 장애와 조현형 성격 장애의 공통점을 짝지은 것은?

ㄱ. 의심이나 편집증적 사고
ㄴ. 정체성 문제
ㄷ. 제한된 정서 및 감정
ㄹ. 사회적 고립

① ㄱ, ㄴ
② ㄴ, ㄷ
③ ㄷ, ㄹ
④ ㄴ, ㄹ

해설 ㄱ은 편집성 성격 장애의 특징이고, ㄴ은 해리성 정체감 장애의 특징이다.

[조현성 성격 장애와 조현형 성격 장애의 특징]

조현성 성격 장애	타인과의 친밀한 관계 형성에 무관심하고, 감정 표현의 부족으로 사회적 적응에 현저한 어려움을 나타내는 성격장애를 말한다.
조현형 성격 장애	사회적으로 고립되어 있고, 기이한 생각이나 행동을 나타내어 사회적 부적응을 초래하며, 정서 표현이 제한되어 있는 성격장애를 말한다.

15 다음 사례에 가장 적절한 진단명은?

A는 중소기업에서 일하는 직원이다. 오늘은 동료 직원 B가 새로운 상품에 대하여 발표하기로 하였는데, 결근을 하여 A가 대신 발표하게 되었다. 평소 A는 다른 사람들이 자신의 발표에 대하여 나쁘게 평가할 것 같아서 다른 사람 앞에서 발표하는 것을 피해 왔다. 발표시간이 다가오자 온몸에 땀이 쏟아지고 숨쉬기가 어려워졌으며 곧 정신을 잃고 쓰러질 것처럼 느껴졌다.

① 범불안 장애
② 공황 장애
③ 강박 장애
④ 사회불안 장애

해설 [사회불안 장애]
• 타인과 상호 작용하는 사회적 상황(대중 앞에서의 발표 등)을 두려워하여 회피하는 장애를 말한다.
• 다른 사람들이 지켜보고 또한 평가하는 가운데 어떠한 일을 수행하여야 할 때, 대중 앞에서 창피를 당할까 두려워하면서 불안과 관련된 많은 신체적 증상을 경험한다.

16 DSM-5에서 제시한 폭식 삽화에 관한 설명으로 옳은 것은?

① 음식 섭취에 대한 통제의 상실
② 주관적으로 많다고 느껴지는 음식 섭취
③ 3시간 이상 지속 시, 음식 섭취
④ 부적절한 보상 행동(purging)의 사용

해설 [폭식 삽화의 DSM-5 진단 기준]
• 반복적인 폭식 행동이 나타나야 한다. 이러한 폭식 행동은 일정한 시간 동안(2시간 이내 등) 대부분의 사람이 유사한 상황에서 일정한 시간 동안 먹는 것보다 분명하게 많은 양의 음식을 먹는다.
• 폭식 행동을 하면서 먹는 것에 대한 조절능력의 상실감(먹을 것을 멈출 수 없으며, 무엇을 또는 얼마나 많이 먹어야 할 것인지를 조절할 수 없다는 느낌)을 느낀다.
• 폭식 행동을 하고 난 후에 자신에 대한 혐오감, 우울감 또는 심한 죄책감을 느낀다.
• 폭식 행동에 대한 현저한 고통을 느낀다.
• 폭식 행동이 평균적으로 1주일에 1회 이상, 3개월 동안 나타나야 한다.
• 폭식 행동이 신경성 폭식증의 경우처럼 부적절한 보상 행동(purging)과 함께 나타나지 않아야 한다.

[폭식 행동의 증상] (아래의 증상들 중에서 3가지 이상의 증상과 관련이 있어야 함)
• 정상보다 더 빨리 많이 먹는다.
• 불편할 정도로 포만감을 느낄 때까지 먹는다.
• 신체적으로 배고픔을 느끼지 않을 때에도 많은 양의 음식을 먹는다.
• 너무 많은 양을 먹음으로 인한 당혹감 때문에 혼자 먹는다.

17 다음에 해당하는 장애는?

> • 경험하는 성별과 자신의 성별 간의 심각한 불일치
> • 자신의 성적 특성을 제고하고자 하는 강한 욕구
> • 다른 성별 구성원이 되고자 하는 강한 욕구

① 성도착증   ② 동성애
③ 성기능 장애   ④ 성별 불쾌감

해설 [성 불편증의 임상적 특징]
• 성 불편증은 자신의 생물학적 성별과 성 역할에 대하여 지속적으로 불편감을 느끼는 경우이다.
• 반대의 성에 대한 강한 동일시로 나타나거나 반대의 성이 되기를 소망한다.
• 아동에서부터 성인에 이르기까지 다양한 연령대에서 나타날 수 있다.
• 아동의 성 불편증과 청소년 및 성인의 성 불편증의 진단 기준은 다르다.

18 DSM-5에서 파괴적 충동조절 및 품행 장애에 대한 설명으로 틀린 것은?

① 병적 도박, 반사회성 성격장애 등의 하위 유형이 있다.
② 자신이나 타인을 해하려는 충동, 욕구, 유혹에 저항하지 못한다.
③ 충동적인 행동을 하기 전까지 긴장감이나 각성 상태가 고조된다.
④ 충동적인 행동을 할 때마다 불쾌감이나 죄책감을 경험하게 된다.

해설 행동을 하기 전에 긴장감이나 각성 상태의 고조를 느끼며, 행동하고 나서는 즉각적 안도감을 느낀다. 하지만 공격적인 행동을 한 이후에는 흔히 후회하며 당황스러워한다.

19 다음의 사례에 가장 적합한 진단명은?

> 24세의 한 대학원생은 자신이 꿈 속에 사는 것처럼 느껴졌고, 자신의 몸과 생각이 자신의 것이 아닌 것처럼 느껴졌다. 자신의 몸 일부가 왜곡되어 보였고, 주변 사람들이 로봇처럼 느껴졌다.

① 해리성 정체성 장애
② 해리성 둔주
③ 이인증/비현실감 장애
④ 착란 장애

해설 [이인증/비현실감 장애의 특징]
• 이인증은 자신의 생각, 감정, 감각, 신체 또는 행위를 생생한 현실로 느끼지 못하고 그것과 분리되거나 외부 관찰자가 된 경험을 말한다.
• 비현실감은 주변 환경이 비현실적으로 느껴지거나 그것과 분리된 것 같은 느낌을 갖게 되는 경험을 말한다.
• 이인증이나 비현실감을 경험하는 동안에 현실 검증력은 손상되지 않은 채로 양호하게 유지된다.

20 치매에 관한 설명으로 가장 적합한 것은?

① 기억 손실이 없다.
② 약물 남용의 가능성이 많다.
③ 증상은 오전에 가장 심해진다.
④ 자신의 무능을 최소화하거나 자각하지 못한다.

해설 [치매의 특징]
• 정상적이던 지능이 대뇌의 질환 때문에 저하된 것으로, 노년기에 주로 시작되는 대표적인 정신장애이다.
• 기억 손실, 이해 장애, 계산능력의 저하, 사고의 빈곤화 등이 지속된다.
• 인지기능이 저하되어 일상생활이 힘들어지며, 심하면 자기 평가능력이 없어져 스스로에 대한 손상 자각도 하지 못한다.
• 주로 퇴행성 뇌질환에 의한 치매, 뇌혈관 질환에 의한 치매에 의하여 발생한다.

정답   17 ④   18 ④   19 ③   20 ④

01 조현병의 음성 증상이 아닌 것은?

① 감퇴된 정서표현 ② 무의욕증
③ 긴장성 경직 ④ 무쾌감증

해설 [조현병의 증상]

음성 증상	무언증, 무쾌감증, 무의욕증, 무논리증, 사고차단, 사회적 위축, 감퇴된 정서표현 등
양성 증상	망상, 환각, 환청, 와해된 언어, 긴장성 경직, 긴장성 혼미, 긴장성 거부증, 긴장성 자세 등

해설
• 생물학적 입장에서는 카테콜라민 결핍이 우울장애와 관련이 있다는 가설이 있다.
  예 세로토닌 신경전달물질의 활동을 담당하는 유전자 이상, 노르에피네프린의 활동 저하 등
• 도파민과 관련 있는 장애는 조현병, 파킨스병 등이다.

02 DSM-5 신체증상 및 관련 장애에 속하는 장애를 모두 고른 것은?

ㄱ. 질병불안 장애 ㄴ. 전환 장애
ㄷ. 신체증상 장애

① ㄱ, ㄴ ② ㄱ, ㄷ
③ ㄴ, ㄷ ④ ㄱ, ㄴ, ㄷ

해설 신체증상 및 관련 장애의 하위 유형에는 신체증상 장애, 질병불안 장애, 전환 장애, 허위성 장애가 있다.

04 조증삽화와 경조증 삽화의 공통점을 모두 고른 것은?

ㄱ. 의기양양하거나 과대하거나 과민한 기분이 지속되는 기간
ㄴ. 감소된 수면 욕구
ㄷ. 목표 지향적 활동의 증가

① ㄱ, ㄴ ② ㄱ, ㄷ
③ ㄴ, ㄷ ④ ㄱ, ㄴ, ㄷ

해설 의기양양하거나 과대하거나 과민한 기분은 조증삽화 진단 기준의 경우에는 최소 7일 동안, 경조증 삽화의 경우에는 최소 4일 동안 거의 매일 나타난다.

03 우울증의 원인에 관한 설명으로 틀린 것은?

① 생물학적 입장 – 도파민의 과도한 활동 결과
② 정신분석이론 – 자기를 향한 무의식적인 분노의 결과
③ 행동주의 이론 – 정적 강화 감소의 결과
④ 인지이론 – 부정적이고 비관적인 생각의 결과

05 신경성 식욕부진증에 관한 설명으로 틀린 것은?

① 제한적 섭취로 인하여 체중이 심각하게 줄어든다.
② 체중 증가에 대한 극심한 두려움이 있다.
③ 신체를 왜곡하여 지각한다.
④ 신경성 폭식증보다 의학적 합병증이 적게 나타난다.

해설 신경성 식욕부진은 체중이 심하게 저하되었음에도 불구하고 음식 거부로 인하여 영양 부족 및 심각할 경우 사망에 이를 수도 있다.

01 ③ 02 ④ 03 ① 04 ③ 05 ④ **정답**

06 조현병에 관한 설명으로 틀린 것은?

① 이란성 쌍생아가 일란성 쌍생아보다 더 취약하다.

② 유병률은 인종과 민족에 따라 다르게 나타난다.

③ 표출 정서가 높은 가정이 낮은 가정에 비하여 재발률이 높다.

④ 가장 대표적인 생화학적 가설은 도파민 가설이다.

> **해설** **[조현병에 걸리는 비율]**
> • 조현병 환자의 부모나 형제자매는 일반인의 10배까지 조현병에 걸리는 비율이 높다.
> • 조현병 환자의 자녀는 일반인의 15배까지 조현병에 걸리는 비율이 높다.
> • 부모 모두가 조현병 환자일 경우에는 자녀의 36% 정도가 조현병을 나타낸다.
> • 쌍둥이의 공병률은 57% 정도로, 일란성 쌍생아가 이란성 쌍생아보다 더 취약하다.

07 파괴적 충동조절 및 품행 장애에 해당하지 않는 장애는?

① 적대적 반항 장애

② 병적 방화

③ 파괴적 기분조절 불능

④ 간헐적 폭발 장애

> **해설**
> • 파괴적 기분조절 불능은 우울 장애의 하위 유형이다.
> • 파괴적 충동조절 및 품행 장애의 하위 유형에는 적대적 반항 장애, 품행 장애, 간헐적 폭발 장애, 반사회성 성격장애, 방화증, 도벽증이 있다.

08 편집성 성격장애의 행동 특성으로 가장 적합한 것은?

① 다른 사람이 자신을 이용하거나 피해를 입힌다고 생각한다.

② 단순히 아는 정도의 사람을 '매우 친한 친구'라고 지칭한다.

③ 반복적으로 자살을 시도하거나 행동한다.

④ 거의 어떠한 활동에서도 즐거움을 느끼지 못한다.

> **해설** **[편집성 성격장애의 행동 특성]**
> • 충분한 근거 없이 타인이 자신을 착취하고, 해를 주거나 속인다고 의심한다.
> • 친구나 동료의 성실성이나 신용에 대한 부당한 의심을 한다.
> • 타인에 대한 강한 불신과 의심을 지니고 적대적인 태도를 보인다.
> • 주변 사람들과 친밀한 대인관계를 맺기 어렵고, 지속적인 갈등과 불화가 조장된다.

09 물질 사용 장애에 관한 설명으로 틀린 것은?

① 스트레스를 받는 사회경제적 조건에서 발생 비율이 더 높다.

② 다른 사람들에 비하여 의존성, 반사회성, 충동성이 더 높다.

③ 물질 사용이 보상을 줄 것이라는 기대감 때문에 사용이 증가한다.

④ 보상결핍 증후군과 가장 관련이 많은 신경전달물질은 세로토닌이다.

> **해설** 신경전달물질인 도파민이 보상중추를 계속 자극하여 중독을 더욱 강화하는데, 도파민이 부족해지면 보상결핍 증후군이 나타나게 된다.

10 성도착 장애(paraphilias)에 관한 설명으로 틀린 것은?

① 물품음란 장애(fetishistic disorder)는 여성보다 남성에게서 훨씬 더 많이 나타난다.
② 동성애(homosexuality)를 하위 진단으로 포함한다.
③ 의상 도착증(transvestism)은 강렬한 성적 흥분을 위하여 이성의 옷을 입는 것이다.
④ 관음 장애(voyeuristic disorder)는 대부분 15세 이전에 발견되며 지속되는 편이다.

해설 [성도착 장애]
• 성도착 장애(paraphilias)의 하위 유형에는 관음 장애, 노출 장애, 접촉마찰 장애, 성적피학 장애, 아동성애 장애, 성애물 장애(물품음란 장애), 의상전환 장애 등이 있다.
• 동성애(homosexuality)는 1973년 미국 정신의학회에서 다수의 동성애자들이 사회적 적응에 양호한 경험을 보인다는 이유로 정신 장애 분류체계에서 삭제하였다.

11 다음의 특징을 가진 DSM-5의 장애는?

• 자기의 전체 혹은 일부로부터 분리되거나 이를 낯설게 느낀다.
• 신체 이탈 경험을 할 수 있다.
• 현실 검증력은 본래대로 유지한다.

① 심인성 둔주(psychogenic fugue)
② 해리성 정체감 장애(dissociative identity disorder)
③ 이인증/비현실감 장애(depersonalization)
④ 해리성 기억상실(dissociative amnesia)

해설 [이인증/비현실감 장애(depersonalization)의 특징]
• 이인증은 자신의 생각, 감정, 감각, 신체 또는 행위를 생생한 현실로 느끼지 못하고 그것과 분리되거나 외부 관찰자가 된 경험을 말한다.
• 비현실감은 주변 환경이 비현실적으로 느껴지거나 그것과 분리된 것 같은 느낌을 갖게 되는 경험을 말한다.
• 이인증이나 비현실감을 경험하는 동안에 현실 검증력은 손상되지 않은 채로 양호하게 유지된다.

12 다음 사건이 일어난 순서대로 바르게 나열한 것은?

ㄱ. 비네(Binet)와 시몬(Simon)이 아동용 지능검사를 제작하였다.
ㄴ. WHO가 정신장애를 포함한 최초의 질병 분류체계(ICD)를 발표하였다.
ㄷ. 스키너(Skinner)가 조작적 조건형성의 원리를 발표하였다.
ㄹ. 벡(Beck)이 인지치료를 제안하였다.

① ㄱ → ㄴ → ㄷ → ㄹ
② ㄱ → ㄷ → ㄹ → ㄴ
③ ㄴ → ㄱ → ㄷ → ㄹ
④ ㄴ → ㄷ → ㄹ → ㄱ

해설
ㄱ. 비네(Binet)와 시몬(Simon)이 아동용 지능검사를 제작하였다. → 1905년
ㄴ. WHO가 정신장애를 포함한 최초의 질병분류체계(ICD)를 발표하였다. → 1946년
ㄷ. 스키너(Skinner)가 조작적 조건형성의 원리를 발표하였다. → 1948년
ㄹ. 벡(Beck)이 인지치료를 제안하였다. → 1963년

10 ②   11 ③   12 ①   **정답**

13 DSM-5에서 조현성 성격장애의 특징이 아닌 것은?

① 거의 항상 혼자서 하는 활동을 선택한다.
② 기이하거나 편향된 행동을 보인다.
③ 타인의 칭찬이나 비판에 무관심하다.
④ 단조로운 정동의 표현을 보인다.

해설 기이하거나 편향된 행동을 보이는 것은 조현형 성격장애의 특징이다.

[조현성 성격장애] (아래의 특성 중 4개 이상의 항목을 충족시켜야 함)
• 가족의 일원이 되는 것을 포함하여, 친밀한 관계를 원하지도 즐기지도 않는다.
• 거의 항상 혼자서 하는 활동을 선택한다.
• 다른 사람과 성 경험을 갖는 일에 거의 흥미가 없다.
• 만약 있다고 하더라도, 소수의 활동에서만 흥미를 얻는다.
• 직계 가족 이외에는 가까운 친구나 마음을 털어놓는 친구가 없다.
• 타인의 칭찬이나 비평에 무관심해 보인다.
• 정서적인 냉담, 무관심 또는 둔마된 감정을 보인다.

14 B군 성격장애에 해당하지 않는 것은?

① 경계성 성격장애
② 강박성 성격장애
③ 반사회성 성격장애
④ 연극성 성격장애

해설

A군 성격장애	• 편집성 성격장애 • 조현성 성격장애 • 조현형 성격장애
B군 성격장애	• 반사회성 성격장애 • 연극성 성격장애 • 경계선 성격장애 • 자기애성 성격장애
C군 성격장애	• 강박성 성격장애 • 의존성 성격장애 • 회피성 성격장애

15 급성 스트레스 장애와 외상 후 스트레스 장애의 감별 진단기준으로 가장 중요한 것은?

① 기간
② 아동기 경험
③ 사회적 지지
④ 외상 심각도

해설 급성 스트레스 장애는 외상 후 지속기간이 최소 3일부터 최대 4주까지이며, 그 이후의 장애 증상이 1개월 이상 지속되면 외상 후 스트레스 장애 진단을 받는다. 감별 진단기준으로 가장 중요한 것은 기간이다.

16 DSM-5에서 불안 장애의 인지 특성을 모두 고른 것은?

ㄱ. 상황의 위험한 측면에 대하여 과대평가한다.
ㄴ. 위험의 신호를 찾기 위하여 내·외적인 자극을 탐색한다.
ㄷ. 현실적 근거가 없는 자신만이 규칙을 가지고 있다.

① ㄱ, ㄴ
② ㄱ, ㄷ
③ ㄴ, ㄷ
④ ㄱ, ㄴ, ㄷ

해설 ㄷ은 DSM-5에서 강박 및 관련 장애의 하위 유형인 강박 장애의 특성이다.

17 공황 장애를 설명하는 인지적 관점에 의하면, 공황 발작을 초래하는 핵심적 요인은?

① 신체 건강에 대한 걱정과 염려
② 만성 질병에 대한 잘못된 귀인
③ 억압된 분노 표출에 대한 두려움
④ 신체 감각에 대한 파국적 오해석

해설
• 공황 장애의 인지이론 원인으로는 신체 감각에 대한 파국적 오해석이다. 공황 발작이 신체 감각을 위험한 것으로 잘못 해석한 것이다.
• 공황 발작의 촉발요인에는 외적 자극(특정 장소 등)과 내적 자극(불쾌한 기분, 생각, 신체 감각 등)이 있다.

18 정신분석적 입장에서 강박 장애와 밀접한 관련이 있는 방어 기제가 아닌 것은?

① 투사(projection)

② 격리(isolation)

③ 대치(displacement)

④ 취소(undoing)

해설   정신분석적 입장에서는 강박 장애의 원인을 항문기에 억압된 욕구나 충동이 재활성화되어 나타난 것이라고 본다. 충동의식이 떠오르면 불안을 경험하게 되어 이를 통제하기 위하여 4가지 방어 기제인 '격리, 대치, 반동형성, 취소'가 사용된다고 하였다.

19 알츠하이머병에 관한 설명으로 틀린 것은?

① 신경인지 장애의 가장 흔한 유형이다.

② 조발성이 만발성보다 더 빈번하게 발병한다.

③ 가장 현저한 인지 기능 장애는 기억장애이다.

④ 발병부터 사망까지 대개는 8~10년이 걸린다.

해설   **[알츠하이머병의 종류]**
발병 연령에 따라 조발성(초로기)과 만발성(노년기)의 2가지로 구분하는데, 조발성보다 만발성이 더 빈번히 나타난다.

조발성(초로기) 알츠하이머병	• 65세 미만에서 발병한 경우이다. • 비교적 진행 속도가 빠르고, 언어기능 저하가 초기에 나타난다.
만발성(노년기) 알츠하이머병	• 65세 이상에서 발병한 경우이다. • 진행이 느리고 다른 인지기능에 비하여 기억력 손상이 두드러진다.

20 품행 장애의 DSM-5 진단 기준이 아닌 것은?

① 사람과 동물에 대한 공격성

② 타인의 재산 파괴

③ 사기 또는 도둑질

④ 학습문제

해설   **[품행 장애의 DSM-5 진단 기준]**
타인의 기본적인 권리를 침해하고, 사회 규범 및 규칙을 위반하는 지속적 반복적 행동양상으로, 아래의 증상들 중에서 3개 이상의 증상이 지난 12개월 동안 있었고, 적어도 1개 이상의 증상이 지난 6개월 동안 있었어야 한다.
• 사람과 동물에 대한 공격성
• 재산 파괴(고의적인 방화)
• 사기 또는 절도
• 심각한 규칙 위반

01 80세 이상의 노인집단용 규준이 마련되어 있는 심리 검사는?

① K-WAIS
② K-WAIS-IV
③ K-Vineland-II
④ SMS(Social Maturity Scale)

> **해설** K-Vineland-II는 2~90세까지의 다양한 연령대의 규준이 마련되어 있는 표준화된 검사이다.

K-Vine land-II 검사	K-WAIS 검사	K-WAIS-IV 검사	SMS(Social Maturity Scale) 검사
2~90세	16~64세	16~69세	출생~30세

02 MMPI에서 2, 7 척도가 상승한 패턴을 가진 피검자의 특성으로 옳지 않은 것은?

① 행동화(acting-out) 성향이 강하다.
② 정신치료에 대한 동기는 높은 편이다.
③ 자기 비판 혹은 자기 처벌적 성격이 강하다.
④ 불안, 긴장, 과민성 등 정서적인 불안 상태에 놓여 있다.

> **해설** [척도 2-7 코드유형의 특징]
> • 척도 2는 '우울'이고, 척도 7은 '강박'이다.
> • 자기 비판과 자기 처벌적 사고가 강하고, 이로 인하여 불안, 긴장, 과민성 등 정서적 불안정 상태에 놓여 정신치료를 받고자 하는 동기가 높은 편이다.
> • 사고형 장애로, 행동화 가능성은 낮다.

03 신경심리검사에 관한 일반적인 설명으로 옳은 것은?

① 뇌 손상은 단일한 행동지표를 나타낸다.
② 정상인과 노인의 기능평가에는 사용되지 않는다.

③ 피검자의 인구통계학적 및 심리사회적 배경에 따라 반응이 달라진다.
④ 신경심리 평가에서는 전통적인 지적기능 평가와 성격 평가는 필요하지 않다.

> **해설** [신경심리검사]
> • 검사받는 대상의 인구통계학적(인종, 학력, 성별 등) 심리사회적 배경이 중요하기 때문에 이 요인을 검사할 경우에는 면접을 통하여 탐색하여야 한다.
> • 뇌 손상은 다양한 행동지표를 보이는 기능 이상이다.
> • 신경심리 평가에서 지적 기능(인지 기능)과 성격검사의 결과를 아는 것이 중요하다.

04 다음 중 심리평가 과정에서 일반적으로도 중요도가 상대적으로 가장 낮은 정보는?

① 면담
② 직업관
③ 심리검사
④ 행동 관찰

> **해설** 심리평가는 개인의 심리적 특성을 평가하는 과정으로, 심리검사, 면담, 행동 관찰 등이 기초가 되어 수검자의 심리상태를 평가한다.

05 MMPI에 관한 설명으로 틀린 것은?

① 수검자에 대한 행동평가가 가능하다.
② 수검자의 방어기제를 잘 알 수 있다.
③ 결과에 대한 정신역동적 해석이 가능하다.
④ 수검자의 성격반전에 대한 이해가 가능하다.

> **해설** MMPI는 객관적으로 표준화된 규준을 갖추고 있고, 신뢰성과 타당도가 확보되어 있는 검사이다. 이를 통하여 수검자의 방어기제, 성격 특성, 정서 등을 알아볼 수 있다.

06 다음 환자는 뇌의 어떠한 부위가 손상되었을 가능성이 높은가?

> 30세 남성이 운전 중에 중앙선을 침범한 차량과 충돌하여 두뇌 손상을 입었다. 이후 환자는 매사 의욕이 없고, 할 수 있는데도 불구하고 어떠한 행동을 시작하려고 하지 않으며, 계획을 세우거나 실천하는 것이 거의 안 된다고 한다.

① 측두엽　　　② 후두엽
③ 전두엽　　　④ 두정엽

해설
- 전두엽은 계획을 세우거나 실천하는 등의 집행기능, 조절능력, 종합적/관리적 기능을 담당한다.
- 측두엽은 청각, 후두엽은 시각, 두정엽은 구성능력과 관련이 있다.

07 MMPI-2에서 타당성을 고려할 때 '?' 지표에 대한 설명으로 틀린 것은?

① 각 척도별 '?'의 반응 비율을 확인해 보는 것은 유용할 수 있다.
② '?' 반응이 300번 이내의 문항에서만 발견된다면 L척도, F척도, K척도는 표준적인 해석이 가능하다.
③ '?' 반응이 3개 미만인 경우에도 해당 문항에 대한 재반응을 요청하는 등의 검토 작업이 필요하다.
④ '?' 반응은 수검자가 질문에 대하여 답변을 하지 않을 경우뿐만 아니라 '그렇다'와 '아니다'에 모두 응답하였을 경우에도 해당된다.

해설
- '?' 반응이 370번 이후에서만 발견되면 L척도, F척도, K척도를 표준적으로 해석할 수 있다. 하지만 내용 척도나 보충 소척도는 주의하여 해석할 필요가 있다.
- '?' 반응이 10개 이내이면 조심스럽게 해석하고, 30개 정도면 그 점수는 해석할 수 없다.
- 무응답 문항이 10개 이내라고 하더라도 1개의 척도에 몰려 있다면 반드시 검토가 필요하다.

08 지능검사를 실시할 때 검사자의 태도로 바람직하지 않은 것은?

① 표준화된 실시 지침을 지켜야 한다.
② 검사의 실시방법과 정답을 숙지하여야 한다.
③ 피검자가 최대 능력을 발휘할 수 있는 분위기에서 실시한다.
④ 객관적 해석을 위해서는 피검자의 배경 정보를 고려하지 않는다.

해설 피검자의 배경 정보는 검사 결과에 영향을 미칠 수 있기 때문에 사전 정보를 통하여 배경 정보를 탐색하는 것이 좋다.

09 특정한 학업과정이나 작업에 대한 앞으로의 수행능력이나 적응을 예측하는 검사는?

① 적성검사　　　② 지능검사
③ 성격검사　　　④ 능력검사

해설 [적성검사]
- 특정한 직무능력이나 수학능력이 어느 정도인지를 시험하는 검사이다. 여기서 수학능력이란 학습내용을 빠르고 효율적으로 소화해내는 능력을 말한다.
- 과거에 쌓아온 능력과는 별개로, 공부 능력이나 직무 습득이 더딘 사람들을 걸러내기 위한 검사이다.

10 좌반구 측두엽 부위의 손상을 당한 환자가 신경심리평가 과제에서 보일 수 있는 특징이 아닌 것은?

① 명명 과제(naming test)에서의 수행 저하
② 언어기억 과제(verbal memory test)에서의 수행 저하
③ 시공간적 지남력의 저하
④ 단어 유창성 과제(word fluency test)에서의 수행 저하

> **해설** 측두엽은 청각피질이 대부분을 차지하고 있기 때문에 청각기능, 기억기능과 관련된 언어기능 등을 담당한다.

11 측정 영역이 서로 다른 검사로 짝지어진 것은?

① 주의력 검사 – 연속수행 과제
② 코너스 평정척도 – 주의력 검사
③ 연속수행 과제 – 코너스 평정척도
④ 낯선 상황 검사 – 코너스 평정척도

> **해설** 낯선 상황 검사는 애착 유형을 측정하는 검사이고, 코너스 평정척도는 ADHD와 관련된 증상을 평정하는 검사이다.

12 웩슬러 지능검사의 소검사 중에서 일반 지능 또는 발병 전의 지능을 추리하는 데 사용되지 않는 소검사는?

① 상식   ② 어휘
③ 숫자   ④ 토막 짜기

> **해설** [일반능력 지표(GAI)]
> • 웩슬러 지능검사에서 정신병리나 뇌 손상의 영향을 덜 받는 안정적 기능을 말한다.
> • GAI는 3가지의 언어이해 지표(어휘, 이해, 공통성), 2가지의 지각추론 지표(토막 짜기, 행렬 추리)의 환산점수를 더한 값이다.

13 MMPI-2에서 8-9/9-8 상승척도 쌍을 보이는 사람들의 특징이 아닌 것은?

① 과잉 활동적이고 정서적으로 불안정하다.
② 사회적인 기준이나 가치를 지나치게 무시하고 자신의 이익을 위하여 사람들을 이용하는 경향이 있다.
③ 다른 사람들에게 다소 자기중심적이고 유아적인 기대를 한다.
④ 성취 욕구가 강하고 성취에 대한 압박감을 느끼지만, 그들의 실제 수행은 기껏해야 평범한 수준이 경우가 많다.

> **해설**
> • 척도 8은 '조현증세'이고, 척도 9는 '조증 증세'이다. 정서적으로 불안정하고 과잉행동을 한다. 타인에게는 자기중심적이고 유아적인 기대를 할 것으로 보이며, 성취 욕구가 강하고 압박을 많이 받지만 실제로는 이에 못 미치는 수준인 경우가 많다.
> • 사회적 기준이나 가치를 지나치게 무시하는 것은 척도 4(Pd)의 경향이다.
> • 자기 이익을 위하여 사람들을 이용하는 것은 자기중심적이며 애처롭게 호소하며 타인의 주의집중을 원하는 척도 1(Hs)의 경향이다.

14 지능검사에 관한 설명으로 옳은 것은?

① 최초의 편차지능을 이용한 지능검사는 Spearman이 만들었다.
② 정신검사(mental test)라는 용어를 심리학에 도입한 학자는 Binet이다.
③ 지능검사는 피검사자의 정신병리를 파악하는 데 사용할 수 있다.
④ 현재 널리 사용되는 지능검사들은 대부분 문화적 영향이 적절히 배제되었다.

- 최초의 편차지능을 이용한 지능검사는 Wechsler 지능검사이다.
- 정신검사는 Castell이 제시한 용어이다.
- 지능검사들이 문화적 영향력을 타당화하기 위하여 표준화 검사들이 진행된다. 현재 국내에서 사용되는 Wechsler 검사도 모두 표준화되어 있기 때문에 문화적 영향을 적용하여 진행된다고 볼 수 있다.

지능이 우수하다는 말은 일반능력지표(GAI)가 높다는 의미이다. 3가지의 언어이해 지표(어휘, 이해, 공통성)와 2가지의 지각추론 지표(토막 짜기, 행렬 추리)와 1가지의 처리속도 지표(동형 찾기)의 점수를 제외한 숫자, 산수 등은 집중력과 주의력을 검사하는 소검사이기 때문에 ADHD 아동 및 청소년은 높은 점수를 얻기 어렵다.

15 16PF(성격요인검사)에 관한 설명으로 틀린 것은?

① 상반된 의미의 형용사를 요인 분석하여 만든 검사이다.

② Cattell에 따르면, 임상 증명은 표면 특성이고 그 배후에는 다양한 근원 특성이 있다.

③ MMPI와 달리 정신질환자가 아닌 정상인의 성격을 측정하기 위하여 만든 검사이다.

④ Cattell과 Eber가 고안한 검사로, 성인은 물론 학령기를 시작하는 6세 이상을 대상으로 하고 있다.

[Cattell의 16PF(성격요인검사)]
- 4,500개의 형용사를 요인 분석하여 16개의 성격으로 압축한 검사이다.
- 정상인의 성격을 측정하기 위하여 만들어졌고, 중학생 이상(16세~)부터 성인까지를 대상으로 한 검사이다.

16 지능은 우수하지만 주의력결핍 과잉행동장애가 있어서 학업부진을 보이는 아동 및 청소년들이 다른 소검사에 비하여 높은 점수를 얻기 어려운 소검사는?

① 어휘
② 이해
③ 숫자
④ 토막 짜기

17 심리평가와 관련된 윤리로 보기 어려운 것은?

① 가능하면 최근에 제작된 검사를 사용하여야 한다.

② 심리검사를 구매하는 데도 일정한 자격이 필요하다.

③ 수검자 외에 어떠한 사람에게도 검사 결과를 알려서는 안 된다.

④ 검사 결과는 수검자가 이해할 수 있는 방식으로 설명하여야 한다.

검사자는 이 검사가 어떻게 활용되는 것인지에 대하여 분명히 설명해 주어야 하고, 수검자의 비밀 보장이 되어야 한다. 하지만 법적으로 정보 공개가 요구되는 경우, 자해나 타해의 위험성이 있는 경우, 심각한 학대를 당하고 있는 경우에 한하여 비밀을 노출할 수 있음을 알려야 한다.

18 Barley 발달척도(BSID-II)를 구성하는 하위 척도가 아닌 것은?

① 운동 척도(motor scale)
② 정신 척도(mental scale)
③ 사회성 척도(social scale)
④ 행동 평정척도(behavior rating scale)

Barley 발달척도 (BSID-II)의 하위 척도	덴버 발달선별검사(DDST)의 하위 척도
• 운동 척도(motor scale) • 정신 척도(mental scale) • 행동 평정척도(behavior rating scale)	• personal social(사회성 발달) • fine motor–adaptive(미세운동 발달) • language(언어 발달) • gross motor(운동 발달)

19 검사 점수들의 분포 특성을 요약적으로 나타내는 지표로 사용되지 않는 것은?

① 사례 수(N)
② 평균치(mean)
③ 중앙치(median)
④ 표준편차(standard deviation)

> **해설** 점수들이 어떻게 분포되어 있는지를 보여주는 값들은 평균치, 중앙치, 표준편차이다.

20 동일한 사람에게 첫 번째 시행한 검사와 측정영역, 문항 수, 난이도가 동일한 검사로 두 번째 검사를 실시하여 두 점수 간의 상관으로 신뢰도를 추정하는 방법은?

① 반분 신뢰도
② 내적 합치도
③ 동형검사 신뢰도
④ 검사−재검사 신뢰도

> **해설**

동형검사 신뢰도	동일한 대상에게 동일한 유형의 검사를 두 번 실시하여 얻은 점수들의 상관이다.
반분 신뢰도	하나의 검사를 둘로 나누어 시행하여 얻은 점수의 상관이다.
내적 합치도	문항 자체의 신뢰도를 측정하는 것으로, 대표적인 점수는 Cronbach 알파값이다.
검사−재검사 신뢰도	동일한 검사를 두 번 시행하여 얻은 점수들의 상관이다.

01 웩슬러 지능검사 소검사를 범주화하는 데 있어서 '획득된 지식' 요인에 속하는 소검사가 아닌 것은?

① 산수 문제
② 상식 문제
③ 어휘 문제
④ 숫자 문제

> **해설**
> • 획득된 지식은 학습을 통하여 습득된 지식을 의미하기 때문에 상식, 산수, 어휘 소검사가 여기에 속한다.
> • 숫자 문제는 작업기억 지표에 속하는 것으로, 숫자를 불러주는 대로 따라 쓰거나 거꾸로 쓰는 검사로 주의력을 측정한다.

02 웩슬러 지능검사를 실시한 결과는 지수점수(지표점수)가 산출된다. 각 지수점수(지표점수)의 평균과 표준편차는?

① 평균은 90, 표준편차는 10이다.
② 평균은 100, 표준편차는 15이다.
③ 평균은 90, 표준편차는 15이다.
④ 평균은 100, 표준편차는 10이다.

> **해설**
> • 웩슬러 지능검사는 평균 100, 표준편차 15인 정규 분포이다.
> • 표준편차 16은 스탠포드–비네 검사에서, 표준편차 24는 레이븐스 검사에서 사용된다.

03 신경심리검사의 해석에 관한 설명으로 옳은 것은?

① 반응의 질적 측면은 해석에 배제된다.
② 피검사자의 정서적 및 성격적 특징은 해석에서 고려되지 않는다.
③ 과제에 접근하는 방식과 검사자와의 상호작용 양상도 해석적 자료가 된다.

④ 과거의 기능에 관한 정보는 배제하고 현재의 기능에 초점을 맞추어 평가한다.

> **해설** [신경심리검사의 해석]
> • 면담, 행동 관찰, 검사 결과 등의 자료 분석을 통합하는 과정이다.
> • 검사를 통한 양적 해석과 함께 행동관찰 및 면담을 통한 질적 분석도 고려하여야 한다.

04 BGT(Bender Gestalt Test)의 장점에 관한 설명으로 틀린 것은?

① 피검사자의 뇌기능 장애의 평가에 유용하다.
② 자기 자신을 과장되게 표현하려는 피검사자에게 유용하다.
③ 적절하게 말할 수 있는 능력이 없거나, 말할 수 있는 능력은 있으나 이야기를 하기 싫어할 때 유용하다.
④ 피검사자가 의사소통을 할 능력이 충분히 있더라도 언어적 행동으로 성격의 강점과 약점에 관한 정보를 얻기 힘들 때 유용하다.

> **해설** [BGT(Bender Gestalt Test)의 특징]
> • 언어가 제한적이거나 뇌의 문제가 있는 경우
> • 문맹자나 교육을 받지 못한 대상이나 외국인인 경우
> • 뇌기능 장애가 있거나, 지적 장애(정신지체)가 있는 경우
> • 적절히 말할 수 없거나, 능력이 있어도 표현할 의사가 없는 경우
> • 말로 의사소통을 할 능력이 충분히 있어도 언어적 행동에 의하여 성격의 강점이나 약점에 대한 적절한 정보를 제공받기 어려울 때

05 두정엽의 병변과 가장 관련이 있는 장애는?

① 구성 장애

② 시각 양식의 장애

③ 청각기능의 장애

④ 고차적인 인지적 추론의 장애

해설 ②의 시각은 후두엽, ③의 청각은 측두엽, ④의 고차원적인 인지적 추론은 전전두엽과 관련이 있다.

[두정엽]

위치	역할
• 대뇌피질의 중앙에 위치한다. • 전체의 21%를 차지하고 있다. • 일차 체감각 피질과 연합 피질로 구성된다.	• 이해 (구성) • 공간지각-운동지각-신체 위치 판단 담당 (구성) • 공간적-수학적, 계산 및 연상기능 (구성)

06 다음의 MMPI 프로파일에 대한 해석으로 적합하지 않은 것은?

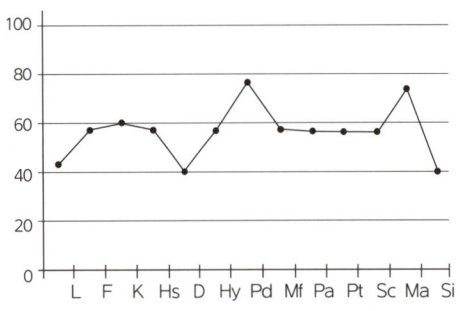

① 수동-공격성 프로파일로 볼 수 있다.

② 행동화 문제를 나타낼 가능성이 높다.

③ 비순응적이고 반사회적 경향이 높다.

④ 대인관계가 피상적이고 이기적일 가능성이 높다.

해설 **[4-9 코드 타입]**

• 법적 문제, 폭력적 행동에 연루될 가능성이 높다.

• 자극 추구 성향이 강하고 위험한 행동에 몰입하기 쉽다.

• 자신의 행동으로 인한 부정적인 결과에 대한 후회가 부족하거나 합리화하는 경향이 있다.

07 기억장애를 보이고 있는 환자에게 기억 및 학습능력을 평가하는 데 가장 적합한 것은?

① K-WMS-IV

② SCL-90-R

③ Face-Hand Test

④ Trail Making Test

해설

K-WMS-IV (한국판 웩슬러 기억검사 4판)	• K-WMS-IV는 WMS-IV(Wechsler Memory Scale IV, 2008)을 한국판으로 표준화한 개인용 기억검사이다. • 16~69세의 대한민국 인구를 대상으로 하여 12개의 연령 그룹별로 규준을 작성하였다. • 언어적 기억을 측정하는 논리기억, 단어연합 소검사와 시각적 기억을 측정하는 시각재생, 디자인 소검사, 시각 작업기억을 측정하는 공간합산, 기호폭 소검사, 전반적인 인지기능을 평가하는 간이 인지상태 검사로 구성되어 있다.
SCL-90-R	• 간이 정신진단 검사로, 총 90문항으로 구성되어 있다. • 신체화, 강박증, 대인 예민성, 우울, 불안, 적대감, 공포불안, 편집증, 정신증의 9가지 증상 영역을 포함하는 정신건강 평가도구이다.
Face-Hand Test	• 기질성 정신 장애를 평가하기 위한 신경심리학적 평가도구이다.
Trail Making Test	• 집중력과 지남력을 평가하는 평가도구이다.

08 지능검사 시행에 관한 설명으로 옳은 것은?

① 지능검사는 표준 절차를 따르되, 개인의 최대 능력을 측정하는 것을 목표로 한다.

② 지능검사 시행에서 수검자에 대한 행동 관찰은 별로 중요하지 않다.

③ 지능검사 시행에서 검사에 대한 동기는 결과에 영향을 미치지 않는다.

④ 검사가 시행되는 환경적 조건은 지능검사의 결과에 별로 영향을 미치지 않는다.

> **해설** 다른 표준 검사들과 마찬가지로 행동 관찰, 검사에 대한 동기, 환경적 조건 등은 모두 중요하며, 검사 결과에 영향을 미칠 수도 있다.

09 심리검사 시행에 관한 설명으로 옳은 것은?

① 표준 절차 외에 자신만의 효과적인 절차를 사용한다.

② 중립적 검사 시행을 위한 라포 형성은 가급적 배제되어야 한다.

③ 표준 절차 외의 부가적 절차로 산출된 결과는 규준에 의거하여 해석하지 않는다.

④ 검사를 자동화된 컴퓨터 검사로 전환한 경우, 원검사에 대한 전문적 훈련은 요구되지 않는다.

> **해설**
> • 표준 절차에 따라 검사가 실시되고 해석되어야 한다.
> • 라포 형성은 모든 검사, 면담에서 가장 기초적이고 중요한 요인이다.
> • 컴퓨터 검사인 경우, 원검사에 대한 전문적 훈련을 받아야 한다.

10 다음의 아동용 심리검사 중 실시 목적이 나머지 셋과 다른 것은?

① 운동성 가족화 검사(KFD)

② 아동용 주제통각검사(CAT)

③ 집-나무-사람 그림검사(HTP)

④ 코너스 평정척도(Conners Rating Scale)

> **해설** ①, ②, ③은 모두 투척 검사로서, 아동의 내면 및 무의식 세계를 검토할 수 있는 질적 검사이다.
>
> **[코너스 평정척도(Conners Rating Scale)]**
> 아동 및 청소년의 ADHD를 진단하기 위하여 코너스(Conners, 1969)가 개발한 질문지로, 6~14세의 아동 및 청소년을 대상으로 한 자기보고 척도이다.

11 TAT(주제통각검사)에 관한 설명으로 틀린 것은?

① TAT 성인용 도판은 남성용, 여성용, 남녀 공용으로 나누어진다.

② TAT는 대인관계상의 역동적 측면을 파악하는 데 유용하다.

③ TAT는 준거조율 전략(Criterion keying startegy)을 통하여 개발되었다.

④ TAT 반응은 순수한 지각반응이 아닌 개인의 선행 경험과 공상석 체험이 혼합된 통각적 과정이다.

> **해설** TAT는 투사 검사로서, 준거조율 전략에 의하여 개발된 객관적 심리검사와는 달리 주관적이고 해석적 관점을 보기 위하여 사용한다.
>
> **[TAT(주제통각검사)]**
> • 총 30장의 흑백 그림카드와 1장의 백지카드로 구성되어 있다.
> • 그림카드의 뒷면에 공용 도판, 남성 공용도판, 여성 공용도판, 성인 공용도판, 미성인 공용도판, 성인남성 전용도판, 성인여성 전용도판, 소년 전용도판, 소녀 전용도판으로 구분되어 있다.
> • 한 수검자에게 20장을 적용할 수 있도록 구성되어 있다.
> • 숫자로만 표시되어 있는 카드는 연령과 성별의 구분 없이 공통적으로 적용할 수 있다.

12 모집단에서 규준집단을 표집하는 방법과 가장 거리가 먼 것은?

① 군집 표집(cluster sampling)

② 유층 표집(stratified sampling)

③ 비율 표집(ratio sampling)

④ 단순 무선 표집(simple random sampling)

해설 표집은 무작위 표집이 대표적이고, 군집 표집, 유층 표집, 단순 무선 표집은 무작위 표집에 속한다. 반면 비율 표집은 작위 표집이라고 할 수 없는데, 그 이유는 서울 내 강서 지역의 20%, 강남 지역의 20%, 강북 지역의 20% 등과 같이 비율을 확정하여 하는 표집이기 때문이다.

13 집단용 지능검사의 특징으로 옳은 것은?

① 개인용 검사에 비하여 임상적 유용성이 높다.

② 선별 검사(screening test)로 사용하기에 적합하다.

③ 대규모 실시로 실시와 채점, 해석이 상대적으로 어렵다.

④ 개인용 검사에 비하여 지적 기능을 보다 신뢰성 있게 파악할 수 있다.

해설 집단용 지능검사는 선별 검사(screening test)로 사용하기에 적합하다. 주로 군대, 학교 등에서 어떠한 기준을 빼내는 스크린용, 필터링용 검사가 활용하기 좋다.

14 MMPI-2의 타당도 척도에 해당되지 않는 것은?

① S척도

② D척도

③ F(B)척도

④ 무응답 척도

해설 D척도는 척도 2로, 우울을 나타내는 임상 척도이다.

[타당도 척도의 10가지 종류]

?(무응답)척도	VRIN척도	TRIN척도	F척도	F(B)척도
F(P)척도	FBS척도	L척도	K척도	S척도

15 K-VMI-6(시각-운동 통합검사)에 관한 설명으로 가장 적합한 것은?

① BGT에 비하여 전반적으로 문항의 난이도가 높다.

② BGT에 비하여 전반적으로 문항의 난이도가 낮다.

③ 사용 대상 연령은 만 2~5세까지로, 대상 연령의 폭이 비교적 좁다.

④ 만 2세에서부터 노인에 이르기까지 폭넓은 연령에서 실시할 수 있다.

해설 K-VMI-6(시각-운동 통합검사)는 2~90세까지의 대상 연령으로 사용 대상의 폭이 넓으며, 시각-운동 통합능력과 운동 협응능력 측정검사를 통하여 신경학적 장애를 진단하는 도구이다.

16 표집 시, 남녀 비율을 정해 놓고 표집하여야 하는 경우에 가장 적합한 방법은?

① 군집 표집(cluster sampling)

② 유층 표집(stratified sampling)

③ 체계적 표집(systematic sampling)

④ 구체적 표집(specific sampling)

해설

유층 표집 (stratified sampling)	· 하위 전집 혹은 계층의 비율대로 표본을 선정하는 방법이다. · 특정 하위집단의 대표성이 요구될 때 주로 사용하기 때문에 남녀 등으로 대표성을 정해 놓고 표집하여야 할 경우에 적절한 표집방법이다.
군집 표집 (cluster sampling)	· 모집단을 군집이라는 소집단(Cluster)으로 나누고, 이들 군집 중의 일정 수를 추출한 뒤 추출된 군집의 모든 구성원을 전수 조사하는 방법이다. 예 대학생의 라이프 스타일을 조사한다고 할 때, 대학교를 선정하고 학과와 학년을 선정하며, 그 선정된 범위 내에서 대학생을 모두 조사하는 방식이다.

17 MMPI-2 타당도 척도 중 비전형성을 측정하는 척도에서 증상 타당성을 의미하는 척도는?

① TRIN ② FBS
③ F(P) ④ F

해설 비전형성을 측정하는 척도는 F이고, 이 중 증상 타당성을 측정할 수 있는 부정왜곡 척도이자 개인상해 소송이나 꾀병 탐지를 위한 타당성 척도는 FBS척도이다.

18 적성검사에 대한 설명으로 틀린 것은?

① GATB는 대표적인 진로적성 검사이다.
② 적성검사는 개인의 직업 선택에도 활용된다.
③ 적성과 지능은 측정하는 구성요인이 서로 겹치지 않는다.
④ 적성검사는 하나의 검사로 다양한 능력 영역을 측정할 수 있는 이점이 있다.

해설 적성과 지능은 개인의 능력에 대한 측정이기 때문에 중복되는 부분이 상당히 많다.

19 다음 중 지능에 관한 일반적인 정의와 거리가 먼 것은?

① 지능이란 적응능력이다.
② 지능이란 학습능력이다.
③ 지능이란 기억능력이다.
④ 지능은 총합적, 전체적 능력이다.

해설 지능은 기억능력, 작업능력, 이해능력, 추론능력 등 다양한 능력을 종합하는 총체적인 능력이다.

20 MMPI 타당도 척도 중 L척도와 K척도는 T 점수로 50에서 60 사이이고, F척도는 70 이상인 점수를 얻은 사람의 특징으로 적합한 것은?

① 지나친 방어적 태도 때문에 면담하기 어려운 사람이다.
② 감정을 억제하고 있으며, 행동을 적절하게 통제하고 있다.
③ 경험하는 스트레스 정도가 미미하며, 사회적 상황에 효율적으로 대처하는 사람이다.
④ 자신의 문제를 인정하는 동시에 그런 문제와 관련하여 자신을 방어하려고 애쓰는 사람이다.

해설 F척도가 70 이상이라는 것은 정신적인 문제가 있다는 것을 의미하지만, 실제로 잘 나타나지는 않는 상태(L척도, K척도 50~60 사이)로 문제가 있는데 방어하는 경향을 보여줄 수 있다.

2017년 임상심리학 1차

01 범죄에 대한 지역사회의 심리학적 접근에서 1차적 예방에 해당하는 것은?

① 가해자 부모에 대한 교육
② 범죄 피해자에 대한 조기지원 프로그램
③ 범죄 예방을 위한 환경의 변화 노력
④ 비행청소년의 재비행 방지 프로그램

해설 [지역사회의 심리학적 접근]
• 인간의 고통을 예방하거나 경감하고, 심리적 문제를 호소하는 이들을 치료하기 위한 지역사회의 도움 방법을 연구하는 것이다.
• 임상적 치료가 비효과적일 때 지역사회가 서비스를 제공할 수 있다.

1차적 예방	환경 변화 등의 보편적이고 주변적인 상황을 통한 예방적 개입을 의미한다.
2차적 예방	고위험군 대상에 대한 예방적 개입을 의미한다.
3차적 예방	이미 문제 환경을 경험한 사람들에 대한 치료적 개입을 의미한다.

02 행동적 평가요소에 관한 설명으로 옳은 것은?

① 목적 – 병인론적 요인을 확인하기 위하여 강조된다.
② 과거력의 역할 – 현재의 상태가 과거의 산물이라 생각하기 때문에 중시된다.
③ 행동의 역할 – 특정한 상황에서 사람의 행동목록의 표본으로 중시된다.
④ 도구의 구성 – 상황적 특성보다 초맥락적 일관성을 강조한다.

해설
• 병인론적 요인보다는 행동의 원인, 환경적 자극, 행동을 발달시키는 강화, 결과와 관계 분석이 목적이다.
• 과거력과 상관없이 행동이 나타나는 증세, 결과 등만 따지기 때문에, 과거력에 대하여 관심이 없는 것은 아니다.
• 초맥락적 관점은 대상이나 상황과는 상관없이 모두에게 부과되는 일반화된 상황을 의미하므로, 실존주의 상담이나 게슈탈트 등의 상담 방법론과 일맥상통한다.

03 개방형 질문을 시행 시, 일반적인 지침과 가장 거리가 먼 것은?

① 지적으로 심사숙고하여 반응하기 쉬운 '왜'로 시작하는 질문은 삼간다.
② 연관된 영역을 부연하여 회상할 수 있도록 질문한다.
③ 정확하고 구체적인 사실 여부 확인을 위한 질문을 한다.
④ 너무 많은 질문을 하지 않는다.

해설 정확하고 구체적인 사실 여부의 확인을 위한 질문은 폐쇄형 질문의 특징이다.

04 단기 심리치료에서 좋은 결과를 이끌어 내기 위한 요인으로 틀린 것은?

① 치료자의 온정과 공간
② 견고한 치료적 동맹 관계
③ 문제에 대한 회피
④ 내담자의 적절한 긍정적 기대

해설 단기 심리치료는 시간적 제한으로 인하여 주 호소문제를 빠른 시간 내에 정리하여 문제에 대한 직접적 해결을 목적으로 진행하기 때문에 문제에 대한 회피가 있는 내담자가 온다면 효과적이지 못하다.

정답 01 ③ 02 ③ 03 ③ 04 ③

05 미국심리학회(2002)에서 제시하고 있는 윤리강령의 일반 원칙에 해당하지 않는 것은?

① 전문능력

② 성실성

③ 타인의 복지에 대한 관심

④ 치료자의 자기인식능력

해설 미국심리학회나 한국심리학회의 윤리강령에서 치료자의 자기인식능력에 대한 규정은 언급하지 않지만, 심리치료나 평가 시에 전문성, 성실성, 무해성 등에 위배되지 않도록 자기인식을 증가시키는 것은 치료자의 기본 소양이다.

06 다음은 행동치료의 어떠한 기법에 해당하는가?

수영하기를 두려워하는 어린 딸에게 수영을 가르치기 위하여 아버지가 직접 수영하는 것을 보여주었다.

① 역조건화　　② 혐오치료

③ 모델링　　④ 체계적 둔감화

해설 [모델링]
• 모델링은 개인이 타인을 롤 모델로 선정하여 그의 행동을 자신의 행동에 적용하는 개념이다.
• 고정적 조건화나 조작적 조건화 모두 개인의 경험을 통한 학습을 말하고 있지만, 모델링은 타인의 경험을 관찰하는 간접학습이다. 모델링은 관찰학습이나 대리학습의 다른 말이다.

07 바람직한 행동을 한 아동에게 그 아동이 평소 싫어하던 화장실 청소를 면제해 주었더니 바람직한 행동이 증가하였다. 이는 어떠한 유형의 조작적 조건형성에 해당하는가?

① 정적 강화　　② 부적 강화

③ 정적 처벌　　④ 부적 처벌

해설 바람직한 행동의 빈도수가 증가하는 것이 '강화'이다. 정적은 +(어떠한 행동을 더하는 것), 부적은 −(어떠한 행동을 빼는 것)를 의미한다. 화장실 청소를 면제해 주어서(−) 바람직한 행동(강화)이 증가하는 것은 '부적 강화'에 해당한다.

08 치료장면에서 효과적인 경청과 가장 거리가 먼 것은?

① 내담자는 자신의 문제를 심각하게 이야기하지만, 치료자가 보기에 그렇지 않을 때에는 중단시킨다.

② 치료자는 반응을 보이기에 앞서, 내담자가 스스로 말할 시간을 충분히 주려고 한다.

③ 치료자는 내담자에게 주의를 많이 기울인다.

④ 내담자가 문제점을 피력할 때 가로막지 않는다.

해설 내담지기 자신의 문제를 심각히 이야기할 때 치료자가 보기에는 그렇지 않다고 하더라도 치료자의 관점은 접어두고 내담자 중심으로 생각하고 공감해 주는 것이 효과석인 경청이다.

09 Freud의 정신분석적 심리치료에 대한 비판을 토대로 발전한 신정신분석학과의 주요 인물 및 치료 접근법에 해당하지 않는 것은?

① Adler의 개인심리학

② Sulivan의 대인관계이론

③ Fairbairn의 대상관계이론

④ Glasser의 통제이론

- Glasser의 통제이론 : 과거에 어떠한 일이 일어났거나 어떠한 환경조건에 처해 있음에도 불구하고 자신의 행동을 주도적으로 선택하여 책임지고 효율적으로 자신의 욕구를 충족시키면서, 현재와 미래를 즐겁게 살아나갈 수 있다는 데 초점을 두는 현실치료 이론에 근거한 것이다.
- Fairbairn의 대상관계이론 : 정신분석으로부터 직접적 영향을 받은 것이다.
- Adler의 개인심리학, Sulivan의 대인관계이론 : 정신분석이 지나치게 생물학적인 이론에 치우쳐 있다는 것에 반발한 신프로이트 학파에 속하는 것이다.

10 임상심리학자의 접근법 중 제2차 세계대전 이전에 대두된 치료 접근법은?

① 합리적 정서치료
② Adler의 개인심리학
③ 교류 분석
④ 게슈탈트

Adler의 개인심리학	아들러는 1902년부터 1911년까지 프로이트와 함께 연구하였으나, 견해 차이로 헤어진 후에 1912년 자신만의 이론을 개인심리학이라 부르고 개인심리학회를 창설하였다.
교류 분석	Eric Berne(1910~1970)이 창설한 것으로, 세계대전 이후에 미국에서 정신과 의사와 정신분석가로 활동하였다.
게슈탈트	많은 학자들에 의하여 지지받은 게슈탈트 이론은 실제 책을 쓰고 연구소를 운영하였던 Perls에 의하여 실현되었다. Perls와 Goodman은 Kurt Lewin과 Otto Rank의 작업에 영향을 받아 「게슈탈트 요법(Gestalt Therapy)」이라는 책을 1951년에 출판하였고, Perls부부는 게슈탈트 연구소를 운영하였다. 이들은 게슈탈트 워크숍과 훈련을 위하여 미국 전역을 여행하기도 하였다.
합리적 정서치료	REBT는 인지행동치료(CBT)의 한 형태로, 1950년대 중반에 처음으로 미국의 정신과 의사이자 심리학자였던 알버트 엘리스(Albert Ellis)에 의하여 시작되었다.

11 문장완성 검사에 관한 설명으로 틀린 것은?

① 수검자의 가지개념, 가족관계 등을 파악할 수 있다.
② 수검자가 검사 자극의 내용을 감지할 수 없도록 구성되어 있다.
③ 수검자에 따라 각 문항의 모호함 정도는 달라질 수 있다.
④ 개인과 집단 모두에게 실시될 수 있다.

문장완성 검사는 문장의 반이 구조화되어 있기 때문에, 수검자가 검사 자극의 내용을 알 수 있다.
예 "여자들은 _____ 이다."
　"나에게 어머니는 _____ 의미이다."
　"나에게 아버지는 _____ 이다."

12 Rogers의 인간중심 접근에 대한 설명으로 틀린 것은?

① 자기개념을 확장하도록 돕는 것이 치료의 목표이다.
② 자기-경험의 불일치가 불안의 원인이라고 본다.
③ 부모의 조건적 애정과 가치가 문제의 근원이 될 수 있다.
④ 치료자는 때에 따라 자신의 감정을 숨기거나 왜곡하여야 한다.

인간 중심 치료자의 가장 기본적인 태도는 공감, 무조건적 긍정적 존중, 그리고 진실성이다. 치료자는 어느 순간이든지 자신의 감정을 숨기거나 왜곡하면 치료의 효과가 나타날 수 없다고 보았다.

13 임상심리학의 발전에 기여한 인물이나 사건과 그 설명이 바르게 짝지어진 것은?

① Alfred Binet – 편차형 아동지능검사를 개발하였다.

② Sigmund Freud – 무의식적 갈등과 정서적 영향이 정신질환과 신체적 질병의 원인이 될 수 있다고 가정하였다.

③ Army Alpha – 문맹자와 언어장애자를 위한 비언어지능검사가 개발되었다.

④ Wihelm Wundt – Pensylvania 대학교에 심리진료소를 개설하였다.

> **해설**
> • Alfred Binet가 개발한 스텐포드–비네 검사는 편차형 지능검사가 아니라 정신연령 척도형 검사이다. 편차형 지능검사는 Wechsler가 개발한 WAIS, WISC 등이다.
> • Army Alpha는 제1차 세계 대전 중 Robert Yerkes와 6명이 개발한 집단형 검사이다. 언어능력, 수리능력, 방향감각 능력, 정보 지식 등을 측정할 수 있다.
> • Wihelm Wundt는 독일 심리학자로, 자신의 모교인 라이프치히 대학교에서 심리학 실험실을 개설하였다.
> • Pensylvania 대학교에 심리진료소를 개설한 인물은 임상심리학자인 Witmer이다.

14 A유형(Type A) 성격의 행동패턴이 아닌 것은?

① 마감 시한이 없을 때에도 최대의 능력을 발휘하여 일한다.

② 자신의 물리적·사회적 환경을 장악하려는 통제감이 높다.

③ 지연된 보상이 주어지는 과제에서 향상된 수행을 발휘한다.

④ 좌절하면 공격적이고 적대적이 되며, 피로감과 신체적 증상을 덜 보고한다.

> **해설** 의사인 Friedman과 Rosenman이 관상동맥경화증을 앓는 환자들의 경향성을 연구하면서 발견하게 된 A유형(Type A) 성격은 경쟁적이고 성취 지향적이며 편하게 쉬지 못하고 화를 참지 못한다. 이들은 공격적이고 성취 지향적이기 때문에 지연된 보상이 아니라 즉각적 보상에 더 민감할 것이다.

15 환자에게 자신의 그 메시지를 정교화하도록 도울 뿐 아니라, 면접자가 그 메시지를 이해하고 있다는 것을 확실히 하기 위하여 사용되는 의사소통 기법은?

① 요약　　　　　② 명료화

③ 직면　　　　　④ 부연 설명

> **해설**

요약	내담자 2명 이상의 진술 내용을 묶어서 정리해 주는 것이다.
명료화	내담자의 말에 함축(내포)되어 있는 뜻을 상담자의 말로 내담자에게 명확하게 말해 주거나, 내담자의 모호한 진술 등을 분명히 말해 달라고 요청하는 것이다.
직면	내담자의 행동, 사고, 감정에 있는 어떠한 불일치나 모순에 도전하는 기술이다.

16 불안을 유발하는 특정한 대상이나 상황이 불안하지 않은 상황으로 변화하도록 돕는 행동치료법은?

① 역조건 형성　　　② 혐오 치료

③ 토큰 경제　　　　④ 부연 설명

> **해설**

역조건 형성	불안을 유발하는 특정한 대상이나 상황이 불안하지 않은 상황으로 변화하도록 돕는 행동치료법이다.
혐오 치료 (혐오 학습)	이상 성욕, 중독 치료, 도착증 등 심각한 치료에 활용된다. 중독, 반사회적 선호 대상이 존재할 때 이를 제시하면서 동시에 혐오스러운 자극을 제시하여 연합시킨다.
토큰 경제	바람직한 행동을 하여 토큰(강화물)을 얻고, 그 토큰으로 지원강화물을 살 수 있는 프로그램이다.

17 지역사회 심리학에서 지향하는 바가 아닌 것은?

① 자원봉사자 등 비전문 인력의 활용
② 정신장애의 예방
③ 정신장애인의 사회 복귀
④ 정신병원시설의 확장

> **해설** 지역사회 심리학에서는 정신장애를 예방하고, 정신장애인이 비장애인과 함께 사회에서 생활하며, 자원봉사 등의 비전문인력을 활용하여 함께 하는 삶을 공유하여야 한다고 보았다. 정신병원 시설의 확장 등과 같은 치료적 접근, 부정적 접근은 지양하였다.

18 Rorschach 검사의 실시에 관한 설명으로 옳은 것은?

① 수검자가 질문을 할 경우, 검사자는 지시적으로 반응하여야 한다.
② 일반적으로 수검자와 마주 보는 좌석 배치가 표준적인 절차이다.
③ 자유반응단계에서 추가적인 반응을 확인하기 위하여 주의를 기울여야 한다.
④ 수검자가 카드 1에서 5개를 넘겨 반응할 때는 중단시킨다.

> **해설**
> • 수검자가 질문을 할 경우 검사자는 비지시적으로 반응하여야 한다.
> • 추가적인 반응을 확인하기 위해서는 질문 단계에서 주의를 기울여야 한다.
> • 수검자가 몇 개의 반응을 하든 자유반응단계에서는 가능한 모든 반응을 수용하며, 5개 이상 반응했다고 해서 중단하지 않는다.

19 체중 감량을 위하여 상담소를 찾은 여대생에게 치료자가 적용할 수 있는 가장 적합한 행동관찰법은?

① 자연 관찰　　② 면대면 관찰
③ 자기 관찰　　④ 통제된 관찰

> **해설** 자기 관찰은 내담자가 자신의 행동에 대하여 스스로 관찰하고 보고하도록 하는 평가방법이다. 체중감량을 위해서는 스스로 자신의 행동을 관찰하는 것이 좋다.

20 다음은 뇌와 관련하여 공통적으로 어떠한 질환에 해당하는가?

• 헌팅턴 병	• 파킨슨 병
• 알츠하이머병	

① 종양　　　　　② 뇌혈관 사고
③ 퇴행성 질환　④ 만성 알코올 남용

> **해설**

헌팅턴 병	• 손발이 춤추듯 무의식적으로 움직이는 유전병이다. • 알츠하이머, 파킨슨 병, 루게릭병과 함께 4대 뇌 신경질환이다. • 유전성 운동 · 장애로 몸이 뒤틀리는 것 이외에도 환각, 심각한 정서 변화, 치매 등과 같은 퇴행이 함께 일어난다.
파킨슨 병	• 대표적인 퇴행성 뇌 질환의 일종이다. • 65세 이상인 사람 100명 중 1명에게서 발생한다.

정답 17 ④　18 ②　19 ③　20 ③

01 인지치료에 대한 설명으로 틀린 것은?

① 개인의 문제는 잘못된 전제나 가정에 바탕을 둔 현실왜곡에서 비롯된다.

② 개인이 지닌 왜곡된 인지는 학습상의 결함에 근거를 둔다.

③ 부정적인 자기개념에서 비롯된 자동적 사고들은 대부분 합리적인 사고들이다.

④ 치료자는 왜곡된 사고를 풀어주고 보다 현실적인 방식들을 학습하도록 도와준다.

> **해설** 비합리적 사고를 합리적 사고로 변경하는 것이 인지치료의 핵심이다.

[비합리적 사고의 4가지 요소]

당위성	'바람'이나 '선호'를 요구로 대치하는 경향을 보이고, "반드시 ~하여야 한다."와 같은 말을 자주 한다. 예 "내 어머니는 나를 반드시 사랑하여야만 한다."
과장성	어떠한 사건에 대하여 극단적이고 과장적이며 부정적으로 말하는 경향이 있다. 예 "사랑받지 못하는 것은 끔찍한 일이다."
인간가치 비하	자신이나 타인, 모든 인간에 대하여 일반화된 평가나 파괴적인 평가를 하는 경향이 강하다. 예 "부모한테 사랑받지 못하면 살 가치가 없다."
좌절에 대한 낮은 인내심	사건의 불편을 인내하기 어려워한다. 예 "만약 아버지가 나를 사랑하지 않으면 나는 참을 수가 없다."

02 치료자가 치료 초기에 라포(Rapport)를 형성하기 위한 행동으로 바람직하지 않은 것은?

① 내담자가 가능한 한 인간으로 존중하려고 하였다.

② 너무 심문식으로 질문하지 않으려고 하였다.

③ 치료시간을 넘기더라도 내담자가 충분히 이야기 할 시간을 주었다.

④ 내담자의 긴장을 풀어주기 위하여 간단히 안부를 물었다.

> **해설** 라포(Rapport)의 형성은 인간을 그대로 존중하려는 마음이 기본이므로, 폐쇄적 질문보다는 개방형 질문으로 내담자의 상태를 최우선으로 생각하며 편안하게 상담할 수 있는 분위기를 조성한다. 그렇지만 치료시간은 상담자 스스로에게나 내담자에게 약속이므로 지키게 하는 것이 우선이다. 치료시간을 어기는 것은 서로에게 도움이 안 되고, 특히 상담의 효과가 떨어진다.

03 생명 유지에 필수적인 기능에서 고차원적 인지기능으로 발달하는 뇌의 발달단계를 순서대로 나열한 것은?

① 후뇌(교와 소뇌) → 수뇌(연수) → 중뇌 → 간뇌 → 종뇌

② 수뇌(연수) → 후뇌(교와 소뇌) → 중뇌 → 간뇌 → 소뇌

③ 후뇌(교와 소뇌) → 중뇌 → 간뇌 → 종뇌 → 수뇌(연수)

④ 수뇌(연수) → 간뇌 → 후뇌(교와 소뇌) → 중뇌 → 종뇌

해설 **[뇌의 발달단계]**

1단계 후뇌 (교와 소뇌)	• 연수와 소뇌로 구성되어 있다. • 연수는 척수 가장 가까운 곳에 위치하고 있는 뇌간의 한 부분이고, 소뇌는 신체 균형과 근육 조절이 가능하다.
2단계 수뇌(연수)	• 뇌간의 가장 아래에 있는데, 전체 뇌의 구조에 있어서도 가장 아래에 위치하고 있다. • 호흡과 혈액 순환을 조절하고, 생존 유지에 중요한 기능을 한다.
3단계 중뇌	• 뇌간의 하부에 시상으로 확장되어 있는 신경회로망인 망상체가 대표적인 기관이다. • 신체에 들어온 자극을 수용하여 주의를 기울이게 하는 각성 기관이다.
4단계 간뇌	• '사이 뇌'라고도 부르며, 항상성의 중추이다. • 시상과 시상하부, 뇌하수체와 송과샘을 포함하는 내분비 조직이다.
5단계 전뇌	• 진화과정에서 가장 늦게 발달한 뇌 기관으로, 포유류는 중뇌까지는 별 차이가 없다. • 시상과 시상하부, 변연계, 대뇌피질 등이 대표적인 기관이다.

04 치료관계에서 얻은 내담자의 정보에 대한 비밀 보장의 예외적인 경우에 해당하지 않는 것은?

① 자해의 위험성이 있는 경우

② 제3자에게 위해가 가해질 우려가 있는 경우

③ 감염성 질병이 있는 경우

④ 내담자에게 알리지 않고 내담자의 정보를 책에 인용한 경우

해설 **[비밀 보장의 한계]**
• 내담자나 제3자에게 분명하게 위험에 임박해 있는 경우
• 내담자가 아동학대를 하는 경우
• 내담자가 심각한 질병에 감염된 경우 : 에이즈 등
• 전문적 목적, 교육이나 연구 목적으로 사용할 경우에 비밀 보장의 유보 가능

05 신경심리학적 기능을 연구하는 방법 중 비침습적인 방법에 해당하는 것은?

① 양전자방출 단층촬영(PET)

② 국부 대뇌혈류(CCBF)

③ 심전극(depth electrode)

④ 전자 뇌지도(electrical brain mapping)

해설
• 침습적인 방법 : 인체 내부에 기구를 넣어서 하는 검사이다.
• 비침습적인 방법 : 약물을 투여하여 하는 검사이다.

양전자방출 단층촬영(PET)	대표적인 침습검사이다.
국부 대뇌혈류(CCBF)	혈류량을 측정하기 위하여 주사로 하는 침습검사이다.
심전극(depth electrode)	전기요법으로, 환자의 신체에 전류를 흐르게 할 목적으로 하는 침습적 기법이다.
전자 뇌지도(electrical brain mapping)	비침습 검사이다.

06 정신상태 검사(Mental Status Examination) 면접에서 환자를 통하여 평가하는 항목이 아닌 것은?

① 외모와 태도

② 지남력

③ 정서의 유형과 적절성

④ 가족관계

해설 **[정신상태 검사(MSE)에서 보는 행동 및 심리적 특성]**
• 외모와 외형적 행동에 대한 평가
• 사고과정 및 언어행동에 대한 평가
• 기분 및 정서 반응에 대한 평가
• 지적능력 및 기능수준에 대한 평가
• 현실 감각(지남력)에 대한 평가

07 행동에 대한 보상을 받아 행동의 빈도가 증가하는 원리에 해당되지 않는 것은?

① 칭찬하기
② 금전 제공
③ 관심 철수
④ 토큰 경제

해설
• 행동의 빈도가 증가하는 원리는 보상과 강화이다.
• 보상은 직접 보상(토큰경제)과 사회적 보상(칭찬 등)으로 구분된다.
• 관심 철수는 처벌적 관심이며, 그렇게 함으로써 행동 빈도가 증가하게 하는 것은 부적 강화의 일종이다.

08 인간 중심 치료에서 자기와 경험 간의 일치를 촉진시키고 자기실현을 하도록 치료자가 지녀야 할 특성과 가장 거리가 먼 것은?

① 공감
② 진실성
③ 객관적인 이해
④ 무조건적 긍정적 존중

해설 인간 중심 치료에서 치료자가 갖추어야 할 3가지 중요 요인은 '공감, 진실성, 무조건적 긍정적 존중'이다.

09 암, 당뇨 등과 같은 질병을 진단받은 환자들을 위한 효과적인 진단 개입으로 가장 적합한 것은?

① 정신역동적 집단치료
② 가족치료
③ 인본주의적 집단치료
④ 심리교육적 집단치료

해설 질병 진단을 받은 환자들에게는 환자가 지켜야 할 심리 등에 대한 교육이 필요하므로 심리교육적 집단치료가 효과적이다.

10 심리평가에 관한 설명과 가장 거리가 먼 것은?

① 심리평가는 심리학자들이 진단을 내리고, 치료를 계획하고, 행동을 예측하기 위하여 정보를 수집하고 평가하는 과정이다.
② 심리평가의 자료는 환자에 대한 면접 자료, 과거 기록, 행동관찰 사항, 심리검사에 관한 결과들이 포함된다.
③ 제1, 2차 세계대전 당시의 심리평가 요구는 임상심리학에서 심리평가의 중요성과 심리검사 제작의 필요성을 촉진시켰다.
④ 임상장면에서 심리검사를 실시할 때 자주 사용하는 MMPI, K-WAIS, Rorschach, TAT와 같은 검사들은 반드시 포함되어야 한다.

해설 심리평가는 단순하게 검사만으로 결정하는 것은 아니다. 내담자의 상태와 상황, 면접에서 얻을 수 있는 자료 등을 종합하여 결론을 내리는 것이 적절하다. 필요하지도 않은데 무조건 검사를 실시하는 것은 내담자를 이해하는 데 오히려 걸림돌이 될 수도 있기 때문이다.

11 환자가 처방받은 대로 약을 잘 복용하고 의사의 치료적 권고를 준수하게 하기 위하여 가장 적절한 방법은?

① 준수하지 않을 때 불이익을 준다.
② 의사가 권위적이고 단호하게 지시한다.
③ 모든 책임을 환자에게 위임한다.
④ 치료자가 약의 효과 등에 대하여 친절하고 상세하게 설명한다.

> **해설** 환자가 치료적 권고를 준수하지 않을 때에는 불이익을 주거나 권위주의적이고 단호하게 대하는 등의 처벌적 방법보다는 약의 효과나 어떻게 먹어야 하는지 등을 자세하고 친절하게 이야기해 주는 것이 효과적이다.

12 알코올 중독자 환자에게 술을 마시면 구토를 유발하는 약을 투여하여 치료하는 기법은?

① 행동 조성　　② 혐오 치료
③ 자기표현 훈련　④ 이완 훈련

> **해설** [혐오 치료(혐오 학습)]
> • 혐오 치료는 이상 성욕, 중독 치료, 도착증 치료 등에 효과적이다.
> • 성 관련 문제는 주의가 필요하지만 중독이나 반사회적으로 선호하는 대상이 있을 때, 그것을 제시하면서 동시에 혐오스러운 자극을 제시하여 연합시키는 방식이다.

13 임상심리학자가 활동할 수 있는 새로운 영역과 가장 거리가 먼 것은?

① 법정 임상심리학　② 소아과 심리학
③ 행동의학　　　　④ 인지심리학

> **해설** [임상심리학의 새로운 영역]
> 임상심리학의 새로운 분야로 추가된 분야는 아동 임상심리학, 행동의학, 건강심리학, 신경심리학, 법정/범죄심리학, 소아과 심리학, 지역사회 심리학이다.

14 임상심리학자의 교육 수련과 관련된 설명으로 적절하지 않은 것은?

① 1949년 Boulder 회의에서 과학자-전문가 수련 모형이 채택되었다.
② 과학자-전문가 모형은 과학적 연구자나 임상적 실무자 중 어느 하나의 역할에 충실할 것을 강조한다.
③ 심리학 박사(Ph.D)는 과학자-전문가 모형을 따른다.
④ 한국심리학회에서 자질 있는 임상심리학자를 양성하기 위하여 임상심리전문가 제도를 두고 있다.

> **해설** 과학자-전문가 모형은 과학적 연구자나 임상적 실무자 모두의 역할에 충실할 것을 강조하는 모형이다.

15 심리치료 과정에서 저항이 일어나는 일반적인 이유와 가장 거리가 먼 것은?

① 환자가 변화를 원하더라도 환자의 삶에 중요한 영향을 미치는 타인들이 현 상태를 유지하도록 방해할 수 있기 때문이다.
② 부적응적 행동을 유지함으로써 얻는 이차적 이득을 환자가 포기하기 어렵기 때문이다.
③ 익숙한 행동을 변화시키려는 시도가 환자에게 위협을 주기 때문이다.
④ 치료자가 가진 가치나 태도가 환자에게 위협적이기 때문이다.

> **해설** ④는 심리치료 과정에서 저항을 일으키는 이유가 아니다.

16 Pensylvania 대학교에서 첫 심리진료소를 개설하고 임상심리학의 탄생에 크게 기여한 학자는?

① William James ② Lightner Witmer
③ Emil Kraepelin ④ Wihelm Wundt

해설 [임상심리학자들의 기여]

William James	• 기능주의 심리학의 대가 • 하버드 대학교에 심리학연구소 설립
Lightner Witmer	• 펜실베니아 대학교에 최초로 심리진료소 개설 • 임상심리학 수업의 개설
Emil Kraepelin	• 독일의 의학자로, 질병 분류를 다룬 정신의학개요서 발표 • 정신질환을 외인성 장애(외부 조건)와 내인성 장애(생물학적 원인)로 구분
Wihelm Wundt	• 독일의 심리학자로, 라이프치히 대학교에 최초로 심리학 실험실 개설 • 구성주의 심리학의 대가

17 MMPI-2에서 척도와 그 척도가 측정하는 바가 잘못 짝지어진 것은?

① L척도 – 지나치게 긍정적인 자기 보고
② F척도 – 자신의 문제들을 인정
③ S척도 – 부정적 사고 및 태도 경향성
④ K척도 – 자기방어적 태도

해설 S척도는 과장된 자기제시 척도로서, 70T 이상의 경우에 긍정 왜곡의 가능성이 높다. 또한, 주로 자신의 문제에도 "아니다"로 응답할 경향이 크다.

18 행동 평가에 관한 설명으로 가장 적합한 것은?

① 자연적인 상황에서 실제 발생한 것만 대상으로 평가한다.
② 행동 표본은 내면 심리를 반영한 것으로 해석된다.
③ 특정 표적행동의 조작적 정의가 상이할 수 있음을 고려하여야 한다.
④ 관찰 결과는 요구 특성이나 피험자의 반응성 요인과는 무관하다.

해설 [행동 평가]
• 자연적 관찰법뿐만 아니라 통제된 상황(인위적 조건)에서 나타나는 행동을 관찰하여 분석하는 방법인 통제된 관찰법도 있다.
• 행동 표본은 행동의 기저에 있는 변인, 즉 내면 심리를 평가하는 전통적 평가와는 달리 특정 상황에서의 행동적 경향성을 측정하고 반영한다.
• 요구 특성, 피험자의 반응성은 관찰 결과에 있어서 가장 핵심적인 부분이라고 할 수 있다.

19 역할 시연과 가장 관련성이 높은 행동관찰 방법은?

① 자기탐지 관찰 ② 통제된 관찰
③ 자연 관찰 ④ 비구조화

해설 역할 시연은 특정한 상황을 정해 놓고 상담자와 내담자가 어떠한 특정 역할을 해보는 것이므로, 통제된 관찰과 가장 유사하다.

[통제된 관찰]
• 관찰의 시간, 장면, 행동 등을 의도적으로 설정해 놓고 인위적 조건 하에서 나타나는 행동을 관찰하는 방법이다.
• 행동 분석과 결과 비교 등이 용이하고, 방관자 효과 실험 등이 속한다.

20 다음 중 유관학습의 가장 적합한 예는?

① 욕설을 하지 않게 하기 위하여 욕을 할 때마다 화장실 청소하기

② 손톱 물어뜯기를 줄이기 위하여 손톱에 쓴 약을 바르기

③ 충격적인 스트레스 사건이 떠오를 때 "그만!"이라는 구호 외치기

④ 뱀에 대한 공포가 있는 사람에게 뱀을 만지는 사람의 영상 보여주기

해설 ②는 처벌, ③은 인지적 방법론, ④는 홍수법이나 체계적 둔감법(둔감화) 등의 행동 교정에 해당한다.

[유관학습]
• 어떠한 특정 행동이 일어날 때마다 규칙적으로 자극을 제시하여 교정하는 방법론을 말한다.
• ①의 부정적 행동(욕설)을 교정하기 위하여 규칙적 자극(계속 화장실 청소)을 제시하여 바람직한 결과(욕설을 하지 않음)를 도출하는 학습방법이다.

01 청소년 비행의 원인을 사회화적 관점에서 설명하는 이론이 아닌 것은?

① 아노미 이론   ② 사회통제 이론

③ 욕구실현 이론   ④ 하위문화 이론

> **해설** 욕구실현 이론은 심리학적 관점이며, 욕구 불만에 따른 정서 불안과 긴장, 부정적 자아의식, 반항성이나 충동성, 공격성, 신경증, 지나친 외향성 등과 같은 특수한 성격요소, 정신질환이나 신경증, 정신병 등과 같은 정신장애, 개인의 심리적 특성에 원인을 두고 있다.

02 상담심리학의 역사에서 상담심리학의 기반 형성에 근원이 되는 주요 영향이 아닌 것은?

① 의학적 관점으로부터의 상담과 심리치료의 발달

② Parsons의 업적과 직업운동의 성숙

③ 정신건강에 대한 관심

④ 심리측정적 경향의 발달과 개인차 연구

> **해설**
> • 의학적 관점으로부터의 상담과 심리치료의 발달은 임상심리학에 대한 설명이다.
> • 상담심리학은 '인간의 행동과 정신과정에 대한 과학'으로, 정신건강에 대한 관심과 심리측정적 경향의 발달과 개인차 연구 등 정신건강과 과학적 절차를 수용하는 데 관심 기반을 두고 있다.

03 전화 상담의 특성에 대한 설명으로 틀린 것은?

① 전화 상담은 일회성, 신속성, 비대면성의 특성을 지니기 때문에 상담에 대한 구조화를 배제하여야 한다.

② 전화 상담의 주된 주제에는 객관적 정보, 전문지식, 위로와 정서적 지지의 제공, 다른 기관으로의 의뢰 등이 포함된다.

③ 우리나라의 전화 상담은 자살을 비롯한 위기 예방을 목적으로 시작되었으나, 점차 위기 이외의 일반적 문제나 목적으로 확대되는 추세이다.

④ 전화 상담에서는 호소 문제를 구체적으로 확인하고 상담 목표를 정리하며, 문제 상황에 대한 새로운 대처 방안의 모색과 실행 행동의 평가 등이 중요한 과제로 다루어져야 한다.

> **해설** 전화 상담은 단회성의 음성 중심 상담으로, 상담 목표를 달성하기 위해서는 구조화가 중요하다.

04 학습문제 상담의 시간관리 전략에서 강조하는 것은?

① 기억하고자 하는 의도를 가지도록 노력한다.

② 학습의 목표를 중요도와 긴급도에 따라 구체적으로 수립한다.

③ 시험이 끝난 후에 오답을 점검한다.

④ 처음부터 장시간 공부하기보다는 조금씩 자주 하면서 체계적으로 학습한다.

> **해설** [시간관리 전략]
>
> | 구분 | 긴급함 | 긴급하지 않음 |
> | --- | --- | --- |
> | 중요함 | 중요하고 긴급한 일 | 긴급하지는 않지만 중요한 일 |
> | 중요하지 않음 | 긴급하거나 중요하지 않은 일 | 긴급하지도, 중요하지도 않은 일 |

05 중독의 병인을 설명하는 모델에 대한 설명으로 틀린 것은?

① 도덕 모형 – 중독을 개인 선택의 결과로 간주한다.

② 학습 모형 – 혐오감을 주는 금단증상을 계속적인 약물 사용의 한 원인이자 동기로 간주한다.

③ 정신역동 모형 – 물질 남용을 더욱 근본적인 정신병리의 징후로 간주한다.

④ 고전적 조건형성 모형 – 병적 도박 등을 행위 중독의 주요 기제로 간주한다.

해설 술과 즐거운 체험이 반복적으로 짝지어지는 고전적 조건형성을 통하여 술에 대한 긍정성이 습득되고, 술을 마시면 일시적으로나마 긴장과 불안이 완화되므로 조작적 조건형성을 통하여 음주행위가 강화된다. 그러므로 행위 중독은 조작적 조건형성 모형으로 설명된다.

06 집단상담의 과정 중 집단원의 저항과 방어를 다루기 위하여 지도자가 즉각 개입하고, 문제 해결을 위하여 지지와 도전을 제공하는 역할을 수행하여야 하는 단계는?

① 갈등 단계　　② 응집성 단계

③ 생산적 단계　　④ 종결 단계

해설 갈등 단계에서는 저항과 방어를 잘 다루어야 응집성이 형성된다. 집단의 응집력이 형성되어야 생산성을 기대할 수 있다.

07 상담자의 바람직한 상담기술과 가장 거리가 먼 것은?

① 내담자에 대한 상담자의 정서적인 반응을 반영하는 자기 관련 진술을 적절히 시행한다.

② 내담자의 음성 언어 및 신체 언어에 대하여 비판단적이고 진지하게 반응하여야 한다.

③ 치료적 직면은 돌봄의 과정 속에서 도전이 아닌 분명하게 하기 위한 목적으로 사용되어야 한다.

④ 상담 초기에는 찬반을 내포하지 않는 최소의 촉진적 반응은 될 수 있는 대로 하지 않는다.

해설 상담 초기에는 내담자와의 라포를 형성하기 위하여 주로 촉진적 반응을 하여야 한다.

08 심리상담에 관한 설명으로 옳은 것은?

① 내담자의 자각 확장이 이루어지도록 조력하는 활동이다.

② 상담자의 가치관을 중심으로 성과가 산출되도록 하여야 한다.

③ 조력 과정으로, 결과를 강조하는 활동이어야 한다.

④ 상담자의 전문적 훈련이 실제 상담과정과 무관하여야 한다.

해설 심리상담은 내담자의 문제 해결뿐만 아니라 건강하고 행복한 삶을 살아갈 수 있고, 내담자가 자기에 대한 이해를 이룰 수 있도록 자각 확장을 조력하는 활동이다.

정답 05 ④　06 ①　07 ④　08 ①

09 다음의 사례에서 사용된 현실치료 기법은?

> 지금은 정상적이지만 예전에 얼어붙듯 주먹 쥔 손 모양을 하고 있었던 때가 있었던 젊은 남자를 상담할 때, 치료사는 그의 습관대로 손을 아래에 숨기는 것이 아니라 다른 사람들이 볼 수 있도록 들어보라고 제안하였다. 치료사는 젊은 남자에게 일시적 장애를 극복한 것에 대하여 자랑스럽게 느껴보도록 노력하라고 제안하였고, 그것을 숨긴다면 아무도 자신이 어려움을 극복하였다는 것을 모를 것이라고 이야기해 주었다. 치료사는 물었다. "이 일을 당신이 어려움을 극복할 수 있음을 주위 사람들에게 보여주기 위한 예로 사용하지 그래요?"

① 직면
② 재구성하기
③ 역설적 처방
④ 비유 사용하기

해설

재구성하기	개인이 어떠한 주제에 대하여 생각하는 방식을 바꾸도록 하는 것이다. 한 사건에 대하여 다른 시각으로 볼 수 있도록 하는 것, 즉 같은 사건을 다르게 보는 것이다.
직면	내담지의 말과 행동이 일치히지 않는 것을 인식시키는 것이다.
역설적 처방	계획 실행에 저항하는 내담자가 나타나는 경우에 사용하며, 내담자에게 모순되는 지시를 하는 것이다.
비유 사용하기	어떠한 현상이나 사물을 직접 설명하지 않고 다른 비슷한 형상이나 사물에 빗대어 말하는 것이다.

10 자신조차 승인할 수 없는 욕구나 인격 특성을 타인이나 사물로 전환시킴으로써 자신의 바람직하지 않은 욕구를 무의식적으로 감추려는 방어기제는?

① 동일화
② 합리화
③ 투사
④ 승화

해설 투사는 자신의 심리적 속성에서 용납하기 어려운 것을 외부나 타인에게 있다고 하면서 자신을 보호하는 방어기제를 말한다.

11 행동주의 집단상담의 절차를 바르게 나열한 것은?

> ㄱ. 문제에 적합한 상담 목표의 구체화
> ㄴ. 상담 결과의 객관적 평가 및 피드백
> ㄷ. 문제가 되는 행동의 정의 및 평가
> ㄹ. 상담계획의 공식화 및 방법 적용

① ㄱ→ㄴ→ㄷ→ㄹ
② ㄴ→ㄷ→ㄱ→ㄹ
③ ㄷ→ㄱ→ㄹ→ㄴ
④ ㄹ→ㄱ→ㄷ→ㄴ

해설 [행동주의 집단상담의 절차]
문제가 되는 행동의 정의 및 평가 → 문제에 적합한 상담 목표의 구체화 → 상담계획의 공식화 및 방법 적용 → 상담 결과의 객관적 평가 및 피드백

12 특수한 진단을 피하고, 직업적 역할 속에서 자아(Self)의 개념을 명백히 하고 실행할 수 있도록 돕는 직업상담의 이론은?

① 특성–요인 직업상담
② 정신역동적 직업상담
③ 내담자 중심 직업상담
④ 행동주의 직업상담

해설 [내담자 중심 직업상담]
• 내담자가 자아와 경험의 일치성이 부족하거나 불일치하여 현재 고통을 받는 것으로 보고 있다.
• 내담자의 진단을 피하고 직업적 역할 속에서 자아의 개념을 명확하게 정의하고 이를 실행할 수 있도록 돕는다.

13 자살을 하거나 시도하는 학생들에게 공통적으로 나타나는 성격 특성과 가장 거리가 먼 것은?

① 부정적 자아개념
② 부족한 의사소통기술
③ 과도한 신중성
④ 부적절한 대처기술

해설 자살의 유발 요인에는 우울감, 낮은 자존감, 가족문제, 부족한 의사소통문제, 학교문제, 스트레스, 부적절한 대처기술, 그 외에 약물 문제 등이 있다.

14 성폭력 피해자에 대한 인지적 단기상담을 실시할 때, 상담의 효과를 유지시키기 위한 방법으로 적합하지 않은 것은?

① 상담을 통한 체험을 일반화하도록 도와준다.
② 자기와의 대화 내용을 검토하고 잘못된 자기 대화를 고치도록 한다.
③ 문제가 재발하지 않는다고 확신을 준다.
④ 사회적인 지지를 해준다.

해설 문제가 재발하지 않는다고 확신을 주는 것은 비합리적이다. 일종의 문제를 직시하지 않고 회피하는 방법으로는 상담 효과를 유지시킬 수 없다.

15 우울한 사람들이 보이는 체계적인 사고의 오류 중 결론을 지지하는 증거가 없거나 증거가 결론과 배치되는데도 불구하고 어떠한 결론을 이끌어내는 과정을 의미하는 인지적 오류는?

① 임의적 추론(arbitrary inference)
② 과잉 일반화(overgeneralization)
③ 개인화(personalization)
④ 선택적 추상화(selective abstraction)

해설

임의적 추론 (arbitrary inference)	어떠한 결론을 내릴 때, 충분한 증거가 없으면서도 최종적인 결론을 성급히 내려 버리는 오류이다.

과잉 일반화 (overgeneralization)	한두 번의 단일 사건에 근거하여 극단적 신념을 가지고 일반적 결론을 내려, 그와 무관한 상황에도 그 결론을 적용하는 오류이다.
개인화 (personalization)	자신과 관련시킬 근거가 없는 외부 사건을 자신과 관련시키는 오류이다.
선택적 추상화 (selective abstraction)	상황이나 사건의 주된 내용은 무시하고 일부 특정 정보에만 주의를 기울여, 사건 전체의 의미를 해석하는 오류이다.

16 상담의 구조화에 관한 설명으로 틀린 것은?

① 상담의 다음 진행과정에 대한 내담자의 두려움이나 궁금증을 줄일 수 있다.
② 구조화는 상담 초기뿐만 아니라 전체 과정에서 진행될 수 있다.
③ 상담의 효과를 최대한으로 높이기 위하여 행하여진다.
④ 상담에서 다루려는 내용을 구체적으로 정의하는 작업이다.

해설 상담의 구조화는 상담의 내용을 다루는 것이 아니라 상담의 여건, 상담의 관계, 비밀 보장에 대한 구조화를 내담자에게 알려 주어 내담자의 궁금함을 해소하고 상담 효과를 높이기 위한 것이다.

17 Adler의 개인심리학적 상담에 대한 설명으로 틀린 것은?

① Adler는 일반적으로 인간이 열등감을 가지는 것은 필요하고 바람직하기까지 하다고 보았다.
② Freud와 마찬가지로 Adler도 인간의 목표를 중시하면서 주관적 요인을 강조하였다.

③ Adler는 신경증, 정신병, 범죄 등 모든 문제의 원인은 사회적 관심의 부재라고 보았다.

④ Adler는 생활양식을 개인 및 사회의 정신 병리를 일으키는 주요 요인으로 보았다.

해설 Adler는 인간의 행복과 성공은 사회적 관계와 깊은 관계가 있다고 보면서 인간의 주관적 요인보다는 사회적 요인을 더 강조하였다. 자신이 인정하고 있는 집단에서 받아들여지고 소속감을 가질 때, 자신의 문제를 다룰 힘을 가진다고 보았다.

18 생애기술 상담이론에서 기술 언어(skills language)에 해당하는 것은?

① 내담자가 어떻게 생각하고 느끼는가를 의미하는 것이다.

② 내담자가 어떠한 외형적 행동을 하는가를 의미하는 것이다.

③ 내담자 자신의 책임감 있는 삶을 의미하는 것이다.

④ 내담자의 행동을 설명하고 분석하기 위하여 사용하는 것을 의미하는 것이다.

해설 [생애기술 상담이론과 기술 언어(skills language)]

• 생애기술 상담의 주요 관심은 생물학적 삶보다 심리적 삶에 두고 있다.

• 심리적 삶은 신체보다 마음에 관심을 두고 인간 잠재력을 개발하는 데 있다.

• 생애기술의 장점과 단점의 관점에서 내담자 문제에 대하여 생각하고 말하는 것을 의미한다.

• 기술 언어는 내담자의 문제를 지속시키는 구체적인 사고 기술과 행동 기술의 단점을 규명하고, 그것들을 상담 목표로 전환하는 것을 포함한다.

• 감정도 물론 중요하지만, 감정은 인간의 동물적 속성을 나타내기 때문에 그 자체로는 기술이라고 볼 수 없다.

19 상담자의 윤리에 관한 설명으로 틀린 것은?

① 비밀 보장은 상담의 진행과정 중 가장 근본적인 윤리 기준이다.

② 내담자의 윤리는 개인 상담뿐만 아니라 집단 상담이나 가족 상담에서도 고려되어야 한다.

③ 상담 여부를 결정하는 것은 내담자이며, 상담자는 내담자에게 정확한 정보를 제공하여야 한다.

④ 상담이론과 기법은 반복적으로 검증된 것이므로 시대 및 사회 여건과 무관하게 적용하여야 한다.

해설 상담이론과 기법이 검증되었다고 하더라도 시대 및 사회 여건에 따라 다르게 적용할 수 있다.

20 청소년의 약물 남용에 대한 설명으로 틀린 것은?

① 우리나라 청소년의 흡연 비율은 아직 선진국보다 매우 낮은 편이다.

② 음주나 흡연을 하는 부모의 자녀는 음주나 흡연의 가능성이 높은 편이다.

③ 또래집단이 약물을 사용할 때, 같은 집단의 다른 청소년도 약물을 사용할 가능성이 있다.

④ 흡연의 조기 시작은 본드나 마약 등의 약물 남용으로 발전될 가능성이 있다.

해설 우리나라 청소년의 흡연 비율은 감소하고 있으나 아직은 높은 편이다. 한편, 흡연 연령은 낮아지고 있다.

18 ④   19 ④   20 ①   **정답**

01 Bordin이 제시한 작업 동맹(working alliance)의 3가지 측면을 바르게 짝지은 것은?

① 작업의 동의, 진솔한 관계, 든든한 유대 관계
② 진솔한 관계, 든든한 유대관계, 서로의 호감
③ 유대, 작업의 동의, 목표에 대한 동의
④ 서로의 호감도, 동맹, 작업에 대한 동의

> **해설** [보딘의 **작업 동맹**]
> 보딘(Bordin)이 제시한 작업 동맹의 3가지 측면은 '유대(bond), 작업의 동의(task agreement), 목표에 대한 동의(goal agreement)'이며, 이는 치료자와 환자와의 관계를 지칭하는 것이다.

02 교류 분석에서 치료의 바람직한 목표인 치유의 4단계에 해당되지 않는 것은?

① 계약의 설정   ② 증상의 경감
③ 전이의 치유   ④ 각본의 치유

> **해설** [교류 분석에서 치유의 4단계]

1단계 사회의 통제	타인과의 상호작용에 있어서 개인은 스스로의 행동을 통제하는 것을 말한다.
2단계 증상의 경감	개인이 불안과 같은 자신의 증세 완화를 주관적으로 느끼는 것을 포함한다.
3단계 전이의 치유	내담자는 상담사를 하나의 사물로 자신의 머릿속에 보유하여 건강을 유지할 수 있게 한다.
4단계 각본의 치유	내담자는 각본에서 완전히 벗어나, 제한적인 각본 결단을 재결단하여 자율적인 사람이 되는 것을 포함한다.

03 학교 진로상담의 기본 원리로 고려하여야 할 사항이 아닌 것은?

① 최종 선택은 내담자 스스로 결정하도록 유도한다.
② 만성적 진로 미결정자를 조기에 발견할 수 있도록 하여야 한다.
③ 진로 관련 정보 제공을 위하여 상담자는 직업세계에 대한 정보를 숙지하는 것이 필요하다.
④ 학생을 위한 집단학습의 경험을 제공한다.

> **해설** [학교 진로상담의 기본 원리]
> • 내담자에 대한 기본적인 신뢰와 공감적 이해는 진로 상담에서도 중요한다.
> • 최종 선택은 내담자 스스로 결정하도록 유도한다.
> • 진로상담사는 진료와 관련된 정보의 제공을 위하여 직업 세계에 대한 정보를 숙지하여야 한다.
> • 만성적인 미결정자는 조기 발견에 특히 유념하여야 한다.
> • 경우에 따라서는 심리상담을 병행하면 더욱 효율적이다.

04 다음 사례에 가장 적합한 개입방법은?

> 지방 출신의 한 남학생이 동급생들의 요구를 거절하지 못한 것에 불만스러워하였다. 첫 면접에서 그러한 실례를 최근의 경험 중에서 다음과 같이 끄집어낼 수 있었다. 첫째는 자신의 비상금 20,000원을 친구가 '우리 사이에 그럴 수 있느냐' 식으로 조르기 때문에 싫으면서도 몽땅 빌려 준 후에 갚아 달라는 말을 못하였다. 둘째는 형이 집안에서 자기 일이 아닌데도 '이걸 가져오라', '저걸 치우라' 식으로 심부름을 시킬 때, 형이 싫어할까봐 할 수 없이 순종하였다.

① 분노조절 훈련

② 체계적 둔감 훈련

③ 자기주장 훈련

④ 역설적 수용 훈련

해설　자신의 판단을 신뢰하고 자신감을 갖도록 하여 사회적 상황에 적절히 반응하고 자신의 의견을 사회가 용납하는 방법으로 표현하여 목적을 달성하도록 지도훈련하는 기법인 '자기주장 훈련'이 필요하다.

05 인지행동적 상담이론의 특징과 거리가 먼 것은?

① 인지적 재구성에 초점을 둔 이론

② 선천적으로 진화적인 성장지향 접근

③ 문제해결 및 대처기술 접근

④ 기술에 대한 훈련을 강조하는 접근

해설　[인지행동적 상담이론의 특징]
• 인지적 재구성에 초점을 둔 접근
• 수용을 강조하는 접근
• 문제 상황에 대처하는 기술 교육을 강조하는 접근
• 문제해결 접근

06 사별 경험이 있거나 자살을 시도하려는 아동의 상담에 관한 설명으로 틀린 것은?

① 상담자로서 잠재적 위험요인을 깨닫게 하기 위하여 사용하는 가장 좋은 기법은 내담자의 대처방식을 관찰하는 것이다.

② 내담자와 자살금지계약서를 작성할 때, 시간 제약을 명시한 동의보다 시간 제약이 없는 동의를 하는 것이 효과적이다.

③ 자살예방 프로그램을 실시하기 전에 학부모 및 주위 교사 등에게 예방 전략의 중요성을 알려야 한다.

④ 사별 경험을 한 아동 내담자를 돕기 위하여 가장 중요한 일은 그들의 부모에게 아동을 이해하고 도와줄 수 있는 방법을 가르치는 것이다.

해설
• 내담자가 자살에 대하여 생각할 수는 있으나 행동으로 실천하지 않겠다는 구체적인 약속을 하도록 한다.
• 내담자와 자살금지계약서를 작성할 때에는 시간 제약이 없는 개방적 동의보다 시간 제약이 있는 동의를 하는 것이 효과적이다.

07 장기간 사용 중이던 약물을 얼마 동안 사용하지 않았을 때 심리적으로 초조하고 불안함을 느낄 뿐만 아니라 약물에 대한 열망과 메스꺼움 등의 신체적인 불쾌감을 경험하는 것은?

① 내성

② 금단 증상

③ 갈망 증상

④ 중독(intoxication) 증상

해설　[금단 증상]
• 금단 증상은 특정 약물이나 대상, 행위를 충동적, 습관적으로 하게 되고, 중단할 경우 여러 가지 증상을 겪게 되는 것을 말한다.
• 금단 현상으로는 불안, 초조, 신체적 떨림 등이 나타난다.
• 기호품에는 알코올, 니코틴, 커피 등이 있고, 약물에는 진정, 수면, 항불안제, 중추신경자극제가 있다.
• 인터넷 중독, 쇼핑 중독과 같은 행위와 관련된 것도 있다.

08 다음은 무엇에 대한 설명인가?

내담자에 의하여 표현된 내용을 새로운 용어로 표현하는 것이다.

① 공감　　　　② 경청

③ 반영　　　　④ 수용

해설　내담자가 표현하는 기본적인 감정이나 태도 등을 상담자가 다른 참신한 말로 표현해 주는 것은 '반영'이다.

09 아동·청소년의 폭력비행을 상담할 때, 부모를 통하여 개입하는 방법으로 가장 적합한 것은?

① 자녀가 반사회적 행동을 하면 심하게 야단을 치게 한다.

② 친사회적인 행동을 보이면 일관되게 보상을 주도록 한다.

③ 반사회적 행동을 보이면 무조건 무시로 대응한다.

④ 폭력을 휘두를 때마다 자녀를 다스리게 한다.

> **해설** 폭력비행에 대한 상담 시, 부모님이나 상담사는 부정적인 체벌, 훈계, 비난 등의 반응보다는 긍정적으로 행동하였을 때 일관된 보상을 통하여 친사회적 행동을 강화하여 비행행동이 감소하도록 하는 것이 효과적이다.

10 Rogers의 인간 중심 상담이론의 기본 명제에 관한 설명으로 틀린 것은?

① 모든 개인은 본인이 중심이 되고 끊임없이 변화하는 경험의 세계에 존재한다.

② 유기체는 경험하고 지각하는 대로 장(Field)에 반응한다.

③ 행동 이해를 위한 가장 좋은 관점은 개인의 외적 참조 준거에서 나온다.

④ 유기체에 의하여 선택된 대부분의 행동방식은 자기개념과 일치하는 것이다.

> **해설** 행동 이해를 위하여 가장 좋은 관점은 개인의 외적 참조 준거에서 나오는 것이 아니라 내적 참조 준거에서 나온다고 강조하였다.

11 성 피해자에 대한 상담의 초기 단계에서 상담자가 유의하여야 할 사항으로 옳지 않은 것은?

① 피해자가 첫 면접에서 성 피해사실을 부인하는 경우, 솔직한 개방을 하도록 지속적으로 유도한다.

② 가능하면 초기에 피해자의 가족 상황과 성폭력 피해의 합병증 등에 관한 상세한 정보를 얻는다.

③ 성 피해로 인한 내담자의 심리적 외상을 신속하게 탐색하고 치유할 수 있도록 적극적으로 개입한다.

④ 피해 상황에 대한 상세한 정보 수집이 중요하므로, 내담자가 불편감을 표현하더라도 상담자가 주도적으로 면접을 진행한다.

> **해설** [성폭력 피해 상담 시의 유의사항]
> • 신뢰관계의 형성
> • 합병증에 대한 안내
> • 내담자의 감정에 대한 수용
> • 치료과정에 대한 안내
> • 내담자의 사실 부정에 대한 수용
> • 비밀 보장에 대한 안내
> • 내담자에게 선택권 주기

12 현실치료의 근간이 되는 선택이론의 주요 원칙으로 옳지 않은 것은?

① 모든 인간의 동기나 행동은 5가지 기본 욕구인 생존 및 건강, 사랑과 소속, 자기 가치감, 통제, 즐거움과 재미 등을 충족시키기 위하여 고안된다.

② 5가지 욕구들을 모두 소유하고 있다고 하더라도 우리들은 각자가 모두 특별한 방법으로 그 욕구들을 충족시키려 한다.

③ 사람들의 바람 또는 욕구와 그들의 환경에서 얻고 있는 지각 사이에 차이가 있을 때는 특별한 행동들이 유발된다.

④ 자기 자신을 어떻게 지각하는지뿐만 아니라 그들의 주변세계를 어떻게 지각하는지에 대하여 그들의 현실세계와 자신을 보는 관점이 된다.

해설 인간의 5가지 기본 욕구는 사랑과 소속의 욕구, 힘에 대한 욕구, 자유에 대한 욕구, 즐거움에 대한 욕구, 생존에 대한 욕구이다.

13 Kitchener가 상담의 기본적인 윤리적 원리를 제시한 것으로, 상담자가 내담자와 맺은 언약을 잘 지키며 믿음과 신뢰를 주는 행동을 하는 것은?

① 자율성(autonomy)
② 무해성(beneficence)
③ 충실성(fidelity)
④ 공정성(justice/fairness)

해설 [키치너(Kitchener)의 결정 원칙]

충실성(성실성)	내담자와의 약속을 성실하게 지키고, 존중하며 관계에 충실하여야 하는 것이다.
자율성	내담자가 스스로 자신의 삶의 방향을 결정하고 자발적인 의사결정을 하는 것이다.
무해성	내담자를 힘들게 하지 않고 내담자에게 해를 끼치는 행동을 피하여야 하는 것이다.
선의성(덕행)	내담자의 안녕과 복지를 증진시키기 위하여 선한 일을 행하여야 하는 것이다.
공정성(정의)	내담자의 인종, 성별, 재정상태, 종교 등에 의한 영향을 받지 않고 편향되지 않아야 하며, 내담자는 평등하고 공정하게 보장받아야 하는 것이다.

14 효율적인 독서능력의 신장과 장기 기억을 돕는 조직화 전략 SQ3R의 순서를 올바르게 나열한 것은?

① 개관 – 질문 – 읽기 – 암송 – 복습
② 질문 – 개관 – 읽기 – 복습 – 암송
③ 읽기 – 질문 – 개관 – 복습 – 암송
④ 질문 – 개관 – 읽기 – 암송 – 복습

해설 [효율적인 독서전략의 순서 : 로빈슨의 SQ3R]

1단계 개관(훑어보기, Survery)	글을 읽기 전, 구성을 훑어보며 내용을 미리 생각해 본다.
2단계 질문하기 (Question)	학습할 내용의 제목, 소제목과 관련하여 스스로에게 질문해 본다.
3단계 읽기(Read)	앞서 생각해 둔 질문에 답을 찾아가며 글을 읽는다.
4단계 암송(되새기기, Recite)	학습한 내용을 적어 가며 요약하고 정리한다.
5단계 복습(다시보기, Review)	읽은 내용을 총정리하며 복습한다.

15 심리상담 및 심리치료의 발달 역사에 관한 설명으로 옳지 않은 것은?

① William Glasser는 1960년대에 현실치료를 제시하였다.
② 가족치료 및 체계치료는 1970년대부터 본격적으로 등장하였다.
③ Rollo May와 Victor Frankl의 영향으로 게슈탈트 상담이 발전하였다.
④ Witmer는 임상심리학이라는 용어를 최초로 사용하였으며, 치료적 목적을 위하여 심리학의 지식과 방법을 활용하였다.

해설 Rollo May와 Victor Frankl의 영향으로 실존주의 상담이 발전하였다.

16 정신분석상담에서 말하는 불안의 종류에 해당하는 것은?

① 구체적 불안   ② 특성적 불안
③ 도덕적 불안   ④ 실존적 불안

해설 [정신분석 상담에서의 불안의 종류]

현실 불안	실제적이고 현실적인 불안을 말한다.
신경증적 불안	자아와 이드의 갈등으로, 자아가 본능적 충동을 통제하지 못하여 불상사가 생길 것 같은 위협에서 오는 불안이다.
도덕적 불안	원초아와 초자아 간의 갈등에서 비롯된 불안이다.

17 상담 초기 단계에서 내담자를 평가할 때 고려하여야 할 사항이 아닌 것은?

① 지적인 기능과 사회경제적 조건
② 자살에 대한 생각, 의지, 충동성
③ 변화 실행과 관련된 내담자의 전략
④ 자신의 문제에 관한 이해

해설 변화 실행과 관련된 내담자의 전략은 상담 중기 단계에서 고려하여야 할 사항이다.

18 집단상담을 초기 단계, 전환 단계, 작업 단계, 마무리 단계로 구분할 경우, 전환 단계의 특징이 아닌 것은?

① 환경이 얼마나 안전한지를 결정하기 위하여 상담자나 다른 참가자들을 시험한다.
② 참가자들은 존경, 공감, 수용, 관심, 반응에 대한 기본적인 태도를 배운다.
③ 주변에 남아있을 것인지 아니면 위험에 뛰어들 것인지에 대하여 생각한다.
④ 다른 사람이 들을 수 있도록 자신을 표현하는 방법을 배운다.

해설 참가자들에 대한 존경, 공감, 수용, 관심, 반응은 상담의 초기 단계에서 보이는 태도이다. 이를 통하여 인간관계의 기본적인 태도를 배운다.

19 체계적 둔감법(Systematic desensitization)의 기초가 되는 학습 원리는?

① 혐오 조건형성
② 고전적 조건형성
③ 조작적 조건형성
④ 고차적 조건형성

해설 체계적 둔감법은 특정 자극과 그것이 유발하는 불안이나 공포간의 연관성을 깨뜨려 나가는 것으로, 고전적 조건형성의 원리에 기초한다.

20 약물 중독 개입 모델 중 영적인 성장에 초점을 두고 자조집단을 활용하는 형식으로 진행되는 모델은?

① 12단계 모델
② 동기강화 모델
③ 하위문화 모델
④ 공중보건 모델

해설 [AA(Alcoholics Anonymous)의 12단계 모델]
• 알코올의 과량 섭취뿐만 아니라 삶에 임하는 태도 및 방식에 대해서도 제시하고 있다.
• 현재는 AA 자조모임뿐만 아니라 GA(도박중독자 자조집단), NA(약물중독 자조집단) 등 대부분의 자조집단에서 활용한다.

정답 16 ③ 17 ③ 18 ② 19 ② 20 ①

임상심리사 2급 필기

2018

문제 및 해설

01 심리 측정에 관한 설명으로 옳은 것은?

① 일반적으로 검사 도구가 측정하고자 목적한 바를 측정할 때 그 검사 도구는 신뢰도가 있다고 한다.

② 내적 일관성 신뢰도는 검사를 1회 사용한 결과만을 가지고 신뢰도를 계산하여야 할 때 사용될 수 있는 방식이다.

③ 검사−재검사 신뢰도는 서로 다른 집단의 사람들에게 검사를 반복적으로 사용하였을 때 동일한 결과가 나오는 정도이다.

④ 내용 타당도는 어떠한 검사가 그 검사를 실시한 결과를 통하여 알고자 하는 준거 변수와의 상관 정도를 말한다.

해설
- 검사 도구가 측정하고자 목적한 바를 측정할 때 그 검사 도구는 신뢰도가 아니라 타당도가 있다고 한다.
- 검사−재검사 신뢰도는 서로 다른 집단이 아니라 같은 집단의 사람들에게 검사를 반복적으로 사용하였을 때 동일한 결과가 나오는 정도이다.
- 내용 타당도는 목표로 삼고 있는 내용을 얼마나 잘 담고 있는지를 그 분야 전문가에게 확인하는 방법이다.

02 집단 자체의 의사결정이 개인적 의사결정의 평균보다 더 극단으로 되는 현상은?

① 사회적 촉진　　② 사회적 태만

③ 집단 극화　　　④ 집단 사고

해설

사회적 촉진	혼자일 때보다 타인이 존재할 때 개인의 수행능력이 더 좋아지는 현상이다.
사회적 태만	혼자 일할 때보다 집단으로 일할 때 노력을 절감하여 개인적 수행능력이 저하되는 현상이다.
집단 극화	집단 전체의 의사결정이 개인적 의사결정의 평균보다 더 극단적으로 되는 현상이다.

집단 사고	집단의 의사결정과정에 존재하는 동조 압력으로 인하여 충분한 논의가 이루어지지 못한 상태에서 합의에 도달하는 현상이다.

03 이성적이고 직접적인 방법으로 불안을 통제할 수 없을 때, 붕괴의 위기에 처한 자아를 보호하기 위하여 무의식적으로 사용하는 사고 및 행동수단은?

① 통제 위치　　　② 효능감

③ 사회적 강화　　④ 방어기제

해설　원초아(Id), 자아(Ego), 초자아(Superego)가 지속적으로 갈등이 일어나면 심적인 불안이 생기게 된다. 이때 자아는 이 불안으로부터 자신을 보호하고 마음의 평정을 회복하기 위하여 무의식적으로 불안을 방어하는 기제를 만들어내는데, 이를 '자아 방어기제'라고 한다.

04 학습에 대한 설명으로 틀린 것은?

① Tolman은 동물들도 다양한 단편적인 지식 또는 인지를 획득한다고 주장한다.

② 쥐가 부적자극이 올 것이라는 신호를 알고서 미리 피하는 것을 도피학습이라고 한다.

③ 행동주의 심리학자들은 대부분 동물들의 학습에는 행동이라는 반응수행이 필수적이라고 주장한다.

④ 고전적 조건형성에서 학습되는 것은 조건 자극(CS)과 무조건 자극(UCS)의 연합이며, Pavlov는 시간적 근접성을 연합의 필요조건이라고 주장하였다.

해설　도피학습은 행동이 일어날 때 혐오 자극을 제거하면 그 행동이 일어날 확률이 높아지는 현상이며, 부적자극이 올 것이라는 신호를 알고 미리 피하는 것은 회피학습이다.

정답　01 ②　02 ③　03 ④　04 ②

05 자신의 성공은 자기가 잘한 것 때문이라고 하고, 자신의 실패에 대해서는 자신의 책임을 모면하려고 하는 사람이 있다면, 이 사람이 보이는 성향은?

① 암묵적 자기중심주의(Implicit egotism)
② 자기애(Narcissism)
③ 자기봉사적 편향(Self-serving bias)
④ 성명-글자 효과(Name-letter effect)

> **해설**
>
> | | |
> |---|---|
> | 자기봉사적 편향 (Self-serving bias) | 자신에 대해서는 관대한 입장을 취하는 것이다. 자신의 성공은 자신이 잘하였기 때문이라고 생각하지만, 실패는 자신으로 인한 것이 아니라는 입장을 취한다. |
> | 암묵적 자기중심주의 (Implicit egotism) | 사람이 보편적으로 가지고 있는 성격이지만, 심리적 특징을 자신만의 특징으로 여기는 경향이다. |
> | 자기애 (Narcissism) | 자신을 사랑하는 것으로, 자기중심적 성격을 가진다. |
> | 성명-글자 효과 (Name-letter effect) | 자기 이름과 유사한 문자를 가진 직업과 행동을 선택할 가능성이 높은 것이다. |

06 '역지사지'라는 말은 특정 사건이나 현상을 타인의 입장에서 사고하는 것을 의미한다. 역지사지를 할 수 있는 능력을 Piaget의 인지발달단계와 관련시켰을 때 가장 적합한 설명은?

① 역지사지 능력은 대상 영속성의 개념을 형성하는 단계가 되어야 가능하다.
② 수에 대한 보존 개념을 획득하기 전 단계에서 역지사지 능력이 가능하게 된다.
③ 눈으로 보고 만질 수 있는 사물들 간의 관계와 규칙성을 이해하고 조작이 가능한 단계에서 역지사지 능력을 갖출 수 있다.

④ 역지사지 능력은 추상적인 연역적 사고 능력이 가능한 단계에서만 갖출 수 있다.

> **해설**
>
> • '역지사지'는 타인의 입장을 고려하는 것으로, 탈중심화 즉, 자기중심성에서 벗어나 어떠한 상황의 한 면에만 집중하지 않고 여러 측면을 한꺼번에 고려할 수 있는 구체적 조작기 단계에 해당한다.
> • 대상 영속성의 개념을 형성하는 단계는 감각운동기이다.
> • 보존 개념은 구체적 조작기에 형성되며, 이전 단계는 전조작기이다.
> • 추상적인 연역적 사고능력이 가능한 것은 형식적 조작기이다.

07 'IB-MKB-SMB-C5, 1-68, 1-5' 배열을 외우기는 힘들지만, 이를 'IBM-KBS-MBC-5.16-8.15' 배열로 재구성하면 외우기가 쉬워진다. 이와 같이 정보를 재부호화하여 하나로 묶은 것은?

① 암송   ② 부호화
③ 청킹(Chunking)   ④ 활동 기억

> **해설** 청킹(Chunking)은 기억 대상인 정보를 서로 의미 있게 연결하거나, 분리되어 있는 항목을 보다 큰 묶음으로 조합함으로써 기억의 효율성을 증진시키는 방법이다.
> **예** 01002423059를 짧은 순간 내에 정확히 기억하기는 어렵지만, 010-0242-3059로 나누어 기억하면 보다 쉽게 기억할 수 있디.

08 과자의 양이 적다는 어린 꼬마에게 모양을 다르게 하였더니 많다고 좋아하였다. 이 아이의 논리적 사고를 Piaget 이론으로 본다면 무엇에 해당하는가?

① 자기중심성의 문제
② 대상 영속성의 문제
③ 보존 개념의 문제
④ 가설-연역적 추론의 문제

> **해설** 물체의 모양이 바뀌어도 물리적 특성은 동일하다는 사실을 인식하는 것은 보존개념이며, 이러한 보존 개념은 구체적 조작기에 획득한다.

09 비확률적 표집방법에 해당하지 않은 것은?

① 목적 표집   ② 편의 표집
③ 할당 표집   ④ 단순 표집

해설 [비확률적 표집방법]

할당 표집	모집단의 특성을 나타내는 하위집단별로 표본수를 할당한 다음에 표본을 추출하는 방법으로, 대표성이 비교적 높은 편이다.
목적 표집 (유의 표집, 판단 표집)	연구에 적합하다고 판단된 대상을 선정하여 표집한다.
편의 표집 (임의 표집, 우연적 표집)	편리성에 기준을 두고 임의로 표본을 선정하는 방법으로, 비용과 시간이 절약된다.
눈덩이 표집	최초의 작은 표본에서 소개받아 계속적으로 표본을 확대하여 나가는 방법이다.

10 불안이 수행에 미치는 영향을 알아보는 실험에서 종속변인은?

① 피험자의 수행   ② 불안의 원인
③ 불안의 수준   ④ 피험자의 연령

해설 불안이 수행에 미치는 영향을 알아보는 실험에서 독립 변인은 실험 결과에 영향을 줄 수 있는 변인인 불안이 되고, 독립변화로 인하여 영향을 받게 되는 종속변인은 불안으로 영향을 받는 피험자의 수행이다.

11 대뇌의 우반구가 손상되었을 때 주로 영향을 받게 될 능력은?

① 통장의 잔고 점검
② 말하기
③ 얼굴 인식
④ 논리적 문제의 해결

해설

대뇌의 좌반구	• 신체의 우측을 조정한다. • 언어, 수리, 논리적인 사고 등과 관련이 있다.
대뇌의 우반구	• 신체의 좌측을 조정한다. • 비언어적, 공간적 정보 분석과 예술 및 음악의 이해, 창의력 발휘, 직관적인 사고 등과 관련이 있다. • 우반구가 손상되면 전체적인 이미지 파악이 어렵게 되므로 얼굴을 인식하는 능력이 문제가 된다.

12 주변에 교통사고를 당한 사람들이 많은 사람은 교통사고 발생률을 실제보다 높게 판단하는 것처럼 특정 사건을 지지하는 사례들이 기억에 저장되어 있는 정도에 따라 사건의 발생 가능성을 판단하는 경향은?

① 초두 효과   ② 점화 효과
③ 가용성 발견법   ④ 대표성 발견법

해설

가용성 발견법	특정 보기가 어느 정도 기억해내기 쉬운지 그 정도를 기초로 확률을 추정하는 전략이다. 예 영어에서 첫 글자가 r인 단어와 세 번째 글자가 r인 단어 중에서 어느 것이 더 많은지를 추정할 때 첫 글자가 r인 단어가 많다고 하였으나, 실제는 세 번째 글자가 r인 단어가 3배 정도 많다. 이는 얼마나 가용한가에 의하여 확률을 추정하기 때문이다.
초두 효과	먼저 제시된 정보가 나중에 제시된 정보에 더 큰 영향을 미치는 것을 의미한다. 예 첫인상을 중요시 여기는 것

맥락 효과 (점화 효과)	먼저 제시된 정보가 나중에 제시된 정보에 대한 처리지침을 만들어 전반적인 맥락을 제공하는 것을 의미한다. 예 잘생긴 사람이 공부까지 잘하니 완벽하구나!
대표성 발견법	어떠한 사건이나 대상이 일어나거나 특정 범주에 속할 확률을 추정하였을 때, 실제 확률을 계산하는 것이 아니라 그 사건이나 대상이 얼마나 대표적인지를 가지고 확률을 추정하는 방법이다.

13 Cattell의 성격이론에 관한 설명과 가장 거리가 먼 것은?

① 주로 요인 분석을 사용하여 성격요인을 규명하였다.
② 지능을 성격의 한 요인인 능력 특질로 보았다.
③ 개인의 특정 행동을 설명할 수 있느냐에 따라 특질을 표면 특질과 근원 특질로 구분하였다.
④ 성격 특질이 서열적으로 조직화되어 있다고 보았다.

해설　카텔(Cattell)은 성격요인을 주로 요인분석법을 사용하여 16개의 근원 특질을 제시하였고, 지능도 성격에 속한다고 보았다. 지능은 유동성 지능과 결정성 지능으로 구분하였고, 특질은 표면 특질과 원천(근원) 특질로 구분하였다.

14 커피숍이나 음식점에서 쿠폰에 도장을 찍어주고 일정 조건이 충족되면 보상하는 것은 조건형성의 어떠한 강화계획과 관련이 있는가?

① 고정간격 강화계획
② 고정비율 강화계획
③ 변동간격 강화계획
④ 변동비율 강화계획

해설　특정 행동이 일정한 수만큼 일어났을 때 강화를 주는 것은 '고정비율 강화계획'이다.

[강화계획]

고정간격 강화계획	• 시간 간격이 일정한 강화계획을 의미한다. • 지속성이 거의 없으며, 시간 간격이 길수록 반응빈도는 낮아진다. 예 월급, 정기적 시험, 1시간에 1번씩 간식을 주는 것 등
변동간격 강화계획	• 시간 간격이 일정하지 않은 강화계획을 의미한다. • 강화 시행의 간격이 다르며, 평균적으로 확인할 수 있는 시간 간격이 지난 후에 강화한다. 예 계획하지 않았던 깜짝 시험을 보는 것, 마트에서 운영시간 중 깜짝 세일을 하는 것
고정비율 강화계획	• 어떠한 특정한 행동이 일정한 수만큼 일어났을 때 강화를 주는 것을 의미한다. • 빠른 반응률을 보이지만 지속성이 낮다. 예 책 100권을 읽을 때마다 50만원의 용돈을 주는 것
변동비율 강화계획	• 강화를 받는 데 필요한 반응의 수가 어떠한 정해진 평균치 범위 안에서 무작위로 변하는 것을 의미한다. • 반응률이 높게 유지되고, 지속성도 높다. • 소거에 대한 저항이 매우 크다. 예 카지노의 슬롯머신, 로또 등

15 성격 특성들 간의 관련성에 관한 개인적 신념으로서 타인의 성격을 판단하는 틀로 이용하는 것은?

① 기본적 귀인 오류(fundamental attribution error)
② 고정관념(stereotype)
③ 내현 성격이론(implicit personality theory)
④ 자기봉사적 편향(self-serving bias)

해설

내현 성격이론	한두 가지 단서를 통하여 마치 그런 성격을 가진 것처럼 추론하는 일반적인 경향성을 의미하며, 성격 특성에 대한 개인의 신념으로 타인의 성격을 판단하는 틀로 사용된다.
기본적 귀인 오류	타인의 행동을 보고 상황의 영향은 과소평가하고, 개인의 특성적인 영향은 과대평가하는 경향을 의미한다.
고정관념	사람이 어떠한 생각 및 관념을 가질 때 그 생각이 잘못되어 누군가 설득을 하거나 혹은 상황이 바뀌어도 당사자가 그 생각을 수정하지 않는 한 동일한 관념을 가지는 것을 가리킨다.
자기봉사적 편향	자신에 대해서는 관대한 입장을 취하는 것으로, 자신의 성공은 자신이 잘하였기 때문이라고 생각하나, 실패는 자신으로 인한 것이 아니라는 입장을 취한다.

16 Horney가 아동의 성격 중 부모에 대한 적개심을 억압하는 이유로 제시한 4가지는?

① 사랑, 안전, 두려움, 무기력
② 두려움, 안전, 사랑, 죄의식
③ 무기력, 사랑, 죄의식, 회피
④ 사랑, 두려움, 죄의식, 무기력

해설 [호나이(Horney)의 '부모에 대한 적개심을 억압하는 이유']

• 무기력 – "당신이 필요하기 때문에 나의 적대감을 억압할 수밖에 없어요."
• 두려움 – "당신이 두렵기 때문에 나의 적대감을 억압할 수밖에 없어요."
• 사랑 – "당신의 사랑을 잃어버릴까봐 적대감을 억압할 수밖에 없어요."
• 죄의식 – "당신에 대한 죄의식 때문에 적대감을 억압할 수밖에 없어요."

17 종속 변인에 나타난 변화가 독립 변인의 영향 때문이라고 추론할 수 있는 정도를 의미하는 것은?

① 내적 신뢰도　　② 외적 신뢰도
③ 내적 타당도　　④ 외적 타당도

해설 내적 타당도는 외부의 압력에 영향을 받지 않고 내적인 상황만을 고려하여 판단하는 것으로, 독립변수의 영향으로 종속변수에 변화가 일어난 내적 정도를 파악할 수 있다.

18 A씨가 할머니 댁에 방문하였을 때, 음료수를 바닥에 엎질러서 할머니에게 혼났던 것을 기억하고 있다. 이러한 기억을 지칭하는 것은?

① 의미 기억   ② 암묵 기억
③ 절차 기억   ④ 일화 기억

해설

일화 기억	특정 시간이나 장소에서 있었던 사실과 관련된 정보에 대한 기억을 의미한다.
의미 기억	문제해결방법, 사고 기술, 개념 등의 일반적인 지식을 포함한 기억을 의미한다.
암묵 기억	무의식적이고 간접적으로 접근 가능한 기억으로, 우연적이고 비의도적인 기억을 의미한다.
절차 기억	행위, 기술, 조작에 대한 기억으로, 언어적으로 표현하기보다는 신체적으로 수행하는 기억을 의미한다.

19 다음은 무엇에 관한 설명인가?

> 척도상의 대표적 수치를 의미하며 평균, 중앙치, 최빈치가 그 예이다.

① 빈도 분포값   ② 추리 통계값
③ 집중 경향값   ④ 변산 측정값

해설
- 집중 경향값 : 평균, 최빈치, 중앙치
- 변산 측정값 : 범위, 분산, 사분위수 범위, 사분편차, 평균편차, 표준편차, 변동계수 등

20 성격이란 삶과 죽음이 교차하는 현실 속에서 그 사람이 내리는 선택과 결정에 의하여 좌우되는 것이라고 보는 관점은?

① 정신분석적 관점   ② 인본주의적 관점
③ 실존주의적 관점   ④ 현상학적 관점

해설 실존주의에서는 실존의 의미를 찾고자 하며, 인간의 자유, 의지, 삶, 죽음 등을 다루고 사람이 내리는 선택과 결정을 중시한다.

01 단기 기억의 특성이 아닌 것은?

① 정보의 용량이 매우 제한적이다.
② 작업 기억이라고 불린다.
③ 현재 의식하고 있는 정보를 의미한다.
④ 거대한 도서관에 비유할 수 있다.

> **해설** 장기 기억은 용량의 제한이 없어서 거대한 도서관에 비유한다.

02 타인의 행동에 대한 원인 귀인 시, 외부적인 요인을 과소평가하고 내부적인 요인을 과대평가하는 것은?

① 공정상 세상 가설
② 자아고양 편파
③ 행위자-관찰자 편향
④ 기본적 귀인 오류

> **해설**

공정상 세상 가설	• 사람들이 '세상은 공정하다'고 보기를 원하는 심리이다.
자기고양 편파	• 자신의 행동을 설명할 때 호의적으로 지각하고 드러내려는 경향을 의미한다. • 어떠한 개인이 단체의 성공은 자신 덕택으로 여기는 반면, 실패는 다른 구성원 탓으로 돌리는 경향을 의미한다.
행위자-관찰자 편향	• 자신의 행동에 대해서는 외부 요인, 타인의 행동에 대해서는 내부 요인이라는 경향을 의미한다.
기본적 귀인 오류 (근본 귀인 오류)	• 타인의 행동을 보고 상황의 영향은 과소평가하고, 개인의 특성적인 영향은 과대평가하는 경향을 의미한다. 예 비가 와서 차가 밀려 지각한 회사원 A씨에 대하여 비가 내린 날씨보다는 그가 늦잠을 자다 지각하였다고 생각하는 경우

03 기억 연구에서 집단이 회상한 수가 집단구성원 각자가 회상한 수의 합보다 적은 것을 의미하는 것은?

① 책임감 분산   ② 청크 효과
③ 스트룹 효과   ④ 협력 억제

> **해설**

협력 억제	기억 연구에서 집단이 회상한 수가 집단 구성원의 각각 회상한 수의 합보다 적은 것을 말한다.
책임감 분산	여러 명이 있어서 자신에 대한 책임감을 덜 느끼는 책임감 분산(방관자 효과)으로 일어나는 현상이다.
청크 효과	기억이론에서 의미를 가진 덩어리라는 뜻이다. 예 01001423059를 짧은 순간 내에 정확히 기억하기는 어렵지만, 010-0142-3059로 나누어 기억하면 보다 쉽게 기억할 수 있다.
스트룹 효과	무의식적으로 단어의 의미를 자동적으로 처리하는 것을 말한다.

04 비행기 여행에 두려움을 가지고 있는 환자의 경우, 정신분석적 입장에서 볼 때 이 두려움의 주된 원인으로 가정할 수 있는 것은?

① 두려운 느낌을 갖게 만드는 무의식적인 갈등의 전이
② 어린 시절 사랑하는 부모에게 닥친 비행기 사고의 경험
③ 비행기의 추락 등 비행기 관련 요소들의 통제 불가능성
④ 자율신경계 등 생리적 활동의 이상

> **해설** 정신분석에서는 사람들이 겪는 심리적 문제는 무의식이 작용한 결과로, 무의식의 저장고에 있어야 할 고통스런 기억들이 방어력이 약해진 틈을 타 의식상태로 올라오려는 과정에서 심리적 증상이 형성된다고 본다.

정답 01 ④   02 ④   03 ④   04 ①

05 기억의 인출과정에 대한 설명으로 틀린 것은?

① 인출이 이후의 기억을 증가시킬 수 있다.
② 장기 기억에서 한 항목을 인출한 것이 이후에 관련된 항목의 회상을 방해할 수 있다.
③ 인출행위가 경험에서 기억하는 것을 변화시킬 수 있다.
④ 기분과 내적상태는 인출 단서가 될 수 없다.

해설 인출을 하는 데 있어서 수많은 요인들이 영향을 미치며, 이러한 요인으로는 정서, 기분, 의식상태 등의 내적, 인지적 맥락 등이 있다.

06 양적인 종속 변인과 독립 변인이 다수일 때, 변인들 간의 상호관계를 살펴보기 위한 통계기법은?

① 정준상관 분석
② 중다판별 분석
③ 중다변량 분석
④ 중다상관 분석

해설

정준상관 분석	양적인 종속 변인과 독립 변인이 다수일 때 변인들 간의 상호관계를 살피기 위한 통계 기법으로, 종속 변인과 독립 변인의 상관을 최대화하는 각 변인의 가중치의 집합을 탐색하는 것이다.
중다상관 분석	두 변인들 간의 선형성의 강도에 대하여 통계적으로 분석하는 기법으로, 3개 이상의 변수들 간의 관계에 대한 강도를 측정하는 상관 분석이다.

07 인지학습이론에 대한 설명으로 틀린 것은?

① 형태주의는 공간적인 관계보다는 시간 변인에 주로 관심을 갖는다.
② Tolman은 강화가 무슨 행동을 하면 어떠한 결과가 일어날 것이라는 기대를 확인시켜 준다고 보았다.
③ 통찰은 해결 전에서 해결로 갑자기 일어나는 기대 '아하' 경험을 하게 된다.
④ 인지도는 학습에서 내적 표상이 중요함을 보여준다.

해설 **[형태주의의 원리]**
형태주의는 사물의 전체적인 모양 또는 지각을 단편적으로 지각하는 것이 아니라 전체적인 형태로 지각하는 것을 의미하며, 시간 변인보다 공간 변인이 더 중요한 관심사이다.

근접성	서로 가까이 있는 것을 함께 집단화하는 것이다.
유사성	자극 정보가 유사한 것끼리 묶어 집단화하는 것이다.
연속성	불연속적인 것보다는 연속된 패턴을 지각하는 것이다.
폐쇄성	공백이나 결손이 있는 부분은 이를 보완하여 완결된 형태로 지각하는 것이다.
연결성	동일한 것이 연결되어 있으면 점과 선으로 그 영역을 하나의 단위로 지각하는 것이다.

08 원점수 25(평균=20, 표준편차=4)를 Z점수로 변환시킨 값은?

① +1.25　　　② −1.25
③ −5　　　　④ +5

해설

원점수 : 25
표준편차 : 4　　$\dfrac{(25-20)}{4} = \dfrac{5}{4} = 1.25$

09 인지부조화 이론의 예로 적합하지 않은 것은?

① 지루한 일을 하고 1,000원을 받은 사람이 10,000원을 받은 사람보다 그 일이 더 재미있다고 생각한다.

② 열렬히 사랑한 애인과 헤어진 남자가 그 애인이 못생기고 성격도 나쁘다고 생각한다.

③ 어떠한 사람이 맛이 없는 빵을 10개나 먹고 난 후에 자신이 배가 고팠었다고 생각한다.

④ 문화에 대하여 폐쇄적인 태도를 지닌 사람이 개방적인 발언을 한 후에 개방적으로 변한다.

해설 어떠한 사람이 맛이 없는 빵을 10개나 먹고 난 후에 빵이 맛있다고 하는 것이 인지부조화의 예이다.

10 연구에서 독립 변인 이외의 영향력 있는 변인으로 연구 결과에 유의미한 영향을 미치는 것은?

① 관찰 변인　　② 무선 변인
③ 요구특성 변인　④ 가외 변인

해설 가외 변인(혼재 변인)은 연구자가 보려고 하는 독립 변인 이외의 다른 독립 변인으로, 종속 변인에 영향을 미쳐서 결과에 유의미한 영향을 미친다.

11 Erikson의 발달이론에 대한 설명으로 틀린 것은?

① 기질의 차이가 성격 발달에 중요하다.
② 사회성 발달을 강조한다.
③ 전 생애를 통하여 발달한다.
④ 성격은 각 단계에서 경험하는 위기의 극복 양상에 따라 결정된다.

해설 [에릭슨의 발달이론]
• 에릭슨(Erikson)은 사회문화적 요인을 성격 발달과 연관시켰고, 성격을 심리사회적 발달로 보아 사회성 발달을 강조하였다.
• 0세부터 노년기까지 전 생애를 통하여 발달한다고 보았다.
• 성격은 각 단계마다 경험하는 위기의 극복 양상에 따라 결정된다고 하였다.

12 비율 척도에 해당하는 것은?

① 성별　　　　② 길이
③ 온도　　　　④ 석차

해설 성별은 명명 척도, 온도는 등간 척도, 석차는 서열 척도에 해당한다.

[비율 척도]
• 절대 '0'점을 가지고 있으며 비례수준의 측정까지 가능하다.
• 명칭을 부여하고 서열을 결정한다.
• 가감과 같은 수학적 조작까지 가능한 고차원적 측정이다. **예** 길이, 무게 등

13 Adler가 인간의 성격을 설명하면서 강조한 것이 아닌 것은?

① 열등감의 보상　② 우월성의 추구
③ 힘에 대한 의지　④ 신경증의 욕구

해설 신경증의 욕구는 호나이의 신경증적 성격이론에서 강조하였다.

[아들러(Adler)의 이론]
· 아들러는 성격을 강조하면서, 인간은 누구나 태어나면서 무력하고 열등한 상태에서 출발하며, 열등감 때문에 권력으로 향하는 의지가 자극되고, 열등감에 대한 보상으로 우월감을 얻으려 한다고 하였다.
· 또한 열등감의 보상, 우월성의 추구, 힘에 대한 의지, 생활양식, 출생 순위 등을 강조하였다.

14 인간의 성격을 공통 특질과 개별 특질로 구분한 학자는?

① Allport ② Cattell
③ Eysenck ④ Adler

해설 **[특질이론]**
· 특질이론은 어느 두 사람도 완전히 동일한 성격을 가질 수 없다는 가정에 기초한다.
· 특질이론가들은 한 개인이 타인과 지속적으로 어떻게 서로 다른지가 성격의 본질이라고 주장한다.
· 특질은 인간의 공통적인 부분과 개별적인 부분으로 나뉘며, 특질론의 대표적인 학자는 Allport이다.

15 변산성을 측정하는 기술로 짝지어진 것은?

① 범위, 최빈치
② 범위, 표준편차
③ 표준편차, 평균
④ 중앙치, 편포도

해설
· 변산성을 측정하는 기술치는 범위, 분산, 사분위수범위, 사분편차, 평균편차, 변동계수 등이다.
· 최빈치, 중앙치, 평균은 집중경향을 나타내는 기술치이다.

16 고전적 조건형성이 효과적으로 학습되기 위한 조건은?

① 무조건 자극과 조건 자극이 시간적으로 근접해 있어야 한다.
② 고정비율 강화계획을 통한 학습이 필요하다.
③ 혐오 조건형성을 통한 학습을 하여야 가능하다.
④ 변동간격 강화계획을 통하여 학습하여야 한다.

해설
· 고전적 조건형성의 조건반응 이론의 요지는 처음에는 중립적이던 자극이 무조건 자극과 결합되어 나중에는 무조건 자극의 제시 없이 조건 자극만으로도 반응을 일으키게 된다는 것이다.
· 조건 반응이 습득되는 정도는 조건 자극과 무조건 자극의 시간 간격인 자극의 근접성에 따라 다르기 때문에 근접해 있어야 효과적으로 습득된다.

17 시험기간 중에 영화를 보러 가는 학생이 "더 공부한다고 해서 더 나아지는 게 없어."라고 스스로에게 얘기한다면, 이때 사용하는 방어기제는 무엇인가?

① 부인 ② 억압
③ 투사 ④ 합리화

해설

부인	고통을 주는 사실을 부정하는 것이다.
억압	의식에서 용납하기 힘든 생각, 욕망, 충동 등을 무의식으로 눌러 넣어버리는 것이다.
투사	자신의 심리적 속성이 타인에게 있다고 보는 것이다.

18 성격 5요인에서 특질 요인과 해당 요인을 잘 나타내는 척도가 잘못 짝지어진 것은?

① 개방성 : 인습적인 – 창의적인, 보수적인 – 자유로운

② 성실성 : 부주의한 – 조심스러운, 믿을 수 없는 – 믿을 만한

③ 외향성 : 위축된 – 사교적인, 무자비한 – 마음이 따뜻한

④ 신경증 : 안정된 – 불안정한, 강인한 – 상처를 잘 입는

해설 [성격 5요인]

성실성 (conscientiousness)	• 목표를 성취하기 위하여 성실하게 노력하는 성향이다. • 과제 및 목적 지향성을 촉진하는 속성과 관련된 것이다. • 심사숙고, 규준 및 규칙의 준수, 계획 세우기, 조직화, 과제의 준비 등과 같은 특질을 포함한다.
외향성 (extraversion)	• 다른 사람과의 사교, 자극과 활력을 추구하는 성향이다. • 사회와 현실세계에 대하여 의욕적으로 접근하는 속성과 관련된 것이다. • 사회성, 활동성, 적극성과 같은 특질을 포함한다.
친화성 (agreeableness)	• 타인에게 반항적이지 않은 협조적인 태도를 보이는 성향이다. • 사회적 적응성과 타인에 대한 공동체적 속성을 나타내는 것이다. • 이타심, 애정, 신뢰, 배려, 겸손 등과 같은 특질을 포함한다.
신경성 (neuroticism)	• 분노, 우울함, 불안감과 같은 불쾌한 정서를 쉽게 느끼는 성향이다. • 걱정, 부적응 감정 등과 같은 바람직하지 못한 행동과 관련된 것이다. • 걱정, 두려움, 슬픔, 긴장 등과 같은 특질을 포함한다.

경험에 대한 개방성 (openness to experience)	• 상상력, 호기심, 모험심, 예술적 감각 등으로 보수주의에 반대하는 성향이다. • 개인의 심리 및 경험의 다양성과 관련된 것이다. • 지능, 상상력, 고정관념의 타파, 심미적인 것에 대한 관심, 다양성에 대한 욕구, 품위 등과 같은 특질을 포함한다.

19 Piaget 이론에서 영아가 새로운 정보를 비추어 자신의 도식을 수정하는 과정은?

① 조절   ② 동화

③ 대상 영속성   ④ 자아 중심성

해설 Piaget는 인지발달을 '동화, 조절, 평형화'의 3가지 과정으로 보았다.

• 동화 : 자신이 가진 기존의 구조에 새로운 정보를 받아들이는 것이다.

• 조절 : 외계의 새로운 정보에 맞추어 자신의 구조를 바꾸어 가는 것이다.

• 평형화 : 동화와 조절이 균형을 이루어 적응하는 과정이다.

20 처벌의 효과를 극대화하는 방안과 가장 거리가 먼 것은?

① 반응과 처벌 간의 지연 간격이 짧아야 한다.

② 처벌과 강화는 상호의존적이어야 한다.

③ 처벌은 약한 강도에서 시작하여 그 행동이 반복될수록 점차적으로 강해져야 한다.

④ 처벌은 확실한 규칙에 근거하여 주어져야 한다.

해설 [처벌의 원칙]

• 바람직하지 않은 행동을 감소시킬 수 있을 만큼 최소화한다.

• 반응과 처벌 간의 지연 간격이 짧아야 한다.

• 처벌과 강화는 상호의존적이어야 한다.

• 처벌은 확실한 규칙에 근거하여 주어져야 하며, 일관성 있게 처벌을 제시한다.

• 처벌은 처음부터 강하고 분명하고 짧고 간결하여야 하며, 반복적인 처벌에도 행동의 변화가 없다면 다른 방법을 강구한다.

01 발달 정신병리에서 성별, 기질, 부모의 불화, 부모의 죽음이나 이별, 긍정적 학교 경험의 부족 등은 어떠한 요인에 해당하는가?

① 보호 요인   ② 통제 요인
③ 탄력성   ④ 위험 요인

해설

위험 요인	정신장애의 발생 가능성을 증가시키는 어떠한 조건이나 환경으로 모든 맥락에 걸쳐 있는 복합요소들은 누적되어 영향을 미친다. **예** 성별, 기질, 부모의 불화, 부모의 사망, 이별, 긍정적인 학교생활의 경험 부족 등
보호 요인	건강한 발달을 조장하거나 유지하는 요소이다. **예** 좋은 인간관계 등

02 허위성 장애에 관한 설명으로 적절하지 않은 것은?

① 남성보다 여성에게 더 흔하다.
② 정확한 원인은 잘 알려져 있지 않다.
③ 외부적 보상이 없음에도 불구하고 증상을 허위로 만들어낸다.
④ 청소년기에 주로 발병한다.

해설 [허위성 장애]
• 허위성 장애는 환자의 역할을 하기 위하여 신체적 또는 심리적 증상을 의도적으로 만들어 내거나 위장하는 경우를 말한다.
• 현실적 이득(경제적 보상, 법적 책임의 회피 등)이 없음이 분명하며, 다만 환자 역할을 하려는 심리적 욕구에 기인한 것으로 추정될 때 진단된다.
• 주로 여성에게 많으며, 성인기 초기에 발생한다.

03 사고의 비약(flight of ideas) 증상에 관한 설명으로 옳은 것은?

① 조현병의 망상적 사고
② 우울증의 자살 충동적 사고
③ 조증의 대화할 때 보이는 급격한 주제의 전환
④ 신경인지장애의 지리멸렬한 사고

해설 사고의 비약은 조증인 상태에서의 특징적인 사고진행 장애를 말한다. 사고 연상이 비정상적으로 빨리 진행되어 생각의 흐름이 주제에서 벗어나고, 마지막에는 생각의 목적지에 도달하지 못하는 상태를 말한다.

04 다음은 어떠한 장애인가?

> A군은 두통과 복통을 많이 호소하여 어머니와 함께 최근 소아과 검진을 받았는데, 별 문제가 없다는 판정을 받았다. 그러나 A군은 아침에 어머니와 헤어저 학교에 가는 것을 매우 힘들어하며, 신체적 문제를 핑계로 학교에서 자주 조퇴하였다.

① 선택적 함구증
② 반응성 애착 장애
③ 분리불안 장애
④ 기분조절 불능 장애

해설 A군의 증상은 분리불안 장애에 해당한다. 분리불안 장애는 애착 대상과 분리되는 것에 의한 두려움으로 인하여 집으로부터 멀리 떠나거나 학교나 직장에 가는 것을 지속적으로 꺼리거나 거부하며, 분리되거나 이를 예상하게 될 때 신체 증상을 반복적으로 호소한다. 불안의 증상이 성인은 6개월, 아동 및 청소년은 1개월 이상 지속되어야 진단된다.

05 인지치료 접근에서 사용하는 개입 방안이 아닌 것은?

① 협력적 경험주의
② 소크라테스식 대화법
③ ABC 사고기록지
④ 정서적 추론

해설 [인지적 치료 개입]

• 인지치료에서는 정신장애를 인지적 기능이 한쪽으로 치우쳐 있거나 결손과 밀접하게 연관되어 있으며, 또 이러한 인지적 요인에 의하여 유발될 수 있는 부적응적인 인지적 특성을 지니고 있다고 보면서, 심리장애를 지닌 사람들은 왜곡된 인지 내용으로 구성된 인지 구조 또는 인지 도식(schema)을 지니고 있다고 설명한다.
• 이를 위하여 인지적 치료 개입으로 협력적 경험주의, 소크라테스식 대화법, ABC 사고기록지, 대처카드 등의 기법을 사용한다. 정서의 문제가 생기는 것은 사고가 왜곡되었기 때문이라고 보기에, 정서적 개입보다는 사고의 개입을 시도한다.

06 성격장애의 하위 범주 중 극적이고 변덕스러운 행동을 특정적으로 나타내는 장애군에 속하는 것은?

① 회피성 성격 장애 ② 강박성 성격 장애
③ 의존성 성격 장애 ④ 경계성 성격 장애

해설 성격장애 중에서 극적이고 변덕스러운 행동을 특징으로 나타내는 것은 B군 성격 장애이다.

A군 성격 장애	• 편집성 성격 장애 • 조현성 성격 장애 • 조현형 성격 장애
B군 성격 장애	• 반사회성 성격 장애 • 연극성 성격 장애 • 경계선 성격 장애 • 자기애성 성격 장애
C군 성격 장애	• 강박성 성격 장애 • 의존성 성격 장애 • 회피성 성격 장애

07 도박 장애가 있는 사람들의 특징이 아닌 것은?

① 뇌 보상중추에서 도파민의 활동성과 작용이 고조된다.
② 물질사용 장애와는 다르게 금단증상과 내성이 없다.
③ 충동적이며 새로운 자극을 추구하는 특성을 가진다.
④ 스트레스를 받거나 괴로울 때 도박을 더 많이 한다.

해설 [도박 장애의 특징]

• 비물질 장애 관련 중독 장애로서, 충동적이며 새로운 자극을 추구하려는 특성을 가지고 있다.
• 무기력함을 느끼거나 원하는 흥분을 얻으려고 더 많은 액수로 도박을 하고, 도박을 줄이거나 멈추고자 할 때 금단증상과 내성, 의존성으로 불안감과 짜증을 경험하게 된다.
• 도박을 할 때 도파민의 작용이 활성화된다고 한다.

08 DSM-5에서 해리성 정체성 장애의 진단적 특징이 아닌 것은?

① 자기 감각과 행위 주체감의 갑작스러운 변화
② 반복적인 해리성 기억상실
③ 경험성 기억의 퇴보
④ 알코올 등의 직접적인 생리적 효과로 일어나는 경우도 포함

해설 [해리성 정체성 장애의 진단 기준]

• 널리 수용되는 문화적 또는 종교적 관습의 정상적인 일부가 아니어야 한다.
• 물질이나 신체적 질병의 생리적 효과로 인한 것이 아니어야 한다.
• 알코올 등의 직접적인 생리적 효과로 일어나는 경우는 포함되지 않는다.

정답 05 ④ 06 ④ 07 ② 08 ④

09 공황 장애에 관한 설명으로 적절한 것은?

① 공황 발작은 공황 장애의 고유한 증상이다.

② 여성보다 남성에게서 2~3배 더 많은 것으로 알려져 있다.

③ 청소년 후기와 30대 중반에서 가장 많이 발병한다.

④ 대개 나이가 들면 자연스럽게 치유된다.

해설 공황 발작은 공황 장애에서도 나타나고 광장 공포증에도 나타나므로, 공황 장애의 고유한 증상은 아니다.

[공황 장애]

• 청소년 후기와 30대 중반에 가장 많이 발병하고, 여성이 남성에 비하여 2배 더 높다.

• 약물치료나 인지치료를 통하여 치료한다.

10 강박 및 관련 장애에 관한 설명으로 옳은 것을 모두 고른 것은?

> ㄱ. 강박장애의 가장 흔한 주제는 더러움 또는 오염이다.
> ㄴ. 강박장애를 가진 사람들 중 일부는 강박사고만 또는 강박행동만 경험한다.
> ㄷ. 강박 관련 장애로 수집광, 신체이형 장애, 피부 뜯기 장애가 있다.

① ㄱ, ㄴ ② ㄱ, ㄷ

③ ㄴ, ㄷ ④ ㄱ, ㄴ, ㄷ

해설 **[강박 장애]**

1. 개요

• 강박 장애는 원치 않는 불쾌한 생각이 자꾸 떠올라 그것을 제거하기 위한 행동을 반복하는 장애이다.

• 주된 증상은 강박사고와 강박행동이다. 일부는 강박사고만, 일부는 강박행동만을 경험하게 된다.

• 강박장애의 흔한 주제는 더러움, 오염이다. 이로 인하여 심한 청결을 유지하려고 한다.

2. 강박사고와 강박행동

강박사고	반복적으로 의식에 침투하는 고통스러운 생각, 충동 또는 심상으로 부적절하다는 것을 인식하지만 잘 통제되지 않고 반복적으로 의식에 떠올라 고통스럽게 하는 것
강박행동	대체로 강박사고에 대한 반응으로 불안을 감소하기 위하여 하는 행동이다.

3. 강박 관련 장애

• 강박 장애

• 신체변형 장애(신체이식 장애)

• 저장 장애(수집광)

• 모발 뽑기 장애, 피부 벗기기/뜯기 장애

11 외상 후 스트레스 장애의 대표적인 지역사회 개입 접근인 심리경험 사후 보고에 관한 설명으로 적절한 것은?

① EMDR보다 효과적이다.

② 특정 고위험군 환자들에게 효과적이다.

③ 청소년에게만 효과적이다.

④ 전문가에 의하여 행하여졌을 때만 효과적이라고 보고된다.

해설 **[심리경험 사후 보고]**

• 심리경험 사후 보고는 외상 후 스트레스 증상이나 징후를 조기에 파악하여 보다 심각한 정신건강문제를 초래하지 않도록 예방하는, 2차 예방을 위한 심리사회적 개입이다.

• 초창기에는 응급구조요원을 대상으로 적용되었으나, 이후 경찰, 소방관, 응급의료원뿐만 아니라 외상적 사건의 생존자 및 희생자, 가족 및 친척들, 또한 그들을 돕는 정신건강 전문인들을 대상으로 널리 실시되고 있으며, 특정 고위험군 환자들에게 효과적이다.

12 성격장애에 관한 설명으로 옳지 않은 것은?

① 다른 정신장애와 동반되어 나타날 수 있다.

② 현실 검증력의 장애가 있다.

③ 고정된 행동양식이 개인생활과 사회생활 전반에 넓게 퍼져 있다.

④ 대개 청소년기나 성인기 초기에 나타난다.

해설 성격장애는 신경증적인 문제를 가지고 있으나 정신증적 문제는 없으므로 현실 검증력은 온전하다. 이 중 성격장애는 신경증과 정신증의 경계 상에 있는 상태이다.

13 DSM-5에 새로 생긴 장애는?

① 의사소통 장애

② 아스퍼거 증후군

③ 아동기 발병 유창성 장애

④ 사회적 의사소통 장애

해설 [DSM-5에 신설된 진단명]
- 자폐스펙트럼 장애
- 피부 벗기기 장애
- 저장 장애
- 월경 전 불쾌감 장애
- 파괴적 기분조절 곤란 장애
- 폭식 장애
- 도박 장애
- 초조성 다리증후군
- 사회적 의사소통 장애
- 성 불편감 등

14 지속성 우울 장애(dysthymia)에 관한 설명으로 옳지 않은 것은?

① 청소년의 경우, 증상이 적어도 2년 동안 지속되어야 한다.

② 하루의 대부분에 우울 기분이 있다.

③ 조증 삽화, 경조증 삽화가 없어야 한다.

④ 식욕 부진 또는 과식, 불면 또는 과다 수면, 절망감, 자존감 저하 등 2개 이상의 증상을 보였다.

해설 [지속적 우울 장애(dysthymia)]

1. 개요
- 진단 기준은 아래의 2가지 증상이 존재하지 않는 경우가 없어야 한다.
  - 우울 증상이 최소 2년간 하루 대부분 지속되며, 증상이 없는 날보다 있는 날이 더 많다.
  - 장애를 겪는 2년(아동 및 청소년은 1년) 동안 증상의 지속기간이 최소 2개월이다.
- 조증 삽화나 경조증 삽화가 없어야 한다.

2. 증상 (다음 증상들 중 2가지 이상이 나타남)
- 식욕 부진 또는 과식
- 불면 또는 과다 수면
- 기력 저하 또는 피로감
- 자존감 저하
- 집중력 감소 또는 우유부단
- 절망감

15 성적 가학장애에 관한 설명으로 적절하지 않은 것은?

① 주로 성적 피학장애를 가진 상대에게 가학적 행동을 보인다.

② 대부분 시간이 지나도 행동의 심각도에는 큰 변화가 없다.

③ 대부분 초기 성인기에 나타난다.

④ 성가학적 행동의 패턴은 보통 장기적으로 나타난다.

해설 [가학 장애]
- 가학장애는 성적 흥분을 위하여 상대방에게 고통이나 굴욕감을 느끼게 하는 것을 말한다.
- 시간이 갈수록 강도가 높아져야 쾌감을 느낄 수 있다.
- 성인기 초기에 시작되며 보통 장기적으로 나타난다.

정답 12 ② 13 ④ 14 ① 15 ②

16 다음 중 증상이 나타나는 기간이 1개월 이상 6개월 이내인 경우에 내리는 진단은?

① 망상 장애
② 조현 정동 장애
③ 조현 양상 장애
④ 단기 정신병적 장애

> **해설**

망상 장애	1가지 이상의 망상을 최소한 1개월 이상 지속한다.
조현 정동 장애	사고 장애와 기분 장애가 동시에 보이며, 유병기간 동안 주요 우울 또는 조증 삽화 없이 존재하는 2주 이상의 망상이나 환각이 있다.
조현 양상 장애	조현병과 동일한 임상적 증상을 나타내지만, 장애의 지속기간이 1개월 이상 6개월 이하인 경우를 말한다.
단기 정신병적 장애	조현병의 주요 증상(망상, 환각, 혼란스러운 언어, 전반적으로 혼란스럽거나 긴장증적 행동) 중 1가지 이상이 1일 이상 1개월 이내로 짧게 나타나며, 병전 상태로 완전히 회복되는 경우이다.

> **해설** [신경성 폭식증]

- 신경성 폭식증은 짧은 시간 내에 많은 양을 먹는 '폭식 행동'과 체중 증가를 막기 위하여 구토 등의 '보상 행동'이 반복되는 경우를 말한다.
- 폭식 행동은 주로 밤에 혼자 있을 때나 스트레스를 받았을 때 나타난다.
- 청소년기 혹은 성인기 초기에 시작된다.

18 물질 사용 장애에 관한 설명이 아닌 것은?

① 내성이 나타난다.
② 금단증상이 나타난다.
③ 물질 사용을 중단하거나 조절하려고 하여도 뜻대로 되지 않는다.
④ 물질 사용으로 인한 직업기능의 손상 여부는 진단 시에 고려하지 않는다.

> **해설** [DSM-5 알코올 사용 장애의 주요 진단 기준]

- 알코올 사용으로 인하여 중요한 사회적, 직업적 혹은 여가활동이 포기되거나 감소된다.
- 물질 사용 장애에서 직업기능의 손상 여부는 진단 시에 고려된다.

17 신경성 폭식증에 관한 설명으로 옳지 않은 것은?

① 보상 행동(puring)은 칼로리를 낮추는 데 효과적이지 않다.
② 시간이 지남에 따라 폭식과 보상 행동(puring)이 점점 증가한다.
③ 폭식은 시간과 장소, 타인의 유무와 관계없이 발생한다.
④ 청소년기나 성인 초기에 시작된다.

19 범불안 장애에서 나타나는 불안의 특징은?

① 특정 대상에 대한 과도한 불안
② 발작 경험에 대한 예기 불안(anticipatory anxiety)
③ 불안의 대상이 분명하지 않은 부동 불안(free-floating anxiety)
④ 반복적으로 침투하는 특정 사건에 대한 염려

> **해설** ①은 특정 공포증, ②는 공황 장애, ④는 강박 장애에서 나타나는 불안의 특징이다.

20 주요 신경인지장애와 경도 신경인지장애의 감별 진단 기준으로 적절하지 않은 것은?

① 기억과 학습의 감퇴 정도
② 성격의 변화 정도
③ 언어능력의 감퇴 정도
④ 독립적 생활의 장애 정도

해설 **[신경인지장애의 진단 기준]**

주요 신경인지장애	• 이전의 수행 수준에 비하여 1가지 이상의 인지영역(복합적 주의력, 실행기능, 학습 및 기억, 지각, 운동사회인지)에서 인지 저하가 현저하게 있다는 증거가 있다. • 인지 결손은 독립적인 일상활동을 방해한다.
경도 신경인지장애	• 이전의 수행 수준에 비하여 1가지 이상의 인지영역(복합적 주의력, 실행기능, 학습 및 기억, 지각, 운동사회인지)에서 인지 저하가 경미하게 있다는 증거가 있다. • 인지 결손은 독립적인 일상활동을 방해하지 않는다.

01 알츠하이머병의 유전적 원인에 관한 설명으로 옳지 않은 것은?

① 단백질 생산을 맡은 유전자의 돌연변이와 관련이 있다.

② 단발성 알츠하이머병과 조발성 알츠하이머병에 관련된 유전적 요인은 다르다.

③ 노인성 반점과 같은 구조적 변화가 관찰된다.

④ 신경섬유매듭이 정상발달 노인에 비하여 매우 적다.

해설 알츠하이머병은 뇌 속에 과다하게 쌓인 과-인산화된 타우(tau) 단백질이 비정상적으로 응집된 신경섬유매듭(Neurofibrillary tangle)을 형성하여, 이들이 신경섬유세포를 죽게 하여 병이 진행된다고 알려져 왔다. 그러므로 신경섬유매듭이 일반 노인에 비하여 많다.

03 범불안 장애의 DSM-5 진단 기준에 해당하지 않는 것은?

① 걱정의 초점이 주로 과거 자신의 잘못에 맞추어짐

② 장애가 물질의 생리적 효과나 다른 의학적 상태로 인한 것이 아님

③ 걱정을 통제하기 어려움

④ 불안과 걱정이 당사자에게 심각한 고통을 유발함

해설 걱정의 초점을 과거 잘못에 맞추기보다는 일상생활 속에서 겪게 되는 여러 가지 사건이나 활동에 대하여 지나치게 걱정함으로써 지속적인 불안과 긴장을 경험하고 이를 통제하기 어렵다고 느낀다. 이러한 상태가 계속되면 개인은 몹시 고통스러울 뿐만 아니라 일상생활의 적응에도 심각한 어려움을 겪게 된다.

02 품행 장애에 관한 설명으로 옳은 것은?

① 적대적 반항 장애는 품행 장애로 발전하지 않는다.

② 품행 장애의 유병률은 남녀의 차이가 없다.

③ 품행 장애의 발병에는 환경적 요인보다 유전적 요인이 크다.

④ 품행 장애가 이른 나이에 발병할수록 예후가 좋지 않다.

해설
• 적대적 반항 장애는 품행 장애로 발전하기도 한다.
• 품행 장애는 여자보다 남자에게서 더 많이 발생한다.
• 품행 장애의 원인은 다양한 요인이 복합적으로 작용하지만, 가장 큰 요인은 부모의 양육태도와 가정환경이다.

04 A양은 음대 입학시험을 앞두고 목소리가 나오지 않는 증상(Aphonia)이 나타났다. 가장 가능성이 높은 정신장애 진단은?

① 강박 장애(obsessive-compulsive disorder)

② 선택적 함묵성(selective mutism)

③ 전환 장애(conversion disorder)

④ 특정 공포증(specific phobia)

해설 [전환 장애(Conversion disorder)]
• 전환 장애는 심리적 갈등이 신체적 증상으로 전환되어 나타난 것이라는 의미를 내포하는 것이다.
• 운동기능의 이상, 감각기능의 이상, 갑작스런 신체적 경련이나 발작의 3가지가 복합적으로 나타나는 경우이다. 목소리가 나오지 않는 것은 운동기능의 이상에 따른 증상에 해당된다.

01 ④　02 ④　03 ①　04 ③　**정답**

05 남성이 사정에 어려움을 겪으며 성적 절정 감을 느끼지 못하는 성기능 장애는?

① 조루증
② 지루증
③ 발기 장애
④ 성교 통증장애

> **해설**
> • 조루증 : 여성이 절정감에 도달하기 전에 미리 사정을 한다.
> • 발기 장애 : 성행위를 하기 어려울 만큼 음경이 발기 되지 않는다.
> • 성교 통증장애 : 성교시 생식기나 골반에 지속적인 통증을 느낀다.

06 다음 설명 중 옳은 것은?

① 여성은 남성에 비하여 알코올 분해효소 가 부족하다.
② 알코올은 정적 강화물로 작용할 수 있지 만, 부적 강화물은 될 수 없다.
③ 술을 마셨을 때 얼굴이 신속하게 붉어지 는 것은 알코올 분해효소가 많다는 증거 이다.
④ 술이 주로 식사와 함께 제공되는 문화에 서는 알코올 문제가 많이 발생한다.

> **해설**
> • 여성은 남성보다 알코올 분해효소가 부족하다.
> • 분해효소가 부족하면 술을 마셨을 때 신속하게 얼굴 이 붉어진다.
> • 알코올은 쾌감을 주는 정적 강화물이 될 수 있으며, 불 쾌함을 없애주는 부적 강화물도 될 수 있다.

07 우울장애에 관한 설명으로 거리가 먼 것은?

① 쌍생아 연구는 우울증의 유전적 소인의 증거를 제시한다.
② 세로토닌의 낮은 활동은 우울과 관련이 있다.

③ 면역체계의 조절 장애가 우울의 유발을 돕는 것으로 나타났다.
④ 우울증과 관련된 뇌 회로는 밝혀진 것이 없다.

> **해설**
> • 신경전달물질, 뇌구조의 기능, 내분비 계통의 이상이 우울장애와 관련이 있다고 보며, 쌍생아 연구로 우울 증의 유전적 소인의 증거를 제시하였다.
> • 현재까지는 해마, 편도, 미상핵, 피각, 전전두엽 피질을 연결하는 변연–피질–선조–담창–시상회로가 우울증 과 관련된 신경해부학적 회로인 것으로 알려져 있다.

08 의존성 성격장애의 진단 기준에 해당하지 않는 것은?

① 자신이 사회적으로 무능하거나 열등하 다고 생각한다.
② 자신의 일을 혼자서 시작하거나 수행하 기 어렵다.
③ 타인의 보살핌과 지지를 얻기 위하여 무 슨 행동이든지 한다.
④ 타인의 충고와 보장 없이는 일상적인 일 도 결정을 내리지 못한다.

> **해설** 자신이 사회적으로 무능하거나 열등하다고 생 각하는 것은 '회피성 성격장애의 진단 기준'이다.
> **[의존성 성격장애의 진단 기준]** (5개 이상의 항목을 충족 시켜야 함)
> • 타인으로부터의 많은 충고와 보장 없이는 일상적인 일도 결정을 내리지 못한다.
> • 자기 인생의 매우 중요한 영역까지도 떠맡길 수 있는 타인을 필요로 한다.
> • 지지와 칭찬을 상실하는 것에 대한 두려움 때문에 타 인에게 반대 의견을 말하기 어렵다.
> • 자신의 일을 혼자 시작하거나 수행하기 어렵다. 그 이 유는 동기나 활력이 부족하다기보다는 판단과 능력에 대한 자신감이 부족하기 때문이다.
> • 타인의 보살핌과 지지를 얻기 위하여 무슨 일이든 다 할 수 있다. 심지어 불쾌한 일을 자원하여 하기도 한다.

- 혼자 있으면 불안하거나 무기력해진다. 그 이유는 혼자서 일을 감당할 수 없다는 과장된 두려움을 느끼기 때문이다.
- 친밀한 관계가 끝났을 때, 필요한 지지와 보호를 얻기 위하여 또 다른 사람을 급하게 찾는다.
- 스스로 돌봐야 하는 상황에 처해지는 것에 대한 두려움에 비현실적으로 집착한다.

09 조현병의 원인에 대한 설명으로 옳지 않은 것은?

① 이중구속이론 – 부모의 상반된 의사전달이 조현병 유발에 영향을 준다.
② 표현된 정서(expressed emotion) – 가족 간의 긍정적인 감정을 과하게 표현한다.
③ 도파민 가설 – 뇌에서 도파민 수용기가 증가되어 있다.
④ 정신분석이론 – 조현병을 자아 경계(ego boundary)의 붕괴에 기인한 것으로 본다.

해설 표현된 정서(expressed emotion)는 분노를 과하게 표현하며, 가족 간의 갈등이 많고 간섭이 심하다.

10 치매에 대한 설명으로 옳지 않은 것은?

① 노인성 치매는 초발 연령 65세 이상에서 발생할 때를 일컫는 말이다.
② 사회적, 직업적 기능을 방해할 정도로 인지기능이 점차 퇴화한다.
③ 우울장애를 배제하려면 치매 증상이 아침에 더욱 심하게 나타나야 한다.
④ 작화증(confabulation)은 대표적인 증상이다.

해설 치매 환자들에게는 우울장애가 동반되는 경우가 흔하며, 치매가 심하게 진행되면 우울장애 측정이 어려울 수도 있다.

[노인성 치매]
- 노인성 치매의 원인으로는 알츠하이머병(약 50%), 혈관성 치매(13~25%), 그 외에 전두엽 치매, 알코올성 치매가 있다.
- 노인성 치매는 65세 이상이 되어 발생할 때를 말하는데, 점차 인지기능이 퇴화하여 사회적, 직업적 기능을 하는데 방해가 된다.
- 치매의 가장 대표적인 증상은 없었던 일을 마치 있었던 것처럼 확신을 가지고 말하며, 일어났던 일을 위장하거나 왜곡하는 작화증이다.

11 조현병 스펙트럼 및 기타 정신병적 장애에 속하는 장애를 모두 고른 것은?

ㄱ. 망상장애	ㄴ. 조현 양상장애
ㄷ. 긴장증	

① ㄱ, ㄴ
② ㄱ, ㄷ
③ ㄴ, ㄷ
④ ㄱ, ㄴ, ㄷ

해설 조현병 스펙트럼 및 기타 정신병적 장애에는 조현병, 조현 정동장애, 조현 양상장애, 단기 정신병적장애, 망상장애, 조현형 성격장애, 긴장증 등이 포함된다.

12 DSM-5 특정 학습장애의 감별 진단과 가장 거리가 먼 것은?

① 신경학적 또는 감각 장애로 인한 학습문제
② 지적 장애
③ 신경인지 장애
④ 우울 장애

해설 특정 학습장애는 인지적인 부분과 관련이 있으므로, 가장 거리가 먼 것은 정서적인 측면의 '우울 장애'이다.

[특정 학습장애]
- 특정 학습장애는 정상적인 기능을 가지고 있고 정서적인 문제가 없음에도 불구하고 나이와 지능에 비하여 실제적인 학습기능이 낮아서 현저한 학습부진을 보이는 경우이다.
- 특정 학습장애는 감각적 또는 인지적 결함과 깊은 관련성이 있으며, 미세한 뇌손상 이후에 특정한 학습기능에 어려움을 유발할 수도 있다고 한다.

13 다음 중 조증 증상일 가능성이 가장 높은 경우는?

① 로또가 당첨될 것 같아서, 오늘 자동차를 카드로 결제하였고 내일은 집을 계약할 예정이다.

② 지난 1년 동안 사람들과 부딪히는 것이 싫어서, 낮에는 집에 있다가 밤에만 돌아다녔다.

③ 지능이 상위 0.01%에 속한다는 심리검사 결과를 받고, 멘사에 등록을 신청하였다.

④ 연인이 다른 사람과 결혼한 것이 화가 나서, 방송국을 폭파하겠다고 위협하는 전화를 하였다.

> **해설** [조증 증상]
> • 기분이 몹시 고양되어 평소보다 훨씬 말이 많아지고 빨라지며 행동이 부산해지고 자신감에 넘쳐 여러 가지 일을 벌이는 경향이 있다.
> • 과대망상적 사고를 하고 활동적으로 일하지만, 실제로 이루어지는 일은 없으며 결과적으로 현실 적응에 심한 부적응 결과를 나타내게 된다.

14 섭식 장애에 관한 설명으로 옳지 않은 것은?

① 신체기능의 저하를 가져와 죽음에까지 이르게 할 수 있다.

② 마른 외형을 선호하는 사회문화적 분위기와 관련된다.

③ 대개 20대 중반에 처음 발병된다.

④ 외모가 중시되는 직업군에서 발병률이 높다.

> **해설** 섭식 장애의 처음 발병은 청소년기로, 10대 후반에 시작된다.

15 강한 공포, 곧 죽지 않을까 하는 불안, 심계항진, 호흡 곤란, 감각 이상 등과 같은 문제들이 순식간에 시작되어 10여분 내에 절정에 달하는 증상을 특징으로 하는 장애는?

① 신체증상 장애   ② 공황 장애

③ 질병불안 장애   ④ 범불안 장애

> **해설** [공황 장애]
> **1. 개요**
> 공황 장애는 자신이 곧 죽을 것 같은 느낌, 자신에 대한 통제력을 잃고 미쳐 버릴지 모른다는 두려움 혹은 심장마비를 일으키게 될 거라는 강한 공포를 느끼는 것이다. 공황 발작의 증상은 갑작스럽게 나타나는데, 10분 이내에 최고조에 달하다가 극심한 공포를 야기하게 되고 약 10분~20분 동안 지속되다가 가라앉는다.
>
> **2. 증상** (다음의 증상들 중 적어도 4가지 또는 그 이상이 나타나야 함)
> • 진땀 흘림
> • 감각 이상증
> • 구토감이나 통증
> • 몸이나 손발 떨림
> • 질식할 것 같은 느낌
> • 가슴의 통증이나 답답함
> • 죽을 것 같은 두려움
> • 숨이 가쁘거나 막히는 느낌
> • 한기를 느끼거나 열감을 느낌
> • 어지럽고 몽롱하며 기절할 것 같은 느낌
> • 비현실감이나 자기 자신과 분리된 것 같은 이인증
> • 자기 통제를 상실하거나 미칠 것 같은 두려움
> • 가슴이 떨리거나 심장박동수가 점점 더 빨라짐

16 우울 유발적 귀인방식이 아닌 것은?

① 실패 경험에 대한 전반적 귀인

② 실패 경험에 대한 내부적 귀인

③ 실패 경험에 대한 안정적 귀인

④ 실패 경험에 대한 특정적 귀인

해설 [귀인이론]

우울한 사람들은 실패 경험에 대하여 내부적, 안정적, 전반적 귀인을 한다.

내부적 귀인	실패의 원인을 자신의 능력 및 노력의 부족, 성격의 결함 등 내부적 요인으로 귀인하는 경우에 우울증이 증폭된다.
안정적 귀인	실패의 원인을 자신의 능력 부족, 성격상의 결함 등 안정적 요인으로 귀인하는 경우에 우울감은 만성화되고 장기화된다.
전반적 귀인	실패의 원인을 자신의 전반적인 능력 부족이나 성격 전체의 문제 등으로 귀인하는 경우에 우울증이 일반화된다.

17 DSM-5의 진단 분류에 따른 성격장애 중 기이하고 괴팍한 행동 특성과 가장 거리가 먼 것은?

① 편집성 성격 장애
② 조현성 성격 장애
③ 조현형 성격 장애
④ 회피성 성격 장애

해설 기이하고 괴팍한 행동 특성은 A군 성격 장애의 특징이다.

A군 성격 장애	• 편집성 성격 장애 • 조현성 성격 장애 • 조현형 성격 장애
B군 성격 장애	• 반사회성 성격 장애 • 연극성 성격 장애 • 경계선 성격 장애 • 자기애성 성격 장애
C군 성격 장애	• 강박성 성격 장애 • 의존성 성격 장애 • 회피성 성격 장애

18 정신장애와 그에 관한 설명으로 옳지 않은 것은?

① 신경성 폭식증 – 체중 증가에 대한 두려움을 가짐
② ADHD – 치료에 주로 사용되는 약물은 중추신경 자극제임

③ 학습 장애 – 지능 수준에 관계없이 학업 성적이 현저하게 떨어지는 경우를 말함
④ 뚜렛 장애 – 여러 가지 운동 틱과 1가지 또는 그 이상의 음성 틱이 일정 기간 동안 나타남

해설 학습 장애는 정상적인 지능을 가지고 있음에도 불구하고 학습 성적이 현저하게 떨어지는 경우를 말한다.

19 자기애성 성격장애에 관한 이론과 그 설명을 잘못 연결한 것은?

① 대상관계이론 – 부모가 학대한 경우에 위험성이 높다.
② 정신역동 – 타인이 자신에게 매우 도움이 된다고 믿는다.
③ 인지행동이론 – 아동기에 지나치게 긍정적으로 대우받은 사람들에게서 발생한다.
④ 사회문화이론 – 경쟁이 조장되는 서구 사회에서 나타날 소지가 크다.

해설 정신역동은 부모가 적절한 좌절 경험을 주지 않아서 제멋대로이거나, 지속적으로 공감과 이해를 받지 못하였거나, 냉정하고 애정 결핍적인 양육을 받아서 자기애성 성격장애기 된다고 본디.

20 이상 행동 및 정신장애의 판별 기준과 가장 거리가 먼 것은?

① 적응적 기능의 저하 및 손상
② 주관적 불편감과 개인의 고통
③ 가족의 불편감과 고통
④ 통계적 규준의 일탈

해설 [이상 행동의 판별 기준]
• 적응적 기능의 저하 및 손상
• 주관적 불편감과 개인적 고통
• 문화적 규범의 일탈
• 통계적 규준의 일탈

01 K-WAIS-IV에서 처리속도가 점수에 긴밀하게 영향을 주는 소검사는?

① 숫자 　　② 퍼즐

③ 지우기 　　④ 무게 비교

> **해설** 지우기는 K-WAIS-IV의 처리속도 지표에 해당한다.

02 심리평가를 위하여 수행되는 면담에 관한 설명으로 옳은 것은?

① 면담은 구조화할 수 없다는 단점이 있다.

② 면담은 평가를 위한 목적으로 하는 것이라 치료적인 효과는 없다.

③ 면담에서도 신뢰도나 타당도를 크게 고려하지 않아도 된다는 장점이 있다.

④ 면담자가 피면담자에 대한 전반적인 인상을 형성한 후, 그것에 준하여 다른 관련 특성을 추론하는 경향을 할로 효과(Halo effect)라고 한다.

> **해설** Halo effect(할로 효과, 후광 효과)는 일반적으로 어떠한 사물이나 사람에 대하여 평가할 때, 그 일부의 긍정적, 부정적 특성에 주목하여 전체적인 평가에 영향을 주어 대상에 대한 객관적인 판단을 하지 못하게 되는 인간의 심리적 경향성을 말한다.

03 MMPI-2 임상 척도와 Kunce와 Anderson (1984)이 제안한 기본 차원 간의 연결이 옳지 않은 것은?

① 1번 척도 – 표현

② 4번 척도 – 주장성

③ 8번 척도 – 상상력

④ 9번 척도 – 열의

> **해설** 1번 척도는 신중성을 제안한다.

[Kunce와 Anderson(1984)의 기본 차원]

척도 1	신중성	척도 6	호기심
척도 2	평가(옳고 그른 것 구분)	척도 7	조직화
척도 3	표현	척도 8	상상력
척도 4	주장성	척도 9	열의
척도 5	역할 유연성	척도 0	자율성

04 대상 및 사건에 대한 학습을 의미하는 서술 기억(Declarative memory)의 하위 영역에 포함되는 것은?

① 절차 기억(procedural memory)

② 암묵적 기억(implicit memory)

③ 일화 기억(episodic memory)

④ 특정 기억(particular memory)

> **해설** **[장기 기억]**

명시적 기억/외현 기억/서술 기억 (declarative memory)	우리가 떠올려 말로 설명할 수 있는 기억
의미 기억 (semantic memory)	일반적인 지식, 단어의 사전적 정의나 어떠한 일이 지니는 의미 등 우리가 공부를 하는 목적이 되는 기억이다.
일화 기억 (episodic memory)	경험하였던 사건의 기억으로, '내가 언제 무엇을 하였고, 누구와 있었고, 무엇을 먹었다'와 같은 기억이다.
암묵적 기억/내현 기억/비서술적 기억	우리가 의식적으로 떠올려지지 않는 기억
절차 기억 (procedural memory)	자전거 타는 방법 등 설명이 불가한 기억으로, '이렇게 하면 돼'로 때울 수밖에 없는 지식이며 주로 소뇌에 정보가 저장되어 몸이 기억하는 것이다.
정서 기억 (emotional memory)	정서적인 사건과 관련되어 오래 지속되는 기억이다.

05 지적장애 진단을 위한 IQ 기준과 이 장애에 해당되는 사람의 비율은?

① IQ 60 미만, 전체 인구의 약 3% 이하
② IQ 65 미만, 전체 인구의 약 3% 이하
③ IQ 70 미만, 전체 인구의 약 3% 이하
④ IQ 70 미만, 전체 인구의 약 5% 이하

해설 **[지적 장애]**
- 지능지수 70 이하인 사람은 경도 지적장애이다.
- 지적장애 3급은 지능지수와 사회성숙지수가 70 이하인 사람을 의미하며, IQ지수가 70~75일 때 지적 기능의 제한이 있다고 간주하며 만 18세부터 판정한다.
- 그러므로 70 미만의 지능지수를 가지고 2분면 이하의 분포이기 때문에 인구의 3% 이하에 속한다.

06 다음 MMPI-2 프로파일과 가장 관련이 있는 진단은?

```
L=56,  F=78,   K=38
1(Hs)=56      2(D)=58      3(Hy)=54
4(Pd)=53      5(Mf)=54
6(Pa)=76      7(Pt)=72     8(Sc)=73
9(Ma)=55      0(Si)=66
```

① 우울증   ② 품행 장애
③ 전환 장애   ④ 조현병

해설 척도 6, 7, 8이 모두 65T 점수보다 높은 상승척도 유형의 점수이다.
- 쌍척도 유형(code type) : 척도 6-7-8 형태
- 정신증 v형 : 환각, 망상, 심한 의심, 수줍어하고 내향적, 위축된 사회적 자아, 술 마시면 공격적 태도, 정서적 혼란 경험

07 개인용 지능검사와 집단용 지능검사에 관한 설명으로 옳은 것은?

① 집단용 지능검사의 경우, 검사의 시행과 절차가 간편하기 때문에 검사자는 피검사자의 검사행동에 관한 자료수집이 용이하다.
② 개인용 지능검사나 집단용 지능검사에서 검사 실시와 절차에 대한 검사자의 본질적인 역할은 동일하다.
③ 피검사자는 개인용 지능검사의 경우에는 사람에게 반응하지만, 집단용 지능검사의 경우에는 주어진 문항에 반응한다고 볼 수 있다.
④ 개인용 지능검사나 집단용 지능검사나 피검사자가 반응하는 데 요구되는 인지작용은 질적인 측면에서 차이가 없다.

해설

개인용 지능검사	• 1명의 검사자가 1명의 수검자를 두고 개별적으로 실시하는 지능검사이다. • 개인용 지능검사는 검사자의 영향이 매우 크다는 것을 알고 검사자가 더욱 유의하여야 한다.
집단용 지능검사	• 특정 과제에서 적격자와 부적격자를 빠른 시간 내에 한꺼번에 실시하여야 할 때의 지능검사이다. • 비용이 적게 들고, 적은 시간에 많은 사람들을 대상으로 실시 가능하다. • 수검자의 라포 형성, 건강상태, 피로 등의 이유로 검사 점수에 영향을 받을 수 있다.

08 주제통각검사(TAT ; Thematic Apper ception Test)의 실시에 관한 설명으로 옳은 것은?

① 모든 수검자에게 24장의 카드를 실시한다.
② 카드를 보여주고, 각 그림을 보면서 될 수 있는 대로 연극적인 장면을 만들어 보라고 지시한다.
③ 수검자의 반응이 매우 피상적이고 기술적인 경우라도 검사자는 개입하지 않고 다음 반응으로 넘어간다.
④ 수검자가 "이 사람은 남자인가요? 여자인가요?"라고 묻는 경우, 검사 요강을 참고하여 성별을 알려준다.

> **해설** **[주제통각검사]**
> • 백지카드를 포함한 총 31장으로 구성되어 있고, 1명에게 사용할 수 있는 카드는 총 20장이다.
> • 수검자의 반응이 지나치게 피상적일 경우, 검사자는 연상의 흐름을 방해하지 않을 정도의 질문을 할 수 있다.
> • 카드의 세부사항에 대하여 수검자가 질문할 경우, "당신에게 보이는 대로 보면 됩니다."라고 응답한다.

09 신경심리검사에 관한 설명으로 옳지 않은 것은?

① 치료 효과의 평가에 사용할 수 있다.
② 우울장애와 치매상태를 감별해 줄 수 있다.
③ 가벼운 초기 뇌손상의 진단에는 효과적이지 못하다.
④ 신경심리검사의 해석에 성격검사 결과를 참조한다.

> **해설** **[신경심리검사]**
> 신경심리검사는 가벼운 초기 뇌손상의 진단에 효과적이며 후천적-선천적 뇌손상과 뇌기능장애를 진단하는 검사이다. 즉, 뇌와 행동과의 관계를 다루고 뇌손상이나 신경병리적 조건에 따른 인지기능이나 행동적 변화를 측정하는 검사이다.

10 성격검사의 구성 타당도를 평가하는 방법이 아닌 것은?

① 성격검사의 요인 구조를 분석한다.
② 다른 유사한 성격을 측정하는 검사와의 상관을 구한다.
③ 관련 없는 성격을 측정하는 검사와의 상관을 구한다.
④ 전문가들로 하여금 검사 내용을 판단하게 한다.

> **해설** 내용 타당도로, 구성 타당도와는 다른 측정방법이다.

[구성 타당도]
구성 타당도는 검사도구가 측정하고자 하는 구성 개념을 실제로 적정하게 측정하는지를 알 수 있는 평가로, 다음의 3가지 방법을 통하여 보여줄 수 있다.
• 보다 정교한 분석을 위하여 필요 없는 문항을 제거할 수 있는 요인의 분석
• 유사한 검사와 상관을 구하는 수렴 타당도의 측정
• 관련 없는 검사와 상관을 구하는 변별 타당도의 측정

11 K-WAIS-IV 소검사 중 같은 유형의 소검사에 해당하지 않는 것은?

① 상식, 공통성
② 퍼즐, 무게 비교
③ 지우기, 기호 쓰기
④ 동형 찾기, 무게 비교

> **해설** '동형 찾기'는 처리속도 지표에 해당하고, '무게 비교'는 지각추론 지표에 해당한다.

12 MMPI-2에서 F척도의 상승이 기대되지 않는 경우는?

① 고의적으로 나쁘게 보이려는 태도로 응답한 경우

② 자신의 약점을 고의적으로 숨기려는 강한 방어적 태도로 응답한 경우

③ 대부분의 문항에 대하여 '그렇다' 혹은 '아니다'의 한 방향으로만 응답한 경우

④ 혼란, 망상적 사고 또는 다른 정신병적 과정을 겪고 있는 사람이 응답한 경우

> **해설** [F척도의 상승 원인]
> • 비전형 방식으로 응답한 사람을 걸러내기 위한 척도, 즉 정상인들이 응답하는 방식에 벗어나는 경향성이다.
> • 수검자의 부주의나 일탈된 행동, 증상의 과장/자신을 나쁘게 보이려는 의도, 질문 항목에 대한 이해 부족이나 읽기 어려움 등의 오류를 식별하여야 한다.
> • F척도가 상승할 경우, VRIN척도와 TRIN척도를 함께 검토하여야 한다. VRIN척도가 80T 이상인 경우, 무작위 응답에 의하여 F척도가 상승하였을 가능성이 높다. TRIN척도가 80T 이상인 경우, 고정반응에 의하여 상승하였을 가능성이 높다.
> • 측정 결과가 65~80T 정도인 경우, 수검자의 신경증이나 정신병, 현실 검증력의 장애를 의심해 본다.
> • 측정 결과가 100T 이상인 경우, 수검자가 의도적으로 심각한 정신병적 문제를 과장할 가능성이 있다.

13 시공간 처리능력을 평가하기에 적합하지 않은 검사는?

① 토막 짜기

② 벤더 도형 검사

③ 선로 잇기 검사

④ 레이 복합도형 검사

> **해설** 선로 잇기 검사(Trail Making Test)는 집중력과 정신력 추정능력에 대한 측정 검사이다.

14 연령이 69세인 노인 환자의 신경심리학적 평가에 적합하지 않은 검사는?

① SNSB

② K-VMI-6

③ Rorschach

④ K-WAIS-IV

> **해설**
>
> | SNSB | 종합 신경심리검사 배터리로 45~90세용 검사 |
> |---|---|
> | K-VMI-6 | 2~90세까지의 시지각 통합능력 검사 |
> | Rorschach | 신경심리학적 평가가 가능하나, 색채 시각이 손상되었다면 색채 카드가 무의미한 것 |
> | K-WAIS-IV | 16~69세용 지능검사 |

15 K-WISC-IV에서 일련의 숫자와 글자를 읽어주고 숫자는 많아지는 순서로, 글자는 가나다 순서로 말하게 하는 과제는?

① 숫자

② 선택

③ 행렬 추리

④ 순차 연결

> **해설** 순차 연결은 계열화, 정신적 조작, 주의력, 청각적 단기기억, 시공간적 형상화, 처리속도 등을 측정하는 소검사로, 숫자와 가나다 순서대로 기억하여 말하게 한다.

16 다음에서 설명하는 검사는?

> 유아 및 학령 전 아동의 발달과정을 체계적으로 측정하기 위한 최초의 검사로서, 표준 높이 기구와 자극 대상에 대한 유아의 반응을 직접 관찰하여, 의학적 평가나 신경학적 원인에 의한 이상을 평가하기 위하여 사용된다.

① Gesell의 발달검사
② Bayley의 영유아 발달척도
③ 시지각 발달검사
④ 사회성숙도 검사

해설

게젤(Gesell)의 발달검사	• 세계 최초로 개발된 3세까지의 어린이에 대한 발달검사법으로, 미국의 심리의학자 A. Gesell 등에 의하여 1925년에 개발되었다. • 영역은 적응·조대운동·미세운동·언어·개인사회적 행동으로 나뉜다. • 기준은 4, 16, 28, 40, 52주 및 18, 24, 36개월의 주요 연령에 대하여 소표본의 종단적 자료에 의하여 설정된다. • 검사 결과는 발달연령과 발달지수로 표시한다.
시지각 발달검사(VMI)	• 2~15세 아동 및 청소년 대상, 시각, 운동 통합 능력 평가, 시지각과 소근육 협응능력 평가, 학습 및 행동문제 예방, 아동에게 익숙한 도형 제시, 청각장애나 언어장애가 있는 아동에게도 적용 가능하다.
사회성숙도 검사(SMS)	• 2~30세 연령의 사람과 정신지체아의 사회적 적응과 사회성 발달 정도를 측정한다.

17 신뢰도의 추정방법 중 반분 신뢰도의 장점은?

① 검사의 문항수가 적어도 된다.
② 반분된 검사가 동형일 필요가 없다.
③ 단 1회 시행으로 신뢰도를 구할 수 있다.
④ 속도검사의 신뢰도를 추정하는 데 적합하다.

해설 [반분 신뢰도의 특징]
• 검사를 적절한 방법에 의하여 두 부분의 점수로 분할하고, 그 각각을 독립된 2개의 척도로 사용한다.
• 양분된 각 척도의 항목 수는 충분히 많아야 하고, 단 1회의 시행으로 신뢰도를 구할 수 있다.
• 단일 측정치는 산출될 수 없으며, 연습효과, 피로효과, 특정 문항군이 함께 묶여 제시될 때는 신뢰도 산출에 어려움이 있다.

18 신경심리평가 중 주의력 및 정신적 추적능력을 평가할 수 있는 검사가 아닌 것은?

① Wechsler 지능검사의 기호쓰기 소검사
② Wechsler 지능검사의 숫자 소검사
③ Trail Making Test
④ Wisconsin Card Sorting Test

해설 위스콘신 카드 검사(Wiscoinsin Card Sorting Test)는 전두엽 기능을 측정하는 검사이다.

19 성취도 검사의 일종인 기초학습기능검사가 평가하기 어려운 영역은?

① 독해력　　　　② 계산능력

③ 철자법 능력　　④ 공간추론 능력

해설 기초학습지능검사는 정보처리, 셈하기, 읽기(문자/낱말), 읽기Ⅲ(독해력), 쓰기 등의 능력을 확인할 수 있다.

20 심리검사의 윤리적 문제에 대한 설명으로 옳지 않은 것은?

① 검사자들은 검사 제작의 기술적 측면에만 관심을 가질 필요가 있다.

② 제대로 자격을 갖춘 검사자만이 검사를 사용하여야 한다는 조건은 부당한 검사 사용으로부터 피검자를 보호하기 위한 조치이다.

③ 검사자는 규준, 신뢰도, 타당도 등에 관한 기술적 가치를 평가할 수 있어야 한다.

④ 심리학자에게 면허와 자격에 관한 법을 시행하는 것은 직업적 윤리 기준을 세우기 위함이다.

해설 검사자는 규준, 신뢰도, 타당도 등에 관한 기술적 가치도 평가할 수 있어야 하지만, 검사의 실시, 채점, 해석 등의 실제적 부분에 대해서도 잘 알고 있어야 윤리성을 갖춘 검사자라고 할 수 있다.

19 ④　**20** ①　**정답**

2018년　심리검사 1차　**479**

01 일반적으로 정신장애 진단을 목적으로 하는 심리검사는?

① CPI   ② MMPI
③ MBTI   ④ 16PF

해설

검사	내용
MMPI(미네소타 다면적 인성검사)	1차적으로 정신장애 진단을 목적으로 널리 실시되는 검사
CPI(California Psychological Inventory) 인성검사	정상인의 성격 평가를 목적으로 하는 검사
MBTI(Myers-Briggs Type Indicator)	
16PF(16 Personalities Factor Questionnaire, 16 다요인 인성검사)	

02 Wechsler 지능검사의 결과 해석에 대한 설명으로 옳지 않은 것은?

① 전체 지능지수는 수검자의 지적능력에 대한 대표 점수로서의 의미를 가진다.
② 검사 결과지에는 지표점수들 간의 차이가 통계적으로 유의할 시, 그에 대한 기저율과 차이 확률이 제공된다.
③ 보충 소검사는 지능에 영향을 미치는 성격적 측면을 분명히 해주기 때문에 모두 실시하는 것이 좋다.
④ 과정점수(처리점수)는 문제해결과정에서의 인지적 과정에 대한 구체적 정보를 나타낼 수 있다.

해설 [보충 소검사의 실시]
• 보충 소검사의 실시 여부는 검사자의 판단으로 결정되는데, 수검자가 문제가 있다고 판단되는 부분에 대하여 좀 더 집중적으로 필요한 검사가 있을 때 실시하게 된다.

• 5개의 모든 보충 소검사를 실시할 필요는 없고 선택적으로 실시하면 된다.

03 K-WAIS-IV의 보충 소검사가 아닌 것은?

① 이해   ② 순서화
③ 동형 찾기   ④ 빠진 곳 찾기

해설 동형 찾기는 핵심 소검사이다.

[K-WIS-IV의 소검사 구성]

구분	핵심 소검사	보충 소검사
언어이해 지표	공통성, 어휘, 상식	이해
지각추론 지표	토막 짜기, 행렬추리, 퍼즐	무게 비교, 빠진 곳 찾기
작업기억 지표	숫자, 산수	순서화
처리속도 지표	동형 찾기, 기호 쓰기	지우기

04 Wechsler 지능검사 결과가 다음과 같은 경우, 그 해석으로 적절하지 않은 것은?

• 전체 IQ=127, 언어성 IQ=116, 동작성 IQ=132
• 상식=15, 숫자외우기=15, 산수=15, 이해=10, 공통성=10
• 빠진 곳 찾기=12, 차례 맞추기=9, 토막 짜기=19, 모양 맞추기=17, 바꿔 쓰기=15

① 주의집중의 문제가 의심된다.
② 시지각 능력의 발달이 우수하다.
③ 전반적으로 지적능력 발달이 불균형하다.
④ 언어 및 사회성 발달이 다른 지적능력에 비하여 상대적으로 저조하다.

해설
• 이해, 공통성, 차례 맞추기 등 점수가 낮은 경우로 언어와 사회성 발달이 다른 부분에 비하여 저조한 편이다.
• 주의집중의 문제는 주로 산수, 숫자 외우기 등 점수와 관련이 있다.

정답 01 ②   02 ③   03 ③   04 ①

05 MMPI에서 검사의 신뢰성과 타당성을 높이기 위한 통계적 조작으로 K 원점수 교정을 하는 임상 척도는?

① L척도　　　　② D척도
③ Si척도　　　　④ Pt척도

해설　K교정은 K척도의 원점수 비율을 달리 하여 척도1(Hs), 척도4(Pd), 척도7(Pt), 척도9(Ma)의 척도에 점수를 더해 주는 방식이다.

06 지능이 높은 사람은 모든 영역에서 우수하다는 종래의 일반적인 지능 개념에 이의를 제기하고 인간의 지적능력은 서로 독립적인 여러 유형의 능력으로 구성되어 있다고 주장한 학자는?

① Binet　　　　② Gardner
③ Wechsler　　④ Kaufman

해설　Gardner는 지능이 높으면 다른 영역에서도 우수하다는 종전의 지능 개념에 반박하여 다양한 요인(8개의 지능)으로 구성되어 있고, 각 능력을 서로 독립적이라고 하였다.

07 지능에 관한 설명으로 옳지 않은 것은?

① 지능은 학업 성적과 관련이 있다.
② 지능 발달은 성격과 관련이 없다.
③ 지능은 가정의 양육행동과 관련이 있다.
④ 일반적인 지능에 있어서 남녀의 성차가 없다.

해설　일반적으로 성격과 지능은 관련이 없지만 개방적 성격은 지능과 관련이 있다고 알려졌다. 이는 호기심이나 취미가 다양한 성격이 지적 성장에 유리하기 때문으로 보인다.

08 K-WAIS-IV의 지수에 속하지 않는 것은?

① 처리속도지수　　② 지각추론지수
③ 작업기억지수　　④ 운동협응지수

해설　K-WAIS-IV는 4가지 지수로 구분되어 있으며, 이는 언어이해 지수, 지각추론 지수, 작업기억 지수, 처리속도 지수이다.

09 MMPI의 세 타당도(L, F, K) 점수를 연결한 모양이 부적(-) 기울기를 보일 때 가능한 해석은?

① 정교한 방어
② 방어능력의 손상
③ 순박하지만 개방적인 태도
④ 개방적이지 못한 심리적 태세

해설　[MMPI 타당도 척도의 프로파일 형태]

삿갓형(∧)	• L척도, K척도는 50T 이하이고, F척도는 60T 이상이다. • 가장 보편적인 프로파일이다. • 수검자가 자신의 정서적, 신체적 문제를 인정하는 편이다. • 문제를 스스로 해결힐 자신이 없어 도움을 요청한다.
V자형	• L척도, K척도는 적어도 60T 이상(70T까지 상승)이고, F척도는 50T 정도이다. • 자신이 가진 문제를 숨기거나 부인하거나 회피한다. • 자신을 좋게 보이려는 태도이다. • 사회적 적응과 가벼운 행동 장애가 있다.
정적 기울기(/)	• L척도는 F척도보다 낮고, F척도는 K척도보다 낮다. • 일상의 여러 가지 문제를 해결할 수 있다. • 심한 갈등이나 스트레스를 겪지 않는 정상적인 사람에게서 볼 수 있는 형태이다.
부적 기울기(\)	• L척도는 F척도보다 높고, F척도는 K척도보다 높다. • 순박하고 덜 세련되어 보이나, 개방적이고 대체로 교육수준은 낮다.

10 23개월 유아가 월령에 비하여 체격이 작고 아직 걷는 것이 안정적이지 않으며 말할 수 있는 단어가 "엄마, 아빠"로 제한되었다는 문제로 내원하였다. 다음 중 이 유아에게 실시할 수 있는 검사로 적합한 것은?

① 그림 지능검사

② 덴버 발달검사

③ 유아용 지능검사

④ 피아제식 지능검사

> **해설** 덴버 발달검사(덴버 유아선별검사)는 0~6세 아동에게 하는 검사로, 개인성, 사회성/미세운동, 적응성/언어/전체운동 등으로 구성되어 있다.

11 다음 중 노인 집단의 일상생활 기능에 대한 양상 및 수준을 평가하기에 가장 적합한 심리검사는?

① MMPI-2

② K-WAIS-6

③ K-WAIS-IV

④ K-Vineland-II

> **해설** K-Vineland-II 검사는 0~90세의 전 연령대의 적응행동 수준 평가검사이다. 성인들의 적응행동 패턴의 강점, 약점, 연령과 관련된 적응의 기능 감소를 확인할 수 있다.

12 MMPI-2의 타당도척도 점수 중 과잉 보고 (Over-reporting)로 해석이 가능한 경우는?

① VRIN 80점, K 72점

② TRIN(f방향) 82점, FBS 35점

③ F 75점, F(P) 80점

④ F(P) 52점, K 52점

> **해설** F척도는 70T 이상, F(P)척도는 F척도에 비하여 10점 이상 높은 경우에 과잉 보고를 의심하여야 한다.
> • F척도와 F(P)척도가 동시에 높은 경우 : 문제를 과장하거나 정신병리를 가졌을 가능성을 시사한다.
> • F척도는 높지만 F(P)점수는 정상적으로 낮은 경우 : 실제 정신병리 가능성을 시사한다.

13 검사자가 지켜야 할 윤리적 의무로 옳지 않은 것은?

① 검사과정에서 피검자에게 얻은 정보에 대하여 비밀을 보장할 의무가 있다.

② 자신이 다루기 곤란한 어려움이 있을 때는 적절한 전문가에게 의뢰하여야 한다.

③ 자신이 받은 학문적 훈련이나 지도받은 경험의 범위를 벗어난 평가를 해서는 안 된다.

④ 피검자가 자해행위를 할 위험성이 있어도 비밀보장의 의무를 지켜야 하므로 누구에게도 알려서는 안 된다.

> **해설** 검사자는 피검자의 비밀을 보장하여야 한다. 단, 자해나 타해의 위험이 있는 경우, 심각한 학대를 당하는 경우, 법적으로 정보의 공개가 요구될 경우에는 비밀 정보를 노출할 수 있다.

14 표준화 검사의 개발과정으로 옳은 것은?

① 검사목적 구체화 → 측정방법 검토 → 예비검사 시행 → 문항 수정 → 본 검사 제작 → 검사문항 분석 → 검사 사용설명서 제작

② 측정방법 검토 → 검사목적 구체화 → 예비검사 시행 → 문항 수정 → 검사문항 분석 → 본 검사 제작 → 검사 사용설명서 제작

③ 검사목적 구체화 → 예비검사 시행 → 측정방법 검토 → 본 검사 제작 → 문항 수정 → 검사문항 분석 → 검사 사용설명서 제작

④ 측정방법 검토 → 검사목적 구체화 → 예비검사 시행 → 검사문항 분석 → 문항 수정 → 본 검사 제작 → 검사 사용설명서 제작

해설 [표준화 검사의 개발과정]
검사목적 구체화 → 측정방법 결정 → 문항구성 비율 결정 → 예비문항 작성 → 모집단 선정, 검사 실시 → 문항수정, 본 검사 제작 → 검사 시행, 신뢰도/타당도 추정 → 검사 사용설명서 제작

15 말의 유창성이 떨어지고 더듬거리는 말투, 말을 길게 하지 못하고 어조나 발음이 이상한 현상 등을 보이는 실어증은?

① 브로카 실어증
② 전도성 실어증
③ 초피질성 감각 실어증
④ 베르니케 실어증

해설

브로카 실어증 (Broca's aphasia)	• 운동 실어증이다 • 이해는 하지만 자신의 의사를 표현하지 못하며, 아예 말하지 못하거나(말하려는 노력은 하지만 의미 없는 음절을 말함) 한 글자만 겨우 말한다.
베르니케 실어증 (Wernicke's aphasia)	• 감각 실어증이다. • 브로카 실어증과 반대 증상으로 말을 하는 것에는 전혀 지장이 없지만 상대의 말을 이해하지 못하며 대화가 불가능하다. • 환자가 혼자 이야기하는 것은 별 문제 없다.
전도성 실어증	• 베르니케와 브로카 영역을 이어주는 부분의 손상이 일어나서 발생하는 실어증이다. • 유난히 따라 말하기가 불가능한 실어증이다.
초피질성 감각 실어증	• 따라 말하기는 잘 하지만, 베르니케 영역에서 파악한 이미지가 무엇인지 인식하는 것이 불가능한 실어증이다.

16 MMPI 제작방식에 대한 설명으로 옳은 것은?

① 정신병리이론을 바탕으로 하여 제작되었다.
② 합리적 방식과 이론적 방식을 결합한 방식으로 제작되었다.
③ 정신장애군과 정상군을 변별하는 통계적 결과에 따라 경험적 방식으로 제작되었다.
④ 인성과 정신병리와의 상관성에 대한 선행연구 결과들을 바탕으로 제작되었다.

해설 MMPI 검사는 이론적 배경에서 나온 문항들이 아니라 정신장애군과 정상 성인군을 변별해 주는 문항들을 통계적 결과에 따라 경험적 접근방식으로 문항을 분석함으로써 제작되었다.

17 신경심리검사의 용도에 관한 설명으로 옳지 않은 것은?

① 기질적 장애와 지능적 장애 간의 감별 진단에 유용하다.
② 재활과 치료평가 및 연구에 유용하다.
③ CT나 MRI와 같은 뇌영상기법에서 이상 소견이 나타나지 않을 때 유용할 수 있다.
④ 기능적 장애의 원인을 판단하는 데 도움이 된다.

해설 신경심리검사는 뇌손상이나 뇌기능 장애를 진단할 목적으로 사용되고, 장애의 원인을 판단하는 데 도움이 되지는 않는다.

18 Kaufman과 Lichtenberger가 제시한 정보처리과정 모형에 해당되지 않는 것은?

① 입력　　　　② 군집
③ 저장　　　　④ 산출

> **해설** Kaufman과 Lichtenberger는 여러 소검사가 포함된 종합검사를 이론적으로 모형에 근거하여 조직화하여야 해석하는 데 용이하다고 하였다. 웩슬러형 지능검사의 경우, 입력 → 통합 → 저장 → 산출의 4단계에 근거하여 개념화하고 해석하여야 한다고 하였다.

20 다음 중 구성능력(construction ability)을 평가하는 데 적절한 심리검사는?

① Boston 실어증 검사
② 위스콘신 카드 검사
③ 추적검사(Trail Making Test)
④ Rey 복합도형 검사(Complex Figure Test)

> **해설**

추적 검사	주의력과 실행기능 평가검사
위스콘신 카드 검사(WCST)	실행능력을 평가하는 대표적인 검사(인지적인 유연성과 더불어 문제해결능력 평가)
Rey 복합도형 검사	시공간 구성능력과 시공간 기억력 평가검사

19 K-Vineland-II에 대한 설명으로 틀린 것은?

① 개인의 발달수준을 평가할 수 있다.
② 중학교 이상의 청소년들에게는 사용하기 어렵다는 단점이 있다.
③ 피검자의 가족이나 여타 피검자를 잘 알고 있는 사람과의 면담을 통하여 실시할 수 있다.
④ 언어적 능력이 제한되어 있는 아동의 지능 수준을 유추할 수 있는 자료가 될 수 있다.

> **해설** K-Vineland-II 검사는 전 연령대(0~90세)의 적응행동의 수준을 평가하는 심리검사이다.

정답 18 ② 19 ② 20 ④

01 집단 개업활동을 할 때 임상심리 전문가들이 가장 주의하여야 할 사항은?

① 직업 윤리 및 활동에 대하여 개인적인 책임을 져야 한다.

② 직업적인 경쟁과 성격적인 충돌 가능성이 있다.

③ 개인의 독립적인 사무실의 확보 비용이 든다.

④ 개인적이고 직업적인 고립감을 경험한다.

> **해설** ①, ③, ④의 활동은 집단 개업활동보다는 개인 개업활동을 할 때 나타나는 현상이라고 볼 수 있다.

02 두뇌 기능의 국재화(Localization)에 관한 설명으로 옳은 것은?

① 특정 인지능력은 국부적인 뇌 손상에 수반되는 한정된 범위의 인지적 결함으로부터 발생한다고 본다.

② Broca 영역은 좌반구 측두엽 손상으로 수용적 언어 결함과 관련된다.

③ Wernicke 영역은 좌반구 전두엽 손상으로 표현 언어 결함과 관련된다.

④ MRI 및 CT가 개발되었으나, 기능문제 확인에는 외과적 검사가 이용된다.

> **해설** [뇌 기능의 국재화(Localization)]
> • 19세기에 뇌 손상이나 엑스레이 등의 기술이 진보되어 뇌를 더 자세히 들여다보게 되면서 발달하기 시작하였다.
> • 외형적으로 보기에도 뇌의 구조적 차이가 드러난다.
> • 뇌는 2개의 반구, 즉 소뇌와 대뇌로 구분되어 있고, 척수의 확장 부위인 뇌와 하부 영역은 자체의 독특한 모양과 특징을 보여준다.
> • 이러한 구조에 각각 상응하는 기능적 차이가 존재한다고 보는 것이다.

Broca 영역	뇌의 좌반구 전두엽에 존재하는 부위로 말하는 기능을 담당한다.
Wernicke 영역	뇌의 좌반구에 위치하는 청각피질과 시각피질로부터 전달된 언어의 해석을 담당한다.

03 정신분석치료의 주요 개념 및 기법과 가장 거리가 먼 것은?

① 전이   ② 저항

③ 과제   ④ 훈습

> **해설**
> • 과제는 주로 인지행동치료(CBT)에서 사용되는 방법이다.
> • 전이, 저항, 훈습은 모두 정신분석치료의 주요 개념이다.

04 근육긴장을 이완시키고, 심장 박동을 조정하며, 혈압을 통제하는 훈련을 받는 것은?

① 바이오 피드백

② 행동적인 대처방식

③ 문제 중심의 대처기술

④ 정서 중심의 대처기술

> **해설** [바이오 피드백(생체 자기 케어)]
> • 행동치료법의 일종으로, 자율신경의 생리적 변수를 부분적으로 조절하는 방법이다.
> • 기계를 통하여 직접 보고 느끼면서 증상을 완화하고 건강에 유리한 방향으로 조절법을 익히는 것이다.

05 아동 또는 청소년의 폭력 비행을 상담할 때 부모를 통한 개입법으로 가장 효과적인 것은?

① 자녀가 반사회적 행동을 하면 심하게 야단을 치게 한다.

② 사회에서 용인되는 행동을 보이면 일관되게 보상을 주도록 한다.

③ 가족모임을 열어서 훈계를 하도록 한다.

④ 폭력을 휘두를 때마다 부모가 자녀를 매로 다스리게 한다.

> 해설 ①, ③, ④는 처벌적 방법이다. 이러한 방법은 반항심만 불러일으킨다. 비행이나 부정적 행동을 할 경우에는 모델링을 통한 긍정적 행동의 개입이 유익하다.

06 합리적 정서치료에 대한 설명으로 틀린 것은?

① Aaron Beck이 개발하였다.

② 환자가 사물에 대하여 생각하는 방식을 바꿈으로써 행동 변화를 목적으로 한다.

③ 해석은 문제가 되는 감정적, 행동적 결과(C)를 결정하는 시간과 상황(A)에 대한 믿음(B)이다.

④ 이 치료의 기본 목적은 사람들이 자신이 가진 비논리적 사고에 직면하게 만드는 것이다.

> 해설
> • 합리적 정서치료는 REBT로, Ellis에 의하여 개발되었다.
> • Aaron Beck은 인지치료 학자이며, 이 인지치료의 여러 방법론 중의 하나가 REBT이다.

07 현대 임상심리학 발전에 가장 큰 영향을 준 역사적 사건은?

① Binet의 지능검사 개발

② MMPI 개발

③ 미국심리학회 설립

④ 제1·2차 세계대전

> 해설 ①, ②, ③의 사건 모두 임상심리학 역사에 있어 중요한 사건들이지만, 두 차례의 세계대전은 심리학이 학문의 과학이라는 영역 안으로 들어갈 수 있게 해주었을 뿐만 아니라 병리성에 대한 치료적 개입, 연구 등 대대적인 확장이 이루어질 수 있게 하였다는 점에서 의의가 크다.

08 Burnish(1984)는 객관적 성격검사 제작에 관한 접근들을 규명하여 기술하였다. 다음 중 이 접근법에 해당하지 않는 것은?

① 외적 준거 접근   ② 내적 구조 접근

③ 내적 내용 접근   ④ 외적 차원 접근

> 해설

외적 준거 접근 (경험적 방법)	특정 집단을 나눌 수 있는 질문이 될 수 없는 모호한 질문이나 특정 집단이 대답을 하는 경향을 파악하여 문제를 제작하는 방법이다.
내적 구조 접근 (귀납적 방법)	많은 사람에게 공통적으로 해당하는 문항을 선별하여, 대부분이 선택하는 답안 외의 것을 선택하는 사람을 특정 집단에 들어간다고 간주하는 제작 방법이다.
내적 내용 접근 (연역적 방법)	예를 들어 우울하다는 카테고리를 설정하는 문항이 있다면, 그 문항을 선택하는 사람은 본인을 우울하게 여긴다고 보고 제작하는 방법이다.

09 다음 중 비밀 유지의 의무가 제외될 수 있는 경우에 해당하지 않는 것은?

① 자살 가능성이 있는 내담자

② 범죄를 저지를 가능성이 있는 내담자

③ 강도, 강간 등의 범죄 피해자

④ 아동학대의 사례

> 해설 [비밀 유지의 의무가 제외될 수 있는 경우]
> • 법률에 의하여 위임된 경우
> • 미성년인 내담자가 학대당할 경우
> • 타당한 목적을 위하여 법률에 승인된 경우
> • 필요한 전문적 서비스를 제공하기 위한 경우
> • 적절한 전문적 자문을 구하기 위한 경우 (수퍼비전)
> • 법적으로 권한을 부여받은 사람의 동의를 얻은 경우

- 내담자, 심리학자, 기타 사람들을 상해로부터 보호하기 위한 경우 (자살, 타살의 위험 등)
- 감염의 위험성이 존재하는 질병이 있다는 확실한 정보를 가진 경우

상호적 유전-환경 조망	• 개인의 유전적 취약성과 생활사건은 상호적으로 밀접한 관계가 있으며, 이들은 서로에게 지속적으로 영향을 미친다.
생물학적 조망	• 신체질환 및 정신장애는 생물학적 요인의 상호작용에 의하여 나타나므로, 이들에 대한 치료적 접근이 필요하다.

10 체중조절을 위하여 식이요법을 시행하는 사람이 매일 식사의 시간, 종류, 양과 운동량을 구체적으로 기록하고 있다면 이는 어떠한 행동관찰의 방법인가?

① 자기 감찰　　② 통계적인 평가
③ 참여 관찰　　④ 비참여 관찰

해설 행동평가의 방법 중 행동 관찰은 임상심리사, 교사, 부모, 배우자, 간병인 등이 관찰하고 기록하는 참여 관찰이다. 내담자 스스로 관찰자가 되어 보고하는 자기 감찰(Self-monitoring)도 가능하다.

11 심리사회적 또는 환경적 스트레스와 생물학적 또는 기타 취약성의 상호작용이 질병을 일으킨다는 조망은?

① 상호적 유전 – 환경 조망
② 병적 소질 – 스트레스 조망
③ 사회적 조망
④ 생물학적 조망

해설

병적 소질-스트레스 조망	• 1980년대 이전까지 심리학자들은 행동주의, 인지주의, 실존주의 등 각자 자신에게 적합한 이론적 접근 방법을 통하여 내담자나 환자의 심리적인 문제를 해결하고자 하였다. 그러나 각 이론들의 기법 및 접근법상의 차이에도 불구하고 치료적 개입의 공통적인 목표에 따라 다양한 기법들을 조합하는 것이 치료에 효과적이라는 사실이 경험적으로 입증되기에 이르렀다. • 이 과정에서 임상심리학의 통합주의적 접근이 이루어졌으며, 최근에는 환자의 임상적/병리적 문제에 대하여 생물학적/심리학적/사회학적 요인들을 통합한 접근방법이 부각되고 있다.

12 실존적 접근의 심리치료에 해당하는 것은?

① 인지치료
② 의미치료
③ 자기교습 훈련
④ 합리적 정서행동 치료

해설 Frankl의 의미치료는 실존적 접근의 심리치료 이론으로, 내담자가 자신의 인생에서 의미를 발견하고 더 발전시키도록 돕는 치료개입 방법이다.

13 투쟁–도피(fight or flight response) 반응과 가장 거리가 먼 것은?

① 호흡의 증가　　② 땀 분비의 감소
③ 소화기능의 저하　④ 동공의 팽창

해설 투쟁–도피 반응에서 땀 분비는 증가한다.

[투쟁–도피(fight or flight response) 반응]
- 투쟁–도피 반응은 우리 몸에서 2가지 종류의 자율신경계(ANS)가 작동하는 것이다.
- 자율신경계는 교감 신경과 부교감 신경의 2가지로 이루어져 있는데, 교감 신경은 투쟁 혹은 도피 반응을 관장한다.
- 교감 신경은 심장이 더 빠르게 뛰고, 호흡이 증가하며, 근육은 더 긴장하여 소화기능이 저하되고, 동공이 팽창되며, 점막이 말라 싸우거나 도망칠 때 더 잘 보고 더 쉽게 호흡하기 위한 상태가 된다.

14 '엄마'라는 언어가 어머니의 행동과 반복적으로 연합됨으로써 획득한다고 설명하는 이론은?

① 고전적 조건형성
② 조작적 조건형성
③ 관찰학습
④ 언어심리학적 이론

해설

고전적 조건형성	자극에 대한 반응이 연합되어 학습이 일어난다고 보았다. 그래서 어떠한 자극(엄마라는 단어)과 어머니의 행동이 지속적으로 연합하여 어머니라는 개념이 학습(반응)된다고 보았다.
조작적 조건형성	어떠한 반응에 대하여 선택적으로 보상함으로써 그 반응이 일어날 확률을 증가시키거나 감소시키는 방법이다. 즉, 선택적 보상이란 강화와 벌을 의미한다.

15 Wolpe의 체계적 둔감법 절차의 설명과 가장 거리가 먼 것은?

① 공포증의 치료에 효과적인 것으로 밝혀졌다.
② 불안을 억제하기 위하여 이완상태를 유도한다.
③ 이완을 위하여 자극에 대한 실제 노출을 상상 노출보다 먼저 제시한다.
④ 불안을 가장 약하게 일으키는 상황부터 노출시킨다.

해설 체계적 둔감법에서는 이완을 위하여 자극에 대한 상상 노출부터 시작한다.

16 조현병의 음성 증상에 관한 설명으로 옳은 것을 모두 고른 것은?

ㄱ. 감퇴된 감정표현, 무의욕증 등이 해당된다.
ㄴ. 양성 증상에 비하여 약물치료의 효과가 떨어진다.
ㄷ. 정상인은 경험하지 않는다.

① ㄱ, ㄴ   ② ㄱ, ㄷ
③ ㄴ, ㄷ   ④ ㄱ, ㄴ, ㄷ

해설 [조현병의 증상]
• 조현병의 증상은 다양한 영역에서 나타난다. 즉, 외모, 행동, 생각, 정서, 인지기능, 신체적 증상 등 여러 부분에서 어려움을 겪을 수 있다.
• 조현병의 증상은 크게 양성 증상과 음성증상으로 나뉘어진다.

양성 증상	정상인에게 나타나지 않는 현상이 나타나는 것이다. 예 환청, 망상, 기이한 행동 등
음성 증상	정상인에게도 있으나 결핍되는 것이다. 예 감정 둔마, 언어 빈곤, 무쾌감증, 무의욕증

• 그 외에 기억력, 주의력, 집중력의 저하나 타인의 감정을 파악하는 데 어려움을 겪는 등의 인지기능 저하 및 자신에게 이상이 있다는 사실을 인정하지 못하는 방식의 결여가 조현병에서 흔하게 나타나는 증상에 포함된다.

17 다음 30대 여성의 다면적 인성검사 MMPI −2의 결과에 대한 해석으로 적절한 것은?

Ha	D	Hy	Pd	Mf
Pa	Pt	Sc	Ma	Si
72	65	75	50	35
60	64	45	49	60

① 스트레스 상황에서 신체증상이 과도하고 회피적 대처를 할 소지가 크다.
② 망상, 환각 등의 정신증적 증상이 나타나기 쉽다.

③ 반사회적 행동을 보일 가능성이 크다.

④ 외향적이고 과도하게 에너지가 향진되어 있기 쉽다.

해설
- 3가지 코드 유형 중 '1-2-3' 또는 '2-1-3' 코드(Hs, D & Hy)에 포함된다.
- 신체적 고통이 주된 증상으로, 소화기계의 장애나 피로감, 신체적 허약함을 호소한다. 과거에는 만성적 건강염려증으로 의심되는 증상이었고, 우울과 불안, 흥미 상실, 무감동한 모습이다.
- 수동적인 동시에 의존적인 태도를 보여주고, 적극적인 모습이 많이 부족하다. 신체 증상과 관련된 불안장애 진단이 가능하다.

18 행동평가와 전통적 심리평가 간의 차이점으로 틀린 것은?

① 행동평가에서 성격의 구성 개념은 주로 특정한 행동패턴을 요약하기 위하여 사용된다.

② 행동평가는 추론의 수준이 높다.

③ 전통적 심리평가는 예후를 알고, 예측하기 위한 것이다.

④ 전통적 심리평가는 개인 간이나 보편적 법칙을 강조한다.

해설 행동평가는 인간의 행동과 목록을 연관적으로 보여주기는 하나, 상당히 조심스럽게 연관성을 보여주기 때문에 추론의 수준이 낮다. 추론의 수준이 높은 심리평가는 투사적 기법 등 행동의 원인에 대하여 연구하는 전통적 심리평가이다.

19 다음에 해당하는 장애 유형은?

> 원치 않는 성적인 생각, 난폭하거나 공격적인 충동, 도덕 관념과 배치되는 비윤리적인 심상 등과 같은 불편한 생각이 자꾸 떠올라 무기력하고 괴로워하거나 마치 내면적 논쟁을 하듯이 대응한다.

① 공황 장애　　② 강박 장애

③ 성적 불쾌감　　④ 우울증

해설 **강박 장애(OCD ; Obessive-Complusive Disorder)]**

강박 장애는 자신의 의지와는 상관없이 어떠한 특정한 사고나 행동을 떨쳐버리고 싶은데도 시도 때도 없이 반복적으로 하게 되는 상태를 말한다. 강박적인 생각과 행동을 할 때는 떨쳐버리거나 중단하고 싶지만 그렇게 할 수 없기 때문에 불편함을 느끼고 고통스러워한다.

- 강박적 행동 : 불안이나 고통을 중화시키기 위하여 하는 것
- 강박적 사고 : 불안이나 고통을 일으키는 것

20 임상심리학자의 고유한 역할과 가장 거리가 먼 것은?

① 사례관리

② 심리평가

③ 심리치료

④ 심리학적 자문

해설
- 임상심리학자는 심리평가 및 진단, 심리치료적 개입, 심리학적 자문, 연구 등의 역할을 한다.
- 사례관리는 사회복지사의 고유 업무로 볼 수 있다.

01 다음에서 보여주는 철수 엄마의 행동을 가장 잘 설명한 것은?

> 철수의 엄마는 아침마다 철수가 심한 떼를 쓰면 기분이 상하기 때문에 철수가 떼를 쓰기 전에 미리 깨우고, 먹여 주고, 가방을 챙겨서 학교에 데려다 주는 행동을 계속하고 있다.

① 정적 강화
② 처벌
③ 행동 조형
④ 회피 조건형성

해설

회피 조건형성	• 회피학습(avoidance learning)에서는 도구적 반응이 혐오 자극을 방지한다. 그 목적은 반응의 빈도를 증가시키는 것이다. • 회피는 또한 부적 강화(Negative rein-forcement)의 일종으로, 바람직한 행동(학교에 가는 것)이 증가하기 때문에 '강화'이며, 그 반응이 (혐오적인) 강화물을 방지하거나 또는 제거하기 때문에 '부적'이다.
정적 강화	• 학교에 가는 행동의 빈도를 늘리기 위하여 어떠한 (긍정적) 자극을 더 많이 한다. 예 아이의 기분을 좋게 해주는 것 등
처벌	• 목표 반응 후에 혐오 자극이 제시된다. 기본적으로 학교에 가지 않는 행동을 줄이는 것이다. 예 학교에 가지 않으면 외출 금지, 핸드폰 사용 금지, 놀이터 금지 등의 자녀가 싫어하는 것을 정하여 바람직하지 않은 행동을 줄이는 것
행동 조형	• 목표하는 바람직한 행동에 점진적으로 접근하도록 하는 방법이다.

02 다음 중 면접질문의 유형과 예로 잘못 짝지어진 것은?

① 개방형 – 당신은 그 상황에서 분노를 경험했나요?
② 촉진형 – 조금만 더 자세히 말씀해 주시겠습니까?
③ 직면형 – 이전에 당신은 그렇게 말했는데요.
④ 명료형 – 당신이 그렇게 느꼈다는 말인가요?

해설 개방형 질문으로 해 본다면 "그 상황에서 무엇을 느꼈는지 말해 줄 수 있나요?"로 할 수 있다. 위의 질문(당신은 그 상황에서 분노를 경험했나요?)은 폐쇄형 질문에 해당된다.

03 집단치료의 치료요소에 대한 설명으로 옳은 것은?

① 보편성 – 다른 사람들도 자신과 비슷한 문제와 걱정을 가지고 있다는 것을 알게 된다.
② 희망 고취 – 집단구성원들은 치료자와 다른 구성원들로부터 충고를 받을 수 있다.
③ 카타르시스 – 집단구성원들은 집단 수용을 통하여 자기 존중감을 증대시킨다.
④ 이타성 – 집단구성원들은 다른 구성원들로부터 배울 수 있다.

해설 [**집단상담의 치료적 요인(Yalom, 1993)**]
• 희망 고취 : 집단상담을 통하여 자신에게 변화가 일어나고, 문제가 해결될 수 있다는 희망을 가지게 되는 것
• 이타주의 : 각 집단원이 다른 구성원에게 도움을 주게 되는 것
• 카타르시스 : 내면에 억압된 여러 가지 감정과 생각들이 집단에서 노출되는 것
• 그 외 : 정보 전달, 초기 가족의 교정적 재현, 사회화 기술의 발달, 모방행동, 대인관계 학습, 집단 응집력, 실존적 요인 등이 있다.

정답 01 ④ 02 ① 03 ①

04 내담자 중심 치료에서 치료자의 주요 기능과 거리가 먼 것은?

① 자유로운 분위기를 제공하는 것

② 내담자 자신과 주변 세계에 대하여 스스로의 지각을 높이게 하는 것

③ 충고, 제안, 해석 등을 제공하는 것

④ 내담자가 자신에 대하여 더 많이 말할 수 있도록 하는 반응들을 나타내 보이는 것

> **해설** 내담자 중심 상담은 내담자 스스로 인식하도록 하는 것이 목표이기 때문에 충고, 제안, 해석 등의 지시적 기법을 사용하지 않는다.

05 Beck의 우울증 인지행동치료에서 인지적 삼제(cognitive triad)로 틀린 것은?

① 자신   ② 과거

③ 세계   ④ 미래

> **해설** [인지적 삼제(cognitive triad)]
> - 인지적 삼제는 자신, 세계, 미래로 A. Beck이 우울증을 겪고 있는 환자를 연구하였을 때 나온 개념이다.
> - 우울증 환자들은 자신에 대해서는 "나는 무가치한 사람이다.", 세계에 대해서는 "세계는 온통 나를 속이려는 자들이 가득힌다.", 미래에 대해서는 "더 이상 나은 미래가 오진 않을 것이다."라는 부정적 신념을 가지고 있다는 것을 발견하였다.

06 치료자가 환자에게 자신의 욕구, 소망 및 역동을 투사함으로써 환자의 전이에 반응하는 것은?

① 전이   ② 전치

③ 역할 전이   ④ 역전이

> **해설**
>
> | 역전이 | 치료자 본인이 해결되지 않은 감정이나 문제를 환자를 통하여 투사하는 것이다. |
> |---|---|
> | 전이 | 내담자가 치료를 받다가 치료자에게 과거의 상황에 느꼈던 특정한 감정, 혹은 태어날 때부터 무의식에 새겨진 정서를 느끼는 것이다. |

전치	자신의 목표나 인물 대신에 대치할 수 있는 다른 대상에게 에너지를 쏟는 것(주로 위협적인 대상에서 덜 위협적인 대상으로 방향을 전환하는 것)이다.
역할 전이	환자가 원래 주어진 역할을 수행하다가 치료자와 상호 작용을 하여 자기에게 주어진 역할을 포기하고 다른 역할을 수행하는 상태이다.

07 임상심리학자로서의 책임과 능력에 있어서 바람직하지 못한 것은?

① 서비스를 제공할 때 높은 기준을 유지한다.

② 자신의 활동결과에 대하여 책임을 진다.

③ 자신의 능력과 기술의 한계를 알고 있어야 한다.

④ 자신만의 경험을 기준으로 내담자를 대한다.

> **해설** [임상심리학자의 역할]
> - 심리적 문제가 있는 환자를 진단하고, 치료하고 연구하는 역할을 한다.
> - 심리학적인 치료를 다루며, 심리적 이슈에 대하여 직접적으로 개입하여 치료의 목적을 달성하고자 한다.
> - 자신만의 경험을 기준으로 하는 것이 아니라, 수년간의 임상심리학 이론과 실습 및 슈퍼비전을 통한 높은 수준의 임상학습 경험을 기준으로 환자를 치료하여야 한디.

08 내담자를 평가할 때 문제 행동의 선행조건, 환경적 유인가, 보상의 대체원, 귀인방식과 같은 요소를 중요하게 여기는 평가방법은?

① 기술지향적 평가

② 인지행동적 평가

③ 정신역동적 평가

④ 다축분류체계 평가

> **해설** 문제행동의 선행조건은 Ellis의 REBT, 환경적 유인가는 동기이론, 보상의 대체 원인은 행동주의 핵심 강화원, 귀인방식은 Heider의 귀인이론 등으로 모두 인지행동이론 분야에서 나온 것이다.

09 관상동맥성 심장병과 관련 깊은 성격 유형에 대비되는 성격으로, 스트레스에 유연하게 반응하고 느긋함이 강조되는 성격 유형은?

① Type A   ② Type B

③ Introversion   ④ Extraversion

> **해설** Type B는 A형 성격 유형과는 달리, 유연하고 느긋하여 스트레스 등에 유연한 태도를 지닌 유형을 말한다.

10 행동 평가에서 중요시하는 기능 분석(functional analysis)이 아닌 것은?

① 선행조건(antecedent)

② 문제 행동(behavior)

③ 문제 인식(cognition)

④ 결과(consequence)

> **해설** 행동 평가의 기능 분석은 행동의 결과만 보는 것이 아니라 행동을 유발하는 선행조건에 대해서도 분석하여, 행동이 유발된 선행조건(원인, antecedent), 문제 행동(behavior), 결과(consequence) 간의 관계를 분석한다.

11 세계 제1차 대전과 제2차 대전 사이에 임상심리학의 발전사에 대한 내용을 틀린 것은?

① 많은 심리평가 도구들이 개발되었다.

② 치료 영역에서 심리학자들의 역할이 증대되었다.

③ 정신건강분야 내의 직업적 갈등으로 임상심리학자들은 미국의 APA를 탈퇴하여 미국 응용심리학회를 결성하였다.

④ 미국 임상심리학의 박사급 자격 전문화가 이루어졌다.

> **해설** 미국 임상심리학의 박사급 자격 전문화는 1970년대에 들어와서야 이루어졌다.

[임상심리학의 발전사]
- 심리검사의 중요성은 제1차 세계대전과 제2차 세계대전에서 기인한 것이었다. 1917년 미국이 전쟁에 가담하였을 때, 미국 심리학회(APA ; American Psychological Association)의 회장 Robert Yerkes는 육군 의료부 선발을 위한 심리검사위원회를 조직하였다.
- 심리검사위원회의 구성원으로 Henry Goldard와 Termen이 포함된 위원회는 그룹의 운영을 위하여 군대 알파(Army Alpha) 검사와 군대 베타(Army Beta) 검사를 만들었다.
- 전쟁 당시와 이후, 심리학에 명예로운 보상을 준 영향들은 과학집단으로의 수용, 심리학 연구에 대한 경제적 지원의 확대, 심리학자들의 고용 기회 등이다.

12 MMPI를 해석하는 방법을 바르게 나열한 것은?

> ㄱ. 피검자의 검사태도 검토
> ㄴ. 전체 프로파일의 형태 분석
> ㄷ. 2코드의 해석 시도
> ㄹ. 임상 척도에서 상승한 척도의 검토
> ㅁ. 타당도 척도의 검토

① ㄱ → ㄹ → ㄷ → ㄴ → ㅁ

② ㄱ → ㄴ → ㄷ → ㄹ → ㅁ

③ ㄱ → ㅁ → ㄹ → ㄷ → ㄴ

④ ㄱ → ㄴ → ㅁ → ㄹ → ㄷ

> **해설** MMPI 해석은 우선 관찰과 면담을 통한 수검자의 태도와 행동을 관찰한 후, 타당도 척도를 먼저 검토하여 검사 점수가 타당한지를 살펴본다. 그 후, 임상 척도에서 상승한 척도를 검토하고 쌍코드 유형도 살펴보고, 마지막에 전체 프로파일의 형태를 분석하는 순이다.

정답   09 ②   10 ③   11 ④   12 ③

13 다음은 어느 항목의 윤리적 원칙에 위배되는가?

> 임상심리사가 개인적인 심리적 문제를 가지고 있다든지, 너무 많은 부담 때문에 지쳐 있다든지, 교만하여 더 이상 배우지 않고 배울 필요가 없다고 생각하거나, 해당되는 특정 전문교육 수련을 받지 않고도 특정 내담자군을 잘 다룰 수 있다고 여긴다.

① 유능성　　　　② 성실성
③ 권리의 존엄성　④ 사회적 책임

해설 임상심리학자가 갖추어야 할 유능성은 전문가로서의 태도로, 자신의 수련 및 경험 등에 의하여 준비된 범위 안에서 전문적인 서비스와 교육을 제공할 수 있어야 한다.

14 다음에 해당하는 심리적 현상은?

> • 개체가 환경과의 접촉에서 발생한 행동이나 가치관을 무비판적으로 받아들이는 것
> • 자기 것으로 동화시키지 못하며 개체의 행동이나 사고방식에 악영향을 미침

① 투사　　　　② 융합
③ 내사　　　　④ 편향

해설 위의 내용에 해당하는 심리적 현상은 내사 (introjection)이다.

[심리적 현상]

투사 (projection)	• 자신의 자아에 내재되어 있으나 받아들일 수 없는 것들을 다른 사람의 특성으로 돌리는 것이다. • 자신이 화가 나 있는데 상대가 화를 낸다고 생각하는 것이 대표적인 예이다.
융합 (confluence)	• 다른 사람이 경험하는 것을 자신도 정확하게 똑같이 경험한다고 믿어 자신과 타인을 혼동하는 것이다. • 접촉경계 혼란을 일으키는 여러 원인 중의 하나이다.

편향 (deflection)	• 감당하기 힘든 내적 갈등이나 외부환경 자극에 노출될 때, 자신을 보호하기 위하여 자신이나 타인과 직접적인 접촉을 피하는 것이다. • 접촉경계 혼란을 일으키는 여러 원인 중의 하나이다.

15 다음에 해당하는 강화계획으로 옳은 것은?

> ㄱ. 회사의 일정한 매출에 따라 성과급을 지원받았다.
> ㄴ. 라디오 방송프로그램에 사연을 보내 경품이 당첨되었다.

① ㄱ : 고정비율, ㄴ : 고정간격
② ㄱ : 고정간격, ㄴ : 변동비율
③ ㄱ : 고정비율, ㄴ : 변동간격
④ ㄱ : 변동비율, ㄴ : 고정비율

해설

고정비율 강화계획 (fixed ratio schedule)	• 어떠한 행동이 일정한 횟수만큼 반복되었을 때 강화를 주도록 계획한 간헐 강화의 일종이다. • 일정 매출이 되면 성과급을 주는 것도 이에 해당한다. **예** 토큰 10개가 모일 때마다 상을 주는 것, 도서관에서 일정한 수의 책을 읽은 학생에게 표창하는 것 등
변동간격 강화계획 (variable interval schedule)	• 선행한 강화로부터 어느 정도 시간이 경과한 뒤에 나타나는 반응을 강화하는 계획의 일종이다. • 변동간격 강화계획에서 반응학습은 느리면서도 꾸준한 반응을 나타내는 특징을 지닌다.

16 임상건강심리학에서 주로 관심을 갖는 영역으로 가장 거리가 먼 것은?

① 주의력 결핍 과잉행동 장애
② 비만
③ 흡연
④ 스트레스 관리

> **해설** [건강심리학의 관심 영역(건강심리학회)]
> • 스트레스 : 관리 및 대처
> • 만성질환을 포함한 신체 질병 : 심혈관계 질환, 면역계 질환, 암, 당뇨, 소화기 질환 등
> • 물질 및 행위 중독 : 알코올 중독, 흡연, 도박 중독, 인터넷 중독 등
> • 섭식문제 : 비만, 다이어트, 폭식, 섭식장애 등
> • 건강관리 및 건강증진 : 성 행위 등에서의 위험행동 감소 전략, 운동, 수면, 섭식습관 개선 등
> • 개입 및 치료기법 : 행동수정, 인지치료, 명상, 이완법, 마음 챙김과 수용에 기반한 인지행동적 치료기법, 바이오 피드백 기법 등
> • 통증 관리, 수술 환자의 스트레스 관리, 임종 관리
> • 분노를 포함한 다양한 정서 관리
> • 삶의 질, 웰빙(Well-being)
> • 건강 커뮤니케이션과 건강정책

17 초기 임상심리학자와 그의 활동으로 바르게 짝지어진 것은?

① Witmer − g 지능개념을 제시하였다.
② Binet − Army Alpha 검사를 개발하였다.
③ Spearman − 정신지체아 특수학교에서 심리학자로 활동하였다.
④ Wechsler − 지능검사를 개발하였다.

> **해설**
> • Witmer는 최초의 심리진료소를 펜실베이아 대학교 내에 개설하였다.
> • 1904년 비네와 시몽이 프랑스 정부의 지원 하에 정신지체에 관한 아동 학습능력을 구분하기 위하여 비네-시몽 지능검사를 개발하였다.
> • Spearman은 일반적 지능을 g로, 특수한 지능을 s로 제시하였다(지능의 2요인설).

18 지역사회 정신건강센터에서 접수면접을 가장 잘 수행하는 방법에 대하여 자문을 받았다면 어떠한 유형의 자문인가?

① 내담자 중심 사례 자문
② 프로그램 중심 행정 자문
③ 피자문자 중심 사례 자문
④ 피자문자 중심 행정 자문

> **해설** [임상심리학에서의 자문 유형]

비공식적 동료집단 자문	내담자에게 필요한 더 좋은 치료 전략을 얻기 위하여 동료들에게 자문을 요청한다.
내담자 중심 사례 자문	특정 내담자의 치료나 보호에 책임이 있는 동료 전문가에게 조언을 요청한다.
프로그램 중심 행정 자문	사례보다 프로그램이나 제도에 초점을 두는 자문을 요청한다.
피자문자 중심 사례 자문	피자문자 경험에 대하여 전문 자문자에게 도움을 요청한다.
피자문자 중심 행정 자문	기관 내의 행정 쟁점이나 인상 쟁점 관련 업무에 대하여 자문을 요청한다.

19 행동평가 방법 중 흡연자의 흡연 개수, 비만자의 음식 섭취 등을 알아보는 데 가장 적합한 방법은?

① 자기 감찰   ② 행동 관찰
③ 참여 관찰   ④ 평정 척도

> **해설** [행동 평가의 방법]
> • 행동 평가는 행동에 선행하는 사건(상황)과 행동에 수반하는 결과에 초점을 맞춰 인간의 행동 특성을 평가하는 심리평가의 한 종류로, 면담 기법, 행동관찰 기법, 인지행동적 측정, 정신-생리학적 측정 등이 대표적이다.
> • 이 중 행동 관찰은 임상심리사, 교사, 부모, 배우자, 간병인 등이 관찰하고 기록하는 참여 관찰의 방법이다. 내담자 스스로 관찰자가 되어 보고하는 자기 감찰(self-monitoying)도 가능하다.

20 다음은 어떠한 원리에 따른 치료방법인가?

> 야뇨증 치료를 위하여 요와 벨을 사용하여
> 환아가 오줌을 싸서 요를 적시게 되면 벨이
> 울려 잠자리에서 깨게 된다.

① 사회학습이론   ② 고전적 조건화
③ 조작적 조건화   ④ 인지행동적 접근

해설 [고전적 조건화]
- 야뇨증에 대한 행동치료는 음료를 제한하거나 밤에
  소변을 보지 않았을 때 칭찬하는 단순한 것에서부터
  야뇨 경보기나 그 외의 다양하고 복잡한 훈련방침이
  있다.
- 야뇨 경보기는 경보장치가 달린 패드를 부착하여 패
  드가 소변에 젖으면 경보를 울려 잠에서 깨도록 하는
  것으로, 행동치료에서 사용되는 대표적인 도구이다.

01 위기상담과정에서 사용되는 단계를 순서대로 바르게 나열한 것은?

> ㄱ. 위기와 개인적 자원의 평가
> ㄴ. 가능한 해결책을 모색하기
> ㄷ. 개입에 관한 결정
> ㄹ. 문제에 대한 분명한 정서적, 인지적 이해
> ㅁ. 개입의 평가에 관한 계획
> ㅂ. 개입의 실행에 관한 계획

① ㄱ → ㄴ → ㄹ → ㄷ → ㅁ → ㅂ
② ㄱ → ㄹ → ㄴ → ㄷ → ㅂ → ㅁ
③ ㄱ → ㄴ → ㄹ → ㄷ → ㅂ → ㅁ
④ ㄱ → ㄹ → ㄴ → ㄷ → ㅁ → ㅂ

해설 [위기상담과정에서 사용되는 단계]
위기와 개인적 자원의 평가 → 문제에 대한 분명한 정서적, 인지적 이해 → 가능한 해결책을 모색하기 → 개입에 관한 결정 → 개입의 실행에 관한 계획 → 개입의 평가에 관한 계획

02 실존주의 상담 접근에서 제시한 인간의 기본 조건에 해당하지 않는 것은?

① 인간은 누구나 자기인식 능력을 가지고 있다.
② 자신의 정체감 확립과 타인과 의미 있는 관계를 수립한다.
③ 인간은 완성을 추구하는 경향이 있다.
④ 죽음이나 비존재에 대하여 인식한다.

해설
• 실존주의 상담에서는 인간은 계속하여 되어가는 존재로 보고 있다.
• 인간은 완성을 추구하는 경향이 있다고 보는 견해는 게슈탈트이다.

03 다음 중 게슈탈트 심리치료에서 강조하는 것이 아닌 것은?

① 지금 – 여기
② 내담자의 억압된 감정에 대한 해석
③ 미해결 과제 또는 회피
④ 환경과의 접촉

해설 내담자의 억압된 감정에 대한 해석을 강조하는 것은 정신분석치료이다.

04 합리적–정서적 치료 상담의 ABCDE 과정 중 D가 의미하는 것은?

① 논박   ② 결과
③ 왜곡된 신념   ④ 효과

해설 [앨리스의 ABCDE 모형]

A (Activating event, 선행사건)	개인에게 정서적 혼란을 일으키는 문제장면이나 선행사건
B (Belief system, 신념체계)	선행사건에 대하여 개인이 가지게 되는 비합리적인 사고방식
C (Consequence, 결과)	선행사건 시에 생긴 비합리적 사고방식으로 발행한 정서적/행동적 결과
D (Dispute, 논박)	비합리적 사고에 대한 논박
E (Effect, 효과)	논박함으로써 얻게 되는 합리적 신념

정답 01 ② 02 ③ 03 ② 04 ①

05 알코올중독자 상담에 관한 설명으로 옳지 않은 것은?

① 가족을 포함하여 타인의 방해를 받지 않기 위하여 비밀리에 상담한다.

② 치료 초기단계에서 술과 관련된 치료적 계약을 분명히 한다.

③ 문제 행동에 대한 행동치료를 병행할 수 있다.

④ 치료 후기에는 재발 가능성을 언급한다.

> **해설** 알코올 중독자는 의존성이 크고 가족 안에서의 역동이 많으므로, 가족도 상담에 포함시키며 다양한 방법으로 개입하여 단주 목표를 달성하도록 하여야 한다.

06 Krumboltz가 제시한 상담의 목표에 해당하지 않는 것은?

① 내담자가 요구하는 목표이어야 한다.

② 상담자의 도움을 통하여 내담자가 달성할 수 있는 목표이어야 한다.

③ 내담자가 상담목표 성취의 정도를 평가할 수 있어야 한다.

④ 모든 내담자에게 동일하게 적용될 수 있는 목표이어야 한다.

> **해설** [크롬볼츠의 상담목표 설정 시의 고려사항]
> • 목표는 구체적이어야 한다.
> • 목표는 실현 가능하여야 한다.
> • 목표는 내담자가 원하고 바라는 것이어야 한다.
> • 목표는 상담자의 기술과 양립이 가능하여야 한다.

07 가족진단 시 사용되는 질문지식 사정도구 중 응집력과 적응력의 두 차원을 주로 사용하는 모델은?

① 비버즈(beavers) 모델

② 써컴플렉스(circumplex) 모델

③ 맥매스터(mcmaster) 모델

④ 의사소통(communication) 모델

> **해설**

써컴플렉스 (circumplex) 모델	• 가족 행동의 2가지 측면을 응집력과 적응력이라고 보았다. • 이 모델은 기능하는 가족과 역기능 가족을 평가할 때 사용하며, 적응성과 응집력은 각 4개의 수준으로 구성되어 있다.
비버즈 (beavers) 모델	• 이 모델은 2개의 축으로 되어 있다. • 한 축은 가족이 서로 관계하는 양식에 관한 것으로 '구심성과 원심성, 혼합형'으로 분류하고, 다른 한 축은 가족 기능의 정도에 따라 '심한 장애, 경계, 중간상태, 적절한 상태, 이상적인 최적 상태'로 분류한다.
맥매스터 (mcmaster) 모델	• 가족 기능을 평가하고 진단하는 데 뛰어난 개념적 준거 틀을 제공하고 있는 모델이다. • 가족 기능을 문제해결, 의사소통, 역할, 정서적 반응성, 정서적 관여, 행동통제의 6가지 측면으로 제시하고 있다.

08 Yalom이 제시한 상호역동적인 치료집단을 위하여 적절한 구성원 수는?

① 4~5명   ② 7~8명

③ 10~11명   ④ 12~13명

> **해설** 적절한 집단치료의 구성원 수는 15명 이내의 범위에서 7~8명을 적정 구성원 수로 보고 있다.

09 가출 충동에 직면하고 있는 청소년을 상담할 때, 상담자가 취하여야 할 행동으로 옳은 것을 모두 고른 것은?

> ㄱ. 내담자의 가출 충동을 적극적으로 수용한다.
> ㄴ. 가출 동기와 목적 및 가출 가능성을 평가한다.
> ㄷ. 가출 후의 어려움과 관련된 정보를 제공한다.

① ㄱ, ㄴ   ② ㄱ, ㄷ
③ ㄴ, ㄷ   ④ ㄱ, ㄴ, ㄷ

해설 가출에 직면한 상담사는 가출 충동에 대하여 적극인 수용과 가출 동기, 목적, 가능성을 평가하고, 가출하게 만든 당면 문제에 대한 해결방안을 모색한다. 그럼에도 불구하고 가출을 시도하면, 가출 후의 상황에 대한 정보와 가출 후의 상담기관, 쉼터 등의 정보를 제공한다.

10 최초로 심리학 지식을 상담이나 치료의 목적으로 활용하려고 심리클리닉을 펜실베니아 대학교에서 처음 설립한 사람은?

① 위트머(Witmer)   ② 볼프(Wolpe)
③ 스키너(Skinner)   ④ 로저스(Rogers)

해설 위트머(Witmer)는 1896년 미국 펜실베니아 대학교에서 세계 최초로 심리클리닉/심리진료소를 설립하였고, 1904년 동 대학교에서 최초의 임상심리학 강좌를 개설하였으며, '임상심리학'이라는 용어를 최초로 사용하였다.

11 아이가 떼를 쓰고 나서 부모에게 혼나면 혼날수록, 그 아이는 떼를 점점 더 심하게 썼다. 이때 부모가 혼내는 것이 아이가 떼를 쓰는 데 어떠한 역할을 한 것인가?

① 정적 강화   ② 부적 강화
③ 정적 처벌   ④ 부적 처벌

해설 부모의 처벌이 아이에게는 떼쓰는 행동을 강화하는 정적 강화가 된 것이다.

12 공부를 하지 않는 문제행동을 가진 내담자의 학습태도를 바꾸기 위하여 상담자가 시도하는 접근방법과 가장 거리가 먼 것은?

① 자각
② 대치
③ 모방
④ 변화를 위한 긍정적인 자극

해설 학습태도를 바꾸기 위하여 자신의 태도에 대한 자각을 시도하고 이에 맞서도록 대치한다. 그 후 변화를 위하여 긍정적인 자극을 통한 행동변화가 일어나도록 한다.

13 약물 중독의 진행 단계로 옳은 것은?

① 실험적 사용단계 → 사회적 사용단계 → 의존 단계 → 남용 단계
② 실험적 사용단계 → 사회적 사용단계 → 남용 단계 → 의존 단계
③ 사회적 사용단계 → 실험적 사용단계 → 남용 단계 → 의존 단계
④ 사회적 사용단계 → 실험적 사용단계 → 의존 단계 → 남용 단계

해설 [약물 중독의 진행단계]

1단계 (실험적 사용 단계)	호기심 또는 모험심으로 약물을 단기간 적은 양을 사용한다.
2단계 (사회적 사용 단계)	지역사회에서 약물로 인한 감정 변화 양상을 노출하는 단계로서, 또래 친구들과 어울리기 위하여 약물을 사용한다.
3단계 (남용 단계)	일상적인 문제와 스트레스에서 벗어나기 위하여 약물을 주기적으로 남용한다.
4단계 (의존 단계)	약물의 효과를 유지하기 위하여 다량의 약물을 자주 장기간 사용하여 신체적, 심리적으로 약에 의존하게 된 상태이다.

14 세 자아 간의 갈등으로 인하여 야기되는 불안 중 원초아와 초자아 간의 갈등에서 비롯된 불안은?

① 현실 불안 　　② 신경증적 불안
③ 도덕적 불안 　　④ 무의식적 불안

해설

- 도덕적 불안 : 원초아와 초자아 간의 갈등에서 비롯된 불안이다.
- 현실 불안 : 실제적이고 현실적인 불안이다.
- 신경증적 불안 : 자아와 이드의 갈등으로 자아가 본능적 충동을 통제하지 못하여 불상사가 생길 것 같은 위협에서 오는 불안이다.

15 Holland의 이론에서 개인이 자신의 인성 유형과 동일하거나 유사한 환경에서 생활하고 일한다는 개념은?

① 일관성 　　② 정체성
③ 일치성 　　④ 계측성

해설 [홀랜드(Holland) 이론의 주요 개념]

일치성 (congruence)	인간이 가진 각각의 성격 유형은 그에 일치하는 각각의 환경적 특성을 요구한다.
차별성 (differentiantiom)	한 개인에게 분명하게 일치하는 환경이 있다. 개인이나 환경이 RIASEC 중 어떠한 하나에 분명하게 나타내는 정도를 '차별성'이라고 한다.
일관성 (consistency)	개인이나 환경은 서로 밀접한 관련이 있는 짝이 있다.
계측성 (claculus)	성격 유형과 환경 유형의 내·외적 관계는 육각형 모형에 따라 정리될 수 있는데, 육각형 모형에서 유형(환경) 간의 거리는 그것들 사이의 이론적 관계에 반비례한다.

16 상담 윤리 중 비해악성(Nonmaleficence)과 가장 거리가 먼 것은?

① 상담자가 지나친 선도나 지지를 자제하는 것과 관련된다.
② 상담자의 전문 역량, 사전 동의, 이중관계, 공개 발표와 관련된다.
③ 상담자가 의도하지 않게 내담자를 괴롭히는 것을 예방하기 위한 것이다.
④ 내담자가 상담자의 요구를 순순히 따르는 경우가 많아서 이로 인한 문제를 예방하기 위한 것이다.

해설 [비해악성(nonmaleficence)]

- '내담자에게 해를 주지 않는 것'으로, 상담자가 의도치 않게 내담자를 괴롭히는 것을 예방하기 위한 것이다.
- 상담자의 전문 역량, 사전 동의, 공개 발표와 관련이 있고, 내담자가 상담자를 너무 순수하게 따르는 경우가 많아서 이로 인하여 발생될 수 있는 문제를 예방하기 위하여 만들어진 윤리이다.

17 면접의 초기 단계에서 주로 이루어져야 할 사항과 가장 거리가 먼 것은?

① 따뜻하고 온화한 분위기를 형성한다.
② 내담자의 강점과 단점을 상담에 활용한다.
③ 상담에 대한 구체적인 안내를 한다.
④ 낙관적인 태도를 한다.

해설

- 내담자의 강점과 단점을 상담에 활용하는 것은 면접의 중기 단계에서 이루어진다.
- 상담 초기에는 내담자와 따뜻한 분위기를 조성하여 라포를 형성하고 내담자를 파악하며, 상담을 구조화하여 구체적인 안내를 실시하고 상담 목표를 설정한다. 이때, 긍정적이고 낙관적인 태도를 갖는다.

18 성 피해자의 심리상담 초기 단계의 유의사항으로 옳지 않은 것은?

① 치료관계의 형성에 힘써야 한다.
② 상담자가 상담 내용의 주도권을 가져야 한다.
③ 성폭력 피해로 인한 합병증이 있는지 묻는다.
④ 성폭력 피해의 문제가 없다고 부정을 하면 일단 수용하여 준다.

> **해설** **[성폭력 피해 상담 시의 기법]**
> • 신뢰관계의 형성
> • 합병증에 대한 안내
> • 내담자의 감정에 대한 수용
> • 치료과정에 대한 안내
> • 내담자의 사실 부정에 대한 수용
> • 비밀 보장에 대한 안내
> • 내담자에게 선택권 주기

19 게슈탈트 상담기법에 해당하지 않는 것은?

① 신체 자각   ② 환경 자각
③ 행동 자각   ④ 언어 자각

> **해설** **[게슈탈트 상담기법]**
> 욕구와 감정의 자각, 신체 자각, 환경 자각, 언어 자각, 책임 자각, 과장하기, 빈 의자 기법, 꿈 작업, 자기 부분 간의 대화 등이 있다.

신체 자각	• 내담자의 신체를 자각하게 함으로써 자신의 감정과 욕구를 명확히 파악할 수 있다.
환경 자각	• 내담자의 감정과 욕구 자각을 위하여 주위 환경에서 체험하는 것을 자각한다. • 환경과의 생생한 접촉이 가능하다.
언어 자각	• 자신이 책임지는 문장으로 바꾸어 말하게 하여 책임의식이 높아진다.

20 인간 중심 상담기법에서 내담자의 심리적 부작용이 초래되는 원인으로 가정하는 것은?

① 무의식적 갈등
② 자각의 부재
③ 현실의 왜곡과 부정
④ 자기와 경험 간의 불일치

> **해설** 스스로 가치 있다고 여기는 것과 타인을 통하여 경험되는 가치가 다를 때 불일치를 경험하게 되는데, 불일치가 많을수록 '지금-여기'에서 부정적인 경험을 많이 하게 되고 심리적 문제와 부적응이 증가한다.

01 노인을 대상을 한 심리치료에서 고려하여야 할 사항으로 적합하지 않은 것은?

① 보다 현실적이고 구체적인 사안에 초점을 맞추는 것이 좋다.

② 심층치료보다는 지지적인 치료가 더 적합하다.

③ 가급적 가족의 참여를 배제하고 개인 상담을 활용하여야 한다.

④ 치료적 의존성을 주의하여야 하며, 자조적이고 자립적인 행동을 격려하고 강화할 필요가 있다.

해설 **[노인상담 시의 고려사항]**
- 일반적인 의학적 상태에 주의를 기울여야 한다.
- 노인 환자를 치료할 때는 가족의 참여가 도움이 되는 경우가 많다.
- 지지적인 치료가 더 적합하다.
- 자조적이고 자립적인 행동을 격려하고 강화하여 지나친 의존성이 나타나지 않도록 한다.
- 현실적이고 구체적인 사안에 초점을 맞춘다.
- 노인에게 자신이 인생을 돌아볼 기회를 주는 것이 도움이 된다.

02 알코올 중독 치료에 관한 설명으로 옳은 것은?

① 행동치료가 단독으로 시행되는 경우가 생물학적 혹은 인지적 접근법과 결합하여 시행될 때보다 효과적이다.

② 정신역동적 관점에서는 의존욕구와 관련된 갈등이 알코올 중독을 일으키는 중요한 요인이라고 간주한다.

③ 생리적 금단증상이 나타나는 경우, 메타돈 유지프로그램을 적용하는 것이 권장된다.

④ 알코올 중독에 대한 심리치료에서 치료 초기에 무의식적 사고와 감정에 대한 해석을 자주 사용하는 것이 권장된다.

해설 정신역동적 관점에서는 알코올 중독자들이 심리성적 발달과정에서 유래한 독특한 성격 특성을 지니고 있다고 본다. 자극 결핍이나 자극 과잉으로 인하여 고착된 구강기 성격과 의존적이고 피학적이며 위장된 우울증을 지니고 있다.

03 통합적 상담모형의 기본 개념에 해당하지 않는 것은?

① 내담자와의 동반자 관계를 형성한다.

② 일상의 상황들에서 성공적으로 대처하기 위하여 재사회화 과정을 거친다.

③ 내담자의 인지보다는 행동에 초점을 둔다.

④ 독특한 내담자에게 최상의 상담기법이 무엇인지 찾는다.

해설 통합적 상담모형은 인지-정서-행동적인 측면을 모두 고려한다.

04 다음에 해당하는 방어기제는?

A교수는 최근에 이혼을 경험하고, 자신의 학생들에게 불필요하게 어려운 시험을 내고 점수도 다른 때와는 다르게 굉장히 낮게 주었다.

① 퇴행(regression)

② 전치(displacement)

③ 투사(projection)

④ 반동 형성(reaction formation)

해설

전치 (displacement)	전혀 다른 대상에게 자신의 욕구를 발산하는 것이다.
퇴행 (regression)	마음의 상태가 낮은 발달단계로 후퇴하는 것이다.
투사 (projection)	자신의 심리적 속성이 타인에게 있다고 보는 것이다.
반동 형성(reaction formation)	겉으로 나타나는 태도나 언행이 마음속의 욕구와 반대되는 것이다.

01 ③   02 ②   03 ③   04 ② 정답

05 정해진 발달과정을 제시함으로써 상담자에게 전체적인 상담프로그램을 평가하는 기준을 제시한 사람은?

① Erikson의 공헌
② Piaget의 공헌
③ Havighurst의 공헌
④ Gesell 아동발달연구소의 공헌

> **해설** [하비거스트(Havighurst)의 발달과제]
> • 신체적, 정신적 발달에 적응하고 각자의 성 역할과 기능을 인식하고 수용한다.
> • 부모나 다른 성인들로부터 정서적이고 정신적인 독립을 한다.
> • 경제적으로 독립의 필요성을 인정하고 확신을 갖는다.
> • 유능한 시민생활을 위한 지식, 기능, 태도, 개념을 발달시키고 습득한다.
> • 사회적으로 책임 있는 행동에 대하여 이해하고 실천한다.
> • 또래(동성, 이성)와의 새로운 관계를 형성한다.
> • 진로를 준비하고 직업을 선택하는 데 몰두한다.
> • 결혼과 가정생활을 준비한다.
> • 적합한 가치체계와 윤리관을 확립한다.

06 청소년 비행의 원인에 관한 설명으로 옳지 않은 것은?

① 생물학적 접근 – 매우 심각한 비행청소년 집단에서 측두엽 간질이 유의미하게 발견되기도 한다.
② 사회학습이론 – 청소년의 역할 모형이 바람직하지 못한 반사회적 행동이었을 경우에는 그 행동 패턴이 비행적으로 나타나게 된다.
③ 문화전달이론 – 빈민가나 우범지대와 같은 사회해체지역에서 성장하는 청소년은 각종 비행을 배우고 또 직접 행동으로 실행하기도 한다.

④ 아노미이론 – 비행행동도 개인과 사회 간의 상호행위과정의 산물로 이해한다.

> **해설** 아노미는 한 사회의 가치관 혼란이 일어나는데, 이러한 가치관 혼란현상이 청소년 비행의 원인이라고 보는 관점이다.

07 다음은 인지상담의 기술 중 무엇에 대한 설명인가?

> 사람들은 종종 친구나 동료들보다 스스로에게 더 인색하게 대한다. 그러므로 같은 상황에서 스스로를 친구에게 하듯이 대하도록 한다.

① 주의 환기하기 ② 이중잣대 방법
③ 장점과 단점 ④ 다른 설명 찾기

> **해설** 이중잣대 방법은 같은 상황에서 자신과 타인에게 다른 기준을 두는 것을 말한다.

08 집단상담의 후기 과정에서 일어날 수 있는 구성원의 문제에 해당하지 않는 것은?

① 내담자가 말을 너무 많이 하여 집단과정을 방해한다.
② 내담자가 강도 높은 자기 개방으로 인한 불안을 철수한다.
③ 내담자가 질문과 잡다한 충고 등을 하여 집단과정을 방해한다.
④ 내담자가 집단을 독점하고 자신만 주목받기를 원한다.

> **해설** 집단상담의 후기과정이 되면 높은 자기 개방을 통하여 집단과 집단원에 대하여 충분히 신뢰를 갖게 되면서 불안이 사라지게 된다. 이로 인하여 집단 안에서의 긴장감이 사라지게 되면서 자신에 대한 통찰이 줄어들고 다른 집단원에 대한 충고나 사적 질문들이 늘어날 수 있다.

09 청소년 상담자에게 요구되는 윤리적인 내용과 가장 거리가 먼 것은?

① 비밀보장에 대한 원칙을 내담자에게 알려준다.

② 청소년 내담자의 법적·제도적 권리에 대하여 알려준다.

③ 청소년 내담자에게 존중의 의미에서 경어를 사용할 수 있다.

④ 비밀보장을 위하여 내담자에 대한 기록물은 상담의 종결과 함께 폐기한다.

> **해설** 상담자는 내담자에게 전문적인 서비스를 제공하기 위하여 내담자와 관련된 기록물을 보관하여야 한다.

11 성 피해자에 대한 심리상담 시, 치료관계를 형성하는 기법으로 적합하지 않은 것은?

① 치료과정에 대한 확실한 안내

② 내담자에게 선택권 주기

③ 내담자의 사실 부정을 거부하기

④ 치료자에 대한 개인적인 감정 듣기

> **해설** [성폭력 피해상담 시의 기법]
> • 신뢰관계의 형성
> • 합병증에 대한 안내
> • 내담자의 감정에 대한 수용
> • 치료과정에 대한 안내
> • 내담자의 사실 부정에 대한 수용
> • 비밀 보장에 대한 안내
> • 내담자에게 선택권 주기

10 학교에서의 위기상담의 주목적으로 옳지 않은 것은?

① 위기가 삶의 정상적인 일부라는 것을 깨닫게 하기

② 갑작스러운 사건과 현재 상황에 대한 다른 조망을 획득하기

③ 위기와 연관된 감정을 깨닫고 수용하기

④ 자신의 문제해결기술을 반복하여 연습하기

> **해설** 위기상담의 주목적은 위기상황에 대한 긴급한 대처와 예방이므로, 문제해결에 대한 기술을 습득하고 연습하는 것이 주목적은 아니다.

12 현실치료의 인간관으로 가장 적합한 것은?

① 인간의 행동은 유전과 환경의 상호작용에 의하여 형성된다.

② 인간의 삶은 목표에 도달하기 위한 개인의 자유로운 능동적 선택의 결과이다.

③ 인간은 자신의 자유로운 선택에 의하여 잠재력을 각성할 수 있는 존재이다.

④ 인간은 기본적으로 자유롭고 자신의 목표를 스스로 선택하고자 하는 욕구를 가진 존재이다.

> **해설** ①은 행동주의 상담의 인간관, ②는 인간 중심 상담의 인간관, ③은 게슈탈트 상담의 인간관에 해당한다.

13 가족치료 관점에서 내담자의 증상에 관한 설명으로 옳은 것은?

① 가족체계나 관계 및 의사소통양식을 반영한다.

② 개인의 심리적 갈등에서 유발된다.

③ 증상을 유발하는 분명하고도 단일한 원인이 있다.

④ 개인의 잘못된 신념이나 기술 부족에서 비롯된다.

> **해설** 가족치료 관점은 개인의 과거 경험도 영향을 준 것은 인정하나, 현재의 가족관계 사이에서 상호작용과 역동이 더 큰 영향을 준다는 측면에서 접근하고 있기 때문에 내담자의 증상을 가족체계 관계 및 의사소통의 반영이라고 본다.

14 신체적 장애 발생 시, 흔히 나타나는 심리적 적응단계에 대한 설명으로 틀린 것은?

① 초기에 외상 자체에 대한 부정 여부는 회복 효과와 관련이 없는 것으로 나타난다.

② 장애나 질병의 심각성과 정도를 이해하고 완전히 인정하게 될 때에는 우울해진다.

③ 독립적으로 자기간호와 재활의 노력이 가능할 때 나타나는 반작용이 독립에 대한 저항이다.

④ 충격은 외상 시에 나타나는 즉각적인 반응이다.

> **해설** 초기에 외상 자체에 대한 부정 여부는 회복 효과와 관련이 있다. 부정 단계는 반드시 나타나는데, 초기 외상 자체를 부정하는 것은 심리 적응에 매우 도움이 된다. 그 이유는 갑작스러운 자기 신체 변화 또는 자기 개념의 손상을 수용하는 것이 너무 어렵기 때문이다.

15 진로상담에서 진로 미결정 내담자를 위한 개입방법과 비교하여 우유부단한 내담자에 대한 개입방법이 갖는 특징이 아닌 것은?

① 장기적인 계획 하에 상담하여야 한다.

② 대인관계나 가족 문제에 대한 개입이 필요하다.

③ 정보 제공이나 진로 선택에 관한 문제를 명료화하는 개입이 효과적이다.

④ 문제의 기저에 있는 역동을 이해하고 감정을 반영하는 것이 효과적이다.

> **해설** 정보 제공이나 진로 선택에 관한 문제를 명료화 하는 것은 진로 결정형 내담자에 해당하는 설명이다.
> • 진로 결정형 : 자신의 선택이 잘된 것이어서 명료화하기를 원하는 내담자
> • 진로 미결정형 : 자신의 모습, 직업, 혹은 의사결정을 위한 지식이 부족한 내담자
> • 우유부단형 : 생활에 전반적인 장애를 주는 불안을 동반한 내담자

16 다음과 같이 시험 불안의 원인을 설명하는 이론적 접근은?

> 시험 불안이 높은 것은 학습전략 혹은 시험전략이 부족하기 때문이다.

① 인지적 간섭 모델

② 행동주의적 접근

③ 욕구이론 접근

④ 인지적 결핍 모델 수준

> **해설** [시험 불안의 원인에 대한 이론적 접근]

욕구이론적 접근	과제수행 욕구보다 불안 욕구가 더 커져 시험 불안이 일어난다고 본다.
정신역동적 접근	시험 불안이 부모와의 관계 속에서 발생된다고 본다.
행동주의적 접근	시험 불안은 조건형성이 잘못 이루어졌기 때문에 생긴다고 본다.

인지주의적 접근	인지적 간섭 모델	시험 상황을 위협적인 상황으로 해석하고, 자신의 능력은 더욱 평가절하하기 때문이다.
	인지적 결핍 모델	시험 불안이 높은 것은 학습전략 혹은 시험전략이 부족하기 때문이다.
	통합적 모델	인지적 간섭 모델과 인지적 결핍 모델을 결합한 모델이다.
환경적 접근		학교 또는 학급 분위기도 시험 불안에 영향을 준다고 본다.

17 다음과 같이 아동의 학습문제를 알아보기 위한 방법은?

> 관찰자가 관찰 대상이나 장면을 미리 정해 놓고, 그 장면에서 일어나는 아동의 행동과 상황, 말을 모두 일어난 순서대로 기록하는 것이다.

① 표본 기록법　　② 일화 기록법
③ 사건 표집법　　④ 시각 표집법

해설

일화 기록법	중요한 사건이나 핵심이 되는 행동을 중심으로 짧게 기록하는 방법이다.
사건 표집법	기다렸다가 그 행동이 발생하면 관찰하고 기록하는 방법이다.
시간 표집법	미리 선정한 행동을 정해진 짧은 시간 동안 관찰시간에 맞춰 여러 차례 반복하여 관찰하는 방법이다.

18 인간 중심 상담에 대한 설명으로 옳은 것은?

① 상담관계보다는 기법을 중시하는 특성을 가지고 있다.
② 내담자의 무의식적 측면도 충분히 반영될 상담을 진행한다.

③ 기본 원리를 '만일 ~라면 ~이다.'의 형태로 표현할 수 있다.
④ 상담은 내담자가 아닌 상담자가 이끌어가는 과정이다.

해설 **[인간 중심 상담]**
· 인간 중심 상담에서는 특별한 기법이 없으며, 상담자와 내담자의 관계를 매우 중시하고 있다.
· 내담자의 의식적 측면의 정신과정에 초점을 두고 있다.
· 인간 중심 상담에서는 내담자가 자신의 문제를 충분히 해결할 수 있다고 본다. 상담자는 비지시적인 태도를 가지며 내담자가 상담의 주체가 된다.

19 도박 중독의 심리·사회적 특징에 대한 설명으로 옳은 것은?

① 도박 중독자들은 대체로 도박에만 집착할 뿐, 다른 개인적인 문제들은 가시지 않는다.
② 도박 중독자들은 직장에서 도박 자금을 마련하기 위하여 남들보다 더 열심히 노력한다.
③ 심리적 특징으로 단기적인 만족을 추구하기보다는 장기적인 만족을 추구한다.
④ 도박행동에 문제가 있음을 인정하지 않고 변명하려 든다.

해설 **[도박 중독자]**
· 도박 중독자들은 심리적으로 단기적인 만족과 흥분이나 쾌감 등을 얻기 위하여 점점 더 많은 돈으로 도박하는 내성을 보여, 자칫 경제적 파산과 가정 파탄을 초래하는 비참한 상태로 전락하게 된다.
· 또한, 이들은 자신들의 개인적인 문제를 벗어나기 위하여 도박에 집착하는 경향이 있다.

20 만성 정신장애 환자를 위한 정신재활치료에서 사례관리의 목적으로 가장 적합한 것은?

① 독립적인 사회생활을 할 수 있는 다양한 주거공간 확보

② 환자에게 필요한 다양한 서비스의 조정·통합

③ 위기상황에서의 환자에게 안정화 전략 제공

④ 효율적인 대인관계 증진 지원

해설 [사례관리]

만성 정신장애 환자의 여러 가지 욕구를 충족하기 위한 사례관리의 목적은 사정하고 계획하며 치료 및 서비스를 조정하고 타 기관과 의뢰하는 등의 전체적인 과정을 감독하는 체계적인 과정으로, 환자에게 필요한 다양한 서비스를 조정하고 통합하는 것이다.

임상심리사 2급 필기

2019

문제 및 해설

01 망각에 대한 설명으로 틀린 것은?

① 망각은 단기 기억과 장기 기억에서 모두 일어날 수 있다.

② 시간이 경과함에 따라 이전의 정보를 더 많이 잃어버리는 현상을 쇠퇴라고 한다.

③ 망각은 적절한 인출 단서가 없거나 유사한 기억 내용이 간섭을 하여 나타날 수 있다.

④ 장기 기억에서 망각이 일어나는 주요 이유는 대치와 쇠퇴현상 때문이다.

> **해설** 망각은 단기 기억과 장기 기억에서 모두 나타날 수 있다.
> • 단기 기억에서의 망각 : 소멸이나 간섭에 의하여 발생한다.
> • 장기 기억에서의 망각 : 인출 실패에 의하여 발생한다.

> **해설** [레온 페스팅거(Leon Festinger)의 인지부조화 실험]
> • 페스팅거는 학생들에게 과제를 1시간 동안 하도록 하고, 이 실험이 재미있다는 소문을 내게 하였다. 그는 A집단에게는 이 요청을 하면서 20달러를 주었고, B집단에게는 1달러를 주었다.
> • 두 집단을 비교하였을 때 흥미롭게도 1달러를 받은 B집단이 20달러를 받은 A집단보다 이 실험이 더 재미있고 유익하다고 평가하였다. 이를 '인지부조화 현상'이라고 하였다.
> • B집단은 자신들이 돈도 적게 받았는데 이 지루한 실험에 1시간 동안 참가하였다는 불편한 생각 혹은 감정(부조화)을 해소하기 위하여 왜곡된 '합리화' 반응을 하게 된 것이다. 한편 20달러를 받은 A집단은 지루하였지만 20달러를 받아서 불만이 없었던 것이다.

02 Festinger와 Carlsmith(1959)의 연구에 의하면 피험자들이 적은 돈, 혹은 많은 돈을 받고 어떠한 지루한 일을 재미있다고 다른 사람에게 말하였을 때, 후에 그 일에 대한 태도의 결과로 옳은 것은?

① 적은 돈을 받은 사람은 실제로 그 일이 재미있다고 생각한다.

② 많은 돈을 받은 사람은 실제로 그 일이 재미있다고 생각한다.

③ 적은 돈을 받은 사람이나 많은 돈을 받은 사람 모두 실제로 그 일이 재미있다고 생각한다.

④ 적은 돈을 받은 사람이나 많은 돈을 받은 사람 모두 그 일이 지루하다고 생각한다.

03 성격이론에 대한 설명으로 틀린 것은?

① 유형론이 비연속적 범주에 의하여 성격 특징들을 기술하는 데 비하여, 특성론은 연속적인 속성으로 성격 특징을 기술한다.

② Adler이론에서는 열등감, 보상, 우월성 추구가 핵심적 개념이다.

③ 행동주의적 성격이론에 따르면, 성격은 개인이 타고 났거나 상당히 지속적인 속성이며 학습에 의하여 형성된 것이다.

④ Rogers가 묘사한 '완전히 기능하는 인간'은 경험에 대한 개방, 자신에 대한 신뢰, 내적 평가, 성장의지를 가진 사람이다.

> **해설** 행동주의적 성격이론에서 성격은 학습되어진 것으로, 타고 나거나 지속적인 속성이 있다고는 보지 않는다.

04 표집방법 중 확률 표집방법에 해당하지 않는 것은?

① 단순무선 표집(simpling random sampling)
② 체계적 표집(systematic sampling)
③ 군집 표집(cluster sampling)
④ 대리적 표집(incidental sampling)

해설 [확률 표집방법]

단순무선 표집	모집단 구성원들에게 일련번호를 부여한 후, 무선적으로 필요한 만큼 표집하는 방법이다.
체계적 표집 (계통 표집)	모집단에 있는 요소를 일렬로 세워 놓은 상태에서 연구자가 순서의 일정 간격을 두고 표집 대상을 선택하는 방법이다.
층화 표집 (유층 표집)	모집단을 동질적인 몇 개의 집단으로 나눈 후, 계층별로 단순 무작위 또는 체계적 표집을 하는 방법이다.
군집 표집 (집락 표집)	모집단 목록에서 구성요소를 여러 가지 이질적인 구성요소를 포함하는 여러 개의 집락 또는 집단으로 구분한 후, 집락을 표집단위로 하여 무작위로 몇 개의 집락을 표본으로 추출하고 표본으로 추출된 집락에 대하여 그 구성요소를 전수 조사하는 방법이다.

05 Freud에 따르면, 거세불안을 극복하는 과정에서 형성되는 성격의 요소는?

① 원초아　　② 자아
③ 초자아　　④ 무의식

해설 [초자아]
• 초자아의 시기는 성적 관심이 성기 주위로 집중하면서 이성의 부모에 대한 연애적 감정과 행동을 보이고 동성의 부모에 대해서는 적대적 감정이 일어나는 시기이다.
• 건강하게 동성에 대한 부모를 동일시하지 못하고 이성 부모를 동일시하게 되면, 남아는 오이디푸스 콤플렉스가 되고 여아는 엘렉트라 콤플렉스가 된다. 이 시기에 초자아가 형성된다.

06 처벌의 효과적인 사용방법에 대한 설명으로 틀린 것은?

① 처벌은 반응 이후 시간을 두고 주는 것이 효과적이다.
② 반응이 나올 때마다 매번 처벌을 주는 것이 효과적이다.
③ 처음부터 아주 강한 강도의 처벌을 주는 것이 효과적이다.
④ 처벌 행동에 대한 대안적 행동이 있을 때 효과적이다.

해설 처벌은 반응 이후 바로 처벌하여 지연되는 간격이 짧아야 효과적이다.

07 Rogers의 성격이론에서 심리적 적응에 가장 중요한 역할을 한다고 가정하는 것은?

① 자아 강도(Ego strength)
② 자기(Self)
③ 자아 이상(Ego ideal)
④ 인식(Awareness)

해설 로저스(Rogers)는 성격을 유기체, 자기, 현상학적 장과 같은 요소로 설명한다. 그 중에서 심리적 적응에 가장 크고 중요한 역할을 감당하는 것은 '자기(Self)'이다.

08 성격심리학의 주요한 모델인 성격 5요인에 대한 설명으로 옳은 것은?

① 5요인에 대한 개인차에서 유전적 요인은 찾아볼 수 없다.

② 성실성 점수가 높은 사람의 경우, 행동을 계획하고 통제하는 것을 돕는 전두엽의 면적이 더 큰 경향이 있다.

③ 뇌의 연결성은 5요인의 특질에 영향을 미치지 않는다.

④ 정서적 불안증상인 신경증은 일생 동안 계속하여 증가하고 성실성, 우호성, 개방성과 외향성은 감소한다.

> **해설** **[성실성(conscientiousness)]**
> • 성실성은 목표를 성취하기 위하여 성실하게 노력하는 성향을 말한다.
> • 성실성은 과제 및 목적 지향성을 촉진하는 속성과 관련된 것이다.
> • 성실성에는 심사숙고, 규준 및 규칙의 준수, 계획 세우기, 조직화, 과제의 준비 등과 같은 특질을 포함한다.
> • 성실성이 높은 경우는 전두엽의 면적이 크다.

09 특정 검사에 대한 반복 노출로 인하여 발생하는 연습 효과를 줄이기 위하여 이 검사와 비슷한 것을 재는 다른 검사를 이용하여 측정하는 검사의 신뢰도는?

① 반분 신뢰도
② 동형검사 신뢰도
③ 검사-재검사 신뢰도
④ 채점자 간 신뢰도

> **해설** **[측정검사]**
>
> | 동형검사 | A, B 동형검사를 제작하여 검사 점수 간의 상관계수를 본다. 특정 검사를 반복 노출하여 발생하는 연습 효과를 줄이기 위하여 동형검사를 실시할 수 있다. |
> |---|---|
> | 반분검사 | 한 검사를 반으로 나누어 별개의 두 검사로 여기고 상관계수를 본다. |

검사-재검사	일정한 시간 간격을 두고 동일한 검사를 두 번 실시하여 상관계수를 본다.
평정자 간 검사	동일한 도구, 거의 동일한 시간, 동일한 대상자에게 서로 다른 조사원이 검사한다.

10 다음 설명이 나타내는 것은?

> 우리는 교통사고(혹은 교통위반범칙금)을 예방하기 위하여 빨강 신호등에서 정지하는 것을 학습하였다.

① 행동 조성
② 회피학습
③ 도피학습
④ 유관성 학습

> **해설** **[도피학습]**
> • 도피학습은 유기체가 어떠한 불쾌한 상태에서 도피하기 위하여 학습하는 것이다.
> • 도피란 어떠한 행동을 하였을 때 혐오적인 자극이 제거된다면 그 행동이 증가하는 현상을 말한다.
> • 위의 경우처럼 '교통사고라는 불쾌한 사건으로부터 도피하기 위하여 빨간 신호등에 정지하는 것'을 학습하는 행동이 증가한다.

11 다음 실험에서 살펴보고자 한 것은?

> 할로윈데이 밤에 아이들이 찾아와 '사탕과자 안 주면 장난칠 거예요'라고 외치는 경우, 한 사람이 한 개씩만 가져가라고 한 다음에 사탕과자가 든 바구니를 놓아둔 채 문 안으로 사라진다. 일부 아이들에게는 이름을 물어 확인하였고, 나머지 일부 아이들은 익명성을 유지하도록 하였다.

① 몰개성화
② 복종
③ 집단사고
④ 사회 촉진

> **해설** 몰개성화에 결정적 영향을 미치는 요인은 '익명성'이다. 개인적 식별이 어려울수록 책임감을 덜 느껴 당시 상황의 순간적 단서에 의하여 좌우된다. 익명성이 크고 구성원이 흥분된 상황에서 법과 도덕을 무시한 채 충동적이고 감정적인 행동을 분출할 가능성이 커진다.

정답 08 ② 09 ② 10 ③ 11 ①

12 다음 ( )에 알맞은 것은?

> Freud의 주장에 따르면, 신경증적 불안은
> ( )에서 온다.

① 환경에 있는 실재적 위험
② 환경 내의 어느 일부를 과장하여 해석함
③ 원초아의 충동과 자아의 억제 사이의 무의식적 갈등
④ 그 사회의 기준에 맞추어 생활하지 못함

해설 신경증적 불안은 자아와 원초아의 갈등으로 자아가 본능적 충동을 통제하지 못하여 불상사가 생길 것 같은 위협에서 오는 불안을 말한다. 즉, 신경증적 불안은 원초아의 충동과 자아의 억제 사이의 무의식적 갈등이다.

13 너무 더우면 땀을 흘리고, 너무 추우면 몸을 떠는 것과 같이 항상성(homeostasis)을 유지하는 것과 관련이 있는 뇌의 부위는?

① 소뇌   ② 시상하부
③ 뇌하수체   ④ 변연계

해설 [시상하부]
• 앞 시상하부는 체온을 조절하고 유지하는 것을 돕기 때문에, 앞시상하부가 파괴되면 고열이 발생한다.
• 뒤 시상하부는 열을 발생시키고 보존하는 것을 돕기 때문에, 뒤시상하부가 파괴되면 체온조절 장애가 발생한다.

14 다음이 설명하는 개념은?

> 학교에서 강의를 듣는 학생이 강의를 받던 곳에서 시험을 치르면 강의를 받지 않은 다른 곳에서 시험을 보는 것보다 시험 결과가 좋아질 수 있다.

① 처리수준 모형   ② 부호화 특정원리
③ 재인 기억   ④ 우연학습

해설 [부호화 특정원리(부호와 명세성)]
• 부호화 특정원리는 부호화, 저장, 인출을 하는 데 있어서 수많은 요인들이 영향을 미친다. 예를 들어 정서, 기분, 의식상태 등의 인지적 맥락이 큰 영향을 미친다.
• 이 영향요인들을 바탕으로 정보를 부호화한 맥락과 인출해내는 맥락이 동일하거나 유사한 상태에서 그 정보를 보다 용이하게 인출한다.
• 부호화한 방식과 인출하는 방식의 전략이 유사할수록 인출 정도가 높다.

15 Piaget의 인지발달단계 중 대상 영속성(object permanence)의 발달이 최초로 이루어지는 단계는?

① 감각운동기   ② 전조작기
③ 구체적 조작기   ④ 형식적 조작기

해설
• 감각운동기의 연령은 0~2세이다. 이 시기의 영아는 감각과 운동에 의하여 환경을 이해한다는 특징을 가진다.
• 도식 형성(Schema)은 손에 닿는 물체를 손으로 잡아서 입으로 가져가 빠는 반사기능과 손으로 잡는 반사기능을 통합하는 등의 도식(Schema)을 점진적으로 형성한다.
• 대상 영속성은 물체가 시야에서 사라지더라고 그 물체가 계속하여 존재한다는 사실을 획득한다. 전조작기로 이행하는 필수적 능력으로, 머릿속으로 그 대상에 대한 표상, 심상을 그릴 수 있다.

16 강화계획에 관한 설명으로 틀린 것은?

① 고정비율 계획에서는 매 n번의 반응마다 강화인이 주어진다.

② 변동비율 계획에서는 평균적으로 n번의 반응마다 강화인이 주어진다.

③ 고정간격 계획에서는 정해진 시간이 지난 후의 첫 번째 반응에 강화인이 주어지고, 강화인이 주어진 시점에서 다시 일정한 시간이 지난 후의 첫 번째 반응에 강화인이 주어진다.

④ 변동비율과 변동간격 계획에서는 강화를 받은 후 일시적으로 반응이 중단되는 특성이 있다.

해설 변동비율 계획과 변동간격 계획에서는 강화를 받은 후에 반응률이 높게 유지되고 지속성도 높다. 일시적으로 반응이 중단되는 특성을 보이지는 않는다.

17 마리화나가 기억에 미치는 영향을 알아보기 위한 연구에서 선행조건인 마리화나의 양은 어떠한 변수에 해당하는가?

① 독립 변수　　　② 종속 변수

③ 가외 변수　　　④ 외생 변수

해설 독립 변수는 연구자에 의하여 조작되는 변수이고, 종속 변수는 독립 변수에 영향을 받는 변수이다. 마리화나가 기억에 어떠한 영향을 끼치는 것을 알려는 실험이므로, 마리화나의 양은 독립 변수이고, 기억에 미치는 영향은 종속 변수이다.

18 상관계수에 관한 설명으로 옳은 것은?

① 두 변수 간의 연합 정도보다는 변별 정도를 나타낸다.

② 상관계수의 범위는 0부터 ±1까지이다.

③ 두 변수 사이의 관계의 강도는 상관계수(γ)의 절대치에 의하여 규정된다.

④ 한 변수가 다른 변수에 영향을 미치는 인과관계를 추론할 수 있다.

해설 [상관계수]

• 상관은 연합 정도나 변별 정도를 나타내는 것이 아니라, 두 변인 간에 관련성이 있는지를 파악하기 위한 것이다.

• 상관계수의 범위는 −1부터 1까지이다.

• 변인에 대한 인과관계는 조작할 수 있는 독립 변인과 독립 변인의 영향을 달라지는 종속 변인에 대한 것이 아니라, 변인의 상관 정도를 알아보기 위한 것이다.

19 의미 있는 "0"의 값을 갖는 측정의 수준은?

① 명목 측정　　　② 비율 측정

③ 등간 측정　　　④ 서열 측정

해설 절대적 "0"점을 가지고 있는 척도는 비율 척도이지만, 임의적 "0"점을 가지고 있는 척도는 등간 척도이다.

20 내분비체계에서 개인이 기분, 에너지 수준 및 스트레스를 해결하는 능력에서 중요한 역할을 하는 것은?

① 시상하부　　　② 뇌하수체

③ 송과선　　　　④ 부신

해설 [부신의 역할 및 기능]

부신은 고깔 모양으로 생긴 작은 기관으로, 신장 위에 붙어 '부신 호르몬'이라고 불리는 물질을 만들어 각종 감염이나 면역 질환을 예방하며, 스트레스를 해결하고 몸의 향상성을 유지하는 중요한 역할을 한다.

정답 16 ④　17 ①　18 ③　19 ②　20 ④

01 놀이방에서 몇 명의 아동에게 몇 가지 인형을 주어 노는 방법의 변화를 1주일에 1시간씩 관찰하는 연구방법은?

① 실험법   ② 자연 관찰법
③ 실험 관찰법   ④ 설문조사법

해설

실험 관찰법	• 관찰 대상과 장소 및 방법을 한정하고, 행동을 인위적으로 일으키거나 조직적으로 변화시켜서 관찰한다. • 인위적으로 통제하기 때문에 '통제 관찰'이라고도 한다. • 놀이방이라는 장소와 1주일에 1시간씩이라는 시간, 몇 명의 아동이라는 관찰 대상을 정하고, 인위적으로 인형을 주고 노는 방법의 변화를 관찰하는 연구방법이다.
자연 관찰법	• 어떠한 조작이나 자극을 주지 않고, 통제하지 않기 때문에 '비통제 관찰'이라고도 한다.

02 강화계획 중 소거에 대한 저항이 가장 큰 것은?

① 고정간격 강화계획
② 변동간격 강화계획
③ 고정비율 강화계획
④ 변동비율 강화계획

해설 변동비율 강화계획은 반응률도 높고 지속성도 가장 높기 때문에 소거에 대한 저항이 가장 크다. 카지노의 슬롯머신, 로또 등이 이에 속한다.

[강화계획]

고정간격 강화계획	시간 간격이 일정한 강화계획을 의미하며, 지속성과 반응빈도가 낮다. **예** 월급 등
변동간격 강화계획	시간 간격이 일정하지 않은 강화계획을 의미한다. **예** 마트에서 깜짝 세일을 하는 것
고정비율 강화계획	특정한 행동이 일정한 수만큼 일어났을 때 강화를 주는 것으로, 빠른 반응률을 보이지만 지속성이 낮다. **예** 책 100권을 읽을 때마다 50만원의 용돈을 주는 것
변동비율 강화계획	강화를 받는 데 필요한 반응의 수가 무작위로 변하는 것으로, 반응률이 높게 유지되고 지속성도 높다. **예** 카지노의 슬롯머신, 로또 등

03 호감에 영향을 미치는 요인과 가장 거리가 먼 것은?

① 물리적 접근성   ② 유사성
③ 상보성   ④ 내향성

해설 내향성의 요인이 호감에 미치는 영향은 매우 적다.

[호감에 영향을 미치는 요인들]

근접성	유사성	상보성
물리적으로 가까운 것	나와 유사한 것	나와 대조적인 것
친숙성	**신체적 매력**	**상대의 호의**
접촉의 빈도가 높은 것	깔끔하고 호의적인 인상	자신을 좋아하고 긍정적으로 평가하는 사람

04 무작위적 반응 중 긍정적 결과가 뒤따르는 반응을 통하여 행동이 증가하는 학습법칙은?

① 시행착오 법칙   ② 효과의 법칙
③ 연습의 법칙   ④ 연합의 법칙

> **해설**
> • 효과의 법칙은 학습의 과정과 결과가 만족스러운 상태가 되면 결합이 강화되어 학습이 견고하게 된다. 즉, 긍정적인 결과가 뒤따르는 반응들을 통하여 행동이 증가하는 학습법칙이다. 연습이나 사용 횟수가 많을수록 증가한다.
> • 시행착오 법칙은 문제해결 장면에 효과적인 반응을 적중시킬 때까지 여러 가지 반응을 시도해 본다는 것이다.
> • 연합의 법칙은 시행착오를 통하여 실패하는 무효 동작이 점차 배제되고 유효 동작이 완성되는 것은 이 사이에 기계적 연합이 성립되었기 때문이다.

05 방어 기제와 그 예가 틀리게 짝지어진 것은?

① 대치 – 방문을 세게 꽝 닫으며 화를 내게 만든 사람이 아닌 다른 사람에게 소리 지르는 경우
② 합리화 – 자기 자신이 부정직하다고 생각하기 때문에 다른 사람도 역시 부정직하다고 판단하는 경우
③ 동일시 – 괴롭힘을 당한 아이가 다른 아이들을 괴롭히는 사람이 되는 경우
④ 승화 – 분노를 축구나 럭비 또는 신체 접촉이 이루어지는 스포츠를 함으로써 해소하는 경우

> **해설** 자기 자신이 부정직하다고 생각하기 때문에 다른 사람도 역시 부정직하다고 판단하는 방어 기제는 '투사'이다.

06 통계적 검증력이 증가하는 경우는?

① 표본의 크기가 작은 경우
② 각 검진 표준편차의 크기가 다른 경우
③ 양방 검증 대신에 일방 검증을 채택한 경우
④ 제2종 오류인 β를 늘리는 경우

> **해설** [통계적 검증력을 높이는 방법]
> • 표집을 늘린다.
> • 실험의 절차 혹은 측정도의 신뢰도를 높여 오차를 줄인다.
> • 양방 검증보다 일방 검증을 한다.
> • 1종 오류의 한계 알파값을 높인다.

07 겉맞추기(matching) 현상과 관련된 매력의 결정요인은?

① 근접성   ② 친숙성
③ 유사성   ④ 상보성

> **해설** 겉맞추기 원리(유사성, matching principle)는 상호 간의 유사한 정도를 의미한다. 사람들은 태도와 가치관이 유사한 사람들을 더 좋아한다. 또한 성격, 취미, 관심사 등이 유사할수록 관계가 오래 지속될 확률이 크다.

08 다음은 무엇에 관한 설명인가?

> 물 속에서 기억한 내용을 물 속에서 회상시킨 경우가 물 밖에서 회상시킨 경우에 비하여 회상이 잘 된다.

① 인출단서 효과   ② 맥락 효과
③ 기분 효과   ④ 도식 효과

> **해설** 맥락 효과에서의 맥락은 학습 대상이 되는 항목 외에 약화될 수 있는 모든 정보를 의미하며, 맥락 단서는 정보 인출을 촉진하는 요인이 된다. 학습을 하였던 장소에서 학습한 내용을 더 잘 회상하는 현상을 '맥락 효과'라고 한다.

09 뉴런이 휴식기에 있을 때의 상태로 옳은 것은?

① 칼륨 이온이 뉴런 밖으로 나간다.

② 나트륨 이온이 뉴런 안으로 밀려온다.

③ 뉴런이 발화한다.

④ 뉴런 내부는 외부와 비교하여 음성(−)을 띠고 있다.

해설 [휴식기(안정전위)]
• 뉴런의 안쪽은 (−)이고 바깥쪽은 (+)이다.
• 칼륨은 안쪽에 많이 있고 나트륨은 바깥쪽에 많이 있다.
• 칼륨 이온과 불염소 이온이 세포 안팎에서 균등하게 분포하는 것 역시 휴식기(안정전위)의 형성에 기여한다.

10 Freud의 발달이론에서 오이디푸스 갈등을 경험하는 시기는?

① 구강기   ② 항문기

③ 남근기   ④ 잠복기

해설 [남근기]
• 3세~6세로, 성적 관심이 성기 주위로 집중하면서 이성의 부모에 대한 연애적 감정과 행동을 보이고 동성의 부모에 대해서는 적대적 감정이 일어나는 시기이다.
• 남아의 경우에는 아버지를 경쟁 상대로 여기고, 어머니에게 집착하는 성향인 '오이디푸스 콤플렉스'가 나타나며, 여아의 경우에는 그 반대의 '엘렉트라 콤플렉스'가 나타난다.

11 혼자 있을 때보다 옆에 누가 있을 때 과제의 수행이 더 우수한 것을 일컫는 상황은?

① 몰개성화   ② 군중 행동

③ 사회적 촉진   ④ 동조 행동

해설
• 사회적 촉진은 혼자일 때보다 타인이 존재할 때 개인의 수행능력이 더 좋아지는 현상을 의미한다. 타인의 존재가 일종의 자극제로 작용하여 행동 동기를 강화시킨다. 과제가 대체로 쉽거나 잘 학습된 경우 타인의 존재가 수행능력을 촉진시키는 반면, 과제가 어렵거나 복잡할 경우 타인의 존재가 수행능력을 떨어뜨린다.
• 몰개성화(몰개인화)는 집단 내에서 구성원이 개인적 정체감과 책임감을 상실하여 집단행위에 민감해지는 현상을 의미한다.
• 군중 행동은 공통된 자극에 대하여 군중이 반응하는 집단적 행동으로, 일시적이고 우연적이며 비조직적이고 감정적인 것이 특징이다.
• 동조 행동은 개인이 자신의 행동을 집단의 행동기준과 일치되도록 조정하는 것을 의미한다.

12 연결망을 통하여 원하는 만큼 많은 수의 표본을 추출하는 방법은?

① 눈덩이 표집(snowball sampling)

② 유의 표집(Purposive sampling)

③ 임의 표집(convenient sampling)

④ 할당 표집(quota sampling)

해설 [표본의 추출방법]

눈덩이 표집	• 최초의 작은 표본에서 소개받아 계속적으로 표본을 확대해 나가는 방법이다.
유의 표집 (목적 표집, 판단 표집)	• 연구에 적합하다고 판단된 대상을 선정하여 표집하는 방법이다.
임의 표집 (우연적 표집, 편의 표집)	• 편리성에 기준을 두고 임의로 표본을 선정하는 방법이다. • 비용과 시간이 절약된다.
할당 표집	• 모집단의 특성을 나타내는 하위집단별로 표본수를 할당한 다음 표본을 추출하는 방법이다. • 대표성이 비교적 높은 편이다.

13 Ainsworth의 낯선 상황 실험에서 낯선 장소에서 어머니가 사라졌을 때 걱정하는 모습을 약간 보이다가 어머니가 돌아왔을 때 어머니를 피하는 아이의 애착 유형은?

① 안정 애착 ② 불안정 혼란 애착
③ 불안정 회피 애착 ④ 불안정 양가 애착

해설 [애착의 유형]

안정 애착	• 낯선 상황에서 이따금 어머니에게 가까이 가서 몸을 대보거나, 어머니가 없는 동안 불안해 하다가 어머니가 떠났다가 들어오면 열렬하게 반긴다.
불안정 혼란 애착	• 애착이 불안정하면서 회피와 저항의 어느 쪽도 속하기 어려운 상태로 회피와 저항이 복합된 반응을 보인다. • 이런 반응은 어머니와의 접촉에 대한 욕구가 강하나 어머니로부터 무시당하거나 구박받은 데에서 오는 공포가 공전하기 때문인 것으로 해석된다.
불안정 회피 애착	• 어머니가 떠나도 별 동요를 보이지 않으며, 어머니가 들어와도 다가가려 하지 않고 무시한다. • 이 유형은 어머니가 아기의 요구에 무감각하며, 아기와 신체적인 접촉도 적고, 화가 나 있거나 초조하며, 거부하듯이 아기를 다룬다.
불안정 양가 애착	• 어머니의 접촉 시도에 저항하는 경향이 높다. 어머니가 있어도 잘 울고 보채지만 어머니가 떠나면 극심한 불안을 보인다. • 어머니가 돌아오면 화를 내지만, 불안정 회피 애착과는 달리 어머니 곁에 머물고 있으려고 한다.

14 아동으로 하여금 매일 아침 자신의 침대를 정리하도록 하는 데 효과가 있는 것을 모두 고른 것은?

• 처벌	• 긍정적 강화
• 부정적 강화	• 모방

① 처벌
② 처벌, 긍정적 강화

③ 처벌, 긍정적 강화, 부정적 강화
④ 처벌, 긍정적 강화, 부정적 강화, 모방

해설 아동이 자신의 침대를 정리하는 것을 학습하도록 하기 위해서는 긍정적 강화와 모방뿐만 아니라, 처벌과 부정적 강화도 사용할 수 있다.

15 특질을 기본적인 특질과 부수적인 특질로 구분하는 경우, 기본적인 특질에 해당하지 않는 것은?

① Allport의 중심 성향
② Eysenk의 외향성
③ Cattell의 원천 특질
④ Allport의 2차적 성향

해설 [특질론의 대표 학자]

올포트(Allport)	기본 특질(주특질, 중심 특질), 부수 특질(2차적 특질)
카텔(Cattell)	원천 특질(source trait)은 안정적이며 영속적인 단일 요소이다.
아이젠크(Eysenk)	기본 특질(내향성, 외향성)

16 Freud의 3가지 성격 구성요소 중 현실원리를 따르는 것은?

① 원초아(Id)
② 자아(Ego)
③ 초자아(Superego)
④ 원초아(Id)와 자아(Ego)

해설 [Freud의 3가지 성격 구성요소]

원초아 (Id)	• 쾌락의 원칙을 가지고 있으며, 먹고 마시고 잠자는 등의 본능이다. • 쾌락의 원리 : 본능적 욕구들을 지체 없이 즉각적이고 직접적으로 충족시키고자 한다.

정답 13 ③ 14 ④ 15 ④ 16 ②

자아 (Ego)	• 현실적이고 합리적으로 원초아와 초자아를 조절하는 기능을 하며, 성격의 집행자이다. 또한, 자아는 현실 원리를 따른다. • 현실의 원리 : 현실에 맞는 합리적인 방식으로 욕구 충족을 하거나 지연하거나 대체한다.
초자아 (Superego)	• 이상적·도덕적·규범적이며, 부모의 영향으로 받은 가치관이 작용한다. • 양심의 원리 : 옳고 그름에 대한 사회적 기준을 통합하여 이상을 추구한다.

17 두 변인 간의 높은 정적 상관을 보이는 산포도의 형태는?

① 좌상단에서 우하단으로 가면서 흩어진 정도가 매우 큰 산포도
② 좌상단에서 우하단으로 가면서 흩어진 정도가 매우 작은 산포도
③ 좌하단에서 우상단으로 가면서 흩어진 정도가 매우 큰 산포도
④ 좌하단에서 우상단으로 가면서 흩어진 정도가 매우 직은 신포도

해설 두 변인 간의 높은 정적 상관의 산포도는 좌하단에서 우상단으로 가면서 흩어진 정도가 매우 작은 산포도이다.

18 잔인한 아버지가 자식을 무자비하게 때리면서 매질이 자식을 위한 것으로 확신하고 있다고 하는 것처럼, 자기 자신의 감정이나 행위를 보다 허용 가능한 것으로 해석하는 방어기제는?

① 투사　　　② 반동형성
③ 동일시　　④ 합리화

해설 합리화란 잘못된 견해나 행동이 그럴 듯한 이유로 정당화되는 것을 의미한다.

19 Maslow의 단계 욕구 중 "금강산도 식후경"이라는 속담의 의미와 일치하는 욕구는?

① 생리적 욕구
② 안전의 욕구
③ 자기실현의 욕구
④ 소속 및 애정의 욕구

해설 [매슬로우의 욕구위계이론]

• 기본적으로 하위 계층인 생리적 욕구, 안전의 욕구, 애정 및 소속의 욕구, 자존의 욕구를 낮은 수준의 욕구인 '결핍욕구'라고 하고, 상위 계층인 인지적, 심리적, 자아실현의 욕구를 높은 수준의 욕구인 '성장 욕구'라고 한다.
• 아무리 아름다운 경치를 구경하여도 배가 고프면 별로 좋아 보이지 않으므로, 우선적으로 생리적인 배고픔을 해결하고자 하는 욕구를 '생리적 욕구'라고 한다.

20 기억 정보의 인출에 대한 설명으로 옳은 것은?

① 인출 시의 맥락과 부호화 시의 맥락이 유사할 때 인출 가능성이 클 것이라는 주장을 부호화 명세성(특수성) 원리라고 한다.
② 설단현상은 특정 정보가 저장되어 있지 않다는 증거로 볼 수 있다.
③ 회상과 같은 명시적 인출방법과 대조되는 방법으로 재인과 같은 암묵적 방법이 있다.
④ 기억탐색 과정은 일반적으로 외부적 자극정보를 부호화하는 과정을 말한다.

해설

• 설단현상은 혀끝에 걸려 있는 것처럼 인출 실패를 의미한다. 특정 정보를 알고 있다고 생각하지만, 이를 즉시 인출할 수 없는 차단상태로서, 기억에 저장된 정보의 일시적인 인출 불능상태이다.
• 명시적인 인출방법에는 특히 '회상'과 '재인방법'이 있다.
• 외부의 자극정보를 부호화하는 과정을 '습득' 또는 '부호화 과정'이라고 한다.

01 DSM-5에서 다음에 해당하는 지적 장애 (Intellectual Disability)의 수준은?

> 개념적 영역에서 학령기 아동 및 성인에서는 학업기술을 배우는 데 어려움이 있으며, 연령에 적합한 기능을 하기 위해서는 하나 이상의 영역에서 도움이 필요하다. 사회적 영역에서 또래에 비하여 사회적 상호작용이 미숙하고, 사회적 위험에 대하여 제한적인 이해를 한다. 실행적 영역에서는 성인기에는 개념적 기술이 강조되지 않는 일자리에 종종 취업하기도 한다. 지적 장애의 가장 많은 비율이 여기에 해당한다.

① 경도(mild)
② 중등도(moderate)
③ 고도(servere)
④ 최고도(profound)

해설 위의 설명은 경도(IQ 50~55에서 70미만으로, 지적 장애의 85%)에 해당하는 지적 장애 수준이다.

[지적 장애 수준]

경도 IQ 50/55 ~ IQ 70 미만 (지적장애의 85%)	교육이 가능하며 독립적 생활 또는 지도가 가능하다.
중등도 IQ 35/40 ~ IQ 50/55 (지적장애의 10%)	초등학교 2학년 정도의 지능으로, 지도나 감독 하에 사회적, 직업적 기술의 습득이 가능하다.
고도 IQ 20/25 ~ IQ 35/40 (지적장애의 3~4%)	간단한 셈, 철자의 습득 및 감독 하에 단순작업의 수행이 가능하다.
최고도 IQ 20/25 이하 (지적장애의 1~2%)	지적 학습 및 사회적 적응이 거의 불가능하다.

02 친밀한 관계에서의 문제, 인지 및 지각의 왜곡, 행동의 괴이성 등을 주요 특징으로 보이는 성격 장애는?

① 조현성 성격 장애
② 조현형 성격 장애
③ 편집성 성격 장애
④ 회피성 성격 장애

해설 조현형 성격 장애는 조현성 성격 장애와 유사한 특성을 지니고 있지만, 조현형 성격 장애는 대인관계에 대한 불안감, 경미한 사고 장애와 다소 기괴한 언행을 나타낸다는 점에서 조현성 성격 장애와 구분된다.

03 공황을 경험하거나 옴짝달싹 못하게 되었을 때, 도망가기 어렵거나 도움이 가능하지 않은 공공장소나 상황에 있는 것을 두려워하는 불안 장애는?

① 왜소 공포증   ② 사회 공포증
③ 광장 공포증   ④ 폐쇄 공포증

해설 [광장 공포증]
특정한 장소나 상황에 대한 공포를 나타내는 경우를 말하는데, 공황 발작을 함께 경험하는 경우가 흔하다.
예 백화점이나 식당 등에서의 줄서기, 엘리베이터, 넓은 길, 운전하기, 자동차, 에스컬레이터 (전형적인 회피 상황)

04 의사소통 장애(Communication disorder)에 속하지 않는 것은?

① 언어 장애(language disorder)
② 말소리 장애(speech sound disorder)
③ 아동기 발병 유창성 장애(childhood-onset fluency disorder)
④ 탈억제성 사회적 유대감 장애(disinhibited social engagement disorder)

해설
- 의사소통 장애에는 언어 장애, 발화음 장애, 아동기-발생 유창성 장애, 사회적 의사소통 장애가 속한다.
- 탈억제 사회적 유대감 장애는 외상 및 스트레스 사건-관련 장애의 하위 유형에 속한다.

05 공황 장애에 대한 설명과 가장 거리가 먼 것은?

① 일부 신체 감각에 대한 재앙적 사고는 공황 장애에서 나타나는 대표적인 인지적 왜곡이다.

② 항우울제보다는 항불안제가 공황 장애 환자들의 치료에 우선적으로 쓰인다.

③ 전체 인구의 1/4 이상은 살면서 특정 시점에 한두 번 공황 발작을 경험하는 것으로 알려져 있다.

④ 반복적이고 예기치 못한 공황 발작이 특징적이다.

해설 공황 장애의 약물치료에는 크게 '항우울제'와 '항불안제'의 2가지 계열의 약물이 사용된다.

[항공황제로 가장 많이 사용되는 항우울제 약물]
뇌신경 내에서 세로토닌(Serotonine)과 노르에피네프린(Norepinephrine)의 이상을 중재한다.
- 선택적 세로토닌 재흡수 억제제(SSRI : Selective Serotonine Reuptake Inhibitor)
- 세로토닌-노르에피네프린 재흡수 억제제(SNRI : Serotonine-Norepinephrine Reuptake Inhibitor)

06 Young에 의하여 개발된 치료법으로, 전통적인 인지치료를 통하여 긍정적인 치료 효과를 보지 못하였던 만성적인 성격문제를 지닌 환자와 내담자를 위한 치료법은?

① 심리도식 치료(schema therapy)

② 변증법적 행동치료(dialectical behavior therapy)

③ 마음 챙김에 기초한 인지치료(mindfulness-based cognitive therapy)

④ 통찰 중심 치료(insight focused therapy)

해설 **[심리도식 치료(schema therapy)]**
- 심리도식 치료는 미국의 임상심리학자 제프리 영(Jeffrey E. Young)이 개발한 통합적인 심리치료이다.
- 성격장애를 효과적으로 치료하는 방법을 제시하기 위하여 인지행동 치료, 대상관계 치료, 게슈탈트 치료 및 정신분석 치료의 핵심요소를 통합하였다.
- 다양한 심리장애의 밑바닥에 깔려 있는 만성적인 성격 문제를 이해하는 개념 틀로 18가지 유형의 초기 부적응 도식(Early maladaptive schema)을 소개하였다.

07 다음 사례와 같은 성격장애는?

> 자신이 관심의 중심에 있기를 바라고, 감정이 빠르게 변하고 피상적이며, 지나치게 인상에 근거한 언어표현을 보이고, 피암시성이 높은 특성을 보인다.

① 편집성 성격 장애

② 연극성 성격 장애

③ 자기애성 성격 장애

④ 강박성 성격 장애

해설 **[연극성 성격장애]**
성인기 초기에 시작되고, 지나친 감정표현, 관심 끌기의 행동이 생활 전반에 나타난다. 아래의 특성들 중에서 5개 이상의 항목을 충족시켜야 한다.
- 자신이 관심의 초점이 되지 못하는 상황에서는 불편감을 느낀다.
- 타인과의 관계에서 흔히 상황에 어울리지 않게 성적으로 유혹적이거나 도발적인 행동을 특징적으로 나타낸다.
- 감정의 빠른 변화와 피상적 감정표현을 보인다.
- 자신에게 관심을 끌기 위하여 지속적으로 육체적 외모를 활용한다.
- 지나치게 인상적으로 말하지만, 구체적 내용이 없는 대화 양식을 가지고 있다.
- 자기 연극화, 연극조, 과장된 감정표현을 나타낸다.
- 타인이나 환경에 의하여 쉽게 영향을 받는 피암시성이 높다.
- 대인관계를 실제보다 더 친밀한 것으로 생각한다.

08 뇌에서 발견되는 베타아밀로이드라는 단백질의 존재와 가장 관련 있는 장애는?

① 파킨슨병　　　② 조현병
③ 알츠하이머병　　④ 주요 우울 장애

> **해설**
> • 알츠하이머병은 단백질의 일종인 베타 아밀로이드와 타우가 뇌에 과도하게 쌓여서 생기는 것으로 알려져 있다.
> • 파킨슨병과 조현병은 도파민이라는 신경전달물질과 관계가 있다.
> • 주요 우울장애는 세로토닌이라는 신경전달물질과 관계가 있다.

09 다음에서 설명하고 있는 조현병 유발요인에 해당하는 것은?

> 부모의 상반된 의사전달, 감정과 내용이 불일치하는 의사소통방식 등이 조현병의 원인이 될 수 있다.

① 조현병을 유발하기 쉬운 어머니의 양육태도(schizophrenogenic mother)
② 이중구속이론(double-bind theory)
③ 표현된 정서(expressed emotion)
④ 분열적 부부관계(marital schism)

> **해설** [조현병 유발하는 가족관계 및 사회환경적 요인]
> • 부모의 양육태도, 가족 간의 의사소통, 부모와 자녀의 의사소통방식, 부모의 부부관계 등이 조현병의 발병에 중요한 영향을 미친다고 본다.
> • 이중구속이론 : 조현병 환자의 부모는 상반된 의사전달, 감정과 내용이 불일치하는 이중적 의미의 의사소통을 하는 경향이 있다.
> • 표현된 정서 : 가족 간의 갈등이 많고 분노를 과하게 표현하며 간섭이 심한 정서적 표현을 한다.

10 Beck의 우울이론 중 부정적 사고의 3가지 형태에 해당하지 않는 것은?

① 과거에 대한 부정적 사고
② 자신에 대한 부정적 사고
③ 미래에 대한 부정적 사고
④ 주변환경(경험)에 대한 부정적 사고

> **해설** 아론 백(Beck)의 인지 삼제는 '나 자신', '나의 미래', '나의 주변세계에 대한 부정적 사고'이다.

11 공포증의 형성 및 유지에 대한 2요인이론은 어떠한 요인들이 결합된 이론인가?

① 학습요인과 정신분석요인
② 학습요인과 인지요인
③ 회피 조건형성과 준비성요인
④ 고전적 조건형성과 조작적 조건형성

> **해설** [모러(Mowrer)의 2요인이론]
> 공포의 조건형성 과정에는 고전적 조건형성과 조직적 조건형성의 2가지 단계가 있다. 즉, 공포증이 형성되는 과정에는 고전적 조건형성의 학습원리가 적용되고, 일단 형성된 공포증은 조직적 조건형성의 원리에 의하여 유지되고 강화된다.

12 알코올 중독과 비타민 B_1(티아민) 결핍이 결합되어 만성 알코올중독자에게 발생하는 장애로, 최근 및 과거 기억을 상실하고 새로운 정보를 학습하지 못하는 인지 손상과 관련이 있는 것은?

① 뇌전증
② 혈관성 인지장애
③ 헌팅턴병
④ 코르사코프 증후군

> **해설** [코르사코프 증후군]
> • 알코올 유도성 기억 장애에 포함되는 비타민 B_1의 결핍에 의하여 발생하는 신경학적 합병증이다.

- 건망증, 기억력 장애, 지남력 장애, 작화증(자신이 기억하지 못하는 것을 마치 있었던 것처럼 확신을 가지고 말하거나 사실을 위장, 왜곡하는 병적인 증상) 등을 특징으로 하며, 해마가 손상되어 발생하는 것으로 알려져 있다.

13 정신분석학적 관점에서 볼 때, 해리장애를 야기하는 주된 방어 기제는?

① 억압
② 반동형성
③ 치환
④ 와해된 언어

> **해설** 해리현상은 능동적인 정신과정으로, 억압과 부인의 방어 기제를 통하여 경험 내용이 의식에 이르지 못하게 하는 것이라고 본다. 고통스러운 환경 자극을 회피하는 것을 말한다.

14 조현병의 진단 기준에 해당하는 증상이 아닌 것은?

① 망상
② 환각
③ 고양된 기분
④ 와해된 언어

> **해설** [조현병의 DSM-5 진단 기준]
> '망각, 환각, 와해된 언어'의 3가지 증상 중에서 2가지 이상(반드시 1가지 증상은 포함)이 있고, 그 각각이 1개월 기간(또는 성공적으로 치료되었을 경우 그 이하) 중 의미 있는 기간 동안 존재한다.

15 주의력 결핍 및 과잉행동 장애(ADHD)의 치료에 사용되는 약물은?

① ritalin
② thorazine
③ insulin
④ methadone

> **해설** [ADHD 치료용 약물]

리탈린(ritalin)	ADHD 치료용 약물 중에서 가장 자주 쓰는 뇌기능을 자극하는 기분전환 약물이다.
토라진(thorazine)	정신분열증 치료용 약물이다.
인슐린(insulin)	당뇨병을 이해하고 치료하는 기본 물질이다.
메타돈(methadone)	마약성 진통제이다.

16 특정 공포증의 하위 유형 중 공포상황에서 초반에 짧게 심박수와 혈압이 증가된 후, 갑자기 심박수와 혈압의 저하가 뒤따르고, 그 결과로 실신하거나 실신할 것 같은 반응을 경험하는 것은?

① 동물형
② 상황형
③ 자연환경형
④ 혈액-주사-손상형

> **해설** [혈액-주사-손상형]
> - 피를 보거나 주사를 맞는 경우로 혈관미주신경 반사가 매우 예민하여 주로 초등학교 아동기에 발생한다.
> - 다른 공포증은 공포상황에서 교감신경계의 활동이 증가하고 심박과 혈압이 상승하지만, 이 유형은 심박과 혈압의 현저한 저하가 뒤따르고 결과적으로 기절하는 반응을 보인다.

17 기분 관련 장애와 관련된 유전 가능성에 대한 설명으로 옳은 것은?

① 유전 가능성은 양극성 장애보다 단극성 장애에서 더 높다.
② 유전 가능성은 단극성 장애보다 양극성 장애에서 더 높다.
③ 유전 가능성은 단극성 장애와 양극성 장애에서 유사하다.
④ 단극성 장애와 양극성 장애는 유전 가능성과 관련이 없다.

> **해설**
> - 양극성 장애는 유전을 비롯한 생물학적 요인에 의하여 많은 영향을 받는 장애로 알려져 있다.
> - 양극성 장애로 진단되는 사람들은 가족 중에 주요 우울장애를 지녔던 사람이 있을 가능성이 높다.
> - 유전 가능성은 일란성 쌍생아의 경우, 단극성 장애는 일치도가 40%이고, 양극성 장애는 일치도가 70%이다.

18 외상 후 스트레스 장애의 주된 증상과 거리가 먼 것은?

① 침습증상

② 지속적인 회피

③ 과도한 수면

④ 인지와 감정의 부정적 변화

해설 [외상 후 스트레스 장애의 증상]

외상 사건을 경험한 후, 아래와 같은 4가지 유형의 심리적 증상을 보인다.
- 침투 증상
- 회피 증상
- 인지, 감정의 부정적 변화
- 각성의 변화

19 DSM-5에서 주요 우울장애의 주요 증상에 포함되지 않는 것은?

① 정신운동성 초조나 지체

② 불면이나 과수면

③ 죽음에 대한 반복적인 생각

④ 주기적인 활력의 증가와 감소

해설 ④는 양극성 장애에 대한 증상이다.

[주요 우울 장애의 DSM-5 진단 기준]

아래의 9가지 증상 중 5개 이상의 증상이 거의 매일 연속적으로 2주 이상 나타나야 한다. 이 증상들 가운데 적어도 하나는 '우울 기분'이거나 '흥미나 즐거움의 상실'이어야 한다.
- 하루의 대부분, 그리고 거의 매일 지속되는 우울한 기분이 주관적으로 보고되거나 객관적으로 관찰된다.
- 거의 모든 일상 활동에 대한 흥미나 즐거움이 하루의 대부분 또는 거의 매일같이 뚜렷하게 나타난다.
- 체중 조절을 하고 있지 않은 상태에서 현저한 체중 감소나 체중 증가가 나타난다.
- 거의 매일 불면이나 과다수면이 나타난다.
- 거의 매일 정신운동성 초조나 지체를 나타낸다.
- 거의 매일 피로감이나 활력 상실이 나타난다.
- 거의 매일 무가치감이나 과도하고 부적절한 죄책감을 느낀다.
- 거의 매일 사고력, 집중력의 감소, 또는 우유부단함이 주관적 호소나 관찰에서 나타난다.
- 죽음에 대한 반복적인 생각이나 특정한 계획 없이 반복적으로 자살에 대한 생각이나 자살 기도를 하거나 자살하기 위한 구체적인 계획을 세운다.

20 DSM-5에서 성별 불쾌감에 대한 설명으로 틀린 것은?

① 성인의 경우 반대 성을 지닌 사람으로 행동하여 사회에서 그렇게 받아들여지기를 강렬하게 소망한다.

② 태어나면서 정해진 출생 성별과 경험하고 표현하는 성별 사이에 뚜렷한 불일치를 보인다.

③ 아동에서부터 성인에 이르기까지 다양한 연령대에서 나타날 수 있다.

④ 동성애자들이 주로 보이는 장애이다.

해설 동성애자들은 자신의 성에 대한 불편감을 느끼는 사람들이 아니라, 생물학적으로 같은 성별을 가진 사람들 간의 감정적, 성적 끌림을 가지고 성적 행위를 하는 사람들을 말한다.

01 알츠하이머병으로 인한 신경인지장애에 관한 설명으로 틀린 것은?

① 여성호르몬 Estrogen과 상관이 있다.

② Apo-E 유전자 형태와 관련이 있다.

③ 허혈성 혈관문제 혹은 뇌경색과 관련이 있다.

④ 노인성 반점(Senile plaques)과 신경섬유다발(Neurofibrillary tangle)과 관련이 있다.

해설 ③은 혈관성 치매에 관한 설명이다.

02 알코올 금단에 대한 설명으로 틀린 것은?

① 과도하게 장기적으로 사용하다가 중단 (혹은 감량) 후에 나타난다.

② 수 시간에서 수일 이내에 진전, 오심 및 구토 등이 나타난다.

③ 알코올 금단을 경험하는 대부분의 사람은 진전 섬망을 경험한다.

④ 알코올이나 벤조디아제핀을 투여하면 금단증상이 경감된다.

해설 [알코올 금단]
• 알코올 금단은 지속적으로 사용하던 알코올을 중단하였을 때 여러 가지 신체적, 생리적 또는 심리적 증상이 나타나는 상태를 말한다.
• 알코올 섭취 후 몇 시간에서 며칠 이내 2개 이상의 증상이 나타날 때 해당된다.
  ⓔ 자율신경계 기능 항진(발한 또는 맥박수가 100회 이상 증가), 손 떨림 증가, 불면증, 오심 및 구토, 일시적인 환시, 환청, 환촉 또는 착각, 정신운동성 초조증, 불안, 대발작

• 알코올 금단증상으로 진전 섬망이 나타나지만, 알코올 환자 중 4% 정도이므로 대부분의 사람들이 경험하지 않는다.
• 병원 상황에서 금단현상을 줄일 수 있는 벤조디아제핀 투여를 받게 된다.

03 이상행동의 설명모형 중 통합적 입장에 해당하는 것은?

① 대상관계이론

② 사회적 학습이론

③ 소인·스트레스 이론

④ 세로토닌·도파민 가설

해설 [소인·스트레스 이론]
• 통합적 이론의 취약성-스트레스 모델에서 정신장애는 취약성을 지닌 사람에게 어떠한 스트레스가 주어졌을 때 발생하며, 취약성과 스트레스 중 어떠한 한 요인만으로는 정신장애가 발생하지 않는다고 본다.
• 취약성(vulnerability or diathesis)은 특정한 장애에 걸리기 쉬운 개인적 소인을 말한다.
  ⓔ 유전적 이상, 뇌신경 이상, 개인의 성격 특성 등

04 다음 ( )에 알맞은 증상은?

DSM-5 주요 우울 삽화의 진단에는 9가지 증상 중 5개 혹은 그 이상의 증상이 연속 2주 동안 지속되며, 증상이 사회적, 직업적, 또는 기타 중요 기능 영역에는 임상적으로 현저한 고통이나 손상을 초래한다. 여기서 말하는 9가지 증상 가운데 적어도 하나는 ( )이거나 ( )이다.

① 우울 기분 – 무가치감

② 불면 – 무가치감

③ 우울 기분 – 흥미나 즐거움의 상실

④ 불면 – 사고력이나 집중력의 감소

해설 [우울장애의 DSM-5 진단 기준]
아래의 9가지 증상 중 5개 이상의 증상이 거의 매일 연속적으로 2주 이상 나타나야 한다. 이 증상들 가운데 적어도 하나는 '우울 기분'이거나 '흥미나 즐거움의 상실'이어야 한다.
• 하루의 대부분, 그리고 거의 매일 지속되는 우울한 기분이 주관적으로 보고되거나 객관적으로 관찰된다.
• 거의 모든 일상적 활동에 대한 흥미나 즐거움의 상실이 하루의 대부분 또는 거의 매일같이 뚜렷하다.
• 체중 조절을 하고 있지 않은 상태에서 현저한 체중 감소나 체중 증가가 나타난다.
• 거의 매일 불면이나 과다수면이 나타난다.
• 거의 매일 정신운동성 초조나 지체가 나타난다.
• 거의 매일 피로감이나 활력 상실이 나타난다.
• 거의 매일 무가치감이나 과도하고 부적절한 죄책감을 느낀다.
• 거의 매일 사고력, 집중력의 감소, 또는 우유부단함이 주관적 호소나 관찰에서 나타난다.
• 반복적으로 자살에 대한 생각이나 자살 기도를 하거나 자살하기 위한 구체적인 계획을 세운다.

해설 [사회공포증(사회 불안 장애)의 DSM-5 진단 기준]
• 개인이 다른 사람들에 의하여 관찰되고 평가될 수 있는 1가지 이상의 사회적 상황에 대하여 현저한 공포나 불안을 지닌다.
• 이들이 두려워하는 주된 사회적 상황은 일상적인 상호작용 상황(예 다른 사람과 대화를 하거나 낯선 사람과 미팅하는 일), 관찰을 당하는 상황(예 다른 사람이 보는 앞에서 음료를 마시거나 음식을 먹는 일), 다른 사람 앞에서 수행을 하는 상황(예 연설이나 발표를 하는 일로 이에 국한되면 수행형 단독으로 명시)이다.
• 이러한 사회적 상황에서 다른 사람들로부터 부정적인 평가를 받을 수 있는 행동을 하거나 불안 증상을 나타내게 될 것을 두려워한다. 즉, 부적절한 행동을 통하여 다른 사람들로부터 모욕과 경멸을 받거나 거부를 당하거나 타인에게 피해를 주게 될 것을 두려워한다.
• 공포, 불안이나 회피행동이 6개월 또는 그 이상 지속되어야 한다.
• 사회공포증을 경험하는 사람들은 자신의 공포가 비합리적임을 인식하고 있다.

05 DSM-5 사회공포증 진단 기준으로 틀린 것은?

① 사회적 상황에서 수치스럽거나 당혹스런 방식으로 행동할까 봐 두려워한다.
② 공포가 너무 지나치거나 비합리적임을 인식하지 못한다.
③ 공포, 불안, 회피는 전형적으로 6개월 이상 지속되어야 한다.
④ 공포가 대중 앞에서 말하거나 수행하는 것에 국한될 때 수행형 단독으로 명시한다.

06 이상심리학의 역사에 대한 설명으로 옳은 것은?

① Hippocrates는 정신병자에게 인도주의적 대우를 해 주어야 한다고 주장한 최초의 사람이다.
② Kraeplin은 치료와 입원이 필요한 정신장애에 대한 분류체계를 제시하였다.
③ 1939년에는 최초의 집단용 지능검사인 Wechsler 검사가 제작되었다.
④ 1948년 세계보건기구(WHO)는 정신장애 분류체계인 DSM-1을 발표하였다.

정답 05 ② 06 ②

해설

- 히포크라테스(Hippocrates)는 그리스 로마시대의 인물이며, 인도주의적 대우는 18세기에 이르러 시작되었다.
- 최초의 집단용 지능검사는 1917년 성인용 집단 지능검사로, '군대 알파검사'와 외국인 문맹자를 위한 '군대 베타검사'이다.
- 세계보건기구(WHO)는 정신장애 분류체계인 ICD를 발표하였고, 미국정신의학회(APA)에서 1952년 DSM-1이 처음 출간된 이후 지속적인 연구를 통하여 2013년에 DSM-5를 출간하였다.

07 70세가 넘은 할아버지가 기억력 저하를 호소한다. 가장 가능성이 적은 문제는?

① 뇌경색 　　　　② 알츠하이머병
③ 주요 우울장애 　④ 정신병질

해설 [정신병질]

- 정신병질은 비정상적인 성격으로 말미암아 사회에 해를 입히거나 스스로 번민하는 인격으로서, 자극과 반응 사이의 불균형, 개개인 기능 사이의 협조 불량, 정신적 변이성 따위의 특성을 니다낸다.
- 인격의 문제로 기억력 저하를 호소하지는 않는다.
- 정신병질과 비슷한 말로 '이상 인격'이 있다.

08 도박 장애는 DSM-5의 어느 진단 범주에 속하는가?

① 성격 장애
② 파괴적 충동 조절 및 품행 장애
③ 물질 관련 및 중독 장애
④ 적응 장애

해설 도박장애는 물질 관련 및 중독장애의 비물질 관련 장애에 속한다.

09 타인에 대한 강한 불신과 의심을 가지고 적대적인 태도를 나타내어 사회적 부작용을 나타내는 성격 특성을 지닌 것은?

① 편집성 성격 장애
② 조현성 성격 장애
③ 반사회성 성격 장애
④ 연극성 성격 장애

해설

- 타인에 대한 강한 불신과 의심을 가지고 적대적 태도를 가지는 성격 특성의 유형은 A군 성격 장애 중에서 편집성 성격 장애의 특성이다.
- A군 성격 장애 중에서 조현성 성격 장애는 타인과의 친밀한 관계 형성에 무관심하고 감정표현이 부족하며 사회적 적응에 어려움을 보이는 특성을 보인다.

10 다음 중 정신장애에 대한 사회문화적 치료와 가장 거리가 먼 것은?

① 커플 치료 　　② 집단 치료
③ 가족 치료 　　④ 게슈탈트 치료

해설 게슈탈트 치료는 자기 자신 및 세상에 대한 내담자의 지각에 초점을 맞추는 것으로, 사회문화적 치료와는 거리가 멀다.

11 주의력 결핍 과잉행동 장애(ADHD)에 대한 설명으로 가장 적절하지 않은 것은?

① 유전성이 높다.
② 학령 전기에는 과잉행동이, 초등학생 시기에는 부주의 증상이 더욱 두드러진다.
③ 페닐알라닌 수산화효소의 부족으로 인하여 발생한다.
④ 몇 가지의 부주의 또는 과잉행동 충동성 증상은 12세 이전에 나타나야 한다.

해설 주의력 결핍 과잉행동 장애(ADHD)를 일으키는 과잉행동, 충동, 부주의 증상은 12세 이전에 나타나는데, 원인은 복합적이고 유전적 요인이 높은 것으로 본다. 신경생물학적 요인으로는 전두엽 영역의 대사 저하와 도파민 시스템과 관련이 있다고 본다.

12 강간, 폭행, 교통사고, 자연재해, 가족이나 친구의 죽음 등 충격적 사건에 뒤따라 침습 증상, 지속적 회피, 인지와 감정의 부정적 변화, 각성과 반응성의 뚜렷한 변화 등이 나타나는 심리적 장애는?

① 주요 우울증

② 공황 장애

③ 외상 후 스트레스 장애

④ 강박 장애

해설 외상 후 스트레스 장애는 외상 사건을 경험한 후에 4가지 유형의 심리적 증상을 나타낸다.

침투 증상	외상 사건과 관련된 기억이나 감정을 재경험하는 증상이다.
회피 증상	외상 사건과 관련된 자극을 회피하는 증상이다.
인지, 감정의 부정적 변화	외상 사건과 관련된 인지와 감정에 부정적인 변화가 나타난다.
각성의 변화	평소에도 늘 과민하며 주의집중을 잘 못하고 사소한 자극에도 크게 놀라는 과각성 반응을 한다.

13 경계성 성격장애의 치료에 대한 설명으로 틀린 것은?

① 대상관계적 이론가들은 초기에 부모로 부터 수용 받지 못하여 자존감 상실, 의존성 증가, 분리에 대한 대처능력의 부족 등이 나타난다고 보았다.

② 변증법적 행동치료에서는 내담자 중심 치료의 공감이나 무조건적인 수용을 비판하고, 지시적인 방법으로 경계성 성격 장애를 가진 사람들의 행동을 수정하는 데 집중한다.

③ 정신역동적 치료자들은 경계성 성격 장애를 가진 사람들이 아동기에 겪은 갈등을 치유하는 데 집중한다.

④ 인지치료에서는 경계성 성격 장애를 가진 사람들의 인지적 오류를 수정하려고 한다.

해설 [변증법적 행동치료(DBT)]

• 인지행동 치료기법 중의 하나로, 행동을 수정하는 데 집중하기보다는 부정적 감정을 회피하거나 통제하는 대신에 자신의 감정을 바라보고 수용할 수 있도록 돕는 치료법을 말한다.

• 우울, 불안과 같은 감정이나 자살 및 자해 충동을 느끼거나 경계성 성격장애를 가진 사람에 대한 치료법으로, 매우 효과적인 것으로 알려져 있다.

14 조현병의 증상 중 의지 결여, 정서의 메마름, 언어 빈곤, 사회적 철회 등은 다음 중 무엇에 해당하는가?

① 양성 증상   ② 음성 증상

③ 혼란 증상   ④ 만성 증상

해설 의지 결여, 정서의 메마름, 언어 빈곤, 사회적 철회는 음성 증상에 속한다.

[조현병의 증상]

양성 증상	• 적응적 기능의 과잉 및 왜곡 • 과도한 도파민 등 신경전달물질의 이상 • 스트레스 시, 급격히 발생함 • 약물치료로 호전되며, 인지적 손상이 적음 예 망상, 환각, 환청, 와해된 언어 등
음성 증상	• 정상적, 적응적 기능의 결여 • 유전적 소인이나 뇌세포의 상실 • 스트레스 사건과 거의 연관이 없음 • 약물치료로 쉽게 호전되지 않고, 인지적 손상이 많음 예 무언증, 무쾌감증, 무의욕증, 사고차단, 사회적 위축 등

15 우울증의 원리론에 관한 설명으로 틀린 것은?

① 생리학적으로 세로토닌 수준이 높아지면 우울증에 걸리게 된다고 설명하고 있다.

② Freud의 정신분석이론에서 상징적 상실 또는 상상의 상실로 설명하고 있다.

③ Beck의 인지이론에서 인지적 왜곡으로 우울증을 설명하고 있다.

④ 자신의 삶을 통제할 수 없다는 느낌과 개인의 수동적 태도가 학습되어 무기력감을 가지게 된 결과가 우울증을 유발한다는 주장이 있다.

> **해설** 신경전달물질, 뇌구조의 기능, 내분비 계통의 이상이 우울장애와 관련이 있다고 보며, 신경전달물질인 카테콜라민의 결핍이 우울장애와 관련이 있다는 가설이 있다.

16 신경발달 장애에 해당하지 않는 것은?

① 발달성 협응 장애

② 탈억제성 사회적 유대감 장애

③ 상동증적 운동 장애

④ 뚜렛 장애

> **해설** 탈억제성 사회적 유대감 장애는 외상 및 스트레스 사건–관련 장애의 하위 유형에 속한다.
>
> **[신경발달 장애의 하위 유형]**
> - 지적 장애
> - 의사소통 장애 : 언어 장애, 발화음 장애, 아동기-발생 유창성 장애, 사회적 의사소통 장애
> - 자폐 스펙트럼 장애
> - 주의력 결핍/과잉행동 장애
> - 특정 학습 장애
> - 운동 장애 : 틱 장애(뚜렛 장애, 지속성 운동 또는 음식 틱 장애, 일시성 틱 장애), 발달성 협응 장애, 상동증적 운동 장애

17 급식 및 섭식 장애에서 부적절한 보상 행동에 포함되는 것은?

① 폭식   ② 과식

③ 되새김   ④ 하제 사용

> **해설**
> - 폭식 후의 잘못된 보상 행동으로, 이뇨제, 설사제, 관장약 등의 하제를 사용한다.
> - 하제는 장(腸)의 내용물을 배설시킬 목적으로 사용되는 약제를 말하는데, 보통 위장 내의 이물을 배출시키기 위하여 사용되며, 대개는 변비의 완화를 목적으로 한다.

18 조현병의 좋은 예후 요인을 모두 고른 것은?

> ㄱ. 높은 병전 기능
> ㄴ. 양성 증상이 두드러짐
> ㄷ. 나이가 들어서 발병함
> ㄹ. 높은 지능

① ㄱ, ㄴ   ② ㄱ, ㄴ, ㄷ

③ ㄴ, ㄷ, ㄹ   ④ ㄱ, ㄴ, ㄷ, ㄹ

> **해설** **[조현병의 좋은 예후 요인]**
> - 늦은 발병 : 호발 나이를 지나 늦은 나이에 생긴 경우 (일반적으로 정신분열병의 경우, 남자는 20대 초반에, 여자는 30대 초반에 주로 발병함)
> - 뚜렷한 유발 요인이 있는 경우
> - 급성 발병(갑작스런 발병)
> - 병전 사회적, 직업적 활동을 잘 하였던 경우
> - 기분 장애 증상이 있는 경우 : 특히 우울증
> - 결혼한 경우
> - 양성 증상 위주의 증상일 경우 : 양성 증상(환청, 망각, 기이 행동, 부적절한 언어 사용)
> - 지지체계가 잘 되어 있는 경우 : 환자를 잘 도와줄 수 있는 가족, 사회 내의 환경
> - 높은 지능일 때

19 성별 불쾌감에 대한 설명으로 틀린 것은?

① 자신의 1차 및 2차 성징을 제외하고자 하는 강한 갈망이 있다.

② 반대 성이 되고 싶은 강한 갈망이 있다.

③ 반대 성의 전형적인 느낌과 반응을 가지고 있다는 강한 확신이 있다.

④ 강력한 성적 흥분을 느끼기 위하여 반대 성의 옷을 입는다.

해설 ④는 성별 불쾌감(성 불편감)에 대한 설명이 아니라, 성도착 장애 중 의상전환 장애에 대한 설명이다.

20 다음에 제시된 장애 유형 중 같은 유형으로 모두 묶은 것은?

ㄱ. 신체증상 장애	ㄴ. 질병불안 장애
ㄷ. 전환 장애	ㄹ. 공황 장애

① ㄱ, ㄴ
② ㄴ, ㄷ, ㄹ
③ ㄱ, ㄴ, ㄷ
④ ㄱ, ㄴ, ㄷ, ㄹ

해설 신체증상 장애, 질병불안 장애, 전환 장애는 '신체증상 및 관련 장애'의 하위 유형이고, 공황 장애는 '불안 장애'의 하위 유형이다.

01 지능의 개념에 관한 연구자와 주장이 틀린 것은?

① Wechsler – 지능은 성격과 분리될 수 없다.

② Horn – 지능은 7개의 독립적인 요인으로 이루어져 있다.

③ Cattell – 지능은 유동적 지능과 결정화된 지능으로 구분할 수 있다.

④ Spearman – 지적 능력에는 g요인과 s요인이 존재한다.

해설 **[지능의 개념과 관련된 학자들]**

Horn & Cattell	유동적 지능–결정적 지능이론을 주장하였다.
Spearman	일반지능(g요인)과 특별지능(s요인)으로 구성된 2요인이론을 주장하였다.
Thurstone	7가지 다요인설(7PMA)을 주장하였다.
Gardner	다중지능이론으로, 8가지 지능을 주장하였다.
Sternberg	3가지의 상이한 영역인 삼원지능 이론을 주장하였다.

02 MMPI-2의 형태 분석에서 T점수가 65 이상으로 상승된 임상 척도들을 묶어서 해석하는 것은?

① 코드 유형(code type)

② 결정 문항(critical items)

③ 내용 척도(content scales)

④ 보완 척도(supplementary scales)

해설 코드 유형(Code type)은 T점수가 65 이상으로 상승된 임상 척도를 2~3가지의 코드 유형으로 묶어서 해석하는 것을 말한다.

03 정신연령(mental age)의 개념상 실제 연령이 10세인 아동이 IQ검사에서 평균적으로 12세 아동들이 획득할 수 있는 점수를 보였다. 이 아동의 IQ점수는 어느 정도라도 할 수 있는가?

① 84 ② 100

③ 120 ④ 140

해설 [Binet-Simon검사의 비율 지능검사의 점수 산출방법]

IQ = 정신연령(mental age : MA)/생활연령
(chronological Age : CA)×100
12/10×100 = 120

04 다음은 MMPI의 2개 척도 상승 형태분석의 결과이다. 어느 척도 상승에 해당하는 것인가?

이 프로파일은 반사회적 인격장애의 특징을 나타낸다. 즉 사회적 규범과 가치관, 제도에 대하여 무관심하거나 무시하며, 반사회적 행위로 인하여 권위적인 인물과 자주 마찰을 빚는다. 이들의 성격 특징은 충동적이고 무책임하며 타인과의 관계에서 신뢰를 얻기 어렵다.

① 1-2 ② 2-7

③ 3-5 ④ 4-9

해설 반사회성은 4번 척도, 9번 척도 조증은 행동화(Acting-out)의 모습을 보인다.

05 Rorschach검사의 각 카드별 평범 반응이 잘못 짝지어진 것은?

① 카드 I – 가면
② 카드 IV – 거인
③ 카드 V – 나비
④ 카드 IV – 동물의 가죽

해설 [Rorschach검사의 각 카드별 평범 반응]

순서	색상	평범 반응
카드 I	무채색	박쥐 또는 나비
카드 I	무채색에 부분 적색	동물
카드 III	무채색에 부분 적색	인간의 형상
카드 IV	무채색	인간 또는 거인
카드 V	무채색	박쥐 또는 나비
카드 VI	무채색	양탄자 또는 동물 가죽
카드 VII	무채색	인간의 얼굴 또는 동물의 머리
카드 VIII	유채색	움직이는 동물
카드 IX	유채색	인간 또는 인간과 흡사한 형상
카드 X	유채색	게 또는 거미

06 초등학교 아동에게 사용하기 부적합한 서비스는?

① SAT
② KPRC
③ CBCL
④ K–Vineland–II

해설 [아동–청소년용 척도검사]

KPRC (한국 아동 인성평정 척도)	아동·청소년 정신장애와 관련하여 아동의 심리적 장애나 정신과적 문제를 선별하기 위한 한국아동인성검사를 수정한 검사이다.
CBCL (아동·청소년 정서–행동 척도)	아동·청소년의 사회 적응 및 정서행동 문제를 평가하는 임상검사이다.
K–Vienland–II (바인랜드 적응행동척도 2판)	0~90세까지의 사회성숙도 검사로, 모든 연령대의 적응행동 수준을 평가하는 검사이다.

07 MMPI–2가 대표적인 자기보고식 심리검사로 사용되는 이유가 아닌 것은?

① 객관적으로 표준화된 규준을 갖추고 있다.
② 많은 연구 결과가 축적되어 있다.
③ 코드 유형을 사용하여 체계적으로 사용할 수 있다.
④ MMPI척도는 DSM체계와 일치하여 장애 진단이 용이하다.

해설 [MMPI–2 특징]
• MMPI–2는 대표적인 자기보고 검사로, 시시와 채점이 용이하고 표준화된 규준이 분명하므로 해석이 간편하다.
• 코드 유형 등으로 다양한 유형에 대한 해석과 체계적인 사용이 가능하다. 반면, 일부 용어가 시대에 뒤떨어지고 최신 학문적 추세에 맞지 않아 DSM용어를 차용하는 것에 대한 논의가 요청되고 있다.

08 Rorschach 구조변인 중 형태질에 대한 채점이 아닌 것은?

① v   ② −

③ o   ④ u

해설 [반응 위치의 발달질과 형태질의 채점]

반응 위치의 발달질	+ (통합 반응)	분리된 부분이 다시 통합된다. 예 거울을 통하여 자기를 보는 사람
	O (보통 반응)	단일 사물을 가리킨다. 예 나비
	V/+ (모호−통합)	분리되고 난 이후에 하나로 다시 통합, 즉 2개 이상의 사물이 분리되었으나 의미 있는 관계 속에 존재한다. 예 구름을 동반한 폭풍우
	V (모호 반응)	특정 형태를 지니지 않고 사물 묘사가 특정 형태를 드러내고 있지 않다. 예 어떠한 종류의 지도
반응 위치의 형태질	+	우수하고 정교한, 매우 정확한 형태를 묘사한다.
	O	보통의 흔히 지각되는 사물의 묘사, 알아보기 쉽고 평범하다.
	U	드물고 흔히 반응되지 않는다.
	−	왜곡된 특징이 인위적이고 비현실적이다.

09 뇌손상 환자의 병전 지능수준을 측정하기 위한 자료와 가장 거리가 먼 것은?

① 교육 수준, 연령과 같은 인구학적 치료

② 이전의 직업기능 수준 및 학업 성취도

③ 이전의 암기력 수준, 혹은 웩슬러 지능검사에서 기억능력을 평가하는 소검사 점수

④ 웩슬러 지능검사에서 상황적 요인에 의하여 잘 변화하지 않는 소검사 점수

해설 이전의 암기력 수준은 현재 환자의 상태가 얼마나 심각한지를 측정하는 것과는 상관이 없다.

[웩슬러 지능검사에 의한 기질적 뇌손상의 일반적 특징]

• 토막 짜기, 바꿔 쓰기, 차례 맞추기, 모양 맞추기의 점수가 상대적으로 낮다.

• 숫자 외우기 소검사에서 바로 따라 외우기와 거꾸로 따라 외우기 간의 점수 차이가 크게 나타난다.

• 공통성 문제의 점수가 낮으며, 이는 개념적 사고 손상을 시사한다.

• 상식, 어휘, 이해 소검사의 점수는 비교적 유지되어 있다.

10 신경심리검사 평가 시, 고려하여야 할 사항과 가장 거리가 먼 것은?   [12]

① 손상 후 경과시간   ② 성별

③ 교육 수준   ④ 연령

해설 신경심리검사 평가에 있어서 성별은 거의 차이가 없는 요소로 본다.

11 심리평가를 시행할 때 고려할 사항과 가장 거리가 먼 것은?

① 성격이 복잡한 구조로 이루어져 있음을 고려한다.

② 각각의 심리검사는 성격의 상이한 수준을 측정할 수 있음을 고려한다.

③ 측정의 방법과 관련된 요인이 그 결과에 영향을 미칠 수 있음을 고려한다.

④ 심리적 구성개념과 대응되는 구체적인 행동 모두를 관찰한 이후에야 결론에 이를 수 있음을 고려한다.

해설 심리평가는 구체적 행동 관찰을 모두 하는 것이 현실적으로 어렵기 때문에 다양한 측정을 통하여 요약, 정리, 종합한 것이다.

12 일반적으로 지능검사는 같은 연령 범주 규준집단의 원점수를 평균 100, 표준편차 15인 표준점수로 바꾸어 규준을 작성한다. IQ 85와 115 사이에는 전체 규준집단의 사람들 중 약 몇 %가 포함된다고 가정할 수 있는가?

① 16%　　　　　② 34%

③ 68%　　　　　④ 96%

해설 인간의 평균 지능지수는 100이고 표준편차는 15를 주로 사용한다. 그러므로 85와 115점수는 1 표준편차 내에 드는 사람들을 의미하며, 이를 %로 나타내면 67.8%가 된다.

13 선로 잇기 검사(Trail Making Test)는 대표적으로 어떠한 기능 또는 능력을 측정하기 위하여 고안된 검사인가?

① 주의력　　　　② 기억력

③ 언어능력　　　④ 시공간 처리능력

해설 [선로 잇기 검사(Trail Making Test)]
검사를 마치는 데 걸린 반응시간과 오류 수를 측정하는 검사로, 주의력과 실행기능을 평가한다. 이 검사는 A형과 B형의 2가지로 구성되어 있다.

A형 검사	검사지에 무작위로 배치되어 있는 숫자들을 '1 – 2 – 3 – 4'와 같이 차례대로 연결하는 방식이다.
B형 검사	'1 – 가 – 2 – 나 – 3 – 다'와 같이 숫자와 문자를 번갈아가며 차례대로 연결하는 방식이다.

14 주의력 결핍 과잉행동 장애(ADHD)로 진단된 아동의 경우, Wechsler 지능검사 상 수행이 저하되기 쉬운 소검사는?

① 공통성　　　　② 숫자

③ 토막 짜기　　　④ 어휘

해설 공통성, 토막 짜기, 어휘는 일반지능과 관련된 핵심 소검사 항목이고, 숫자는 사고력, 수리능력, 주의집중력을 검사한다.
• 숫자 바로 외우기 : 주의력, 단기 기억능력
• 숫자 거꾸로 외우기 : 주의력, 단기 기억능력, 요소 재구성 능력 → 보충 소검사

15 다음 설명에 해당하는 타당도는?

> 타당화하려는 검사와 외적 준거 간에는 상관이 높아야 하고, 어떠한 검사를 실시하여 얻은 점수로부터 수검자의 다른 행동을 예측할 수 있어야 한다.

① 준거 관련 타당도

② 내용 관련 타당도

③ 구인 타당도

④ 수렴 및 변별 타당도

해설
• 준거 관련 타당도는 기본적으로 검사 점수가 얼마나 준거변인과 관련이 있으며, 얼마나 정확하게 미래 시점의 준거 변인을 예측하는가에 관심을 둔다.
• 현재의 준거 변인과의 연관성은 공인 타당도로 나타낸다.
• 검사 결과가 미래 시점의 준거 변인을 어느 정도 정확하게 예측할 수 있는가는 예측 타당도로 나타낸다.

16 MMPI에서 6번과 8번 척도가 함께 상승하였을 때의 가능한 해석이 아닌 것은?

① 편집증적 경향과 사고장애가 주된 임상 특징이다.

② 주요 방어기제는 투사, 외향화, 왜곡, 현실 부정이다.

③ 대인관계의 특징은 친밀한 관계 형성의 어려움, 불신감, 적대감이다.

④ 남들로부터 관심과 애정을 끌고 동정을 받으려는 강한 욕구를 지니고 있다.

해설 [6-8 코드 유형 또는 8-6 코드 유형(Pa & Sc)]
• 편집증적 경향과 사고장애 등으로 편집증적 조현병으로 의심할 수 있는 증세이다.
• 피해망상, 과대망상, 환청 등 작은 고통에도 괴로워한다.
• 타인과의 관계가 적대감과 의심, 과민한 반응, 변덕스러운 태도로 불안정하다.
• 현실 인지능력이 떨어짐과 동시에 자폐적이고 분열적 환상이나 성적 문제로 갈등이 일어난다.
• 편집형 조현 증세와 분열성 성격장애의 가능성이 시사된다.

17 Wechsler 지능검사를 실시할 때의 주의사항과 가장 거리가 먼 것은?

① 가급적 표준화된 과정과 동일한 방식대로 실시되어야 한다.

② 검사의 이론적 배경, 적용한계, 채점방식 등에 관하여 충분한 이해가 선행되어야 한다.

③ 검사 도구는 검사를 실시하기 전까지 피검자의 눈에 띄지 않는 곳에 두어야 한다.

④ 지적인 요인을 평가하는 검사이므로 다른 어떠한 검사보다 피검자와의 라포 형성이 최소화되어야 한다.

해설 [Wechsler 지능검사 시의 주의사항]
• 표준 시행과 함께 행동 관찰에 훈련이 되어 있어야 한다.
• 결과의 의미 있는 해석을 위하여 표준 절차를 엄격하게 따르고 수검자의 주의를 분산시키는 환경을 제어한다.
• 간단하게 설명하고 질문한다. 수검자의 불안전한 반응에 대처할 수 있도록 채점의 원칙을 잘 숙지하고 있어야 한다.
• 특별한 이유가 없다면 한 번에 전체 검사를 진행하는 것이 바람직하다.
• 검사 시행이 적절하지 않은 경우에는 시행을 중단하거나 면접을 통하여 상황이 잘 극복되도록 노력한다.
• 검사 도구는 소도구를 실시할 때까지 수검자의 눈에 띄지 않도록 주의한다.

18 MMPI-2에서 문항의 내용과 무관하게 응답하는 경향을 측정하는 척도는?

① F

② F(P)

③ FBS

④ TRIN

해설 TRIN(True Response INconsistency) 척도는 '고정반응 비일관성 척도'라고도 하는데, 피검자가 문항의 내용과 관계없이 모든 문항을 '그렇다'로 반응하거나 '아니다'로 반응하는 경향을 탐지한다.

19 심리검사의 사용 윤리와 가장 거리가 먼 것은?

① 자격을 갖춘 사람만이 심리검사를 사용하여야 한다.

② 자격을 갖춘 사람만이 심리검사를 구매할 수 있다.

③ 쉽게 이해할 수 있고 검사 목적에 맞는 용어로 검사 결과를 제시하는 것이 좋다.

④ 검사 결과는 어떠한 경우라도 사생활 보장과 비밀 유지를 위하여 수검자 본인에게만 전달되어야 한다.

해설 동의를 얻은 경우나 위험에 처한 환자의 경우에는 법적인 문제인 경우에 한하여 타인에게 전달할 수 있다.

[윤리적인 검사 사용에 대한 책임] (한국심리학회의 윤리 규정)

• 전문적이고 윤리적인 방식으로 행동한다.
• 검사를 사용하기 위한 역량을 확보한다.
• 자신이 사용하는 검사에 대한 책임을 진다.
• 검사 결과의 비밀 보장을 철저히 한다.
  – 검사 결과의 자료를 볼 수 있는 사람이 누구인지, 어느 정도의 자료까지 볼 수 있는지를 명시한다.
  – 검사를 실시하기 전에 관련자들에게 비밀 보장의 수준을 설명한다.
  – 검사 결과를 알 권리를 가진 사람들에게만 검사 결과를 볼 수 있도록 제한한다.
  – 다른 사람들에게 결과를 알려주기 전에 필요한 동의를 얻는다.

20 주의력 손상을 측정하기 위한 검사가 아닌 것은?

① Category Test

② Digit – Span Test

③ Letter Cancellation Test

④ Visual Search & Attention Test

해설 Category Test는 할스테드 범주 검사로, 뇌손상의 유무 판단, 대뇌기능과 손상 정도를 유의미하게 측정 가능한 검사이다.

[주의력 손상 측정용 검사]

Digit – Span Test	성인용 주의력 검사 (숫자 따라 하기)
Letter Cancellation Test	시각 결핍 장애와 일방 공간 무시 경향을 위한 검사, 즉 시지각 결핍/장애를 알아보는 검사
Visual search & attention test	주의력/지남력 검사

01 조직에서 직원을 선발할 때 적성검사를 하는 경우, 적성검사와 준거관련 타당도는 어떻게 구하는 것이 가장 바람직한가?

① 적성검사의 요인을 분석한다.

② 적성검사와 다른 선발용 검사와의 상관을 구한다.

③ 적성검사의 내용을 전문가들이 판단하도록 한다.

④ 적성검사와 직원이 입사 후 이들의 직무 수행 점수와의 상관을 구한다.

> **해설** 준거관련 타당도는 기존의 유사한 검사도구를 비교하여 상관계수를 구하는 방법을 말한다. ①은 요인 분석, ②는 공인 타당도, ③은 내용 타당도, ④는 예언 타당도(준거 타당도의 한 종류)에 해당한다.

02 지능이론에 대한 설명으로 옳은 것은?

① Thurstone은 지능을 g요인과 s요인으로 구분하여 지능의 개념을 가정하였다.

② Cattell은 지능을 선천적이며 개인의 경험과 무관한 결정성 지능과 후천적이며 학습된 지식과 관련된 유동성 지능으로 구분하였다.

③ Gardner는 다중지능을 기술하여 언어적, 음악적, 공간적 등 여러 가지 지능이 있다고 하였다.

④ Spearman은 지능을 7개의 요인으로 구성되어 있다고 보는 다요인설을 주장하고, 이를 인간의 기본 정신능력이라고 하였다.

> **해설**
> · ①은 Spearman의 2요인설에 대한 설명으로, 지능에는 'g요인'과 's요인'이 있다고 가정하였다.
> · ②의 Cattell은 '유동성 지능'은 선천적, '결정성 지능'은 후천적이고 학습되는 것으로 보았다.
> · ③은 Gardner의 다중지능이론에 대한 설명이다.
> · ④는 Thurstone의 다요인설에 대한 설명이다.

03 스탠포드-비네 지능검사에 대한 설명으로 틀린 것은?

① IQ는 대부분의 점수가 100 근처에 모인다.

② 언어성 검사와 동작성 검사의 두 부분으로 나누어져 있다.

③ 언어 추리, 추상적/시각적 추리, 양 추리, 단기기억 영역을 포함한다.

④ IQ 분포는 종 모양의 정상분포곡선을 그린다.

> **해설** ②는 웩슬러 검사에 대한 설명이다. 웩슬러 검사 이전까지의 지능검사는 수리, 언어 등 학습개념에 초점을 둔 검사들이 주류를 이루었다.

---

01 ④　02 ③　03 ②　**정답**

04 MMPI-2에서 4-6코드의 대표적인 특성으로 옳은 것은?

① 기묘한 성적 강박관념과 반응을 가질 수 있다.

② 외향적이고 수다스러우며 사교적이면서도 긴장하고 안절부절못한다.

③ 연극적이고 증상과 관련된 수단을 통하여 사람을 통제한다.

④ 자신의 잘못에 대하여 타인을 비난하기 때문에 이에 대한 자신의 통찰이 약하다.

해설 [4-6코드의 특성]
- 사회적 부적응이 심각하고 공격적 태도를 보이는 비행 청소년에게 주로 나타나는 특징이 있다.
- 미성숙하고 자기중심적인 경향으로 행동한다.
- 타인으로부터 관심과 동정을 유도한다.
- 화를 내면서 자신의 내부에 억압된 분노를 폭발시킨다.
- 분노의 원인을 항상 외부에 전가하는 경향이 있다.
- 부인 및 합리화의 방어 기제를 사용하고, 자신의 심리적 문제는 외면한다.
- 지적하는 사람에게 분노와 비난을 퍼붓는다.
- 다른 사람을 의심하여 정서적 유대관계를 맺지 않으려는 경향이 있다.
- 비현실적인 사고와 자신에 대한 과대망상적 평가를 하는 경향이 있다.
- 수동-공격성 성격 장애와 조현병, 특히 편집형 조현병 진단의 가능성이 있다.

05 노인을 대상으로 HTP검사를 실시하는 방법으로 옳은 것은?

① 노인의 보호자가 옆에서 지켜보면서 격려하도록 한다.

② HTP검사를 실시할 때 각 대상은 별도의 용지를 사용하여 실시한다.

③ 그림을 그린 다음에는 수정하지 못하게 한다.

④ 그림이 완성된 후에 보호자에게 사후 질문을 하는 것이 일반적이다.

해설 [HTP검사 실시방법]
- 상태의 경과를 잘 파악할 수 있는 검사로, 대표적인 투사 검사이다.
- 4장의 종이에 집, 나무, 남자, 여자를 그리게 한다. (집, 나무, 사람 검사)
- 심리검사는 개인적인 검사이므로 보호자를 동반하지 않는다.
- 그림을 수정할 수는 있으나, 먼저 그린 그림에 대한 설명을 기록해 둔다.
- 수검자에게는 그림이 완성된 후에 질문하여야 한다.

06 아동용 시지각-운동통합의 발달검사로, 24개의 기하학적 형태의 도형으로 이루어진 지필검사는?

① VMI
② BGT
③ CPT
④ CBCL

해설 [발달검사의 유형]

시각-운동통합의 발달검사 (VMI : Visual-Motor Integration)	• 2~15세 아동 및 청소년 대상 • 시지각과 소근육의 협응능력 평가 • 학습 및 장애 발견 • 24개 도형으로 검사
BGT (Bender-Gestalt Test)	• Bender가 게슈탈트 학자인 Wertheimer의 도안에서 차용한 9개의 도형을 사용하는 검사 • 뇌 손상, 병변 환자의 신경심리평가 가능
CPT (Continuous Performance Test)	• 지속수행능력 검사 • 주의력과 충동성 검사
CBCL (Child Behavior CheckList)	• 아동과 청소년의 사회 적응 및 정서행동문제를 평가하는 임상도구

07 실행적 기능(Executive function)을 담당하는 뇌 부위가 손상된 환자에 대한 평가 결과와 가장 거리가 먼 것은?

① BGT에서 도형의 배치 순서를 평가하는 항목의 점수가 유의하게 낮았다.
② Trail Making Test에서 반응시간이 평균보다 2 표준편차 이상 높았다.
③ Stroop test의 간섭시행 단계에서 특히 점수가 낮았다.
④ 웩슬러 지능검사에서 상식 소검사의 점수가 유의하게 낮았다.

> **해설** 실행적 기능(Executive function)은 자기 자신을 통제하고 목표지향적인 행동을 달성하는 데 필요한 고차원적인 인지기능으로, 반응 억제, 계획능력, 조직화, 전환능력, 추론, 작업 기억력 등이 포함되는 전전두엽의 기능이다.
> • ④ 웩슬러 지능검사에서의 상식 소검사는 언어이해 영역에 포함된다. 특히 상식 소검사는 후천적 지식습득의 정도를 파악하기 위한 검사로 실행적 기능과는 관계가 없다.
> • ① BGT의 도형 배열에서 낮은 점수는 충동성을 시사한다.
> • ② Trail Making Test는 주의력, 집중력과 관련된 검사이다.
> • ③ Stroop test는 집행기능, 선택적 주의력, 자동화된 반응을 억제하는 능력을 측정한다.

08 MMPI-2에서 임상 척도의 중요성을 평가할 때 고려하여야 할 사항과 거리가 먼 것은?

① 전체 프로파일 해석에서 타당도 척도보다 임상 척도를 먼저 해석하여야 한다.
② 정신병리에 대하여 임상 척도와 소척도를 함께 살펴보아야 한다.
③ 정신병리를 측정하는 내용 척도 및 내용 소척도와도 비교하여야 한다.
④ 연령이나 성별과 같은 인구통계학적 변인과 임상 척도 간의 관계를 고려하여야 한다.

> **해설** 프로파일을 해석할 때 타당도 척도를 먼저 살펴서 이 검사가 타당한지를 먼저 판단한 후에 임상 척도를 해석한다.

09 MMPI-2에서 내용 척도 CYN의 설명과 가장 거리가 먼 것은?

① 근거 없는 염세적 신념을 보인다.
② 자신의 위선, 속임수를 정당화한다.
③ 어려움에 쉽게 포기하거나 타인에게 복종한다.
④ 쉽게 비난받는다고 여기며 타인을 경계한다.

> **해설** [내용 척도 CYN(Cynicism, 냉소적 태도 척도)]
> • 외적인 공격적 경향에 속하는 타인들을 '부정직하고 이기적이고 냉정하다'고 평가한다.
> • 타인의 동기를 의심하고 대인관계를 경계하고 타인을 믿지 않는다.
> • 적대적이고 편집적 사고를 하고 타인에게 요구가 많지만, 타인의 요구에는 분개하는 경향을 가진다.
> • 내적 일관성이 높고 중복 문항의 최소화로 독립적이고 직관적이다.
> • 척도의 문항 내용과 경험적 상관물의 2가지 기초 자료에 기반하여 내적인 증상, 외적인 공격성, 부정적인 자기견해, 일반적인 문제영역 군집으로 구분한다.

10 WAIS-IV의 연속적인 수준 해석 절차의 2단계는?

① 소검사 반응 내 분석
② 전체 척도 IQ 해석
③ 소검사 변산성 해석
④ 지수 점수 및 CHC 군집 해석

> **해설** [WAIS-IV의 연속적인 수준 해석 절차]

1단계	전체 IQ 해석하기
2단계	언어성 vs 동작성 / 요인별 점수 / 지표점수 해석
3단계	하위 소검사, 변산 해석하기
4단계	하위 소검사 내 분석하기
5단계	질적 분석

07 ④   08 ①   09 ③   10 ④   **정답**

11 Rorschach 검사의 질문단계에서 검사자의 질문 또는 반응으로 가장 적절하지 않은 것은?

① "말씀하신 것은 주로 형태인가요, 색깔인가요?"

② "당신이 어디를 그렇게 보았는지 잘 모르겠네요."

③ "그냥 그렇게 보인다고 하셨는데, 어떠한 것을 말씀하는 것인지 조금 더 구체적으로 설명해 주세요."

④ "그것처럼 보이게 만든 것은 무엇인가요?"

> **해설** Rorschach검사의 질문단계에서 주의하여야 할 점은 "모양 때문에 그렇게 보았나요?"나 "박쥐가 날고 있는 모습인가요?" 등의 직접적으로 유도하는 질문은 삼가야 한다는 것이다.

	L척도 (부인 척도, Lie)	자신을 좋게 보이려고 하지만 세련되지 못한 시도를 측정한다.
타당도 척도 -방어성	K척도 (교정 척도, Correction)	L척도보다 은밀하게, 세련된 방어를 측정한다.
	S척도 (과장된 자기 제시 척도)	도덕적 결함의 부인, 자신을 과장된 방식으로 표현하는 것을 평가한다.

12 MMPI 타당도 척도 중 평가하는 내용이 나머지와 다른 것은?

① F   ② K

③ L   ④ S

> **해설** [MMPI 타당도 척도의 평가내용]

	F	정상인들이 응답하는 방식에서 벗어나는 경향이 있다.
타당도 척도 -비전형척도	FB	검사 후반부에 어떠한 수검 태도를 보였는지를 알 수 있는 점수이다.
	FP	무선반응이나 고정반응으로 인하여 F척도의 점수가 상승된 것이 아니라고 판단될 때 사용한다.
	FBS	부정왜곡 척도, 개인 상해소송, 꾀병 탐지문항이 있다.

13 신경인지장애가 의심되는 노인 환자를 대상으로 실시하기에 적합하지 않은 검사는?

① NEO-PI-R   ② MMSE

③ COWA Test   ④ CERAD

> **해설** [신경인지장애 의심환자 대상의 검사]

Costa와 McCrae의 NEO-PI-R (NEO-Personality Inventory Revised)	성격 5요인이론을 기초로 한 검사
MMSE (Mini-Mental State Examination)	단시간 내 노인의 인지기능과 치매 여부 평가의 검사도구
COWA검사 (Controlled Oral Word Association)	자발적인 단어연상 유창성 검사
CERAD (Consortium to Establish a Registry for Alzheimer's Disease)	치매환자를 위한 종합검사 패키지

14 다음 K-WAIS 검사의 결과가 나타내는 정신 장애로 가장 적합한 것은?

> • 토막 짜기, 바꿔 쓰기, 차례 맞추기, 모양 맞추기의 점수가 낮다.
> • 숫자 외우기 소검사에서 바로 따라 외우기와 거꾸로 따라 외우기의 점수 간에 큰 차이를 보인다.
> • 공통성 문제의 점수가 낮다. (개념적 사고의 손상)
> • 어휘, 상식, 이해 소검사의 점수는 비교적 유지되어 있다.

① 강박 장애
② 기질적 뇌 손상
③ 불안 장애
④ 반사회성 성격 장애

해설 위의 검사 결과는 웩슬러 지능검사에 의한 기질적 뇌손상의 일반적 특징에 해당한다.

15 표준화된 검사가 다른 검사에 비하여 객관적인 해석을 가능하게 해 주는 이유로 가장 적합한 것은?

① 타당도가 높기 때문이다.
② 규준이 마련되어 있기 때문이다.
③ 신뢰도가 높기 때문이다.
④ 실시가 용이하기 때문이다.

해설 표준화 검사의 검사 결과를 비교해 볼 수 있는 '규준'이 있다는 것이 가장 큰 특징이다.

16 Guilford의 지능구조(SOI ; Structure of Intellect) 3요소가 아닌 것은?

① 조작(operations)
② 내용(contents)
③ 과정(proesses)
④ 결과물(products)

해설 [지능구조(SOI ; Structure of Intellect)]

1. 개요
• Guilford는 Thurstone의 기본적인 능력(PAM)을 확장, 발전시켰다.
• 3차원의 상호작용 결과(5x6x6)로 180개의 지능요인이 존재함을 밝혔다.

2. 3차원적 지능구조

내용(contents) 차원	시각, 청각, 상징, 의미, 행동 (5개)
조작(operations) 차원	평가, 수렴, 확산, 기억장치, 기억 저장, 인지 (6개)
결과(products) 차원	단위, 종류, 관계, 체계, 변용, 함축 (6개)

3. 지적 하위 능력

기억력	인지된 사실의 파지 능력
인지적 사고력	여러 가지 지식과 정보의 발견 및 인지와 관련된 사고력
수렴적 사고력	이미 알고 있는 지식이나 기억된 정보에서 다른 지식을 꺼내는 능력
평가적 사고력	생산된 지식 정보의 정당성, 정확성, 양호성을 판단하는 능력

17 뇌손상의 양상에 관한 설명으로 가장 적합한 것은?

① 뇌손상 이후 일반적인 지적능력을 유지하지 못하여 원래의 지적능력 수준이 떨어진다.

② 의사소통장애가 있는 모든 뇌손상 환자들이 실어증을 수반한다.

③ 뇌손상이 있는 환자는 복잡한 자극보다는 단순한 자극에 시지각 장애를 더 많이 보인다.

④ 뇌손상이 있는 환자는 대부분 1차 기억보다 최신 기억을 더 상세하게 기억한다.

해설 **[뇌손상의 양상]**

• 뇌손상으로 인하여 영향 받는 가장 대표적인 영역은 일반적인 지적능력의 손상이다. 뇌손상 이후의 환자들은 병전 수준의 일반적인 지적 능력을 유지하지 못하여 원래의 지적 능력 수준이 저하된다.

• 문제 해결을 효과적으로 하지 못하고, 목표 지향적 행동이 체계적이지 못하며, 계산능력, 속담, 해석 등의 다양한 특정 능력이 손상된다.

• 뇌손상이 있을 때 흔히 나타나는 장애는 기억 장애이다.

• 숙련된 활동을 수행하는 운동속도의 저하도 일어난다.

• 시각-공간 능력의 손상도 의심된다.

18 발달검사의 특징에 관한 설명으로 옳은 것은?

① 아동을 직접 검사하지 않고 보호자의 보고에 의존하는 발달검사도구도 있다.

② 발달검사의 목적은 유아의 지적능력 파악이 주목적이다.

③ 영유아 기준 발달상 미숙한 단계이므로 다양한 영역을 측정하기 어렵다.

④ 발달검사는 주로 언어 이해 및 표현능력으로 구성되어 있다.

해설 **[발달검사의 특징]**

• 유아의 발달적 진전을 정상적인 영유아의 규준적 행동에 비교할 수 있다.

• 발달적 지진이나 이탈의 여부를 판별하고 미래의 성취(학습능력)를 예측하고자 한다.

• 단, 학습능력에 대한 예측면의 가치는 제한적이다.

• 영유아용 검사의 예언 타당도는 약하다.

• 영유아의 발달 수준을 부모가 확인하고 보고하는 검사들이 있다.

• 유아의 행동은 단순한 감각운동적 기능에 제한되어 있고, 발달속도가 빠르며 변화의 폭이 크기 때문에 성장 후의 능력을 예언하는 데 한계가 있다.

19 MMPI-2에서 타당성을 고려할 때 '?' 지표에 대한 설명으로 틀린 것은?

① 각 척도별 '?' 반응의 비율을 확인해 보는 것은 유용할 수 있다.

② '?' 반응이 300번 이내의 문항에서만 발견되었다면, L척도, F척도, K척도는 표준적인 해석이 가능하다

③ '?' 반응이 3개 미만인 경우에도 해당 문항에 대한 재반응을 요청하는 등의 사전 검토작업이 필요하다.

④ '?' 반응은 수검자가 질문에 대하여 답변을 하지 않을 경우뿐만 아니라 '그렇다'와 '아니다'에 모두 응답한 경우에도 해당된다.

해설 **[? 척도(무응답 척도, Cannot Say)]**

• 응답하지 않은 문항과 '그렇다/아니다'에 모두 응답한 문항들의 총합 점수이다.

• 반응이 적절하지 않은 방어적인 태도를 측정한다.

- '그렇다/아니다'를 결정할 수 없을 때 답변하지 않아도 된다는 지시를 주면 무응답 문항이 많아지는 경향이 있어서 주의를 요한다. 또 30개 이상의 문항이 누락되었거나 양쪽 모두에 응답하는 경우의 프로파일은 무효로 한다.
- 제외되는 문항들은 척도 높이를 저하시키는 결과를 가져온다.
- MMPI-2는 단축형 검사를 위하여 370개 문항 안에 임상척도를 모두 배치하였기 때문에 무응답 문항이 370번 문항 이후에 많다면, 무응답 문항수가 많다는 이유만으로 검사 결과의 타당성을 의심할 필요는 없다.

20 K-WISC-IV를 통하여 일반 능력을 알아볼 수 있는 소검사끼리 바르게 묶은 것은?
① 공통그림 찾기, 단어 추리, 순차 연결
② 상식, 숫자, 동형 찾기
③ 공통성, 토막 짜기, 이해
④ 행렬 추리, 기호 쓰기, 어휘

해설

일반적 능력 지표(GAI) = 언어이해 지표 + 지각적 추리 지표
- 언어이해 지표 = 공통성, 이해, 어휘/단어 추리
- 상식+지각적 추리 지표 = 토막 짜기, 행렬 추리, 공통그림/빠진 곳 찾기

- ①에서 '공통그림 찾기'는 지각적 추리 지표, '단어 추리'는 언어이해 지표, '순차 연결'은 작업기억 지표이다.
- ②에서 '상식'은 언어이해 지표, '숫자'는 작업기억 지표, '동형 찾기'는 처리속도 지표이다.
- ④에서 '행렬 추리'는 지각적 추리 지표, '기호 쓰기'는 처리속도 지표, '어휘'는 언어이해 지표이다.

01 심리평가도구 중 최초 개발된 이후에 검사의 재료가 변경된 적이 없는 것은?

① Wechsler 지능검사
② MMPI 다면적 인성검사
③ Bendef-Gastalt 검사
④ Rorschach 검사

> **해설**
> • Wechsler 지능검사는 다년간 변경이 있었고, 현재는 성인용과 아동용의 경우는 4판, 유아용의 경우는 2판까지 개정하였다.
> • MMPI 다면적 인성검사는 MMPI-2로 개정하였다.
> • Bendef-Gastalt 검사는 Bender가 Werthheimer (1923)의 도형을 선별하여 1938년에 개발하였다. 1940년대에는 Hutt에 의하여 정신역동적 관점을 수용하면서 HABGT 검사가 개발되었고, 현재 널리 사용되고 있는 것은 Pascal-Suttell, Hutt-Briskin 등의 3가지 체계이다.

02 심리치료에 관한 연구 결과로 옳은 것은?

① 모든 문제들은 똑같이 치료하기 어렵다.
② 치료자의 연령과 치료 성과와의 관련성은 없다.
③ 사회경제적 지위는 좋은 치료 효과를 예언한다.
④ 치료자의 치료 경험과 치료 성과 간의 관계는 일관적이다.

> **해설** 치료자의 연령과 치료 성과의 관련성은 없지만, 내담자의 나이가 많은 경우에는 치료자의 연령을 고려하는 경우가 많다.

03 치료 효과에 긍정적인 영향을 미치는 유능한 치료자의 특성과 가장 거리가 먼 것은?

① 의사소통능력
② 이론적 모델
③ 치료적 관계형성능력
④ 자기관찰과 관리기술

> **해설** 모든 이론은 거의 비슷한 효과를 보여준다는 연구 결과가 있는 것처럼, 치료자의 유능성을 보여주는 특정한 이론적 모델은 없다.

04 Rogers의 인간 중심 이론에서 치료자가 지녀야 할 주요 특성으로 틀린 것은?

① 합리성　　　② 진실성
③ 정확한 공감　④ 무조건적 존중

> **해설** Rogers는 치료자가 공감, 무조건적 긍정적 존중, 진실성을 가져야 한다고 보았다.

05 내담자의 경험에 초점을 두고 심리치료적 상호작용에서 감정이입, 따뜻함, 무조건적 긍정적 존중을 강조한 접근은?

① 정신분석적 접근
② 행동주의 접근
③ 생물학적 접근
④ 인본주의 접근

> **해설** Rogers의 내담자 중심 상담은 인본주의적 접근이다.

정답 01 ④　02 ②　03 ②　04 ①　05 ④

06 다음과 같은 상황에서 임상심리사에게 가장 필요한 것은?

> 개인적인 문제와 관련하여 공격적이거나 적대적인 내담자와의 관계에서 자주 갈등을 일으키며, 이 때문에 심리적 고통이 심하고 업무 수행이 곤란한 상황이다.

① 임상실습훈련 참여
② 지도감독 참여
③ 소양교육 참여
④ 개인 심리치료 참여

해설 위의 경우에서 상담자는 소진(burn-out)된 것으로 보여진다. 소진된 상담자는 우선 자신을 위하여 심리치료 또는 개인 상담을 통한 회복이 필요하다.

07 심리평가의 해석과정에 대한 설명으로 틀린 것은?

① T점수의 평균은 50점이고, 표준편차는 100점이 된다.
② 개인 간 차이는 각 하위 척도의 점수를 표준점수로 환산하여 각 오차를 없앤 뒤에 절댓값을 산출한다.
③ 외적 준거로 채택한 검사에서 받을 수 있는 점수를 좀 더 정확하게 추정하려면 회귀방정식을 이용한다.
④ 심리검사의 점수는 절대성이 있을 수 있는 것이 아니고 상대적으로 비교한 측정치이므로 상대성을 포함한다.

해설 표준점수로 환산하는 이유는 오차를 없애려는 것이 아니라 분산을 정확하게 추정하기 위한 목적이다. 오차를 없애는 것은 불가능하다.

08 다음 중 접수 면접에서 반드시 확인되어야 할 사항과 가장 거리가 먼 것은?

① 인적사항
② 주호소 문제
③ 내원하게 된 직접적 계기
④ 문제의 원인으로 추정되는 어린 시절의 경험

해설 문제의 원인으로 추정되는 어린 시절의 경험은 접수 면접(Intake-interview)이 아니라 라포 형성이 된 상담 초반이나 중반에 점검되어야 할 부분이다.

09 다음과 관련된 치료적 접근은?

> 치료과정에서 내담자의 열등감 극복을 주요 과제로 상성하며, 보상을 향한 추구행동으로서의 생활방식을 변화시키는 데 주목한다.

① Erickson의 심리사회적 발달이론
② Freud의 정신분석학
③ Adler의 개인심리학
④ 대상관계이론

해설 Adler의 개인심리학은 열등감 극복이 중요한 주제이며, 생활양식(Scheme)을 변화시키는 것이 주요한 방법이다.

10 최초의 심리진료소를 설립함으로써 임상심리학의 초기 발전에 직접적으로 중요한 공헌을 한 인물은?

① Kant
② Witmer
③ Mowrer
④ Miler

해설 Witmer는 필라델피아 대학교에 심리진료소를 설립함으로써 임상심리학 발전을 위한 기초를 마련하였다.

11 다음은 자문의 모델 중 무엇에 관한 설명인가?

> • 자문가와 자문 요청자(피자문자) 간에 보다 분명한 역할이 있다.
> • 자문가는 학습이론이 어떻게 개인, 집단 및 조직의 문제에 실질적으로 적용될 수 있는지를 가르치고 보여주는 인정받은 전문가이다.
> • 문제 해결에 대한 지식이 있어서 자문가와 자문 요청자 간에 불균형이 있다.

① 정신건강 모델　② 행동주의 모델
③ 조직 모델　④ 과정 모델

해설 [자문의 모델]

행동주의 모델		• 자문가는 학습이론이 어떻게 개인, 집단 및 조직의 문제에 실질적으로 적용될 수 있는지를 가르치고 보여주는 인정받은 전문가로 본다. • 자문가와 자문 요청자(피자문자) 간에는 보다 분명한 역할이 있으며, 문제 해결에 있어서 상호관계가 있을 수 있지만 행동지식 기반에 있어서 자문가와 자문 요청자 사이에는 커다란 불균형이 있다고 본다.
정신건강 모델		• 기본적으로 자문 요청자(피자문자)에게 문제 해결의 능력이 있다고 가정한다. • 자문가와 자문 요청자의 관계는 평등하다. • 자문가는 자문 요청자에게 조언과 지시를 제공하여 촉진자로서의 역할을 수행한다. • 자문의 성공 여부는 자문 요청자로서의 진단, 대처, 기술적·정서적 문제해결 능력의 확장 정도 등으로 평가한다.
조직 모델	조직 인간관계 모델	• 조직 내에서 개인들 간의 상호작용이 어떻게 이루어지는가에 관심을 기울인다. • 자문가는 인간관계의 촉진자로 묘사되며, 개인 가치 및 태도, 집단과정에 초점을 두어 계획된 변화를 이끌어냄으로써 조직의 생산성 향상 및 사기 증진에 이바지한다.
조직 모델	조직 사고 모델	• 조직 인간관계 모델의 변형된 형태로, 조직 내 의사소통 및 의사결정, 목표 설정 및 역할 규정, 조직 내 갈등 등에 관심을 기울인다. • 자문가는 자문 요청자에게 시범을 보이고 훈련을 제공하는 등의 보다 직접적인 개입을 통하여 집단과정을 촉진시킨다.
과정 모델		• 자문가와 자문 요청자(피자문자) 간의 협동을 강조한다. • 자문가는 조직의 상호작용을 분석하고, 문제를 파악하며, 해결책을 모색한다. • 자문 요청자로 하여금 조직의 생산성 및 조직 내 정서적 분위기에 영향을 미치는 대인관계의 상호작용에 대한 이해도를 높인다.

12 방어 기제에 대한 개념과 설명이 바르게 짝지어진 것은?

① 투사(projection) – 주어진 상황에서 결과에 대하여 어쩔 수 없었다고 생각하며 행동한다.

② 대치(displacement) – 추동 대상을 위협적이지 않거나 이용 가능한 대상으로 바꾼다.

정답 11 ② 　 12 ②

③ 반동형성(reaction formation) – 이전의 만족 방식이나 이전 단계의 만족 대상으로 후퇴한다.

④ 퇴행(regression) – 무의식적 추동과는 정반대로 표현한다.

해설
· 투사는 내가 가지고 있는 마음을 상대가 가졌다고 보는 것을 의미한다.
· 반동형성은 무의식적 추동과는 정반대로 표현하는 것을 의미한다.
· 퇴행은 이전의 만족 방식이나 이전 단계의 만족 대상으로 후퇴하는 것을 의미한다.

13 직접 행동관찰에 관한 설명으로 가장 적합한 것은?

① 평정하고자 하는 속성을 명확하게 정의하여야 한다.

② 후광 효과의 영향을 고려되지 않는다.

③ 내현적이거나 추론된 성격 측면을 평가하는 데 적합하다.

④ 각각의 항목에 대하여 극단적인 점수에 평정하는 경향이 있다.

해설
· 직접 행동관찰에서 후광 효과의 영향이 있으므로 주의하여야 한다.
· 직접 행동관찰은 외현적으로 나타난 성격을 파악하는 데 적합하다.
· 극단적 점수에 평정하는 것은 직접 관찰과 거의 연관이 없다.

14 정상적 기능의 성인이 나머지 가족원을 살해한 사건에서 법정 임상심리학자가 가장 우선적으로 고려하여야 할 사항은?

① 가족의 재산 정도

② 피해자와 가해자의 평소 친분관계

③ 목격자 증언의 신빙성

④ 범행 당시, 가해자의 정신상태

해설 범행 당시에 가해자의 정신상태를 우선적으로 고려하여야 한다. 하지만 이로 인하여 여론의 뭇매를 맞기도 한다.

15 다음 사례에서 사용한 치료적 접근법은?

불안을 가지고 있는 내담자를 치료하는 과정에서 체계적 둔감법을 사용하였고, 공황을 느끼고 있는 내담자에게는 참여 모델링기법을 사용하였다.

① 행동적 접근　② 정신분석적 접근

③ 실존주의적 접근　④ 현상학적 접근

해설 체계적 둔감법(둔감화)은 인지행동치료에서 대표적인 공포 치료이고, 모델링 기법은 인지행동에서 특별하게 사회학습 관점에서 치료하는 방법이다. 그러므로 2가지 치료적 접근법 모두 행동적 접근이다.

16 상담자가 자신의 내담자와 치료를 진행하는 기간에 내담자 가족에게 식사 초대를 하였다면 어떠한 윤리 원칙을 위반할 가능성이 높은가?

① 유능성

② 이중관계

③ 전문적 책임

④ 타인의 존엄성에 대한 존중

해설 이중관계는 상담자와 내담자 관계인 동시에 친밀한 관계를 성립하는 것을 의미한다.

17 심리평가를 시행하는 동안 임상심리사가 취하여야 할 태도와 가장 거리가 먼 것은?

① 행동관찰에서는 비일상적 행동이나 그 환자만의 특징적인 행동을 주로 기술한다.

② 관찰된 행동을 기술할 때 구체적인 용어로 설명하는 것이 바람직하다.

③ 평가 상황에서의 일상적인 행동을 평가 보고서에 기록하는 것이 좋다.

④ 심리검사 결과뿐 아니라 외모나 면접자에 대한 태도, 의사소통방식 등도 기록하는 것이 좋다.

> **해설** 평가 상황에서 일상적인 행동은 기록하지 않는 것이 좋다.

18 임상적 평가의 목적과 가장 거리가 먼 것은?

① 치료의 효과에 대한 예측(예후)

② 미래 수행에 대한 예측

③ 위험성 예측

④ 심리 본질의 발견

> **해설**
> • 임상적 평가는 치료 효과와 위험성, 미래 수행이 어떨지를 예측하는 것과 관련이 있다.
> • 심리 본질의 발견은 상담이나 치료와 좀 더 관련이 있다.

19 아동의 바람직하지 않은 행동을 감소시키기 위하여 사용할 수 있는 적합한 기법은?

① 행동 연쇄(chaning)

② 토큰 경제(token economy)

③ 과잉 교정(overcorrection)

④ 주장 훈련(assertive training)

> **해설** 과잉 교정(Overcorrection)은 잘못된 행동이 지나치게 일어났을 때나 강화로 제공될 대인행동이 거의 없을 때 효과적이다. 즉, 발끈하여 음식을 집어던진 아동에게 우선 흩어진 것을 치우도록 요구한 다음, 마룻바닥을 깨끗이 닦게 함으로써 '이전보다 더 나은 상태'가 되도록 한 이후에 음식을 다시 원상태로 정돈하게 하는 것이다.

20 행동 평가에 관한 설명으로 틀린 것은?

① 목표 행동을 정확히 기술한다.

② 행동의 선행조건과 결과를 확인한다.

③ 법칙 정립적(Nomothetic) 접근에 기초한다.

④ 특정 상황에 대한 개인의 행동에 초점을 맞춘다.

> **해설** [법칙 정립적(Nomothetic) 접근]
> • 법칙 정립적 접근은 여러 곳에서 얻어낸 자료를 종합하여 보편적 법칙을 탐색하는 것을 말한다.
> • 법칙 정립적 접근은 한 개인의 집중적 연구를 강조하는 개별 기술적 접근과 반대되는 개념이다.
> • 행동 평가는 법칙 정립적 접근이 아니라 특정 상황에서의 개인적 행동에 좀 더 초점을 맞추어야 한다.

01 일반적으로 의미적 인출(Semantic retrieval) 및 일화적 부호화(Episodic encoding)를 담당하는 것은?

① 브로카의 영역
② 우전전두 피질 영역
③ 베르니케 영역
④ 좌전전두 피질 영역

해설

브로카의 영역	운동성 실어증
우전전두 피질 영역	일화적 인출
베르니케 영역	감각성 실어증

02 심리치료 장면에서 치료자의 3가지 기본 특성 혹은 태도가 강조된다. 이는 인간 중심 심리치료의 기본적 치료 기제로도 알려져 있는데, 이러한 치료자의 기본 특성에 해당되지 않는 것은?

① 무조건적 존중　② 정확한 공감
③ 적극적 경청　　④ 진솔성

해설　적극적 경청은 상담의 기본이기는 하나 Rogers가 말한 상담자의 태도는 아니다. Rogers는 치료자가 무조건적 긍정적 존중, 공감, 진솔성을 가질 때 상담 효과가 극대화된다고 보았다. 이는 인본주의 상담의 기초를 넘어 현대 상담의 기반을 이루고 있다.

03 DSM-5에 관한 설명으로 옳은 것은?

① DSM-IV에 있던 GAF점수의 사용을 중단하였다.
② DSM-IV에 있던 다축진단체계를 유지한다.
③ 모든 진단은 정신병리의 차원 모형에 근거하고 있다.
④ DSM-IV에 있던 모든 진단이 유지되었다.

해설
② DSM-IV에 있던 다축진단체계는 폐지되었다.
③ DSM 진단에서는 범주로만 나뉘었다면 DSM-5에서부터 차원을 받아들였다.
④ DSM-IV에 있던 진단에 변화가 많았다. 예를 들어, 정신지체와 같은 경우에 DSM-5에서는 지적발달 장애로 변경되었다.

04 1950년대 이후 정신역동적 접근에 대한 대안적 접근들이 임상심리학에 많은 영향을 주었다. 이와 가장 관련이 적은 것은?

① 형태주의적 접근
② 행동주의적 접근
③ 가족체계적 접근
④ 생물심리사회적 접근

해설　형태주의적 접근인 게슈탈트 이론은 이미 1910년대부터 유행하였다.

05 지역사회 심리학에서 자랑하는 바가 아닌 것은?

① 자원봉사자 등 비전문 인력의 활용
② 정신장애의 예방
③ 정신장애인의 사회 복귀
④ 정신병원시설의 확장

해설 [지역사회 심리학]
지역사회 심리학에서는 정신장애를 지역사회로 불러들이는 역할을 하였다. 즉, 자원봉사자의 활용, 정신장애의 예방, 정신장애인의 사회 복귀 등이 가능해졌고, 이를 가능하게 한 기반에는 향정신성 약물의 발달이 있다.

06 원판 MMPI에 관한 설명으로 가장 거리가 먼 것은?

① T점수로 변환하여 모든 척도 점수의 분포가 동일한 정규 분포가 되도록 하였다.
② 적어도 중학생 이상의 독해능력 혹은 IQ 80 이상 등의 조건에서 실시한다.
③ 불가피한 경우가 아니면 맹목 해석(blind interpretation)을 하지 말아야 한다.
④ 개별 척도의 의미뿐 아니라 척도의 연관성을 함께 고려하여야 한다.

해설 T점수로 변환하여 모든 척도 점수의 분포가 동일한 정규 분포가 되도록 한 것은 아니다.

07 어떠한 치료에 대한 설명인가?

경계성 성격장애와 감정조절의 어려움과 충동성이 문제가 되는 상태를 치료하기 위하여 상대적으로 최근에 개발된 인지행동치료이다. 주로 자살행동을 보이는 여성 환자들과의 임상 경험을 바탕으로 개발되었다.

① ACT(Acceptance & Commitment Therapy)
② DBT(Dialectical Behavoir Threapy)
③ MBSR(Mindfulness Based Stress Reduction)
④ EMDR(Eye Movement Desensitization & Reprocessing)

해설 [인지행동치료의 유형]

ACT (Acceptance & Commitment Therapy)	• '수용전념치료'라고도 한다. • 인지행동치료의 흐름에서 1세대 행동치료, 2세대 인지치료 이후에 수용과 마음 챙김(Mindfulness)에 기초한 3세대의 흐름인 수용, 마음 챙김, 탈융합을 시도하는 치료 개념이다.
DBT (Dialectical Behavoir Threapy)	• M. Linehan가 자살근접행동을 보이는 환자를 치료하기 위하여 개념화한 치료법이다. • 현재는 대부분의 진단적 범주를 포함하여 절충주의적 치료 접근을 만들어 사용한다.
MBSR (Mindfulness Based Stress Reduction)	• 동양의 마음 챙김 명상과 서양의학을 접목하여 탄생한 치료법이다. • 1979년 미국 메사추세츠 주립대에서 만성통증 및 만성질병에 노출된 환자들의 스트레스를 감소시키기 위하여 Kabat-Zinn에 의하여 개발된 치료 프로그램이다.
EMDR (Eye Movement Desensitization & Reprocessing)	• 1987년 미국 Shapiro에 의하여 개발된 치료법이다. • 가장 효과적인 PTSD 후유증 치료, 고통스러운 기억을 없애는 것이 아니라 뇌 자체의 회복력을 통하여 자유롭게 현재의 삶을 살 수 있도록 돕는 치료법이다.

08 심리치료기법에서 해석에 관한 설명으로 적절하지 못한 것은?

① 핵심적인 주제가 잘 드러나도록 사용한다.
② 저항에 대한 해석보다 무의식적 갈등에 대한 해석을 우선시한다.
③ 내담자가 상담자의 해설을 받아들일 수 있는 것부터 해석한다.

④ 내담자의 생각 중 명확하지 않은 부분에 대하여 상담자가 추리하여 설명해 준다.

해설 현재 나타나지 않은 무의식적 갈등에 대한 해석보다 외적으로 표출된 저항에 대한 해석을 먼저 하는 것이 좋다.

09 자해 행동을 보이는 아동에 대한 심리평가로 가장 적합한 것은?

① 부모 면접
② 자기보고형 성격검사
③ 투사법 검사
④ 행동 평가

해설 행동 평가는 면담, 설문지, 행동 관찰, 특정행동 관찰, ABC 분석방법 등을 이용한 종합적인 평가로, 자해 행동처럼 정신병리적 증세를 보이는 진단에 효과적이다.

10 행동 평가방법 중 참여관찰법과 비교할 때, 비침어관찰법의 특성과 거리가 먼 것은?

① 내담자의 외형적 행동을 기록하는 데 유리하다.
② 관찰자 훈련에 많은 시간과 비용이 소요된다.
③ 관찰자가 다른 활동 때문에 관찰에 지장을 받아 기록에 오류를 범할 가능성이 높다.
④ 행동에 관한 정밀한 측정이 요구되고, 연구자가 충분한 인적 자원을 가지고 있는 경우에 유용하다.

해설 비참여관찰법은 관찰자가 활동에 참여하지 않고 관찰만 하기에 다른 활동에 지장을 받을 가능성이 낮다.

11 임상심리학자의 윤리에 관한 일반 원칙 중 다음에 해당하는 것은?

> 모든 사람은 심리서비스를 이용하고 이익을 얻을 권리가 있다. 심리학자는 자신이 가진 편견과 능력의 한계를 인지하고 있어야 한다.

① 공정성
② 유능성
③ 성실성
④ 권리와 존엄성의 존중

해설 [공정성]
• 공정성은 모든 내담자는 평등하며, 성별 및 인종, 지위에 관계없이 공정하게 대우받아야 한다는 원칙이다.
• 모든 내담자가 평등하게 서비스를 이용할 권리가 있고, 상담자는 공정하기 위하여 자신이 가진 편견과 능력의 한계를 인식하고 편견을 버리기 위하여 노력한다.

12 다음은 어떠한 조건 형성에 해당하는가?

> 연구자가 종소리를 들려주고 10초 후에 피실험자에게 전기 자극을 주었다고 가정해 보자. 몇 번의 시행 후에 피실험자는 다음 종소리에 긴장하기 시작하였다.

① 지연 조건형싱   ② 흔적 조건형싱
③ 동시 조건형성   ④ 후향 조건형성

해설 [4가지 연합 방식]
• 흔적 조건형성과 지연 조건형성은 조건 자극을 확립시키는 데 효과적이다.
• 동시 조건형성과 후향/역향 조건형성은 조건 자극의 확립에 약하거나 거의 불가능한 방식이다.

흔적 조건형성 (trace conditioning)	조건 자극이 먼저 제시되고, 조건 자극이 완전히 사라지고 난 후에 무조건 자극이 제시된다.
지연 조건형성 (delayed conditioning)	조건 자극이 먼저 제시되면 조건 자극이 사라지기 전에 무조건 자극이 제시된다.
동시 조건형성 (simultaneous conditioning)	조건 자극과 무조건 자극이 동시에 제시되고 동시에 사라진다.
후향/역향 조건형성 (backward conditioning)	무조건 자극이 먼저 제시된 이후에 조건 자극이 나중에 제시된다.

13 다음 중 혐오 치료를 적용하기에 가장 적합한 장애는?

① 광장 공포증　　② 소아 기호증
③ 우울증　　　　④ 공황 장애

> **해설**　혐오 치료는 정신증과 관련된 범죄 등에 대하여 실시하는 경향이 강하다.

14 Dougherty가 정의한 임상심리학자들의 6가지 공통적인 자문 역할에 해당하지 않는 것은?

① 협력자　　　　② 진상 조사자
③ 옹호자　　　　④ 조직 관리자

> **해설**　[임상심리학자의 6가지 공통적 자문 역할] (Dougherty, 1995)
> 임상심리 학자의 6가지 공통적 자문 역할은 전문가, 협력자, 수련자/교육자, 진상 조사자, 옹호자, 과정 전문가이다.

15 다음에 제시된 방어기제 중 Vaillant의 성숙한 방어에 해당하지 않는 것은?

① 승화　　　　　② 유머
③ 이타주의　　　④ 합리화

> **해설**　[방어기제의 4가지 유형] (Vaillant, 1971)

자기애적 방어기제	투사, 부정 등
미성숙 방어기제	퇴행 등
신경증적 방어기제	억압, 전위, 반동형성 등
성숙한 방어기제	승화, 유머, 이타주의 등

16 투사검사의 일반적인 특성이 아닌 것은?

① 환자의 성격구조가 드러나며 욕구, 소망, 또는 갈등을 표출시킨다.
② 자극 재료의 모호성이 풍부하다.
③ 반응 범위가 거의 무한하게 허용된다.
④ 환자의 욕구나 근심이 드러나도록 구조화하여 질문한다.

> **해설**　투사검사는 내담자의 성격구조가 드러나고 욕구, 소망, 또는 갈등을 표출시키며, 자극 재료의 모호성이 풍부하다. 또한 반응 범위가 거의 무한하게 허용된다.

17 아동을 상담할 때 일반적으로 고려하여야 할 사항과 가장 거리가 먼 것은?

① 아동에게 치료하는 도중 일어난 일은 성인의 경우와 마찬가지로 부모 등에게는 반드시 비밀로 유지되어야 한다.
② 아동은 놀이를 통하여 자신의 생각과 감정을 표현하기 때문에 놀이의 기능을 중요하게 다루어야 한다.
③ 아동은 발달과정에 있기 때문에 생활조건을 변화시키는 것에 거의 무력하다.
④ 아동은 부모에게 의존적 상태에 있기 때문에 상담자는 가족의 역동을 이해하고 변화시키는 것이 바람직하다.

> **해설**　상담자는 내담자의 보호를 위한 법적인 조치와 관련하여 피치 못할 상황에서는 아동의 공개를 허락하여야 한다.

18 건강심리학 분야의 초점 영역과 가장 거리가 먼 것은?

① 고혈압
② 과민성 대장증후군
③ 결핵
④ 통증

해설 **[건강심리학 분야의 핵심 영역]**

- 스트레스 : 관리 및 대처
- 분노를 포함한 다양한 정서관리
- 삶의 질, 웰빙(Well-being)
- 건강 커뮤니케이션과 건강 정책
- 섭식문제 : 비만, 다이어트, 폭식, 섭식장애 등
- 통증 관리, 수술 환자의 스트레스 관리, 임종 관리
- 물질 및 행위 중독 : 알코올 중독, 흡연, 도박 중독, 인 터넷 중독 등
- 만성질환을 포함한 신체 질병 : 심혈관계 질환, 면역계 질환, 암, 당뇨, 소화기 질환 등
- 건강관리 및 건강증진 : 성행위 등에서의 위험행동 감 소 전략, 운동, 수면, 섭식습관 개선 등
- 개입 및 치료기법 : 행동수정, 인지치료, 명상, 이완법, 마음 챙김과 수용에 기반한 인지행동적 치료기법, 바 이오 피드백 기법 등

19 평가자 간의 신뢰도를 알아보기 위한 지표 로 사용되지 않는 것은?

① Pearson's r

② 계층 간 상관계수

③ Kappa 계수

④ Cronbach's alpha

해설 **[계층 간 상관계수]**

2가지 이상의 지표를 비교하여 관련성을 측정하는 것으 로, 크론바흐 알파값은 문항들의 값을 묶어서 측정하는 것을 말한다.

Cronbach's alpha	신뢰도 계수 또는 Coefficient Alpha, 내적 일관성(Internal consistency)의 척도
Pearson's r	두 변수 간 관련성(=피어슨 상 관계수)
Kappa 계수	Cohen's Kappa Coeffcient(카파 상관계수)는 정보에 대한 2명의 평가자의 일치도를 측정 하는 지표

20 정신건강의학과 병동에 입원한 환자들 중 단체생활의 규칙을 잘 지키지 않는 환자들 의 행동문제들을 개선하는 데 효과적인 치 료적 접근은?

① 자기주장 훈련법(self-assertivness training)

② 체계적 둔감법(systematic desensitiza tion)

③ 유관성 관리(contingency manage ment)

④ 내재적 예민화(covert sensitization)

해설

- 유관성 관리는 서로가 바라는 구체적인 행동을 구체적 이고 단순하며 실행하기 쉽고 개방적으로 하겠다는 약 속을 문서로 작성하여 지키도록 하는 것을 의미한다.
- 자기주장 훈련법은 대인관계에서 위축되는 경우가 많 은 내담자가 역할 훈련을 통하여 습득할 수 있다.
- 체계적 둔감법은 공포 치료에 가장 효과적인 치료방 법이다.

19 ④ **20** ③ **정답**

01 진로 지도 및 진로 상담의 일반적인 목표와 가장 거리가 먼 것은?

① 내담자 자신에 관한 보다 정확한 이해를 높인다.

② 합리적인 의사결정능력을 높인다.

③ 일과 작업에 대한 올바른 가치관을 형성하는 데 도움을 준다.

④ 이미 선택한 진로에 대하여 후회하지 않도록 유도한다.

해설 [진로 상담의 일반적 목표]
• 자신에 관한 보다 정확한 이해 증진
• 직업세계에 대한 이해 증진
• 합리적인 의사결정능력의 증진
• 직업에 대한 올바른 가치관 및 태도의 형성
• 진로나 직업에 대한 정보의 탐색능력 및 활용능력의 향상

03 주요 상담이론과 대표적 학자들이 바르게 짝지어지지 않은 것은?

① 정신역동 이론 – Freud, Jung, Kernberg

② 인본(실존)주의 이론 – Rogers, Frankl, Yalom

③ 행동주의 이론 – Waston, Skinner, Wolpe

④ 인지치료 이론 – Ellis, Beck, Perls

해설 Perls는 인지치료 학자가 아니라 게슈탈트를 창안한 학자이다.

02 사회공포증 치료에서 지금까지 피해 왔던 상황을 더 이상 회피하지 않고 직면하게 하는 행동수정기법은?

① 노출 훈련

② 역할 연기

③ 자동적 사고의 인지 재구성 훈련

④ 역기능적 신념에 대한 인지 재구성 훈련

해설 피해 왔던 상황을 더 이상 회피하지 않고 직면하게 하는 행동수정기법으로는 체계적 둔감법, 홍수법, 모델링 등이 있다. 노출 훈련은 특정한 공포증 치료에 사용된다.

04 성폭력에 관한 설명으로 옳은 것은?

① 성폭력은 성적 자기결정권의 침해이다.

② 끝까지 저항하면 강간은 불가능하다.

③ 성폭력의 피해자는 여성뿐이다.

④ 강간은 낯선 사람에 의해서만 발생한다.

해설
• 성폭력은 모든 형태의 신체적 폭력, 언어적 폭력, 정신적 폭력을 포함하는 광범위한 개념으로, 여성뿐만 아니라 남성에게도 가해질 수 있다.
• 아동 성폭력, 청소년 성폭력, 친족 성폭력, 데이트 성폭력, 직장 내 성폭력 등 성폭력의 가해자는 다양하다.
• 강간은 폭행 협박으로 상대방의 반항을 제압하고 간음하는 것으로, 반항한다고 불가능하지 않다.

정답 01 ④ 02 ① 03 ④ 04 ①

05 상담의 일반적인 윤리적 원칙에 해당하지 않는 것은?

① 자율성(autonomy)
② 무해성(nonmaleficence)
③ 선행(beneficience)
④ 상호성(mutuality)

해설 **[키치너의 윤리적 결정원칙]**

자율성	내담자가 스스로 자신의 삶의 방향을 결정하고 자발적인 의사결정을 하는 것이다.
무해성	내담자를 힘들게 하지 않고 내담자에게 해를 끼치는 행동을 피하여야 하는 것이다.
선의성 (덕행)	내담자의 안녕과 복지를 증진시키기 위하여 선한 일을 하여야 하는 것이다.
공정성 (정의)	내담자의 인종, 성별, 재정상태, 종교 등에 의한 영향을 받지 않고 편향되지 않아야 하며, 내담자는 평등하고 공정하게 보장받아야 하는 것이다.
충실성 (성실성)	내담자와의 약속을 성실하게 지키고 존중하며, 관계에 충실하여야 하는 것이다.

06 문화적으로 다양한 집단이 참여하는 집단 상담에서의 기본 전제로 적합하지 않은 것은?

① 상담자보다 내담자에 대해서만 기본 가정(문화, 인종, 성별) 등을 고려하여야 한다.
② 모든 인간의 만남은 그 자체가 다문화적이다.
③ 사람들의 문화적 배경을 고려하여야 한다.
④ 지도자는 다문화적 관점을 가지고 있어야 한다.

해설 내담자에 대해서만이 아니라 모든 인간에 대한 기본 가정(문화, 인종, 성별) 등을 고려하여야 한다.

07 Satir의 의사소통 모형에서 스트레스를 다룰 때 자신의 스트레스를 무시하고 다른 사람에게 힘을 넘겨주며 모두에게 동의하는 말을 하는 의사소통의 유형은?

① 초이성형
② 일치형
③ 산만형
④ 회유형

해설 **[Satir의 의사소통 모형]**

회유형	자신의 느낌이나 생각을 무시하고 다른 사람의 기분을 맞추려고 애쓰는 경향이 강하여 결국 자기 가치나 본인의 감정보다는 타인의 기분을 맞추고 힘을 넘겨준다.
초이성형	정보와 논리를 절대적으로 생각하며 감정에 치우쳐서 일을 그르칠 수 있다는 생각에 다른 사람과 거리를 두고 지나치게 이성적으로 상황에 초점을 맞추게 된다.
일치형	가장 기능적인 의사소통 유형으로, 말과 자세와 음조, 표정이 자연스럽고 일치되어 있다.
산만형	생각과 말, 행동이 자주 바뀌거나 동시에 여러 가지 행동을 하려고 하며, 주제에 집중하지 않고 관심을 분산시키거나 계속 움직이고 횡설수설한다.
비난형	자신을 보호하기 위하여 다른 사람을 무시하거나 결점을 지적하고 남을 통제하려고 하며 명령조로 표현한다.

08 다음 대화에서 상담자의 반응은?

> 내담자 : (흐느끼며) 네, 의지할 사람이 아무도 없어요…….
> 상담자 : (부드러운 목소리로) 외롭군요…….

① 해석
② 재진술
③ 요약
④ 반영

해설 반영이란 내담자가 표현한 기본적인 감정이나 태도 등을 상담자가 다른 참신한 말로 표현해 주는 것을 말한다.

05 ④　06 ①　07 ④　08 ④　**정답**

09 병적 도박에 관한 설명으로 틀린 것은?

① 대개 돈의 액수가 커질수록 더 흥분감을 느끼며, 흥분감을 느끼기 위하여 돈의 액수를 늘린다.

② 도박행동을 그만두거나 줄이려고 시도할 때 안절부절하거나 신경이 과민해진다.

③ 병적 도박은 DSM-5에서 반사회성 성격장애로 분류된다.

④ 병적 도박은 전형적으로 남자는 초기 청소년기에, 여자는 인생의 후기에 시작되는 경우가 많다.

> **해설** 도박 중독은 DSM-5에서 물질관련 및 중독장애 중 유일하게 비물질-관련장애로 분류되어 있다.

10 다음에 해당하는 인지적 왜곡은?

> 길을 가다가 어떠한 모르는 사람들이 웃고 있다면, 자신과 그 사람들은 아무런 관련이 없음에도 불구하고, 그 사람들이 자신을 욕하면서 비웃고 있다고 생각하는 것

① 극대화   ② 예언자의 오류
③ 개인화   ④ 이분법적 사고

> **해설** 개인화는 자신과 관련시킬 근거가 없는 외부 사건을 자신과 관련시키는 오류를 말한다.

11 청소년 상담 시의 대인관계 문제해결을 위한 상담전략에 관한 설명으로 틀린 것은?

① 정서적 개입 - 문제의 신체적 요소에 초점을 맞춘 신체 인식활동도 포함된다.

② 인지적 개입 - 내담자가 자신이 처한 상황이나 사건, 사람, 감정 등에 대하여 지금과 다르게 생각하도록 돕는다.

③ 행동적 개입 - 내담자에게 비생산적인 현재의 행동을 통제하게 하거나 제거하게 함으로써 새로운 행동이나 기술을 개발하도록 돕는다.

④ 상호작용적 개입 - 습관, 일상 생활방식이나 다른 사람과의 상호작용 패턴을 수정하도록 한다.

> **해설** [상호작용적 개입]
> • 다른 사람 또는 상황에 대한 관계 패턴을 다룬다.
> • 개입의 자료로써 내담자의 가족, 직장, 이웃 등 어떠한 상호작용 패턴이 일어날 수 있는 사회적 상황 등을 다룬다.

12 개인의 일상적 경험구조, 특히 소속된 분야에서 특별하다고 간주되던 사람들의 일상적 경험구조를 상세하게 연구하고자 하는 목적에서 생겨난 심리상담의 핵심적인 전제조건에 해당하는 것은?

① 매순간 새로운 자아가 출현하고 새로운 경험을 할 때마다 새로운 위치에 있게 된다.

② 어린 시절의 창조적 적응은 습관적으로 알아차림을 방해한다.

③ 내담자로 하여금 문제를 해결하는 것뿐만 아니라 그 문제를 유지시키는 보다 근본적인 기술을 변화시키도록 돕는 것이 중요하다.

④ 개인은 마음, 몸, 영혼으로 이루어진 체계이며, 삶과 마음은 체계적 과정이다.

> **해설** [NLP(Neuro Linguistic Programming, 신경언어프로그램)]
> • NLP는 우수한 사람들은 마음을 어떻게 잘 쓰는지에 대한 연구 결과로 만들어진 심리기술 모델이다.
> • NLP 심리치료는 NLP에 바탕을 둔 치료기술이다.
> • NLP의 핵심적인 전제조건은 개인은 마음, 몸, 영혼으로 이루어진 체계라는 것이며, 삶과 마음은 체계적 과정이다.

13 상담 초기에 상담관계 형성에 필요한 기법과 가장 거리가 먼 것은?

① 경청하기
② 상담에 대한 동기부여하기
③ 핵심문제 해석하기
④ 무조건적인 긍정적 존중하기

해설
- 상담 초기에는 관심 기울이기, 경청, 공감, 수용적 존중과 개방형 질문, 동기부여 등의 기법을 사용하고, 직면 기법은 권장되지 않는다.
- 핵심문제 해석하기는 상담 중기에 필요한 기법이다.

14 Adler 개인심리학의 기본 가정에 해당하지 않는 것은?

① 개인은 무의식과 의식, 감정과 사고, 행동이 각각 분리되어 있는 것으로 본다.
② 인간은 미래 목표를 향하여 나아가는 창조적인 존재라고 본다.
③ 현실에 대한 주관적 인식을 강조하며 현상학적 접근을 취한다.
④ 인간은 기본적으로 공동체 의식, 즉 사회적 관심을 지닌 존재라고 본다.

해설 [개인심리학의 인간관]
- 개인심리학에서는 인간을 분리할 수 없는 전체적이고 통합된 존재로 본다.
- 인간의 행동은 목적적이고 목표 지향적이다. 또한 자기의 삶을 창조하고 선택하고 결정할 수 있으며, 환경을 창조하는 능력이 있다.
- 현상학적인 관점을 수용하여 개인이 세계를 어떻게 인식하느냐 하는 주관성을 강조한다.
- 인간은 성적 동기보다 사회적으로 동기화되는 '사회적 존재'이며, 범인류적 공동체감을 중시한다.

15 중독에 대한 동기강화 상담의 4가지 기본 기법(OARS)에 포함되지 않는 것은?

① 인정   ② 공감
③ 반영   ④ 요약

해설 [동기강화 상담의 4가지 기본 기법(OARS)]
– 내담자 중심의 상담기법

Open question (열린 질문)	Affirming (인정하기)	Reflecting (반영하기)	Summarizing (요약하기)

16 직업발달의 자아정체감을 형성하여 나가는 계속적 과정으로 보는 이론은?

① Gunzberg의 발달이론
② Super의 발달이론
③ Tiedeman과 O'Hara의 발달이론
④ Tuckman의 발달이론

해설 [타이드만과 오하라(Tiedeman & O'Hara)의 진로발달이론]
- 직업 역할보다는 자아정체감에 따른 직업에 대한 대응과정으로 직업 발달과정을 간주하였다.
- '의사결정과정'을 통하여 직업의식이 어떻게 발달하는가를 설명하고 있다.
- '직업발달'이란 직업 자아정체감(Vocational self-identity)을 형성하여 나가는 계속적 과정이라고 한다.

17 면접기법에 대한 설명으로 틀린 것은?

① 구체적인 내용의 해석은 상담관계가 형성되는 중반까지는 보류하는 것이 일반적이다.

② 감정의 명료화에서 내담자가 원래 제시한 것보다 더 많은 의미를 추가하여 반응하는 것은 삼갈 필요가 있다.

③ 내담자의 성격을 파악하지 못하였거나 해석의 실증적 근거가 없을 때는 해석을 하지 말아야 한다.

④ 상담자의 반영, 명료화, 직면, 해석은 별개가 아니라 반응 내용의 정도와 깊이에 차이가 있을 뿐이다.

> **해설** [감정의 명료화]
> • 내담자 말에 내포되어 있는 뜻을 내담자에게 명확하게 말하여 주거나 분명하게 말하여 달라고 요청하는 것이다.
> • 내담자 자신은 미처 충분히 자각하지 못하는 의미나 관계, 애매한 부분과 혼란스러운 부분에 대하여 더 확인이 필요할 때 사용하는 것으로, 제시한 것보다 더 많은 의미를 추가하여 반응하여야 한다.

> **해설** [라자루스(A.Lazarus)의 중다양식 심리상담]
> • 인간의 성격에는 7가지 기능영역(BASIC-ID)이 있다는 것이다.

B(Behavior) : 행동	"당신은 얼마나 활동적입니까?"
A(Affective Reponses) : 감정	"당신을 웃게 하는 것은 무엇입니까?"
S(Sensations) : 감각	"얼마나 감각에서 오는 쾌락과 고통에 초점을 맞추십니까?"
I(Images) : 심상	"당신의 신체상은 어떠한 이미지입니까?"
C(Congnitions) : 인지	"당신의 사고가 당신의 감정에 어떻게 영향을 미칩니까?"
I(Interpersonal Relationships) : 대인관계	"당신은 얼마나 타인과 소통합니까?"
D(Drugs or Biology) : 약물/생물학	"당신은 얼마나 생물학적으로 건강합니까?"

> • 개인은 타인들과의 상호작용의 결과를 관찰하면서 무엇을 할 것인가를 배운다.
> • 행동주의, 인지주의 등 다양한 치료기법들을 사용한다.

18 Lazarus의 중다양식 상담에 관한 설명으로 틀린 것은?

① 성격의 7가지 양식은 행동, 감정, 감각, 심상, 인지, 대인관계, 약물/생물학 등이다.

② 사람은 개인이 타인들과의 긍정적이거나 부정적인 상호작용의 결과들을 관찰함으로써 무엇을 할 것인지를 배운다고 본다.

③ 사람들은 고통, 좌절, 스트레스를 비롯하여 감각 자극이나 내적 자극에 대한 반응을 나타내는 식별역이 유사하다.

④ 행동주의 학습이론과 사회학습이론, 인지주의 영향을 많이 받았으며, 그 외 다른 치료기법들도 절충하여 사용한다.

19 3단계 상담 모델(탐색 단계, 통찰 단계, 실행 단계)에서 탐색 단계의 특징에 해당하는 것은?

① 내담자가 그들의 감정을 표현하고 복잡한 문제를 통한 그들의 생각을 표현하는 기회를 제공한다.

② 내담자들이 새로운 밝은 면을 볼 수 있도록 돕는다.

③ 내담자에게 어떠한 사건을 만드는 데 원형을 제공하고 그들이 더 좋은 선택을 할 수 있도록 돕는다.

④ 내담자가 왜 그들이 행동하고, 생각하고, 느끼는가에 관하여 이해할 수 있게 해준다.

해설 ①은 탐색 단계, ②는 통찰 단계, ③은 실행 단계, ④는 통찰 단계의 특징이다.

[3단계 상담 모델]

탐색 단계	• 내담자와의 라포(Rapport) 형성 및 치료관계를 발전시킨다. • 내담자의 사고와 감정을 주의 깊게 탐색하고 경청한다. • 로저스의 내담자 중심 이론에 근거를 둔다.
통찰 단계	• 내담자가 사고, 감정, 행동을 스스로 이해할 수 있도록 한다. • 상담자들은 관점에 도전하고 아이디어를 제공하며, 내담자들이 새로운 길로 사물을 바라볼 수 있도록 돕기 위하여 그들의 경험을 사용한다. • 정신분석이론에 근거를 둔다.
실행 단계	• 내담자가 의사결정을 할 수 있도록 방향을 안내하고 새로운 것을 시도하여 자신의 삶에 반영하도록 변화시킨다. • 내담자가 삶 속에서 변화하는 데 필요한 기술을 가르친다. • 행동계획의 결과를 평가하고 수정한다. • 행동이론 및 인지-행동이론에 근거를 둔다.

20 청소년을 대상으로 한 자살 위험평가에 대한 설명으로 틀린 것은?

① 개별적으로 임상면담을 실시한다.

② 자살 준비에 대한 구체적인 질문은 자살 가능성을 높일 수 있으므로 피한다.

③ 자살 의도를 유보하고 있는 기간이라면 청소년의 강점과 자원을 탐색한다.

④ 자살에 대하여 생각할 수 있으나 행동으로 실천하지 않겠다는 구체적인 약속을 한다.

해설 자살에 대한 구체적인 질문을 통하여 자살에 대한 내담자의 생각, 태도 등을 탐색하여 자살 가능성에 대한 예방을 실시할 수 있다.

20 ② 정답

01 청소년 상담에서 특히 고려하여야 할 요인과 가장 거리가 먼 것은?

① 일반적인 청소년의 발달과정에 대한 규준적 정보

② 한 개인의 발달단계와 과업수행 정도

③ 내담자 개인의 영역별 발달수준

④ 내담자의 이전 상담경력과 관련된 사항

> **해설** 청소년 상담에서 내담자의 이전 상담경력은 고려하여야 할 요인이 아니다.

[청소년 상담의 특징]

• 성인 상담과 구별되어야 하고, 청소년 관련 정책에 영향을 받는다.

• 건강한 발달과 성장을 돕는 예방적, 교육적 측면이 포함된다.

• 일대일 개인면접뿐만 아니라 소규모 혹은 대규모 집단으로 교육과 훈련을 실시한다.

• 청소년은 성장과정의 연속선상에 있다는 것을 염두하고, 발달단계 특성을 고려한 상담 개입방안을 구성하여 활용한다.

• 청소년 내담자는 자발적이기보다는 부모나 교사의 의뢰에 의하여 진행하는 경우가 많으므로 가족, 교사, 관련기관과의 협력이 필요하다.

• 언어적 의사소통 이외에도 미술치료, 독서치료 등의 다양한 매체를 통한 다양한 상담기법으로 접근한다.

02 AA(Alcoholic Anonymous)에서 이루어지는 활동의 대표적인 특징은?

① 알코올중독 치료 후에 사교적인 음주를 허용한다.

② 술이나 중독물의 부작용을 생생하게 상상하고 논의한다.

③ 알코올중독을 병으로 인정하고 단주를 목표로 한다.

④ 술과 함께 심한 부작용을 일으키는 혐오적 약물치료를 한다.

> **해설** AA(Alcoholic Anonymous)는 알코올중독자들의 금주 모임이다. 1935년에 처음 시작하여 현재까지도 지속적으로 활동하고 있으며, 공통적인 알코올 문제를 가진 사람들이 함께 단주를 목표로 한다.

03 사이버 상담에 대한 설명으로 틀린 것은?

① 사이버 상담은 전화 상담처럼 자살을 비롯한 위기상담이라는 뚜렷한 목표를 가지고 시작되었다.

② 사이버 상담자들의 전문성과 윤리성 등을 통제하고 관리하는 체제가 필요하다.

③ 사이버 상담의 전문화를 위하여 기존 면대면 상담과는 다른 새로운 상담기법을 개발하고 실험을 통하여 효과를 검증할 필요가 있다.

④ 사이버 상담은 기존의 면대면 상담과 전화 상담에 참여하지 않았던 새로운 내담자군의 출현을 가져왔다.

> **해설** 사이버 상담은 응급 시의 적극적인 대처가 곤란하다는 단점이 있어서 위기상담의 목적을 가지기 어렵다.

04 학습문제 상담의 시간관리 전략에서 강조하는 것은?

① 기억하고자 하는 의도를 가지도록 노력한다.

② 학습의 목표를 중요도와 긴급도에 따라 구체적으로 수립한다.

③ 시험이 끝난 후 오답을 점검한다.

④ 처음부터 장시간 공부하기보다는 조금씩 자주 하면서 체계적으로 학습한다.

정답 01 ④ 02 ③ 03 ① 04 ②

해설 [시간관리 전략]

구분	긴급함	긴급하지 않음
중요함	중요하고 긴급한 일	긴급하지는 않지만 중요한 일
중요하지 않음	긴급하거나 중요하지 않은 일	긴급하지도, 중요하지도 않은 일

05 상담의 초기 단계에서 다루어야 할 내용과 가장 거리가 먼 것은?

① 도움을 청하는 직접적인 이유의 확인

② 과정적 목표의 설정과 달성

③ 상담 진행방식의 합의

④ 촉진적 상담관계의 형성

해설 과정적 목표의 설정과 달성은 상담 중기에 다루어야 할 내용이다.

[상담 초기 단계에서 다루어야 할 내용]

내담자와 라포 관계 형성	내담자와 상호 신뢰의 관계, 협동적 관계, 우호적 관계를 형성한다.
내담자 문제의 파악	내담자가 도움을 청하는 직접적인 이유가 무엇인지 확인하고, 내담자 문제의 심각성 정도를 평가하여 어떠한 점에 초점을 맞출지 결정한다.
상담의 구조화	상담 여건의 구조화, 상담 관계의 구조화, 비밀 보장의 구조화를 통하여 상담을 어떻게 진행할지 합의한다.
상담 목표의 설정	구체적이고(Specfic), 측정 가능하고(Measurable), 성취 가능하고(Achievable), 관련되고(Relevant), 시간적 범위를 고려한(Time bound) 목표를 설정한다.

06 Rogers의 인간 중심 상담에 대한 설명으로 틀린 것은?

① 내담자는 불일치 상태에 있고 상처받기 쉬우며 초조하다.

② 상담자는 내담자와의 관계에서 일치성을 보이며 통합적이다.

③ 상담자는 내담자의 내적 참조 틀을 바탕으로 한 공감적 이해를 경험하고, 내담자에게 자신의 경험을 전달하려고 시도한다.

④ 내담자는 의사소통의 과정에서 상담자의 선택적인 긍정적 존중 및 공감적 이해를 지각하고 경험한다.

해설 인간 중심 상담에서는 내담자가 의사소통 과정에서 상담자의 선택적인 긍정적 존중이 아니라 무조건적인 긍정적 존중 및 공감적 이해를 지각하고 경험한다.

07 상담자가 내담자를 직면시키기에 바람직한 시기가 아닌 것은?

① 문제가 드러날 때 즉각적으로 내담자의 잘못을 직면시켜서 뉘우치게 한다.

② 내담자와 적당한 신뢰관계가 형성되었을 때 시도한다.

③ 내담자의 말과 행동의 불일치가 보일 때 시도한다.

④ 부정적인 자아상을 가진 내담자가 처음 긍정적인 진술을 할 때 시도한다.

해설 [직면]

• 직면은 내담자의 사고, 감정, 행동에 불일치나 모순이 일어날 때 지적해 주는 상담자의 반응이다.

• 직면은 문제해결에 방해가 되는 모순, 불일치, 왜곡, 각종 방어기제에 초점이 맞추어져 있다.

• 직면은 내담자와 충분히 신뢰관계가 형성된 이후에 사용하여야 한다.

• 직면의 목적은 내담자의 성장을 방해하는 것에 도전하도록 하는 데 있다.

08 다음 사례에서 사용된 상담기법은?

> 상담자가 금연을 하고자 하는 철수 씨에게 금연을 시도하기 전 얼마의 기간 동안 흡연량을 대폭 줄여 하루에 특정한 시간에 특정한 장소에서만 흡연하도록 권하였다.

① 조건자극 줄이기(Narrowing)
② 행동 감소법(Action-reducing)
③ 연결 끊기(Link-cutting)
④ 중독 둔감법(De-sensing)

> **해설** 조건자극 줄이기(Narrowing)는 문제 행동과 관련된 환경요인을 미리 재조정하여 행동의 변화를 촉진하는 상담기법으로, 부적절한 행동을 일으키는 환경 자극을 감소시키는 것을 목적으로 한다.

09 Adler 상담이론의 주요 개념이 아닌 것은?

① 우월성 추구   ② 자기 초월
③ 생활양식   ④ 사회적 관심

> **해설** 자기초월은 실존주의 입장의 인간관이다.

[Adler 상담이론의 주요 개념]
열등감과 보상, 공동체감, 우월감의 추구, 생활양식, 가상적 목적론, 출생 순위

10 상담에서 나타날 수 있는 윤리적 갈등의 해결단계를 바르게 나열한 것은?

> ㄱ. 관련 윤리강령, 법, 규정 등을 살펴본다.
> ㄴ. 한 사람 이상의 전문가에게 자문을 구한다.
> ㄷ. 현 상황에서의 문제점이나 딜레마를 확인한다.
> ㄹ. 다양한 결정의 결과를 열거해 보고 결정한다.

① ㄱ → ㄷ → ㄴ → ㄹ
② ㄴ → ㄷ → ㄱ → ㄹ
③ ㄷ → ㄱ → ㄴ → ㄹ
④ ㄷ → ㄱ → ㄹ → ㄴ

> **해설** [윤리적 갈등상황 시에 상담자가 취할 행동의 순서]
> • 1단계 : 현 상황에서 문제점이나 딜레마 확인하기
> • 2단계 : 관련된 윤리규정을 찾아 적용하기
> • 3단계 : 상급자 혹은 기관의 책임자와 의논하기
> • 4단계 : 윤리적 결정을 내리게 된 근거, 과정에 대하여 열거하고 결정하고 기록하기

11 집단 상담의 후기 단계에서 주어지는 피드백에 대한 설명으로 틀린 것은?

① 구성원들에게 친밀감, 독립적인 평가를 제공할 수 있다.
② 긍정적인 피드백은 적절한 행동을 강화할 수 있다.
③ 지도자는 효과적인 피드백 모델이 될 수 있다.
④ 교정적인 피드백이 긍정적인 피드백보다 중요하다.

> **해설** 집단 상담의 후기 단계에서는 새로운 것에 대한 교정보다는 긍정적인 피드백을 통하여 적절한 행동의 강화를 할 수 있도록 하는 것이 효과적이다.

12 성 피해자에 대한 심리치료과정 중 초기 단계에서 상담자가 유의하여야 할 사항과 거리가 먼 것은?

① 치료의 관계 형성을 위하여 수치스럽고 창피한 감정이 정상적인 감정임을 공감한다.
② 피해 상황에 대한 진술은 상담자 주도로 이루어져야 한다.
③ 성 피해사실에 대한 내담자의 부정을 허락한다.
④ 내담자에게 치료자에 대한 감정을 묻고 치료자를 선택할 수 있도록 해 준다.

> **해설** 피해 상황에 대한 진술은 피해자 주도로 이루어져야 한다.

정답 08 ① 09 ② 10 ③ 11 ④ 12 ②

13 진로 상담의 목표와 가장 거리가 먼 것은?

① 내담자가 이미 결정한 직업적인 선택과 계획을 확인하도록 한다.

② 내담자 자신의 직업적 목표를 명확하게 해준다.

③ 내담자로 하여금 자아와 직업세계에 대한 구체적인 이해와 새로운 사실을 발견하도록 한다.

④ 직업 선택과 직업생활에서 순응적인 태도를 함양하도록 돕는다.

해설 직업 선택과 직업생활에서 순응적인 태도보다는 주도적인 태도를 함양하도록 도와야 한다.

14 다음 설명에 해당하는 Golan의 위기발달단계는?

- 위기에 대하여 인지하고 위기와 관련된 감정을 표현한다.
- 변화를 수용하고 새로운 대처능력을 개발한다.
- 위기상황을 성공적으로 극복함으로써 자기효능감이 증진될 수 있다.

① 취약상태 ② 촉진적 요인
③ 위기상태 ④ 재통합

해설 재통합은 Golan의 위기발달단계(위험사건, 촉진요인, 활성 위기, 재통합) 중의 하나이다.

[Golan의 위기발달단계]

1단계	인지적 지각을 수정하는 단계로, 자신에게 영향을 주었던 그 사건을 보다 정확하고 완전하게 볼 수 있게 되는 것을 의미한다.
2단계	감정을 다루는 단계로, 극도의 감정을 해소할 수 있게 해주고, 감정을 수용하는 것을 의미한다.
3단계	새로운 대처행동을 개발하는 단계이다.

15 다음 중 상담의 바람직한 목표설정 방향과 가장 거리가 먼 것은?

① 목표는 구체적이어야 한다.

② 목표는 실현 가능하여야 한다.

③ 목표는 상담자의 의도에 맞추어야 한다.

④ 목표는 내담자가 원하고 바라는 것이어야 한다.

해설 [상담 목표의 설정]
- 상담 목표의 설정 SMART는 구체적이고(Specfic), 측정 가능하고(Measurable), 성취 가능하고(Achievable), 관련되고(Relevant), 시간적 범위를 고려한(Time bound) 것이어야 한다.
- 상담 목표는 내담자와 합의 하에 내담자가 원하는 것을 반영하여야 한다.

16 게슈탈트 상담에 대한 설명으로 틀린 것은?

① 보조 자아(auxiliary ego)의 활용은 집단 상담에 많이 사용하는 기법으로, 한 구성원의 문제를 집중적으로 다룬다.

② 알아차림(awareness)과 접촉(contact)을 방해하는 한 요인인 융합(confluence)은 자신과 타인의 경계가 불분명한 지점에서 타인의 의견에 동의하는 것이다.

③ Zinker는 알아차림으로, 접촉 주기를 배경, 감각, 알아차림, 에너지/흥분, 행동, 접촉 등의 6단계로 설명한다.

④ 알아차림은 개체가 자신의 유기체적 욕구나 감정을 지각한 후에 게슈탈트를 형성하여 명료한 전경으로 떠올리는 것을 말한다.

해설 보조 자아의 활용은 주로 심리극에서 사용한다.

17 다음에 제시된 집단 상담의 경험에 해당하는 치료적 요인은?

> 지난 집단 상담의 과정에서 집단 지도자가 나의 반응에 민감성을 보여주지 않은 것에 대하여 불만을 가지고 있었다. 이번 회기에는 지도자에게 나의 마음을 표현함으로써 마음이 편해진다.

① 자기 이해 ② 대리학습
③ 정화 ④ 대인간 행동학습

해설
- 집단 내의 비교적 안전한 분위기 속에서 집단 구성원은 그 동안 억압되어 온 감정을 자유롭게 발산할 수 있다.
- 정화는 표현된 그 자리에서 감정과 인지, 신체변화 등을 다룬다.

18 처벌을 사용할 때 고려하여야 할 사항이 아닌 것은?

① 강도 ② 융통성
③ 일관성 ④ 즉시성

해설 [처벌]
- 처벌은 행동 이후에 벌이나 고통을 줌으로써 행동을 제거하거나 억제시키는 기법이다.
- 처벌은 잘못이 일어난 즉시, 일관성을 가지고 하여야 하며 강도를 고려하여야 한다.

19 기본적 오류에 대한 옳은 설명을 모두 고른 것은?

> ㄱ. 과잉 일반화 – "나는 절대로 옳지 않은 것을 할 수 없어."
> ㄴ. 안전에 대한 그릇된 확신 – "잘못하면 끝이 날 거야."
> ㄷ. 삶의 요구에 대한 잘못된 지각 – "나는 쉴 수가 없어."
> ㄹ. 그릇된 가치 – "이용당하기 전에 다른 사람을 이용하라."

① ㄱ, ㄴ ② ㄴ, ㄷ
③ ㄴ, ㄷ, ㄹ ④ ㄱ, ㄴ, ㄷ, ㄹ

해설 [모색(Mosak)의 기본적 오류]
모색(Mosak)은 초기 기억에서 이끌어낼 수 있는 기본적 오류를 다음과 같이 제시하였다.

과잉 일반화	'사람들은 적대적이다.', '인생은 위험하다.' 등
안전 추구를 위한 잘못 또는 불가능한 확신	'발만 잘못 내주면 죽을지도 모른다.', '나는 모든 사람을 기쁘게 하여야만 한다.' 등
삶의 요구들에 대한 잘못된 지각	'인생은 고행이다', '인생은 나에게 결코 어떠한 기회도 주지 않을 것이다.' 등
개인 가치의 최소화 또는 부인	'나는 어리석다.', '나는 가치가 없다.' 등
그릇된 가치	'남을 밟고 넘어서라도 1등이어야만 한다.' 등

20 단기 상담에 적합한 내담자의 특성으로 옳은 것은?

① 반사회적인 성격장애가 있다.
② 구체적이거나 발달과정의 문제가 있다.
③ 지지적인 대화 상대자가 전혀 없다.
④ 만성적이고 복합적인 문제가 있다.

해설 [단기 상담에 적합한 내담자의 특성]
- 비교적 건강하며 문제가 경미한 내담자이어야 한다.
- 호소하는 문제가 비교적 구체적이며, 주 호소문제가 발달상의 문제와 연관된다.
- 호소문제가 발생하기 이전에는 생활기능이 정상적이며, 사회적으로 지지해 주는 사람이 있는 경우이다.
- 과거든 현재든 상보적 인간관계를 가져본 사람이 적합하다.

정답 17 ③ 18 ② 19 ④ 20 ②

562 원큐패스 임상심리사 2급 필기

임상심리사 2급 필기

2020

문제 및 해설

01 기억의 왜곡을 줄이는 데 효과적인 방법으로 가장 거리가 먼 것은?

① 반복하여 학습하기
② 연합을 통한 인출단서의 확대
③ 기억술의 사용
④ 간섭의 최대화

해설

기억의 왜곡을 줄이려면 간섭을 최소화하여야 한다.

기억의 왜곡을 줄이는 방법					
반복	의미화	연합	기억술	간섭 줄이기	충분한 수면

02 설문조사에서 문항에 대한 응답을 「매우 찬성」에서 「매우 반대」까지 5개의 답지로 응답하게 만든 척도는?

① 리커트(Likert) 척도
② 써스톤(Thurstone) 척도
③ 거트만(Guttman) 척도
④ 어의변별(semantic differential) 척도

해설

[리커트(Likert) 척도]

믿음, 태도 등을 묻는 문항의 경우

• 매우 찬성(5), 찬성(4), 보통(3), 반대(2), 매우 반대(1)의 5개의 답지로 응답하게 한다.
• 각각의 문항은 측정하고자 하는 개념의 속성에 대하여 동일한 기여를 한다.
• 내적 일관성 검증을 통하여 신뢰도가 낮은 항목은 삭제할 필요가 있다.
• 각 문항별 응답 점수의 총합이 측정하고자 하는 개념을 대표한다는 가정에 근거한다.

예

1. 평소 자신에 대한 생각과 느낌에 가장 가까운 것에 ∨표해 주세요.

번호	문항	전혀 없었다	거의 없었다	가끔 있었다	자주 있었다	매우 자주 있었다
1	예상치 못한 일 때문에 화가 났다.	①	②	③	④	⑤
2	나의 삶에서 중요한 일들을 통제할 수 없다고 느꼈다.	①	②	③	④	⑤
3	신경이 예민해지고 스트레스를 받았다.	①	②	③	④	⑤
4	나의 개인적인 문제를 다루는 능력에 대하여 자신감이 느껴졌다.	①	②	③	④	⑤
5	내 방식대로 일이 진행되고 있다고 느꼈다.	①	②	③	④	⑤
6	내가 하여야만 하는 일들을 모두에 대처할 수 없다고 생각되었다.	①	②	③	④	⑤
7	일상생활에서 겪는 불만감과 초조함을 통제할 수 없었다.	①	②	③	④	⑤
8	어떠한 일을 아주 잘하였다고 생각하였다.	①	②	③	④	⑤
9	내가 통제할 수 없는 일 때문에 화가 났다.	①	②	③	④	⑤
10	힘든 일이 너무 많이 쌓여서 극복할 수 없다고 느꼈다.	①	②	③	④	⑤

[써스톤(Thurstone) 척도]

믿음, 태도 등을 묻는 문항의 경우

• 등간의 성격을 갖는 척도를 만들기 위하여 사전 문항 평가자들을 통하여 사전평가를 시행하고, 이 결과를 분석하여 각 문항에 대한 중앙값을 척도치로 부여한다.

예

예) 대중매체에 대한 태도 조사

찬성 여부	항목	척도값
( )	1. 모든 대중매체는 유해하다.	1
( )	2. 대중매체는 지식 습득의 방해요인이다.	2
( )	3. 대중매체는 좋은 정보를 제공한다.	3
( )	4. 대중매체는 유익하다.	4
( )	5. 대중매체의 영향력은 부정적이다.	5
( )	6. 대중매체는 활용도가 높다.	6
( )	7. 현대사회에서 대중매체는 반드시 필요하다.	7

[거트만(Guttman) 척도]

믿음, 태도 등을 묻는 문항의 경우

• 척도를 구성하는 문항들이 내용의 강도에 따라 일관성 있게 서열을 이루고 있어서 단일 차원적이고 누적적인 척도를 구성하는 방법이다.

예

예) 쓰레기 소각시설 설치에 대한 의견 조사

항목	A	B	C	D
1. 쓰레기 소각시설이 우리 시에 있는 것은 어떻게 생각하십니까?				
2. 쓰레기 소각시설이 우리 구에 있는 것은 어떻게 생각하십니까?				
3. 쓰레기 소각시설이 우리 동에 있는 것은 어떻게 생각하십니까?				
4. 쓰레기 소각시설이 우리 동네에 있는 것은 어떻게 생각하십니까?				

[의미분화 척도]

믿음, 태도 등을 묻는 문항의 경우

• 개념에 대한 연구 대상자의 감정을 표현하는 것으로 생각되는 한 쌍의 반대되는 형용사를 사용하여 측정한다.

예

예) 대학생에 대한 평가

| 수동적이다 | 1 | 2 | 3 | 4 | 5 | 6 | 7 | 능동적이다 |
| 보수적이다 | 1 | 2 | 3 | 4 | 5 | 6 | 7 | 진보적이다 |

03 최빈값에 관한 설명으로 옳지 않은 것은?

① 주어진 자료 중에서 가장 많이 나타나는 측정값이다.
② 최빈값은 대표성을 가지고 있다.
③ 자료 중 가장 극단적인 값의 영향을 받는다.
④ 중심 경향성 기술값 중의 하나이다.

해설 [최빈값]
• 최빈값은 모드(mode)라고도 부르는 통계학 용어이다.
• 가장 많이 관측되는 수, 즉 주어진 값 중에서 가장 자주 나오는 값을 말한다.
  예 {1, 3, 6, 6, 6, 7, 7, 12, 12, 17}의 최빈값은 6이다.
• 최빈값은 산술 평균과 달리 유일한 값이 아닐 수도 있다. 극단적인 값의 영향을 받는 값은 평균이다.

04 기온에 따라 학습 능률이 어떻게 달라지는가를 알아보기 위하여 기온을 13℃, 18℃, 23℃인 3가지 조건으로 만들고, 학습 능률은 단어의 기억력 점수로 측정하였다. 이때 독립 변수는 무엇인가?

① 기온　　　　　② 기억력 점수
③ 학습 능률　　　④ 예언

해설 질문에서 기온은 독립 변수이고, 학습 능률은 종속 변수이다.

독립 변수	함수 관계에서 다른 변수의 변화와는 관계없이 독립적으로 변화할 수 있는 변수를 말한다.
종속 변수	두 변수 중 한 변수의 값이 결정되는 것에 따라 그 값이 결정되는 다른 변수를 말한다.

05 인간의 동조 행동에 대한 설명으로 틀린 것은?

① 집단이 전문가로 이루어져 동조 행동은 커진다.
② 대체로 집단의 크기가 커질수록 동조 행동은 줄어든다.
③ 집단의 의견이나 행동의 만장일치가 깨지면 동조 행동은 거의 나타나지 않는다.
④ 비동조에의 동조(conformity to nonconformity)는 행위자의 과거 행동에 일관되게 행동하려는 경향이다.

해설 [동조를 조장하는 요인]
• 자신이 정답을 모른다는 생각이 들거나 자기 신념이 모호한 경우
• 집단에 적어도 3명이 있고, 구성원들이 만장일치를 하는 경우
• 그 집단의 지위와 매력을 동경하는 경우
• 개인이 불안감을 느끼는 경우
• 그 집단의 다른 구성원이 나를 관찰하고 있다고 느끼는 경우
• 개인의 문화가 규범에 대한 존중을 장려하는 경우
• 낮은 지위에 있는 사람인 경우

06 Kübler-Ross가 주장한 죽음의 단계에 대한 순서로 옳은 것은?

① 부정 → 분노 → 타협 → 우울 → 수용
② 분노 → 우울 → 부정 → 타협 → 수용
③ 우울 → 부정 → 분노 → 타협 → 수용
④ 타협 → 부정 → 분노 → 우울 → 수용

해설 [퀴블러 로스의 죽음의 단계]
1969년 사망학 개척자인 스위스 출신의 정신의학자 엘리자베스 퀴블러 로스(Elizabeth Kubler-Ross, 1926~2004.8.24)가 그녀의 저서 '사망과 임종(on Death and Dying)에 대하여'에서 말기 암 등으로 죽어가는 환자들이 겪는 심리적 변화를 '부정-분노-타협-우울-수용'의 5단계 순서로 하는 모형을 제시하였다.

07 다음은 무엇에 관한 설명인가?

가장 널리 사용되고 있는 성격 검사로, 성격 특성과 심리적인 문제를 측정하는 데 사용되는 임상적 질문지이다.

① 주제통각 검사
② Rorschach 검사
③ 다면적 인성 검사
④ 문장완성 검사

> **해설** ①, ②, ④는 투사검사들이다.

08 인본주의 성격이론에 대한 설명으로 옳은 것은?
① 무의식적 욕구나 동기를 강조한다.
② 대표적인 학자는 Bandura와 Watson이다.
③ 외부의 환경자극에 의하여 행동이 결정된다고 본다.
④ 개인의 성장 방향과 선택의 자유에 중점을 둔다.

> **해설** ①은 정신분석적 이론, ②와 ③은 행동주의 이론에 대한 설명이다.

09 성격의 5요인 모델에 속하지 않는 것은?
① 개방성　　　② 성실성
③ 외향성　　　④ 창의성

> **해설** [성격의 5요인 이론]

경험에 대한 개방성 (openness to experience)	• 상상력, 호기심, 모험심, 예술적 감각 등으로 보수주의에 반대하는 성향을 말한다. • 개인의 심리 및 경험의 다양성과 관련된 것이다. • 지능, 상상력, 고정관념의 타파, 심미적인 것에 대한 관심, 다양성에 대한 욕구, 품위 등과 관련된 특질을 포함한다.
성실성 (conscientiousness)	• 목표를 성취하기 위하여 성실하게 노력하는 성향을 말한다. • 과제 및 목적 지향성을 촉진하는 속성과 관련된 것이다. • 심사숙고, 규준이나 규칙의 준수, 계획 세우기, 조직화, 과제의 준비 등과 같은 특질을 포함한다.
외향성 (extraversion)	• 다른 사람과의 사교 및 자극과 활력을 추구하는 성향을 말한다. • 사회와 현실세계에 대하여 의욕적으로 접근하는 속성과 관련된 것이다. • 사회성, 활동성, 적극성과 같은 특질을 포함한다.
친화성 (agreeableness)	• 타인에게 반항적이지 않은 협조적인 태도를 보이는 성향을 말한다. • 사회적 적응성과 타인에 대한 공동체적 속성을 나타내는 것이다. • 이타심, 애정, 신뢰, 배려, 겸손 등과 같은 특질을 포함한다.
신경성 (neuroticism)	• 분노, 우울함, 불안감과 같은 불쾌한 정서를 쉽게 느끼는 성향을 말한다. • 걱정, 부정적 감정 등과 같은 바람직하지 못한 행동과 관계된 것이다. • 걱정, 두려움, 슬픔, 긴장 등과 같은 특질을 포함한다. (정서적 안정성은 정서적 불안정성과 반대되는 특징임)

10 성격의 일반적인 특성과 가장 거리가 먼 것은?
① 독특성　　　② 안정성
③ 일관성　　　④ 적응성

> **해설** [성격의 특징]
> 여러 성격 연구자들이 성격을 정의하는데 있어서 공통적으로 강조하는 성격의 일반적인 특성은 '행동의 독특성', '안정성', '일관성'이다.

행동의 독특성	성격은 한 개인이 다른 사람과는 구별되는 점을 일컫는 말이다.
안정성과 일관성	성격은 시간과 공간의 변화에 따라 매 순간 바뀌는 것이 아니라, 어느 정도 안정적으로 일관되게 나타나는 것이다.

11 프로이트(Freud)의 성격체계에서 자아(Ego)의 역할이 아닌 것은?

① 중재 역할   ② 현실 원칙
③ 충동 지연   ④ 도덕적 가치

해설 도덕적 가치는 초자아의 영역이다.

12 다음 중 모집단의 표준편차를 적은 수의 표본 자료에서 추정할 경우에 사용하는 분포로 가장 적합한 것은?

① 정규 분포   ② T 분포
③ 카이제곱 분포   ④ F 분포

해설 [통계분석방법]

빈도 분석	• 데이터가 빈도이다. • 집단 간의 빈도차를 검증한다.
평균 분석(t)	• 데이터가 점수이다. • 두 집단 간의 평균 점수차를 검증한다.
변량 분석(F)	• 데이터가 점수이다. • 세 집단 이상의 평균 점수차를 검증한다.
상관 분석	• 두 변수 간의 상관 정도를 분석한다.
회귀 분석	• 2개 이상의 독립 변수가 종속 변수에 미치는 영향을 각각 분석한다.

13 효과적인 설득을 위하여 고려하여야 할 사항이 아닌 것은?

① 설득자가 설득 행위가 일어난 상황에 주의를 기울일 필요가 있다.
② 설득자는 피설득자의 특질과 상태를 고려할 필요가 있다.
③ 메시지의 강도가 중요하다.
④ 설득자의 자아존중감이 무엇보다 중요하다.

해설 설득자의 자아존중감은 효과적인 설득을 위한 고려사항이 아니다.

14 강화계획 중 유기체는 여전히 특정한 수의 반응을 행한 후에 강화를 받지만, 그 숫자가 예측할 수 없게 변하는 것은?

① 고정비율 강화계획
② 변동비율 강화계획
③ 고정간격 강화계획
④ 변동간격 강화계획

해설 [강화계획]

고정간격 강화계획	• 고정된 시간을 기준으로 제시한다. • 예측할 수 있기 때문에 강화를 받은 직후 바로 행동에 옮기지 않아도 되고, 다음 강화가 제시되는 시점이 임박해서야 행동에 옮기는 패턴을 보이기도 한다. 예 월급, 중간고사, 기말고사 등
변동간격 강화계획	• 예측할 수 없도록 설정한다. • 강화가 주어지는 시간 간격이 평균을 중심으로 변동한다. 예 예고 없이 보는 쪽지시험 등
고정비율 강화계획	• 일정한 수의 반응을 하고 나면 강화가 주어지는 경우이다. 예 단어 20개를 외우면 10분간 휴식하기 등
변동비율 강화계획	• 수행되어야 하는 수행 횟수를 예측하지 못하도록 제시한다. 예 슬롯 머신

15 뉴런의 전기화학적 활동에 관한 설명으로 옳지 않은 것은?

① 뉴런은 자연적으로 전하를 띄는데, 이를 활동 전위라고 한다.

② 안정 전위는 뉴런의 세포막 안과 밖 사이의 전하 차이를 의미한다.

③ 활동 전위는 축색의 세포막 채널에 변화가 있을 경우 발생한다.

④ 활동 전위는 전치 쇼크가 일정 수준, 즉 역치에 도달할 때에만 발생한다.

> **해설** 뉴런의 자연적 전하는 '안정 전위'라고 한다.

16 Piaget가 발달심리학에 끼친 영향과 가장 거리가 먼 것은?

① 환경 속의 자극을 적극적으로 구축하는 가설–생성적인 개체로 아동을 보게 하였다.

② 인간 마음의 변화를 생득적과 경험적이라는 두 대립된 시각으로 보는 데에 큰 기여를 하였다.

③ 발달심리학에서 추구하는 학습이론이 구조와 규칙에 대한 심리학이 되는 데에 그 기반을 제공하였다.

④ 발달심리학이 인간의 복잡한 지적능력의 변화를 탐색하는 분야가 되는 데에 기여하였다.

> **해설** 피아제의 인지 발달론은 오히려 생득적인 부분과 경험적인 부분을 조화시키는 데에 기여하였다.

[피아제(Piaget)의 인지 발달론(Theory of cognitive development)]
- 인간의 인지 발달을 유기체와 환경의 상호작용으로 파악한 이론으로, 심리학의 인지이론에 있어서 영향력 있는 이론이다.
- 피아제는 심리학자이면서 생물학자였기 때문에 그의 이론은 생물학과 인식론에 그 뿌리를 두고 있다. 여기서 인식론은 인간이 발생학적으로 인식하는 존재로 타고난다는 것을 말한다.

- 인지 발달론 또한 생물학과 인식론에 그 뿌리를 두고, 인간의 지적 능력은 유기체가 환경에 적응해 가는 것이라고 주장하였다.
- 피아제는 한 사람의 아동기가 인간의 발달과정에서 핵심적이고 중요한 역할을 기능한다고 생각하였다. 그에게 인지 발달은 신체적 성숙과 환경적 경험으로부터 비롯되는 정신적 과정의 점진적 재조직이었다. 그는 더 나아가 인지 발달은 유기체로서의 인간의 핵심에 있으며, 언어는 인지 발달을 통하여 습득된 지식을 대변한다고 주장하였다.

17 로저스(Rogers)의 '자기 개념'에 관한 설명으로 옳지 않은 것은?

① 사람의 세상에 대한 지각에 영향을 준다.

② 상징화되지 못한 감정들로 구성되어 있다.

③ 자기에는 지각된 자기 외에 되고 싶어 하는 자기도 포함된다.

④ 지각된 경험에 의하여 형성된다.

> **해설** ②는 프로이드의 이드에 관한 내용이다.

18 장기 기억의 특성에 관한 설명 중 옳지 않은 것은?

① 장기 기억에서 주의를 기울인 정보는 다음 기억이 작업 기억으로 전이된다.

② 장기 기억의 정보는 일반적으로 의미에 따라서 부호화된다.

③ 장기 기억에서의 망각은 인출 실패에 따른 것이다.

④ 장기 기억의 몇몇 망각은 저장된 정보의 상실에 의하여 일어난다.

> **해설** 작업 기억에서 주의를 기울인 정보가 장기 기억으로 전이되는 것이다.

정답 15 ① 16 ② 17 ② 18 ①

19 연합학습 이론에 대한 설명으로 틀린 것은?

① 고전적 조건형성 이론 – 능동적 차원의
행동 변화

② 조작적 조건형성 이론 – 결과에 따른 행
동 변화

③ 고전적 조건형성 이론 – 무조건 자극과
조건 자극의 짝짓기 빈도, 시간적 근접
성, 수반성 등의 중요성

④ 조작적 조건형성 이론 – 강화계획을 통
하여 행동 출현 빈도의 조절 가능

해설 고전적 조건형성 이론은 수동적 차원의 행동 변
화이다.

20 음식이나 물과 같이 하나 이상의 보상과 연
합되어 중립 자극 자체가 강화적 속성을 띠
게 되는 현상은?

① 소거   ② 자발적 회복

③ 자극 일반화   ④ 일반적 강화인

해설

소거 (extinction)	바람직하지 않은 행동, 특히 이전에는 보상을 받아 강화된 행동이지만 그 정도가 지나쳐 이제 바람직하지 않게 된 행동에 대해 바람직한 결과를 소거시킴으로써 그 행동의 발생을 억제시키는 것을 말한다.
자발적 회복 (spontaneous recovery)	소거가 완료된 후 일정 기간 훈련을 중지했다가 조건 자극을 다시 제시하면 조건 반응이 갑자기 재출현하는 것으로, 소거 이후에도 조건 반응이 다시 나타날 수 있다는 사실은 소거가 학습된 조건 자극과 조건 반응 간의 연합을 제거하는 것이 아니라 새로운 연합을 학습하는 것임을 보여 준다.
자극 일반화 (stimulus generalization)	조건 반응을 성립시킨 원래의 조건 자극과 유사한 자극이 주어졌을 때, 조건화된 반응이 계속 일어나는 현상을 말한다.

01 인지부조화이론의 예로 옳지 않은 것은?

① 지루한 일을 하고 1,000원 받은 사람이 2,000원 받은 사람에 비하여 그 일이 재미있다고 생각한다.

② 열렬히 사랑하였으나 애인과 헤어진 남자가 떠나간 애인이 못생기고 성격도 나쁘다고 생각한다.

③ 빵을 10개나 먹은 사람이 빵을 다 먹고 난 후, 자신이 배가 고팠었음을 인식한다.

④ 반미적인 태도를 지닌 사람이 친미적인 발언을 한 후, 친미적 태도로 변화되었다.

해설 [인지부조화]

심리학에서의 인지부조화 이론	• 2가지 이상의 반대되는 믿음, 생각, 가치를 동시에 지닐 때 또는 기존에 가지고 있던 것과 반대되는 새로운 정보를 접하였을 때 개인이 받는 정신적 스트레스나 불편한 경험 등을 의미한다.
레온 페스팅거의 인지부조화 이론	• 사람들의 내적 일관성에 초점을 맞추었다. • 불일치를 겪고 있는 개인은 심리적으로 불편해질 것이며, 이런 불일치를 줄이려고 하거나 불일치를 증가시키는 행동을 피할 것이다. • 개인이 이러한 인지부조화를 겪을 때 공격적, 합리화, 퇴행, 고착, 체념 등의 증상을 보인다고 알려져 있다.

02 마음에 용납할 수 없는 충동들에 의하여 야기되는 불안을 감소시키기 위하여 사용하는 방법은?

① 흥분성 조건형성　② 자기 규제

③ 방어 기제　　　　④ 억제성 조건형성

해설 [방어 기제]

• 방어 기제(defence mechanism)는 받아들일 수 없는 잠재적 불안의 위협에서 자신을 보호하기 위하여 실제적인 욕망을 무의식적으로 조절하거나 왜곡하면서 마음의 평정을 찾기 위하여 사용하는 심리학적 메커니즘을 말한다.

• 불안은 자아에 닥친 위험을 알리는 신호이다. 불안은 3가지 자아 간의 갈등으로 끊임없이 야기된다. 자아는 충동적으로 쾌락을 추구하는 원초아와 완벽성을 추구하는 초자아와의 갈등을 감소시키려고 노력한다. 즉, 불안을 피하려고 노력한다.

• 프로이트는 모든 행동이 본능에 의하여 동기화되는 것처럼 역시 불안을 피하려고 한다는 점에서 방어적이라고 보았다. 인간은 기본적으로 불안을 원하지 않으며 그것을 벗어나기를 원한다. 따라서 인간은 갈등에서 비롯된 불안으로부터 자신을 보호하기 위하여 다양한 방어 기제를 사용한다.

03 단기 기억의 기억 용량을 나타내는 것은?

① 3±2개　　　　② 5±2개

③ 7±2개　　　　④ 9±2개

해설 [단기 기억]

• 단기 기억(short-term memory)은 작업 기억(working memory)으로도 불리며, 일반적으로 수초~1분까지 유지되는 특징을 보인다.

• 단기(작업) 기억은 20초~30초 사이 정도까지 반복하지 않고 기억될 수 있으나, 그 용량은 제한되어서 제안 초기에는 7±2개의 용량으로 가정되었으나 후속 연구들을 통하여 최근에는 평균 3~4개의 용량을 가진 것으로 인정된다.

04 심리학의 연구방법 중 인간의 성행동을 연구한 킨제이(Kinsey)와 그의 동료들이 남성의 성행동과 여성의 성행동을 연구하기 위하여 주로 사용한 것은?

① 실험
② 검사
③ 설문조사
④ 관찰

> **해설** **[킨제이의 연구]**
> • 킨제이(Kinsey)는 인간의 성생활에 대한 연구자료가 부족하다는 것을 알고, 처음에는 미국 전역의 교도소에 복역 중인 사람들 중에서 18,000여명을 인터뷰하여, 그 자료들을 가지고 1948년에 《인간 남성의 성적 행위(Sexual Behavior in the Human Male)》를 출판하였고, 1953년에는 《인간 여성의 성적 행위(Sexual Behavior in the Human Female)》를 출판하였다.
> • 다만 교도소에 복역 중인 사람들은 첫 조사에서의 이야기이고, 그 뒤로는 대다수가 일반인들로 구성된 모집단에서 조사를 하여 10만 명가량을 대상으로 조사를 하고 지속적으로 개정된 보고서를 내었다.
> • 킨제이 스스로 1948년의 첫 책은 단지 sample progress report에 불과하다고 이야기하였을 정도이므로 이 점을 명확히 알고 있을 필요가 있다.

05 표본 조사에 대한 설명으로 옳지 않은 것은?

① 연구자가 모집단의 모든 성원을 조사할 수 없을 때 표본을 추출한다.
② 모집단의 특성을 일반화하기 위해서는 표본은 모집단의 부분집합이어야 한다.
③ 표본의 특성을 모집단에 일반화하기 위해서 무선 표집을 사용한다.
④ 표본 추출에서 표본의 크기가 작을수록 표집 오차도 줄어든다.

> **해설** 표본 추출에서 표본의 크기가 클수록 표집 오차도 줄어든다.

06 Piaget의 인지발달의 단계 중 보존 개념이 획득되는 시기는?

① 감각운동기
② 전조작기
③ 구체적 조작기
④ 형식적 조작기

> **해설** **[피아제(Piaget)의 인지발달의 단계]**

감각운동기 (0~2세)	대상 영속성의 개념이 없고, 목표 지향적 행동이 발달하는 시기이다.
전조작기 (2~6,7세)	미숙하나마 생각으로 사물을 다룰 수 있는 정신적 조작능력이 발달하게 되는 시기이다.
구체적 조작기 (7~11세)	사물을 생각으로 다룰 수 있기는 하지만, 구체적인 사물을 통해야 이러한 조작이 가능한 단계로, 보존개념이 발달하는 시기이다.
형식적 조작기 (11~12세 이후)	구체적이고 실제적인 상황을 넘어서서 추상적으로 사물을 다룰 수 있는 단계이다.

07 생후 22주 된 아동들은 사물이나 대상이 눈앞에 보이지 않더라도 계속 존재한다는 것을 안다. 이를 나타내는 것은?

① 대상 영속성
② 지각적 항상성
③ 보존
④ 정향반사

> **해설**

지각적 항상성 (지각적 항등성)	원격 자극은 변하지 않고, 근접 자극은 물체의 이동 또는 지각자의 움직임에 따라 항상 변한다. 자극은 수동적으로 주어지기도 하지만, 능동적으로 획득될 때 대상을 정확하게 지각한다.
보존	인지 발달 심리학에서 모양이 넓은 같은 모양의 컵에 같은 양의 물을 보여준 뒤, 한 컵의 물을 모양이 다른 긴 컵에 부어도 긴 컵과 넓은 컵의 물의 양은 같다는 것을 이해하는 것이다.
정향반사	신생아가 어떤 자극에 대해서든 반사적인 반응을 하는 것이다.

08 다음 중 '고통스러운 상황을 추상적이고 지적인 용어로 대처함으로써 그 상황으로부터 멀어지려고 하는 것'과 관련된 방어 기제는?

① 합리화   ② 주지화
③ 반동형성   ④ 투사

해설

합리화	• 자기가 그렇게 행동한 이유를 숨기기 위하여 무의식적으로 정당화 구실을 만들어내는 전략이다.
반동형성	• 무의식적 욕구 충동을 억압만으로 극복할 수 없을 때, 그것과 정반대의 욕구를 만들어냄으로써 대항하는 심리현상이다. • 일반적으로 이에 따른 행동은 부자연스럽고 어색하다는 인상을 낳는다.
투사	• 자기의 측면을 타인에게 전가하는 것이다. 자신이 의식적으로 억누른 자신의 측면을 타인의 것으로 보는 것이 투사의 정의이다. • 일반적으로는 본인의 부정적 측면을 전가하는 현상이지만 좋은 투사도 존재한다.

09 새로운 자극이 원래 CS와 유사할수록 조건반응을 촉발할 가능성이 크다는 학습의 원리는?

① 일반화   ② 변별
③ 획득   ④ 소거

해설

• 변별은 학습된 행동이 어떤 상황에서는 일어나지만, 다른 상황에서는 일어나지 않는 경향을 말한다.
• 소거는 조건 자극과 무조건 자극 간의 연합을 제거시키면 과거에 습득되었던 조건 반응이 약화되는 현상으로, 소거도 일종의 학습과정이다.

10 고전적 조건형성에 대한 설명으로 옳지 않은 것은?

① 조건 자극과 무조건 자극이 빈번하게 짝지어지면 조건형성이 더 잘 일어난다.
② 무조건 자극이 조건 자극에 선행하는 경우에 조건형성이 더 잘 일어난다.

③ 조건형성이 소거된 후 일정 시간이 지난 후에 조건 자극이 주어지면 여전히 조건 반응이 발생하기도 한다.
④ 학습과정에서 제시되지 않았던 자극이라도 조건 자극과 유사하면 조건 반응을 유발시킬 수 있다.

해설 조건 자극이 무조건 자극에 선행해야 조건형성이 일어난다.

11 강화에 관한 설명으로 옳지 않은 것은?

① 계속적 강화보다는 부분 강화가 소거를 더욱 지연시킨다.
② 고정비율 계획보다는 변화비율 계획이 소거를 더욱 지연시킨다.
③ 강화가 지연됨에 따라 그 효과가 감소한다.
④ 어떤 행동에 대하여 돈을 주거나 칭찬을 해 주는 것은 일차 강화물이다.

해설 [강화물]

일차 강화물 (primary reinforcer)	다른 강화물들과의 연합에 의존하지 않는 강화물이다.
이차 강화물 (secondary reinforcer)	다른 강화물들과의 연합에 의존하는 강화물이다. 예 돈, 칭찬

12 현상학적 성격이론에 관한 설명으로 옳지 않은 것은?

① 사건 자체가 아니라 그 사건에 대한 개인의 주관적 경험이 행동을 결정한다.
② 세계관에 대한 개인의 행동을 예측하고 이해하기 위해서는 개인의 지각을 이해하여야 한다.
③ 어린 시절의 동기를 분석하기보다는 앞으로 무엇이 발생할 것인가에 초점을 둔다.

④ 선택의 자유를 강조하는 인본주의적 입장과 자기실현을 강조하는 자기이론적 입장을 포함한다.

> **해설** 현상학적 성격이론은 과거나 미래보다는 현재 here & now에 관심을 둔다.

13 자극추구 성향에 관한 설명으로 옳은 것은?

① Eysenck는 자극추구 성향에 관한 척도를 제작하였다.
② 자극추구 성향이 높을수록 노아에피네프린(NE)이라는 신경전달물질을 통제하는 체계에서의 흥분 수준이 낮다는 주장이 있다.
③ 성격 특성이 일부 신체적으로 유전된다는 주장을 반박하는 근거로 제시된다.
④ 내향성과 외향성을 구분하는 생리적 기준으로 사용된다.

> **해설** [자극추구 성향(Sensation Seeking Tendency)]
> • 다양하고 신기하고 복잡한 감각과 경험을 추구하며, 이러한 경험을 얻기 위하여 신체적, 사회적, 법적 및 재정적 위험을 감수하려는 경향이다.
> • 주커만(Zuckerman)에 의하여 척도를 개발하였다.
> • 감각추구 성향은 MAO와 부적 상관이 있는 것으로 나타났다.
> • 높은 감각추구 성향자들은 MAO 수준이 낮았으며, MAO 수준이 낮은 남성이 범죄나 도박 등의 비행을 더 많이 저지른 것으로 나타났다.
> • 자극추구 성향은 다양한 중독(알코올, 인터넷, 약물, 도박 등), 반사회적 범죄 행동, 청소년 비행, 위험 행동 등의 연구와 관련이 있다.

14 전망이론(prospect theory)에 관한 설명으로 옳은 것은?

① 범주의 모든 구성원이 공유하고 있지는 않지만, 범주 구성원을 특정 짓는 속성이 있다.

② 사람들은 잠재적인 손실을 평가할 때 위험을 감수하는 선택을 하고, 잠재적인 이익을 평가할 때는 위험을 피하는 선택을 한다.
③ 우리는 새로운 사례와 범주의 다른 사례에 대한 기억을 비교함으로써 범주 판단을 한다.
④ 우리는 어떤 것이 일어날 가능성이 얼마인지를 결정하고, 그 결과의 가치를 판단한 후, 이 둘을 곱하여 결정을 내린다.

> **해설** [전망이론]
> • 심리학에서 발전하여 사회과학에 도입된 정치심리학적인 접근 방식이다.
> • 인간의 선택 행위를 손실과 이익을 중심으로 설명하는 합리적 선택이론과는 달리, 전망이론은 실험을 통하여 밝혀진 실제 인간의 선택 행위에 초점을 맞춘 경험적 이론이다.

15 '통계석으로 유의미하다'라는 말의 뜻을 나타내는 것은?

① 실험 결과가 우연이 아닌 실험 처지에 의해서 나왔다.
② 실험 결과를 통계적 방법을 통하여 분석할 수 있다.
③ 실험 결과가 통계적 분석방법을 써서 나온 것이다.
④ 실험 결과가 통계적 혹은 확률적 현상이다.

> **해설** [통계적 유의성]
> • 모집단에 대한 가설이 가지는 통계적 의미를 말한다.
> • 어떤 실험 결과 자료를 두고 '통계적으로 유의미하다'라는 것은 확률적으로 봐서 단순한 우연이라고 생각되지 않을 정도로 의미가 있다는 뜻이고, 반대로 '통계적으로 유의미하지 않다'라는 것은 실험 결과가 단순한 우연일 수도 있다는 뜻이다.

16 쏜다이크(Thorndike)가 제시한 효과의 법칙(law of effect)과 관련이 없는 것은?

① 고전적 조건형성

② 도구적 조건형성

③ 시행착오 학습

④ 문제상자(puzzle box)

> **해설** [쏜다이크의 효과의 법칙]
> 쏜다이크(Thorndike)는 스키너 이전에 문제상자(puzzle box)를 이용한 고양이 실험을 통한 효과의 법칙(law of effect)을 밝혔는데, 효과의 법칙이란 보상받은 행동은 재발 가능성이 크다는 것으로, 스키너는 이 법칙을 출발점으로 삼아 행동제어의 원리를 밝혔다.

17 방어 기제 중 성적인 충동이나 공격성을 사회적으로 용인된 바람직한 방향으로 변화시켜 표현하는 것은?

① 합리화　　　　② 주지화

③ 승화　　　　　④ 전이

> **해설**
>
> | | |
> |---|---|
> | 주지화 | 무의식적 갈등과 그와 관련된 정서적 스트레스(경험 또는 생각)를 회피하는 데 사용되는 경우에서의 대립을 막기 위하여 이성적 사고 또는 추론이 사용되는 방어 메커니즘으로 알려져 있다. |
> | 전이 | 자신의 목표나 인물 대신에 대치할 수 있는 다른 대상에게 에너지를 쏟는 방어 기제로, 위협적인 대상에서 덜 위협적인 대상으로 방향을 전환하는 것이다. |

18 기억 유형 중 정서적으로 충만한 중요한 사건을 학습하였던 상황에 대한 명료하면서도 비교적 영속적인 것은?

① 암묵 기억　　② 섬광 기억

③ 구성 기억　　④ 외현 기억

> **해설**
>
> | | |
> |---|---|
> | 암묵 기억 | 과거의 경험이 도움을 주는지 의식하지 못한 상태에서 그 경험들이 현재 행동을 수행하는 데 있어서 도움을 주는 기억이다. |

외현 기억	내현 기억과는 달리, 자신이 그 기억을 하고 싶어서 기억을 하는 형태로 적용되는 기억이다.

19 척도와 그 예가 올바르게 짝지어진 것은?

① 명명 척도 – 운동선수 등번호

② 서열 척도 – 온도계로 측정한 온도

③ 등간 척도 – 성적에서의 학급 석차

④ 비율 척도 – 지능검사로 측정한 지능지수

> **해설**
>
> | | |
> |---|---|
> | 명명 척도 (명목 척도) | • 분류의 목적인 숫자 **예** 남자 1, 여자 2
 • 기타 **예** 연령, 학력, 종교, 취미 등 |
> | 서열 척도 | **예** 측정 대상의 많고 적음, 크기의 크고 작음, 높고 낮음, 선호도의 높고 낮음 |
> | 등간 척도 | • 순위가 존재하고, 각각의 간격이 일정함
 예 선호도, 1, 2, 3등
 • 일반적인 설문지에 가장 많이 활용됨 |
> | 비율 척도 | • 등간 속성 + 절댓값 0이 존재함
 • 모든 분석이 가능함 |

20 다음 사항을 나타내는 발견법(heuristic)은?

> 사람들은 한 상황의 확률을 그 상황에 들어 있는 사건들 사이에 존재하는 관련성의 강도에 근거하여 추정한다.

① 대표성 발견법

② 인과성 발견법

③ 확률 추정의 발견법

④ 가용성 발견법

> **해설** [휴리스틱(heuristics, 발견법)]
> 불충분한 시간이나 정보로 인하여 합리적인 판단을 할 수 없거나, 체계적이면서 합리적인 판단이 굳이 필요하지 않은 상황에서 사람들이 빠르게 사용할 수 있게 보다 용이하게 구성된 간편 추론의 방법이다.

01 병적 도벽에 관한 설명으로 옳은 것은?

① 개인적으로 쓸모가 없거나 금전적으로 가치가 없는 물건을 훔치려는 충동을 저지하는데 반복적으로 실패한다.
② 훔친 후에 고조되는 긴장감을 경험한다.
③ 훔치지 전에 기쁨, 충족감, 안도감을 느낀다.
④ 훔치는 행동이 품행장애로 더 잘 설명되는 경우에도 추가적으로 진단한다.

> **해설** [병적 도벽(절도광)]
> • 개인적으로 필요하지도 않고 금전적인 목적이 없음에도 불구하고, 물건을 훔치고 싶은 충동을 억제하지 못하여 물건을 훔치는 행위를 반복하는 질환을 의미한다.
> • 다른 충동조절 장애와 유사하게 물건을 훔치기 전에는 긴장 수준이 높아지다가 훔친 이후에는 만족감, 안도감, 긴장 완화를 경험하는 증상을 통하여 진단할 수 있다.
> • 물건을 충동적으로 훔치므로 범죄가 계획적이지 않으며, 단독으로 물건을 훔친다. 절도의 목적은 훔친 물건이 아니라 훔치는 행위인 것이다.

02 주요 우울장애에 대한 설명으로 옳은 것은?

① 주요 우울장애의 유병률은 문화권에 관계없이 비슷하다.
② 주요 우울장애의 유병률은 60세 이상에서 가장 높다.
③ 정신중적 증상이 나타나면 주요 우울장애로 진단할 수 없다.
④ 생물학적 개입방법으로는 경두개 자기자극법, 뇌심부 자극 등이 있다.

> **해설** 주요 우울장애의 유병률은 50대에서 가장 높다.

03 성격장애에 대한 설명으로 옳은 것은?

① 성격장애는 아동기, 청소년기에는 진단할 수 없다.
② 반사회성 성격장애의 경우, 품행 장애의 과거력이 있다면 연령과 상관없이 진단할 수 있다.
③ 회피성 성격장애의 유병률은 여성에게서 더 높다.
④ 경계성 성격장애의 유병률은 여성에게서 더 높다.

> **해설**
> • 성격장애는 아동기, 청소년기에도 진단된다.
> • 반사회적 성격장애는 18세 이상의 성인에게 진단되며, 15세 이전에 품행 장애를 나타낸 증거가 필요하다.
> • 회피성 성격장애에 성별의 차이는 없다.

04 자폐 스펙트럼 장애의 진단의 특징적인 증상만으로 묶은 것은?

① 사회적-감정적 상호성의 결함, 관계 발전, 유지 및 관계에 대한 이해의 결함, 상동증적이거나 반복적인 운동성 동작
② 구두언어 발달의 지연, 비영양성 물질을 지속적으로 먹음, 상징적 놀이 발달의 지연
③ 일반적인 의학적 상태, 타인과의 대화를 시작하거나 지속하는 능력의 현저한 장애, 발달 수준에 적합한 친구관계 발달의 실패
④ 동물에게 신체적으로 잔혹하게 대함, 반복적인 동작성 매너리즘(mannerism), 다른 사람들과 자발적으로 기쁨을 나누지 못함

해설 자폐 스펙트럼 장애는 초기 아동기부터 상호교환적인 사회적 의사소통과 사회적 상호작용에 지속적인 손상을 보이는 한편, 행동패턴, 관심사 및 활동범위가 한정되고 반복적인 것이 특징인 신경발달 장애의 한 범주이다.

[자폐 스펙트럼 장애의 진단 기준]
DSM-5의 진단 기준(2013)에 따라 아래의 증상을 모두 충족시켜야만 자폐 스펙트럼 장애로 진단된다.
· 다양한 분야에 걸쳐 나타나는 사회적 의사소통 및 사회적 상호작용의 지속적인 결함
· 제한적이고 반복적인 행동이나 흥미, 활동
· 초기 발달 시기부터의 증상 발현

05 **이상심리학의 역사에 관한 설명으로 틀린 것은?**
① Kraepelin은 현대 정신의학의 분류체계에 공헌한 바가 크다.
② 고대 원시사회에서는 정신병을 초자연적 현상으로 이해하였다.
③ Hippocrates는 모든 질병은 그 원인이 마음에 있다고 하였다.
④ 서양 중세에는 과학적 접근 대신에 악마론적 입장이 성행하였다.

해설 **[히포크라테스의 4체액설]**
· 히포크라테스는 엠페도클레스의 이론을 발전시키는 4체액설을 정리한 것으로 유명하다.
· 히포크라테스는 인간이 정액이나 자궁의 체액에서 탄생하고 자라나는 점을 근거로 이를 중요시하여, 액체가 생명의 근원일 것이라고 생각하였다.
· 히포크라테스는 혈액, 담즙, 점액, 물(water, 나중에 흑담즙(black bile)을 언급함)의 4가지 체액으로 인간의 병리를 설명하려고 하였다.

06 **우울 장애의 원인에 관한 설명으로 옳은 것은?**
① 신경전달물질인 노어에피네프린 및 세로토닌의 결핍과 관련이 있다.
② 갑상선 기능 항진과 관련된다.
③ 코티졸 분비 감소와 관련된다.
④ 비타민 엽산의 과다와 관련이 있다.

해설 **[우울증의 신경생물학적 원인]**
세로토닌과 멜라토닌은 우울증의 원인으로 지목되는 대표적인 물질들이다. 이것들뿐만 아니라 도파민, 노르에피네프린 등 신경과 관련된 여러 가지 호르몬이 우울증에 영향을 미친다.

07 **환각제에 해당되는 약물은?**
① 펜시클리딘
② 대마
③ 카페인
④ 오피오이드

해설 대마는 진정제, 카페인은 각성제, 오피오이드는 마약성 진통제이다.

08 **자기애성 성격장애에 대한 설명으로 틀린 것은?**
① 과도한 숭배를 원한다.
② 자신의 중요성에 대하여 과대한 느낌을 가진다.
③ 자신의 방식에 따르지 않으면 일을 맡기지 않는다.
④ 대인관계에서 착취적이다.

해설 **[자기애성 성격장애]**
· 우월감(과대성)을 느끼고, 존경심을 필요로 하며, 공감 능력이 떨어지는 패턴의 만연함을 특징으로 한다.
· 자기애성 성격장애가 있는 사람은 본인의 능력을 과대평가하고, 본인의 업적을 과장하며, 타인의 능력을 과소평가하는 경향이 있다.

09 주요 우울장애와 양극성 장애의 비교 설명으로 옳은 것은?

① 주요 우울장애와 양극성 장애의 발병률은 비슷하다.

② 주요 우울장애는 여자가 남자보다, 양극성 장애는 남자가 여자보다 높은 발병률을 보인다.

③ 주요 우울장애는 사회경제적으로 낮은 계층에서 발생 비율이 높고, 양극성 장애는 높은 계층에서 더 많이 발견된다.

④ 주요 우울장애 환자는 성격적으로 자아가 약하고 의존적이며 강박적인 사고를 보이는 경우가 많은데, 양극성 장애의 경우에는 병전 성격이 히스테리성 성격장애의 특징을 보인다.

해설 **[조울증의 발병률]**

- 조울증의 평생 유병률은 연구마다 다르지만 대략 1.8% 정도로 알려져 있다.
- 조증인 들뜬 기분으로 시작되기보다는 우울증으로 시작되는 경우가 70% 이상이다.
- 조울증은 남녀의 차이가 거의 없고, 우울증보다 유전성이 강한 것으로 알려져 있다.
- 조울증은 기혼자보다는 이혼이나 독신자에게 더 많은데, 이러한 차이는 보다 어린 나이의 발병과 이러한 장애로 인한 부부 간의 불화에 기인한 것으로 보인다.
- 진단적 편견의 영향을 배제할 수는 없으나, 보다 높은 사회경제적 계층에서 발생하는 것으로 알려져 있다.

10 소인-스트레스 이론(diathesis-stress theory)에 대한 설명으로 가장 적합한 것은?

① 소인은 생후 발생하는 생물학적 취약성을 의미한다.

② 스트레스가 소인을 변화시킨다.

③ 소인과 스트레스는 서로 억제한다.

④ 소인은 스트레스 상황에서 발현된다.

해설

- 체질-스트레스 모델(diathesis-stress model) 또는 취약성-스트레스 모델(vulnerability-stress model)은 선행적 취약성과 인생 경험 등으로 인한 스트레스 사이의 상호 작용의 결과로서 장애 또는 그 궤적을 설명하려는 심리학적 이론이다.
- 체질(diathesis)이라는 용어는 그리스어 단어에서 소인 또는 감수성을 뜻하는데, 체질은 유전적, 심리적, 생물학적 또는 상황적(사회적) 요인의 형태를 취할 수 있다.
- 장애 발병에 대한 개인의 취약성 간에는 큰 차이가 있다. 진화심리학 및 동물행동학을 비롯하여 많은 연구들이 개체(개인)의 생물학적, 사회심리적 취약성은 이러한 연장선상에서 유전적, 사회심리적 상황의 스트레스와 상호 지속적으로 영향을 주고받음으로써 복합적 관계에서 그 발현이 결과로 진행한다는 사실을 중요하게 언급하고 있다.

11 알츠하이머병으로 인한 신경인지 장애의 특성에 대한 설명으로 옳은 것은?

① 초기에는 일반적으로 오래된 과거에 관한 기억 장애만을 가지고 있다.

② 인지 기능의 저하는 서서히 나타난다.

③ 기질적 장애 없이 나타나는 정신병적 상태이다.

④ 약물 치료, 인지 치료, 행동적 치료의 성공률이 높은 편이다.

해설 [알츠하이머병]
- 알츠하이머병은 치매를 일으키는 가장 흔한 퇴행성 뇌질환으로, 1907년 독일의 정신과 의사인 알로이스 알츠하이머(Alois Alzheimer) 박사에 의하여 최초로 보고되었다.
- 알츠하이머병은 매우 서서히 발병하여 점진적으로 진행되는 경과가 특징적이다. 초기에는 주로 최근 일에 대한 기억력에서 문제를 보이다가, 진행하면서 언어기능이나 판단력 등 다른 여러 인지기능의 이상을 동반하게 되다가, 결국에는 모든 일상생활의 기능을 상실하게 된다.
- 알츠하이머병은 그 진행과정에서 인지기능의 저하뿐만 아니라 성격 변화, 초조 행동, 우울증, 망상, 환각, 공격성 증가, 수면 장애 등의 정신행동 증상이 흔히 동반된다.
- 알츠하이머병은 말기에 이르면 경직, 보행 이상 등의 신경학적 장애 또는 대소변 실금, 감염, 욕창 등의 신체적인 합병증까지 나타나게 된다.

다운 증후군	• 21번 염색체가 정상보다 많이 발현될 경우에 나타나는 질병이다. • 신체적 발달의 지연을 일으키며 안면 기형과 지적 장애를 동반한다.

12 다음 중 만성적인 알코올 중독자에게서 흔히 발생하는 것으로, 비타민(티아민) 결핍과 관련이 깊으며, 지남력 장애, 최근 및 과거 기억력의 상실, 작화증 등의 증상을 보이는 장애는?

① 혈관성 치매
② 코르사코프 증후군
③ 진전 섬망
④ 다운 증후군

해설

혈관성 치매	• 알츠하이머병 다음으로 흔한 치매의 원인 질환으로, 치매 환자가 보이는 증상이 나타난다.
진전 섬망	• 알코올 금단증상 중에서 가장 심한 형태이다. • 알코올 금단증상을 보이는 환자의 약 5%에서 발생하는데, 떨림(진전)과 의식 변화, 환각, 혼동(섬망) 등의 증상이 생긴다. • 기억 장애, 언어 장애뿐만 아니라 망상, 환시, 환청, 환각, 환촉, 환취, 경련이 생길 수 있다.

13 불안 증상을 중심으로 한 정신장애에 대한 설명으로 가장 거리가 먼 것은?

① 강박 장애 – 원치 않는 생각이 침습적으로 경험되고, 이를 무시하거나 억압하려고 하고, 중화시키려고 노력한다.
② 외상 후 스트레스 장애 – 외상적 사건을 경험하고 난 후에 불안상태가 지속된다.
③ 공황 장애 – 갑자기 엄습하는 강렬한 불안, 즉 공황 발작을 반복적으로 경험한다.
④ 범불안 장애 – 다른 사람들과 상호작용하는 사회적 상황을 두려워하여 회피한다.

해설 ④는 사회불안 장애에 대한 설명이다.

14 DSM-5에서 변태성욕 장애의 유형에 대한 설명으로 옳은 것은?

① 노출 장애 – 다른 사람이 옷을 벗고 있는 모습을 몰래 훔쳐봄으로서 성적 흥분을 느끼는 경우
② 관음 장애 – 동의하지 않는 사람에게 자신의 성기나 신체 일부를 반복적으로 나타내는 경우

③ 소아성애 장애 – 사춘기 이전의 아동을 대상으로 한 성적 활동을 통하여 반복적이고 강렬한 성적 흥분이 성적 공상, 충동, 행동으로 발현되는 경우

④ 성적가학 장애 – 굴욕을 당하거나 매질을 당하거나 묶이는 등의 고통을 당하는 행위를 중심으로 성적 흥분을 느끼거나 성적 행위를 반복하는 경우

해설 ①은 관음 장애, ②는 노출 장애, ④는 성적피학 장애에 대한 설명이다.

15 급식 및 섭식 장애에 대한 설명으로 틀린 것은?

① 이식증은 아동기에서 가장 발병률이 높다.

② 되새김 증상은 다른 정신장애에서 발생하는 경우에 심각성과 상관없이 추가적으로 진단할 수 있다.

③ 신경성 폭식 장애에서는 체중 증가를 막기 위한 반복적이고 부적절한 보상 행동이 나타난다.

④ 신경성 식욕 부진증의 유병률은 여성이 남성보다 높다.

해설 되새김 장애는 음식 섭취 후에 음식이 역류하는 것을 특징으로 하는 섭식 장애로, 역류는 자발적으로 발생할 수 있다.

16 지적 장애에 관한 설명으로 틀린 것은?

① 심각한 두부 외상으로 인하여 이전에 습득한 인지적 기술을 소실한 경우에는 지적 장애와 신경인지 장애로 진단할 수 있다.

② 경도의 지적 장애는 여성보다 남성에게 더 많다.

③ 지적 장애는 개념적, 사회적, 실행적 영역에 대한 평가로 진단된다.

④ 지적 장애 환자의 지능지수는 오차 범위를 포함하여 대략 평균에서 1 표준편차 이하로 평가된다.

해설 [지적 장애]
- 지적 장애는 지적인 기능이 평균 이하인 상태를 말하는데, 구체적으로는 지능 발달의 장애로 인하여 학습이 불가능하거나 제한을 받고, 적응 행동의 장애로 관습의 습득과 학습에 장애가 있는 상태를 의미한다.
- 과거에는 '정신 지체(mental retardation)'라는 용어를 사용하였는데, 2008년 2월을 기준으로 '지적 장애'라는 용어로 변경되었다.
- 지적 장애는 지능 발육 지연의 정도에 따라 경도(지능지수 50~69), 중등도(지능지수 35~49), 고도(지능지수 20~34), 최고도(지능지수 20 미만)의 4가지로 구분하고 있다.

17 조현병의 원인에 관한 설명으로 옳은 것은?

① 사회적 낙인 – 조현병 환자는 발병 후, 도시에서 빈민 거주지역으로 이동한다.

② 도파민(dopamine) 가설 – 조현병의 발병은 도파민이라는 신경전달물질의 과다 활동에 의하여 유발된다.

③ 사회선택 이론 – 조현병은 냉정하고 지배적이며, 갈등을 심어주는 어머니에 의하여 유발된다.

④ 표출 정서 – 조현병은 뇌의 특정 영역의 구조적 손상에 의하여 유발된다.

해설

사회적 낙인	조현병이라는 낙인을 찍어 불이익을 당하게 된다.
사회선택 이론	조현병 환자는 발병 후, 도시에서 빈민 거주지역으로 이동한다.
표출 정서	조현병은 냉정하고 지배적이며, 갈등을 심어주는 어머니에 의하여 유발된다.

18 신경성 식욕 부진증에 관한 설명으로 틀린 것은?

① 폭식하거나 하제를 사용하는 경우는 해당하지 않는다.

② 체중과 체형이 자기 평가에 지나치게 영향을 미친다.

③ 말랐는데도 체중의 증가와 비만에 대한 극심한 두려움이 있다.

④ 체중을 회복시키고 다른 합병증의 치료를 위하여 입원 치료가 필요한 경우도 있다.

> **해설** 신경성 식욕 부진증은 체중 감소를 위하여 부적절한 식이 행동을 하는 것을 말한다.

[신경성 식욕 부진증의 증상]

- 가족과 함께 또는 공공장소에서 식사하는 것을 꺼려한다.
- 체중을 줄이기 위하여 심한 운동을 하기도 하고, 설사제나 이뇨제까지 남용하여 체중을 줄이려고 한다.
- 음식을 집안 여기저기 감추는 등의 이상한 행동을 하기도 한다.
- 체중 감소와 관련된 부적절한 식이 행동은 비밀스럽게 이루어지는 경우가 많다.

19 대형 화재현장에서 살아남은 남성이 불이 나는 장면에 극심하게 불안 증상을 느낄 때 의심할 수 있는 가능성이 가장 높은 장애는?

① 외상 후 스트레스 장애

② 적응 장애

③ 조현병

④ 범불안 장애

> **해설** [외상 후 스트레스 장애(PTSD ; Post-Traumatic Stress Disorder)]
> - 신체적인 손상 또는 생명에 대한 불안 등의 정신적 충격을 수반하는 사고를 겪은 이후에 심적 외상을 받아 나타나는 질환이다.
> - PTSD, 충격 후 스트레스 장애, 외상성 스트레스 장애, 외상 후 증후군, 외상 후 스트레스 증후군, 트라우마라고도 한다.

- 주로 일상생활에서 경험할 수 있는 사건에서 벗어난 사건들을 겪은 후에 발생한다.

  예 천재지변, 화재, 전쟁, 신체적 폭행, 고문, 강간, 성폭행, 인질사건, 소아 학대, 자동차, 비행기, 기차, 선박 등에 의한 사고, 그 밖의 대형사고 등

- 증상이 나타나는 시기는 개인에 따라 다른데, 충격 후에 즉시 시작될 수도 있고 수일, 수주, 수개월 또는 수년이 지나고 나서도 증상이 나타날 수 있다.
- 증상이 1개월 이상 지속되어야만 외상 후 스트레스 장애라고 하고, 증상이 1개월 안에 나타나고 지속기간이 3개월 미만일 경우에는 급성 스트레스 장애에 속한다.

20 섬망(delirium) 증상의 특징이 아닌 것은?

① 주의를 기울이고 집중, 유지, 전환하는 능력의 감소

② 환경 또는 자신에 대한 지남력의 저하

③ 증상은 오랜 기간에 걸쳐서 발생

④ 오해, 착각 또는 환각을 포함하는 지각 장애

> **해설** [섬망(delirium)]
>
> **1. 섬망의 증상**
> - 섬망 상태가 되면, 당사자는 혼란스러워하고 매우 흥분하거나, 반대로 매우 처지기도 한다.
> - 시간과 장소를 헷갈려 하고, 가까운 가족도 잘 알아보지 못할 수 있다.
> - 헛것이 보이고, 잠을 못 자고, 두서 없이 말하기도 한다.
> - 섬망 증상들은 잠시 괜찮아졌다가도 악화되며, 특히 밤에 심해지기 때문에 옆에서 간병 중인 보호자나 같은 병실을 사용하는 다른 환자분들이 함께 힘들어질 수 있다.
>
> **2. 섬망의 특징**
> - 섬망은 종종 치매나 우울증으로 오인될 수 있으나, 원인을 찾아 치료하면 회복이 가능하다. 섬망 증상이 나타나거나 정신상태에 갑작스런 변화가 있는 경우에는 즉시 의료진에게 알리는 것이 중요하다.
> - 섬망은 신체상태 악화에 따라 갑자기 나타난다. 하루 중에도 증상 변화가 큰 것이 특징이다. 특히 밤 시간에 증상이 심화되었다가 낮 시간에는 비교적 약화된다.
> - 참고로, 치매는 짧은 기간 안에는 증상 변화가 별로 없는 것이 특징이므로 섬망과 다르다. 치매는 일반적으로 오랜 기간에 걸쳐 기억력 장애가 심화되면서 성격 변화가 뒤따르는 양상으로 나타난다.

01 다음 중 DSM-5의 주요 우울 장애(major depressive disorder)의 진단 기준에 해당하지 않는 것은?

① 증상이 사회적, 직업적 또는 다른 중요한 기능 영역에서 정상적으로 현저한 고통이나 손상을 초래한다.

② 삽화가 물질의 생리적 효과나 다른 의학적 상태로 인한 것이 아니다.

③ 주요 우울삽화가 조현정동 장애, 조현병 등 기타 정신병적 장애로 더 잘 설명되지 않는다.

④ 조증 삽화 혹은 경조증 삽화가 존재한 적이 있다.

> **해설** ④는 조울증의 진단 기준이다.

02 다음에 해당하는 장애는?

> • 적어도 1개월 동안 비영양성, 비음식물질을 먹는다.
> • 먹는 행동이 사회적 관습 혹은 문화적 지지를 받지 못한다.
> • 비영양성, 비음식물질을 먹는 것이 발달 수준에 비추어 볼 때 부적절하다.

① 되새김 장애

② 이식증

③ 회피적/제한적 음식섭취 장애

④ 달리 명시된 급식 또는 섭식 장애

> **해설** 위의 설명은 이식증에 대한 진단 기준이다.

03 전환 장애의 특징을 모두 고른 것은?

> ㄱ. 신경학적 근원이 없는 신경학적 증상을 경험한다.
> ㄴ. 의식적으로 증상을 원하거나 의도적으로 증상을 만들어내지 않는다.
> ㄷ. 대부분 순수한 의학적 질환의 증상과 유사하지 않다.

① ㄱ, ㄴ   ② ㄱ, ㄷ

③ ㄴ, ㄷ   ④ ㄱ, ㄴ, ㄷ

> **해설** [전환 장애(conversion disorder)]
> • 주로 신경학적 손상을 시사하는 소수의 신체적 증상을 나타내는 장애를 말한다.
> • 전환 장애는 다양한 신체적 증상을 호소하는 신체화 장애와는 달리, 한두 가지의 비교적 분명한 신체적 증상을 보이며, 운동기능의 이상이나 신체 일부의 마비 또는 감각 이상 등과 같이 신경학적 손상을 시사하는 증상을 주로 나타낸다.

04 행동주의적 견해에 따르면 강박행동은 어떤 원리에 의하여 유지되는가?

① 고전적 조건형성

② 부적 강화

③ 소거

④ 모델링

> **해설** 강박행동이 유지되는 원리는 강박행동이 불쾌한 감정이나 불안을 억제하는 부적 강화의 원리이다.

05 일반적 성격장애의 DSM-5의 진단 기준에 해당하지 않는 것은?

① 지속적인 유형이 물질(남용 약물 등)의 생리적 효과나 다른 의학적 상태로 인한 것이다.

② 지속적인 유형이 다른 정신질환의 현상이나 결과로 더 잘 설명되지 않는다.

③ 지속적인 유형이 개인의 사회상황의 전 범위에서 경직되어 있고 전반적으로 나타난다.

④ 유형은 안정적이고 오랜 기간 동안 있어 왔으며, 최소한 청년기 혹은 성인기 초기부터 시작된다.

해설 지속적인 유형이 물질(남용 약물 등)의 생리적 효과나 다른 의학적 상태로 인한 것이 아니어야 한다.

06 기분 장애의 '카테콜라민(catecholamine) 가설'에 관한 설명으로 옳은 것은?

① 조증 – 도파민의 부족

② 조증 – 세로토닌의 증가

③ 우울증 – 노르에피네프린의 부족

④ 우울증 – 생물학적 및 환경적 원인의 상호작용

해설 [카테콜라민 가설(catecholamine hypothesis)]
- 우울증을 뇌신경화학적인 요인으로 설명하려는 대표적인 이론이다.
- 카테콜라민은 신경전달물질인 노르에피네프린, 에피네프린, 그리고 도파민을 포함하는 호르몬을 말한다.
- 카테콜라민이 결핍되면 우울증이 생기고, 반대로 카테콜라민이 과다하면 조증이 생긴다.
- 특히 카테콜라민 중에서 에피네프린이나 도파민보다는 노르에피네프린이 기분 장애에 중요한 역할을 하는 것으로 알려져 있다.

07 심리적 갈등이나 스트레스로 인하여 갑작스런 시력 상실이나 마비와 같은 감각 이상 또는 운동증상을 나타내는 질환은?

① 공황 장애   ② 전환 장애

③ 신체증상 장애   ④ 질병불안 장애

해설 전환 장애에 대한 설명이다.

08 다음 중 경계성 성격장애의 임상적 특징이 아닌 것은?

① 반복적인 자살행동과 만성적인 공허감

② 자신의 중요성에 대한 과장된 지각과 특권의식 요구

③ 일시적이고 스트레스와 연관된 피해적 사고 혹은 심한 해리 증상

④ 실제 혹은 상상 속에서 버림받지 않기 위하여 미친 듯이 노력함

해설 ②는 자기애성 성격장애의 임상적 특징이다.

09 DSM-5의 성기능 부전에 해당하지 않는 것은?

① 조루증

② 성정체감 장애

③ 남성 성욕감퇴 장애

④ 발기 장애

해설 성정체감 장애는 DSM-5에서는 성별불쾌감 장애로 명칭이 변경되었다.

10 다음 증상 사례의 정신장애 진단으로 옳은 것은?

> 대구 지하철 참사현장에서 생명의 위협을 경험한 이후에 재경험 증상, 회피 및 감정 마비 증상, 과도한 각성상태를 1개월 이상 보이고 있는 30대 후반의 여성

① 제2형 양극성 장애

② 외상 후 스트레스 장애

③ 조현양상 장애

④ 해리성 정체성 장애

해설 [외상 후 스트레스 장애(PTSD)]

사람이 전쟁, 고문, 자연재해, 사고, 폭력 등의 심각한 사건을 경험하거나 심각한 외상을 보고 들은 후에 그 사건에 공포감을 느끼고, 사건 후에도 계속적인 재경험을 통하여 고통과 불안 증상이 나타나서 정상적인 사회생활에 부정적인 영향을 끼치게 되는 심리적인 상태를 말한다.

11 지적 장애의 심각도 수준에 관한 설명으로 옳은 것은?

① 중등도 – 성인기에도 학업 기술은 초등학생 수준에 머무르며, 일상생활에 도움이 필요하다.

② 고도 – 학령전기 아동에서는 개념적 영역은 정상 발달과 뚜렷한 차이를 보이지 않을 수 있다.

③ 최고도 – 개념적 기술을 제한적으로 습득할 수 있다.

④ 경도 – 운동 및 감각의 손상으로 사물의 기능적 사용이 어려울 수 있다.

해설 [지적 장애의 심각도 수준]

• DSM-IV에서는 IQ 35~40부터 IQ 50~55까지를 중간 정도의 지적 장애로 분류하며, 전체적인 지적 장애 중 약 10% 정도를 차지한다고 본다.

• 이들은 지적 능력은 물론이고 감각–운동 기능과 자조 행동을 포함한 적응기능 전반에 걸쳐 또래에 비하여 현저히 뒤처져 학령 전기에도 눈에 띈다.

• 성인으로서 독립적인 구직이나 직업 유지, 책임을 요하는 완전한 자립 등은 어렵다. 예를 들어, 복잡한 교통수단의 이용, 건강보험 및 사회보장제도의 활용, 재정 관리 등에는 상당한 도움을 필요로 한다.

• 다만, 구조화되어 있고 보호받을 수 있는 작업 환경에서 지도 감독을 받는다면 숙련을 요하지 않는 작업 또는 반숙련작업의 수행은 가능하다.

12 자폐 스펙트럼 장애에 관한 설명으로 옳은 것은?

① 남성보다 여성이 4~5배 더 많이 발병한다.

② 유병률은 인구 1,000명당 2~5명으로 보고되고 있다.

③ 사회적 상호작용을 위하여 여러 가지 비언어적 행동을 사용한다.

④ 언어 기술과 전반적 지적 수준이 예후와 가장 밀접한 관계가 있다.

해설 [자폐 스펙트럼 장애]

• 남자 아이가 여자아이에 비하여 3~4배 정도 발생률이 높다.

• 유병률은 1,000명의 아동 중 6명 정도로 발생한다.

• 주요 증상은 비언어적 대화 기술의 결핍(언어적, 비언어적 대화 기술의 통합이 잘 안 됨)이다.

  예 눈 맞춤, 비언어적 의사소통의 결핍, 얼굴 표정과 제스처가 없음

13 알코올 사용 장애에 관한 설명으로 옳지 않은 것은?

① 금단, 내성, 그리고 갈망감이 포함된 행동과 신체 증상들의 집합체로 정의된다.

② 알코올 중독의 첫 삽화는 10대 중반에 일어나기 쉽다.

③ 유병률은 인종 간 차이가 없다.

④ 성인 남자가 성인 여자보다 유병률이 높다.

해설 [알코올 사용 장애]

세계보건기구(WHO)에서 발표한 global status report on alcohol and health(2014)에 의하면, 2010년 기준 우리나라의 알코올 사용장애 유병률은 6.3%(남자 10.2%, 여자 2.3%)로 WHO 평균인 4.1%보다 1.54배 높으며, WHO 전 지역과 비교하였을 때도 매우 높은 유병률을 보이고 있다(아프리카 지역 3.3%, 아메리카 지역 6.0%, 지중해 동부 지역 0.3%, 유럽 지역 7.6%, 동남아시아 지역 2.2%, 서태평양 지역 4.6%).

14 치매의 진단에 필요한 증상과 가장 거리가 먼 것은?

① 기억 장애　　② 함구증
③ 실어증　　　④ 실행증

> **해설**　[선택적 함구증]
> • 말을 할 수 있는 능력은 가지고 있지만 특정 상황이나 상대방에게 말을 하지 않는 것으로, 자폐 아동에게서 주로 관찰되는 증상이다.
> • 대부분 심리적인 요인이 작용하는 경우가 많고, 말을 하지 않는 기간이 늘어날수록 언어능력뿐만 아니라 지능 발달에도 영향을 준다.

15 항정신병 약물 부작용으로서 나타나는 혀, 얼굴, 입, 턱의 불수의적 움직임 증상은?

① 무동증(akinesia)
② 만발성 운동 장애(tardive dyskinesia)
③ 추체외로 증상(extrapyramidal symptoms)
④ 구역질(nausea)

> **해설**

무동증 (akinesia)	• 쇠약이나 마비가 없이 일어나는 신체 움직임의 감소로 인하여 습관적인 움직임(팔 흔듦 등)이 제한되거나 없는 증상이다. • 파킨슨병의 증상이다.
추체외로 증상 (extrapyramidal symptoms)	• 항정신병약 섭취의 결과로 가장 많이 발생하는 운동신경과 관련된 증상이다. • 본질적으로 이 증상은 추체외로계가 손상되어 발생하는 질병이다. 추체외로계란 기본적으로 뇌의 기저핵과 그 안에 있는 회백질과 경로를 포함한다. • 추체외로계는 자발적 움직임과 근육에 대한 통제력을 다루고, 또한 자동, 본능 및 학습운동을 다룬다. 그렇기 때문에 이 체계에 문제가 있을 때마다 운동, 스트레칭 및 자세에 문제가 발생할 수 있다.

16 55세의 A씨는 알코올 중독으로 입원한 후 이틀째에 혼돈, 망상, 환각, 진전, 초초, 불면, 발한 등의 증상을 보였다. A씨의 현 증상은?

① 알코올로 인한 금단 증상이다.
② 알코올로 인한 중독 증상이다.
③ 알코올을 까맣게 잊어버리는(black out) 증상이다.
④ 알코올로 인한 치매 증상이다.

> **해설**　위의 설명은 알코올로 인한 금단 증상의 전형이다.

17 이상심리학의 발전에 기여한 중요한 사건들을 연대순으로 바르게 나열한 것은?

> ㄱ. Beck의 인지치료
> ㄴ. Freud의 꿈의 해석 발간
> ㄷ. 정신장애 진단분류체계인 DSM-Ⅰ 발표
> ㄹ. Rorschach 검사 개발
> ㅁ. 집단 지능검사인 army 알파 개발

① ㄱ → ㄴ → ㄷ → ㄹ → ㅁ
② ㄴ → ㅁ → ㄹ → ㄷ → ㄱ
③ ㄴ → ㄹ → ㅁ → ㄱ → ㄷ
④ ㄴ → ㅁ → ㄹ → ㄱ → ㄷ

> **해설**　Freud의 꿈의 해석 발간(1899년) → 집단 지능검사인 army 알파 개발(1917년) → Rorschach 검사 개발(1921년) → 정신장애 진단분류체계인 DSM-Ⅰ 발표(1952년) → Beck의 인지치료(1960년대)

정답　14 ②　15 ②　16 ①　17 ②

18 다음에 해당하는 장애는?

- 경험하는 성별과 자신의 성별 간 심각한 불일치
- 자신의 성적 특성을 제거하고자 하는 강한 욕구
- 다른 성별 구성원이 되고자 하는 강한 욕구

① 성도착증　　② 동성애
③ 성기능 부전　　④ 성별 불쾌감

해설 [성별 불쾌감(gender dysphoria)]
출생 시에 지정된 자신의 신체적 성별이나 성 역할에 대한 불쾌감을 뜻한다. 이는 자신의 지정 성별과 젠더가 성정체성과 일치하지 않아 발생하는 현상으로, 이런 사람을 '트랜스젠더'라고 부른다.

19 불안과 관련된 장애에 관한 설명으로 옳지 않은 것은?

① 공황 장애는 광장 공포증을 동반하기도 한다.
② 특정 공포증 환자는 자신의 공포 반응이 비합리적임을 알고 있다.
③ 사회 공포증은 주로 성인기에 발생한다.
④ 외상 후 스트레스 장애는 외상과 관련된 자극에 대한 회피가 특징이다.

해설 사회 공포증의 주된 발병 연령은 사춘기나 사회생활을 처음 시작하는 시기이고, 평생의 사회적 위치나 전반적인 대인관계의 기반을 닦는 시기이다.

20 조현병의 유전적 요인에 관한 설명으로 옳지 않은 것은?

① 친족의 근접성과 동시 발병률은 관련이 없다.
② 여러 유전자 결함의 조합으로 나타나는 장애이다.
③ 일란성 쌍생아보다 이란성 쌍생아 동시 발병률이 더 낮다.
④ 생물학적 가족이 입양 가족에 비하여 동시 발병률이 더 높다.

해설 친족의 근접성과 동시 발병률의 상관이 높다.

01 심리검사의 윤리적 문제에 대한 설명으로 옳지 않은 것은?

① 검사자들은 검사 제작의 기술적 측면에만 관심을 가질 필요가 있다.

② 제대로 자격을 갖춘 검사자만이 검사를 사용하여야 한다는 조건은 부당한 검사 사용으로부터 피검자를 보호하기 위한 조치이다.

③ 검사자는 규준, 신뢰도, 타당도 등에 관한 기술적 가치를 평가할 수 있어야 한다.

④ 심리학자에게 면허와 자격에 관한 법을 시행하는 것은 직업적 윤리 기준을 세우기 위함이다.

> **해설**　검사자들은 검사 실시의 윤리적 측면에도 관심을 가져야 한다.

02 MMPI-2의 재구성 임상척도 중 역기능적 부정 정서를 나타내며, 불안과 짜증 등을 경험하는 경우에 상승하는 척도는?

① RC4 　　　　② RC1
③ RC7 　　　　④ RC9

> **해설**　[재구성 임상척도의 구성]

		척도명	내용
RCd	dem	Demoralization	정서적 혼란과 관련된 문항
RC1	som	Somatic Complaints	신체적 불편감
RC2	Lpe	Low Positive Emotions	낮은 긍정적 정서
RC3	Cyn	Cynicism	냉소성
RC4	Asb	Antisocial Behavior	반사회적 행동
RC6	Per	Ideas of Persecution	피해의식
RC7	Dne	Dysfunctional Negative Emotions	역기증적 부정적 정서
RC8	Abx	Aberrant Experiences	기태적 경험
RC9	hpm	Hypomanic Activation	경조증적 상태

03 시각운동 협응 및 시각적 단기 기억, 계획성을 측정하며 운동(motor) 없이 순수하게 정보처리 속도를 측정하는 소검사는?

① 순서화 　　　　② 동형 찾기
③ 지우기 　　　　④ 어휘

> **해설**　동형 찾기 검사는 특정한 시간 내의 반응 부분을 살펴 보고, 이 부분의 표적 모양과 일치하는 것을 찾는 검사로, 처리 속도, 시각적 단기 기억, 시각운동 협응, 인지적 유연성, 시각적 변별, 집중력 등을 측정한다.

04 MMPI-2의 임상 척도 중 0번 척도가 상승한 경우에 나타나는 특징은?

① 외향적이다.

② 소극적이다.

③ 자신감이 넘친다.

④ 관계를 맺는 것이 능숙하다.

> **해설**　MMPI-2의 임상 척도 중 0번 척도는 사회적 내향성이 높은 경우에 상승된다.

05 표본에서 얻은 타당도 계수가 표집에 의한 우연요소에 의하여 산출된 것이 아님을 확인하기 위하여 필요한 것은?

① 추정의 표준 오차

② 모집단의 표준편차

③ 표본의 표준편차

④ 표본의 평균

> **해설**　표준 오차는 '추정값인 표본 평균들과 참값인 모평균과의 표준적인 차이' 정도로 이해할 수 있다.

정답　01 ①　02 ③　03 ②　04 ②　05 ①

06 Wechsler 지능검사를 실시할 때의 주의사항으로 옳은 것은?

① 피검사가 응답을 못하거나 당황하면 정답을 알려주는 것이 원칙이다.

② 모호하거나 이상하게 응답한 문항을 다시 질문하여 확인할 필요는 없다.

③ 모든 검사에서 피검자가 응답할 수 있을 때까지 충분한 여유를 주어야 한다.

④ 피검자의 반응을 기록할 때는 그대로 기록하는 것이 원칙이다.

해설
• 정답을 알려주면 안 된다.
• 모호하거나 이상하게 응답한 문항을 다시 질문하여 확인하여야 한다.
• 웩슬러 지능검사는 시간 제약을 지켜야 한다.

07 BGT(Bender-Gestalt Test)에 관한 설명으로 옳지 않은 것은?

① 기질적 장애를 판별하려는 목적에서 만들어졌다.

② 언어적인 방어가 심한 환자에서 유용하다.

③ 정서적 지수와 기질적 지수가 거의 중복되지 않는다.

④ 통일된 채점체계가 없으며, 전문가 간의 불일치가 발생할 수 있다.

해설 피검자의 정서적 혼란 정도를 나타내는 정서적 지수와 뇌의 손상 정도를 나타내는 기질적 지수는 확연한 분별이 어렵고 중복이 많다.

08 다음 중 뇌 손상으로 인하여 기능이 떨어진 환자를 평가하고자 할 때, 흔히 부딪힐 수 있는 환자의 문제와 가장 거리가 먼 것은?

① 시력 장애 ② 주의력 저하
③ 동기 저하 ④ 피로

해설 시력 장애는 뇌의 특정 부위가 손상된 결과이다.

09 K-WAIS-IV에서 일반능력지수(GAI)에 해당하지 않는 것은?

① 행렬 추론 ② 퍼즐
③ 동형 찾기 ④ 토막 짜기

해설 K-WAIS-IV에서 일반능력지수(GAI)는 언어 이해와 지각추론 지수를 합한 값으로, 동형 찾기는 집행기능 지수에 속하는 소검사이다.

10 원판 MMPI의 타당도 척도가 아닌 것은?

① L척도 ② F척도
③ K척도 ④ S척도

해설 S척도는 MMPI-2에서 개발되었다.

11 Rorschach 검사에서 지각된 스트레스와 관련된 구조 변인이 아닌 것은?

① M ② FM
③ C' ④ Y

해설 로르샤하 검사에서 FM(동물운동), C'(무채색), Y(음영)은 우울한 감정이나 상황에 압도된 모습을 반영하는 반면 M(인간운동)은 자원과 활동성을 나타낸다.

12 지능에 대한 설명으로 옳지 않은 것은?

① 비네(A. Binet)는 정신 연령(mental age)이라는 용어를 사용하였다.

② 지능이란 인지적, 지적 기능의 특성을 나타내는 불변 개념이다.

③ 새로운 환경 및 다양한 상황을 다루는 적응과 순응에 관한 능력이다.

④ 결정화된 지능은 문화적, 교육적 경험에 따라 영향을 받는다.

해설 지능 중 결정화된 지능은 문화적, 교육적 경험에 따라 영향을 받는다.

13 집중력과 정신적 추적능력(mental tracking)을 측정하는 데 사용되는 신경심리 검사는?

① Bender Gestalt Test
② Rey Complex Figure Test
③ Trail Making Test
④ Wisconsin Card Sorting Test

해설

Bender Gestalt Test	간단한 지각적 과제로 개인의 성격, 뇌 손상, 운동기능, 정서적 상태까지 변별할 수 있는 검사이다.
Rey Complex Figure Test	신경계 환자에게 뇌 손상의 2차 효과를 추가로 설명하고, 치매의 존재 여부를 테스트하거나 어린이의 인지발달 정도를 연구하는 데 자주 사용되는 검사이다.
Wisconsin Card Sorting Test	후천성 뇌 손상, 신경퇴행성 질환 또는 정신 분열증과 같은 정신질환 환자를 대상으로 전두엽의 기능 장애를 측정하는 검사이다.

14 Sacks의 문장완성 검사(SSCT)에서 4가지 영역에 속하지 않는 것은?

① 가족 영역   ② 대인관계 영역
③ 자기개념 영역   ④ 성취욕구 영역

해설 [문장완성 검사(SSCT)의wk 4가지 영역]

1. 아동용 검사

차원	평가 영역	척도
가족	외부 환경	가족에 대한 지각
		또래에 대한 지각
사회	외부 환경	또래와의 상호작용
		일반적인 대인관계

학교	자기지각	학교에 대한 지각
		욕구 지향
자기	개인 내적 기능	개인적인 평가
		미래 지향
		일반적인 정신건강

2. 성인용 검사

영역	내용
가족	• 어머니, 아버지, 가족에 대한 태도를 측정한다. • 피검자가 회피적인 경향이 있더라도 4개의 문항 중 최소 1개에서라도 유의미한 정보가 드러나게 된다.
성	• 이성 관계에 대한 태도를 포함하고 있다. • 이 영역의 문항들은 사회적인 개인으로서의 여성과 남성, 성적관계에 대하여 자신을 나타내도록 한다.
대인관계	• 친구와 지인, 권위자에 대한 태도를 포함한다. • 이 영역의 문항들은 가족 외의 사람들에 대한 감정이나 자신에 대하여 타인이 어떻게 느끼는지에 관한 피검자의 생각들을 표현하게 된다.
자기개념	• 자신의 능력, 과거, 미래 두려움, 죄책감, 목표 등에 대한 태도를 포함한다. • 이 영역에서 표현되는 태도들은 현재, 과거, 미래의 자기개념과 그가 바라는 미래의 자기상과 실제로 자기가 될 것 같다고 생각하는 모습에 대한 정보를 제공해 준다.

15 정신지체가 의심되는 6세 6개월 된 아동의 지능검사로 가장 적합한 것은?

① H-T-P
② BGT-2
③ K-WAIS-4
④ K-WPPSI

해설 K-WPPSI는 3세에서 7세 3개월까지의 아동의 지능을 측정한다.

16 검사-재검사 신뢰도에 관한 설명으로 옳지 않은 것은?

① 검사 사이의 시간 간격이 너무 길면 측정 대상의 속성이나 특성이 변할 가능성이 있다.

② 반응 민감성에 의하여 검사를 치르는 경험이 개인의 점수를 변화시킬 가능성이 있다.

③ 감각식별 검사나 운동 검사에 권장되는 방법이다.

④ 검사 사이의 시간 간격이 짧으면 이월 효과가 작아진다.

해설 검사 사이의 시간 간격이 짧으면 이월 효과가 커진다.

17 다음 MMPI 검사의 사례를 모두 포함하는 코드 유형은?

> ㄱ. 에너지가 부족하고 냉담하여 우울하고 불안하며 위장 장애를 호소하는 남자이다.
> ㄴ. 이 남자는 삶에 참여하거나 흥미를 보이지 않고 일을 시작하는 것을 힘들어 한다.
> ㄷ. 미성숙한 모습을 보이며 의존적일 때가 많다.

① 2-3/3-2 ② 3-4/4-3
③ 2-7/7-2 ④ 1-8/8-1

해설 2-3 코드 유형에 관한 내용이다.

18 연령이 69세인 노인 환자의 신경심리학적 평가에 적합하지 않은 검사는?

① SNSB ② K-VMI-6
③ Rorschach 검사 ④ K-WAIS-IV

해설 로르샤흐(Rorschach) 검사는 지각적 왜곡과 무의식적 갈등을 탐색하는 검사이다.

19 심리검사 점수의 해석과 사용에서 임상심리사가 유의하여야 할 점이 아닌 것은?

① 검사는 개인의 일정 시점에서 무엇을 할 수 있는지를 밝혀내도록 고안된 것이다.

② 검사 점수를 해석할 때는 그 사람의 배경이나 수행 동기 등을 배제하여야 한다.

③ 문화적 박탈 효과에 둔감한 검사는 문화적 불이익의 효과를 은폐시킬 수 있다.

④ IQ점수를 범주화하여 해석하는 것은 오류 가능성이 있다.

해설 검사 점수를 해석할 때는 그 사람의 배경이나 수행동기 등을 고려하여야 한다.

20 기억검사로 분류되지 않는 것은?

① K-BNT
② Rey-Kim Test
③ Rey Complex Figure Test
④ WMS

해설 K-BNT는 사물 이름대기 능력평가를 통한 표현력을 측정하기 위한 도구이다.

01 표준화 검사에 대한 설명으로 옳은 것은?

① 표준화 검사는 검사의 제반 과정에서 검사자의 주관적인 의도나 해석이 개입될 수 있도록 한다.

② 절차의 표준화는 환경적 조건에 대한 엄격한 지침을 제공함으로써 시간 및 공간의 변화에 따라 검사 실시 절차가 달라지는 것을 의미한다.

③ 실시 및 채점의 표준화를 위해서는 그에 관한 절차를 명시하여야 한다.

④ 표준화된 여러 검사에서 원점수의 의미는 서로 동등하다.

> **해설** 표준화 검사는 표준화된 제작 절차, 검사 내용, 검사 실시조건, 채점과정 및 해석에 의하여 객관적으로 행동을 측정하는 검사방법이다.

02 다음에서 설명하는 타당도는?

> 주어진 준거에 비추어 검사의 타당도를 확인하기 위한 것으로 미래 예측과 관련된다. 예를 들어, 수능시험이 얼마나 대학에서의 학업 능력을 잘 예측하는지를 확인하기 위하여 학점과 관련성을 측정하는 것이다.

① 변별 타당도   ② 예언 타당도

③ 동시 타당도   ④ 수렴 타당도

> **해설** [요인 분석법]
> 다수의 구인 간의 상관관계를 분석하여 공통적으로 측정하고 있는 잠재적인 구인을 파악하기 위한 방법이다.
>
> | | |
> |---|---|
> | 변별 타당도 | 서로 다른 구인은 동일한 방법으로 측정된다고 하여도 그 측정치들 간의 상관관계가 높지 않아야 한다는 것이다. |
> | 수렴 타당도 | 동일한 구인은 서로 다른 여러 방법으로 측정된다고 하여도 그 측정치들 간의 상관관계가 높아야 한다는 것이다. |

03 MMPI-2와 Rorschach 검사에서 정신병리의 심각성과 지각적 왜곡의 문제를 탐색할 수 있는 척도와 지표로 옳은 것은?

① F척도, X-%   ② Sc척도, EB

③ Pa척도, a:p   ④ K척도, Afr

> **해설**
> • X-% – 현실을 지각할 때 왜곡되어 있는 정도를 평가한다.
> • EB – 문제의 해결방식을 나타낸다.
> • a:p – 사고의 융통성을 평가하는 지표이다.
> • Afr – 정서적 자극의 적절성을 평가한다.

04 심리 검사자가 지켜야 할 윤리적 의무와 가장 거리가 먼 것은?

① 심리검사 결과의 해석 시, 수검자의 연령과 교육 수준에 맞게 설명하여야 한다.

② 컴퓨터로 실시하는 심리검사는 특정한 교육과 자격이 없어도 된다.

③ 심리검사의 결과가 수검자의 삶에 영향을 줄 수 있음을 인식하여야 한다.

④ 검사 규준 및 검사도구와 관련된 최근의 동향과 연구 방향을 민감하게 파악하여야 한다.

> **해설** 컴퓨터로 실시하는 심리검사는 현장에서 실시하는 검사와 동일한 자격이 요구된다.

05 한 아동이 웩슬러 아동용 지능검사에서 언어이해지수(VCI) 125, 지각추론지수(PRI) 89, 전체검사 지능지수(FSIQ) 115를 얻었다. 이 결과에 대한 해석적인 가설이 될 수 있는 것은?

① 매우 우수한 공간지각능력

② 열악한 초기 환경

③ 학습 부진

④ 우울 증상

해설 언어성 검사의 점수가 동작성 검사의 점수보다 높을 경우에는 우울을 의심할 수 있다.

06 Wechsler 검사에서 시각 공간적 기능 손상이 있는 뇌손상 환자에게 특히 어려운 과제는?

① 산수

② 빠진 곳 찾기

③ 차례 맞추기

④ 토막 짜기

해설 토막 짜기는 시공간 기능의 적절성을 평가하는 검사이다.

07 MMPI-2의 타당도 척도에 관한 설명으로 틀린 것은?

① ?척도는 응답하지 않은 문항들이나 '예' '아니오' 둘 다에 응답한 문항들이 합계로 채점된다.

② L척도는 자신을 사회적으로 바람직하며 좋은 사람처럼 보이게끔 하려는 태도를 가려내기 위한 척도이다.

③ F척도는 점수가 높을수록 평범 반응 경향을 말해 둔다.

④ K척도는 L척도에 의하여 포착하기 어려운 은밀한 방어적 태도를 측정하는 문항들로 구성되어 있다.

해설 F척도는 점수가 높을수록 이상반응, 즉 정신병리의 가능성이나 고의로 정신병리를 가장할 가능성을 보여준다.

08 발달검사를 사용할 때 고려하여야 할 사항으로 가장 거리가 먼 것은?

① 대상자의 연령에 적합한 검사를 선정하여야 한다.

② 경험적으로 타당한 측정도구를 사용하여야 한다.

③ 규준에 의한 발달적 비교가 가능하여야 한다.

④ 기능적 분석을 중심으로 평가하여야 한다.

해설 발달검사에 기능적 분석은 별 상관이 없다.

09 심리검사에서 원점수에 대한 설명으로 틀린 것은?

① 원점수 그 자체로는 객관적인 정보를 주지 못한다.

② 원점수는 기준점이 없기 때문에 특정 점수의 의미를 파악하기 어렵다.

③ 원점수는 척도의 종류로 볼 때 등간 척도에 불과할 뿐, 사실상 서열 척도가 아니다.

④ 원점수는 서로 다른 검사의 결과를 동등하게 비교할 수 없다.

해설 원점수의 척도는 등간 척도이면서 서열 척도의 정보도 가지고 있다. 다만, 비율 척도가 아니어서 상대적 비교 ㅏ 객관화가 어려울 뿐이다.

10 K-WAIS-Ⅳ에서 일반능력지수(GAI)와 개념적으로 관련이 있는 지수는?

① 언어이해지수와 지각추론지수

② 언어이해지수와 작업기억지수

③ 작업기억지수와 처리속도지수

④ 지각추론지수와 처리속도지수

해설 K-WAIS-Ⅳ에서 일반능력지수(GAI)는 K-WAIS-Ⅲ에서 언어지능과 동작성 지능인 언어이해지수와 지각추론지수를 의미한다.

11 노년기 인지발달의 특징에 관한 설명으로 옳지 않은 것은?

① 일화 기억보다 의미 기억이 더 많이 쇠퇴한다.

② 노년기 인지기능의 저하는 처리속도의 감소와 관련이 있다.

③ 연령에 따른 지능의 변화 양상은 지능의 하위 능력에 따라 다르다.

④ 노인들은 인지기능의 쇠퇴에 직면하여 목표 범위를 좁혀나가는 등의 최적화 책략을 사용한다.

해설 노년기의 기억은 단기 기억이나 일화 기억이 더 많이 쇠퇴한다.

12 뇌손상에 수반된 기억 장애에 대한 설명으로 옳지 않은 것은?

① 대부분의 경우에 정신성 운동속도의 손상이 수반된다.

② 장기 기억보다 최근 기억이 더 손상된다.

③ 일차 기억은 비교적 잘 유지된다.

④ 진행성 장애의 초기 징후로 나타나기도 한다.

해설 정신성 운동속도가 저하되는 경우는 우울증이다.

13 K-WAIS-Ⅳ의 언어이해 소검사에 해당하지 않는 것은?

① 어휘   ② 이해

③ 기본 지식   ④ 순서화

해설 순서화는 작업기억지표의 보충 소검사이다.

14 Rorschach 검사에 대한 설명으로 옳지 않은 것은?

① 좌우 대칭의 잉크 반점이 나타난 10장의 카드로 구성되어 있다.

② 모호한 자극 특성을 이용한 투사법 검사이다.

③ 자유로운 연상과 반응을 위하여 임의의 순서로 카드를 제시하는 것이 좋다.

④ 반응 시 카드를 회전해서 보아도 무방하다.

해설 카드의 제시 순서는 정해진 대로 하여야 한다.

15 신경심리평가를 사용하는 목적으로 옳지 않은 것은?

① 뇌손상 여부의 판단

② 치료과정에서 병의 진행과정과 호전 여부의 평가

③ MRI 등으로 판단하기 어려운 미세한 기능장애의 평가

④ 과거의 억압된 감정을 치료하는 데 주목적이 있다.

해설 과거의 억압된 감정을 치료하는 데에는 정신역동치료가 권장된다.

16 MMPI-2에서 T-점수의 평균과 표준편차는?

① 평균 100, 표준편차 15

② 평균 50, 표준편차 15

③ 평균 100, 표준편차 10

④ 평균 50, 표준편차 10

해설 MMPI-2에서 T-점수의 평균과 표준편차는 '평균 50, 표준편차 10'이다.

17 지능이론가와 모형이 잘못 짝지어진 것은?

① 스피어만(Spearman) – 2요인 모형

② 써스톤(thurstone) – 다요인/기본정신 능력 모형

③ 가드너(Gardner) – 다중지능 모형

④ 버트(Burt) – 결정성 및 유동성 지능 모형

> **해설** 결정성 및 유동성 지능 모형의 이론가는 '카텔'이다.

18 편차 지능지수에 관한 설명으로 옳은 것은?

① 정규분포 가정이 적용되지 않는다.

② 한 개인의 점수는 같은 연령 범주 내에서 비교된다.

③ 비네–시몽(Binet–Simon) 검사에서 사용한 지수이다.

④ 비율 지능지수에 비하여 중년 집단에의 적용에는 한계가 있다.

> **해설** 편차 지능지수는 한 사람의 어떤 시점의 지능은 그와 같은 나이 집단 내에서의 그의 상대적 위치로 규정한 IQ, 즉 자기 연령 또래의 평균에 대한 편차를 계산한 IQ를 말한다.

19 MMPI-2의 임상 척도에 대한 설명으로 옳은 것은?

① 각 임상 척도는 그에 상응하는 DSM 진단명이 부여되어 있으며, 해당 진단명에 준하여 엄격하게 해석하여야 한다.

② MMPI-2의 임상 척도는 타당도 척도와는 달리, 수검태도에 따른 반응 왜곡의 영향을 받지 않는다.

③ 임상 척도 중 5번 척도는 그에 상응하는 정신병리적 진단이 존재하지 않는다.

④ 임상 척도 중에서는 약물처방 유무를 직접적으로 알려주는 지표를 먼저 검토하여야 한다.

> **해설**
> • 각 임상 척도는 그에 상응하는 DSM 진단명이 부여되어 있으나, 진단용으로 적합하지 않다.
> • MMPI-2의 임상 척도도 수검태도에 따른 반응 왜곡의 영향을 받는다.

20 신경심리평가의 용도로 사용되지 않는 검사는?

① 스트룹(Stroop) 검사

② 레이 도형(Rey-Complex Figure) 검사

③ 밀론 다축 임상(Millon Clinical Multiaxial Inventory) 검사

④ 위스콘신 카드분류(Wisconsin Card Sorting) 검사

> **해설** [밀론 다축 임상(Millon Clinical Multiaxial Inventory) 검사]
> • 밀론의 성격이론에 근거하여 수십 년의 연구 결과를 토대로 개발된 검사이다.
> • 임상적 문제의 기저에 있는 성격과 성격의 문제(장애)를 진단하고, 광범위한 기능을 평가하기 위하여 개발되었다.
> • 임상 및 상담 장면, 의료 장면뿐만 아니라 법정 장면에 이르기까지 다양한 장면에서 다음과 같은 측면에서 많은 도움이 되고 있다.
> – 전반적인 임상적 문제를 심도 있게 확인한다.
> – 치료적 의사결정에 도움을 준다.
> – DSM-5와 ICD-10의 진단분류체계에 근거하여 장애를 평가한다.

01 자신의 초기 경험이 타인에 대한 확장된 인식과 관계를 맺는다는 가정을 강조하는 치료적 접근은?

① 대상관계 이론
② 자기심리학
③ 심리사회적 발달이론
④ 인본주의

> **해설**

자기심리학	• 자기심리학에서는 '건강한 자기'라는 것이 상정되고 있는데, 건강한 자기는 유소기에 모친이나 부친으로부터의 반응에 의하여 형성되는 '야심−재능·기능−이상'에 의하여 원활히 움직이고 있다고 생각되고 있다. 이를 '3부 구성 자기'라고 한다. • 3가지 부분 중 1가지 부분이 망가져 있으면 인간은 정신병리에 빠진다. • 3가지 부분이 원활히 능숙하게 일하고 있다면 자기는 건강적으로 창조적인 활동을 실시할 수가 있다.
심리사회적 발달이론	• 에릭슨에 의하여 주장된 인간의 성격이 평생에 걸쳐 발달한다는 이론이다.

02 임상심리사의 역할 중 교육에 관한 설명으로 옳은 것을 모두 고른 것은?

> ㄱ. 심리학자가 아동들이 부모의 이혼에 대처하도록 도와주는 방법에 관한 강의를 해주는 것은 비학구적인 장면에서의 교육에 해당된다.
> ㄴ. 의과대학과 병원에서의 교육은 비학구적인 장면에서의 교육에 포함된다.
> ㄷ. 임상심리학자들은 심리학과뿐만 아니라 경영학, 법학, 의학과에서도 강의한다.
> ㄹ. 의료적, 정신과적 문제를 대처하도록 환자를 가르치는 것도 임상적 교육에 포함된다.

① ㄱ, ㄴ, ㄷ
② ㄱ, ㄴ, ㄹ
③ ㄱ, ㄷ, ㄹ
④ ㄴ, ㄷ, ㄹ

> **해설** 의과대학에서 임상심리사가 교육하는 것은 학구적인 장면에서의 교육이다.

03 다음 (   )에 알맞은 것은?

> Seligman의 학습된 무기력과 관련하여, 사람들이 부정적 사건들을 (   ), (   ), (   )으로 볼 때 우울하게 되는 경향이 있다고 예언한다.

① 내부적, 안정적, 일반적
② 내부적, 불안정적, 특수적
③ 외부적, 안정적, 일반적
④ 외부적, 불안정적, 특수적

> **해설** 학습된 무기력 이론은 임상적 우울증 및 관련 정신 질환들이 벌어진 상황을 통제하지 못하는 데에서 비롯될 수 있다는 관점이다. 우울한 사람들은 자기 자신, 자신의 미래, 주변 환경을 부정적으로 평가하는 독특한 사고방식이 있는데 이를 '인지삼제'라고 부른다.

04 수업시간에 가만히 자리에 앉아 있지 못하고 돌아다니며, 급우들의 물건을 함부로 만져 왕따를 당하고 있는 초등학교 3학년 10세 지적장애 남아의 문제행동을 도울 수 있는 가장 권장되는 행동치료법은?

① 노출 치료
② 체계적 둔감화
③ 유관성 관리
④ 혐오 치료

> **해설** 위의 사례의 아동은 주의력결핍 과잉행동 장애(ADHD)으로 여겨지며, ADHD에 가장 효과적인 치료법은 유관성 관리라는 행동치료법이다.

05 현재 임상 장면에서 많이 사용되는 심리평가 도구들 중 가장 먼저 개발된 검사는?

① 다면적 인성검사
② Strong 직업흥미 검사
③ Rorschach 검사
④ 주제통각 검사

해설
• 다면적 인성검사(1943년)
• Strong 직업흥미 검사(1997년)
• Rorschach 검사(1921년)
• 주제통각 검사(1935년)

06 다음은 무엇에 관한 설명인가?

Beck이 우울증 환자에 대한 관찰에 기반하여 사용한 용어로, 자신을 무가치하고 사랑받지 못할 사람으로 간주하고, 자신이 경험하는 세계가 가혹하고 도저히 대처할 수 없는 것이라고 지각하며, 자신의 미래는 암담하고 통제할 수 없으며 계속 실패할 것이라고 예상하는 것이다.

① 부정적 사고(negative thought)
② 인지적 삼제(cognitive triad)
③ 비합리적 신념(irrational belief)
④ 인지 오류(cognitive error)

해설 위의 내용은 Beck의 인지적 삼제에 관한 설명이다.

07 프로그램의 주요 초점은 사회 복귀이며, 직업능력 증진부터 내담자의 자기개념 증진에 걸쳐 있는 것은?

① 1차 예방
② 2차 예방
③ 3차 예방
④ 보편적 예방

해설 [3단계 예방의 특징]

1차 예방	질병이나 상해가 발생되기 이전에 예방하는 단계이다. 예 전염병에 대한 예방접종, 위험한 산업장 근로자를 위한 안전장비의 제공 등
2차 예방	상황이 더 악화되는 것을 예방하는 단계이다. 예 조기 진단과 개입이 해당된다.
3차 예방	질병에 대한 후유증을 최소화시키기 위하여 예방하는 단계이다. 예 감시와 유지를 통하여 예방하는 것

08 통제된 관찰에 관한 설명으로 적합하지 않은 것은?

① 스트레스 면접은 통제된 관찰의 한 유형이다.
② 자기-탐지 기법은 통제된 관찰의 한 유형이다.
③ 역할 시연은 가장 일반적으로 사용되는 통제된 관찰의 유형이다.
④ 모의실험 방식에서 관심 행동이 나타나도록 하는 유형이다.

해설 통제된 관찰(유사행동 관찰)은 특정한 상황이나 행동이 나타나기를 기다리기보다는 발생될 수 있는 상황을 만든 후에 관찰하는 방법이다.
예 스트레스 상황을 발생시킨 후에 이에 대한 대처 반응을 관찰하는 것, 부모-청소년의 논의과정 녹음 및 분석

09 주의력 결핍 과잉행동 장애(ADHD)는 뇌와 행동과의 관계에서 볼 때 어떠한 부위의 결함을 시사하는가?

① 전두엽의 손상
② 측두엽의 손상
③ 변연계의 손상
④ 해마의 손상

해설 주의력 결핍 과잉행동 장애(ADHD)는 전두엽의 기능이 정상적인 기능을 못하는 것으로 여겨진다.

10 치료 매뉴얼을 바탕으로 하여 내담자의 특성이 명확하게 기술된 대상에게 경험적으로 타당화된 치료를 실시할 때, 증거가 잘 확립된 치료에 대한 기준에 해당하지 않는 것은?

① 서로 다른 연구자들이 시행한 2개 이상의 집단설계 연구로서, 위약 혹은 다른 치료에 비하여 우수한 효능을 보이는 경우
② 2개 이상의 연구가 대기자들과 비교하여, 더 우수한 효능을 보이는 경우
③ 많은 일련의 단일 사례 설계 연구로서, 엄정한 실험 설계 및 다른 치료와 비교하여 우수한 효능을 보이는 경우
④ 서로 다른 연구자들이 시행한 2개 이상의 집단설계 연구로서, 이미 적절한 통계적 검증력(집단 당 30명 이상)을 가진 치료와 동등한 효능을 보이는 경우

해설 2개 이상의 집단에서 한 집단은 실험 집단, 다른 집단은 비교 집단으로 삼아 치료 효과를 비교하는 것이 맞다.

11 행동 관찰에 대한 설명으로 틀린 것은?

① 면접을 통하여 얻어진 정보에 비하여 의도적 또는 비의도적으로 왜곡될 가능성이 더 적다.
② 연구자 스스로 관심을 가지고 있는 문제를 볼 수 있는 기회를 제공해 준다.
③ 표적 행동을 분명하게 정의하기 위하여 조작적 정의를 개발하는 것이 필요하다.
④ 외현적－운동 행동뿐만 아니라 인지와 정서적 상태에 대한 정보를 풍부하게 얻을 수 있다.

해설 행동 관찰은 인지와 정서적 상태에 대한 정보가 제한적일 수밖에 없다.

12 초기의 접수 면접에 관한 설명과 가장 거리가 먼 것은?

① 환자가 미래의 문제들을 잘 다룰 수 있는지에 초점에 맞춰야 한다.
② 내원 사유를 정확히 파악하여야 한다.
③ 기관의 서비스가 환자의 필요와 기대에 부응하는지 판단하여야 한다.
④ 치료에 대하여 가질 수 있는 비현실적 기대를 줄여 줄 수 있어야 한다.

해설 ①은 치료의 종결시점에 다루어져야 할 내용이다.

13 골수이식을 받아야 하는 아동에게 불안과 고통에 대처하도록 돕기 위하여 교육용 비디오를 보게 하는 치료법은?

① 유관관리 기법
② 역조건 형성
③ 행동시연을 통한 노출
④ 모델링

해설

유관관리 기법	바람직한 행동은 보상 등을 통하여 독려하고, 반대의 경우에는 계획적으로 무시하는 행동 수정과 유지에 효과적인 치료법이다.
역조건 형성	서로 양립하기 어려운 반응을 유발하는 자극을 포함하는 고전적 조건 형성의 절차를 사용하여 이전의 조건 형성의 원치 않는 효과를 제거하는 치료법이다. 예 토끼에게 공포를 느끼는 아이에게 토끼(공포 반응)와 간식(긍정적인 반응)을 함께 제공하고, 점차 아이와 토끼의 공간적 거리를 가까이 하면 토끼에 대한 공포 반응을 감소시킬 수 있다.
행동시연을 통한 노출	치료사와 함께 상황을 시연하여 연습하는 치료법이다.

14 다음은 무엇에 관한 설명인가?

> 정신이상 항변을 한 피고인이 유죄로 판결되면 치료를 위하여 정신과 시설로 보내진다. 최종적으로 정상상태로 판정되면 남은 형기를 채우기 위하여 교도소로 보낸다.

① M'Naghten 원칙   ② GBMI 평결
③ Durham 기준   ④ ALI 기준

해설 GBMI(유죄이나 정신질환 있음) 평결은 교도소에서 적절한 치료를 받거나 치료감호소로 보내는 제도이다.

15 아동기에 기원을 둔 무의식적인 심리적 갈등에서 이상 행동이 비롯된다고 가정한 조망은?

① 행동적 조망   ② 인지적 조망
③ 대인관계적 조망   ④ 정신역동적 조망

해설

행동적 조망	행동적 접근은 환경(자극)을 수동적으로 수용하고, 그 결과 나타나는 행동(반응)이 얼마나 효과적인가에 따라 인간이 결정된다는 입장이다.
인지적 조망	인간의 감정이나 행동은 본인이 생각하는 방식이나 사고의 내용에 의하여 결정된다는 입장이다.

16 임상적 면접에서 사용되는 바람직한 의사소통 기술에 해당되는 것은?

① 면접자 자신의 사적인 이야기를 꺼내는 것에 주저하지 않는다.
② 침묵이 길어지지 않게 하기 위하여 면접자는 즉각 개입할 준비를 한다.
③ 환자가 의도한 대로 단어들을 이해하기 위하여 노력한다.
④ 내담자의 감정보다는 얻고자 하는 정보에 주목한다.

해설 임상적 면접에서 사용되는 바람직한 의사소통 기술에서 가정 중요한 것은 '공감'과 '라포(Rapport) 형성'이다.
• 대게 많은 내담자는 심리검사 결과에 대한 두려움과 불안을 가지고 있다.
• 라포 형성이 잘 되면 임상심리학자와 환자간의 긍정적 관계가 형성되고, 면접의 목적을 달성하는 데 도움이 된다.
• 환자를 수용, 공감, 이해해 주면서 라포를 형성함으로써 환자가 편안한 마음을 갖고 자신을 표현할 수 있는 분위기를 조성한다.
• 충분한 심리검사의 목적과 과정에 대하여 설명한다.
 예 검사 결과의 활용, 비밀 보장, 검사 목적의 설명 등
• 비언어적 표현에도 신경을 써야 한다.

17 임상심리학자의 법적, 윤리적 책임에 관한 설명으로 틀린 것은?

① 임상심리학자의 직업 수행에는 공적인 책임이 따른다.
② 어떠한 경우에도 내담자의 비밀은 보장하여야 한다.
③ 내담자 사생활의 부당한 침해를 방지하기 위하여 노력하여야 한다.
④ 내담자, 피감독자, 학생, 연구 참여자들을 성적으로 악용해서는 안 된다.

해설 [내담자 비밀 보장의 예외 상항]
• 자신이나 타인에게 해가 될 위험이 있는 경우
• 학대나 성폭력 등 중대한 범죄인 경우
• 치명적인 감염성 질병이 있다는 확실한 정보를 가지게 된 경우
• 법적으로 정보 공개가 요구되는 경우

18 Rorschach 검사에서 반응 위치를 부호화할 때 단독으로 기록할 수 없는 것은?

① S   ② D
③ Dd   ④ W

해설 S(공백 반응)는 단독으로 기록할 수 없다.

---

14 ②   15 ④   16 ③   17 ②   18 ① **정답**

19 Rorschach 검사의 모든 반응이 왜곡된 형태를 근거로 한 반응이고, MMPI에서 8번 척도가 65T 정도로 상승되어 있는 내담자에 대한 설명으로 가장 적합한 것은?

① 우울한 기분, 무기력한 증상이 주요 문제일 가능성이 있다.

② 주의 집중과 판단력이 저하되어 있을 가능성이 있다.

③ 합리화나 주지화를 통하여 성공적인 방어 기제를 작동시킬 가능성이 있다.

④ 회피성 성격장애의 특징을 보일 가능성이 있다.

> **해설**
> • MMPI의 8번 척도는 불안 등의 부정적 정서의 상승을 반영한다.
> • Rorschach(로샤하) 검사의 반응이 왜곡된 것은 내담자의 주의 집중과 판단력이 저하되어 있을 가능성이 있다.

20 기억력 손상을 측정하는 검사가 아닌 것은?

① Wechsler Memory Scale

② Benton Visual Retention Test

③ Rey Complex Figure Test

④ Wisconsin Card Sorting Test

> **해설** Wisconsin Card Sorting Test는 강화 일정이 변경될 때 유연성을 표현할 수 있는 능력, 즉 집행력을 측정하는 검사이다.

정답 19 ② 20 ④

01 다음 (   )에 알맞은 방어 기제는?

중현이는 선생님께 꾸중을 들어 기분이 매우 좋지 않았다. 집으로 돌아온 중현이에게 동생이 밥을 먹을 것인지 묻자, "네가 상관할 거 없잖아!"라고 소리를 질렀다. 중현이가 사용하고 있는 방어 기제는 (   )이다.

① 행동화   ② 투사
③ 전위   ④ 퇴행

해설 [전위와 '희생양 만들기']
- 전위는 자신의 충족되지 않은 욕구를 전혀 다른 대상으로 옮겨 충족하려는 것을 말하는데, 이러한 전위 과정에는 반드시 '희생양 만들기'가 따르게 된다.
- '희생양 만들기'는 분노감이나 적대감을 유발시킨 대상에게 그것을 해소하는 것이 아니라, 만만한 상대를 찾아 자신의 욕구를 해소하는 심리를 말한다.
  - 例 부모에게 야단맞은 아동이 만만한 동생에게 화를 내거나 때리는 경우, 직장 상사에게 질책을 받고 부하 직원에게 화를 내는 경우

02 다음 중 대뇌 기능의 편재화를 평가하는 데 사용하는 검사가 아닌 것은?

① 손잡이(handedness) 검사
② 주의력 검사
③ 발잡이(footedness) 검사
④ 눈의 편향성 검사

해설 사람의 뇌는 신체 중앙선을 기준으로 대략적인 대칭을 이루지만, 다음과 같은 해부학적 비대칭성을 보인다.
- 우반구 – 광범위한 심리적 기능 손상(공간 방향 감각, 청각 자극 변별, 얼굴 지각 등)
- 좌반구 – 주로 언어 기능의 손상

03 우울증에 관한 Beck의 인지치료에서 강조하는 내용과 가장 거리가 먼 것은?

① 내담자의 비활동성과 자신의 우울한 감정에 초점을 두는 경향을 막기 위하여 활동계획표를 만든다.
② 환자에게 부정적 결과에 대한 비난을 자신 아닌 적절한 다른 곳으로 돌리게 가르친다.
③ 내담자의 미해결된 억압된 기억을 자각하고 의식함으로써 지금 여기에서 해결하도록 조력한다.
④ 내담자가 해결 불가능한 일로 간주하고 자신을 비난하는 대신에 문제에 대한 대안책을 찾도록 돕는다.

해설 ③은 정신분석적 치료 입장이다.

04 기말고사에서 전 과목 100점을 받은 경희에게 선생님은 최우수상을 주고 친구들 앞에서 칭찬도 해 주었다. 선생님이 경희에게 사용한 학습 원리는?

① 조건화   ② 내적 동기화
③ 성취   ④ 모델링

해설
- 조건화 : '조건 형성'이라고도 부르며, 자극, 반응이 연관을 가지도록 만드는 일을 말한다.
- 내적 동기화 : 내적 동기는 활동 그 자체가 목적이 되는 동기를 말한다. 참고로, 외적 동기는 보상의 획득이나 처벌을 피하기 위한 목적을 달성하기 위한 수단으로 이루어지는 활동을 말한다.
- 모델링 : 개인이 다른 사람을 롤 모델로 선정하여 그의 행동을 자신의 행동에 적용하는 것으로, 타인의 행동을 단순히 그대로 따라하는 모방과 달리, 모델의 여러 행동 중 측정 행동을 취사선택한 후에 따라 하는 것이다.

---

01 ③   02 ②   03 ③   04 ①   **정답**

05 Cormier와 Comier가 제시한 적극적 경청 기술과 그 내용에 해당하지 않은 것은?

① 해석 – 당신이 그 사람과의 관계에서 재미없다고 말할 때 성적 관계에서 재미없다는 말씀으로 들립니다.

② 요약 – 이제까지의 말씀은 당신이 결혼하기에 적당한 사람인지 불확실해서 걱정하신다는 것이지요.

③ 반영 – 당신은 그 사람과의 관계에서 지루함을 느끼고 있군요.

④ 부연 – 그래서 당신은 자신의 문제 때문에 결혼이 당신에게 맞는지 확신하지 못하는군요.

> **해설** '해석'은 경청의 기술이라기보다는 통찰 단계의 기술이다.

06 인간의 정신병리가 경험회피와 인지적 융합으로 인한 심리적 경직성 때문이라고 주장하며 창조적 절망감, 맥락으로서의 자기 등의 치료 요소를 강조하는 가장 대표적인 치료법은?

① 수용전념치료(ACT)

② 변증법적 행동치료(DBT)

③ 합리적 정서행동치료(REBT)

④ 마음 챙김에 근거한 인지치료(MBCT)

> **해설** [수용전념치료(ACT)]
> - 수용전념치료(Acceptance Commitment Therapy)는 행동치료의 '제3의 동향'으로, 생각과 느낌을 수용하고, 현재에 존재하며, 가치 있는 방향을 선택하고, 행동을 취하는 것이다.
> - 수용전념치료의 목적은 우리가 필연적으로 겪게 되는 고통(불안, 걱정, 스트레스 및 더 큰 문제들)을 받아들임으로써 풍부하고 충만하며 의미 있는 삶을 창조하는 것이다.

07 사회기술 훈련 프로그램의 구성 요소와 가장 거리가 먼 것은?

① 문제해결 기술　　② 증상관리 기술

③ 의사소통 기술　　④ 자기주장 훈련

> **해설** [사회기술 훈련 프로그램]
>
> **1. 정의**
> 사회기술 훈련 프로그램은 우리들이 사회 여러 영역(가정, 학교, 직장, 병원 등)에서 접할 수 있는 대인관계 등 여러 가지 상황에서 적응적으로 대처할 수 있는 기본적인 기술을 배우는 시간이다.
>
> **2. 구성 및 단계**
> 사회기술에는 '대화 기술'과 '대인관계 기술'의 2가지가 있다.

1단계	우선 대화에 있어서 필요한 시선 맞추기, 목소리 크기, 얼굴표정, 자세와 몸짓, 말의 내용 등의 기본적인 대화 기술을 배운다.
2단계	기본적인 기술을 익힌 후, 이 기술들을 바탕으로 여러 가지 대화 기술을 배운다. **예** 인사하기, 소개하기, 칭찬하기, 사과하기, 고마움 표시하기, 주장하기, 거절하기 등
3단계	프로그램 후반부에는 이렇게 습득한 대화 기술들을 실제 대인관계에서 생길 수 있는 여러 가지 상황(물건 구매, 데이트하기, 주치의와 면담, 취업 면접 등)에 적용하여 적응적으로 대처하는 방법을 배운다.

08 심리평가에서 임상적 예측을 시행할 때, 자료 통계적 접근법이 더욱 권장되는 경우는?

① 매우 드물게 발생하며, 비정상적인 사건으로서 지극히 개인적인 일을 예측하고 판단 내려야 하는 경우

② 다수의 이질적인 표본들을 대상으로 한 경우로 한 개인의 특성에 대한 관심은 적은 경우

③ 적절한 검사가 없는 영역이나 사건에 대한 정보가 필요한 경우

④ 예측하지 못한 상황 변수가 발생하여 공식이 유용하지 않게 되는 경우

해설 ①, ③, ④는 개별적이고 새롭고 예외적인 경우여서 통계적 분석의 적용이 어려워 사례 분석으로 접근하여야 하고, ②는 자료 통계적 접근이 가능한 경우이다.

09 전통적인 정신역동적 심리평가와 비교하였을 때 행동 평가의 특징으로 옳은 것은?

① 행동이 시간이나 장소에 관계없이 일관될 것으로 예상한다.

② 개인 간을 비교하며 보편적 법칙을 더 강조한다.

③ 행동을 징후라고 해석하기보다는 표본으로 간주한다.

④ 성격 특성의 병인론을 기술하는 데 초점을 둔다.

해설 [행동 평가]
• 행동 평가는 정신역동적 평가의 비판이 행동연구 문헌에서 주장되어 왔으며, 행동 평가의 여러 가지 고유한 특징들은 정신역동적 평가와 비교될 때 더욱 분명해진다.
• 정신역동에서는 내직인 심리과정들을 문제 행동의 주요 원인으로 여기기 때문에, 정신역동적 평가의 절차는 사고, 신념, 신경구조 및 다른 '내적' 현상들의 측정을 강조한다. 단, 행동과 관련된 환경적 요인들이 체계적인 방식으로 평가되지는 않는다.
• 정신역동적 심리평가에서의 행동은 '증상'인 반면, 행동 평가에서의 행동은 이상 징후를 관찰할 수 있는 '표본'이다.

10 현실 치료에 관한 설명으로 가장 적합한 것은?

① 내담자가 더 현실적이고 실현 가능한 인생철학을 습득함으로써 정서적 혼란과 자기 패배적 행동을 최소화하는 것을 강조한다.

② 내담자의 좌절된 욕구를 알고 사람들과의 관계에서 새로운 선택을 함으로써 보다 성공적인 관계를 얻고 유지할 수 있음을 강조한다.

③ 현대의 소외, 고립, 무의미 등 생활의 딜레마 해결에 제한된 인식을 벗어나 자유와 책임 능력의 인식을 강조한다.

④ 가족 내 서열에 대한 해석은 어른이 되어 세상과 작용하는 방식에 큰 영향이 있음을 강조한다.

해설 [현실 치료]
• 행동의 선택이론에 바탕을 두고 있다.
• 개인의 모든 행동은 기본적 욕구를 충족시키기 위해서 그 자신이 선택하는 것이다.
• 인간은 5가지 기본적 욕구(생존, 사랑, 성취, 자유, 재미의 욕구)를 가지고 있으며, 이러한 욕구를 충족시키기 위하여 내면적인 가상세계인 '좋은 세계(quality world)'를 발달시킨다.

11 한국심리학회 윤리규정에 관한 설명으로 틀린 것은?

① 심리학자는 성실성과 인내심을 가지고 함께 일하는 다른 분야의 종사자와 협조적으로 업무를 수행한다.

② 심리학자는 내담자의 개인 정보를 어떠한 경우에도 노출하면 안 된다.

③ 심리학자는 성적 괴롭힘을 하지 않는다.

④ 심리학자는 개인과 사회의 발전을 위하여 노력하여야 한다.

해설 [비밀 보장의 예외 상황]
• 자신과 타인에게 위해 행동을 할 위험이 있는 경우
• 내담자가 타인의 위해 행동의 피해자인 경우
• 내담자의 문제가 위급한 위기상황인 경우
• 범죄 및 법적인 문제와 연루되어 있는 경우
• 내담자가 비밀 공개를 허락하였을 경우

09 ③ 10 ② 11 ② **정답**

12 다음 중 가장 최근에 있었던 사건은?

① Boulder 모형 제안

② Wechsler Bellevue 지능 척도 출판

③ George Engel 생물심리사회 모델 제안

④ Rogers 내담자 중심 치료 출판

> **해설**
> • Boulder 모형 제안 – 1949년
> • Wechsler Bellevue 지능 척도 출판 – 1939년
> • George Engel 생물심리사회 모델 제안 – 1977년
> • Rogers 내담자 중심 치료 출판 – 1951년

13 최근 컴퓨터는 임상실무에서의 치료효과 평가에 점차 그 사용이 확대되고 있다. 전산화된 심리평가에 관한 설명으로 옳은 것은?

① 컴퓨터 기반 검사는 시행시간을 절약해 주지만, 검사자의 편파 가능성이 높아진다.

② 컴퓨터 기반 보고서는 임상가를 대체하는 임상적 판단을 제공할 수 있다.

③ 컴퓨터 기반 검사를 사용하면 임상가가 유능하지 못한 영역에서도 임상적 판단을 제공할 수 있다.

④ 컴퓨터 평가 기반 해석의 경우, 짧거나 중간 정도의 분량을 지닌 기술이 긴 분량의 진술에 비하여 일반적으로 타당한 경우가 더 많다.

> **해설** 전산화된 심리평가는 임상가의 능력을 넘어서는 판단이나 기능을 할 수도 없지만, 검사자의 편파된 해석을 주지도 않는다.

14 지역사회 심리학에서 강조하는 사항과 가장 거리가 먼 것은?

① 지역사회 조직과의 관계 개발을 강조한다.

② 준전문가의 역할과 자조활동을 강조한다.

③ 전통적인 입원 치료에 대한 지역사회의 대안을 강조한다.

④ 유지되는 능력보다는 결손된 능력을 강조한다.

> **해설** [지역사회 심리학에서의 강조 분야]
> • 사람들의 고통을 예방하거나 경감하기 위해서, community는 무엇을 할 수 있을까?
> • 심리적 문제를 호소하는 사람들을 치료해 주기 위해서, 충분한 수의 전문가들을 양성해내고 고용할 수 있겠는가?
> • 임상적 치료만이 유일하게 효과적인 개입일까?
> • 다른 개입방법 중에서 효과적인 것은 무엇일까?

15 뇌의 편측화 효과를 측정할 수 있는 대표적 방법은?

① 미로 검사

② 이원청취 기법

③ Wechsler 기억검사

④ 성격 검사

> **해설** 뇌의 편측화는 좌우 기능의 차이를 평가할 수 있는 검사가 사용된다.

16 신경인지 장애가 의심되는 경우에 주로 사용하는 구조화된 면접법은?

① SADS(Schedule of Affective Disorders and Schizophrenia)

② 개인력 청취

③ SIRS(Structured Interview of Reported Symptoms)

④ 정신상태 평가

해설	
SADS	SADS(정서 장애 및 정신 분열증에 대한 일정)는 원래 게시 정신과 진단 기준 및 증상 평가 척도의 모음으로, 반구조화된 진단 인터뷰로 구성된다.
SIRS	SIRS(보고된 증상의 구조화된 인터뷰)는 위장된 정신장애 및 관련 반응 스타일을 평가하기 위하여 고안된 완전히 구조화된 인터뷰이다.
정신상태 평가	정신상태 검사(Mental Status Examination, MSE)라고도 부르는데, 신경 및 정신과 실습에서 임상 평가과정의 기초적이고 중요한 부분으로 다루어진다. 그것은 특정 시점에서, 외모, 태도, 행동, 기분 및 정서, 말, 사고과정, 사고 내용, 지각 등의 영역에서 환자의 심리적 기능을 관찰하고 설명하는 구조적 접근방법이다.

해설 [치료 동맹(Bordin, 1994)]

• 치료 동맹은 상담가의 도움, 지지와 책임을 제공하는 것으로부터 시작한다.
• 내담자가 상담 조건(규칙적인 참석, 상담비용 등)과 변화 과정에 기꺼이 참여하겠다고 동의함으로써 형성된다.
• 내담자와 함께 작업하기로 결정하는 순간부터 작업 동맹(치료 동맹 혹은 작업 관계로 지칭하기도 함)은 시작된다.
• 상담 동맹은 내담자와의 작업과 목표에 대한 상호 이해와 신뢰, 그리고 적극적인 파트너십의 발달을 포함한다.

17 치료 동맹에 관한 설명 중 내담자 중심 치료의 입장을 가장 잘 반영하고 있는 것은?

① 내담자와 치료자의 관계가 치료적 변화를 발생시킬 수 있는 필요충분조건이다.
② 치료 동맹을 형성하는데 있어서 치료자보다는 내담자의 자발성을 강조하는 것이 중요하다.
③ 치료 관계보다 치료 기법을 적절하게 사용하는 것이 치료 효과를 높이는 데 더 중요하다.
④ 치료 동맹은 내담자의 적절한 행동에 대한 수반적 강화를 제공하기 때문에 치료 효과에 긍정적이다.

18 심리치료에서 치료자가 역전이를 다루는 방식으로 가장 바람직한 것은?

① 치료자는 내담자에 대하여 부정적인 감정을 느끼지 않도록 노력하여야 한다.
② 내담자에게 좋은 치료자라는 말을 듣고 싶은 것은 당연한 욕구라고 여긴다.
③ 내담자에게 느끼는 역전이 감정은 내담자의 전이와 함께 연결 지어 분석한다.
④ 치료자가 경험하는 역전이를 정확하게 인식하여야 하지만, 이를 치료에 활용하는 것은 삼간다.

해설

• 치료자는 내담자에 대하여 부정적인 감정을 느낄 수 있고 이를 부인하거나 억압하여서는 안 된다.
• 내담자에게 좋은 치료자라는 말을 듣고 싶은 것이 자연스러울 수 있으나, 당연한 욕구로 여기고 요구하거나 기대할 수는 없다.
• 치료자가 경험하는 역전이를 정확하게 인식하고, 이를 치료에 활용하는 것이 좋다.

19 다음 중 뇌반구의 기능에 관한 설명으로 적합하지 않은 것은?

① 좌반구는 세상의 좌측을 보고, 우반구는 우측을 본다.

② 좌측 대뇌피질의 전두엽 가운데 운동피질 영역의 손상은 언어문제 혹은 실어증을 일으킨다.

③ 대부분의 언어 장애는 좌반구와 관련이 있다.

④ 좌반구는 말, 읽기, 쓰기 및 산수를 통제한다.

해설 좌반구는 세상의 우측을 보고, 우반구는 좌측을 본다.

20 주로 흡연, 음주문제, 과식 등의 문제를 해결하기 위하여 사용되며, 부적응적이고 지나친 탐닉이나 선호를 제거하는 데 사용되는 행동치료 방법은?

① 부적 강화　　② 혐오 치료
③ 토큰 경제　　④ 조형

해설 혐오 치료는 환자가 아주 매력을 느끼던 대상에 부정적인 감정을 가지게 하여, 더 이상 그 대상에 접근하지 않도록 하는 치료방법이다.

정답 19 ①　20 ②

01 벌을 통한 행동수정 시, 유의하여야 할 사항이 아닌 것은?

① 벌을 받을 행동을 구체적으로 세분화하고 설명한다.

② 벌을 받을 상황을 가능한 한 없애도록 노력한다.

③ 벌은 그 강도를 점차로 높여가야 한다.

④ 벌을 받을 행동이 일어난 직후에 즉각적으로 벌을 준다.

해설 **[효과적인 체벌]**
- 벌은 행동이 발생한 뒤에 바로 주어져야 한다.
- 벌은 아동의 행동과 관련해 주어야 효과적이다.
- 사랑과 존중의 관계에서 실시되어야 한다.
- 체벌은 극약 처방이다.
- 항상 아동을 사랑하고 존중하는 태도로 벌을 주어야 한다.
- 화가 나서 벌을 주어서는 안 된다.
- 행동을 나무라지만 성품은 나무라지 말아야 한다.

02 청소년의 권리 및 책임, 청소년 육성정책에 관한 기본적인 사항을 규정한 청소년 기본법의 제정 시기는?

① 1960년대   ② 1970년대

③ 1980년대   ④ 1990년대

해설 청소년 기본법은 청소년 육성법의 후신으로서, 1991년 12월 31일 제정되어 1993년 1월 1일부터 시행되고 있다.

03 약물에 관한 설명으로 옳은 것을 모두 고른 것은?

ㄱ. 약물 오용 : 의도적으로 약물을 다른 목적으로 사용하는 것이다.

ㄴ. 약물 의존 : 약물이 없이는 지낼 수 없어서 계속 약물을 찾는 상태를 말한다.

ㄷ. 약물 남용 : 약물을 적절한 용도로 사용하지 못하고 잘못 사용하는 것이다.

ㄹ. 약물 중독 : 약물로 인하여 신체 건강에 여러 부작용을 나타내는 상태를 말한다.

① ㄱ, ㄴ   ② ㄴ, ㄹ

③ ㄷ, ㄹ   ④ ㄱ, ㄹ

해설

약물 오용	약물을 적절한 용도로 사용하지 못하고 잘못 사용하는 것이다.
약물 남용	의도적으로 약물을 다른 목적으로 사용하는 것이다.

04 집단 상담에서 상대방의 행동이 나에게 어떠한 반응을 일으키는가에 대하여 상대방에게 직접 이야기해 주는 개입방법은?

① 자기 투입과 참여

② 새로운 행동의 실험

③ 피드백 주고받기

④ 행동의 모범 보이기

해설

자기 투입과 참여	집단상담은 참여자들 스스로가 집단 내에서 자신들의 상호작용을 관찰하고 분석하는 것만으로도 학습이 이루어진다.
새로운 행동의 실험	집단상담에서 개인은 어떤 외적인 비난이나 징벌에 대한 두려움 없이 새로운 행동에 대하여 현실 검증을 해 볼 수 있는 기회를 제공해 준다.

05 청소년 비행 중 우발적이고 기회적이어서 일단 발생하면 반복되고 습관화되어 다른 비행 행동과 복합되어 나타날 수 있는 것은?

① 약물 사용 　　② 인터넷 중독

③ 폭력 　　④ 도벽

해설 **[도벽]**

• 어떤 생각 없이 이루어지는 충동장애의 일종으로 훔치고 싶다는 충동표현이 방해를 받으면 불안이 증가하고 도둑질을 끝낸 후에는 긴장감이 해소되는 특징을 가지고 있다.

• 청소년기 도벽은 청소년 비행 중 가장 일반적이고 흔히 있을 수 있는 행위로서, 우발적이고 기회적이며 또 다른 비행과 복합되어 나타날 수 있다.

06 진로 상담에서 "하고 싶은 일이 너무 많아요."라고 호소하는 내담자에게 가장 먼저 개입하여야 하는 방법은?

① 자기 이해 　　② 직업정보의 탐색

③ 진학정보의 탐색 　　④ 진로 의사결정

해설 모든 상담에서 자기 이해는 가장 먼저 개입하여야 할 단계이다.

07 교류 분석 상담에서 성격이나 일련의 교류들을 자아상태 모델의 관점에서 분석하는 것은?

① 구조 분석 　　② 기능 분석

③ 게임 분석 　　④ 각본 분석

해설 교류 분석 상담에서의 구조 분석은 상담자가 3가지 자아 상태(부모, 어른, 아동 자아)를 통하여 내담자가 자신을 이해하도록 조력하는 것이다. 즉 3가지 자아 상태가 우리의 사고, 감정, 행동에 미치는 영향을 파악하는 것이다.

08 미국심리학회(APA)와 미국상담학회(ACA)에서 제시한 전문적 심리상담자의 기본적인 도덕 원칙에 해당하지 않는 것은?

① 자율성 　　② 명확성

③ 성실성 　　④ 덕행

해설 **[심리학자가 준수하여야 할 일반 원칙과 윤리 기준(미국심리학회, 2010)]**

5가지 일반 원칙	10가지 윤리 기준
• 유익성과 무해악성 • 진실성과 책임감 • 성실성 • 정의 • 인간의 권리와 존엄성의 존중	• 윤리적 문제의 해결 • 자료 기록과 요금 • 유능성 • 교육과 훈련 • 인간관계 • 연구와 출판 • 사생활과 비밀 보장 • 평가 • 광고와 여타 공적 진술 • 치료

09 정신분석적 상담에서 내적 위험으로부터 아이를 보호하고 안정시켜 주는 어머니의 역할을 모델로 한 분석기법은?

① 버텨 주기(holding)

② 역전이(counter transference)

③ 현실 검증(reality testing)

④ 해석(interpretation)

해설

역전이 (counter transference)	• 정신상담가의 환자에 대한 감정으로 보통 상담자가 본인의 해결되지 않은 감정이나 문제를 환자를 향해 투사하는 것을 말한다. • 환자가 상담자에 대해 자신의 감정을 투사하는 것은 정신역동학적으로 정상적이고 긍정적인 것으로 간주되지만, 역으로 상담자가 환자에 대해 자신의 감정이 투사되는 것은 정상적인 치료적 관계를 해칠 수도 있으므로 주의해야 한다.

현실 검증 (reality testing)	• 외부세계를 판단하고 평가하는 개인의 상대적 능력을 말한다. • 외부 세계와 개인의 마음속에 존재하고 있는 생각 및 가치 간의 차이를 구분하는 능력이다.
해석 (interpretation)	• 내담자의 말 속에 담긴 새로운 의미 혹은 무의식적인 부분까지 이해하여 의미를 파악하고 설명해 준다. • 내담자의 자기 이해와 수용을 도와 부정적 자아상이나 비현실적 사고방식 등에서 비롯된 부적응적 증상을 해결하는 데 도움을 준다.

10 다음 설명에 해당하는 상담기법은?

> 내담자가 반복적으로 드러내는 자기 파멸적인 행동의 동기를 확인하고, 그것을 제시하여 감춰진 동기를 외면하지 못하고 자각하게 함으로써 부적응적인 행동을 멈추도록 한다.

① 즉시성　　　② 단추 누르기
③ 수프에 침 뱉기　④ 악동 피하기

해설

즉시성	내담자와의 관계에서 자신, 내담자, 혹은 치료적 관계에 대한 즉각적인 감정을 상담자가 표면화하는 것이다.
단추 누르기	내담자가 유쾌한 경험과 유쾌하지 않은 경험을 번갈아 가면서 생각하도록 하고, 각 경험과 관련된 감정에 관심을 가지도록 하는 것이다.
수프에 침 뱉기	치료자가 내담자의 수프(행동방식)를 못 먹도록 만드는 것으로, 분노, 실망, 고통과 같은 감정 호소로 상담자를 통제하려는 내담자의 의도를 간파하여 그 기대와 다르게 행동하는 것이다.
악동 피하기	치료자는 내담자의 눈앞에서 어떠한 행동의 유용성을 감소시킴으로써 게임을 망치는 것으로, 상담자는 내담자의 자기 패배적 행동을 강화하는 오류를 범하기보다는 성장을 촉진하는 행동을 격려하는 것이다.

11 트라우마 체계치료(TST)의 원리에 대한 설명으로 옳지 않은 것은?

① 무너진 체계를 조정하고 복원하기
② 현실에 맞추기
③ 최대한의 자원으로 작업하기
④ 강점으로 시작하기

해설 [트라우마 체계치료(TST)의 10가지 치료 원리]
• 무너진 체계를 조정하고 복원하기
• 먼저 안전을 확보하기
• 사실에 근거하여 명확하고 초점화된 계획을 만들기
• '준비'되지 않았을 때 '시작'하지 않기
• 최소한의 자원으로 작업하기
• 책임, 특히 당사자의 책임을 주장하기
• 현실에 맞추기
• 당신 자신과 팀을 돌보기
• 강점으로 시작하기
• 더 좋은 체계를 만들어 남겨 두기

12 성문제 상담에서 상담자가 지켜야 할 일반적 지침으로 옳지 않은 것은?

① 상담자는 성에 대한 자신의 태도를 자각하고 있어야 한다.
② 내담자가 성에 대한 올바른 지식을 가지고 있음을 전제로 상담을 시작한다.
③ 상담 중 내담자와 성에 관하여 개방적인 의사소통을 한다.
④ 자신의 한계를 넘어서는 문제는 다른 전문가에게 의뢰한다.

해설 내담자가 성에 대한 올바르지 않은 지식을 가지고 있음을 전제로 상담을 시작한다.

13 로저스(Rogers)가 제안한 '충분히 기능하는 사람'과 가장 거리가 먼 것은?

① 창조적이다.
② 제약 없이 자유롭다.
③ 자신의 유기체를 신뢰한다.
④ 현재보다는 미래에 투자할 줄 안다.

해설
- 로저스(Rogers)가 제안한 '충분히 기능한다'라는 것은 자신의 잠재력을 인식하고 능력과 자질을 발휘하여 자신에 대하여 완벽한 이해와 경험을 풍부히 하는 방향으로 이동해 나가는 것을 의미한다.
- 완전히 기능하는 인간(fully functioning person)은 자기의 유기체적 가치과정을 사용하면서 사는 사람을 말한다.

무비판적 태도의 원리	• 상담자는 내담자의 행동과 태도, 가치관 등을 평가할 때 객관적이고 중립적인 자세를 유지하여야 한다. • 특히 내담자에게 잘잘못이나 책임성 유무를 따지는 등의 심판적인 태도를 가지지 않도록 가치 중립적인 태도를 취하여야 한다.
자기결정의 원리	• 상담자는 4가지 제한사항(내담자의 인지적, 정신적, 신체적 부족으로 인한 내담자 능력에 의한 제한, 법률이 허용한 범위 내에서의 법률에 의한 제한, 도덕률에 의한 제한, 기관 그 자체가 지닌 목적 달성이나 기능에 위배된 경우에 의한 기관의 기능에 의한 제한)을 제외한, 내담자의 자기 결정권을 존중하여 내담자 스스로 해결책을 선택하고 의사결정을 할 수 있도록 하여야 한다.

14 다음 내용에 해당하는 상담의 기본 원리는?

- 상담은 내담자 중심으로 진행하여야 한다.
- 내담자의 자조의 욕구와 권리를 존중하여야 한다.
- 상담자는 먼저 자기의 감정이나 태도를 이해할 수 있어야 한다.
- 내담자에 대한 과잉 동일시를 피하여야 한다.

① 개별화의 원리
② 무비판적 태도의 원리
③ 자기결정의 원리
④ 수용의 원리

해설

개별화의 원리	• 내담자 개개인의 독특한 사실을 알고 이해하는 것으로, 상담할 때 개인차에 따라 상이한 원리나 방법을 활용하는 것이다. • 내담자의 개성과 특성을 이해하고 보다 나은 적응을 위하여 조력하여야 한다. • 상담방법 또한 내담자의 개인차에 따라 달라져야 한다.

15 약물 남용 청소년의 진단 및 평가에 있어서 상담자가 유의하여야 할 사항으로 옳지 않은 것은?

① 청소년이 약물을 사용한 경험이 있다는 것만으로 약물 남용자로 낙인찍지 않도록 한다.
② 청소년의 약물 남용과 관련하여 임상적으로 이중진단의 가능성이 높은 심리적 장애는 우울증, 품행 장애, 주의력결핍 과잉행동 장애, 자살 등이 있다.
③ 청소년 약물 남용자들은 약물의 사용 동기나 형태, 신체적 결과 등에서 성인과 다른 양상을 보이므로 DSM-V와 같은 성인 위주의 진단체계 적용에는 한계가 있다.

④ 가족문제나 학교 부적응 등의 관련 요인들의 영향으로 인한 1차적인 약물 남용의 문제를 보이는 경우에는 상담의 목표도 이에 따라야 한다.

> **해설** 가족문제나 학교 부적응 등의 관련 요인들의 영향으로 인한 1차적인 약물 남용의 문제를 보이는 경우에도 이를 심각히 여기고 약물 사용에 주의를 두어야 한다.

16 REBT 상담에 대한 설명으로 옳지 않은 것은?

① 내담자의 비합리적 신념을 발견하고 규명한다.
② 내담자의 무의식을 의식화하고 자아를 강화시킨다.
③ 주요한 상담 기술에는 인지적 재구성, 스트레스 면역 등이 있다.
④ 합리적 행동 반응을 개발, 촉진하기 위한 행동 연습을 실시한다.

> **해설** ②는 정신분석적 상담에 관한 설명이다.

17 게슈탈트 치료의 접촉경계 장애에 관한 설명으로 옳은 것을 모두 고른 것은?

> ㄱ. 내사 – 개체가 환경의 요구를 무비판적으로 받아들이는 것
> ㄴ. 투사 – 자신의 생각이나 욕구, 감정을 타인의 것으로 지각하는 것
> ㄷ. 융합 – 밀접한 관계에 있는 두 사람이 서로의 독자성을 무시하고 동일한 가치와 태도를 지니는 것처럼 여기는 것
> ㄹ. 편향 – 다른 사람에게 하고 싶은 행동을 자기 자신에게 하는 것

① ㄱ, ㄴ
② ㄱ, ㄴ, ㄷ
③ ㄴ, ㄷ, ㄹ
④ ㄱ, ㄴ, ㄷ, ㄹ

> **해설** 게슈탈트 치료에서는 정신병리를 게슈탈트의 자연스러운 형성과 해소가 이루어지지 못하는 '접촉경계 장애'의 개념으로 설명한다. 접촉경계(contact boundary)란 개체와 환경 간의 경계를 의미한다.

18 가족 상담의 기본적인 원리와 가장 거리가 먼 것은?

① 가족체제의 문제성을 이해하도록 한다.
② 자녀 행동과 부모 관계를 파악한다.
③ 감정 노출보다는 생산적 이해에 초점을 둔다.
④ 현재보다 과거의 상황에 초점을 둔다.

> **해설** 가족 상담은 현재와 미래에 초점을 둔다.

19 상담 종결에 관한 설명으로 옳지 않은 것은?

① 상담 목표가 달성되지 않아도 상담을 종결할 수 있다.
② 상담의 진행 결과가 성공적이었거나 실패하였을 때에 이루어진다.
③ 조기 종결 시, 상담자는 조기 종결에 따른 내담자의 감정을 다뤄야 한다.
④ 조기 종결 시, 상담자가 내담자에게 조기 종결에 따른 솔직한 감정을 표현하는 것은 도움이 되지 않는다.

> **해설** 조기종결 시에도 상담자가 내담자에게 조기 종결에 따른 솔직한 감정을 표현하는 것은 내담자의 추후 상담 결정에 도움을 줄 수 있다.

16 ② 17 ② 18 ④ 19 ④ **정답**

20 와이너(Weiner)의 비행 분류에 관한 설명
으로 옳지 않은 것은?

① 비행자의 심리적인 특징에 따라 사회적
비행과 심리적 비행을 구분한다.

② 심리적 비행에는 성격적 비행, 신경증적
비행, 정신병적(기질적) 비행이 있다.

③ 신경증적 비행은 행위자가 타인의 주목
을 끌 수 있는 방식으로 비행을 저지르
는 경우가 많다.

④ 소속된 비행 하위집단 내에서 통용되는
삶의 방식들은 자존감과 소속감을 가져
다주므로 장기적으로 적응적이라고 할
수 있다.

해설 [와이너(Weiner)의 비행 분류]

사회적 비행	반사회적 행동을 비행집단의 구성원으로 비행을 저지르는 경우이다.
성격적 비행	반사회성 성격 구조로 나타나는 비행으로, 양심이 발달되지 않아서 죄의식을 느끼지 않는 경우이다.
정신병적(기질적) 비행	정신병이나 기질적 뇌 이상 때문에 비행을 저지르는 경우이다.

01 자살을 하거나 시도하는 학생들에게 공통적으로 나타나는 성격 특성과 가장 거리가 먼 것은?

① 부정적 자아 개념

② 부족한 의사소통 기술

③ 과도한 신중성

④ 부적절한 대처 기술

> **해설** **[청소년 자살의 원인]**
>
> 1. 개인적 요인(인지 요인) : **예** 절망감 자아 강건성의 약화
> 2. 정신의학적 요인 : **예** 기분 장애(우울증), 성격장애, 알코올/약물 중독
> 3. 사회환경적 요인 : **예** 가정 붕괴, 경쟁적/성취지향적 사회, 실직, 신용불량 등 경제적, 폭력적, 생명경시문화
> 4. 급성 기분 변화 : 불안, 두려움, 절망감, 분노

↓

SUICIDAL IDEATION

↓

억제(보호) 요인	촉진(위험) 요인
1. 가족 내, 사회문화적 **예** 가족 간의 좋은 관계, 종교활동, 적절한 지지, 자살방법 접근 어려움, 타인에 대한 영향 고려 2. 정신상태(slowed down) 인지방식과 성격	1. 충동적 성격 2. 알코올 사용 3. 가족/사회문화적 **예** 최근의 부정적 생활사건, 가족문제, 외톨이(Being Alone) 4. 자살도그, 방법의 접근 가능성이 손위움

↓

SURVIVAL SUICIDE

02 사회학적 관점에서 청소년 비행의 원인을 설명하기에 적합하지 않은 이론은?

① 아노미 이론

② 사회통제 이론

③ 하위문화 이론

④ 사회배제 이론

> **해설** **[사회적 배제]**
> • 사회적 배제는 사회나 개인이 특정 그룹 내의 사회적 통합에 필수적이면서도 다른 그룹의 구성원들이 일반적으로 누릴 수 있는 다양한 권리, 기회, 자원(고용, 민주적 참여, 의료)으로부터 체계적으로 배제되어 있는 상태를 말한다.
> • 반의어는 사회적 포섭이다.
> • 유럽에서 널리 사용되는 용어로서, 프랑스에서 처음 사용되었다.

03 테일러(Taylor)가 제시한 학습 부진아에 관한 특성으로 옳지 않은 것은?

① 학업에 대한 막연한 불안감을 가지고 있다.

② 자기 비관적이고 부적절감을 가져 자존감이 낮다.

③ 목표 설정이 비현실적이고 계속적인 실패를 보인다.

④ 주의가 산만하고 학업 지향적이다.

> **해설** 학습 부진아는 학업 지향적이지 않다.

04 상담 및 심리치료의 발달사에 관한 설명으로 옳지 않은 것은?

① 글래서(Glasser)는 1960년대에 현실치료를 제시하였다.

② 가족치료 및 체계치료는 1970년대부터 본격적으로 등장하였다.

③ 메이(May)와 프랭클(Frankl)의 영향으로 게슈탈트 상담이 발전하였다.

④ 위트머(Witmer)는 임상심리학이라는 용어를 최초로 사용하였으며, 치료적 목적을 위하여 심리학의 지식과 방법을 활용하였다.

해설 메이(May)와 프랭클(Frankl)은 실존주의 상담학자이다.

05 상담관계 형성에서 상담자가 갖추어야 할 자세로 적합하지 않은 것은?

① 내담자와 시선 맞추기

② 최소 반응을 적절히 사용하기

③ 내담자의 주호소 문제를 인내를 갖고 지켜보기

④ 내담자의 감정을 반영하기

해설 내담자의 주호소 문제는 적극적으로 경청하여야 한다.

06 다음에서 설명하는 상담기술은?

> 내담자의 감정에 대한 명확한 이해를 포함하여 내담자의 진술을 반복하거나 재표현하기도 한다.

① 재진술　　　　② 감정 반영

③ 해석　　　　　④ 통찰

해설

재진술	'바꿔 말하기'라고도 부르며, 짧은 사실적 내용을 되돌려주듯 말하는 것이다.
요약	긴 회기 동안의 사실적 내용에 대하여 되돌려 말하는 것이다.
해석	무의식적 갈등을 알려주는 것이다. **예** 통찰을 주기 위한 알려주기

07 상담에서 내담자의 권리에 관한 설명으로 옳지 않은 것은?

① 상담자의 자격과 훈련에 대한 정보를 제공받을 수 있다.

② 내담자가 자신과 타인에게 해를 미칠 경우에도 비밀을 보장받을 수 있다.

③ 상담자를 선택할 수 있는 권리와 상담을 거부할 수 있는 권리에 대한 정보를 제공받을 수 있다.

④ 법적으로 정보 공개가 요구되는 경우는 비밀 보장의 한계를 가질 수 있다.

해설 내담자가 자신과 타인에게 해를 미칠 경우는 비밀 보장의 예외에 해당한다.

08 아들러(Adler)의 상담이론에서 사용하는 기법이 아닌 것은?

① 격려하기

② 전이의 해석

③ 내담자의 수프에 침 뱉기

④ 마치 ~인 것처럼 행동하기

해설 전이의 해석은 정신분석 상담의 기법이다.

09 벡(Beck)의 인지치료에서 인지 도식에 관한 설명으로 옳지 않은 것은?

① 인지 도식이란 나와 세상을 이해하는 틀이다.

② 사람마다 인지 도식이 다르기 때문에 같은 사건을 다르게 해석한다.

③ 역기능적 인지 도식은 추상적 사고가 가능한 청소년기부터 형성된다.

④ 역기능적 신념이 역기능적 자동적 사고를 유발하여 부적응 행동을 초래한다.

> **해설** 역기능적 인지 도식은 생의 초기부터 형성된다.

10 정신분석적 접근에서 과거가 현재의 정신적 활동에 지배적이고 영속적인 영향을 미친다는 기본 개념은?

① 결정론(determinism)

② 역동성(dynamics)

③ 지형학적 모델(topography)

④ 발생적 원리(genetic)

> **해설**

결정론 (determinism)	우연한 것으로 보이는 인간의 어떤 행동도 특정한 동기와 이유를 가지고 있다는 이론이다.
역동성 (dynamics)	인간의 본능과 불안을 설명하기 위하여 사용된 정신과정의 원리이다.
지형학적 모델 (topography)	인간의 정신세계가 의식, 전의식, 무의식의 3층 구조로 되어 있다는 학설이다.

11 스트레스나 스트레스 대처에 관한 설명으로 옳은 것은?

① 스트레스의 원천으로 좌절, 압력, 갈등, 변화 등이 있다.

② 스트레스에 대한 생리적 반응으로 부교감신경계가 활성화된다.

③ 스트레스 대처 방안에는 문제 중심형과 인간 중심형 대처방법이 있다.

④ 스트레스에 대한 생리적 반응은 경고, 탈진, 저항단계 순으로 진행된다.

> **해설**
> - 스트레스에 대한 생리적 반응으로 교감신경계가 활성화된다.
> - 스트레스 대처 방안에는 문제 중심형과 정서 중심형 대처방법이 있다.
> - 스트레스에 대한 생리적 반응은 경고, 저항, 탈진단계 순으로 진행된다.

12 알코올 중독을 치료하기 위하여 음주 시 구토를 유발하는 약물을 사용하는 것과 같은 조건형성 기법은?

① 소거   ② 홍수법

③ 혐오 치료   ④ 충격 치료

> **해설**

소거	이전에 강화되었던 행동이 강화물 혹은 자극제가 주어지지 않음으로써 행동의 빈도수를 줄이고, 더는 발생하지 않도록 제거하는 것이다.
홍수법	두려운 자극에 장기간 노출시켜 두려움을 제거하는 방법이다.

13 집단상담의 발달단계 특징을 순서대로 나열한 것은?

> ㄱ. 구성원들에게 왜 이 집단에 들어오게 되었는지를 분명히 이해시키고, 서로 친숙해지도록 도와준다.
> ㄴ. 상담자와 집단원들은 집단과정에서 배운 것을 미래의 생활에서 어떻게 적용할 것인가를 생각한다.
> ㄷ. 집단원들이 자기의 문제를 집단에서 논의하여 바람직한 행동 변화를 모색한다.
> ㄹ. 집단과정 동안에 일어나는 저항, 방어 등을 자각하고 정리하도록 도와준다.

① ㄱ → ㄴ → ㄷ → ㄹ
② ㄱ → ㄹ → ㄴ → ㄷ
③ ㄱ → ㄹ → ㄷ → ㄴ
④ ㄷ → ㄴ → ㄱ → ㄹ

> **해설** 집단상담은 'ㄱ → ㄹ → ㄷ → ㄴ'의 순으로 진행하는 것이 바람직하다.

14 다음에서 설명하는 것은?

> 로저스(Rogers)가 제시한 바람직한 심리상담자의 태도 중 상담자가 내담자의 경험 또는 내담자의 사적인 세계를 민감하게 그리고 정확하게 이해하려는 노력

① 공감적 이해　　② 진실성
③ 긍정적 존중　　④ 예민한 관찰력

> **해설** 진실성은 상담자가 내담자와의 관계에서 진정한 자신의 인간적 자질과 경험을 드러내는 성품적인 자질을 말한다.

15 AA(익명의 알코올중독자모임)에서 고수하고 있는 12단계와 12전통에 해당하지 않는 것은?

① 외부의 문제에 대해서는 어떠한 의견도 제시하지 않는다.
② 항상 비직업적이어야 하지만, 서비스센터에는 전임 직원을 둘 수 있다.
③ 홍보 원칙은 적극적인 선전보다 AA 본래의 매력에 기초를 둠에 따라 대중매체에 개인의 이름이 밝혀져서는 안 된다.
④ 외부의 기부금은 개인의 이익이 아닌 AA 전체의 이익을 위해서만 쓰여야 한다.

> **해설** AA는 외부의 기부금을 받지 않는다.

16 도박 중독에 관한 설명으로 옳은 것은?

① 원하는 흥분을 얻기 위하여 액수를 낮추면서 도박을 한다.
② 정상적인 사회생활에는 큰 지장이 없다.
③ 도박을 중단하면 금단증상이 나타나며, 심하면 자살을 초래한다.
④ 도시보다 시골 지역에 많으며, 평생 유병률은 5% 정도로 보고되고 있다.

> **해설** 도박 중독은 원하는 흥분을 얻기 위하여 액수를 높이게 되고, 정상적인 사회생활을 어렵게 만든다.

17 상담기법 중 상담의 초기 단계에서 더 많이 사용하는 것은?

① 직면
② 자기 개방
③ 개방형 질문
④ 심층적 질문

> **해설** ①, ②, ④는 상담의 중기 단계에서 사용하는 기법이다.

18 특정한 직업 분야에서 훈련이나 직무를 성공적으로 수행할 가능성을 예측하는 데 가장 적합한 검사는?

① 직업 적성검사
② 직업 흥미검사
③ 직업 성숙도검사
④ 직업 가치관검사

해설

직업 흥미검사	자신이 흥미 있어 하는 직업을 구체적으로 탐색하여 진로 결정에 도움을 주는 검사이다.
직업 성숙도검사	진로 탐색과 진로 결정을 위하여 필요한 태도와 능력을 얼마나 갖추고 있는가를 알아보는 검사이다.
직업 가치관검사	직업 가치란 직업생활을 통하여 충족하고자 하는 욕구 또는 상대적으로 중요시하는 것을 의미하는 것으로, 이 검사는 직업과 관련된 다양한 욕구 및 가치들에 대하여 여러분이 상대적으로 무엇을 얼마나 더 중요하게 여기는가를 살펴보고, 그 가치가 충족될 가능성이 높은 직업을 탐색할 수 있도록 도움을 주는 검사이다.

19 변태성욕 장애 중 여성의 속옷 또는 손수건 등을 수집하고, 이를 사용하여 성적 만족을 느끼는 것은?

① 노출 장애
② 물품음란 장애
③ 관음 장애
④ 소아성애 장애

해설 변태성욕 장애 중 여성의 속옷 또는 손수건 등을 수집하고, 이를 사용하여 성적 만족을 느끼는 것은 '물품음란 장애'이다.

20 실존적 심리치료에서 가정하는 인간의 4가지 실존적 조건에 해당하지 않는 것은?

① 무의미
② 무한적 존재
③ 고독과 소외
④ 자유와 책임

해설 실존적 심리치료에서 가정하는 인간의 4가지 실존적 조건은 '죽음, 자유와 책임, 고독, 무의미'이다.

임상심리사
2급 필기

문제 및 해설

1 심리학개론

01 고전적 조건형성에서 조건자극과 무조건자극을 배열할 때 조건형성 효과가 가장 오래 지속되는 배열은?

① 후진배열   ② 흔적배열

③ 지연배열   ④ 동시적 배열

> **해설** 가장 효과적이며 오래 지속되는 배열은 '지연배열'이다.

구분	선행 자극	선행 철회	특징
동시조건형성	조건자극과 무조건 자극이 동시에 주어짐	조건자극과 무조건 자극이 동시에 철회됨	비효율적이다.
지연조건형성	조건자극을 무조건 자극에 약간 앞서 줌	조건자극과 무조건 자극이 동시에 철회됨	가장 효과적이다. 조건자극의 지속시간에 따라 단기 지연 조건형성과 장기 지연 조건형성으로 나뉜다.
흔적조건형성	조건자극이 먼저 주어지고 난 후, 무조건 자극이 주어짐	조건자극이 철회된 후, 무조건 자극이 철회됨	지연 조건형성에 비해서는 비효율적이다.

02 조건형성의 원리와 그에 해당하는 예를 잘못 연결시킨 것은?

① 조작적 조건형성의 응용 – 행동수정

② 소거에 대한 저항 – 부분강화 효과

③ 강화보다 처벌 강조 – 행동조성

④ 고전적 조건형성의 응용 – 유명 연예인 광고모델

> **해설** 행동조성은 강화를 통해 단순한 행동에서 복잡한 행동을 학습시켜가는 과정이다.

03 성격의 5요인 이론 중 다른 사람들의 복지에 대해 관심을 가지며, 사람들을 신뢰하고, 다른 사람에 대해 편견을 덜 갖는 경향을 나타내는 것은?

① 개방성   ② 외향성

③ 우호성   ④ 성실성

> **해설** [성격의 5요인]

성실성 (conscientiousness)	• 목표를 성취하기 위해 성실하게 노력하는 성향이다. • 과제 및 목적 지향성을 촉진하는 속성과 관련된 것으로, 심사숙고, 규준이나 규칙의 준수, 계획 세우기, 조직화, 과제의 준비 등과 같은 특징을 포함한다.
외향성 (extroversion)	• 사교적이고 단호한 성향이다. • 낙관적이고 따뜻하며 말이 많은 특징을 포함한다.
우호성 (agreeableness)	• 타인에게 반항적이지 않은 협조적인 태도를 보이는 성향이다. • 사회적 적응성과 타인에 대한 공동체적 속성을 나타내는 것으로, 이타심, 애정, 신뢰, 배려, 겸손 등과 같은 특징을 포함한다.
신경성 (neuroticism)	• 분노, 우울함, 불안감과 같은 불쾌한 정서를 쉽게 느끼는 성향이다. • 걱정, 부적응 감정 등과 같은 바람직하지 못한 행동과 관계된 것으로, 걱정, 두려움, 슬픔, 긴장 등과 같은 특징을 포함한다.
경험에 대한 개방성 (openness to experience)	• 상상력, 호기심, 모험심, 예술적 감각 등으로 보수주의에 반대하는 성향이다. • 개인의 심리 및 경험의 다양성과 관련된 것으로, 지능, 상상력, 고정관념의 타파, 심미적인 것에 대한 관심, 다양성에 대한 욕구, 품위 등과 관련된 특징을 포함한다.

정답   01 ③   02 ③   03 ③

04 다음은 무엇에 관한 설명인가?

> 방어기제 중 우리가 가진 바람직하지 않은 자질들을 과장하여 다른 사람들에게 부여함으로써 우리의 결함을 인정하지 않도록 막아주는 것

① 부인
② 투사
③ 전위
④ 주지화

해설

부인	고통을 주는 사실을 부정하는 기제
전위	전혀 다른 대상에게 자신의 욕구를 발산하는 것
주지화	사실과 논리에 집중함으로써 불편한 감정을 회피하는 것

05 다음 설명으로 해당하는 것은?

> • 아동들의 자기개념이 왜 우선적으로 남자-여자 구분에 근거하는지를 설명하고자 한다.
> • 아동에게 성이라는 렌즈를 통해 세상을 보도록 가르치는 문화의 역할을 중요시한다.

① 사회학습 이론
② 인지발달 이론
③ 성 도식 이론
④ 정신분석학 이론

해설 성 도식 이론은 세상을 구조화하는 인지적 메커니즘인 도식의 중요성을 강조하는데 성역할은 성에 대한 우리의 생각을 구조화하는 성 도식에 의해 형성된다고 주장한다.

06 심리검사의 오차유형 중 측정결과에 변화를 주는 것은?

① 해석적 오차
② 항상적 오차
③ 외인적 오차
④ 검사자 오차

해설 측정 오차는 체계적 오차와 무작위 오차로 나뉠 수 있는데 체계적 오차는 측정결과에 영향을 주므로 오류를 방지할 수 있는 방법을 강구해야 하고 무작위 오차는 방지할 수 있는 방법이 없으므로 감안하여 해석해야 한다. ③은 체계적 오차, ①, ②, ④는 무작위 오차에 해당한다.

07 프로이트(S. Freud)의 성격 구조에 관한 설명으로 옳은 것은?

① 자아는 현실원리를 따르며 개인이 현실에 적응하도록 돕는다.
② 자아는 일차적 사고 과정을 따른다.
③ 자아는 자아이상과 양심으로 구성되어 있다.
④ 초자아는 성적욕구와 관련된 것으로 쾌락의 원리를 따른다.

해설 [프로이트(S. Freud)의 성격구조]
• ② 자아는 이차적 사고과정을 따른다.
• ③ 초자아는 자아이상과 양심으로 구성되어 있다.
• ④ 원초아는 성적욕구와 관련된 것으로 쾌락의 원리를 따른다.

08 검사에 포함된 각 질문 또는 문항들이 동일한 것을 측정하는 정도를 나타내는 것은?

① 내적일치도
② 경험타당도
③ 구성타당도
④ 준거타당도

해설
• 경험타당도 : 검사문항을 통해 나타난 결과가 다른 기준과 얼마나 상관관계가 있는가를 측정하는 타당도를 말한다.
• 구성타당도 : 검사가 측정하고자 하는 이론적 구성개념이나 특성을 잘 측정하는지를 나타내는 타당도이다.
• 준거타당도 : 현재 측정 근거로 미래의 어떤 것을 정확하게 예측하는 타당도는 예언타당도, 기존에 타당도가 증명된 척도와 타당화 연구척도 간의 상관관계를 예측하는 것은 공인타당도로 이는 준거타당도에 속한다.

09 성격과 환경 간의 상호작용 중 개인의 성격은 타인으로부터 독특한 반응을 이끌어낸다는 것은?

① 유도적 상호작용
② 반응적 상호작용
③ 주도적 상호작용
④ 조건적 상호작용

해설 유도적 상호작용이란 성격과 환경 간의 상호작용 중 개인의 성격은 타인으로부터 독특한 반응을 이끌어낸다는 개념을 말한다.

10 캘리(Kelly)의 개인적 구성개념이론에 관한 설명으로 옳지 않은 것은?

① 성격 연구의 목적은 개인이 자신과 자신의 사회적 세상을 해석하는데 사용하는 차원을 찾는 것이어야 한다.
② 개개인을 직관적으로 과학자로 보아야 한다.
③ 특질검사는 개인의 구성개념을 측정하기에 가장 적합하다.
④ 구성개념의 대조 쌍은 논리적으로 반대일 필요가 없다.

해설 캘리는 개인은 자신만의 패턴화된 형태 또는 형판(templates)을 통해 세상을 바라본다고 주장하며 인간은 세상을 자기 나름대로 구성하는 존재라고 본다. 또한 '인간은 어떤 사건을 관찰하고 그에 대해 의문을 던지면서 이를 탐구하는 과학자와 같다'고 주장하였다.

11 성격의 정의에 관한 설명으로 틀린 것은?

① 성격에는 개인이 가지고 있는 고유하고 독특한 성질이 포함된다.
② 개인의 독특성은 시간이 지나도 비교적 안정적으로 변함없이 일관성을 지닌다.
③ 성격은 다른 사람이나 환경과 상호작용하는 관계에서 행동양식을 통해 드러난다.
④ 성격은 타고난 것으로 개인이 속한 가정과 사회적 환경에 영향을 받지 않는다.

해설 성격은 선천적으로 타고나는 부분과 환경적으로 영향을 받아 형성되는 부분이 있으며, 유전과 환경의 상호작용을 통해 드러난다.

12 단기기억의 특성이 아닌 것은?

① 정보의 용량이 매우 제한적이다.
② 작업기억(working memory)이라 불린다.
③ 현재 의식하고 있는 정보를 의미한다.
④ 거대한 도서관에 비유할 수 있다.

해설 거대한 도서관에 비유하는 것은 장기기억에 관한 내용이다.

13 사람들이 자기 자신의 행동을 설명할 때 현저한 상황적 원인들은 지나치게 강조하고 사적인 원인들은 미흡하게 강조하는 것은?

① 사회억제 효과　　② 과잉정당화 효과
③ 인지부조화 효과　④ 책임감 분산 효과

해설 인지부조화 효과란 태도와 태도, 또는 태도와 행동이 서로 일관되지 않거나 모순이 존재하는 상태에서 태도에 일치하도록 행동을 바꾸는 대신 행동에 일치하도록 태도를 바꾸는 현상을 말한다.

14 연구 방법의 주요 개념에 관한 설명으로 옳지 않은 것은?

① 측정 : 한 변인의 여러 값들에 숫자를 할당하는 체계
② 실험 : 원인과 결과에 대한 가설을 정밀하게 검사하는 것
③ 실험집단 : 가설의 원인이 제공되지 않는 집단
④ 독립변인 : 실험자에 의해 정밀하게 통제되는 가설의 원인으로서 참가자의 과제와 무관한 변인

해설 실험집단은 가설의 원인이 제공되는 집단이고 제공되지 않는 집단은 비교집단이다.

15 사랑의 삼각형 이론에서 사랑의 3가지 요소에 포함되지 않는 것은?

① 관심(attention)
② 친밀감(intimacy)
③ 열정(passion)
④ 투신(commitment)

해설 사랑의 삼각형 이론 3요소는 친밀감, 열정, 투신이다.

16 사람들은 혼자 있을 때보다 자신과 같은 일을 수행하고 있는 다른 사람들이 있을 때 수행이 향상된다는 것을 지칭하는 것은?

① 동조효과　　　② 방관자효과
③ 사회촉진　　　④ 사회태만

해설

동조효과	다른 사람의 주장이나 행동에 자신의 의견을 일치시키거나 편승하는 심리
방관자효과	주위에 사람이 많을수록 어려움에 처한 사람을 돕지 않게 되는 현상
사회태만	조직 구성원으로서 개인이 혼자 일할 때보다 집단에서 공동으로 다른 사람들과 업무를 수행할 때 상대적으로 적게 노력하는 경향

17 다음의 설명에 해당하는 것은?

척도상의 대표적 수치를 의미하며 평균, 중앙치, 최빈치가 그 예이다.

① 빈도분포값　　② 추리통계값
③ 집중경향값　　④ 변산측정값

해설
• 빈도분포값에는 도수 분포표가 있다.
• 추리통계란 주어진 데이터(sample)를 이용하여 모집단의 특성(모수)를 추론하는 것을 말하고 가설검정이 있다.
• 변산측정값 : 한 집단의 점수가 흩어져 있는 정도로 범위와 표준편차 등이 있다.

18 기억에 정보를 저장하기 위해서 환경의 물리적 정보의 속성을 기억에 저장할 수 있는 속성으로 변화시키는 과정은?

① 주의과정　　　② 각성과정
③ 부호화과정　　④ 인출과정

해설 [기억의 단계]
부호화 → 응고화 → 저장 → 인출

19 통계분석에 관한 설명으로 옳지 않은 것은?

① 2개의 모평균 간에 차이가 있는지를 검정하기 위해서 중다회귀분석(multiple regression analysis)을 이용한다.

② 3개 또는 그 이상의 평균치 사이에 차이가 있는지를 검정하기 위해서 분산분석을 사용한다.

③ 빈도 차이의 유의성을 검증하기 위해서 X^2 검증을 사용한다.

④ 피어슨 상관계수 r은 근본적으로 관련성을 보여주는 지표이지 어떠한 인과적 요인을 밝혀주지는 않는다.

해설 2개의 모평균 간에 차이가 있는지를 검정하기 위해서 t검증을 이용한다.

20 소거(extinction)가 영구적인 망각이 아니라는 증거가 될 수 있는 것은?

① 변별   ② 조형
③ 자극 일반화   ④ 자발적 회복

해설 자발적 회복이란 얼마간의 휴식시간을 가진 후에 소거된 반응이 다시 나타나는 현상을 말한다.

2 이상심리학

21 이상행동의 분류와 평가에 관한 설명으로 옳지 않은 것은?

① 범주적 분류는 이상행동이 정상행동과는 질적으로 구분되며 흔히 독특한 원인에 의한 것이기 때문에 정상행동과는 명료한 차이점을 지니고 있다는 가정에 근거한다.

② 차원적 분류는 정상행동과 이상행동의 구분이 부적응성 정도의 문제일 뿐 질적인 차이는 없다는 가정에 근거한다.

③ 타당도는 한 분류체계를 적용하여 환자들의 증상이나 장애를 평가했을 때 동일한 결과가 도출되는 정도를 의미한다.

④ 같은 장애로 진단된 사람들에게서 동일한 원인적 요인들이 발전되는 정도는 원인론적 타당도이다.

해설 ③의 지문은 신뢰도에 관한 내용이고 타당도란 분류체계의 적용이 환자의 증상이나 장애에 적합한 여부를 말한다.

22 조현병의 양성증상에 해당하는 것은?

① 무의욕증   ② 무사회증
③ 와해된 행동   ④ 감퇴된 정서 표현

해설 조현병 증상은 크게 양성과 음성으로 나뉜다.
• 양성은 환청, 망상, 비논리적 사고, 기이한 행동 등 보통 다른 사람들에게 보이지 않는 증상이 나타나는 것이다.
• 음성은 적절한 정서적 반응이나 욕구들, 사회적 관계를 맺고자 하는 의욕들이 사라지는 등 보통 다른 사람들에게 있는 것들이 없어지는 것이다.

23 물질관련 장애에 관한 설명으로 옳지 않은 것은?

① 물질에 대한 생리적 의존은 내성과 금단 증상으로 나타난다.

② 임신 중의 과도한 음주는 태아알코올증후군을 유발할 수 있다.

③ 모르핀과 헤로인은 자극제(흥분제)의 대표적 종류이다.

④ 헤로인의 과다 복용은 뇌의 호흡 중추를 막아 죽음에 이르게 할 수 있다.

해설 모르핀과 헤로인은 진정제의 대표적 종류이다.

24 조현병 스펙트럼 및 기타 정신병적 장애에 해당하지 않는 것은?

① 망상장애
② 순환성 장애
③ 조현양상장애
④ 단기 정신병적 장애

> **해설** 순환성 장애는 양극성 장애의 하위장애로 적어도 2년 동안 여러번의 경조증 기간과 우울증 기간을 반복하는 것이다.

25 반사회성 성격장애와 가장 관련이 없는 것은?

① 품행장애의 과거력
② 역기능적 양육환경
③ 붕괴된 자아와 강한 도덕성 발달
④ 신경전달물질인 세로토닌(serotonin)의 부족

> **해설**
> • 반사회성 인격장애 또는 반사회적 성격장애, 소시오패스는 지속적인 반사회적, 충동적 행동과 타인을 고려하는 능력의 결여를 특징으로 하는 인격상애의 일송이다.
> • 사회 규범과 도덕에 대한 반복적인 위반을 특징으로 하며, 타인에 대한 경시(disregard)나 빈번한 거짓말 등으로 인해 일반적인 대인관계에 지장을 보인다.

26 DSM−5에 의한 성격장애의 분류로 옳지 않은 것은?

① A군 성격장애 : 조현성 성격장애
② C군 성격장애 : 편집성 성격장애
③ B군 성격장애 : 연극성 성격장애
④ C군 성격장애 : 회피성 성격장애

> **해설** 조현성 성격장애, 편집성 성격장애는 A군 성격장애에 속한다.

27 노출장애에 관한 설명과 가장 거리가 먼 것은?

① 성도착적 초점은 낮선 사람에게 성기를 노출시키는 것이다.
② 성기를 노출시켰다는 상상을 하면서 자위행위를 하기도 한다.
③ 청소년기나 성인기 초기에 시작되는 것으로 알려져 있다.
④ 노출 대상은 사춘기 이전의 아동에게 국한된다.

> **해설** 노출장애는 성관련 장애의 변태성욕장애의 하위유형으로 노출대상은 나이에 제한되지 않는다.

28 DSM−5의 신경발달장애에 해당하지 않는 것은?

① 지적장애
② 분리불안 장애
③ 자폐 스펙트럼 장애
④ 주의력결핍 과잉행동 장애

> **해설** 분리불안 장애는 외상 후 스트레스 장애의 하위유형이다.

29 스트레스 호르몬이라고 불리는 코티솔 (cortisol)이 분비되는 곳은?

① 부신 　　② 변연계
③ 해마 　　④ 대뇌피질

> **해설**
> • 부신은 신장에 붙어있는 기관으로, 호르몬 분비샘이며 여기서 코티솔을 비롯한 많은 호르몬들이 만들어진다.
> • 코티솔은 외부의 스트레스와 같은 자극에 맞서 몸이 그러한 위협에 대항하기 위해 에너지를 만들어 낼 수 있도록 하는 과정에서 분비되는 호르몬이며 혈압과 포도당 수치를 높이게 한다.

30 강박장애를 가진 내담자의 심리치료에 가장 효과적인 방법은?

① 행동조형
② 자유연상법
③ 노출 및 반응 방지법
④ 혐오조건화

> **해설**
> • 강박장애에 대한 행동적 개입으로는 노출 및 반응방지(ERP ; Exposure and Response Prevention)가 있다. 이러한 개입을 통해 강박 증상으로 인해 야기되는 불편감을 효과적으로 다루면서 강박 행동을 조절하는 방법을 배우는 것이 필요하다.
> • 노출 및 반응방지법에서는 강박장애를 가진 사람들이 가장 두려움과 위협을 느끼는 상황에서 회피행동이나 강박 행동을 하지 않으면서 그 상황에 반복적으로 노출하도록 한다.

31 우울장애에 대한 치료방법으로 적절하지 않은 것은?

① 대인관계 치료(interpersonal psychotherapy)
② 기억회복 치료(memory recovery therapy)
③ 인지행동 치료(cognitive behavioral therapy)
④ 단기정신역동 치료(brief psychodynamic therapy)

> **해설** 우울증 환자들은 지난 기억을 반추함으로써 고통을 받으므로 그들에게 기억을 회복시키는 것은 바람직하지 않다.

32 알코올 사용 장애에 관한 설명으로 옳은 것은?

① 가족력이나 유전과는 관련성이 거의 없다.
② 성인 여자가 성인 남자보다 유병률이 높다.

③ 자살, 사고, 폭력과의 관련성이 거의 없다.
④ 금단증상의 불쾌한 경험을 피하거나 경감시키기 위해 음주를 지속하게 된다.

> **해설** 알코올 사용 장애의 시작은 사용 시 기분이 좋아지는 정적강화였지만 지속과정에서는 금단증상의 불쾌한 경험을 피하고자 하는 부적강화로 지속된다.

33 파괴적, 충동조절 및 품행장애에 관한 설명으로 옳지 않은 것은?

① 병적 방화의 필수 증상은 고의적이고 목적이 있는, 수차례의 방화 삽화가 존재하는 것이다.
② 품행장애의 유병률은 아동기에서 청소년기로 갈수록 증가한다.
③ 병적 도벽은 보통 도둑질을 미리 계획하지 않고 행한다.
④ 간헐적 폭발성 장애는 언어적 공격과 신체적 공격을 모두 포함해야 한다.

> **해설** 간헐적 폭발성 장애가 언어적 공격과 신체적 공격을 모두 포함해야 하는 것은 아니다.

34 양극성 장애(bipolar disorder) 조증시기에 있는 환자의 방어적 대응양상을 판단할 수 있는 행동이 아닌 것은?

① 화장을 진하게 하고 다닌다.
② 자신이 신의 사자라고 이야기한다.
③ 증거도 없는 행동을 두고 남을 탓한다.
④ 활동 의욕은 줄어들어 과다 수면을 취한다.

> **해설** ④는 우울증 시기에 보이는 행동이다.

35 DSM-5에 제시된 신경인지장애의 병인에 해당하지 않는 것은?

① 알츠하이머병　　② 레트
③ 루이소체　　　　④ 파킨슨병

해설
- 레트 증후군(Rett Syndrome)은 1983년 안드레아스 레트(Andreas Rett)에 의해 처음으로 보고된 신경 발달 장애 질환이다.
- 레트 증후군은 생후 6개월에서 18개월까지는 비교적 정상적으로 발달하다가, 그 이후에 두위 발달 감소와 함께 습득했던 인지 및 운동 능력 상실, 언어 기능 상실, 손을 씻는 듯한 동작을 반복하는 특징적인 손의 상동증을 보이는 질환으로 신경발달장애의 하위유형이다.

36 아동 A에게 진단할 수 있는 가장 가능성이 높은 장애는?

> 4세 아동 A는 어머니와 애정적 관계를 형성하지 못하며, 장난감을 가지고 노는 데는 흥미가 없고 사물을 일렬로 배열하거나 자신의 몸을 앞뒤로 흔들면서 알 수 없는 말을 한다.

① 자폐 스펙트럼 장애
② 의사소통 장애
③ 틱 장애
④ 특정학습 장애

해설　자폐 스펙트럼 장애는 아동기에 사회적 상호작용의 장애, 언어성 및 비언어성 의사소통의 장애, 상동적인 행동, 관심을 특징으로 하는 질환이다.

37 치매에 관한 설명으로 가장 적합한 것은?

① 기억손실이 없다.
② 약물남용의 가능성이 많다.
③ 증상은 오전에 가장 심해진다.
④ 자신의 무능을 최소화하거나 자각하지 못한다.

해설　치매는 기억을 하고 사고를 할 수 있는 능력이 장기적으로 점차 감퇴하여 일상적인 생활에 영향을 줄 정도에 이르게 된 넓은 범위의 뇌 손상을 의미한다.

38 공황장애의 특징에 해당하는 것을 모두 고른 것은?

> ㄱ. 메스꺼움 또는 복부 불편감
> ㄴ. 몸이 떨리고 땀 흘림
> ㄷ. 호흡이 가빠지고 숨이 막힐 것 같은 느낌
> ㄹ. 미쳐버리거나 통제력을 상실할 것 같은 느낌

① ㄷ, ㄹ　　　　　　② ㄱ, ㄴ, ㄹ
③ ㄴ, ㄷ, ㄹ　　　　④ ㄱ, ㄴ, ㄷ, ㄹ

해설

1. 공황발작 정의

강렬하고 극심한 공포가 갑자기 밀려오는 것을 말하며 심장이 빨리 뛰거나 가슴이 답답하고 호흡곤란 등의 신체증상이 동반되어 죽음에 이를 것 같은 공포를 느끼는 불안증상을 말한다.

2. 공황발작 증상

- 곧 죽을 것 같은 느낌을 받으며, 강한 공포를 느낀다. 공황발작의 증상은 순식간에 악화되며 10~20분간 지속되다 소실된다.
- 숨 쉬기가 힘들어지며, 맥박이 빨라지거나 심장 박동이 심하게 느껴지며 가슴에 통증, 불쾌감, 숨이 답답하여 질식할 것 같은 느낌을 받는다.
- 현기증, 휘청거리는 느낌, 손발이 저리는 감각이상이나 몸의 떨림과 진전이 나타난다.
- 오한이 나거나 돌발적 열감이나 냉감, 땀 흘림 등의 증상이 나타난다.

39 해리장애에 대한 설명으로 적절하지 않은 것은?

① 해리 현상에 영향을 주는 주된 요인으로 학대받은 개인경험, 고통스러운 상태로 부터의 도피 등이 있다.

② 해리 현상을 유발하는 가장 주된 방어기 제는 투사로 알려져 있다.

③ 해리성 둔주는 정체감과 과거를 망각할 뿐 만 아니라 완전히 다른 장소로 이동한다.

④ 해리성 기억상실증은 중요한 자서전적 정보를 회상하지 못하는 것으로, 해리성 둔주가 나타날 수 있다.

> **해설** 해리장애를 유발하는 가장 주된 방어기제는 해 리이다.

40 주요 우울장애 환자가 일반적으로 나타내 는 특징적 증상이 아닌 것은?

① 거절에 대한 두려움
② 불면 혹은 과다수면
③ 정신운동성 초조
④ 일상활동에서의 흥미와 즐거움의 상실

> **해설** 거절에 대한 두려움은 사회공포증의 특징적 증 상이다.

3 심리검사

41 신경심리학적 능력 중 BGT 및 DAP, 시계 그리기를 통해 가장 효과적으로 평가할 수 있는 것은?

① 주의 능력　　② 기억능력
③ 실행 능력　　④ 시공간 구성 능력

> **해설** BGT 및 DAP, 시계 그리기는 시공간 구성 능력 이 제대로 갖춰졌나를 알아볼 수 있는 검사이다.

42 신경심리검사에 대한 설명으로 옳은 것은?

① Broca와 Wernicke는 실어증 연구에 뛰 어난 업적을 남겼으며, Benton은 임상 신경 심리학의 창시자라고 할 수 있다.

② X레이, MRI 등 의료적 검사결과가 정상 으로 나온 경우에는 신경심리 검사보다 는 의료적 검사결과를 신뢰하는 것이 타 당하다.

③ 신경심리 검사는 고정식(fixed) battery 와 융통식(flexible) battery 접근이 있 는데, 두 가지 접근 모두 하위검사들이 독립적인 검사들은 아니다.

④ 신경심리 검사는 환자에 대한 진단 환자 의 강점과 약점, 향후 직업능력의 판단, 치료계획, 법의학적 판단, 연구 등에 널 리 활용된다.

> **해설**
> • 벤튼은 벤트신경심리 검사(BNA)를 만든 신경심리학 자이며, 신경심리 검사는 의료적 검사로는 알 수 없는 신경학적 손상을 찾아낼 수 있다.
> • 심경심리 검사 배터리의 하위검사들은 모두 독립적인 검사이다.

43 심리검사자가 준수해야 할 윤리적 의무로 옳은 것을 모두 고른 것은?

> ㄱ. 심리검사 결과 해석 시 수검자의 연령과 교육 수준에 맞게 설명해야 한다.
> ㄴ. 심리검사 결과가 수검자의 삶에 영향을 줄 수 있음을 인식해야 한다.
> ㄷ. 컴퓨터로 실시하는 심리검사는 특정한 교 육과 자격이 필요 없다.

① ㄱ　　　　　　② ㄱ, ㄴ
③ ㄴ, ㄷ　　　　④ ㄱ, ㄴ, ㄷ

> **해설** 컴퓨터로 실시하는 심리검사도 적절한 교육과 자격을 필요로 한다.

44 표집 시 남녀 비율을 정해놓고 표집해야 하는 경우에 가장 적합한 방법은?

① 군집표집(cluster sampling)

② 유층표집(stratified sampling)

③ 체계적표집(systematic sampling)

④ 구체적 표집(specific sampling)

해설

유층표집	• 하위 전집 혹은 계층의 비율대로 표본을 선정하는 방법 • 특정 하위집단의 대표성이 요구될 때 주로 사용하기 때문에 남녀 등으로 대표성을 정해놓고 표집해야 할 경우 적절한 표집이다.
군집표집	• 모집단을 군집이라는 소집단(cluster)으로 나누고 이들 군집 중 일정 수를 추출한 뒤 추출된 군집의 모든 구성원을 전수 조사하는 방법 **예** 대학생의 라이프 스타일을 조사한다고 할 때, 대학을 선정하고 학과와 학년을 선정하며, 그 선정된 범위 내에서 대학생을 모두 조사하는 방식

45 MMPI-2의 각 척도에 대한 해석으로 가장 적합한 것은?

① 6번 척도가 60T 내외로 약간 상승한 것은 대인관계 민감성에 대한 경험을 나타낸다.

② 2번 척도는 반응성 우울증보다는 내인성 우울증과 관련이 높다.

③ 4번 척도의 상승 시 심리치료 동기가 높고 치료의 예후가 좋음을 나타낸다.

④ 7번 척도는 불안 가운데 상태불안 증상과 연관성이 높다.

해설

• ② 2번 척도는 반응성 우울을 반영한다.
• ③ 4번 척도가 높은 사람들을 심리치료 동기가 높지 않고 예후가 좋지 않다.
• ④ 7번 척도는 기질적 불안과 연관성이 높다.

46 웩슬러 지능검사의 하위지수 중 지적장애를 가진 사람들의 어려움을 겪는 것으로 알려진 소검사자들을 가장 많이 포함하고 있는 것은?

① 언어이해

② 지각추론

③ 작업기억

④ 처리속도

해설 언어이해 지표는 후천적으로 습득되는 지능으로 지적장애를 가진 사람들은 학습능력이나 기회에 제한이 있으므로 발달이 어렵다.

47 Guilford의 지능구조 입체모형에서 조작(operation) 요인에 해당하는 것은?

① 표성, 동작 등의 행동석 성보

② 사고 결과의 적절성을 판단하는 평가

③ 의미 있는 단이니 개념의 의미적 정보

④ 어떤 정보에서 생기는 예상이나 기대들의 합

해설 길포드는 지능을 다양한 방법에 의해 상이한 정보를 처리하는 다각적 능력들의 체계적인 집합체로 보는 복합요인설을 주장하였다. 길포드가 제시한 지능구조는 내용, 조작, 결과의 3차원 입체모형으로 이루어지며 이들의 조합에 의해 180개의 조작적인 지적능력으로 나타난다.

[Guilford의 지능구조 입체모형]

내용	시각, 청각, 상징, 의미, 행동
조작	인지, 기억저장, 기억파지, 수렴적 조작, 확산적 조작, 평가
결과	단위, 분류, 관계, 체계, 전환, 함축

48 지능검사를 해석할 때 고려사항으로 옳지 않은 것은?

① 작업기억과 처리속도는 상황적 요인에 민감한 지수임을 감안한다.
② 지수점수를 해석할 때 여러 지수들 간에 점수 차이가 유의한지를 살펴봐야 한다.
③ 지수가 유의한 차이가 있을 경우 전체척도 IQ는 해석하기가 용이하다.
④ 지수 점수간의 비교를 통해 상대적 약점이 문제의 원인이 될 수 있는지 확인한다.

해설 지수가 유의한 차이가 있을 경우 전체척도 IQ는 해석이 불가하다.

49 다음 MMPI-2 프로파일과 가장 관련이 있는 진단은?

```
L = 56, F = 78, K = 38
1(Hs) = 56     2(D) = 58      3(Hy) = 54
4(pd) = 53     5(mf) = 54     6(Pa) = 76
7(Pt) = 72     8(Sc) = 73     9(Ma) = 55
0(Si) = 66
```

① 품행장애   ② 우울증
③ 전환장애   ④ 조현병

해설 타당도 척도 L-F-K의 모양이 삿갓형으로 고통을 호소하고 임상척도에서 6-7-8 척도가 상승한 형태로 조현병에 가장 가까운 척도 형태이다.

50 BSID-Ⅱ(Bayley Scale of Infant Development-Ⅱ)에 대한 설명으로 틀린 것은?

① 신뢰도와 타당도에 관한 보다 많은 정보를 제공하여 검사의 심리측정학적 질이 개선되었다.
② 유아의 기억, 습관화, 시각선호도, 문제해결 등과 관련된 문항들이 추가되었다.
③ BSID-Ⅱ에서 대상 연령범위가 16일에서 42개월까지로 확대되었다.

④ 지능척도, 운동척도의 2가지 척도로 구성되어 있다.

해설 BSID-Ⅱ 검사는 인지발달, 운동발달, 행동발달로 나누어져 있다.

51 성격을 측정하는 자기보고 검사에 관한 설명으로 옳은 것은?

① 개인의 심층적인 내면을 탐색하는데 흔히 사용된다.
② 응답결과는 개인의 반응경향성과 무관하다.
③ 강제선택형 문항은 개인의 묵종 경향성을 예방하는데 효과적이다.
④ 사회적으로 바람직하게 응답하려는 경향을 나타내기 쉽다.

해설
• 성격검사는 객관적 검사이다.
• 객관적 검사는 개인의 반응경향성에 영향을 받는다.
• 강제선택형 문항은 개인의 묵종 경향성을 더 부추긴다.

52 80세 이상의 노인집단용 규준이 마련되어 있는 심리검사는?

① MMPI-A
② K-WISC-Ⅳ
③ K-Vineland-Ⅱ
④ SMS(Social Maturity Scale)

해설
• K-WAIS 검사 : 16~64세
• K-WAIS-Ⅳ 검사 : 16~69세
• SMS 검사 : ~30세

53 Rorschach 검사에서 반응의 결정인 중 인간운동반응(M)에 대한 설명으로 옳지 않은 것은?

① M 반응이 많은 사람은 행동이 안정되어 있고 능력이 뛰어남을 나타낸다.

② M 반응이 많을수록 그 사람은 그의 세계의 지각을 풍부하게 만들기 위해 자유롭게 구사할 수 있는 상상력을 지니고 있다.

③ 상쾌한 기분은 M 반응의 수를 증가시킨다.

④ 좋은 형태의 수준을 가진 M의 출현은 높은 지능의 존재를 부정하는 것이며 가능한 M이 많이 나타난다는 사실은 낮은 지능을 의미한다.

해설 M과 지능 간의 관계는 밝혀진 것이 없다.

54 MMPI-2의 자아강도 척도(ego strength scale)에 관한 설명으로 틀린 것은?

① 정신치료의 성공 여부를 예측하기 위해 고안되었다.

② 개인의 전반적인 기능수준과 상관이 있다.

③ 효율적인 기능과 스트레스를 견디는 능력을 반영한다.

④ F 척도가 높을수록 자아강도 척도의 점수는 높아진다.

해설 F 척도와 자아강도 척도는 반비례할 가능성이 높고 K 척도와 상관이 높다.

55 MMPI-2 검사를 실시할 때 고려해야 할 사항으로 옳지 않은 것은?

① 검사의 목적과 결과의 비밀보장에 대해 설명한다.

② 검사 결과는 환자와 치료자에게 중요한 자료가 됨을 강조할 필요가 있다.

③ 수검자들이 피로해 있지 않은 시간대를 선택한다.

④ 수검자의 독해력은 중요하지 않다.

해설 MMPI-2를 실시하려면 초등학교 6학년 이상의 독해력 수준을 요구한다.

56 신경심리 검사의 실시에 대한 설명으로 옳은 것은?

① 두부 외상이나 뇌졸중 환자의 경우에는 급성기에 바로 검사를 실시하는 것이 바람직하다.

② 어려운 검사는 피로가 적은 상태에서 실시하고 어려운 검사와 쉬운 검사를 교대로 실시하는 것이 좋다.

③ 운동 기능을 측정하는 검사는 과제 제시와 검사 사이에 간섭과제를 사용한다.

④ 진행성 뇌질환의 경우 6개월 정도가 지난 후에 정신상태와 인지기능을 평가하는 것이 바람직하다.

해설
• 외상 환자는 시간의 경과를 두고 검사하는 것이 바람직하다.
• 운동기능을 측정하는 검사는 과제 제시 직후에 검사를 실시한다.
• 진행성 뇌질환은 수시로 신경심리검사를 실시해야 한다.

57 타당도에 관한 설명으로 틀린 것은?

① 준거타당도는 검사 점수와 외부 측정에서 얻은 일련의 수행을 비교함으로써 결정된다.

② 준거타당도는 경험타당도 또는 예언타당도라고 불리기도 한다.

③ 구성타당도는 측정될 구성개념에 대한 평가도구의 대표성과 적합성을 말한다.

④ 구성타당도는 내용 및 준거타당도 접근법에서 직면하게 될 부적합성 및 문제점을 해결하기 위해 개발되었다.

해설 구성타당도란 측정하고자 하는 추상적 개념이 실제로 측정도구에 의해 제대로 측정되었는지의 정도를 반영한다.

58 지능을 구성하는 요인에 관한 Cattell 과 Horn의 이론 중 결정화된 지능(crystallized itelligence)에 관한 설명으로 옳은 것은?

① 비언어적 요인과 관련된 능력을 말한다.
② 후천적이기보다는 선천적으로 이미 결정화된 지능의 측면을 말한다.
③ 나이가 늘어감에 따라 낮아진다.
④ 문화적 요인에 의해 더 많은 영향을 받는다.

> **해설** ①, ②, ③은 유동화 지능에 관한 설명이다.

59 적성검사에 관한 설명으로 옳지 않은 것은?

① 개인의 특수한 영역에서의 능력을 측정한다.
② 적성검사는 능력검사로 불리기도 한다.
③ 적성검사는 개인의 미래수행을 예측하는데 사용된다.
④ 학업적성은 실제 학업성취도와 일치한다.

> **해설** 학업적성과 학업성취도는 독립적인 영역이다.

60 K-WISC-Ⅳ에서 인지효능지표에 포함되는 소검사가 아닌 것은?

① 숫자   ② 행렬추리
③ 기호쓰기   ④ 순차연결

> **해설**
> • 인지효능지표(CPI)는 정보처리 효율성과 연관된 척도로 작업기억/처리속도의 소검사를 모두 더해서 환산한 값이다.
> • 행렬추리는 지각추론지표에 속한 소검사이다.

4 임상심리학

61 강제입원, 아동 양육권, 여성에 대한 폭력, 배심원 선정 등의 문제에 특히 관심을 가지는 심리학 영역은?

① 아동임상심리학   ② 임상건강심리학
③ 법정심리학   ④ 행동의학

> **해설** 법정심리학(forensic psychology)은 재판, 사법 등에서 작용하는 심리에 대해 연구한다.

62 MMPI-2의 타당도 척도 중 부정 왜곡을 통해 극단적인 수준으로 정신병적 문제가 있음을 나타내려는 경우에 상승되는 것은?

① S scale   ② F(P) scale
③ TRIN scale   ④ VRIN scale

> **해설** F(P : 비전형 정신병리) 척도는 정신과 환자들조차 거의 응답하지 않는 문항들로 구성되어 실제의 정신병리를 반영한 가능성은 낮다.

63 역할-연기에 대한 설명과 가장 거리가 먼 것은?

① 주장 훈련과 관련이 있다.
② 사회적 기술을 포함하고 있다.
③ 행동시연을 해야 한다.
④ 이완 훈련을 해야 한다.

> **해설**

역할연기 또는 롤플레잉(roleplaying)	현실에 일어나는 장면을 설정하고 여러 명의 사람들 각자가 맡은 역을 연기하여 비슷한 체험을 통해 특정한 일이 실제로 일어났을 때 올바르게 대처할 수 있게 하는 학습 방법들 가운데 하나이다.
이완훈련	다양한 불안장애를 해소하는 기법 중의 일부이다.

64 미국에서 임상심리학이 비약적으로 발전하게 된 계기가 된 것은?

① 자원봉사자들의 활동
② 루스벨트 대통령의 후원
③ 제2차 세계대전
④ 매카시즘의 등장

해설 제2차 세계대전은 전쟁에 파견하는 병사들의 선별의 필요성으로 심리평가 포함 다양한 임상심리학 분야의 획기적 발전을 가져온 계기가 되었다.

65 임상심리사로서 전문적인 관계를 유지하는데 바람직한 지침사항과 가장 거리가 먼 것은?

① 다른 전문직에 종사하는 동료들의 욕구, 특수한 능력, 그리고 의무에 대하여 적절한 관심을 가져야 한다.
② 동료 전문가와 관련된 단체나 조직의 특권 및 의무를 존중하여 행동하여야 한다.
③ 소비자의 최대이익에 기여하는 모든 자원들을 활용해야 한다.
④ 동료 전문가의 윤리적 위반 가능성을 인지하면 즉시 해당 전문기 단체에 고지해야 한다.

해설 동료 전문가의 윤리직 위빈가능성을 인지하면 즉시 해당 전문가 단체에 고지하는 것보다는 전문가 본인에게 고지하고 스스로 조치를 취하도록 하는 것이 좋다.

66 시각적 처리와 시각적으로 중재된 기억의 일부 측면에 관여하는 뇌의 위치는?

① 두정엽　　② 후두엽
③ 전두엽　　④ 측두엽

해설

전두엽	추상적 사고, 창조, 판단 운동과 언어 중추
두정엽	통증, 신체 자세 인식 등 감각중추
후두엽	시각중추

측두엽	청각, 감각언어, 기억중추
변연엽과 도엽	본능적 충동 모든 감각정보를 대뇌피질까지 전달

67 불안에 관한 노출치료의 내용과 가장 거리가 먼 것은?

① 노출은 불안을 더 일으키는 자극에서 낮은 불안을 일으키는 자극 순으로 진행되어야 한다.
② 노출은 공포, 불안이 제거될 때까지 반복되어야 한다.
③ 노출은 불안을 유발해야 한다.
④ 환자는 될 수 있는 한 공포스러운 자극에 주의를 기울이고 그 자극과 관계를 맺도록 노력해야 한다.

해설 노출은 낮은 불안을 일으키는 자극에서 높은 수준을 일으키는 자극 순으로 진행되어야 한다.

68 다음의 설명에 해당하는 것은?

불안을 유발하는 기억과 동찰을 무의식적으로 억압하거나 회피하려는 시도로 치료 시간에 잦은 지각이나 침묵과 의사소통의 회피 등을 보인다.

① 합리화　　② 전이
③ 저항　　④ 투사

해설

합리화	우리가 인식·의식하지 못하는 동기에서 나온 용납할 수 없는 충동이나 행동에 대해 지적으로 그럴듯한 설명이나 이유를 대는 것이다.
전이	어떤 사람에 대한 심상(image)이 무의식적으로 다른 사람에 대한 심상과 동일시될 때를 말한다.
투사	용납할 수 없는 자기 자신 내부의 문제나 결점을 자기 외부에 있는 것으로 생각하는 기제이다.

69 행동평가에 관한 설명으로 가장 적합한 것은?

① 자연적인 상황에서 실제 발생한 것만을 대상으로 평가한다.

② 행동표본은 내면심리를 반영한 것으로 해석된다.

③ 특정 표적행동의 조작적 정의가 상이할 수 있음을 고려해야 한다.

④ 관찰 결과는 요구특성이나 피험자의 반응성 요인과는 무관하다.

> **해설** 행동평가란 행동에 선행하는 사건(상황)과 행동에 수반하는 결과에 초점을 맞춰 인간의 행동 특성을 평가하는 심리평가 기법의 한 종류이다.

70 문장완성 검사에 관한 설명으로 틀린 것은?

① 수검자의 자기개념, 가족관계 등을 파악할 수 있다.

② 수검자가 검사자극의 내용을 감지할 수 없도록 구성되어 있다.

③ 수검자에 따라 각 문항의 모호함 정도는 달라질 수 있다.

④ 개인과 집단 모두에게 실시될 수 있다.

> **해설** 문장완성 검사는 수검자가 검사자극의 내용이 무엇을 물어보는가에 대해 알 수 있다.

71 심리치료 이론 중 전이와 역전이의 중요성을 강조하고 치료에 활용하는 접근은?

① 정신분석적 접근

② 행동주의적 접근

③ 인본주의적 접근

④ 게슈탈트적 접근

> **해설** 정신분석적 접근은 인간의 실수와 같은 착오 행위, 꿈, 신경증을 설명하고, 더 나아가 방어적으로 행하는 무의식적인 핑계, 변명, 합리화, 심지어 포르노 잡지를 금지시키는 사람들의 심층 심리까지도 분석하려 한다.

72 인간중심 치료에 대한 설명으로 적합하지 않은 것은?

① 인간중심 접근은 개인의 독립과 통합을 목표로 삼는다.

② 인간중심적 상담(치료)은 치료과정과 결과에 대한 연구관심사를 포괄하면서 개발되었다.

③ 치료자는 주로 내담자의 자기와 세계에 대한 인식에 주로 관심을 가진다.

④ 내담자가 정상인인가, 신경증 환자인가, 정신병 환자인가에 따라 각기 다른 치료원리가 적용된다.

> **해설** 인간중심 치료는 내담자의 정상이나 비정상 여부를 따로 규정하지 않는다.

73 임상심리사가 수행하는 역할과 가장 거리가 먼 것은?

① 심리치료상담 　② 심리검사

③ 언어치료 　　 ④ 심리재활

> **해설** 언어치료는 언어치료사가 담당하고 임상심리사의 역할과는 별개의 영역이다.

74 다음에 해당하는 관찰법은?

- 문제행동의 빈도, 강도, 만성화된 문제행동을 유지시키는 요인들을 실제 장면에서 관찰하는데 효과적이다.
- 시간과 비용이 많이 들며, 대부분의 사람들은 자신들이 관찰된다는 것을 알고 있을 때 다르게 행동한다.

① 자연관찰법 　② 통제된 관찰법

③ 자기관찰법 　④ 연합관찰법

정답 69 ③ 70 ② 71 ① 72 ④ 73 ③ 74 ①

유사관찰법 (통제관찰법)	관찰의 효율성을 높이기 위해 내담자가 문제행동을 보이는 상황을 조작해놓고 그 조건에서의 문제행동을 관찰하는 것
자기관찰법	개인은 미리 계획된 시간표에 따라 관찰 행동의 발생이나 기타 특징에 대해 기록하는 것으로 자신의 행동, 사고, 정서 등을 스스로 관찰하고 기록하는 것

77 Rogers가 제안한 내담자의 긍정적 변화를 촉진시키기 위한 치료자의 3가지 조건에 해당하지 않는 것은?

① 무조건적 존중
② 정확한 공감
③ 창의성
④ 솔직성

해설 로저스가 제안한 치료자의 3가지 조건은 내담자에 대한 무조건적 존중, 정확한 공감, 상담자의 솔직성이다.

75 다음에 해당하는 자문의 유형은?

주의력 결핍장애를 가진 아동의 혼란된 행동을 다루는 방법을 확신하지 못하고 있는 초등학교 3학년 담임교사에게 자문을 해주었다.

① 내담자 중심 사례 자문
② 프로그램 중심 행정 자문
③ 피자문자 중심 사례 자문
④ 자문자 중심 행정 자문

해설 임상심리학자의 역할 중 자문은 병원, 진료소, 학교, 사업체, 정부기관 등의 다양한 공동체 장면에 존재하는 특정한 질문들과 문제들에 대하여, 인간행동의 지식과 이론을 응용하여 전문적인 충고를 제공하는 것으로 **임상사례(개인)**에서 전체 기간을 대상으로 한다.

78 접수 면접의 목적에 대한 설명으로 가장 적합한 것은?

① 환자의 심리적 기능 수준과 망상, 섬망 또는 치매와 같은 이상 정신현상의 유무를 선별하기 위해 실시한다.
② 가장 적절한 치료나 중재 계획을 권고하고 환자의 증상이나 관심을 더 잘 이해하기 위해 실시한다.
③ 환자가 중대하고 외상적이거나 생명을 위협하는 위기에 있을 때 그 상황에서 구해내기 위해서 실시한다.
④ 환자가 보고하는 증상들과 문제들을 진단으로 분류하기 위해서 실시한다.

해설 접수 면접에서는 내담자의 호소 문제 및 배경 등을 파악하여 상담사 배정, 조치 혹은 외부기관에 의뢰할 필요성 등을 파악한다.

76 합동가족치료에 대한 설명으로 틀린 것은?

① 비행 청소년들과 그들의 가족들을 위한 개입법으로 개발되었다.
② 한 치료자가 가족전체를 동시에 본다.
③ 치료자는 상황에 따라 비지시적인 역할을 할 수 있다.
④ 치료자는 가족 구성원에게 과제를 준다.

해설 합동가족치료란 가족면접을 중심으로 하는 가족치료의 한 형태로서 전 가족 구성원을 동시에 합동으로 면접을 실시하면서 치료하는 방식이다.

79 불안장애를 지닌 내담자에게 적용한 체계적 둔감법의 단계를 바르게 나열한 것은?

> ㄱ. 이완상태에서 가장 낮은 위계의 불안자극에 노출한다.
> ㄴ. 이완상태에서 더 높은 위계의 불안자극에 노출한다.
> ㄷ. 불안 자극의 위계를 정한다.
> ㄹ. 불안상태와 양립 불가능하여 불안을 억제하는 효과를 지닌 이완 기법을 배운다.

① ㄱ → ㄴ → ㄷ → ㄹ
② ㄷ → ㄱ → ㄴ → ㄹ
③ ㄷ → ㄹ → ㄱ → ㄴ
④ ㄹ → ㄱ → ㄴ → ㄷ

해설

1. 체계적 둔감화의 의미
불안을 단계적으로 높여가며 노출시킴으로써, 내담자의 불안반응을 경감, 제거시키는 행동수정기법이다.

2. 체계적 둔감화의 단계
• 불안위계 목록 작성 : 낮은 수준에서 높은 수준의 자극을 10~20개의 불안위계목록으로 작성한다.
• 근육이완 훈련 : 근육이완훈련을 통해 몸의 긴장을 풀도록 한다.
• 불안위계 목록에 따른 둔감화 : 불안유발상황을 단계적으로 상상하도록 유도해 불안반응을 점진적으로 경감, 제거시킨다.

80 평가면접에서 면접자의 태도에 대한 설명으로 틀린 것은?

① 수용 : 내담자의 가치에 대한 기본적인 존중과 관련되어 있다.
② 해석 : 면접자가 자신의 내면과 부합하는 심상을 수용하는 것과 관련되어 있다.
③ 이해 : 내담자의 관점에서 세계를 보기 위한 노력과 관련되어 있다.
④ 진실성 : 면접자의 내면과 부합하는 것을 전달하는 정도와 관련되어 있다.

해설 해석은 내담자의 여러 말들 간의 관계와 의미에 대해 가설을 제시하는 수준이 되어야 한다.

---

5 심리상담

81 다음 사례에서 사용된 행동주의 상담기법은?

> 내담자는 낮은 학업 성적으로 인해 학교 적응에 어려움을 겪고 있다. 상담자는 내담자가 평소 컴퓨터 게임하는 것을 매우 좋아한다는 사실을 알았다. 상담자는 내담자가 하루 계획한 학습량을 달성하는 경우, 컴퓨터 게임을 30분 동안 하도록 개입하였다.

① 자기교수 훈련, 정적강화
② 프리맥의 원리, 정적강화
③ 체계적 둔감법, 자기교수 훈련
④ 자극통제, 부적강화

해설

• 프리맥의 원리(Premack's principle)란 선호하는 반응은 덜 선호하는 반응을 강화하여 행동의 발생 빈도를 증가시킬 수 있다는 원리이다.
• 예를 들어 아이와 대형마트에 가서 식사를 하게 될 때, 대부분의 아이들은 밥을 먹지 않은 채 놀이기구를 태워 달라고 졸라댄다. 그 때 밥을 다 먹은 후 놀이기구를 태워주겠다고 약속한다면, 아이는 일단 밥을 먹게 된다.

82 보딘(Bordin)이 제시한 작업동맹(working alliance)의 3가지 측면이 옳은 것은?

① 작업의 동의, 진솔한 관계, 유대관계
② 진솔한 관계, 유대관계, 서로에 대한 호감
③ 유대관계, 작업의 동의, 목표에 대한 동의
④ 서로에 대한 호감, 동맹, 작업의 동의

해설
작업동맹(Bordin, 1979)은 내담자의 변화를 위하여 상담자와 내담자 두 사람이 협조하는 것을 말한다.
• 상담목표에 대한 상담자와 내담자 간의 합의(목표차원)
• 상담자와 내담자 간의 유대의 발달(유대차원),
• 상담목표를 이루기 위한 작업이 무엇인지를 대한 합의(작업차원)의 3가지 요소를 포함한다.

정답 79 ③ 80 ② 81 ② 82 ③

83 인간중심 상담에 관한 설명으로 옳지 않은 것은?

① 모든 인간에게 실현경향성이 있다고 보는 긍정적 인간관을 지닌다.

② 이상적 자기와 현실적 자기 간의 괴리가 큰 경우 심리적 부적응이 발생한다고 본다.

③ 상담자가 내담자에 대해 무조건적 긍정적 존중의 태도를 지니는 것을 강조한다.

④ 아동은 부모의 기대와 가치를 내면화하여 현실적인 자기를 형성한다.

> **해설** 부모의 기대와 가치가 내면화된 모습은 이상적 자기이다.

84 정신분석적 상담기법 중 상담 진행을 방해하고 현재 상태를 유지하려는 의식적, 무의식적 생각, 태도, 감정, 행동을 의미하는 것은?

① 전이　　　② 저항

③ 해석　　　④ 훈습

> **해설**
>
> | 전이 | 내담자가 과거에 중요하게 생각했던 사람에게 느꼈던 감정을 상담자에게 옮겨서 생각하는 것 |
> |---|---|
> | 해석 | 내담자의 말속에 담긴 새로운 의미를 내담자에게 설명해주는 기법 |
> | 훈습 | 상담 과정에서 얻은 통찰을 실생활 속에서 실천에 옮기도록 하는 것 |

85 Krumboltz가 제시한 상담의 목표에 해당하지 않는 것은?

① 내담자가 요구하는 목표이어야 한다.

② 상담자의 도움을 통해 내담자가 달성할 수 있는 목표이어야 한다.

③ 내담자가 상담목표 성취의 정도를 평가할 수 있어야 한다.

④ 모든 내담자에게 동일하게 적용될 수 있는 목표이어야 한다.

> **해설** 상담의 목표는 내담자마다 개별화되고 고유한 것이어야 한다.

86 상담 진행과정에 관한 설명으로 옳지 않은 것은?

① 초기 : 비자발적 내담자의 경우 상담목표를 설정하지 않음

② 중기 : 내담자가 자신의 문제를 이해하고 반복적인 학습이 일어남

③ 중기 : 문제해결 과정에서 저항이 나타날 수 있음

④ 종결기 : 상담목표를 기준으로 상담성과를 평가함

> **해설** 비자발적 내담자라도 상담에의 동기부여나 라포형성과 같은 목표를 성정하여야 한다.

87 글래서(Glasser)의 현실치료 이론에서 가정하는 기본적인 욕구가 아닌 것은?

① 생존의 욕구

② 권력의 욕구

③ 자존감의 욕구

④ 재미에 대한 욕구

> **해설** 현실치료에서 가정하는 인간의 기본적인 욕구는 생존, 사랑과 소속감, 권력, 자유, 재미이다.

88 내담자의 현재 상황에서의 욕구와 체험하는 감정의 자각을 중요시하는 상담이론은?

① 인간중심 상담 ② 게슈탈트 상담
③ 교류분석 상담 ④ 현실치료 상담

> **해설**
> • 인간중심 상담은 성장과 성취를 향한 내재적 경향이라는 자기실현경향성(self-actualizing tendency)을 강화하는 것을 목표로 한다.
> • 교류분석 상담은 내담자가 자신의 삶에 대한 책임성과 자율성을 가지고 자신의 현재 행동과 생활의 긍정적인 방향을 위해 새로운 결정을 하도록 돕는 상담이론이다.
> • 현실치료 상담은 사람들이 스스로 인생의 방향을 설정하고 좀 더 효율적인 행동선택을 하도록 도와주는 방법이다.

89 위기개입 전략으로 옳지 않은 것은?

① 내담자의 즉각적인 욕구에 주목한다.
② 내담자와 진실한 관계를 형성하는 것이 중요하다.
③ 위기개입 시 현재 상황과 관련된 과거에 초점을 맞춘다.
④ 각각의 내담자와 위기를 독특한 것으로 보고 반응한다.

> **해설** 위기개입은 현재의 상황에 초점을 맞춰야 한다.

90 도박중독의 심리·사회적 특징에 대한 설명으로 옳은 것은?

① 도박 중독자들은 대체로 도박에만 집착할 뿐 다른 개인적인 문제를 가지지 않는다.
② 도박 중독자들은 직장에서 도박 자금을 마련하기 위해 남보다 더 열심히 노력한다.
③ 심리적 특징으로 단기적인 만족을 추구하기보다는 장기적인 만족을 추구한다.
④ 도박 행동에 문제가 있음을 인정하지 않고 변명하려 든다.

> **해설**
> • 도박 중독자들의 도박행동은 다른 개인적인 문제에 대한 회피행동으로 보아야 한다.
> • 도박 중독자들은 도박자금 마련을 지인에게 빌리거나 직장자금을 횡령하기도 한다.
> • 중독은 장기적인 부작용에도 불구하고 단기의 만족에 집착하는 행동적 문제이다.

91 학업상담의 특징에 관한 설명으로 틀린 것은?

① 비자발적 내담자가 많다.
② 부모의 관여가 적절한 수준과 형태로 이루어지도록 돕는다.
③ 학습의 영역에서 문제가 발생하였으므로 문제의 원인은 인지적인 것이다.
④ 학습과정에서 겪는 문제를 통합적으로 해결하여 유능한 학습자가 되도록 조력하는 과정이다.

> **해설** 학업상담이라 해도 대부분은 개인 내적이나 가족관계의 문제일 가능성이 높다.

92 상담자의 윤리의 관한 설명으로 틀린 것은?

① 비밀보장은 상담 진행 과정 중 가장 근본적인 윤리기준이다.
② 내담자의 윤리는 개인상담뿐만 아니라 집단상담이나 가족상담에서도 고려되어야 한다.
③ 상담여부를 결정하는 것은 내담자이며 상담자는 내담자에게 정확한 정보를 제공해야 한다.
④ 상담이론과 기법은 반복적으로 검증된 것이므로 시대 및 사회여건과 무관하게 적용해야 한다.

> **해설** 상담이론과 기법도 시대와 사회여건에 따라 변화하며 상담자는 시대나 상황에 맞게 적절하게 적용해야 한다.

정답 88 ② 89 ③ 90 ④ 91 ③ 92 ④

93 성희롱 피해 경험으로 인해 분노, 불안, 수치심을 느끼고 대인관계를 기피하는 내담자에 대한 초기 상담 개입 전략으로 옳지 않은 것은?

① 분노상황을 탐색하고 호소 문제를 구체화한다.
② 불안감소를 위해 이완 기법을 실시한다.
③ 수치심과 관련된 감정을 반영해 준다.
④ 대인관계 문제해결을 위해 가해자에 대한 공감 훈련을 한다.

> **해설** 피해자가 가해자에게 갖는 분노 감정에 공감하고 적절하게 표현할 수 있도록 도와야 한다.

94 청소년 비행의 원인을 사회학적 관점에서 설명하는 이론이 아닌 것은?

① 아노미 이론   ② 사회통제 이론
③ 욕구실현 이론   ④ 하위문화 이론

> **해설** [매슬로우의 욕구단계설]
> • 매슬로우의 욕구단계설(Maslow's hierarchy of needs)은 인간의 욕구가 그 중요도 별로 일련의 단계를 형성한다는 동기 이론 중 하나다.
> • 매슬로우가 주장한 인간의 욕구로는 생리적 욕구, 안전의 욕구, 애정과 소속의 욕구, 존중의 욕구, 자아실현의 욕구가 있다.

95 교류분석에서 치료의 바람직한 목표인 치유의 4단계에 해당되지 않는 것은?

① 계약의 설정   ② 증상의 경감
③ 전이의 치유   ④ 각본의 치유

> **해설** [교류분석에서 치유의 4단계]
> • 사회의 통제   • 증상의 경감
> • 전이의 치유   • 각본의 치유

96 진로상담에서 진로 미결정 내담자를 위한 개입방법과 비교하여 우유부단한 내담자에 대한 개입방법이 갖는 특징이 아닌 것은?

① 장기적인 계획하에 상담해야 한다.
② 대인관계나 가족 문제에 대한 개입이 필요하다.
③ 정보제공이나 진로선택에 관한 문제를 명료화하는 개입이 효과적이다.
④ 문제의 기저에 있는 역동을 이해하고 감정을 반영하는 것이 효과적이다.

> **해설** 정보제공이나 진로선택의 명료화는 진로가 결정된 후의 개입방법이다.

97 다음에서 설명하는 용어로 옳은 것은?

> 두 약물의 약리작용 및 작용 부위가 유사하여, 한 가지 약물에 대해 내성이 생긴 경우, 다른 약물을 투여해도 동일한 효과를 나타내는 현상

① 강화
② 남용
③ 교차내성
④ 공동의존

> **해설**

강화	두 약물이 서로의 약리작용을 상승시키는 것
남용	약물을 의도적으로 다른 목적을 위해 사용하는 것
공동의존	알코올의존자의 음주로 인해 삶 전반에 걸쳐 영향을 받는 사람들의 문제를 광범위하게 정의하는 개념으로서 "의존할 필요가 있는 사람"과 "보살피는 사람"과의 사이의 2인 관계에서 생기는 사회적, 대인관계적인 장애를 말한다.

98 심리학 지식을 상담이나 치료의 목적으로 활용하기 위해 최초의 심리클리닉을 펜실베니아 대학교에 설립한 사람은?

① 위트머(Witmer)　② 볼프(Wolpe)

③ 스키너(Skinner)　④ 로저스(Rogers)

해설

• 라이트너 위트머(Lightner Witmer, 1867년 6월 28일 − 1956년 7월 19일)는 미국의 심리학자이다. 그는 "임상심리학(Clinical Psychology)"이라는 용어를 소개했으며, 종종 그는 앞서 기술한 분야를 보다 인격을 존중하는 방향으로 개척했다고 평가받는다.

• 위트머(Witmer)는 1896년 펜실베니아 대학에서 세계 최초의 "심리클리닉"(psychological clinic, '심리진료소'로도 알려짐)을 만들었고 1907년 임상심리학의 첫 번째 저널과 최초의 임상 병원 학교도 만들었다.

99 Ellis의 ABCDE 모형에 관한 설명으로 옳은 것은?

① A : 문제 장면에 대한 내담자의 신념

② B : 선행사건

③ C : 정서적 · 행동적 결과

④ D : 새로운 감정과 행동

해설

① A : 선행사건

② B : 문제 장면에 대한 내담자의 신념

④ D : 문제 장면에 대한 내담자의 신념에 대한 논박

100 다음 설명에 해당하는 기법은?

• 공통의 관심사를 공유함으로써 집단응집력을 촉진한다.

• 연계성에 주목하여 집단원 간의 상호작용을 촉진한다.

• 집단원의 말과 행동을 다른 집단원의 관심사나 공통점과 관련짓는다.

① 해석하기　　　② 연결하기

③ 반영하기　　　④ 명료화하기

해설

해석하기	내담자의 말 속에 담긴 새로운 의미를 내담자에게 설명해 주는 것
반영하기	내담자의 말과 행동에서 표현된 기본적인 감정 · 생각 및 태도를 상담자가 다른 참신한 말로 부연해 주는 것
명료화하기	내담자의 말 속에 내포되어 있는 뜻을 내담자에게 명확하게 해 주는 것

1 심리학개론

01 성격의 결정요인에 관한 설명으로 틀린 것은?

① 유전적 영향에 대한 증거는 쌍생아 연구에 근거하고 있다.

② 초기 성격 이론가들은 환경적 요인을 강조하여 체형과 기질을 토대로 성격을 분류하였다.

③ 환경적 요인이 성격에 영향을 주는 방식은 학습이론의 맥락에서 이해할 수 있다.

④ 성격은 유전적 요인과 환경적 요인의 상호작용에 의하여 결정된다.

해설 초기 성격 이론가들은 유전적 요인을 강조하여 체형과 기질을 토대로 성격을 분류하였다.

02 조사연구에서 참가자의 인지기능을 측정하기 위해 그가 가입한 정당을 묻는 것은 어떤 점에서 가장 문제가 되는가?

① 안면타당도   ② 외적타당도

③ 공인타당도   ④ 예언타당도

해설 안면 타당도란 피험자들이 주관적으로 체험하는 타당도이다. 조사연구에서, 참가자의 인지기능을 측정하기 위해 그가 가입한 정당을 묻는 것은 타당도의 모든 측면에서 문제가 되지만 그중에서 특히 인지기능 측정을 기대한 참여자들이 가입한 정당에 대한 질문을 받으면 이 검사가 인지기능을 측정하는 것인가에 대한 의구심을 품게 된다.

03 표본의 크기에 관한 설명으로 틀린 것은?

① 모집단이 동질적일수록 표본 크기는 작아도 된다.

② 동일한 조건에서 표본의 크기가 클수록 통계적 검증력은 증가한다.

③ 사례 수가 작으면 표준오차가 커지므로 작은 크기의 효과를 탐지할 수 있다.

④ 측정도구의 신뢰도가 낮을 경우 대규모 표본을 이용하는 것이 효과적이다.

해설 사례 수가 작으면 표준오차가 커지는데 이 경우에는 작은 크기의 효과는 오차에 묻혀 탐지되기 어렵다.

04 다음과 같은 연구의 종류는?

A는 '정장 복장' 스타일과 '캐주얼 복장' 스타일 중 어떤 옷이 면접에서 더 좋은 점수를 얻게 하는지 살펴보고자 한다. A는 대학생 100명을 모집하고, 이들을 컴퓨터를 이용해 '정장 복장' 조건에 50명, '캐주얼 복장' 조건에 50명을 무선으로 배정한 후, 실제 취업면접처럼 면접자를 섭외하고 한 면접에 3명의 면접자를 배정하여 면접을 진행하였다. 이후 각 학생들이 면접자들에게 얻은 점수의 평균을 조사하였다.

① 사례연구   ② 상관연구

③ 실험연구   ④ 혼합연구

해설 실험연구는 변인들 간의 관계를 밝혀내기 위해 통제된 상황에서 독립 변인들을 인위적으로 조작하여 그것이 종속변인에 어떤 영향을 미치는지를 관찰하여, 분석하는 방법이다.

05 현상학적 이론에 대한 설명으로 틀린 것은?

① 인간을 성취를 추구하는 존재로 파악한다.

② 인간을 자신의 환경에 굴복하지 않고 오히려 환경을 통제하고 조정할 수 있는 적극적인 힘을 가지고 있는 존재로 파악한다.

③ 현재 개인이 경험하고, 느끼고, 행동하는 것이 중요하며, 개인의 진정한 모습을 이해하는 것도 이를 통해 가능하다고 본다.

④ 인간은 타고난 욕구에 끌려다니는 존재로 간주한다.

해설 **[현상학적 이론의 특징]**
• 인간에 대하여 긍정적이고 건전한 발달의 관점을 가진다.
• 인간 스스로 문제를 인지하고 해결하고자 하는 능력을 가진다.
• 인간의 잠재적 본성을 창조성으로 본다.
• 인간의 자기 이해와 자아실현에 초점을 둔다.
• 개인의 주관적 경험과 '지금 여기에'를 강조한다.

06 발달의 일반적 특징으로 틀린 것은?

① 발달은 이전 경험의 누적에 따른 산물이다.

② 한 개인의 발달은 역사·문화적 맥락의 영향을 받는다.

③ 발달의 각 영역은 상호의존적이기보다는 서로 배타적이다.

④ 대부분의 발달적 변화는 성숙과 학습의 산물이다.

해설 발달의 각 영역은 상호의존적이다.

07 기질과 애착에 관한 설명으로 틀린 것은?

① 불안정-회피애착 아동은 주양육자에게 과도한 집착을 보인다.

② 내적 작동모델은 아동의 대인관계에 대한 좌표 역할을 한다.

③ 기질은 행동 또는 반응의 개인차를 설명해주는 생물학적 기초를 가지고 있다.

④ 주양육자가 아동의 기질을 고려하여 적절하게 양육한다면 아동의 까다로운 기질이 반드시 불안정 애착으로 이어지는 것은 아니다.

해설 불안정-회피애착 유형의 아동은 양육자를 회피하거나 무시한다.

08 훈련받은 행동이 빨리 습득되고 높은 비율로 오래 유지되는 강화계획은?

① 고정비율계획 ② 고정간격계획
③ 변화비율계획 ④ 변화간격계획

해설

강화 계획의 종류	강화 계획의 특성	학습자의 특징	실생활에서 볼 수 있는 예
고정비율계획	• 반응이 정해진 수만큼 일어난 뒤에 강화한다.	• 부지런히, 많이 반응함 • 강화 후 휴지	• 게임 • 성과급 급여제 • 삯일
변동비율계획	• 강화하는 데 필요한 반응의 수가 어떤 평균을 중심으로 변화된다. • 평균 5회 반응에 강화하지만 실제로는 2회째이거나 6회째 강화함	• 꾸준한 반응 • 강화 후 휴지가 고정비율계획보다 덜 나타나고 휴지 시간도 더 짧다.	• 호랑이가 사냥감 잡는 것 • 물건 하나 팔 때마다 돈 받는 영업사원 • 카지노 도박

고정간격 계획	• 일정한 간격 이 지난 후 강 화한다.	• 강화 후 휴지	• 중간시험, 기말 시험 • 10분 간격으로 오는 버스가 막 떠나고 나면 헛 짓하다가 정시 가 되면 주목한 다.
변동간격 계획	• 강화하는 데 필요한 시간 간격이 평균 점을 기준으 로 변화된다. • 평균시간 5분 이지만 실제 로는 3분이나 7분이 지나면 강화한다.	• 꾸준한 반응	• 거미줄 쳐 놓고 먹잇감을 기다 리는 거미 • 낚시꾼 • 야생동물 전문 사진가

서열척도 (Ordinal scale)	• 명목척도의 특성을 포함 • 크기 순으로 서열화 함 • 순서에 관한 정보를 나타냄.(단, 구체적인 차이에 관한 정보는 포함하지 않음) 예 석차, 모스 경도
간격척도 (Interval scale)	• 값 간의 간격이 고정된 척도 • 서열척도의 특성을 포함 • 값 간의 차이는 의미가 있음 • 값 간의 비율계산은 의미 없음 예 온도, 토익성적
비율척도 (Ratio scale)	• 크기의 비교가 가능 • 간격척도의 특성을 포함 • 값 간의 간격이 동일 • 비율계산이 가능 예 길이, 무게, 시간, 나이

09 단기기억의 특징이 아닌 것은?

① 용량이 제한되어 있다.
② 절차기억이 저장되어 있다.
③ 정보를 유지하는 시간이 제한되어 있다.
④ 밍각의 일차직 원인은 간섭이다.

> **해설** 절차기억은 장기기억에 저장되어 있다.

10 다음 중 온도나 지능검사의 점수를 측정할 때 사용되는 척도는?

① 명목척도 ② 서열척도
③ 등간척도 ④ 비율척도

> **해설** [척도의 종류]
>
> | 명목척도 (Nominal scale) | • 데이터 항목의 속성을 단지 숫 자로 식별하기 위한 목적
• 숫자의 크기에 의미가 없음
• 서열화하지 않음
• 특정 범주만을 의미함
예 성별, 산업분류 |
> |---|---|

11 비행기 여행에 두려움을 가지고 있는 환자 의 경우, 정신분석적 입장에서 볼 때 이 두려 움의 주된 원인으로 가정할 수 있는 것은?

① 누려운 느낌을 갖게 만드는 무의식적 갈 등의 전이
② 어린 시절 사랑하는 부모에게 닥친 비행 기 사고의 경험
③ 비행기의 추락 등 비행기 관련 요소들의 통제 불가능성
④ 자율신경계 등 생리적 활동의 이상

> **해설** 정신분석에서는 일반적인 심리학과 구별되는 가정을 한다. 그것은 '무의식(unconsciousness)'이라 불 리는 것인데, 심리학은 일반적으로 의식 영역의 구조와 행동 방식에 대해 연구하지만, 정신분석은 의식에 들어 와 있지 않은 혹은 억압된 감정과 욕망, 생각 등이 모이 며 그것이 인간 행동과 사고에 큰 영향을 끼친다고 간주 한다.

12 대뇌의 우반구가 손상되었을 때 주로 영향을 받게 될 능력은?

① 통장잔고 점검　② 말하기
③ 얼굴 재인　④ 논리적 문제해결

> **해설**
> • 우반구 : 그림 그리기, 퍼즐 맞추기, 길 찾기 등의 공간적 조절 능력
> • 좌반구 : 언어기능 조절, 읽기나 산수와 같은 학업과 관련된 인지적 기능, 수의적 운동 조절

13 귀인이론에 관한 설명으로 틀린 것은?

① 성공 상황에서 노력 요인으로 귀인할 경우 학습 행동을 동기화할 수 있다.
② 귀인 성향은 과거의 성공, 실패 상황에서의 반복적인 원인 탐색 경험에 의해 형성된다.
③ 귀인의 결과에 따라 자부심, 죄책감, 수치심 등의 정서가 유발되기도 한다.
④ 능력 귀인은 내적, 안정적, 통제 가능한 귀인 유형으로 분류된다.

> **해설**
> • 귀인이론이란 다른 사람이 행한 행동의 원인을 추론하는 것을 말한다. 대부분 원인이나 귀인은 직접적으로 관찰할 수 없기 때문에, 인간의 개인적 지각에 의존한다. 즉 귀인이론이란 타인의 행동을 관찰할 때 그 행동의 원인이 외재적인가 아니면 내재적인가 결정하려는 노력을 밝히는 이론이다.
> • 능력 귀인은 내적, 안정적 통제 불가능한 귀인 유형으로 분류된다.

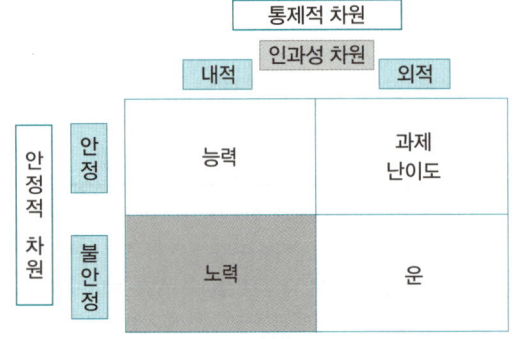

[Weiner 인과귀인 분류도식(Rosenbaum, 1972)]

14 고전적 조건형성에 대한 설명으로 맞는 것은?

① 중립자극은 무조건 자극 직후에 제시되어야 한다.
② 행동변화의 효과를 거두기 위해서는 적절한 반응의 수나 비율에 따라 강화가 이루어져야 한다.
③ 적절한 행동은 즉시 강화하고, 부적절한 행동은 무시함으로써, 새로운 행동을 가르칠 수 있다.
④ 대부분의 정서적인 반응들은 고전적 조건형성을 통해 학습될 수 있다.

> **해설**　고전적 조건형성이론(古典的條件形成理論)은 특정한 자극에 따라 생기는 반응은 그와 다른 성질의 자극으로도 똑같이 만들 수 있다고 주장하는 학습이론으로 러시아의 생리학자 이반 파블로프가 주장하였다.
> • ① 무조건 자극 직전에 중립 자극이 제시되어야 한다.
> • ②, ③은 조작적 조건형성에 관한 내용이다.

15 인상형성에 관한 설명으로 틀린 것은?

① 인상형성 시 정보처리를 할 때 최소의 노력으로 빨리 처리하려고 하기 때문에 많은 오류나 편향을 나타나는데, 이러한 현상에서 인간을 '인지적 구두쇠'라고 보는 입장도 있다.
② 내현성격 이론은 사람들이 인상형성을 할 때 타인과 관련된 다양한 정보를 통합적이고 객관적으로 평가하는 것을 말한다.
③ Anderson은 인상형성과 관련하여 가중평균 모형을 주장하였다.
④ 인상형성 시 긍정적인 정보보다 부정적인 정보가 더 큰 영향을 미치는데, 이를 부정성 효과라고 한다.

해설 내현성격 이론은 한두 개의 단서를 통하여 그와 상관이 있는 것처럼 가정되는 성격특성을 추론해 내는 일반적인 경향성을 말한다.

예 직업이 학교 선생님이라고 하면 그는 꼼꼼하며 융통성이 부족하다 등의 성격특성을 보일 것이라고 판단하는 것

자아 (ego)	자아란 원초아와 초자아 사이에서 갈등을 조절하는 기능을 한다. 따라서 현실과 환경을 고려하는 '현실의 원칙'을 따라 기능하며, 현실을 이해하고 판단하며 미래에 대한 계획을 세우고 논리적인 사고를 한다.

16 정신분석의 방어기제 중 투사에 해당하는 것은?

① 아주 위협적이고 고통스러운 충동이나 기억을 의식에서 추방시키는 것

② 반대되는 동기를 강하게 표현함으로써 자신의 동기를 숨기는 것

③ 자신이 가진 바람직하지 않은 자질들을 과장하여 다른 사람에게 부여하는 것

④ 불쾌한 현실이 있음을 부정하는 것

해설 ① 억압, ② 반동형성, ④ 부인에 해당한다.

18 성격심리학의 주요한 모델인 성격 5요인에 대한 설명으로 옳은 것은?

① 5요인에 대한 개인차에서 유전적 요인은 찾아볼 수 없다.

② 성실성 점수가 높은 사람의 경우 행동을 계획하고 통제하는 것을 돕는 전두엽의 면적이 더 큰 경향이 있다.

③ 뇌의 연결성은 5요인의 특질에 영향을 미치지 않는다.

④ 정서적 불안정성인 신경증은 일생동안 계속해서 증가하고 성실성, 우호성, 개방성과 외향성은 감소한다.

17 Freud가 설명한 인간의 3가지 성격요소 중 현실원리를 따르는 것은?

① 원초아　　　　② 자아
③ 초자아　　　　④ 무의식

해설

원초아 (id)	원초아란 생물적인 측면이 강하고 본능적인 욕구를 충족시키려고 작용하는 요소이며 '쾌락의 원칙'을 따른다. 따라서 원초아는 비논리적이고 맹목적이며 긴장과 고통을 피하고 쾌락을 추구한다.
초자아 (superego)	초자아는 쾌락보다는 완전함과 도덕적인 것을 추구하며 전통적인 사회규범 및 이상을 내면화한 것으로 원초아의 충동을 억제하고 도덕적이고 규범적인 기준에 맞추어 완전하게 살도록 유도한다.(도덕의 원칙)

해설 **[5요인 모델]**

• 5요인 모델(FFM ; Five Factor Model)은 심리학에서 경험적인 조사와 연구를 통하여 정립한 성격 특성의 다섯 가지 주요한 요소 혹은 차원을 말한다.

• 신경성, 외향성, 친화성, 성실성, 경험에 대한 개방성의 다섯 가지 요소가 있고 이 모델에서는 각 요인들이 생물학적 기반을 가지고 있다고 본다. 즉 개인의 유전(생물학적 기반)에 의해서 5요인을 모두 가지고 있고, 특정 요인의 더 강하고 약한 것은 이미 유전적으로 정해졌지만 심리적 발달을 하면서 개인적 차이가 생긴다고 본다.

19 자신과 타인의 휴대폰 소리를 구별하거나 식용버섯과 독버섯을 구별하는 것은?

① 변별
② 일반화
③ 행동조형
④ 차별화

> **해설**
>
> | 일반화 | 학습된 자극과 비슷한 자극에도 반응하는 것 |
> |---|---|
> | 행동조형 | 궁극적으로 바라는 행동으로 서서히 접근해 가도록 차별강화를 해주는 것 |

20 기억의 인출과정에 대한 설명으로 틀린 것은?

① 인출이 이후의 기억을 증가시킬 수 있다.
② 장기기억에서 한 항목을 인출한 것이 이후에 관련된 항목의 회상을 방해할 수 있다.
③ 인출행위가 경험에서 기억하는 것을 변화시킬 수 있다.
④ 기분과 내적상태는 인출단서가 될 수 없다.

> **해설** 기분과 내적상태도 인출의 중요한 단서이다.

2 이상심리학

21 광장공포증에 관한 설명으로 가장 적합한 것은?

① 광장공포증의 남녀 간의 발병 비율은 비슷한 수준이다.
② 아동기에 발병률이 가장 높다.
③ 광장공포증이 있으면 공황장애는 진단할 수 없다.
④ 공포, 불안, 회피 반응은 전형적으로 6개월 이상 지속된다.

> **해설**
> • 광장공포증은 여성에게서 발병률이 높다.
> • 광장공포증의 평균 발병 연령은 25세이다.
> • 광장공포증 환자의 2/3은 공황장애를 가지고 있다.

22 반사회성 인격장애의 진단기준이 아닌 것은?

① 반사회적 행동은 조현병이나 양극성 장애의 경과 중에만 발생되지는 않는다.
② 10세 이전에 품행장애의 증거가 있어야 한다.
③ 사회적 규범을 지키지 못한다.
④ 충동성과 무계획성을 보인다.

> **해설** 15세 이후에 품행장애를 나타낸 증거가 있어야 한다.

23 다음 중 치매의 원인에 따른 유형으로 볼 수 없는 것은?

① 알츠하이머 질환
② 혈관성 질환
③ 파킨슨 질환
④ 페닐케톤뇨증

> **해설** 페닐케톤뇨증(PKU ; Phenylketonuria)은 아미노산의 하나인 페닐알라닌을 대사하지 못하는 유전병으로 상염색체 열성으로 유전한다.

24 다음 사례에 가장 적절한 진단명은?

> A는 중소기업에서 일하는 직원이다. 오늘은 동료 직원 B가 새로운 상품에 대해서 발표하기로 했는데, 결근을 해서 A가 대신 발표하게 되었다. 평소 A는 다른 사람들이 자신의 발표에 대해 나쁘게 평가할 것 같아 다른 사람 앞에서 발표하기를 피해왔다. 발표 시간이 다가오자 온몸에 땀이 쏟아지고, 숨쉬기가 어려워졌으며, 곧 정신을 잃고 쓰러질 것 같이 느껴졌다.

① 범불안장애
② 공황장애
③ 강박장애
④ 사회불안장애

> **해설** 사회적 공포증으로도 알려진 사회불안장애(SAD)는 하나 이상의 사회적 상황에서 상당한 두려움이 발생되어 일상생활의 일부에서 상당한 고통과 기능장애를 유발하는 특징이 있는 불안장애이다.

25 배설장애 중 유뇨증에 관한 설명으로 틀린 것은?

① 반복적, 불수의적으로 잠자리나 옷에 소변을 본다.

② 유병률은 5세에서 5~10%, 10세에서 3~5%이며, 15세 이상에서는 약 1% 정도이다.

③ 야간 유뇨증은 여성에게서 더 흔하다.

④ 야간 유뇨증은 종종 REM수면 단계 동안 일어난다.

해설 유뇨증은 남아에게서 더 흔하다.

26 신체증상 및 관련 장애에 관한 설명으로 틀린 것은?

① 전환장애는 스트레스 요인이 동반되지 않는 경우도 있다.

② 신체증상장애는 일상에 중대한 지장을 일으키는 신체증상이 존재한다.

③ 질병불안장애는 심각한 질병에 걸렸다는 집착이 6개월 이상 지속된다.

④ 허위성 장애는 외적 보상이 쉽게 확인된다.

해설 허위성 장애는 아픈 사람의 역할을 하려고 행동의 외적인 유인자극이 없는데도 신체적, 심리적 징후나 증상을 의도적으로 만들어 내는 것이다.

27 우울 장애에 대한 설명으로 옳지 않은 것은?

① 주요 우울 장애의 발병은 20대에 최고치를 보인다.

② 주요 우울 장애의 유병율은 남자보다 여자에게서 더 높다.

③ 노르에피네프린이나 세로토닌 같은 신경전달물질이 우울 장애와 관련된다.

④ 적어도 1년 동안 심하지 않은 우울을 지속적으로 경험할 때 지속성 우울 장애로 진단한다.

해설 지속성 우울 장애는 우울증상이 2년 동안 지속되는 만성적 우울감이 있으며(증상이 없었던 기간은 2개월 미만), 식욕부진이나 과식, 과다수면, 활력저하 및 피로감, 자존감 저하, 집중력 감소 및 결정곤란, 절망감 중 2가지 이상 증상이 나타날 경우를 말한다.

28 양극성 장애에 대한 설명으로 틀린 것은?

① 조증 상태에서는 사고의 비약 등의 사고 장애가 나타난다.

② 우울증 상태에서는 자살을 시도하기도 한다.

③ 조증은 서서히, 우울증은 급격히 나타난다.

④ 조증과 우울증이 반복되는 장애이다.

해설 조증은 급격히 나타나며 우울증은 서서히 나타난다.

29 품행 장애에 대한 설명으로 틀린 것은?

① 발병연령은 일반적으로 7~15세이며, 이 진단을 받은 아동 중 3/4은 소년이다.

② 주요한 사회적 규범을 위반하고 다른 사람들의 기본적인 권리를 종종 침해한다.

③ 사람이나 동물에 대한 공격적 행동, 절도나 심각한 거짓말 등이 전형적인 행동이다.

④ 청소년기 발병형은 아동기 발병형에 비해 성인기까지 지속되는 경향이 있다.

해설 청소년기 발병형이나 아동기 발병형의 차이가 있지는 않다.

30 이상행동의 원인을 다음과 같이 설명하는 이론은?

> • 인간의 감정과 행동은 객관적, 물리적 현실보다 주관적, 심리적 현실에 의해서 결정된다.
> • 정신 장애는 인지적 기능의 편향 및 결손과 밀접하게 연관되어 있다.

① 정신분석 이론　　② 행동중의 이론
③ 인지적 이론　　　④ 인본주의 이론

> **해설**　[인지적 이론]
> 정신장애는 인지적 기능이 한쪽으로 치우쳐 있거나 결손과 밀접하게 연관되어 있으며, 이러한 인지적 기능 요인에 의하여 유발될 수 있는 부적응적인 인지적 특성을 가지고 있다고 본다.

31 알코올 사용장애에 관한 설명으로 틀린 것은?

① 금단증상은 과도하게 장기간 음주하던 것을 줄이거나 양을 줄인지 4~12시간 정도 후 나타나는 것이 특징이다.
② 장기간의 알코올 사용에 따르는 비타민 B의 결핍으로 극심한 혼란, 작화반응 등을 특징으로 하는 헌팅턴병을 유발할 수 있다.
③ 알코올은 중추신경계에서 다양한 뉴런과 결합하여 개인을 진정시키는 효과를 가져온다.
④ 아시아인들은 알코올을 분해하는 탈수소효소가 부족하여 알코올 섭취 시 부정적인 반응이 쉽게 나타난다.

> **해설**　[헌팅턴병]
> • 헌팅턴병은 유전질환으로 특정 뇌 부위의 퇴행을 초래하여 치매에 이른다. 환자의 의도와는 상관없이 행해지는 동작이 마치 춤을 추는 듯 보이기 때문에 '헌팅턴 무도병'이라고도 한다.

> • 헌팅턴병은 드문 질환으로 30세에서 50세 사이에 주로 발생한다. 장기간의 알코올 사용에 따르는 비타민 B의 결핍으로 극심한 혼란, 작화반응 등을 특징으로 하는 장애는 베르니케 코시코프 증후군이다.

32 이상행동 및 정신장애의 판별기준과 가장 거리가 먼 것은?

① 적응적 기능의 저하 및 손상
② 주관적 불편감과 개인의 고통
③ 가족의 불편감과 고통
④ 통계적 규준의 일탈

> **해설**　[이상행동 및 정신장애의 판별기준]
> • 적응적 기능의 저하 및 손상
> • 주관적 불편감과 개인적 고통
> • 문화적 규범의 일탈
> • 통계적 규준의 일탈

33 지적장애에 관한 설명으로 옳지 않은 것은?

① 지적장애 중 가장 많은 비율을 차지하는 것은 경도의 지적장애이다.
② 지적장애를 일으키는 염색체 이상 중 가장 일반적인 것은 다운증후군에 의한 것이다.
③ 최고도의 지적장애인 경우 훈련을 해도 걷기, 약간의 말하기, 스스로 먹기 같은 기초기술을 배우거나 나아질 수 없다.
④ 경도의 지적장애를 가진 아동의 경우, 자기관리는 연령에 적합하게 수행할 수 있다.

> **해설**　최고도의 지적장애도 훈련에 의해 나아질 수 있다.

34 조현병의 양성증상에 포함되지 않는 것은?

① 망상　　　　② 환각
③ 와해된 언어　④ 둔화된 정서

> **해설** 조현병 증상은 크게 양성과 음성으로 나뉜다.
> • 양성은 환청, 망상, 비논리적 사고, 기이한 행동 등 보통 다른 사람들에게 보이지 않는 증상이 나타나는 것이다.
> • 음성은 적절한 정서적 반응이나 욕구들, 사회적 관계를 맺고자 하는 의욕들이 사라지는 등 보통 다른 사람들에게 있는 것들이 없어지는 것이다.

35 회피성 성격장애에서 나타나는 대인관계 특징은?

① 자신의 목적을 달성하기 위해서 타인을 이용한다.
② 타인에게 과도하게 매달리고 복종적인 경향을 띤다.
③ 친밀한 관계를 바라지도 않으며 타인의 칭찬이나 비판에 무관심해 보인다.
④ 비판이나 거절, 인정받지 못함 등에 대한 두려움이 특징적이다.

> **해설**
> • 회피성 인격장애는 거절, 비판 또는 굴욕의 위험이 있는 사회적 상황이나 교류를 피하는 것이 특징이다.
> • 회피성 인격장애가 있는 사람은 거절, 비판, 창피를 당하는 것을 두려워하여 그러한 반응을 경험할 수 있는 상황을 피한다.

36 사람이 스트레스 장면에 처하게 되면 일차적으로 불안해지고 그 장면을 통제할 수 없게 되면 우울해진다고 할 때 이를 설명하는 이론은?

① 학습된 무기력 이론
② 실존주의 이론

③ 사회문화적 이론
④ 정신분석 이론

> **해설** **[학습된 무기력 이론]**
> 피할 수 없거나 극복할 수 없는 환경에 반복적으로 노출된 경험으로 인한 것이다. 실제로는 자신의 능력으로 피할 수 있거나 극복할 수 있음에도 불구하고 스스로 그러한 상황에서 자포자기하는 것을 말한다.

37 DSM-5의 조현병 진단기준에 해당하지 않는 것은?

① 망상이나 환각 등의 특징적 증상들이 2개월 이상 1개월의 기간 동안 상당 시간에 존재한다.
② 직업, 대인관계 등 주요한 생활영역에서의 기능 수준이 발병 전에 비해 현저하게 저하된다.
③ 장애의 지속적 징후가 적어도 3개월 이상 계속된다.
④ 장애가 물질의 생리적 효과나 다른 의학적 상태로 인한 것이 아니다.

> **해설** 장애의 지속적 징후가 적어도 6개월 이상 계속된다.

38 물질관련 장애에 포함되지 않는 것은?

① 알코올 중독(intoxication)
② 대마계(칸나비스) 사용 장애(use Disorder)
③ 담배 중독(intoxication)
④ 아편계 금단(withdrawal)

> **해설** 흡연은 장애에는 포함되지 않는다.

34 ④　35 ④　36 ①　37 ③　38 ③　**정답**

39 알츠하이머병으로 인한 신경인지장애와 주요 우울장애의 증상 구분에 관한 설명으로 옳은 것은?

① 알츠하이머병으로 인한 신경인지장애는 기억 손실을 감추려는 시도를 하는데 반해 주요 우울장애에서는 기억 손실을 불평한다.

② 알츠하이머병으로 인한 신경인지장애는 자기의 무능이나 손상을 과장하는데 반해 주요 우울장애에서는 숨기려 한다.

③ 주요 우울장애보다 알츠하이머병으로 인한 신경인지장애에서 알코올 등의 약물 남용이 많다.

④ 주요 우울장애에서는 증상의 진행이 고른데 반해 알츠하이머병으로 인한 신경인지장애에서는 몇 주 안에도 진행이 고르지 못하다.

> **해설** 알츠하이머에서 기억상실의 인정은 장애를 인정하는 것이 되므로 이들은 자신의 증상을 부인하고 감추려 한다.

40 성 도착장애에 관한 설명으로 틀린 것은?

① 물품 음란장애는 여성보다 남성에게서 훨씬 더 많이 나타난다.

② 동성애를 하위진단으로 포함한다.

③ 복장 도착장애는 강렬한 성적 흥분을 위해 이성의 옷을 입는 것이다.

④ 관음장애는 대부분 15세 이전에 발견되며 지속되는 편이다.

> **해설** 동성애는 성 관련 장애에 속하지 않고 성적 취향에 속한다.

③ 심리검사

41 로르샤흐(Rorschach) 검사의 엑스너(J. Exner) 종합체계에서 유채색 반응이 아닌 것은?

① C′　　　　　② CF

③ FC　　　　　④ Cn

> **해설** C′는 무채색 반응에 해당하는 코드이다.

42 아동의 지적 발달이 또래 집단에 비해 지체되어 있는지, 혹 앞서고 있는지를 평가하기 위해, Stern이 사용한 IQ산출 계산방식은?

① 지능지수(IQ)
　　=[정신연령/신체연령]×100

② 지능지수(IQ)
　　=[정신연령/신체연령]＋100

③ 지능지수(IQ)
　　=[신체연령/정신연령]×100

④ 지능지수(IQ)
　　=[신체연령/정신연령]÷100

> **해설** 지능지수 또는 IQ는 인간의 지능 일부분을 측정하기 위해 고안된 시험들을 통해 산출되는 총점이다. IQ라는 용어는 독일의 Intelligenz-Quotient에서 변화한 것으로 독일의 정신학자 윌리엄 스턴(William Stern)이 1912년에 현대의 어린이들의 인지검사(20세기 초에 알프레드 비네, Theodore Simon이 개발한 것과 같은 것임)의 점수를 매기는 방식으로 제안한 것이며, 이 용어는 생활 속에서 일상적으로 쓰인다. 오늘날에 이르러서는, 웩슬러 성인 지능검사와 같이 통계적으로 일반화시킨 지능검사로 점수를 매기는 방법이 사용되고 있다.

43 집-나무-사람(HTP) 검사에 관한 설명으로 맞는 것은?

① 집, 나무, 사람의 순서대로 그리도록 한다.

② 각 그림마다 시간제한을 두어야 한다.

③ 문맹자에게는 실시할 수 없다.

④ 머레이(H. Murray)가 개발하였다.

해설
- 그림마다 시간제한은 없다.
- 문맹자에게는 실시하기 적합하다.
- 머레이(H. Murray)가 개발한 검사는 TAT 검사이다.

44 MMPI-2의 타당도 척도 중 비전형성을 측정하는 척도에서 증상 타당성을 의미하는 것은?

① TRIN　　② FBS
③ F(P)　　④ F

해설

TRIN	고정반응 비일관성, 문항의 내용과 상관없이 하나의 답으로 일관하는 반응 경향성 탐지
FBS	증상 타당도, 개인 상해 소송(personal injury litigation) 장면에서 자신의 증상을 과장하는 사람들을 탐지하기 위한 척도
F(P)	비전형-정신병리, 수검자의 의독 꾀병, 증상을 과장하려는 부정 왜곡을 탐지
F	비전형, 비전형적인 내용을 담고 있는 문항으로 구성. 한 사람의 생각이나 경험이 다른 사람들과 나른 성노를 측성(성신증적 경향성)

45 지능에 대한 설명으로 틀린 것은?

① 아동기의 전반적인 인지발달은 청소년기보다 그 속도가 느리다.
② 발달규준에서는 수검자의 생활연령과 정신연령을 함께 표기한다.
③ 편차 IQ는 집단 내 규준에 속한다.
④ 추적규준은 연령별로 동일한 백분위를 갖는다고 가정한다.

해설 아동기의 전반적인 인지발달은 청소년기보다 속도가 빠르다.

46 선로잇기 검사(Trail Making Test)는 대표적으로 어떤 기능 또는 능력을 측정하기 위해 고안된 검사인가?

① 주의력　　② 기억력
③ 언어능력　　④ 시공간 처리능력

해설 [기호(선로)잇기 검사]
- 기호(선로)잇기 검사(TMT ; Trail Making Test)는 임상 신경심리학 영역에서 가장 흔히 사용되는 검사의 하나로써 간편하고 검사 시간이 짧지만 뇌기능을 예민하게 탐지한다는 점이 입증되어 널리 사용되어 왔다.
- 기호(선로)잇기 검사(TMT)는 특히 치매환자를 선별하는 데 매우 우수한 검사로 알려져 왔으며, 치매 유형을 변별할 수 있음이 증명되어 왔다.
- 기호(선로)잇기 검사(TMT)는 시지각 능력(visual perceptual ability), 시각적 주사(visual scanning), 지속적인 주의집중 능력 및 신속한 정신운동 속도가 요구된다.

47 신뢰검사 선정기준으로 틀린 것은?

① 신뢰도와 타당도가 높은 검사를 선정한다.
② 검사의 경제성과 실용성을 고려해 선정한다.
③ 수검자의 특성과 상관없이 의뢰 목적에 맞춰 선정한다.
④ 객관적 검사와 투사적 검사의 장·단점을 고려하여 선정한다.

해설 검사는 수검자의 특성과 의뢰목적 모두 고려되어야 한다.

48 다음 환자는 뇌의 어떤 부위가 손상되었을 가능성이 높은가?

> 30세 남성이 운전 중 중앙선을 침범한 차량과 충돌하여 두뇌 손상을 입었다. 이후 환자는 매사 의욕이 없고, 할 수 있는데도 불구하고 어떤 행동을 시작하려고 하지 않으며, 계획을 세우거나 실천하는 것이 거의 안 된다고 한다.

① 측두엽   ② 후두엽
③ 전두엽   ④ 두정엽

해설

측두엽	청각, 감각언어, 기억중추
후두엽	시각중추
전두엽	추상적 사고, 창조, 판단 운동과 언어중추
두정엽	통증, 신체 자세 인식 등 감각중추

49 MMPI 제작방식에 관한 설명으로 옳은 것은?

① 정신병리 이론을 바탕으로 하여 제작되었다.
② 합리적, 이론적 방식을 결합하여 제작되었다.
③ 정신장애군과 정상군을 변별하는 통계적 결과에 따라 경험적 방식으로 제작되었다.
④ 인성과 정신병리와의 상관성에 대한 선행연구 결과들을 바탕으로 하여 제작되었다.

해설 경험적 방식은 집단을 구별해주는 경험적 근거를 바탕으로 문항을 구성하게 된다. 즉 문항 선택의 기준이 경험적 근거에 따라 이루어지는 것이다. 경험적 방식으로 제작된 가장 대표적인 검사가 바로 다면적 인성검사(MMPI)이다.

50 뇌손상 환자의 병전지능 수준을 추정하기 위한 자료와 가장 거리가 먼 것은?

① 교육수준, 연령과 같은 인구학적 자료
② 이전의 직업기능 수준 및 학업 성취도
③ 이전의 암기력 수준, 혹은 웩슬러 지능 검사에서 기억능력을 평가하는 소검사 점수
④ 웩슬러 지능 검사에서 상황적 요인에 의해 잘 변화하지 않는 소검사 점수

해설 [병전지능을 추정할 수 있는 방법]
• 웩슬러 지능 검사에서 어휘, 상식, 토막짜기의 소검사 점수 활용(뇌손상에 둔감한 검사)
• 병전 실시 검사 결과 활용
• 교육 수준, 연령과 같은 인구학적 자료의 활용 등

51 WAIS-Ⅳ의 소검사 중 언어이해 지수 척도의 보충 소검사에 해당되는 것은?

① 공통성   ② 상식
③ 어휘   ④ 이해

해설 언어이해 지수척도의 핵심 소검사는 공통성, 어휘, 상식이 있고, 보충 소검사는 이해가 있다.

52 투사적 검사에 관한 설명으로 옳은 것은?

① 벤더게슈탈트 검사에서 성인이 그린 도형 A의 정상적인 위치는 용지의 정중앙이다.
② 동작성 가족화 검사는 가족의 정서적인 관계를 살펴보는 데 유용하다.
③ 아동용 주제통각 검사의 카드 수는 성인용 주제 통각검사의 카드 수와 동일하다.
④ 주제통각 검사 카드는 성인 남성과 성인 여성으로만 구별된다.

해설
- 벤더게슈탈트 검사에서 성인이 그린 도형 A의 정상적인 위치는 용지 상부의 1/3 이내, 가장자리에서(어느 가장자리에서 그리든) 2.5cm 이상 떨어져 있다면 정상적인 위치에 있는 것으로 본다.
- 아동용 주제통각 검사의 카드 수는 9개로 성인용 TAT 31개에 비해 많이 적다.
- 주제통각 검사 카드는 성인 남성과 성인 여성, 보이(boy), 걸(girl)로 구별된다.

53 성격검사에 관한 설명으로 틀린 것은?

① MMPI-A는 만 15세 수검자에게 실시 가능하다.
② CAT은 모호한 검사자극을 통해 개인의 의식 영역 밖의 정신현상을 측정하기 위한 성격검사이다.
③ 16 성격요인 검사는 케텔(R. Cattell)의 성격특성 이론을 근거로 개발되었다.
④ 에니어그램은 인간의 성격유형을 8개로 설명한다.

해설 에니어그램은 인간의 성격유형을 9개로 설명한다.

54 카우프만 아동용 지능검사(K-ABC)에 관한 설명으로 틀린 것은?

① 정보처리적인 이론적 관점에서 제작되었다.
② 성취도를 평가할 수도 있다.
③ 언어적 기술에 덜 의존하므로 언어능력의 문제가 있는 아동에게 적합하다.
④ 아동용 웩슬러 지능검사(WISC)와 동일한 연령대의 아동을 대상으로 한다.

해설 카우프만 아동용 지능검사(K-ABC)는 만 3~만 18세 대상이고 아동용 웩슬러 지능검사(WISC)는 만 6세부터 만 16세를 대상으로 한다.

55 다음에서 설명하는 검사는?

유아 및 전학령 아동의 발달 과정을 체계적으로 측정하기 위한 최초의 검사로서, 표준 놀이기구와 자극 대상에 대한 유아의 반응을 직접 관찰하며, 의학적 평가나 신경학적 원인에 의한 이상을 평가하기 위해 사용된다.

① Gesell의 발달검사
② Bayley의 영아발달 척도
③ 시·지각 발달검사
④ 사회성숙도 검사

해설

베일리(Bayley)의 영아발달 척도	• 베일리 아동발달 검사는 아동의 현재 발달기능을 검사하여 수준을 측정한다. • 지적능력과 운동능력의 지연정도를 수치화하여 행동특성을 비교함으로써 발달지연에 대한 치료계획을 세우기 위한 검사이다.
시·지각 발달 검사	• 3~8세 아동 중 읽기나 쓰기에 문제가 있는 아동들의 문자 학습 준비기능을 측정하기 위해 주로 사용된다.
사회성숙도 검사	• 개인의 성장 또는 변화를 측정한다. • 치료나 교육을 위한 기초자료나 교육 후 향상을 측정하는 것으로 정신지체 여부나 그 정도를 판별하는데 이용할 수 있다.

56 지능의 개념에 관한 연구자와 주장의 연결이 틀린 것은?

① Wechsler : 지능은 성격과 분리될 수 없다.
② Horn : 지능은 독립적인 7개 요인으로 이루어져 있다.
③ Cattell : 지능은 유동적 지능과 결정화된 지능으로 구분할 수 있다.
④ Spearman : 지적 능력에는 g 요인과 s 요인이 존재한다.

> **해설** 지능은 독립적인 7개 요인으로 이루어져 있다는 주장은 가드너의 다중이론이고 Horn은 Cattell과 유동적·결정적 지능의 구분을 주장하였다.

57 표준점수에 관한 설명으로 틀린 것은?

① 대표적인 표준점수로는 Z 함수가 있다.
② 표준점수는 원점수를 직선 변환하여 얻는다.
③ 웩슬러 지능검사의 IQ 수치도 일종의 표준점수이다.
④ Z 점수가 0이라는 것은, 그 사례가 해당 집단의 평균치보다 1 표준편차 위에 있다는 것을 의미한다.

> **해설** Z 점수는 자료가 평균으로부터 표준편차의 몇 배만큼 떨어져 있는지를 보여주는 것이다. 즉, Z 점수가 0이라는 것은 평균과 일치한다는 것을 나타낸다.

58 심리검사의 윤리에 관한 설명으로 틀린 것은?

① 자격을 갖춘 사람이 심리검사를 실시해야 한다.
② 검사동의를 구할 때에는 비밀 유지의 한계에 대해 알려야 한다.
③ 동의할 능력이 없는 사람에게도 평가의 본질과 목적을 알려야 한다.

④ 자동화된 서비스를 사용할 경우 검사자는 평가의 해석에 대한 책임을 지지 않는다.

> **해설** 심리검사의 결과지를 자동화된 서비스로 제공한다고 해도 평가에 대한 해석의 책임은 검사자에게 있다.

59 신경심리평가 중 주의력 및 정신적 추적능력을 평가할 수 있는 검사가 아닌 것은?

① Wechsler 지능검사의 기호쓰기 소검사
② Wechsler 지능검사의 숫자 소검사
③ Trail Making Test
④ Wisconsin Card Sorting Test

> **해설** WCST는 정상인을 대상으로 추상적 사고와 사고의 융통성에 관한 표준화된 측정을 제공하기 위해 개발되었다. 이후 신경심리학적 연구들은 뇌의 전두엽에 손상을 입은 환자들이 다른 부위에 손상을 입은 환자들에 비해 WCST 수행력에 더 심한 장애를 나타낸다는 것을 제시하였고, WCST는 전두엽 기능을 측정하는 도구로 주장되었다.

60 노년기 인지발달에 관한 설명으로 옳은 것은?

① 정보처리 속도가 크게 증가한다.
② 결정지능의 감퇴가 유동지능보다 현저해진다.
③ 인지발달의 변화양상에서 개인차가 더 커지게 된다.
④ 의미기억이 일화기억보다 더 많이 쇠퇴한다.

> **해설** [노년기 인지발달의 특징]
> 정보처리 속도가 저하되고 유동지능의 감퇴, 그리고 일생에 일어났던 사건들에 대한 기억인 일화기억의 능력은 저하되지만 의미기억이나 절차기억은 상대적으로 영향을 덜 받는다.

4 임상심리학

61 우리나라 임상심리학자의 고유역할에 해당 되지 않는 것은?

① 연구   ② 자문

③ 약물치료   ④ 교육

> **해설** 약물치료는 정신과 의사의 영역이다.

62 현실치료에 관한 설명으로 틀린 것은?

① 내담자가 실행하지 못한 것에 대한 변명 을 허용하지 않는다.

② 전행동(total behavior)의 '생각하기'에 는 공상과 꿈이 포함된다.

③ 개인은 현실에 대한 자각을 통해 현실 그 자체를 알 수 있다.

④ 내담자 개인의 책임을 강조한다.

> **해설** 개인은 현실에 대한 자각을 통해 자신이 원하는 것과 그 방향으로 동기화된다.

63 알코올 중독 환자에게 술을 마시면 구토를 유발하는 약을 투약하여 치료하는 기법은?

① 행동조성   ② 혐오치료

③ 자기표현훈련   ④ 이완훈련

> **해설** 혐오치료(aversive theraphy)는 제거되어야 할 행동을 혐오스러운 자극 상태와 연합시킴으로써 이 혐 오자극에 대한 회피와 함께 바람직하지 못한 행동도 없 어지게 하는 행동수정적 방법이다.

64 다음에 해당하는 인지치료 기법은?

> 친한 친구와 심하게 다퉈 헤어졌을 때 마음 이 많이 아프지만 이 상황을 자신의 의사소 통이나 대인관계 방식을 돌아볼 수 있는 기 회로 삼는다.

① 개인화   ② 사고중지

③ 의미축소   ④ 재구성

> **해설** 인지재구성은 강박적인 생각과 행동의 의미를 재해석해주는 역할을 한다.

65 임상심리학자로서 지켜야 할 내담자에 대 한 비밀보장에 관한 설명으로 틀린 것은?

① 일반적으로 상담 과정에서 내담자에게 알게된 사실을 다른 사람들에게 말하면 안 된다.

② 아동 내담자의 경우에도 아동에 관한 정 보를 부모에게 알려서는 안 된다.

③ 자살 우려가 있는 경우 내담자의 비밀을 지키는 것보다는 가족에게 알려 자살예 방조치를 취하는 것이 더 중요하다.

④ 상담 도중 알게 된 내담자의 중요한 범 죄 사실에 대해서는 비밀을 지킬 필요가 없다.

> **해설** 아동 내담자의 경우에도 비밀보장의 원리 예외 원칙은 동일하게 적용된다.

66 다음 중 접수 면접의 주요 목적과 가장 거 리가 먼 것은?

① 환자를 병원이나 진료소에 의뢰할지를 고려한다.

② 제공되는 서비스에 대한 환자의 질문에 대답한다.

③ 환자에게 신뢰, 라포 및 희망을 심어주 려고 시도한다.

④ 환자가 자신이나 다른 사람을 해칠 중대 한 위험 상태에 있는지 결정한다.

> **해설** 환자가 자신이나 다른 사람을 해칠 중대한 위험 상태에 있는지 결정은 심리평가나 심리상담을 통해 결 정된다.

67 행동평가와 전통적 심리평가 간의 차이점으로 틀린 것은?

① 행동평가에서 성격의 구성개념은 주로 특정한 행동패턴을 요약하기 위해 사용된다.

② 행동평가는 추론의 수준이 높다.

③ 전통적 심리평가는 예후를 알고, 예측하기 위한 것이다.

④ 전통적 심리평가는 개인 간이나 보편적 법칙을 강조한다.

> **해설**

전통적인 평가	전통적인 평가는 정신 역동이나 성격접근이 주류인데, 이러한 접근에서는 행동이 안정적이고 내적이며 심리적인 과정의 결과, 즉 지속적인 성격특성의 표현이라고 여긴다. 전통적인 평가에서 강조하는 것은 내적 경험과 그 기저의 특성을 평가하는 것이다.
행동평가	행동평가는 행동의 선행 사건/상황과 그에 수반하는 결과에 초점을 맞춰 인간 행동특성을 평가하는 심리평가기법 중 하나이다.

68 성격평가 질문지에서 척도명과 척도군의 연결이 틀린 것은?

① 저빈도 척도(INF) – 타당도 척도

② 지배성 척도(DOM) – 대인관계 척도

③ 자살관념 척도(SUI) – 치료고려 척도

④ 공격성 척도(AGG) – 임상 척도

> **해설** 공격성 척도는 성격병리 5요인 척도이다.

69 잠재적인 학습문제의 확인, 학습실패 위험에 처한 아동에 대한 프로그램 운용, 학교 구성원들에게 다양한 관점 제공, 부모 및 교사에게 특정 문제행동에 대한 대처기술을 제공하는 학교심리학자의 역할은?

① 예방　　　　② 교육

③ 부모 및 교사훈련　④ 자문

> **해설** 학교심리학자는 심리학과 교육학 모두의 분야에서 훈련받은 정신건강 전문가로 모든 학생에게 안전하고 건강하며 협력적인 환경에서의 학습을 보장하도록 한다. 모든 학생은 심리학적 서비스를 받을 수 있다.

70 체계적 둔감법에 대한 설명으로 틀린 것은?

① 고전적 조건형성 원리에 기초한 행동치료 기법이다.

② 특정한 대상에 불안을 느끼는 경우에 효과적이다.

③ 이완훈련, 불안위계 목록작성, 둔감화로 구성된다.

④ 심상적 홍수법과는 달리 불안유발 심상에 노출되지 않는다.

> **해설** 체계적 둔감법도 불안유발 심상에 노출된다. 다만 강도를 약한 것에서 강한 것으로 순서를 두고 노출시킨다.

71 행동평가의 목적에 해당하지 않는 것은?

① 처치를 수정하기

② 진단명을 탐색하기

③ 적절한 처치를 선별하기

④ 문제행동과 그것을 유지하는 조건을 확인하기

> **해설**
> • 행동평가는 환경요인에 의해 유발되는 문제행동을 평가하는 데에 유용하며 이러한 문제행동에 대해 치료적 개입이 이루어지는 동안 실제적인 행동 변화를 지속적으로 측정해 나갈 수 있다는 장점이 있다.
> • 각각의 상황에 적용할 수 있는 다양한 행동평가 기법도 개발되어 있다.
> • 행동평가에서는 진단명은 중요하지 않고 행동을 이끄는 선행조건과 행동의 결과를 더 중요하게 여긴다.

72 다음 중 관계를 중심으로 치료가 초점화되고 있는 정신 역동적 접근방법의 단기치료가 아닌 것은?

① 핵심적 갈등관계 주제(core conflictual relationship theme)
② 불안유발 단기치료(anxiety provoking brief therapy)
③ 기능적 분석(functional analysis)
④ 분리개별화(separation and individuation)

> **해설** 기능적 분석은 행동평가나 행동치료에서 사용하는 기법이다.

73 HTP 검사해석으로 옳은 것은?

① 필압이 강한 사람은 약한 사람에 비해 억제된 성격일 가능성이 높다.
② 지우개를 과도하게 많이 사용한 사람은 대부분 자신감이 높다.
③ 집 그림 중에서 창과 창문은 내적 공상 활동에 대한 정보를 제공하는 중요한 지표이다.
④ 나무의 가지와 사람의 팔은 대인관계에 대한 욕구를 탐색할 수 있는 정부를 제공한다.

> **해설**
> • 필압이 강한 사람은 약한 사람에 비해 자신감 있는 성격일 가능성이 높다.
> • 지우개를 과도하게 많이 사용한 사람은 대부분 자신감이 낮다.
> • 집 그림 중에서 창과 창문은 타인의 평가에 대한 예민성을 나타낸다.

74 셀리에(Selye)의 일반 적응증후군의 단계로 옳은 것은?

① 경고 – 소진 – 저항
② 경고 – 저항 – 소진
③ 저항 – 경고 – 소진
④ 소진 – 저항 – 경고

> **해설** 일반 적응증후군(general adaptation syndrome)은 지속적으로 스트레스를 받았을 때, 스트레스의 종류에 관계없이 일어나는 신체적·생리적 증상으로 3단계-경고반응단계, 저항단계, 탈진(소진)단계-의 과정을 일컫는다.

75 행동치료를 위해 현재 문제에 대한 기능분석을 하면 규명할 수 있는 요소가 아닌 것은?

① 문제행동을 일으키는 자극이나 선행조건
② 문제행동과 관련있는 유기체 변인
③ 문제행동과 관련된 인지적 해석
④ 문제행동의 결과

> **해설** 문제행동과 관련된 인지적 해석은 인지행동 치료의 영역이다.

76 두뇌기능의 국제화에 관한 설명으로 옳은 것은?

① 득정 인지능력은 국부직인 뇌 손싱에 수반되는 한정된 범위의 인지적 결함으로부터 발생한다고 본다.
② Broca 영역은 좌반구 측두엽 손상으로 수용적 언어 결함과 관련된다.
③ Wernicke 영역은 좌반구 전두엽 손상으로 표현 언어 결함과 관련된다.
④ MRI 및 CT가 개발되었으나 기능 문제 확인에는 외과적 검사가 이용된다.

> **해설**
> • Broca 영역은 좌반구 전두엽 손상으로 표현 언어 결함과 관련된다.
> • Wernicke 영역은 좌반구 측두엽 손상으로 수용적 언어 결함과 관련된다.
> • MRI 및 CT는 두뇌 기능의 영역에 따른 기능의 결함을 잘 밝혀주는 검사이다.

77 방어기제에 대한 개념과 설명이 옳게 연결된 것은?

① 투사(projection) : 당면한 상황에서 얻게 된 결과에 대해 어쩔 수 없었다고 생각하며 행동한다.

② 대치(displacement) : 추동대상을 위협적이지 않거나 이용 가능한 대상으로 바꾼다.

③ 반동형성(reaction formation) : 이전의 만족방식이나 이전 단계의 만족대상으로 후퇴한다.

④ 퇴행(regression) : 무의식적 추동과는 정반대로 표현한다.

해설

투사(projection)	자신이 받아들이기 힘든 생각이나 결점, 욕망을 타인이나 외부 환경 탓으로 돌리는 것
반동형성(reaction formation)	용납할 수 없는 충동이 있을 때 이를 억제하기 위해 오히려 반대되는 사고와 행동을 보이는 것
퇴행(regression)	스스로 자신이 없고 실패할 것 같은 상황을 마주할 때 어린 시절 미성숙한 단계로 돌아가 버리는 것

78 다음 뇌 관련 장애들은 공통적으로 어떤 질환과 관련이 있는가?

> 헌팅턴병, 파킨슨병, 알츠하이머병

① 종양   ② 뇌혈관 사고
③ 퇴행성 질환   ④ 만성 알코올 남용

해설 헌팅턴병, 파킨슨병, 알츠하이머병은 노화로 인한 퇴행성 질환이다.

79 단기 심리치료에서 좋은 결과를 이끌어내기 위한 요인이 아닌 것은?

① 치료자의 온정과 공감
② 견고한 치료적 동맹관계
③ 문제에 대한 회피
④ 내담자의 적절한 긍정적 기대

해설 문제에 대한 회피는 단기나 장기 심리치료 모두 도움이 되지 않는다.

80 임상심리학자로서의 책임과 능력에 있어서 바람직하지 못한 것은?

① 서비스를 제공할 때 높은 기준을 유지한다.
② 자신의 활동 결과에 대해 책임을 진다.
③ 자신의 능력과 기술의 한계를 알고 있어야 한다.
④ 자신만의 경험을 기준으로 내담자를 대한다.

해설 임상심리학자는 자신만의 경험이 아니라 객관적이고 과학적인 기준으로 내담자를 대해야 한다.

5 심리상담

81 심리치료의 발전사에 관한 설명으로 옳지 않은 것은?

① 인지심리학의 발전과 더불어 개발된 치료방법들은 1960~70년대 행동치료와 접목되면서 인지행동치료로 발전하였다.

② 로저스(Rogers)는 정신분석치료의 대안으로 인간중심치료를 제시하면서 자신의 치료활동을 카운슬링(counseling)으로 지칭하였다.

③ 윌버(Wilber)는 자아초월 심리학의 이론체계를 발전시켰으며 그의 이론에 근거한 통합적 심리치료를 제시하였다.

④ 제임스(James)는 펜실베니아 대학교에 최초의 심리클리닉을 설립하여 학습장애와 행동장애 아동을 대상으로 치료 활동을 시작하였다.

해설 최초의 심리클리닉을 개설한 사람은 1896년 펜실베니아 대학의 위트머(Witmer)이다.

82 내담자에게 바람직한 목표 행동을 설정해 두고, 그 행동에 근접하는 행동을 보일 때 단계적으로 차별강화를 주어 바람직한 행동에 접근해 가도록 만드는 치료기법은?

① 역할연기 ② 행동조형(조성)
③ 체계적 둔감화 ④ 재구조화

해설

역할연기	내담자(상담받는 사람)와 치료자가 치료상황에서 가상의 상호작용을 함으로써, 치료 밖에서의 행동변화를 강화하는 기법
체계적 둔감화	불안을 단계적으로 높여가며 노출시킴으로써, 내담자의 불안반응을 경감, 제거시키는 행동 수정기법
재구조화	개관적이지 않거나 비효율적, 비합리적인 생각이 있다면 찾아내서 바꾸는 것

83 특성-요인 상담에 관한 설명으로 틀린 것은?

① 상담자 중심의 상담방법이다.
② 사례연구를 상담의 중요한 자료로 삼는다.
③ 문제의 객관적 이해보다는 내담자에 대한 정서적 이해에 중점을 둔다.
④ 내담자에게 정보를 제공하고 학습기술과 사회적 적응기술을 알려주는 것을 중요시한다.

해설 특성-요인 상담은 Parsons가 개발한 지시적 상담이론이라고도 부르는 이론으로 진로상담에서 많이 사용된다. 특성 요인이론의 6가지의 체계화된 상담과정이 있다.

[6가지 체계화된 상담과정]

분석	자료들을 주관적, 객관적 방법으로 수집한다.
종합	자료들을 수집하고 요약한다.
진단	원인들을 탐색한다.
예측	가능성을 판단한다. 대안적 조치와 중점 사항을 예측한다.
상담	내담자와 함께 협동적으로 이야기한다.
추수지도	새로운 문제 발생 시 위의 단계를 반복, 지속적으로 내담자를 돕는다.

84 다음은 가족상담 기법 중 무엇에 관한 설명인가?

가족들이 어떤 특정한 사건을 언어로 표현하는 대신에 공간적 배열과 신체적 표현으로 묘사하는 기법

① 재구조화 ② 순환질문
③ 탈삼각화 ④ 가족조각

해설 가족조각은 특정한 시기의 어려웠던 사건을 선정하고, 정서적인 가족관계를 언어를 사용하지 않고 신체적으로 상징하기 위하여 사람이나 대상물들을 배열하는 것이다.

85 성상담을 할 때 상담자가 가져야 할 시행지침으로 옳은 것은?

① 성과 관련된 개인적 사고는 다루지 않는다.
② 내담자의 죄책감과 수치심은 다루지 않는다.
③ 성폭력은 낯선 사람에 의해서만 발생함을 감안한다.
④ 성폭력은 성적 자기결정권의 침해임을 감안한다.

해설 성상담은 성과 관련된 개인적 사고와 내담자의 죄책감과 수치심도 다뤄야 하며, 성폭력은 가족이나 지인에게도 많이 발생한다.

86 정신분석에서 내담자가 지속적이고 반복적인 학습을 통해 자신이 이해하고 통찰한 바를 충분히 소화하는 과정은?

① 자기화　　　　② 훈습
③ 완전학습　　　④ 통찰의 소화

> **해설** **[훈습(working-through)]**
> • 상담과정에서 얻은 통찰을 실생활 속에서 실천에 옮기도록 하는 것
> • 내담자가 분석을 통해 알게 되고 결심한 것들을 일상생활에 적용할 수 있을 때까지 반복적으로 해석과 지지를 제공해 주는 과정

87 중학교 교사인 상담자가 학생을 상담하는 과정에서 구조화를 하는 방법으로 틀린 것은?

① 상담자와 내담자는 상담관계 이외에 사제관계를 맺고 있으므로 이런 이중적인 관계로 인해 예상되는 문제나 어려움을 사전에 논의한다.
② 상담에 대해 현실적으로 기대할 수 있는 바가 무엇인지, 기대의 실현을 위해 상담자와 내담자가 각각 해야 할 역할이 무엇인지에 대해 설명한다.
③ 정규적인 상담을 할 계획이라면 상담자와 내담자가 만나는 요일이나 시간을 정하고, 한번 만나면 매회 면접시간의 길이와 전체 상담과정의 길이나 횟수에 대해서도 알려준다.
④ 상담내용에 대한 비밀보장의 원칙을 내담자에게 알려주고, 비밀보장의 한계에 대한 정보는 내담자의 솔직한 자기개방을 저해할 수 있으므로 상담 관계의 신뢰성이 충분히 형성된 이후에 알려주는 것이 좋다.

> **해설** 비밀보장의 원칙과 한계에 대한 고지는 상담의 시작 시점에 해야 한다.

88 청소년기 자살의 위험인자와 가장 거리가 먼 것은?

① 공격적이고 약물남용 병력이 있으며 충동성이 높은 행동장애의 경우
② 성적이 급락하고 식습관 및 수면행동의 변화가 심한 경우
③ 습관적으로 부모에 대한 반항이나 저항을 보이는 경우
④ 동료나 가족 등 가까운 이들과 떨어져 지내는 회피행동이 증가한 경우

> **해설** 부모에 대한 반항이나 저항을 보이는 경우는 품행장애의 가능성이 크고 자살 위험성은 상대적으로 적다.

89 항갈망제에 해당하는 것을 모두 고른 것은?

> ㄱ. 노르트립틸린(nortriptyline)
> ㄴ. 날트렉손(naltrexone)
> ㄷ. 아캄프로세이트(acamprosate)

① ㄱ　　　　　　② ㄱ, ㄴ
③ ㄴ, ㄷ　　　　④ ㄱ, ㄴ, ㄷ

> **해설** 항갈망제라는 약은 술에 대한 갈망감을 줄여주어 단주에 도움을 주는 중요한 약물로 날트렉손과 아캄프로세이트가 있다. 노르트립틸린(nortriptyline)은 우울증 치료제이다.

90 가족치료의 주된 목표와 가장 거리가 먼 것은?

① 가계의 특징을 파악하고 이를 재구조화한다.
② 가족구성원 간의 잘못된 관계를 바로잡는다.
③ 특정 가족구성원의 문제행동을 수정한다.
④ 가족구성원 간의 의사소통 유형을 파악하고 의사소통이 잘 되도록 한다.

> **해설** 가족치료의 대상은 특정 가족구성원보다는 전체 가족의 구조나 관계에 있다.

91 다음 알코올 중독 내담자에게 적용할 만한 동기강화상담의 기법과 가장 거리가 먼 것은?

> "제가 술 좀 마신 것 때문에 아내가 저를 이곳에 남겨 두었다는 것을 믿을 수가 없군요. 그녀의 문제가 무엇인지 모르겠어요. 이 방에 불러서 이야기 좀 하고 싶어요. 음주가 문제가 아니라 그녀가 문제인 것이니까요."

① 반영반응(reflection response)
② 주창 대화(advocacy talk)
③ 재구성하기(reframing)
④ 초점 옮기기(shifting focus)

해설 [동기강화상담의 기법]
• 열린질문　　　　• 인정하기
• 반영하기　　　　• 요약하기

92 청소년 비행의 원인을 현대사회의 가치관 혼란현상으로 설명하는 것은?

① 아노미 이론　　② 사회통제 이론
③ 하위문화 이론　④ 사고충돌 이론

해설 뒤르켐의 아노미 이론의 주요 내용은 다음과 같다. 사회가 급격히 변동하였을 때 그에 대한 대응규범이 니타나지 않으면, 사람들은 흔란을 겪게 되고 이런 무규범 상태가 지속됨으로써 일탈이 발생한다는 것이다.

93 상담 시 내담자에게 관심을 집중시키는 기술과 가장 거리가 먼 것은?

① 개방적인 몸자세를 취한다.
② 내담자를 향해서 편안한 자세로 앉는다.
③ 내담자를 지나치게 응시하지 않는다.
④ 내담자에게 잘 듣고 있다고 항상 말로 확인해준다.

해설 경청은 언어적 방법보다는 비언어적 방법이 더 효과적이다.

94 인간중심 상담의 과정을 7단계로 나눌 때, ( )에 들어갈 내용의 순서가 올바른 것은?

> 1단계 : 소통의 부재
> 2단계 : 도움의 필요성 인식 및 도움 요청
> 3단계 : 대상으로서의 경험 표현
> 4단계 : (ㄱ)
> 5단계 : (ㄴ)
> 6단계 : (ㄷ)
> 7단계 : 자기실현의 경험

① ㄱ : 지금-여기에서 더 유연한 경험표현
　 ㄴ : 감정수용과 책임증진
　 ㄷ : 경험과 인식의 일치
② ㄱ : 감정수용과 책임증진
　 ㄴ : 경험과 인식의 일치
　 ㄷ : 지금-여기에서 더 유연한 경험표현
③ ㄱ : 경험과 인식의 일치
　 ㄴ : 지금-여기에서 더 유연한 경험표현
　 ㄷ : 감정수용과 책임증진
④ ㄱ : 감정수용과 책임증진
　 ㄴ : 지금-여기에서 더 유연한 경험표현
　 ㄷ : 경험과 인식의 일치

해설 [인간중심 상담의 과정 7단계]
• 1단계 : 소통의 부재
• 2단계 : 도움의 필요성 인식 및 도움요청
• 3단계 : 대상으로서의 경험표현
• 4단계 : 지금-여기에서 더 유연한 경험표현
• 5단계 : 감정수용과 책임증진
• 6단계 : 경험과 인식의 일치
• 7단계 : 자기실현의 경험

95 상담자가 내담자에 대한 치료를 중단 또는 종결할 수 있는 경우에 해당하지 않는 것은?

① 내담자가 제3자의 위협을 받는 등 중대한 사유가 있는 경우
② 내담자가 치료과정에 불성실하게 임하는 경우
③ 내담자에 대한 계속적인 서비스가 도움이 되지 않을 경우
④ 내담자가 더이상 심리학적 서비스를 필요로 하지 않는 경우

해설 내담자가 치료과정에 불성실하게 임하는 경우는 치료에 대한 저항으로 치료의 한 과정이다.

96 임상적인 상황에서 활용되는 최면에 관한 가정과 가장 거리가 먼 것은?

① 최면상태는 자연스러운 것이나 치료자에 의해 형식을 갖춘 최면 유도로만 일어날 수 있다.
② 모든 최면은 자기최면이라 할 수 있다.
③ 각 개인은 치료와 자기실현에 필요한 자원을 담고 있는 무의식을 소유하고 있다.
④ 내담자는 무의식 탐구로 알려진 일련의 과정을 진행시킬 수 있다.

해설 최면은 다양한 방법으로 일어난다.

97 다음 사례에서 직면기법에 가장 가까운 반응은 어느 것인가?

> 집단모임에서 여러 명의 집단원들로부터 부정적인 피드백을 받은 한 집단원에게 다른 집단원이 그의 느낌을 묻자 아무렇지도 않다고 하지만 그의 얼굴 표정이 몹시 굳어있을 때, 지도자가 이를 직면하고자 한다.

① "○○씨, 지금 느낌이 어떤지 좀 더 말씀하시면 어떨까요?"
② "○○씨, 방금 아무렇지도 않다고 말씀하셨습니다."
③ "○○씨, 이러한 일은 창피함을 느끼게 만드는 것 같습니다."
④ "○○씨, 말씀과는 달리 얼굴이 굳어있고 목소리가 떨리는군요"

해설 '직면'은 내담자의 행동에서 모순이나 불일치를 지적하여 내담자가 스스로를 통찰하고 긍정적으로 변할 수 있는 계기를 마련하는 기법이다.

98 Beck의 인지적 왜곡 중 개인화에 대한 예로 적절한 것은?

① "관계가 끝나버린 건 모두 내 잘못이야."
② "이 직업을 구하지 못하면, 다시는 일하지 못할 거야."
③ "나는 정말 멍청해."
④ "너무 불안하니까, 고속도로를 달리는 것은 위험할 거야."

해설 개인화란 자신과 관련시킬 근거가 없는 외부사건을 자신과 관련시키는 성향을 말한다.

정답 95 ② 96 ① 97 ④ 98 ①

99 학습상담 과정에 대한 설명과 가장 거리가 먼 것은?

① 현실성 있는 상담목표를 설정해서 상담한다.

② 학습문제와 관련된 내담자의 감정을 이해하고 격려한다.

③ 내담자의 장점, 자원 등을 학습 상담 과정에 적절히 활용한다.

④ 학습문제와 무관한 개인의 심리적 문제들은 회피하도록 한다.

해설 학습상담이라도 개인의 심리적 문제들이 관련이 되면 치료과정에서 이를 다루어야 한다.

3단계	• 사회적 가치 지향성(9~13세) • 상황 속 자기를 인식한다. 자신이 추구하는 사회적 명성과 능력에 부합되는 직업들에 대해 집중적인 관심을 보이며 아닌 것은 배제한다. • 사회계층에 대한 개념 생성, 상황 속에서 자아 인식
4단계	• 내적 고유한 자아 지향성(14세 이후) • 내적 자아확립 단계로써, 자신의 가치관, 성격 및 능력, 흥미 등에 대해 알게 되며 자신에게 맞는 직업을 선택하고 아닌 것은 배제한다. • 타인에 대한 개념이 생겨나고 자아성찰과 사회계층의 맥락에서 직업적 포부 더욱 발달, 추상적 사고, 진로포부수준 현실화

100 Gottfredson의 직업포부 발달이론에서 직업과 관련된 개인발달의 단계에 해당하지 않는 것은?

① 힘과 크기 지향성

② 성역할 지향성

③ 개인선호 지향성

④ 내적 고유한 자아 지향성

해설 [고트프레드슨의 직업과 관련된 개인발달의 4단계]

1단계	• 힘과 크기의 지향성(3~5세) • 어른이 된다는 것의 의미를 알게 되며 직업은 성인의 역할로 지각된다. • 사고과정 구체화, 어른 역할 흉내내기(직업을 갖는 것 = 어른)
2단계	• 성역할 지향성(6~8세) • 자신이 성이 반대성보다 우월하다고 생각하며 성의 발달이 자기개념에 영향을 미치며 자신의 성역할과 일치하지 않는 직업은 배제한다. • 성역할에 근거하여 직업 선호를 보임

임상심리사 2급 필기

2022

문제 및 해설

1 심리학개론

01 임상심리학 연구방법 중 내담자와의 면접을 통해 증상과 경과를 체계적으로 연구하는 방법은?

① 실험연구   ② 상관연구
③ 사례연구   ④ 혼합연구

해설
- 사례연구는 특정한 한 대상(개인, 프로그램, 기관 또는 단체, 어떤 사건)에 대해 조사 의뢰자가 당면하고 있는 상황과 유사한 사례를 찾아내어 철저하고 깊이 있게 총체적으로 분석하는 연구를 말한다.
- 한 사례에 대한 깊이 있는 분석을 통해 같은 상황 속에 있는 다른 사례들을 이해하고 도움이 될 수 있는 방법을 찾을 수 있다.

02 성격이론과 대표적인 연구자가 잘못 짝지어진 것은?

① 정신분석 이론 – 프로이드(Freud)
② 행동주의 이론 – 로저스(Rogers)
③ 인본주의 이론 – 매슬로우(Maslow)
④ 특질 이론 – 올포트(Allport)

해설 로저스는 인본주의 이론의 대표자이다.

03 기억 연구에서 집단이 회상한 수가 집단구성원 각각 회상한 수의 합보다 적은 것을 의미하는 것은?

① 책임감 분산   ② 청크 효과
③ 스트룹 효과   ④ 협력 억제

해설 기억 연구에서 집단이 회상한 수가 집단구성원 각각 회상한 수의 합보다 적은 현상을 '협력 억제'라고 한다.

04 여러 상이한 연령에 속하는 사람들로부터 동시에 어떤 특성에 대한 자료를 얻고, 그 결과 를 연령 간 비교하여 발달적 변화과정을 추론하는 연구방법은?

① 종단적 연구방법
② 횡단적 연구방법
③ 교차비교 연구방법
④ 단기 종단적 연구방법

해설 여러 상이한 연령에 속하는 사람들로부터 동시에 어떤 특성에 대한 자료를 얻고, 그 결과를 연령 간 비교하여 발달적 변화과정을 추론하는 연구방법은 횡단적 연구방법이다.

종단적 연구방법	하나의 연구대상을 일정 기간 동안 관찰하여 그 대상이 변화를 파악하는 데 초점을 둔 연구방법이다.
교차비교 연구방법	다양한 연구들을 서로 비교하는 연구방법론이다.
단기 종단적 연구방법	종단적 연구방법을 단기간에 걸쳐 시행하는 연구방법이다.

05 단순 공포증이 유사한 대상에게 확대되는 현상을 설명하는 학습원리는?

① 변별조건 형성   ② 자극 일반화
③ 자발적 회복   ④ 소거

해설 단순 공포증이 유사한 대상에게 확대되는 현상을 설명하는 학습원리는 자극 일반화이다.

변별조건 형성	조건자극과 비슷하기는 하지만 동일하지 않은 자극에 대해 다르게 반응하는 것을 말하며 자극의 변별은 일반화와 반대라고 생각하면 된다.
자발적 회복	조건 반응이 소거되거나 약화되었지만 조건자극을 제시하면 일시적으로 조건반응이 다시 나타날 수 있다.
소거	조건반사에 강화가 더 이상 주어지지 아니할 때 그 반응이 나타나지 아니하게 되는 일이다.

정답   01 ③   02 ②   03 ④   04 ②   05 ②

06 실험장면에서 실험자가 조작하는 처치변인은?

① 독립변인   ② 종속변인
③ 조절변인   ④ 매개변인

> **해설** 실험장면에서 실험자가 조작하는 처치변인은 독립변인이다. 변인들 간의 관계를 발견하기 위하여 통제된 상황에서 독립변인을 인위적으로 조작하여 그것이 종속변인에 어떠한 영향을 미치는가를 객관적인 방법으로 측정하여 분석하는 연구방법이다. 실험 연구는 변인들 간의 인과관계를 밝혀줄 수 있다는 점에서 가장 강력한 연구방법으로 여겨지고 있다.

07 프로이드의 성격의 구조에 대한 설명으로 틀린 것은?

① 이드는 쾌락원칙을 따른다.
② 초자아는 항문기의 배변훈련 과정을 겪으면서 발달한다.
③ 성격 구조 가운데 가장 마지막으로 발달하는 체계가 '초자아'이다.
④ 자아는 성격의 집행자로서 인지능력에 포함된다.

> **해설** 프로이트는 남근기를 일생에서 가장 중요한 발달단계로 보았다. 또한 프로이트는 생애 첫 5년 동안 아이가 경험하는 가장 중요한 사건이 바로 남근기의 '오이디푸스 콤플렉스'라고 하였으며 이 시기 가장 특징적인 변화는 초자아가 생겨난다는 것이다.

08 Cattell의 성격 이론에 관한 설명과 가장 거리가 먼 것은?

① 주로 요인분석을 사용하여 성격요인을 규명하였다.
② 지능을 성격의 한 요인인 능력특질로 보았다.

③ 개인의 특정 행동을 설명할 수 있느냐에 따라 특질을 표면특질과 근원특질로 구분하였다.
④ 성격특질이 서열적으로 조직화되어 있다고 보았다.

> **해설** 성격특질이 서열적으로 조직화되어 있다고 본 학자는 Eysenck이다.

09 성격을 정의할 때 고려하는 특징으로 가장 거리가 먼 것은?

① 시간적 일관성
② 환경에 대한 적응성
③ 개인의 독특성
④ 개인의 자율성

> **해설** 성격은 환경에 대하여 특정한 행동 형태를 나타내고, 그것을 유지하고 발전시킨 개인의 독특한 심리적 체계이다. 개인의 자율성과는 상관이 없다.

10 인지학습 이론에 대한 설명으로 틀린 것은?

① 형태주의는 공간적인 관계보다는 시간변인에 주로 관심을 갖는다.
② Tolman은 강화가 무슨 행동을 하면 어떤 결과가 일어날 것이란 기대를 확인시켜 준다고 보았다.
③ 통찰은 해결 전에서 해결로 갑자기 일어나며 대개 '아하' 경험을 하게 된다.
④ 인지도는 학습에서 내적 표상이 중요함을 보여 준다.

> **해설** 형태주의는 시간변인보다는 Here & Now(지금 여기)의 공간적인 관계에 관심을 갖고 인지학습 이론과는 거리가 멀다.

11 에릭슨의 심리사회적 발달 이론에서 노년기에 맞는 위기는?

① 고립감　　　② 열등감
③ 단절감　　　④ 절망감

> **해설** [에릭슨의 심리사회적 발달 이론]
> 에릭슨의 정신분석학적 관점에 따라 인간 발달을 영아기(신뢰 대 불신)에서 노년기(자아 통합 대 절망)까지 총 8단계로 구분한 고전적 발달단계 이론이다.

[에릭슨의 심리사회적 발달단계]

1단계(0~1세)	기본적 신뢰감 대 불신감
2단계(1~3세)	자율성 대 수치심 및 회의감
3단계(3~5세)	주도성 대 죄책감
4단계(5~12세)	근면성 대 열등감
5단계(12~20세, 청소년기)	정체감 대 역할혼미
6단계(20~24세, 청년기)	친밀감 대 고립감
7단계(24~65세, 장년기)	생산성 대 침체성
8단계(노년기)	자아통합성 대 절망감

12 고전적 조건형성에 관한 설명으로 옳은 것은?

① 대부분의 정서적인 반응들은 고전적 조건형성을 통해 학습될 수 있다.
② 중립자극은 무조건 자극 직후에 제시되어야 한다.
③ 행동변화의 효과를 거두기 위해서는 적절한 반응의 수나 비율에 따라 강화가 이루어져야 한다.
④ 모든 자극에 대한 모든 반응은 연쇄(chaining)를 사용하여 조건형성을 할 수 있다.

> **해설**
> • ② 중립자극은 무조건 자극 전에 제시되어야 한다.
> • ③, ④는 조작적 조건형성에 관한 내용이다.

13 자신의 행동을 통해서 태도를 확인하고 이해하는 과정을 설명하는 이론은?

① 인지부조화 이론
② 자기지각 이론
③ 자기고양편파 이론
④ 자기 정체성 이론

> **해설** 자신의 행동을 통해서 태도를 확인하고 이해하는 과정을 설명하는 이론을 '자기지각 이론'이라 한다.

14 집단사고가 일어나는 상황과 가장 거리가 먼 것은?

① 집단의 응집력이 높은 경우
② 집단이 외부 영향으로부터 고립된 경우
③ 집단의 리더가 민주적인 경우
④ 실행 가능한 대안이 부족하여 집단의 스트레스가 높은 경우

> **해설** 집단의 리더가 민주적이면 집단사고가 일어나기보다는 집단원의 자유로운 사고가 가능해진다.

15 어떤 사람의 행동을 보고 상황이나 외적 요인보다는 사람의 기질이나 내적 요인에 그 원인을 두려고 하는 것은?

① 고정관념　　　② 현실적 왜곡
③ 후광효과　　　④ 기본적 귀인 오류

> **해설**
> • 기본적 귀인 오류(FAE ; Fundamental Attribution Error)는 관찰자가 다른 이들의 행동을 설명할 때 상황 요인들의 영향을 과소평가하고 행위자의 내적, 기질적인 요인들의 영향을 과대평가하는 경향을 말한다.
> • 후광효과는 어떤 사물이나 사람을 평가함에 있어 부분적인 속성에서 받은 인상 때문에 다른 측면에서의 평가나 전체적인 평가가 영향을 받는 부적절한 일반화 경향을 의미한다.

16 의미망 모형에 관한 설명으로 틀린 것은?

① 많은 정보들은 의미망으로 조직화할 수 있고 의미망은 노드(node)와 통로(pathway)로 구성되어 있다.

② 모형의 가정을 어휘결정 과제로 검증할 수 있다.

③ 버터가 단어인지를 판단하는 데 걸리는 시간은 간호사보다 빵이라는 단어가 먼저 제시되었을 때 더 느리다.

④ 활성화 확산 과정으로 설명할 수 있다.

[해설]
- ③ 버터가 단어인지를 판단하는 데 걸리는 시간은 간호사보다 빵이라는 단어가 먼저 제시되었을 때 더 빠르다.
- 인지적 경제성을 강조하는 의미망 모형(semantic network model)은 의미기억이 많은 상호연결을 갖는 그물망 같은 구조로 조직된다고 본다. 우리가 정보를 인출할 때는 관련 개념들로 활성화가 확산된다.

17 동조에 관한 설명으로 옳은 것은?

① 집단의 크기에 비례하여 동조의 가능성이 증가한다.

② 과제가 쉬울수록 동조가 많이 일어난다.

③ 개인이 집단에 매력을 느낄수록 동조하는 경향이 더 높다.

④ 집단에 의해서 완전하게 수용 받고 있다고 느낄수록 동조하는 경향이 더 크다.

[해설]
- ① 집단의 크기는 동조량과 직접적인 관련이 없으며 그보다는 집단 내에 독립적인 의견의 수가 동조량에 영향을 미친다.
- ② 과제가 어려울수록 동조가 많이 일어난다.
- ④ 집단에 의해서 거부 받고 있다고 느낄수록 동조하는 경향이 더 크다.

18 연구설계 시 내적 타당도를 위협하는 요인이 아닌 것은?

① 평균으로의 회귀

② 측정도구의 변화

③ 피험자의 반응성

④ 피험자의 학습효과

[해설]
- 내적 타당도는 인과관계의 추론(=충족) 정도, 즉 가설 내 독립변수의 조작으로 인해 종속변수가 변화하는 것을 의미한다.
- 내적 타당도는 실험에 의한 변화를 판단하는 인과관계의 충족 정도를 의미한다.
- ③ 피험자의 반응성은 연구설계와 관련이 없는 외적 타당도에 속하는 내용이다.

19 기억에 관한 설명 중 옳지 않은 것은?

① 기억의 세 단계는 부호화, 저장, 인출이다.

② 각각 기억은 매우 큰 용량을 가지고 있지만 순식간에 소멸한다.

③ 외현기억은 무의식적이며, 암묵기억은 의식적이다.

④ 부호화와 인출을 증진시키는 한 가지 방법은 심상을 사용하는 것이다.

[해설] 외현기억이 의식적이고, 암묵기억이 무의식적이다.

20 비율척도에 해당하는 것은?

① 성별   ② 길이
③ 온도   ④ 석차

해설 [척도(scale)의 종류]

척도	의미	순서	균등한 간격	절대값 존재
명목척도 (nominal scale)	속성을 분류하는 척도	×	×	×
서열척도 (ordinal scale)	순서 관계를 밝혀주는 척도	○	×	×
등간척도 (interval scale)	순서 사이의 간격이 균등한 척도	○	○	×
비율척도 (ratio scale)	순서 사이의 간격이 균등하고, 절대값(0)이 존재하는 척도	○	○	○

2 이상심리학

21 DSM-5에서 알코올 사용 장애 진단기준에 관한 설명으로 옳은 것은?

① 증상의 개수로 알코올 사용 장애 심각도를 분류한다.
② 알코올로 인한 법적문제가 진단기준에 포함된다.
③ 교차중독 현상이 진단기준에 포함된다.
④ 음주량과 음주횟수가 진단기준에 포함된다.

해설 DSM-5에서 알코올 사용 장애 진단기준에는 법적인 문제, 교차중독, 음주량과 횟수는 포함되지 않는다.

[알코올 사용 장애(alcohol use disorders) 진단기준]
• 임상적으로 현저한 손상이나 고통을 일으키는 문제적 알코올 사용양상이 지난 12개월 사이에 다음의 항목 중 최소한 2개 이상으로 나타난다.

– 알코올을 종종 의도했던 것보다 많은 양, 혹은 오랜 기간 동안 사용함
– 알코올 사용을 줄이거나 조절하려는 지속적인 욕구가 있음. 혹은 사용을 줄이거나 조절하려고 노력했지만 실패한 경험들이 있음
– 알코올을 구하거나 사용하거나 그 효과에서 벗어나기 위한 활동에 많은 시간을 보냄
– 알코올에 대한 갈망감 혹은 강한 바람, 욕구
– 반복적인 알코올 사용으로 인해 직장, 학교 혹은 가정에서의 주요한 역할 책임 수행에 실패함
– 알코올의 영향으로 지속적으로, 혹은 반복적으로 사회적 혹은 대인관계가 문제가 발생하거나 악화됨에도 불구하고 알코올 사용을 지속함
– 알코올 사용으로 인해 중요한 사회적, 직업적 혹은 여가 활동을 포기하거나 줄임
– 신체적으로 해가 되는 상황에서도 반복적으로 알코올을 사용함
– 알코올 사용으로 인해 지속적으로 혹은 반복적으로 신체적, 심리적 문제가 유발되거나 악화될 가능성이 높다는 것을 알면서도 계속 알코올을 사용함
– 내성, 다음 중 하나로 정의됨
  a 중독이나 원하는 효과를 얻기 위해 알코올 사용량의 뚜렷한 증가가 필요
  b 동일한 용량의 알코올을 계속 사용할 경우 효과가 현저히 감소

22 여성의 알코올 중독에 관한 설명으로 옳은 것은?

① 알코올 중독의 남녀 비율은 비슷한 수준이다.
② 여성은 유전적으로 남성보다 알코올 중독의 가능성이 더 높다.
③ 여성 알코올 중독자들은 남성 알코올 중독자들보다 우울을 더 많이 경험하고 자살시도 횟수가 더 많다.
④ 여성은 남성보다 체지방이 많기 때문에 술의 효과가 늦게 나타나고 대사가 빠르다.

해설
• ① 알코올 중독의 남녀 비율은 남성이 월등히 높다.
• ②, ④는 밝혀진 바가 없다.

23 지속성 우울 장애(기분 저하증)의 진단기준에 관한 설명으로 틀린 것은?

① 우울기간 동안 자존감 저하, 절망감 등의 2가지 증상이 나타난다.

② 순환성 장애의 진단기준을 충족해야 한다.

③ 조종삽화, 경조증 삽화가 없어야 한다.

④ 청소년에서는 기분이 과민한 상태로 나타나기도 한다.

> **해설** 순환성 장애는 양극성 장애의 하위유형이다.

24 이상심리의 이론적 모형에 관한 설명으로 틀린 것은?

① 양극성 장애와 조현병은 유전을 비롯한 생물학적 요인에 영향을 받는다.

② 행동주의자들은 부적응 행동이 학습의 원리에 따라 형성된다고 제안하였다.

③ 실존주의자들은 정신 장애가 뇌의 생화학적 이상에 의해서 유발된다고 본다.

④ 인지이론가들은 비합리적 신념과 역기능적 사고가 이상 행동에 영향을 준다고 본다.

> **해설** 정신 장애가 뇌의 생화학적 이상에 의해서 유발된다고 보는 이론은 생물학적 모형이다.

25 조현병 스펙트럼 및 기타 정신병적 장애에 해당하지 않는 것은?

① 순환성 장애

② 조현 양상 장애

③ 조현 정동 장애

④ 단기 정신병적 장애

> **해설** 순환성 장애는 양극성 장애의 하위유형이다.

26 사회불안 장애에 대한 설명으로 가장 적합한 것은?

① 공포스러운 사회적 상황이나 활동상황에 대한 회피, 예기 불안으로 일상생활, 직업 및 사회적 활동에 영향을 받는다.

② 특정 뱀이나 공원, 동물, 주사 등에 공포스러워 한다.

③ 터널이나 다리에 대해 공포반응이 일어나는 경우이다.

④ 생리학적으로 부교감 신경계의 활성 등의 생리적 반응에서 기인한다.

> **해설**
> • ② 특정 공포증이다.
> • ③ 광장 공포증이다.

27 신경발달 장애에 관한 설명으로 틀린 것은?

① 뚜렛 장애 진단 시 운동성 틱과 음성 틱은 항상 동시에 나타나야 한다.

② 생의 초기부터 나타나는 유아기 및 아동기 장애와 관련이 있다.

③ 비유창성이 청소년기 이후에 시작되면 성인기-발병 유창성 장애로 진단한다.

④ 상동증적 운동장애는 특정 패턴의 행동을 목적 없이 반복하여 부적응적 문제가 초래된다.

> **해설**
> • 뚜렛 증후군은 불수의적 움직임과 소리를 반복적으로 보이는 신경 질환으로 눈 깜박임, 눈동자 굴리기, 얼굴·코의 씰룩임, 어깨 들썩임, 고개를 갑자기 젖힘, 배 근육에 갑자기 힘주기, 다리 차기 등의 운동 틱과 더불어, 기침 소리, 코를 킁킁거리는 소리, 동물의 울음소리, 상스러운 말 하기(욕, 외설증) 등의 음성 틱이 1년 이상 나타나는 것을 의미한다.
> • 운동 틱과 음성 틱이 동시에 나타나기도 하며, 따로따로 나타나기도 한다.
> • 틱은 학령기 아동에게서 매우 흔하게 나타난다. 전체 아동의 10~20% 정도는 일시적인 틱 증상을 보인다. 틱 증상이 1년 이상 지속되는 만성 틱 장애는 1% 정도의 아동에게 나타나며 운동 틱과 음성 틱을 모두 경험하는 경우를 '뚜렛 증후군(Tourette's Disorder)'이라고 한다.

28 Bleuler가 제시한 조현병(정신분열병)의 4가지 근본증상, 즉 4A에 해당하지 않는 것은?

① 감정의 둔마(affective blunting)
② 자폐증(autism)
③ 양가감정(ambivalence)
④ 무논리증(alogia)

> **해설** 오이겐 블로일러는 스위스의 정신의학자이다. 의학 용어로 조현증(정신분열증)이라는 용어를 처음 사용하였다. 조현증은 4가지의 장애특징을 나타내며 그 앞 글자를 따서 '4A'라고 명명하였다. 4A는 Association(사고연상), Affectivity(감정), Ambivalence(양가감정), Austism(자폐)이다.

29 주의력 결핍 및 과잉행동 장애(ADHD)에 관한 설명으로 틀린 것은?

① 학령전기에 보이는 주요 증상은 과잉행동이다.
② 앉아 있도록 요구되는 상황에서 자리를 떠나는 것은 부주의 증상에 해당된다.
③ 증상이 지속되면 적대적 반항 장애로 동반이환할 가능성이 높다.
④ 여성보다 남성에게 더 흔하게 나타난다.

> **해설** 앉아 있도록 요구되는 상황에서 자리를 떠나는 것은 과잉행동에 해당한다.

30 다음의 사례에 가장 적합한 진단명은?

> 24세의 한 대학원생은 자신의 꿈속에 사는 듯 느껴졌고, 자기 신체와 생각이 자기 것이 아닌 듯 느껴졌다. 자신의 몸 일부는 왜곡되어 보였고, 주변 사람들이 로봇처럼 느껴졌다.

① 해리성 정체성 장애
② 해리성 둔주
③ 이인화/비현실감 장애
④ 착란 장애

> **해설**
> • ① 해리성 정체성 장애는 흔히 '이중인격 또는 다중인격'이라고 불리는 정신질환으로써 어떤 정신적 충격이 계기가 되어 불안정한 개인의 기억 등의 일부가 해리돼 마치 다른 사람처럼 행동하는 증세다.
> • ② 해리성 둔주는 자신의 과거나 정체감에 대한 기억을 상실하여 가정과 직장을 떠나 방황하거나 예정 없는 여행을 하는 장애이다. 세상 지식에 대한 기억은 보존된다.

31 주요 신경인지 장애에 관한 설명으로 옳은 것은?

① 인지기능의 저하 여부는 병전 수행 수준을 기준으로 삼지 않는다.
② 가족력이나 유전자 검사에서 원인이 되는 유전적 돌연변이의 증거가 있어야 한다.
③ 기억 기능의 저하가 항상 나타난다.
④ 알츠하이머병으로 인한 경우는 서서히 시작되고 점진적으로 진행된다.

> **해설**
> • ① 인지기능의 저하 여부는 병전 수행 수준을 기준으로 삼는다.
> • ② 치매의 원인이 되는 유전적 돌연변이의 증거는 아직 없다.
> • ③ 기억 기능의 저하가 항상 일어나는 것은 아니다.

32 분리불안 장애에 관한 설명으로 틀린 것은?

① 행동치료, 놀이치료, 가족치료 등을 통하여 호전될 수 있다.
② 부모의 양육행동, 아동의 유전적 기질, 인지행동적 요인 등이 영향을 미친다.
③ 학령기 아동에서는 학교에 가기 싫어하거나 등교거부로 나타난다.
④ 성인의 경우 증상이 1개월 이상 나타날 때 진단될 수 있다.

> **해설** 분리불안 장애의 진단 시, 기간을 고려하지 않으며 성인의 경우도 마찬가지이다.

33 B군 성격장애에 해당하지 않는 것은?

① 경계성 성격 장애

② 강박성 성격 장애

③ 반사회성 성격 장애

④ 연극성 성격 장애

> 해설 강박성 성격 장애는 C군 성격 장애이다.

34 다음 장애 중 성기능 부전에 포함되지 않는 것은?

① 사정지연   ② 발기 장애

③ 마찰도착 장애   ④ 여성 극치감 장애

> 해설 마찰도착 장애는 변태 성욕 장애에 해당한다.

35 다음 증상들이 나타날 때 적절한 진단명은?

- 의학적 상태, 물질 중독이나 금단, 치료약물의 사용 등으로 일어난다는 증거가 있다.
- 주의집중하는 것이 어렵고, 이해할 수 없는 말을 중얼거린다.
- 방향 감각이 없고 자신의 이름을 말하지 못한다.
- 위의 증상들이 갑자기 나타나고, 몇 시간이나 몇 일간 지속되다가 그 원인을 제거하면 회복되는 경우가 많다.

① 섬망

② 경도 신경인지 장애

③ 주요 신경인지 장애

④ 해리성 정체성 장애

> 해설 섬망은 일시적으로 매우 갑작스럽게 나타나는 정신상태의 혼란으로 안절부절 못하고, 잠을 안자고, 소리를 지르고, 주사기를 빼내는 것과 같은 심한 과다행동이나 환각, 환청, 초조함, 떨림 등이 자주 나타나는 것을 말한다.

36 전환 장애에 관한 설명으로 틀린 것은?

① 전환 장애 진단을 위해서는 증상이 신경학적 질병으로 설명되지 않아야 한다.

② 전환증상은 다양하지만 특히 흔한 것은 보이지 않음, 들리지 않음, 마비, 무감각 증 등이다.

③ 전환증상은 의학적 증거로 설명되지는 않고 있으며 환자들이 일시적인 어려움을 피하기 위하여 의도적으로 꾸며낸 것이다.

④ 전환증상은 내적 갈등의 자각을 차단하는 1차 이득이 있고, 책임감으로부터 구제해 주고 동정과 관심을 끌어내는 2차 이득이 있다.

> 해설 전환증상은 의학적 증거로 설명되지는 않고 있으나 환자들이 의도적으로 꾸며낸 것은 아니다.

37 변태성욕 장애에 해당하지 않는 것은?

① 관음 장애   ② 소아성애 장애

③ 노출 장애   ④ 성별 불쾌감

> 해설 성별 불쾌감은 출생 시 지정된 자신의 신체적인 성별이나 성 역할에 대한 불쾌감을 뜻한다. 이는 자신의 지정 성별과 젠더가 성정체성과 일치하지 않아 발생하는 현상이며, 이런 사람을 '트랜스 젠더'라 한다.

38 대인관계의 자아상 및 정동의 불안정성, 심한 충동성을 보이는 광범위한 행동 양상으로 인해 사회적 부적응이 초래되는 성격 장애는?

① 의존성 성격 장애

② 경계선 성격 장애

③ 편집성 성격 장애

④ 연극성 성격 장애

> 해설 대인관계의 자아상 및 정동의 불안정성, 심한 충동성을 보이는 광범위한 행동 양상으로 인해 사회적 부적응이 초래되는 성격 장애는 경계선 성격 장애로 B군 성격 장애에 해당한다.

39 조현병에 관한 설명으로 맞는 것은?

① 망상, 환각, 와해된 언어 중 1개 증상이 반드시 포함되어야 한다.

② 양성증상은 음성증상보다 더 만성적으로 나타난다.

③ 2개 이상의 영역에서 기능이 저하되어야 진단될 수 있다.

④ 일반적으로 발병 연령의 성별 차이는 나타나지 않는다.

> **해설**
> • ② 음성증상이 더 만성적이다.
> • ④ 남성의 조현병 발병은 여성에 비하여 더 빠르다. 남성은 30세 이전에 90% 정도 발현되나 여성은 30세 이전에 20% 정도만 발생한다.

40 주요 우울장애에 동반되는 세부 유형(양상)이 아닌 것은?

① 혼재성 양상 동반

② 멜랑콜리아 양상 동반

③ 급속 순환성 양상 동반

④ 비전형적 양상 동반

> **해설** 급속 순환성 양상은 양극성 장애의 양상이다.

③ 심리검사

41 교통사고 환자의 신경심리 검사에서 꾀병을 의심할 수 있는 경우는?

① 기억과제에서 쉬운 과제에 비해 어려운 과제에서 더 나은 수행을 보일 때

② 즉각 기억과제와 지연 기억과제의 수행에서 모두 저하를 보일 때

③ 뚜렷한 병변이 드러나며 작의적인 반응을 보일 때

④ 단기기억 점수는 정상범위나 다른 기억 점수가 저하를 보일 때

> **해설**
> • 기억과제에서 쉬운 과제보다 어려운 과제의 수행이 더 나은 것은 꾀병의 대표적 행태이다.
> • ②, ③, ④는 정상적인 기억행동이다.

42 MMPI-2 코드 쌍의 해석적 의미로 틀린 것은?

① 4-9 : 행동화적 경향이 높다.

② 1-2 : 다양한 신체적 증상에 대한 호소와 염려를 보인다.

③ 2-6 : 전환증상을 나타낼 경우가 많다.

④ 3-8 : 사고가 본질적으로 망상적일 수 있다.

> **해설** 2-6 : 다른 사람을 불신하고 적대시하며 우울을 경험한다.

43 두정엽의 병변과 가장 관련이 있는 장애는?

① 구성 장애

② 시각양식의 장애

③ 청각기능의 장애

④ 고차적인 인지적 추론의 장애

> **해설** 두정엽은 '마루엽'이라고도 하며, 대뇌 반구의 위쪽 후방에 위치한다. 기관에 운동명령을 내리는 운동중추가 있다. 체감각 피질과 감각연합 영역이 있어 촉각, 압각, 통증 등의 체감각 처리에 관여하며 피부, 근골격계, 내장, 미뢰로부터의 감각신호를 담당한다. 이 영역에 손상이 생기면 전체적인 구성능력에 장애가 온다.

44 동일한 사람에게 교육수준이나 환경 및 질병의 영향 등과 같은 모든 가외변인을 통제한 상태에서 20세, 30세, 40세 때 편차점수를 사용하는 동일한 지능검사를 실시하였다면 지능이 어떻게 나타날 것인가?

① 점진적인 저하가 나타난다.
② 30세 때까지 상승하다가 그 이후 저하된다.
③ 점진적인 상승이 나타난다.
④ 변하지 않는다.

해설 지능검사의 지능지수는 연령에 따른 기준을 정한 것이므로 이론적으로는 변하지 않아야 한다.

45 다면적 인성검사(MMPI-2)에서 개인의 전반적인 에너지와 활동수준을 평가하며 특히 정서적 흥분, 짜증스런 기분, 과장된 자기 지각을 반영하는 척도는?

① 척도 1   ② 척도 4
③ 척도 6   ④ 척도 9

해설 척도 9 조증(manic)에 관한 내용이다.

46 지능검사와 그 활용에 관한 설명으로 틀린 것은?

① 학습과 진로지도 자료로 활용할 수 있다.
② 지능지수가 높다고 해서 반드시 높은 학업성취를 보이는 것은 아니다.
③ 검사의 전체 소요시간은 여러 요인에 따라 달라질 수 있다.
④ 웩슬러 지능검사의 특징 중 하나는 정신연령 개념을 도입한 것이다.

해설 정신연령 개념을 도입한 지능검사는 비네(Binet) 지능지수이다.

47 다음에서 설명하고 있는 지능 개념은?

- Cattell이 두 가지 차원의 지능으로 구별한 것 중 하나이다.
- 타고나는 지능으로 생애 초기 비교적 급속히 발달하고 20대 초반부터 감소한다.
- Wechsler 지능검사의 동작성 검사가 이 지능과 관련이 있다.

① 결정적 지능   ② 다중지능
③ 유동적 지능   ④ 일반지능

해설
- ① 결정적 지능은 특수한 분야에서 습득한 지각 기술의 관련성의 총합으로서, 교육, 경험, 환경, 문화 등을 통해 습득되는 능력이다.
- ② 다중지능 이론은 하워드 가드너가 제시한 지능이론이다. 인간의 지능은 서로 독립적이며 서로 다른 6~8가지 유형으로 구성된다는 이론이다. 다중지능 이론은 지능을 하나의 일반적인 능력에 의해 지배되는 것으로 보기보다는 특정한 '양식'으로 구분한다.

48 특정 학업과정이나 직업에 대한 앞으로의 수행능력이나 적응을 예측하는 검사는?

① 적성 검사   ② 시능 검사
③ 성격 검사   ④ 능력 검사

해설 특정 학업과정이나 직업에 대한 앞으로의 수행능력이나 적응을 예측하는 검사는 적성 검사이다.

49 모집단에서 규준집단을 표집하는 방법과 가장 거리가 먼 것은?

① 군집 표집(cluster sampling)
② 유층 표집(stratified sampling)
③ 비율 표집(ratio sampling)
④ 단순무선 표집(simple random sampling)

해설 비율 표집은 모집단의 크기를 고려하여 모집단의 일정 비율을 표본으로 표집하는 방법으로 심리검사 제작보다는 일반조사에서 많이 쓰이는 방법이다.

---

44 ④   45 ④   46 ④   47 ③   48 ①   49 ③   **정답**

50 검사자가 지켜야 할 윤리적 의무로 옳지 않은 것은?

① 검사과정에서 피검자에게 얻은 정보에 대해 비밀을 보장할 의무가 있다.

② 자신이 다루기 곤란한 어려움이 있을 때는 적절한 전문가에게 의뢰하여야 한다.

③ 자신이 받은 학문적인 훈련이나 지도받은 경험의 범위를 벗어난 평가를 해서는 안 된다.

④ 피검자가 자해행위를 할 위험성이 있어도 비밀보장의 의무를 지켜야 하므로 누구에게도 알려서는 안 된다.

해설 피검자가 자해행위를 할 위험성이 있어도 비밀보장의 의무를 지키지 않아도 된다.

51 전두엽 기능에 관한 신경심리학적 평가영역과 가장 거리가 먼 것은?

① 의욕(volition)

② 계획능력(planning)

③ 목적적 행동(purposive action)

④ 장기기억능력(long-term memory)

해설 기억을 관장하는 뇌영역은 해마이다.

52 MMPI에서 2, 7 척도가 상승한 패턴을 가진 피검자의 특성으로 옳지 않은 것은?

① 행동화(acting-out) 성향이 강하다.

② 정신치료에 대한 동기는 높은 편이다.

③ 자기비판 혹은 자기처벌적인 성향이 강하다.

④ 불안, 긴장, 과민성 등 정서적 불안상태에 놓여 있다.

해설 2-7 척도는 억제화 성향이 강한 코드타입이다.

53 MMPI-2 검사에 관한 내용으로 옳지 않은 것은?

① 표준화된 규준을 가지고 있다.

② 수검태도와 검사결과의 타당성을 확인하는 척도가 있다.

③ MMPI의 임상 척도와 MMPI-2의 기본 임상 척도의 수는 동일하다.

④ 임상 척도 간에 중복되는 문항이 적어서 진단적 변별성이 높다.

해설 임상 척도 간에 중복되는 문항이 많아 진단적 변별성이 떨어진다.

54 지능을 일반요인과 특수요인으로 구분한 학자는?

① 스피어만(C.Spearman)

② 써스톤(L. Thurstone)

③ 케텔(R. Cattell)

④ 길포드(J. Guiford)

해설 스피어만(C.Spearman)은 지능을 일반요인과 특수요인으로 구분하였다.

55 검사의 종류와 검사구성 방법을 짝지은 것으로 가장 적합하지 않은 것은?

① 16PF – 요인분석에 따른 검사구성

② CPI – 경험적 준거에 따른 검사구성

③ MMPI – 경험적 준거방법

④ MBTI – 합리적, 경험적 검사구성의 혼용

해설 MBTI는 신뢰도와 타당도가 충분하지 않은 검사라 할 수 있다. MBTI 검사의 이론적 근거라 할 수 있는 칼 융의 성격이론은 과학적인 근거가 없어, 현대 심리학에서 크게 다루지 않는 이론이다. 실제로 지금의 성격심리학계에서 성격측정을 위해 MBTI를 활용하는 경우는 거의 없다.

56 노인 집단의 일상생활 기능에 대한 양상 및 수준을 평가하기에 가장 적합한 심리검사는?

① MMPI-2   ② K-VMI-6
③ K-WAIS-IV   ④ K-Vineland-II

해설

• K-Vineland-II는 대상연령이 0~90세까지 반영되어 있고 신체기능이 저하되는 노년기에는 다시 신체-운동 기능을 반영하여 적응기능을 측정하여 독립적 생활 가능성을 확인해야 하는 노인 대상에게 유용해졌다.

• 적응행동의 평가는 장애인(특히 지적 장애인)과 같은 적응행동에 상당한 제한이 있는 사람들뿐만 아니라 다양한 장애(예를 들어, 발달 장애, 학습 장애, 청각 및 시각 장애, ADHD, 정서 및 행동 장애, 다양한 유전적 장애 등)의 임상적 진단에 사용될 수 있고, 장애가 없는 개인의 적응 수준을 평가하는 데도 도움이 될 수 있다. 더불어 아동기 발달상의 문제뿐만 아니라 적응기능이 손상된 고령의 사람들을 평가하여 독립적인 생활을 유지하는데 도움이 되는 방법을 찾는 데도 기여할 수 있다.

57 발달검사를 사용할 때 고려해야 할 사항과 가장 거리가 먼 것은?

① 일반적인 기능적 분석만 사용해야 한다.
② 규준에 의한 발달적 비교가 가능해야 한다.
③ 다중 기법적 접근을 취해야 한다.
④ 경험적 타당한 측정도구를 사용해야 한다.

해설 발달검사는 일반적 기능을 포함한 신체기능이나 사회성도 포함해야 한다.

58 문장완성 검사에 대한 설명으로 틀린 것은?

① 가족, 이성관계 등 문항의미와 관련하여 이들 문항 세트를 함께 고려하여 해석하는 것이 도움이 된다.
② Rapport 등(1968)은 형식적 면에서 연상의 장애를 '근거리 반응'과 '원거리 반응'으로 개념화하여 설명하고자 하였다.
③ 국내에서 출판되고 있는 Sacks의 문장완성 검사는 아동용, 청소년용, 성인용으로 구분되어 있다.
④ 누락된 문항이라 하더라도 중요한 가설을 형성할 수 있다는 점에서 주의 깊게 검토해야 한다.

해설 ②는 로르샤흐 검사에 대한 설명이다.

59 K-WAIS-IV에서 개념형성 능력을 측정하는 소검사는?

① 차례 맞추기
② 공통성 문제
③ 이해문제
④ 빠진 곳 찾기

해설

차례 맞추기	전체 상황에 대한 이해력과 계획 능력
공통성 문제	추상적 개념화, 언어적 추리능력
이해문제	일상 경험의 응용능력이나 도덕적, 윤리적 판단 능력
빠진 곳 찾기	사물의 본질, 비본질 부분을 구별하는 능력, 시각적 예민성

60 말의 유창성이 떨어지고 더듬거리는 말투, 말을 길게 하지 못하고 어조나 발음이 이상한 현상 등을 보이는 실어증은?

① 브로카 실어증

② 베르니케 실어증

③ 초피질성 감각 실어증

④ 전도성 실어증

> **해설**

브로카 실어증	• 브로카 실어증은 '운동 실어증'이라고도 부른다. 그러나 이해하는 능력은 문제가 없기 때문에 상대방이 하는 이야기는 모두 알아 듣고 있으나 자신의 의사를 표현하지 못하게 된다. • 예를 들어 질문자가 환자에게 "오른손을 들어보세요."라고 하면 환자는 실제로 그 뜻을 이해하기 때문에 오른손을 들 수 있다. 그러나 "이름을 말해보세요."라고 하면 어떤 뜻인지는 알지만 표현능력에 장애가 있어 본인의 이름을 아예 말하지 못하거나(말하려는 노력으로 의미 없는 음절을 말할 수 있음) 이름 중에 한 글자만 이야기 하는 등의 모습을 볼 수 있다.
베르니케 실어증	• 베르니케 실어증은 '감각 실어증'이라고도 부르며 브로카 실어증과 반대 증상을 보인다. 말을 하는 데는 전혀 지장이 없으나 상대의 말을 이해하지 못한다. • 질문자의 의도를 전혀 이해하지 못하기 때문에 이런 환자와는 적절한 대화는 할 수 없으나, 환자가 혼자 이야기 하는 것을 들어보면 유창함이나 문법의 적절성, 단어표현 능력 등은 어느 정도 유지되고 있음을 알 수 있다.

4 임상심리학

61 내담자를 평가할 때 문제행동의 선행조건, 환경적 유인가, 보상의 대체원, 귀인방식과 같은 요소를 중요하게 여기는 평가방법은?

① 정신 역동적 평가

② 인지 행동적 평가

③ 다축 분류체계 평가

④ 기술 지향적 평가

> **해설** 행동평가에서는 행동을 유발, 지속시키는 환경적 요인과 상황에서의 특정적인 행동을 측정하고 그 다음 이에 대한 인지과정을 검토하고 통합한다. 역동적 과정 역시 행동에 선행 또는 병행해서 발생하는 자극(선행사건)과 행동의 결과를 조사하여 평가하는 것을 일컫는다.

62 인지치료에서 강조하는 자동적 자기파괴 인지 중 파국화에 해당하는 것은?

① 그 프로젝트가 성공하지 못한 것은 '나' 때문이다.

② 나는 완벽해져야 하고 나약함을 보여서는 안 된다.

③ 나는 성공하거나 실패하거나 둘 중 하나이다.

④ 이 일이 잘되지 않으면 다시는 이 일과 같은 일은 할 수 없을 것이다.

> **해설**
> • ①은 내부귀인에 해당한다.
> • ②는 완벽주의에 해당한다.
> • ③은 이분법적 사고에 해당한다.

63 다음 30대 여성의 다면적 인성검사 MMPI-2 결과에 대한 일반적 해석으로 적절한 것은?

Hs	D	Hy	Pd	Mf	Pa	Pt	Sc	Ma	Si
72	65	75	50	35	60	64	45	49	60

① 스트레스 상황에서 신체증상이 두드러지고 회피적 대처를 할 소지가 크다.

② 반사회적 행동을 보일 가능성이 크다.

③ 외향적이고 과도하게 에너지가 항진되어 있기 쉽다.

④ 망상, 환각 등의 정신증적 증상이 나타나기 쉽다.

64 공식적인 임상심리학의 기원으로 보는 역사적 사건은?

① Wundt의 심리실험실 개설
② Witmer의 심리클리닉 개설
③ Binet의 지능검사 개발
④ James의 '심리학의 원리' 출판

해설 Witmer의 심리클리닉 개설은 임상심리학에서 공식적인 임상심리학의 기원으로 여겨진다.

65 Wolpe의 체계적 둔감법을 적용하기에 가장 적합한 내담자는?

① 적절한 대처능력이 떨어지고 일반상황에 심각한 불안을 보이는 내담자
② 적절한 대처능력이 있으나 특정상황에 심각한 불안을 보이는 내담자
③ 적절한 대처능력이 있으나 일반상황에 심각한 불안을 보이는 내담자
④ 적절한 대처능력이 떨어지고 특정상황에 심각한 불안을 보이는 내담자

해설
- 점진적 노출요법으로도 알려진 체계적 둔감화(systematic desensitization)는 남아프리카 정신과 의사 조셉 볼프(Joseph Wolpe)가 개발한 행동요법의 한 유형이다.
- 이것은 임상심리학 분야에서 많은 사람들에게 '역 조건형성'과 같은 고전적 조건형성의 조절을 기반으로 하는 공포증 및 기타 불안 장애를 효과적으로 극복하고 인지 행동 접근과 그 응용 행동 분석의 동일한 요소를 공유하도록 도와준다.
- 행동주의적 접근에서 행동 분석가가 사용하는 경우, 내적 행동으로서는 불안 위계 목록을 기록해 보고 이

를 통해 내현적 조절(covert conditioning)을 하며 외적 행동으로는 호흡조절, 신체의 물리적 이완 등을 통한 과도한 반응 조절을 시도하는 반작용 원칙을 통합한다. 이러한 맥락에서 근본적으로 행동주의를 기반하기도 한다. 그러나 인지심리학 관점에서 인지와 감정은 운동행동을 유발하는 메커니즘을 공유하는 부분을 전제한다.

66 내담자의 말과 행동에서 표현된 기본적인 감정, 생각 및 태도를 상담자가 다른 참신한 말로 부연해 주는 것은?

① 명료화　　　② 반영
③ 직면　　　　④ 해석

해설

명료화	내담자의 말 속에 포함되어 있는 불분명한 내용에 대해 상담자가 그 의미를 분명하게 밝히는 기법이다.
직면	내담자의 행동에서 모순이나 불일치를 지적하여 내담자가 스스로를 통찰하고 긍정적으로 변할 수 있는 계기를 마련하는 기법이다.
해석	내담자의 말 속에 담긴 새로운 의미를 내담자에게 설명해 주는 기법이다.

67 행동평가 방법에 관한 설명으로 틀린 것은?

① 자연관찰은 참여자가 아닌 관찰자가 환경 내에서 일어나는 참여자의 행동을 관찰하고 기록하는 방법이다.
② 유사관찰은 제한이 없는 환경에서 관찰하는 방법이다.
③ 자기관찰은 자신이 개인과 환경 간의 상호작용에 관한 자료를 수집하도록 한다.
④ 참여관찰은 관찰하고자 하는 개인이 자연스러운 환경에 관여하면서 기록하는 방식이다.

해설 유사관찰은 제한된 환경에서 관찰하는 방법이다.

68 임상심리학자는 내담자와 이중관계를 갖지 말아야 한다. 이와 가장 관련이 깊은 윤리 원칙은?

① 성실성　　　② 의무성
③ 유능성　　　④ 책임성

> **해설**
>
> | 성실성의 원칙 | 상담자가 상담 관련 교육, 연구, 상담의 실제에서 정직하고 믿을 수 있게 행동할 것을 요구한다. |
> |---|---|
> | 유능성 | 상담자로서 전문성을 갖추어야 한다. |
> | 책임성 | 상담자로서 내담자와의 신뢰 관계를 형성하고 자신의 역할에서 책임과 의무를 다해야 한다. |

69 위치감각과 공간적 회전 등의 개별적인 신체 표상과 관련이 있는 대뇌 영역은?

① 전두엽　　　② 후두엽
③ 측두엽　　　④ 두정엽

> **해설**
>
> | 전두엽 | 감정, 운동, 지적기능 | 측두엽 | 언어기능 |
> |---|---|---|---|
> | 후두엽 | 시각기능 | 두정엽 | 공간, 감각기능 |

70 바람직한 행동을 한 아동에게 그 아동이 평소 싫어하던 화장실 청소를 면제해 주었더니, 바람직한 행동이 증가했다면 이는 어떤 유형의 조작적 조건형성에 해당하는가?

① 정적강화　　　② 부적강화
③ 정적처벌　　　④ 부적처벌

> **해설**
>
> | 정적강화 | 행동의 빈도나 강도를 증가시키는 자극 |
> |---|---|
> | 부적강화 | 특정한 행동의 빈도를 증가시키기 위해서 싫어하고 불쾌해 할 것을 감해 주는 것 |
> | 정적처벌 | 특정한 행동을 줄이기 위해 행동 이후 체벌이 제시되는 것 |

부적처벌	특정한 자극을 제거함으로써 행동의 발생 빈도는 줄이는 경우, 예를 들면 숙제를 하지 않은 경우 휴대폰 사용을 2시간 금지시키는 것

71 정신건강 자문 중 점심시간이나 기타 휴식시간 동안에 임상사례에 대해 동료들에게 자문을 요청하는 형태는?

① 내담자 중심 사례 자문
② 피자문자 중심 사례 자문
③ 비공식적인 동료집단 자문
④ 피자문자 중심 행정 자문

> **해설** [자문의 종류]
>
> | 내담자 중심 사례 자문 (Client-centered case consultation) | 내담자를 돕는 것이 목적인 자문
 예) 피자문자가 정신분석을 하고 있는 내담자인데, 강박증에 대한 노출 및 반응방지에 대한 조언을 청함 |
> |---|---|
> | 피자문자 중심 사례 자문 (Consultee-centered case consultation) | 사례를 다루는 피자문자의 역량과 기술을 향상시키기 위한 자문
 예) 지도교수가 대학원생을 대상으로 그의 상담사례에 대해서 자문 |
> | 프로그램 중심 행정 자문 (Program-centered administrative consultation) | 프로그램, 제도, 정책의 운영 전략에 대한 자문
 예) 대학 상담소를 대상으로 효과적인 '접수 면접 프로그램'에 대해 자문 |
> | 피자문자 중심 행정 자문 (Consultee-centered administrative consultation) | 피자문자의 업무수행 능력과 행정 능력을 높이는 것이 목적인 자문
 예) 대학의 상담 센터장을 대상으로 상담전문가를 이끄는 리더십에 대한 자문을 제공 |

72 다음 중 자연관찰법의 특징이 아닌 것은?

① 시간과 비용이 많이 든다.
② 비밀이 보장된다.
③ 자신이 관찰된다는 것을 알았을 때 다르게 행동한다.
④ 관찰은 편파될 수 있다.

> **해설** 자연관찰법은 비밀이 보장되지 않는다.

정답 68 ①　69 ④　70 ②　71 ③　72 ②

73 강박 장애로 치료 중인 고3 학생에게 K-WAIS-IV를 실시한 결과 다른 소검사보다 상식, 어휘문제의 점수가 유의하게 높았다. 이 검사결과로 가정해 볼 수 있는 이 학생의 심리적 특성으로 옳은 것은?

① 높은 공간 지각력　② 높은 주지화 경향
③ 주의력 저하　　　④ 현실 검증력 손상

해설 강박 장애 환자의 꼼꼼한 특성으로 학습능력이 뛰어나다.

74 심리상담 및 심리치료의 과정에서 나타나는 현상과 가장 거리가 먼 것은?

① 내담자는 상담자가 아무런 요구 없이 인간으로서의 관심만을 베푼다는 것을 경험한다.
② 상담관계에서 내담자는 처음부터 새로운 방식으로 반응하고 행동하게 된다.
③ 상담장면에서는 일반적이고 추상적인 자료보다는 그 상황에서의 실제행동을 다룬다.
④ 치료유형에 차이가 있음에도 불구하고 심리치료에는 공통요인이 작용한다.

해설 상담관계에서도 내담자는 자신이 평소에 행동하던 방식으로 반응하는 것이 일반적이다.

75 초기 임상심리학자와 그의 활동으로 바르게 짝지어진 것은?

① Witmer - g 지능개념을 제시하였다.
② Binet - Army Alpha 검사를 개발하였다.
③ Spearman - 정신지체아 특수학교에서 심리학자로 활동하였다.
④ Wechsler - 지능검사를 개발하였다.

해설
• ① Witmer - 임상심리학이란 용어를 처음 소개하였다.
• ② Binet - 정신연령 개념을 지능검사에 도입하였다.
• ③ Spearman - g 지능개념을 제시하였다.

76 행동의학에서 주로 다루는 주제로 가장 적합한 것은?

① 공황발작
② 외상 후 스트레스 장애
③ 조현병의 음성증상
④ 만성통증 관리

해설 행동의학은 건강행동에 관한 과학과 의학의 영역을 모두 아우르며, 질병예방, 진단, 치료, 재활에 관한 지식과 기술을 통해 행동변화를 만들어 내는 분야이다.

77 다음 중 유관학습의 가장 적합한 예는?

① 욕설을 하지 않게 하기 위해 욕을 할 때마다 화장실 청소하기
② 손톱 물어뜯기를 줄이기 위해 손톱에 쓴 약을 바르기
③ 충격적 스트레스 사건이 떠오를 때 '그만!'이라는 구호 외치기
④ 뱀에 대한 공포가 있는 사람에게 뱀을 만지는 사람의 영상 보여주기

해설
• ②는 혐오학습에 해당한다.
• ④는 관찰학습에 해당한다.

78 환자가 처방한 대로 약을 잘 복용하고, 의사의 치료적 권고를 준수하게 하기 위한 가장 적절한 방법은?

① 준수하지 않을 때 불이익을 준다.
② 의사가 권위적이고 단호하게 지시한다.
③ 모든 책임을 환자에게 위임한다.
④ 치료자가 약의 효과 등에 대해 친절하고 상세하게 설명한다.

해설 치료자가 약의 효과 등에 대한 안내를 해 주는 것이 환자의 준수율을 높이게 된다.

79 환자와의 초기 면접에서 면접자가 주로 탐색하는 정보의 내용이 아닌 것은?

① 환자의 증상과 주 호소, 도움을 요청하게 된 이유
② 최근 환자의 적응기제를 혼란시킨 스트레스 사건의 유무
③ 면접과정에서 드러난 고통스런 경험에 대한 이해와 심리적 격려
④ 기질적 장애의 가능성 및 의학적 자문의 필요성에 대한 탐색

> **해설** ③은 면접이 아닌 심리치료 과정에서 진행되는 내용이다.

80 심리평가 도구 중 최초 개발된 이후에 검사의 재료가 변경된 적이 없는 것은?

① Wechsler 지능검사
② MMPI 다면적 인성검사
③ Bender-Gestalt 검사
④ Rorschach 검사

> **해설** ①, ②, ③은 여러 번의 개정이 이루어졌다.

5 심리상담

81 벡(A. Beck)이 제시한 인지적 오류와 그 내용이 옳은 것을 모두 고른 것은?

> ㄱ. 개인화 : 내담자가 두 번째 회기에 오지 않을 경우, 첫 회기에서 내가 뭘 잘못했기 때문이라고 강하게 믿는 것
> ㄴ. 임의적 추론 : 남자 친구가 바쁜 일로 연락을 못하면 나를 멀리하려 한다고 결론 내리고 이별을 준비하는 것
> ㄷ. 과잉 일반화 : 한두 번 실연당한 경험으로 누구로부터도 항상 실연을 당할 것이라고 생각하는 것

① ㄱ, ㄴ
② ㄱ, ㄷ
③ ㄴ, ㄷ
④ ㄱ, ㄴ, ㄷ

> **해설** 모두 옳은 내용이다.

82 청소년 지위비행에 해당하는 것은?

① 음주
② 금품갈취
③ 도벽
④ 인터넷 중독

> **해설** 지위비행 : 성년이 행위하였을 경우에는 문제가 되지 않으나 청소년이기 때문에 문제시 되는 행위로 청소년이라는 지위에 걸맞지 않는 문제행위이다. 예를 들면 음란물 접촉, 가출, 무단결석, 음주 및 흡연 등과 같이 비교적 심각성이 덜한 행위이다.

83 다음 (   )안에 들어갈 내용을 옳게 나열한 것은?

> 하렌(Harren)은 의사결정 과정으로 인식, 계획, 확신, 이행의 4단계를 제안하고, 이 과정에 영향을 미치는 주요 요인으로 (ㄱ)과 (ㄴ)을(를) 제시하였다.

① ㄱ : 자아개념, ㄴ : 의사결정 유형
② ㄱ : 자아 존중감, ㄴ : 정서적 자각
③ ㄱ : 자아 효능감, ㄴ : 진로 성숙도
④ ㄱ : 정서조절, ㄴ : 흥미유형

> **해설**
> • 진로 의사결정 유형을 제안한 하렌(Harren)은 진로발달과 진로 의사결정에 포함되어 있는 여러 가지 중요한 변인들을 고려한 광범위한 모형을 제안하고 의사결정자의 특징, 당면한 발달과업, 의사결정 상황을 고려할 것을 강조하였다.
> • 하렌 이론의 의사결정 과정에는 인식단계, 계획단계, 확신단계, 이행단계가 있으며 자신이 내린 결정을 행동으로 옮기는 단계로 ❶ 동조, ❷ 자율, ❸ 상호의존의 세 하위 단계로 나뉜다.
> • 개인의 진로 의사결정 유형에는 합리적 유형, 직관적 유형, 의존적 유형이 있다.

84 단기상담에 적합한 내담자와 가장 거리가 먼 것은?

① 위급한 상황에 있는 군인
② 중요 인물과의 상실을 경험한 자
③ 급성적으로 발생한 문제로 고통받는 내담자
④ 상담에 대한 동기가 낮은 내담자

해설 상담에 대한 동기가 낮으면 장기간의 상담으로 신뢰관계부터 구축해야 한다.

85 개인의 일상적 경험구조, 특히 소속된 분야에서 특별하다고 간주되던 사람들의 일상적 경험구조를 상세하게 연구하고자 하는 목적에서 생겨난 심리상담의 핵심적인 전제조건에 해당하는 것은?

① 매 순간 새로운 자아가 출현하고 새로운 경험을 할 때마다 우리는 새로운 위치에 있게 된다.
② 어린 시절의 창조적 적응은 습관적으로 알아차림을 방해한다.
③ 내담자로 하여금 문제를 해결하는 것뿐만 아니라 그 문제를 유지시키는 보다 근본적인 기술을 변화시키도록 돕는 것이 중요하다.
④ 개인은 마음, 몸, 영혼으로 이루어진 체계이며, 삶과 마음은 체계적 과정이다.

해설 개인의 고유한 특성에 대한 강조가 두드러진다.

86 다음은 어떤 상담에 관한 설명인가?

> 정상적인 성격발달이 특정 발달단계의 성공적인 문제 해결과 관련 있다고 보는 상담 접근

① 가족체계 상담 ② 정신분석 상담
③ 해결중심 상담 ④ 인간중심 상담

해설 Freud의 심리성적 발달이론에서는 성격의 3구성요소인 원초아(Id), 자아(Ego), 초자아(Superego)가 발달하여 점차적으로 심리성적 발달의 5단계로 통합된다고 본다.

87 심리검사 결과 해석 시 주의할 사항과 가장 거리가 먼 것은?

① 검사해석의 첫 단계는 검사 매뉴얼을 알고 이해하는 것이다.
② 내담자가 받은 검사의 목적과 제한점 및 장점을 검토해 본다.
③ 결과에 대한 구체적 예언보다는 오히려 가능성의 관점에서 제시되어야 한다.
④ 검사결과로 나타난 장점이 주로 강조되어야 한다.

해설 검사결과는 장점과 단점 모두 객관적으로 전달되어야 한다.

88 주요 상담 이론과 대표적 학자들의 연결이 옳지 않은 것은?

① 정신역동 이론 – Freud, Jung, Kernberg
② 인본(실존)주의 이론 – Rogers, Frankl, Yalom
③ 행동주의 이론 – Watson, Skinner, Wolpe
④ 인지치료 이론 - Ellis, Beck, Perls

해설 Perls는 게슈탈트 이론의 대표적 학자이다.

89 Satir의 의사소통 모형 중 스트레스를 다룰 때 자신의 스트레스를 무시하고 다른 사람에게 힘을 넘겨주며 모두에게 동의하는 말을 하는 것은?

① 초이성형   ② 일치형
③ 산만형   ④ 회유형

해설 **[Satir의 의사소통 모형]**

비난형	자기주장이 강하고 독선적이고 명령적이고 지시적이다.
회유형	표면적으로 아주 약하고 의존적이며 무조건 순종하는 것 같다.
초이성형	지나치게 이성적이고 잘 따지고, 주로 부정적인 측면을 말하고, 어떤 감정도 나타내지 않으며, 매우 정확하고, 지나치게 세심하고 실수하지 않으려고 한다.
혼란형(산만형)	다른 사람의 말이나 행동과는 상관없는 말과 행동을 한다. 적절하게 반응하지 못하고, 아무 곳에도 초점이 없기 때문에 말에 요점이 없고, 다른 사람의 질문을 무시한다.

90 성 피해자 심리상담 초기단계의 유의사항으로 옳지 않은 것은?

① 치료관계 형성에 힘써야 한다.
② 상담자가 상담 내용의 주도권을 가져야 한다.
③ 성폭력 피해로 인한 합병증이 있는지 묻는다.
④ 성폭력 피해의 문제가 없다고 부정을 하면 일단 수용해 준다.

해설 어떤 상담이든 상담 내용의 주도권은 내담자에게 있다.

91 학업상담에 있어 지능에 관한 설명으로 틀린 것은?

① 지능에 대한 학습자가 주관적인 인식은 학습 태도와 관련이 없다.
② 지능지수는 같은 연령대 학생들 간의 상대적 위치를 의미한다.
③ 지능검사는 스탠퍼드-비네 검사, 웩슬러 검사, 카우프만 검사 등이 있다.
④ 지능점수를 통해 학생의 인지적 강점 및 약점을 파악할 수 있다.

해설 학업상담에서 지능에 대한 학습자의 주관적 인식은 학습태도에 큰 영향을 미친다.

92 상담 초기단계에서 사용하기에 가장 적합한 기법은?

① 경청   ② 자기개방
③ 피드백   ④ 감정의 반영

해설 상담 초기에 가정 효과적이고 많이 사용되어야 할 기법은 경청이다.

93 생애기술 상담 이론에서 기술언어(skills language)에 해당하는 것은?

① 내담자가 어떻게 생각하고 느끼는가를 의미하는 것이다.
② 내담자가 어떤 외현적 행동을 하는가를 의미하는 것이다.
③ 내담자 자신의 책임감 있는 삶을 의미하는 것이다.
④ 내담자의 행동을 설명하고 분석하기 위해 사용하는 것을 의미하는 것이다.

해설 생애기술 상담은 사람들이 공동체 속에서 발전적인 방향으로 생애기술을 획득하고 유지할 수 있도록 도와 결과적으로 문제를 해결하는 것뿐만 아니라 그 문제를 유지시키는 보다 근본적인 기술을 변화시키는 것을 목표로 한다. 생애기술 상담은 DASIE 구조라고 불리우는 체계적인 5단계 모형에 따라서 진행된다.

정답 89 ④   90 ②   91 ①   92 ①   93 ④

[DASIE의 5단계]

D	관계를 맺고 문제를 명료화하는 첫 단계(D : Develop)
A	기술적 용어로 문제를 다시 정의하는 단계 (A : Assess)
S	목표를 진술하고 중재를 계획하는 단계(S : State)
I	생애기술을 발달시키는 단계(I : Intervene)
E	실제 생활에의 적용을 강조하고 종결하는 마지막 단계(E : Emphasize)

94 알코올 중독 가정의 성인 아이(Adult Child)에 관한 특성이 아닌 것은?

① 처음부터 끝까지 일을 완수하는 데 어려움이 있다.

② 권위 있는 사람에게 친밀감을 느낀다.

③ 지속적으로 타인의 인정과 확인을 받고 싶어한다.

④ 자신을 평가절하한다.

해설 알코올 중독자의 자녀들은 비기능적인 가족 체계에서 자라나 성인 아이(adult children of alcoholics)가 된다. 다시 말해 '성인 아이'란 일차적으로 역기능 가정에서 자라난 사람을 가리킨다. 그들은 어린 시절에 정서적, 육체적 필요가 충족되지 못하고 상처 받은 결과로 인해 성인이 되어서도 과거의 '어린 나'가 그대로 존재한다. 이들은 어린 시절에 어떤 특별한 생존역할(survival role)을 택하여 어린 시절을 무사히 넘기기도 하지만 성인기에 들어서서는 과거의 생존역할이 더 이상 효과를 발휘하지 못하여 우울, 생활에 대한 불만족과 공허감을 느낄 위험이 높다는 보고가 있다.

95 병적 도박에 관한 설명으로 틀린 것은?

① 대개 돈의 액수가 커질수록 더 흥분감을 느끼며 흥분감을 느끼기 위해 액수를 더 늘린다.

② 도박행동을 그만두거나 줄이려고 시도할 때 안절부절 못하거나 신경이 과민해진다.

③ 병적 도박은 DSM-5에서 반사회성 성격장애로 분류된다.

④ 병적 도박은 전형적으로 남자는 초기 청소년기에, 여자는 인생의 후기에 시작되는 경우가 많다.

해설 병적 도박은 DSM-5에서 물질사용 및 중독성 장애의 하위유형이다.

96 집단상담에서 침묵상황에 대한 효과적 개입으로 틀린 것은?

① 회기 초기에 오랜 침묵을 허용하는 것은 지도력 발휘가 안 된 것이다.

② 생산적으로 여겨지는 침묵 상황에서 말하려는 집단원에게 기다리라고 제지할 수 있다.

③ 말하고 싶으나 기회를 잡지 못하는 집단원에게 말할 기회를 준다.

④ 대리학습이나 경험이 되므로 침묵하는 집단원이 집단 내내 말하지 않더라도 그대로 놔둔다.

해설 집단상담에서 특정 집단원의 침묵은 방치하면 안 된다.

97 자살로 인해 가까운 사람을 잃은 자살 생존자에 관한 설명으로 틀린 것은?

① 분노는 자살 생존자가 겪는 흔한 감정 중 하나이다.

② 자살 생존자는 스스로를 비난하기 때문에 고통 받는다.

③ 자살 생존자에게 상실에 대한 경험을 이야기하게 하는 것은 과거의 상황을 재경험하게 하므로 피하는 것이 좋다.

④ 자살 생존자는 종종 자살에 관한 사회문화적 낙인에 대처하는 데 부담감을 느끼게 된다.

> **해설** 자살 생존자도 트라우마 환자로 보면 과거의 상황을 재경험하게 함으로 재학습을 통한 치료를 유도하는 것이 좋다.

98 인간중심 상담 이론에 관한 설명으로 틀린 것은?

① 가치의 조건화는 주요 타자로부터 긍정적 존중을 받기 위해 그들이 원하는 가치와 기준을 내면화하는 것이다.

② 자아는 성격의 조화와 통합을 위해 노력하는 원형이다.

③ 현재 경험이 자기개념과 불일치할 때 불안을 경험하게 된다.

④ 실현화 경향성은 자기를 보전, 유지하고 향상시키고자 하는 선천적 성향이다.

> **해설** 인간중심 상담 이론에서 자아실현 경향(actualizing tendency)은 생체가 자기자신을 유지, 상승시키기 위한 모든 역량을 발전시키려는 생체의 생태적인 경향을 말한다.

99 행동주의 상담의 한계에 관한 설명으로 틀린 것은?

① 상담과정에서 감정과 정서의 역할을 강조하지 않는다.

② 내담자의 문제에 대한 통찰이나 심오한 이해가 불가능하다.

③ 고차원적 기능과 창조성, 자율성을 무시한다.

④ 상담자와 내담자의 관계를 중시하여 기술을 지나치게 강조한다.

> **해설** ④는 인간중심 상담 이론에 관한 내용이다.

100 키츠너(Kitchener)가 제시한 상담의 기본적 윤리원칙 중 상담자가 내담자와 맺은 약속을 잘 지키며 믿음과 신뢰를 주는 행동을 하는 것은?

① 자율성(autonomy)

② 무해성(nonmaleficence)

③ 충실성(fidelity)

④ 공정성(justice)

> **해설**

자율성 (autonomy)	개인의 선택은 타인에게 강요당할 수 없다.
무해성 (nonmaleficence)	내담자에게 해를 입히지 않아야 한다.
공정성 (justice)	내담자가 종교, 인종, 학벌, 성, 장애 등으로 인한 차별을 받지 않아야 한다.

부록1

실전 모의고사

1 심리학개론

01 "통계적으로 유의미하다"라는 말의 뜻으로 가장 적합한 것은?

① 실험 결과가 우연이 아닌 실험 처치에 의해서 나왔다.

② 실험 결과를 통계적 방법을 통해 분석할 수 있다.

③ 실험 결과가 통계적 분석 방법을 써서 나온 것이다.

④ 실험 결과가 통계적 혹은 확률적 현상이다.

해설 실험 결과가 우연이 아닌 실험 처치에 의해서 나왔다는 의미이다.

02 인간의 성행동을 연구한 Kinsey 등이 남성의 성행동과 여성의 성행동을 연구한 주된 방법은?

① 실험법　　　　② 검사법

③ 조사법　　　　④ 관찰법

해설 Kinsey는 미국의 동물학자로서 '남성의 성행동에 관한 연구보고서(1948)'와 '여성의 성 행동에 관한 연구보고서(1951)'를 발표한 성연구가이다. 인간의 성적인 행동을 일반인들을 대상으로 연구한 최초의 인물로, Kinsey는 2만 명 이상의 성인 남녀를 상대로 성생활에 대한 면접을 실시하였다. 이 연구보고서는 그 당시 사회에서는 매우 충격적이었는데, 혼전 성관계, 혼외 성관계, 동성애, 동물과의 성 접촉 등에 관한 자료 또한 포함되어 있다.

03 Adler가 인간의 성격을 설명하면서 강조한 것이 아닌 것은?

① 열등감의 보상　　② 우월성 추구

③ 힘에 대한 의지　　④ 신경증 욕구

해설
• 아들러는 일관성 있는 실재로서의 개인을 중요시하였다. 이전 프로이트의 환원론적 인간관을 반대하며, 인간을 더 이상 분류하거나 분리할 수 없는 완전한 통합체로 보았다.
• 아들러의 이론이 보는 인간은 완성을 역동적으로 추구하는 개인이며 이런 개인의 주관성, 즉 어떻게 세상을 바라보느냐에 초점을 두었다. 아들러는 열등감을 바라보는데 있어서 특히 중점을 두었다.

04 성격에 관한 이론에서 특성 이론에 대한 설명과 가장 거리가 먼 것은?

① 성격을 설명하는 것보다 기술하는 것에 주안점을 둔다.

② Allport는 성격은 기본특질, 중심특질, 이차적 특질 등으로 구분하였다.

③ Eysenck는 성격을 내향적-외향적 경향성, 신경증적 경향성, 정신병적 경향성 등으로 분류하였다.

④ 특성이론에 의한 평가기법들은 주로 성격의 역동을 밝히는데 초점을 맞춘다.

해설 특성이론에 의한 평가기법들은 주로 성격을 기술하는 것에 주안점을 둔다.

05 Rogers의 성격이론에서 심리적 적응에 가장 중요한 역할을 한다고 가정하는 것은?

① 자아강도(ego strength)

② 자기(self)

③ 자아이상(ego ideal)

④ 인식(awareness)

해설 [Rogers의 성격이론]
• 자기(self) 또는 자기 개념(self-conception)은 개인이 자신에 대하여 지니고 있는 지속적인 체계적 인식을 의미하며, 로저스의 성격 이론에서 가장 중요한 구성 개념이다.

정답　01 ①　　02 ③　　03 ④　　04 ④　　05 ②

- 타인으로부터 긍정적인 존중을 받고, 현재의 자기 모습을 반영하는 현실적 자기뿐 아니라 이상적 자기도 포함한다.

06 고전적 조건화 원리를 적용하여 가장 잘 설명할 수 있는 것은?

① 체계적 둔감화 ② 미신적 행동
③ 조형 ④ 토큰 이코노미

> **해설** ②, ③, ④는 조작적 조건화의 예이다.

07 Maslow와 그의 욕구 위계이론에 관한 설명으로 틀린 것은?

① 배고픔, 목마름 등과 같은 결핍욕구를 중시한다.
② 존중의 욕구가 소속감과 사랑의 욕구보다 더 상위의 욕구이다.
③ Maslow는 인본주의 심리학자로 "제3세력"을 대표하는 학자이다.
④ 자아실현자들은 다른 사람들보다 절정 경험을 더 자주 할 수 있다.

> **해설**
> • 배고픔, 목마름 등은 생존욕구이다.
> • 매슬로우(Maslow)의 욕구 위계이론 : 인간의 욕구는 위계적으로 조직되어 있으며 하위 단계의 욕구 충족이 상위 계층 욕구의 발현을 위한 조건이 된다는 이론이다.

08 주변에 교통사고를 당한 사람들이 많은 사람은 교통사고 발생률을 실제보다 높게 판단하는 것처럼 특정 사건을 지지하는 사례들이 기억에 저장되어 있는 정도에 따라 사건의 발생가능성을 판단하는 경향은?

① 초두 효과 ② 점화 효과
③ 가용성 발견법 ④ 대표성 발견법

> **해설**
> • ① 학습자료의 앞부분에 제시된 항목이 나중이나 중간에 제시된 것보다 기억흔적이 강하여 더 잘 인출되는 경향이다.

- ② 시간적으로 먼저 제시된 자극이 나중에 제시된 자극의 처리에 부정적 혹은 긍정적 영향을 주는 현상이다.
- ③ 어떤 문제나 이슈에 직면해 무언가를 찾아서 알아보려고 하기 보다는 당장 머릿속에 잘 떠오르는 것에 의존하거나 그걸 중요하다고 생각하는 경향을 말한다. "무언가가 떠오른다면, 그건 중요하다(if something can be recalled, it must be important)"고 보는 것이다.

09 어떤 조건자극이 일단 조건형성이 되고 나면, 이 자극과 유사한 다른 자극들도 무조건 자극과 연합된 적이 없음에도 불구하고 반응을 야기하는 것은?

① 소거 ② 자발적 회복
③ 변별 ④ 자극일반화

> **해설**
>
> | 소거 | • 조작적 조건형성과 고전적 조건형성에서 강화자의 제거로 인해 유기체의 반응이 더 이상 나타나지 않는 현상을 말한다. |
> |---|---|
> | 자발적 회복 | • 소거가 완료된 후 일정 기간 훈련을 중지하였다가 조건자극을 다시 제시하면 조건반응이 갑자기 재출현하는 것이다.
• 소거 이후에도 조건반응이 다시 나타날 수 있다는 사실은 소거가 학습된 조건자극과 조건반응 간의 연합을 제거하는 것이 아니라 새로운 연합을 학습하는 것임을 보여준다. |
> | 변별 | • 비록 서로 어떤 관계가 있다고 하더라도 한 자극에 대하여서는 반응하고 다른 자극에 대하여서는 반응하지 않도록 학습하는 것이다.
• 일반화가 훈련할 때 사용했던 자극뿐만 아니라 그와 유사한 자극에 대해서도 같은 반응을 하는 현상을 말한다면, 변별은 훈련 때 사용했던 바로 그 자극에 대해서만 반응하는 현상을 말한다. |

10 Freud가 설명한 인간의 3가지 성격 요소 중 현실 원리를 따르는 것은?

① 원초아 ② 자아
③ 초자아 ④ 무의식

> **해설**
> • ①, ② 본능의 원리를 따른다.
> • ③ 도덕의 원리를 따른다.

11 일반적으로 사용되는 분포의 집중경향치로 옳게 짝지어진 것은?

① 평균값-중앙값　② 평균값-백분위
③ 백분위-상관계수　④ 중앙값-상관계수

> **해설**　하나의 점수분포에서 중심적 경향을 나타내는 값을 말하는 것으로 대표치라고도 한다. 이 값은 분포 내 어떤 "값"과도 정확히 일치하지 않을 수 있지만 그 "값"에 좋은 추측치로서의 성질은 가져야 한다. 최빈치(mode), 중앙치(median), 또는 평균치(mean)를 집중경향치로 사용하며, 이들은 각기 다른 방식으로 "좋은 추측치"를 정의한다.

12 기억정보의 처리과정으로 옳은 것은?

① 부호화 → 저장 → 인출
② 저장 → 인출 → 부호화
③ 저장 → 부호화 → 인출
④ 부호화 → 인출 → 저장

> **해설**　[기억의 3단계 과정]

제1단계 습득 또는 약호화(부호화)	자극 정보를 선택하여 기억에 저장할 수 있는 형태로 변환하는 것이다.
제2단계 보유 또는 저장	감각시스템을 통해 들어온 정보는 단기기억으로 저장되는데, 이 중 일부는 장기기억 저장소에 보관되어 일정 기간 동안 유지되고, 장기기억으로 응고되지 못한 정보는 잊어버리게 된다.
제3단계 인출	응고된 장기기억이 다시 단기기억으로 옮겨져 과제 수행에 사용된다.

13 Erikson의 인간 발달 단계에서 노년기에 나타나는 심리·사회적 위기는?

① 정체감 대 역할 혼미
② 통합감 대 절망감
③ 신뢰감 대 자율감
④ 생산성 대 침체감

> **해설**　Erikson의 심리사회적 발달단계 중 가장 마지막 단계인 노년기는 자아통합 대 절망으로 특징지을 수 있다. 이 시기에는 자신이 살아온 인생을 회고하며 자신의 삶이 의미 있었다고 생각하면 통합감을 경험하고 그렇지 않으면 절망을 경험하게 된다.

인생의 단계	심리사회적 위기
영아기(0 ~ 1세)	신뢰/불신
유아기(1 ~ 3세)	자율/수치심
학령전기(4 ~ 5세)	주도성/죄의식
잠복기(6 ~ 11세)	근면성/열등감
사춘기(12 ~ 18세)	정체성/역할 혼동
청년기(29 ~ 35세)	친밀감/고립
중년기(36 ~ 65세)	생산성/정체됨
노년기(65세 이상)	자아 통합/절망

14 노년기의 일반적인 성격변화에 대한 설명으로 가장 거리가 먼 것은?

① 사고의 융통성과 개방성이 증가한다.
② 변화에 대한 두려움이 커진다.
③ 내향성과 수동성이 증가한다.
④ 통제력에 대한 자신감이 감소한다.

> **해설**　① 사고의 융통성과 개방성이 일반적으로 감소한다.

15 Festinger의 인지 부조화(Cognitive dissonance) 이론을 가장 잘 설명한 것은?

① 사람들은 자신의 지식과 감정 그리고 행동의 모든 측면이 일치하지 않으면 불쾌감을 경험한다.
② 사람들의 의견과 태도는 항상 행동과 일치하지 않는다.
③ 사람들은 집단 속에서 집단의 뜻에 동조할 때 인지부조화가 일어난다.
④ 인지부조화는 타인과의 관계가 원만하지 못할 때 발생한다.

> **해설**　[인지부조화 이론 (Cognitive dissonance theory)]
> • 사회심리학자, 레온 페스팅거에 의해 정립된 이론으로 인지의 부조화 상태로써 태도 변화의 동기를 설명하는 이론이다.

정답　11 ①　　12 ①　　13 ②　　14 ①　　15 ①

• 사람들은 자신이 가진 태도 간에 또는 태도와 행동 간에 일관되지 않거나 모순이 발생할 때 이러한 비일관성을 감소시키려고 태도와 행동 중 하나를 변화시키려고 노력하는데, 흔히 태도를 행동에 맞게 변화시킨다. 이는 인지적 비일관성을 일관되게 하려는 심리적 노력에 기인한다.

도 갖고 있다'라는 식으로 특성들 간의 연관에 대한 생각을 가지고 있기 때문인데, 이는 암묵적 성격이론 또는 내현성격이론이라고 한다.

16 조건형성과 관련된 내용으로 잘못 짝지어진 것은?

① 조작적 조건형성의 응용 – 행동수정
② 소거에 대한 저항 – 부분강화 효과
③ 강화보다 처벌 강조 – 행동조성
④ 고전적 조건형성의 응용 – 유명연예인 광고모델

> **해설** ③ 행동조성은 처벌보다 강화를 더 강조한다.

17 기온에 따라 학습 능률이 어떻게 달라지는가를 알아보기 위해 기온을 13℃, 18℃, 23℃인 세 조건으로 만들고 학습능률은 단어의 기억력 점수로 측정하였다. 이 때 독립변인은 무엇인가?

① 기온
② 기억력 점수
③ 학습능률
④ 예언

> **해설** 독립변인은 기온이고, 종속변인은 기억력 점수와 학습능률이다.

18 A 씨는 똑똑한 사람은 대개 성격이 차갑다고 생각한다. 이를 설명하는데 가장 적합한 것은?

① 대인지각의 가산성 효과
② 후광효과
③ 지각 항상성
④ 암묵적 성격이론

> **해설** [암묵적 성격이론]
> 한 가지 인상에서 여러 다른 인상으로 연결해 나가게 해주는 것은 사람들이 '어떤 특성을 가진 사람은 어떤 특성

19 척도와 그 예가 잘못 짝지어진 것은?

① 명명척도 : 운동선수 등번호
② 서열척도 : 성적에서의 학급석차
③ 등간척도 : 온도계로 측정한 온도
④ 비율척도 : 지능검사로 측정한 지능지수

> **해설**
> • 비율척도는 절대적 크기를 측정하기 위해서 비율의 개념이 들어간 것을 의미하고 이 척도는 절대 영점(0cm, 0kg)을 가지며 수의 차이는 비율을 나타낸다.
> • 지능검사로 측정한 지능지수에서 0점이 절대적인 숫자가 아니고, 지능지수 100이 50보다 두 배 똑똑한 것은 아니기 때문에 지능검사 숫자는 등간척도로 볼 수 있다.

20 감각기억에 대한 설명과 가장 거리가 먼 것은?

① 지속시간이 1 ~ 2초 정도로 매우 짧다.
② 실제 인출될 수 있는 용량보다 훨씬 큰 기억용량을 가지고 있다.
③ 전체보고법 방식이 부분보고법 방식보다 영상기억의 용량이 더 크다.
④ 잔향기억이 영상기억보다 지속시간이 더 길다.

> **해설** ③ 부분보고법 방식의 용량이 더 크다.
> [감각기억]
> • 감각기억은 어떤 정보가 지각된 최초의 순간에 기억되는 것이다.
> • 아주 짧은 시간 동안만 기억이 저장된다.
> • 수 밀리초에서 수초까지만 기억을 유지할 수 있으며, 감각영역에서 이러한 정보의 일부는 단기기억(Short-term memory)이라고 하는 감각적 저장(Sensory store)을 수행한다.
> • 영어단어를 암기할 때 약간의 주의만 기울여서 기억 하려고 노력하면 단기기억으로는 쉽게 넘어갈 수 있다.

2 이상심리학

21 사회불안장애에 대한 설명으로 가장 적합한 것은?

① 공포스러운 사회적 상황이나 활동상황에 대한 회피, 예기불안으로 일상생활, 직업 및 사회적 활동에 영향을 받는다.

② 특정 뱀이나 공원, 동물, 주사 등에 공포스러워 한다.

③ 터널이나 다리에 대해 공포 반응이 일어나는 경우이다.

④ 생리학적으로 부교감신경계의 활성 등의 생리적 반응에서 기인한다.

> **해설**
> • ② 특정 공포증이다.
> • ③ 광장 공포증이다.
> • ④ 범불안 장애이다.

22 DSM-5의 노출장애(Exhibitionistic disorder)에 대한 설명과 가장 거리가 먼 것은?

① 성도착적 초점은 낯선 사람에게 성기를 노출시키는 것이다.

② 성기를 노출시켰다는 상상을 하면서 자위행위를 하기도 한다.

③ 보통 18세 이전에 발생하며 40세 이후에는 상태가 완화되는 것으로 보인다.

④ 노출증적 행동을 나타내는 경우에 대개 낯선 사람과 성행위를 하려고 시도한다.

> **해설**
> • 노출증은 낯선 사람에게 성기를 노출시키는 경우에 해당한다.

• ④ 노출증적 행동을 나타내는 경우에 낯선 사람과 성행위를 하려고 시도하는 경우는 거의 없다. 이들은 보는 사람을 놀라게 하거나 충격을 주고자 하거나, 바라보고 있는 사람이 성적으로 흥분할 것이라는 상상을 하기도 한다.

23 반사회성 성격장애의 원인과 가장 거리가 먼 것은?

① 부모의 적대감과 학대

② 변덕스럽고 충동적인 부모의 양육태도

③ 신경전달물질인 세로토닌(Serotonin)의 부족

④ 붕괴된 자아와 강한 도덕성 발달

> **해설** ④ 붕괴된 자아와 약한 도덕성 발달

24 DSM-5의 이인성/비현실감 장애 진단기준에 해당하지 않는 것은?

① 이인증이나 비현실감을 경험하는 동안 중요한 자서전적 정보를 기억하지 못한다.

② 이인증이나 비현실감을 경험하는 동안 현실 검증력은 손상되지 않은 채로 양호하게 유지된다.

③ 이러한 증상으로 인해 임상적으로 심각한 고통이나 사회적, 직업적 또는 다른 중요한 기능 영역에서 심한 장해를 초래해야 한다.

④ 이인증이나 비현실감이 어떤 물질이나 신체적 질병에 의한 것이 아니어야 한다.

> **해설** ① 해리성 기억상실증에 해당하는 내용이다.

25 다음은 DSM-5에서 어떤 진단기준의 일부 인가?

> • 필요한 것에 비해서 음식섭취를 제한함으로써 나이, 성별, 발달수준과 신체건강에 비추어 현저한 저체중 상태를 초래한다.
> • 심각한 저체중임에도 불구하고 체중 증가와 비만에 대한 극심한 두려움을 지니거나 체중 증가를 방해하는 지속적인 행동을 나타낸다.
> • 체중과 체형을 왜곡하여 인식하고, 체중과 체형이 자기평가에 지나친 영향을 미치거나 현재 나타내고 있는 체중미달의 심각함을 지속적으로 부정한다.

① 신경성 폭식증
② 신경성 식욕부진증
③ 폭식 장애
④ 이식증

해설 ② 신경성 식욕부진증의 진단기준이다.

26 공황장애의 치료방법과 가장 거리가 먼 것은?
① 세로토닌 재흡수 억제제
② 심리교육적 가족치료
③ 인지 행동 치료
④ 공황 통제 치료

해설 ② 불안장애는 본인의 병리를 알고 있으면서도 통제가 되지 않는 것이므로 교육적 방법보다는 체계적 둔감법이나 노출법과 같은 학습치료가 적절하다.

약물 치료	벤조디아제핀 계역 약물, 심환계 항우울제, 세로토닌 재흡수 억제제 등의 항우울제 약물을 제일 먼저 사용하고, 항불안제를 사용한다.
인지행동 치료	일반적인 인지행동 치료는 불안을 조절하는 복식호흡 훈련과 긴장이완 훈련, 신체적 감각에 대한 파국적 오해석의 인지적 수정, 점진적 노출 등과 같은 치료적 요소로 구성된다.

27 DSM-5에서 섬망에 대한 설명으로 가장 적합하지 않은 것은?
① 섬망은 단기간에 발생하는 의식장애와 인지변화가 특징이다.
② 핵심증상은 주의 장해와 각성 저하이다.
③ 일반적으로 일련의 증상이 급격하게 갑자기 나타나는 경우는 드물다.
④ 물질 사용이나 신체적 질병과 같은 다양한 원인에 의해 나타날 수 있다.

해설
• 섬망은 의식이 혼미하고 주의집중 및 전환능력이 현저하게 감소되며, 인지기능에 일시적 장애가 나타나는 경우이다.
• ③ 일련의 증상이 급격하게 갑자기 나타난다.

28 DSM-5에서 다음에 해당하는 지적발달장애(Intellectual Developmental Disorder) 수준은?

> IQ점수가 70보다 낮은 사람들 중 약 85%가 해당한다. 이들은 학교에 입학할 때까지는 정상아동과 반드시 구분되지는 않는다. 10대 후반이 되면 통상적으로 6학년 수준의 학업능력을 학습할 수 있다. 성인이 되면 사회적, 경제적인 문제가 있어서 도움이 필요하고, 숙련을 요하지 않는 작업장이나 보호받는 작업장에서는 자활할 수 있으며, 결혼을 해서 아이를 낳아 기를 수 있다.

① 가벼운 정도(mild)
② 중간 정도(moderate)
③ 심한 정도(severe)
④ 아주 심한 정도(profound)

경도 (mild)	지능지수 50~55에서 약 70 미만으로, 지적 장애의 85%가 해당된다. 정신지체자들 중 가장 많은 부분을 차지한다. 지역사회에서 독립적으로 살아갈 수 있으며 지도 감독을 받으면서 성공적으로 살아갈 수 있다.
중등도 (moderate)	지능지수 35~40에서 50~55로, 전체 정신지체 가운데 약 10%를 차지한다. 성인기에는 지도 감독 아래 숙련이 요구되지 않는 작업이나 반숙련 작업을 수행할 수 있다.
중증 (severe)	지능지수 20~25에서 35~40으로, 정신지체자들 가운데 3~4%를 차지한다. 성인기 동안 아주 밀착된 지도 감독이 있는 환경에서는 단순한 작업을 수행할 수 있다.
최중증 (profound)	지능지수 20 또는 25 이하로, 정신지체자들 중 대략 1~2%를 차지한다. 정신지체원인으로 설명할 수 있는 확인된 신경학적 조건을 지니고 있다.

결정적 단계	음주에 대한 통제력을 상실하기 시작한다. 빈번한 과음으로 부적응적 문제가 발생한다. 통제력이 일부 유지되어 며칠 간 술을 끊을 수 있다.
만성 단계	알코올에 대한 내성이 생겨 심한 금단현상 경험으로 알코올에 대한 통제력을 완전 상실하게 되는 단계이다. 영양실조나 질병이 나타나며 생활전반에 심각한 부적응이 발생한다.

29 Jellinek는 알코올 의존이 단계적으로 발전하는 장애라고 주장하면서 발전과정을 4단계로 구분하였는데 이에 해당되지 않는 것은?

① 전조 단계(prodromal phase)

② 전 알코올 증상단계(pre-alcoholic phase)

③ 만성 단계(chronic phase)

④ 유도 단계(alcohol-induced phase)

해설 [알코올 의존 4단계 발전과정]

전 알코올 증상단계	사교적 목적으로 음주를 시작하는 단계이다. 알코올에 대한 긍정적 효과를 경험한다.
전조 단계	술에 대한 매력 증가로 점차 음주량과 빈도가 증가하고, 망각 현상이 발생한다.

30 반복적으로 통제 상실에 대한 강렬한 불안이 갑작스럽게 나타나는 불안장애는?

① 공황 장애

② 범불안 장애

③ 공포증

④ 급성 스트레스장애

해설 공황 장애는 공황 발작이 주요 증상으로 나타나는 불안 장애이다.

31 스트레스 호르몬이라고 불리는 코티솔(cortisol)이 분비되는 곳은?

① 부신　　　　　② 대뇌피질

③ 변연계　　　　④ 해마

해설
- ① 콩팥 위에 위치한 내분비기관으로 겉질과 속질에서 여러 호르몬을 만들고 분비한다.
- ② 대뇌에서 가장 겉에 위치하는 신경세포들의 집합으로 고차원적 기능을 수행하는 부분이다.
- ③ 후각, 감정, 동기부여, 행동 등 다양한 자율신경기능에 관여하는 기관이다.
- ④ 변연계에 속한 구조물로 학습, 기억 및 새로운 것의 인식 등의 역할을 하는 기관이다.

32 스스로 독립적인 생활을 하지 못하고 다른 사람에게 과도하게 의존하거나 보호받으려는 행동을 특징적으로 나타내는 성격장애는?

① 분열성 성격장애

② 의존성 성격장애

③ 자기애성 성격장애

④ 히스테리성 성격장애

> **해설** 의존성 성격장애는 지나친 의존 행동이 특징이다.

33 DSM-5의 신경발달장애의 범주에 포함되지 않는 장애는?

① 자폐 스펙트럼 장애

② 의사소통 장애

③ 특정 학습장애

④ 유분증

> **해설** ④는 DSM-5에서 배설장애에 속한다.

34 DSM-5에서 조증 삽화의 진단 기준을 만족시키기 위해 필요한 증상이 아닌 것은?

① 팽창된 자존심 또는 심하게 과장된 자신감

② 사고의 단절 또는 주의 산만

③ 평소보다 말이 많아지거나 계속 말을 하게 됨

④ 목표 지향적 활동이나 흥분된 운동성 활동의 증가

> **해설** ② 사고의 단절 또는 주의 산만은 조증삽화의 진단기준과 관련이 적다.

35 DSM-5에서 주요 우울장애의 핵심 증상에 포함되지 않는 것은?

① 정신운동성 초조나 지체

② 불면이나 과다수면

③ 죽음에 대한 반복적인 생각

④ 주기적인 활력의 증가와 감소

> **해설** ④ 주기적인 활력의 증가와 감소는 순환성 장애나 양극성장애에 적합하다.

36 뇌에서 발견되는 베타 아밀로이드라는 단백질의 존재와 가장 관련이 있는 장애는?

① 파킨슨 질환

② 주요 우울장애

③ 정신분열증

④ 알츠하이머 질환

> **해설** 베타 아밀로이드는 알츠하이머 질환의 원인으로 여겨진다.

37 조현병의 음성 증상에 해당하는 것은?

① 정서적 둔마

② 망상

③ 환각

④ 의존성

> **해설** ①은 음성증상에 망상과 환각은 양성증상에 해당한다.

38 다음 사례에서 가장 가능성이 높은 진단은?

> A 씨는 자주 불안하다는 생각을 하곤 했으며 가족들과 다투고 나면 온몸이 쑤시곤 했다. 어느 날 방안에 누워있는데, 천장에 걸려있는 전등이 자신에게 떨어지면 큰일이라는 생각이 들었고 실제로 전등이 자신의 배 위로 떨어진다는 상상을 했다. 그런데 웬일인지 배 밑의 신체 부분에 감각을 잃게 되었고 움직일 수 없었다. 병원을 찾았으나 신체적 원인을 발견하지 못했다.

① 건강염려증　　② 전환 장애
③ 신체화 장애　　④ 신체변형장애

> **해설**　② 전환 장애의 예이다.

39 조현병을 설명하는 소인-스트레스 이론 (Diathesis-stress theory)에 대한 설명으로 가장 적합한 것은?

① 소인이 스트레스를 야기한다.
② 스트레스가 소인을 변화시킨다.
③ 소인과 스트레스는 서로 억제한다.
④ 소인은 스트레스 상황에서 발현된다.

> **해설**　④ 소인-스트레스 이론이란 질병 소인이 있는 사람이 특정한 질병과 관련된 스트레스를 받으면 질병에 쉽게 걸린다고 가정하는 모형이다.

40 특정 학습장애에 대한 설명과 가장 거리가 먼 것은?

① 학습장애 아동은 정상적인 지능을 가지고 있음에도 불구하고 학습에 어려움을 보인다.
② 학습장애 중에서 읽기 장애가 가장 흔하다.

③ 학습장애 아동들은 품행장애, ADHD, 우울증을 동반하는 경우가 많다.
④ 학습장애 아동은 뇌 손상이 없고 인지적 정보처리 과정도 정상적이다.

> **해설**　④ 학습장애 아동은 뇌 손상이 없는 경우도 있고 있는 경우도 있다.

3 심리검사

41 BSID-Ⅱ(Bayley Scales of Infant Development-Ⅱ)에 대한 설명으로 틀린 것은?

① 신뢰도와 타당도에 관한 보다 많은 정보를 제공하여 검사의 심리측정학적 질이 개선되었다.
② BSID-Ⅱ에서는 대상 연령 범위가 16일에서 42개월까지로 확대되었다.
③ 유아의 기억, 습관화, 시각 선호도, 문제해결 등과 관련된 문항들이 추가되었다.
④ 지능 척도, 운동 척도의 2가지 척도로 구성되어 있다.

> **해설**　검사는 인지발달, 운동발달, 행동발달로 나누어져 있다.
>
> **[베일리 영유아 발달검사-Ⅲ(Bayley Scales of Infant Development-Ⅲ)]**
> 베일리 영유아 발달검사Ⅲ는 2004년 미국의 장애아동 교육촉진법(연방법)에 따라 개정된 분류기준에 맞추어 기존의 베일리 영유아 발달검사(Ⅱ)에서 시행하던 두 가지 평가 척도(정신척도, 운동척도)를 다섯 가지의 평가 척도(인지, 의사소통, 육체적, 사회/감정, 적응)로 세분하여 평가하도록 개정, 보완한 것이다. 이 중 인지평가, 언어평가(수용성언어, 표현성언어), 운동평가(대운동, 소운동)는 아동을 직접 평가하며 사회/감정평가, 적응평가는 보호자의 면담을 통해 평가하도록 고안되었다. BSID-Ⅱ 검사결과 발달지연을 보이는 경우 세부 항목의 발달수준을 알아보기 위해서 추가검사로 활용할 수 있다.

42 Guilford의 지능구조 입체모형에서 조작 (operation) 요인에 해당하는 것은?

① 의미 있는 단어나 개념의 의미적 정보
② 사고결과의 적절성을 판단하는 평가
③ 어떤 정보에서 생기는 예상이나 기대들 의 합
④ 표정, 동작 등의 행동적 정보

> **해설**
> • 길포드(Guilford)는 지능을 다양한 방법에 의해 상이한 정보를 처리하는 다각적 능력들의 체계적인 집합체로 보는 복합요인설을 주장하였다.
> • 길포드(Guilford)가 제시한 지능구조는 내용, 조작, 결과의 3차원 입체모형으로 이루어지며 이들의 조합에 의해 180개의 조작적인 지적능력으로 나타난다.

[Guilford의 지능구조 입체모형]

내용	시각, 청각, 상징, 의미, 행동
조작	인지, 기억저장, 기억 파지, 수렴적 조작, 확산적 조작, 평가
결과	단위, 분류, 관계, 체계, 전환, 함축

43 국어시험에서 독해력을 측정하려 했지만 실제로는 암기력을 측정했다면 무엇이 잘 못되었다고 할 수 있는가?

① 신뢰도   ② 타당도
③ 객관도   ④ 실용도

> **해설** ② 측정하고자 하는 변인을 검사가 제대로 측정 하였는지에 대한 정도를 뜻하므로 여기에서는 독해력을 측정하려 했지만 암기력을 측정했다면 타당도에 문제가 있는 것이다.

44 Holland의 흥미 6각 모형에 관한 설명과 가장 거리가 먼 것은?

① 현실형(R) - 실행/사물 지향
② 탐구형(I) - 사고/아이디어 지향
③ 예술형(A) - 자선/사람 지향
④ 설득형(E) - 관리/과제 지향

> **해설** [홀랜드(Holland)의 직업성격 유형]

현실형(R)	말이 적고 운동을 좋아하고 신체적, 활동적이다. 소박하고 솔직하고 성실 하며 기계적 적성이 높다.
탐구형(I)	탐구심이 많고 논리적, 분석적, 합리적이며 지적 호기심이 많고 수학적, 화학적 적성이 높다.
예술형(A)	상상력이 풍부하고 감수성이 강하며 자유 분방하며 개방적이다. 예술에 소질이 있으며 창의적 적성이 높다.
사회형(S)	다른 사람에게 친절하고 이해심이 많으며 봉사적이다. 인간관계 능력이 높으며 다른 사람을 좋아한다.
기업형(E)	지도력과 설득력이 있으며 열성적이고 경쟁적이다. 야심적이고 외향적이며 통솔력이 있고 언어적성이 높다.
관습형(C)	책임감이 있고 빈틈이 없으며 조심성이 있다. 변화를 좋아하지 않으며, 계획성이 있고 사무능력과 계산능력이 높다.

45 MMPI와 같은 임상성격검사를 실시하고 해석할 때 고려할 사항으로 가장 거리가 먼 것은?

① 검사를 실시하기 전에 충분한 관계형성 을 시도해야 한다.
② 보호자나 주변 인물과의 면접을 통한 정 보를 획득해야 한다.
③ 실시한 검사를 채점한 후에 다시 수검자 면접을 실시해야 한다.
④ 검사의 지시는 가능하면 간결할수록 좋다.

> **해설** MMPI는 객관적 성격검사로 검사 실시, 해석, 채점과정이 표준화되어 있다. 자기보고식 검사로 검사 방법과 결과의 용도, 목적, 결과의 비밀 보장 등에 관해 성실히 설명해야 한다.

46 BGT(Bender–Gestalt Test)에 관한 설명으로 틀린 것은?

① 기질적 장애를 판별하려는 목적에서 만들어졌다.
② 언어적인 방어가 심한 환자에게 유용하다.
③ 완충검사(buffer test)로 사용될 수 없다.
④ 정신지체나 성격적 문제 진단하는데 유용하다.

> **해설** [BGT(Bender–Gestalt Test)의 특징]
> • Bender는 지각과 그 소산(도형묘사)의 전체적 과정은 지각-운동 행동의 생리적 원인에 따라 결정되는 것이지만 개인의 성향이나 성숙수준 그리고 기질적이거나 기능적인 여러 병적 상태에 따라 크게 왜곡될 수 있다고 지적하면서 이 검사의 임상적 적용 범위로서 기질적 뇌장애, 정신분열증, 신경증, 조울증 및 정신박약 등을 들고 있다.
> • 다양한 채점과 해석 방식이 있는데, 현재는 Pascal & Suttell(성인: 객관적 방법), Hutt(투사적 해석), Kopitz(아동용)의 방식이 많이 이용된다.
> • 완충적인 역할을 하는 검사로 유용하여 심리검사에서 라포 형성을 위한 검사로서의 기능을 할 수 있으며, 피검자에게 위협을 주지 않고 검사에 대한 동기를 유발할 수 있고, 뇌 손상 유무를 감별하는데 많이 이용된다(인지, 정서, 성격 같은 피검자의 심리적 특성들에 대해서 분석하는 검사이다).

47 MMPI를 실시하고 해석할 때 주의해야 할 점으로 가장 적합한 것은?

① 피검자의 독해력, 학력수준 혹은 지능수준을 사전에 알고 있어야 한다.
② 응답하지 않은 문항도 채점되므로, 사전에 "가급적 모든 문항에 다 응답하라"고 지시해서는 안 된다.
③ 피검자가 문항의 의미에 관해 주관적인 기준에 의해 판단하지 않도록 모호한 문항에 대해서는 사전에 명확한 기준을 제시해 주어야 한다.

④ MMPI는 성격특성을 평가하는 인성검사이므로 성별에 관한 정보는 그리 중요하지 않다.

> **해설**
> • ② MMPI는 무응답 척도가 원 점수의 30점 이상이 되면 무효가 되기 때문에 가급적 모든 문항에 응답할 것을 지시해야 한다.
> • ③ 단어의 뜻에 대한 간단한 정의를 말해줄 수는 있으니 명확한 기준을 주어서는 안 된다.
> • ④ MMPI는 임상척도 중 남성특성이나 여성특성에 관한 부분도 있기 때문에 성별에 관한 정보도 필요하다.

48 Horn의 지능모델은 Wechsler 지능검사 소검사들을 4개 범주로 분류하였는데, 유동적 지능으로 분류되는 소검사가 아닌 것은?

① 토막 짜기   ② 어휘
③ 숫자 외우기   ④ 공통성 문제

> **해설**
> • 유동지능은 선천적이고 잘 바뀌지 않는 지능으로 공통성, 토막 짜기의 소검사 점수로 파악할 수 있다.
> • 어휘는 언어성 지능의 소검사이다.

49 아래의 그림은 42세 된 환자의 RCFT(Rey Complex Figure Test) 결과이다. 이에 대한 설명으로 틀린 것은?

① 시각-공간이 단편화되어 있다.
② 왼쪽과 하단부의 무시현상(neglect)이 일어나고 있다.

③ 우측 전두정골(frontoparietal)의 문제를 의심할 수 있다.

④ 보속증 경향은 보이지 않는다.

해설 도형 왼쪽과 하단부의 무시(Neglect), 강한 보속증 경향, 시각-공간 단편화를 보이고 있다.

50 집중력과 정신적 추적능력(Mental tracking)을 측정하는데 주로 사용되는 신경심리검사는?

① Bender Gestalt Test

② Rey Complex Figure Test

③ Trail Making Test

④ Wisconsin Card Sorting Test

해설 [신경심리 검사의 예]

주의력 및 집중력	• 숫자 폭 검사 : 숫자 바로 따라 외우기 / 거꾸로 따라 외우기 • 시공간 폭 검사 : 바로 따라 하기/ 거꾸로 따라 하기 • 순서화(Letter-Number Sequencing) • 지우기 검사(Cancellation test) • 연속 수행력 검사(CPT : Continuous Performance Test) : 지속적 주의 집중력 평가 • 선로 잇기 검사(Trail Making Test) : 주의 지속 및 주의 전환 능력 평가 • 스트룹 검사(Stroop test) : 선택적 주의력 평가 • 기타 주의력 검사 : 요일 또는 달 거꾸로 말하기, 연속 빼기(100-7, 20-3 등) 검사 등
언어 능력	• 어휘 검사(Vocabulary) • 보스턴 이름 대기 검사(BNT : Boston Naming Test) • 언어 유창성 검사(Verbal Fluency) : 범주 유창성 검사(동물 이름 대기, 쇼핑리스트 등), 음운 유창성 검사 등 • 따라 말하기 검사(Repetition) • 토큰 검사(Token Test) • 기타 종합 언어 능력 검사 : 보스턴 진단용 실어증 검사(BDAE : Boston Diagnostic Aphasia Examination), 웨스턴 실어증 검사(WAB : Western Aphasia Battery) 등
시공간 처리 능력 검사	• 토막 짜기 검사(Block Design) • Rey 복합 도형 검사(R-CFT : Rey-Osterrieth Complex Figure Test) • Rey 단순 도형 검사(SRFT : Simple Rey Figure Test) • 벤더 도형 검사(BGT : Bender Visual Motor Gestalt Test) • 시각-운동 통합 발달 검사(VMI : Visual-Motor Integration) • 기타 도형 그리기 검사 : 겹친 오각형 그리기, 육면체 그리기 등
기억력 검사	• 숫자 폭 검사 • 시공간 단기 기억력 검사 : Corsi Block Test 등 • 레이 청각 언어 학습 검사(Rey-AVLT: Rey Auditory Verbal Learning Test) • 홉킨스 언어 학습 검사(Hopkins Verbal Learning Test) • 캘리포니아 언어 학습 검사(California Berbal Learning Test) • 레이 시공간 기억 검사(Rey Visuospatial Memory Test) • 워링턴 재인 기억 검사(Warrington's Recognition Memory Test) • 문-사람 검사(Doors and People Test) • 웩슬러 기억 검사(WMS: Wechsler Memory Scale) • 기억 평가 검사(MAS: Memory Assessment Scales) • 레이-킴 기억 검사(Rey-Kim Memory Test) • 노인 기억 장애 검사(Elderly Memory Disorder Scale) • 리버미드 행동 기억 검사(RBMTI : Rivermead Behavioural Memory Test)

실행 기능/ 전두엽 기능	• 위스콘신 카드 분류 검사(WCST : Wis-consin Card Sorting Test) • 런던탑 검사(하노이 탑) 검사 • 공통성 검사 • 언어 유창성 검사(Verbal Fluency) : 범주 유창성 검사(동물 이름 대기, 쇼핑 리스트 등), 음운 유창성 검사 등 • 선로 잇기 검사(Trail Making Test) • 스트룹 검사(Stroop Test) • 레이 복합 도형 검사(R–CFT: Rey–Os-terrieth Complex Figure Test) • Kims 전두엽 관리기능 신경심리 검사 • 전두엽 평가 배터리(FAB: Frontal As-sessment Scale) • 기타 : Contrasting Program, Go–No–Go Test, Luria 3 단계 검사(Fist–Edge–Palm), 양손 교차 운동(Alter-nating Hand Movement), 삼각형–사각형 번갈아 그리기(Alternating triangle &square), Luria 루프 그리기(Luria loop) 등
치매 관련 종합 신경심리 검사	• 한국판 치매평가 검사–2(K–DRS–2 : Korean Dementia Rating Scale–2) • 서울신경심리검사–II(SNSB–II : Seoul Neuropsychological Screening Bat-tery–II) • 한국판 CERAD 신경심리 평가집 (CERAD–K(N) : Consortium to Es-tablish a Registry for Alzheimer's Disease Neuropsychological Bat-tery–Korean version)

51 신경심리검사의 측정 영역을 비교할 때 측정 영역이 나머지와 다른 검사는?

① 지남력 검사
② 숫자 외우기 검사(Digit span)
③ 보스턴 이름 대기 검사 (Boston naming test)
④ 요일순서 거꾸로 말하기

해설
• 지남력 검사, 숫자 외우기, 요일순서 거꾸로 말하기 검사는 주의를 측정한다.
• ③ 단어유창성 검사로 실어증, 치매 등을 평가할 때 사용한다.

52 MMPI에서 검사 문항에 대해 정상인들이 응답하는 방식에서 벗어나는 경향성을 측정하는 척도는?

① K척도
② L척도
③ Es척도
④ F척도

해설 [MMPI 타당성 척도]

L척도	• 피검사자가 자신을 좋게 보이려는 다소 고의적이고 부정직한 정도를 측정하는 척도이다. • 사소한 결점들까지도 좋게 보이려는 특성을 측정한다.
F척도	• 초기에 무선반응을 탐지하기 위해 개발되었으나 무선반응 이외에 다른 이유가 있을 때에도 상승하는 것이 밝혀졌다. • 심각한 심리문제를 지닌 사람들, 심각하진 않지만 자신을 더 부정적으로 보이려는 의도를 지닌 사람들의 경우에는 상승한다. • 이상반응 경향 및 타당하지 않은 수검 태도를 탐지한다.
K척도	• 정신적인 장애를 가지고 있으면서도 정상적인 결과를 보이는 사람들을 가려내기 위한 척도이다. • L척도와 중복되나, 보다 은밀하게 포착하므로, 심리적으로 세련된 사람들의 방어심과 경계심을 측정한다.

[타당도 척도의 여러 형태(L F K)]

삿갓형	• 피검자가 자신의 신체적, 정서적 곤란을 인정하고 이와 같은 문제들을 스스로 해결할 자신이 없어 도움을 요청하고 있는 상태이다.
V형	• 바람직하지 못한 감정이나 충동 혹은 문제들을 부인하거나 회피하려고 하며 자신을 가능한 좋게 보이려고 애쓰는 상태이다. • 방어적인 정상인, 입사지원자들에게서 흔히 나타나며 히스테리 환자, 건강 염려증 환자 등에서도 자주 나타난다. • 부인과 억압 방어기제 많이 사용된다.
정적(/) 기울기	• 당면하는 여러 가지 문제들을 해결할 수 있는 적절한 능력이 있고 현재 어떠한 심한 갈등이나 스트레스 같은 것을 겪고 있지 않는 정상적인 사람에게서 흔히 볼 수 있다.

부적(\) 기울기	• 다소 유치한 방식으로 자신을 좋게 보이려고 애쓰는 사람들로 대개는 교육수준이나 사회경제적 수준이 낮은 계층에서 많이 나타난다. • 신경증 세척도(1,2,3)가 동반 상승하는 경우가 많다.

Spearman 2요인설	• 지능이 모든 개인이 공통적으로 가지고 있는 일반요인(G요인)과 함께 언어나 숫자 등 특정한 부분에 대한 능력으로서 특수요인(S요인)으로 구성된다고 본다.
Sternberg 삼원지능이론	• 지능을 개인의 내부세계와 외부세계에서 비롯되는 경험의 측면에서 성분적 지능, 경험적 지능, 상황적 지능으로 구분한다.
Gardner 다중지능론	• 지능을 문제해결능력 또는 특정 문화 상황에서의 창조력으로 보았으며, 8가지의 독립된 지능을 제시한다. • 8가지 독립적 지능으로는, 언어지능, 논리-수학지능, 시각-공간지능, 신체운동지능, 음악지능, 대인관계지능, 개인내적지능, 자연탐구지능이 있다.

53 지능 이론가와 그 주장이 잘못 짝지어진 것은?

① Spearman – 지능의 일반요인과 특수요인

② Thurstone – 지능은 인지, 정서, 정의적 측면을 모두 포함하는 전체적인 능력

③ Guilford – 지능구조의 3차원 모델

④ Cattel – 유동적 지능과 결정적 지능

해설
• ②, ③, ④는 지능을 다양한 기능들의 복합체로 바라보았다.
• ①은 지능이 모든 개인이 가지고 있는 일반요인(G요인)과 언어나 숫자 등 특정한 부분에 대한 능력인 특수요인(S요인)의 2요인으로 구성된다고 보았다.

[여러 지능 이론]

Guilford 복합요인설	• 지능을 다양한 방법에 의해 상이한 정보들을 처리하는 다각적 능력들의 체계적인 집합체로 본다. • 지능의 구조는 내용(Contents), 조작(Operation), 결과(Products)의 3차원적 입체모형으로 이루어지며, 이들의 조합에 의해 180개의 조작적인 지적 능력으로 나타난다.
Cattell 위계요인설	• 지능을 유전적·신경생리적 영향에 의해 발달이 이루어지는 유동성 지능(Fluid Intelligence)과 경험적 누적에 의해 형성되는 결정성 지능(Crystallized Intelligence)으로 구분한다.
Thurston 다요인설	• Spearman의 2요인설에 대한 비판으로서, 지능이 일반적인 특성으로 설명되기 보다는 개별적인 능력들로 구성되어 있다고 본다. • 7가지 지능요인으로는 언어요인, 수요인, 공간요인, 지각요인, 논리요인, 기억요인, 단어유창요인이 있다.

54 K-WAIS에서 어휘검사의 측정내용으로 가장 적합한 것은?

① 학습 능력과 일반 개념의 정도

② 개인이 소유한 기본 지식의 정도

③ 수 개념의 이해와 주의 집중력

④ 사물의 본질과 비본질을 구분하는 능력

해설 • ② 기본지식 • ③ 산수문제 • ④ 빠진 곳 찾기

55 로르샤흐 검사(Rorschach Test)의 질문 단계에서 검사자의 질문 또는 반응으로 가장 적절하지 않은 것은?

① "어느 쪽이 위인가요?"

② "당신이 어디를 그렇게 보았는지 잘 모르겠네요."

③ "그냥 그렇게 보인다고 하셨는데 어떤 것을 말씀하시는 것인지 조금 더 구체적으로 설명해 주세요."

④ "모양 외에 그것처럼 보신 이유가 더 있습니까?"

목적	• 채점을 명확하게 하기 위한 확인 단계이다. • 반응영역(어디서 보았는가), 반응결정요인(무엇 때문에 그렇게 보았는가), 반응내용(무엇으로 보았는가)이 채점되어야 한다.
지시	"지금까지 잘 대답해 주셨어요. 이제 제가 카드를 다시 보여 드리고 말씀해 주신 것을 그대로 말하면, 어디에서 그렇게 보았는지, 어떻게 해서 그렇게 보았는지, 그렇게 보게 된 이유를 말해 주세요. 당신이 본 것처럼 나도 볼 수 있게 말해 주기 바랍니다."
절차	"이 카드를 보고 ~라고 말했습니다.", "조금 전에 ~라고 말했습니다.", "당신이 본 것처럼 볼 수 없으니, 그대로 볼 수 있게 말해 주세요.", "무엇 때문에 그렇게 보았는지 잘 모르겠습니다."

56 신경심리평가에 있어서 배터리 검사의 장점은?

① 기본검사에서 기능이 온전하게 평가되면 불필요한 검사를 시행하지 않아도 된다.
② 필요한 검사에 대해서는 집중적으로 검사를 시행할 수 있다.
③ 임상적 평가 목적과 연구 목적이 함께 충족될 수 있다.
④ 타당도가 입증된 최신의 검사를 임상 장면에 즉각 활용하기가 용이하다.

해설 신경심리평가에 있어서 배터리 검사의 장점은 통합적 평가가 가능하다는 점이다.

57 다음 K-WAIS 검사 결과가 나타내는 정신 장애로 가장 적합한 것은?

• 토막짜기, 바꿔쓰기, 차례 맞추기, 모양 맞추기 점수 낮음
• 숫자 외우기 소검사에서 바로 따라 외우기와 거꾸로 따라 외우기 점수 간의 큰 차이를 보임
• 공통성 문제 점수 낮음 : 개념적 사고의 손상
• 어휘, 상식, 이해 소검사의 점수는 비교적 유지되어 있음

① 기질적 뇌손상
② 강박 장애
③ 불안장애
④ 반사회성 성격장애

해설 유동성 지능의 손상이 시사되는 것으로 보아 기질적 뇌 손상이 의심된다.

58 검사의 종류와 검사구성방법을 짝지은 것으로 가장 적합하지 않은 것은?

① 16PF - 요인분석에 따른 검사구성
② CPI - 경험적 준거에 따른 검사구성
③ MMPI - 경험적 준거방법
④ MBTI - 합리적, 경험적 검사구성의 혼용

해설 ④ 이론적 검사구성이다.

59 MMPI의 임상척도와 그 점수가 높을 때 고려되는 방어기제를 짝지은 것으로 틀린 것은?

① Hy - 부정, 억압 ② Pa - 투사
③ Ma - 부인, 억제 ④ Si - 회피, 철수

해설 ③은 행동화이다.

정답 56 ③ 57 ① 58 ④ 59 ③

60 심리평가를 위한 면담기법 중 비구조화된 면담 방식의 장점으로 옳은 것은?

① 면담자 간의 진단 신뢰도를 높일 수 있다.
② 연구 장면에서 활용하기가 용이하다.
③ 중요한 정보를 깊이 있게 탐색할 수 있다.
④ 점수화하기에 용이하다.

> **해설** ①, ②, ④는 구조화된 면담의 장점이다.

[구조화된 면접과 비구조화된 면접의 특징]

구조화된 면접	• 면접 동안 질문할 항목과 질문순서가 일정하게 규격화 • 면접자는 활용하는 질문목록으로서의 스케줄을 따를 수도 있고 그렇지 않을 수도 있음 • 피면접자들로부터 같은 종류의 정보를 정확하게 수집 가능 • 진단의 신뢰도를 높여주며, 특정한 증상의 유무를 기록함에 있어서 정확도를 높여줌 • 초보 면접자들이 면접 내용을 빠뜨림 없이 질문할 수 있도록 함
비구조화된 면접	• 임상가가 내담자에게 자연스러운 흐름에 따라 적절한 질문을 하는 방식의 면접 • 새로운 질문을 도입하기도 하고 순서를 바꾸기도 하는 등 비교적 자유로운 면접을 통해 내담자가 실생활에서 행동하는 바를 더 잘 예측할 수 있는 면접 자료를 얻고자 함 • 표준화된 면접 형식을 따르는 것 보다 더 높은 수준의 경험과 기술, 훈련이 필요 • 면접자에 따른 면섭결과가 큰 차이를 보일 가능성 있어 구조화된 면접보다 신뢰도와 타당도가 낮을 수 있다는 단점

4 임상심리학

61 면접을 평가하기 위해 사용되는 타당도 유형에 관한 설명으로 가장 적합한 것은?

① 구성 타당도 – 면접 점수가 논리적으로 이론상으로 일치하는 행동이나 다른 평가 기준과 관련되어 있는 정도
② 예언 타당도 – 면접항목이 변인이나 구

성의 다양한 측면을 적절하게 측정하는 정도

③ 내용 타당도 – 면접 점수가 관련 있으나 독립적인 다른 면접 점수나 혹은 행동과 상호 연관되어 있는 정도
④ 공존 타당도 – 검사 점수가 미래의 어떤 시점에 관찰되었거나 획득한 점수나 행동을 예측하는 정도

> **해설** ②은 구성타당도, ③은 공존타당도, ④는 예언타당도에 대한 설명이다.

[타당도 유형]

내용 타당도	측정 도구가 특정하려고 하는 내용이나 개념을 어느 정도 충실히 측정하고 있는가 하는 타당도이다.
준거 관련 타당도	검사 점수와 외적 준거 사이의 관계를 나타낸다. 검사가 준거행동의 수행능력을 어느 정도 잘 예언하고 있는지를 계량적으로 나타낸다.
구성 타당도	검사가 측정하려고 하는 이론적 구성이나 특성을 측정한 정도이다.
교차 타당도	같은 전집에서 이끌어낸 두 독립적인 예언변인과 기준변인 간의 관계를 설정시키는 과정이다.

62 임상심리사가 학교 장면에서 수행하는 주된 역할로 가장 적합한 것은?

① 특수 학급의 수업
② 효율적인 교수 방법의 개발
③ 정서장애 아동의 심리치료
④ 보건 교육

> **해설** **[임상심리사의 역할]**
> 심리평가를 통해 개인에 대한 전반적인 이해와 진단, 치료계획을 수립하고, 심리학적 절차와 원리에 따라 각종 심리적 문제를 안고 있는 개인 및 집단, 지역사회에 대한 치료적 개입을 한다. 또한 정신장애인, 신체장애인, 그리고 그 가족을 대상으로 재활 서비스를 제공하여 사회복귀를 촉진시킨다.

63 심리치료에서 치료자의 역전이(counter transference)에 대한 설명으로 가장 적합한 것은?

① 치료자는 내담자에 대해 부정적인 감정을 가져서는 안 된다.

② 내담자에게 좋은 치료자라는 말을 듣고 싶은 것은 당연한 욕구이다.

③ 내담자에게 느끼는 역전이 감정은 치료의 중요한 도구로 활용할 수 있다.

④ 치료자가 역전이를 알기 위해 꼭 교육 분석을 받아야 하는 것은 아니다.

> **해설** 역전이가 발생하면 상담자 자신의 감정이 부각되어 내담자 문제를 객관적으로 보기 어려워져 상담에 방해가 될 수 있는 반면, 상담자가 내담자의 현재 감정 및 정서 상태를 알 수 있는 좋은 도구로 활용되기도 한다.

64 다음에서 설명하고 있는 치료법은?

> 적정 체중에 미달되는데도 자신이 과체중이고 비만이라고 생각해서 음식을 거부하는 사람에 대해, 극단적인 흑백사고와 파국적 사고 등의 인지왜곡에 대한 접근을 시도하고 문제 해결접근, 그리고 체계적 둔감화와 같은 방법을 포함하는 치료 방법이다.

① 정신분석　　② 인간중심치료
③ DBT　　④ 인지행동치료

> **해설** ④ 아론 벡(Aron T. Beck)의 인지행동치료이론(CBT)에 대한 설명이다.

65 행동 관찰의 잠재적인 문제와 가장 거리가 먼 것은?

① 관찰자의 신뢰도
② 관찰자의 개입 가능성
③ 치료와의 직접적인 연관성
④ 상황적 요소

> **해설**
> • ③ 행동평가는 행동 관찰, 평가, 치료가 직접적으로 연결되어 있다는 장점이 있다.
> • 관찰자의 신뢰도, 개입 가능성, 상황적 요소 등은 행동 관찰의 잠재적 문제가 될 수 있다. 이를 보완하기 위하여 여러 관찰자를 두고 관찰자(평정자)간 신뢰도를 구할 수 있으며, 관찰자가 개입하지 않는 관찰을 시행할 수도 있다. 상황적 요소를 통제하여 통제된 관찰법을 이용할 수도 있다.

66 다음은 어떤 조건형성에 해당하는가?

> 연구자가 종소리를 들려주고 10초 후 피실험자에게 전기 자극을 주었다고 가정해 보자. 몇 번의 시행 이후 다음 종소리에 피실험자는 긴장하기 시작하였다.

① 지연 조건형성　　② 흔적 조건형성
③ 동시 조건형성　　④ 후향 조건형성

> **해설** ② 흔적 조건형성에 관한 설명이다.

지연 조건형성	• 지연 조건 형성에서는 조건 자극을 무조건 자극에 앞서 제시하고 동시에 철회한다.
동시 조건형성	• 조건 자극과 무조건 자극이 시간적으로 같이 일어나는 고전적 조건 형성 절차이다. • 예를 들면, 종을 울리는 동시에 어떤 사람의 눈에 공기를 훅 불어 넣을 수 있다. 두 자극이 모두 정확히 같은 시각에 시작하고 끝난다.
후향 조건형성	• 무조건 자극이 조건 자극에 선행하는 파블로프식 조건 형성 절차이다. • 예를 들면, 어떤 사람의 눈에 공기를 분사하고 나서 버저를 울릴 수 있다. 이런 무조건 자극−조건 자극 순서는 실험실 바깥에서도 일어날 수 있는데, 가령 사람이 가시를 깔고 앉은 후에(그 자리에서 펄쩍 뛰어 일어나서) 자기를 찌른 그 물체를 보는 경우이다.

67 근육 긴장을 이완시키고, 심장의 박동을 조정하고, 혈압을 통제하는 훈련을 받는 것은?

① 바이오 피드백
② 행동적인 대처방식
③ 문제 중심의 대처기술
④ 정서중심의 대처기술

해설 ① 바이오 피드백에 대한 설명이다.

68 임상심리학의 역사에 관한 설명으로 가장 적절한 것은?

① 제1차 세계대전 이후에 급속한 성장이 이루어졌다.
② 인간의 적응영역에 대한 역할의 중요성은 감소하고 있다.
③ 전문적이고 실용적인 관심과 연구 지향적이고 과학적인 관심에 대한 갈등이 지속되고 있다.
④ 기존의 전문가 집단과의 직입직인 경쟁이 없었다.

해설 ③ 2차 대전 이후 급속한 발전이 이루어셨다.

69 합리적 정서행동치료의 비합리적 신념의 차원 중 인간문제의 근본요인에 해당하는 것은?

① 당위적 사고
② 과장
③ 자기비하
④ 인내심 부족

해설 ① 합리적 정서행동치료의 주창자인 엘리스는 비합리적 신념의 차원 중 인간문제의 근본요인이 소망이나 기대를 당위로 사고하는 것으로 보았다.

70 Wolpe의 체계적 둔감법을 적용하기에 가장 적합한 내담자는?

① 적절한 대처능력이 떨어지고 특정 상황에 심각한 불안을 보이는 내담자
② 적절한 대처능력이 있으나 특정 상황에 심각한 불안을 보이는 내담자
③ 적절한 대처능력이 떨어지고 일반 상황에 심각한 불안을 보이는 내담자
④ 적절한 대처능력이 있으나 일반 상황에 심각한 불안을 보이는 내담자

해설 [체계적 둔감법]
특정 상황에 심각한 불안을 보이는 내담자가 대처능력이 있음에도 불구하고 그 상황에 대한 공포로 문제에 대한 대처를 못하는 경우 불안위계목록을 작성하여 낮은 강도에서 높은 강도의 순서로 불안이나 공포를 경험하게 하여 그 공포와 불안의 영향을 점점 감소시키는 기법을 가리킨다.

71 정신건강 자문 중 점심시간이나 기타 휴식시간 동안에 임상사례에 대해 동료들에게 자문을 요청하는 형태는?

① 내담자-중심 사례 자문
② 피자문자-중심 사례 자문
③ 비공식적인 동료집단 자문
④ 피자문자-중심 행정 자문

해설
• ① 내담자-중심 사례 자문 : 임상가나 심리학자가 환자의 특별한 요구를 효과적으로 충족시키기 위해 자문하는 경우
• ② 피자문자-중심 사례 자문 : 내담자나 환자의 임상적 문제보다는 피자문자의 관심사가 주요 요인인 경우
• ④ 피자문자-중심 행정 자문 : 어떤 조직 내에 소속되어 있는 피자문자가 조직의 행정, 인사 등의 행정적인 업무에 대해 자문을 요청하는 경우

67 ① 68 ③ 69 ① 70 ② 71 ③ **정답**

72 MMPI 임상척도의 제작방식은?

① 내적 구조 접근 및 요인분석
② 내적 준거 방식
③ 외적 준거 방식
④ 직관적 방식

해설 **[성격 검사 제작 방식]**

외적 준거 방식	• 경험적 제작법이다. • 개인이 사람들의 어떤 특정 부류에 속할 수 있는 가능성을 예언하는 것을 목표로, 검사 이외에 또 다른 자료(준거)가 필요하다. • 임상적 성격평가의 경우에서 어떤 특정한 임상적 진단이나 문제를 공유하는 개인들이 응답한 문항과 정상집단의 개인들이 응답한 문항을 비교하면서 서로 다르게 응답한 문항을 확인하는 방식이다. • MMPI의 임상척도 제작 방식으로 사용한다.
내적 구조 방식	• 근본적이고 보편적인 성격구조가 존재한다고 가정하는 귀납적 접근방식이다. • 무수히 많은 피험자의 표본을 가지고 성격을 측정하는 모든 문항을 모은 후 통계적으로 유사한 것들끼리 모으는 방식이다(요인분석).
내적 준거 (내용) 방식	• 측정하고자 하는 특질에 관해 개발자의 선험적 이성이나 이론에 의거, 내용에 기초하여 합리적으로 문항을 선정하는 방식이다. • 연역적 접근 방식이다. • 성격척도 제작의 초기에 주로 적용한다.

73 임상심리사 윤리규정에서 비밀 유지를 파기하거나 비밀을 노출해도 되는 경우로 가장 적합한 것은?

① 기혼인 내담자의 외도 사실을 알았을 때
② 성인인 내담자가 초등학교 시절 물건을 훔친 사실을 알았을 때
③ 말기암 환자인 내담자가 구체적인 자살 계획을 보고할 때

④ 우울 장애를 지닌 내담자가 "지구상의 모든 인간이 다 죽었으면 좋겠다."고 보고할 때

해설 **[상담에서의 비밀보장의 예외적 상황]**
• 상담자는 내담자의 자살이 훤히 예측된다거나 제 3자에게 범행을 하겠다고 말하거나, 많은 이들이 피해를 입는 상황이 펼쳐질 가능성이 있을 경우 신고할 의무가 있다.
• 이 외에도 내담자가 아동학대를 하고 있다거나, 심각한 질병에 감염되어있을 경우에도 비밀보장의 예외적 상황이 된다.

74 다음과 같은 면접의 유형은?

> 이 면접은 전형적으로 인지, 정서 혹은 행동에 문제가 있는지 여부를 신속히 평가하고, 흔히 비구조적으로 행해졌기 때문에 신뢰도가 다소 낮은 한계점이 있었다. 이 문제를 보완하기 위해 구조적 면접이 고안되었고, 다양한 영역에서 보이는 행동을 포함하기 위해 특별한 질문이 보완되고 있다. 다양한 정신건강 전문가들을 위한 중요한 임상 면접 중 하나이다.

① 개인력 면접
② 접수면접
③ 진단적 면접
④ 정신상태 검사면접

해설 ④ 정신상태 검사면접은 임상적 현장에서 큰 유용성이 있다.

75 주로 흡연, 음주문제, 과식 등의 문제를 해결하기 위해 사용되어지며, 부적응적이고 지나친 탐닉이나 선호를 제거하는데 사용되는 행동치료 방법은?

① 체계적 둔감화　　② 혐오치료
③ 토큰경제　　　　④ 조성

해설 ② 처벌로 행동을 감소시키는 기법이다.

76 파킨슨병 및 헌팅턴병과 같은 운동장애의 발병과 관련이 가장 큰 것은?

① 변연계 　　② 기저핵
③ 시상 　　　④ 시상하부

> **해설** 　운동장애는 기저핵과 관련이 있다.

변연계	후각, 감정, 동기부여, 행동 등 다양한 자율신경기능에 관여하는 기관이다.
기저핵	미상핵, 담창구, 피각 등 종뇌에 있는 피질하핵들의 집합으로서 운동 통제에 관여하는 기관이다.
시상	간뇌에 속하는 기관으로 후각 이외의 모든 수용기에서 대뇌피질로 전도되는 감각신호를 중계하는 역할을 한다.
시상하부	자율신경계와 관련된 기능을 하는 기관으로 체온, 섭식, 정서, 호르몬분비 등의 조절을 담당한다.

77 취약성-스트레스 접근에 관한 설명과 가장 거리가 먼 것은?

① 스트레스와 생물학적 취약성이 질병발생의 필요조건이다.
② 정신장애의 발병에 생물학적 취약성을 우선시하는 접근이다.
③ 정신장애의 발병요인의 상호작용을 주장하는 접근이다.
④ 생물학적 두 부모가 고혈압을 가진 경우 자녀의 고혈압 발병 가능성이 매우 높게 나타난다.

> **해설** 　생물학적 취약성과 환경적 스트레스의 상호작용을 강조하는 통합적 모형이다.

78 행동평가에서 명세화해야 하는 것으로 가장 거리가 먼 것은?

① 행동결과 　　② 목표행동
③ 성격특질 　　④ 선행조건

> **해설**
> • ③ 성격특질은 행동평가와 거리가 멀다.
> • 행동평가는 행동적 접근에 따르는데 여기서는 기능주의의 가정을 따른다. 이는 행동이란 합목적적이며 환경의 요구나 압력에 적응할 수 있도록 하는 수단들을 제공해 준다는 것이다. 따라서 행동평가에 있어 목표행동은 그것의 발생에 앞서거나(선행사건), 동시에 일어나거나 뒤따르는 환경적 사건(결과)에 대한 논리적이고 기능적인 반응으로 간주된다. 선행사건과 결과를 바꾼다면 목표행동이 변화할 것이라고 가정하고 있으므로 이 세 가지 요인들을 명세화하는 것이 행동평가에서 가장 중요하다.

79 강제입원, 아동 양육권, 여성에 대한 폭력, 배심원 선정 등의 문제에 특히 관심을 가지는 심리학 영역은?

① 아동임상심리학
② 임상건강심리학
③ 법정심리학
④ 행동의학

> **해설** 　[법정심리학]
> • 사법제도 및 법률에 심리학적 지식을 응용하는 학문
> • 최근 교통사고 보험의 판정, 꾀병 등의 감별진단, 청소년 비행행동의 예방, 외상이나 학대 희생자들에 대한 치료 역할까지 감당하고 있다.

80 K–WAIS–4의 4요인 구조에서 지각추론 요인에 해당하는 소검사가 아닌 것은?

① 토막짜기　　　② 동형찾기
③ 행렬추론　　　④ 퍼즐

해설

- 웩슬러 성인 지능 검사 4판(WAIS-IV : Wechsler Adult Intelligence Scale-IV)은 기존 웩슬러 지능 검사에서 측정하던 언어성 IQ와 동작성 IQ의 측정 대신, 총 4가지의 지표를 통해 점수를 합산하도록 수정되었다(Wechsler, 2008). 이 4가지의 지표는 언어 이해 지표(Verbal Comprehension Index), 지각적 추리 지표(Perceptual Reasoning Index), 작업 기억 지표(Working Memory Index), 그리고 처리 속도 지표(Processing Speed Index)를 포함한다.
- WAIS-IV는 총 15개의 소검사로 구성되어 있는데, 10개의 핵심 검사와 5개의 보충 검사로 나뉜다. 언어 이해 지표에 포함되는 소검사는 공통성, 어휘, 지식, 이해 검사가 있고, 지각적 추리 지표에 포함되는 소검사는 토막짜기, 행렬 추리, 퍼즐, 무게 비교, 빠진 곳 찾기가 있으며, 작업 기억 지표에 포함되는 소검사는 숫자, 산수, 순서화가 있고, 마지막으로 처리 속도 지표에 포함되는 소검사는 동형 찾기, 기호 쓰기, 지우기 검사가 있다.
- 동형찾기는 처리속도 요인에 해당한다.

5 심리상담

81 다음 중 옳은 설명으로만 짝지어진 것은?

A. 약물 오용 : 의도적으로 약물을 다른 목적으로 사용하는 것이다.
B. 약물 의존 : 약물이 없이는 지낼 수 없어 계속 약물을 찾는 상태를 말한다.
C. 약물 남용 : 약물을 적절한 용도로 사용하지 못하고 잘못 사용하는 것이다.
D. 약물 중독 : 약물로 인해 신체건강에 여러 부작용을 나타내는 상태를 말한다.

① A, B　　　　② B, D
③ C, D　　　　④ A, D

해설　A는 약물 남용에 대한 설명이고 C는 약물 오용에 대한 설명이다.

82 정신분석적 상담기법이 아닌 것은?

① 공감적 경청　　② 자유연상
③ 꿈의 해석　　　④ 전이의 해석

해설

- ② 내담자가 스스로의 검열 없이 떠오르는 생각과 감정을 즉각적으로 보고하는 것으로 무의식적 소망, 환상, 갈등, 동기로의 문을 열기 위해 사용하는 기본적인 도구이다.
- ③ 꿈에서 나타나는 행동의 의미를 내담자에게 지적하고 설명하며 가르치는 것이다. 이를 통해 자아가 새로운 자료를 동화하고 더 많은 무의식적 자료를 드러내도록 가속화한다.
- ④ 내담자는 그들의 중요한 타인을 대하듯이 치료자를 대하며, 과거의 경험을 치료관계에서 무의식적으로 반복한다. 전이의 분석을 통해 내담자가 현재 기능에 대한 과거의 영향을 통찰할 수 있고, 전이 관계의 해석은 지금 그들을 고착시키고 정서적 발달을 지연시키는 옛 갈등을 훈습할 수 있도록 한다.

83 진로교육을 실시하기 위한 일반적인 지도 단계를 순서대로 바르게 나열한 것은?

A. 진로탐색단계　　B. 진로인식단계
C. 진로준비단계　　D. 취업

① A – B – C – D　② B – A – C – D
③ B – C – A – D　④ A – C – B – D

해설

1.진로교육 단계

진로인식 – 진로탐색 – 진로계획 – 진로 계획 및 준비 – 진로유지 및 개선

2.진로계획 상담의 기본지침

내담자에 대한 평가	면접, 설문지, 생활기록 및 검사도구 등을 사용하여 종합적으로 평가한 후 내담자와 함께 논의한다.
직업정보의 수집 및 전달	직업정보와 선택지침의 제시를 통해 내담자의 목표 선택을 돕는다.
일반적인 상담기법	직업정보를 제시할 때 내담자의 이해와 준비에 따른 적절한 시기에 제시하는 것이 효과적이다.

84 가족 구성원을 상실한 가족에게서 나타나는 비애반응의 단계를 바르게 나열한 것은?

> A. 신체적 고통단계
> B. 죄책감 단계
> C. 적의반응 단계
> D. 일상적 행동 곤란단계
> E. 죽은 사람과의 기억에 휩싸이는 단계

① A → E → B → C → D
② A → B → C → D → E
③ E → A → C → B → D
④ E → B → A → C → D

해설 [비애의 단계]

	건강한 비애 반응	병적 비애 반응
1	• 신체적 고통 단계	• 비애감정의 지체 혹은 연기 – 상실 경험 후 10주가 지나 도 심한 우울
2	• 죽은 사람의 기억과 이미지에 휩싸이는 단계	• 왜곡된 비애반응 – 지나치게 활동적, 쾌활하나 긴장, 부자연스러움
3	• 죄책감 단계	• 두통, 기억상실, 신체화 증상
4	• 적의 반응 단계	• 인간관계 변화 – 회피, 위축
5	• 일상행동을 하기 어려운 단계	

85 다음 대화에서 상담자의 반응은?

> 내담자 : (흐느끼며) 네, 의지할 사람이 아무도 없어요.
> 상담자 : (부드러운 목소리로) 외롭군요.

① 해석
② 재진술
③ 요약
④ 반영

해설

해석	• 내담자의 암시적인 대화내용과 행동들 사이의 관계를 찾아내어 대안적인 관점으로부터 상이한 설명을 가지고 내담자의 행동을 탐색하기 위해 사용되는 방법이다. • 겉으로 보기에는 따로따로 분리되어 있는 말이나 사건들의 관계를 연결 짓거나 방어, 감정, 저항 또는 전이를 해석하는 것일 수도 있고, 주제, 흐름, 사고방식 또는 내담자의 행동이나 성격의 인과관계를 지적하는 것일 수도 있다.
재진술	• 내담자의 말을 반복하거나 부연함으로써 구체적이고 명료화시킨다. • 상담자가 올바르게 이해하고 있는지 확인할 수 있고, 내담자가 자신의 생각을 점검하고 문제를 명확하게 이해하고 탐색할 수 있다.
공감	• 내담자의 경험과 감정들을 민감하고 정확하게 이해하며, 내담자의 감정에 빠져들지 않으면서 자신의 감정인 것처럼 느낀다.
경청	• 더 비중을 두어야 할 내담자의 말과 행동에 선택적으로 주목하는 것을 의미한다. • 이를 통해 내담자가 특정 문제에 대해 탐색하도록 돕는다.
직면	• 내담자가 모르고 있거나 그대로 받아들이지 못하고 있는 생각과 느낌을 피하지 않고 바로 보도록 하는 것이다.

86 다음에서 설명하고 있는 치료법은?

> • 초기에는 비지시적 상담으로 지칭되었으며 세분화된 기법을 강조하지 않는 치료기법이다.
> • 이 방법을 사용하는 치료자는 대개 전통적인 전문가 역할을 취하지 않는데 그 이유는 내담자 자신이 스스로 탐색/변화할 수 있는 능력이 있다고 여기기 때문이다.

① 대상관계치료
② 정신역동적 치료
③ 내담자 중심치료
④ 게슈탈트 치료

해설 ③ 로저스가 주창한 상담이론으로 비지시적 상담 – 내담자 중심치료 – 인간중심치료의 순으로 발달되었다.

87 Ellis의 합리적–정서행동 치료(REBT)에서 심리적 장애를 유발시키는 것으로 가장 주된 요인은?

① 비합리적 신념
② 왜곡된 자기개념
③ 실재하는 선행사건
④ 아동기의 외상적 경험

> **해설** ① 엘리스는 우울증과 같은 정서적인 문제가 비합리적인 사고방식에서 온 것이라 생각했다. 좋지 않은 일이 일어나면 그 원인을 찾거나 객관적으로 판단하기보다 극단적으로 부정적인 결론을 미리 내리는 사람의 경우, 반복해서 부정적으로 생각하다 보면 어느덧 자동적으로 판단하는 버릇이 생기고 결국 감정까지 우울해진다. 점점 비합리적으로 빠르게 반응하는 자동적 사고가 무용하고 부정적인 방향의 습관적 사고방식을 만들어, 자신에 대한 부정적 견해를 확고하게 하는 것이다.

88 정신분석에서 내담자가 지속적이고 반복적인 학습을 통해 자신이 이해하고 통찰한 바를 충분히 소화하는 과정은?

① 자기화
② 훈습
③ 완전학습
④ 통찰의 소화

> **해설** ② 훈습은 정신분석상담에서 내담자가 자신이 통찰한 바를 소화하는 과정을 말한다.

89 집단상담과 개인상담의 차이로 틀린 것은?

① 개인상담에 비해서 집단상담은 남을 대하는 바람직한 태도나 행동반응을 즉각적으로 시도해 보고 확인할 수 있으며 남들과의 친밀감에 관한 경험을 가질 수 있다.
② 집단상담에서는 개인상담과 달리 상담자뿐만이 아닌 다른 참여자들로부터도 도움을 받을 수 있다.
③ 집단상담에서의 상담자의 역할은 다른 참여자들의 역할로 인해 줄어든다.

④ 집단상담에서는 개인상담과는 달리 도움을 받기만 하는 입장이 아닌 다른 참여자들에게 도움을 주는 경험을 가질 수 있다.

> **해설** ③ 집단상담에서의 상담자의 역할은 집단 내 역동을 관리해야하므로 더 늘어난다.

90 행동주의적 상담의 행동수정 기법에 해당하는 것은?

① 자유연상
② 자기주장훈련
③ 반영적 경청
④ 해석

> **해설** ② 나머지는 정신분석상담이론의 기법이다.

91 최근 실직한 남성 내담자가 재취업을 희망하는 직업분야에서 요구하는 특정 훈련이나 직무를 수행함에 있어 성공가능성을 예측하는데 가장 적합한 검사는?

① 직업적성검사
② 직업흥미검사
③ 직업성숙도검사
④ 직업가치관검사

> **해설** ① 직업적성검사에 대한 설명이다.

92 행동주의 상담의 한계에 관한 설명으로 틀린 것은?

① 상담과정에서 감정과 정서의 역할을 강조하지 않는다.
② 내담자의 문제에 대한 통찰이나 심오한 이해가 불가능하다.
③ 고차원적 기능과 창조성, 자율성을 무시한다.
④ 상담자와 내담자의 관계를 중시하여 기술을 지나치게 강조한다.

> **해설** ④ 상담자와 내담자의 관계를 경시하여 기술을 지나치게 강조한다.

93 집단상담을 준비할 때, 상담자가 고려해야 할 사항과 가장 거리가 먼 것은?

① 상담의 목적에 따라 내담자의 성, 배경 등을 고려해야 한다.

② 집단의 크기는 일반적으로 15~20명 정도가 적합하다.

③ 모임의 빈도는 일주일에 한 번 혹은 두 번 정도 만나는 것이 좋다.

④ 집단상담을 하는 장소는 너무 크지 않고 외부로부터 방해받지 않아야 한다.

해설 ② 집단의 크기가 너무 많거나 적으면 효과적인 집단상담 운영이 어려워진다. Yalom은 7~8명의 집단 구성을 권장하기도 하였다.

94 성관련 상담에서 상담자의 태도로 가장 적합한 것은?

① 내담자가 성에 대한 기본지식을 갖고 있다고 전제한다.

② 성문제가 상담자의 영역을 넘어설 때 다른 성문제 전문가에게 의뢰한다.

③ 내담자가 성문제를 왜곡하고 꺼려하는 느낌일 때는 적절히 회피한다.

④ 상담자의 기본적인 성지식은 그다지 중요하지 않다.

해설 ④ 상담자는 충분한 성지식을 가지고 있어야 한다.

95 Ellis의 ABCDE 모형에 관한 설명으로 옳은 것은?

① A – 문제 장면에 대한 내담자의 신념

② B – 선행사건

③ C – 정서적·행동적 결과

④ D – 새로운 감정과 행동

해설

A	선행사건
B	문제 장면에 대한 내담자의 신념
C	정서적·행동적 결과
D	논박
F	새로운 감정과 행동

96 내담자 중심 상담이론에서 상담관계 형성을 위해 제안한 3가지 주요한 원리가 아닌 것은?

① 무의식적 해석

② 무조건적인 긍정적 존중

③ 공감적 이해

④ 진실성

해설 ① 내담자 중심 상담이론에서 상담관계 형성을 위해 제안한 3가지 주요한 원리는 무조건적인 긍정적 존중, 공감적 이해, 진실성이다.

97 다음에서 상담자가 소홀히 하고 있는 것은?

> 내담자가 심리상담실에 찾아와서 자신이 어떻게 행동해야 할 지(예를 들면, 무슨 말을 해야 하는지, 휴대폰을 어떻게 해야 하는지, 오늘은 언제까지 심리상담이 진행되는 것인지 등)를 모르고 불안해한다.

① 수용   ② 해석
③ 구조화   ④ 경청

해설 ③ 생산적인 상담을 위해서 상담자는 환경을 조성하고 유지해야 한다. 상담에서 구조를 세우지 못할 경우, 상담의 목적을 이루기가 어렵다. 따라서 상담의 목표, 상담자와 내담자의 역할과 책임에 대한 안내, 상담기간이나 시간 등을 포함하여 제한점 등을 논의하는 단계가 초기에 필요하다.

[상담의 구조화]

기대 명료화하기	• 대화의 주제를 결정할 책임이 있다는 것과 같은 내담자가 해야 하는 일에 대해 명료화한다. • 또한 상담자의 경계를 알려주는 등의 상담자와 내담자의 관계에 대한 기대도 분명하게 한다.
상담목표의 구체화	• 대체로 내담자의 호소문제가 상담의 목표가 되며, 가능한 구체적으로 목표를 세우는 것이 좋다.
속도조절과 영역선택	• 주어진 시간 내에 내담자의 주제를 다룰 수 있는지 판단하고 이를 알려 주며, 내담자가 하고자 하는 이야기 중, 보다 중요한 것에 초점을 맞추기 위해 주제를 선택하게 할 수 있다.

98 집단상담의 유형이 아닌 것은?

① 지도집단
② 치료집단
③ 자조집단
④ 전문집단

해설 ④ 전문집단은 심리상담집단이라고 볼 수 없다.

99 상담에 대한 설명으로 가장 적합한 것은?

① 상담은 상담자가 해결방법을 제시하고 내담자가 이에 따르게 하는 것이다.
② 상담은 내담자의 내적 자원이 충분히 활용될 수 있도록 상담자가 안내하는 일이다.
③ 상담은 문제를 분석하여 상담자가 정확한 처방을 내리는 일이다.
④ 상담은 정보의 제공을 주로 하는 조력활동이다.

해설 ②를 제외한 다른 지문들은 심리상담의 내용으로 적합하지 않다.

100 청소년 상담에서 특히 고려해야 할 요인과 가장 거리가 먼 것은?

① 일반적인 청소년의 발달과정에 대한 규준적 정보
② 한 개인의 영역별 발달 수준
③ 내담자 개인의 영역별 발달수준
④ 내담자의 이전 상담경력과 관련된 사항

해설
• ②를 제외한 다른 지문들은 심리상담의 내용으로 적합하지 않다.
• ④ 상담의 초기 면접에서 상담에 대한 기대를 알아보기 위해 이전 상담경력에 대해 질문하기도 하지만, 내담자의 이전 상담경력과 관련된 사항들이 청소년 상담에서 특별히 고려해야 할 중요한 요인이라고 보기는 어렵다.

정답 97 ③   98 ④   99 ②   100 ④

부록2

새 출제기준
예상문제

새 출제기준 예상문제

※ 2025년부터 추가되는 출제기준인 동기 및 정서 심리학, 임상심리학의 역사와 개관, 장노년 상담에 해당하는 문제입니다.

01 다음 중 매슬로우(Maslow)의 욕구 위계 이론에서 가장 기본적인 욕구는?

① 안전의 욕구
② 생리적 욕구
③ 소속의 욕구
④ 자아실현의 욕구

> **해설** 매슬로우의 욕구 위계 이론에 따르면 가장 기본적인 욕구는 생리적 욕구로, 이는 생존을 위해 필요한 것들(식사, 수면 등)을 의미한다.

02 다음 중 내재적 동기에 해당하는 것은?

① 상금을 받기 위해 대회에 참가하는 경우
② 학점을 위해 공부하는 경우
③ 호기심에 의해 새로운 취미를 배우는 경우
④ 부모님의 칭찬을 받기 위해 열심히 일하는 경우

> **해설** 내재적 동기는 외부 보상이 아니라 개인의 흥미나 만족에서 비롯된 동기이다. 호기심에 의해 새로운 취미를 배우는 것이 이에 해당한다.

03 다음 중 정서의 제임스-랑게(James-Lange) 이론의 핵심 주장은?

① 정서는 인지적 평가 후에 발생한다.
② 정서는 생리적 반응과 동시에 발생한다.
③ 정서는 생리적 반응을 인식한 결과로 발생한다.
④ 정서는 항상 행동을 선행한다.

> **해설** 제임스-랑게 이론은 우리가 생리적 반응을 경험한 후 그 반응을 인식하여 정서를 느낀다고 주장한다. 예를 들어, 우리가 공포를 느끼는 것은 심장이 빨리 뛰는 것을 인식하기 때문이다.

04 다음 중 임상심리학의 역사에서 가장 오래된 접근 방식은?

① 인지행동적 접근
② 정신분석적 접근
③ 인본주의적 접근
④ 생물학적 접근

> **해설** 지그문트 프로이트(Sigmund Freud)의 정신분석적 접근은 19세기 말에 시작된 가장 오래된 심리 치료 접근 방식 중 하나로, 무의식의 역할을 강조한다.

05 다음 중 노년기 우울증의 특징이 아닌 것은?

① 신체적 증상의 호소가 많다.
② 인지기능 저하와 혼동될 수 있다.
③ 젊은 성인의 우울증에 비해 자살 위험이 낮다.
④ 사회적 고립과 관련이 있다.

> **해설** 노년기 우울증은 젊은 성인의 우울증보다 자살 위험이 높다. 신체적 증상을 우울증으로 인식하지 못하는 경우도 많고, 사회적 고립이 우울증을 악화시키는 요소가 된다.

06 동기의 귀인 이론을 제안한 심리학자는?

① 스키너(Skinner)
② 매슬로우(Maslow)
③ 와이너(Weiner)
④ 프로이트(Freud)

> **해설** 와이너의 귀인 이론은 성공과 실패의 원인을 사람들은 어떻게 해석하는지에 대한 이론이다. 개인이 어떤 사건의 원인을 어떻게 해석하느냐에 따라 그들의 동기가 달라질 수 있다.

정답 01 ② 02 ③ 03 ③ 04 ② 05 ③ 06 ③

07 다음 중 로버트 플루칙(Robert Plutchik)의 기본 정서 이론에 포함되지 않는 것은?

① 기쁨　　　② 분노
③ 혐오　　　④ 죄책감

> **해설** 플루칙은 8가지 기본 정서를 제안했으며, 기쁨, 분노, 혐오 등이 포함되지만 죄책감은 포함되지 않는다.

08 임상심리학에서 '과학자-실무자 모델(Scientist-Practitioner Model)'이 처음 공식적으로 제안된 회의는?

① 프로이트 학회
② 볼더 회의
③ 스탠포드 컨퍼런스
④ APA 연례 컨벤션

> **해설** 1949년 볼더 회의에서 과학자-실무자 모델이 처음 제안되었으며, 이는 임상심리학자가 연구자이자 실무자라는 두 가지 역할을 수행해야 한다는 접근이다.

09 다음 중 노년기 상담에서 가장 중요하게 고려해야 할 윤리적 이슈는?

① 비밀보장
② 이중관계
③ 능력의 한계
④ 고지된 동의

> **해설** 노년기 상담에서 고지된 동의는 매우 중요하다. 특히, 노년층의 인지 기능 저하가 있을 수 있기 때문에 상담 과정에 대한 충분한 설명과 동의를 받는 것이 필수적이다.

10 다음 중 동기의 기대-가치 이론(Expectancy-Value Theory)의 핵심 요소가 아닌 것은?

① 성공에 대한 기대
② 과제의 가치
③ 목표 지향성
④ 귀인 양식

> **해설** 기대-가치 이론은 사람들이 특정 행동을 선택할 때, 성공에 대한 기대와 그 과제의 가치를 고려한다고 본다. 귀인 양식은 와이너의 이론에 해당한다.

11 다음 중 정서의 얼굴 표정에 대한 폴 에크만(Paul Ekman)의 연구 결과와 가장 부합하는 것은?

① 정서의 얼굴 표정은 완전히 문화적으로 결정된다.
② 일부 기본 정서의 얼굴 표정은 문화보편적이다.
③ 얼굴 표정은 정서 상태를 정확히 반영하지 않는다.
④ 모든 정서는 고유한 얼굴 표정을 가지고 있다.

> **해설** 폴 에크만의 연구에 따르면 기쁨, 슬픔, 분노, 공포 등 일부 기본 정서의 얼굴 표정은 전 세계적으로 유사하게 표현된다.

12 임상심리학의 역사에서 '도덕 치료(Moral Treatment)' 운동과 가장 관련이 깊은 인물은?

① 필립 피넬(Philippe Pinel)
② 지그문트 프로이트(Sigmund Freud)
③ B.F. 스키너(B.F. Skinner)
④ 칼 로저스(Carl Rogers)

> **해설** 필립 피넬은 18세기 말 도덕 치료 운동을 이끌며 정신질환자를 인간적으로 대하고 치료하는 방식을 강조했다.

13 다음 중 노년기 상담에서 가장 중요하게 다루어져야 할 주제가 아닌 것은?

① 상실과 애도
② 은퇴 후 역할 재정립
③ 신체 건강 문제
④ 학업 스트레스

> **해설** 노년기 상담에서는 주로 상실, 애도, 신체 건강, 은퇴 후 정체성 문제 등이 주요 주제이며, 학업 스트레스는 일반적으로 해당되지 않는다.

14 자기결정성 이론(Self-Determination Theory)에서 제안하는 기본 심리적 욕구 3가지는?

① 자율성, 유능감, 관계성
② 생리적 욕구, 안전 욕구, 소속 욕구
③ 성취 욕구, 친애 욕구, 권력 욕구
④ 인지적 욕구, 정서적 욕구, 행동적 욕구

> **해설** 자기결정성 이론은 인간이 자율성, 유능감, 관계성이라는 세 가지 기본 욕구를 충족시킬 때 동기 부여가 강화된다고 본다.

15 다음 중 정서의 인지평가 이론을 주장한 심리학자는?

① 윌리엄 제임스(William James)
② 리차드 래저러스(Richard Lazarus)
③ 스탠리 셰흐터(Stanley Schachter)
④ 칼 로저스(Carl Rogers)

> **해설** 래저러스는 정서는 인지적 평가를 통해 발생한다고 주장하며, 어떤 상황을 어떻게 해석하느냐에 따라 정서적 반응이 달라진다고 보았다.

16 다음 중 매슬로우(Maslow)의 욕구 위계 이론에서 가장 상위에 있는 욕구는?

① 존경의 욕구
② 자아실현의 욕구
③ 소속의 욕구
④ 안전의 욕구

> **해설** 매슬로우의 욕구 위계 이론에 따르면 자아실현은 자신의 잠재력을 최대한 발휘하고자 하는 상위 욕구이다.

17 다음 중 정서의 제임스-랑게(James-Lange) 이론의 주장과 가장 일치하는 것은?

① 우리는 울기 때문에 슬프다.
② 우리는 슬프기 때문에 운다.
③ 우리는 슬픔과 울음을 동시에 경험한다.
④ 우리는 슬픔을 인지적으로 평가한 후 운다.

> **해설** 제임스-랑게 이론에 따르면 생리적 반응이 먼저 일어나고 그 후에 정서가 발생한다. 즉, 울음이라는 생리적 반응이 슬픔이라는 정서로 이어진다는 것이다.

18 임상심리학의 역사에서 '반정신의학 운동(Anti-psychiatry Movement)'이 일어난 시기는?

① 1930년대
② 1960년대
③ 1990년대
④ 2010년대

> **해설** 반정신의학 운동은 1960년대에 시작되었다. 이 운동은 전통적인 정신의학적 진단과 치료 방법, 특히 정신병원의 비인간적 처우와 강제 입원 등에 대해 비판적인 입장을 취하며 환자의 권리 향상과 탈원화(deinstitutionalization) 정책에 영향을 미쳤다.

정답 13 ④   14 ①   15 ②   16 ②   17 ①   18 ②

19 다음 중 에릭 에릭슨의 심리사회적 발달 이론에서 중년기의 발달 과업은?

① 친밀감 대 고립감

② 생산성 대 침체감

③ 자아통합감 대 절망감

④ 자아정체감 대 역할 혼미

해설 에릭 에릭슨의 심리사회적 발달 이론에 따르면 중년기(약 40∼65세)의 발달 과업은 '생산성 대 침체감' 이다. 이 시기에 개인은 다음 세대를 양육하고 사회에 기여하는 것에 관심을 갖게 된다.

20 노인 상담에서 사용되는 '회상 치료(Reminiscence Therapy)'의 주요 목적이 아닌 것은?

① 과거 경험의 재해석을 통한 자아통합 증진

② 우울증상의 감소

③ 인지기능의 자극과 유지

④ 현재의 부정적 경험 회피

해설 회상 치료는 노인들이 과거의 경험, 특히 긍정적인 기억들을 회상하고 공유하도록 하는 치료 방법이다. 이 치료의 주요 목적에는 과거 경험의 재해석을 통한 자아통합 증진, 우울증상의 감소, 인지기능의 자극과 유지 등이 포함된다.

21 다음 중 쇼터(Schachter)와 싱어(Singer)의 정서 이론에 대한 설명으로 옳은 것은?

① 생리적 각성이 정서 경험에 필수적이지 않다고 주장한다.

② 정서는 생리적 각성과 인지적 평가의 상호작용 결과라고 본다.

③ 모든 정서는 고유한 생리적 패턴을 가진다고 주장한다.

④ 정서 경험에서 인지적 요소의 역할을 완전히 배제한다.

해설 쇼터와 싱어의 정서 이론은 '2요인 이론' 또는 '인지–생리 이론'으로도 알려져 있다. 이 이론에 따르면, 정서 경험은 생리적 각성과 그에 대한 인지적 평가의 상호작용 결과이다.

22 다음 중 내재적 동기(intrinsic motivation)의 특징이 아닌 것은?

① 활동 자체에서 만족을 얻는다.

② 외부의 보상이나 처벌에 의해 유발된다.

③ 자율성과 유능감을 증진시킨다.

④ 창의성과 학습의 질을 향상시킨다.

해설 내재적 동기는 외부의 보상이나 처벌 없이 활동 자체에서 즐거움이나 만족을 얻어 행동하는 것을 의미한다. 내재적 동기의 특징으로는 활동 자체에서 만족을 얻고, 자율성과 유능감을 증진시키며, 창의성과 학습의 질을 향상시키는 것 등이 있다.

23 다음 중 프로이트의 정신분석 이론에서 말하는 불안의 유형이 아닌 것은?

① 현실 불안 ② 신경증적 불안

③ 도덕적 불안 ④ 실존적 불안

해설 프로이트의 정신분석 이론에서는 현실 불안, 신경증적 불안, 도덕적 불안 세 가지 유형의 불안을 제시한다.

24 노년기 내담자의 심리적 안녕감 증진을 위해 상담사가 제공할 수 있는 가장 적절한 개입 방법은 무엇인가?

① 자아 정체성 확립을 위한 코칭

② 신체 건강 증진을 위한 운동 프로그램 소개

③ 과거 긍정적 기억을 되새기며 자아 통합을 촉진하는 회상치료

④ 직무 스트레스 관리를 위한 인지행동치료

해설 회상치료는 노년기 상담에서 자주 사용되는 기법으로, 내담자가 자신의 과거 경험을 회상하면서 삶의 의미를 재평가하고, 자아 통합을 촉진하는 데 도움을 준다. 이는 노년기 내담자의 심리적 안녕감과 자아 존중감을 증진시키는 데 매우 효과적인 방법이다.

25 다음 중 행동주의 심리학의 창시자로 알려진 인물은?

① 지그문트 프로이트
② 칼 로저스
③ 존 왓슨
④ 에릭 에릭슨

> **해설** 행동주의 심리학의 창시자로 알려진 인물은 존 왓슨(John B. Watson)이다. 그는 1913년 「Psychology as the Behaviorist Views It」이라는 논문을 통해 행동주의의 기본 원리를 제시했다. 왓슨은 심리학이 객관적으로 관찰 가능한 행동만을 연구 대상으로 삼아야 한다고 주장했으며, 의식이나 정신 과정과 같은 내적 상태의 연구를 배제했다. 이는 당시 지배적이었던 구조주의와 기능주의 심리학에 대한 도전이었으며, 심리학의 과학화에 큰 영향을 미쳤다.

26 다음 중 DSM(정신장애의 진단 및 통계 편람)의 발전 과정에서 가장 큰 변화가 있었던 버전은?

① DSM-II   ② DSM-III
③ DSM-IV   ④ DSM-5

> **해설** DSM의 발전 과정에서 가장 큰 변화가 있었던 버전은 DSM-III이다. 1980년에 출간된 DSM-III는 이전 버전들과 비교하여 획기적인 변화를 가져왔다. 변화는 진단의 신뢰도를 크게 향상시켰고, 정신장애에 대한 연구를 촉진했으며, 이후 DSM이 정신건강 분야에서 표준적인 진단 체계로 자리잡는 데 결정적인 역할을 했다.
>
> **[DSM-III의 주요 변화]**
> • 정신분석적 관점에서 벗어나 증상 중심의 기술적 접근 채택
> • 다축 진단 체계 도입
> • 구체적인 진단 기준 제시 등

27 다음 중 노인 우울증의 특징이 아닌 것은?

① 신체적 증상을 더 많이 호소한다.
② 인지기능 저하와 함께 나타날 수 있다.
③ 불안 증상이 동반되는 경우가 많다.
④ 젊은 성인의 우울증에 비해 자살 위험이 낮다.

> **해설** 노인 우울증은 젊은 성인의 우울증과 몇 가지 다른 특징을 가진다. 노인 우울증 환자들은 신체적 증상을 더 많이 호소하고, 인지기능 저하와 함께 나타날 수 있으며, 불안 증상이 동반되는 경우가 많다. 그러나 젊은 성인의 우울증에 비해 자살 위험이 낮다는 것은 사실이 아니고, 오히려 노인 우울증 환자들은 더 높은 자살 위험을 보인다. 이는 사회적 고립, 신체질환, 배우자 상실 등 노년기의 특수한 스트레스 요인과 관련이 있을 수 있기 때문에 노인 우울증 환자의 자살 위험에 대한 주의 깊은 평가와 관리가 필요하다.

28 다음 중 성공적 노화(successful aging)의 구성요소가 아닌 것은?

① 질병과 장애의 부재
② 높은 수준의 인지적, 신체적 기능 유지
③ 적극적인 인생 참여
④ 경제적 풍요로움

> **해설** 성공적 노화의 개념은 Rowe와 Kahn(1997)에 의해 제안되었다. 그들이 제시한 성공적 노화의 세 가지 주요 구성요소는 질병과 장애의 부재 또는 낮은 위험, 높은 수준의 인지적·신체적 기능 유지, 적극적인 인생 참여이다.

29 다음 중 노인 상담에서 주의해야 할 점이 아닌 것은?

① 청력 저하를 고려하여 천천히, 명확하게 말한다.

② 내담자의 인생 경험을 존중한다.

③ 모든 문제를 노화의 자연스러운 과정으로 간주한다.

④ 신체적 건강 문제와 심리적 문제의 상호 작용을 고려한다.

> **해설** 노인 상담에서 모든 문제를 노화의 자연스러운 과정으로 간주하는 것은 적절하지 않다. 이는 '노년기 편견(ageism)'의 한 형태로, 치료 가능한 문제를 간과하게 만들 수 있다.

30 다음 중 노년기 상담에서 고려해야 할 주요 심리적 과제로 가장 적절한 것은 무엇인가?

① 자녀 양육에 대한 스트레스

② 직업 선택과 경력 개발

③ 상실과 애도 과정

④ 학업 성취와 진로 고민

> **해설** 노년기에는 배우자나 친구의 사망, 신체 기능의 저하, 사회적 역할 상실 등 다양한 상실을 경험할 수 있다. 이러한 상실과 관련된 애도 과정은 노년기 상담에서 매우 중요한 주제로 다루어진다. 상담사는 내담자가 상실을 받아들이고, 적응해 나갈 수 있도록 돕는 역할을 해야 한다.

● **이경희**

합격 이후까지 책임지는 "심리서비스M(www.psymlms.com)"의 대표로, 심리서비스M에서는 임상 2급/1급 자격증, 상담심리사 2급/1급 자격증 수련과정이 진행되고 있으며 임상·상담 분야 전문가들의 현장실습과 실력 향상을 돕는 다양한 M멤버십 과정이 있다.

[약력]
- 서울대학교 심리학과 학사
- 서울대학교 심리학과 석사
- 미국 일리노이 주립대학 보건학 석사
- 서울대학교 심리학과(임상/상담) 박사
- 열린사이버대학교 상담심리학과 교수
- 심리서비스M 대표
- 한국상담심리학회 상담심리사 1급
- 한국심리학회 건강심리전문가 1급
- 한국심리학회 중독심리전문가 1급
- 한국명상학회 명상치유전문가 1급

임상심리사 2급 필기

지은이 이경희
펴낸이 정규도
펴낸곳 (주)다락원

초판 1쇄 발행 2021년 1월 15일
개정5판 1쇄 발행 2025년 10월 10일

기획 권혁주, 김태광
편집장 이후춘
편집 윤성미, 박소영

디자인 최예원, 황미연

다락원 경기도 파주시 문발로 211
내용문의: (02)736-2031 내선 291~296
구입문의: (02)736-2031 내선 250~252
Fax: (02)732-2037
출판등록 1977년 9월 16일 제406-2008-000007호

ISBN 978-89-277-7542-3 13180

● 원큐패스 카페(http://cafe.naver.com/1qpass)를 방문하시면 각종 시험에 관한 최신 정보와 자료를 얻을 수 있습니다.

메모